소방직 공무원 **경력경쟁채용시** 응시자격 부여!

의무 소방원

한권으로 끝내기

Always with you

사람이 길에서 우연하게 만나거나 함께 살아가는 것만이 인연은 아니라고 생각합니다.
책을 펴내는 출판사와 그 책을 읽는 독자의 만남도 소중한 인연입니다.
(주)시대고시기획은 항상 독자의 마음을 헤아리기 위해 노력하고 있습니다.
늘 독자와 함께하겠습니다.

머리말

2002년도부터 시행된 의무소방원 제도는 부족한 소방 인력의 보충을 위한 새로운 병역 대체 제도로서, 소방 업무의 효율성을 높이고 국민의 생명과 재산을 보호한다는 취지에서 발족되었다. 의무소방원은 화재, 기타 재난·재해 시 구조·구급 활동 등 소방 업무 보조를 주로 담당한다.

의무소방원은 만 18세 이상으로 병역을 필하지 아니한 자, 대학생으로 입영 연기 중인 자, 휴학 및 입영원출원자와 징병 검사 수검자 중 원서 접수일 현재 군 입영 일자가 결정되지 아니한 자 등이 응시할 수 있다. 단, 입영 일자가 결정된 자, 병역 기피 사실(징병 검사, 입영)이 있는 자, 특수 병과 또는 학군 무관 후보생의 병적에 편입된 자, 원서 접수일 현재 군 입영 일자가 결정된 자 등은 응시 대상에서 제외된다.

의무소방원은 응시 지역에 배치되는 것을 원칙으로 한다. 즉, 어디에 살고 있는 것과 상관없이 응시한 곳에 배치가 되는 지원 연고지 배치제를 채택·시행하고 있다. 또한, 의무소방원으로 복무를 마치고 나면 소방직 공무원 시험 시 경력경쟁 전형에 응시할 수 있는 자격을 주고 있다. 그리고 일반상식 과목에 소방상식 문항의 출제비중이 50% 출제되므로 이에 대한 대비도 필요하다.

이에 본 (주)시대고시기획에서는 의무소방원 관련 수험서가 많지 않은 현실에서 시험을 준비하는 수험생들에게 조금이나마 도움이 되었으면 하는 바람과 최단기간 안에 효과적이고 높은 학습 성취를 이룰 수 있도록 다음과 같은 특징으로 본서를 출간하게 되었다.

> 첫 째, 각 과목별 핵심 이론 정리를 통해 효율적인 학습 방향을 제시하였다.
> 둘 째, 최근 출제되었던 문제의 분석을 통한 예상문제로 시험을 완벽하게 준비할 수 있게 하였다.
> 셋 째, 각 문항의 난이도에 따른 명쾌한 강의식 해설을 통해 스스로 학습이 가능하게 하였다.
> 넷 째, 소방청의 소방상식 문제유형을 철저하게 분석하여 중점 이론과 엄선된 문제로 구성하였다.
> 다섯째, 최신 기출복원문제를 수록하여 출제경향을 파악하고 실전에 대비할 수 있게 하였다.

끝으로 본서가 모든 수험생들에게 합격의 지름길을 제시하는 안내서가 될 것을 확신하면서 본서로 공부하는 모든 수험생들에게 행운이 함께하기를 기원하는 바이다.

편저자 씀

의무소방원 시험안내 >>>

■ 의무소방원이란?

소방 행정 수요에 비해 절대 부족한 현장 활동 인력을 확충하여 소방 업무의 효율성을 높이고 국민의 생명과 재산을 보호하기 위하여 도입됨

※ 2001년 3월 4일 서울특별시 홍제동 주택 화재 및 3월 7일 부산광역시 연산동 빌딩 화재로 7명의 소방공무원이 순직하고 5명이 부상하는 사고를 계기로 2001년 8월 14일 「의무소방대설치법」이 제정 · 공포되었음

정해진 복무를 마친 후 소방공무원으로 경력경쟁채용 가능

「의무소방대설치법 시행령」 제11조(소방공무원으로의 경력경쟁채용)
소방청장 또는 시 · 도지사는 정해진 복무를 마친 의무소방원을 「소방공무원법」 제7조 제2항 제3호에 따른 경력경쟁채용시험을 통해 소방공무원으로 채용할 수 있다.

■ 의무소방원의 임무

❶ 화재 등에 있어서 현장 활동의 보조
- 화재 등 재난 · 재해 사고 현장에서의 질서 유지 등 진압 업무의 보조와 구조 · 구급 활동의 지원
- 소방 용수 시설의 확보
- 현장 지휘관의 보좌
- 상황 관리의 보조
- 그 밖의 현장에 필요한 사항의 지원

❷ 소방 행정의 지원
- 문서 수발 등 소방 행정의 보조
- 통신 및 전산 업무의 보조
- 119안전센터에서의 소내 근무의 보조
- 소방 용수 시설 유지 관리의 지원
- 소방 순찰 및 예방 활동의 지원
- 차량 운전의 지원

❸ 소방관서의 경비

■ 근무처 및 복무 기간

❶ 근무처 : 시 · 도 소방서 및 119 안전센터, 구조구급대 등
❷ 복무 기간 : 약 20개월
- 육군훈련소 군사교육 4주
- 소방교육 4주
- 소방본부, 소방서, 소방파출소 등(현장 배치)

■ 응시원서 접수 및 시험주관

❶ 접수방법 : 인터넷 원서접수만 가능(http://www.119gosi.kr)

❷ 시험주관 : 중앙소방학교장

■ 응시자격

❶ 만 18세 이상 ~ 28세 이하의 병역을 필하지 아니한 대한민국 남자, 병역준비역(1~3급) 또는 보충역(4급)

❷ 다음에 해당되지 아니한 자

- 병역판정검사 또는 입영을 기피하고 있거나 기피한 사실이 있는 자
- 자격정지 이상의 형의 선고를 받고 그 형이 확정되어 집행이 종료(집행이 종료된 것으로 보는 경우를 포함) 되거나 집행이 면제되지 아니한 자
- 현역병 입영일이 결정된 자 중 입영일로부터 29일 이내의 자

❸ 의무소방원 신체검사 기준에 적합한 자

※ 기준일 : 원서접수 마지막일

※ 합격자 중 원서접수 마지막일 기준으로 지원대상이 아닌 자로 판정(병무청)되면 합격 취소

■ 구비서류

❶ 인터넷에 접속하여 회원가입 후 기수를 선택하여 응시(http://www.119gosi.kr)

❷ 접수용 사진파일은 해상도 100DPI 이상, 확장자명 JPG, PNG, 반명함사진(3cm x 4cm)

❸ 아래의 준비서류(소명자료)는 스캔 후 업로드(JPG, PDF)

- 병역판정검사를 받은 사람
  - 병역판정 신체검사결과 통보서 1부(병무청 발행)
- 병역판정검사를 받지 않은 사람
  - 공무원 채용 신체검사서 1부(국공립병원 또는 종합병원 발행)
  - 최종학교 학력증명서(졸업, 재학, 휴학, 퇴학증명서 등)

※ 병역판정 신체검사결과 이상 있는 응시자와 그 신체검사 이후 치료 · 수술 등으로 신체조건이 지원자격에 해당하는 응시자 : 병역판정 신체검사결과 통보서와 공무원 채용 신체검사서 또는 의사진단서를 업로드 할 것

- 색각(색약)이상자는 공무원 채용 신체검사서 또는 의사진단서 등 제출서류에 중증도(약도, 중등도, 강도)가 표기되어야 함(기 제출한 서류로 적합여부를 판단할 수 없는 경우 불합격 처리)
- 혈압이상자는 공무원 채용 신체검사서, 의사진단서 등 제출서류에 혈압측정 결과값이 표기되어야 하며, 결과값 표기 없이 측정결과 기록지 첨부 없이 "정상"으로 표기한 경우 불합격 처리(측정기록지 첨부)
- 신체검사 이상자의 측정결과는 보조기구(장치), 약물 등 미사용 측정한 결과만 인정
- 의사진단서, 공무원 채용 신체검사서는 국공립병원 또는 종합병원장이 발행(도장 포함)한 것만 제출 (종합병원 검색은 건강보험심사평가원 홈페이지에서 검색 가능)

※ 관련 사항은 변동될 수 있으므로 인터넷 사이트 공고 확인 요망

■ 시험방법

시험방법	종목(과목)	세부내역
신체검사	서류심사	제출서류로 신체검사 대체 및 적합여부 심사
체력시험	4개 종목	• 제자리 멀리뛰기 : 205cm 이상 • 윗몸일으키기 : 26회 이상(1분) •50m 달리기 : 8.5초 이내 • 1,200m 달리기 : 6분 19초 이내
필기시험	3개 과목	국어, 국사, 일반상식(소방상식 50% + 일반상식 50%) : 과목당 20문제
인·적성검사	성격유형검사(PAI)	집합검사 또는 인터넷(모바일 포함) 검사
면접시험	개별면접	면접위원이 응시자 1인을 대상으로 면접

■ 신체검사 기준

체력	시력	색각	청력	혈압(mmHg)	운동신경
양팔과 양다리가 완전하며, 가슴·배·입·구강 및 내장의 질환이 없는 자	두 눈 맨눈시력 각각 0.1 이상 또는 교정시력 각각 0.8 이상	색맹 또는 적색약(赤色弱)(약도(弱度)를 제외)이 아닌 자	완전한 자	고혈압(수축기 145mmHg/확장기 90mmHg 초과) 또는 저혈압(수축기 90mmHg/확장기 60mmHg 미만)이 아닌 자	운동신경이 발달하고 신경 및 신체에 각종 질환의 후유증으로 인한 기능상 장애가 없어야 함

※ 1개 항목이라도 기준에 미달하면 불합격 처리

■ 의무소방원 계급

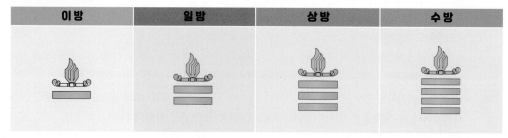

이방	일방	상방	수방

의무소방원 시험후기 ≫

※ 본 정보는 실제 시험을 치른 수험생들의 경험에 의해 정리 수록한 내용으로 지역마다, 또는 개인마다 차이가 있을 수 있습니다(http://blog.naver.com/001kht 발췌 · 편집).

■ 1차(신체·체력검사)

의무소방원이 되기 위한 첫 번째 단계는 체력검사이다. 각각의 항목에 대해서는 기록측정이 아닌 합불여부만 가리게 되는데, 이 중 하나라도 불합격하면 필기나 면접, 심지어는 남은 종목에 응시할 기회조차 없이 바로 집으로 돌아가게 된다. 세부 합격기준을 보면 거의 대부분의 응시생들이 통과할 것으로 보이지만 의외로 적지 않은 수의 응시생들이 체력시험에서 떨어진다. 사실, 네 가지 검사 항목 중 가장 많이 탈락하는 종목이 제자리 멀리뛰기이다. 실제로 시험을 치르게 되면 205cm를 뛰어넘기란 그리 쉽지 않다. 그러나 1차 시험인 신체 · 체력검사는 통과의례적인 절차상 관문이므로 크게 걱정하지 않아도 된다.

■ 2차(필기시험)

체력시험 합격자를 대상으로 실시되는 필기시험은 국어, 국사, 일반상식 3과목이고, 문항수는 각 과목당 20문제로 총 60문제이다. 모두 객관식이므로 그리 세밀한 내용을 공부하지 않아도 될 것으로 보이며, 시험시간도 충분하니, 행여 시간이 모자랄까 노심초사하지 않아도 된다.

[국 어]

국어의 경우는 짧은 지문 하나에 관련 문제를 푸는 형식이나 맞춤법 같은 간단한 문제가 나온다. 난이도 자체도 수능 정도의 수준보다 쉬운 편이므로, 지문을 읽고 깊게 생각한다거나 하지 않고 그냥 외우는 문제 위주라 생각하면 될 것이다.

[국 사]

국사의 경우는 시대 상황을 잘 연결하여 상황별로 이해하며, 공부해 두면 큰 도움이 될 것이다. 이는 전체 20문제 중 3~4문제 정도가 출제되기 때문에 무시하지 못하는 점수가 된다. 또한 단순 암기식 문제가 주를 이루기 때문에 옳은 방법이라고 할 수는 없지만, 시간이 촉박한 수험생이라면 학력고사 스타일로 그저 달달 외우는 공부법도 하나의 방법이라 할 수 있겠다.

[일반상식]

일반상식에서는 소방상식이 50% 포함되어 있다. 일반상식의 경우는 워낙 광범위하고 시험범위가 정해져 있지않으므로, 어느 부분에서 어떤 문제가 나올지 몰라 공부하기도 난감한 과목이다. 실제로 시험을 본 수험생들의 이야기를 들어보면 의무소방원이 되는데 이런 상식이 과연 필요한가 싶을 정도의 상식이나 최신시사 관련 문제들이 출제된다고 한다. 이에 대비하기 위해서는 평소 신문을 꾸준히 보고, 일반상식이나 최근 시사 문제에 관심을 가지고 읽어보는 것이 좋을 듯 싶다. 이에 반해 소방상식에 관한 문제는 주어진 범위에서 크게 벗어나지 않으므로 본 교재만으로도 충분하리라 생각된다.

GUIDE

목 차

제 1 과목

국 어

의무
소방원

국어/국사/상식/적성검사

한권으로 끝내기!

(주)시대고시기획
(주)시대교육
www.sidaegosi.com

시험정보 · 자료실 · 이벤트
합격을 위한 최고의 선택

시대에듀
www.sdedu.co.kr

자격증 · 공무원 · 취업까지
BEST 온라인 강의 제공

CHAPTER 01 현대 문학

01 서정 갈래

1. 시(詩)의 이해

(1) 시의 정의

인간의 경험, 느낌, 정서 등을 유기적 구조를 지닌 운율적 언어로 형상화한 운문 문학이다.

(2) 시의 요소

① 시의 내용적 요소

주 제	시에 담긴 중심 생각
소 재	주제를 나타내기 위하여 사용한 글감
심 상	시어의 작용에 의해 독자의 마음속에 떠오르는 영상

② 시의 형식적 요소

시 어	시에 쓰인 말
행	시의 한 줄 한 줄
연	시에서 한 줄 띄어 쓴 한 덩어리
운 율	시어들의 소리가 만들어 내는 가락

(3) 시의 분류

① 형식상

정형시	일정한 운율에 맞추어 쓰는 시
자유시	형식에 구애됨이 없이 자유롭게 쓴 시
산문시	형태는 산문이지만, 시적인 함축성과 내면적 운율이 있는 시

② 내용상

서정시	개인의 주관적 감정이나 정서를 다룬 시
서사시	역사적 사실이나 위대한 인물의 이야기를 다룬 시
극 시	연극적인 내용을 시의 형식으로 표현

(4) 시의 운율

① 내재율 : 외형상의 규칙성은 띠지 않지만 작품의 내면에 흐르는 개성적 운율로, 자유시에서 흔히 볼 수 있다.

② 외형률 : 시의 외형상 분명히 드러나 있는 운율로, 정형시에서 흔히 볼 수 있다.

음위율	일정한 음이 일정한 위치에 반복되는 운율
음수율	일정한 수의 음절이 규칙적으로 반복되는 운율
음보율	일정한 음보가 규칙적으로 반복되는 운율로서, 우리 시에서 가장 두드러진 운율

(5) 시의 언어(시어)

① 언어의 두 가지 측면

ㄱ 지시적 의미 : 모든 사람에게 같은 뜻으로 파악되는 언어로, 객관적 논술이나 설명에 사용된다. 사회적으로 공인된 비개인적 의미이다.

ㄴ 함축적 의미 : 다의적·암시적·상징적 의미로, 문학과 같은 독자의 정서적 반응을 불러일으키는 글에 사용된다.

② 시어의 특징

ㄱ 함축성 : 내포적 의미

ㄴ 음악성 : 반복되는 율동감

ㄷ 다의성 : 중의성, 애매성, 모호성

(6) 시의 심상

시각적 이미지	색채, 명암 등 시각을 통해 떠올리는 심상
청각적 이미지	소리를 통해 떠올리는 심상
후각적 이미지	냄새를 통해 떠올리는 심상
미각적 이미지	맛을 통해 떠올리는 심상
촉각적 이미지	피부의 감각을 통해 떠올리는 심상
공감각적 이미지	하나의 감각이 다른 감각으로 전이되어 일어나는 심상

(7) 시의 비유와 상징

비 유	표현하고자 하는 대상이나 관념(원관념)을 그것과 유사하거나 관련성이 있는 다른 사물(보조 관념)에 빗대어서 표현하는 방법
상 징	어떤 사물이 그 자체의 의미를 유지하면서 보다 포괄적인 다른 뜻까지 암시하는 방법

(8) 서정적 자아와 언어유희

① **서정적 자아** : 시 속에서 말하는 사람으로, '시적 자아'라고도 한다. 주제를 효과적으로 형상화하기 위해 의도적으로 설정하는 작중 화자를 말한다.

② **언어유희** : 말이나 글자를 가지고 하는 말장난으로, 동음이의어나 발음의 유사성을 활용하여 해학성을 높이는 표현 방법이다.

(9) 객관적 상관물과 감정 이입

① **객관적 상관물** : 시에서 화자의 정서나 사상을 표현하기 위하여 찾아낸 사물, 정황, 사건 등을 이르는 말이다. 시인이 자신의 감정을 간접적으로 제시하기 위해 사용하는 구체적인 사물이나 상황을 의미한다.

② **감정 이입** : 타인이나 자연물 또는 예술작품 등에 자신의 감정을 이입시키는 방법이다. 서정적 자아의 정서를 효과적으로 표현하는 방법이기도 하다.

(10) 표현 방법

① 비유하기

직유법	원관념과 보조 관념을 '-같이', '-처럼', '- 양', '- 듯이' 등의 연결어를 사용하여 표현하는 방법
은유법	원관념과 보조 관념을 'A는 B이다'의 형식으로 연결하는 표현 방법
의인법	사람이 아닌 것에 인격적 요소를 부여하여 마치 사람인 것처럼 표현하는 방법
활유법	무생물을 생물인 것처럼, 감정이 없는 것을 감정이 있는 것처럼 표현하는 방법
의성법	소리를 그대로 묘사하여 그 소리나 상태를 실제와 같이 표현하는 방법
의태법	모양이나 태도를 그대로 모방하여 표현하는 방법
대유법	하나의 사물이나 관념을 나타내는 말이 경험적으로 그것과 밀접하게 연관된 다른 사물이나 관념을 나타내도록 표현하는 방법
중의법	하나의 단어에 두 가지 이상의 의미를 나타내고자 하는 표현 방법

② 강조하기

과장법	표현하려는 대상을 실제보다 더 확대하거나 축소하여 의미를 강조하는 표현 방법
반복법	같거나 비슷한 단어, 어절, 문장 등을 되풀이하여 뜻을 강조하는 표현 방법
열거법	내용적으로 연결되거나 비슷한 단어나 어구를 나열하여 내용을 강조하는 표현 방법
대조법	반대되는 대상이나 내용을 내세워 주제를 강조하거나 인상을 선명하게 표현하는 방법
점층법	문장의 뜻을 점점 강하게 하거나 크게 하여 독자의 감정을 자연스럽게 절정으로 끌어 올리는 표현 방법
점강법	크고 높고 강한 것에서부터 점차 낮고 약한 것으로 끌어내려 표현하는 방법
연쇄법	앞 구절의 끝 어구를 다음 구절의 앞 구절에 이어받아 이미지나 심상을 강조하는 표현 방법
영탄법	감탄사나 감탄형 어미 등을 써서 기쁨, 슬픔, 놀라움 등과 같은 감정을 강하게 나타내는 표현 방법

③ 변화주기

대구법	문장의 구조를 같거나 비슷하게 짝을 지어 나란하게 배열하는 표현 방법
설의법	쉽게 판단할 수 있는 사실을 의문의 형식을 사용하여 표현하는 방법
도치법	정상적인 문장 성분의 순서나 문단에서의 문장 순서를 의도적으로 바꾸어 변화를 주는 표현 방법
반어법	겉으로 드러난 표현과 속에 숨겨져 있는 내용이 서로 반대가 되게 하는 표현 방법
역설법	겉으로 보기엔 서로 이치에 어긋나거나 모순되는 것 같지만 속에는 어떤 진실을 담고 있는 표현 방법
생략법	문장의 구절을 간결하게 줄이거나 생략하는 표현 방법
문답법	이미 알고 있는 사실이라도 질문과 답변의 형식을 사용하여 변화를 주는 표현 방법
인용법	자기의 이론을 증명하거나 주장을 강조하기 위하여 남의 말이나 글을 따오는 표현 방법

2. 시 문학의 흐름

(1) 개화기

① 창 가

㉠ 찬송가나 서양식 노래의 영향을 받아들여 출현했으며 개화 가사와 신체시를 연결하는 교량 역할을 했던 시가 형식이다.

㉡ 계몽주의적 사상(애국, 평등, 개화, 독립 등)을 주요 내용으로 한다.

㉢ 형식은 전통적인 율격인 3·4조, 4·4조에서 벗어나 6·5조, 7·5조, 8·5조 등 다양하다.

㉣ 작품에는 최남선의 「경부철도가」 등이 있다.

② 신체시

㉠ 창가 가사와 자유시 사이의 징검다리 역할을 한 과도기적 시가 형태이다.

㉡ 계몽사상, 신문명에 대한 동경, 자주 독립, 남녀평등 등의 내용을 주로 다루고 있다.

㉢ 시대적·사회적 요청에 부응하는 계몽적 성격에서 완전히 벗어나지는 못했다.

㉣ 최초의 작품은 최남선의 「해에게서 소년에게」이다.

(2) 1910년대

서구 상징시 도입	『태서문예신보』 : 프랑스 상징주의 시 소개
자유시	• 정형성과 교훈성을 탈피한 현대적인 자유시 등장 • 전통적인 형식에서 벗어나 자유로운 표현으로 시인의 감정을 표현 • 최초의 자유시 : 주요한 「불놀이」

(3) 1920년대

문학 동인지 창간	『폐허』, 『개벽』, 『백조』, 『조선문단』 등
퇴폐적 낭만주의	• 우울한 시대 의식과 개인적 절망 노래 • 원인 : 3・1 운동의 좌절, 세기말적 퇴폐 풍조 유입 • 오상순, 박종화, 홍사용, 이상화 등
신경향파	• 카프(KAPF) : 조선 프롤레타리아 예술가 동맹 • 계급주의 문학 표방, 투쟁적 사회 의식 노래 • 노동자나 농민들의 고통스러운 삶을 소재로 현실에 대한 저항을 드러냄 • 임화, 김기진 등
민족주의적 경향	• 민족의 주체성을 확립하려는 국민 문학 운동 대두 • 내용 : 향토적 정서와 민족주의 이념 • 형식 : 시조와 민요의 전통적 율격을 재창조 • 김소월, 한용운, 이상화 등

(4) 1930년대

순수 서정시	• 이전 시대의 민족주의 문학과 계급주의 문학의 갈등에 대한 반발로, 문학 자체의 예술성과 순수성을 강조 • 언어의 조탁, 시어의 음악성 등을 중시 • 김영랑, 박용철 등
모더니즘 시	• 초현실주의, 이미지즘 등 서구의 문예 사조가 유입되면서 순수 서정시가 갖고 있는 낭만성을 극복하고 현대적인 시의 면모를 확립하려는 경향이 나타남 • 이미지와 지성과 논리, 시의 회화성 등을 중시 • 현대 도시 문명에 대한 인식과 비판적 감수성 표출 • 김기림, 김광균, 이상, 정지용 등
생명 추구의 시	• 시의 본질적 목적은 인간과 생명의 탐구 • 토속적인 소재나 원시적 가치를 강조 • 서정주, 유치환 등

(5) 1940년대

청록파	• 일제 말기 극심한 탄압으로 인해 더 이상 현실적인 문제를 다룰 수 없게 되자 전통적 율격과 한국적 정서를 바탕으로 한 작품 등장 • 향토적 소재를 사용하여 자연 친화적인 태도로 이상적인 자연의 모습을 노래 • 『문장』을 통해 등단한 박목월, 박두진, 조지훈이 공동으로 『청록집』 간행
저항시	• 일제의 억압에 굴하지 않고 저항 의식을 담은 시 창작 • 부정적인 현실에 대한 비판과 미래에 대한 긍정적인 전망을 표현 • 조국 광복에 대한 확신을 의지적 태도로 그려냄 • 윤동주, 이육사

02 서사 갈래

1. 소설의 이해

(1) 소설의 특징

허구성	작가의 상상에 의해 꾸며 낸 이야기
진실성	이야기의 전개나 인물의 설정 등에 있어서 진실성을 찾아내어 표현하는 문학
모방성	현실을 소재로 한 것으로 현실을 반영
서사성	인물·사건·배경 등을 갖춘 이야기의 형식
예술성	단순한 흥미 위주보다 예술로서의 형식미와 기교를 갖춤

(2) 소설의 3요소

주 제	작가가 나타내려는 중심 생각
구 성	이야기의 전개나 사건의 필연성 등을 유기적으로 결합하여 주제를 표현
문 체	작가의 개성적 특성을 나타내는 독특한 문장의 체제

(3) 소설 구성의 3요소

인 물	작가의 상상력에 의해 창조된 사건의 행위자이며, 이야기의 주체
사 건	인물의 성격 사이에서 빚어지는 갈등에 의해 구체화되는 이야기의 줄거리
배 경	작중 인물이 처해 있는 시대적·사회적·장소적 환경이나 분위기

(4) 소설의 인물

① 개념 : 작가에 의해 창작되어 소설 속에 등장하는 사람으로 사건과 행동의 주체자이다.

② 분류

㉠ 역할에 따른 분류

주동 인물	소설의 주인공으로 사건과 행동의 주체적 인물
반동 인물	주인공의 의지와 행동에 맞서 갈등하는 인물

㉡ 특성에 따른 분류

전형적 인물	계층, 직업, 세대 등을 대표하는 성격의 인물
개성적 인물	계층, 직업, 세대 등과 상관없이 뚜렷한 개성을 지닌 인물

ⓒ 성격 변화에 따른 분류

평면적 인물	처음부터 끝까지 성격의 변화가 없는 인물
입체적 인물	상황의 변화에 따라 성격이 변하는 인물

③ 인물의 성격 제시 방법

직접적 제시	• 분석적 · 해설적 · 설명적 제시 → 말하기 • 서술자가 인물의 특성이나 성격을 직접 설명하는 방법
간접적 제시	• 극적 · 장면적 제시 → 보여 주기 • 서술자가 인물의 성격을 행동이나 대화를 통해 간접적으로 보여 주는 방법

(5) 소설의 시점

① 개념 : 서술자가 서술 대상을 바라보는 각도나 위치를 말한다.

② 종 류

　ⓐ 1인칭 주인공 시점
　　• 주인공인 '나'가 자기 자신의 이야기를 하는 방식이다.
　　• 주인공의 내면세계를 그리는 데 효과적이며, 독자에게 친근감과 신뢰감을 준다.
　　• 객관성을 유지하기가 어려우며, 주인공 이외의 인물을 서술할 때 제약이 따른다.

　ⓑ 1인칭 관찰자 시점
　　• 작품 속에 등장하는 '나'가 주인공에 대해 이야기하는 서술 방식이다.
　　• 주인공의 내면을 숨김으로써 긴장감을 유지한다.
　　• '나'의 눈에 비친 외부 세계만을 서술하므로, 주인공과 세계를 깊이 있게 이해하기 어렵다.

　ⓒ 전지적 작가 시점
　　• 서술자가 전지전능한 위치에서 인물이나 사건을 서술하는 방식이다.
　　• 서술자가 작품 속에 직접 개입하여 사건을 진행시키고 인물을 논평한다.
　　• 작가의 사상과 인생관이 직접 드러난다.
　　• 독자의 상상적 참여가 제한될 우려가 있다.

　ⓓ 작가 관찰자 시점
　　• 서술자가 외부 관찰자의 위치에서 이야기를 서술하는 방식이다.
　　• 서술자는 주관을 배제한 채 객관적인 태도로 대상을 관찰하고 묘사한다.
　　• 서술자가 해설이나 평가를 내리지 않기 때문에 독자의 상상력이 개입되는 경우가 많다.

(6) 소설의 구성

① 개념 : 작품의 짜임새로, 작품의 바탕이 되는 재료를 독자적인 수법으로 배열하거나 서술하는 일을 말한다.

② 분 류

단순 구성	하나의 사건에 대한 이야기로만 전개되는 구성
복합 구성	두 개 이상의 사건이 복잡하게 얽혀 전개되는 구성
피카레스크식 구성	서로 다른 각각의 이야기가 동일한 주제로 묶여 전개되는 구성
액자식 구성	외부의 이야기 속에 내부의 이야기가 담겨 있는 구성
평면적 구성(순행식 구성)	사건이 시간의 흐름에 따라 배열되는 구성
입체적 구성(역행적 구성)	사건의 흐름에 시간의 역전이 일어나는 구성

③ 단 계

ㄱ 발단 : 등장인물이 소개되고, 배경이 제시되며, 사건의 실마리가 나타난다.

ㄴ 전개 : 사건이 복잡하게 얽히고, 갈등이 겉으로 드러난다.

ㄷ 위기 : 갈등이 고조되는 부분으로, 사건의 극적 반전이 나타나며, 새로운 사건이 발생한다.

ㄹ 절정 : 갈등이 최고조에 이르는 부분으로, 사건 해결의 분기점이 되는 부분이다.

ㅁ 결말 : 사건이 마무리되고, 갈등이 해소되며, 인물의 운명이 분명해지는 부분이다.

(7) 소설의 갈등

① 내적 갈등 : 인물 내면에서 일어나는 갈등을 말한다.

② 외적 갈등 : 인물 대 인물, 인물 대 사회, 인물 대 운명, 계층 대 계층 등에서 일어나는 갈등을 말한다.

(8) 소설의 배경

① 개념 : 작품 속에서 인물들이 활동하고 사건이 벌어지는 구체적인 시간과 장소를 말한다. 시대적·사회적·자연적 환경이나 분위기를 뜻하며, 이런 배경은 작가의 의도적인 선택에 의하여 나타나게 된다.

② 배경의 기능

ㄱ 작품의 전반적인 분위기를 만들어낸다.

ㄴ 인물의 심리나 사건의 전개를 암시한다.

ㄷ 사건에 사실성을 부여하고 현장감을 준다.

(9) 소설의 주제

① 개념 : 작가가 작품에서 나타내고자 하는 인생에 대한 태도나 관점이다. 작품 속에 용해되어 있는 중심 사상으로서 소설의 내용에 있어 가장 핵심이 되는 요소이다.

② 주제 제시 방법

ㄱ 작가의 서술을 통한 직접적 제시

ㄴ 작중 인물의 대화를 통한 직접적 제시

ⓒ 갈등 구조와 그 해소를 통한 간접적 제시

ⓔ 심상과 상징에 의한 암시적 제시

ⓜ 기타 어구나 분위기에 의한 주제 환기

(10) 소설의 소재

① 개념 : 작품에서 지은이가 말하고자 하는 바를 나타내기 위해 선택하는 재료이다.

② 소재의 기능

ⓐ 소재는 대개 상징적 의미를 지니고 있으며, 앞으로 전개될 사건을 암시하는 복선 기능을 한다.

ⓑ 소재의 기능, 역할, 의미를 바르게 이해하려면 소재 자체에 얽매이기보다 소설 전체의 흐름과 주제와의 연관 속에서 파악해야 한다.

(11) 문학 작품 감상의 관점

내재적 관점	절대론적 관점	• 문학 작품 자체만을 중시하는 관점 • 작품을 이해하는 데 필요한 자료는 오직 작품밖에 없기 때문에 작품을 감상할 때도 반드시 작품만을 이용하여 감상 • 작품 속에 있는 화자, 청자, 시어, 문체, 운율, 구성, 표현 기법, 미적 범주 등을 중시
외재적 관점	반영론적 관점	• 현실 세계와 작품의 대응 관계를 중시하는 관점 • 문학 작품은 작품의 대상이 되는 실제 현실을 반영
	표현론적 관점	• 작가와 작품의 관계를 중시하는 관점 • 작가의 체험, 사상, 감정 등을 문학 작품 속에 표현
	효용론적 관점	• 작품이 독자에게 미치는 영향을 중시하는 관점 • 작품은 독자에게 교훈, 감동 등과 같은 효과를 주기 위해 만들어진 것

2. 소설 문학의 흐름

(1) 신소설

① 개념 : 고전 소설에 비해 새로운 내용·형식·문체로 이루어진 소설이라 하여 붙여진 명칭이다.

② 특 징

ⓐ 내용 : 자주 독립, 신교육, 남녀평등, 자유 결혼, 미신 타파 등 개화사상을 소재로 하는 내용을 주로 다루고 있다.

ⓑ 형식 : 주인공의 탄생부터 시작하는 종래의 틀에서 벗어나 자유로운 장면 묘사로 시작되기도 하고, 언문일치체의 문체가 나타나며, 역순행적 구성 등이 보인다.

ⓒ 한계 : 평면적인 성격의 등장인물, 우연적인 사건 전개, 권선징악적 요소, 상투적 종결 어미 등이 여전히 사용되었다.

(2) 1910년대

① 특 징

㉠ 한일 병합 이후 외세 침략에 대한 비판, 자주 독립 의식 고취 등의 사회적인 내용을 직접 다루기 힘들었다.

㉡ 표면상으로는 근대적인 자아의 각성과 개성을 다루고 있지만, 이면적으로는 고대 소설의 특징에서 벗어나지 못하고 있었다.

② 최초의 근대 장편소설 : 이광수 「무정」

(3) 1920년대

낭만주의 · 자연주의 · 사실주의	• 계몽주의적 성격에 반발하여 순수 문학 운동 전개 • 감상적이고 퇴폐적인 낭만주의, 인간 모습을 자연 현상으로 파악하는 자연주의, 사회를 비판적으로 묘사하는 사실주의 경향의 소설 등장 • 단편 소설의 형태 발달 • 현진건, 김동인, 염상섭 등
계급주의	• 사회주의 사상의 기초 아래, 계급 혁명의 이념을 바탕으로 한 작품 창작 • 피폐해진 농촌과 토지를 잃고 간도나 만주로 떠도는 유랑민, 또 다른 소외 계층인 도시 노동자의 삶을 다룸 • 주요 소재는 폭력, 방화, 살인 등 • 최서해, 박영희 등

(4) 1930년대

농촌 소설	• 브나로드 운동(농촌 계몽 운동)의 영향으로 농촌 현실에 대한 관심 고조 • 농촌 계몽을 목적으로 하는 소설 등장 • 민족운동의 계몽성이나 사회주의의 목적과는 상관없이 농촌 사회의 궁핍하고 고통스런 생활 실상과 형태를 사실적으로 다룬 농민 소설 창작 • 박영준, 김유정, 이효석 등
역사 소설	• 일제의 검열이 극심해지면서 역사를 제재로 한 소설 등장 • 역사에서 얻은 소재를 사용하여 일제의 검열을 피하면서도 민족의식을 고취하기 위한 목적으로 창작 • 김동인, 현진건 등
세태 소설 · 풍속 소설	• 도시적 삶과 현대 문명에 대한 소설적 접근이 이루어짐 • 도시적 삶의 병리를 섬세하게 묘사한 세태 소설, 풍속 소설 등장 • 채만식, 이상 등
장편 소설	• 장편 소설의 창작으로 내용이 길어지면서 깊이 있는 현실 탐구가 이루어짐 • 가족의 계보나 세대 간의 갈등, 가족의 변동과 붕괴 등을 다루는 작품 등장 • 염상섭, 채만식 등

03 극 갈래

1. 희곡의 이해

(1) 희곡의 개념

공연을 목적으로 하는 연극의 대본으로, 소설과 달리 서술자가 없으므로 등장인물들의 대화나 행동을 기본 수단으로 하여 표현하는 예술 작품이다.

(2) 희곡의 특성

① 무대 상연을 전제로 한 문학 : 연극의 대본으로, 많은 제약이 따른다.
② 행동의 문학 : 무대에서 상연되는 문학이기 때문에 인간의 행동을 보여 주게 된다.
③ 대사의 문학 : 대사를 통해 인물의 성격이 드러나고, 사건이 진행되며, 주제가 형상화된다. 따라서 소설처럼 서술자의 묘사나 해설이 개입될 수 없다.
④ 갈등의 문학 : 대립과 갈등을 주된 내용으로 한다.
⑤ 현재 진행형의 문학 : 관객의 눈앞에서 배우들의 행동을 통해 보여주므로, 사건을 현재화하여 표현한다.

(3) 희곡의 구성 요소

① 내용 요소

인 물	작품 안에서 어떤 행위나 사건을 수행하는 주체자
사 건	작품 속에서 발생하고 벌어지는 일
배 경	사건이 일어나는 구체적인 시간과 장소

② 형식 요소

대 사	등장인물이 하는 말 • 대화 : 등장인물들 사이에 주고받는 말 • 독백 : 등장인물이 혼자 하는 말 • 방백 : 관객에게는 들리지만 다른 배우에게는 들리지 않는 것으로 약속하고 하는 말
지시문	등장인물의 동작・표정・심리 등을 설명하고, 배경・분위기・효과 등을 지시하는 글
해 설	희곡의 첫머리에 무대, 등장인물, 시간, 장소 등을 설명하는 글

③ 희곡의 구성 단위

ㄱ 막 : 이전의 이야기가 마무리되고 무대가 완전히 바뀌는 것을 알리는 단위로서, 몇 개의 장으로 이루어진다. 무대의 막이 올랐다가 내려오는 사이의 단위이다.

ㄴ 장 : 막의 하위 단위로, 무대의 장면이 변하지 않고 이루어지는 사건의 한 부분이다. 배경이 바뀐다거나, 인물의 등장과 퇴장 등으로 구분한다.

(4) 희곡의 종류

① 내용에 따른 분류

희 극	행복하게 끝을 맺음으로써 웃음을 자아내는 극
비 극	실패와 좌절을 겪고 불행한 상태로 끝나는 극
희비극	불행한 사건이 전개되다가 상황이 전환되어 행복한 결말을 얻게 되는 극(희극과 비극의 혼합)

② 길이에 따른 분류

단막극	하나의 작품이 하나의 막으로 구성된 희곡
장막극	두 개 이상의 막으로 이루어진 희곡

③ 창작 의도에 따른 분류

창작 희곡	처음부터 무대 상연을 목적으로 창작한 희곡
각색 희곡	소설, 시나리오 등을 희곡으로 바꿔 쓴 희곡
레제드라마	무대 상연을 목적으로 하지 않고 읽히기 위한 목적으로 쓴 희곡

(5) 희곡의 구성 단계

① 발단 : 시간적·공간적 배경과 인물이 나타나고, 이야기의 실마리가 드러난다.
② 전개 : 주동 인물과 반동 인물 사이의 갈등과 대결이 점차 노골화되고 격렬해지는 부분이다.
③ 절정 : 갈등이 최고조에 이르러 극적 장면이 나타나는 부분으로, 주제가 드러난다.
④ 하강 : 서로 대결하던 두 세력 중 뜻하지 않은 쪽으로 대세가 기울어지는 단계로, 결말을 향하여 급속히 치닫는 부분이다.
⑤ 대단원 : 갈등이 해소되고 모든 사건이 종결에 이르는 부분으로, 긴장과 흥분이 해결된다.

(6) 희곡의 제약

① 시간과 공간의 제약을 받는다.
② 작가의 직접적인 묘사나 직접적인 해설이 불가능하다.
③ 내면적 심리 상태나 정신세계를 표현하기에 어려운 면이 있다.

2. 시나리오의 이해

(1) 시나리오의 개념

영화를 만들기 위하여 쓴 각본이다. 촬영을 전제로 쓴 작품이기 때문에 장면의 순서, 배우의 행동이나 대사 등을 상세하게 표현한다.

(2) 시나리오의 특성

① 화면에 의하여 표현되므로 촬영을 고려해야 하고, 특수한 시나리오 용어가 사용된다.
② 주로 대사와 행동으로 표현된다.
③ 시간과 공간의 이동이 자유롭다.
④ 등장인물의 수에 제한을 받지 않으며, 인물 없이 배경만의 장면도 가능하다.
⑤ 직접적으로 심리를 묘사하기 힘들고, 장면과 대상에 의하여 간접적으로 묘사된다.

(3) 시나리오의 구성 요소

① 해설 : 주로 배경이나 등장인물을 소개하며, 인물의 심리를 직접 소개하기도 한다.
② 대사 : 등장인물들이 주고받는 말을 가리킨다. 인물의 성격을 형상화하고, 사건을 진행시키며, 갈등 관계를 나타내고, 주제를 구현하는 역할 등을 담당한다.
③ 지시문 : 연기나 촬영에 대해 지시하는 글이다. 인물의 표정이나 동작, 무대 장치, 카메라 위치, 필름 편집 기술 등을 지시한다.

④ 장면 : 사건의 배경이 되는 장면들을 찍은 단위로, 장면 번호(Scene Number)로 나타낸다.

(4) 시나리오 용어

① S#(Scene Number) : 장면 번호
② O.L.(Over Lap) : 한 화면이 없어지기 전에 다음 화면이 천천히 나타나 겹쳐지는 것
③ C.U.(Close Up) : 어떤 대상이나 인물을 크게 확대해서 찍는 것
④ F.I.(Fade In) : 화면이 점차 밝아지는 것
⑤ F.O.(Fade Out) : 화면이 점차 어두워지는 것
⑥ Insert : 인서트, 다른 화면을 삽입하는 것
⑦ E.(Effect) : 효과음
⑧ NAR.(Narration) : 내레이션, 해설

(5) 희곡과 시나리오의 비교

구 분		희 곡	시나리오
차이점	목 적	무대 상연	영화나 드라마 상영
	구성 단위	막과 장	장 면
	제 약	• 시간과 공간의 제약이 많음 • 등장인물의 수에 제약이 많음	• 시간과 공간의 제약이 적음 • 등장인물의 수에 제약이 적음
공통점		• 갈등을 중심으로 한 사건 전개 • 현재 시제의 표현 • 구성 : 해설, 대사, 지시문	

3. 극 문학의 흐름

(1) 개화기

① 민속극의 쇠퇴와 창극의 발생 : 봉건제도의 몰락과 일제에 의한 국권 피탈로 인해 개화·계몽의 욕구가 표출되었다. 민속극은 개화기에 이르러 급격히 쇠퇴하였으며, 판소리가 발전한 창극이 인기를 끌었다.
② 신파극의 도입 : 신파극이란 창극과 신극의 과도기적 형태로 일본에서 들어온 새로운 연극의 형태이다.
③ 신극의 등장 : 신극이란 전통적인 구극이나 신파극 등의 기성 연극과는 달리 서양의 연극이나 근대극의 영향을 받아 일어난 새로운 연극이다. 1908년 이인직의 「은세계」가 '원각사'에서 처음 공연된 이래, 다양한 극단이 창립되면서 신극 운동을 주도하였다.

(2) 1910년대

① **신파극의 확대** : 개화기에는 전통 판소리나 무용·음악·창극 등이 공연예술의 주류를 이루었으나, 1910년대부터 일본에서 유입된 신파극이 점차 확대되었다. 1910년대 중반부터 극문학에서는 신파극이 공연물의 주류를 이루었다.

② **창작 희곡의 등장** : 근대적 색채가 짙은 조중환의 「병자삼인」이라는 첫 창작 희곡이 만들어졌다. 이후 다양한 작품이 창작되면서 현대적 희곡의 면모를 보여주기 시작하였다.

(3) 1920년대

김우진을 중심으로 한 '극예술협회'(1920)와 박승희를 중심으로 한 '토월회'(1923) 등에 의해 현대극을 정립하려는 노력이 전개되었다. 대사가 일상 회화에 가까워졌고, 무대나 분장 등에서 사실성이 강조되었다. 김우진의 「산돼지」, 나운규의 「아리랑」 등이 있다.

(4) 1930년대

해외 문학파가 중심이 되어 '극예술연구회(1931)'가 결성되고, 이때부터 본격적인 현대극이 공연되었다. 일제 강점기 농촌의 비참한 현실을 사실적으로 표현하여 일본에 대한 저항 의지를 고취시키기도 하였다. 유치진의 「토막(土幕)」, 「소」 등이 있다.

(5) 1940년대

광복 직후의 극문학은 대체로 침체기였으며, 일제 강점기의 비참한 삶, 항일 독립 투쟁, 일본에 기생하여 부귀영화를 누리는 친일파에 대한 비판 등의 내용을 담고 있다. 오영진의 「살아 있는 이중생 각하」 등이 있다.

04 교술 갈래

1. 수필의 이해

(1) 수필의 개념

수필이란 일정한 형식을 따르지 않고 인생이나 자연, 일상생활에서의 느낌이나 체험 등을 생각나는 대로 쓴 산문 형식의 글이다.

(2) 수필의 특징

① **1인칭의 문학** : 수필은 작가가 자신의 경험이나 생각을 쓴 글이기 때문에 1인칭의 문학이다.

② **개성의 문학** : 수필은 글쓴이의 체험과 사상을 표현하는 주관적 문학이다. 따라서 수필에는 글쓴이의 개성이 강하게 드러난다.

③ **자유로운 형식** : 수필을 무형식의 문학이라고도 하는데, 이는 정해진 틀 없이 자유롭게 쓰는 것을 의미한다.

④ **제재의 다양성** : 수필은 생활 속의 모든 것이 소재가 될 수 있다.

⑤ **비전문적인 문학** : 수필은 글을 쓰는 데 특별한 재능이나 조건이 요구되지 않으므로 누구나 쓸 수 있는 대중적인 문학 갈래이다.

(3) 수필의 요소

① **주제** : 작가가 작품을 통해서 나타내려는 핵심적인 사상이나 중심적 의미이다.

② **제재** : 주제를 나타내기 위해 선택한 소재이다. 수필의 제재는 신변잡기에서 사회적·역사적 사실 및 자연 현상에 이르기까지, 작가가 체험하고 사고할 수 있는 모든 것이 대상이 될 수 있다.

③ **구성** : 주제를 나타내기에 알맞게 제재를 배열하는 기법이다. 수필은 정해진 형식은 없지만, 각각의 작품 내에서는 주제를 구현하기 위해 각 요소들이 긴밀하게 구성되어야 한다.

④ **문체** : 글에 나타나는 작가의 개성적인 특징이다. 작가마다 개성이나 느낌이 다르기 때문에 같은 대상을 묘사·서술하더라도 작가에 따라 그 느낌이 달라진다.

(4) 중수필과 경수필

① **중수필**
　ⓐ 무거운 내용을 담고 있는 수필로, 사회적·철학적 문제 등을 논리적으로 접근한다.
　ⓑ 보편적인 논리와 이성에 바탕을 두고 표현하기 때문에 대체로 객관적, 비평적 성격을 지닌다.

② **경수필**
　ⓐ 일정한 격식 없이 개인의 취향, 체험, 느낌 등을 자유롭게 표현한다.
　ⓑ 개인의 감정이나 태도를 자유롭게 표현하기 때문에 대체로 자기 고백적, 신변잡기적 성격을 지닌다.

(5) 문 체

① **개념** : 문장이 가지고 있는 독특한 성격으로, 글쓴이의 개성·사상·감정 등이 나타나는 문장 구조이다. 따라서 문체는 글의 내용상 특징이나 글쓴이의 개성에 따라 다르게 형성된다.

② 종 류

　㉠ 표현의 강유(剛柔)에 따라

　　• 강건체 : 글의 흐름이 씩씩하고 강직하여 박력이 있다. 남성적인 문체이나 자칫하면 개념적이고 허세에 빠지기 쉬운 점도 있다.

　　• 우유체 : 글의 흐름이 부드러우며 우아하다. 섬세한 감정 표현에 알맞아 수필에서 많이 볼 수 있다.

　㉡ 문장의 길이에 따라

　　• 간결체 : 많은 내용을 요약·압축하여 함축성 있게 표현하는 문체로, 문장이 짧고 구조도 단순하다. 세세한 설명을 하지 않고, 독자가 상상하도록 한다.

　　• 만연체 : 자기의 뜻을 표현하기 위해 설명적인 어구를 많이 쓰는 문체로, 세밀한 표현이 가능하나 늘어지는 느낌을 줄 수 있다.

　㉢ 수식의 정도에 따라

　　• 건조체 : 화려한 수식 없이 사실만 담담하게 표현하는 문체로, 딱딱하고 건조한 느낌을 준다. 감성적인 글에는 어울리지 않고 논설문이나 설명문에서 많이 볼 수 있다.

　　• 화려체 : 미사어구가 많은 글로 회화적 색감과 음악적 운율을 갖는 문체이다. 주지적인 글에는 적합하지 않다.

2. 수필 문학의 흐름

(1) 개화기

① 근대 수필의 출발 : 개화, 계몽 등을 목적으로 하는 교술적 성격이 강하다. 유길준의 「서유견문(西遊見聞)」은 최초로 국한문 혼용체를 사용하였다.

② 신문에 실린 사설이나 논설 : 많은 지식인들이 「독립신문」이나 「대한매일신보」에 사설이나 논설을 발표하여 민중을 계몽하였다. 이러한 사설이나 논설 등이 한국 수필의 원형이라고 할 수 있다.

(2) 1920년대

수필의 초창기로 수필의 형태가 정립되지는 못했지만, 차차 수필 문학으로서의 독자성을 확보하며 성장하였다. 우리 국토에 대한 애정을 담은 기행 수필이 주류를 이루었다. 최남선의 「심춘순례」와 「백두산근참기」, 이병기의 「낙화암을 찾아가는 길에」 등이 있다.

(3) 1930년대

외국 문학을 연구하는 학자들에 의해 외국의 수필 작품과 이론이 도입되었다. 전문적인 수필가의 등장으로 수필 문학이 독자적 장르로 정립되었다. 이효석의「낙엽을 태우면서」, 김진섭의「백설부」 등이 있다.

(4) 1940년대

광복 직후 수필은 특별한 활동 없이, 이미 발표된 수필을 다시 정리하여 수필집의 형태로 간행하였다. 김진섭의「생활인의 철학」, 이양하의「이양하 수필집」 등이 있다.

CHAPTER
01

제1과목 국 어

적중예상문제

다음 글을 읽고 물음에 답하시오(1~2).

> 나 보기가 역겨워
> 가실 때에는
> 말없이 고이 보내 드리오리다.
>
> 영변(寧邊)에 약산(藥山)
> 진달래꽃
> 아름 따다 가실 길에 뿌리오리다.
>
> 가시는 걸음걸음
> 놓인 그 꽃을
> 사뿐이 즈려밟고 가시옵소서
>
> 나 보기가 역겨워
> 가실 때에는
> ㉠ 죽어도 아니 눈물 흘리오리다
>
> – 김소월, 「진달래꽃」

01 **이 시에 대한 설명으로 가장 적절하지 않은 것은?**

① 이별의 정한을 노래하고 있다.

② 7.5조, 3음보의 율격을 지닌다.

③ 수미 상관의 표현을 사용하고 있다.

④ 전통적, 남성적, 의지적인 성격을 지닌다.

해설 제시된 글은 이별의 정한을 노래한 김소월의 시로, 전통적·여성적·순응적인 성격을 지닌다.

정답 1 ④

제1장 현대 문학 21

02 ㉠과 같은 표현 방법을 사용한 예로 적절한 것은?

① 아아 사랑하는 나의 님은 갔습니다.

② 가난하다고 해서 사랑을 모르겠는가

③ 먼 훗날 당신이 찾으시면 그때에 내 말이 "잊었노라"

④ 우리들의 사랑을 위하여서는 / 이별이, 이별이 있어야 하네

해설 ㉠에는 반어법이 사용되었다. ①에는 영탄법, ②에는 설의법, ④에는 역설법이 사용되었다.

다음 글을 읽고 물음에 답하시오(3~4).

> 모란이 피기까지는
> 나는 아직 나의 봄을 기다리고 있을 테요
> 모란이 뚝뚝 떨어져 버린 날
> 나는 비로소 봄을 여읜 설움에 잠길 테요
> 5월 어느 날, 그 하루 무덥던 날
> 떨어져 누운 꽃잎마저 시들어 버리고는
> 천지에 모란은 자취도 없어지고
> 뻗쳐 오르던 내 보람 서운케 무너졌느니
> 모란이 지고 말면 그뿐, 내 한 해는 다 가고 말아
> 삼백 예순 날 하냥 섭섭해 우옵내다
> 모란이 피기까지는
> 나는 아직 기다리고 있을 테요, ㉠ 찬란한 슬픔의 봄을
>
> – 김영랑, 「모란이 피기까지는」

03 이 시에 대한 설명으로 가장 적절하지 않은 것은?

① 수미 상관의 형태를 통해 주제를 부각하고 있다.

② 어순의 도치를 통해 화자의 의지를 드러내고 있다.

③ 어조의 변화를 통해 화자의 고조된 감정을 나타내고 있다.

④ 상승 이미지와 하강 이미지의 교차를 통해 시적 의미를 강조하고 있다.

해설 제시된 글에서 1~2행과 11~12행은 수미 상관을 통해 '삶의 소망에 대한 기다림'이라는 주제 의식을 부각하고 있다. 문장의 순서를 바꾸는 도치법(나는 아직 기다리고 있을 테요, 찬란한 슬픔의 봄을)과 상승 이미지(뻗쳐 오르던)·하강 이미지(서운케 무너졌느니)는 찾아볼 수 있으나, 어조의 변화는 나타나지 않는다.

04 ㉠과 같은 표현 방법을 사용한 예로 옳은 것은?

① 이 마을 전설이 주저리주저리 열리고

② 피부의 바깥에 스미는 어둠 / 낯설은 거리의 아우성 소리

③ 분분한 낙화… / 결별이 이룩하는 축복에 싸여 / 지금은 가야할 때.

④ 바다는 뿔뿔이 / 달아날랴고 했다. / 푸른 도마뱀 떼같이 / 재재발렸다.

해설 ㉠에는 겉으로 보기엔 서로 이치에 어긋나거나 모순되는 것 같지만 속에는 어떤 진실을 담고 있는 표현 방법인 '역설법'이 사용되었다. ③의 '결별이 이룩하는 축복에 싸여'에 역설법이 사용되었다.

다음 글을 읽고 물음에 답하시오(5~6).

> 나는 나룻배
> 당신은 행인
>
> 당신은 흙발로 나를 짓밟습니다.
> 나는 당신을 안고 물을 건너갑니다.
> 나는 당신을 안으면 깊으나 옅으나 급한 여울이나 건너갑니다.
>
> 만일 당신이 아니 오시면 나는 바람을 쐬고 눈비를 맞으며 밤에서 낮까지 당신을 기다리고 있습니다.
> 당신은 물만 건너면 나를 돌아보지도 않고 가십니다 그려.
> 그러나 당신이 언제든지 오실 줄만은 알아요.
> 나는 당신을 기다리면서 날마다 날마다 낡아 갑니다.
>
> 나는 나룻배
> 당신은 행인
>
> – 한용운, 「나룻배와 행인」

05 이 시에 대한 설명으로 가장 적절하지 않은 것은?

① 높임법을 활용하여 주제 의식을 강화하고 있다.

② 공감각적 비유로 정서적 분위기를 조성하고 있다.

③ 수미 상관의 방식으로 구조적 완결성을 높이고 있다.

④ 두 제재의 속성과 관계를 통해 주제를 형상화하고 있다.

제시된 글은 수미 상관식의 구성이 사용되었고, 쉬운 우리말과 경어체를 사용하였다. 또한 '나룻배'라는 사물을 비유적인 의미로 사용하여 주제를 효과적으로 표현하고 있으며, 앞과 뒤에 같은 구절을 반복하는 수미 상관의 방식을 통해 구조적 완결성을 높이고 있다.

06 이 시의 '나룻배(나)'와 '행인(당신)'에 대한 설명으로 옳지 않은 것은?

① 2연에는 '당신'에 대한 '나'의 헌신적 태도가 드러난다.

② 3연에는 '당신'에 대한 '나'의 기다림의 태도가 나타난다.

③ '나'는 '당신'이 반드시 오리라는 믿음을 가지고 있다.

④ '행인'은 '나룻배'에게 무조건적인 인내와 희생을 보여준다.

 제시된 글에서 인내와 희생을 보여주는 것은 '행인'이 아니라 '나룻배'이다. '나룻배'는 '행인'에게 무조건적인 인내와 희생을 보여준다.

다음 글을 읽고 물음에 답하시오(7~8).

> 나는 북관에 혼자 앓아누워서
> 어느 아침 의원을 뵈이었다.
> 의원은 여래 같은 상을 하고 관공의 수염을 드리워서
> 먼 옛적 어느 나라 신선 같은데
> 새끼손톱 길게 돋은 손을 내어
> 묵묵하니 한참 맥을 짚드니
> 문득 물어 고향이 어데냐 한다.
> 평안도 정주라는 곳이라 한즉
> 그러면 아무개 씨 고향이란다.
> 그러면 아무개 씰 아느냐 한즉
> 의원은 빙긋이 웃음을 띠고
> 막역지간이라며 수염을 쓸는다.
> 나는 아버지로 섬기는 이라 한즉
> 의원은 또다시 넌지시 웃고
> 말없이 팔을 잡아 맥을 보는데
> 손길은 따스하고 부드러워
> 고향도 아버지도 아버지의 친구도 다 있었다.
>
> — 백석, 「고향」

07 이 시의 내용에 대해 잘못 설명한 것은?

① '나'와 '의원'은 막역지간은 아니다.
② 고향과 아버지에 대한 그리움이 드러난다.
③ '나'는 '의원'의 손길에서 고향을 떠올렸다.
④ 내가 고향으로 온 것은 몸이 아팠기 때문이다.

해설 제시된 글에서 고향을 떠나 북관에서 혼자 지내던 '나'가 몸이 아파 찾아 간 의원과 대화를 하다가, 의원이 '나'가 아버지처럼 섬기는 아무개 씨와 막역지간 즉, 친한 친구라는 것을 알게 되고 그의 손길에서 고향의 따뜻함을 느낀다는 내용의 시이다.

08 이 시의 표현상 특징을 잘못 설명한 것은?

① 의성어를 반복하였다.
② 촉각적 심상이 나타나 있다.
③ 차분하고 담담한 어조를 사용하였다.
④ 대화의 형식으로 이야기를 전개한다.

해설 제시된 글은 시각적 심상과 촉각적 심상을 활용하여 시적 화자의 정서를 효과적으로 드러내고 있다. 또한 인물 간의 대화 형식으로 시상을 전개한다. 그리고 차분하고 담담한 어조로 고향에 대한 그리움을 표현하고 있다.

다음 글을 읽고 물음에 답하시오(9~10).

> 까마득한 날에
> 하늘이 처음 열리고
> 어데 닭 우는 소리 들렸으랴
>
> 모든 산맥들이
> 바다를 연모해 휘달릴 때도
> 차마 이곳을 범하던 못하였으리라
>
> 끊임없는 광음을
> 부지런한 계절이 피어선 지고
> 큰 강물이 비로소 길을 열었다
>
> 지금 눈 나리고
> 매화 향기 홀로 아득하니

내 여기 가난한 노래의 씨를 뿌려라.

다시 천고의 뒤에
백마 타고 오는 초인이 있어
이 광야에서 목놓아 부르게 하리라.

― 이육사, 「광야」

09 이 시에 대한 설명으로 가장 적절하지 않은 것은?

① 상징적 시어를 사용하고 있다.
② 시간의 순서에 따라 시상이 전개된다.
③ 청유형 어미를 반복적으로 사용하고 있다.
④ 의인법을 사용하여 역동적 심상을 만들어낸다.

해설 청유형 어미가 아니라 명령형 어미 '―라'가 사용되었다.

10 이 시의 내용에 대해 잘못 설명한 것은?

① 2연에서 '이곳'은 침범할 수 없는 '광야'를 뜻한다.
② 3연은 역사와 문명의 태동을 의미한다.
③ 4연에서 화자는 암담한 현실을 극복하려는 의지를 보인다.
④ 5연에서 화자는 초자연적인 존재를 두려워한다.

해설 5연에서의 '초인'은 민족의 새로운 역사를 쓸 초월적 존재로, 화자는 초인이 오기를 간절히 바라고 있다.

다음 글을 읽고 물음에 답하시오(11~13).

죽는 날까지 하늘을 우러러
한 점 부끄럼이 없기를
잎새에 이는 바람에도
나는 괴로워했다.
별을 노래하는 마음으로
모든 죽어 가는 것을 사랑해야지.

그리고 나한테 주어진 길을
걸어가야겠다.

오늘 ㉠ 밤에도 별이 바람에 스치운다.

- 윤동주, 「서시」

11 이 시에 대한 설명으로 가장 적절하지 않은 것은?

① 의지를 표현하는 어미를 사용하고 있다.
② '바람'은 화자의 심리적 갈등을 의미한다.
③ 후렴구를 삽입하여 운율을 형성하고 있다.
④ 부끄러움 없는 삶에 대한 소망이 나타난다.

> **해설** 제시된 시는 부끄러움 없는 삶에 대한 소망을 노래한 시로, '부끄럼이 없기를, 사랑해야지, 걸어가야겠다' 등의 시어를 사용하여 시적 화자의 의지를 드러내고 있다. 이 시에서 후렴구는 찾아볼 수 없다.

12 이 시의 화자와 〈보기〉의 화자가 갖는 공통점은?

> **보 기**
>
> 내일이나 모레나 그 어느 즐거운 날에
> 나는 또 한 줄의 참회록을 써야 한다.
> – 그때 그 젊은 나이에
>   왜 그런 부끄런 고백을 했던가.
>
> 밤이면 밤마다 나의 거울을
> 손바닥으로 발바닥으로 닦아 보자.
>
> - 윤동주, 「참회록」

① 생명에 대한 소중함
② 임무 완수의 즐거움
③ 자기 반성과 자기 성찰
④ 즐거운 과거에 대한 회상

> **해설** 제시된 글과 〈보기〉의 「참회록」은 식민지 현실을 살아가는 화자의 고뇌와 부끄러움 없는 삶에 대한 소망을 노래한 시로, 자기 반성적이고 자아 성찰적인 성격이 드러난다.

13 〈보기〉를 참고할 때 밑줄 친 시구 중 ㉠과 의미가 가장 유사한 것은?

┤ 보 기 ├

「서시」는 광복 후 간행된 윤동주의 유고 시집 『하늘과 바람과 별과 시』에 수록된 작품으로 일제강점기 억압적 상황 속에서 겪어야 했던 지식인의 고뇌를 노래하고 있다.

① 풀이 눕는다. / 바람보다도 더 빨리 눕는다. – 김수영, 「풀」
② 매운 계절의 채찍에 갈겨 / 마침내 북방으로 휩쓸려 오다. – 이육사, 「절정」
③ 넓은 벌 동쪽 끝으로 / 옛 이야기 지줄대는 실개천이 휘돌아 나가고 – 정지용, 「향수」
④ 나는 아직 나의 봄을 기다리고 있을 테요 – 김영랑, 「모란이 피기까지는」

해설 제시된 글의 '밤'은 암담한 식민지 현실을 의미하며, 「절정」의 '매운 계절'도 암울하고 고통스러운 식민지 현실을 표현한 것이다.

다음 글을 읽고 물음에 답하시오(14~15).

(가) 반영론은 문학 작품이 사회를 반영하여 현실의 문제를 비판적으로 성찰할 수 있게 하는 매개체라는 관점을 취한 비평적 입장이다.

(나) 강나루 건너서
　　밀밭 길을

　　구름에 달 가듯이
　　가는 나그네

　　길은 외줄기
　　남도 삼백 리

　　술 익는 마을마다
　　타는 저녁 놀

　　구름에 달 가듯이
　　가는 나그네

　　　　　　　　　　　　　　　　　　　– 박목월, 「나그네」

14 (가)의 관점에서 (나)를 감상할 때 가장 적절한 것은?

① 전통적 민요의 율격을 바탕으로 한 정형적 형식을 통해 정제된 시상이 효과적으로 드러났군.

② 삶의 고통스러운 단면을 외면한 채 유유자적한 삶만을 그린 것은 아닌지 비판할 여지가 있군.

③ 낭만적 감성을 불러일으키는 시적 분위기가 시조에서 보이는 선경후정과 비슷한 양상을 띠는군.

④ 해질 무렵 강가를 거닐며 조망한 풍경의 이미지가 한 폭의 그림을 보는 듯한 감각을 자아내는군.

해설 제시된 글은 일제강점기 말에 창작된 시이다. 낭만적이고 달관적인 화자의 태도를 비판한 것은 태평양 전쟁으로 인해 일제의 인적, 물적 수탈이 최고조에 달했던 당시의 시대적 상황을 배경으로 한 것이다. 따라서 이는 (가) 반영론적 관점에서 이 시를 감상한 것이라고 할 수 있다. ①·③·④는 박목월의 「나그네」를 절대론적 관점에서 해석한 것이다. 운율은 시의 구조를 통해 드러나는 요소이고, 시적 분위기는 시어의 특성 및 화자의 정서 등을 통해 파악할 수 있는 것이다. 그리고 이미지는 시의 표현 기법과 관련이 있으므로 작품에 갖춰진 요소를 중심으로 감상한 것이다.

15 (나) 시에 대한 설명으로 적절하지 않은 것은?

① 4음보의 전통적 가락을 바탕으로 하고 있다.

② 수미 상관의 구성을 통해 이미지를 강조한다.

③ 향토적인 소재를 통해 한국적인 정서를 표현한다.

④ 각 행을 명사형으로 종결하여 간결한 형식미를 느끼게 한다.

해설 제시된 글은 7·5조 3음보의 율격을 지니고 있다.

다음 글을 읽고 물음에 답하시오(16~17).

> ㉠ 유리에 차고 슬픈 것이 어른거린다.
> 열없이 붙어서서 ㉡ 입김을 흐리우니
> 길들은 양 언 날개를 파다거린다.
> 지우고 보고 지우고 보아도
> 새까만 ㉢ 밤이 밀려나가고 밀려와 부딪히고,
> 물 먹은 별이, 반짝, 보석처럼 박힌다.
> 밤에 홀로 유리를 닦는 것은
> 외로운 황홀한 심사이어니,
> 고운 폐혈관이 찢어진 채로
> 아아, 너는 ㉣ 산새처럼 날라갔구나!
>
> – 정지용, 「유리창」

16 이 시에 대한 설명으로 가장 적절하지 않은 것은?

① 기승전결의 4단 구성으로 나눌 수 있다.

② 선명하고 감각적인 이미지 사용을 보여준다.

③ 죽은 자식에 대한 그리움과 슬픔을 노래하고 있다.

④ 이 시를 낭독할 경우에는 절규하는 듯한 어조가 적절하다.

해설 제시된 글은 죽은 아이의 죽음에 대한 슬픔과 그리움을 비교적 담담한 어조로 노래한 시이다.

17 ㉠~㉣ 중 〈보기〉의 밑줄 친 시어와 비유적 의미가 유사한 것은?

┌─ 보 기 ─────────────────────────────────┐

어느 가을 이른 바람에
이에 저에 떨어질 잎처럼
한 가지에 나고
가는 곳 모르온저.
아아, 미타찰(彌陀刹)에서 만날 나
도(道) 닦아 기다리겠노라.

― 월명사, 「제망매가(祭亡妹歌)」

└──┘

① ㉠　　　　② ㉡　　　　③ ㉢　　　　④ ㉣

해설 〈보기〉에서 '잎'은 죽은 누이를 가리킨다. 「유리창」에서 죽은 자식을 비유하는 말은 '차고 슬픈 것', '언 날개', '물 먹은 별', '산새'이다. 따라서 '잎'과 가장 의미가 통하는 것은 ㉣이다.

다음 글을 읽고 물음에 답하시오(18~20).

┌──┐

넓은 벌 동쪽 끝으로
옛이야기 지줄대는 실개천이 휘돌아 나가고,
얼룩백이 황소가
해설피 ㉠ 금빛 게으른 울음을 우는 곳,
― 그곳이 차마 꿈엔들 잊힐 리야.

질화로에 재가 식어지면
비인 밭에 밤바람 소리 말을 달리고
엷은 졸음에 겨운 늙으신 아버지가

└──┘

짚벼개를 돋아 고이시는 곳,
— 그곳이 차마 꿈엔들 잊힐 리야.

흙에서 자란 내 마음
파아란 하늘빛이 그리워
함부로 쏜 화살을 찾으려
풀섶 이슬에 함추름 휘적시던 곳,
— 그곳이 차마 꿈엔들 잊힐 리야.

전설 바다에 춤추는 밤물결 같은
검은 귀밑머리 날리는 어린 누이와
아무렇지도 않고 예쁠 것도 없는
사철 발 벗은 안해가
따가운 햇살을 등에 지고 이삭 줍던 곳,
— 그곳이 차마 꿈엔들 잊힐 리야.

하늘에는 성근 별
알 수도 없는 모래성으로 발을 옮기고,
서리 까마귀 우지짖고 지나가는 초라한 지붕,
흐릿한 불빛에 돌아앉아 도란도란거리는 곳,
— 그곳이 차마 꿈엔들 잊힐 리야.

– 정지용, 「향수」

18 이 시에 대한 설명으로 가장 적절하지 않은 것은?

① 선명한 감각적 이미지를 사용하였다.
② 향토적인 소재와 시어를 사용하였다.
③ 후렴구의 반복으로 리듬감을 형상화한다.
④ 반어적 표현으로 현실의 모순을 드러낸다.

해설 제시된 글은 고향에 대한 그리움을 노래한 시이다. 이 시는 후렴구의 반복으로 리듬감을 형상화하고 주제 의식을
강화하였으며, 참신하고 선명한 감각적 이미지를 사용하였고, 향토적 소재와 시어를 구사하고 있다. 하지만
이 시에서 반어적 표현은 찾아볼 수 없다.

19 이 시와 다음 〈보기〉의 공통된 정서로 가장 적절한 것은?

> ┤ 보 기 ├
>
> 동지(冬至)ㅅ달 기나긴 밤을 한 허리를 버혀 내여
> 춘풍(春風) 니불 아래 서리서리 너헛다가
> 어론 님 오신 날 밤이여든 구뷔구뷔 펴리라.
>
> — 황진이

① 만족감　　　② 서러움　　　③ 그리움　　　④ 기대감

> 해설　〈보기〉는 황진이의 시조로 임을 그리워하는 마음이 드러난다. 정지용의 「향수」에서는 고향을 그리워하는 마음이
> 드러난다.

20 ㉠에 사용된 이미지와 같은 것은?

① 매화 향기 홀로 아득하니
② 분수처럼 흩어지는 푸른 종소리
③ 젊은 아버지의 서느런 옷자락에
④ 붉은 파밭의 푸른 새싹을 보아라

> 해설　㉠과 ②에는 공감각적 이미지가 사용되었다. ①에는 후각적 이미지, ③에는 촉각적 이미지, ④에는 시각적 이미지가
> 사용되었다.

다음 글을 읽고 물음에 답하시오(21~23).

> 나는 이제 너에게도 슬픔을 주겠다.
> 사랑보다 소중한 슬픔을 주겠다.
> 겨울밤 거리에서 귤 몇 개 놓고
> 살아온 추위와 떨고 있는 할머니에게
> 귤값을 깎으면서 기뻐하던 너를 위하여
> 나는 슬픔의 평등한 얼굴을 보여 주겠다.
> 내가 ㉠ 어둠 속에서 너를 부를 때
> 단 한 번도 평등하게 웃어 주질 않은
> 가마니에 덮인 동사자가 다시 얼어죽을 때
> ㉡ 가마니 한 장조차 덮어 주지 않은

> 무관심한 너의 사랑을 위해
> 흘릴 줄 모르는 너의 눈물을 위해
> 나는 이제 너에게도 ⓒ 기다림을 주겠다.
> 이 세상에 내리던 ⓔ 함박눈을 멈추겠다.
> 보리밭에 내리던 봄눈들을 데리고
> 추워 떠는 사람들의 슬픔에게 다녀와서
> 눈 그친 눈길을 너와 함께 걷겠다.
> 슬픔의 힘에 대한 이야기를 하며
> 기다림의 슬픔까지 걸어가겠다.
>
> — 정호승, 「슬픔이 기쁨에게」

21 **이 시를 통해 얻을 수 있는 교훈과 가장 거리가 먼 것은?**

① 이기적으로 살아온 삶을 반성해야겠다.

② 소외된 이웃에게 관심을 갖고 살아야겠다.

③ 나와 다른 생각을 가진 사람을 존중해야겠다.

④ 이웃을 배려하고 더불어 사는 삶을 살아야겠다.

> **해설** 제시된 글의 주제는 이기적으로 살아온 삶을 반성하고, 소외된 이웃에게 관심을 갖고, 이웃과 더불어 사는 삶을 살아야겠다는 것이다.

22 **이 시의 표현상 특징을 잘못 설명한 것은?**

① 역설적인 표현을 사용하고 있다.

② 어미의 반복으로 화자의 의지를 드러낸다.

③ 동일한 어구를 반복하여 운율을 형성한다.

④ 공간의 이동에 따라 시상을 전개하고 있다.

> **해설** ① '사랑보다 소중한 슬픔을 주겠다.'에서 역설적인 표현이 사용되었다.
> ② '-겠다'라는 어미를 반복하여 화자의 강한 의지를 드러낸다.
> ③ '-위해, -주겠다'라는 동일한 어구를 반복하여 운율을 형성하고 있다.

23 ㉠~㉢의 함축적 의미를 잘못 설명한 것은?

① ㉠ : 힘겹고 고통스러운 삶

② ㉡ : 이웃에 대한 최소한의 관심

③ ㉢ : 소외된 이웃에게 사랑으로 다가서기 위한 시간

④ ㉣ : 소외된 자들이 누리던 기쁨과 행복

해설 '함박눈'은 가진 자들에게는 기쁨과 행복을 주지만, 소외된 사람들에게는 추위와 고통을 주는 존재이다.

다음 글을 읽고 물음에 답하시오(24~25).

폭포는 곧은 절벽을 무서운 기색도 없이 떨어진다.

규정할 수 없는 물결이
무엇을 향하여 떨어진다는 의미도 없이
계절과 주야를 가리지 않고
고매한 정신처럼 쉴 사이 없이 떨어진다.

금잔화도 인가도 보이지 않는 밤이 되면
폭포는 곧은 소리를 내며 떨어진다.

곧은 소리는 소리이다.
곧은 소리는 곧은
소리를 부른다.

번개와 같이 떨어지는 물방울은
취할 순간조차 마음에 주지 않고
나타와 안정을 뒤집어 놓은 듯이
높이도 폭도 없이
떨어진다.

– 김수영, 「폭포」

24 이 시에 대한 설명으로 가장 적절한 것은?

① 주지적, 의지적, 참여적인 성격의 시이다.
② 따뜻하고 부드러운 어조를 사용하여 설득력을 높인다.
③ 폭포의 역동적인 힘을 표현하여 자연의 위대함을 예찬하였다.
④ 일제의 회유와 협박에 굴복하지 않으려는 화자의 마음을 엿볼 수 있다.

해설 ② 격정적이고 의지적인 어조를 사용하고 있다.
③ 폭포의 곧은 소리처럼 양심과 지조를 지키려는 화자의 의지가 담겨 있는 시로, 자연의 위대함을 예찬했다고
보기는 어렵다.
④ 1959년 발표된 시로 일제 강점기와 관련이 없다.

25 이 시의 표현상 특징으로 적절하지 않은 것은?

① 비유법이 나타난다.
② 현재형 종결 어미가 나타난다.
③ 계절의 흐름에 따라 시상이 전개된다.
④ 동일한 문장의 반복으로 시상을 점층적으로 전개한다.

해설 제시된 글은 시간이나 계절의 흐름이 아니라, 동일한 문장의 확장과 반복을 통해 시상을 점층적으로 전개하고
있다.

다음 글을 읽고 물음에 답하시오(26~27).

가야 할 때가 언제인가를
분명히 알고 가는 이의
뒷모습은 얼마나 아름다운가.

봄 한철
격정을 인내한
나의 사랑은 지고 있다.

분분한 낙화……
결별이 이룩하는 축복에 싸여
지금은 가야 할 때,

무성한 녹음과 그리고
머지않아 열매 맺는

가을을 향하여
나의 청춘은 꽃답게 죽는다.

헤어지자
섬세한 손길을 흔들며
하롱하롱 꽃잎이 지는 어느 날

나의 사랑, 나의 결별,
샘터에 물 고이듯 성숙하는
내 영혼의 슬픈 눈.

— 이형기, 「낙화」

26 이 시에 대한 감상으로 가장 적절한 것은?

① 계절의 순환을 통해 자연의 위대함을 자각하고 있군.
② 결별의 슬픔을 자신의 영혼이 성숙하는 계기로 삼고 있군.
③ 이별을 받아들이지 않으려는 의지적 자세를 엿볼 수 있군.
④ 흩어져 떨어지는 꽃잎을 통해 인생의 무상함을 강조하고 있군.

해설 제시된 글은 이별을 통한 영혼의 성숙을 표현한 시로, 계절의 순환을 느낄 수는 있지만 자연의 위대함을 자각하는 것은 아니다. 또한 이별을 순순히 받아들이는 모습을 보이고 있다. 제시된 글에서 꽃은 인생의 무상함을 강조하는 것이 아니라, 영혼의 성숙을 이루는 계기가 된다.

27 이 시에서 상징하는 의미를 잘못 연결한 것은?

① 낙화 – 이별
② 녹음 – 성숙
③ 열매 – 기다림
④ 나의 사랑 – 꽃

해설 제시된 글에서 '녹음'과 '열매'는 '성숙'을 의미한다.

다음 글을 읽고 물음에 답하시오(28~29).

새침하게 흐린 품이 눈이 올 듯하더니, 눈은 아니 오고 얼다가 만 비가 추적추적 내리는 날이었다. 이날이야말로 동소문 안에서 인력거꾼 노릇을 하는 김 첨지에게는 오래간만에도 닥친 운수 좋은 날이었다. 문안에(거기도 문밖은 아니지만) 들어간답시는 앞집 마마님을 전찻길까지 모셔다 드린 것을 비롯으로 행여나 손님이 있을까하고 정류장에서 어정어정하며, 내리는 사람 하나하나에게 거의 비는 듯한 눈결을 보내고 있다가, 마침내 교원인 듯한 양복쟁이를 동광 학교까지 태워다 주기로 되었다.

첫 번에 삼십 전, 둘째 번에 오십 전 — 아침 댓바람에 그리 흉치 않은 일이었다. 그야말로 재수가 옴 붙어서 근 열흘 동안 돈 구경도 못한 김 첨지는 십 전짜리 백통화 서 푼, 또는 다섯 푼이 찰깍하고 손바닥에 떨어질 제 거의 눈물을 흘릴 만큼 기뻤다. 더구나 이날 이때에 이 팔십 전이라는 돈이 그에게 얼마나 유용한지 몰랐다. 컬컬한 목에 모주 한 잔도 적실 수 있거니와, 그보다도 앓는 아내에게 설렁탕 한 그릇도 사다 줄 수 있음이다.

(중략)

"이년아, 죽었단 말이냐, 왜 말이 없어?"

"……"

"으응, 또 대답이 없네. 정말 죽었나 보이."

이러다가 누운 이의 흰 창을 덮은 위로 치뜬 눈을 알아보자마자,

"이 눈깔! 이 눈깔! 왜 나를 바라보지 못하고 천장만 보느냐, 응."

하는 말끝엔 목이 메었다. 그러자 산 사람의 눈에서 떨어진 닭의 똥 같은 눈물이 죽은 이의 뻣뻣한 얼굴을 어룽어룽 적신다. 문득 김 첨지는 미친 듯이 제 얼굴을 죽은 이의 얼굴에 한데 비비대며 중얼거렸다.

"설렁탕을 사다 놓았는데 왜 먹지를 못하니, 왜 먹지를 못하니? 괴상하게도 오늘은! 운수가, 좋더니만……"

– 현진건, 「운수 좋은 날」

28 이 글에 대한 설명으로 가장 적절하지 않은 것은?

① 비속어를 사용하여 생생하게 표현한다.
② 인물의 행동과 대화로만 이야기가 전개된다.
③ 배경이 되는 날씨가 우울한 분위기를 조성한다.
④ 도시 하층민의 비참한 삶을 사실적으로 표현한다.

해설 제시된 글은 소설로, 작가의 서술에 의해 이야기가 전개되고 있다.

29 이 글의 결말에 대해 가장 바르게 설명한 것은?

① 인물의 행동을 통해 권선징악의 교훈을 준다.
② 배경 묘사를 통해 환상적 분위기를 조성한다.
③ 역설적 표현을 통해 행복한 결말을 암시한다.
④ 상황적 반어를 통해 비극적 상황을 강조한다.

해설 돈을 많이 벌어서 운이 좋다고 생각하는 날, 아내의 죽음을 맞이한다. 이러한 반어적 상황을 통해 비극적 주제를 효과적으로 전달하고 있다.

다음 글을 읽고 물음에 답하시오(30~31).

그들은 여전히 이야기를 계속하고 있다.
"그래 촌에 들어가면 위험하진 않은가요?"
조선에 처음 간다는 시골자가 또다시 입을 벌렸다.
"뭘요, 어델 가든지 조금도 염려 없쉐다. 생번이라 하여도 요보는 온순한 데다가, 가는 곳마다 순사요 헌병인데 손 하나 꼼짝할 수 있나요. 그걸 보면 데라우치 상이 참 손아귀 힘도 세지만 인물은 인물이야!"
매우 감격한 모양이다.
"그래 촌에 들어가서 할 게 뭐예요?"
"할 것이야 많지요. 어델 가기로 굶어 죽을 염려는 없지만, 요새 돈 몰 것이 똑 하나 있지요. 자본없이 힘 안 들고…… 하하하."
표독한 위인이 충동이는 수작이다.

(중략)

나는 여기까지 듣고 깜짝 놀랐다. 그 불쌍한 조선 노동자들이 속아서 지상의 지옥 같은 일본 각지의 공장과 광산으로 몸이 팔리어 가는 것이 모두 이런 도적놈 같은 협잡 부랑배의 술중(術中)에 빠져서 속아 넘어가는구나 하는 생각을 하며 나는 다시 한번 그자의 상판대기를 치어다보지 않을 수 없었다.

– 염상섭, 「만세전」

30 이 글에 대한 설명으로 적절하지 않은 것은?

① 호흡이 긴 만연체 문장을 사용하고 있다.
② 냉소적 어조로 참담한 현실을 표현하고 있다.
③ 지식인의 각성과 현실 개선의 의지가 드러난다.
④ 일제 시대 억압받던 우리 민족의 삶을 그리고 있다.

31 이 글의 서술자에 대한 설명으로 가장 적절한 것은?

① 작품 밖의 전지적 서술자가 일어난 사건의 전말을 전달하고 있다.

② 작품 속에 등장하는 인물이 서술자가 되어 이야기를 이끌어 가고 있다.

③ 작품 밖에 있는 서술자가 관찰자가 되어 등장인물의 행동을 묘사하고 있다.

④ 작품 속의 서술자가 작품 밖의 서술자와 교차하며 사건을 입체적으로 서술하고 있다.

다음 글을 읽고 물음에 답하시오(32~33).

"장인님! 인젠 저 ……."

내가 이렇게 뒤통수를 긁고, 나이가 찼으니 성례를 시켜줘야 하지 않겠느냐고 하면, 그 대답이 늘

"이 자식아! 성례구 뭐구 미처 자라야지!"

하고 만다.

이 자라야 한다는 것은 내가 아니라 장차 내 아내가 될 점순이의 키 말이다. 내가 여기에 와서 돈 한 푼 안 받고 일하기를 삼 년 하고 꼬박 일곱 달 동안을 했다. 그런데도 미처 못 자랐다니까 이 키는 언제야 자라는 겐지 짜증 영문 모른다. 일을 좀 더 잘해야 한다든지, 혹은 밥을(많이 먹는다고 노상 걱정이니까) 좀 덜 먹어야 한다든지 하면 나도 얼마든지 할 말이 많다. 허지만 점순이가 안죽 어리니까 더 자라야 한다는 여기에는 어째 볼 수 없이 고만 벙벙하고 만다.

이래서 나는 애초에 계약이 잘못된 걸 알았다. 이태면 이태, 삼 년이면 삼 년, 기한을 딱 작정하고 일을 해야 원 할 것이다. 덮어놓고 딸이 자라는 대로 성례를 시켜 주마 했으니, 누가 늘 지키고 섰는 것도 아니고 그 키가 언제 자라는지 알 수 있는가. 그리고 난 사람의 키가 무럭무럭 자라는 줄만 알았지 붙배기 키에 모로만 벌어지는 몸도 있는 것을 누가 알았으랴.

(중략)

우리 장인님은 약이 오르면 이렇게 손버릇이 아주 못됐다. 또 사위에게 이 자식 저 자식 하는 이놈의 장인님은 어디 있느냐. 오죽해야 우리 동리에서 누굴 물론하고 그에게 욕을 안 먹는 사람은 명이 짜르다 한다. 조그만 아이들까지도 그를 돌아세 놓고 욕필이(본 이름이 봉필이니까), 욕필이, 하고 손가락질을 할 만치 두루 인심을 잃었다. 하나 인심을 정말 잃었다면 욕보다 읍의 배참봉 댁 마름으로 더 잃었다. 번이 마름이란 욕 잘 하고 사람 잘 치고 그리고 생김 생기길 호박개 같아야 쓰는 거지만 장인님은 외양에 똑 됐다. 장인께 닭 마리나 좀 보내지 않는다든가 애벌논 때 품을 좀 안 준다든가 하면 그해 가을에는 영락없이 땅이 뚝뚝 떨어진다.

그러면 미리부터 돈도 먹이고 술도 먹이고 안달재신으로 돌아치던 놈이 그 땅을 슬쩍 돌아앉는다.

– 김유정, 「봄·봄」

32 이 글에 대해 잘못 설명한 것은?

① 토속적인 언어를 사용하고 있다.

② 농촌 사회의 현실을 풍자하고 있다.

③ 인물 간의 갈등을 해학적으로 풀어내고 있다.

④ 계급 투쟁 의식 고취를 목적으로 하는 카프 문학에 속한다.

 제시된 글은 농촌 사회의 현실을 풍자하는 작품이지만, 카프 문학에 속하지는 않는다.

33 이 글에 대한 이해로 가장 적절하지 않은 것은?

① 마름의 특성을 동물의 외양에 빗대어 낮잡아 표현했다.

② 비속어와 존칭어를 혼용하여 해학적 표현을 구사했다.

③ 여러 정황을 거론하며 '장인'의 됨됨이가 마땅치 않음을 드러냈다.

④ '장인'과 소작인들 사이의 뒷거래 장면을 생생하게 묘사하여 제시했다.

 ④ 소작인들이 마름인 '장인'에게 닭을 보내지 않거나 품을 주지 않으면 소작할 땅을 얻지 못했다는 내용을 통해 '장인'과 소작인들 사이의 뒷거래 장면을 짐작할 수 있다. 하지만 서술자를 통해 직접 제시하고 있으며 장면을 생생하게 묘사한 것은 아니다.
① '번이 마름이란 – 호박개 같아야 쓰는 거지만'이라는 부분을 통해 마름을 동물에 빗대어 낮잡아 표현하고 있음을 알 수 있다.
② '이 놈의 장인님'은 비속어인 '놈'과 존칭어인 '장인님'을 혼용한 해학적 표현이다.
③ 손버릇이 좋지 않은 점, '욕필이'라는 별명이 있을 정도로 욕을 잘 하는 점, 마름이라는 신분을 이용하여 개인적 이익을 취하려는 점 등을 통해 장인의 됨됨이가 마땅치 않음을 알 수 있다.

다음 글을 읽고 물음에 답하시오(34~35).

이와 같이 조선의 관민이 일치되어 민중의 지식 정도를 높이는 데 진력을 하였다. 즉 그들 관민이 일치되어 계획한 조선의 문화 정도는 급속도로 높아 갔다.

그리하여 민중의 지식 보급에 애쓴 보람은 나타났다. 면서기를 공급하고 순사를 공급하고 군청 고원을 공급하고 간이 농업학교 출신의 농사 개량 기수를 공급하였다. 은행원이 생기고 회사 사원이 생겼다. 학교 교원이 생기고 교회의 목사가 생겼다.

(중략)

그리하여 부르주아지는 '가보'를 잡고, 공부한 일부의 지식꾼은 진주(다섯 끗)를 잡았다.

그러나 노동자와 농민은 무대를 잡았다. 그들에게는 조선의 문화의 향상이나 민족적 발전이나가 도리어 무거운 짐을 지워 주었을지언정 덜어 주지는 아니하였다. 그들은 배[梨] 주고 속 얻어먹은 셈이다.

인텔리…… 인텔리 중에도 아무런 손끝의 기술이 없이 대학이나 전문학교의 졸업증서 한 장을 또는 그 조그마한 보통 상식을 가진 직업 없는 인텔리…… 해마다 천여 명씩 늘어 가는 인텔리……. 뱀을 본 것은 이들 인텔리다. 부르주아지의 모든 기관이 포화 상태가 되어 더 수요가 아니 되니 그들은 결국 꼬임을 받아 나무에 올라갔다가 흔들리는 셈이다. 개밥에 도토리다.

인텔리가 아니 되었으면 차라리……. 노동자가 되었을 것인데 인텔리인지라 그 속에는 들어갔다가 도로 달아나오는 것이 99퍼센트다. 그 나머지는 모두 어깨가 축 처진 무직 인텔리요, 무기력한 문화 예비군 속에서 푸른 한숨만 쉬는 초상집의 주인 없는 개들이다. ㉠ 레디메이드 인생이다.

– 채만식, 「레디메이드 인생」

---

34 **이 글에 대한 설명으로 적절하지 않은 것은?**

① 현실을 비판하고 풍자하고 있다.

② 속담과 관용적인 표현을 활용하고 있다.

③ 냉소적이고 비꼬는 듯한 어조를 사용한다.

④ 일제강점기 농민의 삶을 사실적으로 그렸다.

해설 제시된 글은 식민지 현실을 살아가는 지식인의 좌절과 고통을 그린 작품으로, 농민의 삶을 사실적으로 그렸다는 표현과는 거리가 멀다.

35 **㉠에 대해 잘못 설명한 것은?**

① 대량 생산된 제품이다.

② 맞춤 제작된 상품을 의미한다.

③ 인간에 대한 좌절과 모멸감이 드러나는 표현이다.

④ 인간은 사회의 요구에 따라 소모되는 하나의 부속품이다.

'레디메이드 인생'은 기성품으로, 공장에서 대량 생산된 제품을 의미한다. 사회의 요구에 따라 소모되는 부속품으로 전락한 인간에 대한 좌절과 모멸감이 드러나는 표현이다.

다음 글을 읽고 물음에 답하시오(36~37).

"웬걸요, 시원스리 말은 안 해 주나, 봉평이라는 것만은 들었죠."

"봉평? 그래 그 아비 성은 무엇이구?"

"알 수 있나요? 도무지 듣지를 못했으니까."

"그, 그렇겠지."

하고 중얼거리며 흐려지는 눈을 까물까물하다가 허 생원은 경망하게도 발을 헛디디었다. 앞으로 고꾸라지기가 바쁘게 몸째 풍덩 빠져 버렸다. 허비적거릴수록 몸을 걷잡을 수 없어, 동이가 소리를 치며 가까이 왔을 때에는 벌써 퍽으나 흘렀었다. 옷째 쫄딱 젖으니 물에 젖은 개보다도 참혹한 꼴이었다. 동이는 물속에서 어른을 해깝게 업을 수 있었다. 젖었다고는 하여도 여윈 몸이라 장정 등에는 오히려 가벼웠다.

"이렇게까지 해서 안됐네. 내 오늘은 정신이 빠진 모양이야."

"염려하실 것 없어요."

"그래, 모친은 아비를 찾지는 않는 눈치지?"

"늘 한번 만나고 싶다고는 하는데요."

"지금 어디 계신가?"

㉠"의부와도 갈라져 제천에 있죠. 가을에는 봉평에 모셔 오려고 생각 중인데요. 이를 물고 벌면 이럭저럭 살아 갈 수 있겠죠."

"아무렴, 기특한 생각이야. 가을이랬다?"

동이의 탐탁한 등허리가 뼈에 사무쳐 따뜻하다. 물을 다 건넜을 때에는 도리어 서글픈 생각에 좀 더 업혔으면도 하였다.

"진종일 실수만 하니 웬일이오, 생원?"

조 선달은 바라보며 기어코 웃음이 터졌다.

"나귀야. 나귀 생각하다 실족을 했어. 말 안 했던가? 저 꼴에 제법 새끼를 얻었단 말이지. 읍내 강릉집 피마에게 말일세. 귀를 쫑긋 세우고 달랑달랑 뛰는 것이 나귀 새끼 같이 귀여운 것이 있을까? 그것 보러 나는 일부러 읍내를 도는 때가 있다네."

"사람을 물에 빠치울 젠 딴은 대단한 나귀 새끼군."

허 생원은 젖은 옷을 웬만큼 짜서 입었다. 이가 덜덜 갈리고 가슴이 떨리며 몹시도 추웠으나, 마음은 알 수 없이 둥실둥실 가벼웠다.

– 이효석, 「메밀꽃 필 무렵」

36 이 글에 대한 설명으로 가장 적절한 것은?

① 실제 역사적 사실을 소재로 한다.

② 배경의 전환이 빠르게 이루어진다.

③ 풍자적이고 해학적인 표현이 두드러진다.

④ 서술자가 주인공의 심리를 말해주고 있다.

해설 제시된 글은 전지적 작가 시점의 소설로, 서술자가 주인공의 심리를 상세히 설명하고 있다.

37 ㉠을 〈보기〉처럼 시나리오로 옮길 때, ⓐ에 들어갈 지문으로 가장 적절한 것은?

┤ 보 기 ├

S# 72

동   이 : (어머니를 생각하며, 웃으며) 의부와도 갈라져 제천에 있죠. 가을에는 봉평에 모셔 오려고 생각 중인데요. 이를 물고 벌면 이럭저럭 살아갈 수 있겠죠.

허 생원 : (자신을 업은 동이를 물끄러미 바라보며) 아무렴, 기특한 생각이야. 가을이랬다? (따뜻한 체온을 느끼며 동이의 어깨에 얼굴을 기댄다.)

물을 다 건넌 허 생원과 동이. 허 생원은 동이의 등에서 내려온다.

허 생원 : (ⓐ   ) 고맙네. 자네 등이 참 따뜻했네.

① 유쾌한 듯 밝은 표정으로

② 화가 나서 동이를 노려보며

③ 동이를 향해 돌멩이를 던지며

④ 좀 더 업히고 싶은 표정을 지으며

해설 제시된 글의 '물을 다 건넜을 때에는 도리어 서글픈 생각에 좀 더 업혔으면도 하였다.'라는 표현을 통해 '허 생원'이 '동이'에게 좀 더 업히고 싶어 한다는 사실을 알 수 있다.

다음 글을 읽고 물음에 답하시오(38~39).

정거장 대합실에 와서 이렇게 도사리고 앉아 있노라면, 만도는 곧잘 생각나는 일이 한 가지 있었다. 그 일이 머리에 떠오르면 등골을 찬 기운이 좍 스쳐 내려가는 것이었다. 손가락이 시퍼렇게 굳어져서 이끼 낀 나무토막 같은 팔뚝이 지금도 저만큼 눈앞에 보이는 듯했다.

바로 이 정거장 마당에 백 명 남짓한 사람들이 모여 웅성거리고 있었다. 그중에는 만도도 섞여 있었다. 기차를 기다리고 있는 것이었으나 그들은 모두 자기네들이 어디로 가는 것인지 알지를 못했다. 그저 차를 타라면 탈 사람들이었다. 징용에 끌려 나가는 사람들이었다. 그러니까, 지금으로부터 십이삼 년 옛날의 이야기인 것이다. 북해도 탄광으로 갈 것이라는 사람도 있었고 틀림없이 남양 군도로 간다는 사람도 있었다. 더러는 만주로 가면 좋겠다고 하기도 했다.

(중략)

"진수야, 그만두고 자아, 업자."

하는 것이었다.

"업고 건느면 일이 다 되는 거 아니가. 자아, 이거 받아라."

고등어 묶음을 진수 앞으로 민다.

"……"

진수는 퍽 난처해하면서 못 이기는 듯이 그것을 받아 들었다. 만도는 등어리를 아들 앞에 갖다 대고 하나밖에 없는 팔을 뒤로 버쩍 내밀며

"자아, 어서!"

진수는 지팡이와 고등어를 각각 한 손에 쥐고, 아버지의 등어리로 가서 슬그머니 업혔다. 만도는 팔뚝을 뒤로 돌려서 아들의 하나뿐인 다리를 꼭 안았다. 그리고

"팔로 내 목을 감아야 될 끼다."

했다. 진수는 무척 황송한 듯 한쪽 눈을 찍 감으면서 고등어와 지팡이를 든 두 팔로 아버지의 굵은 목덜미를 부둥켜안았다. 만도는 아랫배에 힘을 주며 '꿍!'하고 일어났다. 아랫도리가 약간 후들거렸으나 걸어갈 만은 했다. 외나무다리 위로 조심조심 발을 내디디며 만도는 속으로, 이제 새파랗게 젊은 놈이 벌써 이게 무슨 꼴고. 세상을 잘못 만나서 진수 니 신세도 참 똥이다, 똥. 이런 소리를 주워섬겼고 아버지의 등에 업힌 진수는 곧장 미안스러운 얼굴을 하며, '나꺼정 이렇게 되다니, 아부지도 참 복도 더럽게 없지. 차라리 내가 죽어 버렸다면 나았을 낀데……'하고 중얼거렸다.

만도는 아직 술기가 약간 있었으나 용케 몸을 가누며 아들을 업고 ㉠ 외나무다리를 조심조심 건너가는 것이었다.

– 하근찬, 「수난이대」

38 이 글에 대한 설명으로 적절하지 않은 것은?

① 과거를 회상하는 장면이 나타난다.

② 1인칭 서술자가 이야기를 이끌어가고 있다.

③ 사투리를 사용하여 현장감을 느낄 수 있다.

④ 인물들은 시대적 상황으로 인하여 수난을 겪는다.

해설 제시된 글은 3인칭 시점의 소설로, 작품 밖에 있는 서술자에 의해 이야기가 전개된다.

39 ㉠의 의미를 잘못 설명한 것은?

① '만도'와 '진수'에게 놓인 장애물
② '만도'와 '진수'가 극복해야 할 시련
③ '만도'와 '진수'의 화합을 이루는 매개체
④ '만도'와 '진수'의 새로운 갈등의 시작을 암시

> 해설 제시된 글에서 '외나무다리'는 '만도'와 '진수' 앞에 놓인 장애물인 동시에, 두 인물이 함께 다리를 건넘으로써 서로 화합하게 만드는 역할을 한다.

다음 글을 읽고 물음에 답하시오(40~41).

사람들은 아버지를 난쟁이라고 불렀다. 사람들은 옳게 보았다. ㉠ 아버지는 난쟁이였다. 불행하게도 사람들은 아버지를 보는 것 하나만 옳았다. 그 밖의 것들은 하나도 옳지 않았다. 나는 아버지, 어머니, 영호, 영희, 그리고 나를 포함한 다섯 식구의 모든 것을 걸고 그들이 옳지 않다는 것을 언제나 말할 수 있다. 나의 '모든 것'이라는 표현에는 '다섯 식구의 목숨'이 포함되어 있다. 천국에 사는 사람들은 지옥을 생각할 필요가 없다. 그러나 우리 다섯 식구는 지옥에 살면서 천국을 생각했다. 단 하루라도 천국을 생각해 보지 않은 날이 없다. 하루하루의 생활이 지겨웠기 때문이다. ㉡ 우리의 생활은 전쟁과 같았다. 우리는 그 전쟁에서 날마다 지기만 했다. 그런데도 어머니는 모든 것을 잘 참았다. 그러나 그날 아침 일만은 참기 어려웠던 것 같다.
"통장이 이걸 가져왔어요."
내가 말했다. 어머니는 조각 마루 끝에 앉아 아침 식사를 하고 있었다.
"그게 뭐냐?"
"철거 계고장이에요."
"기어코 왔구나!"
어머니가 말했다.
"그러니까 집을 헐라는 거지? 우리가 꼭 받아야 할 것 중의 하나가 이제 나온 셈이구나!"
어머니는 식사를 중단했다. 나는 어머니의 밥상을 내려다보았다. 보리밥에 까만 된장, 그리고 시든 고추 두어 개와 조린 감자. 나는 어머니를 위해 철거 계고장을 천천히 읽었다.

(중략)

어머니는 조각 마루 끝에 앉아 말이 없었다. ㉢ 벽돌 공장의 높은 굴뚝 그림자가 시멘트 담에서 꺾어지며 좁은 마당을 덮었다. 동네 사람들이 골목으로 나와 뭐라고 소리치고 있었다. 통장은 그들 사이를 비집고 나와 방죽 쪽으로 걸음을 옮겼다. 어머니는 식사를 끝내지 않은 밥상을 들고 부엌으로 들어 갔다. ⓐ 어머니는 두 무릎을 곧추세우고 앉았다. 그리고 손을 들어 부엌 바닥을 한 번 치고 가슴을 한 번 쳤다. 나는 동사무소로 갔다. ㉣ 행복동 주민들이 잔뜩 몰려들어 자기의 의견들을 큰 소리로 말하고 있었다. 들을 사람은 두셋밖에 안 되는데 수십 명이 거의 동시에 떠들어 대고 있었다. 쓸데없는 짓이었다. 떠든다고 해결될 문제는 아니었다.

나는 바깥 게시판에 적혀 있는 공고문을 읽었다. 거기에는 아파트 입주 절차와 아파트 입주를 포기할 경우 탈 수 있는 이주 보조금 액수 등이 적혀 있었다. 동사무소 주위는 시장 바닥과 같았다.

– 조세희, 「난쟁이가 쏘아 올린 작은 공」

40 ㉠~㉣에 대한 이해로 적절하지 않은 것은?

① ㉠ : 산업화 과정에서 소외된 '아버지'의 왜소함을 드러낸다.

② ㉡ : 가난한 도시 빈민의 힘겨운 삶을 전쟁에 비유한다.

③ ㉢ : 맹목적이고 무리한 산업화의 위압적 분위기를 나타낸다.

④ ㉣ : 주민들의 노력으로 삶이 개선될 것임을 암시한다.

 ㉣ 다음 문장인 '쓸데없는 짓이었다. 떠든다고 해결될 문제는 아니었다.'라는 내용을 통해 주민들이 노력해도 삶이 개선되지 않을 것임을 알 수 있다.

41 ⓐ에서 알 수 있는 '어머니'의 상황을 설명하는 말로 가장 적절한 것은?

① 자승자박(自繩自縛)　　　　② 주경야독(晝耕夜讀)

③ 분기충천(憤氣衝天)　　　　④ 사면초가(四面楚歌)

 ④ 사면초가(四面楚歌) : 아무에게도 도움을 받지 못하는, 외롭고 곤란한 지경에 빠진 형편을 이르는 말

① 자승자박(自繩自縛) : 자기의 줄로 자기 몸을 옭아 묶는다는 뜻으로, 자기가 한 말과 행동에 자기 자신이 옭혀 곤란하게 됨을 비유적으로 이르는 말

② 주경야독(晝耕夜讀) : 낮에는 농사짓고 밤에는 글을 읽는다는 뜻으로, 어려운 여건 속에서도 꿋꿋이 공부함을 이르는 말

③ 분기충천(憤氣衝天) : 분한 마음이 하늘을 찌를 듯 격렬하게 북받쳐 오름

다음 글을 읽고 물음에 답하시오(42~43).

[앞부분 줄거리]

의사가 된 아들은 병원을 확장하기 위해 시골에 있는 농토를 팔려는 생각으로 고향에 내려온다. 아버지는 나무다리가 새로 놓인 뒤 동네 사람들에게 잊혀가던 돌다리를 고치기 위해 애를 쓰고 있다.

아들은, 의사인 아들은, 마치 환자에게 치료 방법을 이르듯이, 냉정히 차근차근히 이야기를 시작하였다. 외아들인 자기가 부모님을 진작 모시지 못한 것이 잘못인 것, 한집에 모이려면 자기가 병원을 버리기보다는 부모님이

농토를 버리시고 서울로 오시는 것이 순리인 것, 병원은 나날이 환자가 늘어 가나 입원실이 부족되어 오는 환자의 삼분지 일밖에 수용 못 하는 것, 지금 시국에 큰 건물을 새로 짓기란 거의 불가능의 일인 것, 마침 교통 편한 자리에 삼층 양옥이 하나 난 것, 인쇄소였던 집인데 전체가 콘크리트여서 방화 방공으로 가치가 충분한 것, 삼층은 살림집과 직공들의 합숙실로 꾸미었던 것이라 입원실로 변장하기에 용이한 것, 각층에 수도·가스가 다 들어온 것, 그러면서도 가격은 염한 것, 염하기는 하나 삼만 이천 원이라, 지금의 병원을 팔면 일만 오천 원쯤은 받겠지만 그것은 새집을 고치는 데와, 수술실의 기계를 완비하는 데 다 들어갈 것이니 집값 삼만 이천 원은 따로 있어야 할 것, 시골에 땅을 둔대야 일 년에 고작 삼천 원의 실리가 떨어질지 말지 하지만 땅을 팔아다 병원만 확장해 놓으면, 적어도 일 년에 만 원 하나씩은 이익을 뽑을 자신이 있는 것, 돈만 있으면 땅은 이담에라도, 서울 가까이라도 얼마든지 좋은 것으로 살 수 있는 것……
아버지는 아들의 의견을 끝까지 잠잠히 들었다. 그리고,
"점심이나 먹어라. 나두 좀 생각해 봐야 대답허겠다."
하고는 다시 개울로 나갔고, 떨어졌던 다릿돌을 올려놓고야 들어와 그도 점심상을 받았다.
점심을 자시면서였다.
"원, 요즘 사람들은 힘두 줄었나 봐! 그 다리 첨 놀 제 내가 어려서 봤는데 불과 여남은이서 거들던 돌인데 장정 수십 명이 한나잘을 씨름을 허다니!"
"나무다리가 있는데 건 왜 고치시나요?"
"너두 그런 소릴 허는구나. 나무가 돌만 허다든? 넌 그 다리서 고기 잡던 생각두 안 나니? 서울루 공부 갈 때 그 다리 건너서 떠나던 생각 안 나니? 시쳇 사람들은 모두 인정이란 게 사람헌테만 쓰는 건 줄 알드라! 내 할아버니 산소에 상돌을 그 다리로 건네다 모셨구, 내가 천잘 끼구 그 다리루 글 읽으러 댕겼다. 네 어미두 그 다리루 가말 타구 내 집에 왔어. 나 죽건 그 다리루 건네다 묻어라 ……. 난 서울 갈 생각 없다."

– 이태준, 「돌다리」

42 이 글에 대한 설명으로 가장 적절하지 않은 것은?

① 인물과 인물 사이의 갈등이 있다.
② 대화를 통해 인물의 가치관이 드러난다.
③ 작가가 관찰자적 시점에서 사건을 서술한다.
④ 물질만능주의에 대한 비판적 시각이 나타난다.

해설 제시된 글은 전지적 작가 시점의 소설로, 작가는 관찰자가 아니라 전지전능한 입장에서 사건을 서술한다.

43 〈보기〉를 참조하여 윗글을 감상할 때 가장 적절한 것은?

┤보 기├

이 작품은 서구 자본주의 문화의 영향으로 근대적 가치관이 확산된 시기를 배경으로 한다. 당시 근대적 가치관을 받아들인 젊은 세대와 기존의 전통적 가치관을 지닌 기성세대 간의 갈등을 다루고 있다.

① 장정 수십 명이 다리를 고침으로써 서구 자본주의 문화를 확산시켰다.

② 의사가 된 아들이 아버지를 만나게 되면서 전통적 가치관을 옹호하게 되었다.

③ 아버지가 그 다리를 고치는 이유는 근대적 가치관을 받아들이기 위해서이다.

④ 땅을 팔기 원하는 아들과 서울로 갈 생각이 없는 아버지의 모습에서 세대 간 갈등이 드러난다.

해설 의사인 '아들'은 땅을 팔아 마련한 돈으로 서울에서 병원으로 쓸 건물을 구입하면 그 땅에 농사를 짓는 것보다 더 많은 돈을 벌 수 있다고 생각하지만, 아버지는 땅을 팔고 농촌을 떠나는 것에 반대하고 있다.

다음 글을 읽고 물음에 답하시오(44~45).

"어디 일들 가슈?"
"아뇨, 고향에 갑니다."
"고향이 어딘데……."
"삼포라구 아십니까?"
"어 알지, 우리 아들놈이 거기서 ㉠ 도자를 끄는데……."
"삼포에서요? 거 어디 공사 벌일 데나 됩니까? 고작해야 고기잡이나 하구 감자나 매는데요."
"어허! 몇 년 만에 가는 거요?"
"십 년."
노인은 그렇겠다며 고개를 끄덕였다.
"말두 말우. 거긴 지금 육지야. 바다에 ㉡ 방둑을 쌓아 놓구, ㉢ 트럭이 수십 대씩 돌을 실어 나른다구."
"뭣 땜에요?"
"낸들 아나. 뭐 관광호텔을 여러 채 짓는담서, 복잡하기가 말할 수 없네."
"동네는 그대루 있을까요?"
"그대루가 뭐요. 맨 천지에 공사판 사람들에다 장까지 들어섰는걸."
"그럼 ⓐ 나룻배두 없어졌겠네요."
"바다 위로 ⓑ 신작로가 났는데, 나룻배는 뭐에 쓰오. 허허, 사람이 많아지니 변고지. 사람이 많아지면 ㉣ 하늘을 잊는 법이거든."

– 황석영, 「삼포 가는 길」

44 ㉠~㉣ 중 단어가 의미하는 시대적 상징성이 같은 것끼리 묶은 것은?

① ㉠, ㉡, ㉢   ② ㉠, ㉡, ㉣   ③ ㉠, ㉢, ㉣   ④ ㉡, ㉢, ㉣

해설 제시된 글은 1970년대에 산업화가 가속화되면서 고향을 잃고 떠도는 사람들의 애환을 담은 작품이다. ㉠·㉡·㉢은 모두 삼포가 개발되는 시대상을 보여주는 단어들이다.

45 이 글의 ⓐ와 ⓑ의 의미를 가장 바르게 설명한 것은?

① ⓐ는 봉건적인 삶을, ⓑ는 근대화된 삶을 의미한다.
② ⓐ는 가난하고 힘들었던 과거를, ⓑ는 부유하고 편안한 현재를 의미한다.
③ ⓐ는 마음의 안식처인 고향을, ⓑ는 산업화로 인해 변해 버린 고향을 의미한다.
④ ⓐ는 급속도로 진행된 산업화로 황폐화된 모습을, ⓑ는 산업화의 진행으로 발전된 모습을 의미한다.

해설 '나룻배'는 마음의 안식처인 고향을 의미하고, '신작로'는 산업화로 인해 변해 버린 고향을 의미한다.

다음 글을 읽고 물음에 답하시오(46~47).

동네 사람들이 방앗간의 터진 두 면을 둘러쌌다. 그리고 방앗간 속을 들여다 보았다. 과연 어둠 속에 움직이는 게 있었다. 그리고 그게 어둠 속에서도 흰 짐승이라는 걸 알 수 있었다. 분명히 그놈의 신둥이 개다. 동네 사람들은 한 걸음 한 걸음 죄어들었다. 점점 뒤로 움직여 쫓기는 짐승의 어느 한 부분에 불이 켜졌다. 저게 산(山) 개의 눈이다. 동네 사람들은 몽둥이 잡은 손에 힘을 주었다. 이 속에서 간난이 할아버지도 몽둥이 잡은 손에 힘을 주었다. 한 걸음 더 죄어들었다. 눈앞의 새파란 불이 빠져나갈 틈을 엿보듯이 획 한 바퀴 돌았다. 별나게 새파란 불이었다. 문득 간난이 할아버지는 이런 새파란 불이란 눈 앞에 있는 신둥이 개 한 마리의 몸에서 나오는 것이 아니고 여럿의 몸에서 나오는 것이 합쳐진 것이라는 생각이 들었다. 말하자면 지금 이 신둥이 개의 뱃속에 든 새끼의 몫까지 합쳐진 것이라는. 그러자 간난이 할아버지의 가슴 속을 흘러 지나가는 게 있었다. 짐승이라도 새끼 밴 것을 차마? 이때에 누구의 입에선가, 때레라! 하는 고함 소리가 나왔다. 다음 순간 간난이 할아버지의 양옆 사람들이 주욱 개를 향해 달려들며 몽둥이를 내리쳤다. 그와 동시에 간난이 할아버지는 푸른 불꽃이 자기 다리 곁을 새어나가는 것을 느꼈다. 뒤이어 누구의 입에선가, 누가 빈틈을 냈어? 하는 흥분에 찬 목소리가 들렸다. 그리고 저마다, 거 누구야? 거 누구야? 하고 못마땅해 하는 말소리 속에 간난이 할아버지 턱 밑으로 디미는 얼굴이 있어, "아즈반이 웨다레"하는 것은 동장네 절가였다.

– 황순원, 「목넘이 마을의 개」

46 이 글에 대한 설명으로 옳지 않은 것은?

① 신둥이의 새파란 불은 생의 욕구를 암시한다.

② 토속적이면서도 억센 삶의 현장을 그리고 있다.

③ 동장네 절가는 간난이 할아버지의 행동에 동조하고 있다.

④ 간난이 할아버지에게서 생명에 대한 외경을 느낄 수 있다.

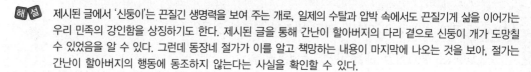
제시된 글에서 '신둥이'는 끈질긴 생명력을 보여 주는 개로, 일제의 수탈과 압박 속에서도 끈질기게 삶을 이어가는 우리 민족의 강인함을 상징하기도 한다. 제시된 글을 통해 간난이 할아버지의 다리 곁으로 신둥이 개가 도망칠 수 있었음을 알 수 있다. 그런데 동장네 절가가 이를 알고 책망하는 내용이 마지막에 나오는 것을 보아, 절가는 간난이 할아버지의 행동에 동조하지 않는다는 사실을 확인할 수 있다.

47 이 글의 시점에 대한 설명으로 옳은 것은?

① 부수적 인물이 주인공의 행동을 관찰하고 있다.

② 주인공이 자신의 체험을 담담하게 회상하고 있다.

③ 시점의 빈번한 전환을 통해 사건을 입체감 있게 표현하고 있다.

④ 이야기 바깥의 서술자가 등장인물의 행동·심리를 직접 서술한다.

해설 제시된 글은 액자식 구성으로 '겉 이야기'는 1인칭 관찰자 시점을, '속 이야기'는 전지적 작가 시점을 취한다. 제시된 부분은 '속 이야기'로 전지적 작가 시점에서 서술하고 있다.

다음 글을 읽고 물음에 답하시오(48~49).

원 산부인과에서는 만반의 수술 준비를 갖추고 보증금이 도착되기만을 기다리고 있었다. 학교에서 우격다짐으로 후려낸 가불에다 가까운 동료들 주머니를 닥치는 대로 털어 간신히 마련한 일금 10만 원을 건네자 금테의 마비츠 안경을 쓴 원장이 바로 마취사를 부르도록 간호원에게 지시했다. 원장은 내가 권 씨하고 아무 척분도 없으며 다만 그의 셋방 주인일 따름인 걸 알고는 혀를 찼다.

"아버지가 되는 방법도 정말 여러 질이군요. 보증금을 마련해 오랬더니 오전 중에 나가서는 여태껏 얼굴 한번 안 비치지 뭡니까."

"맞습니다. ㉠ 의사가 애를 꺼내는 방법도 여러 질이듯이 아버지 노릇 하는 것도 아마 여러 질일 겁니다."
나는 내 말이 제발 의사의 귀에 농담으로 들리지 않기를 바랐으나 유감스럽게도 금테 안경의 상대방은 한 차례의 너털웃음으로 그걸 간단히 눙쳐 버렸다. 나는 이미 죽은 게 아닌가 싶게 사색이 완연한 권 씨 부인이 들것에 실려 수술실로 들어가는 걸 거들었다.

– 윤흥길, 「아홉 켤레의 구두로 남은 사내」

48 이 글에 대한 설명으로 가장 적절하지 않은 것은?

① '나'는 '권 씨'와 친분이 두터운 사이이다.
② 원 산부인과 원장은 '나'를 한심하게 생각한다.
③ 작품 속에 등장하는 서술자가 이야기를 서술한다.
④ 산업 사회에서 소외된 사람들의 삶을 표현하고 있다.

> **해설** 제시된 글에서 '원장은 내가 권 씨하고 아무 척분도 없으며 다만 그의 셋방 주인일 따름인 걸 알고는 혀를 찼다.'라는 내용을 통해 '나'는 '권 씨'와 친분이 두터운 사이가 아님을 알 수 있다. 제시된 글은 부수적 인물인 '나'가 주인공 '권 씨'에 대한 이야기를 서술하는 방식인 1인칭 관찰자 시점의 소설이다.

49 ㉠에 숨겨진 화자의 의도로 가장 적절한 것은?

① 최소한의 인간적인 삶도 허락하지 않는 정부의 정책을 비난하고 있다.
② 목숨이 위태로운 자기 아내를 내팽개친 권 씨에 대한 비난을 담고 있다.
③ 사람의 목숨보다 돈을 더 중시하는 원장 의사에 대한 비난을 담고 있다.
④ 다양한 인간들의 삶이 얽혀 있는 현실에 대한 무기력증을 표현하고 있다.

> **해설** ㉠에는 응급환자의 목숨보다 병원비를 우선시하는 원장의 태도에 대한 비판이 담겨 있다.

50 다음 글의 이해로 가장 적절하지 않은 것은?

> 나무는 덕(德)을 지녔다. 나무는 주어진 분수에 만족할 줄을 안다. 나무로 태어난 것을 탓하지 아니하고, 왜 여기 놓이고 저기 놓이지 않았는가를 말하지 아니한다. 등성이에 서면 햇살이 따사로울까, 골짜기에 내려서면 물이 좋을까 하여, 새로운 자리를 엿보는 일도 없다. 물과 흙과 태양의 아들로, 물과 흙과 태양이 주는 대로, 후박(厚薄)과 불만족(不滿足)을 말하지 아니한다.
>
> — 이양하, 「나무」

① 대상에 인격을 부여하고 있다.
② 대상에서 인생의 교훈을 발견하고 있다.
③ 대상의 변화를 감각적으로 묘사하고 있다.
④ 대상을 예찬하는 태도를 취하고 있다.

> **해설** 나무의 변화하는 모습을 감각적으로 묘사한 것이 아니라, 나무를 의인화하여 그 속성을 비유적으로 제시하고 있을 뿐이다.

51 다음 글이 주장하고 있는 것은?

제아무리 대원군이 살아 돌아온다 하더라도 더 이상 타 문명의 유입을 막을 길은 없다. 어떤 문명들은 서로 만났을 때 충돌을 면치 못할 것이고, 어떤 것들은 비교적 평화롭게 공존하게 될 것이다. 결코 일반화할 수 있는 문제는 아니겠지만 스스로 아끼지 못한 문명은 외래 문명에 텃밭을 빼앗기고 말 것이라는 예측을 해도 큰 무리는 없을 듯싶다. 내가 당당해야 남을 수용할 수 있다.

영어만 잘하면 성공한다는 믿음에 온 나라가 야단법석이다. 배워서 나쁠 것 없고, 영어는 국제 경쟁력을 키우는 차원에서 반드시 배워야 한다. 하지만 영어보다 더 중요한 것은 우리의 말과 글이다. 한술 더 떠 영어를 공용어로 하자는 주장이 심심찮게 들리고 있다. 그러나 우리의 말과 글을 제대로 세우지 않고 영어를 들여오는 일은 우리 개구리들을 돌보지 않은 채 황소개구리를 들여온 우를 범하는 것과 같다.

영어를 자유롭게 구사하는 일은 새 시대를 살아가는 중요한 조건이다. 하지만 우리의 말과 글을 바로 세우는 일에도 소홀해서는 절대 안 된다. 황소개구리의 황소 울음 같은 소리에 익숙해져 청개구리의 소리를 잊어서는 안 되는 것처럼.

— 최재천, 「황소개구리와 우리말」

① 세계화를 위해서는 세계 여러 나라의 언어를 골고루 받아들여 균형 있게 발전시켜야 한다.

② 우리가 설령 언어를 잃게 되더라도 우리 고유의 문화는 잃지 않도록 최선을 다하는 것이 필요하다.

③ 우리 문화에 대한 자신감이 부족할 경우에는 타 문명의 유입을 최대한 막을 수 있도록 노력해야 한다.

④ 국제 경쟁력 강화를 위하여 영어 구사 능력도 필요하지만, 우리의 말과 글을 바로 세우는 일이 더 중요하다.

> **해설** 마지막 문단의 '영어를 자유롭게 구사하는 일은 새 시대를 살아가는 중요한 조건이다. 하지만 우리의 말과 글을 바로 세우는 일에도 소홀해서는 절대 안 된다.'에서 글쓴이가 주장하는 내용을 파악할 수 있다.

다음 글을 읽고 물음에 답하시오(52~53).

정치 철학자로 알려진 아렌트 여사는 우리가 보통 '일'이라 부르는 활동을 '작업'과 '고역'으로 구분한다. 이 두 가지 모두 인간의 노력, 땀과 인내를 수반하는 활동이며, 어떤 결과를 목적으로 하는 활동이다. 그러나 전자가 자의적인 활동인 데 반해서 후자는 타의에 의해 강요된 활동이다. 전자의 활동을 창조적이라 한다면 후자의 활동은 기계적이다. 창조적 활동의 목적이 작품 창작에 있다면, 후자의 활동 목적은 상품 생산에만 있다.

전자, 즉 '작업'이 인간적으로 수용될 수 있는 물리적 혹은 정신적 조건 하에서 이루어지는 '일'이라면 '고역'은 그 정반대의 조건에서 행해진 '일'이라는 것이다.

인간은 언제 어느 곳에서든지 '일'이라고 불리는 활동에 땀을 흘리며 노력해 왔고, 현재도 그렇고, 아마도 앞으로도 영원히 그럴 것이다. 구체적으로 어떤 종류의 일이 '작업'으로 불릴 수 있고 어떤 일이 '고역'으로 분류될 수 있느냐는 그리 쉬운 문제가 아니다. 그러나 일을 작업과 고역으로 구별하고 그것들을 위와 같이 정의할 때 고역으로서 일의 가치는 부정되어야 하지만 작업으로서 일은 오히려 찬미되고, 격려되며 인간으로부터 빼앗아 가서는 안 될 귀중한 가치라고 봐야 한다.

'작업'으로서의 일의 내재적 가치와 존엄성은 이런 뜻으로서 일과 인간의 인간됨과 뗄 수 없는 필연적 관계를 갖고 있다는 사실에서 생긴다. 분명히 일은 노력과 아픔을 필요로 하고, 생존을 위해 물질적으로는 물론 정신적으로도 풍요한 생활을 위한 도구적 기능을 담당한다.

– 박이문, 「일」

52 이 글의 내용으로 적절하지 않은 것은?

① 일은 인간의 노력, 땀과 인내를 필요로 한다.
② 일은 어떤 결과를 목적으로 하는 활동이다.
③ 일은 물질적인 것보다 정신적 풍요를 위한 도구이다.
④ 인간은 언제 어디서든지 일을 하기 위해 노력하고 있다.

해설 일은 '물질적으로는 물론 정신적으로도' 풍요로운 생활을 하기 위한 도구이다.

53 이 글에 나타난 '작업'과 '고역'의 예로 가장 적절한 것은?

① 요리사가 되고 싶어 새로운 조리법을 개발하는 것은 '작업'이겠군.
② 자신이 좋아하는 운동을 연습하여 실력이 향상되는 것은 '고역'이겠군.
③ 방이 지저분해서 꾸지람을 들은 뒤 억지로 방 청소를 하는 것은 '작업'이겠군.
④ 신발 정리가 되어 있지 않은 것을 보고 자발적으로 정리하는 것은 '고역'이겠군.

해설 ① · ② · ④는 자의적 활동이므로 '작업'이고, ③은 타의에 의한 활동이므로 '고역'이다.

다음 글을 읽고 물음에 답하시오(54~55).

> 그리고 또, 어떻게 생각하면, 우리 사람이란 – 세속에 얽매여, 머리 위에 푸른 하늘이 있는 것을 알지 못하고, 주머니의 돈을 세고, 지위를 생각하고, 명예를 생각하는 데 여념이 없거나, 또는 오욕칠정에 사로잡혀, 서로 미워하고 시기하고 질투하고 싸우는 데 마음에 영일을 가지지 못하는 우리 사람이란, 어떻게 비소하고 어떻게 저속한 것인지. 결국은 이 대자연의 거룩하고 아름답고 영광스러운 조화를 깨뜨리는 한 오점 또는 한 잡음밖에 되어 보이지 아니하여, 될 수 있으면 이러한 때를 타서, 잠깐 동안이나마 사람을 떠나, 사람의 일을 잊고, 풀과 나무와 하늘과 바람과 마찬가지로 숨쉬고 느끼고 노래하고 싶은 마음을 억제할 수가 없다.
>
> – 이양하, 「신록예찬」

54 위와 같은 글에 대한 설명으로 옳은 것은?

① 전문적인 작가가 쓰는 글이다.
② 음악성과 함축성을 중요시한다.
③ 형식과 내용의 제한이 없는 글이다.
④ 인물, 사건, 배경을 구성 요소로 한다.

해설 제시된 글은 수필이다. 수필은 형식과 내용의 제한이 없이 작가가 붓 가는 대로 쓰는 글이다.

55 이 글에 나타난 필자의 태도를 비판한 것으로 가장 적절한 것은?

① 일반 사람들의 현실적인 삶을 비하할 우려가 있다.
② 현대사회의 인간소외현상을 간과할 우려가 있다.
③ 자기도취에 빠져 자연관에 대한 편견을 가질 우려가 있다.
④ 현실을 부정함으로써 염세주의적 세계관으로 흐를 우려가 있다.

해설 제시된 글의 작가는 눈앞의 이해타산과 세속적 감정에만 빠져 자연의 아름다움을 알지 못하는 삶에 대해 비판하고 있다. 그러나 작가가 생각하는 세속적인 삶은 오히려 보편적인 인간의 삶이며, 어떻게 보면 자연스러운 현상이라고 할 수도 있다. 따라서 글쓴이와 같은 자연에 대한 일방적인 예찬은 자칫 보통 사람들의 삶을 비하할 우려가 있다.

다음 글을 읽고 물음에 답하시오(56~57).

나는 이때 온몸으로, 그리고 마음속으로 절절히 느끼게 되었다. 집착이 괴로움인 것을. 그렇다. 나는 난초에게 너무 집념해 버린 것이다. 이 집착에서 벗어나야겠다고 결심했다. 난을 가꾸면서는 산철에도 나그넷길을 떠나지 못한 채 꼼짝을 못 했다. 밖에 볼일이 있어 잠시 방을 비울 때면 환기가 되도록 들창문을 열어 놓아야 했고, 분을 내놓은 채 나가다가 뒤미처 생각하고는 되돌아와 들여놓고 나간 적도 한두 번이 아니었다. 우리들의 소유 관념이 때로는 우리들의 눈을 멀게 한다. 그래서 자기의 분수까지도 돌볼 새 없이 들뜨게 되는 것이다. 그러나 우리는 언젠가 한번은 빈손으로 돌아갈 것이다. 내 이 육신마저 버리고 홀홀히 떠나갈 것이다. 하고 많은 물량일지라도 우리를 어떻게 하지 못할 것이다. 크게 버리는 사람만이 크게 얻을 수 있다는 말이 있다. 물건으로 인해 마음을 상하고 있는 사람들에게는 한 번쯤 생각해 볼 말씀이다. 아무것도 갖지 않을 때 비로소 온 세상을 갖게 된다는 것은 무소유의 역리이니까.

- 법정, 「무소유」

56 이 글에 대한 설명으로 가장 적절한 것은?

① 역설과 예시를 사용해 주제를 강조하고 있다.

② 전문적인 지식을 통해 논증을 뒷받침하고 있다.

③ 난초를 의인화하여 소유의 가치를 깨우치고 있다.

④ 단호한 어조로 독자의 반성을 촉구하고 있다.

> 해설 ① 제시된 글은 역설(아무것도 갖지 않을 때 비로소 온 세상을 갖게 된다)과 예시를 사용하여 '진정한 자유와 무소유의 의미'라는 주제를 강조하고 있다.
> ② 전문적인 지식이 아닌 '자신의 경험'을 통해 논증을 뒷받침하고 있다.
> ③ '난초'를 의인화한 표현은 찾아볼 수 없으며, 제시문은 '소유'가 아닌 '무소유'의 가치를 깨우치고 있는 글이다.
> ④ 제시된 글은 성찰적인 글로 독자의 반성을 촉구하고 있지 않으며, 단호한 어조를 쓰고 있지도 않다.

57 이 글을 통해 작가가 궁극적으로 말하려는 주제로 가장 적절한 것은?

① 우리는 언젠가 빈손으로 돌아간다.

② 소유하려는 마음이 우리의 눈을 멀게 한다.

③ 이 세상에 온전히 소유할 수 있는 것은 없다.

④ 소유욕에서 벗어날 때 인간은 자유로울 수 있다.

> 해설 '아무것도 갖지 않을 때 비로소 온 세상을 갖게 된다'라는 표현을 통해 주제 의식을 엿볼 수 있다.

다음 글을 읽고 물음에 답하시오(58~59).

책은 벗입니다. 먼 곳에서 찾아온 반가운 벗입니다. 배움과 벗에 관한 이야기는 "논어"의 첫 구절에도 있습니다. '배우고 때때로 익히니 어찌 기쁘지 않으랴. 벗이 먼 곳에서 찾아오니 어찌 즐겁지 않으랴.'가 그런 뜻입니다. 그러나 오늘 우리의 현실은 그렇지 못합니다. 인생의 가장 빛나는 시절을 수험 공부로 보내야 하는 학생들에게 독서는 결코 반가운 벗이 아닙니다. 가능하면 빨리 헤어지고 싶은 불행한 만남일 뿐입니다. 밑줄 그어 암기해야 하는 독서는 ㉠ 진정한 의미의 독서가 못 됩니다.

독서는 모름지기 자신을 열고, 자신을 확장하고, 자신을 뛰어 넘는 비약이어야 합니다. 그렇기 때문에 독서는 삼독(三讀)입니다. 먼저 글을 읽고 다음으로 그 글을 집필한 필자를 읽어야 합니다. 그 글이 제기하고 있는 문제뿐만 아니라 필자가 어떤 시대, 어떤 사회에 발 딛고 있는지를 읽어야 합니다. 그리고 최종적으로 그것을 읽고 있는 독자 자신을 읽어야 합니다. 그렇게 함으로써 자신의 처지와 우리 시대의 문맥을 깨달아야 합니다. 수험 공부 다음으로 많은 것이 아마 교양을 위한 독서라 할 수 있습니다. 그러나 교양 독서 역시 참된 독서가 못 됩니다. 그것은 자신을 여는 것이 아니라 반대로 자신을 가두는 것이기 때문입니다.

— 신영복, 「책은 먼 곳에서 찾아온 벗입니다」

58 이 글의 표현 방법에 대해 잘못 설명한 것은?

① 교훈적이고 성찰적인 성격을 지닌다.
② 공간의 이동에 따라 대상을 묘사하고 있다.
③ 인용을 통해 주장의 신뢰성을 높이고 있다.
④ 경어체를 사용하여 독자와의 거리를 좁힌다.

해설 '논어'와 같은 권위 있는 문헌의 구절을 인용하여 '진정한 의미의 독서'를 해야 한다는 글쓴이의 주장에 대한 신뢰성을 높이고 있다. 제시된 글에서 공간 이동에 따른 요사는 찾아볼 수 없다.

59 ㉠과 가장 가까운 독서를 한 예로 가장 적절한 것은?

① 책을 통해 나와 이 시대의 맥락을 깨달았어.
② 책이 집에 많다고 사람들에게 자랑할 수 있었어.
③ 책을 많이 읽었더니 사람들에게 대접을 받게 되었어.
④ 책을 많이 읽어서 좋은 직장에 들어갈 수 있게 되었어.

해설 자신의 처지와 우리 시대의 문맥을 깨닫는 독서가 ㉠의 진정한 의미의 독서라고 할 수 있다. 따라서 ①이 가장 가까운 예시이다.

다음 글을 읽고 물음에 답하시오(60~62).

빅뱅 이론을 세운 조지 가모프 교수는 뜨거운 초기 우주에서 작은 입자(粒子)들이 고속으로 만나 어떻게 수소와 헬륨 원자핵을 최초로 만들었는지 알아냈다. 우리 몸의 핵심 요소이자 기구를 띄우기 위해 종종 집어넣는 기체이고, 미래 자동차 연료로 주목을 받으며, 우주 전체 물질 질량의 70%를 차지하는 수소는 우주 초기 처음 3분간 만들어지고, 온 우주에 고루 뿌려진 뒤 오늘날 우리 몸속에 자리 잡았다는 것이 현대 우주론적 이해다.

그러면 수소와 헬륨보다 무거운 원소들은 어디에서 만들어졌을까? 탄소, 질소, 산소는 태양과 같은 작은 별 안에서 만들어졌다. 우리 은하 내에는 태양과 같은 작은 별이 약 1,000억 개 존재하고, 보이는 우주 내에는 우리 은하와 같은 은하가 또 1,000억 개 이상 존재한다. 작은 별들은 뜨거운 중심부에서 수소를 연료로 핵융합 발전을 해 빛을 만들고 그 과정에서 헬륨을 생산한다. 수소가 고갈(枯渴)되면 헬륨을 핵융합하여 탄소를, 다시 탄소를 이용하여 산소 등을 만든다. 이렇게 만들어진 원소들의 일부는 우주 공간에 퍼져 나가고, 일부는 수명을 다하는 별의 핵을 이루며 최후를 장식한다. 작은 별의 최후는 주로 단단한 탄소 덩어리일 것이라고 생각된다.

산소보다 더 무거운 황, 인, 마그네슘, 철 등은 태양보다 대략 10배 이상 무거운 별에서 만들어졌다. 무거운 별은 작은 별보다 짧고 굵은 삶을 산다. 작은 별들이 약 100억 년 안팎으로 살 수 있는 것에 비해 큰 별들은 1,000만 년 정도로 짧게 산다. 하지만 내부가 워낙 고온으로 올라가기 때문에, 산소보다 무거운 원소들을 만든다. 철까지 만든 후 무거운 별들은 초신성 폭발을 한다. 철보다 무거운 원소는 초신성 폭발에서 만들어진다. 큰 별이 초신성 폭발과 함께 일생을 마감할 때, 일부 물질은 그 폭발의 잔해(殘骸)인 블랙홀이나 중성자별 안에 갇히지만, 대부분은 우주 공간으로 환원(還元)된다. 만일 초신성이 자기가 만든 귀한 원소들을 우주에 나누어 주지 않는다면 어떤 일이 일어날까? 그 후에 태어난 젊은 별은 초기 우주가 만든 수소와 헬륨 등 극히 단순한 원소 외에는 갖지 못한 채 태어날 것이다.

- 이석영, 「초신성의 후예」

60 이 글의 표현 방법에 대해 잘못 설명한 것은?

① 전문가의 이론을 인용하고 있다.

② 두 대상이 차이점을 설명하고 있다.

③ 작가 자신의 일화를 제시하고 있다.

④ 질문하고 답하는 형식을 취하고 있다.

해설 ③ 제시된 글에 작가의 일화를 인용한 부분은 찾아볼 수 없다.
① 빅뱅 이론을 세운 조지 가모프 교수의 이론을 인용하고 있다.
② '작은 별들이 약 100억 년 안팎으로 살 수 있는 것에 비해, 큰 별들은 1,000만 년 정도로 짧게 산다.'에서 두 대상이 차이점을 설명하고 있다.
④ '그러면 수소와 헬륨보다 무거운 원소들은 어디에서 만들어졌을까? 탄소, 질소, 산소는 태양과 같은 작은 별 안에서 만들어졌다.' 등을 통해 확인할 수 있다.

61 이 글을 통해 알 수 있는 내용으로 적절하지 않은 것은?

① 큰 별은 초신성 폭발을 통해 대부분의 물질이 우주로 환원된다.

② 마그네슘은 태양보다 대략 10배 이상 무거운 별에서 만들어진다.

③ 큰 별들은 약 100억 년 안팎으로 살 수 있는 작은 별보다 길게 산다.

④ 초신성 폭발이 없다면 젊은 별들이 극히 단순한 원소만 갖고 태어날 것이다.

> **해설** 제시된 글을 통해 작은 별들은 약 100억 년 안팎으로 살 수 있고, 큰 별들은 1,000만 년 정도 산다는 것을 알 수 있다. 따라서 큰 별들은 작은 별보다 짧게 산다.

62 이 글에서 설명한 '수소'에 대한 내용으로 적절하지 않은 것은?

① 수소가 고갈되면 헬륨을 핵융합하여 탄소를 만든다.

② 우리 몸의 핵심 요소인 수소는 우주 전체 물질 질량의 70%를 차지한다.

③ 미래 자동차 원료로 주목받고 있는 수소는 기구를 띄우기 위해 집어넣기도 한다.

④ 작은 별들은 뜨거운 중심부에서 헬륨을 연료로 핵융합 발전을 해 수소를 생산한다.

> **해설** 제시된 글의 두 번째 단락을 통해 작은 별들은 수소를 연료로 핵융합 발전을 해 빛을 만들고 그 과정에서 헬륨을 생산한다는 사실을 알 수 있다. 따라서 헬륨을 원료로 수소를 생산한다는 표현은 옳지 않다.

다음 글을 읽고 물음에 답하시오(63~64).

> 나는 그믐달을 몹시 사랑한다. 그믐달은 요염하여 감히 손을 댈 수도 없고, 말을 붙일 수도 없이 깜찍하게 예쁜 계집같은 달인 동시에 가슴이 저리고 쓰리도록 가련한 달이다. 서산 위에 잠깐 나타났다 숨어버리는 초생달은 세상을 후려 삼키려는 독부가 아니면 철모르는 처녀같은 달이지마는, 그믐달은 세상의 갖은 풍상을 다 겪고 나중에는 그 무슨 원한을 품고서 애처롭게 쓰러지는 원부와 같이 애절하고 애절한 맛이 있다. 보름에 둥근달은 모든 영화와 끝없는 숭배를 받는 여왕과 같은 달이지마는, 그믐달은 애인을 잃고 쫓겨남을 당한 공주와 같은 달이다. 초생달이나 보름달은 보는 이가 많지마는 그믐달은 보는 이가 적어 그만큼 외로운 달이다. 객창한등에 ⑦ 정든님 그리워 잠 못 들어 하는 분이나, 못 견디게 쓰린 가슴을 움켜 잡은 무슨 한 있는 사람이 아니면 그 달을 보아 주는 이가 별로 없을 것이다.
>
> — 나도향, 「그믐달」

63 이 글의 중심 소재인 '그믐달'에 대한 설명으로 가장 적절한 것은?

① 애절하고 외로운 존재이다.

② 찬양과 숭배의 종교적 대상물이다.

③ 인간의 고통과 슬픔을 외면하는 존재이다.

④ 많은 사람들이 즐겨 찾는 존재로, 민중을 대변한다.

> **해설** 제시된 글에서 '그믐달'은 가슴이 저리고 쓰리도록 가련한 달, 세상의 갖은 풍상을 겪고 애처롭게 쓰러지는 달, 보는 이가 적어 그만큼 외로운 달이라고 표현되어 있다.

64 ㉠과 가장 어울리는 한자 성어는?

① 동병상련(同病相憐)

② 불립문자(不立文字)

③ 각골난망(刻骨難忘)

④ 오매불망(寤寐不忘)

> **해설** ④ 오매불망 : 자나 깨나 잊지 못함
> ① 동병상련 : 같은 병을 앓는 사람끼리 서로 가엾게 여긴다는 뜻으로, 어려운 처지에 있는 사람끼리 서로 가엾게 여김을 이르는 말
> ② 불립문자 : 불도의 깨달음은 마음에서 마음으로 전하는 것이므로 말이나 글에 의지하지 않는다는 말
> ③ 각골난망 : 남에게 입은 은혜가 뼈에 새길 만큼 커서 잊히지 아니함

다음 글을 읽고 물음에 답하시오(65~66).

(가) 정작 내 관심을 끈 것은 소설보다 책 뒷부분에 실린 「모닥불과 개미」라는 수필이었다. 반 쪽짜리 그 짧은 수필이 내 머릿속에 이토록 강렬한 인상을 남길 줄은 미처 몰랐다.

활활 타오르는 모닥불 속에 썩은 통나무 한 개비를 집어 던졌다. 그러나 미처 그 통나무 속에 개미집이 있다는 것을 나는 몰랐다. 통나무가 우지직, 소리를 내며 타오르자 별안간 개미들이 떼를 지어 쏟아져 나오며 안간힘을 다해 도망치기 시작한다. 그들은 통나무 뒤로 달리더니 넘실거리는 불길에 휩싸여 경련을 일으키며 타 죽어 갔다. 나는 황급히 통나무를 낚아채서 모닥불 밖으로 내던졌다. 다행히 많은 개미들이 생명을 건질 수 있었다. 어떤 놈은 모래 위로 달려가기도 하고 어떤 놈은 솔가지 위로 기어오르기도 했다. 그러나 이상한 일이다. 개미들은 좀처럼 불길을 피해 달아나려고 하지 않는다. 가까스로 공포를 이겨 낸 개미들은 다시 방향을 바꾸어 통나무 둘레를 빙글빙글 돌기 시작했다. 그 어떤 힘이 그들을 내버린 고향으로 다시 돌아오게 한 것일까? ㉠개미들은 통나무 주위에 모여들기 시작했다. 그리곤 그 많은 개미들이 통나무를 붙잡고 바둥거리며 그대로 죽어가는 것이었다.

(나) 동물학자가 된 이후에야 비로소 이해하게 되었지만, 당시에는 나도 솔제니친과 마찬가지로 개미들이 왜 그렇게 행동하는지 정말 궁금했다. 생물학자가 아니라 문학가인 솔제니친은 그 상황을 과학적으로 설명하지 못하고 철학적으로 받아들인 듯하다. 당시의 나 역시 개미의 행동을 설명할 길 없었으나 그 작품은 묘하게도 머릿속에 깊이 박혔다. 그러다가 훗날 미국 유학을 가서 꽂혀버린 학문, 사회생물학을 접했을 때 순간적으로 솔제니친의 그 수필이 생각났다. 그간 수많은 문학작품을 읽고 고독을 즐기는 속에서 점점 더 많은 삶의 수수께끼들을 껴안고 살았는데, 사회생물학이라는 학문이 그것들을 가지런히 정리해서 대답해주었다. 〈모닥불과 개미〉 속의 개미도 내가 안고 있던 수수께끼 중 하나였다. 그 개미들을 이해하게 된 순간, 나는 이 학문을 평생 공부하겠다고 결정했다.

– 최재천, 「과학자의 서재」

65 이 글에 대한 설명으로 적절하지 않은 것은?

① 인상 깊었던 글은 인용하고 있다.
② 통계 자료를 근거로 활용하고 있다.
③ 질문의 형식을 활용하여 표현하고 있다
④ 독서가 삶에 미친 영향에 대해 언급하고 있다.

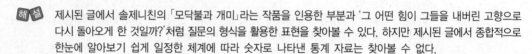

해설 제시된 글에서 솔제니친의 「모닥불과 개미」라는 작품을 인용한 부분과 '그 어떤 힘이 그들을 내버린 고향으로 다시 돌아오게 한 것일까?'처럼 질문의 형식을 활용한 표현을 찾아볼 수 있다. 하지만 제시된 글에서 종합적으로 한눈에 알아보기 쉽게 일정한 체계에 따라 숫자로 나타낸 통계 자료는 찾아볼 수 없다.

66 〈보기〉에서 설명하는 사회생물학의 관점에서 ㉠을 이해한 내용으로 가장 적절한 것은?

┤ 보 기 ├

사회생물학은 인간을 포함한 모든 동물들의 사회적 행동의 진화를 연구하는 학문이다. 그리고 사회생물학 연구의 가장 중심에 놓인 질문은 바로 이타성에 관한 것이다. 생물이란 모름지기 누구나 자기를 위해 사는 이기적 존재인 것 같은데 솔제니친이 관찰한 개미들은 왜 스스로 목숨까지 버리며 희생을 마다하지 않는 것일까? 영국 옥스퍼드 대학의 생물학자 리처드 도킨스가 「이기적 유전자」에서 명쾌하게 설명한 사회생물학 이론에 따르면, 겉으로는 이타적으로 보이는 개미의 행동도 유전자의 수준에서 보면 보다 많은 복사체를 후세에 남기려는 이기적 행동의 산물이다.

① 힘들게 모아 놓은 식량을 구하기 위한 행동이다.
② 희망이 없는 상황에서 모든 것을 포기한 행동이다.
③ 공포에 눌려 달아난다는 비난을 피하기 위한 행동이다.
④ 여왕 개미를 구하여 종족의 번식을 유지하기 위한 행동이다.

〈보기〉의 '겉으로는 이타적으로 보이는 개미의 행동도 유전자의 수준에서 보면 보다 많은 복사체를 후세에 남기려는 이기적 행동의 산물이다.'라는 내용을 통해 종족 번식을 위한 행동임을 짐작할 수 있다.

다음 글을 읽고 물음에 답하시오(67~68).

촌장 : 이것, 네가 보낸 거니?

다 : 네, 촌장님.

촌장 : 나를 이곳에 오도록 해서 고맙다. 한 가지 유감스러운 건, 이 편지를 가져 온 운반인이 도중에서 읽어 본 모양이더라. '이리 떼는 없구, 흰 구름뿐.' 그 수다쟁이가 사람들에게 떠벌리고 있단다. 조금 후엔 모두들 이곳으로 몰려올 거야. 물론 네 탓은 아니다. 몰려오는 사람들은 말하자면 불청객이지. 더구나 그들은 화가 나서 도끼라든가 망치를 들고 올 거다.

다 : 도끼와 망치는 왜 들고 와요?

촌장 : 망루를 부순다고 그런단다. 그 성난 사람들만 오지 않는다면 난 너하구 딸기라도 따러 가고 싶다. 난 어디에 딸기가 많은지 알고 있거든. 이리 떼를 주의하라는 팻말 밑엔 으레히 잘 익은 딸기가 가득하단 다.

다 : 촌장님은 이리가 무섭지 않으세요?

촌장 : 없는 걸 왜 무서워하겠니?

다 : 촌장님도 아시는군요?

촌장 : 난 알고 있지.

다 : 아셨으면서 왜 숨기셨죠? 모든 사람들에게, 저 덫을 보러 간 파수꾼에게, 왜 말하지 않는 거예요?

촌장 : 말해 주지 않는 것이 더 좋기 때문이다.

다 : 거짓말 마세요, 촌장님! 일생을 이 쓸쓸한 곳에서 보내는 것이 더 좋아요? 사람들도 그렇죠! '이리 떼가 몰려 온다.' 이 헛된 두려움에 시달리는데 그게 더 좋아요?

촌장 : 애야, 이리 떼는 처음부터 없었다. 없는 걸 좀 두려워한다는 것이 뭐가 그렇게 나쁘다는 거냐? 지금까지 단 한 사람도 이리에게 물리지 않았단다. 마을은 늘 안전했어. 그리고 사람들은 이리 떼에 대항하기 위해서 단결했다. 그들은 질서를 만든 거야. 질서, 그게 뭔지 넌 알기나 하니? 모를 거야, 너는. 그건 마을을 지켜 주는 거란다. 물론 저 충직한 파수꾼에겐 미안해. 수천 개의 쓸모없는 덫들을 보살피고 양철북을 요란하게 두들겼다. 허나 말이다. 그의 일생이 그저 헛되다고만 할 순 없어. 그는 모든 사람들을 위해 고귀하게 희생한 거야. 난 네가 이러한 것들을 이해해 주기 바란다. 만약 네가 새벽에 보았다는 구름만을 고집한다면, 이런 것들은 모두 허사가 된다. 저 파수꾼은 늙도록 헛북이나 친 것이 되구, 마을의 질서는 무너져 버린다. 애야, 넌 이렇게 모든 걸 헛되게 하고 싶진 않겠지?

– 이강백, 「파수꾼」

제1장 현대 문학 61

67 위와 같은 글에 대한 설명으로 적절하지 않은 것은?

① 시간적 배경과 공간적 배경에 제약을 받는다.

② 등장 인물의 대사와 행동으로 사건이 전개된다.

③ 영화를 만들기 위한 각본으로, 장면 번호가 있다.

④ 작가의 직접적인 묘사나 직접적인 해설이 불가능하다.

> **해설** 제시된 글은 '희곡'으로, 인물의 말과 행동으로 사건이 전개되고, 시간적·공간적 배경에 제약이 있으며, 작가의 직접적인 묘사와 해설이 불가능하다. 영화를 만들기 위한 각본으로, 장면 번호가 있는 것은 '시나리오'이다.

68 이 글을 통해 알 수 있는 내용으로 적절하지 않은 것은?

① 촌장은 이리 떼가 없다는 사실을 알고 있다.

② 촌장에게 편지를 보낸 사람은 파수꾼 '다'이다.

③ 운반인이 편지의 내용을 마을 사람들에게 알렸다.

④ 마을에는 이리 떼에 물려 피해를 입은 사람들이 많다.

> **해설** '이리 떼'는 존재하지 않기 때문에, '이리 떼'에 물려 피해를 입은 마을 사람들도 없다.

다음 글을 읽고 물음에 답하시오(69~70).

S# 74. (㉠)

1. 정원에서 돌을 고르며 행복한 얼굴을 한 인희와 정철.
2. 화장실에서 정철에게 등목을 해 주는 인희.
3. 서로 밥을 먹여 주는 인희와 정철.
4. 거실 소파에서 인희, 정철 무릎에 누워 있다. 정철, 재미난 책을 읽어 주고, 인희는 재미있는지 환하게 웃는다.

S# 75. 전원주택 전경
새벽에서 아침이 된다.

S# 76. 침실
침실 가득 밝은 햇살이 들어온다.
인희, 정철의 팔에 안겨 깊은 잠이 들어 있다.
정철, 물기 가득한 눈으로 인희를 안고 있다.
정철 : (인희의 죽음을 느낀다. 인희를 보지 않고) 여보.

> 인희 : ······.
>
> 정철 : 여보 ······.
>
> 인희 : ······.
>
> 정철 : (눈물을 흘리며) 인희야.
>
> – 노희경, 「세상에서 가장 아름다운 이별」

69 위와 같은 글과 희곡의 차이점에 대해 잘못 설명한 것은?

① 희곡은 공간의 제한을 덜 받지만, 시나리오는 공간의 제한을 많이 받는다.

② 희곡은 시간의 전환에 제한이 많지만, 시나리오는 시간의 전환에 제한이 적다.

③ 희곡은 등장인물의 수에 제한이 있지만, 시나리오는 등장인물의 수에 제한이 없다.

④ 희곡은 상연으로 소멸되는 순간 예술이지만, 시나리오는 필름으로 보존되는 영구 예술이다.

해설 희곡은 공간의 제한을 많이 받지만, 시나리오는 공간의 제한을 덜 받는다.

70 ㉠에 들어갈 시나리오 용어로 적절한 것은?

① O.L.   ② C.U.   ③ F.O.   ④ 몽타주

해설 ④ 몽타주 : 따로따로 촬영한 장면을 떼어 붙여서 편집하는 기법
① O.L.(Over Lap) : 한 화면이 없어지기 전에 다음 화면이 천천히 나타나는 이중 화면 접속법
② C.U.(Close Up) : 어떤 대상이나 인물을 크게 확대해서 찍는 것
③ F.O.(Fade Out) : 화면이 점차 어두워지는 것

고전 문학

CHAPTER 02

01 고대 문학

1. 고대 가요

(1) 형 성

집단적이고 서사적인 원시 종합 예술에서 개인적이고 서정적인 내용을 노래하는 시가로 분리·발전
하였다.

(2) 특 징

① 집단의식을 담은 노래(의식요, 노동요)에서 개인적 서정을 담은 노래로 발전하였다.
② 초기에는 서사 문학 속의 서정적 부분으로 독립적인 성격이 적었으나, 점차 하나의 서정 문학으
   로 독립·발전하였다.
③ 기록 수단이 없어 구전되다가 후에 한역(漢譯)되었으므로 정확한 본래의 모습을 알 수 없다.

(3) 주요 작품

작 품	작 가	내 용
「공무도하가」	백수광부의 처	물에 빠져 죽은 남편을 애도하는 노래
「구지가」	작자 미상	수로왕의 강림을 기원하는 주술적인 노래
「황조가」	고구려 유리왕	꾀꼬리의 정다운 모습을 보면서 실연의 슬픔을 노래
「정읍사」	행상의 처	행상 나간 남편을 걱정하는 아내의 마음을 노래

2. 향 가

(1) 개 념

향찰로 표기한 신라 시대의 노래이다.

(2) 특 징

① 표기 : 한자의 음과 훈을 이용한 향찰로 표기하였다.

② 형 식

㉠ 4구체 : 향가의 초기 형태로 민요나 동요가 정착된 것으로 보인다.

㉡ 8구체 : 4구체에서 발전된 형태로, 4구체와 10구체의 과도기적 형식이다.

㉢ 10구체 : 향가의 형식 중 가장 정제되고 세련된 형태이다. 마지막 2구인 낙구는 후대 시조 형식에 영향을 주었다.

③ 수록 : 『삼국유사』(14수), 『균여전』(11수)

④ 작가 : 주로 귀족(화랑, 승려)

(3) 주요 작품

작 품	작 가	형 식	내 용
「서동요」	무 왕	4구체	선화공주를 얻기 위하여 아이들에게 부르게 한 동요
「제망매가」	월명사	10구체	죽은 누이를 위하여 부른 추도의 노래
「찬기파랑가」	충담사	10구체	화랑인 기파랑의 높은 인품을 추모하여 부른 노래
「안민가」	충담사	10구체	임금과 신하의 도리를 노래한 치국안민의 노래

3. 설 화

(1) 개 념

예로부터 전해 내려오는 이야기로 소설 문학의 근원이라 할 수 있다. 민족 사이에 전승되어 오는 신화, 전설, 민담 따위를 통틀어 이르는 말로, 우리 조상들의 사고방식이나 생활 모습 등이 나타나 있다.

(2) 종 류

① 신 화

㉠ 신성한 이야기로 우주의 기원, 신이나 영웅의 사적, 민족의 태고 때의 역사 등이 주된 내용이다.

㉡ 고대인들의 원초적 세계관을 반영하여 인간 세상을 주관하는 초월적인 존재가 등장한다.

㉢ 신성함이나 경건함을 바탕으로 하기 때문에 내용을 함부로 바꾸지 못하고 내용 또한 진실한 것으로 받아들인다.

② 전 설

    ㉠ 옛날부터 민간에서 전하여 내려오는 이야기로 어떤 공동체의 내력, 자연물의 유래, 이상한 체험 등을 소재로 한다.

    ㉡ 구체적인 시간과 장소, 증거물 등이 존재한다.

    ㉢ 비범한 인물이 등장하지만 결말이 비극적으로 끝나는 경우가 많다.

③ 민 담

    ㉠ 예로부터 민간에 전하여 내려오는 이야기로, 평범한 인물을 내세워 교훈이나 흥미를 주는 허구적 이야기이다.

    ㉡ 뚜렷한 시간이나 장소가 존재하지 않는다.

    ㉢ 평범한 인물이 주로 등장하여 인간적으로 행동한다.

    ㉣ 지역성이나 역사성에서 벗어나 있기 때문에 유사한 이야기가 세계적으로 널리 분포되어 있다.

(3) 주요 작품

작 품	내 용
「단군 신화」	단군의 신이한 출생과 고조선의 성립
「동명왕 신화」	동명왕의 신이한 탄생과 고구려의 건국 과정
「연오랑 세오녀」	해와 달이 된 연오랑과 세오녀의 이야기

02   고려 시대 문학

1. 고려 가요

(1) 개 념

귀족층이 향유했던 경기체가와는 달리 평민들이 부르던 민요적 시가를 가리킨다. 일명 '장가(長歌), 속요(俗謠), 여요(麗謠)'라고도 한다. 원래 고려 가요는 민간에서 구전되던 민요였으나 조선 시대에 이르러 문자로 정착되었다.

(2) 특 징

① 평민 계급의 작품으로 어느 개인의 창작이라기보다는 구전되는 동안에 민요적 성격을 띠게 되었다.
② 구전되다가 훈민정음이 창제된 후 기록·정착되었다.
③ 남녀 간의 사랑, 이별의 아쉬움 등 고려 시대 민중들의 소박하고 풍부한 정서를 진솔하게 표현하였다.
④ 대체로 3·3·2조 3음보로, 분연체이며, 후렴구가 발달하였다.

(3) 주요 작품

작 품	형 식	내 용
「청산별곡」	8연, 분연체	현실 도피적인 생활상, 현실 부정, 실연의 상처가 담긴 노래
「사모곡」	비연시	어머니의 사랑을 낫에, 아버지의 사랑을 호미에 비유하여 어머니의 사랑이 큼을 나타낸 노래
「가시리」	4연, 분연체	남녀 간의 애타는 이별의 노래
「정석가」	6연, 분연체	임금의 만수무강을 축원한 노래
「동동」	13연, 월령체	월별로 그 달의 자연 경물이나 행사에 따라 남녀 사이의 애정을 읊은 노래

2. 경기체가

(1) 특 징

① 고려 무신의 난 이후 새롭게 정계에 등장한 신흥 사대부들이 부른 노래이다.
② 노래의 끝부분에 '경(景) 긔 엇더ᄒ니잇고' 또는 '경기하여(景幾何如)'라는 구절을 붙이기 때문에 '경기체가' 또는 '경기하여가'라고 한다.
③ 향락적이고 퇴폐적인 풍류 생활과 현실 도피적인 내용이 주를 이룬다.
④ 주로 한문구를 나열하여 표현하였으나 부분적으로 이두를 사용하였다.

(2) 주요 작품

작 품	저 자	내 용
「한림별곡」	한림 제유	귀족 생활의 풍류를 노래
「관동별곡」	안 축	관동 지방의 절경을 읊은 노래
「죽계별곡」	안 축	죽계의 아름다운 경치를 노래

3. 가전체 문학

(1) 개 념

계세징인(戒世懲人)을 목적으로 사물을 의인화하여 전기(傳記) 형식으로 구성한 산문 문학의 한 갈래이다.

(2) 특 징

① 순수 개인 창작물로, 창의성이 가미된 허구적인 작품이라는 점에서 설화와 소설을 잇는 교량적인 역할을 한다고 평가할 수 있다.

② 고려 중기 이후 크게 유행하였으며, 조선 시대에도 꾸준히 창작되었다.

③ 고전 소설과 마찬가지로 사람의 일대기 형식을 쓰되 마지막에 작가의 평을 덧붙였다.

(3) 주요 작품

작 품	작 가	의인화	작 품	작 가	의인화
「국순전」	임 춘	술	「죽부인전」	이 곡	대나무
「공방전」	임 춘	엽 전	「정시자전」	석식영암	지팡이
「국선생전」	이규보	술	「청강사자현부전」	이규보	거 북

03 조선 시대 문학

1. 악 장

(1) 특 징

① 나라의 제전이나 연례와 같은 국가의 공식적인 행사에서 사용되던 노래 가사이다.

② 조선 건국의 정당성을 밝히고, 국가의 영원한 발전을 기원하는 등의 목적으로 사용되었다.

③ 향유 계층이 귀족이나 집권층으로 극히 제한적이었고 백성들과 동떨어져 있었기 때문에 왕권과 체제 확립이 이루어지면서 소멸되었다.

(2) 주요 작품

작 품	작 가	내 용
「정동방곡」	정도전	태조의 위화도 회군 찬양
「용비어천가」	정인지 등	육조의 위업 찬양, 후대 왕에 대한 권계
「월인천강지곡」	세 종	석가모니에 대한 찬양

2. 시 조

(1) 개 념

고려 중엽에 발생하여 고려 말에 완성된 3장 6구의 정형시로, 한 행은 4음보의 율격을 지닌다.

(2) 특 징

① 길이가 긴 가사를 장가(長歌)라고 하는데, 이에 비해 시조는 길이가 짧다고 하여 단가(短歌)라고 불렀다.

② 고려 시대에 생겨나 점차 형식이 완성되고, 조선 시대에 들어와 우리 국문학의 대표적인 문학 양식으로 확고한 위치를 차지하였다.

③ 조선 초기에는 고려 유신들의 회고가(懷古歌), 충절을 노래한 절의가(絶義歌) 등이 많이 지어졌다. 하지만 정국이 안정되고 왕조의 기틀이 잡힌 뒤에는 유교 사상과 함께 노자와 장자의 무위자연(無爲自然)에 영향을 받은 한정가(閑情歌), 강호가(江湖歌) 등이 많이 지어졌다.

④ 16세기 들어 송순, 정철, 황진이 등에 의하여 문학성이 높은 시조가 창작되었다. 다만 유학자들은 관념적인 내용을 담고 있는 데 비해 여성들의 작품은 개인의 정서를 진솔하고 아름답게 표현하였다.

(3) 형 식

① 3장(초장, 중장, 종장) 6구 12음보 45자 내외

② 음수율은 3·4조 또는 4·4조, 4음보의 율격

③ 종장의 첫 음보는 3음절로 고정

(4) 종 류

① 시대에 따라

㉠ 고시조 : 시조가 발생한 때로부터 개화기 이전까지 창작된 시조

㉡ 현대 시조 : 개화기 이후부터 현대까지 창작되는 시조

② 길이에 따라

    ㉠ 단시조 : 한 수로만 이루어진 시조

    ㉡ 연시조 : 2수 이상이 모여 한 작품을 이루는 시조

③ 형식에 따라

    ㉠ 평시조 : 기본 형식의 단형 시조(3장 6구)

    ㉡ 엇시조 : 평시조보다 어느 한 장이 길어진 시조

    ㉢ 사설시조 : 종장의 첫 음보를 제외하고 길이의 제한 없이 길어진 시조

(5) 평시조와 사설시조의 비교

구 분	평시조	사설시조
작자층	사대부, 양반	평민, 여성
내 용	유교적 이념, 자연 친화적 삶	삶의 애환, 지배 계층에 대한 풍자
융성기	고려 말~조선 전기	조선 후기

3. 가 사

(1) 특 징

산문과 운문의 중간 형태를 지닌 문학 양식이다.

① 산문의 특징 : 길이에 특별한 제한이 없으므로 내용이 길다.

② 운문의 특징 : 3·4조 또는 4·4조, 4음보의 율격을 기본으로 한다.

(2) 조선 전기의 가사

① 작가의 계층이 주로 양반이다.

② 임금의 은혜를 잊지 못하는 충신연주지사, 벼슬에서 물러나 안빈낙도하는 생활 등의 내용이 많다.

③ 가사의 마지막 구절이 시조의 종장과 유사한 정격 가사가 주로 창작되었다.

(3) 조선 후기의 가사

① 임진왜란과 병자호란의 양난 이후 서민 의식과 산문 정신의 영향으로 변하게 되었다.

② 작가의 계층이 평민, 부녀자 등으로 확대되었다.

③ 인간 생활의 모습, 위국충절의 기상 등 내용이 매우 다양해졌다.

④ 조선 전기의 정격 가사에 비해 형식이 자유로운 변격 가사가 나타났다.

(4) 주요 작품

작 품	작 가	내 용
「상춘곡」	정극인	봄의 완상과 안빈낙도
「사미인곡」	정 철	사랑하는 사람을 그리는 정
「속미인곡」	정 철	임금을 그리는 정
「관동별곡」	정 철	관동 지방의 절경 유람, 연군·애민의 정
「규원가」	허난설헌	방탕한 생활을 하는 남편으로 인한 여인의 한(恨)
「누항사」	박인로	자연에서 빈이무원하는 생활을 노래
「농가월령가」	정학유	농촌에서 해야 할 일과 세시풍속을 노래

4. 판소리

(1) 개 념

전문 예술가인 광대가 고수의 북장단에 맞추어 서사적인 이야기를 소리와 몸짓을 곁들이며 구연하는 우리 고유의 예술 형태이다.

(2) 특 징

① 서민들의 현실적인 생활을 주로 그리고 있다.

② 대체로 4음보의 운문체이다.

③ 표현이 약간 조잡하지만 풍자와 해학 등을 풍부하게 구사하고 있다.

④ 언어의 층위가 다양해 양반들이 사용하는 한문 어투와 평민들이 사용하는 일상 언어가 모두 담겨있다.

⑤ 표면적인 주제는 양반들의 의식을 반영하고 있지만 그 이면을 살펴보면 바탕에 양반에 대한 민중의 저항 의식이 깔려있다.

(3) 구 성

① 창(소리) : 광대가 가락에 맞추어 부르는 노래를 말한다.

② 아니리(사설) : 판소리에서 창을 하는 중간에 가락을 붙이지 않고 이야기하듯 엮어 나가는 사설을 가리킨다.

③ 추임새 : 장단을 짚는 고수가 창의 사이사이에 흥을 돋우기 위하여 삽입하는 소리이다.

④ 발림(너름새) : 광대가 소리의 극적인 전개를 돕기 위하여 몸짓이나 손짓으로 하는 동작을 가리킨다.

5. 고전 소설

(1) 개 념

갑오개혁 이전에 나온 서사 문학으로, 설화, 가전체 문학 등의 영향을 받아 형성되었다.

(2) 조선 전기의 고전 소설

① 고려 시대의 패관 문학이나 가전체 문학을 바탕으로 중국의 전기(傳奇) 소설 등의 영향을 받아 만들어졌다.
② 최초의 작품은 김시습의 「금오신화」로, 이 시기에는 전기적(傳奇的) 요소가 많은 한문 소설이 창작되었다.

(3) 조선 후기의 고전 소설

① 임진왜란과 병자호란으로 인해 신분 질서가 동요되고 평민들의 각성이 두드러지게 나타나면서 소설이 문학의 중심으로 자리 잡게 되었다.
② 광해군 때 허균이 「홍길동전」을 창작하면서 본격적인 소설의 시대가 전개되었다.
③ 한문 소설뿐만 아니라 한글 소설도 많이 창작되었다.

(4) 주요 작품

작 품	작 가	내 용
「금오신화」	김시습	용궁부연록, 남염부주지, 이생규장전, 만복사저포기, 취유부벽정기 등 5편이 실린 소설집
「홍길동전」	허 균	적서 차별에 대한 비판
「구운몽」	김만중	인간의 부귀공명의 허망함
「사씨남정기」	김만중	처첩 간의 갈등과 사 씨의 고행
「양반전」	박지원	양반의 무능함과 허위의식에 대한 비판
「허생전」	박지원	무능한 사대부 계층에 대한 비판과 현실에 대한 자각 촉구
「박씨전」	작자 미상	박 씨 부인의 영웅적 기상과 재주

(5) 고전 소설과 현대 소설의 비교

구 분	고전 소설	현대 소설
주 제	권선징악, 교훈적 내용	인간 생활의 다양한 모습
구 성	인물의 일생을 시간 순서대로 구성	다양한 구성
문 체	문어체, 운문체	산문체, 구어체
인 물	평면적·전형적 인물	입체적·개성적 인물
사 건	비현실적·우연적 사건	현실적·필연적 사건
배 경	비현실적이고 막연한 배경	현실적이고 구체적인 배경
시 점	전지적 작가 시점	다양한 시점
결 말	대부분 행복한 결말	다양한 결말
작 가	대부분 작자 미상	작가가 명확함

6. 고전 수필

(1) 특 징

① 갑오개혁 이전까지 창작된 수필을 말한다.

② 임진왜란이나 병자호란 등과 같은 역사적 사건에서 겪은 개인의 경험이나 사실 등을 기록하기 위해서 많은 수필들이 창작되었다.

③ 처음에는 한문 수필이 많았으나, 후기에는 작자층이 여성으로 확대되면서 한글 수필이 많이 창작되었다.

(2) 주요 작품

작 품	작 가	내 용
「한중록」	혜경궁 홍씨	사도세자의 비극적 죽음을 다룬 작품
「의유당일기」	의유당	남편의 부임지 함흥을 갔다가 함흥 주변의 아름다운 경치를 보고 느낀 감상을 적은 작품
「열하일기」	박지원	청나라에 외교 사절단으로 갔다가 청나라의 실상을 목격하고 이를 생생하게 기록한 작품
「조침문」	유씨 부인	바늘을 부러뜨린 심회를 적은 글
「규중칠우쟁론기」	작자 미상	바늘, 자, 가위, 인두, 다리미, 실, 골무 등을 의인화하여 인간 사회를 풍자한 수필

7. 민속극

(1) 특 징

① 민간에 전해 내려오는 연극으로, 일정한 역할을 맡은 배우가 관객들에게 어떠한 내용을 대화나 행동으로 전달하는 전통극이다.

② 서민들이 주도하는 문학이기 때문에 서민들의 언어나 삶의 모습이 생생하게 드러난다.

③ 관객들에게 즐거움을 주기 위한 넉살과 신명, 지배층에 대한 비판 등이 담겨 있다.

④ 판소리와 마찬가지로 특별한 무대 장치가 없고 관객들의 적극적인 참여가 가능하다.

⑤ 조선 후기에 성장한 평민 의식이 잘 반영된 예술이라고 할 수 있다.

(2) 종 류

가면극	• 가면(탈)을 쓰고 하는 민속극 • 봉산탈춤, 오광대놀이, 하회별신굿놀이 등
인형극	• 배우 대신 인형을 등장시켜 전개하는 민속극 • 꼭두각시놀음, 박첨지놀음, 홍동지놀음 등
무 극	• 무가(巫歌) 중에서 연극적 성격을 띠는 무가 • 두 명 이상의 대화로 구성되고 인물의 행동까지 수반

적중예상문제

다음 글을 읽고 물음에 답하시오(1~2).

善花公主主隱	선화 공주니믄
他密只嫁良置古	남 그스지 얼어두고
薯童房乙	맛둥바울
夜矣卯乙抱遺去如	바매 몰 안고가다

– 무왕, 「서동요」

01 위와 같은 글에 대해 바르게 설명한 것은?

① 한자의 음과 훈을 빌려 표기했다.
② 『삼국유사』에 11수, 『균여전』에 14수가 전해진다.
③ 유교적인 내용이 주를 이루며, 작가는 대부분 승려와 화랑이다.
④ 4구체, 8구체, 10구체 형식 중 가장 완성도가 높은 것은 4구체 형식이다.

해설 ② 『삼국유사』에 14수, 『균여전』에 11수가 전해진다.
③ 불교적인 내용이 주를 이룬다.
④ 4구체, 8구체, 10구체 형식 중 가장 완성도가 높은 것은 10구체 형식이다.

02 이 글에 대한 설명으로 잘못된 것은?

① 가장 오래된 4구체 향가이다.
② 미래를 예언하는 참요적 성격을 지닌다.
③ 신라 무왕이 지었다는 민요체 형식의 노래이다.
④ 선화공주를 아내로 맞이하기 위하여 아이들에게 부르게 한 동요이다.

해설 「서동요」는 신라 진평왕 때 백제 무왕이 지었다는 4구체 향가이다.

다음 글을 읽고 물음에 답하시오(3~5).

> 생사(生死) 길은
> 예 있으매 머뭇거리고,
> 나는 간다는 말도
> 못다 이르고 어찌 갑니까.
> 어느 가을 이른 바람에
> ㉠ 이에 저에 떨어질 잎처럼,
> 한 가지에 나고
> 가는 곳 모르온저.
> ㉡ 아아, 미타찰(彌陀刹)에서 만날 나
> 도(道) 닦아 기다리겠노라.
>
> — 월명사, 「제망매가(祭亡妹歌)」

03 이 글에서 시적 화자와 대상이 남매 관계임을 비유적으로 나타내는 구절은?

① 한 가지에 나고

② 어느 가을 이른 바람에

③ 이에 저에 떨어질 잎처럼

④ 아아, 미타찰(彌陀刹)에서 만날 나

해설 '한 가지'는 시적 화자와 대상이 남매지간임을 암시하는 시어이다.

04 ㉠에 쓰인 표현 방법을 사용하지 않은 것은?

① 돌담에 속삭이는 햇발같이

② 나는 나룻배 / 당신은 행인

③ 아아, 늬는 산(山)ㅅ새처럼 날아갔구나!

④ 꽃가루와 같이 부드러운 고양이의 털에

해설 ㉠에 쓰인 표현 방법은 직유법이다. 직유법은 비슷한 성질이나 모양을 가진 두 사물, 즉 원관념과 보조 관념을 '-같이', '-처럼', '- 양', '- 듯이' 등의 연결어를 사용하여 연결하는 수사법으로, '햇발같이', '산(山)ㅅ새처럼', '꽃가루와 같이'에 사용되었다.

05 ⓒ에 나타난 화자의 태도로 가장 적절한 것은?

① 죽은 누이의 업적을 예찬하고 있다.
② 누이와 같은 병으로 죽을까 두려워하고 있다.
③ 이별한 누이를 잊고 즐거운 생활을 하고자 한다.
④ 누이와 이별한 슬픔을 종교적으로 극복하고자 한다.

> **해설** ⓒ은 불교적 믿음을 통해 미래에 누이와 재회하기를 기원하는 내용으로, 사별의 슬픔을 종교적으로 승화시키고 있다.

다음 글을 읽고 물음에 답하시오(6~7).

가시리 가시리잇고 나는
㉠ 바리고 가시리잇고 나는
위 증즐가 대평셩디(大平盛代)

㉡ 날러는 엇디 살라 ᄒ고
바리고 가시리잇고 나는
위 증즐가 대평셩디(大平盛代)

잡사와 두어리마ᄂᆞᆫ
㉢ 선ᄒ면 아니 올셰라
위 증즐가 대평셩디(大平盛代)

㉣ 셜온 님 보내압노니 나는
가시는 듯 도셔 오쇼셔 나는
위 증즐가 대평셩디(大平盛代)

– 작자 미상, 「가시리」

---

06 이 글에 대한 설명으로 가장 적절한 것은?

① 후렴구를 사용하지 않고 있다.
② 화자는 임과의 재회를 바라고 있다.
③ 4음보의 규칙적인 율격이 드러난다.
④ 의인화를 통해 시상을 전개하고 있다.

> **해설** '가시는 듯 도셔 오쇼셔'는 '가시자마자 돌아서서 다시 오소서.'라는 뜻으로, 화자가 임과의 재회를 간절히 바라고 있음을 알 수 있다.

07 ㉠~㉣ 중 이 글의 화자가 임을 보내 주려는 이유가 드러나는 부분은?

① ㉠   ② ㉡   ③ ㉢   ④ ㉣

 ㉢은 '서운하면 아니올까 두렵다.'라는 뜻으로, 화자는 임을 영원히 잃어버릴까 두려워 임을 보내고 있음을 알 수 있다.

다음 글을 읽고 물음에 답하시오(8~9).

살어리 살어리랏다 청산(靑山)애 살어리랏다
㉠ 멀위랑 도래랑 먹고 청산(靑山)애 살어리랏다
얄리얄리 얄랑셩 얄라리 얄라

우러라 우러라 새여 자고 니러 우러라 새여
널라와 시름 한 나도 자고 니러 우니노라
얄리얄리 얄라셩 얄라리 얄라

가던 새 가던 새 본다 믈 아래 가던 새 본다
잉무든 장글란 가지고 믈 아래 가던 새 본다
얄리얄리 얄라셩 얄라리 얄라.

이링공 뎌링공 ᄒᆞ야 나즈란 디내와숀뎌
오리도 가리도 업슨 바므란 ᄯᅩ 엇디 호리라
얄리얄리 얄라셩 얄라리 얄라.

                                                        – 작자 미상, 「청산별곡」

---

08 이 글에 대한 설명으로 적절하지 않은 것은?

① 후렴구를 통해 연을 나누고 있다.
② 시상은 계절의 순서에 따라 전개된다.
③ 시구의 반복을 통해 의미를 강조하고 있다.
④ 'ㄹ, ㅇ' 음을 사용하여 리듬감을 형성하고 있다.

해설 ① '얄리얄리 얄라셩 얄라리 얄라'라는 후렴구가 연마다 반복되면서 분장의 기능을 수행한다.
③ 시구를 반복하여 '청산'에 살고 싶은 화자의 소망을 강조한다.
④ 'ㄹ, ㅇ' 음과 같은 울림소리를 사용하여 리듬감이 느껴진다.

09 ㉠에 드러난 화자의 삶의 태도로 가장 적절한 것은?

① 소박한 삶에 대한 동경

② 외로움을 극복하는 자세

③ 배부르게 먹고 싶은 소망

④ 힘겨운 삶에서 벗어나고 싶은 마음

해설 ㉠에는 소박한 삶을 동경하는 화자의 태도가 잘 드러난다.

다음 글을 읽고 물음에 답하시오(10~11).

㉠ 공방(孔方)의 자는 관지(貫之)이다. 그 조상이 일찍이 수양산에 숨어 굴 속에서 살아, 아직 세상에 쓰여진 적이 없었다. 처음 황제(黃帝) 때에 뽑혀 쓰였으나, 성질이 굳세어 세상일에 그리 익숙하지 못하였다. 황제가 ㉡ 관상을 보는 사람[相工]을 불러 보이니, 그가 한참 동안 들여다보고 말했다.

"산야(山野)의 성질이어서 비록 쓸 만하지 못하오나, 만일 만물을 조화하는 폐하의 풀무와 망치 사이에 놓아 때를 긁고 빛을 갈면 그 자질이 마땅히 점점 드러날 것입니다. ㉢ 왕자(王者)는 사람을 그릇[器]으로 만듭니다. 원컨대 ㉣ 폐하께서는 저 완고한 구리[銅]와 함께 내버리지 마옵소서."

이로 말미암아 그가 세상에 이름을 드러냈다.

– 임춘, 「공방전(孔方傳)」

---

10 이 글에 대한 설명으로 옳지 않은 것은?

① 교훈적, 풍자적, 오락적 성격을 지닌다.

② 계세징인을 목적으로 사물을 의인화 한다.

③ 작가의 경험을 사실적으로 기록한 글이다.

④ 인간 주변의 동식물, 사물 등을 소재로 한다.

해설 가전체 문학은 개인 창작물로, 창의성이 가미된 허구적인 작품이다.

---

11 ㉠~㉣에 대한 설명으로 적절하지 않은 것은?

① ㉠은 ㉣의 결정에 의해 세상에 이름이 드러나게 되었다.

② ㉡은 ㉠의 단점보다는 앞으로의 발전 가능성에 주목하였다.

③ ㉠은 ㉡에게 자신의 견해를 펼칠 기회를 제공하였다.

④ ㉣은 ㉢의 이상적인 모습을 본받고 있다.

해설 ㉡에게 자신의 견해를 펼칠 기회를 제공한 것은 ㉣이다.

다음 글을 읽고 물음에 답하시오(12~15).

(가) 중세 국어의 특징 중 하나는 소리 나는 대로 표기하는 ㉠ 이어 적기가 일반적으로 쓰이다가 후기에는 끊어 적기와 이어 적기가 혼용되는 양상이 나타나기도 하였다는 점이다.

(나) 불·휘 기·픈 ㉡ 남·ᄀᆞᆫ ᄇᆞᄅᆞᆷ·매 아·니:뮐·씨 곶:됴·코 여·름·하ᄂᆞ·니
㉢ :시·미 기·픈·므·른 ㉣ ·ᄀᆞᄆᆞᆯ·래 아·니 그·츨·씨:내·히 이·러 ㉤ 바·ᄅᆞ·래·가ᄂᆞ·니
　　　　　　　　　　　　　　　　　　　　　　　　　　　– 「용비어천가」 제2장

(다) 뿌리가 깊은 나무는 바람에 흔들리지 아니하므로 꽃이 좋고 열매가 많이 열리니.
샘이 깊은 물은 가뭄에 그치지 아니하므로 내[川]가 이루어져 바다에 가나니.
　　　　　　　　　　　　　　　　　　– 「용비어천가」 제2장, 현대어 풀이

12 (나)와 (다)를 비교하여 알 수 있는 국어의 변화 양상으로 적절하지 않은 것은?

① 남·ᄀᆞᆫ → 나무는 : 'ᆞ'의 소멸
② ·ᄀᆞᄆᆞᆯ·래 → 가뭄에 : 방점의 소멸
③ :됴·코 → 좋고 : 어두 자음군의 소멸
④ :내·히 → 내가 : 주격 조사 '가'의 등장

해설 '·됴·코 → 좋고'는 중세 국어에서 구개음화가 아직 일어나지 않았음을 보여 주는 예시로, 어두 자음군의 소멸과 관련이 없다.

13 (나) 글에 대한 설명으로 틀린 것은?

① 글의 갈래는 시조이다.　　　　　　② 대구적인 표현이 사용되었다.
③ 조선 왕조의 번성을 기원하는 내용이다.　④ 중세 국어의 모습을 알 수 있는 자료이다.

해설 〈용비어천가〉의 글의 갈래는 '악장'이다. '악장'은 조선 건국의 정당성을 밝히고, 국가의 영원한 발전을 기원하는 등의 목적으로 사용되었다.

14 ㉠의 예시로 볼 수 있는 단어는?

① 곶　　　　② 불 휘　　　　③ 기 픈　　　　④ 남 ᄀᆞᆫ

해설 '기픈(깊+은)'은 이어 적기로 표기한 것이다.

15 ⓛ~ⓜ 중 모음 조화 현상과 관계 없는 것은?

① ⓛ

② ⓒ

③ ⓡ

④ ⓜ

해설 ' : 시 · 미'는 주격조사 '이'가 사용된 것으로, 모음 조화 현상과 관계가 없다.

다음 글을 읽고 물음에 답하시오(16~19).

(가) 십 년(十年)을 경영하여 ㉠ 초려 삼간(草廬三間) 지어 내니
　　　나 한 간 달 한 간에 청풍(淸風) 한 간 맡겨 두고
　　　강산(江山)은 들일 데 없으니 둘러 두고 보리라.

　　　　　　　　　　　　　　　　　　　　　　　　　　　　　　　　－ 송순

(나) 님이 오마 ᄒ거늘 저녁밥을 일 지어 먹고 중문(中門) 나서 대문(大門) 나가 지방(地方) 우희 치ᄃ라 안자
　　　㉡ 이수(以手)로 가액(加額)ᄒ고 오ᄂ가 가ᄂ가 건넌 산(山) ᄇ라보니 거머횟들 셔 잇거ᄂ 져야 님이로다.
　　　보션 버서 품에 품고 신 버서 손에 쥐고 ㉢ 곰븨님븨 님븨곰븨 쳔방지방 지방쳔방 즌 ᄃ ᄆ른 ᄃ 골희지
　　　말고 워렁충창 건너가셔 졍(情)엣말 ᄒ려 ᄒ고 겻눈을 흘긋 보니 ㉣ 상년(上年) 칠월(七月) 사흘날 ᄀ라벅긴
　　　주추리 삼대 슬드리도 날 소겨다.
　　　모쳐라 밤일싀 만졍 ᄒᆡᆼ혀 낫이런들 ᄂᆞᆷ 우일 번 ᄒ괘라.

　　　　　　　　　　　　　　　　　　　　　　　　　　　　　　　　－ 작자 미상

16 위와 같은 글에 대한 설명으로 적절하지 않은 것은?

① 4음보의 규칙적인 율격을 지닌다.

② 초장, 중장, 종장으로 구성되었다.

③ 4구체, 8구체, 10구체로 분류할 수 있다.

④ 가사에 비해 길이가 짧다고 하여 단가(短歌)라고 불렀다.

해설 4구체 · 8구체, 10구체로 분류되는 것은 시조가 아니라 향가이다.

17 (가)와 (나)의 갈래에 대한 차이점을 잘못 설명한 것은?

① 주된 작가층은 (가)와 같은 글은 양반, (나)와 같은 글은 평민이나 여성이다.
② (가)와 같은 글의 성격은 풍자적이고, (나)와 같은 글의 성격은 관념적이다.
③ (가)와 같은 글은 조선 전기에, (나)와 같은 글은 조선 후기에 많이 창작되었다.
④ 주로 다루는 내용은 (가)와 같은 글은 유교적 충효, (나)와 같은 글은 삶의 애환이다.

해설 (가)는 평시조, (나)는 사설시조이다. (가)와 같은 평시조는 관념적인 성격을 지니고, (나)와 같은 사설시조는 풍자적인 성격을 갖는다.

18 글 (가)를 읽고 이해한 것으로 가장 적절한 것은?

① 성공하여 부귀영화를 누리겠다.
② 부모님께 효도하며 살아야겠다.
③ 자연과 더불어 소박하게 살아야겠다.
④ 사람을 멀리하고 혼자 산속에서 살아야겠다.

해설 글 (가)의 초장에서는 자연에 은거하는 안빈낙도의 삶을, 중장에서는 자연과 어우러지는 물아일체의 경지를, 종장에서는 강산을 둘러 두겠다는 표현을 통해 자연에 동화된 삶에 대해 이야기하고 있다. 따라서 자연과 더불어 소박하게 살아야겠다는 ③의 반응이 가장 적절하다.

19 ㉠~㉣의 의미를 잘못 설명한 것은?

① ㉠ : 아주 소박한 집
② ㉡ : 손으로 이마를 가리고
③ ㉢ : 엎치락뒤치락 급히 굴고 허둥지둥하는 모양
④ ㉣ : 내년 7월 3일

해설 '상년(上年) 칠월(七月) 사흗날'은 '작년 7월 3일'을 의미한다.

다음 글을 읽고 물음에 답하시오(20~21).

(가) 동지(冬至)ㅅ둘 ㉠ 기나긴 밤을 한 허리를 버혀 내어,
　　춘풍(春風) 니불 아리 서리서리 너헛다가,
　　㉡ 어론 님 오신 날 밤이여든 구뷔구뷔 펴리라.

　　　　　　　　　　　　　　　　　　　　　　　　　　　　　－ 황진이

(나) ㉢ 귓도리 져 귓도리 여엿부다 져 귓도리
　　어인 귓도리 지는 달 새는 밤의 긴 소릭 쟈른 소릭 절절이 슬픈 소릭 제 혼자 우러녜어 사창여원 잠을
　　살뜰히도 깨우는구나.
　　두어라 제 비록 미물이나 ㉣ 무인동방에 내 뜻 알 이는 너뿐인가 하노라.

　　　　　　　　　　　　　　　　　　　　　　　　　　　　　－ 작자 미상

---

20 (가)와 (나)의 공통된 정서를 가장 바르게 나타낸 것은?

① 그리움　　　　　　　　　　② 즐거움
③ 두려움　　　　　　　　　　④ 기대감

해설 제시된 글에서 (가)와 (나) 모두 임을 기다리는 그리움의 정서가 강하게 드러난다.

21 ㉠~㉣에 대해 잘못 설명한 것은?

① ㉠ : 추상적인 개념을 구체적인 사물로 형상화하고 있다.
② ㉡ : 사랑하는 임, 정든 임을 의미한다.
③ ㉢ : 기다리는 대상, 즉 사랑하는 임을 비유하는 표현이다.
④ ㉣ : 임이 없는 외로운 여인의 방을 의미한다.

해설 ㉢은 사랑하는 임을 의미하는 것이 아니라, 시적 화자의 감정이 이입된 대상이다.

다음 글을 읽고 물음에 답하시오(22~23).

(가) 창(窓) 내고쟈 창(窓)을 내고쟈 이내 가슴에 창(窓) 내고쟈
　　 고모장지 셰살장지 들장지 열장지 암돌져귀 수돌져귀 빅 목걸새 크나큰 쟝도리로 쭝닥 바가 이내 가슴에
　　 창(窓) 내고쟈
　　 잇다감 하 답답홀 제면 여다져 볼가 ᄒ노라

　　- 작자 미상

(나) 두터비 ᄑ리를 물고 두험 우희 치ᄃ라 안자
　　 건넛산 ᄇ라보니 백송골이 쩌 잇거늘 가슴이 금즉ᄒ여 풀덕 쮜여 내ᄃᆺ다가 두험 아래 잣바지거고.
　　 모쳐라 ᄂᆞ낸 낼싀만졍 에헐질 번ᄒ괘라.

　　- 작자 미상

---

22 위와 같은 글의 갈래에 대한 설명으로 가장 적절하지 않은 것은?

① 양반과 사대부들의 작품이 많다.
② 평시조보다 길이가 길어진 형태이다.
③ 기존의 율격을 무시한 파격적인 형태를 보인다.
④ 웃음을 통해 비애와 고통을 극복하려는 모습을 보인다.

해설 제시된 글은 사설시조로, 기존의 평시조의 율격을 무시하고 파격적인 형태를 가진다. 사설시조는 평민과 부녀자들의 작품이 많다.

23 글 (가)에 대해 잘못 설명한 것은?

① 열거적 표현이 사용되었다.
② 삶의 답답함에서 벗어나고자 하는 마음이 나타난다.
③ 처한 현실을 극복하고자 하는 화자의 의지가 드러난다.
④ 임과 이별한 여인의 외로움을 자연물에 기대어 표현하고 있다.

해설 글 (가)는 답답한 현실에서 벗어나고자 하는 의지를 볼 수 있는 사설시조로, 여러 문고리들을 열거하는 표현을 사용하고 있다. 하지만 임과의 이별에 대한 표현은 찾아볼 수 없다.

다음 글을 읽고 물음에 답하시오(24~25).

> 강호(江湖)애 병(病)이 깁퍼 듁님(竹林)의 누엇더니,
> 관동(關東) 팔빅(八百) 니(里)에 방면(方面)을 맛디시니,
> 어와 셩은(聖恩)이야 가디록 망극(罔極)ᄒ다.
> 연츄문(延秋門) 드리ᄃ라 경회(慶會) 남문(南門) ᄇ라보며,
> 하직(下直)고 믈너나니 옥졀(玉節)이 알픠 셧다.
> 평구역(平丘驛) 물을 ᄀ라 흑슈(黑水)로 도라드니,
> 셤강(蟾江)은 어듸메오 티악(雉岳)이 여긔로다.
> 쇼양강(昭陽江) ᄂ린 믈이 어드러로 든단 말고.
> 고신거국(孤臣去國)에 빅발(白髮)도 하도 할샤.
> 동쥬(東洲) ㅣ 밤 계오 새와 븍관뎡(北寬亭)의 올나ᄒ니,
> 삼각산(三角山) 뎨일봉(第一峰)이 ᄒ마면 뵈리로다.
> 궁왕(弓王) 대궐(大闕) 터희 오쟉(烏鵲)이 지지괴니,
> 쳔고(千古) 흥망(興亡)을 아ᄂ다 몰ᄋᄂ다.
> 회양(淮陽) 녜 일홈이 마초아 ᄀ틀시고.
> 급댱유(汲長孺) 풍치(風彩)를 고텨 아니 볼 게이고.
>
> – 정철, 「관동별곡」

24 이 글에 대한 설명으로 가장 적절한 것은?

① 3음보의 반복으로 운율을 형성한다.
② 전절과 후절의 대립 구조가 나타나 있다.
③ 공간의 이동에 따라 시상을 전개하고 있다.
④ 주된 내용은 조선 건국의 정당성을 밝히는 것이다.

해설 제시된 글은 한양, 평구역, 흑슈, 동쥬, 회양 등 공간의 이동에 따라 시상이 전개되고 있다.

25 이 글의 화자에 대한 설명으로 적절하지 않은 것은?

① 선정에 대한 포부를 다짐하고 있다.
② 옛 왕조의 성터에서 무상함을 느끼고 있다.
③ 임금님의 은혜에 감사하는 마음을 가지고 있다.
④ 성현의 말을 인용하여 자신의 역할을 점검하고 있다.

① '회양(淮陽) 녜 일홈이 마초아 ㄱ톨시고. 급댱유(汲長孺) 풍치(風彩)를 고텨 아니 볼 게이고'에서 관리로서의
선정에 대한 포부를 다짐하고 있다.
② '천고(千古) 흥망(興亡)을 아논다 몰으논다.'를 통해 옛 왕조의 성터에서 무상함을 느끼고 있음을 알 수 있다.
③ '어와 셩은(聖恩)이야 가디록 망극(罔極)ᄒ다.'를 통해 임금님의 은혜에 감사하는 마음을 엿볼 수 있다.

다음 글을 읽고 물음에 답하시오(26~28).

> 출하리 믈ㄱ의 가 비 길히나 보쟈 ᄒ니
> 브람이야 믈결이야 어둥졍 된뎌이고.
> 샤공은 어듸 가고 뷘 비만 걸렷ᄂ니.
> 江강川텬의 혼쟈 셔셔 디ᄂ 히롤 구버보니
> 님 다히 消쇼息식이 더옥 아득ᄒ뎌이고.
> 茅모簷쳠 ᄎ 자리의 밤듕만 도라오니
> 半반壁벽靑쳥燈등은 눌 위ᄒ야 불갓ᄂ고.
> 오르며 ᄂ리며 헤쓰며 바자니니
> 져근덧 力녁盡진ᄒ야 픗줌을 잠간 드니
> 精졍誠셩이 지극ᄒ야 쑴의 님을 보니
> 玉옥 ㄱᄐ 얼구리 半반이 나마 늘거셰라.
> ᄆ음의 머근 말ᄉ 슬ᄏ장 ᄉᆲ쟈 ᄒ니
> 눈믈이 바라 나니 말ᄉ인들 어이 ᄒ며
> 情졍을 못다ᄒ야 목이조차 몌여ᄒ니
> 오뎐된 鷄계聲셩의 ᄌᆷ은 엇디 ᄭᆡ돗던고.
> 어와, 虛허事ᄉ로다. 이 님이 어듸 간고.
> 결의 니러 안자 窓창을 열고 ᄇ라보니
> 어엿븐 그림재 날 조출 ᄯᆞᆫ이로다.
> 출하리 싀여디여 落낙月월이나 되야이셔
> 님 겨신 窓창 안히 번드시 비최리라.
> 각시님 돌이야ᄏ니와 구즌 비나 되쇼셔.
>
> — 정철, 「속미인곡」

26 이 글에 대해 가장 바르게 설명한 것은?

① 임에 대한 그리움과 슬픔을 노래하고 있다.
② 부조리한 현실에 대한 비판과 풍자가 드러난다.
③ 가난하고 궁핍한 현실에 대한 좌절감이 나타난다.
④ 사랑하는 임을 기다리는 기쁨과 설렘을 노래하고 있다.

해설 제시된 글은 사랑하는 임을 그리워하는 마음을 노래한 가사 작품이다.

27 이 글의 표현상 특징으로 적절하지 않은 것은?

① 4음보의 율격으로 운율을 형성한다.
② 자문자답의 방식으로 시상이 전개된다.
③ 순 우리말의 묘미를 잘 살렸다는 평가를 받는다.
④ 의문형 문장을 사용하여 화자의 생각을 강조한다.

해설 제시된 글은 두 사람이 대화를 나누는 방식으로 시상이 전개된다.

28 이 글의 화자에 대한 설명으로 적절하지 않은 것은?

① '꿈' 속에서 임을 보았다.
② '믈ㄱ'에서 사공을 만났다.
③ '江강川텬'에서 지는 해를 바라보았다.
④ '落낙月월'이라도 되어 임 계신 곳을 비추고 싶어 한다.

해설 '샤공은 어디 가고 빈 빅만 걸렷ᄂ니.'를 통해 사공을 만나지 못했음을 알 수 있다. 제시된 글의 화자는 물가에 서서 뱃사공 없이 매여 있는 빈 배를 바라본 것이다.

다음 글을 읽고 물음에 답하시오(29~31).

(가) (중모리)

홍보가 기가막혀, 나가란 말을 듣더니마는, 섰든 자리여 가 꿇어엎져서,

"아이고, 형님! 형님, 이게 웬 말이오? 이 엄동설한풍에 수다헌 자식덜을 다리고, 어느곳으로 가서 산단 말이오? 형님, 한번 통촉을 하옵소서."

"이놈, 내가 너를 갈 곳까지 일러 주랴? 잔소리 말고 나가거라!"

몽둥이를 추켜들고 추상같이 어르는구나. 홍보가 깜짝 놀래 안으로 들어가며,

"아이고, 여보, 마누라! ⊙ 형님이 나가라 허니, 어느 영이라 어기오며, 어느 명령이라고 안 가겠소? 자식들을 챙겨 보오. 큰자식아, 어디 갔나? 두채놈아, 이리 오느라."

이삿짐을 챙겨 지고, 놀보 앞에 가 꿇어 엎져,

"형님, 갑니다. 부대 안녕히 계옵시오."

(나) (아니리)

이렇게 홍보가 울며불며 나가, 그렁저렁 이리 갔다가 저리 갔다 허는디, 아, 살 디가 없으니까 거 동네 앞에 물방아실도 자기 안방이요, 이리저리 돌아댕기다가 생현동 복덕촌을 당도하였것다. 여러 날, 홍보 자식들이 잘 묵다가 굶어 노니, 모도 아사지경이 되야 가지고, 하루는 음석 노래로 이놈들이 죽 나와서 조르넌디, 한 놈이 썩 나서며,

ⓛ "아이고, 어머니! 아이고, 어머니! 배는 고파 못 살겠소. 나 육개장국에 사리쌀밥 많이 먹었으면."

"어따, 이 자석아. 저 입맛 도저하게 아네. 육개장국에 사리 쌀밥이 어디 있단 말이냐, 이 자석아. 너 입맛 한번 도저허게 잘 아는다 와."

또 한 놈이 나앉으며,

"아이고, 어머니! 나는 용미봉탕에 잣죽 좀 먹었으면 좋겠소."

"어따, 이 자석아. 아이, 보리밥도 없는디, 용미봉탕에 잣죽이 또 어디 있단 말이냐? 느그들 난시 못 살겠다, 못 살겠어."

– 강도근창, 「홍보가」

---

29 (가)와 (나)를 판소리로 공연한다고 할 때, 고려할 사항으로 적절하지 않은 것은?

① (가) : 제시된 장단에 맞게 창을 한다.

② (가) : 계절감을 살려 매미 소리를 넣는다.

③ (나) : 지역 방언으로 향토색을 드러낸다.

④ (나) : 인물의 성격이 잘 드러나도록 연기한다.

해설 (가)의 중모리(조금 느린 장단)는 서정적인 내용을 노래하기에 적절하며, (나)의 아니리는 창을 하는 중간중간에 가락을 붙이지 않고 이야기하듯 엮어 나가는 사설을 뜻한다. (가)의 시간적 배경은 겨울(엄동설한)이다.

30 〈보기〉의 '아우'가 ㉠에게 충고할 수 있는 말로 가장 적절한 것은?

> ┤보 기├
>
> 형제가 금덩이 두 개를 주워 나눠 가졌는데 갑자기 아우가 금덩이를 강에 던졌다. 형이 이유를 묻자, "형의 금덩이까지 갖고 싶은 욕심 때문에 형이 미워질까 봐 그랬어요."라고 했다. 이에 깨달은 바가 있어 형도 금덩이를 강에 던졌다.
>
> – 형제투금설화

① 임금에게 충성해야 한다.
② 부모에게 효도해야 한다.
③ 형제간에 우애가 있어야 한다.
④ 친구 사이에 믿음이 있어야 한다.

해설 '놀보'는 갈 곳 없는 동생 '흥보' 가족을 쫓아내고 있다. 따라서 '형제투금설화'의 '아우'는 '놀보'에게 형제간의 우애에 대해 충고를 해 주는 것이 적절하다.

31 ㉡에 나타난 특징으로 가장 적절한 것은?

① 배경 묘사를 통해 사건을 전개하고 있다.
② 속담을 인용하여 자신의 처지를 드러내고 있다.
③ 양반에 대한 원망을 직설적으로 나타내고 있다.
④ 어구를 반복하여 가난한 상황을 강조하고 있다.

해설 ㉡은 가난한 처지에 철없이 음식을 달라고 조르는 흥보 자식들의 행동을 통해 상황을 해학적으로 제시하는 부분으로서, '어따, 이 자석아'와 '못 살겠다, 못 살겠어' 등 어구를 반복함으로써 흥부 가족의 가난한 상황을 강조하고 있다.

다음 글을 읽고 물음에 답하시오(32~34).

"암행어사 출두야!"
외치는 소리 강산이 무너지고 천지가 뒤눕는 듯, 초목금수(草木禽獸)인들 아니 떨랴. 남문에서,
"출두야!"
북문에서
"출두야!"
동서문 출두 소리 맑은 하늘에 진동하고,
"모든 아전들 들라."
외치는 소리에 육방(六房)이 넋을 잃어,
"공형이오."
등채로 휘닥딱.
"애고, 죽는다!"
"공방(工房), 공방!"
공방이 포진(鋪陳) 들고 들어오며,
"안 하려는 공방을 하라더니 저 불 속에 어찌 들랴!"
등채로 휘닥딱.
"애고, 박 터졌네!"
좌수 별감 넋을 잃고, 이방 호장 실혼(失魂)하고, 삼색나졸(三色羅卒) 분주하네.
모든 수령 도망할 제 거동 보소. ㉠ 인궤(印櫃) 잃고 과줄 들고, 병부(兵符) 잃고 송편 들고, 탕건 잃고 용수 쓰고, 갓 잃고 소반 쓰고, 칼집 쥐고 오줌 누기, 부서지니 거문고요 깨지나니 북장고라. 본관이 똥을 싸고 멍석 구멍 새앙쥐 눈 뜨듯 하고, 내아(內衙)로 들어가서,
ⓐ "어 추워라! 문 들어온다 바람 닫아라! 물 마르다. 목 들여라!"
관청색은 상(床)을 잃고 문짝 이고 내달으니, 서리 역졸 달려들어 휘닥딱.
"애고, 나 죽네!"
이때 수의사또 분부하되,
"이 고을은 대감이 좌정하시던 고을이라, 소란을 금하고 객사(客舍)로 옮기라."
좌정(座定) 후에,
"본관은 봉고파직(封庫罷職)하라!"
분부하니,
"본관은 봉고파직이요!"
사대문에 방 붙이고 옥 형리 불러 분부하되,
"네 고을 옥에 갇힌 죄수를 다 올리라!"
호령하니, 죄인을 올리거늘 다 각각 죄를 물은 후에 죄 없는 자를 풀어줄 새,
"저 계집은 무엇이냐?"
형리 여짜오되,

"기생 월매 딸이온데 관정(官庭)에 포악(暴惡)한 죄로 옥중에 있습네다."

"무슨 죄냐?"

형리 아뢰되,

"본관 사또 수청(守廳)으로 불렀더니, 수절(守節)이 정절(貞節)이라 ⓛ 수청 아니 들려 하고, 관전(官前)에 포악한 춘향이로소이다."

어사또 분부하되,

"너만한 년이 수절한다고 관정 포악(官庭暴惡)하였으니 살기를 바랄소냐? 죽어 마땅하되 내 수청도 거역할까?"

춘향이 기가 막혀,

ⓒ "내려오는 관장(官長)마다 하나하나 명관이로구나. 수의사또 들으시오! ② 층암절벽(層巖絶壁) 높은 바위 바람 분들 무너지며, 청송녹죽(靑松綠竹) 푸른 나무 눈이 온들 변하리까? 그런 분부 마옵시고 어서 바삐 죽여 주오!"

– 작자 미상, 「춘향전」

32 이 글의 특징으로 적절하지 않은 것은?

① 풍자와 해학에 의한 골계미가 나타난다.

② 등장인물의 내면 심리를 섬세하게 묘사하고 있다.

③ 서민층의 언어와 양반층의 언어가 혼재되어 나타난다.

④ 오랜 세월 여러 사람에 의해 만들어진 적층 문학이다.

해설 제시된 글은 인물의 말과 행동으로 사건이 전개되고 있으며, 인물의 심리 묘사는 나타나지 않는다.

33 ㉠~㉣에 대한 설명으로 적절하지 않은 것은?

① ㉠ : 수령들의 행동을 해학적으로 보여 준다.

② ㉡ : 춘향이 하옥된 이유를 제시하는 부분이다.

③ ㉢ : 춘향이 어사또의 공명정대함을 칭송하고 있다.

④ ㉣ : 자연물에 빗대어 춘향의 의지를 강조하고 있다.

해설 춘향은 어사또가 이몽룡임을 아직 모르고 있으며, 자신의 수청을 들라는 어사또의 말에 '명관(明官, 고을을 잘 다스리는 현명한 관리)'이라며 반어적으로 비꼬아 비판하고 있다.

34 ⓐ와 같은 방식의 언어유희에 해당하는 것은?

① 말이 빠져서 이가 헛나가 버렸네.

② 고향이 제주라서 재주가 많은 거구나.

③ 서방인지 남방인지 잘난 사람 하나 왔다.

④ 이에 이에 그 말마라, 시집살이 개집살이

해설 ⓐ는 몹시 당황하여 '바람'과 '문'의 순서를 잘못 바꿔 한 말이다. ①도 '이'가 빠져서 '말'이 헛나왔다고 할 것을 '이'와 '말'의 순서를 바꿔 말했다. ②·③·④는 단어끼리 소리가 비슷한 것을 이용한 언어유희이다.

다음 글을 읽고 물음에 답하시오(35~37).

변씨는 대경해서 일어나 절하여 사양(辭讓)하고, 십분의 일로 이자를 쳐서 받겠노라 했다. 허생이 잔뜩 역정(逆情)을 내어, "당신은 나를 장사치로 보는가?"

하고는 소매를 뿌리치고 가 버렸다. 변씨는 가만히 그의 뒤를 따라갔다. 허생이 남산 밑으로 가서 조그만 초가로 들어가는 것이 멀리서 보였다. 한 늙은 할미가 우물터에서 빨래하는 것을 보고 변씨가 말을 걸었다. "저 조그만 초가가 누구의 집이오?"

"허 생원 댁입지요. 가난한 형편에 글공부만 좋아하더니, 하루아침에 집을 나가서 5년이 지나도록 돌아오지 않으시고, 시방(時方) 부인이 혼자 사는데, 집을 나간 날로 제사를 지냅지요."

변씨는 비로소 그의 성이 허씨라는 것을 알고, 탄식하며 돌아갔다. 이튿날, 변씨는 받은 돈을 모두 가지고 그 집을 찾아가서 돌려주려 했으나, 허생은 받지 않고 거절하였다.

"내가 부자가 되고 싶었다면 백만 냥을 버리고 십만 냥을 받겠소? 이제부터는 당신의 도움으로 살아가겠소. 당신은 가끔 나를 와서 보고 양식이나 떨어지지 않고 옷이나 입도록 하여 주오. 일생을 그러면 족하지요. 왜 재물 때문에 정신을 괴롭힐 것이오?"

변씨가 허생을 여러 가지로 권유하였으나, 끝끝내 어찌할 도리가 없었다. 변씨는 그때부터 허생의 집에 양식이나 옷이 떨어질 때쯤 되면 몸소 찾아가 도와주었다. 허생은 그것을 흔연히 받아 들였으나, 혹 많이 가지고 가면 좋지 않은 기색(氣色)으로,

"나에게 재앙을 갖다 맡기면 어찌하오?"

하였고, 혹 술병을 들고 찾아가면 아주 반가워하며 서로 술잔을 기울여 취하도록 마셨다.

(중략)

어느 날, 변씨가 5년 동안에 어떻게 백만 냥이나 되는 돈을 벌었던가를 조용히 물어보았다. 허생이 대답하기를, ㉠"그야 가장 알기 쉬운 일이지요. 조선이란 나라는 배가 외국에 통하질 않고, 수레가 나라 안에 다니질 못해서, 온갖 물화가 제자리에 나서 제자리에서 사라지지요. 무릇, 천 냥은 적은 돈이라 한 가지 물종을 독점할 수 없지만, 그것을 열로 쪼개면 백 냥이 열이라, 또한 열 가지 물건을 살 수 있겠지요. 단위가 작으면 굴리기가 쉬운 까닭에, 한 물건에서 실패를 보더라도 다른 아홉 가지의 물건에서 재미를 볼 수 있으니, 이것은 보통

이(利)를 취하는 방법으로 조그만 장사치들이 하는 짓 아니오? 대개 만 냥을 가지면 족히 한 가지 물종을 독점할 수 있기 때문에, 수레면 수레 전부, 배면 배를 전부, 한 고을이면 한 고을을 전부, 마치 촘촘한 그물로 훑어 내듯 할 수 있지요. 뭍에서 나는 만 가지 중에 한 가지를 슬그머니 독점하고, 물에서 나는 만 가지 중에 슬그머니 하나를 독점하고, 의원의 만 가지 약재 중에 슬그머니 하나를 독점하면, 한 가지 물종이 한곳에 묶여 있는 동안 모든 장사치들이 고갈될 것이매, 이는 백성을 해치는 길이 될 것입니다. 후세에 당국자들이 만약 나의 이 방법을 쓴다면 반드시 나라를 병들게 만들 것이오."

– 박지원, 「허생전」

35 위와 같은 글의 일반적인 특징으로 적절하지 않은 것은?

① 대체로 행복한 결말 구조를 보인다.
② 시간의 흐름에 따라 사건을 전개한다.
③ 비현실적이고 우연적인 사건이 발생한다.
④ 사건이 진행됨에 따라 인물의 성격에 변화가 있다.

해설 제시된 글은 고전 소설로 행복한 결말 구조, 시간의 흐름에 따른 서술, 비현실적이고 우연적인 사건 발생, 인물의 성격에 변화가 없는 평면적 인물 등을 특징으로 한다.

36 이 글을 통해 알 수 있는 내용으로 적절하지 않은 것은?

① 허생은 '재물'을 부정적인 것으로 인식하고 있다.
② 변씨는 허생에게 받은 돈을 모두 돌려주려고 했다.
③ 허생은 변씨의 도움을 모두 거부하고 글공부를 하며 살았다.
④ 변씨는 허생에게 어떻게 큰 돈을 벌 수 있었는지 물어보았다.

해설 '당신은 가끔 나를 와서 보고 양식이나 떨어지지 않고 옷이나 입도록 하여 주오. 일생을 그러면 족하지요.'라는 허생의 말을 통해 허생이 변씨의 도움을 모두 거부하지는 않았음을 알 수 있다.

37 ㉠에서 드러나는 '허생'의 생각으로 가장 적절하지 않은 것은?

① 조선은 교통이 열악하고 경제 구조가 취약하다.
② 독점은 백성을 해치고 나라를 병들게 만드는 일이다.
③ 조선에서는 한 가지 물종을 독점하는 일이 가능하다.
④ 독점은 보통의 이(利)를 취하는 조그만 장사치들이 하는 짓이다.

다음 글을 읽고 물음에 답하시오(38~39).

승상이 자세히 보니 과연 낯이 익은 듯하거늘 홀연 깨쳐 능파낭자를 돌아보며 왈,

"소유가 전일 토번을 정벌할 제 꿈에 동정 용궁에 가 잔치하고 돌아오는 길에 남악에 가 놀았는데, 한 화상이 법좌에 앉아서 경을 강론하더니 노부가 그 화상이냐?"

호승이 박장대소하고 가로되,

"옳다, 옳다. 비록 옳으나 몽중에 잠깐 만나 본 일은 생각하고 십 년을 동처하던 일을 알지 못하니 뉘 양 장원을 총명타 하더뇨?"

승상이 망연하여 가로되,

"소유가 십오륙 세 전은 부모 좌하를 떠나지 않았고 십육 세에 급제하여 연하여 직명이 있었으니, 동으로 연국에 봉사하고 서로 토번을 정벌한 밖은 일찍 경사를 떠나지 않았으니 언제 사부로 더불어 십 년을 상종하였으리오?"

호승이 웃어 왈,

"상공이 오히려 춘몽을 깨지 못하였도소이다."

승상 왈,

"사부가 어찌하면 소유로 하여금 ㉠ 춘몽을 깨게 하리오?"

호승 왈,

"이는 어렵지 아니하니이다."

하고, 손 가운데 석장을 들어 석난간을 두어 번 두드리니 홀연 네 녁 산골로부터 구름이 일어나 대 위에 끼이어 지척을 분변치 못하니, 승상이 정신이 아득하여 마치 취몽 중에 있는 듯하더니 오래되어서야 소리 질러 가로되,

"사부가 어이 정도로 소유를 인도치 아니하고 환술로 서로 희롱하느뇨?"

말을 떨구지 못하여서 구름이 걷히니 호승이 간 곳이 없고 좌우를 돌아보니 여덟 낭자가 또한 간 곳이 없는지라. 정히 경황하여 하더니, 그런 높은 대와 많은 집이 일시에 없어지고 제 몸이 한 작은 암자 중의 한 포단 위에 앉았으되, 향로에 불이 이미 사라지고, 지는 달이 창에 이미 비치었더라.

스스로 제 몸을 보니 일백여덟 낱 염주가 손목에 걸렸고 머리를 만지니 갓 깎은 머리털이 가칠가칠하였으니, 완연히 소화상의 몸이요 다시 대승상의 위의 아니니, 정신이 황홀하여 오랜 후에 비로소 제 몸이 연화 도량 성진 행자인 줄 알고 생각하니, 처음에 스승에게 수책하여 풍도로 가고 인세에 환도하여 양가의 아들 되어 장원 급제 한림학사하고 출장입상하여 공명신퇴하고 두 공주와 여섯 낭자로 더불어 즐기던 것이 다 하룻밤 꿈이라. 마음에,

'이 필연 사부가 나의 염려를 그릇함을 알고 나로 하여금 이 꿈을 꾸어 인간 부귀와 남녀 정욕이 다 허사인 줄 알게 함이로다.'

– 김만중, 「구운몽」

38 이 글의 내용 중 의미하는 바가 다른 하나는?

① 장원 급제한 일
② 토번을 정벌한 일
③ 여덟 낭자와 함께 산 일
④ 연화 도량의 행자로 지낸 일

해설 '장원 급제한 일', '토번을 정벌한 일', '여덟 낭자와 함께 산 일'은 꿈속에서 벌어진 일로, 사부가 인간 부귀와 남녀 정욕이 다 허사임을 깨닫게 하기 위해 꿈을 꾸게한 것이다.

39 〈보기〉의 ⓐ에 주목할 때 ㉠에 대한 설명으로 가장 적절한 것은?

┌─ 보 기 ┐

이 작품에서 '성진'은 세속적인 부귀공명을 누리는 삶에 미련을 가지고 있었다. 그러던 중 꿈속에서 '소유'로 태어나 세속적인 삶을 다양하게 경험하게 된다. 여기에서 꿈은 세속적인 가치가 헛되다는 ⓐ 작가의 의도를 드러내는 중요한 기능을 한다. 꿈에서 깬 '성진'은 '육관대사'의 가르침으로 불도를 깨닫고 팔선녀와 함께 극락세계로 가게 된다.

① 인생의 덧없음을 깨닫게 한다.
② 부귀공명의 중요성을 인식하게 한다.
③ 지조와 절개의 필요성을 느끼게 한다.
④ 형제간 우애의 소중함을 확인하게 한다.

해설 '춘몽'은 육관대사가 성진을 깨우쳐 주기 위한 장치로 성진이 꿈꾸던 세속적인 부귀공명이 모두 허사로 인생의 덧없음을 깨닫게 해 준다.

40 다음 글에 나타난 등장인물의 삶의 태도를 설명하는 말로 가장 적절한 것은?

> 박생은 눈을 떠서 주위를 바라보았다. 책은 책상 위에 던져져 있고, 등잔의 불꽃은 가물거리고 있다. 박생은 한참동안 감격하기도 하고 의아해하기도 하였다. 그러다가 스스로 생각하기를, 이제 곧 죽으려나보다 하였다. 그래서 그는 날마다 집안일을 정리하는 데 몰두하였다. 몇 달 뒤에 박생은 병을 얻었다. 그는 스스로, 필경 다시는 일어나지 못하리라는 것을 알았다. 박생은 의사와 무당을 사절하고 세상을 떠났다. 박생이 세상을 떠나려 하던 날 저녁이었다. 근처 이웃 사람들의 꿈에 신인이 나타나서는 이렇게 알렸다.
> "너의 이웃집 아무개 씨는 장차 염라왕이 될 것이다."
>
> — 김시습, 「남염부주지」

① 안빈낙도(安貧樂道)
② 방약무인(傍若無人)
③ 살신성인(殺身成仁)
④ 생기사귀(生寄死歸)

> **해설** '생기사귀(生寄死歸)'는 '사람이 이 세상에 사는 것은 잠시 머무는 것일 뿐이며 죽는 것은 원래 자기가 있던 본집으로 돌아가는 것임을 이르는 말'로 등장인물의 삶의 태도와 일치한다.
> ① 안빈낙도(安貧樂道) : 가난한 생활을 하면서도 편안한 마음으로 도를 즐겨 지킴
> ② 방약무인(傍若無人) : 곁에 사람이 없는 것처럼 아무 거리낌 없이 함부로 말하고 행동하는 태도가 있음
> ③ 살신성인(殺身成仁) : 자기의 몸을 희생하여 인(仁)을 이룸

다음 글을 읽고 물음에 답하시오(41~42).

> 인형은 길을 재촉하여 열흘 만에 경상 감영에 부임하였다. 고을마다 방을 붙이고 인형은 오직 길동이 나타나기만을 기다렸다. 며칠 후 한 소년이 감영 앞까지 나귀를 타고 와 감사 뵙기를 청한다고 하였다. 인형이 이상히 여겨 들여보내라 하니, 소년이 마루에 올라 인사를 올렸다.
> "제가 여기 온 것도 아버님과 형님을 위태로운 지경에서 구하고자 함입니다. 하오나 당초에 아버지를 아버지라 하고 형을 형이라 부를 수 있었던들 어찌 이 지경에 이르렀겠습니까? 이제 와서 지난 일을 말해 무엇하오리까? 이제 저를 묶어 한양으로 보내소서."
> 그런 다음 입을 꾹 다물더니 묻는 말에 더 이상 대답하지 않았다.
> 경상 감사 인형은 이윽고 제 아우 길동의 목에 칼을 씌우고 발에 차꼬를 채웠다. 그리고 길동을 잡았다는 장계를 적어 서둘러 한양으로 보냈다.
> (중략)
> "내가 여기까지 순순히 잡혀 오고 전하께서도 내가 끌려오는 것을 이미 알고 계시므로 너희가 큰 벌을 받지는 않으리라."

그런 다음 길동이 몸을 흔드니 쇠사슬이 썩은 동아줄처럼 툭툭 끊어지고 함거가 우지끈 부서졌다. ㉠ 그리고 순식간에 공중으로 훌쩍 몸을 솟구쳐서 궁수들이 미처 손을 쓸 틈이 없었다. 궁수들은 그저 길동이 공중에서 까마득하게 멀어질 때까지 하늘만 멍하니 바라볼 뿐이었다.

– 허균, 「홍길동전」

41 이 글에 대한 설명으로 적절하지 않은 것은?

① 과거 시제로 서술되고 있다.
② 당대 사회의 모습을 반영하고 있다.
③ 역사적 사실을 객관적으로 전달하고 있다.
④ 시간의 흐름에 따라 사건이 전개되고 있다.

해설 제시된 글은 적서 차별 제도의 철폐와 인간 평등을 다룬 소설이다. 소설은 현실을 반영하지만 상상으로써 허구의 세계를 지어낸 이야기이다. 따라서 역사적 사실을 객관적으로 전달하는 것은 아니다.

42 ㉠에서 길동이 위기를 극복하는 수단으로 활용한 것은?

① 부유한 재산　　　　② 비범한 능력
③ 타고난 외모　　　　④ 조력자의 도움

해설 ㉠에서 길동은 하늘을 나는 비범한 능력으로 위기에서 벗어나고 있다.

다음 글을 읽고 물음에 답하시오(43~45).

나는 '나'를 허투루 간수했다가 '나'를 잃은 사람이다. 어렸을 때는 과거 시험을 좋게 여겨 그 공부에 빠져 있었던 것이 10년이다. 마침내 조정의 벼슬아치가 되어 ㉠ 사모관대에 비단 도포를 입고 백주 도로를 미친 듯 바쁘게 돌아다니며 12년을 보냈다. 그러다 갑자기 상황이 바뀌어 친척을 버리고 고향을 떠나 한강을 건너고 문경새재를 넘어 ㉡ 아득한 바닷가 대나무 숲이 있는 곳에 이르러서야 멈추게 되었다. 이때 '나'도 땀을 흘리고 숨을 몰아쉬며 허둥지둥 내 발뒤꿈치를 쫓아 함께 이곳에 오게 되었다. 나는 '나'에게 말했다.
"너는 무엇 때문에 여기에 왔는가? 여우나 도깨비에게 홀려서 왔는가? 바다의 신이 불러서 왔는가? 너의 가족과 이웃이 소내에 있는데, 어째서 그 본고장으로 돌아가지 않는가?"
그러나 '나'는 멍하니 꼼짝도 않고 돌아갈 줄을 몰랐다. 그 안색을 보니 마치 얽매인 게 있어 돌아가려 해도 돌아갈 수 없는 듯했다. 그래서 '나'를 붙잡아 함께 머무르게 되었다.

이 무렵, 내 둘째 형님 또한 그 '나'를 잃고 남해의 섬으로 가셨는데, 역시 '나'를 붙잡아 함께 그곳에 머무르게 되었다.

유독 내 큰형님만이 '나'를 잃지 않고 편안하게 수오재에 단정히 앉아 계신다. 본디부터 지키는 바가 있어 '나'를 잃지 않으신 때문이 아니겠는가? 이것이야말로 큰형님이 자신의 서재 이름을 '수오'라고 붙이신 까닭일 것이다. 일찍이 큰형님이 말씀하셨다.

"아버지께서 나의 자(字)를 태현이라고 하셨다. 나는 홀로 ⓒ <u>나의 태현을 지키려고</u> 서재 이름을 '수오'라고 하였다."

이는 그 이름 지은 뜻을 말씀하신 것이다.

맹자께서 말씀하시기를, "무엇을 지키는 것이 큰일인가? 자신을 지키는 것이 큰일이다."라고 하셨는데, 참되도다, 그 말씀이여!

ⓒ <u>드디어 내 생각을 써서 큰형님께 보여 드리고 수오재의 기문으로 삼는다.</u>

— 정약용, 「수오재기」

---

43 이 글에 대한 설명으로 적절하지 않은 것은?

① 직접 체험한 일을 통해 삶의 의미를 깨닫는다.

② 옛 성현의 말을 인용하여 자신의 의견을 강조하고 있다.

③ 자기 성찰을 통해 깨달음을 얻어 가는 과정이 드러난다.

④ 예상되는 상대의 의견을 미리 반박하는 방법으로 글을 전개한다.

해설 제시된 글에서 글쓴이는 자신의 체험을 통해 삶의 의미를 깨닫는 과정을 제시하고 있다. 하지만 상대의 의견을 미리 예상하고 반박하는 부분은 찾아볼 수 없다.

44 이 글의 글쓴이가 이야기하고자 하는 중심 내용으로 가장 적절한 것은?

① '나'를 지키는 일의 중요성

② 상대를 배려하는 자세의 필요성

③ 끊임없이 자신을 단련하는 일의 중요성

④ 어려운 사람을 도와주려는 자세의 필요성

해설 제시된 글에서 글쓴이는 자신의 삶을 성찰하고, '나'를 지키는 일의 중요성을 강조하고 있다.

45 ㉠~㉣에 대해 잘못 설명한 것은?

① ㉠ : '벼슬'을 의미한다.

② ㉡ : 그리운 고향을 의미한다.

③ ㉢ : 본질적인 자아를 의미한다.

④ ㉣ : 글을 쓰게 된 동기가 드러난다.

해설 ㉡은 '유배지'를 가리킨다.

다음 글을 읽고 물음에 답하시오(46~47).

사람들이 물을 건널 때 머리를 쳐들고 있는 건, 하늘에 기도를 올리는 게 아니라 아예 물을 피하여 쳐다보지 않으려는 것이다. 이토록 위험한데도 사람들은 모두 하나같이 이렇게 말한다.

"요동 벌판은 평평하고 넓기 때문에 강물이 절대 성난 소리로 울지 않아."

하지만 이것은 사람들이 강을 몰라서 하는 말이다. 요하(遼河)는 울지 않은 적이 없었다. 단지 사람들이 밤에 건너지 않았을 뿐이다. 낮에는 강물을 볼 수 있으니까 위험을 직접 보며 벌벌 떠느라 그 눈이 근심을 불러온다. 그러니 어찌 귀에 들리는 게 있겠는가. 지금 나는 한밤중에 강을 건너느라 눈으로는 위험한 것을 볼 수 없다. 그러니 위험은 오로지 듣는 것에만 쏠리고, 그 바람에 귀는 두려워 떨며 근심을 이기지 못한다.

나는 이제야 도(道)를 알았다. ㉠ 깊고 지극한 마음이 있는 사람은 귀와 눈이 마음의 누(累)가 되지 않고, ㉡ 귀와 눈만을 믿는 사람은 보고 듣는 것이 더욱 섬세해져서 갈수록 병이 된다. 지금 내 마부는 말에 밟혀서 뒤 수레에 실려 있다. 그래서 결국 말의 재갈을 풀어 주고 강물에 떠서 안장 위에 무릎을 꼰 채 발을 옹송그리고 앉았다. 한번 떨어지면 강물이다. 그땐 물을 땅이라 생각하고, 물을 옷이라 생각하고, 물을 내 몸이라 생각하고, 물을 내 마음이라 생각하리라. 그렇게 한번 떨어질 각오를 하자 마침내 내 귀에는 강물 소리가 들리지 않았다. 무릇 아홉 번이나 강을 건넜건만 아무 근심 없이 자리에서 앉았다 누웠다 그야말로 자유자재한 경지였다. 옛날 우 임금이 강을 건너는데 ㉢ 황룡이 배를 등에 짊어져서 몹시 위험한 지경이었다. 그러나 삶과 죽음에 대한 판단이 먼저 마음속에 뚜렷해지자 용이든 지렁이든 눈앞의 크고 작은 것에 개의치 않게 되었다. 소리와 빛은 외물이다. 외물은 언제나 귀와 눈에 누가 되어 사람들이 보고 듣는 바른길을 잃어버리도록 한다. 하물며 사람이 세상을 살아갈 때, 그 험난하고 위험하기가 강물보다 더 심하여 보고 듣는 것이 병통이 됨에 있어서랴. 이에, 내가 사는 산속으로 돌아가 문 앞 시냇물 소리를 들으면서 다시금 곱씹어 볼 작정이다. 이로써 몸가짐에 재빠르고 ㉣ 자신의 총명함만을 믿는 사람들을 경계하는 바이다.

– 박지원, 「일야구도하기」

46 이 글에서 말하고자 하는 것으로 가장 적절한 것은?

① 외물을 통해 바른길을 찾을 수 있다.
② 몸가짐이 재빠른 사람이 되어야 한다.
③ 크고 작은 사물을 섬세하게 들여다보아야 한다.
④ 보고 듣는 것에만 의지하여 판단하는 것을 경계해야 한다.

> **해설** 제시된 글은 글쓴이가 하룻밤 동안 강을 아홉 번 건넌 경험을 바탕으로 깨달은 삶의 태도에 대해 이야기하는 고전 수필이다. 낮에는 강물의 물살을 보는 것에 집중하여 두려움을 느끼고 물소리를 듣지 못한다. 밤이 되어 물살을 볼 수 없게 되자 이번에는 큰 물소리에 두려움을 느낀다. 이러한 모습을 통해 눈과 귀에만 의존해서는 사물을 제대로 인식할 수 없다는 깨달음을 전하고 있다.

47 ㉠~㉣ 중 글쓴이가 지향하는 삶의 모습을 지닌 대상으로 가장 적절한 것은?

① ㉠   ② ㉡
③ ㉢   ④ ㉣

> **해설** 글쓴이가 지향하는 것은 외물에 현혹되지 않는 삶이다. 따라서 귀와 눈이 마음의 누(累)가 되지 않는 '깊고 지극한 마음이 있는 사람'이 글쓴이가 바라는 모습에 가깝다고 볼 수 있다. 반대로 자신의 '귀와 눈만 믿는 사람'이나 '자신의 총명함만을 믿는 사람'은 글쓴이가 지양하고 경계하는 삶의 태도를 가진 사람이다.

다음 글을 읽고 물음에 답하시오(48~50).

제6 ㉠ 과장 양반춤

말 뚝 이 : (벙거지를 쓰고 채찍을 들었다. 굿거리장단에 맞추어 양반 삼 형제를 인도하여 등장)

양반 삼 형제 : (말뚝이 뒤를 따라 굿거리장단에 맞추어 점잔을 피우나, ㉡ 어색하게 춤을 추며 등장. 양반 삼 형제 맏이는 샌님[生員], 둘째는 서방님[書房], 끝은 도련님[道令]이다. 샌님과 서방님은 흰 창옷에 관을 썼다. 도련님은 남색 쾌자에 복건을 썼다. 샌님과 서방님은 언청이이며(샌님은 언청이 두 줄, 서방님은 한 줄이다.) 부채와 장죽을 가지고 있고, 도련님은 입이 삐뚤어졌고, 부채만 가졌다. 도련님은 일절 대사는 없으며, 형들과 동작을 같이 하면서 형들의 면상을 부채로 때리며 방정맞게 군다.)

말 뚝 이 : (가운데쯤에 나와서) 쉬이. (음악과 춤 멈춘다.) 양반 나오신다. 아! 양반이라고 하니까 노론(老論), 소론(少論), 호조(戶曹), 병조(兵曹), 옥당(玉堂)을 다 지내고 삼정승(三政丞), 육판서(六判書)를 다 지낸 퇴로재상(退老宰相)으로 계신 양반인 줄 아지 마시오. ㉢ 개잘량이라는 '양'자에 개다리소반이라는 '반'자 쓰는 양반이 나오신단 말이오.

양 반 들 : 야아, 이놈, 뭐야아!

말 뚝 이 : 아, 이 양반들, 어찌 듣는지 모르갔소. 노론(老論), 소론(少論), 호조(戶曹), 병조(兵曹), 옥당(玉
堂)을 다 지내고 삼정승(三政丞), 육판서(六判書) 다 지내고 퇴로재상(退老宰相)으로 계신 이
생원네 삼 형제분이 나오신다고 그리 하였소.
양 반 들 : (합창) 이 생원이라네. (굿거리장단으로 ㉣ 모두 춤을 춘다. 도령은 때때로 형들의 면상을 치며
논다. 끝까지 그런 행동을 한다.)

　　- 작자 미상, 「봉산 탈춤」

48 이 글에 대한 설명으로 적절하지 않은 것은?

① 비슷한 재담 구조가 반복되고 있다.
② 음악과 춤으로 분위기를 조성하고 있다.
③ 서술자의 설명을 통해 사건이 묘사되고 있다.
④ 언어의 유희 등을 사용하여 인물을 풍자하고 있다.

해설 제시된 글은 우리나라 전통 민속극으로 서술자가 따로 존재하지 않고, 인물의 대화와 행동을 통해 극이 진행된다.

49 '말뚝이'의 말하기 방식에 대한 설명으로 가장 적절한 것은?

① 상대의 호통에도 자신의 뜻을 굽히지 않는다.
② 상대의 반응에 따라 내용을 바꿔 말하고 있다.
③ 상대 행위의 부당함을 직접적으로 지적하고 있다.
④ 자신의 처지를 강조하며 상대의 감정에 호소하고 있다.

해설 제시된 글에서 말뚝이는 양반을 조롱하다가 양반이 호통을 치면 말한 내용을 바꿔 변명하고 있다.

50 ㉠~㉣에 대한 설명으로 적절하지 않은 것은?

① ㉠ : 현대 연극의 '막'과 유사하다.
② ㉡ : 양반의 행동을 희화화하는 모습이다.
③ ㉢ : 언어유희를 통해 양반을 조롱하고 있다.
④ ㉣ : 말뚝이를 통해 유발된 갈등이 완전히 해소되었다.

해설 ㉣은 갈등의 완전 해소가 아니고, 일시적 타협에 해당한다.

읽 기

CHAPTER 03

01 읽기의 이해

1. 읽기의 특징과 과정

(1) 읽기의 특징

① **의미 구성 과정으로서의 읽기** : 독자는 글을 읽는 과정에서 자신의 경험과 배경지식을 활용하여 글의 의미를 구성하게 된다.

② **문제 해결 과정으로서의 읽기** : 글에는 삶의 문제에 대한 다양한 생각과 주장이 담겨 있다. 글을 읽는 과정에서 독자는 개인이나 사회가 안고 있는 문제들에 대한 해결의 실마리를 얻게 되기도 한다.

③ **사회적 상호 작용으로서의 읽기** : 자신만의 독창적인 의미를 구성하는 것이 아니라, 독자가 속한 구체적인 상황과 사회·문화적 상황 속에서 다른 구성원과 상호 작용하며 의미를 만들어 간다. 자신의 생각을 다른 사람과 공유하고 서로 영향을 주고받으면서 자연스럽게 여론이 형성되기도 한다.

④ **진로 탐색 과정으로서의 읽기** : 읽기는 직접 경험하지 못한 것을 다양하게 간접 경험할 수 있도록 한다. 그러므로 진로나 관심사에 관련된 읽기를 통해 자신의 진로를 구체화 하고, 미래를 준비할 수 있다.

(2) 읽기의 과정

① **읽기 전 활동**
 ㉠ 읽는 목적을 확인하고, 글의 종류를 고려하여 읽기 방법을 정한다.
 ㉡ 제목, 목차, 그림 등을 통해 글의 내용을 예측한다.
 ㉢ 예측한 내용과 관련된 경험과 배경지식을 활성화한다.

② **읽는 중 활동**
 ㉠ 글의 구조와 중심 내용을 파악하며 읽는다.
 ㉡ 글쓴이의 의도를 추측하고, 생략된 내용을 상상하며 읽는다.
 ㉢ 궁금해 했던 내용에 대한 답을 찾으며 읽는다.
 ㉣ 내용을 이해하는 데 도움이 되는 자료를 찾아본다.

③ 읽기 후 활동

　　㉠ 글의 주제와 의도를 파악하고, 글의 내용을 요약한다.

　　㉡ 얻은 정보와 교훈을 실생활과 연결하고, 실천방안을 생각해 본다.

　　㉢ 다른 글과 비교해 보고, 새로운 독서 계획을 세운다.

2. 읽기의 방법과 원리

(1) 읽기의 방법

① 독서 목적에 따른 읽기 방법

　　㉠ 설명하는 글 : 글의 중심 내용을 파악하고, 정보와 자료의 출처가 믿을 만한지 파악하며 읽는다.

　　㉡ 주장하는 글 : 사실과 의견을 구분하고, 주장이 타당하고 뒷받침하는 근거가 적절한지 평가하며 읽는다.

② 다양한 읽기 방법

소 리	음 독	소리를 내어 읽는 방법
	묵 독	소리를 내지 않고 읽는 방법
읽는 속도	속 독	빠르게 읽는 방법
	지 독	천천히 읽는 방법
꼼꼼함	통 독	전체를 훑어 읽는 방법
	정 독	내용을 자세히 파악하며 읽는 방법
읽는 범위	발췌독	필요한 부분만 골라서 읽는 방법
	완 독	전체를 모두 읽는 방법

(2) 읽기의 원리

① 사실적 독해

　　㉠ 글에 드러난 내용을 그대로 이해하며 읽는 방법이다.

　　㉡ 단어, 문장, 문단 등의 의미를 파악하고, 글의 세부 정보를 확인한다.

　　㉢ 글에 제시된 정보 사이의 의미 관계를 확인한다.

　　㉣ 글의 중심 내용을 파악한다.

　　㉤ 글의 구조와 내용 전개 방식을 파악한다.

② 추론적 독해

　　㉠ 글에 드러나는 내용 이외의 내용을 추측하며 읽는 방법이다.

　　㉡ 경험이나 배경지식을 활용하여 생략하거나 함축한 내용을 유추하며 읽는다.

　　㉢ 사실적 독해를 바탕으로 글의 의미를 깊이 있게 이해하는 과정이다.

　　　ⓔ 숨겨져 있는 글쓴이의 의도, 가치관, 관점 등을 파악한다.
　③ 비판적 독해
　　　㉠ 글의 내용과 표현, 글쓴이의 생각이나 가치관 등을 평가하고 판단하며 읽는 방법이다.
　　　㉡ 내용의 타당성, 내용의 공정성, 자료의 적절성을 기준으로 글을 평가한다.
　　　　　• 내용의 타당성 : 글쓴이의 주장과 의견의 근거가 합리적인지 평가하고, 글에 제시된 정보와 사실들이 정확한 내용인지 평가한다.
　　　　　• 내용의 공정성 : 주장이나 의견, 주제 등이 어느 한쪽으로 지나치게 치우치지 않고 균형을 이루는지를 평가한다.
　　　　　• 자료의 적절성 : 사용된 자료가 주장과 근거를 뒷받침하는 데 적절한지, 자료가 객관적이고 출처가 명확한 것인지를 평가한다.
　④ 창의적 독해
　　　㉠ 이해한 정보를 토대로 새로운 의미를 만들어내는 과정으로, 의미를 확장하며 읽는 방법이다.
　　　㉡ 개인이나 사회가 안고 있는 문제를 해결할 수 있는 실마리를 얻는다.
　　　㉢ 글쓴이의 생각과 자신의 생각을 종합하여 새로운 대안을 마련한다.

3. 글의 전개 방식

서 사	어떤 현상의 움직임이나 변화, 사건의 진행 등을 시간의 흐름에 따라 설명하는 서술 방식이다.
과 정	일이 되어 가는 경로에 따라 서술하는 방식으로, 결과를 가져오게 한 단계, 절차, 순서 등이 나타난다.
인 과	원인과 결과의 관계로 설명하는 방식이다. 주로 사회현상, 과학의 원리 등을 설명하는 데 많이 사용된다. 원인과 결과라는 관계가 명확하게 설정되는 설명 대상에 사용하기 적절한 방법이다.
비 교	둘 이상의 대상이나 현상에 대해 공통점, 유사점을 중심으로 밝히는 것이다. 잘 알려진 대상이나 현상을 통해 잘 모르는 대상을 설명할 때 주로 사용한다.
대 조	둘 이상의 대상이나 현상의 차이점을 밝히는 설명 방법이다. 대상이나 현상의 차이점이 두드러질 때 사용한다.
분 류	대상을 일정한 기준에 따라 종류별로 묶어서 설명하는 방법으로, 내용을 체계적으로 정리하여 설명할 수 있다. 분류를 할 때에는 기준에 따라 대상이 달라지기 때문에 기준을 정하는 것이 중요하다.
분 석	전체를 부분으로 쪼개어 설명하는 방법으로, 복잡한 현상이나 대상 또는 개념을 성분 또는 기능 등에 따라 하위 구성 요소로 나누어 밝힌다. 복잡한 내용을 쉽게 설명하고, 하위 구성 요소를 자세하게 설명할 수 있다.
정 의	설명하고자 하는 대상의 의미를 밝히는 방법이다. 설명하는 대상이나 현상의 뜻을 분명히 밝히는 데 효과적이다.
예 시	구체적이고 친근한 예를 제시하여 설명하는 방법이다. 설명하고자 하는 바를 쉽게 이해하도록 하며, 세밀한 부분까지도 제시한다.
인 용	남의 말이나 글을 자신의 말이나 글 속에 끌어와서 설명하는 방법이다. 설명하고자 하는 대상에 대한 전문가의 의견, 믿을 수 있는 지식과 정보를 끌어와서 사용하기 때문에 설명하는 내용에 대한 신뢰도를 높인다. • 직접 인용 : 원래의 말이나 글을 그대로 가져와 따옴표와 같은 문장 부호로 묶어서 직접 제시한다. • 간접 인용 : '~고 한다.'와 같은 표현을 사용하여 간접적으로 제시한다.

02　여러 가지 글 읽기

1. 정보 전달하는 글 읽기

(1) 설명문

① 개념 : 특정 대상에 대한 정보, 지식, 관념, 이치 등을 체계적으로 풀이한 글이다. 설명문은 주로 지시적 언어를 사용하며, 개인적인 의견이나 주장은 담지 않는다.

② 특징

　㉠ 객관성 : 글쓴이의 주관적인 생각 또는 의견을 가능하면 배제하고 객관적으로 서술한다.

　㉡ 평이성 : 독자가 이해하기 쉽도록 간결하고 쉬운 문장으로 쓴다.

　㉢ 체계성 : 일정한 순서에 따라 짜임새 있게 체계적으로 내용을 전달한다.

　㉣ 사실성 : 정확한 지식이나 정보를 사실에 근거하여 전달한다.

　㉤ 명료성 : 전달하려는 정보를 간결하고 분명하게 제시한다.

③ 구성

　㉠ 머리말 : 설명할 대상이나 방법, 글을 쓰는 이유와 목적 등을 밝힌다. 머리말을 읽을 때는 글쓴이가 말하려는 내용, 즉 중심 화제가 무엇인지를 파악하며 읽는다.

　㉡ 본문 : 머리말에서 제시한 대상을 구체적으로 설명한다. 본문을 읽을 때는 설명하는 대상의 구체적인 내용은 무엇인지, 어떠한 서술방식으로 전개하는지 등을 살피면서 읽어야 한다.

　㉢ 맺음말 : 본문에서 설명한 내용을 요약·마무리한다. 독자는 맺음말에서 중심 대상이 어떻게 정리됐는지를 파악해야 한다.

(2) 기사문

① 개념 : 어떤 사건이나 상황에 관하여 보고 들은 내용을 육하원칙에 따라 적은 글이다.

② 특징

　㉠ 객관성 : 사건이나 상황을 있는 그대로 전달한다.

　㉡ 간결성 : 독자가 빠르게 이해할 수 있도록 간결하고 쉽게 표현한다.

　㉢ 신속성 : 가능한 한 새로운 사건이나 상황을 최대한 빠르게 전달해야 한다.

　㉣ 정확성 : 기사를 작성할 때 정확하고 분명하게 표현해야 한다.

　㉤ 보도성 : 대중의 관심거리가 될 수 있는 사건, 즉 보도할 만한 내용이어야 한다.

③ 구성

　㉠ 표제 : 신문이나 잡지 기사의 제목으로 독자의 관심을 집중시키는 기능을 한다.

　㉡ 부제 : 표제와 마찬가지로 본문 내용을 포괄하는 기능을 하며 간결한 문구로 작성한다.

　㉢ 전문 : 육하원칙에 따라 본문 내용을 요약한 글이다.

ⓔ 본문 : 전문에서 요약한 기사 내용을 구체적으로 서술하는 부분이다. 본문을 작성할 때는 중요한 내용을 먼저 쓰고 덜 중요한 내용은 나중에 쓰는 것이 좋다.

ⓜ 해설 : 독자의 이해를 돕기 위해 덧붙인 참고 사항이나 설명이다.

2. 주장하는 글 읽기

(1) 연설문

① 개념 : 청중 앞에 서서 그들을 설득하거나 이해시키기 위해 연설할 내용을 미리 적어 놓은 글을 연설문이라고 한다.

② 특 징

㉠ 청중을 설득하는 것을 목적으로 한다.

㉡ 청중이 쉽게 이해할 수 있도록 같은 표현을 반복하여 사용할 수 있다.

㉢ 다수의 청중을 대상으로 하는 것이기 때문에 높임말을 사용해야 한다.

㉣ 연설을 듣는 청중이 누구인지, 연설 시간은 어느 정도인지를 생각하여 작성해야 한다.

(2) 논설문

① 개념 : 어떤 문제에 대해 자기의 생각이나 주장을 논리적으로 증명하고, 독자를 설득하는 글이다.

② 특 징

㉠ 명료성 : 주장하는 내용이 확실하고 뚜렷해야 한다.

㉡ 공정성 : 주장하는 명제가 공정해야 한다.

㉢ 타당성 : 뒷받침하는 논거가 구체적이고 타당해야 한다.

㉣ 논리성 : 어떤 명제의 정당성을 입증하는 추론은 오류나 비약 없이 논리적이어야 한다.

㉤ 정확성 : 논설문은 정확한 용어를 사용해야 한다. 또한 문학에서 사용하는 함축적 용어보다는 지시적 용어를 주로 사용한다.

③ 구 성

㉠ 서론 : 글을 쓰게 된 동기나 목적, 문제 현황, 과제 제시 등이 나타나는 단계이다.

㉡ 본론 : 문제에 대한 필자의 주장이나 견해가 나타나는 단계이다.

㉢ 결론 : 내용을 요약·정리, 문제에 대한 해결 방안, 새로운 과제 제시 등이 나타나는 단계이다.

(3) 광고문

① 개념 : 상품이나 서비스에 대한 정보를 여러 가지 매체를 통하여 소비자에게 널리 알리는 것으로, 궁극적으로는 광고를 접한 사람들의 행동을 변화시켜 자신들의 목적을 이룰 수 있도록 하는

글이다.

② 작성 요령
    ㉠ 주의 : 관심을 끌 수 있도록 참신하고 독창적인 문안을 작성해야 한다.
    ㉡ 흥미 : 참신하고 기발한 형식과 내용으로 흥미를 유발해야 한다.
    ㉢ 욕망 : 대중의 욕구에 부응하여 구매 행위를 유발해야 한다.
    ㉣ 실행 : 판매의 방법과 조건을 제시해야 한다.

③ 읽는 방법
    ㉠ 표제를 보고 자신에게 필요한 정보인지 아닌지 판단한다.
    ㉡ 본문의 내용은 사실과 의견으로 이루어져 있으므로 이를 구분하며 읽는다.
    ㉢ 주관이 담긴 견해나 주장일 경우 그 근거를 따져 견해나 주장의 타당성을 살핀다.
    ㉣ 허위나 과장된 내용 또는 분명하지 않은 내용은 없는지 꼼꼼하게 판단하며 읽는다.

3. 전기문과 서간문 읽기

(1) 전기문

① 개념 : 전기문이란 교훈을 목적으로 어떤 인물의 생애, 업적, 언행, 성품 등을 사실적으로 기록한
글이다.

② 특 징
    ㉠ 교훈성 : 주인공의 훌륭한 점을 본받게 하려고 쓴 글이다.
    ㉡ 사실성 : 조사나 연구를 통해 인물, 사건, 배경 등 실제 있었던 사실을 기록해야 한다.
    ㉢ 서사성 : 소설과 마찬가지로 시간의 흐름에 따라 사건이 전개된다.

③ 요 소
    ㉠ 인물 : 주인공과 관련된 모든 것으로, 가정환경, 출생, 성격, 재능, 성장 과정 등이 있다.
    ㉡ 사건 : 인물의 말이나 행동, 업적 그리고 그것들을 보여 주는 일화가 제시되어 있다.
    ㉢ 배경 : 인물이 살았던 때의 사회적·역사적·문화적 배경이 드러난다.
    ㉣ 비평 : 인물에 대한 글쓴이의 생각이나 느낌, 평가 등이 기록된다.

④ 구성 방법
    ㉠ 일대기적 구성 : 인물의 출생부터 사망까지 전 생애를 다루는 구성 방법이다.
    ㉡ 집중적 구성 : 인물의 생애 중에서 특정한 시기나 중요한 사건만 다루는 구성 방법이다.

(2) 서간문

① 개념 : 자기의 용건과 심정을 상대방에게 전하는 글로, 친교를 위한 글쓰기의 대표적인 양식으로,
'편지글'이라고도 한다.

② 특 징

  ㉠ 상대성 : 편지는 개인적인 내용을 담아 특정한 대상에게 보내는 글이다.

  ㉡ 비공개성 : 편지를 받는 대상을 제외하고는 편지의 내용을 알 수 없다

  ㉢ 실용성 : 실생활에서 사용하는 글이다.

  ㉣ 형식성 : 격식이 중요하며 일정한 형식에 맞추어 쓴다.

  ㉤ 일방성 : 한쪽의 의견만 일방적으로 전달된다.

③ 구 성

  ㉠ 서두 : 호칭, 문안 인사, 자기 안부

  ㉡ 본문 : 사연(하고 싶은 말)

  ㉢ 결말 : 끝인사, 쓴 날짜, 서명

  ㉣ 추신 : 뒤에 덧붙이는 말

적중예상문제

01 〈보기〉의 내용을 참고하여 비판적 읽기를 할 때, ㉠을 기준으로 평가한 것은?

> **보 기**
>
> 비판적 독해는 글의 내용과 표현, 글쓴이의 생각이나 가치관 등을 평가하고 판단하며 읽는 방법이다. 비판적 독해에서는 내용의 타당성, ㉠ 내용의 공정성, 자료의 적절성을 기준으로 글을 평가한다.

① 주제가 균형을 이루는가?

② 자료의 출처가 명확한가?

③ 글에 제시된 정보가 정확한가?

④ 글쓴이의 의견에 대한 근거가 합리적인가?

해설 ②는 자료의 적절성, ③과 ④는 내용의 타당성에 대한 기준이다.

내용의 타당성	글쓴이의 주장과 의견의 근거가 합리적인지 평가하고, 글에 제시된 정보와 사실들이 정확한 내용인지 평가한다.
내용의 공정성	주장이나 의견, 주제 등이 어느 한쪽으로 지나치게 치우치지 않고 균형을 이루는지를 평가한다.
자료의 적절성	사용된 자료가 주장과 근거를 뒷받침하는 데 적절한지, 자료가 객관적이고 출처가 명확한 것인지를 평가한다.

다음 글을 읽고 물음에 답하시오(2~3).

> 서구에서는 오랜 기간 동안 동물을 이성적 영혼이 없는 존재로 여기는 철학적 관념이 우세했다. 근세에 이르기까지도 동물 복지와 같은 것은 사실상 없었다고도 할 수 있다. 17세기 철학자인 르네 데카르트는 동물을 마치 시계와 같이 어떤 것도 전혀 느끼지 못하는 기계처럼 여겼다. 그래서 그 시대에는 완전히 ㉠ 의식이 있는 상태의 동물들을 마취나 진통제 처치도 하지 않고 생체 해부를 하는 일도 있었다. 그러한 경향이 오늘날까지 영향을 미쳐 동물을 마치 기계인 양 취급하는 ㉡ 공장식 농장의 출현을 가져왔다고 할 수 있다.
>
> 사실 우리는 동물이 쾌락이나 고통을 느낀다는 것을 명백하게 입증하지 못한다. 그러나 따지고 보면 우리는 이웃이 어떤 느낌을 느끼며 사는지 역시 정확히 알지 못한다. 설령 그들이 어떤 상황에서 기쁨이나 고통을 나타내는 소리나 언어를 사용하는 등의 행동을 하더라도 그것이 우리가 느끼는 종류의 기쁨과 고통과 동일한 것인지, 혹은 꾸며서 그러는 것인지 어떻게 확신할 수 있는가?
>
> 그럼에도 불구하고 우리는 서로에게 최소한 어떤 일을 해서는 안 된다는 것을 사회적 약속으로 삼고 살아간다. 동물에게도 마찬가지이다. 우리는 동물의 쾌락과 고통을 명백히 입증하지는 못하지만, 인간뿐 아니라 동물에

대해서도 어떤 일은 해도 되지만, 어떤 일은 해서는 안 된다는 사회적 합의가 존재한다. 이 합의는 바로 동물에게도 '복지'가 있다는 생각에 근거하는 것이다. 이것은 현대 사회에서 동물의 권리에 대해 어떤 생각을 가지고 있든 최소한 공유되고 있는 생각이다.

– 김진석, 「동물의 복지를 생각한다」

02 ㉠과 문맥적 의미가 가장 가까운 것은?

① 수진이는 엘리트 의식이 있다.

② 그는 마취가 덜 깼는지 의식이 흐릿했다.

③ 올바른 의식을 갖춘 사람의 행동으로 볼 수 없다.

④ 최근 자연 환경을 보호하려는 의식이 높아지고 있다.

해설 ㉠은 깨어 있는 상태에서 자기 자신이나 사물에 대하여 인식하는 작용을 뜻한다. ①·③·④의 '의식'은 사회적·역사적으로 형성되는 사물이나 일에 대한 개인적·집단적 감정이나 견해나 사상을 의미한다.

03 ㉡의 출현을 가져온 생각은?

① 동물은 이성적 영혼을 지니고 있다.

② 동물은 인간과 동일한 감각을 가졌다.

③ 동물은 쾌락이나 고통을 느끼지 못한다.

④ 동물은 인간과 동반자적 관계를 맺고 있다.

해설 동물을 이성적 영혼이 없는 존재라고 생각하고, 어떤 것도 전혀 느끼지 못하는 기계처럼 여겼기 때문에 '공장식 농장'이 출현한 것이다.

04 다음 글의 제목으로 가장 적절한 것은?

> 계몽주의 사상가들은 명백히 모순되는 두 개의 견해를 취했다. 그들은 인간의 위치를 자연계 안에서 해명하려고 애썼다. 역사의 법칙이란 것을 자연의 법칙과 동일한 것으로 여겼다. 다른 한편, 그들은 진보를 믿었다. 그렇다면 그들이 자연을 진보하는 것으로, 다시 말해 끊임없이 어떤 목적을 향해서 전진하는 것으로 받아들인 데에는 어떤 근거가 있었던가? 헤겔은 역사는 진보하는 것이고 자연은 진보하지 않는 것이라고 뚜렷이 구분했다. 반면, 다윈은 진화와 진보를 동일한 것으로 주장함으로써 모든 혼란을 정리한 듯했다. 자연도 역사와 마찬가지로 진보하는 것으로 본 것이다.
> 그러나 이것은 진화의 원천인 생물학적인 유전(Biological Inheritance)을 역사에서의 진보의 원천인 사회적인 획득(Social Acquisition)과 혼동함으로써 훨씬 더 심각한 오해에 이를 수 있는 길을 열어 놓았다. 오늘날 그 둘이 분명히 구별된다는 것은 익히 알려진 것이다.

① 자연의 진보에 대한 증거
② 인간 유전의 사회적 의미
③ 역사의 법칙과 자연의 법칙
④ 진보와 진화에 관한 견해들

> **해설** 제시된 글에서는 헤겔, 다윈 등의 사상가들이 각각 진보와 진화를 어떻게 구분했으며 그에 따라 자연과 역사를 어떻게 정의했는지 제시하고 있다.

05 다음 글의 비판 대상으로 가장 옳지 않은 것은?

> 폴 매카트니는 도축장의 벽이 유리로 되어 있다면 모든 사람이 채식주의자가 될 거라고 말한 적이 있다. 우리가 식육 생산의 실상을 안다면 계속해서 동물을 먹을 수 없으리라고 그는 믿었다. 그러나 어느 수준에서는 우리도 진실을 알고 있다. 식육 생산이 깔끔하지도 유쾌하지도 않은 사업이라는 것을 안다. 다만 그게 어느 정도인지는 알고 싶지 않다. 고기가 동물에게서 나오는 줄은 알지만 동물이 고기가 되기까지의 단계들에 대해서는 짚어 보려 하지 않는다. 그리고 동물을 먹으면서 그 행위가 선택의 결과라는 사실조차 생각하려 들지 않는 수가 많다. 이처럼 우리가 어느 수준에서는 불편한 진실을 의식하지만 동시에 다른 수준에서는 의식을 못하는 일이 가능할 뿐 아니라 불가피하도록 조직되어 있는 게 바로 폭력적 이데올로기다.

① 채식주의자   ② 식육 생산의 실상
③ 동물을 먹는 행위   ④ 폭력적 이데올로기

> **해설** 제시된 글에서 글쓴이는 '폭력적 이데올로기'에 대해 설명하면서, 그 예로 고기가 동물에게서 나오는 줄은 알지만 동물이 고기가 되기까지의 단계들에 대해서 짚어 보려 하지 않고, 또한 동물을 먹는 행위가 선택의 결과라는 사실조차 생각하려 들지 않는다고 비판하고 있다. 따라서 제시문의 비판 대상으로 옳지 않은 것은 ①이다.

다음 글을 읽고 물음에 답하시오(6~7).

> 그런데 문제는 정도에 지나친 생활을 하는 사람을 보면 이를 무시하거나 핀잔을 주어야 할 텐데, 오히려 없는 사람들까지도 있는 척하면서 그들을 부러워하고 모방하려고 애쓴다는 사실이다. 이러한 행동은 '모방 본능' 때문에 나타난다.
>
> 모방 본능은 필연적으로 '모방 소비'를 부추긴다. 모방 소비란 내게 꼭 필요하지도 않지만 남들이 하니까 나도 무작정 따라 하는 식의 소비이다. 이는 마치 ⊙ 남들이 시장에 가니까 나도 장바구니를 들고 덩달아 나서는 격이다. 이러한 모방 소비는 참여하는 사람들의 수가 대단히 많다는 점에서 과시 소비 못지않게 큰 경제 악이 된다.
>
> – 정균승, 「일상생활의 경제학」

06 이 글의 내용 전개 방식으로 가장 적절한 것은?

① 전문가의 말을 인용하고 있다.

② 용어의 개념을 풀이하고 있다.

③ 시간의 흐름에 따라 서술하고 있다.

④ 대상을 구성 요소로 나누어 설명하고 있다.

 '모방 소비'라는 용어의 개념을 풀이하여 제시하고 있다.

07 ⊙과 의미가 가장 유사한 속담은?

① 친구 따라 강남 간다.

② 계란으로 바위치기이다.

③ 호랑이도 제 말하면 온다.

④ 사공이 많으면 배가 산으로 간다.

 ① 자기는 하고 싶지 아니하나 남에게 끌려서 덩달아 하게 됨을 이르는 말
② 대항해도 도저히 이길 수 없는 경우를 비유적으로 이르는 말
③ 어느 곳에서나 그 자리에 없다고 남을 흉보아서는 안 된다는 말, 다른 사람에 관한 이야기를 하는데 공교롭게 그 사람이 나타나는 경우를 이르는 말
④ 주관하는 사람 없이 여러 사람이 자기주장만 내세우면 일이 제대로 되기 어려움을 비유적으로 이르는 말

다음 글을 읽고 물음에 답하시오(8~9).

> 르네 마그리트의 주된 창작 기법인 데페이즈망은 우리말로 흔히 '전치'로 번역된다. 특정한 대상을 ⊙ 상식의 맥락에서 떼어내 이질적인 상황에 배치함으로써 기이하고 낯선 장면을 연출하는 것을 말한다. 초현실주의 문학의 선구자 로트레아몽의 시에 "재봉틀과 양산이 해부대에서 만나듯이 아름다운"이라는 표현이 있는데, 바로 이것이 전형적인 데페이즈망의 표현법이다. 해부대 위에 재봉틀과 양산이 놓여 있다는 게 ⓒ 통념에 맞지 않지만, 바로 그 기이함이 시적·예술적 상상을 낳아 논리와 ⓒ 합리 너머의 세계에 대한 감각을 일깨운다. 르네 마그리트의 「골콘다」는 푸른 하늘과 집들을 배경으로 검은 옷과 모자를 쓴 남자들이 부유하는 모습을 그린 것이다. 보기에 따라서는 비처럼 하늘에서 쏟아진다는 느낌을 주기도 한다. 어느 쪽이든 간에 이는 현실에서는 불가능한 상황이다.
>
> 일단 화가는 이 그림에서 중력을 제거해 버렸다. 거리를 걷고 있어야 할 사람들이 공중에 떠 있다. 그리고 그들은 자로 잰 듯 일정한 간격으로 포진해 있다. 기계적인 배치다. 빗방울이 떨어져도 이렇듯 기하학적으로 떨어질 수는 없다. 이처럼 현실의 법칙을 벗어나 있지만, 그 비상식적 조합이 볼수록 매력적이다. 기이하고 낯설다는 느낌이 보는 이에게 숨겨진 미스터리와 신비에 대한 환상을 불러일으킨다. 이는 우리의 마음이 동했다는 뜻이고, 우리의 마음을 움직인 이상 이 허구의 이미지는 세상을 움직이는 하나의 힘이 되어버린다. 데페이즈망은 이처럼 우리로 하여금 현실로부터 쉽게 일탈해 무한한 자유와 상상의 공간으로 넘어가게 한다. 그런 점에서 데페이즈망은 현실에 대한 일종의 파괴라고 할 수 있다. ⓔ 현실의 법칙과 논리를 간단히 무장해제해 버리는 파괴의 형식이다. 이와 관련해 우리가 주목해 볼 필요가 있는 부분이 이 형식의 다양성이다.
>
> – 이주헌, 「지식의 미술관」

08 이 글의 통해 알 수 있는 내용으로 적절하지 않은 것은?

① 데페이즈망은 르네 마그리트가 주로 사용하는 창작 기법이다.

② '전치'는 대상을 이질적인 상황에 배치하여 낯선 장면을 연출하는 것이다.

③ 해부대 위에 놓인 재봉틀과 양산을 그린 그림인 「골콘다」는 데페이즈망의 기법을 사용했다.

④ 현실의 법칙에서 벗어나는 표현은 숨겨진 미스터리와 신비에 대한 환상을 불러일으키기도 한다.

해설 「골콘다」는 푸른 하늘과 집들을 배경으로 검은 옷과 모자를 쓴 남자들이 부유하는 모습을 그린 르네 마그리트의 그림이다. "재봉틀과 양산이 해부대에서 만나듯이 아름다운"이라는 표현은 로트레아몽의 시에 나온다.

09 ㉠~㉣ 중 문맥적 의미가 다른 것은?

① ㉠

② ㉡

③ ㉢

④ ㉣

 ㉠·㉡·㉣이 일상적·현실적 상황을 의미한다면, ㉢은 현실의 법칙에서 벗어난 비현실적 상황을 의미한다.

10 다음 글에 나타난 필자의 견해로 볼 수 없는 것은?

> 서양에서 주인공을 '히어로(Hero)', 즉 '영웅'이라고 부른 것은 고대 서사시나 희곡의 소재가 되던 주인공들이 초인간적인 능력을 가진 인물들이었기 때문이다. 신화적 세계관 속에서 영웅들은 신과 밀접한 관계를 맺거나 신의 후손이기도 하였다.
>
> 신화와 달리 문학 작품은 인물의 행위를 단일한 것으로 통일시킨다. 영웅들의 초인간적이고 신적인 행위는 차차 문학 작품의 구조에 제한되어 훨씬 인간화되었다. 문학 작품의 통일된 구조에 적합하지 않은 것은 대폭 수정되거나 제거되는 수밖에 없었다.
>
> 아리스토텔레스는 비극이 '보통보다 우수한 인물'을 모방한다고 하였는데, 이는 문학의 인물이 신화의 영웅이 아닌 보통의 인간임을 지적한 것이다. 극의 주인공은 작품의 통일성을 기하는 데 기여하는 중심적인 인물이면 된다고 한 것으로 볼 수 있다.
>
> 낭만주의 및 역사주의 비평가들은 작중 인물을 실제 인물인 양 따로 떼어 내어, 그의 개인적인 역사를 재구성해 보려고도 하였다. 그들은 영웅이라는 표현 대신 '성격(인물, Character)'이라는 개념을 즐겨 썼는데, 이 용어는 지금도 비평계에서 애용되고 있다.

① 영웅이라는 말은 고대의 예술적 조건과 자연스럽게 관련된다.

② 신화의 영웅은 문학 작품에 와서 점차 인간화되었다.

③ 아리스토텔레스가 말한 '보통보다 우수한 인물'은 신화적 영웅과 다르다.

④ 역사주의 비평가들은 작중 인물을 역사적 영웅으로 재평가하려고 했다.

해설 역사주의 비평가들과 관련된 내용은 마지막 문단에 제시되어 있다. 역사주의 비평가들은 작중 인물의 개인적인 역사를 재구성하려 하면서 '영웅'이라는 표현 대신 '성격'이라는 개념을 썼다고 했으므로 이는 작중 인물을 역사적 영웅으로 재평가하려는 것과는 무관하다.

11 다음 글의 중심 내용으로 가장 적절한 것은?

'언문'은 실용 범위에 제약이 있었는데, 이런 현실은 '언간'에도 적용된다. '언간' 사용의 제약은 무엇보다 이것을 주고받은 사람의 성별(性別)에서 뚜렷이 드러난다. 15세기 후반 이래로 숱한 언간이 현전하지만 남성 간에 주고받은 언간은 찾아보기 어렵다. 이는 남성 간에는 한문 간찰이 오간 때문이나 남성이 공적인 영역을 독점했던 당시의 현실을 감안하면 '언문'이 공식성을 인정받지 못했던 사실과 상통한다. 결국 조선 시대에는 언간의 발신자나 수신자 어느 한쪽으로 반드시 여성이 관여하는 특징을 보인다고 할 수 있다.

이러한 사용자의 성별 특징으로 인하여 종래 '언간'은 '내간'으로 일컬어지기도 하였다. 그러나 이러한 명칭 때문에 내간이 부녀자만을 상대로 하거나 부녀자끼리만 주고받은 편지로 오해되어서는 안 된다. 16, 17세기의 것만 하더라도 수신자는 왕이나 사대부를 비롯하여 한글 해독 능력이 있는 하층민에 이르기까지 거의 전 계층의 남성이 될 수 있었기 때문이다. 한문 간찰이 사대부 계층 이상 남성만의 전유물이었다면 언간은 특정 계층에 관계없이 남녀 모두의 공유물이었다고 할 수 있다.

① '언문'과 마찬가지로 '언간'의 실용 범위에는 제약이 있었다.
② 사용자의 성별 특징으로 인해 '언간'은 '내간'으로 일컬어졌다.
③ 언간은 특정 계층과 성별에 관계없이 이용된 의사소통 수단이었다.
④ 조선시대에는 언간의 발신자나 수신자 어느 한쪽으로 반드시 여성이 관여하는 특징을 보인다.

해설 제시된 글의 중심 내용은 언간의 발신자나 수신자의 한쪽에는 반드시 여성이 관여하지만 수신자는 거의 전 계층의 남성이 될 수 있어서 언간은 계층, 성별과 관계없이 모든 사람들의 공유물이었다는 것이다.

다음 글을 읽고 물음에 답하시오(12~13).

지구의 자전축이 23.5° 기울어져 있기 때문에 북반구에서 해는 여름에 높이 뜨고 겨울에 낮게 뜬다. 땅 위에 서 있는 집을 기준으로 얘기하면 여름에는 햇빛이 수직에 가깝게 내리꽂히고 겨울에는 낮은 각도로 완만하게 비춘다. 한옥은 햇빛을 다스리기 위해 여름과 겨울의 햇빛이 처마와 만나 이루는 각도의 중간 지점에 창을 낸다. 여름에 귀찮은 햇빛을 물리치고 겨울에는 고마운 햇빛을 끌어들이기 위해서다.

햇빛을 조절하는 방법은 두 가지다. 하나는 지붕 처마를 적절히 돌출시키는 것이다. 이렇게 하면 여름에는 처마가 햇빛을 막아 튕겨 내고 겨울에는 햇빛을 통과시킨다. 다른 하나는 방의 깊이를 조절하는 방법이다. 특히 추운 겨울, 처마를 통과해 방 안으로 들어오는 햇빛의 양을 조절하기 위해 방을 깊지 않게 짓는다. 덕분에 햇빛이 방 끝까지 기분 좋게 들어오고, 난방과 소독에도 일조한다.

(중략)

한옥은 바람의 집이기도 하다. 한반도 여름에는 남동풍이, 겨울에는 북서풍이 분다. 우리 조상들은 바람이 절실히 필요한 여름을 위해 한옥에 남동 방향으로 바람길을 만들었다. 바람길은 시원하고 '통(通)' 크게 나 있다. 약간의 인색함도, 머뭇거림도 없이 집의 끝에서 끝까지 일직선으로 뚫려 있다. 바람보고 돌아가라거나 쉬어 가라거나 꺾어 가라거나 하는 따위의 실례를 범하는 법이 절대 없다.

또한 바람길은 하나가 아니다. 이쪽에서 바람길, 저쪽에서 바람길이다. x축과 y축이 이루는 십(十)자 구도를 기본으로 여러 개의 사선이 교차한다. 한옥의 바람길을 열어 주는 것은 창과 문이다. 한옥의 창문은 아무렇게나 난 것 같지만 사실 그렇지 않다. 창문만 선으로 연결하면 꼬치에 낀 산적처럼 한 줄로 늘어선다. 창의 위치가 모두 일직선으로 놓여 있기 때문이다.

– 임석재, 「지혜가 담긴 집 한옥」

12 이 글의 내용 전개 방식으로 가장 적절한 것은?

① 한옥이 지어지는 과정, 단계, 절차에 대해 서술하고 있다.
② 햇빛과 바람을 고려한 한옥 구조의 원리를 분석하고 있다.
③ 지역에 따라 한옥이 어떻게 다른지 예를 들어 제시하고 있다.
④ 한옥이 발달하게 된 원인과 그 결과에 따라 글을 전개하고 있다.

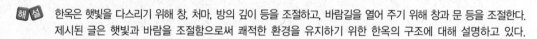 한옥은 햇빛을 다스리기 위해 창, 처마, 방의 깊이 등을 조절하고, 바람길을 열어 주기 위해 창과 문 등을 조절한다. 제시된 글은 햇빛과 바람을 조절함으로써 쾌적한 환경을 유지하기 위한 한옥의 구조에 대해 설명하고 있다.

13 이 글의 내용에 대한 설명으로 적절하지 않은 것은?

① 여름과 겨울의 햇빛이 처마와 만나 이루는 각도의 중간 지점에 창을 낸다.
② 여름에는 바람이 절실히 필요하기 때문에 북서 방향으로 바람길을 만들었다.
③ 추운 겨울, 방 안으로 들어오는 햇빛의 양을 조절하기 위해 방을 깊지 않게 짓는다.
④ 햇빛을 조절하는 방법에는 지붕 처마를 적절히 돌출시키는 것과 방의 깊이를 조절하는 방법이 있다.

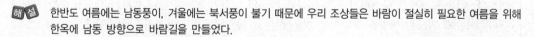 한반도 여름에는 남동풍이, 겨울에는 북서풍이 불기 때문에 우리 조상들은 바람이 절실히 필요한 여름을 위해 한옥에 남동 방향으로 바람길을 만들었다.

다음 글을 읽고 물음에 답하시오(14~15).

(가) 활자로 인쇄된 종이 책을 서점에서 값을 치르고 사와서 집에서 혼자 눈으로 읽는 독서 방식은 보편적인 것도 영원불변한 것도 아니다. 현재 이러한 독서는 매우 흔하지만, 우리나라를 비롯하여 전 세계적으로 20세기에 들어서고 나서야 일반화되었다. 근대 이전에는 평범한 사람들이 책을 소유하는 것이 쉬운 일이 아니었다. 글자를 아예 읽을 수 없는 문맹자들도 많았으며, 신분이나 성별에 따른 차별 때문에 누구나 교육을 받을 수도 없었다.

(나) 옛사람들에게 책은 지금보다 훨씬 귀하고 비싼 물건이었다. 인쇄 기술이 발달하지 않았고 책을 쓰고 읽는 일 자체를 아무나 할 수 없었기 때문이다. 그래서 옛사람들의 독서와 공부 방법은 요즘과 달랐다. 그들은 책을 수없이 반복해서 읽었고, 통째로 외는 방법으로 공부했다. 그리고 글을 쓸 때면 책에 담긴 이야기와 성현의 말씀을 인용하며 자기주장을 폈다.

(다) 조선 중기의 관료이자 시인인 김득신은 어렸을 때 천연두를 심하게 앓아 총기를 잃고 말았다. 그래서 김득신은 남들이 두어 번만 읽으면 아는 글을 수십 수백 번, 수천 수만 번씩 읽고 외웠다. 결국, 김득신은 과거에도 급제하고 시인이 되었다. 이 일화는 노력을 통해 목표를 성취한 사람의 감동적인 이야기일 뿐만 아니라, 조선 시대의 독서 문화를 상징적으로 보여 주는 예이기도 하다. 고전이나 그에 버금가는 글을 수없이 읽고 암송하고 그것을 펼쳐 내는 일이 곧 지성을 갖추고 표현하는 일이었다.

– 천정환, 「시대에 따른 독서 문화」

14 이 글을 읽고 이해한 것으로 적절하지 않은 것은?

① 김득신은 총명해서 남들보다 쉽게 과거에 급제했다.
② 옛날 사람들은 책을 반복해서 읽고 외는 방법으로 공부했다.
③ 근대 이전에는 글자를 아예 읽을 수 없는 문맹자들도 많았다.
④ 인쇄 기술이 발달하지 않아서 옛사람들에게 책은 지금보다 훨씬 귀한 물건이었다.

해설 김득신은 어린 시절 천연두를 심하게 앓아 총명한 기운을 잃었기 때문에 남들은 두어 번만 읽으면 아는 글을 수없이 읽고 외웠다고 한다. 과거 급제는 그러한 노력의 결과 얻은 것이므로 남들보다 쉽게 과거에 급제했다고 볼 수 없다.

15 글 (다)의 서술상 특징으로 가장 적절한 것은?

① 공간의 변화에 따라 진술하고 있다.

② 전문가의 견해를 인용하여 설명하고 있다.

③ 역사 속 인물을 예로 들어 설명하고 있다.

④ 대상들을 일정한 기준에 따라 묶어서 설명하고 있다.

해설 조선 중기 관료이자 시인인 김득신이라는 인물을 예로 들어 옛사람들의 독서 문화에 대해 설명하고 있다.

16 다음 글에 대한 설명으로 가장 옳은 것은?

내가 어렸을 때만 하더라도 미국의 어린이들은 원래 북아메리카에는 100만 명가량의 인디언밖에 없었다고 배웠다. 이렇게 적은 수라면 거의 빈 대륙이라고 할 수 있으므로 백인들의 정복을 정당화하는 데 유용했다. 그러나 고고학적인 발굴과 미국의 해안 지방을 처음 밟은 유럽인 탐험가들의 기록을 자세히 검토한 결과 인디언들이 처음에는 약 2,000만 명에 달했다는 것을 알게 되었다. 신세계 전체를 놓고 보았을 때 콜럼버스가 도착한 이후 한두 세기에 걸쳐 인디언의 인구는 최대 95%가 감소했을 것으로 추정된다.

인디언들이 죽은 주된 요인은 구세계의 병원균이었다. 인디언들은 그런 질병에 노출된 적이 없었으므로 면역성이나 유전적인 저항력이 전혀 없었다. 살인적인 질병의 1위 자리를 놓고 다투었던 것은 천연두, 홍역, 인플루엔자, 발진티푸스 등이었고, 그것으로도 충분하지 않다는 듯 디프테리아, 말라리아, 볼거리, 백일해, 페스트, 결핵, 황열병 등이 그 뒤를 바싹 따랐다. 병원균이 보인 파괴력을 백인들이 직접 목격한 경우도 헤아릴 수 없이 많았다. 1837년 대평원에서 가장 정교한 문화를 가지고 있던 만단족 인디언들은 세인트루이스에서 미주리 강을 타고 거슬러 올라온 한 척의 증기선 때문에 천연두에 걸렸다. 만단족의 한 마을은 몇 주 사이에 인구 2,000명에서 40명으로 곤두박질쳤다.

– 재레드 다이아몬드, 「총·균·쇠」

① 유럽은 신세계였고, 아메리카는 구세계였다.

② 인디언들은 구세계의 병원균에 대한 면역성이 없었다.

③ 만단족 인디언들의 인구 감소는 백인들의 무기 때문이었다.

④ 콜럼버스 이전에 북아메리카에는 100만 명가량의 인디언이 있었다.

해설 '인디언들이 죽은 주된 요인은 – 면역성이나 유전적인 저항력이 전혀 없었다.'를 통해 인디언들은 구세계의 병원균에 대한 면역성이 없었음을 확인할 수 있다.

17 다음 글에 대한 설명으로 적절하지 않은 것은?

(가) 20세기 들어서 생태학자들은 지속성 농약이 자연 생태계에 어떤 악영향을 미치는지를 밝힐 수 있었다. 예컨대 제2차 세계대전 이후 전 세계에서 해충 구제용으로 널리 사용됨으로써 농업 생산량 향상에 커다란 기여를 한 디디티(DDT)는 유기 염소계 살충제의 대명사이다.

(나) 그렇지만 이 유기 염소계 살충제는 물에 잘 녹지 않고 자연에서 햇빛에 의한 광분해나 미생물에 의한 생물학적 분해가 거의 이루어지지 않는다. 그래서 디디티는 토양이나 물속의 퇴적물 속에 수십 년간 축적된다. 게다가 디디티는 지방에는 잘 녹아서 먹이사슬을 거치는 동안 지방 함량이 높은 동물 체내에 그 농도가 높아진다. 이렇듯 많은 양의 유기 염소계 살충제를 체내에 축적하게 된 맹금류는 물질대사에 장애를 일으켜서 껍질이 매우 얇은 알을 낳기 때문에, 포란 중 대부분의 알이 깨져 버려 멸종의 길을 걷게 된다.

(다) 디디티는 쉽게 분해되지 않기 때문에 한번 뿌려진 디디티는 물과 공기, 생물체 등을 매개로 세계 전역으로 퍼질 수 있다. 그래서 디디티에 한 번도 노출된 적이 없는 알래스카 지방의 에스키모 산모의 젖에서도 디디티가 검출되었고, 남극 지방의 펭귄 몸속에서도 디디티가 발견되었다. 이러한 생물 농축과 잔존성의 특성이 밝혀짐으로써 미국에서는 1972년부터 디디티 생산이 전면 중단되었고, 1980년대에 이르러서는 유기 염소계 농약의 사용이 대부분 금지되었다.

(라) 이와 같이 디디티의 생물 농축 현상에서처럼 생태학자들은 한 생물 종에 미치는 오염의 영향이 오랫동안 누적되면 전체 생태계를 훼손시킬 수 있다는 사실을 발견하였다. 그래서인지 최근 우리나라에서도 사소한 환경오염 행위가 장차 어떠한 재앙을 몰고 올 수 있는지에 대한 연구가 활발히 이루어지고 있다.

① (가)는 중심 화제를 소개하고, 핵심어를 제시함으로써 전개될 내용을 암시하고 있다.
② (나)는 디디티가 끼칠 생태계의 영향을 인과 분석의 방법으로 설명하고 있다.
③ (다)는 디디티의 악영향을 제시하고, 그것의 사용 금지를 주장하고 있다.
④ (라)는 환경오염에 대한 경각심을 암시적으로 드러내고 있다.

해설 (다)에서는 디디티(DDT)의 생물 농축과 잔존성의 특성을 사례를 들어 설명하고 디디티의 생산 중단과 사용이 금지된 현황을 진술하고 있으나, 디디티의 사용 금지를 주장하고 있지는 않다.

다음 글을 읽고 물음에 답하시오(18~19).

거대한 영향력을 지닌 신기술의 도입으로 예상치 못한 심각한 부작용이 생기면, 기술과 인간의 관계는 밑바닥에서부터 재검토되어야 한다. 인공 지능 발달이 우리에게 던지는 새로운 과제는 두 갈래다. 로봇을 향한 길과 인간을 향한 길이다.

첫째는, ㉠ 인류를 위협할지도 모를 강력한 인공 지능을 우리가 어떻게 통제할 것인가의 문제이다. 로봇에 대응하는 차원에서 로봇이 지켜야 할 도덕적 기준을 만들어 준수하게 하는 방법이나, 살인 로봇을 막는 국제 규약을 제정하는 것이 접근 방법이 될 수 있다. 또한 다양한 상황에 관한 사회적 합의를 담은 알고리즘을 만들어 사회적 규약을 벗어나지 않는 범위에서 로봇이 작동하게 하는 방법도 모색할 수 있다. 설계자의 의도를 배반하지 못하도록 로봇이 스스로 무력화할 수 없는 원격자폭 스위치를 넣는 것도 가능하다. 인공 지능 로봇이 인간의 통제를 벗어나지 못하게 과학자들은 다양한 기술적 방법을 만들어 내고, 입법자들은 강력한 법률과 사회적 합의를 적용할 것이다.

둘째는, 생각하는 기계가 모방할 수 없는 인간의 특징을 찾아 인간의 가치를 높이는 것이다. 즉, 로봇이 아니라 인간을 깊이 생각하고 인간 고유의 특징을 활용하는 것이다. 인공 지능이 마침내 인간의 의식 현상을 구현해 낸다고 하더라도 인간과 인공 지능은 여전히 구분될 것이다. 인간에게는 감정과 의지가 있기 때문이다. 감정은 비이성적이고 비효율적이지만 인간됨을 규정하는 본능으로, 감정에 따라 판단하고 의지적으로 행동하는 인간에게 감정은 강점이면서 동시에 결함이 된다. 논리적으로 설명할 수 없는 인간의 행동은 대부분 감정과 의지에서 비롯된 것이다. 인류는 진화의 세월을 거쳐 공감과 두려움, 만족 등 다양한 감정을 발달시켜 왔다. 인간의 감정과 의지는 수백 년의 진화 과정에서 인류가 살아남으려고 선택한 전략의 결과이다.

인공 지능을 통제하는 것이 과학자들과 입법자들의 과제라면, '인간이란 무엇인가?', '인공 지능이 대체할 수 없는 나만의 특징과 존재 이유는 무엇일까?'라는 철학적인 질문은 각 개인에게 던져진 과제이다.

— 구본권, 「로봇 시대, 인간의 일」

18 이 글의 내용으로 적절하지 않은 것은?

① 인공 지능이 발달함에 따라 해결해야 할 새로운 과제가 발생했다.
② 인간이 인공 지능과 다른 점은 인간에게는 감정과 의지가 있다는 것이다.
③ 감정은 인간됨을 규정하는 본능으로, 이성적이고 효율적인 성격을 지닌다.
④ 인공 지능을 통제하는 방법에 대해 고민하는 것은 과학자들과 입법자들의 역할이다.

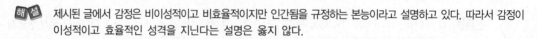

해설 제시된 글에서 감정은 비이성적이고 비효율적이지만 인간됨을 규정하는 본능이라고 설명하고 있다. 따라서 감정이 이성적이고 효율적인 성격을 지닌다는 설명은 옳지 않다.

19 ㉠을 해결하는 방법과 가장 거리가 먼 것은?

① 살인 로봇을 막는 국제 규약을 제정하는 방법
② 인간의 감정과 의지 등 인간 고유의 특징을 활용하는 방법
③ 로봇이 지켜야 할 도덕적 기준을 만들어 준수하게 하는 방법
④ 설계자의 의도를 배반하지 못하도록 원격자폭 스위치를 넣는 방법

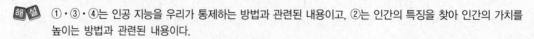

해설 ①·③·④는 인공 지능을 우리가 통제하는 방법과 관련된 내용이고, ②는 인간의 특징을 찾아 인간의 가치를 높이는 방법과 관련된 내용이다.

다음 글을 읽고 물음에 답하시오(20~21).

인류 가족 모두의 존엄성과 양도할 수 없는 권리를 인정하는 것이 세계의 자유, 정의, 평화의 기초이다. 인권을 무시하고 경멸하는 만행이 과연 어떤 결과를 초래했던가를 기억해 보라. 인류의 양심을 분노케 했던 야만적인 일들이 일어나지 않았던가?

그러므로 오늘날 보통 사람들이 바라는 지고지순의 염원은 '이제 제발 모든 인간이 언론의 자유, 신념의 자유, 공포와 결핍으로부터의 자유를 누릴 수 있는 세상이 왔으면 좋겠다.'라는 것이리라. 유엔 헌장은 이미 기본적 인권, 인간의 존엄과 가치, 남녀의 동등한 권리에 대한 신념을 재확인했고, 보다 폭넓은 자유 속에서 사회 진보를 촉진하고 생활수준을 향상시키자고 다짐했었다. 그런데 이러한 약속을 제대로 실천하려면 도대체 인권이 무엇이고 자유가 무엇인지에 대해 모든 사람이 이해할 수 있도록 하는 것이 가장 중요하지 않겠는가?

유엔 총회는 이제 모든 개인과 조직이 이 선언을 항상 마음속 깊이 간직하면서, 지속적인 국내적·국제적 조치를 통해 회원국 국민들의 보편적 자유와 권리 신장을 위해 노력하도록, 모든 인류가 '다 함께 달성해야 할 하나의 공통 기준'으로 '세계 인권 선언'을 선포한다.

제1조 우리 모두는 태어날 때부터 자유롭고, 존엄성과 권리에 있어서 평등하다. 우리 모두는 이성과 양심을 가졌으므로 서로에게 형제자매의 정신으로 대해야 한다.

제2조 피부색, 성별, 종교, 언어, 국적, 갖고 있는 의견이나 신념 등이 다를지라도 우리는 모두 평등하다.

제3조 우리는 누구나 생명을 존중받으며, 자유롭게 그리고 안전하게 살아갈 권리가 있다.

– 「세계 인권 선언문」(1948)

20 이 글을 선포한 목적으로 가장 적절한 것은?

① 인권 침해 사례를 제시하기 위해
② 국민의 자유와 인권을 신장하기 위해
③ 자유와 평등의 확대 과정을 보여 주기 위해
④ 유엔 헌장과 세계 인권 선언의 차이점을 밝히기 위해

해설 제시된 글은 선언문(논설문의 일종)으로, '지속적인 국내적·국제적 조치를 통해 회원국 국민들의 보편적 자유와 권리 신장을 위해 노력'할 것을 촉구하고 있다.

21 이 글을 읽고 답할 수 없는 것은?

① 선언을 선포한 주체는?
② 선언을 제정한 배경은?
③ 선언으로 권리를 보장받는 대상은?
④ 선언을 위반했을 때의 제재 조치는?

22 다음 글에서 알 수 없는 것은?

> 되새김 동물인 무스(Moose)의 경우, 위에서 음식물이 잘 소화되게 하려면 움직여서는 안 된다. 무스의 위는 네 개의 방으로 나누어져 있는데, 위에서 나뭇잎, 풀줄기, 잡초 같은 섬유질이 많은 먹이를 소화하려면 꼼짝 않고 한곳에 가만히 있어야 하는 것이다. 한편, 미국 남서부의 사막 지대에 사는 갈퀴발도마뱀은 모래 위로 눈만 빼꼼 내놓고 몇 시간 동안이나 움직이지 않는다. 그렇게 있으면 따뜻한 모래가 도마뱀의 기운을 북돋아 준다. 곤충이 지나가면 도마뱀이 모래에서 나가 잡아먹을 수 있도록 에너지를 충전해 주는 것이다. 반대로 갈퀴발도마뱀의 포식자인 뱀이 다가오면, 그 도마뱀은 사냥할 기운을 얻기 위해 움직이지 않았을 때의 경험을 되살려 호흡과 심장 박동을 일시적으로 멈추고 죽은 시늉을 한다. 갈퀴발도마뱀은 모래 속에 몸을 묻고 움직이지 않기 때문에 수분의 손실을 줄이고 사막 짐승들의 끊임없는 위협에서 벗어날 수 있는 것이다.

① 무스가 움직이지 않는 것은 생존을 위한 선택이다.

② 무스는 소화를 잘 시키기 위해 식물을 가려먹는 습성을 가지고 있다.

③ 갈퀴발도마뱀은 움직이지 않는 방식으로 먹이를 구한다.

④ 갈퀴발도마뱀은 모래 속에 몸을 묻을 때 생존 확률을 높일 수 있다.

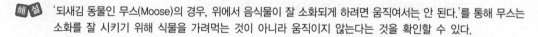

해설 '되새김 동물인 무스(Moose)의 경우, 위에서 음식물이 잘 소화되게 하려면 움직여서는 안 된다.'를 통해 무스는 소화를 잘 시키기 위해 식물을 가려먹는 것이 아니라 움직이지 않는다는 것을 확인할 수 있다.

23 다음 글에 대한 설명으로 적절하지 않은 것은?

> 믿기 어렵겠지만 자장면 문화와 미국의 피자 문화는 닮은 점이 많다. 젊은 청년들이 오토바이를 타고 배달한다는 점에서 참으로 닮은꼴이다. 이사한다고 짐을 내려놓게 되면 주방 기구들이 부족하게 되고 이때 자장면은 참으로 편리한 해결책이다. 미국에서의 피자도 마찬가지다. 갑자기 아이들의 친구들이 많이 몰려왔을 때 피자는 참으로 편리한 음식이다.
>
> 남자들이 군에 가 훈련을 받을 때 비라도 추적추적 오게 되면 자장면 생각이 제일 많이 난다고 한다. 비가 오는 바깥을 보며 따뜻한 방에서 입에 자장을 묻히는 장면은 정겨울 수밖에 없다. 프로 농구 원년에 수입된 미국 선수들은 하루도 빠지지 않고 피자를 시켜 먹었다고 한다. 음식이 맞지 않는 탓도 있겠지만 향수를 달래고자 함이 아닐까?
>
> 싸게 먹을 수 있는 이국 음식이란 점에서 자장면과 피자는 특별한 의미를 갖는다. 외식을 하기엔 부담되고 한번쯤 식단을 바꾸어 보고 싶을 즈음이면 중국식 자장면이나 이탈리아식 피자는 한국이나 미국의 서민에겐 안성맞춤이다. 그런데 한국에서나 미국에서나 변화가 생기기 시작했다. 한국에서는 피자 배달이 보편화되기 시작했다. 피자를 간식이 아닌 주식으로 삼고자 하는 아이들도 생겼다. 졸업식을 마치고 중국집으로 향하던 발걸음들이 이제 피자집으로 돌려졌다. 피자보다 자장면을 좋아하는 아이들을 찾아보기가 힘들어졌다.

① 피자는 쉽게 배달시켜 먹을 수 있는 편리한 음식이다.

② 자장면은 이사하는 날 편리한 해결책이 되는 음식이다.

③ 자장면과 피자는 값이 싸면서도 기분 전환이 되는 음식이다.

④ 자장면은 특별한 날에 어린이들에게 여전히 가장 사랑받는 음식이다.

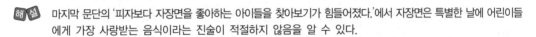 마지막 문단의 '피자보다 자장면을 좋아하는 아이들을 찾아보기가 힘들어졌다.'에서 자장면은 특별한 날에 어린이들에게 가장 사랑받는 음식이라는 진술이 적절하지 않음을 알 수 있다.

24 다음 글에서 추론할 수 있는 내용으로 적절하지 않은 것은?

'포스트휴먼'은 그 기본적인 능력이 근본적으로 현재의 인간을 넘어서기 때문에 현재의 기준으로는 더 이상 인간이라 부를 수 없는 존재를 가리키는 표현이다. 스웨덴 출신의 철학자 보스트롬은 건강 수명, 인지, 감정이라는, 인간의 세 가지 주요 능력 중 최소한 하나 이상의 능력에서 현재의 인간이 도달할 수 있는 최대한의 한계를 엄청나게 넘어설 경우 이를 '포스트휴먼'으로 부르자고 제안하였다. 현재 가장 뛰어난 인간이 가질 수 있는 지능보다 훨씬 더 뛰어난 지능을 가지며, 더 이상 질병에 시달리지 않고, 노화가 완전히 제거되어서 젊음과 활력을 계속 유지하는 어떤 존재를 생각해 볼 수 있다. 이 존재는 스스로의 심리 상태에 대한 조절도 자유롭게 할 수 있어서 피곤함이나 지루함을 거의 느끼지 않으며, 미움과 같은 감정을 피하고, 즐거움, 사랑, 미적 감수성, 평정 등의 태도를 유지한다. 이러한 존재가 어떤 존재일지 지금은 정확하게 상상하기 어렵지만 현재 인간의 상태로 접근할 수 없는 새로운 신체나 의식 상태에 놓여 있을 것임은 분명하다.

이러한 포스트휴먼은 완전히 인위적으로 만들어진 인공지능일 수도 있고, 신체를 버리고 슈퍼컴퓨터 안의 정보 패턴으로 살기를 선택한 업로드의 형태일 수도 있으며, 또는 생물학적 인간에 대한 개선들이 축적된 결과일 수도 있다.

만약 생물학적 인간이 포스트휴먼이 되고자 한다면 유전공학, 신경약리학, 항노화술, 컴퓨터–신경 인터페이스, 기억 향상 약물, 웨어러블 컴퓨터, 인지 기술과 같은 다양한 과학 기술을 이용해 우리의 두뇌나 신체에 근본적인 기술적 변형을 가해야만 할 것이다. '포스트휴먼'은 '내가 이런 능력을 가지고 있었으면 얼마나 좋을까'하고 누구나 한 번쯤 상상해 보았을 법한 슈퍼 인간의 모습을 기술한 용어이다.

① 포스트휴먼 개념에 따라 제시되는 미래의 존재는 과학 기술의 발전 양상에 따른 영향을 현재의 인간에 비해 더 크게 받을 것이다.

② 포스트휴먼 개념은 인간의 신체적 결함을 다양한 과학 기술을 이용해 보완하여 기술적 한계를 극복한 새로운 인간형의 탄생에 귀결될 것이다.

③ 포스트휴먼은 인간의 현재 상태를 뛰어넘는 능력을 가진 새로운 존재일 것으로 예측되지만 그 형태가 어떠할지 여하는 다양한 가능성에 열려 있다.

④ 포스트휴먼은 건강 수명, 인지 능력, 감정 등의 측면에서 현재의 인간보다 뛰어나기 때문에 포스트휴먼 사회에서는 인간에 대한 개념이 새로 구성될 것이다.

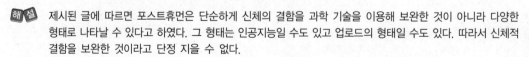

해설 제시된 글에 따르면 포스트휴먼은 단순하게 신체의 결함을 과학 기술을 이용해 보완한 것이 아니라 다양한 형태로 나타날 수 있다고 하였다. 그 형태는 인공지능일 수도 있고 업로드의 형태일 수도 있다. 따라서 신체적 결함을 보완한 것이라고 단정 지을 수 없다.

25 다음 글의 내용을 잘못 이해한 사람은?

> 심리학에서는 동조(同調)가 일어나는 이유를 크게 두 가지로 설명한다. 첫째는, 사람들은 자기가 확실히 알지 못하는 일에 대해 남이 하는 대로 따라 하면 적어도 손해를 보지는 않는다고 생각한다는 것이다. 둘째는, 어떤 집단이 그 구성원들을 이끌어 나가는 질서나 규범 같은 힘을 가지고 있을 때, 그러한 집단의 압력 때문에 동조 현상이 일어난다는 것이다. 만약 어떤 개인이 그 힘을 인정하지 않는다면 그는 집단에서 배척당하기 쉽다. 이런 사정 때문에 사람들은 집단으로부터 소외되지 않기 위해서 동조를 하게 된다. 여기서 주목할 것은 자신이 믿지 않거나 옳지 않다고 생각하는 문제에 대해서도 동조의 입장을 취하게 된다는 것이다.
> 동조는 개인의 심리 작용에 영향을 미치는 요인이 무엇이냐에 따라 그 강도가 다르게 나타난다. 가지고 있는 정보가 부족하여 어떤 판단을 내리기 어려운 상황일수록, 자신의 판단에 대한 확신이 들지 않을수록 동조 현상은 강하게 나타난다. 또한 집단의 구성원 수가 많거나 그 결속력이 강할 때, 특정 정보를 제공하는 사람의 권위와 지위, 그에 대한 신뢰도가 높을 때도 동조 현상은 강하게 나타난다. 그리고 어떤 문제에 대한 집단 구성원들의 만장일치 여부도 동조에 큰 영향을 미치게 되는데, 만약 이때 단 한 명이라도 이탈자가 생기면 동조의 정도는 급격히 약화된다.

① 영희 : 줄 서기의 경우, 줄을 서 있는 사람이 많을수록 나중에 오는 사람들이 그 줄 뒤에 설 확률이 더 높아.

② 철수 : 특히 응집력이 강한 집단에 항거하는 것은 더 어려운 일이야. 이런 경우, 동조 압력은 더 강할 수밖에 없겠지.

③ 갑순 : 동조 현상에 영향을 미치는 요인은 우매한 조직의 결속력보다 개인의 신념이라고 볼 수 있겠군.

④ 갑돌 : 아침에 수많은 정류장 중 어디에서 공항버스를 타야 할지 몰랐는데 스튜어디스 차림의 여성이 향하는 정류장 쪽으로 따라갔었어. 이 경우, 그 스튜어디스 복장이 신뢰도를 높였다고 할 수 있겠네.

> **해설** 제시된 글에서 동조(同調)는 자신이 확실히 알지 못하는 일일 경우 또는 질서나 규범 같은 힘을 가지고 있는 어떤 집단의 압력으로 인해 나타난다고 하였다. 또한 '집단에게 소외될 가능성으로 인해 자신이 믿지 않거나 옳지 않다고 생각하는 문제에 대해서도 동조의 입장을 취한다.'고 하였으므로, 글의 내용을 잘못 이해한 사람은 ③ '갑순'이다.

26 다음 글의 주된 설명 방식이 적용된 것으로 가장 적절한 것은?

> 문학이 구축하는 세계는 실제 생활과 다르다. 즉 실제 생활은 허구의 세계를 구축하는 데 필요한 재료가 되지만 이 재료들이 일단 한 구조의 구성 분자가 되면 그 본래의 재료로서의 성질과 모습은 확연히 달라진다. 건축가가 집을 짓는 것을 떠올려 보자. 건축가는 어떤 완성된 구조를 생각하고 거기에 필요한 재료를 모아서 적절하게 집을 짓게 되는데, 이때 건물이라고 하는 하나의 구조를 완성하게 되면 이 완성된 구조의 구성 분자가 된 재료들은 본래의 재료와 전혀 다른 것이 된다.

① 르네상스 시대의 화가들은 원근법을 사용하여 세상을 향한 창과 같은 사실적인 그림을 그렸다. 현대 회화를 출발시켰다고 평가되는 인상주의자들이 의식적으로 추구한 것도 이러한 사실성이었다.

② 소설을 구성하는 요소는 물론 많지만 그중에서도 인물, 배경, 사건을 들 수 있다. 인물은 사건의 주체, 배경은 인물이 행동을 벌이는 시간과 공간, 분위기 등이고, 사건은 인물이 배경 속에서 벌이는 행동의 세계이다.

③ 목적을 지닌 인생은 의미 있다. 목적 없이 살아가는 사람은 험난한 인생의 노정을 완주하지 못한다. 목적을 갖고 뛰어야 마라톤에서 완주가 가능한 것처럼 우리의 인생에서도 목표를 가지고 꾸준히 노력하는 사람이 성공한다.

④ 신라의 육두품 출신 가운데 학문적으로 출중한 자들이 많았다. 가령, 강수, 설총, 녹진, 최치원 같은 사람들은 육두품 출신이었다. 이들은 신분적 한계 때문에 정계보다는 예술과 학문 분야에 일찌감치 몰두하게 되었다.

해설 제시된 글은 '문학이 구축하는 세계는 실제 생활과는 다르다.'는 것을 건축가가 집을 짓는 과정에 빗대어 표현하였다. 즉, 유추의 설명 방식이 사용된 것으로, 유추는 생소한 개념이나 복잡한 주제를 친숙한 개념 또는 단순한 주제와 비교하여 설명하는 방식이다. ③ '목적을 지닌 인생은 의미 있다.'는 것을 목적을 갖고 뛰어야 완주가 가능한 마라톤에 빗대어 설명하고 있다.
① 르네상스 시대 화가들과 인상주의 화가들의 공통점을 비교해서 설명하고 있다.
② 인물, 사건, 배경이라는 소설의 구성 요소를 세부적으로 나누어 설명한 것으로, 분석의 설명 방식이 사용되었다.
④ 신라의 육두품 출신 중 학문적으로 출중한 사람들을 예를 들어 설명하고 있다.

27 밑줄 친 부분의 이유에 대한 필자의 견해로 볼 수 없는 것은?

> 관리가 본디부터 간악한 것이 아니다. 그들을 간악하게 만드는 것은 법이다. 간악함이 생기는 이유는 이루 다 열거할 수 없다. 대체로 직책은 하찮은 데도 재주가 넘치면 간악하게 되며, 지위는 낮은데도 아는 것이 많으면 간악하게 되며, 노력을 조금 들였는데도 효과가 신속하면 간악하게 되며, 자신은 그 자리에 오랫동안 있는데 자신을 감독하는 사람이 자주 교체되면 간악하게 되며, 자신을 감독하는 사람의 행동이 또한 정도에서 나오지 않으면 간악하게 되며, 아래에 자신의 무리는 많은데 윗사람이 외롭고 어리석으면 간악하게 되며, 자신을 미워하는 사람이 자신보다 약하여 두려워하면서 잘못을 밝히지 않으면 간악하게 되며, 자신이 꺼리는 사람이 같이 죄를 범하였는데도 서로 버티면서 죄를 밝히지 않으면 간악하게 되며, 형벌에 원칙이 없고 염치가 확립되지 않으면 간악하게 된다. …… 간악함이 일어나기 쉬운 것이 대체로 이러하다.

① 노력은 적게 들이고 성과를 빨리 얻는다.
② 자신이 범한 과오를 감추고 남의 잘못을 드러낸다.
③ 자신은 같은 자리에 있으나 감독자가 자주 교체된다.
④ 자신의 세력이 밑에서 강한 반면 상부는 외롭고 우매하다.

해설 제시된 글은 관리들에게 간악함이 일어나기 쉬운 이유에 대해서 열거하고 있다. 제시된 글에서 ②의 내용은 찾아볼 수 없으며, 다만, 자신이 꺼리는 사람이 같이 죄를 지었을 때 서로 묵인한다면 간악하게 된다고 언급했을 뿐이다.

다음 글을 읽고 물음에 답하시오(28~29).

> 나는 우리나라가 세계에서 가장 아름다운 나라가 되기를 원한다. 가장 부강한 나라가 되기를 원하는 것은 아니다. ㉠ 내가 남의 침략에 가슴이 아팠으니, 내 나라가 남을 침략하는 것을 원치 아니한다. 우리의 부력(富力)은 우리의 생활을 풍족히 할 만하고, 우리의 강력(強力)은 남의 침략을 막을 만하면 족하다. 오직 한없이 가지고 싶은 것은 높은 문화의 힘이다. 문화의 힘은 우리 자신을 행복하게 하고, 나아가서 남에게 행복을 주기 때문이다.
> 지금 인류에게 부족한 것은 무력도 아니오, 경제력도 아니다. 자연 과학의 힘은 아무리 많아도 좋으나, 인류 전체로 보면 현재의 자연 과학만 가지고도 편안히 살아가기에 넉넉하다. 인류가 현재에 불행한 근본 이유는 인의(仁義)가 부족하고, 자비가 부족하고, 사랑이 부족한 때문이다. 이 마음만 발달이 되면 현재의 물질력으로 20억이 다 편안히 살아갈 수 있을 것이다. 인류의 이 정신을 배양하는 것은 오직 문화이다.
>
> – 김구, 「내가 원하는 우리나라」

28 이 글의 내용을 바르게 이해한 것은?

① 글쓴이는 우리나라가 남을 침략하는 것을 원한다.

② 글쓴이는 우리나라가 가장 부강한 나라가 되기를 원한다.

③ 글쓴이는 지금 인류에게 부족한 것은 경제력이라고 생각한다.

④ 글쓴이는 우리나라의 강력(强力)은 남의 침략을 막을 만하면 족하다고 여긴다.

 제시된 글에서 글쓴이는 우리의 부력(富力)은 우리의 생활을 풍족히 할 만하고, 우리의 강력(强力)은 남의 침략을 막을 만하면 족하다고 제시하고 있다.

29 ㉠과 관련이 깊은 한자성어는?

① 오월동주(吳越同舟) ② 동병상련(同病相憐)

③ 유유상종(類類相從) ④ 와신상담(臥薪嘗膽)

해설 ② 동병상련(同病相憐) : 같은 병을 앓는 사람끼리 서로 가엾게 여긴다는 뜻으로, 어려운 처지에 있는 사람끼리 서로 가엾게 여김을 이르는 말

① 오월동주(吳越同舟) : 서로 적의를 품은 사람들이 한자리에 있게 된 경우나 서로 협력하여야 하는 상황을 비유적으로 이르는 말

③ 유유상종(類類相從) : 같은 무리끼리 서로 사귐

④ 와신상담(臥薪嘗膽) : 불편한 섶에 몸을 눕히고 쓸개를 맛본다는 뜻으로, 원수를 갚거나 마음먹은 일을 이루기 위하여 온갖 어려움과 괴로움을 참고 견딤을 비유적으로 이르는 말

다음 글을 읽고 물음에 답하시오(30~31).

몇 년 전 미국의 주간지 『타임』에서는 올해 최고의 발명품 중 하나로 '스티키봇(Stickybot)'을 선정했다. 이 로봇 기술의 핵심은 한 방향으로 힘을 가하면 잘 붙어 떨어지지 않지만 다른 방향에서 잡아당기면 쉽게 떨어지는 방향성 접착성 화합물의 구조를 가진 미세한 섬유 조직으로, 도마뱀의 발바닥에서 착안한 것이다.

스티키봇처럼 살아 있는 생물의 행동이나 구조를 모방하거나 생물이 만들어내는 물질 등을 모방함으로써 새로운 기술을 만들어 내는 학문을 생체 모방 공학(Biomimetics)이라고 한다. 이는 '생체(Bio)'와 '모방(Mimetics)'이란 단어의 합성어이다. 그 어원에서 알 수 있듯이 생체 모방 공학은 자연에 대한 체계적이고 조직적인 모방이다.

칼과 화살촉 같은 사냥 도구가 육식 동물의 날카로운 발톱을 모방해 만든 것이라고 한다면 생체 모방의 역사는 인류의 탄생과 함께 시작되었다고 해도 과언이 아니다. 이렇듯 인간의 모방은 인류 문명의 발전에 기여해 왔고, 이는 앞으로도 계속될 것이다. 그러므로 우리는 일상생활 속에서 '철조망이 장미의 가시를 모방한 것은 아닐까?', '(㉠)' 하는 의문을 가져 보기도 하고, 또 이를 통해 다른 생명체를 모방할 수 있는 방법을 생각해 보기도 하는 태도를 기를 필요가 있다.

30 이 글을 통해 알 수 있는 것으로 적절하지 않은 것은?

① 스티키봇의 핵심 기술　　　　② 생체 모방 공학의 개념
③ 육식 동물과 초식 동물의 차이　　④ 도마뱀의 발바닥을 모방한 로봇

 ① 첫째 문단을 통해 알 수 있다.
　　　 ② 둘째 문단을 통해 알 수 있다.
　　　 ④ 첫째 문단을 통해 알 수 있다.

31 ㉠에 들어갈 수 있는 질문으로 가장 적절한 것은?

① 사다리는 의자의 다리를 모방한 것은 아닐까?
② 갑옷은 갑각류의 딱딱한 외피를 모방한 것은 아닐까?
③ 배의 모터는 자동차의 튼튼한 엔진을 모방한 것은 아닐까?
④ 아파트의 거실은 한옥의 넓은 마루를 모방한 것은 아닐까?

 생체를 모방하여 만들어 낸 것에 무엇이 있을지에 대한 의문을 찾아야 한다. 따라서 갑각류의 외피에서 착안하여
　　　 갑옷을 만들어 낸 것이 아닌지에 대한 질문이 적절하다.

다음 글을 읽고 물음에 답하시오(32~33).

우리는 여기서 (　㉠　)를 잠깐 생각해 보기로 하자. '굿(제의)'에서 종교적 의미가 희석되면 굿은 '놀이(연희)'로 전화(轉化)하게 된다. 춤놀이의 중요한 구성 요소인 연희자 간의 무용, 노래, 재담 등은 원래 원시 시대의 굿에서는 주신(주무)과 배신(소무) 사이, 또는 주신, 배신, 무 사이의 대무(對舞), 대화 속에서 그 기원을 찾을 수 있다.

이러한 제사권이 소수의 사제자들에게 독점되어 있었던 고대 사회에서 그것은 비의로서 신비화되고, 그 주술성의 효과도 널리 집단에 의해 믿어졌기 때문에 집단에서 굿은 언제나 종교적 외포(畏怖)의 대상이 되어 왔다. 그러나 역사의 경과와 더불어 중세적 사회에서는 비교적 다수의 제사권 참여가 이루어져 종래의 제사 독점에서 오는 의례의 신비성도 차차 희박해지고, 생산력이 상승해 자연의 불규칙성도 어느 정도 극복하면서, 의례가 가지는 주술적 효과에 대한 믿음도 흔들리게 된다. 그리고 집단의 의례 자체를 종교적 외포의 대상으로서가 아니라, 예술적 감상과 오락의 대상으로 바라보는 여유가 생기게 된다.

이 시점에서 종래의 주신, 배신, 무 사이의 대무와 대화는 종교적 의미를 서서히 잃고, 구경거리 혹은 예능, 더 나아가 연극으로 전화(轉化)하기에 이른다.

– 이두현, 「한국 축제의 역사」

32 이 글을 살펴볼 때 '굿에서 놀이로 전화(轉化)'한 이유와 거리가 먼 것은?

① 자연이 지닌 불규칙성 극복

② 주술적 효과에 대한 믿음 상실

③ 예술적 감상에 대한 욕구 증대

④ 사제자의 제사권과 독점적 지위 약화

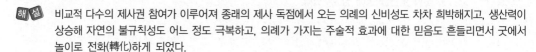

해설 비교적 다수의 제사권 참여가 이루어져 종래의 제사 독점에서 오는 의례의 신비성도 차차 희박해지고, 생산력이 상승해 자연의 불규칙성도 어느 정도 극복하고, 의례가 가지는 주술적 효과에 대한 믿음도 흔들리면서 굿에서 놀이로 전화(轉化)하게 되었다.

33 ㉠에 들어갈 물음으로 가장 적절한 것은?

① 왜 굿의 주술성이 약화되었는가?

② 굿이 어떻게 놀이로 바뀌었는가?

③ 생산력이 상승한 이유는 무엇인가?

④ 우리 연극사의 문제점은 무엇인가?

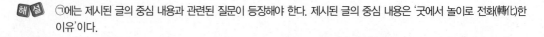

해설 ㉠에는 제시된 글의 중심 내용과 관련된 질문이 등장해야 한다. 제시된 글의 중심 내용은 '굿에서 놀이로 전화(轉化)한 이유'이다.

다음 글을 읽고 물음에 답하시오(34~35).

가장 흔히 볼 수 있는 거미줄의 형태는 중심으로부터 ㉠ 방사형으로 뻗어 나가는 둥근 그물로, 짜임이 어찌나 완벽한지 곤충의 입장에서는 마치 빽빽하게 쳐 놓은 튼튼한 고기잡이 그물과 다름없다. 이 둥근 그물을 짜기 위해 거미는 먼저 두 물체 사이를 팽팽하게 이어주는 '다리실'을 만든다. 그다음 몇 가닥의 실을 뽑아내 별 모양으로 주변 사물들과 중심부를 연결한다. 두 번째 작업으로, 거미는 맨 위에 설치한 다리실에서부터 실을 뽑아내 거미줄의 가장자리 틀을 완성한다. 그런 후 중심과 가장자리 사이를 왔다갔다 하며 세로줄을 친다. 세 번째 작업은 ㉡ 임시 가로줄을 치는 것이다. 이 가로줄은 거미가 돌아다닐 때 발판으로 쓰기 위한 것이기 때문에 점성이 없어 달라붙지 않고 튼튼하다. 나중에 거미줄을 완성하고 쓸모가 없어지면 다니면서 먹어 치웠다가 필요할 때 다시 뽑아내 ㉢ 재활용한다. 마지막으로 영구적이고 끈끈한 가로줄을 친다. 중심을 향해 가로줄을 친 후 다시 바깥쪽으로 꼼꼼히 치기도 하면서 끈끈하고 탄력 있는 사냥용 거미줄을 짠다. 거미는 돌아다닐 때 이 가로줄을 밟지 않으려고 각별히 조심한다고 한다. 거미의 발끝에 기름칠이 되어 있어 이 실에 달라붙지 않는다는 설도 있다. 이렇게 거미줄을 완성하면 거미는 가만히 앉아 먹잇감을 기다리기만 하면 된다. 거미줄을 완성하는 데 걸리는 시간은 한 시간 반이 안 되며 사용되는 실의 길이는 최대 30미터다.

거미줄은 거미와 곤충 사이에 벌어지는 끊임없는 생존 경쟁이 낳은 진화의 산물이다. 일례로 그물을 이루는 견사(실)는 눈에 거의 띄지 않게끔 진화했다. 그래서 1초에 자기 몸길이의 57배 만큼 날아가는 초파리의 경우, 몸길이의 세 배 거리까지 접근하기 전에는 눈앞의 재앙을 ㉣ 감지하지 못한다.

         – 리처드 코니프, 「거미줄, 죽음을 부르는 실」

34 이 글을 통해 알 수 있는 내용으로 적절하지 않은 것은?

① 거미줄은 끊임없는 생존 경쟁이 낳은 진화의 산물이다.
② 사냥용 거미줄은 거미가 돌아다닐 때 발판으로 쓰인다.
③ 거미줄 치기의 첫 번째 작업은 다리실을 만드는 것이다.
④ 거미줄을 완성하는 데 사용되는 실의 길이는 최대 30미터이다.

해설 '사냥용 거미줄'은 '끈끈하고 탄력'이 있어 거미가 돌아다닐 때 밟지 않으려고 각별히 조심한다고 한다. 거미가 돌아다닐 때 발판으로 쓰는 것은 세 번째 작업 시 치는 '임시 가로줄'이다.

35 ㉠~㉣의 사전적 의미로 가장 적절하지 않은 것은?

① ㉠ : 중앙의 한 점에서 사방으로 뻗어나간 모양
② ㉡ : 미리 얼마 동안으로 정하지 않은 잠시 동안
③ ㉢ : 폐품 따위를 용도를 바꾸거나 가공하여 다시 씀
④ ㉣ : 사정이나 형편 따위를 어림잡아 헤아림

해설 '감지(感知)'의 의미는 '느끼어 앎'이고, '사정이나 형편 따위를 어림잡아 헤아림'은 '짐작'의 의미이다.

듣기·말하기 / 쓰기

01 듣기·말하기

1. 듣기·말하기의 이해

(1) 듣기·말하기 방식의 다양성

① 개인에 따른 듣기·말하기 방식의 다양성 : 개인의 성향에 따라 듣기·말하기의 방법에 차이가 있고, 이러한 차이가 의사소통에 영향을 준다.

② 집단에 따른 듣기·말하기 방식의 다양성

  ㉠ 지역 방언 : 지역적으로 분화되어 지역에 따라 다르게 사용하는 말이다.

    • 장점 : 같은 언어를 사용하는 사람들끼리는 친밀감과 동질감을 느낄 수 있다.

    • 단점 : 다른 언어를 사용하는 사람들과는 언어소통에 문제가 생기고 오해가 쌓일 수 있다.

  ㉡ 사회 방언 : 계층적으로 분화되어 세대, 성별, 직업 따위에 따라 특징적으로 사용하는 말이다.

세 대	노년 세대는 주로 격식체를 사용하고, 고유어와 한자어의 쓰임이 많은 편이다. 반면 청소년 세대는 주로 비격식체를 사용하고, 외래어와 신조어의 쓰임이 많은 편이다.
성 별	여성은 공감의 표현이 많고, 부드러운 억양을 사용하는 경우가 많고, 남성은 공감의 표현이 적고, 단정적인 억양을 사용하는 경우가 많다. 성별에 따라 주로 사용하는 어휘와 말하기의 방식에 차이가 있지만, 성별에 따른 차이라고 단정 지을 수 없는 부분이 있다. 남녀의 차이라기보다는 개인의 성향이나 말하기 상황에 따라 다르게 나타나는 경우가 더 많다.
직 업	같은 직업군에 속한 사람들끼리 사용하는 전문 용어가 있다. 하지만 이 경우 다른 직업군에 속한 사람들과의 의사소통에 어려움을 겪을 수 있다.

(2) 대화의 원리

① 공손성의 원리

  ㉠ 개념 : 상대방을 존중하고 배려하는 마음을 갖고, 예절 바르게 대화한다.

ⓛ 종 류

요령의 격률	상대방에게 부담이 되는 표현은 최소화하고, 상대방에게 이익이 되는 표현은 최대화하는 방법
관용의 격률	말하는 사람의 입장에서, 자신에게 이익이 되는 표현은 최소화하고, 자신에게 부담이 되는 표현은 최대화하는 방법(자신의 탓으로 돌리기)
찬동의 격률	상대방을 비난하는 표현은 최소화하고, 상대방을 칭찬하는 표현은 최대화하는 방법
겸양의 격률	말하는 사람의 입장에서, 자신을 칭찬하는 표현은 최소화하고, 자신을 낮추는 표현은 최대화하는 방법
동의의 격률	상대방의 의견과 불일치하는 표현은 최소화하고, 상대방의 의견과 일치하는 표현은 최대화하는 방법

② 순서교대의 원리

　ⓗ 개념 : 대화 참여자가 적절하게 역할을 교대해 가면서 말을 주고받아, 원활하게 정보가 순환되도록 한다.

　ⓛ 주의 사항

　　• 말을 너무 길게 하지 않도록 한다.

　　• 혼자서 대화를 독점하지 않도록 한다.

　　• 상황을 살피며 대화에 참여한다.

③ 협력의 원리

　ⓗ 개념 : 대화의 목적을 달성할 수 있도록 대화 참여자가 서로 협력하는 원리이다.

　ⓛ 종 류

양의 격률	필요한 만큼의 정보 제공
질의 격률	진실이라 생각할만한 정보 제공
태도의 격률	모호한 표현이 아니라 명료한 표현 사용
관련성의 격률	맥락에 맞는 표현 사용

(3) 공감하며 대화하기

① 개념 : 상대의 관점에서 문제를 바라보고, 상대의 생각이나 감정을 이해하는 것을 말한다.

② 효과 : 원만하게 대화를 이어나갈 수 있고, 원만한 인간관계를 유지할 수 있다.

③ 유의 사항

　ⓗ 상대의 관점에서 문제를 바라보며, 협력적으로 의사소통을 한다.

　ⓛ 상대의 말을 끝까지 듣고 적절한 반응을 보인다.

　ⓒ 신뢰감과 유대감을 형성할 수 있도록 노력한다.

　ⓔ 상대를 무시하는 말, 함부로 평가하는 말을 하지 않는다.

　ⓜ 명령, 강요, 지시의 말투를 사용하지 않도록 주의한다.

(4) 상대를 배려하며 대화하기

　① **효과** : 대화를 효과적으로 이끌어갈 수 있고, 원만한 인간관계를 유지할 수 있다.

　② **유의 사항**

　　㉠ 자기중심적 사고방식에서 벗어난다.

　　㉡ 상대의 입장과 처지를 고려한다.

　　㉢ 상대를 존중하는 태도를 갖는다.

　　㉣ 표정과 몸짓 등에도 유의한다.

　　㉤ 부정적인 표현보다 긍정적인 표현이 좋다.

　　㉥ 부정적인 표현을 할 때에는 직접적인 표현보다 간접적인 표현을 사용한다.

(5) 상황에 따른 언어 예절

　① **사 과**

　　㉠ 자기의 잘못을 인정하고 용서를 비는 말하기이다.

　　㉡ 자신의 잘못을 구체적으로 밝히고, 상대방의 입장을 살피면서 말해야 한다.

　② **부 탁**

　　㉠ 어떤 일을 해 달라고 청하는 말하기이다.

　　㉡ 상대방의 입장을 배려하고, 정중하고 공손하게 말해야 한다.

　③ **건 의**

　　㉠ 개인이나 단체가 의견이나 희망을 내놓는 말하기이다.

　　㉡ 상대방을 존중하는 태도로, 차분하면서도 공손하게 말한다.

　④ **거 절**

　　㉠ 상대편의 요구, 제안, 선물, 부탁 따위를 받아들이지 않고 물리치는 말하기이다.

　　㉡ 상대방이 부담스럽지 않도록, 구체적인 이유를 제시하며, 완곡하고 정중하게 말해야 한다.

　⑤ **위 로**

　　㉠ 따뜻한 말이나 행동으로 괴로움을 덜어 주거나 슬픔을 달래 주는 말하기이다.

　　㉡ 신중한 태도로, 희망적인 내용이 들어가도록 말하는 것이 좋다.

(6) 바람직한 의사소통 문화

① 우리말의 담화 관습

겸양 어법	• 상대방을 높이고 자신을 낮추는 말하기 방식이다. • 예의를 중시하는 전통 문화에서 형성되었다.
완곡 어법	• 상대의 감정을 상하게 할 수 있는 말을 돌려 말한다. • 직접적인 표현이 어려운 경우 부드러운 말로 완곡하게 표현한다.
관용 표현	• 두 개 이상의 낱말이 합쳐져 새로운 말로 굳어져 사용되는 표현이다. • 관용어, 속담 등이 여기에 속한다.

② 바람직한 의사소통을 위한 태도

   ㉠ 언어 공동체의 담화 관습은 고정되고 불변하는 것이 아니라, 상황과 사회의 변화에 따라 달라질 수 있다.

   ㉡ 담화 관습을 잘 이해하고 언어 예절을 지킬 때 바람직한 의사소통이 이루어질 수 있다.

2. 여러 가지 글 읽기

(1) 대화하기

① 개 념

   ㉠ 서로 마주 대하고 언어를 통하여 서로의 의견을 주고받는 의사소통 활동이다.

   ㉡ 화자와 청자가 서로 협력해 생각이나 느낌을 교환하며 의미를 만들고 공유해 가는 과정이다.

   ㉢ 화자가 청자에게 일방적으로 자신의 말을 하거나, 청자가 화자의 말을 일방적으로 듣기만 하는 것은 아니다.

② 성 격

   ㉠ 직접성 : 상대방을 마주 보고 이야기하는 것으로, 사람의 표정을 볼 수 있다.

   ㉡ 현재성 : 눈앞에서 지금 일어나는 상황이다.

   ㉢ 자율성 : 형식에 얽매이지 않고 자연스럽게 진행된다.

   ㉣ 교류성 : 화자와 청자의 관계가 서로 쌍방적이므로 교류 작용이 일어난다.

③ 특 징

   ㉠ 언어를 매개로 하여 이루어진다.

   ㉡ 사회 · 문화적 특성, 사회적 계층, 성별이나 연령 등에 따라 듣기 · 말하기의 문화가 달라질 수 있다.

   ㉢ 준언어적 표현과 비언어적 표현을 적절하게 사용한다.

   ㉣ 듣는 사람의 상황, 지식수준 등을 고려해야 한다.

④ 구성 요소

㉠ 화자와 청자 : 나이, 친밀도, 심리적 상태, 성별, 내용에 대한 관심도, 내용에 대한 사전 지식 정도 등을 고려해야 한다.

㉡ 내용(주고받는 정보) : 정보 전달, 설득, 친교, 정서 표현 등으로 목적이 구분된다.

㉢ 맥락 : 내용과 더불어 의사소통이 이루어지는 시간적·공간적 상황을 말하며 의사소통 과정에서 끝없이 변화한다.

- 상황 맥락
  - 대화의 의미를 파악하는 데 관련되는 요인으로 의사소통이 이루어지는 구체적인 시간·공간을 말한다.
  - 똑같은 말이라도 상황에 따라 다르게 해석되는 것처럼, 말의 의미를 해석하는 데 관련된 요인들을 말한다.
  - 우리가 말을 듣고 그 뜻을 올바로 파악하려면 그 말이 사용된 상황 맥락을 제대로 파악해야 한다.

- 사회·문화적 맥락
  - 대화의 내용을 이해하는 데 간접적으로 작용하는 것이다.
  - 특정한 공동체에서 사회·문화적으로 오랜 시간에 걸쳐 만들어진 맥락이다.
  - 지역, 세대, 문화, 성별, 역사적 상황 등을 말한다.

(2) 토론하기

① 개념 : 찬성과 반대의 입장으로 나뉘는 주제에 대하여 각각 서로의 입장을 관철시키기 위하여 근거를 들어 자기의 주장을 논리적으로 펼치는 말하기이다.

② 토론 참여자의 역할

㉠ 사회자

- 토론이 열리게 된 배경과 토론의 논제를 소개한다.
- 토론자에게 토론 규칙을 알려주어, 규칙을 지키면서 토론을 할 수 있도록 유도한다.
- 토론자의 발언이 모호할 경우에는 질문을 하여 그 의미를 명확히 해야 한다.
- 논제의 초점이 흐려지면 논점을 다시 정리해서 토론자들에게 알려준다.

㉡ 토론자

- 자기의 주장을 조리 있고 분명하게 말한다.
- 상대방의 주장을 논리적으로 반박해야 한다.
- 공동의 문제를 바람직한 방향으로 해결하기 위하여 힘쓴다.
- 논리적 오류나 윤리에 어긋나는 발언과 행동을 하지 않는다.
- 토론의 주제에서 벗어나는 발언을 하지 않는다.

- 발언의 순서와 시간 등 토론 규칙을 지킨다.
- 상대측 토론자의 의견을 존중하고 끝까지 듣는다.
- 상대측 토론자에 대해 예의를 지키도록 한다.
- 상대측을 비방하는 발언, 감정적인 발언 등을 하지 않는다.

③ 토론의 구성 요소

　㉠ 논 제
　　• 종 류
　　　- 사실논제 : 사실의 입증이 필요한 논제
　　　- 가치논제 : 무엇이 옳고 그른지, 무엇이 좋고 나쁜지 등 가치 판단이 필요한 논제
　　　- 정책논제 : 정치적 목적을 실현하기 위한 방안을 다루는 논제
　　• 조 건
　　　- 다른 사람의 판단을 참조하면 더 적절한 판단을 내릴 수 있고, 공공성이 강한 문제
　　　- 가까운 현실의 문제를 다루고, 구체적이고 명확한 문제
　㉡ 쟁점 : 서로 다투는 중심이 되는 점으로, 토론에서 찬반 양측이 나뉘는 지점이자 치열하게 맞대결하는 세부 주장이다.
　㉢ 논증 : 옳고 그름의 이유를 들어 밝히는 것으로, 자신의 주장을 논리적인 근거를 들어 증명하는 것이다.
　　• 주장 : 토론자가 내세우는 의견
　　• 근거 : 주장을 뒷받침하는 객관적인 자료

(3) 토의하기

① 개념 : 어떤 공통된 문제에 대한 최선의 해결안을 얻기 위하여 여러 사람이 모여서 의논하는 말하기이다.

② 유의 사항

　㉠ 가능한 한 참가자 전원이 의견을 제시하고 여러 방안에 대한 검토와 협의가 이루어져야 한다.
　㉡ 합리적이고 공정한 해결 방안을 찾기 위해 다수의 의견을 따라야 하지만, 소수의 의견 또한 존중해야 한다.
　㉢ 참가자는 집단 사고 과정을 통해 공동의 이익과 발전에 기여하려는 태도를 지녀야 한다.
　㉣ 상대방과 다른 의견을 가지고 있더라도 일단 합의된 결정에는 승복해야 한다.
　㉤ 다른 사람의 의견을 열린 자세로 듣고, 자신의 의견이 다른 사람과 어떻게 다른지 인식한다.
　㉥ 자신의 의견을 명확하게 제시하기 위해 노력하고, 바람직한 문제 해결 방식을 찾기 위해 노력해야 한다.

③ 유 형

  ㉠ 심포지엄 : 주로 학술적인 문제에 대해 두 사람 이상의 전문가가 서로 다른 각도에서 강연식으로 의견을 발표하고 참석자의 질문에 답하는 형식의 토의이다.

  ㉡ 포럼 : 논제에 대해 생각이 서로 다른 토의자들이 한 사람씩 자신의 의견을 발표하고, 청중과 적극적으로 의견을 주고받는 토의이다. 공공의 장소에서 공공의 문제를 해결하기 위해서 공개적으로 하는 토의이다.

  ㉢ 패널 토의 : 패널이라 불리는 3~6명의 전문가가 일반 청중 앞에서 논제에 대해 토의하면서 의견을 나누고, 청중의 질문에 답하는 토의이다.

④ 사회자의 역할

  ㉠ 토의 논제와 토의자를 소개한다.

  ㉡ 중립적인 위치에 있으며, 자신의 의견을 반영하지 않는다.

  ㉢ 객관적으로 발언 시간과 기회를 조절하며 토의를 진행한다.

  ㉣ 토의 내용을 요약하고 결과를 정리한다.

(4) 협상하기

① 개념 : 어떤 목적에 부합되는 결정을 하기 위하여 여럿이 서로 의논하는 것이다. 각자의 이익과 주장이 달라 갈등이 생길 때 그 갈등을 해결하기 위해 서로 타협하고 의견을 조정하는 의사소통의 방법이다.

② 절 차

  ㉠ 시작 단계

    • 갈등의 원인을 분석한다.

    • 문제 해결의 가능성을 확인한다.

  ㉡ 조정 단계

    • 문제를 확인하고, 상대방의 처지와 관점을 이해한다.

    • 구체적인 대안이나 제안을 상호 검토하며 입장의 차이를 좁힌다.

  ㉢ 해결 단계

    • 최선의 해결책을 제시한다.

    • 타협과 조정을 통해 문제를 해결하고 합의한다.

③ 전 략

  ㉠ 협상을 통해 얻고자 하는 바를 구체적으로 정한다.

  ㉡ 각자의 처지를 고려하여, 양보할 것과 얻을 것을 살펴본다.

  ㉢ 상대의 반박을 예상하고 적절한 대응 방안을 마련한다.

  ㉣ 상대에게 일정 부분 양보하면서 합의를 유도한다.

ⓜ 준언어적 표현과 비언어적 표현을 적절하게 사용한다.

준언어적 표현	억양, 어조, 말의 속도, 말의 높낮이, 목소리의 크기 등
비언어적 표현	표정, 몸짓, 손짓, 시선 등

02 쓰 기

1. 쓰기의 이해

(1) 쓰기의 개념

'쓰기'란 필자가 독자와 소통하기 위해 의미를 구성하는 과정이다.

① 의미 구성 과정으로서의 쓰기 : 자신의 경험과 배경지식을 통해 알고 있는 내용이나 다양한 매체(인터넷, 신문, 책 등)에서 얻은 내용 중에서 글로 쓸 내용을 선정하고, 종합하여 조직한 내용을 글로 표현하여 새로운 의미를 구성하는 과정이다.

② 사회적 상호 작용으로서의 쓰기 : 필자는 예상 독자의 수준이나 관심을 고려하여 그들의 요구나 반응을 예상하면서 글을 쓰고, 독자는 자신의 처지나 상황에 따라 글의 내용을 다양하게 수용한다. 글을 통해 필자와 독자가 생각을 주고받는 사회적 상호 작용을 하는 것이다.

(2) 쓰기의 성격

① 의사소통의 행위 : 필자와 독자가 글을 통해 의미를 주고받는 의사소통 행위이다. 즉 필자는 글쓰기를 통해 자신의 생각이나 느낌을 표현하고, 독자는 글 읽기를 통해 필자의 생각을 받아들인다.

② 창조적인 사고 과정 : 글을 쓰기 전 막연했던 생각이 글을 쓰는 과정을 통해 구체화되고, 새로운 의미를 형성해 간다는 점에서 글쓰기는 창조적 사고 과정이다.

③ 문제 해결의 과정 : 쓰기는 사회관계 속에서 발생하는 여러 문제들을 해결해 나가는 활동이다.

④ 자기 성찰의 과정 : 필자는 글쓰기를 통해 자기 자신을 돌아보게 된다.

(3) 쓰기의 구성 요소

① 의사소통의 주체인 발신자(필자)와 수신자(독자)

　㉠ 작문은 발신자와 수신자의 간접 대면이며 시·공간적으로도 떨어져 있기 때문에 즉각적인 상호 작용이 이루어지지 않는다.

    ⓛ 발신자는 수신자가 누구냐에 따라 글의 종류나 내용, 조직 방식, 표현 방식, 어휘 등을 다르게
      선택한다.

  ② 전언(전달하고자 하는 메시지)

    ㉠ 언어적 메시지 : 언어 기호에 담긴 메시지

    ⓛ 관계적 메시지 : 의사소통에 참여하는 사람들의 관계를 드러내는 메시지

  ③ 쓰기와 맥락의 관계 : 같은 소재라도 쓰기 맥락에 따라 글의 내용이나 형식이 달라질 수 있다.

    ㉠ 상황 맥락 : 시간적·공간적 배경, 예상 독자, 글의 주제 및 목적 등

    ⓛ 사회·문화적 맥락 : 동일한 언어를 사용하면서 형성된 공동체의 규범과 관습, 가치와 신념,
      역사적·사회적 상황 등

(4) 책임감 있는 글쓰기

  ① 의미 : 글이 개인과 사회에 미치는 영향을 고려하여 책임감 있게 글을 써야 한다.

  ② 책임감 있는 글쓰기 방법

    ㉠ 사실을 있는 그대로 오류 없이 담아야 한다.

    ⓛ 사실을 축소·과장·왜곡하지 않는다.

    ㉢ 내용이 어느 한쪽으로 치우치지 않도록 한다.

    ㉣ 글을 읽는 사람을 존중하고, 언어 예절에 맞게 글을 쓴다.

    ㉤ 자료의 출처를 정확하게 밝히고 사용한다.

(5) 좋은 글의 요건

  ① 내용이 충실해야 한다.

  ② 독창적이어야 한다.

  ③ 글쓴이의 정성과 진실이 담겨 있어야 한다.

  ④ 쉽고 간결해야 한다.

  ⑤ 정확하고 적절한 어휘를 구사해야 한다.

  ⑥ 표현이 간결하여 경제적이어야 한다.

(6) 쓰기의 과정

  ① 계획하기

    ㉠ 목적 정하기 : 쓰기의 목적은 정보 전달, 설득, 사회적 상호 작용, 정서 표현 등으로 나눌
      수 있다. 글을 쓰기 전 이러한 글의 목적을 고려해야 효과적으로 글을 쓸 수 있다.

    ⓛ 예상 독자 고려하기 : 독자가 누구냐에 따라 글의 표현 방식이나 글의 수준, 글쓰기 방법
      등이 달라진다. 따라서 독자의 나이, 성별, 흥미 등을 고려해야 한다.

ⓒ 주제 정하기 : 주제란 글쓴이가 말하고자 하는 중심 내용이다. 좋은 글을 쓰기 위해서는 주제를 구체적이고 정확하게 표현해야 한다.

> **PLUS ONE ➕** 주제문을 작성할 때 주의할 점
> • 하나의 완전한 문장으로 쓴다.
> • 평서문이나 직설법으로 쓴다.
> • 의문문의 형태나 비유적 표현은 사용하지 않는다.
> • 모호한 표현이나 추측의 표현은 피하는 것이 좋다.
> • 일관성이 없거나 모순되는 표현은 사용하지 않는다.

ⓓ 맥락 파악하기 : 글쓰기는 상황 맥락과 사회·문화적 맥락 안에서 이루어지는 의미 구성이므로, 주제와 관련된 맥락을 파악하는 것이 중요하다.

ⓔ 전달 매체 정하기 : 글이 실리는 매체와 그 매체의 특성을 고려하여야 한다.

② 내용 생성하기

ⓐ 내용 생성 방법
- 자신의 경험이나 배경 지식 활용
- 인터넷, 책, 신문 등 매체 자료 활용
- 창의적 사고 활동 : 브레인 스토밍, 자유연상, 자유롭게 쓰기

ⓑ 내용 선정 기준
- 주제를 뒷받침할 수 있어야 한다.
- 근거가 확실하고 의문점이 없어야 한다.
- 독자의 관심을 끌 수 있는 독창적이고 새로운 것이어야 한다.
- 전달 매체의 특성에 맞아야 한다.

③ 내용 조직하기

ⓐ 내용의 조직 방법

3단 구성	서론·본론·결론, 머리말·본문·맺음말
4단 구성	발단·전개·절정·결말, 기·승·전·결
5단 구성	발단·전개·위기·절정·결말, 발단·전개·절정·하강·대단원

ⓑ 내용 전개의 일반 원리

시간적 순서	일기, 기행문 등
공간적 순서	대상이나 풍경을 묘사하는 글
논리적 순서	설명하거나 논증하는 글

ⓒ 내용의 전개 방법

동태적 방법	서사, 과정, 인과
정태적 방법	정의, 비교, 대조, 분류, 분석, 예시, 유추

ⓓ 개요 작성하기 : 글에 포함되는 주요 내용을 위계와 구조를 고려하여 표현한다.

④ 표현하기
  ㉠ 예상 독자, 글의 목적 등 작문 상황과 내용을 고려한다.
  ㉡ 어법에 맞는 문장을 쓴다. 맞춤법, 문장 성분 간 호응, 중의적이거나 모호한 표현 등에 유의하며 쓴다.
  ㉢ 내용을 잘 드러내기 위해 비유법, 변화법, 강조법 등을 적절히 사용한다.
  ㉣ 효과적이고 개성적인 문체로 쓴다. 글쓰기 상황과 내용에 어울리며 개성을 드러낼 수 있도록 쓴다.
  ㉤ 시각 자료 그림이나 도표 등의 자료를 적절히 활용한다.
⑤ 고쳐 쓰기
  ㉠ 고쳐 쓰기의 원칙
    • 추가의 원칙 : 부족한 내용은 보충한다.
    • 삭제의 원칙 : 필요 없는 내용은 삭제한다.
    • 대치의 원칙 : 기존의 내용을 더 나은 내용으로 바꾼다.
    • 재구성의 원칙 : 내용의 흐름을 더 좋은 순서로 배열하고, 유사한 내용은 묶고 필요한 내용은 늘리면서 내용을 조정한다.
  ㉡ 단계별 고쳐 쓰기
    • 글 수준에서 고쳐 쓰기
      - 제목이 적절한가?
      - 주제가 적절한가?
      - 불필요한 부분은 없는가?
      - 전체적인 구성에 통일성이 있는가?
    • 문단 수준에서 고쳐 쓰기
      - 문단의 중심 내용이 확실하게 드러나는가?
      - 중심 문장과 뒷받침 문장의 관계가 바른가?
      - 문단의 배열순서가 적절한가?
      - 문단의 길이가 적절한가?
    • 문장 수준에서 고쳐 쓰기
      - 문장의 호응 관계가 적절한가?
      - 접속어와 지시어가 올바르게 사용되었는가?
      - 모호한 문장이나 중의적인 문장은 없는가?
    • 단어 수준에서 고쳐 쓰기
      - 맞춤법이 올바른가?
      - 문맥에 맞는 어휘를 사용하였는가?
      - 한자어나 외국어를 무분별하게 사용하지는 않았는가?

2. 여러 가지 글 쓰기

(1) 정보 전달을 위한 글 쓰기

① 글의 종류

설명문	어떤 사실이나 사물, 현상, 개념 등을 알기 쉽게 풀어 쓴 글
기사문	실제로 일어난 사건에 대해 보고 들은 내용을 기록하여 독자에게 전달하는 글
안내문	공공 기관, 단체 등에서 행사, 모임, 사실 등의 정보를 독자에게 알리는 글

② 글을 쓰는 방법

㉠ 글의 종류에 맞는 내용 조직 및 전개 방법을 선정한다.

㉡ 정보를 효과적으로 전달하기 위한 표현법을 활용한다.

㉢ 추상적인 낱말은 가급적 사용하지 않아야 한다.

㉣ 내용이 정확해야 하며, 구성에 통일성이 있어야 한다.

㉤ 문장이 간결하고 명료해야 하며, 지나친 수식이 있어서는 안 된다.

㉥ 문단이 서로 잘 연결되어야 하며, 문장과 문장의 접속이 논리적으로 전개되어야 한다.

㉦ 알리는 데 목적이 있으므로 상대방이 이해하기 쉽게 써야 한다.

㉧ 자료를 수집하여 가치 있고 신뢰할 만한 정보를 선별해야 한다.

(2) 설득을 위한 글 쓰기

① 글의 종류

논설문	독자를 설득하여 자신의 주장을 받아들이고 따르게 할 목적으로 쓴 글
건의문	문제 상황에 처한 사람이 개인 또는 단체 등에 해결 방안을 제안하거나 요구하는 글
광고문	기업이나 단체, 개인이 상품이나 정보, 사업 내용 등을 매체를 통해 알리는 글

② 글을 쓰는 방법

㉠ 주장하고자 하는 의견이나 관점을 명료하게 세운다.

㉡ 주장과 뒷받침하는 근거가 분명하게 드러나도록 한다.

㉢ 글의 각 부분이 주제와 긴밀하게 관련을 맺으며 통일성을 갖추도록 한다.

㉣ 설득력 있는 표현 전략을 활용하여 글을 쓴다.

㉤ 글의 목적, 예상 독자, 주제 등 쓰기 맥락을 분석한다.

㉥ 독자의 배경지식과 수준을 고려하여 표현 전략을 세운다.

㉦ 다양한 매체를 활용하여 타당한 근거를 가능한 한 풍부하게 수집한다.

㉧ 수집한 자료의 타당성을 판단하여 논리적으로 선별한다.

㉨ 감정을 지나치게 드러내거나 과장된 표현을 쓰지 않는다.

(3) 사회적 상호 작용을 위한 글 쓰기

① 글의 종류

식사문	환영사, 주례사, 기념사 등 어떤 의식이나 행사의 취지를 되새길 수 있게 쓰는 글
서간문	상대방의 안부를 묻고, 자신의 근황이나 용건을 전달하는 글
자기소개서	진학이나 취업 등을 목적으로 자신의 능력, 인성, 장래성 등을 알리는 글

② 글을 쓰는 방법

㉠ 글의 목적에 알맞은 내용과 형식을 선정한다.

㉡ 예상 독자를 고려하여 격식을 갖추어 글을 쓴다.

㉢ 필자의 진솔한 마음이 잘 드러나도록 글을 쓴다.

(4) 자기 성찰을 위한 글 쓰기

① 글의 종류

수 필	형식에 얽매이지 않고 자신의 정서를 자유롭게 표현한 글
감상문	감상 대상에 대한 느낌이나 생각을 정리하여 쓴 글
회고문	자신이 살아온 과거의 경험이나 삶을 되돌아보며 쓰는 글

② 글을 쓰는 방법

㉠ 일상을 섬세하게 관찰하며 의미를 발견한다.

㉡ 생활 경험 속에서 얻은 깨달음을 구체화하면서 글을 쓴다.

(5) 학습을 위한 글 쓰기

① 글의 종류

요약문	글을 읽고 그 글의 중심 내용을 분석하여 압축한 글
보고서	어떤 목적을 위한 조사, 실험, 연구 등의 결과를 일정한 체계에 따라 쓴 글
논 문	연구자가 관심이 있는 문제에 대해 연구한 결과를 체계적으로 쓴 글

② 글을 쓰는 방법

㉠ 기존의 지식 및 경험과 관련지어 생각한다.

㉡ 주제와 관련된 글을 찾아 읽고 자신의 관점을 정리한다.

㉢ 주제에 대한 자신의 지식과 관점이 명료하게 드러나도록 쓴다.

적중예상문제

01 다음을 읽고 ㉠에 들어갈 말로 가장 적절한 것은?

┤ 동의의 격률 ├

상대와의 의견 차이를 최소화하기 위해 상대와의 의견의 일치점을 극대화하여 표현한다.

┤ 사 례 ├

A : 날씨가 덥지만, 지금 산책할까?
B : (㉠)

① 혼자 가면 어때? 나는 집에 가야 할 것 같아.
② 나는 갈 마음이 없어. 다른 친구한테 물어볼래?
③ 글쎄, 나는 별로야. 이렇게 더운데 누가 산책하니?
④ 좋은 생각이야. 하지만 조금 시원해지면 가는 게 어때?

해설 '좋은 생각이야.'라며 상대와의 의견의 일치점을 극대화하여 표현하고 있으므로, ④가 가장 적절하다.

02 밑줄 친 ㉠과 관련된 대화의 원리는?

㉠ 대화할 때에는 서로 적절하게 순서를 지키며 말을 주고받아야 합니다. 혼자 계속해서 말하거나 상대방의 말을 가로채면 대화가 원활하게 이루어지지 않습니다. 또 상대방을 존중하면서 공손하게 말해야 합니다. 이러한 것들이 대화의 원리이죠. 그리고 대화할 때에는 무엇보다 상황과 대상에 맞게 언어 예절을 갖추어 말하는 것이 중요합니다.
그렇다면 '언어 예절'이란 무엇일까요? 이는 상대방을 존중하고 배려하는 마음을 언어로 표현하는 방식이 사회적으로 관습화된 것을 가리킵니다. 언어 예절을 갖추어 대화하려면 말하는 이와 듣는 이 사이의 관계, 대화 상황 등을 고려해야 합니다. 서로의 관계와 대화 상황 등을 고려하지 않으면, 말하는 내용이 올바르더라도 오해가 생기거나 감정이 상하는 등 이런저런 문제가 일어날 수 있기 때문입니다.

① 협력의 원리   ② 겸양의 원리
③ 공손성의 원리   ④ 순서교대의 원리

해설 '순서교대의 원리'는 대화 참여자가 적절하게 역할을 교대해 가면서 말을 주고받아 원활하게 정보가 순환되도록 하는 대화의 원리로, 말을 너무 길게 하지 않도록 하고, 대화를 독점하지 않도록 하며, 상황을 살피며 대화에 참여하도록 해야 한다.

03 화자의 진정한 발화 의도를 파악할 때, 밑줄 친 ⊙을 고려하지 않아도 되는 것은?

> 일상 대화에서는 직접 발화보다는 간접 발화가 더 많이 사용되지만, 그 의미는 ⊙ 맥락에 의해 파악될 수 있다. 화자는 상대방이 충분히 그 의미를 파악할 수 있다고 판단될 때 간접 발화를 전략적으로 사용함으로써 의사소통을 원활하게 하기도 한다.

① (친한 사이에서 돈을 빌릴 때) 돈 가진 것 좀 있니?

② (창문을 열고 싶을 때) 얘야, 방이 너무 더운 것 같구나.

③ (갈림길에서 방향을 물을 때) 김포공항은 어느 쪽으로 가야 합니까?

④ (선생님이 과제를 내주고 독려할 때) 우리 반 학생들은 선생님 말씀을 아주 잘 듣습니다.

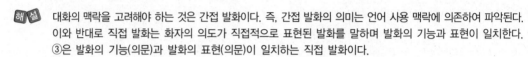 대화의 맥락을 고려해야 하는 것은 간접 발화이다. 즉, 간접 발화의 의미는 언어 사용 맥락에 의존하여 파악된다. 이와 반대로 직접 발화는 화자의 의도가 직접적으로 표현된 발화를 말하며 발화의 기능과 표현이 일치한다. ③은 발화의 기능(의문)과 발화의 표현(의문)이 일치하는 직접 발화이다.

04 두 사람의 대화에 적용된 공감적 듣기의 방법이 아닌 것은?

> 정아 : 나 처음 한 프레젠테이션인데 엉망이었어.
> 수빈 : 정말? 무슨 일이 있었는지 자세히 말해 봐.
> 정아 : 너무 긴장해서 팀장님 질문에 대답을 못했어.
> 수빈 : 팀장님 질문에 대답을 못했구나. 처음 하는 프레젠테이션이라 정아 씨가 긴장을 많이 했나 보다.

① 수빈은 정아가 계속 말을 할 수 있도록 격려하고 있다.

② 수빈은 정아의 말에 자신이 주의 집중하고 있음을 보여 주고 있다.

③ 수빈은 정아의 말을 자신의 처지로 바꾸어 의미를 재구성하고 있다.

④ 수빈은 정아의 혼란스러운 감정을 정아 스스로 정리하게끔 도와주고 있다.

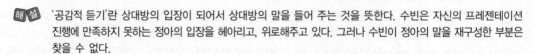 '공감적 듣기'란 상대방의 입장이 되어서 상대방의 말을 들어 주는 것을 뜻한다. 수빈은 자신의 프레젠테이션 진행에 만족하지 못하는 정아의 입장을 헤아리고, 위로해주고 있다. 그러나 수빈이 정아의 말을 재구성한 부분은 찾을 수 없다.

05 다음 글을 참고할 때, 〈보기〉에서 아이의 말에 대한 엄마의 말이 '반영하기'에 해당하는 것은?

> 적극적인 듣기의 방법에는 '요약하기'와 '반영하기'가 있다. 화자가 자신의 상태에 대해 직접적으로 말하는 경우에는 요약하기와 같은 재진술이 가능하지만 그렇지 않으면 불가능하다. 한편 반영하기는 상대의 생각을 수용하고 상대의 현재 상태에 감정 이입을 하여 의미를 재구성하는 방법으로, 상대를 이해하고 있다는 청자의 적극적인 표현이기 때문에 원활한 의사소통에 도움이 된다.

┌─ 보 기 ├─
아이 : 엄마, 모레가 시험인데 내일 꼭 치과에 가야 하나요?
엄마 : (   )

① 너, 치과에 가기가 싫어서 그러지?
② 네가 치료보다 시험에 집중하고 싶구나.
③ 내일 꼭 치과에 가야 하는지가 궁금했구나.
④ 약속은 지켜야 하는 거니까 치과에 가야겠지.

> **해설** 제시된 글에서 '반영하기'는 상대의 생각을 수용하고 상대의 현재 상태에 감정 이입을 하여 의미를 재구성하는 방법이다. 따라서 엄마의 말이 반영하기에 해당하는 것은 치료보다는 시험에 집중하고자 하는 아이의 마음을 이해하는 답변인 ②이다.

06 '샛강을 어떻게 살릴 수 있을까?'라는 주제에 대해 토의하고자 한다. 이에 대한 설명으로 적절하지 않은 것은?

> 토의는 어떤 공통된 문제에 대해 최선의 해결안을 얻기 위하여 여러 사람이 의논하는 말하기 양식이다. 패널 토의, 심포지엄 등이 그 대표적 예이다. ㉠ 패널 토의는 3~6인의 전문가들이 사회자의 진행에 따라, 일반 청중 앞에서 토의 문제에 대한 정보나 지식, 의견이나 견해 등을 자유롭게 주고받는 유형이다. 토의가 끝난 뒤에는 청중의 질문을 받고 그에 대해 토의자들이 답변하는 시간을 갖는다. 이 질의·응답 시간을 통해 청중들은 관련 문제를 보다 잘 이해하게 되고 점진적으로 해결 방안을 모색하게 된다. ㉡ 심포지엄은 전문가가 참여한다는 점, 청중과 질의·응답 시간을 갖는다는 점에서는 패널 토의와 그 형식이 비슷하다. 다만 전문가가 토의 문제의 하위 주제에 대해 서로 다른 관점에서 연설이나 강연의 형식으로 10분 정도 발표한다는 점에서는 차이가 있다.

① ㉠은 '샛강 살리기'에 대해 찬반 입장을 나누어 이야기한 후 절차에 따라 청중이 참여한다.
② ㉡은 토의자가 샛강의 생태적 특성, 샛강 살리기의 경제적 효과 등의 하위 주제를 발표한다.
③ ㉠과 ㉡은 모두 '샛강 살리기'와 관련하여 전문가의 의견을 들은 이후, 질의·응답 시간을 갖는다.

④ ⓒ과 ⓛ은 모두 '샛강을 어떻게 살릴 수 있을까?'라는 문제에 대해 최선의 해결책을 얻기 위함이 목적이다.

해설 찬반 입장을 나누어 이야기를 하는 것은 '토의'가 아닌 '토론'의 특징이다.

07 다음은 '청소년 아르바이트'에 대한 토론의 일부분이다. ⓒ에 들어갈 알맞은 내용은?

> 학생 1 : 아르바이트는 학교 밖에서 다양한 경험을 하고 인생의 미래를 미리 체험하는 공부입니다. 따라서 청소년 아르바이트를 허용해야 합니다.
> 학생 2 : (ⓒ   ) 따라서 청소년 아르바이트에 반대합니다.

① 청소년 시기에는 다양한 사회 경험이 필요합니다.
② 아르바이트를 통해 일하는 즐거움을 깨달을 수 있습니다.
③ 아르바이트를 통해 인생의 미래를 미리 경험 할 수 있습니다.
④ 청소년들이 아르바이트로 인하여 건강상의 문제를 겪을 수 있습니다.

해설 청소년의 아르바이트에 반대하는 주장의 근거로 적절한 것은 ④이다. ①・②・③은 청소년 아르바이트를 허용해야 한다는 주장의 근거이다.

08 다음 글에서 토론자들의 주장을 가장 적절하게 분석한 것은?

> 사회자 : 최근 보이스피싱 범죄가 모든 금융권으로 확산되면서 피해액이 늘어나고 있습니다. 이에 금융 당국이 은행에도 일부 보상 책임을 지게 하는 방안을 검토하는 것으로 알려지고 있습니다. 이에 대해 어떻게 생각하십니까?
> 영　수 : 개인들이 자신의 정보를 잘못 관리한 책임까지 은행에서 진다는 것은 문제가 있습니다. 도와드릴 수 있다면 좋겠지만, 은행 입장에서도 한계가 있는 부분이 있어 안타까울 뿐입니다.
> 민　수 : 소비자들이 자신의 개인 정보 관리에 다소 부주의함이 있다는 것은 인정합니다. 그러나 개인의 부주의를 얘기하는 것보다는 정부가 근본적인 해결책을 모색하는 것이 더욱 시급합니다.

① 영수와 달리, 민수는 보이스피싱 피해에 대한 책임을 소비자에게만 전가해서는 안 된다고 생각한다.
② 영수와 민수는 보이스피싱 범죄의 확산에 대한 일차적 책임이 은행과 정부에 있다고 생각한다.
③ 영수와 민수는 보이스피싱 범죄로 인한 피해를 방지하기 위해 은행에서 노력하고 있다고 생각한다.
④ 영수는 보이스피싱 범죄를 근본적으로 해결하기 위해 은행의 역할을, 민수는 정부의 역할을 강조한다.

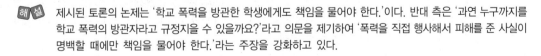

해설 영수는 보이스피싱 피해에 대한 책임이 개인에게 있으며, 이를 은행에서 진다는 것은 적절하지 않다고 보는 입장이다. 반면 민수는 보이스피싱에 대한 책임을 개인의 부주의로만 볼 것이 아니라 정부 차원에서 해결책을 찾아야 한다고 보고 있다.

09 다음 글에서 토론자들의 말하기 방식에 대한 설명으로 가장 적절한 것은?

> 사 회 자 : 학교 폭력 문제가 나날이 심각해지고 있습니다. 이와 관련해 오늘은 '학교 폭력을 방관한 학생에게도 책임을 물어야 한다'를 주제로 토론을 해 보도록 하겠습니다. 먼저 찬성 측 말씀해 주시죠.
>
> 찬 성 측 : 친구가 학교 폭력에 의해 희생되고 있는데도 자신에게 피해가 올까 두려워 아무런 조치를 취하지 않는 학생들이 많다고 합니다. 이러한 행동으로 인해 학교 폭력은 점점 확산되고 있습니다. 학교 폭력을 행하는 것을 목격했음에도 어떤 조치도 취하지 않은 것은 폭력에 대해 묵시적으로 동의한 것과 같습니다. 폭력을 직접 행사하는 행위뿐 아니라, 불의에 저항하지 않는 정의롭지 못한 행위에 대해서도 합당한 책임을 물어야 할 것입니다.
>
> 사 회 자 : 다음으로 반대 측 의견 말씀해 주시죠.
>
> 반 대 측 : 특정 학생에게 폭력을 직접 행사해서 피해를 준 사실이 명백할 때에만 책임을 물을 수 있을 것입니다. 또한 사건에 대한 개입과 방관은 개인의 자율적 의지에 달린 문제이므로 외부에서 규제할 성질의 문제가 아닙니다.
>
> 사 회 자 : 그럼 이번에는 반대 측부터 찬성 측에 대해 반론 해 주시지요.
>
> 반 대 측 : 과연 누구까지를 학교 폭력의 방관자라고 규정지을 수 있을까요? 집에 가는 길에 우연히 폭력을 목격했을 경우, 자신의 친구로부터 폭력에 관련된 소문을 접했을 경우 등 방관자라고 규정하기에는 애매한 경우가 많습니다. 어떠한 행위를 처벌하려면 확고한 기준이 필요한데, 방관자의 범위부터 규정하기가 불명확하다고 볼 수 있습니다.
>
> 찬 성 측 : 불의를 방관한 행위에 대해 사회가 책임을 묻지 않는다면 이후로도 사람들은 아무런 죄책감 없이 불의를 모른 체하고 방관할 것입니다. 결국 이는 사회 전체의 건전성과 도덕성을 떨어뜨릴 것이고, 정의에 근거한 시민의 고발정신까지 약화시킬 것입니다.

① 찬성 측은 자신의 경험을 제시하여 주장을 강화하고 있다.
② 찬성 측은 통계적 수치를 주장의 근거로 제시하고 있다.
③ 반대 측은 전문가의 말을 인용하여 주장의 근거로 삼고 있다.
④ 반대 측은 논제에 의문을 제기하여 주장을 강화하고 있다.

해설 제시된 토론의 논제는 '학교 폭력을 방관한 학생에게도 책임을 물어야 한다.'이다. 반대 측은 '과연 누구까지를 학교 폭력의 방관자라고 규정지을 수 있을까?'라고 의문을 제기하여 '폭력을 직접 행사해서 피해를 준 사실이 명백할 때에만 책임을 물어야 한다.'라는 주장을 강화하고 있다.

10 다음 대화 상황에서 의사소통에 장애가 일어났다고 한다면, 그 이유로 가장 적절한 것은?

> 교 사 : 동아리 보고서를 오늘까지 내라고 하지 않았니?
> 학생1 : 네, 선생님. 다정이가 다 가지고 있는데, 아직 안 왔어요.
> 교 사 : 이거, 큰일이네. 오늘이 마감인데.
> 학생1 : 그러게요. 큰일이네요. 다정이가 집에도 없는 것 같아요.
> 학생2 : 어떡해? 다정이 때문에 우리 모두 점수 깎이는 거 아니야? 네가 동아리 회장이니까 네가 책임져.
> 학생1 : 아니, 뭐라고? 다정이가 보고서 작성하기로 지난 회의에서 결정한 거잖아.
> 교 사 : 자, 그만들 해. 이럴 때가 아니잖아. 어서 빨리 다정이한테 연락이나 해 봐. 지금 누구 잘잘못을 따질 상황이 아니야.
> 학생3 : 제가 다정이 연락처를 아니까 연락해 볼게요.

① 교사가 권위적인 태도로 상황을 무마하려 하고 있다.

② 학생1이 자신의 책임을 면하기 위해 변명으로 일관함으로써 의사소통이 단절되고 있다.

③ 학생2가 대화 맥락을 고려하지 않고 끼어들어 책임을 언급함으로써 갈등이 생겨나고 있다.

④ 학생3이 본질과 관계없는 말을 언급함으로써 상황을 무마하려고 하고 있다.

> **해설** 학생2는 다정이가 동아리 보고서를 가지고 오지 못한 상황에서 동아리 회장한테 그 책임을 묻고 있다. 학생2가 대화 맥락을 고려하지 않고, 문제 원인을 제대로 짚어내지 못한 상황에서 끼어들면서 갈등이 생겨나고 있음을 확인할 수 있다.

11 다음 글을 근거로 판단할 때, 〈보기〉의 ㉠~㉣ 중 적절하지 않은 것은?

> 통일성은 글의 내용이 하나의 주제로 긴밀하게 관련되는 특성을 말한다. 초고의 적절성을 평가할 때에는 글의 내용이 하나의 주제를 드러낼 수 있도록 선정되었는지, 그리고 중심 내용에 부합하는 하위 내용들로 선정되었는지를 검토한다.

> ┤ 보 기 ├
> 사람들은 대개 수학 과목이 어렵다고 한다. 하지만 나는 수학 시간이 재미있다. ㉠ 바로 수업을 재미있게 진행하시는 수학 선생님 덕분이다. 수학 선생님은 유머로 딱딱한 수학 시간을 웃음바다로 만들곤 한다. ㉡ 졸리는 오후 시간에 뜬금없이 외국으로 수학여행을 가자고 하여 분위기를 부드럽게 만든 후 어려운 수학 문제를 쉽게 설명한 적도 있다. 그래서 우리 학교에서는 수학 선생님의 인기가 시들 줄 모른다. ㉢ 그리고 수학 선생님의 아들이 수학을 굉장히 잘한다는 소문이 나 있다. ㉣ 내 수학 성적이 좋아진 것도 수학 선생님의 재미있는 수업 덕택이다.

① ㉠   ② ㉡   ③ ㉢   ④ ㉣

©은 글의 내용으로 볼 때 통일성에 위배된다. 제시된 글의 요지는 수학 수업을 재미있게 진행하는 수학 선생님 덕분에 수학이 재미있다는 것이다. 수학 선생님의 아들이 수학을 잘한다는 내용과 내가 수학 시간을 재미있어 하는 것과는 아무런 연관 관계가 없기 때문에 통일성에 위배된다.

12 다음 글의 글쓰기 방식에 대한 설명으로 적절한 것은?

> 멕시코의 환경 운동가로 유명한 가브리엘 과드리는 1960년대 이후 중앙아메리카 숲의 25% 이상이 목초지 조성을 위해 벌채되었으며 1970년대 말에는 중앙아메리카 전체 농토의 2/3가 축산 단지로 점유되었다고 주장했다. 실제로 1987년 이후로도 멕시코에만 1,497만 3,900ha의 열대 우림이 파괴되었는데, 이렇게 중앙아메리카의 열대림을 희생하면서까지 생산된 소고기는 주로 유럽과 미국으로 수출되었다. 그렇지만 이 소고기들은 지방분이 적고 미국인의 입맛에 그다지 맞지 않아 대부분 햄버거의 재료로 사용되었다.

① 통계 수치를 활용하여 논거의 타당성을 높이고 있다.
② 이론적 근거를 나열하여 주장의 전문성을 강화하고 있다.
③ 전문 용어의 뜻을 쉽게 풀이하여 독자의 이해를 돕고 있다.
④ 예측할 수 없는 결과를 나열하여 사태의 심각성을 알리고 있다.

제시된 글에서는 1960년대 이후 중앙아메리카 숲의 25% 이상이 벌채되었다는 것, 1970년대 말에 전체 농토의 2/3가 축산 단지로 점유되었다는 것, 그리고 1987년 이후 멕시코에서 1,497만 3,900ha의 열대 우림이 파괴되었다는 것 등의 통계 수치를 제시하고 있다. 통계 수치를 제시하는 것은 문제 상황의 심각성을 구체적으로 보여주고, 근거의 신뢰성을 높여서 타당성을 높이는 역할을 한다.

13 다음 문장들을 두괄식 문단으로 구성하고자 할 때, 문맥상 가장 먼저 와야 할 문장은?

> ㉠ 신라의 진평왕 때 눌최는 백제국의 공격을 받았을 때 병졸들에게, "봄날 온화한 기운에는 초목이 모두 번성하지만 겨울의 추위가 닥쳐오면 소나무와 잣나무는 늦도록 잎이 지지 않는다. ㉡ 이제 외로운 성은 원군도 없고 날로 더욱 위태로우니, 이것은 진실로 지사·의부가 절개를 다하고 이름을 드러낼 때이다."라고 훈시하였으며 분전하다가 죽었다. ㉢ 선비 정신은 의리 정신으로 표현되는 데서 그 강인성이 드러난다. ㉣ 죽죽(竹竹)도 대야성에서 백제 군사에 의하여 성이 함락될 때까지 항전하다가 항복을 권유받자, "나의 아버지가 나에게 죽죽이라 이름 지어 준 것은 내가 추운 겨울에도 잎이 지지 않으며 부러질지언정 굽힐 수 없도록 하려는 것이었다. 어찌 죽음을 두려워하여 살아서 항복할 수 있겠는가."라고 결의를 밝혔다.

① ㉠   ② ㉡
③ ㉢   ④ ㉣

해설 두괄식 문단은 중심 문장이 문단의 맨 앞에 위치하는 것으로, 제시된 글에서 중심 문장은 ⓒ이다.

14 다음 글의 글쓰기 전략으로 볼 수 없는 것은?

고전파 음악은 어떤 음악인가? 서양 음악의 뿌리는 종교 음악에서 비롯되었다. 바로크 시대까지는 음악이 종교에 예속되어 있었으며, 음악가들 또한 종교에 예속되어 있었다. 고전파는 이렇게 종교에 예속되었던 음악을, 음악을 위한 음악으로 정립하려는 예술 운동에서 출발하였다. 따라서 종래의 신을 위한 음악에서 탈피해 형식과 내용의 일체화를 꾀하고 균형 잡힌 절대 음악을 추구하였다. 즉 '신'보다는 '사람'을 위한 음악, '음악'을 위한 음악을 이루어 나가겠다는 굳은 결의를 보여 준 것이다.

또한 고전파 음악은 음악적 형식과 내용의 완숙을 이룬 음악이기도 하다. 이 시기에는 하이든, 모차르트, 베토벤 등 음악의 역사에서 가장 위대한 작곡가들이 배출되기도 하였다. 이때에는 성악이 아닌 기악만으로도 음악이 가능하게 되었으며, 교향곡의 기본을 이루는 소나타 형식이 완성되었다. 특히 옛 그리스나 로마 때처럼 보다 정돈된 형식을 가진 음악을 해 보자고 주장하였기에 '옛것에서 배우자는 의미의 고전'과 '청정하고 우아하며 흐림 없는, 최고의 예술적 경지에 다다름으로서의 고전'을 모두 지향하게 되었다. 이렇듯 역사적으로 고전파 음악은 종교의 영역에서 음악 자체의 영역을 확보하였으며 최고 수준의 음악적 내용과 형식을 수립하였다. 고전파 음악이 서양 전통 음악 전체를 대표하게 된 것은 고전파 음악이 이룩한 역사적인 성과에서 비롯된 것일지도 모른다. 따라서 고전 음악의 개념을 이해하기 위해서는 고전파 음악의 성격과 특질에 대한 이해가 선행되어야 할 것이다.

① 고전파 음악이 지닌 음악사적 의의를 밝힌다.
② 고전파 음악의 음악가를 예시하여 이해를 돕는다.
③ 고전파 음악의 특징이 형식과 내용의 분리에 있음을 강조한다.
④ 질문을 통해 화제를 제시함으로써 호기심을 유발한다.

해설 첫 번째 문단의 고전파는 '종래의 신을 위한 음악에서 탈피해 형식과 내용의 일체화를 꾀하고 균형 잡힌 절대 음악을 추구하였다.'에서 고전파 음악은 형식과 내용의 일체화를 추구했음을 알 수 있다.

15 ㉠~㉣에 대한 고쳐 쓰기 방안으로 옳지 않은 것은?

> ㉠ 수학 성적은 참 좋군. 국어 성적도 좋고.
> ㉡ 친구가 "난 학교에 안 가겠다."고 말했다.
> ㉢ 동생은 가던 길을 멈추면서 나에게 달려왔다.
> ㉣ 대통령은 진지한 연설로서 국민을 설득했다.

① ㉠ : '수학 성적은 참 좋군.'은 국어 성적이 좋을 가능성을 배제하는 의미가 포함되어 있다. 따라서 보조사 '은'을 주격 조사 '이'로 바꿔 쓴다.

② ㉡ : 직접 인용문 다음이므로 인용 조사는 '고'가 아닌 '라고'를 쓴다.

③ ㉢ : 어미 '-면서'는 두 동작의 동시성을 나타내지 못하므로 '-고'로 바꿔 쓴다.

④ ㉣ : '로서'는 자격을 나타내는 기능을 하므로 수단을 나타내는 기능을 하는 조사 '로써'로 바꿔 쓴다.

해설 어미 '-면서'는 연결 어미로 동작의 동시성을 나타낸다. '멈추다'와 '달려오다'는 동시에 나타날 수 없는 표현이므로 연결 어미 '-고'로 수정하는 것이 적절하다.

16 다음 글을 고쳐 쓰기 위한 방안으로 적절하지 않은 것은?

> 산업 폐기물 처리장이 들어서게 될 지역 주민들도 그 시설의 필요성은 인정하고 있다. ㉠ 그리고 그런 시설이 자기 고장에 들어서는 것을 받아들이려는 사람은 많지 않다. ㉡ 그 필요성은 인정하지만, 내 고장에는 안 된다는 것이다. 이러한 태도는 공공의 이익을 외면하는 ㉢ 지역 이기주의에 다름 아니다. 잊지 말아야 할 사실은 폐기물 처리장 건설을 뒤로 미루면 그로 인한 피해가 결국 ㉣ 우리 모두에게 돌아온다. 나와 내 이웃이 공존할 수 있는 사회를 만들기 위해서는 지역 이기주의를 타파해야 한다.

① ㉠은 앞뒤 문장을 자연스럽게 연결하기 위해 '그러나'로 바꾼다.

② ㉡은 주제와 상관없는 내용이므로 문단의 통일성을 위해 삭제한다.

③ ㉢은 우리말답지 않은 표현으로 '지역 이기주의이다'로 순화한다.

④ ㉣은 주어와 호응하지 않으므로 '우리 모두에게 돌아온다는 것이다'로 고친다.

해설 ㉡은 앞부분의 내용을 요약하고 정리하는 문장으로, 통일성을 근거로 ㉡ 문장을 삭제하는 것은 적절하지 않다.

17 문맥에 따른 배열로 가장 적절한 것은?

> ㉠ 그러나 사람들은 소유에서 오는 행복은 소중히 여기면서 정신적 창조와 인격적 성장에서 오는 행복은 모르고 사는 경우가 많다.
> ㉡ 소유에서 오는 행복은 낮은 차원의 것이지만 성장과 창조적 활동에서 얻는 행복은 비교할 수 없이 고상한 것이다.
> ㉢ 부자가 되어야 행복해진다고 생각하는 사람은 스스로 부자라고 만족할 때까지는 행복해지지 못한다.
> ㉣ 하지만 최소한의 경제적 여건에 자족하면서 정신적 창조와 인격적 성장을 꾀하는 사람은 얼마든지 차원 높은 행복을 누릴 수 있다.
> ㉤ 자기보다 더 큰 부자가 있다고 생각될 때는 여전히 불만과 불행에 사로잡히기 때문이다.

① ㉡ – ㉣ – ㉠ – ㉢ – ㉤
② ㉡ – ㉠ – ㉤ – ㉣ – ㉢
③ ㉢ – ㉤ – ㉣ – ㉡ – ㉠
④ ㉢ – ㉣ – ㉤ – ㉠ – ㉡

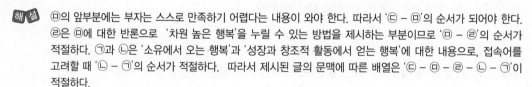

해설 ㉤의 앞부분에는 부자는 스스로 만족하기 어렵다는 내용이 와야 한다. 따라서 '㉢ – ㉤'의 순서가 되어야 한다. ㉣은 ㉤에 대한 반론으로 '차원 높은 행복'을 누릴 수 있는 방법을 제시하는 부분이므로 '㉤ – ㉣'의 순서가 적절하다. ㉠과 ㉡은 '소유에서 오는 행복'과 '성장과 창조적 활동에서 얻는 행복'에 대한 내용으로, 접속어를 고려할 때 '㉡ – ㉠'의 순서가 적절하다. 따라서 제시된 글의 문맥에 따른 배열은 '㉢ – ㉤ – ㉣ – ㉡ – ㉠'이 적절하다.

18 내용의 전개에 따라 바르게 배열한 것은?

> ㉠ 사물은 저것 아닌 것이 없고, 또 이것 아닌 것이 없다. 이쪽에서 보면 모두가 저것, 저쪽에서 보면 모두가 이것이다.
> ㉡ 그러므로 저것은 이것에서 생겨나고, 이것 또한 저것에서 비롯된다고 한다. 이것과 저것은 저 혜시(惠施)가 말하는 방생(方生)의 설이다.
> ㉢ 그래서 성인(聖人)은 이런 상대적인 방법에 의하지 않고, 그것을 절대적인 자연의 조명(照明)에 비추어 본다. 그리고 커다란 긍정에 의존한다. 거기서는 이것이 저것이고 저것 또한 이것이다. 또 저것도 하나의 시비(是非)이고 이것도 하나의 시비이다. 과연 저것과 이것이 있다는 말인가. 과연 저것과 이것이 없다는 말인가.
> ㉣ 그러나 그, 즉 혜시(惠施)도 말하듯이 삶이 있으면 반드시 죽음이 있고, 죽음이 있으면 반드시 삶이 있다. 역시 된다가 있으면 안 된다가 있고, 안 된다가 있으면 된다가 있다. 옳다에 의거하면 옳지 않다에 기대는 셈이 되고, 옳지 않다에 의거하면 옳다에 의지하는 셈이 된다.

① ㉠ – ㉡ – ㉢ – ㉣   ② ㉠ – ㉡ – ㉣ – ㉢
③ ㉠ – ㉢ – ㉡ – ㉣   ④ ㉠ – ㉣ – ㉡ – ㉢

지시어가 제시되지 않은 ㉠이 맨 앞에 위치한다. ㉡과 ㉣은 '혜시(惠施)의 방생(方生)'에 대한 내용으로 접속어를 고려할 때 '㉡ – ㉣'의 순서가 적절하다. ㉢은 문맥상 결론의 내용으로 마지막에 오는 것이 적절하다.

19 다음을 모두 만족시키는 표어로 적절한 것은?

- 공중도덕 지키기를 홍보한다.
- 대구의 표현 방식을 활용한다.
- 행위의 긍정적 효과를 비유적으로 표현한다.

① 신호위반, 과속 운전 / 모든 것을 앗아 갑니다.
② 아파트를 뒤흔드는 음악 소리 / 이웃들을 괴롭히는 고문 장치
③ 노약자에게 양보하는 한 자리 / 당신에게 찾아오는 행복의 문
④ 공공 장소에서 실천하는 금연 / 우리의 건강을 지켜 줍니다.

- 공중도덕 지키기 홍보 : 노약자에게 양보
- 대구 표현 방식 : 'A에게 B하는 C'라는 구조가 반복되고 있다.
- 비유적으로 표현한 행위의 긍정적 효과 : 행복의 문

20 ㉠~㉢에 들어갈 적절한 접속어를 순서대로 나열한 것은?

역사의 연구는 개별성을 추구하는 것이라고 할 수가 있다. (㉠) 구체적인 과거의 사실 자체에 대해 구명(究明)을 꾀하는 것이 역사학인 것이다. (㉡) 고구려가 한족과 투쟁한 일을 고구려라든가 한족이라든가 하는 구체적인 요소들을 빼 버리고, 단지 "자주적 대제국이 침략자와 투쟁하였."라고만 진술해 버리는 것은 한국사일 수가 없다. (㉢) 일정한 시대에 활약하던 특정한 인간 집단의 구체적인 활동을 서술하지 않는다면 그것을 역사라고 말할 수 없는 것이다.

	㉠	㉡	㉢
①	즉	가령	요컨대
②	가령	한편	역시
③	이를테면	역시	결국
④	다시 말해	만약	그런데

 ㉠의 앞에서는 '역사의 연구'에 대한 일반적인 진술을 하고 있으며, ㉠의 뒤에서는 '역사의 연구(역사학)'에 대한 부연 진술을 하고 있다. 따라서 ㉠에 들어갈 수 있는 접속어는 '즉, 이를테면, 다시 말해'이다. ㉡의 뒤에 제시된 문장은 앞의 내용을 예를 들어 보충하고 있다. 따라서 ㉡에 들어갈 수 있는 접속어로는 '가령'이 있다. ㉢의 뒤에 제시된 문장은 앞에서 언급했던 모든 내용을 정리하고 있다. 따라서 ㉢에 들어갈 수 있는 접속어는 '요컨대'이다.

21 '지역민을 위한 휴식 공간 조성'에 대한 글쓰기 개요에서 ㉠에 들어갈 내용으로 가장 적절한 것은?

> 주제문 : 지역민을 위한 휴식 공간을 조성하자.
>
> Ⅰ. 서론 : 지역의 휴식 공간 실태
> Ⅱ. 본론
>   1. 휴식 공간 조성의 필요성
>   가. 휴식 공간의 부족에 대한 지역민의 불만 증대
>   나. 여가를 즐길 수 있는 공간에 대한 지역민의 요구 증가
>   2. (㉠   )
>   가. 휴식 공간을 조성할 지역 내 장소 부족
>   나. 비용 마련의 어려움
>   3. 해결 방안
>   가. 휴식 공간을 조성할 지역 내 장소 확보
>   나. 지역 공동체와의 협력을 통한 비용 마련
> Ⅲ. 결론 : 지역민을 위한 휴식 공간 조성 촉구

① 휴식 공간 조성의 장애 요인
② 시설 증대를 위한 비용 마련 방법
③ 직업 체험 프로그램 마련의 필요성
④ 여가 시간 증대에 따른 사회적 인식 변화

해설 ㉠은 '휴식 공간을 조성할 지역 내 장소 부족'과 '비용 마련의 어려움'이라는 하위 단계의 두 내용을 모두 포함해야한다. 따라서 '휴식 공간 조성의 장애 요인'이 ㉠에 적절하다.

22 다음의 개요를 기초로 하여 글을 쓸 때, 주제문으로 가장 적절한 것은?

> 서론 : 최근의 수출 실적 부진 현상
> 본론 : 수출 경쟁력의 실태 분석
>   1. 가격 경쟁력 요인
>   ㄱ. 제조 원가 상승
>   ㄴ. 고금리
>   ㄷ. 환율 불안정
>   2. 비가격 경쟁력 요인
>   ㄱ. 기업의 연구 개발 소홀
>   ㄴ. 품질 개선 부족
>   ㄷ. 판매 후 서비스 부족
>   ㄹ. 납기의 지연
> 결론 : 분석 결과의 요약 및 수출 경쟁력 향상 방안 제시

① 정부가 수출 분야 산업을 적극 지원해야 한다.
② 내수 시장의 기반을 강화하는 데 역량을 모아야 한다.
③ 기업이 연구 개발비 투자를 늘리고 품질 향상에 많은 노력을 기울여야 한다.
④ 수출 경쟁력을 좌우하는 요인을 분석한 후 그에 맞는 방안을 마련해야 한다.

 서론에서 '최근 실적 부진 현상'이라는 문제점을 제기하고, 본론에서는 '수출 경쟁력을 좌우하는 문제점'을 분석한 후 가장 마지막 결론에서는 '수출 경쟁력 향상 방안'을 제시하고 있다. '문제 제기 – 문제에 대한 분석 – 해결 방안'이라는 구조의 개요이므로 주제문으로 적절한 것은 ④이다.

23 글의 제목으로 가장 적절한 것은?

평화로운 시대에 시인의 존재는 문화의 비싼 장식일 수 있다. 그러나 시인의 조국이 비운에 빠졌거나 통일을 잃었을 때 시인은 장식의 의미를 떠나 민족의 예언가가 될 수 있고, 민족혼을 불러일으키는 선구자적 지위에 놓일 수도 있다. 예를 들면 스스로 군대를 가지지 못한 채 제정 러시아의 가혹한 탄압 아래 있던 폴란드 사람들은 시인의 존재를 민족의 재생을 예언하고 굴욕스러운 현실을 탈피하도록 격려하는 예언자로 여겼다. 또한 통일된 국가를 가지지 못하고 이산되어 있던 이탈리아 사람들은 시성 단테를 유일한 '이탈리아'로 숭앙했고, 제1차 세계대전 때 독일군의 잔혹한 압제 하에 있었던 벨기에 사람들은 베르하렌을 조국을 상징하는 시인으로 추앙하였다.

① 시인의 생명(生命)
② 시인의 운명(運命)
③ 시인의 사명(使命)
④ 시인의 혁명(革命)

해설 조국이 위기에 처했을 때, 시인이 민족의 예언가 또는 민족혼을 불러일으키는 선구자적 위치에 놓일 수 있다는 것을 구체적인 사례를 들어 설명한 글이다. 따라서 글의 제목으로 적절한 것은 '맡겨진 임무'를 뜻하는 '사명(使命)'이란 한자어가 포함된 ③이다.

24 ㉠~㉣ 중 지시 대상이 같은 것끼리 묶인 것은?

> 철호 : 지난번 빌려갔던 ㉠ 이 책은 별로 재미가 없어. ㉡ 그 책은 어때?
> 영희 : 응. ㉢ 이 책은 꽤 재미있던데, 철호야 ㉣ 저 책 읽어 봤니?
> 철호 : 아니, 저 책은 안 봤는데.

① ㉠, ㉢

② ㉠, ㉣

③ ㉡, ㉢

④ ㉡, ㉣

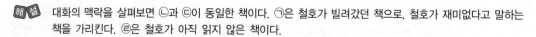 대화의 맥락을 살펴보면 ㉡과 ㉢이 동일한 책이다. ㉠은 철호가 빌려갔던 책으로, 철호가 재미없다고 말하는 책을 가리킨다. ㉣은 철호가 아직 읽지 않은 책이다.

25 책임감 있는 글쓰기에 대해 잘못 설명한 것은?

① 사실을 축소하고, 오류 없이 담아야 한다.

② 자료의 출처를 정확하게 밝히고 사용한다.

③ 내용이 어느 한쪽으로 치우치지 않도록 한다.

④ 읽는 사람을 존중하고 언어 예절에 맞게 글을 쓴다.

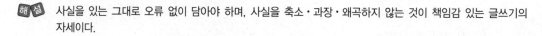 사실을 있는 그대로 오류 없이 담아야 하며, 사실을 축소·과장·왜곡하지 않는 것이 책임감 있는 글쓰기의 자세이다.

26 다음 중 주제문으로 가장 적절한 것은?

① 대학을 반드시 가야만 할까?

② 대도시의 생활에는 많은 어려움이 따를지도 모른다.

③ 공공건물에는 장애인을 위한 계단이 설치되어야 한다.

④ 모든 소설가는 진실을 추구하고, 일부 소설가는 심리학자이다.

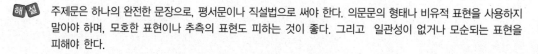 주제문은 하나의 완전한 문장으로, 평서문이나 직설법으로 써야 한다. 의문문의 형태나 비유적 표현을 사용하지 말아야 하며, 모호한 표현이나 추측의 표현도 피하는 것이 좋다. 그리고 일관성이 없거나 모순되는 표현을 피해야 한다.

다음 글을 읽고 물음에 답하시오(27~28).

여러분은 화장품의 다양한 향과 색을 만들어 내기 위해 과일이나 꽃을 넣었다고 생각하신 적이 있나요? ㉠ 비록 화장품에 과일이나 꽃을 넣는다면 제조, 유통, 보관 과정이 그리 쉽진 않겠죠? 여러 가지 이유로 화장품에는 각종 성분이 첨가되는데요, 그중 화학 성분이 인체에 미치는 영향에 대해 살펴보겠습니다.
화장품에 사용되는 화학 성분은 자외선을 차단하고 변색을 방지하며 부패를 막거나 절대 섞일 수 없는 물과 기름을 하나로 모아 주는 역할을 합니다. 또한 향기를 오래 지속시켜 주기도 하고 화장품이 부드럽게 발리게 하며 피부를 윤기 있고 촉촉하게 보이게 해 줍니다. ㉡ 그래서 저는 화장을 하지 않으면 외출을 하지 않습니다. 하지만 화장품의 화학 성분 중에는 유해 물질이 포함된 것도 있습니다. 이것이 몸속으로 스며들어 여러 가지 질병을 일으키기도 합니다. 또한 피부에 맞지 않는 화장품을 사용하게 될 경우 피부 트러블 등의 부작용이 발생할 수도 있습니다. 화장품의 부패를 막기 위해 사용하는 파라벤은 피부의 알레르기 반응을 유발하는 것으로 알려져 있고, 그 외에도 일부 화학 물질은 내분비계 장애를 일으키는 것으로 의심되어 사용이 ㉢ 허용되기도 하였습니다.
화장품은 피부를 보호해 주고 아름답게 가꾸어 줍니다. 이런 화장품에 어떤 화학 성분이 ㉣ 첨가하고 있는지를 잘 파악하고 올바르게 사용함으로써 피부의 아름다움뿐만 아니라 건강도 지키시길 바랍니다.

27 〈보기〉는 윗글의 개요이다. ⓐ에 들어갈 알맞은 내용은?

┤보 기├
제목 : 화장품을 제대로 알고 사용하자.
주제 : 화장품의 화학 성분을 잘 파악하고 사용하자.
• 처음 : 화장품의 화학 성분에 대한 호기심 유발
• 중 간
 – 화장품에 사용되는 화학 성분의 역할
 – (ⓐ)
• 끝 : 화장품에 대한 바른 이해와 올바른 사용 당부

① 화장품의 역사적 발달 과정
② 화장품에 사용되는 화학 성분의 유해성
③ 화장품 사용으로 얻게 되는 심리적 효과
④ 화장품의 다양한 향과 색을 만들어 내는 과정

해설 제시된 글의 중간 부분(2문단과 3문단)의 내용은 화장품에 사용되는 화학 성분의 역할과 화장품에 사용되는 화학 성분의 유해성에 관한 것이다. 따라서 ⓐ에는 '화장품에 사용되는 화학 성분의 유해성'이 들어가는 것이 가장 적절하다.

28 ㉠~㉢의 고쳐쓰기가 바르지 않은 것은?

① ㉠ : 문맥을 고려하여 '설마'로 고쳐 쓴다.

② ㉡ : 내용상 불필요한 문장이므로 삭제한다.

③ ㉢ : 문맥을 고려하여 '금지'로 고쳐 쓴다.

④ ㉣ : '첨가되어 있는지를'로 고쳐 쓴다.

해설 문맥을 고려하여 '만일' 혹은 '만약'으로 고쳐 쓴다.

다음 글을 읽고 물음에 답하시오(29~30).

가짜 명품을 지칭하는 '짝퉁'이라는 말은 일부 사전에도 ㉠ 등재되어 있다. ㉡ 비록 분명한 사실은 표준어가 아니라는 점이다. 최근에는 뉴스 진행자가 '짝퉁'이라는 단어를 버젓이 사용하고 있는 것을 보고 깜짝 놀랐다. ㉢ 굳이 뉴스에서까지 연예인 소식을 다룰 필요가 있을까? 물론 뉴스 진행자는 뉴스 ㉣ 대본 대로 읽었겠지만, 아쉬운 마음이 드는 것은 어쩔 수 없다. 우리 한국어의 어휘에는 '짝퉁'이라는 속어를 군이 쓰지 않아도 모조품, 유사품, 복제품 등 '짝퉁'이라는 속어를 대신할 표준어가 많다.

29 윗글을 고쳐쓰기 위한 방안으로 적절하지 않은 것은?

① ㉠은 부적절한 어휘이므로 '등기'로 고친다.

② ㉡은 앞뒤 문장을 고려하여 '그런데'로 고친다.

③ ㉢은 글의 통일성을 떨어뜨리는 문장으로 삭제한다.

④ ㉣의 '대로'는 보조사이므로 앞에 오는 체언과 붙여 써야 하므로 '대본대로'로 고친다.

해설 '등재'는 '일정한 사항을 장부나 대장에 올림', '서적이나 잡지 따위에 실음'이라는 뜻을 지닌 어휘로, 제시된 문장에서 적절하게 쓰였다.

30 윗글에 이어질 내용을 〈조건〉에 맞게 쓴 것으로 가장 적절한 것은?

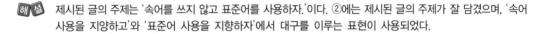

- 글의 주제를 드러낼 것
- 대구법을 활용할 것

① 바른 언어생활은 표준어 사용에서 시작된다.

② 속어 사용을 지양하고 표준어 사용을 지향하자.

③ 일상에서 속어 사용을 늘리면 친근감이 형성된다.

④ 친구끼리 사용하는 속어는 우리말을 풍부하게 한다.

해설 제시된 글의 주제는 '속어를 쓰지 않고 표준어를 사용하자.'이다. ②에는 제시된 글의 주제가 잘 담겼으며, '속어 사용을 지양하고'와 '표준어 사용을 지향하자'에서 대구를 이루는 표현이 사용되었다.

CHAPTER 05 문 법

01 음운의 이해

1. 음운과 음절

(1) 음 운

① 음운의 개념 : 말의 뜻을 구별해 주는 소리의 가장 작은 단위를 말한다.

② 음운의 종류

㉠ 분절 음운 : 마디를 뚜렷하게 나눌 수 있는 음운으로, 국어에는 '자음'과 '모음'이 있다.

㉡ 비분절 음운 : 마디를 뚜렷하게 나눌 수 없는 음운으로, 소리의 길이(음장), 소리의 높낮이(억양), 소리의 세기 등이 있다.

(2) 음 절

① 음절의 개념 : 발음을 할 때 한 번에 소리 낼 수 있는 발음의 최소 단위이다.

② 음절의 구조 : 음절의 기본 구조는 '(자음) + 모음 + (자음)'이다.

㉠ 모음 하나로 된 음절 예 이, 의

㉡ '모음 + 자음'으로 된 음절 예 양, 은

㉢ '자음 + 모음'으로 된 음절 예 파, 소

㉣ '자음 + 모음 + 자음'으로 된 음절 예 달, 밥

2. 국어의 음운 체계

(1) 자 음

① 개념 : 발음할 때 허파에서 나온 공기의 흐름이 목, 입, 혀 따위의 발음 기관에 의해 장애를 받아 나는 소리이다. 일명 '닿소리'라고도 한다.

② 자음의 분류

㉠ 소리의 세기에 따른 구분

평 음	예사소리	발음 기관에 힘이 조금 들어가서 약하게 터져 나오는 소리
경 음	된소리	숨이 적게 터져 나오는 소리
격 음	거센소리	숨이 거세게 터져 나오는 소리

㉡ 조음 방법에 따른 구분

파열음	폐에서 나오는 공기를 일단 막았다가 그 막은 자리를 터뜨리면서 내는 소리
파찰음	공기를 막았다가 마찰하여 내는 소리(파열음과 마찰음의 두 가지 성질을 다 가지는 소리)
마찰음	입 안이나 목청 따위의 조음 기관이 좁혀진 사이로 공기가 비집고 나오면서 마찰하여 나는 소리
비 음	입 안의 통로를 막고 코로 공기를 내보내면서 내는 소리
유 음	혀끝을 잇몸에 가볍게 대었다가 떼거나, 잇몸에 댄 채 공기를 그 양옆으로 흘려보내면서 내는 소리

㉢ 목청의 떨림 여부에 따른 구분

울림소리	발음할 때 목청이 떨려 울리는 소리
안울림소리	성대를 진동시키지 않고 내는 소리

㉣ 조음 위치에 따른 구분

양순음(입술소리)	두 입술에서 내는 소리
치조음(잇몸소리)	혀끝을 치조 부위에 대거나 접근하여 내는 소리
경구개음(센입천장소리)	혀의 앞부분을 경구개 부위에 대어 내는 소리
연구개음(여린입천장소리)	혀의 뒷부분을 연구개 부위에 대어 내는 소리
후음(목청소리)	목청에서 내는 소리

③ 자음 체계도(19개)

			입술소리	잇몸소리	센입천장소리	여린입천장소리	목청소리
안울림소리	파열음	예사소리	ㅂ	ㄷ		ㄱ	
		된소리	ㅃ	ㄸ		ㄲ	
		거센소리	ㅍ	ㅌ		ㅋ	
	파찰음	예사소리			ㅈ		
		된소리			ㅉ		
		거센소리			ㅊ		
	마찰음	예사소리		ㅅ			ㅎ
		된소리		ㅆ			
울림소리	비 음		ㅁ	ㄴ		ㅇ	
	유 음			ㄹ			

(2) 모 음

① **모음의 개념** : 성대의 진동을 받은 소리가 목, 입, 코를 거쳐 나오면서 그 통로가 좁아지거나 완전히 막히거나 하는 따위의 장애를 받지 않고 나는 소리이다. 일명 '홀소리'라고도 한다.

② **모음의 종류**

　㉠ 단모음(10개) : 발음할 때 입술이나 혀가 고정되어 움직이지 않는 모음

　　• 혀의 위치에 따른 구분

전설 모음	혀의 최고점이 입 안의 앞쪽에 위치하여 발음
후설 모음	혀의 최고점이 입 안의 뒤쪽에 위치하여 발음

　　• 혀의 높이에 따른 구분

고모음	입을 조금 열고, 혀의 위치를 높여서 발음하는 모음
중모음	입을 보통으로 열고 혀의 높이를 중간으로 하여 발음하는 모음
저모음	입을 크게 벌리고 혀의 위치를 가장 낮추어서 발음하는 모음

　　• 입술 모양에 따른 구분

평순 모음	입술을 둥글게 오므리지 않고 발음하는 모음
원순 모음	입술을 둥글게 오므려 발음하는 모음

　　• 단모음 체계도

	전설 모음		후설 모음	
	평순 모음	원순 모음	평순 모음	원순 모음
고모음	ㅣ	ㅟ	ㅡ	ㅜ
중모음	ㅔ	ㅚ	ㅓ	ㅗ
저모음	ㅐ		ㅏ	

　㉡ 이중 모음(11개) : 발음할 때 입술이나 혀가 움직이는 모음

　　• 반모음 'ㅣ'로 시작하는 것 : ㅑ, ㅒ, ㅕ, ㅖ, ㅛ, ㅠ

　　• 반모음 'ㅗ/ㅜ'로 시작하는 것 : ㅘ, ㅙ, ㅝ, ㅞ

　　• 반모음 'ㅣ'로 끝나는 것 : ㅢ

(3) 소리의 길이

① 국어에서는 같은 모음이라도 소리의 길이에 따라 단어의 뜻이 구별되는 경우가 있다.

② 소리의 길이가 단어의 뜻을 구별해주기 때문에 '음운'의 역할을 한다고 볼 수 있다.

말	[말]	말과의 포유류 예 말을 몰다.
	[말ː]	사람이 사용하는 음성 기호 예 말을 가르치다.
눈	[눈]	물체를 볼 수 있는 감각 기관 예 눈이 초롱초롱하다.
	[눈ː]	얼음의 결정체 예 눈이 쌓이다.
밤	[밤]	해가 져서 어두워진 때 예 칠흑같이 캄캄한 밤
	[밤ː]	밤나무의 열매 예 밤 한 톨
병	[병]	목과 아가리가 좁은 그릇 예 보리차를 병에 부어 냉장고에 넣었다.
	[병ː]	몸에 이상이 생겨 괴로움을 느끼는 현상 예 병이 중하다.

3. 음운 변동 현상

(1) 음운 변동 현상의 이해

① 개념 : 음운의 변동이란 한 음운이 일정한 환경에서 변하는 현상으로, 발음을 좀 더 쉽고 간편하게 하거나 표현의 강화 효과를 위해 일어난다.

② 종 류

교 체	하나의 음운이 다른 음운으로 바뀌는 현상	비음화, 유음화, 구개음화, 음절 끝소리 규칙, 된소리되기
탈 락	원래 있던 음운이 없어지는 현상	자음 탈락, 모음 탈락, 두음 법칙
첨 가	없던 음운이 새로 생기는 현상	'ㄴ' 첨가, 반모음 첨가
축 약	두 음운이 하나의 음운으로 합쳐지는 현상	자음 축약, 모음 축약

(2) 음운의 교체

① 비음화

ㄱ 받침 'ㄱ(ㄲ, ㅋ, ㄳ, ㄺ), ㄷ(ㅅ, ㅆ, ㅈ, ㅊ, ㅌ, ㅎ), ㅂ(ㅍ, ㄼ, ㄿ, ㅄ)'은 비음 'ㄴ, ㅁ' 앞에서 비음 [ㅇ, ㄴ, ㅁ]으로 발음한다.

    예 국물[궁물], 쫓는[쫀는], 앞마당[암마당]

ㄴ 받침 'ㅁ, ㅇ' 뒤에 연결되는 유음 'ㄹ'은 비음 [ㄴ]으로 발음한다.

    예 담력[담녁], 침략[침냑], 강릉[강능]

② 유음화

ㄱ 'ㄴ'은 'ㄹ' 앞에서 [ㄹ]로 발음한다.

    예 난로[날로], 천리[철리], 대관령[대괄령]

ㄴ 'ㄴ'은 'ㄹ' 뒤에서 [ㄹ]로 발음한다.

    예 칼날[칼랄], 물난리[물랄리], 줄넘기[줄럼끼]

③ 구개음화 : 끝소리 'ㄷ, ㅌ'이 모음 'ㅣ'와 만나 구개음인 [ㅈ, ㅊ]으로 바뀌는 현상이다.
　　㉠ 받침 'ㄷ, ㅌ(ㄾ)'이 조사나 접미사의 모음 'ㅣ'와 결합되는 경우에는, [ㅈ, ㅊ]으로 바꾸어서
　　　뒤 음절 첫소리로 옮겨 발음한다.
　　　　예 굳이[구지], 밭이[바치], 벼훑이[벼훌치]
　　㉡ 'ㄷ' 뒤에 접미사 '히'가 결합되어 '티'를 이루는 것은 [치]로 발음한다.
　　　　예 굳히다[구치다], 묻히다[무치다]

④ 음절의 끝소리 규칙
　　㉠ 받침소리로는 'ㄱ, ㄴ, ㄷ, ㄹ, ㅁ, ㅂ, ㅇ'의 7개 자음만 발음한다.
　　㉡ 받침 'ㄲ, ㅋ', 'ㅅ, ㅆ, ㅈ, ㅊ, ㅌ', 'ㅍ'은 어말 또는 자음 앞에서 각각 대표음 [ㄱ, ㄷ, ㅂ]으로
　　　발음한다.
　　　　예 닦다[닥따], 키읔[키윽], 옷[옫], 빚다[빋따], 꽃[꼳], 솥[솓]
　　㉢ 겹받침 'ㄳ', 'ㄵ', 'ㄼ, ㄽ, ㄾ', 'ㅄ'은 어말 또는 자음 앞에서 각각 [ㄱ, ㄴ, ㄹ, ㅂ]으로 발음한다.
　　　　예 넋[넉], 앉다[안따], 여덟[여덜], 외곬[외골], 핥다[할따]
　　　　• 다만, '밟-'은 자음 앞에서 [밥]으로 발음하고, '넓-'은 다음과 같은 경우에 [넙]으로 발음한다.
　　　　　예 밟다[밥따], 밟소[밥쏘], 밟는[밥는 → 밤는], 밟고[밥꼬]
　　　　　예 넓죽하다[넙쭈카다], 넓둥글다[넙뚱글다]
　　㉣ 겹받침 'ㄺ, ㄻ, ㄿ'은 어말 또는 자음 앞에서 각각 [ㄱ, ㅁ, ㅂ]으로 발음한다.
　　　　예 흙과[흑꽈], 늙지[늑찌], 젊다[점:따], 읊다[읍따]

⑤ 된소리되기
　　㉠ 받침 'ㄱ(ㄲ, ㅋ, ㄳ, ㄺ), ㄷ(ㅅ, ㅆ, ㅈ, ㅊ, ㅌ), ㅂ(ㅍ, ㄼ, ㄿ, ㅄ)' 뒤에 연결되는 'ㄱ,
　　　ㄷ, ㅂ, ㅅ, ㅈ'은 된소리로 발음한다.
　　　　예 국밥[국빱], 삯돈[삭똔], 덮개[덥깨], 넓죽하다[넙쭈카다]
　　㉡ 어간 받침 'ㄴ(ㄵ), ㅁ(ㄻ)' 뒤에 결합되는 어미의 첫소리 'ㄱ, ㄷ, ㅅ, ㅈ'은 된소리로 발음한다.
　　　　예 신고[신꼬], 앉고[안꼬], 얹다[언따], 삼고[삼꼬], 닮고[담꼬]
　　　　• 다만, 피동, 사동의 접미사 '-기-'는 된소리로 발음하지 않는다.
　　　　　예 안기다, 감기다, 굶기다, 옮기다
　　㉢ 어간 받침 'ㄼ, ㄾ' 뒤에 결합되는 어미의 첫소리 'ㄱ, ㄷ, ㅅ, ㅈ'은 된소리로 발음한다.
　　　　예 넓게[널께], 핥다[할따], 훑소[훌쏘], 떫지[떨찌]
　　㉣ 한자어에서, 'ㄹ' 받침 뒤에 연결되는 'ㄷ, ㅅ, ㅈ'은 된소리로 발음한다.
　　　　예 갈등[갈뜽], 절도[절또], 말살[말쌀], 갈증[갈쯩], 물질[물찔]
　　　　• 다만, 같은 한자가 겹쳐진 단어의 경우에는 된소리로 발음하지 않는다.
　　　　　예 허허실실(虛虛實實)[허허실실], 절절(切切)하다[절절하다]

(3) 음운의 탈락

① 자음 탈락

㉠ 'ㄹ' 탈락 : 끝소리가 'ㄹ'인 말과 딴 말이 어울릴 적에 'ㄹ' 소리가 나지 아니하는 것은 아니 나는 대로 적는다.

> 예 다달이(달+달+이), 따님(딸+님), 마소(말+소), 바느질(바늘+질), 부삽(불+삽), 싸전(쌀+전), 여닫이(열+닫이), 우짖다(울+짖다), 화살(활+살), 무논(물+논), 차돌(찰+돌)

㉡ 'ㅎ' 탈락 : 'ㅎ(ㄶ, ㅀ)' 뒤에 모음으로 시작된 어미나 접미사가 결합되는 경우에는, 'ㅎ'을 발음하지 않는다.

> 예 낳은[나은], 놓아[노아], 쌓이다[싸이다], 싫어도[시러도]

㉢ 그 밖의 자음 탈락

- 모음 앞에서 'ㅅ' 탈락 : 이어(잇+어), 그어(긋+어)
- 붙어 있는 동음 중 앞 자음 탈락 : 간난(艱難) → 가난

② 모음 탈락

㉠ 'ㅡ' 탈락 : 어간이 모음 'ㅡ'로 끝나는 일부 용언은, 뒤에 어미 '-아/-어'가 결합하면 'ㅡ'가 나타나지 않는다.

> 예 아파도(아프+아도), 잠가(잠그+아), 떠(뜨+어), 꺼(끄+어),

㉡ 'ㅜ' 탈락 : 어간이 모음 'ㅜ'로 끝나는 동사 '푸다'는, 뒤에 어미 '-아/-어'가 결합하면 'ㅜ'가 나타나지 않는다.

> 예 푸다 : 퍼(푸+어), 퍼서(푸+어서), 펐다(푸+었다)

㉢ 동음 탈락 : 똑같은 모음이 반복될 때 하나가 탈락하는 현상이다.

> 예 가서(가+아서), 건너도(건너+어도), 타라(타+아라)

㉣ 그 밖의 모음 탈락

- 어간 'ㅐ' 아래에서 'ㅓ' 탈락 : 깨(깨+어)
- '하다'의 어간 '하'에서 'ㅏ' 탈락 : 흔치(흔하+지)

③ 두음 법칙

㉠ 한자음 '녀, 뇨, 뉴, 니'가 단어 첫머리에 올 적에는, 두음 법칙에 따라 '여, 요, 유, 이'로 적는다.

> 예 여자(女子), 유대(紐帶), 연세(年歲), 익명(匿名)

㉡ 한자음 '랴, 려, 례, 료, 류, 리'가 단어의 첫머리에 올 적에는, 두음 법칙에 따라 '야, 여, 예, 요, 유, 이'로 적는다.

> 예 양심(良心), 역사(歷史), 유행(流行), 예의(禮儀)

ⓒ 한자음 '라, 래, 로, 뢰, 루, 르'가 단어의 첫머리에 올 적에는, 두음 법칙에 따라 '나, 내, 노, 뇌, 누, 느'로 적는다.

　예 낙원(樂園), 내일(來日), 누각(樓閣), 노인(老人)

(4) 음운의 첨가

① 'ㄴ' 첨가

ⓐ 합성어 및 파생어에서, 앞 단어나 접두사의 끝이 자음이고 뒤 단어나 접미사의 첫음절이 '이, 야, 여, 요, 유'인 경우에는, 'ㄴ' 음을 첨가하여 [니, 냐, 녀, 뇨, 뉴]로 발음한다.

　예 삯일[상닐], 색연필[생년필], 솜이불[솜니불], 막일[망닐]

ⓑ 'ㄹ' 받침 뒤에 첨가되는 'ㄴ' 음은 [ㄹ]로 발음한다.

　예 솔잎[솔립], 설익다[설릭따], 물약[물략], 서울역[서울력]

② 반모음 'ㅣ[j]' 첨가 : 다음과 같은 용언의 어미는 [어]로 발음함을 원칙으로 하되, [여]로 발음함도 허용한다.

　예 피어[피어/피여], 되어[되어/되여]

(5) 음운의 축약

① 자음 축약 : 자음 'ㄱ, ㄷ, ㅂ, ㅈ'이 자음 'ㅎ'과 만나 거센소리인 [ㅋ, ㅌ, ㅍ, ㅊ]이 되는 현상이다.

ⓐ 'ㅎ' + 'ㄱ, ㄷ, ㅂ, ㅈ' → [ㅋ, ㅌ, ㅍ, ㅊ]

　예 좋다[조타], 좋지[조치], 낳지[나치], 않던[안턴], 낳고[나코],

ⓑ 'ㄱ, ㄷ, ㅂ, ㅈ' + 'ㅎ' → [ㅋ, ㅌ, ㅍ, ㅊ]

　예 낙하[나카], 잡히다[자피다], 축하[추카], 좁히다[조피다]

② 모음 축약 : 모음 'ㅣ'나 'ㅗ/ㅜ'가 다른 모음과 결합하여 이중 모음을 이루는 것이다.

　예 그리 + 어 → 그려, 오 + 아서 → 와서, 맞추 + 어 → 맞춰

02 단어의 이해

1. 형태소와 단어

(1) 형태소

① 형태소의 개념 : 뜻을 가지고 있는 가장 작은 말의 단위로, 더 이상 분석하게 되면 그 뜻을 잃어버리게 된다.

② 형태소의 종류

㉠ 자립성 유무에 따라서

자립 형태소	혼자 자립해서 쓰일 수 있는 형태소 예 명사, 대명사, 수사, 관형사, 부사, 감탄사
의존 형태소	혼자 쓰일 수 없고 다른 말에 기대어 쓰이는 형태소 예 조사, 접사, 용언의 어간과 어미

㉡ 실질적인 의미의 유무에 따라서

실질 형태소	실질적인 의미를 갖는 형태소 예 자립 형태소, 용언의 어간
형식 형태소	실질 형태소에 붙어 문법적 관계나 형식적 의미를 더해주는 형태소 예 조사, 접사, 용언의 어미

③ 형태소와 단어의 관계

㉠ 자립 형태소는 홀로 설 수 있으므로 단어가 된다.

㉡ 의존 형태소 중 자신은 홀로 설 수 없지만, 홀로 설 수 있는 말에 쉽게 붙어 쓰이는 조사는 단어이다.

㉢ 조사를 제외한 의존 형태소는 결합해야만 단어가 된다.

예 먹+었+다(형태소 3개) → 먹었다(단어 1개)

(2) 단 어

① 단어의 개념 : 자립할 수 있는 최소 단위로, 뜻을 지니고 홀로 쓰일 수 있는 말의 단위이다. 예외적으로 조사는 홀로 쓰일 수 없지만 단어로 인정한다.

② 단어의 종류

㉠ 단일어 : 하나의 어근만으로 된 말 예 풀, 나무, 배, 사과

㉡ 복합어

• 파생어 : 어근과 접사(접두사, 접미사)가 결합된 말 예 풋+사과, 가위+질

• 합성어 : 두 개 이상의 어근이 결합된 말 예 사과+즙, 밤+나무

(3) 어근과 접사

① 어근 : 단어의 실질적 의미를 나타내는 부분 예 '덮개'의 '덮-'

② 접사 : 어근의 앞 또는 뒤에 붙어 의미를 만들어 내는 것을 도와주는 부분

 ㉠ 접두사 : 어근 앞에 붙어서 의미 첨가 예 풋-, 애-, 개-, 돌-, 날-, 맨-

 ㉡ 접미사 : 어근 뒤에 붙어서 의미 첨가 또는 문법적 기능 예 -둥이, -이, -개

(4) 어간과 어미

① 개념 : 어간이란 용언의 활용에서 변하지 않는 부분이고, 어미는 용언의 활용에서 어간 뒤에 붙어 변하는 부분이다.

② 어미의 분류

 ㉠ 선어말 어미 : 어말 어미의 앞자리에 들어가는 어미로, 어말 어미와는 달리 경우에 따라 있을 수도 있고 없을 수도 있으며, 둘 이상의 선어말 어미가 함께 올 수 있다. 선어말 어미는 높임, 시제, 공손 등을 표시한다.

 ㉡ 어말 어미 : 어간 뒤 또는 선어말 어미 뒤에 붙는 어미이며, 선어말 어미와는 달리 반드시 있어야 하는 필수 요소이다. 어말 어미는 기능과 형태에 따라 종결 어미와 비종결 어미로 구분된다.

③ 활용

 ㉠ 개념 : 용언의 어간에 여러 다른 어미가 붙어서 말의 형태가 바뀌는 것을 활용이라고 한다. 어간 뒤에 종결 어미 '-다'가 붙은 형태를 기본형이라고 한다.

 예 가다(기본형) : 가고 / 가면 / 가니 / 가서 (활용)

 ㉡ 형태

  • 규칙 활용 : 어간과 어미가 결합하는 과정에서 어간, 어미 모두 형태 변화가 없거나, 형태 변화가 있어도 보편적인 음운 규칙으로 설명할 수 있는 활용이다.

  • 불규칙 활용 : 어간과 어미가 결합하는 과정에서 어간이나 어미의 기본 형태가 달라지면서 보편적인 음운 규칙으로 설명할 수 없는 활용이다.

2. 품 사

(1) 품사의 개념

단어를 형태, 기능, 의미에 따라 나눈 갈래이다.

(2) 품사의 종류

① 형태를 기준으로 한 품사의 종류

ⓐ 불변어 : 형태가 변하지 않는 낱말로, 명사, 대명사, 수사, 관형사, 부사, 조사(서술격 조사 '이다' 제외), 감탄사가 이에 속한다.

ⓑ 가변어 : 형태가 변하는 낱말로, 동사, 형용사, 서술격 조사 '이다'가 이에 속한다.

② 기능을 기준으로 한 품사의 종류

ⓐ 체언 : 문장의 주체적인 성분을 이루며, 문장에서 주로 조사와 결합하여 주어·목적어·보어 등으로 쓰인다. 명사, 대명사, 수사가 이에 속한다.

ⓑ 용언 : 문장에서 주체(주어)를 서술하는 낱말로서, 주로 서술어로 쓰이며, 쓰임에 따라 형태가 변한다. 동사, 형용사가 이에 속한다.

ⓒ 수식언 : 문장에서 다른 낱말을 꾸미거나 한정하는 낱말이다. 관형사, 부사가 이에 속한다.

ⓓ 관계언 : 체언 뒤에 붙어서 체언과 다른 말과의 문법적 관계를 나타는 낱말이다. 조사가 이에 속한다.

ⓔ 독립언 : 문장에서 독립적으로 쓰이는 낱말이다. 감탄사가 이에 속한다.

③ 의미를 기준으로 한 품사의 종류

ⓐ 명사 : 사물의 이름을 나타낸 말이다.

ⓑ 대명사 : 사물이나 사람, 장소 대신 쓰이는 말이다.

ⓒ 수사 : 앞에 나온 명사의 수효나 순서를 가리키는 말이다.

ⓓ 동사 : 주체가 되는 말의 움직임을 나타내는 말로서, 활용을 한다.

ⓔ 형용사 : 주체가 되는 말의 모양·성질·상태 등을 나타내는 말로서, 활용을 한다.

ⓕ 부사 : 문장에서 용언이나 다른 부사, 또는 문장 전체를 꾸며주는 말이다.

ⓖ 관형사 : 체언 앞에 놓여서 그 말을 꾸며 주는 말이다.

ⓗ 조사 : 주로 체언 뒤에 붙어서 그 말과 다른 말의 문법적 관계를 나타내거나(격조사), 특별한 뜻을 더한다(보조사).

ⓘ 감탄사 : 화자의 부름·느낌·놀람·대답을 나타내는 말로서, 문장에서 조사와 결합하지 않고 독립적으로 쓰인다.

03 문장의 이해

1. 문장의 개념

(1) 문장의 의미

① 우리의 생각이나 감정을 완결된 내용으로 표현한다.

② 최소한 하나의 주어와 하나의 서술어를 갖추고 있어야 한다.

③ 내용상으로는 의미가 완결되어야 하고, 형식상으로는 문장이 끝났음을 알리는 표지가 있어야 한다.

(2) 문장의 구성

무엇이 어찌하다(동사)	예 나는 먹는다.
무엇이 어떠하다(형용사)	예 나는 착하다.
무엇이 무엇이다(체언+서술격 조사 '이다')	예 나는 학생이다.

2. 문장 성분

(1) 문장 성분의 개념

문장을 구성하면서 일정한 구실을 하는 요소이다. 문장 안에서 문법적인 기능을 하는 각각의 부분을 문장 성분이라고 한다.

(2) 문장 성분의 종류

① 주성분 : 문장의 골격을 이룬다.

주 어	동작이나 작용, 상태나 성질 등의 주체
서술어	동작이나 작용, 상태나 성질 등을 풀이하는 기능
목적어	행위나 동작의 대상을 나타내는 문장 성분
보 어	서술어를 보충하는 문장 성분으로, 서술어 '되다, 아니다'와 사용되는 '무엇이', '누가'에 해당하는 부분

② 부속 성분 : 문장 안에서 주성분을 수식하는 역할을 한다.

관형어	주로 체언을 꾸며 주는 문장 성분
부사어	주로 서술어(동사, 형용사)를 꾸며 주는 역할을 하지만, 다른 부사어, 관형어, 문장 전체 등을 꾸며 주기도 하는 문장 성분

③ 독립 성분 : 문장의 다른 성분과 직접적인 관련을 맺지 않고, 독립적으로 쓰인다.

독립어	다른 성분과 아무 관계없이 독립적으로 쓰이는 성분으로, 감탄, 부름, 응답 등을 나타내는 말

3. 문장의 짜임

(1) 문장의 종류

① **홑문장** : 한 문장 안에서 주어와 서술어의 관계가 한 번씩만 이루어진 문장이다.

② **겹문장** : 한 문장에서 서술어가 둘 이상 나타나서 주어와 서술어의 관계가 두 번 이상 맺어지는 문장이다.

　㉠ 안긴문장 : 다른 문장 속에 들어가 하나의 문장 성분처럼 쓰이는 문장이다.

　　• 명사절 : 문장 내에서 주어나 목적어 등의 역할을 한다.

　　• 관형절 : 문장 내에서 체언을 꾸며주는 역할을 한다.

　　• 부사절 : 문장 내에서 서술어를 꾸며주는 역할을 한다.

　　• 서술절 : 문장 내에서 서술어의 역할을 한다.

　　• 인용절 : 직접 · 간접적으로 인용하는 역할을 한다.

　㉡ 이어진 문장 : 둘 이상의 문장들이 나란히 이어져서 더 큰 문장을 이룬다.

　　• 대등적으로 이어진 문장 : 나열, 대조 등의 관계로 이어진다.

　　• 종속적으로 이어진 문장 : 이유나 원인, 조건과 가정 등의 관계로 이어진다.

(2) 문장의 종결

① 문장의 종결 표현의 기능

　㉠ 동일한 종결 어미라 하더라도 말하는 이의 의도에 따라 다른 문장 유형으로 쓰인다.

　　예 공부해.(평서문) / 공부해?(의문문) / 공부해! (명령문)

　㉡ 문장의 유형이 같다고 하더라도 상황에 따라 다양한 의도를 나타낼 수 있다.

　　예 물을 다 마셨니? : '응' 또는 '아니'로만 단순하게 대답한다.

　　　지금 어디까지 왔니? : '어디'에 대한 구체적인 설명이 대답으로 나와야 한다.

② 종결 표현에 따른 문장의 유형

　㉠ 평서문 : 말한 내용에 대해 아무런 요구도 하지 않고 평범하게 말하는 종결 방식이다.

　㉡ 명령문 : 말하는 이가 말을 듣는 상대에게 어떤 일을 시키는 문장 종결 방식이다.

　㉢ 의문문 : 말하는 이가 말을 듣는 상대에게 질문을 하여 그 해답을 요구하는 문장 종결 방식이다.

　㉣ 감탄문 : 말하는 사람이 자신의 느낌이나 놀람을 나타내는 문장 종결 방식이다.

　㉤ 청유문 : 말하는 이가 말을 듣는 상대에게 어떤 일을 함께 하기를 요청하는 문장 종결 방식이다.

04 문법 표현

1. 높임 표현

(1) 개 념

화자가 청자나 어떤 대상에 대하여 그의 높고 낮은 정도에 따라 언어적으로 구별하여 표현하는
방식을 말한다.

(2) 종 류

① 주체 높임법

㉠ 개념 : 서술상의 주체(주어)가 화자보다 나이가 많거나 사회적 지위가 높을 때 서술어의
주체를 높이는 표현

㉡ 실현 방법

• 선어말 어미 '- (으)시-'를 사용하여 높이는 경우

  ᴇ 충무공은 훌륭한 장군이셨다.

• '계시다, 잡수시다' 등 특수 어휘를 사용하는 경우

  ᴇ 아버지께서는 진지를 잡수시고 계신다.

• 주격 조사 '께서'를 사용하여 높이는 경우

  ᴇ 선생님께서 숙제를 내 주셨다.

㉢ 종 류

• 직접 높임법 : 서술어의 주어를 직접 높이는 방법

  ᴇ 교장선생님께서는 댁에 계십니다.

• 간접 높임법 : 높여야 할 대상의 신체 일부, 소유물 등에 '-(으)시-'를 사용하여 주체를
간접적으로 높이는 방법

  ᴇ 선생님께서는 사무실에 책이 많으십니다.

② 객체 높임법

㉠ 개념 : 문장의 목적어나 부사어가 지시하는 대상, 즉 객체를 높이는 표현

㉡ 실현 방법

• 뵈다/뵙다, 드리다, 모시다, 여쭈다/여쭙다 등 특수 어휘를 사용하는 경우

  ᴇ 누나는 할머니를 모시고 병원에 갔다.

• 부사격 조사 '께'를 사용하는 경우

  ᴇ 철수는 선생님께 책을 드렸다.

③ 상대 높임법
　㉠ 개념 : 말하는 이가 듣는 이를 높이거나 낮추는 태도를 나타내는 표현으로, 주로 종결 어미를
　　　　사용하여 실현
　㉡ 종 류
　　• 격식체

	평서형	의문형	명령형	청유형	감탄형
하십시오체(아주 높임)	합니다	합니까?	하십시오	–	–
하오체(예사 높임)	하오	하오?	하오, 하구려	합시다	하는구려
하게체(예사 낮춤)	하네, 함세	하는가?, 하나?	하게	하세	하는구먼
해라체(아주 낮춤)	한다	하냐?, 하니?	해라	하자	하는구나

　　• 비격식체

	평서형	의문형	명령형	청유형	감탄형
해요체(두루 높임)	해요	해요?	해요	해요	해요
해체(두루 낮춤)	해	해?	해	해	해

2. 시간 표현

(1) 시제 : 발화시를 기준으로 삼아 앞뒤의 시간을 구분하는 것이다.

　① 과거 시제 (발화시 < 사건시)

개 념	사건이 말하는 시점 이전에 일어나는 시간 표현
실현 방법	• 선어말 어미 '–았–/–었–' 　예 영철이는 학교에 갔다(가＋았＋다). • 관형사형 어미로는 동사의 경우 '–(으)ㄴ', 형용사와 서술격 조사의 경우 '–던' 사용 　예 어제 먹은 사과, 어디서 샀어? (동사) 　　 아름답던 태희가 저렇게 변하다니. (형용사) 　　 학생이던 시절이 생각난다. (서술격 조사) • 시간 부사 '어제' 등에 의해 실현 　예 나는 어제 학교에 갔다.

② 현재 시제 (발화시 = 사건시)

개 념	사건이 말하는 시점에 일어나는 시간 표현
실현 방법	• 선어말 어미는 동사의 경우 '–는-/–ㄴ–'을 사용하고, 형용사나 서술격 조사의 경우에는 선어말 어미를 사용하지 않고 기본형 사용 예 아기가 잠을 잔다. (동사) 　　그녀는 아름답다. (형용사) • 관형절로 안길 때 동사는 '–는', 형용사는 '–(으)ㄴ', 서술격 조사 '–ㄴ' 사용 예 그와 말하는 사람은 누구시죠? (동사) 　　그는 좋은 사람입니다. (형용사) 　　나는 가수인 그녀를 사랑한다. (서술격 조사) • 시간 부사 '지금, 오늘' 등에 의해 실현 예 학생들이 지금 축구를 한다.

③ 미래 시제 (발화시 > 사건시)

개 념	사건이 말하는 시점 이후에 일어나는 시간 표현
실현 방법	• 선어말 어미 '–겠–'에 의해 실현 예 내일 제가 떠나겠습니다. • 관형사형 어미인 '–(으)ㄹ'에 의해 실현 예 올 겨울에 입을 옷을 사야지. • 시간 부사 '내일' 등에 의해 실현 예 학생들이 내일 도착할 것이다.

(2) 동작상 : 시제는 시간의 흐름 속에서 어떤 사건이나 사실을 한 개의 점으로 표시한다면, 동작상은 시간의 흐름 속에서 동작이 일어나는 모습을 나타낸다. 동작상은 주로 보조 용언이나 연결 어미를 통해 실현된다.

① 완료상

개 념	발화시를 기준으로 그 동작이 이미 완료되었음을 표현
실현 방법	• 보조 용언 '–아/–어 버리다' 예 나는 밥을 다 먹어 버렸다. • 보조 용언 '–아/–어 있다' 예 나는 지금 방에 앉아 있다. • 연결 어미 '–고서' 예 나는 공부를 마치고서 집을 나왔다

② 진행상

개 념	발화시를 기준으로 그 동작이 진행되고 있음을 표현
실현 방법	• 보조 용언 '-고 있다' 예 나는 수박을 <u>먹고 있다</u>. **PLUS ONE** ➕ '-고 있다'의 중의성 : 진행상과 완료상으로 모두 해석이 가능하다. 　　예 자동차를 타고 있다. (자동차를 타는 동작의 진행을 의미하기도 하고, 자동차를 탄 상태를 　　　　의미하기도 한다.) • 보조 용언 '-아/-어가다' 예 옷이 거의 <u>말라간다</u>. • 연결 어미 '-(으)면서' 예 그녀는 밥을 <u>먹으면서</u> 대답하였다.

3. 사동 표현

(1) 주동과 사동

① 주동 표현 : 주체가 스스로 행동하는 표현이다.

② 사동 표현 : 주체가 직접 행동하지 않고 다른 대상에게 행동하도록 시키는 표현이다.

(2) 사동의 종류

① 단형 사동과 장형 사동

단형 사동	• 사동 접미사 '-이-, -히-, -리-, -기-, -우-, -구-, -추-' 예 얼음이 녹았다. (주동) → 아이들이 얼음을 녹였다. (사동) • 접미사 '시키다' 예 철수와 영희가 화해하였다. (주동) → 철수와 영희를 화해시켰다. (사동)
장형 사동	보조 용언 '-게 하다' 예 철수가 옷을 입었다. (주동) → 엄마가 철수에게 옷을 입게 했다. (사동)

② 직접 사동과 간접 사동

직접 사동	사동의 주체가 행위에 참여하는 것 예 인형에게 옷을 입힌다.
간접 사동	사동의 주체가 행위에 참여하지 않는 것 예 아이에게 옷을 입힌다. (아이 스스로 옷을 입도록 시킴)

4. 피동 표현

(1) 능동과 피동

① **능동 표현** : 주체가 자신의 의지에 따라 스스로 서술어로 나타난 행위를 하는 표현이다.

② **피동 표현** : 주체가 다른 사람이나 사물의 힘에 의해 행위를 하는 표현이다.

(2) 피동의 종류

단형 피동	• 피동 접미사 '-이-, -히-, -리-, -기-' 예 고양이가 쥐를 물었다. (능동) → 쥐가 고양이에게 물렸다. (피동) • 접미사 '되다, 받다, 당하다' 예 국회가 법안을 가결하였다. (능동) → 법안이 국회에서 가결되었다. (피동)
장형 피동	보조 용언 '-어지다' 예 경찰이 사건의 전모를 밝혔다. (능동) → 사건 전모가 경찰에 의해 밝혀졌다. (피동)

5. 관용 표현

(1) 특 징

① 둘 이상의 단어가 결합하여 원래 뜻과 다르게 굳어진 표현이다.

② 상황을 비유적으로 표현하고, 내용을 강조하기도 한다.

(2) 종 류

① **관용어**

㉠ 둘 이상의 단어가 결합하여 특별한 의미로 사용되는 말이다.

㉡ 관용어에 사용되는 단어들은 지시적인 의미로 쓰이지 않기 때문에 단어의 의미만으로 전체의 의미를 파악하기 어렵다.

㉢ 표현의 의미를 정확하게 알고 있어야 상황에 맞는 표현을 할 수 있다.

② **속 담**

㉠ 예로부터 민간에 전하여 오는 말로 선조들의 삶의 지혜가 담겨 있는 표현이다.

㉡ 보통 문장의 형태를 지니고 있으며 교훈적인 내용을 담고 있다.

6. 인용 표현

(1) 개 념

다른 사람의 말이나 글을 직접 또는 간접적으로 자신의 말이나 글 속에 끌어다 쓰는 표현을 말한다.

(2) 종 류

① 직접 인용

개 념	다른 사람의 말이나 글을 원래의 형식과 내용을 그대로 유지한 채 인용
실현 방법	큰 따옴표가 있으면서, 인용격 조사 '라고' 사용 예 아내가 남편에게 "사랑해."라고 말했다.
효 과	직접 말을 전하는 듯한 생생한 느낌을 전달

② 간접 인용

개 념	다른 사람의 말이나 글을 원래의 형식과 내용을 유지하지 않고 내용만 끌어다 쓰는 인용
실현 방법	큰 따옴표가 없으면서, 인용격 조사 '고' 사용 예 아내가 남편에게 사랑한다고 말했다.
효 과	직접 인용을 사용할 때보다 매끄럽고 간결한 느낌을 전달

7. 부정 표현

(1) 개 념

부정을 나타내는 말을 사용하여 문장의 내용을 의미적으로 부정하는 문법의 기능을 말한다.

(2) 종 류

'안' 부정문	• 단순 부정 또는 주체의 의지에 의한 부정
	   – 단순 부정 : 오늘은 비가 안 내린다.
	   – 의지 부정 : 숙제를 안 했다.
	• 긴 부정문과 짧은 부정문
	   – 긴 부정문 '–지 아니하다(않다)' : 숙제를 하지 않았다.
	   – 짧은 부정문 '아니(안)' : 숙제를 안 했다.

'못' 부정문	• 능력 부족 또는 외부적 요인에 의한 부정
	   – 능력 부족 : 아무리 노력해도 저 팀은 못 이긴다.
	   – 외부적 요인 : 바람이 많이 불어서 배드민턴을 못 쳤다.
	• 긴 부정문과 짧은 부정문
	   – 긴 부정문 '–지 못하다' : 철수는 학교에 가지 못했다.
	   – 짧은 부정문 '못' : 철수는 학교에 못 갔다.

'말다' 부정문	명령문이나 청유문의 경우 '못 부정문'이나 '안 부정문'을 쓰지 못하고, '-지 말다'와 같이 '말다' 부정문을 사용 예 밥을 남기지 마라.(명령문) / 밥을 남기지 말자.(청유문)

(3) 부정문의 중의성

부정문은 그 의미가 중의적으로 해석될 수 있다.

예 철수가 나를 때리지 않았다.

- 나를 때린 사람은 철수가 아니다. (→ 다른 사람이 때렸다.)
- 철수가 때린 사람은 내가 아니다. (→ 다른 사람을 때렸다.)
- 철수는 나를 때린 것은 아니다. (→ 나를 밀었다.)

05 어문 규정

1. 표준 발음법

(1) 총 칙

표준 발음법은 표준어의 실제 발음을 따르되, 국어의 전통성과 합리성을 고려하여 정함을 원칙으로
한다.

(2) 받침의 발음

① 받침소리로는 'ㄱ, ㄴ, ㄷ, ㄹ, ㅁ, ㅂ, ㅇ'의 7개 자음만 발음한다.

② 받침 'ㄲ, ㅋ', 'ㅅ, ㅆ, ㅈ, ㅊ, ㅌ', 'ㅍ'은 어말 또는 자음 앞에서 각각 대표음 [ㄱ, ㄷ, ㅂ]으로
발음한다.

  ㉠ 'ㄲ, ㅋ' → [ㄱ] : 닦다[닥따], 키읔[키윽]

  ㉡ 'ㅅ, ㅆ, ㅈ, ㅊ, ㅌ' → [ㄷ] : 옷[옫], 있다[읻따], 빚다[빋따], 꽃[꼳], 솥[솓]

  ㉢ 'ㅍ' → [ㅂ] : 앞[압]

③ 겹받침 'ㄳ', 'ㄵ', 'ㄼ, ㄽ, ㄾ', 'ㅄ'은 어말 또는 자음 앞에서 각각 [ㄱ, ㄴ, ㄹ, ㅂ]으로 발음한다.

  ㉠ 'ㄳ' → [ㄱ] : 넋[넉]

  ㉡ 'ㄵ' → [ㄴ] : 앉다[안따]

  ㉢ 'ㄼ, ㄽ, ㄾ' → [ㄹ] : 여덟[여덜], 외곬[외골], 핥다[할따]

  ㉣ 'ㅄ' → [ㅂ] : 값[갑]

④ 겹받침 'ㄺ, ㄻ, ㄿ'은 어말 또는 자음 앞에서 각각 [ㄱ, ㅁ, ㅂ]으로 발음한다.

　　　ⓐ '리' → [ㄱ] : 닭[닥]

　　　ⓑ '래' → [ㅁ] : 삶[삼]

　　　ⓒ '료' → [ㅂ] : 읊다[읍따]

⑤ 받침 'ㅎ'의 발음

　ⓐ 'ㅎ(ㄶ, ㅀ)' 뒤에 'ㄱ, ㄷ, ㅈ'이 결합되는 경우에는, 뒤 음절 첫소리와 합쳐서 [ㅋ, ㅌ, ㅊ]으로 발음한다.

　　　예 놓고[노코], 쌓지[싸치], 많고[만코], 앓던[안턴], 닳지[달치]

　　　[붙임 1] 받침 'ㄱ(리), ㄷ, ㅂ(래), ㅈ(ㄵ)'이 뒤 음절 첫소리 'ㅎ'과 결합되는 경우에도, 역시 두 음을 합쳐서 [ㅋ, ㅌ, ㅍ, ㅊ]으로 발음한다.

　　　　　예 각하[가카], 밝히다[발키다], 맏형[마텽], 좁히다[조피다], 넓히다[널피다], 꽂히다[꼬치다], 앉히다[안치다]

　　　[붙임 2] 규정에 따라 'ㄷ'으로 발음되는 'ㅅ, ㅈ, ㅊ, ㅌ'의 경우에도 이에 준한다.

　　　　　예 옷 한 벌[오탄벌], 낮 한때[나탄때], 꽃 한 송이[꼬탄송이], 숱하다[수타다]

　ⓑ 'ㅎ(ㄶ, ㅀ)' 뒤에 'ㅅ'이 결합되는 경우에는, 'ㅅ'을 [ㅆ]으로 발음한다.

　　　예 닿소[다쏘], 많소[만쏘], 싫소[실쏘]

　ⓒ 'ㅎ' 뒤에 'ㄴ'이 결합되는 경우에는, [ㄴ]으로 발음한다.

　　　예 놓는[논는], 쌓네[싼네]

　　　[붙임] 'ㄶ, ㅀ' 뒤에 'ㄴ'이 결합되는 경우에는, 'ㅎ'을 발음하지 않는다.

　　　　　예 않네[안네], 않는[안는], 뚫네[뚤네 → 뚤레], 뚫는[뚤는 → 뚤른]

　ⓓ 'ㅎ(ㄶ, ㅀ)' 뒤에 모음으로 시작된 어미나 접미사가 결합되는 경우에는, 'ㅎ'을 발음하지 않는다.

　　　예 낳은[나은], 쌓이다[싸이다], 많아[마나], 않은[아는], 닳아[다라], 싫어도[시러도]

⑥ 홑받침이나 쌍받침이 모음으로 시작된 조사나 어미, 접미사가 결합되는 경우에는, 제 음가대로 뒤 음절 첫소리로 옮겨 발음한다.

　　　예 깎아[까까], 옷이[오시], 꽃을[꼬츨], 쫓아[쪼차], 밭에[바테], 앞으로[아프로], 덮이다[더피다]

⑦ 겹받침이 모음으로 시작된 조사나 어미, 접미사와 결합되는 경우에는, 뒤엣것만을 뒤 음절 첫소리로 옮겨 발음한다. 이 경우, 'ㅅ'은 된소리로 발음한다.

　　　예 넋이[넉씨], 앉아[안자], 닭을[달글], 곬이[골씨], 핥아[할타], 읊어[을퍼], 값을[갑쓸], 없어[업써]

⑧ 받침 뒤에 모음 'ㅏ, ㅓ, ㅗ, ㅜ, ㅟ' 들로 시작되는 실질 형태소가 연결되는 경우에는, 대표음으로 바꾸어서 뒤 음절 첫소리로 옮겨 발음한다.

　예 밭 아래[바다래], 늪 앞[느밥], 젖어미[저더미], 맛없다[마덥따], 겉옷[거돋], 헛웃음[허두슴], 꽃 위[꼬뒤]

　　다만, '맛있다, 멋있다'는 [마신따], [머신따]로도 발음할 수 있다.

　[붙임] 겹받침의 경우에는, 그중 하나만을 옮겨 발음한다.

　　　예 넋 없다[너겁따], 닭 앞에[다가페], 값어치[가버치], 값있는[가빈는]

(3) 모음의 발음

① 'ㅏ ㅐ ㅓ ㅔ ㅗ ㅚ ㅜ ㅟ ㅡ ㅣ'는 단모음으로 발음한다.

　[붙임] 'ㅚ, ㅟ'는 이중 모음으로 발음할 수 있다. 'ㅟ'와 'ㅚ'는 단모음 대신 이중 모음으로 발음하는 경우도 적지 않다. 이러한 발음 현실을 감안하여 'ㅟ'와 'ㅚ'의 경우 단모음 대신 이중 모음으로 발음하는 것도 허용하고 있다.

② 'ㅑ ㅒ ㅕ ㅖ ㅘ ㅙ ㅛ ㅝ ㅞ ㅠ ㅢ'는 이중 모음으로 발음한다.

　다만 1. 용언의 활용형에 나타나는 '져, 쪄, 쳐'는 [저, 쩌, 처]로 발음한다.

　　　예 가지어 → 가져[가저], 찌어 → 쪄[쩌], 다치어 → 다쳐[다처]

　다만 2. '예, 례' 이외의 'ㅖ'는 [ㅔ]로도 발음한다.

　　　예 계집[계집/게집], 시계[시계/시게](時計), 혜택[혜택/헤택](惠澤), 지혜[지혜/지헤](智慧)

　다만 3. 자음을 첫소리로 가지고 있는 음절의 'ㅢ'는 [ㅣ]로 발음한다.

　　　예 무늬[무니], 띄어쓰기[띠어쓰기], 희망[히망], 유희[유히]

　다만 4. 단어의 첫음절 이외의 '의'는 [ㅣ]로, 조사 '의'는 [ㅔ]로 발음함도 허용한다.

　　　예 주의[주의/주이], 협의[혀븨/혀비], 우리의[우리의/우리에]

2. 한글 맞춤법

(1) 총 칙

① 한글 맞춤법은 표준어를 소리대로 적되, 어법에 맞도록 함을 원칙으로 한다.

　㉠ 표준어를 : 한글 맞춤법은 표준어를 대상으로 한다.

　㉡ 소리대로 : 표준어를 적을 때 발음에 따라 적는다.

　㉢ 어법에 맞도록 : 표준어를 적을 때 뜻을 파악하기 쉽도록 각 형태소의 본 모양을 밝혀 적는다.

② 문장의 각 단어는 띄어 씀을 원칙으로 한다.

    ㉠ 단어는 독립적으로 쓰이는 말의 최소 단위이기 때문에 단어 단위로 띄어쓰기를 한다.

    ㉡ 조사는 독립성이 없어서 다른 단어와는 달리 앞말에 붙여 쓴다.

    ㉢ 동사나 형용사의 어간과 어미는 단어가 아니므로 띄어쓰기를 하지 않는다.

③ 외래어는 '외래어 표기법'에 따라 적는다.

    ㉠ 외래어는 다른 언어에서 들어온 말이므로 원어의 언어적인 특징을 고려해서 적는다.

    ㉡ 외래어는 고유어, 한자어와 함께 국어의 어휘 체계에 정착한 어휘이다.

(2) 소리에 관한 것

① **'ㄷ' 소리 받침** : 'ㄷ' 소리로 나는 받침 중에서 'ㄷ'으로 적을 근거가 없는 것은 'ㅅ'으로 적는다.

    ㉠ 'ㄷ' 소리로 나는 받침 : 음절 종성에서 [ㄷ]으로 소리 나는 'ㄷ, ㅅ, ㅆ, ㅈ, ㅊ, ㅌ, ㅎ'

        예 덧저고리, 돗자리, 웃어른, 무릇, 사뭇, 얼핏, 옛, 첫

    ㉡ 'ㄷ'으로 적을 뚜렷한 근거가 있는 경우에는 'ㄷ'으로 적는다.

        • 원래부터 'ㄷ' 받침을 가지고 있는 경우

          예 맏이[마지], 맏아들[마다들]'의 '맏'

              '낟[낟], 낟알[나달], 낟가리[낟까리]'의 '낟'

        • 본말에서 준말이 만들어지면서 'ㄷ' 받침을 갖게 된 경우

          예 돋보다(← 도두보다), 딛다(← 디디다), 얻다가(← 어디에다가)

        • 'ㄹ' 소리와 연관되어 'ㄷ'으로 소리 나는 경우

          예 반짇고리, 사흗날, 숟가락, 이튿날

② **모 음**

    ㉠ '계, 례, 몌, 폐, 혜'의 'ㅖ'는 'ㅔ'로 소리 나는 경우가 있더라도 'ㅖ'로 적는다.

        예 혜택(惠澤), 사례(謝禮), 계집, 핑계, 폐품(廢品), 계시다

    ㉡ 한자 '偈, 揭, 憩'는 본음이 [게]이므로 'ㅔ'로 적는다.

        예 게송(偈頌), 게시판(揭示板), 휴게실(休憩室)

    ㉢ '의'나, 자음을 첫소리로 가지고 있는 음절의 'ㅢ'는 'ㅣ'로 소리 나는 경우가 있더라도 'ㅢ'로 적는다.

        예 의의(意義), 띄어쓰기, 무늬[紋], 희망(希望), 하늬바람

③ **겹쳐 나는 소리** : 한 단어 안에서 같은 음절이나 비슷한 음절이 겹쳐 나는 부분은 같은 글자로 적는다.

    예 딱딱, 꼿꼿하다, 눅눅하다, 밋밋하다, 쓱싹쓱싹, 누누이(屢屢−)

(3) 형태에 관한 것

① **체언과 조사** : 체언은 조사와 구별하여 적는다.

  예 집이, 집을, 집에, 집도, 집만

② **어간과 어미**

  ㉠ 용언의 어간과 어미는 구별하여 적는다.

    예 찾다, 찾고, 찾아, 찾으니 / 늙다, 늙고, 늙어, 늙으니

  ㉡ 어간의 끝음절 모음이 'ㅏ, ㅗ'일 때에는 어미를 '-아'로 적고, 그 밖의 모음일 때에는 '-어'로 적는다.

    예 나아, 나아도, 나아서 / 겪어, 겪어도, 겪어서

  ㉢ 다음과 같은 용언들은 어미가 바뀔 경우, 그 어간이나 어미가 원칙에 벗어나면 벗어나는 대로 적는다.

   • 어간의 끝 'ㅎ'이 줄어질 적

     예 그렇다 : 그러니, 그럴, 그러면, 그러오

   • 어간의 끝 'ㅜ, ㅡ'가 줄어질 적

     예 푸다(퍼, 펐다), 뜨다(떠, 떴다), 담그다(담가, 담갔다)

   • 어간의 끝 'ㄷ'이 'ㄹ'로 바뀔 적

     예 걷다[步] : 걸어, 걸으니, 걸었다

   • 어간의 끝 'ㅂ'이 'ㅜ'로 바뀔 적

     예 맵다 : 매워, 매우니, 매웠다

   • '하다'의 활용에서 어미 '-아'가 '-여'로 바뀔 적

     예 하다 : 하여, 하여서, 하여도, 하여라, 하였다

   • 어간의 끝음절 '르' 뒤에 오는 어미 '-어'가 '-러'로 바뀔 적

     예 이르다[至] : 이르러, 이르렀다

   • 어간의 끝음절 '르'의 'ㅡ'가 줄고, 그 뒤에 오는 어미 '-아/-어'가 '-라/-러'로 바뀔 적

     예 가르다 : 갈라, 갈랐다 / 부르다 : 불러, 불렀다

③ **접미사가 붙어서 된 말**

  ㉠ 어간에 '-이'나 '-음/-ㅁ'이 붙어 명사로 된 것과 '-이'나 '-히'가 붙어 부사로 된 것은 그 어간의 원형을 밝히어 적는다.

    예 길이, 달맞이, 벼훑이, 걸음, 얼음, 앎, 같이, 높이, 실없이, 밝히, 익히, 작히

  ㉡ 명사 뒤에 '-이'가 붙어서 된 말은 그 명사의 원형을 밝히어 적는다.

    예 곳곳이, 낱낱이, 삼발이, 애꾸눈이, 바둑이

ⓒ 명사나 혹은 용언의 어간 뒤에 자음으로 시작된 접미사가 붙어서 된 말은 그 명사나 어간의 원형을 밝히어 적는다.
　　예 값지다, 넋두리, 빛깔, 잎사귀, 낚시, 덮개, 갉작거리다, 굵직하다, 높다랗다
④ 합성어 및 접두사가 붙은 말
　ⓐ 둘 이상의 단어가 어울리거나 접두사가 붙어서 이루어진 말은 각각 그 원형을 밝히어 적는다.
　　예 꺾꽂이, 부엌일, 첫아들, 빗나가다, 새파랗다, 엿듣다, 헛되다
　ⓑ 끝소리가 'ㄹ'인 말과 딴 말이 어울릴 적에 'ㄹ' 소리가 나지 아니하는 것은 아니 나는 대로 적는다.
　　예 다달이(달-달-이), 따님(딸-님), 마소(말-소), 바느질(바늘-질)
　ⓒ 끝소리가 'ㄹ'인 말과 딴 말이 어울릴 적에 'ㄹ' 소리가 'ㄷ' 소리로 나는 것은 'ㄷ'으로 적는다.
　　예 반짇고리(바느질-), 사흗날(사흘-), 섣달(설-), 숟가락(술-)
　ⓓ 사이시옷은 다음과 같은 경우에 받치어 적는다.
　　• 순우리말로 된 합성어로서 앞말이 모음으로 끝난 경우
　　　- 뒷말의 첫소리가 된소리로 나는 것 : 나뭇가지, 냇가, 모깃불, 바닷가, 핏대, 햇볕
　　　- 뒷말의 첫소리 'ㄴ, ㅁ' 앞에서 'ㄴ' 소리가 덧나는 것 : 아랫니, 텃마당, 아랫마을, 뒷머리, 잇몸, 깻묵, 냇물, 빗물
　　　- 뒷말의 첫소리 모음 앞에서 'ㄴㄴ' 소리가 덧나는 것 : 도리깻열, 두렛일, 뒷일, 베갯잇, 깻잎, 나뭇잎, 댓잎
　　• 순우리말과 한자어로 된 합성어로 앞말이 모음으로 끝난 경우
　　　- 뒷말의 첫소리가 된소리로 나는 것 : 귓병, 머릿방, 사잣밥, 샛강, 자릿세, 전셋집, 콧병, 탯줄, 텃세, 핏기, 햇수
　　　- 뒷말의 첫소리 'ㄴ, ㅁ' 앞에서 'ㄴ' 소리가 덧나는 것 : 곗날, 제삿날, 훗날, 툇마루, 양칫물
　　　- 뒷말의 첫소리 모음 앞에서 'ㄴㄴ' 소리가 덧나는 것 : 가욋일, 사삿일, 예삿일, 훗일
　　• 두 음절로 된 다음 한자어 : 곳간(庫間), 셋방(貰房), 숫자(數字), 찻간(車間), 툇간(退間), 횟수(回數)
⑤ 준 말
　ⓐ 단어의 끝모음이 줄어지고 자음만 남은 것은 그 앞의 음절에 받침으로 적는다.
　　예 기러기야 → 기럭아 , 어제그저께 → 엊그저께, 가지고 → 갖고
　ⓑ 체언과 조사가 어울려 줄어지는 경우에는 준 대로 적는다.
　　예 그것으로 → 그걸로 , 나는 → 난, 무엇을 → 뭣을/무얼/뭘
　ⓒ 'ㅚ' 뒤에 '-어, -었-'이 어울려 으로 될 적에도 준 대로 적는다.
　　예 뵈어 → 봬, 뵈었다 → 뵀다

(4) 띄어쓰기

① 조사는 그 앞말에 붙여 쓴다.

> 예 꽃이, 꽃마저, 꽃밖에, 꽃에서부터, 꽃이다, 꽃입니다, 꽃처럼

② 의존 명사는 띄어 쓴다.

> 예 아는 것이 힘이다. / 나도 할 수 있다. / 먹을 만큼 먹어라.

③ 단위를 나타내는 명사는 띄어 쓴다.

> 예 한 개, 금 서 돈, 소 한 마리, 신 두 켤레, 북어 한 쾌

다만, 순서를 나타내는 경우나 숫자와 어울리어 쓰이는 경우에는 붙여 쓸 수 있다.

> 예 두시 삼십분 오초, 육층, 1446년 10월 9일, 16동 502호

④ 수를 적을 적에는 '만(萬)' 단위로 띄어 쓴다.

> 예 십이억 삼천사백오십육만 칠천팔백구십팔, 12억 3456만 7898

⑤ 두 말을 이어 주거나 열거할 적에 쓰이는 다음의 말들은 띄어 쓴다.

> 예 국장 겸 과장 / 열 내지 스물 / 이사장 및 이사들

⑥ 보조 용언은 띄어 씀을 원칙으로 하되, 경우에 따라 붙여 씀도 허용한다.

> 예 그릇을 깨뜨려 버렸다. / 그릇을 깨뜨려버렸다.
>
> 비가 올 듯하다. / 비가 올듯하다.

다만, 앞말에 조사가 붙거나 앞말이 합성 용언인 경우, 그리고 중간에 조사가 들어갈 적에는 그 뒤에 오는 보조 용언은 띄어 쓴다.

> 예 잘도 놀아만 나는구나! / 그가 올 듯도 하다.

⑦ 성과 이름, 성과 호 등은 붙여 쓰고, 이에 덧붙는 호칭어, 관직명 등은 띄어 쓴다.

> 예 김양수(金良洙), 채영신 씨, 충무공 이순신 장군

(5) 그 밖의 것

① 다음과 같은 어미는 예사소리로 적는다.

> 예 −(으)ㄹ게, −(으)ㄹ수록, −(으)ㄹ지라도, −(으)ㄹ세라

다만, 의문을 나타내는 다음 어미들은 된소리로 적는다.

> 예 −(으)ㄹ까?, −(으)ㄹ꼬?, −(스)ㅂ니까?, −(으)리까?, −(으)ㄹ쏘냐?

② 다음과 같은 접미사는 된소리로 적는다.

> 예 심부름꾼, 귀때기, 일꾼, 팔꿈치, 때깔, 빛깔, 성깔, 겸연쩍다, 코빼기, 객쩍다

③ −더라, −던'과 '−든지'는 다음과 같이 적는다.

> ㉠ 지난 일을 나타내는 어미는 '−더라, −던'으로 적는다.
>
> > 예 지난겨울은 몹시 춥더라.

ⓛ 물건이나 일의 내용을 가리지 아니하는 뜻을 나타내는 조사와 어미는 '(-)든지'로 적는다.
  예 배든지 사과든지 마음대로 먹어라.
④ 다음 말들은 각각 구별하여 적는다.

다치다	신체에 상처가 생기다 예 부주의로 손을 다쳤다.
닫히다	'닫다'의 피동사 예 문이 저절로 닫혔다.
마치다	일, 과정, 절차가 끝나다 예 벌써 일을 마쳤다.
맞히다	맞는 답을 내놓다 예 문제의 정답을 맞혔다.
반드시	틀림없이, 꼭 예 약속은 반드시 지켜라.
반듯이	비뚤어지지 않고 바르게 예 고개를 반듯이 들어라.
부치다	편지나 물건을 상대에게 보내다 예 편지를 부친다.
붙이다	맞닿아 떨어지지 아니하게 하다 예 우표를 붙인다.
시키다	어떤 일이나 행동을 하게 하다 예 일을 시킨다.
식히다	'식다'의 사동사 예 끓인 물을 식힌다.
(으)로서	지위나 신분, 자격 예 사람으로서 그럴 수는 없다.
(으)로써	재료, 수단, 도구 예 닭으로써 꿩을 대신했다.

3. 외래어 표기법

(1) 표기의 기본 원칙

제1항 외래어는 국어의 현용 24 자모만으로 적는다.
제2항 외래어의 1 음운은 원칙적으로 1 기호로 적는다.
제3항 받침에는 'ㄱ, ㄴ, ㄹ, ㅁ, ㅂ, ㅅ, ㅇ'만을 쓴다.
제4항 파열음 표기에는 된소리를 쓰지 않는 것을 원칙으로 한다.
제5항 이미 굳어진 외래어는 관용을 존중하되, 그 범위와 용례는 따로 정한다.

06 국어의 변화

1. 언어의 이해

(1) 음성 언어와 문자 언어

① 공통점

㉠ 다른 사람과 의미를 주고받으며 의사소통의 기능을 수행한다.

㉡ 의사소통의 기능을 수행하기 위하여 그 사회에서 약속된 부호를 사용한다.

② 차이점

구 분	음성 언어	문자 언어
제 약	시간과 공간의 제약을 받음	시간과 공간의 제약을 받지 않음
기록·보존·전달	정보의 기록·보존·전달이 어려움	정보의 기록·보존·전달이 용이함
보조 수단	손짓, 몸짓, 표정, 억양, 어조 등	문체, 표현 기법 등
전달 내용	비교적 쉬운 내용 전달	비교적 복잡한 내용 전달
전달 방법	대면한 상태에서 사용하기 때문에 생각이나 감정을 직접적으로 전달	직접 대면하지 않기 때문에 생각이나 감정을 간접적으로 전달

(2) 언어의 특성

① **자의성** : 언어의 의미와 기호 사이에는 필연적인 관계가 없다.

② **사회성** : 언어는 그 언어를 사용하는 사람들 사이의 약속이다.

③ **역사성** : 언어는 시간의 흐름에 따라 끊임없이 변한다.

㉠ 생성 : 새로운 말이 생기는 것

㉡ 변화 : 의미 축소, 의미 확대, 의미 이동 등

㉢ 소멸 : 사용하던 말이 사라지는 것

④ **창조성** : 한정된 단어로써 상황에 따라 무한히 많은 새로운 문장을 만들 수 있다.

⑤ **규칙성** : 언어마다 원활한 언어생활을 위하여 정해 놓은 규칙이 있다.

(3) 언어의 기능

① **표현적 기능** : 화자가 어떤 문제에 대해 자신의 판단이나 감정을 언어로 표현하는 기능을 말한다.

예 • 그녀는 몸무게가 45kg입니다.(화자의 사실적 판단)

• 여기는 금연 장소입니다.(청자에 대한 화자의 태도)

② **표출적 기능** : 화자가 의사소통을 전제로 하지 않고 거의 본능적으로 사용하는 기능을 말한다.

예 으악! / 에구머니나! / 어이쿠!

③ **지령적 기능** : 지령이란 윗사람이 아랫사람에게 무엇을 하게 하는 것이다. 일명 감화적 기능, 명령적 기능이라고도 한다.

④ **친교적 기능** : 화자가 청자와의 유대 관계를 확인하거나 친교를 돈독하게 하기 위한 목적으로 사용되는 언어 기능이다.

  예 • (화창한 날씨를 보며) "오늘은 날씨가 참 화창하군요."
   • (인사치레로) "식사 하셨어요?"

2. 국어의 이해

(1) 국어의 개념

① 국어란 국가를 배경으로 그 나라의 국민이 사용하는 개별적, 구체적 언어이다.

② 보통 한 나라 안에서는 하나의 국어가 사용되지만 경우에 따라 둘 이상의 국어를 사용하는 나라도 있다.

(2) 국어의 갈래

① **계통상 분류** : 알타이 어족

> **PLUS ONE** ➕ 알타이 어족의 특징
> • 두음 법칙과 모음조화 현상이 있다.
> • 수식어가 피수식어 앞에 놓인다.
> • 실질 형태소에 형식 형태소가 붙어 문법적 관계를 나타낸다.
> • '주어 + 목적어(보어) + 서술어'의 구조를 갖는다.
> • 관계 대명사와 접속사가 없다.

② **형태상 분류** : 첨가어(교착어)

(3) 어휘의 체계와 양상

① 우리말 어휘의 체계

  ㉠ 고유어 : 오래 전부터 사용하던 순우리말로서, 우리 민족 특유의 문화나 정서를 표현한다.

  ㉡ 한자어 : 중국에서 유입된 한자로 된 단어이다.

  ㉢ 외래어 : 외국으로부터 들여와 우리말처럼 쓰이는 단어 가운데 한자어를 제외한 단어를 말한다.

② 우리말 어휘의 양상

  ㉠ 지역 방언

   • 개념 : 지역에 따라 다르게 사용하는 말이다.

- 특 징
  - 방언은 우리말의 어휘를 더욱 풍부하게 만든다.
  - 그 지역의 고유한 정서와 문화를 느낄 수 있다.
  - 방언 속에는 옛말이 많이 남아 있어 국어 연구에 효율적이다.
  - 사용하는 사람끼리 친근함과 유대감을 느낄 수 있다.
- ⓛ 사회 방언
  - 개념 : 직업, 성별, 세대 등 사회적 요인에 따라 다르게 사용하는 말이다.
  - 특징 : 구성원끼리는 소속감과 유대감을 느끼게 하지만, 구성원이 아닌 사람에게는 소외감을 느끼게 한다.
  - 종 류

은 어	어떤 특정 집단에서 다른 사람들이 알아듣지 못하도록 자기네 구성원들끼리만 특별하게 사용하는 말이다.
속 어	통속적으로 쓰는 저속한 말로 은어와는 달리 비밀 유지의 기능이 없다.
전문어	어떤 전문적인 작업을 효과적으로 수행하기 위하여 그 직업에 종사하는 사람들 사이에서 특수하게 발달된 말이다. 대표적인 예로 예술 용어, 법률 용어, 종교 용어, 철학 용어, 의학 용어 등이 있다.
금기어 · 완곡어	일반적으로 사람들은 '똥'이나 '죽음'과 같이 더럽거나 두려운 단어의 경우 말하기를 꺼려하는데 이러한 말을 '금기어'라고 한다. 금기어의 경우 말하기 꺼리기 때문에 불쾌함이나 두려움이 덜한 말을 사용하는데 이처럼 금기어의 의미를 부드럽게 표현하는 말을 '완곡어'라고 한다.
유행어	비교적 짧은 시기에 걸쳐 여러 사람의 입에 오르내리는 단어나 구절로서, 시대상을 반영한다.

3. 한글 창제

(1) 한글 창제의 배경

① 우리말을 표기할 우리 고유의 문자가 없어 한자를 사용하고 있다.
② 한자를 배우기 어려워하는 백성들은 자신의 뜻을 표현하지 못한다.
③ 한자로는 우리말을 제대로 표현하기 어렵다.

(2) 한글의 창제 정신

① 실용 정신 : 누구나 쉽게 배우고 편하게 쓸 수 있는 글이 있어야 한다.
② 자주 정신 : 한자로 우리말을 제대로 표현하는 데 한계가 있어 우리의 독창적인 문자가 필요하다.
③ 애민 정신 : 백성들이 글자를 몰라 억울한 일을 당하지 않도록 해야 한다.

(3) 한글의 창제 원리

① 자음자를 만드는 원리

㉠ 상형의 원리 : 발음 기관의 모양을 본떠 기본자 'ㄱ, ㄴ, ㅁ, ㅅ, ㅇ'을 만들었다.

㉡ 가획의 원리 : 기본자에 획을 하나씩 더해 새로운 글자를 만들었다.

	글자를 만드는 원리	기본자	가획자
아음(어금닛소리)	허뿌리가 목구멍을 막는 모양	ㄱ	ㅋ
설음(혓소리)	혀가 윗잇몸에 닿는 모양	ㄴ	ㄷ, ㅌ
순음(입술소리)	입의 모양	ㅁ	ㅂ, ㅍ
치음(잇소리)	이의 모양	ㅅ	ㅈ, ㅊ
후음(목구멍소리)	목구멍의 모양	ㅇ	ㆆ, ㅎ

㉢ 이체의 원리 : 기본자와 모양을 달리하여 'ㆁ(옛이응), ㄹ, ㅿ(반치음)'을 만들었다.

② 모음자를 만드는 원리

㉠ 상형의 원리 : 하늘(天)의 둥근 모양, 땅(地)의 평평한 모양, 사람(人)이 서 있는 모양 등을 본떠 기본자 'ㆍ(하늘), ㅡ(땅), ㅣ(사람)'를 만들었다.

㉡ 합성의 원리 : 기본자를 서로 합하여 다른 모음자를 만들었다. 초출자와 재출자가 있다.

구 분	특 징	모음 글자
기본자	상형의 원리로 만듦	ㆍ, ㅡ, ㅣ
초출자	'ㅡ'와 'ㅣ'에 'ㆍ'를 결합하여 만듦	ㅗ, ㅏ, ㅜ, ㅓ
재출자	초출자에 'ㆍ'를 결합하여 만듦	ㅛ, ㅑ, ㅠ, ㅕ

③ 한글 자음과 모음을 확장하여 만드는 방법

㉠ 연서 : 자음 두 개를 위아래로 연이어 쓰는 방법 예 ㅱ, ㅸ, ㅹ, ㆄ

㉡ 병서 : 자음 둘 이상을 가로로 나란히 붙여 쓰는 방법

• 각자병서 : 같은 자음자를 나란히 쓰는 방법 예 ㄲ, ㄸ, ㅃ, ㅆ, ㅉ

• 합용병서 : 다른 자음자를 나란히 쓰는 방법 예 ㅺ, ㅲ, ㅴ

㉢ 합용 : 모음을 여러 개 합하여 쓰는 방법 예 ㅘ, ㅝ, ㅚ, ㅢ, ㅐ, ㅔ, ㅙ, ㅞ

(4) 중세 국어의 특징

① 음 운

자 음	• 음절의 첫머리에 서로 다른 둘 이상의 자음이 올 수 있는 어두 자음군이 사용되었다. • 'ㅸ(순경음 ㅂ), ㅿ(반치음), ㆁ(옛 이응), ㆆ(여린 히읗)' 등 현대 국어에 사용하지 않는 글자가 사용되었다.
모 음	• 양성 모음은 양성 모음끼리, 음성 모음은 음성 모음끼리 어울리는 모음 조화가 잘 지켜졌다. • 'ㆍ(아래 아)'가 사용되었다.

② 문 법

조 사	• 주격 조사 '이'와 ' ㅣ '가 사용되었다. – 이 : 자음으로 끝난 체언 뒤　예 시미[심+이] 기픈 므른 – ㅣ : 'ㅣ' 모음 이외의 모음으로 끝난 체언 뒤 　　예 孔子ㅣ[공ᄌᆞ+ㅣ] 曾子ᄃᆞ려 닐러 골ᄋᆞ샤티 – ∅ : 'ㅣ' 모음으로 끝난 체언 뒤　예 불휘[불휘+∅] 기픈 남ᄀᆞᆫ • 목적격 조사 '올/롤, 을/를'이 사용되었다. – 올/롤 : 양성 모음 뒤 – 을/를 : 음성 모음 뒤
어 미	• 명사형 어미에는 '-옴/-음'이 사용되었다. • 객체 높임 선어말 어미 '-ᄉᆞᆸ-, -ᄌᆞᆸ-, -ᅀᆞᆸ-'이 사용되었다.

③ 어 휘

  ㉠ 현대 국어에는 사용되지 않는 단어들이 사용되었다.

  ㉡ 현대 국 어와 다른 의미로 사용되는 단어들이 있다.

  ㉢ 한자어의 유입이 증가되면서 한자어의 쓰임이 증가하였다. 한자어와 고유어의 경쟁 속에서 고유어가 사라지기도 했다.

  ㉣ 이웃 나라와 교류하는 과정에서 몽골어, 여진어, 중국어 등 외래어가 들어왔다.

④ 표 기

  ㉠ 훈민정음 창제 이후 우리말을 그대로 적을 수 있게 되었다.

  ㉡ 받침으로 'ㄱ, ㄴ, ㄷ, ㄹ, ㅁ, ㅂ, ㅅ, ㆁ'의 여덟 자를 사용했다.(8종성법)

  ㉢ 앞말의 받침을 다음 글자의 첫소리에 옮겨 적는 이어 적기(연철)를 일반적으로 사용했다.

> **PLUS ONE ➕** 표기법
> • 이어 적기 : 연철(連綴)식 표기
> – 앞 음절의 끝소리를 뒤 음절의 첫소리로 옮겨 적는다.
> – 표음주의 표기법이라고도 한다.
> • 끊어 적기 : 분철(分綴)식 표기
> – 체언과 조사, 어간과 어미를 구별하여 적는 방법이다.
> – 표의주의 표기법이라고도 한다.
> • 거듭 적기 : 중철(重綴)식 표기
> – 이어 적기에서 끊어 적기로 넘어가는 과도기에 나타난 표기법이다.
> – 이어 적기와 끊어 적기를 함께 적는 방법으로 일명 혼철(混綴)식 표기라고도 한다.

  ㉣ 성조를 표시하기 위해 글자 왼쪽에 방점을 찍었고, 성조로 단어의 뜻을 구분하였다.

  ㉤ 한자음을 중국 발음에 가깝게 적는 동국정운(東國正韻)식 표기를 사용하였다.

  ㉥ 세로쓰기를 하였다.

  ㉦ 띄어쓰기를 하지 않았다.

4 남북한 언어

(1) 남북한 언어의 동질성과 이질성

① **동질성** : 역사적 배경을 같이하는 한 민족으로, 분단 이전부터 같은 말과 글을 사용하였다.

② **이질성** : 분단 이후 교류가 없이 맞춤법이 남북한 따로 수정되었고, 서로 다른 이념과 제도가 언어에 영향을 미쳤다.

(2) 남북한 언어의 차이

① 남한은 서울말을 표준어로, 북한은 평양말을 문화어로 사용한다.

② 이념과 제도가 언어에 영향을 미쳐 서로 다른 의미로 사용하는 어휘가 있다.

　　예 동무 : 친하게 어울리는 사람(남한), 혁명대오에서 함께 싸우는 사람(북한)

③ 북한에서는 한자어, 외래어 등을 고유어로 바꾸어 사용한다.

　　예 골키퍼(남한) / 문지기(북한), 노크(남한) / 손기척(북한)

④ 분단 이후 북한에 새로운 어휘가 만들어졌다.

　　예 밥공장, 인민배우

⑤ 북한은 두음법칙을 인정하지 않는다.

　　예 양심(남한) / 량심(북한), 노동신문(남한) / 로동신문(북한)

⑥ 북한은 사이시옷을 쓰지 않는다.

　　예 냇물(남한) / 내물(북한)

⑦ 북한은 의존명사를 붙여 쓴다.

　　예 아는 것(남한) / 아는것(북한)

⑧ 남한의 어조는 부드럽게 흘러가는 느낌이라면, 북한의 어조는 명확하고 또박또박하면서 강하고 거센 느낌이 있다.

CHAPTER 05 적중예상문제

01 밑줄 친 단어의 불규칙 활용 유형이 같은 것은?

① 나뭇잎이 <u>누르니</u> 가을이 왔다.

　나무가 높아 <u>오르기</u> 힘들다.

② 목적지에 <u>이르기</u>는 아직 멀었다.

　앞으로 <u>구르기</u>를 잘한다.

③ 주먹을 <u>휘두르지</u> 마라.

　머리를 짧게 <u>자른다.</u>

④ 그를 불운한 천재라 <u>부른다.</u>

　색깔이 아주 <u>푸르다.</u>

해설 ③ '휘두르다'와 '자르다'는 '르' 불규칙 활용을 한다.

　• 휘두르다 – 휘두르고 – 휘두르지 – 휘둘러

　• 자르다 – 자르고– 자르지 – 잘라

① '누르다(황금이나 놋쇠의 빛깔과 같이 다소 밝고 탁하다)'는 '러' 불규칙 활용, '오르다'는 '르' 불규칙 활용을 한다.

　• 누르다 – 누르고 – 누르지 – 누르러

　• 오르다 – 오르고 – 오르지 – 올라

② '이르다(어떤 장소나 시간에 닿다)'는 '러' 불규칙 활용, '구르다'는 '르' 불규칙 활용을 한다.

　• 이르다 – 이르고 – 이르지 – 이르러

　• 구르다 – 구르고 – 구르지 – 굴러

④ '부르다'는 '르' 불규칙 활용, '푸르다'는 '러' 불규칙 활용을 한다.

　• 부르다 – 부르고 – 부르지 – 불러

　• 푸르다 – 푸르고 – 푸르지 – 푸르러

02 '깎다'의 활용형에 적용된 음운 변동에 대한 설명으로 옳은 것은?

> • 교체 : 한 음운이 다른 음운으로 바뀌는 현상
> • 탈락 : 한 음운이 없어지는 현상
> • 첨가 : 없던 음운이 생기는 현상
> • 축약 : 두 음운이 합쳐져서 또 다른 음운 하나로 바뀌는 현상
> • 도치 : 두 음운의 위치가 서로 바뀌는 현상

① '깎는'은 교체 현상에 의해 [깡는]으로 발음된다.
② '깎아'는 탈락 현상에 의해 [까까]로 발음된다.
③ '깎고'는 도치 현상에 의해 [각꼬]로 발음된다.
④ '깎지'는 축약 현상과 첨가 현상에 의해 [깍찌]로 발음된다.

해설
① '깎는'은 먼저 음절의 끝소리 규칙(교체)에 의해 [각는]으로 바뀌고, 다시 비음화(교체) 현상에 의해 [깡는]으로 발음된다.
② '깎아'는 어간 '깎'이 어미 '-아'를 만나서 [까까]로 연음되어 발음되는 것으로 탈락과는 관계가 없다.
③ '깎고'는 음절의 끝소리 규칙(교체)에 의해 [각고]로 바뀌고, 다시 된소리되기(교체)에 의해 [각꼬]로 발음되기 때문에 도치와는 관계가 없다.
④ '깎지'는 음절의 끝소리 규칙(교체)에 의해 [각지]로 바뀌고, 다시 된소리되기(교체)에 의해 [각찌]로 발음되기 때문에 축약, 첨가와는 관계가 없다.

03 단어에 대한 설명으로 옳지 않은 것은?

① '바다', '맑다'는 어근이 하나인 단일어이다.
② '회덮밥'은 파생어 '덮밥'에 새로운 어근 '회'가 결합된 합성어이다.
③ '곁눈질'은 합성어 '곁눈'에 접미사 '-질'이 결합된 파생어이다.
④ '웃음'은 어근 '웃-'에 접미사 '-음'이 붙어 명사가 된 파생어이다.

해설
'덮밥'은 어근 '덮-'과 어근 '밥'이 결합한 합성어이다. 따라서 '회덮밥'은 합성어 '덮밥'에 어근 '회'가 결합된 합성어이다.

04 다음 중 단어의 짜임이 〈보기〉와 같은 것은?

| 보 기 |
| 손놀림 : 놀리- + -ㅁ = 놀림(파생) → 손 + 놀림 = 손놀림(합성) |

① 책꽂이   ② 헛소리
③ 가리개   ④ 밤 낮

해설
〈보기〉는 용언의 어간 '놀리-'와 접미사 '-ㅁ'의 결합으로 만들어진 파생어 '놀림'에, 어근 '손'을 결합하여 합성어를 만든 구조이다.
① 꽂- + -이 = 꽂이(파생), 책 + 꽂이 = 책꽂이(합성)
② 헛- + 소리(파생)
③ 가리- + -개(파생)
④ 밤 + 낮(합성)

05 다음 조건을 모두 충족하는 단어는?

> • 어근과 어근의 결합으로 이루어진 단어
> • 사람이나 사물의 움직임 또는 작용을 나타내는 단어

① 뛰놀다   ② 짓이기다   ③ 높푸르다   ④ 새하얗다

 '합성어'이면서 '동사'인 조건을 충족하는 단어를 찾아야 한다.
① '뛰놀다'는 '뛰다'와 '놀다'의 어근 '뛰-'와 '놀-'이 더해진 '합성어'이면서 '동사'이다.
② '짓이기다'는 동사 '이기다'에 접두사 '짓-'이 더해진 '파생어'이면서 '동사'이다.
③ '높푸르다'는 어근 '높-'과 '푸르-'가 더해진 '합성어'이면서 '형용사'이다.
④ '새하얗다'는 형용사 '하얗다'에 접두사 '새-'가 더해진 '파생어'이면서 '형용사'이다.

06 다음 중 합성어인 것을 모두 고른 것은?

> 먹다   뛰놀다   책가방   햇병아리   마음   시나브로   맨손   피땀

① 책가방, 마음, 맨손   ② 뛰놀다, 햇병아리, 맨손
③ 먹다, 마음, 시나브로   ④ 뛰놀다, 책가방, 피땀

 • 단일어 : 하나의 실질 형태소나 어근만으로 이루어진 단어(먹다, 마음, 시나브로)
• 파생어 : 어근과 접사로 이루어진 단어(햇병아리, 맨손)
• 합성어 : 둘 또는 그 이상의 어근이 결합되어 이루어진 단어(뛰놀다, 책가방, 피땀)

07 밑줄 친 단어의 품사가 같은 것끼리 묶은 것은?

> • 쌍둥이도 서로 성격이 ㉠ 다른 법이다.
> • 날씨가 건조하면 나무가 잘 ㉡ 크지 못한다.
> • 남부 지방에 홍수가 ㉢ 나서 많은 수재민이 생겼다.
> • 그 사람이 농담은 하지만 ㉣ 허튼 말은 하지 않는다.
> • 상대에게 자유를 주는 것이 진정한 사랑이 ㉤ 아닐까?

① ㉠, ㉡   ② ㉡, ㉢   ③ ㉢, ㉣   ④ ㉣, ㉤

해설 ㉡ 크다 : 동식물이 몸의 길이가 자라다. (동사)
㉢ 나다 : 홍수, 장마 따위의 자연재해가 일어나다. (동사)
㉠ 다르다 : 비교가 되는 두 대상이 서로 같지 아니하다. (형용사)
㉣ 허튼 : 쓸데없이 헤프거나 막된 (관형사)
㉤ 아니다 : '의문형'으로 쓰여 물음이나 짐작의 뜻을 나타내는 말 (형용사)

08 밑줄 친 말의 품사를 잘못 밝힌 것은?

① <u>한</u> 치 앞을 못 본다. : 관형사
② <u>호랑이</u>도 제 말 하면 온다. : 명사
③ 사람<u>이</u> 밥만으로 살 수 없다. : 조사
④ 가는 말이 고와야 오는 말이 <u>곱다</u>. : 동사

해설 '곱다'는 '모양, 생김새, 행동거지 따위가 산뜻하고 아름답다.'라는 의미의 '형용사'이다.

09 밑줄 친 부분의 문장 성분이 다른 하나는?

① 그는 <u>밥도</u> 안 먹고 일만 한다.
② 몸은 아파도 <u>마음만은</u> 날아갈 것 같다.
③ 그는 그녀에게 <u>물만</u> 주었다.
④ 고향의 <u>사투리까지</u> 싫어할 이유는 없었다.

해설 ②의 문장 성분은 '주어', ①·③·④의 문장 성분은 '목적어'이다.

10 밑줄 친 말이 다음 규정에 대한 예로 적절하지 않은 것은?

> 표준 발음법
> 제12항 'ㅎ(ㄶ, ㅀ)' 뒤에 'ㄱ, ㄷ, ㅈ'이 결합되는 경우에는, 뒤 음절 첫소리와 합쳐서 [ㅋ, ㅌ, ㅊ]으로 발음한다.
> [붙임 1] 받침 'ㄱ(ㄺ), ㄷ, ㅂ(ㄼ), ㅈ(ㄵ)'이 뒤 음절 첫소리 'ㅎ'과 결합되는 경우에도, 역시 두 음을 합쳐서 [ㅋ, ㅌ, ㅍ, ㅊ]으로 발음한다.

① 화가 난 지수가 <u>미닫이</u>를 세게 닫으면서 들어왔다.
② 영수는 미술 시간에 <u>국화</u>를 멋있게 그렸다.
③ <u>맏형</u>인 그는 집안의 모든 일을 책임지고 있다.
④ 영희가 준비물을 책상 위에 <u>놓고</u> 갔다.

해설 ①의 '미닫이'에는 받침 'ㄷ, ㅌ(ㄾ)'이 조사나 접미사의 모음 'ㅣ'와 결합되는 경우에 [ㅈ, ㅊ]으로 바꾸어서 뒤 음절 첫소리로 옮겨 발음하는 구개음화 현상이 나타난다.

11 밑줄 친 말이 다음 규정에 따른 발음으로 옳은 것은?

> **표준 발음법**
> 제13항 홑받침이나 쌍받침이 모음으로 시작된 조사나 어미, 접미사와 결합되는 경우에는, 제 음가대로 뒤 음절 첫소리로 옮겨 발음한다.

① 잘 있어[이떠]. 　　　　　　② 꽃을[꼬슬] 판다.
③ 밭에[바테] 간다. 　　　　　④ 뒤를 쫓아[쪼타] 온다.

 ① 있어[이써]
　　　② 꽃을[꼬츨]
　　　④ 쫓아[쪼차]

12 다음 규정에서 설명하는 음운 현상의 예로 옳은 것은?

> **표준 발음법**
> 제18항 받침 'ㄱ(ㄲ, ㅋ, ㄳ, ㄺ), ㄷ(ㅅ, ㅆ, ㅈ, ㅊ, ㅌ, ㅎ), ㅂ(ㅍ, ㄼ, ㄿ, ㅄ)'은 'ㄴ, ㅁ' 앞에서 [ㅇ, ㄴ, ㅁ]으로 발음한다.

① 칼날[칼랄] 　　　　　　　② 국물[궁물]
③ 굳이[구지] 　　　　　　　④ 덮개[덥깨]

 제시된 규정은 비음화 현상에 대한 설명으로, 국물[궁물], 쫓는[쫀는], 꽃망울[꼰망울], 앞마당[암마당] 등이 있다. ①은 유음화, ③은 구개음화, ④는 된소리되기의 예이다.

13 다음 규정으로 발음하지 않는 것은?

> **표준 발음법**
> 제20항 'ㄴ'은 'ㄹ'의 앞이나 뒤에서 [ㄹ]로 발음한다.

① 난 로 　　　② 천 리 　　　③ 생산량 　　　④ 광한루

 제시된 조항은 유음화 현상에 대해 규정한 것이다. 'ㄹ'과 'ㄴ'이 인접하면 'ㄴ'이 'ㄹ'에 동화되어 'ㄹ'로 바뀌게 된다. 유음화 현상으로 발음되는 것에는 난로[날로], 신라[실라], 천리[철리], 광한루[광할루], 대관령[대괄령], 칼날[칼랄], 물난리[물랄리], 줄넘기[줄럼끼], 할는지[할른지] 등이 있다. 다만 생산량[생산냥], 결단력[결딴녁], 상견례[상견녜] 등과 같은 단어들은 'ㄹ'을 [ㄴ]으로 발음한다.

14 밑줄 친 부분과 같은 음운 현상이 나타나지 않는 것은?

> 날씨가 추워지면 솜이불이 생각난다.

① 막 일   ② 꽃 잎   ③ 한여름   ④ 등용문

 표준 발음법

제29항 합성어 및 파생어에서, 앞 단어나 접두사의 끝이 자음이고 뒤 단어나 접미사의 첫음절이 '이, 야, 여, 요, 유'인 경우에는, 'ㄴ' 음을 첨가하여 [니, 냐, 녀, 뇨, 뉴]로 발음한다.
예 솜이불[솜니불], 막일[망닐], 꽃잎[꼰닙], 한여름[한녀름]
다만, 다음과 같은 단어에서는 'ㄴ(ㄹ)' 음을 첨가하여 발음하지 않는다.
       예 등용문[등용문], 6·25[유기오], 3·1절[사밀쩔], 송별연[송벼련]

15 다음 규정을 참고할 때, 표기가 옳지 않은 것은?

> 한글 맞춤법
> 제5항 한 단어 안에서 뚜렷한 까닭 없이 나는 된소리는 다음 음절의 첫소리를 된소리로 적는다.
>   1. 두 모음 사이에서 나는 된소리
>   2. 'ㄴ, ㄹ, ㅁ, ㅇ' 받침 뒤에서 나는 된소리
>   다만, 'ㄱ, ㅂ' 받침 뒤에서 나는 된소리는, 같은 음절이나 비슷한 음절이 겹쳐 나는 경우가 아니면
>   된소리로 적지 아니한다.

① 소쩍새   ② 갑자기   ③ 엉뚱하다   ④ 산뜻하다

해설 'ㄱ, ㅂ' 받침 뒤에서 나는 된소리는, 같은 음절이나 비슷한 음절이 겹쳐 나는 경우가 아니면 된소리로 적지 아니한다. 따라서 '갑짜기'는 '갑자기'로 표기해야 한다.
    예 국수, 깍두기, 딱지, 색시, 법석, 갑자기

16 다음 한글 맞춤법 규정을 참고할 때, 표기가 옳지 않은 것은?

> 'ㄷ' 소리로 나는 받침 중에서 'ㄷ'으로 적을 근거가 없는 것은 'ㅅ'으로 적는다. 이는 다른 자음으로 적을 근거가 없는 경우에도 적용된다. '밭, 빛, 꽃' 등과 같이 다른 자음으로 적을 뚜렷한 까닭이 있는 경우에는 그에 따라 'ㅌ, ㅈ, ㅊ' 등으로 적지만, '낫, 빗' 등과 같이 'ㄷ'이나 다른 자음으로 적을 뚜렷한 근거가 없는 경우는 'ㅅ'으로 적는 것이다. 원래부터 'ㄷ' 받침을 가지고 있는 경우는 'ㄷ'으로 적어야 한다.

① 무 릇   ② 얼 핏   ③ 낫가리   ④ 웃어른

한글 맞춤법 제7항 해설
'맏이[마지], 맏아들[마다들]'의 '맏-', '낟[낟], 낟알[나달], 낟가리[낟까리]'의 '낟'처럼 원래부터 'ㄷ' 받침을 가지고 있는 경우에는 'ㄷ'으로 적는다. '곧이[고지], 곧장[곧짱]' 등도 이에 해당한다.

17 다음 규정을 참고할 때, 표기가 옳지 않은 것은?

> **한글 맞춤법**
>
> 제8항 '계, 례, 메, 폐, 혜'의 'ㅖ'는 'ㅔ'로 소리 나는 경우가 있더라도 'ㅖ'로 적는다.
>
> '계, 례, 메, 폐, 혜'는 현실에서 [게, 레, 메, 페, 헤]로 발음되는 일이 있다. 그렇지만 발음이 변화한 것과는 달리 표기는 여전히 'ㅖ'로 굳어져 있으므로 'ㅖ'로 적는다. 다만, 한자 '偈, 揭, 憩'는 본음이 [게]이므로 'ㅔ'로 적는다.

① 사례(謝禮) 　　　　　② 혜택(惠澤)
③ 폐품(廢品) 　　　　　④ 계시판(揭示板)

 한자 '偈, 揭, 憩'는 본음이 [게]이므로 'ㅔ'로 적는 것에는 게송(偈頌), 게시판(揭示板), 휴게실(休憩室) 등이 있다.

18 다음 규정에서 ㉠~㉣에 들어갈 사례를 잘못 연결한 것은?

> **한글 맞춤법**
>
> 제18항 다음과 같은 용언들은 어미가 바뀔 경우, 그 어간이나 어미가 원칙에 벗어나면 벗어나는 대로 적는다.
>
> 　4. 어간의 끝 'ㅜ, ㅡ'가 줄어질 적 　예 ㉠
> 　5. 어간의 끝 'ㄷ'이 'ㄹ'로 바뀔 적 　예 ㉡
> 　7. '하다'의 활용에서 어미 '-아'가 '-여'로 바뀔 적 　예 ㉢
> 　8. 어간의 끝음절 '르' 뒤에 오는 어미 '-어'가 '-러'로 바뀔 적 　예 ㉣

① ㉠ : 푸다 / 퍼, 고프다 / 고팠다
② ㉡ : 걷다 / 걸어, 묻다[問] / 물으니
③ ㉢ : 하다 / 하여 / 하였다
④ ㉣ : 거르다 / 걸러, 벼르다 / 별렀다

 • 어간의 끝음절 '르' 뒤에 오는 어미 '-어'가 '-러'로 바뀔 적
　　예 이르다[至] / 이르러, 노르다 / 노르렀다, 푸르다 / 푸르러
• 어간의 끝음절 '르'의 'ㅡ'가 줄고, 그 뒤에 오는 어미 '-아/-어'가 '-라/-러'로 바뀔 적
　　예 가르다 / 갈라, 부르다 / 불렀다, 거르다 / 걸러, 벼르다 / 별렀다

19 다음 규정을 참고할 때, 표기가 옳지 않은 것은?

> 한글 맞춤법
> 제19항 어간에 '-이'나 '-음/-ㅁ'이 붙어서 명사로 된 것과 '-이'나 '-히'가 붙어서 부사로 된 것은 그 어간의 원형을 밝히어 적는다.
> 다만, 어간에 '-이'나 '-음'이 붙어서 명사로 바뀐 것이라도 그 어간의 뜻과 멀어진 것은 원형을 밝히어 적지 아니한다.

① 졸 음   ② 벼훑이
③ 놀음(도박)   ④ 살림살이

 어간에 '-이'나 '-음/-ㅁ'이 붙어서 명사로 된 것과 '-이'나 '-히'가 붙어서 부사로 된 것은 그 어간의 원형을 밝히어 적지만, 어간에 '-이'나 '-음'이 붙어서 명사로 바뀐 것이라도 그 어간의 뜻과 멀어진 것은 원형을 밝히어 적지 아니한다.
예 굽도리, 목거리(목병), 무녀리, 코끼리, 거름(비료), 고름[膿], 노름(도박)

20 다음 규정의 ㉠에 들어갈 사례로 적절한 것은?

> 한글 맞춤법
> 제30항 사이시옷은 다음과 같은 경우에 받치어 적는다.
>   1. 순우리말로 된 합성어로서 앞말이 모음으로 끝난 경우
>   (1) 뒷말의 첫소리가 된소리로 나는 것 ━━━━━━━ ㉠
>   (2) 뒷말의 첫소리 'ㄴ, ㅁ' 앞에서 'ㄴ' 소리가 덧나는 것
>   (3) 뒷말의 첫소리 모음 앞에서 'ㄴㄴ' 소리가 덧나는 것

① 댓 잎   ② 냇 가   ③ 잇 몸   ④ 빗 물

 '내'와 '가'의 합성어로 발음은 [내까]이다. 즉, 뒷말의 첫소리 'ㄱ'이 [ㄲ]으로 발음되는 것을 확인할 수 있다. ①은 (3)의 사례이고, ③·④는 (2)의 사례이다.

21 밑줄 친 부분이 어법에 맞는 것은?

① 이 가곡의 노래말은 아름답다.   ② 그 집의 순대국은 아주 맛있다.
③ 하교길은 늘 아이들로 북적인다.   ④ 선생님은 간단한 인사말을 건넸다.

해설 ① 노랫말, ② 순댓국, ③ 하굣길

22 〈보기〉를 참고했을 때, ㉠과 ㉡이 동시에 드러난 사례를 고르면?

> ┤보 기├
>
> ㉠ 음절의 끝소리 규칙은 받침 위치에 있는 자음이 'ㄱ, ㄴ, ㄷ, ㄹ, ㅁ, ㅂ, ㅇ'의 7개 자음으로만 발음되는 현상이다. 밖[박], 부엌[부억], 낮[낟], 숲[숩]과 같은 경우를 예로 들 수 있다.
> ㉡ 비음화는 비음이 아닌 자음이 비음의 영향을 받아 비음 'ㄴ, ㅁ, ㅇ'으로 동화되는 현상이다. 닫는다[단는다], 접는다[점는다], 먹는다[멍는다]를 예로 들 수 있다.

① 입는다[임는다]   ② 돋는[돈는]
③ 낫다[낟따]   ④ 앞만[암만]

> 해설   앞만 : [압만](음절의 끝소리 규칙) → [암만](비음화)

23 다음 중 단어의 발음이 옳은 것끼리 묶인 것은?

① 디귿이[디그시], 홑이불[혼니불]
② 뚫는[뚤는], 밝히다[발키다]
③ 핥다[할따], 넓죽하다[넙쭉카다]
④ 흙만[흑만], 동원령[동월령]

> 해설   ② 뚫는[뚤른], 밝히다[발키다]
> ③ 핥다[할따], 넓죽하다[넙쭈카다]
> ④ 흙만[흥만], 동원령[동원녕]

24 한글 맞춤법에 맞지 않은 문장은?

① 그렇게 좋던가?
② 얼마나 놀랐던지 몰라.
③ 지난겨울은 몹시 춥더라.
④ 배던지 사과던지 마음대로 먹어라.

> 해설   • 지난 일을 나타내는 어미는 '−더라, −던'으로 적는다.
>   예 그 사람 말 잘하던데!
>   • 물건이나 일의 내용을 가리지 아니하는 뜻을 나타내는 조사와 어미는 '(−)든지'로 적는다.
>   예 배든지 사과든지 마음대로 먹어라.

25 **어법에 맞고 자연스러운 문장은?**

① 만약에 내가 선생님이 될 것이다.

② 나는 어려운 이웃을 도와주고 싶다.

③ 우리 팀이 경기에 이기려면 열심히 했다.

④ 미령이는 쉬는 시간에 빵과 우유를 마셨다.

 ② 주어 '나'와 주체의 희망을 나타내는 서술어 '-고 싶다'는 잘 호응되어 자연스러운 문장이다.
① '만약에'는 '-라면'과 호응하는 말이다.
③ '열심히 해야 한다'로 고치는 것이 자연스럽다.
④ '빵을 먹고 우유를 마셨다'로 고치는 것이 자연스럽다.

26 **어법에 맞고 자연스러운 문장은?**

① 그는 의사로서 할 일을 하였다.

② 말과 행동은 결코 일치해야 한다.

③ 오늘은 운동과 음악을 듣기로 하자.

④ 고객님이 주문하신 상품은 품절되셨습니다.

 ① '로서'는 신분, 지위, 자격 등을 나타내는 조사이다.
② '결코' 대신 '반드시'로 고치는 것이 자연스럽다.
③ '운동과'를 '운동을 하고'로 고치는 것이 자연스럽다.
④ '품절되셨습니다'를 '품절되었습니다'로 고치는 것이 자연스럽다.

27 **다음 중 띄어쓰기가 옳지 않은 것은?**

① 나도 할 수 있다.

② 먹을 만큼 먹어라.

③ 그가 떠난지가 오래다.

④ 네가 뜻한 바를 이제야 알겠다.

해설 한글맞춤법 제42항 의존 명사는 띄어 쓴다.
예 그가 떠난 지가 오래다.

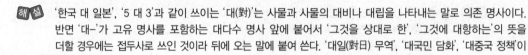

28 다음 중 띄어쓰기가 옳지 않은 것은?

① 아침 겸 점심으로 간단히 먹자.

② 오전에 대 국민 담화를 발표하였다.

③ 비가 올 확률은 50% 내지 60%이다.

④ 과자, 과일, 식혜 등등 먹을 것이 많다.

 '한국 대 일본', '5 대 3'과 같이 쓰이는 '대(對)'는 사물과 사물의 대비나 대립을 나타내는 말로 의존 명사이다. 반면 '대–'가 고유 명사를 포함하는 대다수 명사 앞에 붙어서 '그것을 상대로 한', '그것에 대항하는'의 뜻을 더할 경우에는 접두사로 쓰인 것이라 뒤에 오는 말에 붙여 쓴다. '대일(對日) 무역', '대국민 담화', '대중국 정책'이 그 예이다.

29 다음 빈 칸에 들어갈 숫자의 합은?

- 쌈 : 한 쌈은 바늘 (　)개
- 제(劑) : 한 제는 탕약(湯藥) (　)첩
- 거리 : 한 거리는 오이나 가지 (　)개

① 80 　　　　　② 82 　　　　　③ 90 　　　　　④ 94

 • 쌈 : 바늘을 묶어 세는 단위로, 한 쌈은 바늘 24개
　　 • 제(劑) : 한약의 분량을 나타내는 단위로, 한 제는 탕약(湯藥) 20첩
　　 • 거리 : 오이나 가지 따위를 묶어 세는 단위로, 한 거리는 오이나 가지 50개

30 밑줄 친 단어의 뜻을 모두 포함하는 말로 가장 적절한 것은?

- <u>가격</u>이 비싸다.
- 노력에 대한 <u>대가</u>가 따라온다.
- 타인에 대한 배려는 <u>가치</u>를 매길 수 없다.

① 값 　　　　　② 몫 　　　　　③ 결 과 　　　　　④ 수 치

'값'은 다의어로서 사고파는 물건에 일정하게 매겨진 액수, 물건을 사고팔 때 주고받는 돈, 어떤 사물의 중요성이나 의의, 노력이나 희생에 따른 대가, 어떤 것에 합당한 노릇이나 구실 등 여러 의미가 있다.

31 다음에 제시된 단어의 의미에 맞게 쓴 문장으로 적절하지 않은 것은?

단 어	의 미	문 장
살 다	경기나 놀이에서, 상대편에게 잡히지 않고 제 기능을 하다.	㉠
	어떤 직분이나 신분의 생활을 하다.	㉡
	마음이나 의식 속에 남아 있거나 생생하게 일어나다.	㉢
	움직이던 물체가 멈추지 않고 제 기능을 하다.	㉣

① ㉠ : 장기에서 포는 죽고 차만 살아 있다.
② ㉡ : 그는 벼슬을 살기 싫어 속세를 버렸다.
③ ㉢ : 잿더미에 불씨가 아직 살아 있다.
④ ㉣ : 그렇게 세게 부딪혔는데도 시계가 살아 있다.

해설 '잿더미에 불씨가 아직 살아 있다.'에서 '살다'는 '불 따위가 타거나 비치고 있는 상태에 있다.'라는 의미로 사용되었다.

32 다음은 '비치다'에 대한 사전의 뜻풀이이다. 다음 중 각 뜻에 대한 예문으로 적절한 것은?

① '…에'	② '…에/에게 …으로'	③ '…에/에게 …을'
❶ 빛이 나서 환하게 되다. ❷ 빛을 받아 모양이 나타나 보이다. ❸ 물체의 그림자나 영상이 나타나 보이다. ❹ 뜻이나 마음이 밖으로 드러나 보이다. ❺ 투명하거나 얇은 것을 통하여 드러나 보이다. ❻ 사람 몸속의 피가 몸 밖으로 나오는 상태가 되다.	무엇으로 보이거나 인식되다.	❶ 얼굴이나 눈치 따위를 잠시 또는 약간 나타내다. ❷ 의향을 떠보려고 슬쩍 말을 꺼내거나 의사를 넌지시 깨우쳐 주다.

① ① ❶ : 창문을 종이로 가렸지만 그래도 안이 비친다.
② ① ❸ : 그는 수면에 비치는 아침 하늘을 바라보았다.
③ ② : 동생에게 결혼 문제를 비쳤더니 그 자리에서 펄쩍 뛰었다.
④ ③ ❶ : 글씨를 흘려서 쓰면 성의 없는 사람으로 비치기 쉽다.

해설 ① ① ❺의 예
③ ③ ❷의 예
④ ②의 예

33 다음 글을 뒷받침하는 ㉠에 들어갈 사례로 적절하지 않은 것은?

> "요즘 젊은 것들은……." 하는 나무람을 들어 보지 않은 젊은이는 그리 많지 않을 것이다. 그 나무람에서 어르신 세대의 불편한 심기를 읽는 것은 어려운 일이 아니다. 말이란 시대에 따라 변하기 마련인데, 그 변화에 대한 감각이 세대에 따라 크게 다르다. 어르신 세대가 민감하게 반응하는 것 중의 하나가 젊은 세대의 존대법이다. 어르신 세대가 보기에, 젊은 세대의 존대법은 혼란스럽기 짝이 없어 불쾌하기까지 한 것이다. 존대법에 어긋나는 표현에는 (㉠) 등이 있다.

① 어른한테 '수고하세요.'라는 표현을 하는 것

② 선생님께 질문을 하면서 '내가 할 질문은요.'라고 하는 것

③ 아이들이 어른을 만나서 말을 할 때도 '저'라고 하지 않고 '나'라고 하는 것

④ 친구한테 선생님 말씀을 전하면서 '선생님께서 너 오라고 하셨어.'라고 하는 것

> **해설** 제시된 글은 젊은 세대의 존대법이 혼란스러워 어르신 세대가 불편하게 생각한다는 내용을 담고 있다. 따라서 뒷받침하는 예로 존대법을 잘못 사용하는 내용이 나와야 한다. 친구한테 선생님 말씀을 전하면서 '선생님께서 너 오라고 하셨어.'라고 하는 것은 올바른 표현이므로 뒷받침하는 예로 적절하지 않다.

34 다음 글의 ㉠에 들어갈 문장으로 적절한 것은?

> 국어의 높임법에는 말하는 이가 듣는 이에 대하여 높이거나 낮추어 말하는 상대 높임법, 서술어의 주체를 높이는 주체 높임법, 서술어의 객체를 높이는 객체 높임법 등이 있다. 이러한 높임 표현은 한 문장에서 복합적으로 실현되기도 하는데, (㉠)의 경우 대화의 상대, 서술어의 주체, 서술어의 객체를 모두 높인 표현이다.

① 아버지께서 할머니를 모시고 댁에 들어가셨다.

② 제가 어머니께 그렇게 말씀을 드리면 될까요?

③ 어머니께서 아주머니께 이 김치를 드리라고 하셨습니다.

④ 주민 여러분께서는 잠시만 제 이야기에 귀를 기울여 주시기 바랍니다.

> **해설** ③ 어머니께서 아주머니께 이 김치를 드리라고 하셨습니다.
> - 상대 높임 표현 : 하셨습니다('하십시오체'의 종결 어미)
> - 주체 높임 표현 : 어머니께서(조사), '-시-'(높임 선어말 어미)
> - 객체 높임 표현 : 아주머니께(조사), 드리다(객체를 높이는 특수 어휘)
> ① 아버지께서 할머니를 모시고 댁에 들어가셨다.
> - 주체 높임 표현 : 아버지께서(조사), '-시-'(높임 선어말 어미)
> - 객체 높임 표현 : 모시고(객체를 높이는 특수 어휘)
> ② 제가 어머니께 그렇게 말씀을 드리면 될까요?
> - 상대 높임 표현 : 될까요(해요체의 종결 어미)
> - 객체 높임 표현 : 어머니께(조사), 드리다(객체를 높이는 특수 어휘)

④ 주민 여러분께서는 잠시만 제 이야기에 귀를 기울여 주시기 바랍니다.
- 상대 높임 표현 : 바랍니다('하십시오체'의 종결 어미)
- 주체 높임 표현 : 주민 여러분께서는(조사), '-시-'(높임 선어말 어미)

35 높임법에 대한 설명으로 옳지 않은 것은?

┌───┐
│ ㉠ 할아버지께서 노인정에 가셨습니다.   │
│ ㉡ 선생님께서는 휴일에는 댁에 계십니다.   │
│ ㉢ 여러분, 아이들을 자리에 앉혀 주십시오.   │
│ ㉣ 우리는 할머니를 모시고 산책을 다녀왔다.   │
└───┘

① ㉠, ㉡ : 문장의 주체를 높이고 있다.
② ㉠, ㉡, ㉢ : 듣는 이를 높이고 있다.
③ ㉡, ㉣ : 특수한 어휘를 사용하여 높임을 표현하고 있다.
④ ㉢, ㉣ : 목적어를 높이고 있으므로 객체를 높이는 표현이다.

해설 ④ ㉢에서는 목적어 '아이들'을 높이지 않았다. 반면, ㉣에서는 목적어(객체) '할머니'를 높임의 특수 어휘인 '모시고'를 통해 높이고 있다.
① ㉠은 주체인 '할아버지'를 높이기 위해 주격 조사 '께서'와 주체 높임 선어말 어미 '-시-'를 사용하였다. ㉡은 주체인 '선생님'을 높이기 위해 주격 조사 '께서'와 간접 높임에 사용되는 '댁', '있다'의 높임 어휘인 '계시다'를 사용하였다.
② ㉠, ㉡, ㉢ 모두 '-습니다', '-ㅂ시오' 같은 종결 어미를 통해 상대(청자)를 높이고 있다.
③ ㉡은 '집'의 높임 어휘인 '댁', '있다'의 높임 어휘인 '계시다'를 사용하였다. ㉣은 '데리다'의 높임 어휘인 '모시다'를 사용하였다.

36 주체 높임법이 사용된 문장은?

① 나는 선생님께 꽃을 드렸다.
② 지금 사장님께서 들어오십니다.
③ 영희는 할아버지를 모시고 왔다.
④ 그 문제를 할머니께 여쭈어 보았다.

해설 ②에는 서술어의 주체(주어)인 '사장님'을 높이는 주체 높임법이 사용되었다. ①·③·④에는 문장의 목적어나 부사어가 지시하는 대상을 높이는 객체 높임법이 사용되었다.

37 객체 높임법이 사용된 문장은?

① 충무공은 훌륭한 장군이셨다.

② 선생님<u>께서</u> 숙제를 내 주셨다.

③ 철수는 선생님<u>께</u> 책을 드렸다.

④ 아버지께서는 진지를 잡수시고 계신다.

 ③에는 문장의 목적어나 부사어가 지시하는 대상을 높이는 객체 높임법이 사용되었다. ①·②·④에는 서술어의 주체(주어)를 높이는 주체 높임법이 사용된 문장이다.

38 다음 밑줄 친 부분의 시간 표현이 현재 시제가 아닌 것은?

① 고양이가 잠을 <u>잔다</u>.　　② 나는 과학자가 <u>될 것이다</u>.

③ 그녀는 눈부시게 <u>아름답다</u>.　　④ 학생들이 <u>지금</u> 달리기를 한다.

 ②의 시간 표현은 미래 시제이다.

39 다음 중 사동 표현을 바르게 사용한 것은?

① 철수와 영희를 <u>화해시켰다</u>.

② 내가 친구 한 명 <u>소개시켜</u> 줄게.

③ 우리 차 앞으로 버스가 <u>끼여들었다</u>.

④ 시험에 합격한 후에 <u>목메여</u> 울었다.

 ② 내가 친구 한 명 <u>소개해</u> 줄게.
③ 우리 차 앞으로 버스가 <u>끼어들었다</u>.
④ 시험에 합격한 후에 <u>목메어</u> 울었다.

40 사동법의 특징을 고려할 때 밑줄 친 단어의 쓰임이 옳은 것은?

① 그는 김 교수에게 박 군을 <u>소개시켰다</u>.

② 돌아오는 길에 병원에 들러 아이를 <u>입원시켰다</u>.

③ 생각이 다른 타인을 <u>설득시킨다는</u> 건 참 힘든 일이다.

④ 우리는 토론을 거쳐 다양한 사회적 갈등을 <u>해소시킨다</u>.

 ② '-시키다'는 자동사를 타동사로 바꾸어 사동의 의미를 더해주는 역할을 한다. 이러한 '-시키다'를 '-하다'의 형태가 쓰여도 될 곳에 사용하는 것을 불필요한 사동 표현이라고 한다. ②의 경우 아이가 스스로 입원할 수 없고, 아이를 입원하게 한다는 내용이므로 적절한 사동 표현이 쓰였다.

① 그는 김 교수에게 박 군을 <u>소개시켰다</u>. → 소개했다
③ 생각이 다른 타인을 <u>설득시킨다는</u> 건 참 힘든 일이다. → 설득한다는
④ 우리는 토론을 거쳐 다양한 사회적 갈등을 <u>해소시킨다</u>. → 해소한다

41 다음 문장에 대한 설명으로 틀린 것은?

> ㉠ 경찰이 도둑을 잡았다.
> ㉡ 도둑이 경찰에게 잡혔다.

① ㉠과 ㉡은 주어가 다르다.　　② ㉡은 ㉠을 능동문으로 바꾼 것이다.
③ ㉡에는 ㉠에 없는 문장 성분이 있다.　　④ ㉡은 ㉠과 달리 접미사 '-히-'가 쓰였다.

 ② ㉡은 ㉠을 피동문으로 바꾼 것이다.
　　① ㉠의 주어는 '경찰'이고, ㉡의 주어는 '도둑'이다
　　③ ㉠은 주어+목적어+서술어, ㉡은 주어+부사어+서술어로 이루어졌다.
　　④ ㉡에서 '잡혔다(잡히었다)'의 '-히-'는 피동 접미사이다.

42 밑줄 친 표현의 뜻풀이가 옳지 않은 것은?

① 그 사람은 <u>입이 밭아서</u> 입맛 맞추기가 어렵다. - 음식을 심하게 가리거나 적게 먹다.
② 입이 거친 그를 <u>흰 눈으로 보는</u> 것은 당연한 일이다. - 업신여기거나 못마땅하게 여기다.
③ 이번 일은 네가 <u>허방 짚은</u> 격이다. - 잘못 알거나 잘못 예산하여 실패하다.
④ 새참 동안 <u>땀을 들인</u> 후 다시 일을 시작했다. - 땀을 일부러 많이 내서 피곤을 풀다.

 ④ '땀을 들이다'는 '몸을 시원하게 하여 땀을 없애다.' 또는 '잠시 휴식하다.'의 의미를 지닌 관용구이다.

43 밑줄 친 말의 의미는?

> 몇 달 만에야 <u>말길이 되어</u> 겨우 상대편을 만나 보았다.

① 남의 말이 끝나자마자 이어 말하다.　　② 남에게 소개하는 의논의 길이 트이다.
③ 어떤 말이 상정되거나 토론이 되다.　　④ 마음에 당겨 재미를 붙이다.

 ① 말꼬리를 물다 : 남의 말이 끝나자마자 이어 말하다.
　　③ 말이 있다 : 어떤 말이 상정되거나 토론이 되다.
　　④ 맛(을) 붙이다 : 마음에 당겨 재미를 붙이다.

44 ㉠, ㉡에 대한 설명으로 옳은 것은?

> ㉠ 어제 왜 안 왔어?
> ㉡ 너무 바빠서 못 갔어.

① ㉠은 주체의 능력 부족에 의한 부정 표현이다.
② ㉠에는 시제를 표현하는 선어말 어미가 사용되었다.
③ ㉡에는 시간을 표현하는 부사어가 사용되었다.
④ ㉡은 주체의 의지로 부정하는 의미를 담고 있다.

 ② ㉠에서 '왔어(오+았+어)'의 '-았-'은 과거 시제 선어말 어미이다.
　　　① ㉠은 내용을 단순하게 부정하거나 주어의 의지에 따른 부정 표현인 '안' 부정문이다.
　　　③ ㉡에는 '일찍, 금방, 먼저' 등 시간을 표현하는 부사어가 없다.
　　　④ ㉡은 주어의 능력 부족이나 외부 원인에 의해 어쩔 수 없는 상황으로 할 수 없었다는 뜻의 '못' 부정문이다.

45 '나는 그를 때리지 않았다.'의 뜻으로 볼 수 없는 것은?

① 나는 그에게 욕을 했으나 때리지는 않았다.
② 나는 다른 사람을 때렸지 그를 때리지 않았다.
③ 다른 사람은 그를 때렸지만 나는 때리지 않았다.
④ 나는 그를 때리고 싶었으나 한 번도 때리지 않았다.

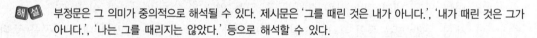 부정문은 그 의미가 중의적으로 해석될 수 있다. 제시문은 '그를 때린 것은 내가 아니다.', '내가 때린 것은 그가 아니다.', '나는 그를 때리지는 않았다.' 등으로 해석할 수 있다.

46 다음에서 설명하는 언어의 특성은?

> • 언어 기호의 내용과 형식 사이에는 필연적인 관계가 없다.
> • 동일한 내용에 대해 각 언어마다 형식이 다르다.
> • 동음어와 동의어가 있다.
> • 의성어나 의태어의 경우에도 의미와 소리 사이에 필연성은 없는 것으로 본다.

① 언어의 창조성
② 언어의 자의성
③ 언어의 역사성
④ 언어의 사회성

① 언어의 창조성 : 언어는 무한한 개방적 체계로 새로운 문장을 계속 만들어 낼 수 있고, 어떠한 개념이든 무한하게 표현할 수 있다.
③ 언어의 역사성 : 언어는 시대에 따라 생성, 변화, 소멸한다.
④ 언어의 사회성 : 언어는 언중의 사회적 약속이므로 개인이 마음대로 바꿀 수 없다.

47 다음의 사례와 〈보기〉의 언어 특성이 잘못 짝지어진 것은?

(가) '방송(放送)'은 '석방'에서 '보도'로 의미가 변하였다.
(나) '밥'이라는 의미의 말소리 [밥]을 내 마음대로 [법]으로 바꾸면 다른 사람들은 '밥'이라는 의미로 이해할 수 없다.
(다) '종이가 찢어졌어.'라는 말을 배운 아이는 '책이 찢어졌어.'라는 새로운 문장을 만들어 낸다.
(라) '오늘'이라는 의미를 가진 말을 한국어에서는 '오늘[오늘]', 영어에서는 'today(투데이)'라고 한다.

| 보 기 |

㉠ 자의성 　　 ㉡ 규칙성 　　 ㉢ 창조성 　　 ㉣ 사회성

① (가) - ㉡
② (나) - ㉣
③ (다) - ㉢
④ (라) - ㉠

① (가)는 시간의 흐름에 따라 어휘의 의미가 변화하는 양상을 보여주므로 '언어의 역사성'과 관련이 있다.
② (나)는 사회적 약속을 어기고 대상을 마음대로 다른 기호로 표현하면 사회 구성원들 간에 의사소통이 되지 않는다는 것이므로 '언어의 사회성'의 예로 볼 수 있다.
③ (다)는 문장의 구조에 대한 이해를 바탕으로 한정된 어휘로 서로 다른 문장을 생성하는 예이므로 '언어의 창조성'과 관련이 있다.
④ (라)는 언어에 따라 같은 의미에 대한 기호가 자의적으로 결합되는 사례로 '언어의 자의성'에 해당된다.

48 다음 문장에서 사용된 언어의 기능은?

여기는 금연 장소입니다.

① 표현적 기능
② 표출적 기능
③ 친교적 기능
④ 미(美)적 기능

① 표현적 기능 : 화자가 어떤 문제에 대해 자신의 판단이나 감정을 언어로 표현하는 기능
② 표출적 기능 : 화자가 의사소통을 전제로 하지 않고 거의 본능적으로 사용하는 기능 예 으악! / 에구머니나! / 아이쿠!
③ 친교적 기능 : 화자가 청자와의 유대 관계를 확인하거나 친교를 돈독하게 하기 위한 목적으로 사용되는 언어 기능 예 (인사치레로) "식사 하셨어요?

④ 미적(美的) 기능 : 언어 기능 중 말을 어떻게 하면 아름답게 전달할 수 있을까에 초점을 맞춘 기능 예 '바둑이와 순이'보다 '순이와 바둑이'가 부드럽고 더 자연스럽다.(음절 수 고려)

49 다음 설명 중 옳지 않은 것은?

① 하늘, 바람, 심지어, 어차피, 주전자와 같은 단어들은 한자로 적을 수 없는 고유어이다.

② 학교, 공장, 도로, 자전거, 자동차와 같은 단어들은 모두 한자로도 적을 수 있는 한자어이다.

③ 고무, 담배, 가방, 빵, 냄비와 같은 단어들은 외국에서 들어온 말이지만 우리말처럼 되어 버린 귀화어이다.

④ 눈깔, 아가리, 주둥아리, 모가지, 대가리와 같이 사람의 신체 부위를 점잖지 못하게 낮추어 부르는 단어들은 비어(卑語)에 속한다.

해설 ① '심지어(甚至於), 어차피(於此彼), 주전자(酒煎子)'는 고유어가 아니라 한자어이다.
② '학교(學校), 공장(工場), 도로(道路), 자전거(自轉車), 자동차(自動車)'는 모두 한자로도 적을 수 있다.
③ '고무(프랑스어), 담배(포르투갈어), 가방(네덜란드어), 빵(포르투갈어), 냄비(일본어)'는 우리말처럼 인식되는 외래어인 '귀화어'이다.
④ '눈깔, 아가리, 주둥아리, 모가지, 대가리'는 비속하고 천한 어감이 있는 점잖지 못한 말인 비어(卑語)로, '비속어' 또는 '속어(俗語)'라고도 한다.

다음 글을 읽고 물음에 답하시오(50~51)

훈민정음 스물여덟 자는 각각 그 모양을 본떠서 만들었다. 초성은 모두 열일곱 자이다. 아음(牙音, 어금닛소리) ㄱ은 혀뿌리가 목구멍을 닫는 모양을 본뜨고, 설음(舌音, 혓소리) ㄴ은 혀가 윗잇몸에 붙는 모양을 본뜨고, 순음(脣音, 입술소리) ㅁ은 입의 모양을 본뜨고, 치음(齒音, 잇소리) ㅅ은 이의 모양을 본뜨고, 후음(喉音, 목구멍소리) ㅇ은 목구멍의 모양을 본뜬 것이다.

(㉠)은 ㄱ에 비하여 소리가 세게 나는 까닭으로 획을 더하였다. ㄴ에서 ㄷ, ㄷ에서 ㅌ으로, ㅁ에서 ㅂ, ㅂ에서 ㅍ으로, ㅅ에서 ㅈ, ㅈ에서 ㅊ으로, ㅇ에서 ㆆ, ㆆ에서 ㅎ으로 소리(의 세기)를 바탕으로 획을 더한 뜻이 모두 같다.

50 이 글의 내용과 일치하지 않는 것은?

① ㄴ은 획을 더한 글자이다.

② ㅂ은 획을 더한 글자이다.

③ ㅁ은 입 모양을 본뜬 글자이다.

④ ㅇ은 목구멍의 모양을 본뜬 글자이다.

해설 'ㄴ'은 혀가 윗잇몸에 붙는 모양을 본떠서 만든 기본 글자로, 획을 더한 글자가 아니다.

51 ㉠에 들어갈 초성으로 가장 적절한 것은?

① ㅋ   ② ㄲ   ③ ㅉ   ④ ㅊ

해설 혀뿌리가 목구멍을 닫는 모양을 본떠 만든 기본자 'ㄱ'에 획을 더해 'ㅋ'을 만들었다.

다음 글을 읽고 물음에 답하시오(52~54).

> 나·랏:말 ᄊᆞ·미 中듕國·귁·에 ㉠달·아, 文문字·ᄍᆞ·와·로 서르 ㉡ᄉᆞᄆᆞᆺ·디 아·니 ᄒᆞᆯ·씨 이런
> 젼·ᄎᆞ·로 어·린 百·ᄇᆡᆨ姓·셩·가 니르·고·져 홇·배 이·셔·도 ᄆᆞ·ᄎᆞᆷ:내 제·ᄠᅳ·들 시·러 펴·
> 디:몯 홇·노·미 하·니·라 내·이·를 爲·윙·ᄒᆞ·야:어 엿·비 너·겨·새·로·스·믈 여 듧 字·ᄍᆞ·
> ᄅᆞᆯ ㉢ᄆᆡᆼ·ᄀᆞ 노·니:사 ᄅᆞᆷ:마·다:히·ᅇᅧ:수·비 ㉣니·겨·날·로·ᄡᅳ·메 便뼌安한·킈 ᄒᆞ·고·져 홇
> ᄯᆞ ᄅᆞ·미 니·라.
>
> — 「훈민정음 언해」

52 이 글에 나타난 표기의 특징으로 적절하지 않은 것은?

① 이어 적기를 하였다.   ② 성조 표시를 하였다.
③ 어두 자음군이 사용되었다.   ④ 주격 조사 '가'가 사용되었다.

해설 '나·랏:말ᄊᆞ·미'에서 'ㅣ'와 '百·ᄇᆡᆨ姓·셩·이'에서 '이'가 주격 조사로 쓰였다. 주격 조사 '가'는 쓰이지 않았다.

53 이 글의 내용으로 미루어 확인할 수 없는 것은?

① 창제한 문자의 수   ② 문자 생활에서 실용화 추구
③ 당시 의사소통 과정의 어려움   ④ 한자 배우기의 어려움과 중국어 비판

해설 제시된 글의 내용 중 '한자 배우기의 어려움과 중국어 비판'의 내용은 확인할 수 없다.
① '·새·로 ·스·믈 여 듧 字·ᄍᆞ·ᄅᆞᆯ ᄆᆡᆼ·ᄀᆞ 노·니'에서 확인할 수 있다.
② '便뼌安한·킈 ᄒᆞ·고·져 홇 ᄯᆞ ᄅᆞ·미 니·라'에서 확인할 수 있다.
③ 'ᄆᆞ·ᄎᆞᆷ:내 제·ᄠᅳ·들 시·러 펴·디:몯 홇·노·미 하·니·라'에서 확인할 수 있다.

54 ㉠~㉣의 문맥상 의미를 현대 국어로 바르게 활용한 것은?

① ㉠ : 기후가 우리 고향과 <u>달라</u> 비가 많이 온다.

② ㉡ : 진정한 충신은 두 임금을 <u>섬기지</u> 않아.

③ ㉢ : 산속 공기가 <u>맑으니</u> 아침에 일어날 때 개운하다.

④ ㉣ : 축구 한일전에서 우리나라가 일본을 <u>이겨</u> 기분이 좋다.

해설 ㉡은 '통하지', ㉢은 '만드니', ㉣은 '익혀(배워)'라는 의미이다.

다음 글을 읽고 물음에 답하시오(55~56).

> ㉠孔·공子·ᄌᆞᆯ ㉡曾中子·ᄌᆞ ᄃᆞ·려 닐·러 ᄀᆞᄅᆞ샤·ᄃᆡ·몸·가 며 얼굴·가 며 머·리 털·이·며 ·ᄉᆞᆯ·ᄒᆞ·ᆫ 父·부母:모·ᄭᅴ 받ᄌᆞᆞ·온 ㉢거·시·라 敢:감·히 헐·워 샹ᄒᆡ·오·디 ㉣아·니:홈·이:효·도·에 비·르·소미·오 ㉤·몸·를 셰·워 道:도·를 行행·ᄒᆞ·야 일:홈·를 後:후世:셰·예:베퍼 써 父·부母:모ᄅᆞ·ᄅᆞ :현·뎌 케:홈·이:효·도·에 ᄆᆞᆺᄎᆞᄆᆞ가 니·라
>
> – 「소학언해」 –

55 ㉠~㉣에 대해 잘못 설명한 것은?

① ㉠ : 주격 조사 'ㅣ'가 사용되었다.

② ㉡ : 부사격 조사 'ᄃᆞ·려'가 사용되었다.

③ ㉢ : 끊어 적기 표기법이 사용되었다.

④ ㉣ : 명사형 어미 '-옴'이 사용되었다.

해설 ㉢에는 끊어 적기가 아니라, 이어 적기 표기법이 사용되었다.

56 ㉤과 가장 관계 깊은 한자 성어는?

① 입신양명(立身揚名)　　　② 죽마고우(竹馬故友)

③ 설상가상(雪上加霜)　　　④ 이심전심(以心傳心)

해설 ① 입신양명(立身揚名) : 출세하여 이름을 세상에 떨침
② 죽마고우(竹馬故友) : 어릴 때부터 같이 놀며 자란 벗
③ 설상가상(雪上加霜) : 난처한 일이나 불행한 일이 잇따라 일어남을 이르는 말
④ 이심전심(以心傳心) : 마음과 마음으로 서로 뜻이 통함

글을 읽고 물음에 답하시오(57~58).

> :유·익 흔·이:세 가·짓:벋·가 오:해·로 온·이:세 가·짓:벋·가 니 直·딕 흔·이·를:벋 ㅎ·며:신·실
> 흔·가 를:벋 ㅎ·며 들·온 것 한·가 를:벋 ㅎ·면:유·익 ㅎ·고:거·동 만 니·근·이·를:벋 ㅎ·며
> ㉠ 아:당 ㅎ·기 잘·ㅎ·는·이·를 :벋 ㅎ·며 :말 숨 만 니·근·이·를 :벋 ㅎ·면 해·로·온 이·라.
>
> ― 「소학언해」 ―

57 이 글에 나타난 중세 국어의 특징으로 가장 적절한 것은?

① 된소리를 표기하였다.
② 주격 조사 '가'가 쓰였다.
③ 'ㆍ'가 소멸되어 쓰이지 않는다.
④ 방점을 사용하여 성조를 표시하였다.

해설 중세 국어 시기에는 방점을 활용하여 성조를 표시했다.

58 이 글에서 밑줄 친 ㉠의 현대어 풀이로 가장 적절한 것은?

① 비웃기   ② 충고하기
③ 아첨하기   ④ 자랑하기

해설 '아당하기'는 '아첨하다(남의 환심을 사거나 잘 보이려고 알랑거리다)'는 의미이다.

59 밑줄 친 변화의 흔적을 확인할 수 있는 것은?

> 중세 국어에는 현대 국어와 달리 마찰음인 'ㅸ[ß]', 'ㅿ[z]'와 같은 자음이 더 있었다. 이 중에서 'ㅸ'은
> 15세기 말에 이르러 반모음 'ㅗ/ㅜ[W]'로 바뀌었다. '더ᄫᅥ>더워, 쉬ᄫᅳᆫ>쉬운' 등에서 그 변화의 모습을
> 볼 수 있다. 'ㅿ'는 15세기 말에서 16세기 초에 걸쳐 소멸하였다. 'ᄆᆞᅀᆞᆷ>마음', '처ᅀᅥᆷ>처음' 등에서 그
> 변화의 모습을 볼 수 있다.

① 잡 다   ② 돕 다
③ 배우다   ④ 들어오다

해설 'ㅸ' 뒤에 'ㅏ'나 'ㅓ'가 오는 경우 'ㅸ'이 반모음 'ㅗ/ㅜ'로 바뀌는 것으로 돕다(도ᄫᅡ>도와)가 있다.

60 밑줄 친 부분에 대한 설명으로 적절한 것은?

> 말ᄊᆞ물 ⊙ 슳ᄫᅵ리 하ᄃᆡ 天命을 疑心ᄒᆞ실ᄊᆡ ᄭᅮ므로 © 뵈아시니
> 놀애ᄅᆞᆯ 브르리 © 하ᄃᆡ 天命을 모ᄅᆞ실ᄊᆡ ᄭᅮ므로 ② 알외시니
> (말씀을 아뢸 사람이 많지만, 天命을 의심하시므로 꿈으로 재촉하시니
> 노래를 부를 사람이 많지만, 天命을 모르므로 꿈으로 알리시니)
>
> – 「용비어천가」 13장

① ⊙에서 '–이'는 주격을 나타내는 조사로 기능한다.
② ©에서 '–아시–'는 높임을 나타내는 선어말 어미로 기능한다.
③ ©에서 '–ᄃᆡ'는 이유를 나타내는 연결 어미로 기능한다.
④ ②에서 '–외–'는 사동을 나타내는 접미사로 기능한다.

④ '알외시니'는 현대어 '알리시니'로 해석할 수 있다. 어간 '알–'에 사동 접미사 '–리–', 높임 선어말 어미 '–시–', 어미 '–니'를 사용하여 만든 말이다. 그러므로 ②에서 '–외–'는 사동을 나타내는 접미사로 기능한다고 판단할 수 있다.

① '슳ᄫᅵ리'는 '아뢸 사람이'의 의미이다. '슳볼'은 '아뢸'을 뜻하고 '–이'는 사람을 뜻하므로 '–이'는 주격 조사라고 보기 어렵다. ⊙은 '슳ᄫᅵ리' 뒤에서 주격 조사 'ㅣ'가 생략된 것이다.
② '뵈아시니'는 현대어 '재촉하시니'로 해석하고 높임 표현이라고 할 수 있다. ©에서 높임을 나타내는 선어말 어미는 '–아시–'가 아니라 '–시–'이다.
③ '하ᄃᆡ'는 현대어 '많지만'으로 해석된다. '–ᄃᆡ'는 이유를 나타내는 연결 어미가 아니라 어떤 사실이나 내용을 시인하면서 그에 반대되는 내용을 말하거나 조건을 붙여 말할 때에 쓰는 연결 어미이다.

제 **2** 과목

국 사

의무
소방원

국어/국사/상식/적성검사

한권으로 끝내기!

(주)시대고시기획
(주)시대교육

www. sidaegosi.com

시험정보 · 자료실 · 이벤트
합격을 위한 최고의 선택

시대에듀
www. sdedu.co.kr

자격증 · 공무원 · 취업까지
BEST 온라인 강의 제공

우리 역사의 형성과 고대 국가의 발전

01 선사 문화와 여러 나라의 성장

(1) 선사 문화의 전개와 민족 기반의 형성

① 구석기 시대

시 기	약 70만 년 전에 시작
도 구	• 석기 사용 : 사냥도구(주먹도끼, 찍개), 조리도구 (긁개, 밀개 등) • 석기 시대 후기에는 슴베찌르개 사용
생 활	• 동굴이나 강가의 막집에서 생활 • 무리를 지어 이동 생활을 했으며, 사냥과 채집으로 식량 마련 • 모든 사람이 평등한 공동체 생활
주요 유적	경기도 연천 전곡리 유적, 충청남도 공주 석장리 유적 등

❖ 주먹 도끼   ❖ 슴베찌르개

슴베찌르개 : 뾰족하고 긴 부분인 슴베를 만들어서 창이나 화살 따위에 꽂아 쓰는 찌르개이다.

② 신석기 시대

㉠ 도 구
- 간석기 사용 : 농경용 도구(돌괭이, 돌보습, 돌낫 등)와 조리용 도구(갈돌, 갈판 등)
- 토기 : 진흙으로 빚어 불에 구워 만든 것으로 음식물 조리와 저장에 이용(빗살무늬 토기가 대표적)
- 가락바퀴와 뼈바늘 : 옷이나 그물 제작

❖ 가락바퀴

㉡ 생 활
- 바닷가와 강가에 움집을 지어 정착 생활
- 농경(잡곡류 경작)과 목축을 시작
- 고기잡이와 사냥은 중요한 식량 확보 수단
- 혈연을 바탕으로 한 씨족 사회, 족외혼(다른 씨족과의 혼인)을 통해 부족 사회 형성, 평등 사회
- 애니미즘(정령 숭배), 토테미즘(동식물 숭배), 샤머니즘(무당과 주술 신봉) 등이 출현함
- 조개껍데기로 가면을 만들거나 짐승의 뼈나 이빨로 장신구를 만듦

ⓒ 주요 유적 : 서울 암사동, 강원도 양양 오산리, 제주 한경 고산리 등

❖ 빗살무늬 토기
신석기 시대의 대표적인 토기로 곡식이나 음식을
저장하거나 요리하는 데 사용하였다.

③ 청동기 시대

　㉠ 도 구

　　• 청동기 사용 : 비파형 동검, 거친무늬 거울 등

　　• 석기 : 반달 돌칼, 홈자귀 등의 농기구

　　• 토기 : 민무늬 토기, 미송리식 토기 등

❖ 반달 돌칼　　　　❖ 비파형 동검

　㉡ 생 활

　　• 움집에서 지상가옥으로 발전, 배산임수의 취락

　　• 농경과 목축 확대, 일부 저습지에서 벼농사 시작

　　• 사유 재산, 빈부 격차, 계급 발생(활발한 정복 사업 전개)

　　• 스스로를 하늘의 자손이라고 믿는 군장(족장)의 등장

　　• 지배층의 무덤인 고인돌(막강한 권력과 경제력 상징, 만주와 한반도에 널리 분포)과 돌널무
　　　덤의 제작

　㉢ 주요 유적 : 울산 검단리, 충청남도 부여 송국리 등

❖ 고인돌

④ 철기 시대

도 구	• 철제 농기구 사용 : 농업 생산량 증가 • 철제 무기 사용 : 활발한 정복활동 • 독자적인 청동기 문화 : 세형동검, 잔무늬 거울, 거푸집
사 회	• 부여 · 고구려 · 옥저 · 동예 · 삼한 등장 • 널무덤과 독무덤
중국과 교류	중국화폐 명도전 · 반량전 출토(중국과 교류), 붓 발견(한자 사용)

(2) 고조선의 발전과 여러 나라의 성장

① 단군과 고조선

고조선의 성립	청동기 문화를 기반으로 건국(기원전 2333년)
건국 이야기	농경 사회 형성, 계급 · 형벌 발생, 제정일치(단군은 제사장, 왕검은 정치적 우두머리) 등 반영 →『삼국유사』, 『제왕운기』,『동국통감』 등에 수록
세력 범위	요령 지방에서 한반도까지 발전(비파형 동검과 고인돌의 출토 범위와 일치)
성 장	• 기원전 4세기부터 중국의 연과 대립 • 기원전 3세기 부왕, 준왕 등 왕의 등장과 세습 • 상 · 대부 · 장군 등의 관직 설치
위만의 집권과 멸망	• 위만이 준왕을 몰아내고 왕위 차지(기원전 194) → 철기 문화 본격적 수용, 중계 무역 전개 • 한 무제의 침략으로 멸망(기원전 108년) → 한의 낙랑군 설치
사 회	생명 · 노동력 중시, 사유 재산 보호, 형벌 · 노비 존재, 화폐 사용 → 8조법

PLUS ONE 고조선의 8조법
대개 사람을 죽인 자는 즉시 죽이고, 남에게 상처를 입힌 자는 곡식으로 갚는다. 도둑질을 한 자는 노비로 삼는다. 용서를 받고자 하는 자는 한 사람마다 50만 전을 내게 한다. (중략) 이러해서 백성은 도둑질을 하지 않아 대문을 닫고 사는 일이 없었다. 여자는 모두 정숙하여 음란하고 편벽된 짓을 하지 않았다. – 『한서』

② 여러 나라의 성장

부 여	• 만주 쑹화강 유역에서 성장 • 5부족 연맹체, 왕의 중앙통치, 마가 · 우가 · 저가 · 구가의 사출도 통치 • 말, 주옥, 모피 등 특산물 생산 • 순장 풍속, 형사취수제, 우제점법, 1책 12법, 영고(12월, 제천 행사)
고구려	• 동가강 유역 졸본(환인) 지방에서 건국 → 국내성 • 약탈 경제(산악 지대로 식량 부족) • 5부족 연맹체, 제가 회의(만장일치제 운영) • 서옥제, 형사취수제, 1책 12법, 동맹(10월, 제천 행사)
옥 저	• 함경도 동해안에 위치 • 왕 없이 읍군 · 삼로 등 군장이 자기 부족 통치 • 해산물 풍부 • 민며느리제, 가족 공동 무덤(골장제)

동 예	• 강원도 동해안에 위치 • 왕 없이 읍군·삼로 등 군장이 자기 부족 통치 • 단궁, 과하마, 반어피 등 특산물 유명 • 족외혼, 책화(다른 부족의 영역을 침범하면 노비나 소, 말로 배상함), 무천(10월, 제천 행사)
삼 한	• 고조선의 유이민과 한반도 토착 세력과의 결합 → 삼한의 연맹체로 발전 • 군장(신지·읍차) 지배, 제정 분리(제사장인 천군과 신성 지역인 소도 존재) • 철 생산(낙랑과 왜 등에 수출), 계절제(5월, 10월)

PLUS ONE ➕ 사출도 : 부여에서 여러 가들이 다스리는 지역은 사방으로 뻗은 길을 따라 나뉘었으므로 사출도라 불렸다. 가의 호칭이 가축의 이름에서 유래한 것으로 보아 부여가 목축을 중시하였음을 알 수 있다.

책화 : 다른 부족의 영역을 침범하면 노비나 소, 말로 배상하도록 하였다.

부여의 4조목 법
• 살인자는 사형에 처하고, 그 가족은 노비로 삼는다.
• 절도자는 12배의 배상을 물린다(1책 12법).
• 간음자는 사형에 처한다.
• 부인이 질투하면 사형에 처하되 그 시체는 산 위에 버린다.

부여와 고구려의 공통점
• 5부족 연맹체
• 1책 12법
• 제천 행사의 실시
• 형사취수제

소도 : 죄를 지은 사람도 이곳으로 도망하여 숨으면 함부로 잡아갈 수 없을 만큼 정치권력도 영향을 끼칠 수 없는 신성 지역이었다.

02 삼국과 가야의 발전

(1) 삼국의 성립

① 고대 국가의 성격

발전 과정	여러 소국(군장 국가) → 연맹 왕국 → 중앙 집권적인 고대 국가
특 징	왕권 강화(정복 활동), 통치 체제 정비(율령 반포), 불교 수용(집단의 통합 강화)

PLUS ONE ➕ 삼국의 건국 순서 : 『삼국사기』에 기록된 건국 순서는 신라, 고구려, 백제 순이다.

② 삼국과 전기 가야 연맹의 성립

고구려	• 주몽 : 부여 이주민과 압록강 유역 토착민의 연합으로(기원전 37년) 졸본에 건국 • 태조왕(1세기) : 계루부 중심으로 5부 연합, 옥저 정복, 요동 지역으로 진출 • 고국천왕(2세기) : 왕위 부자 상속 확립, 행정적 5부로 개편
백 제	온조(비류) : 한강 유역의 토착 세력과 고구려 계통 유이민 세력의 결합(기원전 18년), 한강 유역 하남 위례성에서 건국
신 라	• 박혁거세 : 경주 지역의 토착 세력과 유이민 세력의 결합(기원전 57년) • 내물왕(4세기) : 김씨의 왕위 계승권 확립, 왕호를 '마립간'으로 변경, 고구려군 신라 영토 주둔(호우명 그릇)
전기 가야 연명	• 전기 가야 연맹(3세기경 형성) : 낙동강 하류의 변한 지역, 3세기경 김해의 금관가야 주도, 농경 및 철기 문화 발달 • 5세기 고구려군 공격으로 쇠퇴

❖ 호우명 그릇

경주 호우총에서 발굴된 것으로 그릇 밑바닥에 '광개토지호태왕(廣開土地好太王)'이라는 글씨가 새겨져 있어 당시 신라와 고구려의 친교 관계를 알 수 있다.

(2) 삼국 간의 경쟁

① 삼국의 정치적 발전

ㄱ 고구려

- 미천왕(4세기 전반) : 서안평 점령, 낙랑 축출
- 고국원왕(4세기 중반) : 전연의 침략으로 국내성 함락, 평양성 전투에서 전사
- 소수림왕(4세기 후반) : 율령 반포(373), 태학(최초의 국립대학), 불교 공인(전진의 순도, 372년) → 고대 국가(중앙 집권 국가)를 완성

ㄴ 백 제

- 고이왕(3세기) : 한강 유역 장악, 관리의 복색 제정, 목지국을 병합, 율령 반포 → 중앙 집권 국가의 기틀 마련

ㄷ 신 라

- 눌지왕(5세기 전반) : 나·제 동맹 체결(433년)
- 지증왕(6세기 초) : 국호를 신라로, 왕호를 왕으로 교체, 우경 장려, 우산국 정복
- 법흥왕(6세기 전반) : 병부 설치(군사권 장악), 율령 반포, 공복 제정, 골품 제도 정비, 불교 공인(이차돈 순교, 527년), 연호 사용(건원), 금관가야 병합(532년)

② 삼국의 경쟁과 후기 가야 연맹
  ㉠ 고구려
    • 광개토 대왕(4세기 말 ~ 5세기 초) : 만주 지역 정복,
      백제 압박(한강 이북 점령), 독자적 연호 '영락' 사용,
      신라에 침입한 왜 격퇴
    • 장수왕(5세기) : 평양 천도(427년), 남진 정책 추진,
      백제를 공격하여 한성 함락(한강 유역 확보), 광개토
      대왕릉비, 충주 고구려비
  ㉡ 백 제
    • 근초고왕(4세기) : 정복 활동(마한 정복, 고구려 평양
      성 공격 → 고국원왕 전사, 가야에 영향력 행사), 해외
      진출(중국 요서·산둥, 일본 규슈 진출 – 칠지도),
      『서기』 편찬, 왕위 부자 상속 확립
    • 침류왕(4세기 후반) : 중국의 동진에서 불교 수용
    • 문주왕(5세기 후반) : 웅진 천도
    • 무령왕(6세기 초) : 22담로 왕족 파견, 중국 남조 양과 교류(무령왕릉)
    • 성왕(6세기) : 사비 천도, 국호 남부여, 22부사제, 방군제(5방), 신라와 연합하여 한강
      유역 일시 회복 → 관산성 전투에서 신라에 빼앗김 → 나·제 동맹 결렬
  ㉢ 신 라
    • 진흥왕(6세기) : 화랑도를 국가 조직으로 정비, 한
      강 유역 확보, 대가야 정복, 함경도 지역까지 영토
      확대(단양 신라 적성비, 4개의 순수비 건립)
  ㉣ 후기 가야 연맹
    • 5세기 후반 고령 지방의 대가야가 새로운 맹주로
      등장, 6세기 초 신라와 결혼 동맹
    • 김해의 금관가야가 신라에 병합(532년), 대가야가
      신라에 멸망(562년)

❖ 5세기 고구려 전성기의 세력 판도

❖ 신라 진흥왕 때의 영토 확장

③ 관등제와 지방 통치 체제 정비

구 분	고구려	백 제	신 라
재 상	대대로	상좌평	상대등
중앙귀족	14관등제	6좌평 등 16관등제	17관등제, 골품제
귀족 회의	제가 회의	정사암 회의	화백 회의
행정 구역	성 중심으로 구분	22담로(무령왕), 전국 5방(성왕)	전국을 주·군으로 구분, 촌 설치

(3) 삼국의 경제와 사회

① 삼국의 경제

수취 제도	조세(곡물과 포 징수), 공물(특산물 부과), 역(15세 이상 남자 동원)
농 업	철제 농기구 보급, 저수지 축조, 우경 장려, 진대법(고국천왕 때 을파소의 건의)
수공업과 상업	관청에서 물품 생산, 시장 설치, 시장 감독관청 설치

② 삼국의 신분 제도

귀 족	옛 부족장 세력의 중앙 귀족화, 귀족 회의에서 국가 중대사 결정(고구려 – 제가 회의, 백제 – 정사암 회의, 신라 – 화백 회의)
평 민	대부분 농민, 조세·노동력 징발의 대상
천 민	주로 노비로 구성(전쟁 노비나 채무 노비가 대부분)

③ 삼국의 사회 모습

고구려	• 지배층은 왕족인 고씨와 5부족 출신 귀족 • 엄격한 형법(1책 12법), 형사취수제와 서옥제 등의 혼인 풍습
백 제	• 지배층은 왕족인 부여 씨와 8성의 귀족 • 엄격한 형법(1책 2법, 1책 3법), 중국과 교류(선진 문화 수용)
신 라	• 골품제 : 엄격한 폐쇄적 신분제 • 화랑도 : 원광법사의 세속 5계, 진흥왕 때 국가 조직으로 확대

(4) 신라의 삼국 통일

① 고구려와 수·당의 전쟁

수와의 전쟁	수 양제 침입(113만 군대), 을지문덕의 살수 대첩(612년)
당과의 전쟁	천리장성 축조, 연개소문의 강경책 실시, 안시성 싸움에서 당 침입 격퇴(645년)

② 백제와 고구려의 멸망
 ㉠ 백제·고구려의 신라 공격 → 나·당 동맹 체결
 ㉡ 백제의 멸망 : 나·당 연합군의 공격으로 사비성 함락(660년) → 부흥 운동 전개(복신·도침·흑치상지, 왕자 부여풍) → 왜의 지원을 받은 백강 전투 패배

ⓒ 고구려 멸망 : 연개소문 사후 내분 발생 → 나·당 연합군의 공격으로 평양성 함락(668년) → 부흥 운동 전개(검모잠·안승·고연무)

③ 신라의 삼국 통일
　㉠ 당의 한반도 지배 야욕 : 웅진 도독부 설치(백제), 안동 도호부 설치(고구려), 계림 도독부 설치(신라)
　ⓒ 나·당 전쟁 : 매소성 전투(당의 20만 대군 격파, 675년), 기벌포 전투(당의 수군 섬멸, 676년)
　ⓒ 삼국 통일의 한계와 의의
　　• 한계 : 외세의 협조, 대동강 이남에 국한
　　• 의의 : 자주적 성격(당 축출), 민족 문화 발전(고구려·백제 문화의 전통 수용, 경제력 확충)의 토대

03 남북국의 성립과 발전

(1) 통일 신라의 발전과 쇠퇴

① 신라 중대 전제 왕권의 확립
　㉠ 무열왕(김춘추) : 최초의 진골 출신 왕, 혜공왕까지 직계 자손이 왕위 계승, 왕의 혈족 등에게 특권적 지위를 누리게 했던 갈문왕 제도 폐지
　ⓒ 문무왕 : 삼국 통일 완성, 민족 통합 도모, 부석사 창건
　ⓒ 신문왕 : 김흠돌 등 진골 귀족 숙청, 9주5소경 체제 완비, 관료전 지급과 녹읍 폐지, 국학 설립
　ⓔ 사회적 특징 : 6두품 세력의 사회적 두각 → 왕의 정치적 조언자로 행정 실무 담당, 전제 왕권 뒷받침

> **PLUS ONE** 김흠돌의 모역 사건 : 신문왕이 즉위하던 해에 왕의 장인 김흠돌의 모역 사건이 있었다. 이 사건으로 인해 귀족세력 대한 대대적인 숙청이 행해졌고 왕권이 강화되었다.

② 통치 체제의 정비

❖ **9주 5소경**

중앙 관제	• 집사부(왕 수행) 장관인 시중의 권한 강화 • 사정부(감찰 기구) 설치
지방 행정	9주(주 아래 군현) 5소경(수도의 편재성 보완), 상수리 제도(지방 세력 견제), 특수 행정 구역(향·부곡)
군사 제도	9서당(중앙군) 10정(지방군, 주마다 1정씩, 북쪽 국경 지대인 한주에는 2정 배치)

PLUS ONE 상수리 제도 : 지방 세력을 통제하기 위해 이들을 일정 기간 경주에 와서 거주하게 한 것

③ 통일 신라 말의 동요

　㉠ 왕위 쟁탈전 : 경덕왕 사후 나이 어린 혜공왕 즉위 → 진골 귀족들의 왕위 다툼

　㉡ 지방 세력의 반란 : 웅진 도독 김헌창의 난(822년), 장보고의 난(846년), 신문왕의 즉위에 관여

　㉢ 농민 봉기 : 지배층의 강압적인 수취에 반발 → 원종과 애노의 난(889년) 등

　㉣ 새로운 세력의 성장

　　• 6두품 세력 : 골품제 비판, 새로운 정치 이념과 사회상 제시

　　• 호족 세력 : 중앙 정부의 통제에서 벗어나 지방의 행정권·군사권을 장악 → 반독립적인 세력으로 성장

　　• 새로운 사상의 유행 : 선종과 풍수지리설

PLUS ONE 김헌창의 난 : 김주원이 진골 귀족 간의 권력 다툼에 밀려 왕이 되지 못하자 그의 아들 김헌창이 웅천주(웅주)를 근거지로 난을 일으켰다.

④ 후삼국의 성립

후백제 건국(900년)	견훤이 완산주에 도읍을 정하고, 충청·전라도 지역 차지
후고구려 건국(901년)	궁예가 송악에 도읍을 정함 → 철원으로 천도, 국호 변경(→ 마진, 태봉)

(2) 발해의 성립과 발전

① 발해의 건국

❖ 발해의 영역

　㉠ 건국 과정 : 고구려 장군 출신 대조영이 고구려·말갈인을 이끌고 동모산에 건국(698년)

　㉡ 고구려 계승 의식

　　• 옛 고구려 영토를 대부분 차지, 일본에 보낸 국서에 고려 또는 고려 국왕이라는 명칭 사용

　　• 문화의 유사성 : 온돌 장치, 석등, 기와, 고분의 모줄임 천장 구조 등

② 발해의 발전과 멸망

무 왕	당의 산둥 지방 공격(장문휴), 요서 지방에서 당군과 격돌, 돌궐·일본과 연결하여 당·신라 견제, '인안' 연호 사용
문 왕	당·신라와 친선 관계 수립, 신라와 상설 교통로(신라도), '대흥' 연호 사용
선 왕	대부분의 말갈족 복속, 요동 지역으로 진출, 최대 영토 확보로 해동성국이라 불림
멸 망	9세기 말 이후 국력 쇠퇴 → 거란족의 침략으로 멸망(926년)

③ 발해의 통치 체제

중앙 관제	3성 6부(당의 제도 수용, 운영 방식과 명칭은 독자적), 중정대(감찰), 주자감(국립대학)
지방	5경 15부 62주(지방관 파견), 말단 촌락은 토착 세력이 관리함
군사 제도	중앙군(10위, 왕궁과 수도의 경비), 지방군(요충지에 별도의 독립 부대 배치)
멸 망	9세기 말 이후 국력 쇠퇴 → 거란족의 침략으로 멸망(926년)

❖ 발해의 중앙 관제

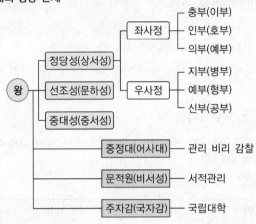

```
                              ┌─ 충부(이부)
                    ┌─ 좌사정 ─┼─ 인부(호부)
          ┌─ 정당성 ┤         └─ 의부(예부)
          │  (상서성)│         ┌─ 지부(병부)
   왕 ─────┼─ 선조성 ─┤─ 우사정 ─┼─ 예부(형부)
          │  (문하성) │         └─ 신부(공부)
          └─ 중대성
             (중서성)
          ├─ 중정대(어사대) ── 관리 비리 감찰
          ├─ 문적원(비서성) ── 서적관리
          └─ 주자감(국자감) ── 국립대학
```

(3) 남북국의 경제·사회

① 남북국의 경제

통일 신라	• 토지 제도 : 관료전 지급·녹읍 폐지(신문왕), 정전(토지가 없는 15세 이상의 농민에게 지급한 토지) 지급(성덕왕) • 수취 제도 : 조세(생산량의 10분의 1 수취), 공물(특산물 징수), 역(노동력 징발) • 민정 문서 : 신라 촌락 문서, 3년마다 작성
발 해	농업(밭농사 중심), 목축과 수렵

❖ 민정 문서

② 남북국의 사회

통일 신라	• 백제와 고구려의 옛 유민 포섭 : 중앙군인 9서당에 고구려인·백제인·말갈인 포함 • 골품제의 변화 : 3두품~1두품 사이의 구분이 사라지고 평민과 동등하게 간주
발 해	• 지배층 : 대씨(왕족), 고씨(귀족) 등 고구려계가 다수 차지, 말갈계 일부 • 피지배층 : 고구려에 편입된 말갈족이 대다수, 토착 세력이 말갈 주민 통치

04 고대의 문화와 대외 교류

(1) 삼국의 학문과 문화

① 학문의 발달과 역사 편찬

고구려	• 교육 : 중앙 태학, 지방 경당 • 역사서 : 『신집』 5권(영양왕 때 이문진이 『유기』를 간추려 편찬)
백 제	• 교육 : 오경박사, 의박사, 역박사(유교 경전과 기술학 교육) • 역사서 : 근초고왕 때 고흥의 『서기』 편찬
신 라	• 임신서기석 : 청소년들이 유교 경전을 공부했음을 알 수 있음 • 역사서 : 거칠부의 『국사』 편찬(진흥왕)

PLUS ONE 임신서기석 : 두 청년이 나라에 충성을 다하고, 3년 동안 유교 서적을 공부할 것을 맹세한다는 내용이 기록되어 있다.

② 불교와 도교의 수용

불 교	• 고구려 : 중국 전진에서 전래 → 소수림왕 때 공인(372년) • 백제 : 중국 동진에서 전래 → 침류왕 때 공인(384년) • 신라 : 고구려에서 전래, 법흥왕 때 이차돈의 순교를 계기로 공인(527년), 불교식 왕명의 사용, 왕권과 밀착(왕즉불 사상), 원광의 세속 5계(호국 불교), 경주 황룡사 9층 목탑, 경주 분황사 모전 석탑
도 교	귀족 사회의 환영, 산천 숭배나 신선 사상과 결합(고구려 사신도, 백제 산수무늬 벽돌, 백제 금동 대향로 등)

③ 과학 기술의 발전

고구려	고분 벽화의 별자리를 그린 천문도
백 제	칠지도, 백제 금동 대향로 등 공예 기술 발달
신 라	첨성대(선덕 여왕, 천문대), 성덕대왕 신종

PLUS ONE 칠지도 : 74cm의 철기로 몸체에 62개의 글자가 새겨져 있는데, 이는 백제의 왕세자가 왜왕에게 선물한다는 내용이다.

④ 국제 교류

고구려	북방 민족(북중국)이나 서역 나라들과 교류
백 제	남중국·가야·왜를 연결하는 해상 무역의 주도권을 잡음
신 라	초기에는 고구려를 통한 북중국과 교류, 한강 유역 정복 이후 중국과 직접 교류
가 야	바닷길을 통해 중국, 왜와 교류하면서 철기 문화 더욱 발전 → 훗날 신라 문화의 발전에 영향을 끼침

⑤ 문화의 일본 전파

고구려	담징(종이, 먹 제조법, 호류사 벽화), 혜자(쇼토쿠 태자의 스승), 혜관(불교 전파, 일본 삼론종의 시조)

백 제	• 가장 활발한 교류(유교와 의학, 천문, 역법 전파) → 아직기(한자), 왕인(천자문, 논어), 노리사치계(불경, 불상) • 고대 아스카 문화 형성에 결정적 영향
신 라	조선술, 축제술 전파 → '한인의 연못'
가 야	일본의 스에키 토기에 영향을 미침

(2) 남북국 시대의 문화와 국제 관계

① 학문의 발달

통일 신라	• 교육 : 국학(신문왕, 유학 공부) 설립, 독서삼품과 시행(원성왕) • 대표적 유학자 : 김대문(『화랑세기』), 강수(외교문서 작성), 설총(이두 정리, 『화왕계』), 최치원(빈공과 급제, 시무10조)
발 해	주자감 설치(중앙 최고 교육 기관), 당에 유학생 파견(빈공과에서 신라 유학생과 경쟁)

② 불교 사상

통일 신라	• 원효 : 일심 사상, 화쟁 사상 주장 → 불교 대중화에 기여 • 의상 : 화엄 사상 정립, 당의 유학, 부석사 건립 • 혜초 : 인도와 서역 순례 → 『왕오천축국전』 저술 • 선종의 유행 : 참선 수행 중시, 신라 말 지방 호족의 후원으로 확산 → 9산 선문 성립, 승탑 유행
발 해	고구려 불교 계승, 왕실과 귀족 중심의 불교 → 상경의 절터와 불상

③ 문화유산

구 분	통일 신라
고 분	• 화장 유행 • 굴식 돌방무덤
건 축	불국사, 석굴암 등 → 불국토의 이상 반영(유네스코 세계 유산)
탑	감은사지 삼층 석탑, 불국사 삼층 석탑, 다보탑, 진전사지 삼층 석탑(신라 말)

④ 국제 교류

㉠ 통일 신라의 국제 교류

• 당 : 당항성을 통한 잦은 왕래, 산둥반도의 신라방(마을)·신라소(관청)·신라원(절)

• 주요 국제항 : 울산항, 당항성, 강주, 회진 → 이를 통해 동남아시아, 서역의 물품 수입

• 청해진 : 장보고가 완도에 설치, 당·신라·일본의 바닷길 교통과 무역 장악 → 해상 무역권 장악

㉡ 발해의 국제 교류 : 건국 초부터 돌궐, 일본 등과 활발히 교류

• 일본 : 바닷길을 통한 사신 교류, 무역

• 당 : 유학생을 파견하고 활발한 무역

• 신라 : 신라도를 이용하여 신라와 무역

적중예상문제

01 (가)에 들어갈 내용으로 옳은 것은?

- 명칭 : 주먹도끼
- 발견지역 : 경기도 연천군 전곡리
- 용도 : 사냥한 짐승의 가죽을 벗기거나 나무뿌리를 캐는 등 다양하게 사용
- 생활모습 : (가)

① 주로 동굴이나 막집에서 생활하였다.

② 빗살무늬 토기에 음식을 저장하였다.

③ 반달 돌칼을 이용하여 벼의 이삭을 잘랐다.

④ 가락바퀴와 뼈바늘로 옷이나 그물을 제작하였다.

 ① 구석기 시대에는 주로 동굴이나 바위 그늘에 막집을 짓고 살았다. 사냥과 채집을 하였으며 무리를 지어 이동 생활을 하였고 주먹도끼, 찍개 등의 뗀석기를 사용하였다.
② · ④ 신석기 시대
③ 청동기 시대

02 (가) 시대의 유물로 옳은 것은?

제목 : (가) 시대의 흔적을 찾아서
- 1일차 : 연천 전곡리 전시 박물관에서 막집 만들기
- 2일차 : 공주 석장리 박물관에서 자갈돌 찍개 문화층에서 출토된 유물 확인
- 3일차 : 단양 금굴 유적지에서 주거지였던 동굴 체험

① 갈돌과 갈판

② 주먹도끼

③ 빗살무늬토기

④ 반달 돌칼

 ② 구석기 시대 사람들은 동굴이나 강가에 막집을 짓고, 계절에 따라 이동 생활을 하였다. 또한, 주먹도끼, 찍개 등의 뗀석기를 사용하였다.

03 다음 (가)시대에 대한 설명으로 옳은 것은?

> 서울 암사동 유적은 6,000년 전 (가)시대 유적 중 최대 규모로 선조들의 생활상을 온전히 간직하고 있다. 전형적이고 예술적인 빗살무늬토기 문화를 이끌어낸 중요한 주거 유적지이며, 국가지정문화재 사적 제267호이다.

① 벼농사가 시작되었다.　　　　　② 고인돌을 축조하였다.
③ 농경 생활을 시작하였다.　　　　④ 주먹도끼를 사용하였다.

 ③ 서울 암사동 유적은 신석기 시대의 대표적인 유적지이다.
①·② 청동기 시대
④ 구석기 시대
신석기 시대 생활
· 바닷가와 강가에 움집을 지어 정착 생활
· 농경(잡곡류 경작)과 목축 시작
· 고기잡이와 사냥은 중요한 식량 확보 수단의 역할
· 혈연을 바탕으로 한 씨족 사회, 족외혼(다른 씨족과의 혼인)을 통해 부족 사회 형성, 평등 사회
· 애니미즘(정령 숭배), 토테미즘(동식물 숭배), 샤머니즘(무당과 주술 신봉) 등 출현
· 조개껍데기로 가면을 만들거나 짐승의 뼈나 이빨로 장신구 제작

04 다음에 해당하는 시대의 생활 모습으로 옳은 것은?

> 이 토기는 밑이 뾰족하여 강가나 바닷가의 모래나 흙에 고정할 수 있었으며, 식량 저장과 운반, 조리 등에 사용되었습니다.

① 농경과 목축이 시작되었다.　　　② 거친무늬 거울을 사용하였다.
③ 주로 동굴이나 막집에서 살았다.　④ 거푸집을 이용해 청동 도끼를 제작하였다.

① 신석기 시대 사람들은 빗살무늬 토기에 음식을 저장하였으며 가락바퀴로 실을 뽑아 뼈바늘로 옷을 지어 입기도 하였다. 또한, 강가나 바닷가에 움집을 짓고 채집·수렵 생활을 하였으며, 조·피 등을 재배하는 농경이 시작되었고 가축을 기르기도 하였다.
② 청동기 시대에 거친무늬 거울을 제작하여 사용하였다.
③ 구석기 시대 사람들은 동굴이나 막집에서 살았으며 계절에 따라 이동 생활을 하였다.
④ 청동기 시대와 철기 시대에는 거푸집을 이용하여 청동·철제 물건을 제작하였다.

05 (가) 시대의 특징으로 옳지 않은 것은?

> (가) 시대에는 농사 기술이 크게 발전하면서 식량을 얻는 데 채집이나 사냥, 고기잡이, 조개 채취보다 농경이 차지하는 비중이 더 커졌다. 즉 반달 돌칼과 같은 수확 도구를 사용함으로써 생산성이 크게 높아졌다.

① 계급이 발생하였다.　　　　　　② 비파형 동검을 제작하였다.
③ 무리를 지어 이동 생활을 하였다.　④ 일부 저습지에서 벼농사가 시작되었다.

해설 청동기 시대의 생활
• 도 구
  – 청동기 제품 : 비파형 동검, 거친무늬 거울 등
  – 간석기 : 반달 돌칼, 홈자귀 등의 농기구
  – 토기 : 민무늬 토기, 미송리식 토기 등
• 생 활
  – 움집에서 지상가옥으로 발전, 배산임수의 취락
  – 농경과 목축 확대, 일부 저습지에서 벼농사 시작
  – 사유 재산, 빈부격차, 계급 발생(정복 사업이 활발하게 전개)
  – 스스로를 하늘의 자손이라고 믿는 군장(족장)의 등장
  – 지배층의 무덤인 고인돌(막강한 권력과 경제력 상징, 만주와 한반도에 널리 분포)과 돌널무덤의 제작

06 (가)에 들어갈 내용으로 옳은 것은?

> • 주제 : 청동기 시대의 생활상
> • 조사 내용
>   – 일부 저습지에서 벼농사 시작
>   – (　가　)

① 움집에서 정착 생활　　　　② 사유재산과 빈부격차
③ 가락바퀴와 뼈바늘 사용　　④ 혈연을 바탕으로 한 씨족 사회

①·③·④ 신석기 시대의 생활상이다. 청동기 시대 생활상으로는 움집에서 지상가옥으로 발전, 배산임수의 취락, 농경과 목축 확대, 일부 저습지에서 벼농사 시작, 사유재산, 빈부격차, 계급 발생, 군장의 등장, 고인돌과 돌널무덤의 제작 등이 있다.

07 다음의 '이 나라'와 관계 깊은 내용을 [보기]에서 모두 고른 것은?

> 이 나라가 중국의 연과 대립할 정도로 강성해지자 연이 침략하였고 그 결과 이 나라는 서쪽의 넓은 영토를 상실하였다.

| 보 기 |
ㄱ. 12월에 추수 감사제인 영고가 있었다.
ㄴ. 위만이 고조선의 왕위를 차지하였다.
ㄷ. 화백 회의에서 중대사를 결정하였다.
ㄹ. 고조선이 중계 무역으로 이익을 얻었다.

① ㄱ, ㄷ
② ㄱ, ㄹ
③ ㄴ, ㄷ
④ ㄴ, ㄹ

 ㄱ. 부여에서는 매년 12월에 수확제이자 추수 감사제의 성격을 지닌 영고라는 제천 행사가 열렸다.
ㄷ. 신라는 귀족 합의체인 화백 회의에서 국가의 중대사를 만장일치제로 결정하여 국정을 운영하였다.

08 밑줄 그은 '이 나라'에 대한 설명으로 옳은 것은?

> A : 이 나라를 단군왕검이 기원전 2333년에 건국하였어.
> B : 이 나라는 중국의 한과 한반도의 남부 사이에서 중계 무역을 했어.

① 8조법으로 백성을 다스렸다.
② 낙랑과 왜에 철을 수출하였다.
③ 신분 제도인 골품제가 있었다.
④ 혼인 풍습으로 민며느리제가 있었다.

 고조선은 단군왕검이 기원전 2333년에 건국하였는데 한반도 남부 지방에 위치한 진의 여러 나라와 중국의 한 사이에서 중계 무역을 하면서 경제적인 이익을 얻어 부강해졌다.
② 가야는 풍부한 철 생산과 해상 교통에 유리한 지역적 특색을 통해 낙랑과 왜의 규슈 지방을 연결하는 중계 무역으로 번성하였다.
③ 신라에는 골품제라는 특수한 신분 제도가 있었는데 골품에 따라 관직 승진에 제한을 두었다.
④ 옥저에는 여자가 어렸을 때 혼인할 남자의 집에서 성장한 후 혼인을 하는 민며느리제가 있었다.

09 (가)에 들어갈 내용으로 옳은 것은?

> • 대표적 유물 : 비파형 동검, 반달 돌칼
> • 사회 모습
> – 계급이 발생하였다.
> – (가)

① 골품제가 정비되었다.
② 고인돌이 축조되었다.
③ 주먹 도끼가 처음 제작되었다.
④ 모내기법이 널리 보급되었다.

 비파형 동검은 청동기 시대에 만주와 한반도 일대에서 사용되었던 대표적인 유물이고, 반달 돌칼은 곡물을 수확하는 도구로 청동기 시대에 널리 사용되었다.
② 고인돌은 청동기 시대의 대표적 무덤이다.
① 삼국 시대에 신라의 신분 제도
③ 구석기 시대의 뗀석기
④ 조선 후기

10 (가)에 들어갈 인물은?

> 삼국유사의 기록에 따르면, 환웅이 웅녀와 혼인하여 낳은 (가)이/가 고조선을 세웠다. 고조선은 정치적 지배자가 제사장을 겸하는 사회였다.

① 온 조
② 궁 예
③ 단군왕검
④ 박혁거세

 ① 온조 : 백제 건국
② 궁예 : 후고구려 건국
④ 박혁거세 : 신라 건국

11 (가)에 들어갈 제목으로 알맞은 것은?

> 제목 : (가)
> 제정분리사회
> • 정치 지배자 : 신지, 읍차
> • 제사장 : 천군
> • 신성 구역 : 소도

① 동예의 정치
② 부여의 발전
③ 삼한의 특징
④ 고구려의 성립

해설 삼 한
  • 한강 이남의 진(辰)이 고조선의 유이민을 흡수하여 삼한의 연맹체로 발전
  • 군장 지배(신지 · 읍차), 제정 분리(제사장인 '천군'이 지배하는 신성 지역인 '소도' 존재)

12 (가) 국가에 대한 설명으로 옳은 것은?

> (가)은/는 토지가 비옥하고 해산물이 풍부하였으며, 부족끼리 혼인을 하지 않는 족외혼이 시행되었다.
> 10월에는 무천이라는 제천행사를 열었다.

① 책화의 풍습이 있었다.
② 형사취수제라는 혼인 풍속이 있었다.
③ 제사장인 천군과 신성 지역이 소도가 존재하였다.
④ 신지, 읍차 등으로 불리는 군장 세력이 성장하였다.

해설 제시문은 동예에 대한 설명이다. 동예는 단궁, 과하마, 반어피 등의 특산물이 유명하였으며, 족외혼, 책화라는 풍습이 있었다. 또, 10월에 무천이라는 제천행사가 있었다.

13 밑줄 친 '이 나라'와 관계 깊은 것은?

> <u>이 나라</u>는 마가, 우가, 저가, 구가가 사출도를 다스렸으며, 말, 주옥, 모피 등 특산물을 생산하였다. 또, 12월에 영고라는 제천행사가 있었다.

① 범금 8조가 있었다.
② 순장의 풍속이 있었다.
③ 단궁, 과하마, 반어피 등 특산물이 유명하였다.
④ 제가회의라는 만장일치제를 운영하였다.

 부 여
• 만주 쑹화강 유역에서 성장
• 5부족 연맹체, 마가, 우가, 저가, 구가의 사출도 통치
• 말, 주옥, 모피 등 특산물 생산
• 순장 풍속, 형사취수제, 우제점법, 1책12법, 영고(12월, 제천행사)

14 다음과 공통적으로 관련이 있는 나라는?

• 제가 회의	• 서옥제
• 상가, 고추가	• 동 맹

① 옥 저
② 동 예
③ 신 라
④ 고구려

 고구려에는 왕 아래 상가, 고추가 등의 대가들이 있었고, 중대한 범죄자가 있으면 제가 회의를 통하여 사형에 처하였다. 또, 10월에는 추수 감사제인 동맹이라는 제천 행사를 성대하게 열었으며, 서옥제(데릴사위제)라는 풍속이 있었다.

15 다음에서 설명하는 부여의 제천행사는?

> 사냥철이 시작되는 12월에 열렸으며, 하늘에 제사를 지내고 노래와 춤을 즐겼으며, 죄인을 풀어주기도 하였다.

① 동 맹
② 무 천
③ 계절제
④ 영 고

 영고는 부여의 제천 행사로 추수를 마친 12월에 농사의 풍요를 기원하고 추수를 감사하기 위한 것이었다.

16 다음의 (가)에 들어갈 나라는?

> (가)은/는 진한의 소국인 사로국에서 시작하였다. 초기에는 박·석·김의 세 성씨가 번갈아 왕이 되어 국가를 운영하였으나, 왕권 강화와 더불어 김씨가 왕위를 독점하였다.

① 신 라 ② 태 봉
③ 고구려 ④ 후백제

 신라 사로국일 때 신라는 박·석·김 씨가 왕위를 돌아가면서 계승하는 연맹왕국이었지만 법흥왕 때 성골·진골 같은 골품제가 완비되었고, 불교가 공인되었다. 골품제가 완비되면서 체제의 정비가 이루어졌고, 불교가 공인되면서 왕권의 강화에도 기여하게 되었다. 이후 6세기에 이르러 진흥왕 때 화랑도를 국가적인 조직으로 정비하였고, 한강 유역까지 진출하면서 전성기를 누렸다.

17 다음과 같은 업적을 이룩한 왕에 대한 설명으로 옳은 것은?

> • 6년에 『국사(國史)』를 편찬하였다.
> • 12년에 한강 상류 지역의 10군을 점유하였다.
> • 14년, 한강 하류 지역을 빼앗아 중부지방을 확보하였다.
> • 23년, 고령의 대가야를 정복하여 낙동강 유역을 모두 확보하였다.

① 국학을 설립하였다. ② 백제의 한성을 함락시켰다.
③ 중국 남조의 양과 교류하였다. ④ 화랑도를 국가적 조직으로 개편하였다.

 신라 진흥왕(6세기)의 업적
화랑도를 국가적인 조직으로 정비, 한강 유역 확보, 대가야 정복, 함경도 지역까지 영토 확대(단양 신라 적성비, 4개의 순수비 건립)

18 (가)에 들어갈 고구려의 왕은?

> 주제 : (가)의 업적
> • 서안평 점령
> • 낙랑 축출

① 미천왕 ② 고국원왕
③ 소수림왕 ④ 광개토대왕

② 고국원왕 : 전연의 침략으로 국내성 함락, 평양성 전투에서 전사
③ 소수림왕 : 율령 반포(373), 태학(최초의 국립대학), 불교 공인(전진의 순도, 372) → 고대 국가(중앙 집권 국가)의 기틀 완성
④ 광개토대왕 : 만주 지역 정복, 백제 압박(한강 이북 점령), 독자적 연호 '영락' 사용, 신라에 침입한 왜 격퇴

19 다음 밑줄 그은 '왕'의 업적으로 옳은 것은?

〈고구려, 한성을 점령하다〉
왕이 직접 3만여 명의 군대를 이끌고 한성을 공격하여 점령하는 데 성공했다. 백제군은 성문을 걸어 잠그고 버텼으나 끝내 패배하였고, 개로왕은 사로잡혀 죽임을 당하였다. 고구려의 한성 점령은 지속적으로 추진해 온 남진 정책의 성과로 평가할 수 있을 것이다.

① 평양으로 수도를 옮겼다.
② 영락이라는 연호를 제정하였다.
③ 지방의 22담로에 왕족을 파견하였다.
④ 낙랑군을 축출하여 영토를 확장하였다.

 ① 고구려 장수왕은 남진 정책의 일환으로 국내성에서 평양성으로 천도하고 백제의 수도인 한성을 점령하였다.
② 고구려 광개토대왕은 영락이라는 연호를 사용하였고, 정복 활동을 통해 영토를 크게 확장하였다.
③ 백제 무령왕은 지방에 22담로를 설치하고 왕족을 파견하여 지방에 대한 통제를 강화하였다.
④ 고구려 미천왕은 낙랑군을 축출하고 영토를 확장하였다.

20 다음 (가) 나라에 대한 설명으로 옳은 것은?

건국 이야기에 따르면 해모수와 유화 사이에서 태어난 주몽이 부여에서 무리를 이끌고 내려와 졸본에 (가)을/를 세웠다고 한다.

① 화백 회의를 운영하였다.　　　② 독서삼품과를 실시하였다.
③ 국내성으로 도읍을 옮겼다.　　　④ 소도라는 신성 구역이 있었다.

 고구려의 건국 신화에 따르면 고구려의 시조인 주몽은 하늘의 아들인 해모수와 물의 신 하백의 딸 유화 사이에서 태어난 하늘의 자손으로 졸본에 고구려를 건국하였다고 한다.
③ 고구려 유리왕은 졸본에서 교통이 편리한 국내성으로 도읍을 옮겼다.
① 신라는 귀족 합의체인 화백 회의에서 국가의 중대사를 만장일치제로 결정하여 국정을 운영하였다.
② 통일 신라 원성왕은 국학의 학생들을 대상으로 독서삼품과를 실시하여 유교 경전의 이해 수준에 따라 관리를 채용하였다.
④ 삼한은 소도라는 신성 구역을 따로 두어 제사장인 천군이 이를 관리하는 제정분리 사회였다.

21 다음에서 설명하는 왕의 업적으로 옳은 것은?

> • 전사한 고국원왕에 이어 왕위에 오르다.
> • 승려 순도를 통해 불교를 수용하였다.
> • 국립 교육 기관인 태학을 설립하였다.

① 율령을 반포하였다.　　　　　② 수도를 사비로 옮겼다.
③ 영락이라는 연호를 사용하였다.　　④ 관료전을 지급하고 녹읍을 폐지하였다.

 소수림왕의 업적
　　• 율령 반포를 통한 국가 조직 정비
　　• 태학(최초의 국립대학) 설립으로 인재 양성
　　• 불교 수용(전진의 순도, 372)으로 왕실의 권위 확립

22 밑줄 그은 '나'의 업적으로 옳은 것은?

> 나는 신라의 제24대 왕으로 백제로부터 한강 유역을 차지한 후 북한산에 순수비를 세우게 하였노라.

① 태학을 설립하였다.　　　　　② 8조법으로 백성을 다스렸다.
③ 지방에 22담로를 설치하였다.　　④ 대가야를 정복하였다.

 신라 진흥왕은 6세기 신라의 전성기를 이끌었던 왕으로, 대가야를 정복하여 후기 가야 연맹이 해체되었다(562). 진흥왕은 영토를 확장하고 이를 기념하기 위해 4개의 순수비(북한산비, 창녕비, 황초령비, 마운령비)와 단양 적성비를 세웠다.

23 다음 가상 인터뷰를 통해 알 수 있는 전쟁에 대한 설명으로 옳은 것은?

기자 : 우중문이 30만 별동대를 이끌고 평양성을 공격하러 오고 있습니다. 대책이 있으신가요?

장군 : 너무 걱정 마시오. 적을 끌어들였다가 결국 지쳐 돌아갈 때 공격할 것이오.

① 고구려가 낙랑을 몰아내고 영토를 확장하였다.

② 연개소문이 주도하여 당군의 침략에 맞서 싸웠다.

③ 을지문덕이 살수에서 수의 군대에 승리를 거두었다.

④ 고구려가 한강 이북 지역을 장악하는 계기가 되었다.

 위의 내용은 살수대첩에 대한 내용이다. 수 양제는 113만 대군을 이끌고 고구려를 침공해 고구려의 요동성을 공격하였으나 함락하지 못하자, 다시 30만 명의 별동대를 보내 평양을 공격하도록 하였다. 이에 고구려의 을지문덕은 수의 군사와 직접 충돌하지 않고 후퇴하면서 식량을 없애고 우물까지 메워 적을 굶주리게 만들었다. 이러한 고구려의 작전에 말려든 수의 군사들이 지쳐서 별다른 성과를 얻지 못하고 후퇴하면서 살수(청천강)를 건너기 시작하자 을지문덕이 이끄는 고구려군이 총공격을 가하여 적을 거의 전멸시켰다.

24 고구려가 삼국 항쟁의 주도권을 잡은 전성기였던 5세기에 건립된 비석으로 옳은 것은?

① 창녕비 　　　　　　　　 ② 북한산비

③ 단양 적성비 　　　　　　 ④ 충주 고구려비

 충주 고구려비는 장수왕 때 고구려의 남방 진출과 주도권 장악을 의미하는 것으로 중원(충주)에 건립된 척경비이다. ①, ②, ③은 신라 진흥왕 때 건립된 순수비와 적성비이다.

25 다음에서 설명하는 왕과 관계 깊은 것은?

- 중국 남조와 교류하여 친선 관계를 유지하였다.
- 사후에 벽돌무덤 양식의 능에 안장되었다.

① 상수리 제도를 실시하였다. 　　　 ② 동북 9성을 축조하였다.

③ 지방의 22담로에 왕족을 파견하였다. 　 ④ 한강 이북 지역을 장악하였다.

 백제 무령왕은 웅진에 도읍을 두면서 지방의 22담로에 왕족을 파견하여 지방 통제를 강화하였다.

26 다음 내용에서 밑줄 친 '이것'에 해당하는 유물은?

> 4세기 후반 광개토 대왕은 신라에 침입한 왜를 격퇴하였다. 이 때 고구려가 한반도 남부까지 영향력을 미치게 되었는데, '이것'은 당시 신라와 고구려의 관계를 보여주는 유물이다.

① 칠지도　　　　　　　　　② 금동대향로
③ 호우명 그릇　　　　　　　④ 스에키 토기

 고구려의 광개토 대왕은 신라의 요청을 받아 군대를 보내 신라를 공격한 왜를 격퇴하였다. 신라 왕릉에서 발견된 고구려 유물인 호우명 그릇을 통해 당시 고구려와 신라의 관계를 유추할 수 있다.

27 학습 계획서에서 (가)에 들어갈 내용으로 가장 옳은 것은?

> 〈학습 계획서〉
> • 주제 : (가)
>   – 1모둠 : 매소성 싸움의 승리 요인
>   – 2모둠 : 기벌포 싸움의 전개와 결과

① 백제사비성 함락　　　　　② 고구려 수와의 전쟁
③ 백제의 한강유역 장악　　　④ 나 · 당 전쟁과 신라의 삼국통일

 신라는 매소성 · 기벌포 싸움에서 나 · 당 전쟁을 승리로 이끌어 당의 세력을 한반도에서 몰아내고 삼국 통일을 완성하였다.

28 (가)에 들어갈 내용으로 옳은 것은?

> • 학습 주제 : (가)
> • 특 징
>   – 신라의 귀족 회의 기구로 부족 사회의 특징을 보여 준다.
>   – 국왕을 폐위시키거나 새로운 국왕을 추대하기도 하여 왕권을 견제하는 역할을 하였다.
>   – 귀족들이 모여 나라의 중대사를 의논하던 회의 기구로 만장일치제로 운영되었다.

① 의정부　　　　　　　　　② 제가 회의
③ 화백 회의　　　　　　　　④ 정사암 회의

신라는 만장일치제인 화백 회의를 통해 국정을 운영하였다. 화백 회의는 귀족들이 모여 국가의 중대사를 의논하였으며 의장은 상대등이 맡았다.

29 다음 유물을 통해 알 수 있는 사실로 적절한 것은?

① 백제가 일본과 교류하였다.
② 가야는 일본과 교역하였다.
③ 신라가 요동을 방어하였다.
④ 고구려가 한강유역을 장악하였다.

 칠지도는 백제 근초고왕 때 일본에 전해준 것으로 추정되며, 당시 백제와 왜의 관계를 보여주는 유물이다.

30 (가)에 들어갈 내용으로 가장 알맞은 것은?

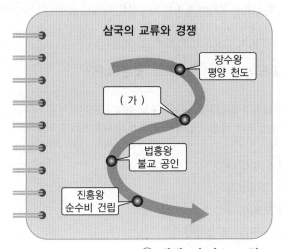

① 매소성 전투
② 백제, 웅진으로 천도
③ 백제, 근초고왕, 마한 통합
④ 고구려, 소수림왕, 율령 반포

 장수왕 평양 천도(427) → (가) → 법흥왕 불교 공인(527) → 진흥왕 순수비 건립(561~568)
　　② 백제, 웅진으로 천도(475)
　　① 매소성 전투(675)
　　③ 백제 근초고왕의 마한 통합(369)
　　④ 고구려 소수림왕의 율령 반포(373)

31 (가) 국가에서 볼 수 있는 모습으로 옳은 것은?

(가)의 문화유산
(가)의 예술은 통일과 균형의 미를 통해 불국토의 이상 세계를 실현하려는 의도를 잘 보여주고 있다. 특히 불상과 탑, 범종 등 불교 미술에서 뛰어난 솜씨를 발휘하였는데, 가장 대표적인 것이 불국사와 석굴암이다.

① 골품제를 비판하는 6두품
② 의정부에서 중요 정책을 논의
③ 팔만대장경 간행에 참여하는 승려
④ 거중기를 설계하여 궁궐 짓는 데 활용

해설 불국사와 석굴암은 통일 신라 시대 문화유산이다. 석굴암 본존불상은 경북 경주시에 위치한 통일 신라 시대 불상으로, 석굴암 석굴은 국보 제24호로 지정되어 있고 유네스코 세계 문화유산으로 등재되어 있기도 하다. 불국사는 통일 신라 경덕왕 때 김대성이 창건하였다.

32 (가)에 들어갈 국가에 대한 설명으로 옳은 것은?

대조영은 고구려인과 말갈인을 이끌고 지린성의 동모산에서 (가   )을/를 건국하였다. 이로써 한반도 남쪽의 신라와 더불어 남북국의 형세가 이루어지게 되었다.

① 후삼국을 통일하였다.
② 대마도를 토벌하였다.
③ 강화도로 천도하였다.
④ 고구려 계승의식을 표방하였다.

해설 (가)는 발해이다. 발해는 고구려와 문화적인 유사성이 많고, 스스로 고려·고려국왕이라는 명칭을 사용했다는 점 등에서 고구려 계승 의식을 표방한 국가임을 알 수 있다.

33 밑줄 친 '이 나라'에 대한 설명으로 옳은 것은?

> 사진은 <u>이 나라</u>의 문화재인 이불병좌상입니다. 대조영이 건국한 <u>이 나라</u>는 해동성국이라 불릴 정도로 번영하였습니다.

① 낙동강 하류의 평야 지역에서 발전하였다.
② 일본으로 통신사를 파견하였다.
③ 수(隋)의 대군을 살수에서 물리쳤다.
④ 인안, 대흥 등 독자적인 연호를 사용하였다.

해설 이불병좌상은 발해의 불상이다. 발해는 고구려 장군 출신인 대조영이 고구려·말갈 유민을 이끌고 동모산 인근에 정착하여 건국하였다. 이후 발해 무왕과 문왕은 인안, 대흥 등의 연호를 사용하였고, 선왕 때는 지방 행정 체제를 5경 15부 62주로 정비하였으며, 전성기를 맞아 주변국들에게 해동성국이라 불렸다.

34 삼국 문화의 특징에 대한 설명 중 옳지 않은 것은?

① 고구려의 예술은 패기와 정열이 넘친다.
② 신라는 소박한 전통 위에 조화된 문화를 이룩하였다.
③ 백제는 우아하고 미의식이 세련된 예술이 발달하였다.
④ 삼국 문화는 각기 전통이 강하여 서로 영향을 주고받지 않았다.

해설 삼국의 문화는 서로 다른 특징 속에서 상호 영향을 주고받으며 발전하면서 민족 문화를 형성하였다.

35 다음 통일 신라의 통치 조직에 대한 설명으로 옳은 것은?

> 전국을 9주로 나누고 주 아래에는 군, 현을 두었으며, 집사부 기능이 강화되었고 14개 행정 부서가 확립되었다. 또 지방의 각 주에는 1정씩 군대가 배치되었다.

① 지방 조직 정비로 왕권 약화
② 중앙 집권적 정치 체제 정비
③ 중앙의 지방 세력에 대한 통제력 약화
④ 집사부의 기능 강화는 귀족들의 권한 강화를 뜻함

해설 신라 중대인 통일 신라에 이르러 정치적으로 왕권의 전제화가 이루어지면서 시중의 권한은 강해지고 상대등의 세력은 약화되었다. 또한 지방에 대한 통제도 강화되면서 중앙 집권 체제가 정비되었다.

36 다음 내용에 해당하는 나라에 대한 설명으로 옳은 것은?

> • 중앙 관제 : 3성 6부   • 지방 : 5경 15부 62주

① 상수리 제도를 시행하였다.
② 거란의 침략을 받아 멸망하였다.
③ 원종과 애노의 난이 일어났다.
④ 6두품 세력이 사회적 두각을 나타냈다.

해설 제시문은 발해의 통치 체제이다. 발해는 9세기 말 이후 국력이 쇠퇴하여 거란족의 침략을 받아 멸망하였다(926). ① · ③ · ④ 통일 신라에 대한 설명이다.
발해의 통치 체제
• 중앙 관제 : 3성 6부(당의 3성 6부 제도 수용, 운영 방식과 명칭은 독자적)
• 지방 : 5경 15부 62주(지방관 파견), 말단 촌락은 토착 세력이 관리
• 군사제도 : 중앙군(10위, 왕궁과 수도의 경비), 지방군(요충지에 별도의 독립 부대 배치)

37 (가)에 들어갈 인물로 옳은 것은?

> (가)은/는 모든 진리가 한마음에서 나온다는 일심사상을 불교의 핵심으로 여겼다. 이를 바탕으로 화쟁 사상을 주장하면서 종파간 논쟁을 조화롭게 승화시키려고 하였다. 또한 중생의 마음이 부처의 마음과 다르지 않다고 생각하며, 불교의 교리를 쉬운 노래로 만들어 부르며 백성에게 아미타 신앙을 적극 전파하였다.

① 원효   ② 의상   ③ 혜초   ④ 지눌

해설
① 원효 : 일심 사상, 화쟁 사상과 아미타 신앙 주장 → 불교 대중화에 기여
② 의상 : 화엄 사상 정립
③ 혜초 : 『왕오천축국전』 저술
④ 지눌 : 고려 시대 승려, 돈오점수와 정혜쌍수 주장

38 (가)에 들어갈 왕의 업적으로 옳은 것은?

광개토 대왕	(가)	문자(명)왕
재위 : 391~413	재위 : 413~491	재위 : 491~519

① 마한 세력을 정복하였다.
② 국내성에서 평양으로 수도를 옮겼다.
③ 최초의 국립대학인 태학을 설립하였다.
④ 왕의 칭호를 마립간에서 왕으로 바꾸었다.

해설 장수왕의 업적
평양 천도(427), 남진 정책 추진, 백제 공격으로 한성 함락(한강 유역 확보) 등

39 다음의 상황이 전개된 시기에 있었던 사실로 옳은 것은?

무열왕계의 권력 독점에 불만을 품은 진골 귀족이 대대적인 반란을 일으켰다. 무열왕계의 전제 왕권은 무너지고, 이후 왕위 쟁탈전이 치열하게 전개되었다. 귀족은 대농장을 차지하고 사병을 기르며 사치와 향락에 빠져들었다. 귀족의 가혹한 수취를 견디지 못한 농민은 노비나 초적으로 몰락했고, 마침내 곳곳에서 봉기가 일어났다.

① 진대법이 시행되었다.
② 교정도감이 설치되었다.
③ 삼국유사가 저술되었다.
④ 선종 불교가 크게 유행하였다.

해설 통일 신라 말에는 진골 귀족들의 왕위 쟁탈전과 지방 세력인 김헌창, 장보고의 반란이 일어났으며 선종이 크게 유행하였다. 선종은 왕권이 약화되고 지방에 대한 통제력도 약화되면서 지방의 실질적인 권력자로 등장하게 된 호족 세력의 사상적 기반으로 더욱 발전하게 되었다.

40 다음 (가)에 들어갈 인물은?

> 백제에서는 근초고왕 때 (가)이/가 『서기』를 편찬하였다.

① 고 흥 ② 이문진 ③ 거칠부 ④ 서거정

 ② 이문진의 『신집』 5권
③ 거칠부의 『국사』
④ 서거정의 『동국통감』

41 신라 시대 청소년들이 유교 경전을 공부했음을 알 수 있는 자료는?

① 강서대묘 ② 사택지적비
③ 임신서기석 ④ 독서삼품과

 ③ 임신서기석은 두 청년이 나라에 충성을 다하고, 3년 동안 유교 서적을 공부할 것을 맹세한다는 내용이 기록되어 있다.

42 다음 설명에 해당하는 정치 세력은?

> 〈신라 말 새로운 세력의 성장〉
> • 군대를 보유하면서 중앙의 통제력 약화
> • 지방에서 독립적인 지배권 행사
> • 6두품과 함께 새로운 사회 건설 모색

① 호 족 ② 문벌귀족
③ 권문세족 ④ 신진사대부

호족은 통일 신라 말기에 등장한 지방 세력가이다. 6두품과 함께 새로운 사회 건설을 모색하였다.
② 고려 전기의 지배 계층이다.
③ 13세기 원 간섭기에 성장한 고려 후기의 집권 세력이다.
④ 원나라에서 들여온 성리학을 공부하고 과거를 통해 관직에 진출하여 개혁을 추진하던 고려 말 정치 세력이자 조선 건국 세력이다.

43 밑줄 그은 '나라'에 대한 설명으로 옳은 것은?

> 〈한국사 건국 이야기 편〉
> 김수로왕, <u>나라</u>를 세우다.
> 하늘에서 자주색 줄이 내려오자 촌장들이 그곳에 가보았더니 붉은 보자기에 싸인 금빛 상자가 보였어요.
> 상자 속에는 해처럼 둥근 황금 알 여섯 개가 들어 있었어요.

① 8조법으로 백성을 다스렸다.
② 영고라는 제천 행사를 열었다.
③ 김해 지역을 중심으로 성장하였다.
④ 화백 회의에서 중대사를 결정하였다.

 ③ 가야의 건국 설화에 따르면 김수로왕이 하늘에서 내려온 알에서 태어나 금관가야를 세웠다고 한다. 이후 금관가야는 김해 지역을 중심으로 발전하여 전기 가야 연맹을 결성하였다.

44 (가)에 들어갈 내용으로 옳은 것은?

> 신라와 당의 연합 → 사비성 함락, 백제 멸망 → 평양성 함락, 고구려 멸망 → (가) → 삼국 통일

① 진포 대첩, 왜구 격퇴
② 기벌포 전투, 당군 격퇴
③ 관산성 전투, 성왕 전사
④ 살수 대첩, 을지문덕 승리

 ② 신라 문무왕은 당이 고구려의 옛 땅에 군대를 주둔시키고 신라 영토에도 영향력을 행사하려 하자 당과의 전쟁을 전개하여 매소성·기벌포 전투를 승리로 이끌고 당의 세력을 한반도에서 몰아내 삼국 통일을 이룩하였다 (676).

45 (가)에 들어갈 문화유산으로 가장 적절한 것은?

학습평가 계획서
• 주제 : 한반도 고대 문화의 일본 전파
• 조사대상
 − 인물 : 아직기, 왕인, 혜자, 담징
 − 문화유산 : 고구려 수산리 벽화, 가야 토기, (가)

① 금동 미륵보살 반가 사유상
② 청자 상감 운학문 매병
③ 수월관음도
④ 양부일구

 삼국의 문화는 일본에 전파되어 일본 고대 문화의 성립과 발전에 큰 영향을 끼쳤다.
① 일본에서 출토된 목조 미륵보살 반가 사유상은 한국에서 출토된 금동 미륵보살 반가 사유상과 매우 유사하다. 이를 통해 한반도의 고대 문화가 일본에 전파되었음을 확인할 수 있다.

고려 귀족 사회의 형성과 변천

CHAPTER 02

01 고려의 성립과 통치 체제의 정비

(1) 고려의 건국과 집권 체제 구축

① 고려의 건국과 민족의 재통일

　㉠ 왕건과 고려 건국 : 왕건은 해상 무역으로 성장한 호족으로 금성(나주) 점령에 공을 세움 → 궁예 축출 후 왕으로 추대됨 → 고려를 건국함(918년)

　㉡ 후삼국 통일 과정 : 발해 멸망(926년) → 경순왕의 신라 항복(935년) → 후백제 정복(견훤의 귀순) → 후삼국 통일(936년)

　㉢ 통일의 역사적 의의 : 진정한 의미의 민족 통일 달성, 민족의 재통일 완성

② 고려 초기의 집권 체제 구축

태조의 정치	• 민생 안정 정책 : 조세 인하, 흑창 설치(빈민 구제) • 호족 통합 · 견제 정책 : 혼인 정책, 왕씨 성 하사, 역분전 지급, 사심관 제도와 기인 제도 실시 • 북진 정책 : 고구려 계승 의식(서경 중시), 청천강에서 영흥에 이르는 국경선 • 훈요 10조 : 후대 왕들이 지켜야 할 정책 방향 제시
광종의 정치	• 노비안검법 실시 : 호족 세력 약화, 국가의 수입 기반 확대 • 과거 제도 실시 : 쌍기의 건의로 실시, 신진 인사 등용 • 기타 : 공복 제정, 독자적인 연호(광덕, 준풍 등) 사용, 공신 및 호족 세력 숙청
성종의 정치	• 최승로의 시무 28조 수용 : 유교 정치 이념을 바탕으로 통치 체제 정비 • 2성 6부 마련, 국자감(국립대학) 설치, 지방관 파견(12목 설치), 향리 제도 실시

PLUS ONE

사심관 제도 : 호족이나 공신들을 사심관으로 삼아 그들의 출신 지역을 다스리게 한 제도이다.

기인 제도 : 호족의 자제를 선발하여 개경으로 데리고 와 지방 행정에 자문을 하게 하면서, 동시에 이들을 볼모로 삼아 호족 세력을 견제하기 위한 제도이다.

노비안검법 : 원래는 양민이었다가 노비가 된 사람을 양민으로 신분을 회복시켜 주는 정책

(2) 통치 체제의 정비

① 중앙 정치 제도

2성 6부	• 중서문하성 : 국정 총괄 • 상서성 : 6부 관리, 수상은 문하시중
중추원	군사 기밀과 왕명 출납 담당
귀족 합의 기구	• 도병마사 : 국방 문제 논의 • 식목도감 : 법률·제도의 제정 • 고려의 독자적인 기구로, 중서문하성과 중추원의 고관으로 구성된 합의제로 운영
대 간	• 어사대와 중서문하성의 낭사로 구성 • 서경 제도 : 관리의 임명, 법령의 개폐시에 인준(임명에 대한 승인), 국왕의 독재를 견제하는 구실
기 타	• 삼사 : 화폐·곡식의 출납·회계 • 어사대 : 감찰 기구, 풍속 교정

PLUS ONE 낭사 : 중서문하성의 정3품 이하 관원을 가리킨다. 어사대의 관리와 함께 대간이라고 불렸다. 대간은 서경·간쟁·봉박의 권한을 가지고 있었는데, 이러한 권한을 통해 왕이나 고위 관리들의 활동을 제약할 수 있었기 때문에 정치 운영에 있어 견제와 균형을 이룰 수 있었다.

② 지방 행정 조직

❖ **고려의 지방 행정 조직**

5도	일반 행정 구역, 안찰사를 파견하여 도내 순찰
양 계	북방 국경 지대에 설치, 군사 행정 구역, 병마사 파견
주현과 속현	지방관이 파견된 주현보다 파견되지 않은 속현이 더 많음 → 향리가 실무 담당
향·부곡·소	특수 행정 구역(향·부곡 – 농업, 소 – 수공업)

③ 군사 조직

중앙군	2군(국왕 친위 부대), 6위(수도 경비와 국경 방어)
지방군	주현군(5도에 주둔), 주진군(양계에 주둔, 국경 방어)

④ 관리 등용 제도

㉠ 과거 제도
- 종류 : 문과(문관 등용), 잡과(기술관 등용), 승과(승려를 대상으로 시행)
- 응시 자격 : 법적으로 양인 이상(실제로 귀족·향리의 자제가 응시)

㉡ 음서 제도 : 공신이나 5품 이상 고위 관리의 자손들이 과거를 치르지 않고 관직에 나아갈 수 있는 제도 → 고려의 귀족적 특성

문과의 종류
- 제술과(製述業) : 한문학 시험으로 문학적 재능과 정책 등을 평가했고, 과거 중 가장 중요시되었다.
- 명경과(明經業) : 유교 경전에 대한 이해 능력을 시험하여 문관을 등용했다.

(3) 고려 전기의 대외 관계

① 거란의 침입과 격퇴
  - ㉠ 원인 : 친송 외교 → 거란 배격 정책
  - ㉡ 침입의 과정
    - 제1차 침입(993년) : 소손녕의 침입 → 서희의 외교 담판, 강동 6주 회복
    - 제2차 침입(1010년) : 송과 친선 유지, 강조의 정변을 구실로 재침입으로 개경 함락 → 양규의 격파
    - 제3차 침입(1018년) : 소배압의 10만 대군 침입 → 강감찬의 귀주 대첩 승리(1019년)
  - ㉢ 결과 및 영향 : 세력 균형(고려 - 송 - 거란), 이후 국방 강화 노력(나성, 천리장성 축조)
② 여진 정벌과 9성 개척
  - ㉠ 별무반 조직 : 기병인 여진족의 군대를 보병만으로 방어하기 곤란함을 깨닫고, 윤관의 건의에 따라 편성
  - ㉡ 동북 9성 개척(1107년) : 예종 때 윤관의 별무반으로 여진족을 토벌하여 동북 9성 개척
  - ㉢ 금의 건국(1115년) 및 압력
    - 여진족은 세력을 강화하여 만주 일대를 장악한 후 국호를 금이라 정함
    - 고려에 군신 관계 강요 → 이자겸이 금의 요구를 수락하는 사대 외교 추진(1126년) → 북진 정책 좌절

별무반(別武斑) : 숙종 때 윤관의 건의로 여진 정벌을 위해 편성된 특수 부대로, 신기군(기병), 신보군(보병), 항마군(승병)으로 구성되었다.

02 무신 정권의 성립과 농민·천민의 봉기

(1) 문벌 귀족 사회의 성립과 동요

① 문벌 귀족 사회의 성립
  - ㉠ 성립 : 지방 호족, 6두품 유학자 출신이 여러 대에 걸쳐 중앙 관료로 진출하여 고위 관직 차지

ⓛ 특징 : 과거와 음서를 통해 관직 독점, 전시과의 과전과 공음전의 혜택, 왕실 및 다른 귀족 가문과의 중첩된 혼인 관계를 통해 권력 장악

ⓒ 변화 : 지방 출신의 관리 중 일부가 왕과 밀착하여 측근 세력 형성 → 문벌 귀족과 대립

> **PLUS ONE** 문벌 귀족 : 여러 대에 걸쳐 중앙의 고위 관료를 배출한 가문을 말한다. 대표적 문벌 귀족으로는 경원 이씨(이자겸), 파평 윤씨(윤관), 경주 김씨(김부식) 등이 있다.

② 문벌 귀족 사회의 동요

　ⓐ 이자겸의 난(1126년)

　　• 배 경

폐쇄적 혼인 관계	문벌 귀족들 상호 간의 폐쇄적 혼인 관계 형성, 특히 왕실과의 혼인을 통해 외척으로 권력 장악
경원 이씨의 세력 확대	당시 대표적 문벌인 경원 이씨는 80여 년 간 정권 장악, 이자겸은 예종과 인종 때 외척으로 권력 독점하면서 왕권 위협

　　• 경과 : 신진 관리 등 이자겸의 반대파 제거, 이자겸과 척준경의 내분으로 스스로 몰락

　　• 결과 및 영향 : 문벌 귀족 사회의 분열 심화, 왕의 권위 하락, 민심 동요 등

　ⓑ 묘청의 서경 천도 운동(1135년)

　　• 배경 : 이자겸의 난 이후 서경파의 정치 혁신 주장

　　• 원인 : 서경파와 개경파의 대립

서경파	• 묘청, 정지상(풍수지리설) • 금국 정벌, 칭제 건원(황제 칭호 및 연호 사용), 서경 천도 추진 • 혁신 정치 요구 • 고구려 계승 의식
개경파	• 김부식(유교 사상) • 사대주의 강조(금과 외교) • 현상 유지 주장 • 신라 계승 의식

　　• 경과 : 서경 세력의 서경 천도 시도 → 개경파 문벌 귀족의 반대 → 묘청의 거사 → 김부식의 관군이 진압

　　• 결과 : 서경파 몰락하고 개경파 득세, 문벌 귀족 사회의 동요 심화

　ⓒ 공통점 : 문벌 귀족 사회의 내부 갈등과 국가적 위기 상황이 표면화된 사건 → 고려 사회의 보수적 성향 및 문벌 귀족 사회의 문제점 심화

(2) 무신 정권의 성립과 변천

① 무신 정변(1170)

배 경	• 문신과 무신의 차별 대우로 두 세력 대립 • 무신에 대한 열악한 대우로 하급 군인들의 불만 • 의종의 실정(총애하는 문신들의 무신 멸시)
전 개	정중부, 이의방이 정변(1170년)을 일으켜 다수의 문신 제거, 의종 폐위
집권 쟁탈	'이의방 → 정중부 → 경대승 → 이의민 → 최충헌'으로 이어진 무신들의 권력 장악
정치 기구	중방(최고위 무신들로 구성된 회의 기구)

② 최씨 무신 정권

ㄱ 최충헌 집권 이후 4대에 걸쳐 60여 년 동안 지속

ㄴ 최충헌과 최우의 정치

최충헌의 집권	• 개혁안 제시 : 봉사 10조 • 교정도감 설치 : 최고 권력 기구 • 도방 확대 개편 : 사병 기구
최우의 정치	• 정방 설치 : 인사권 장악 • 삼별초 설치 : 좌별초, 우별초, 신의군으로 구성 → 최씨 정권 사병 역할 • 대몽 항쟁 : 강화도 천도, 팔만대장경 조판

PLUS ONE ➕ 최씨 정권의 권력 기구

• 교정도감 : 최씨 정권의 최고 권력 기구로 정적을 숙청하고 감시하는 역할
• 정방 : 인사권을 행사하는 기구로 최우가 자신의 집에 설치

삼별초 : 최우가 집권하면서 설치한 야별초에서 분리된 좌별초, 우별초와 몽골에 포로로 잡혀갔던 병사들로 조직된 신의군을 말한다.

(3) 농민 · 천민의 봉기

① 배 경

ㄱ 무신 정권 시기 정치 혼란

ㄴ 농민과 천민에 대한 수탈 심화

ㄷ 하층민 출신 최고 권력자 등장 → 하층민의 신분 해방 의식의 성장

② 종 류

ㄱ 망이 · 망소이의 봉기 : 특수 행정 구역인 공주 명학소에서 조세 부담에 반발하여 발생

ㄴ 김사미 · 효심의 봉기 : 경상도의 운문(청도)과 초전(울산)을 중심으로 봉기 → 경상도 전 지역으로 확대

ㄷ 관주 관노의 봉기 : 지방관의 가혹한 수탈에 반발

ㄹ 만적의 봉기 : 개경에서 최충헌의 사노비인 만적이 신분 해방 운동 주도

03 대몽 항쟁과 반원 자주화의 노력

(1) 몽골과의 항쟁과 원의 내정 간섭

① 몽골과의 전쟁

몽골의 침입	강화도 천도 이후 장기간에 걸쳐 항쟁(팔만대장경 제작) → 최씨 정권 붕괴 → 몽골과 강화 후 개경으로 환도(1270년)
대몽 항쟁	처인성 전투(김윤후 등이 적장 살리타 사살, 1232년), 충주성 전투(하층 민중의 항쟁)
삼별초 항쟁	개경 환도에 반발, 강화도(배중손) → 진도(용장산성) → 제주도(항파두리 유적지)를 근거지로 항전
결 과	초조대장경판과 황룡사 9층 목탑 등 소실, 무신 정권 붕괴

② 원의 내정 간섭

   ㉠ 고려의 지위 격하 : 국왕이 원 황실의 공주와 혼인하는 부마국 체제 → 왕실의 호칭과 관제가 격하

   ㉡ 영토의 상실

쌍성총관부 설치	고종 말년에 원이 철령 이북의 땅을 직속령으로 편입하여 화주(영흥)에 설치(공민왕이 무력으로 탈환)
동녕부 설치	원종 때 원은 자비령 이북 지역을 차지하여 서경(평양)에 설치(충렬왕 때 회복)
탐라총관부 설치	삼별초의 대몽 항쟁 진압 후 제주도에 설치(충렬왕 때 회복)

   ㉢ 일본 원정 동원 : 정동행성 설치, 일본 정벌을 위한 인적 자원 동원

   ㉣ 관제 격하 및 내정 간섭 : 3성을 첨의부로, 6부를 4사로, 정동행성을 연락 기관으로 유지, 순마소를 감찰 기관으로 격하, 다루가치(감찰관) 파견

   ㉤ 경제적 수탈 : 막대한 조공물 부담(금, 은, 베, 인삼, 약재, 매) → 농민들의 고통 가중

   ㉥ 인적 수탈 : 공녀 요구

   ㉦ 풍속 변질(몽고풍) : 몽골어, 몽골식 의복과 머리 유행, 몽골식 성명 사용 등 고려 풍속이 몽골 사회에 유행

PLUS ONE ➕   정동행성 : 중국 원나라가 고려의 개경에 둔 관아로, 일본을 정벌하려고 설치하였다가 일본 정벌 계획을 그만둔 뒤로는 고려의 내정을 감시하고 간섭하게 하였다.

③ 권문세족의 대두와 개혁 정치

   ㉠ 권문세족의 대두

     • 등장 : 원 간섭기에 새로운 지배층으로 등장 → 친원적 성향, 주로 음서로 관직 진출(도평의 사사 장악)

     • 영향 : 대농장 차지, 농민 핍박

   ㉡ 원 간섭기의 개혁 정치 : 충렬왕의 개혁 정치(동녕부와 탐라총관부 회복), 충선왕의 개혁 정치(소금 전매제, 원에 만권당 설치) 등

(2) 공민왕의 개혁 정치와 고려의 멸망

① 공민왕의 개혁 정치

ⓐ 반원 자주 정책 : 친원 세력 숙청(기철), 몽골풍 금지, 왕실 호칭 및 관제 복구(정동행성 폐지, 도평의사사 정비), 영토 수복(쌍성총관부 탈환, 요동 지방 공략 시도)

ⓑ 왕권 강화 정책 : 정방 폐지, 전민변정도감 설치(신돈 등장, 권문세족의 경제 기반 약화, 국가 재정 확대 추진), 성균관 정비

ⓒ 결 과
- 홍건적과 왜구의 침략 : 공민왕 피난, 최영·이성계·최무선 등이 격퇴, 박위의 대마도 정벌
- 원의 압력과 권문세족의 반발 : 공민왕의 개혁 정치를 이끌던 신돈의 제거, 공민왕의 시해
- 개혁 과정에서 신진 사대부 성장

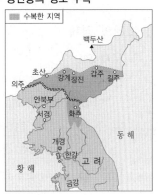

❖ **공민왕의 영토 수복**

> **PLUS ONE** ➕ 기철 : 기철은 누이동생이 원 순제의 황후가 되어 태자를 낳자, 기 황후와 원을 등에 업고 친원파 세력을 결집하여 남의 토지를 빼앗는 등의 권세를 부렸다.
>
> 전민변정도감과 정방의 폐지
> - 전민변정도감 : 고려 후기에 권문세족들이 토지와 노비를 늘려 국가 기반이 크게 약화되자 이를 시정하기 위하여 설치한 특별 기구
> - 정방의 폐지 : 권문세족이 인사권을 장악하여 왕권을 견제하고 신진 사대부의 등장을 억제하고 있던 정방 폐지

② 신진 사대부와 신흥 무인 세력의 등장

ⓐ 신진 사대부

형 성	지방 향리, 중소 지주 중심으로 과거를 통하여 중앙에 진출, 공민왕의 개혁 정치 참여 → 이색, 정몽주, 정도전 등
성 격	권문세족의 횡포 비판, 성리학 수용, 공민왕의 반원 개혁 정책에 참여하며 성장, 불교의 폐단 지적, 온건파와 급진파로 분열

ⓑ 신흥 무인 세력

형 성	홍건적과 왜구의 침입 증가로 인한 세력 확대
성 격	홍건적과 왜구 격퇴 → 이성계, 최영

③ 고려의 멸망

ⓐ 명과의 관계 : 명의 철령 이북 요구 → 최영의 요동 정벌 단행

ⓑ 위화도 회군(1388년) : 이성계의 요동 정벌 반대 → 압록강의 위화도에서 회군 → 최영 제거, 군사적 실권 장악

04 고려의 경제 · 사회 · 문화

(1) 고려의 경제

① 토지 제도
  - ㉠ 수취 제도 : 조세(비옥도에 따라 3등급으로 구분, 수확량의 1/10 징수), 공물(토산물을 호(戶) 단위로 부과), 역(군역과 요역, 16세에서 60세까지의 정남)
  - ㉡ 전시과 : 공음전(5품 이상 관료, 세습 가능), 내장전(왕실 경비), 구분전(하급 관리와 군인 유가족), 공해전(관청 경비) 등

> **PLUS ONE** ➕ 전시과 운영 원칙
> - 18등급으로 나눠 전지(곡물 수취) · 시지(땔감 확보) 지급
> - 수조권만 지급하므로 죽거나 퇴직 시 국가에 토지 반납

② 농업과 수공업의 발달
  - ㉠ 농업의 발달 : 개간 장려, 우경 일반화, 시비법 발달(휴경지 감소), 2년 3작 보급, 고려 말 모내기법 보급(남부 일부 지방), 목화 전래(문익점)
  - ㉡ 수공업의 발달 : 관청 수공업(전기), 민간 수공업(후기)

③ 상업과 무역의 발달
  - ㉠ 상업의 발달 : 개경에 시전을 설치, 경시서를 통해 상행위 감시
  - ㉡ 화폐 : 건원중보(최초의 철전), 은병(활구) 발행 → 숙종

> **PLUS ONE** ➕ 은병(활구) : 은 1근을 부어 만든 고액 화폐이다.

④ 대외 무역
  - ㉠ 벽란도 : 예성강 하구의 국제 무역항
  - ㉡ 활발한 대외 교류

송	• 수입 : 비단, 약재, 서적, 도자기, 인쇄술 • 수출 : 금, 은, 나전칠기, 화문석, 인삼, 먹
요 (거란)	• 수입 : 은, 모피, 말 • 수출 : 농기구, 곡식, 문방구, 구리, 철
여진	• 수입 : 은, 모피, 말 • 수출 : 농기구, 곡식, 포목
일본	• 수입 : 유황, 수은 • 수출 : 곡식, 인삼, 서적
아라비아 상인	• 수입 : 수은, 향료, 산호 • 수출 : 인삼

❖ **고려의 무역 활동**

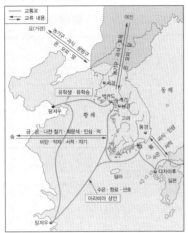

(2) 고려의 사회

① 고려의 신분 제도

귀 족	정치적 특권(과거, 음서를 통하여 고위 관직 독점), 경제적 특권(공음전, 과전, 녹봉 등)
중류층	잡류(중앙 관청의 말단 서리), 남반(궁중 실무 관리), 향리(지방 행정 실무 담당), 군반(하급 장교), 역리(지방의 역 관리) 등으로 구성 → 중간 역할 담당, 신분 세습
양 민	• 일반 양민 : 농업과 상공업에 종사, 대다수는 농민(백정으로 불림), 조세·공납·역 부담 • 향·부곡(농업)·소(수공업) 주민 : 신분상으로는 양민이나 일반 군현의 주민에 비해 차별 대우, 과거 응시 금지 및 거주 이전 자유 제한
천 민	• 재산 취급, 매매·증여·상속의 대상, 교육·과거 응시 기회 없음 • 공노비(입역 노비, 외거 노비), 사노비(솔거 노비, 외거 노비)로 구성

② 고려의 사회 정책

㉠ 사회 제도 : 의창(빈민 구제), 상평창(물가 조절), 동·서 대비원(환자 진료, 빈민 구휼), 혜민국, 제위보(기금의 이자로 빈민구제)

㉡ 향도 : 불교의 신앙 조직(매향 활동), 점차 농민 공동체 조직으로 발전

㉢ 여성의 지위
- 재산 상속 : 남녀 차별 없는 균등 상속
- 제사 : 아들이 없을 경우 딸이 주관
- 호적 : 호적에 남녀 모두 등재(연령순), 여자 호주 존재
- 음서 제도 : 사위와 외손자까지도 혜택 부여
- 여성의 재가에 대한 인식 : 여성의 자유로운 재가, 재가 여성의 자식의 자유로운 사회적 진출

의창 : 평상시에 곡식을 저장해 두었다가 흉년일 때 곡식을 빌려주는 빈민 구제 기관

매향 활동 : 불교 신앙의 하나로, 위기가 닥쳤을 때를 대비하여 향나무를 바닷가에 묻어 두었다가 미륵을 만나 구원받고자 하는 것이다.

(3) 고려의 사상과 문화

① 유학과 역사학의 발달

㉠ 유학의 발달

전 기	• 자주적, 주체적 • 과거제 시행, 국자감과 향교 설립, 유교 정치사상 확립
중 기	• 보수적, 사대적 • 최충 : 9재 학당 설치, 해동공자로 칭송 • 김부식 : 보수적 · 현실적 성격의 유학
후 기	• 성리학적 가치관 중시 • 성리학 수용(충렬왕 때 안향이 소개) → 이색 → 정몽주, 정도전 등으로 전래 • 신진 사대부가 현실 사회의 모순을 개혁할 사상으로 성리학을 수용하여 권문세족과 불교 비판에 활용

㉡ 교육기관의 발달

관 학	중앙의 국자감(유학부와 기술학부 설치)
사 학	최충의 9재 학당(문헌공도) 등 사학 12도 융성
관학 진흥책	관학 위축 → 전문강좌인 7재와 양현고 설치

㉢ 역사서 편찬

실 록	고려왕조실록, 7대 실록 → 전하지 않음
『삼국사기』	김부식 편찬, 기전체, 현존하는 최고(最古)의 역사서, 유교적 합리주의, 신라 계승 의식
『삼국유사』	일연 편찬, 단군의 건국 이야기 수록
『제왕운기』	이승휴 편찬, 단군 시조, 민족적 자주적 의식 표현
『동명왕편』	이규보 편찬, 고구려 계승 의식

기전체 : 사마천의 사기에서 비롯된 역사 서술 방식으로 역사를 본기, 세가, 지, 열전, 연표 등으로 나누어 편찬하였다. 왕의 역사인 본기와 신하의 역사인 열전이 가장 중시되었다.

② 불교의 사상과 신앙

㉠ 불교의 발달

의 천	교관 겸수 제창, 해동 천태종 창시
지 눌	수선사 중심의 결사 운동, 조계종 개창, 정혜쌍수와 돈오점수 주장
혜 심	유 · 불 일치설 주장, 심성의 도야 강조(성리학 수용의 사상적 토대 마련)
요 세	천태종 신앙 결사체인 백련사 조직, 법화 신앙

ⓒ 대장경 간행

- 초조대장경 : 부처의 힘으로 거란의 침략을 물리치고자 간행 → 대구 부인사 보관 중 몽골 침략 때 소실
- 팔만대장경 : 몽골의 침입 격퇴를 염원하며 간행 → 유네스코 세계 기록 유산(합천 해인사 보관)

PLUS ONE ➊
- 교관 겸수 : 이론적인 교리 체계인 교(敎)와 실천 수행법인 지관(止觀)을 함께 닦아야 한다는 사상으로, 이론의 연마와 실천의 수행을 아울러 강조했다.
- 결사 운동 : 특정한 목적을 달성하기 위해 동지를 모아 단체를 구성하여 함께 활동하는 것을 말한다.
- 정혜쌍수 : 선정과 지혜를 따로 닦을 것이 아니라 하나로 닦아야 한다는 사상 체계
- 돈오점수 : 꾸준한 수행으로 깨달음의 확인 강조

ⓒ 도교와 풍수지리설

- 도교 : 나라의 안녕과 왕실의 번영 기원, 불로장생과 현세 구복 추구
- 풍수지리설 : 신라 말 도선 소개, 서경 길지설(묘청의 천도 운동의 이론적 근거), 한양 명당설(조선 수도 선정의 사상적 배경)

③ 인쇄술과 무기의 발달

ⓖ 목판 인쇄술 : 고려대장경 조판 → 한 종류의 책을 다량으로 인쇄하는 데 적합

ⓒ 금속 활자

❖ 직지심체요절

『상정고금예문』 (1234년)	• 금속 활자를 이용한 최초의 책 • 서양에서 금속 활자 인쇄가 시작된 것보다 200여 년 앞선 것 • 현재 전해지지 않음
『직지심체요절』 (1377년)	• 청주 흥덕사에서 간행 • 현존하는 세계에서 가장 오래된 금속 활자본, 유네스코 세계 기록 유산으로 등재

ⓒ 화약 무기 : 최무선 중심으로 화통도감 설치 → 화약과 화포 제작 → 진포에서 왜구의 침입 격퇴

④ 귀족 문화의 발달

ⓖ 고려청자 : 순수 청자 발달(11세기) → 상감법 개발(12세기) → 쇠퇴(원 간섭기 이후)

ⓒ 조각과 건축의 발달

불 상	영주 부석사 소조 아미타여래 좌상(신라 양식 계승), 논산 관촉사 석조 미륵보살 입상(자유분방하고 향토적 특색)
석 탑	평창 월정사 팔각 구층 석탑(다각 다층탑), 개성 경천사 십층 석탑(원의 영향)
건 축	안동 봉정사 극락전(현존 최고), 영주 부석사 무량수전(배흘림기둥)

❖ 월정사 팔각 구층 석탑

❖ 영주 부석사 소조 아미타여래 좌상

적중예상문제

01 다음은 태조 왕건의 후삼국 통일 과정이다. (가)~(다)를 일어난 순서대로 바르게 나열한 것은?

> (가) 후백제 정복
> (나) 발해 멸망
> (다) 신라 항복

① (가) – (나) – (다)
② (나) – (가) – (다)
③ (다) – (나) – (가)
④ (나) – (다) – (가)

해설 발해 멸망(926) – 신라 항복(935) – 후백제 정복(936)

02 다음 자료를 활용한 학습 주제로 옳은 것은?

> • 김부가 항복하였으므로 그를 경주의 사심관으로 삼아 부호장 이하 관직자들의 일을 살피도록 하였다. 이에 여러 공신도 이를 본받아 각각 자기 고을에 사심관이 되었다.
> • 국초에 향리의 자제를 뽑아 인질로 삼고, 또 그 고을 일의 자문에 대비하니 이를 기인이라고 하였다.

① 왕건의 호족 통제 정책
② 무신정권과 외척 세력의 등장
③ 원의 간섭과 권문세족의 횡포
④ 노비안검법 실시로 인한 왕권 강화

해설 고려 태조는 지방 통치를 강화하고 지방 호족들을 견제하기 위해 유력 호족 출신의 중앙 관료를 출신 지역의 사심관으로 임명하여 부호장 이하의 관직을 맡게 하였다. 또, 지방 호족의 자제를 일정 기간 수도에 머무르게 하는 기인 제도를 실시하여 호족 세력을 견제하였다.

03 다음에서 설명하는 밑줄 친 이 정책으로 옳은 것은?

> • 고려 태조는 고구려의 수도였던 평양을 재건하여 서경이라고 부르고 <u>이 정책</u>의 전진 기지로 삼았다.
> • 태조 말에는 <u>이 정책</u>으로 청천강에서 영흥에 이르는 지역까지 영토를 확장할 수 있었다.

① 북진정책　　　　　　　　　② 사민정책
③ 민생안정책　　　　　　　　④ 호족통합정책

 고려를 건국한 태조 왕건은 고구려의 수도였던 평양을 서경이라 부르고 북진 정책의 전진 기지로 삼았다. 이후 태조 때 고려의 영토를 청천강에서 영흥만에 이르는 지역까지 확장하였다.

태조의 정책
• 민생 안정 정책 : 취민유도(과도한 수취 금지, 1/10 조세 징수), 흑창 설치
• 호족 통합·견제 정책 : 혼인 정책, 왕씨 성 하사, 역분전 지급, 사심관 제도와 기인 제도 실시
• 북진 정책 : 고구려 계승 의식(서경 중시), 청천강에서 영흥에 이르는 국경선
• 기타 : 정치 안정 규범 제시(정계, 계백료서), 훈요 10조

04 다음과 같은 정책을 시행한 왕의 업적으로 옳은 것은?

> • 명주의 순식이 무리를 이끌고 조회하러 오니, 왕씨 성을 내려주고 대광으로 임명하였으며, …… 관경에게도 왕씨 성을 내려주고 대승으로 임명하였다.　　－『고려사절요』
> • 가을 7월, 발해국의 세자 대광현이 무리 수만을 거느리고 와서 항복하자, 성명을 하사하여 '왕계(王繼)'라 하고 종실의 족보에 넣었다.　　－『고려사』

① 12목에 지방관을 파견하였다.
② 관학 진흥을 목적으로 양현고를 두었다.
③ 신돈을 등용하여 전민변정도감을 설치하였다.
④ 지방 호족을 통제하기 위하여 사심관을 임명하였다.

고려 태조 왕건은 고려를 건국하고 호족을 통합하기 위해 왕씨 성을 하사하였으며, 발해가 거란에 의해 멸망한 이후 그 유민들을 고려에 편입시켰다.
④ 고려 태조 왕건은 지방 통치를 강화하고 지방 호족들을 견제하기 위해 유력 호족 출신의 중앙 관료를 출신 지역의 사심관으로 임명하여 부호장 이하의 관직을 맡게 하였다.
① 고려 성종은 최승로의 건의를 통해 12목에 지방관을 파견하여 지방 세력을 견제하였다.
② 고려 예종은 관학 교육의 진흥을 위해 국자감을 재정비하고 전문 강좌인 7재와 장학 재단인 양현고를 설치하였다.
③ 고려 공민왕은 신돈을 등용하고 전민변정도감을 설치하여 권문세족에게 빼앗긴 토지를 농민들에게 돌려주고 억울하게 노비가 된 자를 풀어주는 등 개혁을 단행하였다.

05 다음의 정책을 시행한 고려 시대 왕에 대한 내용으로 옳은 것은?

> • 노비안검법을 통해 호족 세력을 약화시켰고 국가의 수입 기반을 확대하였다.
> • 쌍기의 건의를 수용하여 과거제를 실시하여 신진 인사를 등용하였다.

① 사심관 제도와 기인 제도를 실시하였다.
② 광덕·준풍 등의 독자적인 연호를 사용하였다.
③ 훈요 10조를 발표하여 후대 왕들에게 방향을 제시하였다.
④ 최승로의 시무 28조를 수용하여 유교 정치를 실현하였다.

 ② 광종, ①·③ 태조, ④ 성종
광종의 정책
• 노비안검법 실시 : 호족 세력 약화, 국가의 수입 기반 확대
• 과거 제도 실시 : 후주 출신 쌍기의 건의 수용하여 실시, 신진 인사 등용
• 기타 : 공복 제정, 독자적인 연호(광덕, 준풍 등) 사용, 공신 및 호족 세력 숙청

06 고려 성종의 업적으로 옳은 것은?

① 과전법을 시행하였다.
② 과거 제도를 실시하였다.
③ 노비안검법을 실시하였다.
④ 12목에 지방관을 파견하였다.

 성종의 정책
• 최승로의 시무 28조 수용 : 유교 정치 이념을 바탕으로 통치 체제 정비
• 2성 6부 마련, 국자감(국립대학) 설치, 지방관 파견(12목 설치), 향리 제도 실시

07 밑줄 그은 '정책'으로 옳은 것은?

이번에 최승로가 폐하께 시무 28조를 올린 것은 알고 있나?

알고 있다네. 폐하께서 그의 건의를 받아들여 통치 체제를 정비하기 위한 <u>정책</u>을 추진하신다고 하네.

① 별무반을 창설하였다.
② 교정도감을 설치하였다.
③ 노비안검법을 실시하였다.
④ 12목에 지방관을 파견하였다.

④ 성종은 최승로의 시무 28조를 받아들여 중앙의 통치 기구를 개편하고 중앙 관제를 정비하였으며 12목을 설치하면서 지방관을 파견하여 지방 세력을 견제하였다.
① 고려의 윤관은 왕에게 건의하여 별무반을 조직하고 여진족을 토벌하여 동북 9성을 개척하였다.
② 고려 최씨 무신 정권기에 최충헌이 설치한 교정도감은 인사 행정 및 재정권까지 장악하였던 최고 권력 기관이다.
③ 고려 광종은 노비안검법을 실시하여 억울하게 노비가 된 사람들을 구제하고 호족 세력을 약화시키고자 하였다.

08 다음 (가)에 들어갈 토지 제도로 옳은 것은?

> 개간된 토지의 수효를 총괄하고 기름지거나 메마른 토지를 구분하여 문무백관으로부터 부병(군인), 한인(閑人)에까지 일정한 과(科)에 따라 모두 토지를 주고, 또 등급에 따라 땔나무를 베어낼 땅을 주었다. 이를 (가)이라/라 한다.
> ―『고려사』

① 전시과   ② 역분전
③ 과전법   ④ 관료전

① 전시과는 문무 관리 등에게 토지(전지, 시지)를 등급에 따라 차등 지급한 것을 말한다.
② 역분전은 고려 전기 후삼국 통일에 공을 세운 사람들에게 인품과 공로를 기준으로 지급하였다.
③ 과전법은 고려 말 위화도 회군으로 권력을 장악한 이성계와 신진 사대부들이 주도하여 실시한 토지 제도이다.
④ 관료전은 통일 신라 시대에 관료들에게 녹봉 대신 지급했던 토지이다.

09 고려의 중앙 정치 기구와 기능으로 바르지 않은 것은?

① 중서문하성 – 정책 심의 · 결정
② 상서성 – 6부를 두어 행정을 집행
③ 중추원 – 관리 사회의 감찰, 풍기 단속 담당
④ 삼사 – 회계 담당, 국방 문제 등 주요 문제 논의

 중추원은 왕명 전달, 군사 기밀, 궁궐 숙위 등을 맡아 보는 기관이며, 관리 사회의 감찰, 풍기 단속 담당은 어사대에서 담당하였다.

10 다음에서 설명하는 고려 시대의 제도로 옳은 것은?

> 광종 때 처음으로 시행하였으며, 제술과와 명경과로 나누어 문과를 실시하였다.

① 골품 제도   ② 과거 제도
③ 음서 제도   ④ 전시과 제도

 ① 골품 제도 : 신라 시대 혈연에 따라 신분을 구분한 제도로 골품에 따라 관직 승진에 제한을 두었다.
③ 음서 제도 : 고려 시대 문벌 귀족에게 주어진 정치적 특권으로, 고려 시대 5품 이상 관리의 자제가 무시험으로 관리가 될 수 있도록 한 제도이다.
④ 전시과 제도 : 고려 시대에 직역의 대가로 관료들에게 토지를 나눠 주는 제도로 관품과 인품을 기준으로 차등 있게 지급하였다.

11 (가)에 들어갈 학습 주제로 옳은 것은?

> 학습 주제 : (가   )
> • 1모둠 : 역분전 지급
> • 2모둠 : 전시과 제도의 변천

① 삼국의 행정 제도
② 발해의 조세 제도
③ 고려의 토지 제도
④ 고려의 군사 제도

 고려 태조는 공신들에게 인품과 공로를 기준으로 역분전을 지급하였다. 전시과 제도는 경종 때 처음 실시되었는데 관품과 인품을 기준으로 직관, 산관에게 곡물을 수취할 수 있는 전지와 땔감을 얻을 수 있는 시지를 지급하였다.

12 다음 제도들을 실시한 공통적인 목적으로 옳은 것은?

• 노비안검법	• 과거 제도

① 빈민구제　　　　　　　　　② 신분 보장
③ 왕권 강화　　　　　　　　　④ 국방력 강화

 노비안검법과 과거 제도는 고려 초기에 왕권을 위협한 지방 호족 세력과 공신 세력을 약화시키려는 목적으로 시행되었다.

13 (가)에 들어갈 정치 기구로 옳은 것은?

┤ 역사 용어 카드 ├

(가)

고려의 중앙 정치 기구로 군사 기밀을 담당하고 왕명을 출납하였다. 이 기구의 고위 관원은 중서문하성의 재신과 함께 도병마사에 참여하여 국방과 군사에 관한 문제를 논의하였다.

① 사헌부　　　　　　　　　　② 승정원
③ 정당성　　　　　　　　　　④ 중추원

 ④ 고려 시대 중추원은 왕의 비서 기구로서 추밀(2품 이상)은 군사 기밀을, 승선(3품 이하)은 왕명 출납을 담당하였다. 중추원의 추밀과 중서문하성의 재신은 도병마사에서 국방 문제를 논의하였다.
① 사헌부는 조선 시대에 언론 활동, 풍속 교정, 백관에 대한 규찰과 탄핵 등을 관장하였던 관청이다. 사간원과 함께 양사 또는 대간이라 하여 5품 이하 관리의 임명과 관련된 서경권을 행사하였다.
② 승정원은 조선 시대 왕의 비서 기관으로 왕명 출납을 담당하였다.
③ 정당성은 발해의 중앙 관부인 3성 6부제에서 국정 운영을 총괄하던 3성 중 하나로, 정당성에 실제 권력이 집중되어 정당성의 장관인 대내상이 국정을 총괄하였다.

14 다음 (가)~(다)의 정책들을 시행한 순서대로 바르게 나열한 것은?

(가) 봄에 곡식을 빌려주고 가을에 갚게 하는 진대법을 실시하였다. (나) 기금을 모아 그 이자로 운영하는 제위보를 마련하였다. (다) 사창을 설치하여 향촌에서 자치적으로 운영하게 하였다.

① (가) – (나) – (다)　　　　② (가) – (다) – (나)
③ (나) – (가) – (다)　　　　④ (나) – (다) – (가)

(가) 고구려 고국천왕은 을파소의 건의에 따라 봄에 곡식을 빌려 주고 가을에 갚게 하는 진대법을 실시하였다(194).

(나) 고려 시대 광종은 제위보를 설치하여 기금을 조성하고 그 이자로 빈민을 구제하였다(963).

(다) 조선 시대 흥선 대원군은 환곡의 폐단을 해결하기 위해 마을 단위로 공동 운영하는 사창제를 실시하였다(1866).

15 다음은 고려의 신분 제도에 대한 내용이다. (가)신분에 대한 설명으로 옳은 것은?

- 귀족 : 왕족, 고위 관리
- 중류층 : 향리, 남반, 하급 장교
- 양민 : (가)
- 천민 : 공·사노비

① 대다수는 백정이라 불리는 농민이었다.

② 음서, 공음전 등을 통해 많은 특권을 누렸다.

③ 재산으로 간주되어 매매, 상속, 증여가 가능하였다.

④ 중간 계층으로 지배기구의 말단 행정 실무를 담당하였다.

 고려의 신분 제도

귀 족	정치적 특권(과거, 음서를 통하여 고위 관직 독점), 경제적 특권(공음전, 과전, 녹봉 등)
중류층	잡류(중앙 관청의 말단 서리), 남반(궁중 실무 관리), 향리(지방 행정 실무 담당), 군반(하급 장교), 역리(지방의 역 관리) 등으로 구성 → 중간 역할 담당, 신분 세습
양 민	• 일반 양민 : 농업과 상공업에 종사, 대다수는 농민(백정으로 불림), 조세·공납·역 부담 • 향·부곡(농업)·소(수공업) 주민 : 신분상으로는 양민이나 일반 군현의 주민에 비해 차별 대우, 과거 응시 금지 및 거주 이전 자유 제한
천 민	• 재산 취급, 매매·증여·상속의 대상, 교육·과거 응시 기회 없음 • 공노비(입역 노비, 외거 노비), 사노비(솔거 노비, 외거 노비)로 구성

16 다음 내용에 해당하는 문화유산으로 옳은 것은?

┤ 유네스코 세계 기록 유산 카드 ├

- 간행 시기 : 1377(무왕 3)
- 소개 : 승려 백운 화상이 석가모니의 가르침에서 중요한 내용을 해설한 책으로 청주 흥덕사에서 금속 활자를 활용하여 불경을 간행하였다. 현재 프랑스 국립 도서관에 소장되어 있으며, 2001년에 유네스코 세계 기록 유산으로 등재되었다.

① 『일성록』　　　　② 『제왕운기』

③ 『동사강목』　　　　④ 『직지심체요절』

④ 『직지심체요절』은 세계에서 가장 오래된 금속 활자본으로 현재 프랑스 국립 도서관에 소장되어 있으며 유네스코 세계 기록 유산으로 등재되어 있다.

① 『일성록』은 영조 때부터 순조 때까지 국정에 관한 사항들이 기록되어 있는 일기로 국보 제153호 및 유네스코 세계 기록 유산으로 지정되어 있다.

② 『제왕운기』는 이승휴가 쓴 운문체의 역사시로 중국사와 한국사를 7언시, 5언시로 서술하였다.

③ 안정복은 『동사강목』을 지어 고조선부터 고려 말까지의 역사를 정리하였다.

17 다음 사건이 발생한 시기에 있었던 사실로 옳은 것은?

> 사노 만적 등 6인이 북산에서 나무하다가 공·사노비들을 불러 모의하였다. "나라에서 경인·계사년 이후로 고관이 천민과 노비에서 많이 나왔다. 공경장상의 씨가 따로 있으랴, 때가 오면 누구나 할 수 있다. 우리만 어찌 뼈 빠지게 일하겠는가! …(중략)… 주인들을 죽이고 노비 문서를 불태워 이 땅의 천민을 없애면 우리도 공경장상이 될 수 있다."라고 말하였다. – 『고려사』

① 호족 세력을 약화시키기 위해 노비안검법이 시행되었다.

② 전민변정도감을 설치하여 권문세족의 경제 기반을 약화시켰다.

③ 최승로의 시무 28조를 수용하여 유교 정치 이념을 확립하였다.

④ 무신들이 권력을 장악하여 농민과 천민에 대한 수탈이 심화되었다.

무신 정권 시기 때 개경에서 최충헌의 사노비인 만적이 신분 해방 운동을 주도하였다. 무신 정권 시기에는 농민과 천민에 대한 수탈이 심화되고 하층민의 신분 해방 의식의 성장으로 많은 농민·천민의 봉기가 일어났다.

18 다음 (가) 인물의 활동으로 옳은 것은?

> 12세기 초 완옌부의 추장이 여진족을 통일하면서 세력을 확장하자, 고려는 (가)의 건의에 따라 신기군(기병), 신보군(보병), 항마군(승려)의 별무반을 편성하여 여진족을 정벌하였다.

① 4군 6진을 개척하였다.　　　　② 강동 6주를 획득하였다.

③ 동북 9성을 축조하였다.　　　　④ 쌍성총관부를 수복하였다.

고려 숙종 때 윤관은 여진족의 잦은 침입에 왕에게 건의하여 별무반을 편성하였다. 윤관의 별무반은 예종 때 여진족을 물리치고 동북 9성을 개척하였다.

① 조선 세종 때 최윤덕과 김종서

② 고려 때 서희의 외교 담판

④ 고려 공민왕 때

19 다음 설명하고 있는 문화재로 옳은 것은?

> 체구에 비하여 머리 부분이 매우 커 전체적인 비례나 균형은 맞지 않지만 매우 친근감을 준다. 토속적인 얼굴 모습, 비사실적인 조각 수법 등이 이전에 비해 특이한 데, 고려 초 지방 불상의 양식이 나타나 있다고 하겠다.

① 논산 관촉사 석조 미륵보살 입상

② 경주 석굴암 석굴 본존불

③ 경산 팔공산 관봉 석조여래 좌상

④ 서산 용현리 마애여래 삼존상

해설
① 논산 관촉사 석조 미륵보살 입상은 충남 논산시의 관촉사에 있는 고려 시대 석불로 국보 제323호로 지정되어 있다. 머리와 몸통의 비례가 맞지 않는 불균형 때문에 토속적·향토적 느낌을 주는 불상이다.
② 경주 석굴암 본존불은 경북 경주시에 위치한 통일 신라 시대 불상이다. 석굴암 석굴은 국보 제24호로 지정되어 있으며 유네스코 세계 문화유산에 등재되어 있다.
③ 경산 팔공산 관봉 석조여래 좌상은 통일 신라 시대 불상으로, 자리에 있던 바위를 깎아서 환조 기법으로 제작하였으며 보물 제431호로 지정되어 있다.
④ 서산 용현리 마애여래 삼존상은 충남 서산시 용현리에 위치한 백제 후기의 화강석 불상으로 국보 제84호로 지정되어 있다. 백제의 아름다움을 잘 나타낸 불상으로 '백제의 미소'로도 알려져 있다.

20 다음에서 설명하는 사건이 일어난 시기를 연표에서 옳게 고른 것은?

> 서경 천도를 주장하던 묘청 등이 난을 일으켰으나 김부식이 이끄는 관군에 의해 진압되었다.

918	1009	1126	1232	1256
▼	▼	▼	▼	▼
	(가)	(나)	(다)	(라)
고려 건국	강조의 정변	이자겸의 난	강화 천도	쌍성총관부 탈환

① (가)　　　　　　　　　　　　② (나)
③ (다)　　　　　　　　　　　　④ (라)

 고려 인종은 이자겸의 난(1126) 이후 왕권을 회복시키기 위한 정치 개혁을 단행하였다. 이 과정에서 김부식을 중심으로 한 개경 세력과 묘청, 정지상을 중심으로 한 서경 세력 간의 대립이 발생하였다. 묘청을 중심으로 한 서경 세력은 풍수지리설을 바탕으로 서경 천도와 칭제 건원, 금국 정벌을 주장하였으나 받아 들여지지 않았다. 이에 묘청은 서경에서 반란을 일으켰으나 김부식의 관군에 의해 진압되었다(1135).

21 고려 시대 몽골의 침입에 대한 설명으로 바른 것은?

① 양규 활약으로 홍화진에서 적을 물리쳤다.
② 개경에서 강화도로 도읍을 옮겼다.
③ 강감찬 장군이 귀주에서 크게 승리했다.
④ 서희의 담판으로 강동 6주를 획득하였다.

 ② 고려는 몽골의 1차 침입 이후 개경에서 강화도로 천도하고 항전하였다.
① 거란의 2차 침입
③ 거란의 3차 침입
④ 거란의 1차 침입

22 고려 때 몽골과 전쟁에서 개경 환도에 반대하며 진도와 제주도로 근거지를 옮기며 항쟁한 집단은?

① 별무반　　　　　　　　　　　② 삼별초
③ 별기군　　　　　　　　　　　④ 정동행성

삼별초 항쟁(1270~1273)
고려 정부가 개경 환도를 단행하면서 몽골과의 강화가 성립되자, 이를 반대하며 배중손과 김통정 등이 진도와 제주도로 근거지를 옮기며 항전을 이어갔다.

23 거란의 3차에 걸친 침입을 이겨낸 과정에서 크게 활약한 인물을 바르게 묶은 것은?

① 서희, 윤관   ② 윤관, 강감찬

③ 서희, 강감찬   ④ 서희, 을지문덕

 서희는 거란의 1차 침입 때 강동 6주를 획득하였고, 강감찬은 거란의 3차 침입 때 귀주에서 거란군을 크게 무찔렀다.

24 다음과 같은 배경을 가진 농민·천민 봉기가 아닌 것은?

> • 무신 정권의 정치 혼란
> • 무신 정권의 수탈 심화
> • 하층민의 신분 해방 의식 성장

① 만적의 난   ② 홍경래의 난

③ 전주 관노의 난   ④ 망이·망소이의 난

 ② 홍경래의 난은 조선 후기 삼정의 문란과 평안도 지역에 대한 차별 대우에 대한 불만으로 일어난 농민 반란이다.
무신 정권 시기 농민·천민의 반란
• 배경 : 무신 정권 시기 정치 혼란, 농민과 천민에 대한 수탈 심화, 하층민 출신 최고 권력자 등장 → 하층민의 신분 해방 의식의 성장
• 종류 : 망이·망소이의 난, 전주 관노의 난, 김사미와 효심의 난, 만적의 난

25 고려 시대의 대외 관계에서 다음의 내용과 관계 깊은 민족은?

> • 동북 9성 축조
> • 윤관의 별무반 조직

① 여진족   ② 거란족

③ 선비족   ④ 몽골족

 윤관의 별무반 편성(숙종, 신기군·신보군·항마군) → 윤관의 별무반이 여진 정벌 → 동북 9성 축조(예종, 1107)·반환

26 (가)에 들어갈 문화유산으로 옳은 것은?

> • 명칭 : (가)
> • 소재지 : 경상남도 합천군
> • 소개 : 국보 제32호로 해인사에 보관 중이며, 고려 고종 때 부처의 힘으로 몽골을 물리치려는 염원에서 만들어졌다. 2007년에 유네스코 세계 기록 유산으로 등재되었다.

① 삼국사기　　　　　　　　② 왕오천축국전
③ 조선왕조실록　　　　　　④ 팔만대장경판

 해인사에 보관 중인 팔만대장경판은 몽골의 침입 당시 부처의 힘으로 몽골군을 물리치고자 하여 16년에 걸쳐 조성되었다. 세계에서 가장 우수한 대장경으로 꼽혀 2007년에는 유네스코 세계 기록 유산에 지정되었다.

27 다음에서 설명하는 (가)에 들어갈 무역항으로 옳은 것은?

> • 명칭 : (가)
> • 특 징
> – 고려 시대 예성강 하구에 위치한 국제 무역항이다.
> – 송, 아라비아 상인들과 활발한 교역이 이루어지면서 고려의 이름이 서방에 알려졌다.

① 벽란도　　　　　　　　　② 부산항
③ 울산항　　　　　　　　　④ 청해진

 ① 벽란도는 고려의 국제 무역항으로 이곳을 통해 중국, 아라비아 상인들과 교역을 전개하였다. 아라비아 상인들은 고려에 들어와서 수은·향료·산호 등을 팔았으며, 이들을 통하여 고려(Corea)의 이름이 서방 세계에 널리 알려지게 되었다.

28 다음 내용과 관계 깊은 사건은?

> • 서경 세력과 개경 세력의 대립
> • 이자겸의 난으로 왕의 권위 실추
> • 김부식 등이 진압

① 무신 정변　　　　　　　② 거란의 침입
③ 서경 천도 운동　　　　④ 농민·천민 봉기

③ 묘청 등이 중심이 되어 일으킨 서경 천도 운동에 대한 내용이다.

묘청의 서경 천도 운동
- 배경 : 이자겸의 난으로 왕의 권위 실추 및 민심 동요, 서경 세력과 개경 세력의 대립
- 전개 : 묘청, 정지상 등의 서경 세력이 천도 시도, 개경 세력의 반발로 무산 → 서경을 근거지로 묘청 등이 난을 일으켰으나 김부식 등의 관군에 의해 진압

29 다음과 같은 결과를 가져온 고려 시대 사건으로 옳은 것은?

- 중방의 정치적 기능이 확대되었다.
- 문신 중심의 정치 조직이 그 기능을 상실하였다.
- 천민과 농민의 봉기가 일어났다.

① 무신정변
② 이자겸의 난
③ 몽골과의 전쟁
④ 묘청의 서경천도운동

 정중부, 이의방 등을 중심으로 한 무신들이 정변을 일으켜 문신들을 살해하면서 무신정변이 일어났다(1170년). 그 후 무신들은 중방을 핵심 기구로 주요 관직을 독점하고 대토지와 노비를 소유하면서 권력을 행사하였다. 이 시기에 과도한 수탈과 차별에 항거하여 농민과 천민들의 민란이 전국 각지에서 발생하였다.

30 (가)에 들어갈 용어로 옳은 것은?

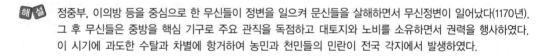

┌ 역사 용어 카드 ┐

(가)

992년에 세워진 국립 교육 기관으로 유학부와 기술학부가 있었다. 유학부에서는 논어와 효경 등 유교 경전을 공부하고, 기술학부에서는 율학, 서학, 산학 등의 과목을 공부하였다.

① 경 당
② 서 당
③ 국자감
④ 4부 학당

 ③ 고려 성종 때 설치된 국립 교육 기관인 국자감은 유학부와 기술학부로 나뉘어 유학부에서는 국자학, 태학, 사문학을, 기술학부에서는 율학, 서학, 산학을 공부하였다.
① 고구려 장수왕 때 지방에 경당을 세워 평민 자제들에게 학문과 무술을 가르쳤다.
② 서당은 조선 시대 초등 교육을 담당한 교육 기관으로 양반과 평민의 자제가 교육을 받을 수 있었다.
④ 4부 학당은 조선 시대 중앙의 관학으로 중등 교육을 담당하며 성균관의 부속 학교 성격을 가지고 있었다.

31 다음에서 설명하는 정치 기구에 대한 설명으로 옳은 것은?

> 고려의 회의 기구로 중서문하성과 중추원의 고위 관료들이 모여 주로 국방과 군사 문제를 다루었다.

① 6부를 관리하며 수상은 문하시중이다.

② 화폐·곡식의 출납과 회계를 맡아보았다.

③ 고려 말에 명칭이 도평의사사로 바뀌었다.

④ 어사대와 중서문하성의 낭사로 구성되었다.

 고려의 독자성을 보여 주는 정치 기구인 도병마사는 중서문하성과 중추원의 고위 관리가 나랏일을 결정하는 임시 기구로 국방과 군사 문제를 논의하였다. 도병마사는 고려 후기에 도평의사사로 개편되었다.

32 [보기]에서 (가)와/과 고려의 관계에 대한 설명으로 옳은 것을 모두 고른 것은?

> ┤ 보 기 ├
>
>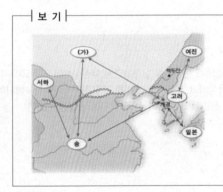
>
> ㄱ. 고려는 건국 초부터 (가)을/를 적대시하였다.
> ㄴ. 윤관은 별무반을 편성하여 (가)을/를 공격하였다.
> ㄷ. 고려는 (가)와/과의 협상으로 강동 6주를 확보하였다.
> ㄹ. 고려는 팔만대장경을 편찬하여 (가)의 침입을 물리치고 자 하였다.

① ㄱ, ㄷ   ② ㄱ, ㄹ

③ ㄴ, ㄷ   ④ ㄴ, ㄹ

 고려는 발해를 멸망시킨 거란을 적대시하는 정책을 유지하고 있었다. 그리고 거란의 1차 침입 당시 소손녕이 80만 대군을 이끌고 침략해 오자, 서희가 소손녕을 찾아가 고려가 고구려의 후예임을 내세워 현재 거란이 가진 땅이 고려의 영토임을 주장하였다(993). 이를 바탕으로 고려는 친송 관계를 끊고 거란과 적대하지 않는다는 조건으로 강화를 성사시키고, 강동 6주를 획득하여 영토를 확장하였다.
ㄴ. 윤관은 별무반을 편성하여 여진을 공격하였다.
ㄹ. 고려는 팔만대장경을 편찬하여 몽골의 침입을 물리치고자 하였다.

33 다음 (가)~(다)를 일어난 순서대로 바르게 나열한 것은?

> (가) 윤관, 여진을 정벌하다.
> (나) 서희, 소손녕과 외교 담판을 벌였다.
> (다) 김윤후, 처인성 전투에서 활약하였다.

① (가) - (나) - (다)
② (나) - (가) - (다)
③ (다) - (나) - (가)
④ (나) - (다) - (가)

해설 서희, 소손녕과 외교 담판(993) → 윤관, 여진 정벌(1107) → 김윤후 처인성 전투(1232)

34 다음의 화폐를 주조한 국가의 경제 상황에 대한 설명으로 옳은 것은?

삼한통보　　　　　　해동통보

① 전시과 제도가 실시되었다.
② 왜관 개시를 통해 인삼이 수출되었다.
③ 덕대가 광산을 전문적으로 경영하였다.
④ 청해진을 중심으로 해상 무역이 전개되었다.

해설 ① 삼한통보와 해동통보는 고려 숙종 때 주조한 화폐이다. 고려는 관리를 대상으로 한 토지 제도인 전시과 제도를 시행하였다.
② 조선 후기 왜관에서는 공적으로 허용된 무역인 개시 무역과 사무역인 후시 무역이 이루어졌다. 조선 상인은 개시 무역을 통해 중국에서 사온 비단과 비단실, 조선산 인삼을 일본으로 수출하고 일본의 은을 수입하였다.
③ 조선 후기에 광산 개발이 활성화되면서 전문적으로 광산을 경영하는 덕대가 등장하였다.
④ 통일 신라 때 장보고는 청해진을 중심으로 해상 무역을 전개하였다.

35 (가)에 들어갈 말로 옳은 것은?

> A : 고려가 안정적인 국가 운영을 위하여 흉년 등 어려운 때에 백성을 구제하기 위해 봄에 곡식을 빌려 주고 가을에 갚게 한 것이 무엇일까요?
>
> B : (가)입니다.

① 의 창   ② 향 약   ③ 광혜원   ④ 집강소

 의창은 고려 시대에 빈민을 구제하기 위해 실시하였던 제도이다. 고려 태조 때 실시한 흑창은 춘궁기에 곡식을 대여하고 추수 후에 회수하던 제도로, 성종이 이에 쌀을 1만석 보충하여 의창을 시행하였다.

36 (가)에 들어갈 말로 적절한 것은?

> A : 고려에는 과거를 치르지 않고도 관직에 나갈 수 있는 제도가 있었어.
>
> B : 맞아. 고려의 (가) 제도는 왕실과 공신의 후손 및 5품 이상 고위 관리의 자손을 대상으로 했지.

① 음 서   ② 잡 과
③ 전시과   ④ 독서삼품과

 음서란 고려 시대와 조선 시대에 과거 시험을 보지 않고도 관리가 될 수 있었던 제도이다. 주로 공을 세웠거나 높은 벼슬을 하는 귀족이나 양반 자손들이 이 제도의 혜택을 받았는데, 고려 시대 문벌 귀족에게 주어진 정치적 특권에서 시작되었다.

37 (가)에 들어갈 내용으로 옳은 것은?

> 〈인문학 특강〉
> 고려 불교사의 이해
> • 목적 : 고승들의 행적을 통해 고려 불교사의 흐름을 안다.
> • 주 제
>   – 대각 국사 의천, 천태종을 개창하다.
>   – 보조 국사 지눌, (가)
>   – 진각 국사 혜심, 유불 일치설을 주장하다.
>   – 원묘 국사 요세, 백련사 결사를 주도하다.

① 불국사를 건립하다.   ② 삼국사기를 편찬하다.
③ 수선사 결사를 제창하다.   ④ 왕오천축국전을 저술하다.

③ 지눌은 불교의 타락을 비판하고 승려의 기본인 독경, 수행, 노동에 힘쓰자는 수선사 결사 운동을 전개하였으며 이를 위한 사상적 기반으로 정혜쌍수와 돈오점수를 주장하였다.
① 통일 신라 경덕왕 때 김대성이 불국사를 건립하였다. 이곳의 불국사 삼층 석탑은 석가탑으로도 불리며 국보 제21호로 지정되어 있고, 다보탑은 국보 제20호로 지정되어 있다.
② 『삼국사기』는 고려 인종 때 김부식이 편찬한 현존하는 최고(最古)의 역사서로, 유교적 사관을 바탕으로 기전체로 서술되었다.
④ 통일 신라의 승려인 혜초는 인도와 중앙아시아를 순례하고 돌아와 『왕오천축국전』을 저술하였다.

38 다음 내용과 관련이 깊은 인물에 대한 설명으로 옳은 것은?

> 화약과 화포를 제조하여 외적의 침입에 대비하고자 화통도감 설치를 건의하였다.

① 위화도에서 회군하였다.　　　　　② 나선 정벌에 참여하였다.
③ 처인성 전투에서 활약하였다.　　　④ 진포 대첩에서 왜구를 격퇴하였다.

 ④ 고려 말 최무선은 화통도감을 설치하여 화약과 화포를 제작하였으며 이를 활용하여 진포 대첩에서 왜구를 격퇴하였다.
① 고려 말 우왕 때 이성계가 요동 정벌에 반대하여 위화도에서 회군하였다.
② 조선 효종은 러시아의 남하를 막기 위한 청의 원병 요청을 받아들여 두 차례에 걸쳐 조총 부대를 파견하였다.
③ 고려 때 몽골의 2차 침입 당시 처인성에서 승장 김윤후가 적장인 살리타를 사살하며 활약하여 몽골군에 승리를 거두었다.

39 밑줄 친 '왕'이 재위하던 시기에 볼 수 있었던 모습으로 옳지 않은 것은?

> 신돈은 왕에게 전민변정도감을 설치할 것을 청원하고, "근래에 기강이 파괴되어 … 공전과 사전을 권세가들이 강탈하였다. … 스스로 토지를 반환하는 자는 과거를 묻지 않는다."라고 공포하였다. 권세가들이 강점했던 전민(田民)을 그 주인에게 반환하였으므로 온 나라가 모두 기뻐하였다.

① 성리학을 공부하는 신진사대부
② 쌍성총관부를 공격하는 고려 군대
③ 서희가 외교 담판으로 강동 6주 획득
④ 국왕의 개혁 정치에 반대하는 권문세족

 ③ 거란의 1차 침입 당시 소손녕이 80만 대군을 이끌고 침략해 오자, 서희가 소손녕을 찾아가 고려가 고구려의 후예임을 내 세워 현재 거란이 가진 땅이 고려의 영토임을 주장하였다(993). 이를 바탕으로 고려는 친송 관계를 끊고 거란과 적대하지 않는다는 조건으로 강화를 성사시키고, 강동 6주를 획득하여 영토를 확장하였다.

40 밑줄 친 '왕'의 업적으로 옳지 않은 것은?

> 왕이 일개 승려에 불과하던 신돈에게 국정을 맡겼다. 신돈은 "오늘날 나라의 법이 무너져 나라의 토지와 약한 자들의 토지를 힘 있는 자들이 모두 빼앗고, 양민을 자신의 노예로 삼고 있다. …(중략)… 스스로 토지를 반환하는 자는 과거를 묻지 않는다."라고 공포하였다. 　　－『고려사』

① 몽골풍을 금지시켰다.　　　　　　② 골품제를 운영하였다.
③ 친원 세력을 숙청시켰다.　　　　　④ 정동행성 이문소를 폐지하였다.

 공민왕의 개혁 정치
- 반원 자주 정책 : 친원 세력 숙청(기철), 몽골풍 금지, 왕실 호칭 및 관제 복구(정동행성 이문소 폐지, 도평의사사 정비), 영토 수복(쌍성총관부 탈환, 요동 지방 공략 시도)
- 왕권 강화 정책 : 정방 폐지, 전민변정도감 설치

41 다음 내용과 관계 깊은 왕의 업적으로 옳은 것은?

• 친원 세력 숙청	• 몽골풍 금지

① 훈요 10조를 남겼다.　　　　　　② 대마도를 정벌하였다.
③ 노비안검법을 실시하였다.　　　　④ 전민변정도감을 설치하였다.

 ④ 공민왕은 친원 세력을 숙청하고 몽골풍을 금지시키는 등 반원 자주 정책을 추진하였다. 또한, 신돈을 등용하고 전민변정도감을 설치하여 권문세족에 의해 점탈된 토지를 돌려주고 억울하게 노비가 된 자를 풀어주는 등 개혁을 단행하였다.

42 다음에서 설명하는 토지 제도는?

> - 배경 : 권문세족의 불법적 토지 겸병으로 인한 재정 악화
> - 내용 : 전・현직 관리들에게 국역의 대가로 경기 지방의 토지 지급
> - 결과 : 신진 사대부의 경제적 기반 확립

① 녹 읍　　　　　　　　　　　　　② 정 전
③ 과전법　　　　　　　　　　　　④ 역분전

③ 과전법은 고려 말 이성계가 위화도 회군으로 권력을 장악한 뒤, 신진 사대부와 개혁을 주도하면서 실시한 토지 제도이다. 이를 통해 조선 양반 관료 사회의 경제적 기반이 마련되었다.

43 다음 빈칸에 들어갈 말을 차례대로 바르게 짝지은 것은?

> 공민왕은 원의 간섭에서 벗어나기 위해서 [   ]을/를 공격하여 원에게 빼앗긴 철령 이북의 영토를 회복하였다. 한편 승려 [   ]을/를 등용하여 개혁을 추진하였다.

① 동녕부 – 지눌
② 동녕부 – 김윤후
③ 탐라총관부 – 묘청
④ 쌍성총관부 – 신돈

 ④ 공민왕은 쌍성총관부를 공격하여 철령 이북의 영토를 회복하였고, 신돈을 등용한 후 전민변정도감을 설치하여 개혁 정책을 실행하였다.

44 다음에서 설명하는 역사적 사건으로 옳은 것은?

> 요동 정벌에 반대하던 이성계가 압록강 유역에서 군대를 되돌려 돌아와 최영을 제거하고 정치 권력을 장악한 사건이다.

① 홍건적 격퇴
② 위화도 회군
③ 대마도 정벌
④ 4군 6진 개척

 ② 고려 우왕 때 이성계는 왕명에 따라 요동 정벌을 위해 출병하였으나 의주 부근의 위화도에서 말을 돌려 개경으로 회군하였다. 이후 이성계 세력은 최영 세력을 몰아내고 이색, 정몽주 등의 온건 개혁파를 제거하면서 조선 건국을 주도하였다.

45 다음에서 설명하는 공예품으로 옳은 것은?

> 〈고려 명품 특별전〉
> • 이 제품은 표면에 얇게 간 조개껍데기를 정교하게 오려 붙인 고려 최고의 공예품이다.
> • 옻칠을 하여 오래 보존이 가능하다.

① 화문석 　　　　　　　② 놋그릇
③ 청화 백자 　　　　　　④ 나전 칠기

④ 나전 칠기는 조개껍데기를 얇게 깔고 다양한 형태로 기물의 표현에 감입시켜 꾸미는 고려 시대 대표적인 공예품으로, 옻칠한 바탕에 자개를 붙여 정교하고 화려하게 제작되었다.

① 화문석은 왕골을 겹쳐가며 엮은 후에 무늬를 따라 잘라낸 꽃돗자리로, 고려 시대에는 외국에까지 널리 알려졌으며 인삼과 더불어 중요한 수출품 또는 선사품이 되었다.

② 고려 시대의 놋그릇은 식기 외에 종·금고·향로·금동탑·사리함·제기 등으로 제작되었는데, 이를 통해 당시 금속 공예의 수준이 높았음을 짐작할 수 있다.

③ 청화 백자는 하얀 색의 도자기에 청색의 그림을 그린 도자기로, 조선 후기에 널리 유행하였다.

46 (가)에 들어갈 문화유산으로 옳은 것은?

사진으로 보는 ○○ 시대 문화유산	
불 상	관촉사 석조 미륵보살입상
건 축	수덕사 대웅전
석 탑	월정사 팔각 구층 석탑
회 화	(가)

① 인왕제색도   ② 고사관수도
③ 몽유도원도   ④ 수월관음도

해설 ④ 고려 후기에는 극락왕생을 기원하는 불화가 많이 그려졌다. 그 중에서도 혜허가 그린 양류관음도와 여러 종류의 수월관음도가 대표적이다.

① 조선 후기 정선
② 조선 전기 강희안
③ 조선 전기 안견

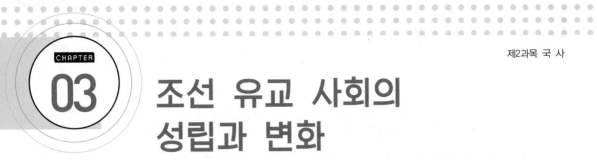

조선 유교 사회의 성립과 변화

01 조선의 건국과 양반 문화의 형성

(1) 조선의 건국과 국가 기틀 마련

① 조선의 건국

㉠ 배경 : 위화도 회군(1388년)으로 이성계 등 신흥 무인 세력과 신진 사대부가 정치적 실권 장악

㉡ 건국 : 급진 개혁파가 이성계 중심의 신흥 무인 세력과 통합하여 최영과 일부 온건파 신진 사대부 세력 제거 → 이성계의 조선 건국(1392년)

PLUS ONE 위화도 회군 : 고려 우왕 때 이성계는 왕명에 따라 요동 정벌을 위해 출병했으나 의주 부근의 위화도에서 말을 돌려 개경으로 회군하였다. 이후 이성계 세력은 최영 세력을 몰아내고 이색, 정몽주 등의 온건 개혁파를 제거하면서 조선 건국을 주도하였다.

② 한양 천도와 국가 기틀 마련

㉠ 태조(이성계)

• 국호 제정 : 조선(고조선의 후계자 자처)

• 도읍 천도(1394년) : 한양(교통과 국방의 요지)

• 국방력 강화 : 군사 체제 정비

• 도시 계획 : 경복궁 건설

• 정도전의 활약 : 민본적 통치 규범 마련, 재상 중심의 정치 주장, 불교 비판(『불씨잡변』) → 성리학의 통치 이념화

㉡ 태종(이방원)

• 왕권 중심의 집권 체제 확립 : 의정부 설치와 6조 직계제 실시, 사간원 독립

• 개국 공신 세력 견제와 숙청

• 사병 제도 폐지 : 국왕이 군사 지휘권 장악

• 국가의 경제 기반 안정 : 사원전·사원 노비의 제한, 양전 사업 실시, 호패법 시행

PLUS ONE 『불씨잡변』 : 정도전이 불교의 교리인 윤회설, 인과설, 지옥설 등을 성리학의 입장에서 철저하게 비판한 책

6조 직계제 : 의정부의 권한을 약화시키고 국왕 중심의 정치를 할 목적으로 실시된 것으로, 6조가 의정부를 거치지 않고 바로 왕에게 보고하여 지시를 받는 방식을 말한다.

PLUS ONE ➕ 호패법 : 16세 이상의 모든 남자(노비 포함)에게 호패를 지니게 했던 제도로 호구 파악을 통한 국가 재정 기반 확보하기 위한 것으로, 오늘날 주민등록증과 같은 역할을 하였다.

③ 유교 정치의 실현

  ㉠ 세 종
  - 유교 정치 실현 : 의정부 서사제 실시(왕권과 신권의 조화), 집현전 설치(학문 연구)
  - 문물 정비 : 훈민정음 창제·반포, 『농사직설』·『칠정산』·『향약집성방』 등 편찬, 측우기·자격루·앙부일구 등 제작(장영실)
  - 국방 정책 : 4군 6진 설치(오늘날의 국경선 확정), 대마도 정벌(이종무), 3포(제포·염포·부산포) 개항
  - 경제 정책 : 풍흉과 토지의 비옥도에 따라 조세를 부과하는 세법 정비(공법)

  ㉡ 세 조
  - 계유정난 : 수양대군(세조)이 단종을 몰아내고 왕위에 오름, 사육신 처형
  - 왕권 강화 : 6조 직계제 실시, 집현전과 경연 제도 폐지, 유향소 폐지, 직전법 실시, 『경국대전』 편찬 시작
  - 군제 개편 : 진관 체제 실시, 양인을 정군(정병)과 보인으로 묶는 보법 시행

  ㉢ 성 종
  - 문물 정비 : 조선 왕조의 기본 법전인 『경국대전』 완성·반포 → 유교적 통치 체제 확립
  - 홍문관 설치 : 경연 활성화
  - 편찬 사업 : 『동국여지승람』, 『동국통감』, 『국조오례의』, 『악학궤범』 등 편찬

PLUS ONE ➕ 의정부 서사제 : 6조가 의정부에 먼저 보고한 후 의정부가 왕에게 건의하고, 왕 또한 의정부의 재가를 받은 후 의정부가 6조에게 명령을 내리는 방식이다.

직전법 : 과전법 운영 과정에서 세습되는 토지가 많아지면서 관리에게 지급할 토지가 부족해지자 현직 관리에게만 수조권을 지급하도록 한 제도이다.

(2) 통치 체제의 정비

① 중앙 정치 체제

  ㉠ 중앙 정치 조직 구성
  - 문·무 양반 관료 체제의 확립 : 『경국대전』 편찬으로 법제화
  - 의정부와 6조 체계 : 행정의 통일성과 기능적 분화의 조화
  - 언론 학술 기구 : 3사 → 사간원, 사헌부, 홍문관
  - 왕권 강화 기구 : 승정원, 의금부
  - 경연 제도 : 군신 간 학문과 정책 토론
  - 기타 : 춘추관, 한성부

ⓛ 주요 정치 기구

의정부	국정 총괄, 재상 합의 기구
사헌부	언론, 관리 감찰
사간원	국왕에 대한 간쟁
홍문관	왕의 자문 역할, 학술과 정책 연구
춘추관	역사서 편찬, 보관
6조	직능에 따라 행정 분담, 실제 행정 집행
의금부	반역죄인 처단, 국가 중범죄 담당
승정원	국왕 비서 기구, 왕명 출납
한성부	수도의 행정과 치안 담당

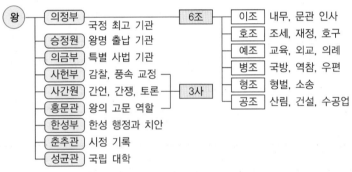

② 지방 행정 조직

㉠ 지방 조직 : 전국을 8도로 나누고, 하부에 부·목·군·현 설치, 향·부곡·소 폐지(일반 군현으로 승격)

관찰사(감사)	8도의 지방 장관, 수령에 대한 행정 감찰
수령(부·목·군·현)	조세, 공물, 요역 징발 책임, 왕이 임명 → 권한 강화
향 리	수령을 보좌하고 지방의 행정 실무 담당

ⓛ 향촌 사회
- 면·리·통 제도 : 주민 중에서 책임자 선임, 수령의 명령 집행
- 양반 중심의 향촌 사회 질서 확립 : 사심관 제도의 분화
- 유향소 : 향촌 양반의 자치 조직(수령 보좌, 향리 규찰, 향촌 교화 담당)
- 경재소 : 유향소와 정부 사이의 연락 기능, 유향소 통제로 중앙 집권을 효율적으로 강화

㉢ 중앙 집권 체제 강화
- 관찰사 파견 : 수령 견제, 민생 파악
- 오가작통법 : 다섯 집을 하나의 통으로 편성
- 암행어사 파견

❖ 조선의 8도

③ 군사 제도

　　㉠ 군역 제도 : 양인 개병제(16세 이상 60세 미만 양인 남자), 정군(현역)과 보인(봉족)

　　㉡ 군사 조직 : 중앙군(5위)은 궁궐과 수도 수비, 지방은 육군과 수군을 편성하여 배치(세조 이후 진관 체제), 일종의 예비군인 잡색군

④ 관리 등용 제도와 교육 제도

　　㉠ 관리 등용

과 거	• 종류 : 문과(문관 선발), 무과(무관 선발), 잡과(기술관 선발, 역과·율과·의과·음양과 등) • 응시 자격 : 원칙적으로 천인이 아니면 누구나 응시 가능
음 서	고려 시대에 비해 2품 이상으로 축소, 고관 승진 제한
천 거	고위 관리 등의 추천으로 관직에 등용하는 제도, 기존 관리 대상
취 재	서리·하급 관리 선발 시험

　　㉡ 교육 제도

유학 교육	성균관(서울에 설치된 최고 교육 기관), 향교(지방 군현에 설치), 서원·서당(사립 교육 기관)
기술 교육	각 해당 관청에서 담당

(3) 사림의 성장과 붕당의 형성

① 훈구파와 사림파

　　㉠ 훈구 세력

　　　• 정도전, 조준 등 급진 개혁파

　　　• 세조 이후 정치적 실권 장악, 중앙 집권 체제 강조, 조선 초 관학파의 학풍 계승(문물제도 정비에 기여)

　　　• 양성 : 성균관, 집현전

ⓒ 사림 세력
- 정몽주, 길재 등 온건 개혁파
- 성리학에 투철한 지방 사족들, 왕도 정치 강조, 향촌 자치, 고려 말 온건파 사대부 계승
- 양성 : 서원을 비롯한 지방 사립학교

② 사림의 성장과 사화의 발생

㉠ 사림의 성장 : 성종 때 본격적으로 정치에 참여, 3사의 언관직 차지(훈구파의 비리 비판)

㉡ 사화의 발생

무오사화(연산군)	훈구 세력이 김종직의 조의제문을 문제 삼아 사림 축출
갑자사화(연산군)	연산군이 생모 폐위 문제로 훈구와 사림 세력 제거
중종반정	중종이 반정 공신을 견제하기 위해 사림 중용
조광조의 개혁	• 현량과(사림의 대거 등용) • 위훈 삭제(공신들의 토지, 노비의 삭감) • 불교·도교 행사 폐지(유교식 의례 장려) → 소격서(도교 행사 기관) 폐지 • 향약의 전국적 시행 → 향촌 자치 수립 • 균전론 주장, 공납제의 폐단 시정, 소학 교육 및 주자가례 장려, 경연 강화
기묘사화(중종)	훈구 세력이 조광조의 개혁에 반발 → 조광조 등 사림 세력 제거
을사사화(명종)	외척 간의 권력 다툼 과정에서 훈구와 사림 세력이 피해를 입음

ⓒ 사림의 기반 : 서원과 향약

서 원	• 중종 때 백운동 서원이 최초 설립 • 선현에 대한 제사, 학문 연구, 제자 양성, 향음주례 등의 기능
향 약	• 중종 때 조광조가 처음 시행(여씨향약) • 향촌 자치 규약, 4대 덕목을 기반으로 풍속 교화, 향촌 질서 유지, 치안 담당

PLUS ONE ➕ 조의제문 : 항우가 중국 초나라의 마지막 왕인 의제를 애도하는 글이다. 이는 세조가 단종을 죽인 사실을 항우가 의제를 죽인 것으로 비유하여 세조의 왕위 승계가 유교적 명분에 어긋난다는 사림의 의식을 반영한 것이었다. 이로 인해 이미 죽은 김종직뿐만 아니라 많은 사림들이 피해를 입었다.

향음주례 : 향촌의 선비와 유생들이 학덕과 연륜이 높은 이를 손님으로 모시고, 이들을 존경하는 뜻으로 연회를 베풀며 행하는 의례의 하나이다.

향약의 4대 덕목
- 덕업상권 : 착한 일은 서로 권한다.
- 과실상규 : 잘못된 것은 서로 규제한다.
- 예속상교 : 좋은 풍속은 서로 나눈다.
- 환난상휼 : 어려울 때는 서로 돕는다.

③ 붕당의 형성

㉠ 배경 : 16세기 후반, 선조의 즉위 이후 사림 세력이 서원과 향약을 기반으로 대거 중앙 정계로 진출하면서 정국 주도

㉡ 붕당의 발단 : 척신 정치 잔재의 청산 문제로 갈등을 겪으면서 동인과 서인으로 나뉨

ⓒ 붕당의 형성과 분화 : 이조 전랑의 임명 문제로 사림 세력 간의 갈등

동 인	신진 사림(김효원 등), 척신 정치의 과감한 개혁 주장 → 이황, 조식, 서경덕의 학통 계승
서 인	기성 사림(심의겸 등), 척신 정치 청산에 소극적 → 이이와 성혼의 학통 계승

PLUS ONE ➕ 이조 전랑 : 조선 시대에 3사 관리를 선발하고 자신의 후임자를 천거하는 권리를 가졌던 이조 정랑과 좌랑을 함께 부르는 말이다.

(4) 조선 전기의 경제

① 토지 제도의 변화

과전법(고려 말)	• 배경 : 권문세족의 불법적 토지 겸병으로 인한 재정 악화, 신진 사대부의 경제적 기반 마련 • 내용 : 전·현직 관리들에게 국역의 대가로 경기 지방의 토지 지급 → 수조권 지급, 죽은 후 반환 원칙(수신전·휼양전 세습)
직전법(세조)	• 배경 : 수신전·휼양전의 명목으로 토지 세습되면서 신진 관리들에게 지급할 토지 부족 • 내용 : 현직 관리에게만 수조권 지급, 지급량 축소, 수신전·휼양전 폐지
관수관급제(성종)	• 배경 : 과전 경작 농민에 대한 과도한 수취(수조권 남용) • 내용 : 지방 관청이 수확량을 조사하여 조세를 징수한 후 관리에게 지급
직전법 폐지(명종)	관리들에게 수조권을 지급하지 않고 녹봉만 지급

PLUS ONE ➕ 수신전 : 관리가 죽으면 그 부인에게 생활 대책으로 준 토지

휼양전 : 관리가 죽어서 고아가 된 후손에게 생활 대책으로 지급한 토지

② 수취 체제의 정비와 문란

㉠ 수취 체제의 정비

전 세	• 초기 : 과전법의 경우 수확량의 1/10(1결당 30두) • 세종 : 토지의 비옥도와 풍흉에 따라 차등을 두어 징수하는 전분 6등법, 연분 9등법을 시행(1결당 4~20두 징수)
공 납	각 지역의 토산품 조사, 중앙 관청에서 군현에 물품과 액수 할당
역	호적에 등재된 16세 이상의 정남에게 부과(군역, 요역)

㉡ 16세기 수취 체제의 문란

공 납	공물 징수 과정에서 하급 관리와 상인이 결탁해 공물을 대신 납부하고 농민에게 본래 물품 가격보다 과도한 대가를 징수하는 방납의 폐단 발생 → 이이, 유성룡이 수미법 주장
군 역	대립(代立)과 방군수포가 성행
환 곡	수령과 향리가 고리대 수단으로 이용

PLUS ONE ➕ 전분 6등법 : 토지의 비옥도에 따라 토지를 6등급으로 나누어 1결의 면적을 확정(수등이척법)

연분 9등법 : 풍흉의 정도에 따라 상상(上上)년에서 하하(下下)년까지 9등급으로 나누어 최대 20두에서 최소 4두 까지 차등을 두어 조세 징수

방군수포 : 군역의 의무가 있는 사람이 국가에 군포를 납부하고 군역을 면제받는 것을 말한다.

③ 조선 전기의 경제생활

㉠ 농본주의 정책 : 토지 개간 장려, 양전 사업 실시, 새로운 농업 기술과 농기구의 개발 → 민생 안정을 위해 농업 중시

㉡ 수공업 : 관영 수공업 체제 중심 → 16세기 이후 쇠퇴

㉢ 상 업

시 전	• 수도 한성에 설치된 상점 • 시전 상인 : 왕실이나 관청에 물품 공급의 대가로 특정 상품에 대한 독점 판매권인 금난전권 부여 → 육의전(명주, 종이, 어물, 모시, 삼베, 무명) 점포 번성
장 시	15세기 후반 지방에 등장 → 16세기 중엽 전국으로 확대, 보부상의 활약
경시서	시전 상인의 불법적인 상행위 통제를 목적으로 함
화폐 발행	저화(지폐), 조선통보 → 유통 부진, 농민은 쌀과 무명을 화폐로 사용

㉣ 무 역

명	사신 왕래 때 공무역 형태 허용
여 진	무역소를 통한 무역 허용
일 본	동래에 왜관 설치

(5) 조선 전기의 사회

① 조선의 신분 제도

㉠ 양천제

• 구분 : 모든 사회 구성원을 법제적으로 양인(자유민)과 천인(비자유민)으로 구분

• 양인 : 자유민, 과거 응시 자격, 조세와 국역의 의무

• 천인 : 비자유민, 개인이나 국가에 소속, 천역 담당

㉡ 반상제 : 지배층인 양반과 피지배층인 상민 간의 차별을 두는 제도 → 양반, 중인, 상민, 천민의 신분 제도 정착

② 조선의 신분 구조

양 반	• 관직 진출 : 과거 · 음서 · 천거로 관직 독점 → 현직 또는 예비 관료로 활동, 국역 면제 • 경제적 기반 : 과전, 녹봉, 토지와 노비 소유
중 인	• 의미 : 양반과 상민의 중간 신분 계층(넓은 의미), 기술관(좁은 의미) • 구성 : 서리 · 향리 · 기술관(의관, 역관) – 직역 세습, 행정 실무 담당 / 서얼 – 양반 첩에게서 출생 → 중인과 같은 신분적 처우, 문과 응시 금지
상 민	• 구성 : 농민, 수공업자, 상인, 신량역천(신분은 양인이나 천역을 담당하는 계층) • 과거 응시 가능(실제 불가능)
천 민	• 대부분 노비이며 재산으로 취급, 매매 · 상속 · 증여의 대상 • 노비는 일반적으로 부모 중 한쪽이 노비이면 그 자녀도 노비가 됨
역	호적에 등재된 16세 이상의 정남에게 부과(군역, 요역)

PLUS ONE ✚ 신량역천 : 신분은 양인이지만 천역을 담당하는 계층으로 칠반천역이라고도 한다. 수군(해상 업무)·조례(관청의 잡역 담당)·나장(형사 업무 담당)·일수(지방 고을 잡역)·조졸(조운 업무)·봉수군(봉수 업무)·역졸(역에 근무) 등을 말한다.

③ 사회 제도

빈민 구제	환곡제(의창과 물가 조절 기구인 상평창에서 운영), 양반 중심의 사창 제도 실시
의료 시설	동·서 대비원, 혜민국(수도권), 제생원(지방), 동·서 활인서

(6) 조선 전기의 문화

① 훈민정음 창제

　㉠ 배경 : 조선 한자음의 혼란을 줄이고, 피지배층을 도덕적으로 교화

　㉡ 창제(1443년)와 반포(1446년) : 과학적인 글자 조합 원리, 쉽고 자유로운 의사 표현 가능

　㉢ 보급 : 용비어천가·월인천강지곡 간행, 불경·농서 등 간행, 행정 실무에 이용

　㉣ 결과 : 백성들의 문자 생활, 국문학 발전

② 과학 기술의 발달

　㉠ 배경 : 민생 안정, 부국강병 → 실용적인 학문 발달, 중국·아라비아 기술의 수용과 재구성

　㉡ 분야별 발달

농 업	『농사직설』 : 세종 때 우리 풍토에 맞는 농사법 정리
역 법	『칠정산』 : 세종 때 우리 역사상 최초 한성을 기준으로 천체 운동을 계산해 편찬한 역법서
천 문	• 천상열차분야지도 : 태조 때 제작된 천문도 • 측정 기구 제작 : 혼천의(천체관측기구), 앙부일구(해시계), 자격루(물시계), 측우기(1441년, 세계 최초)
의 약	• 『향약집성방』 : 우리 풍토에 맞는 치료법 개발·정리 • 『의방유취』 : 의학 백과사전
인쇄술 발달	• 구리 활자 : 태종 때 계미자, 세종 때 갑인자 주조 • 주자소, 조지서(종이 제작) 설치

　㉢ 16세기 이후, 성리학 중시 풍토로 과학 기술의 침체

PLUS ONE ✚ 『칠정산』 : 원의 수시력과 아라비아 역법을 참고하여 만든 것으로, 우리 역사상 최초로 한양 기준의 역법을 만들었다는데 그 의의가 있다.

앙부일구 : 해의 그림자를 이용하여 시간을 측정한 해시계. 시간뿐만 아니라 절기까지도 정확하게 측정

자격루 : 종, 북, 징을 쳐서 자동으로 시간을 알려 주는 물시계

③ 주요 편찬 사업

역사서	• 『고려국사』(정도전, 편년체) : 조선 건국의 정당성 • 『고려사』(기전체), 『고려사절요』(편년체) : 자주적 입장에서 고려사 재정리 • 『동국통감』(서거정, 편년체) : 고조선부터 고려 말까지의 역사 정리 • 『조선왕조실록』(편년체) : 조선 태조에서 철종까지 472년 간의 역사 기록, 유네스코 세계 기록 유산 등재
법 전	• 『조선경국전』(정도전) : 재상 중심의 정치 강조 • 『경국대전』 : 세조 때 시작하여 성종 때 완성 → 통치 질서 확립 기여, 조선의 기본 법전
지 도	혼일강리역대국도지도(태종) : 현존 동양 최고(最古)의 세계 지도
지리서	『동국여지승람』(성종) : 군현의 연혁, 지세, 인물, 풍속, 산물, 교통 등 수록
윤리서	『삼강행실도』(세종) : 삼강오륜의 모범이 되는 충신 · 효자 · 열녀들의 행실을 그리고 해설을 단 책
의례서	『국조오례의』 : 국가의 여러 행사에 필요한 의례를 정비하여 편찬한 책

❖ 혼일강리역대국도지도

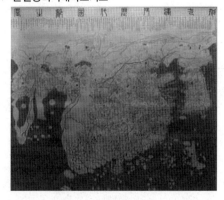

④ 성리학의 발달

㉠ 성리학의 선구자

서경덕	기(氣)를 중심으로 세계를 이해, 불교와 노장 사상에 개방적 태도
조 식	노장 사상에 포용적, 학문의 실천성 강조
이언적	이(理)를 중심으로 이론 전개

㉡ 성리학의 발달

이 황	• 『주자서절요』, 『성학십도』 저술 • 주자의 이론을 현실에 반영 • 도덕적 행위의 근거로 인간의 심성 중시 • 근본적 · 이상주의적 성격이 강함 • 임진왜란 후 일본 성리학 발전에 기여
이 이	• 『동호문답』, 『성학집요』 저술 • 기(氣)의 역할 강조 • 현실적 · 개혁적인 성격 • 통치 체제의 정비, 수취 제도 개혁 등을 제시

⑤ 문학과 예술

문 학	• 15세기 : 서거정의 『동문선』 • 16세기 : 여류 문인 활동(황진이, 허난설헌 등)
회 화	• 15세기 : 안견의 「몽유도원도」(현실 세계와 이상 세계를 조화롭게 묘사), 강희안의 「고사관수도」(인물의 내면을 잘 묘사) 등 • 16세기 : 산수화·사군자 유행, 이상좌(노비 출신 화원, 「송하보월도」), 신사임당(「초충도」)
공 예	• 분청사기(15세기) : 청자에 백토의 분을 칠한 것으로 고려의 기법을 계승한 회청색 자기 • 백자(16세기) : 청자보다 깨끗하고 담백하며 순백의 고상함을 풍겨 선비들의 취향과 어울림
음 악	• 박연 : 악기 개량, 악곡·악보 정리 • 『정간보』(소리의 길이와 높이를 표시한 악보)·『악학궤범』(음악의 원리와 악기 등에 대한 음악책) 간행 • 종묘 제례악 완성(유네스코 인류 무형 문화유산으로 등재)
건 축	• 15세기 － 궁궐, 관아, 성문, 학교 건축 : 창경궁의 명정전, 창덕궁의 돈화문, 개성의 남대문, 평양의 보통문 등이 대표적 － 불교 관련 건축 : 강진 무위사 극락전, 서울 원각사지 10층 석탑 건축 • 16세기 － 서원 건축 활발 : 경주 옥산 서원, 해주 소현 서원, 안동 도산 서원이 대표적 － 정원 건축 : 담양 소쇄원(양산보)

❖ 몽유도원도(안견)

❖ 초충도(신사임당)

02 조선의 대외 관계와 양 난의 극복

(1) 조선 전기의 대외 관계와 임진왜란

① 조선 전기의 대외 관계

㉠ 명과의 관계

초 기	정도전의 요동 수복 계획 추진 문제로 명과 긴장 관계 형성
태종 이후	• 사대 외교 추진 : 명과 친선 관계 유지 → 정기적, 부정기적 사신 파견, 조공을 바치고 명의 연호 사용 • 문화적 · 경제적 교류 : 정치적 안정을 추구한 실리 외교 추구와 선진 문물 수용을 위한 문화적 · 경제적 실리 추구

㉡ 여진과의 관계

교린 정책	• 회유책 : 귀순 장려(관직 · 토지 · 주택 제공), 국경 무역(무역소)과 조공 무역(북평관) 허용 • 강경책 : 4군 6진 개척(세종, 압록강~두만강까지 영토 확보)
사민 정책	• 충청도, 전라도, 경상도 등의 사람을 북방으로 이주 • 북방 개척과 국토의 균형 있는 발전 도모

㉢ 일본과의 관계

회유책	계해약조 → 제한된 조공 무역, 3포 개항
강경책	왜구의 소굴인 대마도를 정벌(세종 때 이종무)

㉣ 동남아시아와의 관계 : 유구(류큐, 오키나와), 시암(태국), 자와(인도네시아) 등과 교류

PLUS ONE ➕ 3포 개항 : 대마도 정벌 이후 일본이 무역을 요구해 오자 조선은 부산포, 제포(진해), 염포(울산)의 3포를 개방해 제한된 범위 내에서 무역을 허용하였다. 조선은 일본에 면포, 인삼, 각종 서적 등을 보내 주었는데, 이때 보내준 면포는 일본인의 의생활에 혁명을 일으켰다고 평가될 정도로 큰 영향을 주었다.

② 임진왜란

㉠ 임진왜란의 발발(1592년)

배 경	일본인의 무역 확대 요구 → 3포 왜란(1510년), 을묘왜변(1555년)으로 비변사 설치(군사 문제의 전담)와 사신 파견
전쟁 발발	일본을 통일한 도요토미 히데요시의 왜군 침입 → 선조 의주로 피난, 명에 원군 요청

㉡ 수군과 의병의 활약

수군의 승리	• 이순신(전라 좌수사)의 활약 : 판옥선 · 거북선 건조, 수군 훈련 • 남해의 제해권 장악 : 옥포, 사천(거북선 최초 사용), 당포, 당항포, 한산도 대첩(학익진 전법)으로 곡창 지대인 전라도 지방 보존
의병의 항쟁	• 의병의 활약 : 향토 지리에 익숙하고 향토 조건에 알맞은 전술과 무기 활용 • 대표적 의병장 : 곽재우, 조헌, 고경명, 정문부, 서산대사, 사명대사 등 • 반격 작전의 강화 : 의병 부대를 정비, 관군에 편성함으로써 능력 강화, 조직적인 작전 수행

❖ 임진왜란 당시 관군·의병의 활동

▨	관 군
○	의병 대장
→	일본군의 주요 침입로
→	조·명 연합군의 진격로
✲	격전지

PLUS ONE ➕ 학익진 전법 : 학이 날개를 편 듯이 치는 진으로, 이순신은 한산도에서 적은 수의 전투선을 가로로 넓게 펼쳐서 줄을 지어 쳐들어오는 많은 수의 왜군함을 격파했다.

ⓒ 임진왜란의 극복과 정유재란

임진왜란의 극복	• 왜군의 격퇴 : 수군과 의병의 승전으로 전세 역전, 조선군의 왜군 격퇴 • 명의 지원 : 조·명 연합군의 평양 수복(권율의 행주 대첩) • 전열의 정비 : 훈련도감 설치, 지방군 편제 개편(속오법 실시), 화포 개량, 조총 제작 등
정유재란(1579년)	• 조선 관군이 명의 원군과 합세하여 재침입한 왜군을 직산에서 격퇴 • 이순신이 명량 해전에서 왜군을 대파하면서 전세가 불리해진 일본군 철수

ⓓ 왜란의 영향

조 선	• 인구와 농토의 격감, 농촌 황폐화 • 국가 재정 궁핍(진결과 은결), 식량 부족 • 토지 대장과 호적 소실 : 조세·요역 징발 곤란, 신분제 동요 • 공명첩 발행과 신분제 동요 • 문화재 소실 : 경복궁, 불국사, 사고(전주사고만 보존)
중 국	• 명 : 막대한 전쟁 비용 소모로 국력 쇠퇴 • 여진 : 명의 쇠퇴를 틈타 후금 건국 → 명·청 교체
일 본	• 에도 막부 정권 성립 • 문화재 약탈 및 포로로 잡아간 학자와 기술자들에 의해 성리학·도자기·활자 등이 전래되어 일본 문화의 획기적 발전 계기

PLUS ONE ➕ 진결과 은결 : 과거에는 경작하였으나 경작하지 않게 되면서 손실된 토지세를 진결이라 하고, 실제로 경작하고 있으나 양안(토지 대장)에서 빠져 손실된 토지세를 은결이라 한다.

공명첩 : 나라의 재정을 보충하기 위하여 돈이나 곡식을 받고 관직을 팔았던 명예직 임명장으로, 이름이 들어갈 곳이 비워져 있었다.

(2) 호란의 발발

① 광해군의 정치와 인조반정

전후 복구 사업	• 토지 대장과 호적 재정비로 국가 재정 확충 노력 • 농민의 공납 부담을 줄이기 위해 대동법 실시(경기도)
중립 외교	• 배경 : 후금 건국(1616년), 후금과 명의 충돌 → 명의 원군 요구 • 중립 외교(실리 외교) : 명과 후금 사이에서 중립 추구 → 강홍립 파병, 신중한 대응과 항복
인조반정	인목 대비 폐위, 영창 대군 살해에 대한 반발 → 서인 주도로 광해군 축출(1623년) → 친명배금 정책 추진(명에 대한 의리와 명분 강조)

PLUS ONE ✚ 친명배금 정책 : 인조반정을 주도한 서인이 명에 대한 의리를 지키고 후금을 배척하자고 주장한 정책이다.

② 정묘호란의 발발(1627년)

배 경	친명배금 정책, 이괄의 난(잔당들이 후금에 인조반정의 부당성 호소)
전 개	후금의 조선 침략 → 인조 강화도 피신, 관군과 의병(정봉수, 이립)의 활약으로 적의 보급로 차단
결 과	후금과 형제의 맹약을 맺고 강화 체결

③ 병자호란의 발발(1636년)

원 인	청의 군신 관계 요구 → 조선의 거부(척화 주전론 우세)
전 개	청의 조선 공격(1636) → 인조는 남한산성으로 피신하여 항전
결 과	• 청의 약탈과 살육으로 인한 서북 지방의 황폐화 • 청과 굴욕적 강화 체결(삼전도 굴욕, 군신 관계, 소현세자 봉림대군 등 청에 끌려감)

❖ **삼전도비**

1639년에 세워진 비석으로, 서울 송파구 잠실동에 있다. 비석에는 청이 조선에 출병한 이유, 조선이 항복한 사실, 항복한 뒤 청 태종이 피해를 끼치지 않고 곧 회군한 내용 등이 기록되어 있다.

(3) 양 난 이후의 대외 관계

① 임진왜란 이후 일본과의 관계

국교 재개	에도 막부 요청으로 국교를 재개, 왜관 설치
통신사 파견	에도 막부의 요청으로 대규모 외교 사절 파견 → 조선의 문화를 일본에 전하여 일본 문화 발전에 큰 영향을 줌
안용복의 활약	일본 어민 축출, 일본에 건너가 담판하여 울릉도・독도가 조선의 영토임을 확인받고 귀국

❖ 조선 통신사 행렬도

② 청과의 관계

북벌 운동 추진	• 배경 : 여진족에 대한 문화적 우월감, 병자호란 이후 청에 대한 복수심 고조 • 전개 : 효종이 송시열, 이완 등과 함께 청 정벌 계획 추진 → 군대 양성, 성곽 수리 • 결과 : 효종의 죽음 등으로 좌절
나선 정벌	• 배경 : 효종 때 청과 러시아 사이에 국경 분쟁 발생 → 청이 조선에 지원군 요청 • 결과 : 두 차례에 걸쳐 군사 파견
북학론 대두	청의 선진 문물을 수용하여 부국강병을 이루자는 주장 → 북학파 실학자들이 주도

03 조선 후기의 정치 변동과 제도 개편

(1) 통치 체제의 변화

① 비변사의 기능 강화

설 치	중종 때 여진족과 왜구의 침입에 대비하기 위한 임시 회의 기구로 설치
기능 강화	임진왜란 후 군사뿐 아니라 모든 정무를 총괄하는 최고 회의 기구화
결 과	왕권 약화, 의정부와 6조 중심 행정 체계의 유명무실화

② 군사 제도의 변화

㉠ 중앙군의 개편

훈련도감	• 유성룡의 건의로 임진왜란 중 설치 • 일정한 급료를 받는 직업적 상비군으로 구성
군영추가	• 인조 때 어영청, 총융청, 수어청 설치 • 숙종 때 금위영 추가 • 17세기 말 5군영 체제 확립

ⓒ 지방군의 개편

방어 체제의 변화	진관 체제(조선 초기) → 제승방략 체제(16세기 후반) → 속오군 체제(임진왜란 중)
속오군	• 양반에서부터 노비까지 편제하여 평상시에는 생업 종사, 유사시에 동원 • 양반들의 회피로 상민과 노비 부담 가중

PLUS ONE ➕ 훈련도감 : 임진왜란 때 왜군의 조총에 대항하기 위하여 기존의 활과 창으로 무장한 부대 외에 조총으로 무장한 부대를 만들었다. 이로써 훈련도감은 포수, 사수, 살수의 삼수병으로 편제되었다.

제승방략 체제 : 유사시 필요한 방어처에 각 지역의 병력을 동원하여 중앙에서 파견하는 장수가 지휘하게 하는 방어 체제이다.

(2) 수취 체제의 개편

① 대동법 실시(1608년)

배 경	방납의 폐단으로 농민 부담 가중
실 시	광해군 때 경기도에 처음 실시, 점차 확대되어 숙종 때 평안도와 함경도 등을 제외하고 전국적 실시
내 용	집집마다 부과하던 토산물을 토지를 기준으로 쌀(토지 1결당 쌀 12말), 삼베, 무명, 돈 등으로 징수
결 과	농민의 부담 감소, 관청에 물품을 납품하는 공인의 등장, 상품 화폐 경제 발달

PLUS ONE ➕ 방납의 폐단 : 공물을 대납하는 과정에서 대가를 과도하게 받아 농민의 부담이 가중되는 것을 말한다.

공인 : 납품가를 미리 받아 물품을 구입하여 납품하는 대상인으로 조선 후기 상업 발달의 주역이 된 대표적인 상인이다.

② 영정법 실시(1635년)

배 경	양 난으로 농경지 황폐화, 전세 제도의 문란
내 용	연분 9등법을 폐지하고, 풍흉에 관계없이 전세를 토지 1결당 미곡 4두로 고정 → 전세의 정액화, 전세율 인하
결 과	전세의 비율이 이전보다 다소 낮아졌지만, 여러 가지 명목의 수수료, 운송비 등에 대한 보충비용의 부과로 농민의 부담은 줄지 않음

③ 균역법 실시(1750년)

배 경	군역 대신 군포를 징수하는 경우 증가, 규정보다 많이 징수하여 농민 부담 가중
내 용	농민들의 군포 부과를 1년에 2필을 내던 것을 1필만 부과
재정 보완책	줄어든 군포 수입 보충으로 결작(토지 1결당 쌀 2두)과 선무군관포(일부 상류층) 등을 징수, 또한 어장세, 선박세, 소금세 등을 걷어 보충
결 과	농민의 군포 부담 일시 감소, 토지에 부과되는 결작이 소작 농민에게 전가되면서 농민의 부담이 다시 증가, 군적의 문란 심화

PLUS ONE ➕ 선무군관 : 지방의 토호나 부유한 집안의 자제들로, 양반층이 아니었지만 양반 행세를 하였다.

(3) 붕당 정치와 탕평 정치

① 붕당 정치의 전개

선 조	사림이 서인과 동인으로 갈라진 후 붕당 정치 운영, 동인이 정여립 모반 사건 계기로 남인과 북인으로 붕당
광해군	북인의 정권 장악, 서인의 인조반정으로 북인 몰락
인 조	서인 주도, 일부 남인 참여로 정국 운영, 붕당 간 공존 관계 유지
현 종	두 차례의 예송 발생, 효종의 왕위 계승에 대한 정통성 문제로 대립, 서인과 남인의 대립 심화

② 붕당 정치의 변질

배 경	농상업의 발달, 신분제의 동요 → 붕당 정치의 기반 약화
계 기	경신환국(숙종) 후 서인 집권 → 남인에 대한 탄압 → 노론(강경파)과 소론(온건파)으로 분열
결 과	붕당 정치의 원리 붕괴 → 노론의 일당 전제화 지속, 공론보다 개인 가문의 이익 우선 경향
탕평론 대두	숙종 때 탕평론이 제기되었으나 제대로 실시되지 못함

PLUS ONE 환국 : 정국을 주도하던 붕당이 교체되면서 정국이 급격하게 바뀌는 상황

③ 영조의 탕평책

㉠ 탕평책 : 탕평 교서 발표(탕평비 건립) → 탕평 정책에 동의하는 인물(탕평파)을 등용하여 정국 운영

㉡ 정국 수습의 개혁 정치

- 붕당의 뿌리 제거 : 공론의 주재자인 산림의 존재를 인정하지 않음, 붕당의 근거지인 서원 대폭 정리
- 이조 전랑 권한 축소 : 후임자 천거와 3사의 관리 선발 폐지
- 개혁 정치 : 균역법 실시, 군영 정비, 신문고 제도 부활, 가혹한 형벌 폐지, 사형수 3심제 시행
- 문물제도 정비 : 『속대전』, 『속오례의』, 『동국문헌비고』 등을 편찬

㉢ 영조의 탕평책의 한계 : 강력한 왕권으로 붕당 사이의 다툼을 일시적으로 누른 것에 불과, 소론 강경파의 잦은 변란으로 노론이 정국 주도

PLUS ONE 산림 : 학식과 덕망을 갖추었으나, 향촌에서 은거 생활을 하며 유학자들로부터 존경을 받던 인물을 말한다.

④ 정조의 탕평책

㉠ 왕권 강화를 위한 개혁 정치

- 규장각 설치 : 붕당의 비대화 방지, 국왕의 권력·정책을 뒷받침하는 강력한 정치 기구
- 초계문신제 시행 : 신진 인물이나 중·하급 관리 중 능력 있는 자들을 재교육
- 장용영 설치 : 정조가 수원에 설치한 국왕의 친위군으로 군영의 독립적 성격을 약화 → 왕권을 뒷받침하는 군사적 기반

- 수원의 화성 건설 : 정치적 · 군사적 기능 부여 → 정치적 이상을 실현하는 상징적 도시 육성
- ⓒ 정조의 탕평책 특징 및 한계
  - 특징 : 적극적 탕평 추진, 소론 및 남인 계열 중용, 탕평책 계승
  - 한계 : 붕당 간의 대립은 완화되었으나 붕당 정치의 근본적 문제는 해결하지 못함, 정치권력이 소수 정치 집단에 집중되면서 세도정치로 전개되는 배경이 됨

PLUS ONE 초계문신제 : 신진 인물이나 중 · 하급 관리 중에서 유능한 인사를 재교육하는 제도로, 정조가 자신의 권력과 정책을 뒷받침하기 위해 실행하였다.

(4) 세도 정치와 농민 봉기

① 세도 정치의 전개

배 경	탕평 정치의 붕괴로 유력 가문 출신의 인물에게 권력 집중
전 개	3대(순조, 헌종, 철종) 60여 년 동안 안동 김씨, 풍양 조씨 등 몇몇 가문의 권력 독점
권 력	• 정치 집단의 기반 축소 : 소수의 유력한 가문들이 권력과 이권을 독점하여 언론 활동 위축 • 비변사의 권한 강화 : 의정부와 6조가 유명무실화 → 비변사에 권력 집중
폐 단	• 정치 기강의 문란 : 과거제 문란, 관직의 매매 성행 • 지방 행정의 문란 : 탐관오리의 수탈 극심, 삼정(전정 · 군정 · 환곡)의 문란으로 농촌 경제의 피폐, 상품 화폐 경제의 성장 둔화
결 과	사회 개혁에 실패, 민중들의 불만으로 전국적인 저항 운동 전개

② 농민의 봉기

㉠ 농민 봉기의 확산

배 경	19세기 세도 정치하에서 국가 기강이 해이해짐, 삼정의 문란(수령의 부정이 중앙 권력과 연계) → 농민들의 사회의식 성장 → 사회 문제와 지배 체제의 모순에 대해 지배층에 저항
농민의 저항	소극적 소청, 벽서, 괘서 등의 형태 → 적극적 농민 봉기로 변화

㉡ 홍경래의 난(1811년)

배 경	평안도 지역에 대한 차별 대우, 세도 정치
전 개	몰락 양반 홍경래가 영세 농민과 광산 노동자, 품팔이꾼, 노비, 소상인 등 다양한 계층 등과 봉기 → 청천강 이북 지역 장악 → 관군(송림 전투, 정주성 저항)에 의해 5개월 만에 진압
의 의	19세기 농민 봉기의 선구적 역할

㉢ 임술 농민 봉기(1862년)

배 경	세도 정치기 삼정의 문란과 탐관오리 경상 우병사 백낙신의 횡포
전 개	몰락 양반 유계춘의 주도로 진주 농민 봉기 발발 → 전국 확산
결 과	암행어사와 안핵사 파견, 삼정이정청 설치 → 근본적인 문제 해결은 못함

❖ 19세기의 농민 봉기

● 홍경래 반군의 점령지
■ 철종 때의 농민 봉기 지역
▲ 고종 때의 농민 봉기 지역

PLUS ONE ➕ 삼정이정청 : 1862년 농민 봉기의 수습 방안 마련책으로 제기된 삼정의 폐단을 시정하기 위한 임시 관청이다.

04 조선 후기의 사회적 · 경제적 변동

(1) 농촌 경제의 변화와 산업의 발달

① 농업 생산력의 증대

㉠ 황폐한 농토 개간, 수리 시설 복구, 농기구와 시비법 개량

㉡ 모내기법 확대(논) : 벼와 보리의 이모작, 농민들의 소득 증대(보리농사는 수취 대상에서 제외)

㉢ 견종법 확대(밭) : 보리 · 콩 등의 씨앗을 밭고랑에 뿌리는 방법 → 밭두둑에 심는 것보다 노동력은 적게 들고 수확량은 크게 증가하는 것이 장점

② 농업 경영 방법의 변화

광작 성행	모내기법이 확산되면서 노동력 절감으로 1인당 경작지 규모 확대 → 농민층의 분화
상품 작물 재배	• 쌀의 상품화 → 밭을 논으로 바꾸는 현상이 활발해짐 • 인삼 · 면화 · 담배 · 고추 · 채소 등 재배 확대
소작농의 변화	• 지대 납부 방식 변화 • 일부 지방에서 도조법 등장
구황 작물 재배	• 기근에 대비 • 고구마(일본), 감자(청) 등

> **PLUS ONE** 타조법과 도조법 : 타조법은 지주와 소작인이 수확량을 일정 비율에 따라 나누어 갖는 방식으로, 절반씩 나누는 것이 보통이었다. 도조법은 일정 액수의 지대를 정해 소작료로 내는 방식이다. 소작인은 대체로 타조법보다는 도조법을 더 선호하였다.

③ 민영 수공업의 발달

㉠ 관영 수공업의 쇠퇴 : 장인세를 내고 물품을 직접 만들어 판매하면서 관영 수공업 쇠퇴

㉡ 민영 수공업의 발달

- 공인·사상 등 상인 자본의 지원을 받아 제품을 만드는 선대제 유행
- 임노동자 고용으로 공장제 수공업 형태로 물품 생산
- 독립 수공업자가 등장하여 생산과 판매까지 주관(18세기 후반)
- 자급자족 형태 전문적으로 상품을 생산하는 형태로 발전 → 직물과 그릇 생산

> **PLUS ONE** 선대제 : 수공업자가 공인이나 상인에게 자금과 원료를 미리 받아서 물품을 제작하여 납품하던 방식이다.

④ 민영 광산의 증가

배 경	민영 수공업의 발달로 원료인 광산물의 수요 급증
17세기	17세기 중반 설점수세제 실시(민간인의 광산 채굴을 허용하고 세금 징수), 은광 개발(청과의 무역으로 은의 수요 증가)
18세기	• 잠채(광물을 몰래 채굴) 성행 : 농업에 지장을 주어 광산 개발 통제 → 민간 자본이 관청과 결탁하여 몰래 광산 개발 • 금광 개발 : 18세기 말 상업 자본의 투자로 사금 채굴 활발

(2) 상품 화폐 경제의 발달

① 상업의 발달과 사상의 대두

상업 발달 배경	농업·수공업 생산 증대, 수공업 생산 활발, 인구의 도시 유입, 대동법 실시, 광산 생산력 증가 등
공인의 활약	• 대동법 실시로 정부에 필요한 물품을 공급하는 어용상인 • 서울 시전과 전국 장시를 중심으로 활동 → 점차 도고로 성장
사상의 성장	• 금난전권 폐지 이후 크게 성장 • 한성의 경강상인(한강 중심, 운송업 종사), 개성의 송상(송방 설치, 인삼 판매), 의주의 만상(대청 무역), 동래의 내상(대일본 무역) 등이 성장 • 일부 사상은 독점적 도매상인인 도고로 성장 → 상업 자본 축적 • 서울의 종로, 칠패 등에서 사상 등장

> **PLUS ONE** 금난전권 : 시전 상인이 서울 도성 안과 도성 밖 10리의 지역에서 난전(정부의 허가를 받지 않은 상행위)을 금지하고, 특정 상품을 독점 판매할 수 있는 권리이다.
>
> 칠패 : 조선 후기 서소문 밖에 있었던 시장으로 남대문 시장의 전신이다. 18세기 전반기에는 동대문 시장의 전신인 이현(배오개), 종로와 함께 서울의 가장 큰 상업 중심지의 하나로 발전하였다.

② 장시와 포구 상업의 발달

장시의 발달	• 18세기 중엽에 전국적으로 개설 : 보통 5일마다 열림, 일부 지역에서는 상설 시장으로 성장 • 보부상의 활동 : 지방의 장시를 돌아다니며 활동하는 보부상 등장 → 보부상단 조합 결성
포구 상업	• 선상 : 선박을 이용하여 각 지방의 물품을 구입한 뒤 포구에서 판매 • 객주·여각 : 상품의 매매 및 중개와 부수적으로 운송, 보관, 숙박, 금융 등의 영업 행위 담당

③ 대외 무역의 발달

청과의 무역	• 17세기 중엽부터 국경 지대를 중심으로 공무역(개시)과 사무역(후시)이 동시에 성행 • 의주의 만상이 청과의 무역 주도 • 비단·약재·문방구 등을 수입, 금·은·종이·인삼 등을 수출
일본과의 무역	• 17세기 이후 기유약조로 일본과의 관계가 정상화된 후 왜관 개시를 통한 대일 무역이 활발 • 동래의 내상이 일본과의 무역 전개 • 은·구리·후추 등을 수입, 인삼·쌀·무명·청에서 수입한 물품 등을 수출
송상의 활동	만상과 내상의 무역 활동 중계

④ 화폐 경제의 발달

배 경	상업 경제 발달, 대동법 실시 이후 조세 및 소작료의 금납화 확대
전 개	숙종 때 상평통보(동전)가 전국적으로 유통, 신용 화폐(환, 어음 등)가 점차 보급
전황 발생	지주나 대상인들이 화폐를 고리대나 재산 축적에 이용하면서 화폐가 크게 부족해짐

(3) 조선 후기 사회 변동

① 신분제의 동요

양반층의 분화	붕당 정치의 변질로 양반들 간에 정치적 갈등 발생, 일당 전제화로 다수의 양반 몰락 → 향반, 잔반
신분제의 동요	양반의 수 증가(공명첩) → 상민과 노비 감소 → 신분제 동요(부를 축적한 농민이 지위를 높이거나 역의 부담을 모면하기 위해 양반 신분을 사거나 족보 위조)

PLUS ONE 상민이 양반이 되려는 이유 : 양반이 되면 군포가 면제되고, 지배층의 수탈에서도 벗어날 수 있었기 때문이다.

② 중인층의 변화

서 얼	• 양반 사대부의 소생으로 성리학 명분론에 의해 사회 활동 제한 → 불만 고조 • 임진왜란을 계기로 납속책과 공명첩을 통해 관직에 진출 • 영·정조의 개혁 분위기에 편승하여 적극적인 신분 상승 시도(상소 운동) → 서얼들의 청요직 통청 요구 수용(신해허통, 1851년) • 정조 때 유득공, 이덕무, 박제가 등 서얼 출신들이 규장각 검서관에 기용
기술직 중인	• 축적된 재산과 실무 경력을 바탕으로 신분 상승 운동 추구 • 철종 때 관직 진출 제한을 없애 달라는 대규모 소청 운동 전개 → 실패(전문직의 역할 부각) • 역관 : 외래문화 수용의 선구적 역할 → 성리학에 도전하는 새로운 사회의 수립 추구

PLUS ONE 납속책 : 부족한 재정 보충 및 빈민 구제를 목적으로 돈이나 곡물을 납부한 사람에게 특혜를 주는 정책을 의미한다. 보통 면천, 면역의 특혜가 이에 해당되는데 관직을 주는 경우도 있었다.

③ 노비의 해방

  ㉠ 신분 상승 : 군공과 납속 등으로 신분 상승 추구, 공노비가 입역 노비에서 납공 노비가 되기도 함

  ㉡ 노비종모법 실시 : 어머니가 노비인 경우에만 그 자식을 노비로 하고 나머지는 양인이 되게 함

  ㉢ 공노비 해방(1801년, 순조)

④ 향촌 질서의 변화

  ㉠ 양반의 향촌 지배 약화 : 농민층의 분화와 신분제 동요로 사족 중심의 향촌 질서 변화 → 양반의 권위 약화, 경제력을 가진 부농층이 양반으로 신분 상승하면서 향촌 사회에서 영향력 확대

  ㉡ 향전 발생 : 향촌 지배권을 두고 벌어진 신향(새로이 성장한 부농층)과 구향(전통 사족)의 대립

  ㉢ 변화 : 사족의 향촌 지배권 약화, 수령과 향리의 권한 강화, 향회가 수령의 세금 부과 자금 기구로 전락

05 사회 개혁과 서민 문화의 전개

(1) 실학의 발달

① 실학의 등장

배 경	• 성리학의 한계성 자각, 현실 문제 해결 노력(17~18세기) • 이수광 『지봉유설』 : 문화 인식의 폭 확대
확 산	서학과 고증학의 전래, 민생 안정과 부국강병을 목표로 실증적 논리의 사회 개혁론 제시

② 농업 중심의 개혁론

성 격	서울 남인 출신, 농민 입장에서 제도의 개혁 추구와 자영농 육성 주장(경세치용 학파)
개혁론자	• 유형원(『반계수록』) : 균전론, 양반 문벌제, 과거제, 노비제의 모순 비판 • 이익(『성호사설』) : 유형원의 실학사상 계승 발전, 한전론, 성호학파 성립, 여섯 가지 좀(폐단) 지적 • 정약용(『목민심서』, 『여유당전서』) : 실학의 집대성, 여전제 주장(후에 정전제 주장)

PLUS ONE ✚ 이익의 여섯 가지 좀(폐단) : 노비 제도, 과거 제도, 양반 문벌제도, 사치와 미신, 승려, 게으름을 말한다.

③ 상공업 중심의 개혁론

  ㉠ 성격 : 서울의 노론 출신, 상공업 진흥과 기술의 혁신 주장(북학파, 이용후생 학파)

ⓛ 개혁론자

유수원(『우서』)	중국과 우리의 문물을 비교하면서 개혁안 제시, 상공업 진흥과 기술 혁신의 중요성 강조, 사농공상의 평등화와 전문화 주장
홍대용(『임하경륜』, 『의산문답』)	기술 혁신, 문벌 철폐, 중국 중심의 세계관 비판
박지원(『열하일기』)	수레와 선박 이용 및 화폐 유통의 중요성 역설, 양반의 비생산성과 양반 사회의 모순 비판
박제가(『북학의』)	상공업 발달, 청과의 통상 강화, 수레와 선박의 이용 주장, 생산의 자극을 위해 절약보다 소비 권장

PLUS ONE ➕ 북학파 : 18세기 후반에 등장한 실학자들로, 상공업 발전과 기술 혁신, 청의 문물 수용 등을 주장하였다.

④ 국학 운동의 전개
  ㉠ 배경 : 민족적 전통과 현실에 대한 관심 고조 → 국학(민족의 역사, 지리, 언어 연구) 발달
  ㉡ 역사 연구

이익(『성호사설』)	중국 중심의 역사관 비판(민족에 대한 주체적 자각 고취)
안정복(『동사강목』)	고조선부터 고려까지의 역사 서술, 우리 역사의 독자적 정통론 체계화
이긍익(『연려실기술』)	조선의 사회와 문화 정리
한치윤(『해동역사』)	고조선부터 고려까지의 역사를 실증적으로 서술
이종휘(『동사』)	고구려 역사 연구(한반도 중심의 협소한 사관 극복)
유득공(『발해고』)	발해사 연구 심화(우리 역사로 체계화할 것 강조)

  ㉢ 지리 연구

역사지리서	한백겸의 『동국지리지』, 정약용의 『아방강역고』
인문지리서	이중환의 『택리지』(지방의 자연환경·인물·풍속 등 수록)
지 도	정상기의 「동국지도」(최초로 100리 척 사용), 김정호의 「대동여지도」(산맥·하천·포구·도로망 자세히 표시)

  ㉣ 한글 연구
    • 신경준의 『훈민정음운해』, 유희의 『언문지』
    • 이의봉의 『고금석림』(우리 방언과 해외 언어 정리)

PLUS ONE ➕ 대동여지도
전체 22첩으로 만들어진 목판 지도이다. 산맥, 하천, 포구, 도로망의 표시가 정밀하여 물자 운송 등과 관련한 당시 사회적·경제적 요구를 잘 반영하고 있다.

(2) 서학의 전래와 동학의 창시

① 예언 사상과 미륵 신앙의 유래

배 경	신분제 동요, 탐관오리 횡포, 이양선 출몰, 서당 교육의 확대로 서민의 의식 수준 향상
비기·도참	말세 도래, 왕조 교체, 변란 예고 등 낭설 회행 → 민심 혼란, 『정감록』 유행
미륵 신앙	• 현실을 부정하고 새로운 세상을 바라는 농민 의식 자극 • 살아 있는 미륵불을 자처하면서 서민을 끌어모으는 무리 등장

② 천주교의 전파

전 래	17세기에 우리나라 사신들이 천주당(중국 베이징)을 방문 → 서학(학문)으로 소개
신앙으로 발전	18세기 후반 남인 계열의 실학자들이 신앙으로 받아들임 → 이승훈이 세례 받은 이후 신앙 활동이 더욱 활발해짐
천주교 박해	신유박해(순조 즉위 직후, 1801년) → 노론 강경파(벽파) 집권 이후 대탄압
교세 확장	세도 정치기의 사회 불안, 인간 평등사상, 내세 신앙 → 일부 백성의 공감

PLUS ONE 🔧 신유박해 : 순조 때 노론 강경파인 벽파가 득세하면서 정약용 등 남인 시파를 천주교 신자로 몰아 탄압했던 사건이다.

③ 동학의 발생

㉠ 배 경
  • 세도정치 하에서 고통받던 농민들에게 희망을 줄 수 있는 새로운 사상 체계 요구
  • 사회에 대한 지도력을 상실한 성리학과 불교 배척
  • 서양 세력과 연결된 서학(천주교) 배격

㉡ 창시 : 철종 때(1860년) 경주의 몰락 양반인 최제우가 창시

㉢ 사 상
  • 인내천(人乃天, 사람이 곧 하늘이다) : 인간의 존엄성과 인간 평등사상 강조
  • 후천개벽(後天開闢) : 조선 왕조의 부정
  • 보국안민(輔國安民) : 서양과 일본 배척

㉣ 확산과 탄압 : 민중적이고 민족적인 동학이 삼남 지방의 농촌 사회에 널리 보급되어 번성, 세상을 어지럽히고 백성을 현혹한다는 이유로 탄압

㉤ 최시형의 활약 : 교세 확장, 교리를 정리하여 『동경대전』과 『용담유사』 저술, 교단 조직 정비

(3) 서민 문화의 발달

① 서민 의식의 성장

배 경	서당 교육 보급과 서민의 지위 향상, 상공업 발달, 농업 생산력의 증대
특 징	인간 감정의 솔직한 표현, 양반들의 위선적 모습 비판, 사회의 부정과 비리 풍자·고발

② 서민 문화

판소리	• 적나라한 표현(솔직한 감정 표현) • 서민 문화 중심, 12마당 중 다섯 마당만 전해짐(「춘향가」・「심청가」・「흥보가」・「적벽가」・「수궁가」) • 19세기 후반 신재효가 판소리 사설을 창작・정리
한글 소설	허균의 「홍길동전」(최초), 「춘향전」, 「사씨남정기」, 「장화홍련전」 등
사설시조	격식에 구애되지 않고 감정을 솔직하게 표현, 남녀 간 사랑이나 현실 비판 표현
한문학	• 정약용 : 삼정의 문란을 폭로하는 한시 • 박지원 : 한문 소설을 통해 양반 사회의 허구성 지적, 「양반전」・「허생전」・「호질」・「민옹전」 등
시사(詩社)	중인, 서민층의 문학 창작 활동 활발 → 풍자 시인(김삿갓)

> **PLUS ONE**
>
> 판소리 : 광대가 한 편의 이야기를 창・아니리・발림으로 연출하며, 고수와 관중이 추임새로 함께 어울리는 예술이다.
>
> 시사(詩社) : 중인층의 시인들이 서울 주변 지역에서 시사를 조직하여 문학 활동을 전개하면서 자신들의 사회적 지위를 높였고, 역대 시인들의 시를 모아 시집을 간행하기도 하였다.

③ 회화와 공예

회화	진경 산수화	정선 : 우리 경치를 사실적으로 묘사(인왕제색도, 금강전도)
	풍속화	• 김홍도 : 서민을 주인공으로 하여 밭갈이, 추수, 씨름, 서당 등 등장인물을 소탈하고 익살스럽게 표현 • 신윤복 : 섬세하고 세련된 필치로 양반의 풍류 생활과 부녀자의 풍습, 남녀 간의 애정을 감각적이고 해학적으로 묘사 • 강세황(18세기) : 서양화 기법 반영, 사물을 실감나게 표현 • 장승업(19세기) : 강렬한 필치와 채색으로 뛰어난 기량 발휘
	민화	해, 달, 나무, 동물, 물고기 등 다양한 소재를 표현 → 민중의 소원 기원, 생활 공간 장식
서예		김정희의 추사체 : 굳센 기운과 다양한 조형감
공예		청화 백자(문방구, 생활용품 등의 용도)와 옹기(서민) 제작

❖ 인왕제색도(정선)

❖ 씨름(김홍도)

❖ 청화백자

④ 과학 기술의 발달

역 법	김육, 시헌력 채택
지 도	곤여만국전도 전래
의 학	허준의 『동의보감』(전통 한의학 정리), 정약용의 『마과회통』(종두법 연구)
농 업	신속의 『농가집성』, 박세당의 『색경』, 서유구의 『임원경제지』
기 타	정약용의 거중기 제작(수원화성 건설에 사용), 배다리 설계

⑤ 건 축

17세기	금산사 미륵전, 화엄사 각황전, 법주사 팔상전 → 불교의 사회적 지위 향상과 지배층의 경제적 성장 반영
18세기	• 수원 화성(정조) : 종합적인 도시 계획으로 건설 • 논산 쌍계사, 부안 개암사, 안성 석남사 : 부농과 상인의 지원을 받은 사찰

CHAPTER 03

적중예상문제

01 조선을 건국한 태조의 업적으로 옳은 것을 모두 고른 것은?

> ㄱ. 사병을 혁파하였다.
> ㄴ. 도읍을 한양으로 천도하였다.
> ㄷ. 『경국대전』을 반포하였다.
> ㄹ. 경복궁을 건설하였다.

① ㄱ, ㄴ　　　　　　　　　② ㄱ, ㄹ
③ ㄴ, ㄷ　　　　　　　　　④ ㄴ, ㄹ

 ㄱ. 태종(이방원) 때 사병 제도를 혁파하였다.
　　ㄷ. 세조 때 조선의 기본 법전인 『경국대전』이 편찬되기 시작하여 성종 때 완성되고 반포되었다.

02 다음 내용과 관계 깊은 왕에 대한 설명으로 옳은 것은?

> • 조선 건국 초기 왕자의 난을 일으켜 정치적 실권 장악
> • 왕권 강화를 위해 6조 직계제 실시

① 현직 관료들에게 직전법을 실시하였다.
② 4군 6진을 설치하여 국방을 튼튼히 하였다.
③ 민정의 수를 파악하기 위해 호패법을 시행하였다.
④ 『경국대전』 완성·반포하여 유교적 통치 체제를 확립하였다.

 ③ 태종 이방원은 왕자의 난을 통해 정치적 실권을 장악하고, 왕권 강화를 위해 사병 혁파, 6조 직계제 등을
　　시행하였다. 또한 국가 경제 기반의 안정을 위해 호패법 시행, 양전 사업 실시, 사원전·사원 노비의 제한
　　등의 정책을 실시하였다.
　　① 세 조
　　② 세 종
　　④ 성 종

03 다음에서 설명하는 인물의 활동으로 옳은 것은?

> 고려 말, 조선 초의 정치가이며 학자이다. 호는 삼봉(三峯)이며, 조선 개국의 1등 공신이다. 판의흥삼군부사, 경상도 · 전라도 · 양광도의 삼도도총제사를 역임하였으며, 재상 중심의 정치 체제를 지향하였다.

① 거중기를 설계하였다.　　　　② 불씨잡변을 저술하였다.

③ 동국지도를 제작하였다.　　　　④ 현량과 실시를 건의하였다.

 ② 조선의 개국 공신인 삼봉 정도전은 『불씨잡변』을 저술하여 불교의 배척을 주장하고 유교의 입장에서 불교 교리를 비판하였다.
　　① 정약용은 『기기도설』을 참고하여 거중기를 제작하였는데, 수원 화성을 축조할 때 사용되면서 공사 기간과 비용을 줄이는 데 큰 역할을 하였다.
　　③ 영조 때 정상기는 최초로 100리 척을 사용한 동국지도를 제작하였다.
　　④ 중종 때 등용된 조광조는 천거제의 일종인 현량과를 실시하여 사림이 대거 등용될 수 있는 발판을 마련하였다.

04 조선 초기 여러 왕들의 활동에 대한 설명이 바르게 연결된 것은?

① 태조 – 4군 6진을 설치하여 오늘날 국경선을 확정하였다.

② 태종 – 두 차례 걸친 왕자의 난을 통해 임금의 자리에 올랐다.

③ 세종 – 홍문관 설치로 경연을 활성화하고 『악학궤범』 등을 편찬하였다.

④ 성종 – 현직 관리에게만 토지를 지급하는 직전법을 실시하였다.

 ① 세종 때 4군 6진을 설치하여 오늘날의 국경선을 확정하였다.
　　③ 성종 때 홍문관을 설치하여 경연을 활성화하였고 『악학궤범』 등을 편찬하였다.
　　④ 세조 때 현직 관리에게만 토지를 지급하는 직전법을 실시하여 과전의 지급 대상을 현직 관리로 제한하고, 수신전과 휼양전을 폐지하였다.

05 (가)에 들어갈 내용으로 옳은 것은?

> (가)는/은 조선 시대에 16세 이상의 남자가 차고 다니던 신분증을 말한다.

① 교 지　　　　② 마 패

③ 호 패　　　　④ 호 적

 ③ 조선 태종은 정확한 호구 파악과 이에 따른 조세, 역 부과를 위해 16세 이상의 남자들에게 일종의 신분증명서인 호패를 발급하는 호패법을 실시하였다.

06 (가) 왕의 재위 기간에 있었던 사실로 옳은 것은?

분 야	내 용
정 치	경연 활성화, 홍문관 설치, 김종직 등 사림을 홍문관과 대간에 임명
경 제	관수 관급제 실시
문 화	국조오례의, 악학궤범 등 편찬

(가)의 정책

① 균역법이 제정되었다.　　　　② 현량과가 실시되었다.
③ 경국대전이 완성되었다.　　　　④ 초계문신제가 시행되었다.

해설 ③ 경연 활성화, 홍문관 설치, 사림 등용, 관수 관급제 실시 등은 성종의 업적이다. 세조 때 편찬되기 시작한 『경국대전』은 성종 때 완성되어 반포되었다.
① 영조는 농민들의 부담을 줄여 주기 위해 기존에 2필씩 납부하던 군포를 1필씩 납부하는 균역법을 시행하였다.
② 중종 때 조광조는 천거제의 일종인 현량과를 실시하여 사림이 대거 등용될 수 있는 발판을 마련하였다.
④ 정조는 새롭게 관직에 오르거나, 기존 관리들 중 능력 있는 관리들을 규장각에서 재교육시키는 초계문신제를 시행하였다.

07 다음 (가)의 재위기간에 볼 수 있던 모습으로 옳은 것은?

〈 (가) 시기 처음 제작된 기구〉

• 장영실이 만든 일종의 해시계 • 솥 모양 안쪽의 눈금과 바늘을 활용해 시간과 절기를 측정함	• 세계 최초의 강우량 측정기구 • 빗물을 원통에 받아 강우량을 측정하여 농사에 활용함

① 홍길동전 등의 한글 소설을 읽고 있는 여인
② 관청에 물품을 조달하고 있는 공인
③ 팔만대장경 조판에 참여하는 승려
④ 농사직설에 나온 농법을 알려주는 수령

해설 조선 세종 때 장영실은 물시계인 자격루와 해시계인 앙부일구 등을 제작하였으며 측우기를 만들어 민생 안정을 위해 강우량을 측정하였다. 또, 세종은 정초, 변효문 등을 시켜 우리 풍토에 맞는 농서인 『농사직설』을 간행하였다.

08 밑줄 친 '우리 임금'의 재위 기간에 있었던 사실로 옳은 것은?

> 우리 임금은 조카인 단종을 몰아내고 왕위에 올라 자신이 왕이 되었으며, 왕권을 강화하기 위해 경연을 폐지하고 6조 직계제를 부활하였다.

① 홍문관을 설치하였다.
② 직전법을 실시하였다.
③ 훈민정음을 창제하였다.
④ 양전 사업과 호패법을 시행하였다.

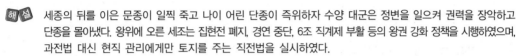 세종의 뒤를 이은 문종이 일찍 죽고 나이 어린 단종이 즉위하자 수양 대군은 정변을 일으켜 권력을 장악하고 단종을 몰아냈다. 왕위에 오른 세조는 집현전 폐지, 경연 중단, 6조 직계제 부활 등의 왕권 강화 정책을 시행하였으며, 과전법 대신 현직 관리에게만 토지를 주는 직전법을 실시하였다.
① 성 종
③ 세 종
④ 태 종

09 (가)에 들어갈 정치 기구로 옳은 것은?

> ┤ 역사 용어 카드 ├
>
> | (가) |
>
> 조선 시대에 언론 활동, 풍속 교정, 백관에 대한 규찰과 탄핵 등을 관장하던 관청으로, 사간원과 함께 양사 또는 대간이라 하여 5품 이하 관리의 임명과 관련된 서경권을 행사하였다.

① 사헌부
② 승정원
③ 정당성
④ 중추원

 ① 사헌부는 조선 시대에 언론 활동, 풍속 교정, 백관에 대한 규찰과 탄핵 등을 관장하던 관청으로, 사간원과 함께 양사 또는 대간이라 하여 5품 이하 관리의 임명과 관련된 서경권을 행사하였다.
② 승정원은 조선 시대 왕의 비서 기관으로 왕명의 출납을 담당하였다.
③ 정당성은 발해의 중앙 관부인 3성 6부제에서 국정 운영을 총괄하던 3성 중 하나로, 정당성에 실제 권력이 집중되어 있어 정당성의 장관인 대내상이 국정을 총괄하였다.
④ 고려 시대 중추원은 왕의 비서 기구로 추밀(2품 이상)은 군사 기밀을, 승선(3품 이하)은 왕명 출납을 담당하였다.

10 조선 시대 왕권 강화와 관련된 기구를 바르게 묶은 것은?

> ㄱ. 승정원 　　　　　　　　　　　　ㄴ. 의금부
> ㄷ. 춘추관 　　　　　　　　　　　　ㄹ. 사간원

① ㄱ, ㄴ
② ㄱ, ㄹ
③ ㄴ, ㄷ
④ ㄴ, ㄹ

 해설 ① 국왕의 비서기관으로 왕명의 출납을 담당한 승정원과 왕의 특명으로 국가의 중죄인을 처벌하는 국왕 직속 사법 기구인 의금부는 왕권을 강화하는 데 기여하였다.

11 밑줄 그은 '이 지도'로 옳은 것은?

> 이 지도는 현재 전하는 동아시아의 세계 지도 중에서 가장 오래된 것이다. 지도 아래쪽에 조선 초기 학자인 권근이 쓴 발문에 의하면, 중국에서 들여온 세계 지도에 조선과 일본의 지도를 보완하여 새로 편집하였다고 한다.

① 동국지도
② 곤여만국천도
③ 천상열차분야지도
④ 혼일강리역대국도지도

해설 혼일강리역대국도지도는 동양 최고(最古)이며 우리나라 최초의 세계 지도로, 조선 태종 때 김사형, 이무, 이회 등이 제작하였다(1402). 이 지도에는 중국이 지도 중앙에 가장 크게 그려져 있고, 한반도가 다음으로 크게 그려져 있으며 한반도의 지형적 모습이 오늘날의 지도와 매우 유사하다. 한반도와 중국을 제외한 다른 지역과 일본에 대한 지리적 위치가 부정확한 것은 당시 중국에 비해 다른 지역과 일본의 지리적 정보가 부족했음을 보여 준다.
① 정상기는 최초로 100리 척을 사용한 동국지도를 제작하였다.
② 조선 후기에 청나라에서 마테오 리치(Matteo Ricci)가 제작한 세계지도인 곤여만국전도가 전해졌다.
③ 조선 태조 때 고구려의 천문도를 바탕으로 천상열차분야지도를 돌에 새겼다.

12 (가)에 해당하는 지역은?

> 여진족이 국경 지방을 침입하자 세종은 최윤덕과 김종서를 보내어 (가)을/를 개척하게 하였다. 그리고 이 지역을 개발하기 위해 삼남 지방의 주민을 이주시켜 정착하게 하는 사민 정책을 실시하였다.

① 대마도
② 우산국
③ 4군 6진
④ 강동 6주

 ③ 세종 때 김종서와 최윤덕을 보내 여진을 토벌하고 4군과 6진을 설치하여 압록강과 두만강을 경계로 하는 오늘날과 같은 국경선을 확정하였다. 또한, 남방의 백성을 북방으로 이주시키는 사민 정책을 실시하여 국경 지대를 공고히 하고, 토착민을 토관으로 임명하는 토관 제도를 추진하여 민심을 안정시켰다.

13 다음 내용에 해당하는 책으로 옳은 것은?

> 우리나라 역사상 최초로 한양을 기준으로 천체 운동을 계산한 역법서이다. 세종의 명으로 정인지, 정초 등이 원의 수시력 등을 참고하여 편찬하였다. 그 결과 일식과 월식, 날짜와 계절의 변화 등을 이전보다 정확하게 알 수 있게 되었다.

① 농사직설
② 동의보감
③ 육전조례
④ 칠정산

 ④ 조선 세종 때 중국의 수시력과 아라비아의 회회력을 참고로 한 역법서인 『칠정산』을 편찬하였다. 최초로 한양을 기준으로 천체 운동을 계산하였으며, 내편(內篇)과 외편(外篇)으로 이루어졌다.
　① 조선 세종 때 우리나라 풍토에 맞는 농법을 기록한 『농사직설』이 편찬되었다.
　② 조선 선조의 명을 받아 허준이 집필을 시작한 『동의보감』은 각종 의학 지식과 치료법에 관한 의서로 광해군 때 완성되었다(1610).
　③ 조선 고종 때 6조 각 관아에 사무 처리를 위해 필요한 법령과 각종 사례를 기록한 『육전조례』가 편찬되었다.

14 다음에서 밑줄 친 '신분 계층'에 해당하는 것은?

> 조선 시대 이 '신분 계층'은 관청의 서리와 향리 등의 하급 관리와 역관, 의원 등이 해당하였다. 주로 전문 기술이나 행정 실무를 담당하였고, 대체로 직역이 세습되었다.

① 양 반　　　　　　　　　　② 중 인
③ 상 민　　　　　　　　　　④ 천 민

 ② 조선 시대 신분 계층 중 하나인 중인은 양반과 상민의 중간층으로, 주로 서리, 향리, 기술관, 서얼 등으로 구성되어 있었으며 직역을 세습하고 같은 신분끼리 거주하였다.

15 다음 자료를 활용한 수업의 주제로 가장 적절한 것은?

> 김효원이 과거에 장원으로 합격하여 이조 전랑의 물망에 올랐으나, 그가 윤원형의 문객이었다 하여 심의겸이 반대하였다. 그 후에 심충겸(심의겸의 동생)이 장원 급제를 하여 이조 전랑으로 천거되었으나, 외척이라 하여 김효원이 반대하였다. 이에 양편 친지들이 각기 다른 주장을 내세우며 서로 배척하여 동인, 서인이라는 말이 여기에서 비롯하였다. 효원의 집은 동쪽 건천동에 있고, 의겸의 집은 서쪽 정릉동에 있었기 때문이다.

① 붕당의 형성　　　　　　　② 농민 봉기 발생
③ 세도 정치의 형성　　　　　④ 김씨 가문 권력 독점

 ① 선조 때 이조 전랑 임명권을 놓고 사림이 김효원을 중심으로 한 동인과 심의겸을 중심으로 한 서인으로 분화되어 붕당 정치가 시작되었다.

16 다음과 관련된 사건으로 인해 발생한 사화로 옳은 것은?

> 김종직은 초야의 미천한 선비로 세조 시기 과거에 급제하였다. 성종 시기에 발탁되어 경연에 두어 오랫동안 시종의 자리에 있었다. 형조 판서에 이르러서는 은총이 온 조정을 기울게 하였다.…(중략)… 지금 김종직의 제자 김일손이 찬수한 사초에 부도한 말로써 선왕 대의 일을 거짓으로 기록하고, 스승 김종직의 '조의제문(弔義帝文)'을 실었도다.　　　　　　　　　　　　　　　　　　　　　　　　－『연산군일기』

① 갑자사화　　　　　　　　　② 기묘사화
③ 을사사화　　　　　　　　　④ 무오사화

조선의 사화

무오사화	• 훈구파(유자광, 이극돈)와 사림파(김일손)의 대립 • 김일손이 스승 김종직의 조의제문을 사초에 기록한 사건이 발단
갑자사화	• 폐비 윤씨 사사 사건이 배경 • 무오사화 때 피해를 면한 사림과 일부 훈구 세력까지 피해
기묘사화	• 조광조의 개혁 정치 • 위훈 삭제로 인한 훈구 세력의 반발 • 주초위왕 사건
을사사화	• 인종의 외척 윤임(대윤파)과 명종의 외척 윤원형(소윤파)의 대립 • 명종의 즉위로 문정 왕후 수렴청정 → 집권한 소윤파가 대윤파를 공격

17 (가) 인물에 대한 설명으로 옳은 것은?

> (가)는 성균관 유생들을 중심으로 하는 사림파의 절대적 지지를 바탕으로 이상정치를 실현하고자
> 했지만, 반정 공신의 위훈 삭제 등을 주장하다가 결국 기묘사화 때 사사되었다.

① 혼천의를 제작하였다.
②『성학집요』를 저술하였다.
③ 조의제문을 작성하였다.
④ 현량과 실시를 건의하였다.

 조선 중종은 반정으로 왕위에 오른 후 훈구파를 견제하기 위해 사림파를 중용하여 유교 정치를 발전시키고자
하였다. 이에 따라 등용된 조광조는 천거제의 일종인 현량과를 실시하여 사림이 대거 등용될 수 있는 발판을
마련하였고 더불어 경연의 강화, 언론 활동의 활성화, 반정 공신들의 위훈 삭제, 소격서 폐지, 향약 시행, 소학
보급 등을 주장하였다. 그러나 조광조와 사림 세력은 공신들의 반발로 인해 발생한 기묘사화로 대부분 제거되었다
(1519).
① 홍대용은 혼천의를 제작하여 천체의 운행과 위치를 측정하는 등 과학 연구에 큰 관심을 보였으며 지전설과
　무한 우주론을 주장하여 성리학적 세계관을 비판하였다.
② 이이는 군주가 수양해야 할 덕목을 정리한『성학집요』를 저술하여 선조에게 바쳤다.
③ 연산군 때 김일손이 스승인 김종직의 조의제문을 실록에 기록한 것을 훈구 세력이 연산군에게 알려 무오사화가
　발생하였다.

18 다음과 같은 결과를 가져온 전쟁에 대한 설명으로 옳은 것은?

> • 조선은 국토의 황폐화, 양안과 호적의 소실 등으로 국가 재정이 매우 궁핍해졌다.
> • 명은 국력이 약화되었고, 후금이 성장하였다.
> • 일본은 조선에서 약탈한 문화재와 포로로 잡아간 학자 및 기술자를 통해 문화가 크게 발전하였다.

① 성주 양만춘을 중심으로 저항하였다.

② 삼전도에서 굴욕적인 항복을 하였다.

③ 이순신이 12척의 배로 133척의 왜군을 격파하였다.

④ 소배압이 이끄는 10만 대군에 맞서 대승을 거두었다.

 ③ 이순신이 12척의 배로 울돌목의 좁은 수로를 활용하여 왜군 133척의 배에 맞서 싸워 큰 승리를 거두었다(명량 해전). 임진왜란으로 인해 조선뿐만 아니라 동아시아의 전체적인 국가적 체계가 흔들렸다. 조선은 국토의 황폐화, 양안과 호적의 소실 등으로 국가 재정이 매우 궁핍해졌으며, 중국 대륙에서는 여진족이 후금을 건국하여 명을 압박하였다. 또한, 일본은 조선에서 포로로 데려간 학자와 기술자를 통해 문화가 크게 발전하였다.
① 고구려 안시성 전투
② 조선 병자호란
④ 고려 귀주 대첩

19 훈련도감이 설치된 계기로 옳은 것은?

① 홍건적과 왜구의 침략 때문이었다.

② 청의 요구로 나선 정벌이 추진되었다.

③ 원의 내정 간섭으로 정동행성이 설치되었다.

④ 일본이 임진왜란을 일으켜 조선을 침략하였다.

 ④ 임진왜란 초기 조선 조정은 군제 개편의 필요성을 절감하여 훈련도감을 설치하고 포수, 사수, 살수의 삼수병을 편성하였다.

20 (가)에 들어갈 기구의 명칭으로 옳은 것은?

> (가)는/은 외적의 침입에 대응하기 위해 설치되었다가 임진왜란을 거치면서 기능이 확대되어 국정 전반을 총괄하게 되었다. 이처럼 (가)의 기능이 강화되면서 왕권이 약화되었고 의정부와 6조의 행정 체계도 유명무실해졌다.

① 비변사   ② 도병마사

③ 교정도감   ④ 군국기무처

① 조선 중종 때 외적의 침입에 대비하기 위한 임시 기구로 설치된 비변사는 명종 때 을묘왜변을 계기로 상설 기구가 되었다. 이후 임진왜란과 병자호란을 거치면서 군사 문제뿐만 아니라 외교, 재정, 인사 등 거의 모든 정무를 총괄하게 되었는데, 이처럼 비변사의 기능이 강화되면서 의정부와 6조 중심의 행정 체계는 유명무실해졌다. 이후 세도 정치기에는 비변사를 중심으로 요직을 독점한 유력 가문들이 권력을 장악하기도 하였다.

21 (가)에 들어갈 내용으로 가장 적절한 것은?

임진왜란 이후에 나타난 변화에 대해 말해 볼까요?

(가)

교사　　　　　　　　학생

① 일본에서는 에도 막부가 성립되었어요.
② 조선에서는 전민변정도감을 설치하였어요.
③ 최윤덕과 김종서가 4군과 6진을 개척했어요.
④ 삼정의 문란으로 하층민의 저항 운동이 전국적으로 진행되었어요.

 ① 임진왜란 이후 일본에서는 도쿠가와 이에야스가 쇼군에 올라 에도 지역(도쿄)에 에도 막부를 수립하였는데 이들을 도쿠가와의 성을 따라 도쿠가와 막부라고도 한다.

22 (가) 제도에 대한 설명으로 옳은 것은?

| 보 기 |

양난 이후 정부는 농촌 사회의 안정을 꾀하고, 국가 재정 기반을 확대하기 위하여 수취 체제를 개편하였다. (가)은/는 광해군 시기에 공납의 폐단을 극복하고 국가 재정을 보충하기 위해 경기도에서 처음 실시되었다.

① 물품 조달하는 공인이 등장하는 계기가 되었다.
② 시장을 관리하는 관청으로 동시전을 설치하였다.
③ 풍흉에 상관없이 토지 1결당 쌀 4두를 거두었다.
④ 춘궁기에 곡식을 대여하고 추수 후에 회수하였다.

① 대동법의 실시 이후 국가에서 필요한 물품은 공인이 조달하며, 이를 바탕으로 상품 화폐 경제가 발달하게 되었다.

23 광해군이 실시한 정책으로 옳은 것은?

ㄱ. 대동법 시행
ㄴ. 탕평책 실시
ㄷ. 중립 외교 추진
ㄹ. 장용영 설치

① ㄱ, ㄷ
② ㄱ, ㄹ
③ ㄴ, ㄷ
④ ㄴ, ㄹ

해설 ① 광해군은 방납의 폐해가 심해지자, 선혜청을 두어 대동법을 시행하였다. 또한 대내적으로는 임진왜란의 뒷수습을 위한 정책을 시행하면서 대외적으로는 명과 후금 사이에서 신중한 중립 외교 정책으로 대처하였다.

24 (가)에 해당하는 역사적 사건으로 옳은 것은?

질문 : 삼전도비에 대해 알려 주세요.
답변 : (가) 때 남한산성으로 피신했던 인조가 청나라 태종에게 굴욕적인 항복을 하게 되었는데,
그 과정에서 청의 강요에 의해 세워진 비석입니다.

① 병자호란
② 신미양요
③ 임오군란
④ 정유재란

해설 ① 조선이 청의 군신 관계 요구를 거절하자 병자호란이 발생하였다. 인조는 남한산성에서 항전하였으나 강화도로 보낸 왕족과 신하들이 인질로 잡히자 삼전도에서 굴욕적인 항복을 하였다.

25 (가)에 해당하는 제도에 대한 설명으로 옳지 않은 것은?

> 질문 : (가)에 대해 자세히 알려 주세요.
> 답변 : 공납의 폐단을 극복하고 국가 재정을 보충하고자 광해군 때 경기도에서 처음 실시된 제도입니다.
> 다양한 품목으로 거두던 공납을 쌀, 베, 동전 등으로 대신 내게 하는 제도로, 농민의 부담을
> 줄여 주고 국가 재정을 안정시키기 위해 실시되었습니다.

① 경기도에서 처음 실시되었다.
② 공인이 등장하는 배경이 되었다.
③ 공납을 토지 결수에 따라 부과한 것이다.
④ 부족한 재정을 보충하기 위해 지주에게 결작을 부과하였다.

 ④ 조선 후기 군역으로 인한 농민들의 부담이 가중되자, 영조는 균역법을 시행하였다(1750). 농민은 1년에 2필이던 군포를 1필 만 부담하게 되었고, 이로 인해 감소된 재정 수입은 지주에게 결작을 부과하여 토지 1결당 미곡 2두를 징수하였다. 또한 일부 상류층에게 선무군관이라는 칭호를 주고 군포 1필을 납부하게 하였으며, 어장세와 선박세 등을 거둬 재정 수입을 보충하였다.
① 조선 광해군 때 공납의 폐단을 개혁하기 위한 대동법을 경기도에서 시범적으로 처음 시행하였고 점차 범위를 넓혔다.
② 대동법의 실시 이후 국가에서 필요한 물품은 공인이 조달하였으며, 이를 바탕으로 상품 화폐 경제가 발달하게 되었다.
③ 대동법은 공납을 전세화하여 공물 대신 토지 1결당 미곡 12두로 납부하도록 하는 제도이다.

26 다음 내용에 해당하는 군사 조직으로 옳은 것은?

> 조선 후기 5군영의 하나로, 훈국(訓局)이라고도 한다. 임진왜란 중에 군사 조직을 재정비할 필요성이
> 커짐에 따라 설치되었다. 군사들은 포수·살수·사수의 삼수병으로 편성되었으며, 대부분 급료를 받는
> 상비군으로서 직업 군인의 성격을 띠었다.

① 속오군
② 어영청
③ 장용영
④ 훈련도감

 ④ 임진왜란 중 유성룡의 건의에 따라 포수·살수·사수의 삼수병으로 편성된 훈련도감이 설치되었다.

27 다음 왕의 재위 기간에 있었던 사실로 옳은 것은?

이조 판서 송시열이 추위에 고생할까 염려되어 담비 가죽옷을 주려고 하니, 이를 전하여 그를 지극히 아끼는 나의 뜻을 반드시 전하도록 하라.

① 사병 혁파   ② 4군 6진 개척
③ 수원 화성 건설   ④ 북벌 정책 추진

 ④ 송시열은 조선 효종에게 올린 기축봉사를 통해 명에 대한 의리와 청에게 당한 수모를 갚아주자고 주장하며 효종이 추진하는 북벌 계획의 핵심 인물이 되었다. 당시 효종은 송시열에게 북벌 때 입으라며 담비로 만든 털옷을 직접 하사하기도 하였다.

28 (가)의 영향으로 옳은 것은?

> (가)의 발발
> • 배경 : 청이 조선에 군신 관계를 요구하였으나 조선이 이를 거부하였다.
> • 전개 : 인조가 남한산성에서 항전하였으나 삼전도에서 청에 항복하였다.

① 사화가 일어났다.
② 통신사를 파견하였다.
③ 북벌 운동이 추진되었다.
④ 훈련도감을 설치하게 되었다.

 병자호란 이후 청에 볼모로 갔던 봉림 대군이 효종으로 즉위하여 청을 정벌하자는 북벌 운동을 추진하였다.
북벌 운동의 추진
• 배경 : 여진족에 대한 문화적 우월감, 병자호란 이후 청에 대한 복수심 고조
• 전개 : 효종이 송시열, 이완 등과 함께 청 정벌 계획 추진 → 군대 양성, 성곽 수리
• 결과 : 효종의 갑작스러운 죽음과 청의 강한 군사력 등으로 인해 좌절

29 다음 내용을 일어난 순서대로 바르게 나열한 것은?

> 주제 : 조선 후기 붕당 정치의 흐름
> ㄱ. 자의대비의 복상 기간을 둘러싼 예송이 발생하였다.
> ㄴ. 붕당의 폐해를 경계하기 위해 탕평비가 건립되었다.
> ㄷ. 서인과 남인의 대립으로 경신환국이 일어났다.

① ㄱ - ㄴ - ㄷ
② ㄱ - ㄷ - ㄴ
③ ㄴ - ㄱ - ㄷ
④ ㄴ - ㄷ - ㄱ

 ㄱ. 조선 현종 때 두 번의 예송이 발생하여 서인과 남인 사이의 대립이 심화되었다. 처음 효종의 국상 당시 인조의 계비인 자의대비의 복상 문제를 놓고 서인은 1년, 남인은 3년을 주장하여 서인이 승리하였고(기해예송, 1659), 이후 효종비 국상 때 같은 문제가 제기되어 서인은 9개월, 남인은 1년을 주장하였는데 남인이 승리하였다 (갑인예송, 1674).
ㄷ. 조선 숙종 때 남인의 영수인 허적이 궁중에서 쓰는 천막을 허락 없이 사용한 문제로 왕과 갈등을 빚었다. 이후 허적의 서자인 허견의 역모 사건으로 허적을 비롯한 남인이 몰락하고 서인이 집권하게 되었다(경신환국, 1680).
ㄴ. 조선 영조는 붕당 정치의 폐해를 막고 능력에 따른 인재를 등용하기 위해 탕평책을 실시하였고, 성균관에 탕평비를 건립하였다(1742).

30 (가)에 들어갈 내용에 대한 설명으로 옳은 것은?

> 조선 영조 때 백성들의 부담을 줄여주기 위해서 시행한 (가)로 인해 감소된 재정은 지주에게 결작을 부과하였고 어장세와 선박세 등 잡세 수입으로 보충하였다.

① 풍흉에 관계없이 전세를 토지 1결당 미곡 4두로 고정하였다.
② 숙종 때 평안도와 함경도 등을 제외하고 전국적으로 실시하였다.
③ 농민들의 군포 부과를 1년에 2필을 내던 것을 1필만 부과하게 하였다.
④ 3대 60여 년 동안 안동 김씨, 풍양 조씨 등 일부 외척 가문이 권력을 독점하였다.

 (가)는 균역법에 해당한다. 균역법은 백성들의 군역 부담을 줄여주기 위해 기존 1년에 2필을 내던 것을 1필만 부과하도록 하였는데, 줄어든 군포 수입은 결작(토지 1결당 쌀 2두)과 선무군관포(일부 상류층) 등을 징수하여 보충하였다.
① 영정법
② 대동법
④ 세도 정치

31 (가) 왕의 재위 기간에 있었던 사실이 아닌 것은?

> (가)은/는 성균관 앞에 "두루 사랑하고 편당하지 않는 것은 군자의 공정한 마음이요, 편당하고 두루 사랑하지 않는 것은 곧 소인의 사사로운 생각이다."라는 내용이 새겨진 탕평비를 세웠다.

① 신문고 제도를 부활시켰다.
② 이조 전랑 권한을 축소시켰다.
③ 국왕의 친위군으로 장용영을 설치하였다.
④ 붕당의 근거지인 서원을 대폭 축소시켰다.

 ③ 정조 재위 기간에 있었던 사실이다.

영조의 탕평책
• 탕평책 : 탕평 교서 발표(탕평비 건립) → 탕평 정책에 동의하는 인물(탕평파)을 등용하여 정국 운영
• 정국 수습의 개혁 정치
  – 붕당의 뿌리 제거 : 공론의 주재자인 산림의 존재를 인정하지 않고 붕당의 근거지인 서원 대폭 정리
  – 이조 전랑 권한 축소 : 후임자 천거와 3사의 관리 선발 폐지
  – 개혁 정치 : 균역법 실시, 군영 정비, 신문고 제도 부활, 가혹한 형벌 폐지, 사형수 3심제
• 문물제도 정비 : 『속대전』, 『속오례의』, 『동국문헌비고』 등을 편찬

32 (가)에 들어갈 내용으로 옳은 것은?

> 조선 후기 붕당 간 갈등과 대립이 심해지자 국왕 중심의 개혁을 통해 붕당 세력의 균형을 유지하기 위해 (가)이/가 실시되었다.

① 대동법
② 균역법
③ 탕평책
④ 세도 정치

 ③ 조선 후기 붕당 간의 극단적인 갈등과 대립을 극복하고 국왕을 중심으로 정치 세력 간의 균형을 유지하려는 탕평책이 실시되었다. 영조는 탕평 교서를 발표하고 탕평비를 건립하여 탕평책에 동의하는 인물(탕평파)을 등용하면서 정국을 운영하였다.

33 다음 제도를 실시한 왕의 정책으로 옳지 않은 것은?

> 젊은 문신들이 급제한 후 낡은 관념에 젖어 새로운 것을 잘 받아들이지 않고, 고루한 습관이 몸에 배어 고치기 어렵다. 이에 37세 이하 문신 중에서 선발하여 교육하는 새로운 제도를 시행하고자 하니 선발된 문신들의 강학은 규장각에서 실시한다.

① 비변사를 폐지했다.　　　　　② 장용영을 설치했다.
③ 탕평책을 계승했다.　　　　　④ 수원 화성을 건설했다.

 정조의 업적
　　• 적극적인 탕평책 추진, 문물 제도 정비
　　• 규장각 설치, 초계문신제 시행, 수원 화성 건설, 장용영 설치 등을 통한 왕권 강화 정책

34 다음 밑줄 그은 '이 왕'의 업적으로 옳은 것은?

> ┤ 역사 다큐멘터리 기획 회의 ├
>
> A : 이 왕을 소재로 한 다큐멘터리에 어떤 장면을 담아 볼까?
> B : 초계문신제에 선발될 관리들이 규장각에서 교육받는 모습을 연출해 보자.
> C : 수원 화성의 축조를 명하는 왕의 모습도 재연하자.

① 집현전을 설치하였다.　　　　② 대전통편을 편찬하였다.
③ 훈민정음을 창제하였다.　　　④ 백두산정계비를 세웠다.

 정조는 사도 세자의 무덤을 수원으로 옮기고 화성을 축조하였으며 국왕의 친위 부대인 장용영을 설치하였다. 또한 규장각을 설치하고, 초계문신제를 실시하여 능력 있는 인재들을 등용하고자 하였으며, 신분적으로 차별을 받았던 서얼들을 대거 등용하여 검서관으로 삼았다. 그리고 신해통공을 통해 육의전을 제외한 시전 상인들의 금난전권을 폐지하여 자유로운 상업 활동을 도모하였으며, 법전인 『대전통편』을 편찬하여 문물 제도를 정비하였다.

35 조선 후기 세도 정치 시기에 대한 설명으로 옳은 것은?

① 국가 재정의 근간인 삼정이 매우 문란해졌다.
② 권문세족이 대농장을 소유하고 농민을 핍박하였다.
③ 왕권이 약화되어 지방에서 호족 세력이 성장하였다.
④ 홍건적과 왜구의 침입으로 많은 농민이 몰락하였다.

 ① 조선 후기 세도 정치 시기에는 매관매직을 통해 지방 수령이 된 탐관오리들의 횡포와 삼정(전정, 군정, 환곡)의 문란으로 인해 민란이 자주 발생하였다. 대표적인 민란으로 홍경래의 난, 임술 농민 봉기 등이 있다.

36 (가)~(라)에 대한 설명으로 옳은 것은?

| 한국사 교양 강좌 |

하층민의 저항을 통해 본 우리 역사
우리 학회에서는 시대별 하층민의 저항을 통해 우리 역사의 흐름을 이해하는 자리를 마련하였습니다.
관심 있는 분들의 많은 참여를 바랍니다.
– 강좌 내용 –
(가) 제1강 원종과 애노의 난
(나) 제2강 만적의 난
(다) 제3강 홍경래의 난
(라) 제4강 진주 농민 봉기

① (가) – 무신 집권기에 발생하였다.
② (나) – 백낙신의 수탈에 맞서 봉기하였다.
③ (다) – 황토현 전투에서 관군에게 승리하였다.
④ (라) – 삼정이정청이 설치되는 계기가 되었다.

 (라) 임술(진주) 농민 봉기 : 조선 후기 세도 정치 시기에 삼정의 문란과 백낙신의 수탈에 항거한 농민들이 몰락 양반 출신인 유계춘을 중심으로 농민 봉기를 일으켰다(1862). 임술 농민 봉기 당시 안핵사로 파견된 박규수는 삼정의 문란이 농민 봉기의 원인이라고 보고 이를 해결하기 위해 삼정이정청의 설치를 건의하였다.
(가) 원종과 애노의 난 : 통일 신라 말 진성 여왕 때 중앙 정권의 무분별한 조세 징수에 대한 반발로 사벌주에서 원종과 애노가 농민 봉기를 일으켰다(889).
(나) 만적의 난 : 고려 최씨 무신 정권 당시 최충헌의 노비인 만적이 신분 차별에 항거하여 반란을 도모하였으나 사전에 발각되어 실패하였다(1198).
(다) 홍경래의 난 : 조선 후기 세도 정치 시기에 삼정의 문란과 서북민에 대한 차별이 원인이 되어 홍경래를 중심으로 농민 봉기가 발생하였다(1811).

37 다음 〈보기〉에서 조선 후기 경제 상황으로 옳은 것을 모두 고른 것은?

| 보 기 |

ㄱ. 민영 수공업이 발달하였다.
ㄴ. 녹읍을 폐지하고 관료전을 지급하였다.
ㄷ. 촌주가 3년마다 민정 문서를 작성하였다.
ㄹ. 모내기법이 확대되어 생산량이 증가하였다.

① ㄱ, ㄴ   ② ㄱ, ㄹ
③ ㄴ, ㄷ   ④ ㄷ, ㄹ

해설 ② 조선 후기에는 도시의 인구가 증가하고 대동법 시행에 따라 제품의 수요가 증대되면서 민영 수공업이 발달하였다. 또한, 모내기법이 전국적으로 확대되었고 이모작과 상품 작물의 재배가 확산되면서 부농층이 등장하였다.
ㄴ. 신라 신문왕은 귀족 세력의 경제적 기반을 약화시키기 위해 관료전을 지급하고 녹읍을 폐지하였다.
ㄷ. 민정 문서는 통일 신라 시대 촌락에 대한 기록 문서로 촌락의 이름과 규모, 호구, 가축, 토지 등을 3년마다 기록하였는데 당시의 경제생활을 짐작할 수 있게 해 준다.

38 다음에 제시된 실학자들이 주장한 개혁의 공통된 특징으로 옳은 것은?

> • 유형원 – 균전론
> • 이익 – 한전론
> • 정약용 – 여전론

① 과거 제도의 개혁　　　　② 토지 제도의 개혁
③ 상업 활동의 자유　　　　④ 공납의 폐단 개혁

해설 ② 유형원과 이익, 정약용은 중농주의의 경세치용 학파로 토지 제도 개혁과 자영농 육성을 주장하였다.

39 다음 특집 기획기사 내용에서 특집에 들어갈 내용으로 옳지 않은 것은?

> 특집 기획 – 문화의 새 경향이 등장하다!
>
>
>
> 서민의 경제력이 향상되고 서당 교육이 확대되면서 서민층이 새로운 문화의 주체로 성장하였던 이 시기 문화의 다양한 모습에 대해 알아보고자 한다.
>
> 특집 1 ＿＿＿＿＿＿＿＿＿＿＿＿＿＿
> 특집 2 ＿＿＿＿＿＿＿＿＿＿＿＿＿＿
> 특집 3 ＿＿＿＿＿＿＿＿＿＿＿＿＿＿

① 서민들의 일상생활 모습을 담은 풍속화
② 외적을 물리치려는 염원, 팔만대장경 조판
③ 사회의 부조리를 비판하는 한글 소설 유행
④ 기존의 시조 형식에서 벗어난 사설시조 유행

② 팔만대장경은 고려 시대 몽골의 침입 당시 부처의 힘으로 몽골군을 물리치고자 16년에 걸쳐 조성된 것이다.
　① 조선 후기에는 서민들의 일상생활 모습을 생동감 있게 표현한 풍속화가 유행하였는데, 대표적인 풍속화가로는
　　도화서 화원 출신인 김홍도, 신윤복, 김득신 등이 있다.
　③ 조선 후기 한글 소설은 현실 사회의 모순과 양반의 부조리를 비판하거나 평등 의식을 고취하며 봉건 사회의
　　모순과 비리를 풍자한 작품들이 많아 서민 의식을 높이는 데 기여하였다.
　④ 조선 후기에는 기존의 시조 형식에서 벗어나 일정한 형식에 구애받지 않는 사설시조가 성행하면서 서민들의
　　감정을 사실적으로 묘사하였으며 사회적 불만도 숨김없이 표현하였다.

40 다음 주장이 전개된 배경으로 적절한 것은?

> … 재물은 대체로 샘과 같다. 퍼내면 차고, 버려두면 말라 버린다. 그러므로 비단옷을 입지 않아서
> 나라에 비단 짜는 사람이 없게 되면 여공이 쇠퇴하고, 쭈그러진 그릇을 싫어하지 않고 기교를 숭상하지
> 않아서 수공업자가 기술을 익히는 일이 없게 되면 기예가 망하게 되며, 농사가 황폐해져서 그 법을
> 잃게 되므로 …(중략)… 사농공상의 사민이 모두 곤궁하여 서로 구제할 수 없게 된다. …

① 하층민의 저항으로 민심이 흉흉하였다.
② 예송 논쟁으로 붕당 사이의 다툼이 치열해졌다.
③ 실용을 중시하는 학문 연구 경향이 확대되었다.
④ 화이론적 명분론을 강화하고 성리학을 절대화하였다.

 지문은 조선 후기 중상학파 실학자 박제가의 『북학의』의 내용 중 일부이다. 박제가는 청에 다녀온 후 『북학의』를
　저술하여 청의 문물을 적극적으로 수용할 것을 제창하였다. 그는 상공업의 발달, 청과의 통상 강화, 수레와
　선박의 이용 등을 역설하였다. 또한, 생산과 소비와의 관계를 우물에 비유하면서 생산을 자극하기 위해서는
　절약보다 소비를 권장해야 한다고 주장하였다. 이러한 주장이 전개된 배경은 실용을 중시하는 학문 연구 경향이
　확대되었기 때문이다.

41 다음 중 실학사상이 나타나게 된 배경에 대한 설명으로 옳은 것은?

ㄱ. 서학 전래의 영향	ㄴ. 조선 후기의 신분 변동
ㄷ. 성리학의 사회적 기능 상실	ㄹ. 지배 계층의 이익 대변

① ㄱ, ㄹ　　　　　　　　　　　　　② ㄷ, ㄹ
③ ㄱ, ㄴ, ㄷ　　　　　　　　　　　④ ㄴ, ㄷ, ㄹ

 ㄹ. 지배층의 이익을 대변한 것은 성리학의 특징에 해당한다.

42 다음에서 설명하는 인물에 대한 설명으로 옳은 것은?

> • 북학(北學)의 꿈을 키웠다.
> • 『북학의』를 저술하였다.
> • 규장각 검서관으로 등용되었다.

① 양명학을 연구하여 강화 학파를 형성하였다.
② 토지 제도 개혁안으로 여전론을 제시하였다.
③ 소비를 촉진하여 생산을 늘릴 것을 주장하였다.
④ 양반전을 지어 양반의 허례와 무능을 비판하였다.

 ③ 박제가는 청에 연행사로 파견되었다가 돌아와서 저술한 『북학의』를 통해 청의 문물을 적극적으로 수용해야 한다고 주장하였고 수레와 배의 이용을 적극 권장하면서 절약보다 소비의 중요성을 강조하였다.
　① 정제두는 강화도에서 양명학을 연구하여 강화 학파를 형성하였다.
　② 정약용은 마을 단위로 토지의 공동 소유, 공동 경작, 노동력에 따른 수확물의 분배를 내용으로 하는 여전론을 주장하였으며, 『목민심서』, 『경세유표』 등을 저술하였다.
　④ 박지원은 청에 다녀온 뒤 『열하일기』를 저술하여 상공업의 발전과 화폐 유통의 필요성을 주장하였다. 또한, 『양반전』, 『허생전』, 『호질』 등을 통해 양반의 무능과 허례를 풍자하고 비판하였다.

43 다음 자료에 해당하는 인물에 대한 설명으로 옳은 것은?

> 호는 사암, 당호는 여유당인데 '주저하기를 겨울에 개울을 건너듯, 조심하기를 이웃을 두려워하듯'이란 뜻에서 지었다. ……화성 쌓는 일을 끝마쳤을 때 임금이 말씀하시기를 ,"다행히 기중가(起重架)*를 사용하여 4만 냥의 비용을 절약했다."라고 하셨다.　　　　　－「자찬묘지명(自撰墓誌銘)」
> ※ 기중가(起重架) : 거중기를 다르게 이르는 말

① 세한도를 그렸다.
② 목민심서를 저술하였다.
③ 동국지도를 제작하였다.
④ 백운동 서원을 설립하였다.

 ② 정약용은 신유박해에 연루되어 강진에서 유배 생활을 하면서 『목민심서』, 『경세유표』, 『흠흠신서』 등을 저술하였다.
　① 김정희는 제주도에서 유배 중일 때 제자 이상적이 귀한 책들을 청에서 구해다 준 것에 대한 답례로 「세한도」를 그려주었다.
　③ 정상기는 최초로 100리 척을 이용한 동국지도를 제작하였다.
　④ 주세붕은 안향을 기리기 위해 최초의 사액 서원인 백운동 서원을 세웠다.

44 다음 특별전에 전시될 그림으로 가장 적절한 것은?

┤ 특별전 ├

〈조선 후기 회화전〉
우리 미술관에서는 조선 후기에 나타난 새로운 경향을 보여주는 그림들을 전시하려고 합니다. 많은 관람바랍니다.
• 기간 : 2020년 ○○월 ○○일~○○월 ○○일
• 장소 : △△ 미술관 대 전시실

① 『고사관수도』

② 『수월관음도』

③ 『인왕제색도』

④ 『몽유도원도』

해설 ③ 조선 후기의 화가 겸재 정선은 진경산수화라는 화풍을 개척하여 『인왕 제색도』, 『금강전도』 등을 남겼다.
① · ④ 조선 전기
② 고려 시대

45 다음 밑줄 그은 '이 인물'에 대한 설명으로 옳은 것은?

> 이 인물은 『금석과안록』에서 북한산비를 판독하여 진흥왕이 세운 비석이라는 것을 고증하였다.

① 추사체를 창안하였다.

② 『인왕제색도』를 그렸다.

③ 『북학의』를 저술하였다.

④ 사상 의학을 정립하였다.

해설   김정희는 조선 후기 금석학 연구를 통해 저술한 『금석과안록』에서 북한산 순수비가 진흥왕 순수비임을 밝혀냈다.
① 김정희는 추사체라는 독자적인 글씨체를 완성하였다.
② 조선 후기에 정선은 진경산수화라는 화풍을 개척하여 『인왕제색도』, 『금강전도』 등의 작품을 남겼다.
③ 박제가는 『북학의』를 저술하여 청 문물의 적극적인 수용, 수레와 배의 이용을 주장하였다.
④ 이제마는 『동의수세보원』을 저술하고 사상 의학을 확립하였다.

CHAPTER 04 국제 질서의 변동과 근대 국가 수립 운동

01 서구 열강의 접근과 조선의 대응

(1) 제국주의 열강의 동아시아 진출

① 제국주의 등장

배 경	• 산업 혁명을 통한 비약적인 경제 성장으로 독점 자본주의 등장 • 원료 공급지와 상품 시장 및 잉여 자본의 투자처 요구 → 서양 열강들의 대외 침략 정책에 따른 식민지화 진행
제국주의	• 독점 자본주의와 배타적 민족주의의 결합으로 탄생 • 백인 우월주의와 사회 진화론을 바탕으로 식민지 침략

② 제국주의 열강의 동아시아 침략

배 경	서구 열강의 독점 자본주의에 배탕을 둔 대외 침략 정책인 제국 주의 → 서구 열강의 약소국 침략 → 아시아로 세력 확장
중 국	• 영국과 제1차 아편전쟁(난징 조약 체결, 최초 근대적 조약, 불평등 조약), 제2차 아편전쟁(애로호 사건 → 텐진 조약, 베이징 조약) • 양무운동 : 중체서용의 원칙으로 개혁 실시
일 본	미ㆍ일 화친 조약(1854, 개항, 최혜국 대우 허용) → 미ㆍ일 수호 통상 조약(1858, 개항장 확대, 영사 재판권 인정) → 근대화 시도(메이지 정부 추도로 메이지 유신 추진)

PLUS ONE 중체서용 : 중국의 전통은 근본으로 하고 부국강병을 위해 근대 서양 기술만을 받아들여야 한다는 주장

(2) 흥선 대원군의 개혁 정치

① 흥선 대원군 집권 무렵 국내외 정세

국 내	세도 정치의 폐단 극심화 → 민란 발생, 전국적 농민 봉기 확산, 천주교 확산
국 외	청은 애로호 사건으로 영프 연합군이 베이징 점령. 러시아 연해주 차지 등으로 위기감 고조

② 통치 체제의 재정비

㉠ 왕권 강화책

- 안동 김씨 세력 축출, 고른 인재 등용
- 비변사 축소ㆍ혁파 → 의정부와 삼군부의 기능 부활
- 『대전회통』과 『육전조례』 간행 : 통치 질서 정비

- 경복궁 중건 : 왕위 권위 회복 목적, 원납전 징수, 당백전 발행, 통행세 징수, 백성의 노동력 강제 징발, 양반들의 묘지림 벌목 → 양반과 백성의 반발
  - ⓛ 민생 안정 추구
    - 삼정의 개혁 : 전정(양전 사업 실시), 군정(호포제 실시), 환곡(사창제 실시)
    - 서원 철폐
      - 목적 : 붕당의 근거지 제거, 국가 재정 확충, 양반 지배층의 수탈 억제
      - 과정 : 만동묘 철폐, 47개소의 사액 서원 제외하고 모두 철폐, 토지와 노비 몰수
      - 결과 : 농민 환영, 유생들의 반발 초래

PLUS ONE ➕ 삼군부 : 군무를 통괄하던 최고 기관이다. 조선 초기에 설치하였다가 폐지한 것을 흥선 대원군이 국가 체제의 정상화라는 명목으로 다시 설치하였다.

당백전 : 당시 통용되던 상평통보 100배의 가치를 가진 고액 화폐로, 경복궁 중건에 필요한 재원을 마련하기 위해 발행되었으나 화폐 가치 하락과 물가 폭등으로 경제가 혼란스러워졌다.

만동묘 : 임진왜란 때 조선에 원군을 보낸 명의 신종을 제사 지내는 사당으로, 충북 괴산 화양동에 송시열의 제자들이 세웠다.

③ 흥선 대원군 개혁 정책의 의의 및 한계

의 의	국가 기강의 확립과 민생 안정에 기여
한 계	왕권 강화를 목적으로 한 전통 체제 내에서의 개혁

(3) 통상 수교 거부 정책과 양요

① 국내외 정세

러시아의 남하	러시아가 연해주를 획득 → 통상 요구
천주교 교세 확장	프랑스 선교사가 입국하여 활동, 천주교 확산

② 통상 수교 거부 정책
  - ㉠ 병인박해(1866)
    - 배경 : 흥선 대원군이 프랑스 선교사를 통해 프랑스와 교섭하여 러시아 남하 견제 시도(실패), 천주교 탄압 여론이 높아짐
    - 병인박해(1866) : 프랑스 신부와 수천 명의 천주교도 처형
  - ㉡ 제너럴 셔먼호 사건(1866)
    - 배경 : 미국 상선 제너럴 셔먼호가 대동강(평양)에 접근하여 통상 요구
    - 경과 : 평안도 관찰사 박규수의 통상 요구 거부
    - 결과 : 미국 상인들의 민가 약탈로 평양 백성들이 제너럴 셔먼호를 불태움
  - ㉢ 병인양요(1866)
    - 배경 : 병인박해 때 프랑스 선교사 살해를 구실로 프랑스가 침략

- 경과 : 프랑스 함대의 강화도 침입 → 한성근 부대(문수산성)와 양헌수 부대(정족산성)가 프랑스군 격퇴
- 결과 : 프랑스 함대 퇴각, 외규장각 소각, 의궤 등의 문화유산 약탈(외규장각 도서는 2011년 조건부 반환)

　ⓒ 오페르트 도굴 사건(1868)
- 배경 : 흥선 대원군이 독일의 통상 요구 거절
- 경과 : 흥선 대원군의 아버지인 남연군묘 도굴 시도
- 결과 : 지역 주민의 저항으로 실패, 통상 수교 거부 정책 강화

　ⓜ 신미양요(1871)
- 배경 : 미국이 제너럴 셔먼호 사건을 구실로 침략
- 경과 : 미군의 강화도 초지진에 상륙, 덕진진 점령 → 광성보 공격(어재연의 항전)
- 결과 : 흥선 대원군의 강경한 통상 거부에 미군 철수, 전국에 척화비 건립(1871)

❖ 척화비

PLUS ONE ➕ 제너럴 셔먼호 사건 : 미국 상선인 제너럴 셔먼호가 지방관의 경고를 무시하고 대동강을 거슬러 올라와 통상을 요구하며 난동을 부리다가 평양 관민의 공격으로 배가 불타 침몰한 사건이다.

02　문호 개방과 개화 정책의 추진

(1) 개항과 불평등 조약 체결

① 운요호 사건과 강화도 조약

　㉠ 운요호 사건

정세 변화	흥선 대원군 실권, 통상 개화론 대두 → 문호 개방 여건 형성
일본의 접근	운요호 사건 → 강화도 조약 체결, 문호 개방

ⓛ 강화도 조약

강화도 조약 (조·일 수호 조규, 1876.2.)	• 최초의 근대적 조약, 불평등 조약 • 조선이 자주국임을 명시(청의 간섭 배제 의도) • 부산·원산·인천 개항, 해안 측량권 허용, 영사 재판권(치외 법권) 인정
조·일 수호 조규 부록 (1876.8.)	일본인 거류지(외국인 무역 활동과 거주가 허용된 지역) 설정, 일본 화폐 유통
조·일 무역 규칙	양곡의 무제한 유출, 일본의 수출입 상품에 대한 무관세 원칙 허용
의의 및 한계	조선이 외국과 맺은 최초의 근대적 조약, 불평등 조약(해안 측량권, 치외 법권)

② 각국과의 불평등 조약 체결

조·미 수호 통상 조약 체결 (1882)	• 배경 : 황준헌의 『조선책략』 유포와 청의 알선(러시아와 일본 견제 의도) • 내용 : 거중 조정, 치외 법권, 최혜국 대우 인정 • 의의 : 불평등 조약, 서양과 맺은 최초의 조약
조·청 상민 수륙 무역 장정 (1882)	임오군란을 계기로 청이 조선의 종주국이라는 내용 강요, 청 상인의 내륙 진출 허용(내지 통상권)
기타 조약	영국·독일(1883), 러시아(1884), 프랑스(1886) 등과 불평등 조약 체결
의의 및 한계	조선이 외국과 맺은 최초의 근대적 조약, 불평등 조약(해안 측량권, 치외 법권)

PLUS ONE 운요호 사건(1875) : 일본이 조선을 개항시키기 위해 군함 운요호를 강화도에 파견하여 초지진을 공격하고 영종도에 상륙하여 노략질을 한 사건이다.

거중 조정 : 양국 중 한 나라가 제3국과 분쟁이 있을 경우 다른 한 나라가 두 나라 사이에서 분쟁을 조정하는 것을 말한다.

최혜국 대우 : 최혜국 대우란 가장 유리한 대우를 조약 상대국에게 부여하는 것을 말한다.

(2) 개화 정책의 추진과 반발

① 개화파의 형성

토 대		조선 후기 북학파의 실학사상 영향
대 두		• 박규수, 오경석 : 서양 기술의 우수성 경험, 『해국도지』·『영환지략』 도입 • 유홍기 : 문호 개방 주장
분 화	온건 개화파	• 김홍집, 김윤식, 어윤중 • 청의 양무운동을 본보기로 삼음 • 동도서기론 입장에서 점진적 개혁 • 청과 우호적 관계 유지
	급진 개화파	• 김옥균, 박영효, 홍영식, 서광범 • 일본의 메이지 유신을 본보기로 삼음 • 문명개화론 입장에서 급진적 개혁 • 청의 내정 간섭과 사대 외교 반대

② 개화 정책의 추진

통리기무아문 설치(1880)		• 부국강병 목표 → 김윤식, 박정양, 어윤중, 김홍집, 김옥균, 홍영식 등 개화파 인물 등용 • 실무를 담당하는 12사를 두고 국내외의 군국 기무 총괄 및 각종 개화 정책 담당
군제 개편		• 2군영 : 기존 5군영을 무위영, 장어영의 2군영으로 개편 • 신식 군대 별기군 창설 : 신식 무기, 일본인 교관 초빙
해외 시찰단 파견	수신사	• 김기수(1차, 1876), 김홍집(2차, 1880, 『조선책략』 소개) • 강화도 조약 이후 일본에 파견 → 일본의 근대화 실상 파악
	조사 시찰단 (1881)	• 박정양, 어윤중, 홍영식 등 파견 • 일본 정부 각 기관의 사무 조사, 산업・군사 등 근대적 시설 관찰 • 시찰 후 보고서 제출
	영선사 (1881)	• 김윤식을 중심으로 38명의 기술자 및 학생들 청에 파견 → 톈진에서 서양의 근대식 무기 제조 기술과 군사 훈련법 습득(1881) • 근대식 무기 제조 공장인 기기창 설립(1883)
	보빙사 (1883)	• 조・미 수호 통상 조약을 계기로 미국에 파견 → 일부 사절단의 유럽 순방 • 민영익, 홍영식, 유길준 등으로 구성

③ 위정척사 운동의 전개

㉠ 위정척사 운동의 전개 과정

1860년대	• 배경 : 열강의 통상 요구, 병인양요 • 척화 주전론에 근거한 통상 반대 → 이항로, 기정진 등
1870년대	• 배경 : 강화도 조약 체결 • 개항 반대 운동, 왜양 일체론 → 최익현 등
1880년대	• 배경 : 개화 정책 추진, 『조선책략』 유포(미국과 외교 관계를 맺어야 한다고 제안) • 개항 반대 운동, 영남 만인소 → 이만손 등

㉡ 위정척사 운동의 의의

• 반외세 자주 운동의 성격

• 성리학적 전통 사회 체제 수호라는 한계

• 외세 배척을 기본 정신으로 일본과 서양의 침략성 인지 → 항일 의병 운동으로 이어짐

PLUS ONE ⊕ 동도서기론 : 우리의 전통적인 사상과 문화는 유지하되 발달된 서양의 과학 기술은 받아들이자는 주장이다.

왜양일체론 : 서양의 문물을 받아들인 일본은 서양과 마찬가지로 오랑캐이므로 수교해서는 안 된다는 내용으로, 강화도 조약 체결 직전에 최익현이 주장하였다.

(3) 임오군란과 갑신정변

① 임오군란(1882)

㉠ 배경 : 개화 정책 추진 반발, 신식 군대인 별기군과의 차별 대우

ⓛ 전개과정 : 구식 군인의 봉기 → 민씨 정권 고관의 집과 일본 공사관 습격(도시 하층민까지 가담, 군란 규모 확대) → 궁궐 습격, 왕비의 피신 → 흥선 대원군 재집권(통리기무아문과 별기군 폐지, 5군영 복구) → 민씨 정권의 요청으로 청군 개입 → 흥선 대원군 청으로 압송, 군란 진압 → 민씨 재집권

ⓒ 결과 : 조선에 청의 군대 주둔, 청의 내정 간섭 강화(마건상과 묄렌도르프 파견), 조·청 상민 수륙 무역 장정 체결, 일본과 제물포 조약 체결 이후 군대 주둔

ⓔ 의 의
• 잘못된 개화 정책과 일본의 침략에 저항
• 개화 정책의 후퇴와 청의 내정 간섭 심화
• 청이 조선을 경제적으로 침략하는 발판

② 갑신정변(1884)

㉠ 원 인
• 청의 내정 간섭 강화 → 개화 정책 지연
• 민씨 정권의 견제로 개화 정책 지연
• 묄렌도르프의 제안을 받아들인 민씨 일파와 급진 개화파 사이의 갈등
• 청프 전쟁 발발 : 서울 주둔 청군의 절반이 베트남으로 철수

㉡ 전개 과정
• 1884년 10월 우정총국 개국 축하연을 기회로 급진 개화파(김옥균, 박영효, 서광범)가 정변을 일으킴
• 사대당으로 지목한 고위 관료들 살해, 개화당 정부 수립
• 14개조 정강 발표 : 청과의 사대 관계 청산, 내각제 수립, 지조법 개혁, 재정 일원화, 인민 평등 확립 등

㉢ 결 과
• 청군에게 진압 → 3일 만에 실패, 청의 내정 간섭 심화
• 한성 조약 체결 : 일본의 배상금 요구, 공사관 신축비 보상
• 톈진 조약 체결 : 일본과 청의 양국 군대 철수 및 군대 파견 시 상대국에 알리도록 규정

㉣ 의 의
• 근대 국가 건설을 목표로 한 최초의 정치 개혁 운동
• 근대화 운동의 선구자적 역할

㉤ 한 계
• 소수의 지식인 중심 : 위로부터의 개혁
• 토지 개혁에 소홀 : 민중의 지지 부족
• 일본에 지나치게 의존

③ 갑신정변 이후 국내외 정세

조·러 비밀 협약 추진	러시아와 우호 관계 강화
거문도 사건(1885)	영국이 러시아의 남하를 견제한다는 명분을 내세워 거문도를 불법적으로 점령
중립화론의 대두	조선 주재 독일 부영사 부들러와 미국 유학에서 돌아온 유길준 등이 주장

PLUS ONE 조선 중립화론 : 거문도 사건을 계기로 대두되었으며, '조선은 누구의 편도 되지 않고 국권을 보장 받자'는 주장이다.

03 근대 국민 국가 수립을 위한 노력

(1) 동학 농민 운동

① 동학의 확산과 교조 신원 운동

동학의 확산	2대 교주 최시형이 포접제의 조직망 정비, 경전 간행 → 포교 활동을 통해 삼남 일대에 동학의 교세가 크게 확장
교조 신원 운동	• 정부의 탄압으로 처형당한 최제우의 누명을 벗기고, 포교의 자유를 보장받으려는 목적 • 삼례 집회, 서울 복합 상소, 보은 집회 등을 거치면서 종교 운동의 성격에서 정치·사회 운동으로 발전

② 동학 농민 운동의 전개

고부 농민 봉기 (1894.1)	• 배경 : 고부 군수 조병갑의 비리와 수탈 • 경과 : 전봉준 등이 농민들과 봉기하여 고부 관아 습격, 만석보 파괴 → 정부가 농민들에게 폐정 시작 약속 후 자진 해산 • 결과 : 안핵사 이용태의 동학교도 탄압
제1차 봉기 (1894.3)	• 배경 : 안핵사 이용태의 봉기 주도자 체포에 반발 • 경과 : 전봉준·손화중 등의 봉기(제폭구민, 보국안민 주장) → 황토현·황룡촌 전투 → 전주성 점령
전주 화약 체결 (1894.5)	• 배경 : 정부가 청에 동학 농민군 진압을 위해 파병 요청 → 청·일 군대의 조선 파병(톈진 조약 구실) • 경과 : 정부와 농민군이 전주 화약 체결 → 폐정 개혁 12개조 제시 → 자진 해산 → 집강소 설치(폐정 개혁안 실천)
제2차 봉기 (1894.9)	• 배경 : 전주 화약 체결 후 조선 정부가 청군과 일본군의 철수를 요구함 → 일본이 내정 개혁을 요구하며 경복궁을 기습 점령한 후 청·일 전쟁을 일으킴 • 경과 : 동학 농민군의 재봉기 → 논산 집결(남·북접 연합) → 공주 우금치 전투에서 관군·일본군에게 패함 → 전봉준 등 동학 농민군 지도자 체포

❖ **동학 농민 운동의 전개**

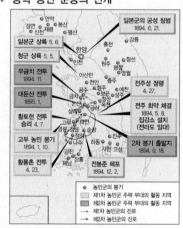

PLUS ONE
포접제 : 동학 포교의 기본 조직으로 동학교도 모임 장소인 접소에 책임자인 접주를 두고 그 위에 도접주·대접주를 두어 접주를 통솔하게 하였다.

집강소 : 동학 농민군이 전라도 각지에 설치한 자치 기구로, 농민의 의사를 모으고 이를 집행하였으며 치안도 담당하였다.

폐정 개혁 12개조 : 탐관오리 등 횡포한 봉건 세력 징벌, 신분제 철폐 및 고른 인재 등용, 봉건적 악습 폐지, 무명잡세 폐지, 공사채 무효화, 토지 균분, 일본과 내통한 자 징벌 등의 내용을 담은 개혁안이었다.

③ 동학 농민 운동의 성격과 영향

성 격	• 반봉건 : 신분제 개혁 등 정치·사회 개혁 요구 • 반외세 : 일본의 침략과 내정 간섭에 저항
영 향	갑오개혁에 부분적 반영, 의병 운동에 가담하여 반일 무장 투쟁 활성화
한 계	근대 국가를 건설하기 위한 구체적인 방안을 제시하지 못함

(2) 갑오개혁과 을미개혁

① 제1차 갑오개혁(1894.7.)

배 경	농민의 개혁 요구(동학 농민 운동) 일부 수용하면서 자주적 개혁 추진, 일제의 내정 개혁 요구와 경복궁 무력 점령 → 김홍집 내각 성립, 군국기무처 설치
내 용	• 정치 : 개국 기년 사용, 왕실 사무와 국정 사무 분리(의정부와 궁내부 설치), 6조 → 8아문 개편, 과거제 폐지, 경무청 중심의 경찰 제도 도입 • 경제 : 재정을 탁지아문으로 일원화, 은 본위 화폐 제도 채택, 도량형 통일, 조세의 금납화 • 사회 : 신분제 철폐, 전통적 폐습(조혼, 고문, 연좌제, 과부의 재가 불허) 타파

PLUS ONE
군국기무처 : 개혁 법안을 심의·의결하는 최고 입법기관의 성격을 지니고 있었다. 3개월 동안 210건의 개혁안을 처리하며 제1차 갑오개혁을 추진하였던 초법적 기구이다.

② 제2차 갑오개혁(1894.12.)

배 경	• 일본의 적극적인 간섭(군국기무처 폐지, 김홍집·박영효 연립 내각 구성) • 홍범 14조 반포 → 조선은 청에 의존하는 관계를 청산하고 자주독립을 국내외 선포
내 용	• 정치 : 내각제 도입, 8개 아문을 7부로 교체, 전국 8도를 23부로 개편, 행정구역 명칭을 '군'으로 통일, 재판소 설치, 사법권과 행정권 분리 • 경제 : 징세 기관 일원화, 지방 재판소, 한성 재판소, 고등 재판소 설치, 근대적 예산 제도 도입, 징세사·관세사 설치, 상리국 폐지 • 사회 : 교육 입국 조서에 따라 한성 사범 학교·외국어 학교 관제 반포

③ 을미개혁(제3차 개혁, 1895)

배 경	삼국 간섭 이후 일본의 간섭을 막기 위해 친러 정책 추진, 박영효 일본 망명 → 일본이 명성황후 시해(을미사변), 친일 내각 수립(김홍집, 유길준), 을미개혁 추진
주요 내용	• '건양'이라는 연호 제정 • 단발령 실시 • 태양력 사용, 종두법 실시

반 발	• 을미사변, 단발령 등에 대한 반발로 의병 운동(을미의병) 발생 • 고종이 러시아 공사관으로 처소를 옮김(아관 파천, 1896)

④ 갑오 · 을미개혁의 의의와 한계

의 의	근대 국가 수립을 위한 시대적 요구에 부응하는 개혁, 개화 인사들과 농민층의 개혁 의지가 일부 반영된 자주적 근대화 개혁을 위한 노력
한 계	• 개혁 주도 세력이 일본의 무력에 의존 • 민중의 지지를 얻지 못함(위로부터의 개혁 시도) • 국방력 강화와 상공업 진흥 등에 소홀

(3) 독립 협회의 창립 및 활동

① 독립 협회의 창립(1896)

ㄱ 배경 : 아관 파천(열강의 이권 침탈 심화), 자유 민주주의적 개혁 사상 보급, 자주 독립 국가 건설 목표

ㄴ 창립 : 서재필 등은 자유민주주의 개혁 사상을 보급, 독립신문 창간(1896) 이후 독립 협회 창립(1896)

② 독립 협회의 구성 및 활동

ㄱ 구 성

• 지도부 : 서재필, 윤치호, 이상재, 남궁억 등 개혁 사상을 지닌 지식인

• 구성원 : 시민층, 학생, 노동자, 여성, 천민 등 광범한 사회 계층이 참여

ㄴ 활 동

• 민중 계몽 운동 : 모금을 통한 독립문 건립, 모화관을 독립관으로 개조, 토론회 개최

• 자주 국권 운동 : 고종의 환궁 요구, 러시아의 절영도 조차 요구 저지, 만민 공동회 개최(러시아 이권 침탈 저지)

• 자유 민권 운동 : 국민의 신체와 재산권의 자유, 언론 · 출판 · 집회 · 결사의 자유 등을 확보하기 위해 노력

• 자강 개혁 운동 : 관민 공동회 개최(헌의 6조 채택, 고종의 수락, 중추원 새로 구성)

PLUS ONE 헌의 6조
1. 외국인에게 의지하지 말고 관민이 한마음으로 힘을 합하여 전제 황권을 공고히 할 것
2. 외국과의 이권에 관한 계약과 조약은 각 대신과 중추원 의장이 합동 날인하여 시행할 것
3. 국가 재정은 탁지부에서 전관하고, 예산과 결산을 국민에게 공표할 것
4. 중대 범죄를 공판하되, 피고의 인권을 존중할 것
5. 칙임관을 임명할 때에는 황제가 정부에 그 뜻을 물어서 중의에 따를 것
6. 정해진 규정을 실천할 것

③ 독립 협회의 해산

㉠ 배경 : 만민 공동회의 적극적인 정치 활동 → 보수파의 위기의식 고조

㉡ 해산 과정

- 보수 관료들의 반발(공화정 수립 모함)
- 고종의 독립 협회 해산 명령과 간부 체포 → 만민 공동회 개최하여 항의
- 황국 협회와 군대 동원하여 강제 해산

PLUS ONE ➕ 황국 협회 : 전국의 보부상으로 조직된 단체로 보수 세력은 이들에게 만민 공동회가 열리는 곳에서 소란을 피우게 하고, 이를 빌미로 독립 협회를 해산시켰다.

④ 독립 협회의 의의와 한계

㉠ 의 의

- 주권 수호와 자유 민권 신장을 통해 자강 개혁 추구
- 국민들의 의견을 토대로 근대 개혁 추진

㉡ 한계 : 러시아만 견제하고 미국·영국·일본 등에 우호적 → 열강의 침략 의도를 정확히 파악하지 못함

(4) 대한 제국의 수립과 광무개혁

① 대한 제국 수립(1897)

㉠ 배 경

- 국내 : 고종의 환궁 요구, 자주독립의 근대 국가를 세우려는 국민적 열망
- 국외 : 조선에서 러시아의 세력 독점 견제

㉡ 수립 과정

- 고종의 환궁 : 경운궁(덕수궁)으로 환궁
- 대한 제국 선포 : 국호는 대한 제국, 연호는 광무로 하고, 황제라 칭하여 자주 국가임을 내외에 선포(1897)
- 대한국 국제 반포(1899) : 만국 공법에 의거하여 대한 제국은 세계 만국이 공인한 자주 독립국이며, 황제가 군 통수권, 입법권, 행정권, 사법권 등 모든 권한을 가진다고 규정
- 황제권 강화 : 입헌 군주제가 아닌 전제 군주제 지향(대한국 국제에 민권에 대한 언급 없음)

PLUS ONE ➕ 대한국 국제
제1조 대한국은 세계 만국이 공인한 자주독립 제국이다.
제2조 대한국의 정치는 만세불변의 전제 정치이다.
제3조 대한국 대황제는 무한한 군권(군주권)을 누린다.
제5조 대한국 대황제는 육·해군을 통솔하고 군대의 편제를 정하며 계엄을 명한다.
제6조 대한국 대황제는 법률을 제정하며 그 반포와 집행을 명하고 대사·특사·감형·복권 등을 명한다.

② 광무개혁 추진
　　㉠ 성격 : 구본신참의 복고적 성격의 점진적 개혁 → 전제 황권 강화
　　㉡ 내 용
　　　• 정치·군사 : 궁내부 확대, 군부 권한 축소, 원수부 설치, 친위대(서울)와 진위대(지방) 확대, 무관 학교 설립, 징병제 실시 추진
　　　• 경제 : 내장원 설치하고 수익 사업 관할, 양전사업과 지계 발급 사업 추진, 상공업 진흥 정책(근대 시설 마련, 공장·회사 설립)
　　　• 사회 : 근대 시설 도입(전화 가설, 우편제도 정비, 전차 부설), 실업학교와 기술 교육 기관 설립, 유학생 파견

> **PLUS ONE ➕**
>
> 구본신참(舊本新參) : 옛것을 근본으로 하고 새로운 것은 참고하자는 의미를 담고 있다. 전통 문화를 중시하고 새로운 것은 '참고' 수준에 그치는 개혁이기에 동도서기론과는 차이가 있다.
>
> 원수부 : 대한 제국 때에, 국방·용병·군사에 관한 일을 맡아보던 황제 직속의 통수 기관이다.
>
> 지계 : 대한 제국에서 토지 소유자에게 발급한 근대적 성격을 갖춘 토지 소유 문서이다.

③ 광무개혁의 의의와 한계
　　㉠ 의의 : 군사력 강화, 근대적 토지 소유 제도 확립, 상공업 진흥 등 근대화 지향
　　㉡ 한계 : 황제권 강화에 치중하면서 민권 보장에 미흡, 재정 부족으로 외국 자본 도입

04　일본의 침략과 국권 수호 운동

(1) 일제의 국권 침탈
① 러·일 전쟁(1904~1905) 발발

구분	내용
러·일 전쟁 발발(1904.2.)	한반도를 둘러싼 러시아와 일본의 대립 격화, 대한 제국의 국외 중립 선언 → 일본의 기습 공격 및 선전포고
한·일 의정서(1904.2.)	일본이 군사 전략상의 요지를 임의로 사용할 수 있는 권리 확보
제1차 한·일 협약(1904.8.)	일본은 메가타를 재정 고문으로, 스티븐스를 외교 고문으로 파견하여 내정 간섭 본격화
영 향	• 가쓰라·태프트 밀약(1905.7.) : 일본의 한국 지배, 미국의 필리핀 지배를 서로 인정 • 제2차 영·일 동맹(1905.8.) : 영국이 한국에 대한 일본의 독점적 지배권 인정 • 포츠머스 조약(1905.9.) : 러시아가 한국에 대한 일본의 독점적 지배권 인정

② 일제의 국권 침탈

을사늑약 (제2차 한·일 협약, 1905.11.)	• 대한 제국의 외교권 박탈 • 통감부 설치(초대 통감으로 이토 히로부미 파견)
고종의 대응	• 을사늑약 무효 선언 • 미국에 헐버트 파견 • 헤이그 특사 파견(1907) → 고종 강제 퇴위
한·일 신협약 (정미7조약, 1907.7.)	• 고종 강제 퇴위 이후 일본의 강요로 체결 • 일본인의 내정 장악 → 행정권 장악 • 부속 각서를 통한 군대 해산
기유각서(1909)	사법권 및 감옥 사무권 박탈, 법부·군부 폐지 → 이후 경찰권 강탈(1910)
한·일 병합(1910.8.)	일제가 대한 제국의 국권 강탈, 일본 식민지로 전락 → 조선 총독부 설치

❖ 국권 피탈 과정

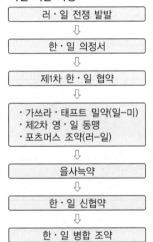

러·일 전쟁 발발
⇩
한·일 의정서
⇩
제1차 한·일 협약
⇩
• 가쓰라·태프트 밀약(일-미)
• 제2차 영·일 동맹
• 포츠머스 조약(러-일)
⇩
을사늑약
⇩
한·일 신협약
⇩
한·일 병합 조약

PLUS ONE ➕ 한·일 신협약(정미7조약)

제1조 한국 정부는 시정 개선에 관해 통감의 지도를 받을 것
제2조 한국 정부의 법령 제정 및 중요한 행정상의 처분은 미리 통감의 승인을 거칠 것
제4조 한국 고등 관리의 임면은 통감의 동의에 의해 이를 집행할 것
제5조 한국 정부는 통감이 추천하는 일본인을 한국 관리에 임명할 것

(2) 항일 의병 운동과 의열 투쟁

① 의병 운동의 전개

㉠ 을미의병(1895)

• 원인 : 을미사변(명성황후 시해 사건)과 단발령 강제 시행
• 주도 : 유인석 등 위정척사 사상을 가진 유생
• 활동 : 일본군과 거류민 공격, 친일 관리 처단
• 해산 : 아관 파천 이후 단발령 철회와 고종의 해산 권고 조칙 발표로 자진 해산

㉡ 을사의병(1905)

• 원인 : 을사늑약 체결, 러·일 전쟁 이후 일본의 침략 노골화
• 주도 : 최익현(양반), 민종식(전직 관리), 신돌석(평민 의병장) 등이 전개
• 활동 : 을사늑약의 폐기 및 친일 내각 타도(국권 회복)를 주장하며 무장 투쟁 전개

ⓒ 정미의병(1907)

- 원인 : 고종 황제의 강제 퇴위, 군대 해산
- 특징 : 해산 군인의 참여로 의병의 전투력·조직력 강화, 의병 전쟁으로 발전, 전국으로 확산
- 활동 : 13도 창의군 결성(총대장 이인영), 서울 진공 작전 전개
- 호남 의병 전쟁 : 서울 진공 작전 실패 후 13도 창의군이 해산되면서 전라도 지역 중심으로 의병 활동 전개 → 남한 대토벌 작전으로 의병 활동 위축

> **PLUS ONE** 13도 창의군 : 1907년 8월 일본에 의한 군대 해산을 계기로 9월에 구성된 전국적인 의병 조직으로, 총대장은 이인영, 군사장은 허위가 임명되었다.

② 의열 투쟁

나철, 오기호	5적 암살단 조직 → 을사 5적 처단 시도
이재명	명동 성당 앞에서 이완용 암살 시도
장인환, 전명운	미국 샌프란시스코에서 친일파 미국인 스티븐스 사살(1908)
안중근	만주 하얼빈에서 이토 히로부미 처단(1909)

(3) 애국 계몽 운동

① 애국 계몽 운동의 특징

주도 세력	을사늑약 전후 개화 운동과 독립 협회의 활동을 계승한 지식인
활동 목표	사회 진화론 기반 → 실력 양성을 통한 국권 수호

② 주요 애국 계몽 단체

보안회(1904)	일제의 황무지 개간권 반대 운동 → 저지 성공
헌정 연구회(1905)	입헌 군주제 수립 목표 → 일제의 탄압으로 해산
대한 자강회(1906)	• 국권 회복을 위해 교육·산업 진흥 강조, 입헌 군주제 수립 주장 • 고종의 강제 퇴위 반대 투쟁 전개 → 일제의 탄압으로 해산
신민회(1907)	• 주도 : 안창호, 양기탁 등이 비밀 결사 형태로 조직 • 목표 : 국권 회복, 공화 정체의 근대 국가 건설 • 활동 　- 민족 교육 실시 : 대성 학교·오산 학교 설립 　- 민족 산업 육성 : 태극 서관 운영, 자기 회사 운영 　- 국외 독립운동 기지 건설 : 만주에 신흥 강습소 설립 • 해산 : 일제가 날조한 105인 사건으로 와해(1911)

> **PLUS ONE** 태극 서관 : 신민회가 평양과 대구에 설립한 서점이다. 특히 각 급 학교의 교재를 공급하여 교육 구국 운동을 뒷받침하였다.
>
> 105인 사건(1911) : 일제가 조선 총독 데라우치를 암살하려했다는 죄목으로 600여 명의 애국지사들을 체포하여 105명을 유죄 판결했던 사건이다.

③ 교육 · 언론 · 출판 활동

교 육	서북 학회, 기호 흥학회 설립
언론 · 출판	황성신문(장지연의 시일야방성대곡), 대한매일신보(양기탁, 박은식, 국채 보상 운동 지원)

(4) 독도와 간도

① 독도 수호 운동

일본 태령관 지령	독도와 울릉도를 조선 영토로 인정(1877)
대한 제국 칙령 제41호	대한 제국이 울릉도를 울도군으로 승격, 독도가 우리 영토임을 선포(1900)
강 탈	러 · 일 전쟁 중 일본의 시마네현 고시 → 불법적 영토 편입(1905)
반 환	1946년 '연합국 최고 사령관 각서' 등에서 독도를 일본 영토에서 제외

② 간도 영유권 분쟁

간도 귀속 분쟁	•숙종 때 청과 조선의 국경 설정 → 백두산 정계비 설립(1712) •19세기 후반 간도 귀속 문제로 영유권 분쟁 발생
간도 관리사 파견	간도를 함경도의 행정 구역으로 편입 → 간도 관리사 이범윤 파견
간도 협약	을사늑약 이후 청 · 일 간의 외교 문제화 → 간도 협약(1909)으로 인하여 간도의 중국 영토화

05 개항 이후 경제와 사회 · 문화의 변화

(1) 열강의 경제 침탈

① 개항 이후의 무역 상황

개항 초기	•강화도 조약과 부속 조약으로 각종 특권이 일본 상인에게 부여 •거류지 무역, 중계 무역, 약탈 무역으로 이득 취함
임오군란 이후	•임오군란 후 청나라 상인들의 대거 진출 → 일본 상인들과 치열한 경쟁 •조 · 청 상민 수륙 무역 장정(1882) : 청 상인의 내륙 시장 진출 허용 → 한성 진출 •조 · 일 통상 장정(1883) : 관세권 설정, 방곡령 선포 규정, 최혜국 대우 인정
청 · 일 전쟁 이후	일본 상인 독점 → 조선의 중개 상인 몰락, 시전 상인의 타격, 조선의 무역 수지 악화

② 열강의 이권 침탈

배 경	청 · 일 전쟁과 아관 파천 이후 열강들이 최혜국 대우를 내세워 이권 침탈
내 용	•미국, 프랑스, 일본 등이 철도 부설권 차지 •미국, 독일, 영국 등이 광산 채굴권 차지 •러시아 등이 삼림 채벌권 차지

③ 일본의 경제 침탈

금융 지배	• 일본의 차관 제공 독점 → 일본에 재정 예속 • 대한 제국 황실 재정 축소하여 정부 재정에 통합 • 화폐 정리 사업(일본인 재정 고문 메가타 주도, 엽전과 백동화를 일본 제일 은행 화폐로 교환 → 한국 상인과 은행 타격)
토지 약탈	일본이 철도 부지와 군용지 확보를 구실로 토지 대량 약탈, 동양 척식 주식회사 설립(1908)

> **PLUS ONE** 백동화 : 전환국에서 1892년부터 발행했던 화폐이다. 액면가는 2전 5푼이었는데 재료값이 액면가에 크게 못 미쳤기 때문에 인플레이션을 일으켰다. 이후 화폐 정리 사업으로 통용이 중지되었다.
>
> 동양 척식 주식회사 : 1908년 한·일 합작 회사로 설립되었다. 한국 정부에서 인수받거나 매입한 막대한 토지를 기반으로 일본인의 이민을 추진하는 등 한국 토지 침탈에 앞장섰다.

(2) 경제적 구국 운동

① 방곡령 사건

배 경	개항 이후 곡물이 대량으로 일본에 유출 → 국내 식량난 가중, 곡물 가격 폭등
전개 및 결과	함경도와 황해도에서 방곡령 실시(1889, 1890) → 통보가 늦었다는 이유로 일본의 항의 → 방곡령 철수와 배상금 지급

② 상권 수호 운동

회사 설립	대동 상회(평양), 장통회사(서울) 등 상회사 설립
시전 상인	• 개성 상인 : 수출입 유통업 확대 • 경강 상인 : 증기선 구입 • 황국 중앙 총상회 설립(1898) : 한성 시전 상인 조직
은행 및 기업 육성	• 조선 은행(관료 자본 중심), 한성 은행, 대한 천일 은행 등 설립 • 해운 회사 및 철도 회사 설립

> **PLUS ONE** 황국 중앙 총상회 : 1898년 서울에서 창립된 시전 상인의 단체이다. 외국 상인의 침투에 대항하여 민족적 권익을 지키면서 그 속에서 시전상인의 독점적 이익을 수호, 유지하고자 하였다.

③ 이권 수호 운동

배 경	아관 파천 이후 열강의 이권 침탈 심화
내 용	• 독립 협회의 활동 : 러시아의 절영도 조차 요구 저지, 한러 은행 폐쇄, 프랑스와 독일의 광산 채굴권 요구 반대 • 황무지 개간권 요구 반대 운동(1904) : 일부 실업인과 관리들이 농광 회사 설립(우리 손으로 황무지 개간 주장), 보안회(반대 운동 전개) → 일제가 황무지 개간권 요구를 철회

④ 국채 보상 운동(1907)

배 경	대한 제국을 경제적으로 예속시키기 위한 일제의 차관 강요
전 개	대구에서 서상돈 주도로 국채 보상 운동 전개 → 국채 보상 기성회 설립(서울) → 대한매일신보 등 언론 기관의 대국민 홍보 → 각계각층의 호응
결 과	일제의 탄압(주요 인사들 횡령죄로 재판)과 고위 관료·부유층 불참으로 실패

(3) 개항 이후 사회 · 문화의 변화

① 근대 시설 및 기술 도입

근대 시설	박문국(신문 발행, 1883), 기기창(무기 제조, 1883), 전환국(화폐 발행, 1883) 설치
통신 · 전기	전신 · 우편(우정총국), 경복궁에 전등 설치, 한성 전기 회사 설립
교 통	철도(경인선, 경부선, 경의선) 등 도입
의 료	광혜원(이후 제중원으로 개칭), 광제원(국립 병원) 설립, 종두법 보급(지석영)
건 축	독립문, 덕수궁 석조전, 명동성당 건립

② 언론 기관의 발달

독립신문	서재필 등이 주도하여 만든 우리나라 최초의 민간 신문, 한글과 영문으로 발행, 민권 의식 향상에 기여
제국신문	순한글, 서민층과 부녀자 대상, 민중 계몽
한성순보	순한문, 박문국에서 발행, 최초의 근대 신문, 관보의 성격, 정부 정책 홍보
한성주보	한성순보 계승, 국한문 혼용, 최초로 상업 광고 게재
대한매일신보	영국인 베델과 양기탁이 합작하여 창간, 국채 보상 운동의 적극적인 홍보
만세보	천도교 기관지, 국한문 혼용, 민중 계몽과 여성 교육에 관심

③ 근대 교육 기관

신교육 도입	원산학사(최초의 근대적 사립학교, 1883), 동문학(통역관 양성, 1883), 육영공원(근대적 관립 학교, 1886)
신교육의 제도화	• 갑오개혁에 의해 제도화 → 교육 입국 조서 반포(1895), 한성 사범 학교 · 소학교 등 학교 설립 • 대한 제국기 → 관립 중학교와 외국어 학교 설립, 각종 실업 학교와 기술 교육 기관 마련
신교육의 확산	• 1905년 이후 사립학교 설립 운동 전개 • 개신교 선교사들과 민족계 인사들이 다수의 사립학교 설립

PLUS ONE 교육 입국 조서 : 1895년에 고종이 발표한 것으로 '국가의 부강은 국민의 교육에 있다'는 내용이다. 이를 실천하기 위해 한성 사범 학교와 소학교 등이 설립되었다.

④ 국학 연구

국 어	국문 연구소 설립(1907) : 지석영, 주시경(국어 문법 연구)
국 사	• 근대 계몽 사학 : 애국심 고취 • 신채호의 『독사신론』 : 대한매일신보에 게재, 민족주의 역사학의 연구 방향 제시 • 구국 위인전기 간행 : 『을지문덕전』, 『이순신전』, 『강감찬전』 등

⑤ 문학과 예술

문 학	신소설(「혈의 누」, 「자유종」, 「금수회의록」 등), 신체시(「해에게서 소년에게」)
예 술	판소리 정리(신재효), 원각사(서양식 극장)

⑥ 종교계의 변화

유 교	박은식의『유교 구신론』→ 유교의 개혁과 유림계의 단결 주장
불 교	한용운『조선 불교 유신론』→ 불교 개혁과 불교 대중화에 노력
천주교	애국 계몽 운동에 참여, 고아원 설립, 교육 기관 설립
천도교	손병희가 동학을 천도교로 개칭, 교육 활동, 인쇄소 운영(만세보 발행)
대종교	나철·오기호 등 창시, 단군 신앙 체계화, 적극적인 항일 무장 투쟁 전개
개신교	병원 설립, 배재 학당·이화 학당 등 학교 설립

적중예상문제

01 밑줄 그은 ㉠에 대한 탐구 활동으로 가장 적절한 것은?

> 이미 서양의 나라와 수호를 맺은 이상 서울과 지방에 세워 놓은 ㉠ 척양(斥洋)에 관한 비들은 시대에 맞는 조처가 아니니 모두 뽑아 버리도록 하라. 너희 사민(士民)들은 각기 이러한 뜻을 잘 알라. 그리고 의정부는 이를 게시하여 8도(道)와 4도(道)에 알리도록 하라. – 『고종실록』

① 임진왜란의 결과를 알아본다.
② 독립문을 세운 단체를 검색한다.
③ 삼전도비의 건립 배경을 찾아본다.
④ 흥선 대원군의 대외 정책을 조사한다.

④ 병인양요와 신미양요를 극복한 흥선 대원군은 외세의 침입을 경계하고, 서양과의 통상 수교 반대를 알리기 위해 전국 각지에 척화비를 세웠다.
① 임진왜란 이후 조선은 국토의 황폐화, 양안, 호적 소실 등으로 국가 재정이 매우 궁핍해졌으며, 중국 대륙에서는 여진족이 후금을 건국하여 명을 압박하였다. 일본은 조선에서 포로로 데려간 학자와 기술자를 통해 문화가 크게 발전하였다.
② 서재필을 중심으로 설립된 독립 협회는 청의 사신을 맞던 영은문을 헐고 그 자리에 독립문을 세웠다.
③ 병자호란 때 인조는 남한산성으로 들어가 항전하였으나 세자와 대군, 신하들이 볼모로 잡히자 삼전도에서 굴욕적인 항복을 하였다.

02 흥선 대원군의 정책으로 옳지 않은 것은?

① 서원 철폐
② 별기군 창설
③ 당백전 발행
④ 호포제 실시

② 조선은 강화도 조약을 통한 개항 이후에 신식 군대인 별기군을 설치하였다.
흥선 대원군의 정책
• 비변사 혁파
• 경복궁 중건, 당백전 발행
• 『대전회통』, 『육전조례』 간행
• 삼정의 개혁
• 사창제 실시와 서원 철폐
• 호포제 실시

03 다음 화폐를 발행한 원인으로 옳은 것은?

당백(當百)은 상평통보보다 100배의 가치가 있다는 뜻이다. 그러나 당백전은 실제 가치가 상평통보의 5~6배에 불과하였고, 대량으로 발행되면서 화폐 유통 질서가 혼란에 빠져 물가가 폭등하였다.

① 은 본위 화폐제도를 확립하였다.
② 왕권 회복을 위해 경복궁을 중건하였다.
③ 재정 확충을 위해 호포제를 실시하였다.
④ 일본에게 3포를 개방해 제한된 교역을 허용하였다.

 ② 흥선 대원군은 왕위 권위 회복을 목적으로 경봉궁을 중건하였다. 이를 위해 원납전 징수, 당백전 발행, 통행세 징수, 백성의 노동력 강제 징발 등을 시행하였다.
　① 은 본위 화폐 제도 채택은 1894년 갑오개혁 때이다.
　③ 흥선 대원군은 민생 안정을 추구하기 위하여 호포제를 실시하였다.
　④ 조선 전기 대마도 정벌 이후 일본이 무역을 요구해 오자 조선은 부산포, 제포(진해), 염포(울산)의 3포를 개방해 제한된 범위 내에서 교역을 허용하였다.

04 (가) 사건이 일어난 원인으로 옳은 것은?

외규장각 의궤는 (가) 때 약탈당해 국외로 유출되었다가 145년 만에 돌아왔습니다.

① 흥선 대원군이 전국에 척화비를 건립하였다.
② 조선 정부가 프랑스인 선교사들을 처형하였다.
③ 제너럴 셔먼호가 평양 군민들에 의해 불태워졌다.
④ 오페르트가 남연군의 묘를 도굴하려다가 실패한 사건이 발생하였다.

 ② 흥선 대원군의 천주교 탄압으로 인한 병인박해(1866) 때 프랑스 선교사 9명이 목숨을 잃은 것을 빌미로 프랑스 군대가 강화도를 침략하였다(병인양요). 프랑스 군은 강화도에 상륙하여 외규장각 등을 불태우고 의궤와 각종 보물을 약탈해 갔다. 양헌수가 이끌던 조선 군대가 정족산성 전투에서 프랑스 군대를 격퇴하였다.

05 다음 설명에 해당하는 사건에 대한 결과로 옳은 것은?

> 제너럴 셔먼호 사건을 구실로 1871년 미국의 군함이 강화도를 침략하였다. 어재연 등이 이끄는 조선의 수비대는 광성보와 갑곶에서 결사적으로 항전하였지만 광성보가 함락되었다.

① 프랑스 신부와 수천 명의 천주교도가 처형되었다.
② 외규장각이 소각되고 의궤 등의 문화유산이 약탈되었다.
③ 흥선 대원군의 강경한 통상 거부에 미군이 철수하고 척화비가 건립되었다.
④ 한성근 부대(문수산성)와 양헌수 부대(정족산성)가 프랑스군을 격퇴하였다.

 ③ 1866년 미국의 상선 제너럴셔먼호가 교역을 요구하며 평양 대동강까지 들어왔으나 평양 관민들이 이를 거부하면서 배를 불태워버렸다. 이 사건을 구실로 1871년 미국이 강화도를 침략하면서 신미양요가 발생하였다. 미국 함대는 초지진과 덕진진을 점령하고 광성보를 공격하였다. 어재연 등이 이끄는 조선의 수비대는 광성보와 갑곶에서 결사적으로 항전하였지만 광성보가 함락되었다. 그 결과 흥선 대원군의 강경한 통상 거부에 미군이 철수하였고, 전국에 척화비가 건립되었다.

06 (가) 조약에 대한 설명으로 옳지 않은 것은?

> 일본은 운요호 사건을 계기로 조선에 군함을 보내 문화 개방을 요구하였다. 결국 조선은 일본의 요구를 거의 그대로 받아들여 (가)을/를 체결하고 문화를 개방하였다.

① 조선에 불리한 불평등 조약이었다.
② 조선이 맺은 최초의 근대적 조약이었다.
③ 일본에 해안 측량권과 치외 법권 등을 허용하였다.
④ 일본은 외국인 고문을 초빙하여 내정에 간섭하였다.

 운요호 사건을 계기로 일본과 체결한 강화도 조약은 조선이 외국과 체결한 최초의 근대적 조약이라는 의의를 지니지만, 일본에 해안 측량권과 영사 재판권(치외 법권) 등을 허용한 불평등 조약이었다.
④ 일제는 제1차 한일 협약을 체결하여 스티븐스를 외교 고문, 메가타를 재정 고문으로 임명하여 대한 제국의 내정에 간섭하였다.

07 밑줄 친 '이 나라'로 옳은 것은?

> 1866년 이 나라의 상선 제너럴셔먼호가 대동강을 거슬러 평양까지 올라와 통상을 요구하며 횡포를 부렸다. 이에 분노한 평양 관민은 평안 감사 박규수의 지휘 하에 제너럴셔먼호를 불태워 침몰시켰다.

① 일 본
② 영 국
③ 미 국
④ 프랑스

 제너럴셔먼호 사건(1866)
- 배경 : 미국 상선 제너럴셔먼호가 대동강(평양)에 접근하여 통상 요구
- 경과 : 평안도 관찰사 박규수의 통상 요구 거부
- 결과 : 미국 상인들의 민가 약탈로 평양 백성들이 제너럴셔먼호를 불태움

08 밑줄 친 '이 사건'으로 옳은 것은?

> 일본군의 강화도 해안 불법 침입으로 발생한 이 사건이 계기가 되어 조약이 맺어졌습니다.

① 105인 사건
② 운요호 사건
③ 헤이그 특사 사건
④ 제너럴셔먼호 사건

해설 ② 운요호 사건(1875) : 일본 군함인 운요호가 강화도 초지진에 침입해 공격한 후 영종도에 상륙해 조선인들을 죽이고 약탈하는 등의 만행을 저질렀던 사건이다. 이를 계기로 일본이 조선 정부에 문호 개방을 요구하면서 강화도 조약이 체결되었다(1876).
① 105인 사건(1911) : 조선 총독부는 데라우치 총독 암살 미수사건을 조작한 105인 사건으로 많은 민족 운동가들을 체포하였고 이로 인해 신민회가 해산되었다.
③ 헤이그 특사 사건(1907) : 고종은 네덜란드 헤이그에서 개최된 만국 평화 회의에 특사(이준, 이상설, 이위종)를 파견하여 을사늑약의 부당성을 국제 사회에 알리기 위해 노력하였으나 일제의 방해로 성과를 거두지 못하였다.
④ 제너럴셔먼호 사건(1866) : 미국의 상선 제너럴셔먼호가 교역을 요구하며 평양의 대동강까지 들어왔으나 평양 관민들이 이를 거부하면서 배를 불태워버렸다. 이 사건을 구실로 미국이 강화도를 공격하면서 신미양요가 발생하였고(1871), 어재연이 이끄는 조선 군대가 광성보와 갑곶에서 결사적으로 항전하였지만 광성보가 함락되었다.

09 (가)~(다)를 일어난 순서대로 옳게 나열한 것은?

> (가) 프랑스 함대의 강화도 침입, 한성근과 양헌수 부대 격퇴
> (나) 최초의 근대적 조약, 불평등 조약
> (다) 미군 강화도 상륙, 어재연의 항전, 척화비 건립

① (가) – (나) – (다)　　　　② (가) – (다) – (나)
③ (나) – (다) – (가)　　　　④ (다) – (나) – (가)

 (가) 병인양요(1866) : 프랑스 군대가 병인박해를 빌미로 강화도를 침략하면서 병인양요가 발생하였다. 이들은
　　강화도에 상륙하여 외규장각 등을 불태우고 의궤와 각종 보물을 약탈해갔다.
　　(다) 신미양요(1871) : 병인양요와 신미양요를 극복한 흥선 대원군은 외세의 침입을 경계하고 서양과의 통상
　　수교 반대를 알리기 위해 전국 각지에 척화비를 세웠다.
　　(나) 강화도 조약 체결(1876) : 일본은 조선의 해안을 조사한다는 구실로 운요호를 강화도에 보내 초지진을
　　공격하였다(운요호 사건, 1875). 이에 조선 군대가 방어적 공격을 하자 일본이 이를 빌미로 강화도 조약의
　　체결을 강요하였고, 최초의 근대적 조약이자 불평등 조약인 강화도 조약이 체결되었다.

10 (가)에 들어갈 기구로 옳은 것은?

> 질문 : (가)에 대해 알려 주세요.
> 답변 : 1880년(고종 17년)에 개화 정책을 총괄하기 위해 설치된 기구로 의정부, 6조와는 별도로 운영되었
> 　　습니다. 소속 관청으로 사대사, 교린사, 군무사, 기계사 등 12개의 사(司)를 두었답니다.

① 박문국　　　　　　　　② 승정원
③ 탁지아문　　　　　　　④ 통리기무아문

 ④ 1880년 고종은 국내외의 군국 기무를 총괄하는 업무를 맡은 관청인 통리기무아문을 설치하고, 그 아래 12사(司)
　　를 두어 행정 업무를 맡게 하였다.
　　① 박문국은 개항 이후 세워진 출판 기관으로, 최초의 근대 신문인 한성순보를 발간하였다.
　　② 승정원은 왕의 비서 기관으로서 왕명 출납을 담당하였다.
　　③ 탁지아문은 갑오개혁 이후 설치된 관청으로서 국가의 재무를 총괄하였다.

11 (가)에 들어갈 내용의 근거가 되는 조약으로 옳은 것은?

> 1889년과 1890년에 함경도, 황해도 관찰사가 흉년으로 곡물이 부족하자 일본으로의 곡물 유출을 막기 위해 (가)을/를 선포하였다.

① 조일 통상 장정
② 한일 의정서
③ 제1차 한일 협약
④ 한일 신협약

 ① 조선은 일본과의 무역에 대한 관세권을 회복하기 위해 조일 통상 장정을 체결하였다(1883). 통상 장정의 조항 중에 천재·변란 등에 의한 식량 부족의 우려가 있을 때 방곡령을 선포하는 조항이 포함되어 있었다. 그러나 1889년과 1890년에 함경도, 황해도 관찰사가 선포한 방곡령은 조선과 일본 간의 외교적 분쟁이 되었고 조선이 일본에 거액의 배상금을 물게 되었다.

12 다음 사건이 일어난 시기를 연표에서 옳게 고른 것은?

> 고종은 일제의 불법적인 국권 강탈을 국제 사회에 폭로하기 위해 1907년 네덜란드 헤이그에서 열리는 제2회 만국 평화 회의에 이상설, 이준, 이위종을 특사로 파견하였다.

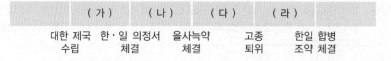

	(가)	(나)	(다)	(라)	
대한 제국 수립	한·일 의정서 체결	을사늑약 체결	고종 퇴위	한일 합병 조약 체결	

① (가)
② (나)
③ (다)
④ (라)

 ③ 을사늑약이 체결(1905)된 이후 고종은 네덜란드 헤이그에서 열린 만국 평화 회의에 특사를 파견하여 을사늑약의 무효를 국제 사회에 알리고자 하였다(1907). 그러나 회의 참석은 거부당하였고 일제와 친일 세력들의 주도로 고종은 강제 퇴위당하였다.

13 (가), (나) 사이의 시기에 있었던 사실로 옳은 것은?

> (가) 병인박해를 구실로 한 프랑스의 군사적 위협에 직면하여 동부승지 이항로는 서양 오랑캐와의 화친을 거부하고 끝까지 싸워야 한다는 상소를 올렸다.
> (나) 미국과 수교하여 러시아를 견제해야 한다는 주장이 담긴 조선책략이 유포되자 경상도 유생 이만손 등은 미국과의 수교에 반대하는 상소를 올렸다.

① 송시열이 북벌론을 내세웠다.

② 박은식이 유교 구신론을 주장하였다.

③ 박중빈이 새생활 운동을 전개하였다.

④ 최익현이 왜양일체론을 주장하며 개항에 반대하였다.

해설 ④ 최익현은 왜양일체론에 입각하여 강화도 조약 체결에 반대하는 상소를 올렸다(1876).
　　(가) 1860년대 척화주전론 : 이항로는 병인양요 때 흥선 대원군에게 주전론을 건의하고 외국과의 조약 체결과 통상에 반대하는 척화주전론을 주장하였다.
　　(나) 1880년대 개화 반대 운동 : 김홍집이 『조선책략』을 들여온 이후 미국과 외교 관계를 맺어야 한다는 여론이 형성되자 이만손을 중심으로 한 영남 유생들이 만인소를 올려 이를 비판하고 김홍집의 처벌을 요구하였다.

14 다음 (가)에 해당하는 설명으로 옳은 것은?

> 조미 수호 통상 조약의 체결로 조선에 미국 공사(푸트)가 파견되자 조선 정부는 미국에 (가)을/를 파견하였다.

① 1차 김기수, 2차 김홍집을 파견하였다.

② 김윤식을 중심으로 38명의 기술자를 파견하였다.

③ 박정양을 파견하여 근대적 시설을 관찰하게 했다.

④ 민영익, 홍영식이 미국 공사의 부임에 답하여 파견되었다.

해설 ④ 조미 수호 통상 조약의 체결로 조선에 미국 공사가 파견되자 조선 정부는 민영익, 홍영식을 중심으로 미국에 보빙사를 파견하였다(1883).
　　① 수신사
　　② 영선사
　　③ 조사시찰단

15 (가)에 들어갈 내용으로 옳은 것은?

임오군란의 전개 과정과 결과

• 전개 과정
  1. 구식 군인들의 소요 발생
  2. 구식 군인들과 도시 하층민의 일본 공사관 습격
  3. [(가)   ]
  4. 청군의 개입으로 군란 진압
• 결 과
  청의 내정 간섭 심화

---

① 군국기무처 설치
② 강화도 조약 체결
③ 미국에 보빙사 파견
④ 흥선 대원군의 재집권

해설 ④ 신식 군대인 별기군과 차별 대우를 받던 구식 군대가 선혜청을 습격하면서 임오군란이 발생하였다(1882).
구식 군인들은 흥선 대원군을 찾아가 지지를 요청하였고, 정부 고관들의 집과 일본 공사관을 습격하였다.
고종은 사태를 수습하기 위해 흥선 대원군에게 정권을 다시 맡겼지만 민씨 일파의 요청으로 온 청군이 군란을
진압하고, 흥선 대원군을 본국으로 납치해 갔다.

16 다음에서 ㉠ 사건이 일어난 시기를 연표에서 옳게 고른 것은?

신식 군대인 별기군에 비해 차별 대우를 받던 구식 군대가 선혜청을 습격하면서 (㉠)이/가 발생하였다.
군인들은 별기군 일본인 교관을 죽이고 일본 공사관을 습격하였다.

	(가)	(나)	(다)	(라)	
병인양요	신미양요	운요호 사건	통리기무아문 설치	갑신정변	

---

① (가)　　　　　　　　　　　　② (나)
③ (다)　　　　　　　　　　　　④ (라)

해설 ㉠에 해당하는 사건은 임오군란이다. 임오군란은 1882년 신식 군대인 별기군에 비해 차별 대우를 받던 구식
군대가 선혜청을 습격하면서 발생하였다.
병인양요(1866) → 신미양요(1871) → 운요호 사건(1875) → 통리기무아문 설치(1880) → 임오군란(1882) →
갑신정변(1884)

17 다음 (가)에 들어갈 사건에 대한 설명으로 옳은 것은?

> 주제 : (가)의 전개 과정
> • 1일차 : 우정총국 개국 축하연을 기회로 거사를 단행하였다.
> • 2일차 : 김옥균, 박영효 등 개화파가 개화당 정부를 수립하였다.
> • 3일차 : 청군의 개입으로 3일 천하로 막을 내렸다.

① 14개조 개혁 정강을 발표하였다.
② 보국안민, 제폭구민을 기치로 내세웠다.
③ 제물포 조약을 체결하는 결과를 가져왔다.
④ 신식 군대인 별기군이 창설되는 배경이 되었다.

 ① 정부의 소극적인 개화 정책에 불만을 품은 급진 개화파는 일본의 군사적 지원을 받아 우정총국 축하연 자리에서 갑신정변을 일으켰다(1884). 정권을 잡은 이들은 청과의 사대 관계 폐지, 입헌 군주제, 지조법 개혁・재정 일원화, 능력에 따른 인재 등용 등 14개의 개혁 정강을 마련했으나 청의 개입으로 3일 만에 실패하였다.
② 고부 군수 조병갑의 횡포에 반발한 농민들이 보국안민, 제폭구민을 기치로 내걸고 동학 농민 운동을 일으켰다(1894).
③ 임오군란 직후 일본은 군란으로 인한 일본 공사관의 피해와 일본인 교관 피살에 대해 사과 사절단의 파견, 주모자 처벌, 배상금 지불, 공사관 경비병의 주둔 등을 요구하며 조선과 제물포 조약을 체결하였다.
④ 강화도 조약(1876) 이후 조선 정부는 신식 군대인 별기군을 창설(1881)하고 일본인 교관을 통해 신식 무기로 훈련하였다.

18 다음 자료에 나타난 상황 이후에 전개된 사실로 옳은 것은?

> 지금 자주 독립의 위치에서 조칙(詔勅)으로 명령을 내리고 연호를 쓰고 있으니 이미 황가(皇家)의 제도를 시행한 것입니다. …… 자주적인 우리나라는 마땅히 황제라고 칭해야 하는데, 어찌하여 폐하께서는 황제의 자리에 오르지 않으십니까?
> — 『고종실록』

① 영선사가 파견되었다.
② 운요호 사건이 발생하였다.
③ 대한국 국제가 제정되었다.
④ 신식 군대인 별기군이 창설되었다.

 ③ 아관 파천 이후 경운궁으로 돌아온 고종은 대한 제국을 수립하고, 연호를 광무로 하여 환구단에서 황제로 즉위하였다(1897). 대한 제국을 선포한 고종은 대한국 국제를 제정하여 대한 제국 황제가 군대 통수권, 입법권, 행정권 등의 권한을 장악한 전제 군주임을 선포하였다(1899).

19 다음 내용과 관계 깊은 역사적 사건에 대한 설명으로 옳지 않은 것은?

> • 고부 군수 조병갑의 폭정에 항거
> • 전주성 점령
> • 공주 우금치 전투에서 패배

① 반봉건 · 반외세적 투쟁이었다.

② 갑오개혁에 부분적으로 영향을 주었다.

③ 근대 국가를 건설하기 위한 구체적 방안을 제시하였다.

④ 일부는 의병 운동에 가담하여 반일 투쟁을 활성화하였다.

해설 동학 농민 운동의 성격과 영향

성 격	• 반봉건 : 신분제 개혁 등 정치 · 사회 개혁 요구 • 반외세 : 일본의 침략과 내정 간섭에 저항
영 향	갑오개혁에 부분적 반영, 의병 운동에 가담하여 반일 무장 투쟁 활성화
한 계	근대 국가를 건설하기 위한 구체적인 방안을 제시하지 못하였다.

20 (가) 시기에 있었던 사실로 옳은 것은?

> **동학 농민 운동의 전개 과정**
>
> 농민군은 전주 감영에서 파견된 관군을 황토현에서 물리쳤다.
>
> ↓
>
> (가)
>
> ↓
>
> 전봉준의 남접 부대와 손병희의 북접 부대가 논산에서 집결하였다.

① 전라도 각 지역에 집강소를 설치하였다.

② 조병갑의 비리에 고부 관아를 습격하였다.

③ 보은에 집결하여 '척왜양창의'를 주장하였다.

④ 공주 우금치 전투에서 관군 · 일본군과 싸웠다.

해설 동학 농민 운동의 전개
• 고부농민 봉기 : 고부 군수 조병갑의 비리와 수탈, 전봉준 등 고부 관아 습격, 안핵사 이용태의 동학교도 탄압
• 제1차 봉기 : 전봉준 · 손화중 등의 봉기(제폭구민, 보국안민 주장) → 황토현 · 황룡촌 전투 → 전주성 점령
• 전주화약 체결 : 정부와 농민군이 전주 화약 체결 → 폐정 개혁 12개조 제시, 자진 해산 → 집강소 설치(폐정 개혁안 실천)

• 제2차 봉기 : 동학 농민군의 재봉기 → 논산 집결(남·북접 연합) → 공주 우금치 전투에서 관군·일본군에게 패함 → 전봉준 등 동학 농민군 지도자 체포

21 (가)에 들어갈 내용으로 옳은 것은?

〈갑오개혁〉
1. 개혁의 전개
　(1) 군국기무처 주도 시기
　　▶ 주요 내용
　　　－ '개국' 기년 사용
　　　－ 왕실과 국정 사무 분리
　　　－ 과부 재가 허용
　　　－ 　　　　(가)　　　　

① 과거제 폐지　　　　　　　　② 어영청 설치
③ 균역법 제정　　　　　　　　④ 호포제 실시

 ① 김홍집과 박정양 등을 중심으로 한 군국기무처는 1차 갑오개혁을 통해 국정과 왕실 사무를 분리하여 국정은 의정부, 왕실 사무는 궁내부가 담당하게 하였다. 청의 연호를 폐지하고 개국 연호를 사용하였으며 과거제를 폐지하였다. 또한, 탁지아문이 재정 사무를 관장하게 하고 은 본위 화폐 제도와 조세 금납제를 시행하였다. 사회적으로는 신분제 폐지, 조혼 금지, 과부의 재가 허용, 연좌제 폐지 등을 통해 악습을 혁파하였다.

22 밑줄 그은 '개혁'의 내용으로 옳은 것은?

을미사변 이후 개혁이 추진되었다. 이 때 정부는 기존의 음력 대신 태양력을 채택하였다. 즉, 음력 1895년 11월 17일을 양력 1896년 1월 1일로 삼은 것이다.

① 정방 폐지　　　　　　　　② 단발령 실시
③ 만동묘 철폐　　　　　　　④ 한성순보 발행

 ② 을미사변 이후 실시된 을미개혁으로 건양 연호, 태양력 사용, 단발령 등의 개혁 정책이 시행되었다.
① 고려 공민왕은 왕권 강화를 위해 정방을 폐지하고 인사권을 이부와 병부로 이관하였다.
③ 만동묘는 명나라 황제인 신종과 의종의 제사를 지내기 위해 만들어졌는데, 경제적, 사회적 폐단이 지속되자 흥선 대원군이 집권하여 철폐하였다.
④ 개항 이후 국민 계몽과 적극적 개화 정책의 추진을 위해 박문국을 설치하고 최초의 신문인 한성순보를 발간하였다. 한성순보는 순한문을 사용하고 10일마다 발행되었으며 정부 관보의 성격을 가지고 있었다.

23 다음 내용 이후에 전개된 사실로 옳은 것은?

> 고종이 일본의 감시를 피해 러시아 공사관으로 거처를 옮겼다.

① 프랑스가 병인박해를 구실로 침략하였다.
② 구식 군인들이 일본 공사관을 습격하였다.
③ 어재연이 광성보에서 미군에 맞서 싸웠다.
④ 독립 협회가 이권 수호 운동을 전개하였다.

 해설
④ 을미사변(1895)으로 인해 신변에 위협을 느낀 고종이 러시아 공사관으로 피신하자 서구 열강들의 이권 침탈이 더욱 심화되었다. 독립 협회는 이권 수호 운동을 전개하여 러시아의 절영도 조차 요구를 저지시키기도 하였다 (1898).
① 병인박해로 인해 프랑스 군대가 강화도를 공격하여 병인양요가 발생하였다. 프랑스 군은 외규장각을 불태우고 의궤 등 각종 보물을 약탈해갔다(1866).
② 신식 군인인 별기군에 비해 차별 대우를 받던 구식 군대가 선혜청을 습격하면서 임오군란이 발생하였다. 군인들은 별기군 일본인 교관을 죽이고 일본 공사관을 습격하였다(1882).
③ 제너럴셔먼호 사건을 구실로 강화도에 침입한 미국 함대는 초지진, 광성보를 점령하고 어재연이 이끄는 조선 군대와 전투를 벌였다(1871).

24 (가)단체에 대한 설명으로 옳지 않은 것은?

> 우리 동아리에서 (가)에 대한 보고서를 발표하고자 하니 많은 참여 바랍니다.
> • 발표 주제
> − 독립문 건립 과정
> − 헌의 6조의 내용 분석
> − 중추원 관제 개정 배경
> • 날짜 : 2020년 7월 ○○일
> • 장소 : ○○ 고등학교 대강당

① 만민공동회를 개최하였다.
② 고종의 환궁을 요구하였다.
③ 고종 강제 퇴위 반대운동을 주도하였다.
④ 러시아의 절영도 조차 요구를 저지하였다.

독립 협회의 활동
- 민중 계몽 운동 : 모금을 통한 독립문 건립, 모화관을 독립관으로 개조, 토론회 개최
- 자주 국권 운동 : 고종의 환궁 요구, 러시아의 절영도 조차 요구 저지, 만민 공동회 개최(러시아 이권 침탈 저지)
- 자유 민권 운동 : 국민의 신체와 재산권의 자유, 언론·출판·집회·결사의 자유 등을 확보하기 위해 노력
- 자강 개혁 운동 : 관민 공동회 개최(헌의 6조 채택, 고종의 수락, 중추원 새로 구성)

25 대한제국 시기의 상황에 대한 설명으로 맞는 것은?

① 을사늑약의 체결로 모든 민족 신문이 폐간되었다.

② 방곡령을 내려 일본의 경제적 침략에 적극 대응하였다.

③ 근대 교육에 대한 인식이 높아져 많은 학교가 세워졌다.

④ 종교의 자유가 이 시기에 허용되어 기독교가 널리 보급되었다.

> 1895년 고종이 발표한 교육입국조서로 인해 한성사범학교 개설, 최초의 관립 중학교 설립, 철도학교, 광업학교 등 각종 실업학교가 세워졌다.

26 다음은 독립신문 논설에 기재된 내용이다. 밑줄 친 '대한국' 시기에 있었던 사실로 옳지 않은 것은?

> 광무 원년 시월 십육일 논설
> 금월 십삼일에 내리신 조칙으로 말미암아 조선 국명이 변하여 대한국(大韓國)이 되었으니 지금부터 조선 인민은 대한국 인민이 된 것으로 아시오.

① 지계가 발급되었다.

② 원수부가 설치되었다.

③ 대한국 국제가 반포되었다.

④ 통리기무아문이 신설되었다.

 러시아 공사관에서 경운궁으로 환궁한 고종은 연호를 광무로 하고, 환구단을 쌓아 황제 즉위식을 거행하여 대한 제국이 자주 독립 국가임을 선언하였다(1897).
④ 고종은 청의 제도를 모방하여 국내외의 정치·군사에 관한 사무를 총괄하는 통리기무아문을 설치하였다(1880).
① 고종은 지계아문을 통해 근대적 토지 소유 문서인 지계를 발급하여 토지 소유권을 확립하고자 하였다(1901).
② 고종은 군대 통수권을 장악하기 위해 황궁 안에 원수부를 설치하였다(1899).
③ 고종은 대한국 국제를 제정하여 대한 제국 황제가 군대 통수권, 입법권, 행정권 등의 권한을 장악한 전제 군주임을 선포하였다(1899).

27 밑줄 그은 '개혁'에 대한 설명으로 옳은 것을 〈보기〉에서 고른 것은?

> 양무호는 대한 제국 정부가 추진한 개혁 때 일본으로부터 도입한 근대식 군함이다. 원래는 화물선이었으나 미쓰이 물산이 다른 일본 군함에서 뜯어낸 포를 장착하여 개조한 것이었다. 러·일 전쟁 때 일본 군함으로 징발되었고, 이후 군함의 기능을 상실하고 선원 훈련선으로 활용되었다.

양무호

┤ 보 기 ├
ㄱ. 균역법을 실시하였다.
ㄴ. 별기군을 창설하였다.
ㄷ. 구본신참을 표방하였다.
ㄹ. 양전을 실시하고 지계를 발급하였다.

① ㄱ, ㄴ   ② ㄱ, ㄷ
③ ㄴ, ㄷ   ④ ㄷ, ㄹ

 ㄷ, ㄹ. 대한 제국은 선포 직후 '옛 법을 근본으로 삼고 새로운 것을 첨가한다'를 의미하는 '구본신참'을 기본 정신으로 광무개혁을 실시하였다. 광무개혁의 주요 내용에는 양전 사업 실시, 지계 발급 등이 있다.
ㄱ. 조선 영조는 백성들의 군역 부담을 줄여주기 위해 기존 1년에 2필씩 납부하던 군포를 1필로 줄이는 균역법을 실시하였다(1750).
ㄴ. 개항 이후 통리기무아문은 5군영을 무위영과 장어영의 2군영으로 통합하고 신식 군대인 별기군을 설치하였다(1881).

28 다음은 일제가 대한 제국의 국권을 침탈하는 과정에서 체결된 조약이다. 체결된 순서대로 옳게 나열한 것은?

> ㄱ. 을사늑약
> ㄴ. 제1차 한·일 협약
> ㄷ. 한·일 신협약
> ㄹ. 한·일 의정서

① ㄱ-ㄴ-ㄷ-ㄹ
② ㄴ-ㄷ-ㄱ-ㄹ
③ ㄹ-ㄴ-ㄱ-ㄷ
④ ㄷ-ㄹ-ㄱ-ㄴ

 국권 피탈 과정
러·일 전쟁 발발(1904. 2.) → 한·일 의정서(1904. 2.) → 제1차 한·일 협약(1904. 8.) → 을사늑약(1905. 11.) → 한·일 신협약(1907. 7. 정미7조약) → 기유각서(1909) → 한·일 병합 조약(1910. 8.)

29 (가)에 해당하는 의병 운동의 배경이 된 사건은?

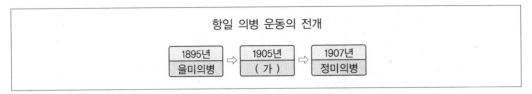

항일 의병 운동의 전개

1895년 을미의병	⇨	1905년 (가)	⇨	1907년 정미의병

① 만주사변
② 을사조약
③ 청산리 전투
④ 봉오동 전투

해설 (가)에 해당하는 의병 운동은 을사의병이다. 1905년 일본은 을사늑약(을사조약)을 강요하여 대한 제국의 외교권을 박탈하고 통감부를 설치하여 본격적인 내정 간섭을 통한 국권 침탈을 위한 절차를 진행하였다. 이에 반발하여 을사의병이 일어나 전국적으로 봉기하여 의병 항쟁이 활발하게 전개되었다.

30 다음 내용을 배경으로 일어난 사건은?

- 일본이 명성황후를 시해하였다.
- 친일 내각이 단발령을 실시하였다.

① 신미양요
② 임오군란
③ 갑신정변
④ 을미의병

해설 ④ 을미의병의 발생 배경에 대한 설명이다.

을미의병
- 주도세력 : 보수적 유생층
- 배경 : 을미사변(명성황후 시해), 단발령(을미개혁)
- 결과 : 아관 파천과 고종의 단발령 취소로 대부분 해산 → 일부는 활빈당으로 활동

31 밑줄 그은 '의병'에 대한 설명으로 옳지 않은 것은?

이 사진은 군대 해산 이후 전국 각지에서 의병이 일어났을 때 그들을 취재한 영국 기자 매켄지가 찍은 것이다. 이때 그가 만난 한 사람은 다음과 같이 말하였다. "우리는 죽을 수밖에 없을 것입니다. 그러나 그것으로 좋습니다. 일본의 노예로 살기보다는 자유로운 인간으로서 죽는 편이 훨씬 낫습니다."

① 고종의 강제 퇴위에 반발하였다.
② 포수와 농민 등 평민들이 대다수였다.
③ 곽재우, 고경명 등이 의병장으로 활약하였다.
④ 국제법상의 교전 단체로 인정해 줄 것을 요구하였다.

 ③ 임진왜란 당시 곽재우, 고경명 등이 의병장으로 활약하였고, 전국 각지에서 의병이 결성되어 왜군에 대항하였다.
정미의병
고종의 강제 퇴위와 한·일 신협약으로 인한 군대 해산에 반발한 군인들이 의병 활동에 가담하였다. 이들은 해산된 군인과 농민 등 평민들이 대다수였으며, 각국 공사관에 국제법상 교전 단체로 인정해 줄 것을 요청하고, 13도 창의군을 결성하여 서울 진공 작전을 전개하였다.

32 다음 (가)에서 설명하는 단체는?

질문 : (가)에 대해 알려주세요.
답변 : 문화적·경제적 실력 양성 운동을 전개하였고, 국외에 독립운동 기지를 건설하였습니다. 그러나 일제가 날조한 105인 사건으로 해체되었습니다.

① 보안회   ② 신민회
③ 대한 자강회   ④ 헌정 연구회

 ② 1907년에 결성된 신민회는 국권 회복과 공화정체에 바탕을 둔 근대 국가 건설을 목표로 하였다. 대성 학교와 오산 학교를 세워 민족 교육을 실시하고 태극 서관과 자기 회사를 설립하여 민족 산업을 육성하고자 하였다. 또한 장기적인 독립 전쟁 수행을 위해 국외에 독립운동 기지 건설을 추진하여 서간도 삼원보에 경학사를 조직하고 신흥 강습소를 설치하였다. 그러나 1911년 일제가 조작한 105인 사건을 계기로 해체되었다.

33 다음 (가) 단체에 대한 답변으로 옳은 것은?

> 질문 : (가) 단체에 대해 설명해 주세요.
> 답변 : 을사조약 체결 이후 합법적인 계몽 운동에 한계를 느낀 안창호, 양기탁 등은 비밀 결사인
> (가)을/를 결성하였다(1907). 이들은 국권 회복과 공화정체를 바탕으로 실력을 키워 근대 국민
> 국가를 건설할 것을 목표로 삼았다.

① 헤이그에 특사를 파견하였다.
② 대성 학교와 오산 학교를 세웠다.
③ 입헌 군주제 수립을 목표로 하였다.
④ 일제의 황무지 개간권 반대 운동을 전개하였다.

 신민회
- 주도 : 안창호, 양기탁 등이 비밀 결사 형태로 조직
- 목표 : 국권 회복, 공화정체의 근대 국가 건설
- 활동
  - 민족 교육 실시 : 대성 학교·오산 학교 설립
  - 민족 산업 육성 : 태극 서관 운영, 자기 회사 운영
  - 국외 독립운동 기지 건설 : 만주에 신흥 강습소 설립
- 해산 : 일제가 날조한 105인 사건으로 와해(1911)

34 다음 내용에 해당하는 것으로 옳은 것은?

> 일본의 황무지 개간권 요구에 반대하여 1904년 결성되었으며, 맹렬한 시위를 전개하여 마침내 일본의
> 요구를 철회시킨 단체이다.

① 보안회   ② 신민회
③ 근우회   ④ 독립협회

 ① 일제가 대한 제국에 황무지 개간권을 요구하자 보안회는 황무지 개간권 요구 철회를 주장하였다.
② 신민회는 민족 산업의 육성을 위해 태극 서관, 자기 회사 등을 설립, 운영하였다.
③ 근우회는 신간회의 자매단체로 조직되어 여성 계몽 활동과 여성 지위 향상 운동을 전개하였으며 기관지로
『근우』를 발간하였다.
④ 독립협회는 청의 사신을 맞던 영은문을 헐고 그 자리에 독립문을 세웠으며 의회 설립을 요구하였다. 또한
만민 공동회와 관민 공동회를 개최하여 자유 민권 의식 신장에 기여하였다.

35 (가)에 들어갈 전쟁은?

> 대한 제국은 1900년에 칙령 제41호를 반포하여 울릉도를 군으로 승격시켜 독도를 관할하게 하였다.
> 그러나 일본은 (가) 중에 어떠한 논의도 없이 독도를 시마네현에 불법적으로 편입시켰다.

① 만주사변
② 러 · 일 전쟁
③ 청 · 일 전쟁
④ 태평양 전쟁

해설 ② 독도는 19세기 중엽 일본 어민들의 불법 침입으로 정부 차원에서 관리를 파견하고 주민을 이주시켰다(1882).
대한 제국 시기에는 울릉도를 군으로 승격시켜, 독도를 관할하기도 하였다(1900). 그러나 러 · 일 전쟁 중에
일본은 우리 정부와 어떠한 논의도 없이 독도가 주인 없는 땅임을 주장하며 시마네현 고시를 발표하고 자국
영토로 불법 편입하였다(1905).

36 (가)지역에 대한 탐구 활동으로 옳은 것은?

> '서쪽은 압록강, 동쪽은 토문강'이라는 백두산정계비문 해석을 둘러싸고 팽팽하게 맞선 가운데 (가)의
> 귀속 문제는 확실한 결론을 맺지 못하였다.

① 3포 왜란의 발생 원인을 살펴본다.
② 안용복의 활동 내용에 대해 조사해본다.
③ 보빙사를 미국에 파견한 목적을 알아본다.
④ 일본이 만주 철도 부설권을 얻어낸 배경을 조사해본다.

해설 ④ 일제는 간도 협약을 통해 청에게 간도를 넘겨주고 남만주 철도 부설권을 획득하였다(1909).
① 세종 때 대마도주의 요구를 받아들여 부산포, 제포, 염포를 개방하였고(1426), 제한된 범위 내에서 무역을
허락하는 계해약조를 체결하였다(1443). 그러나 왜인들이 조선 정부의 통제에 반발하여 삼포 왜란이 일어났다
(1510).
② 숙종 때 동래 출신 안용복은 독도를 왕래하는 일본 어부들을 쫓아내고 이들을 따라 일본에 가서 독도가
조선의 영토임을 확인받았다.
③ 조미 수호 통상 조약의 체결 이후 사절단으로 미국에 보빙사가 파견되었다.

37 밑줄 친 '나'에 대한 설명으로 옳은 것은?

> 나는 결코 암살범이 아니다. 이토 히로부미를 죽인 것은 의병 중장의 자격으로 한 것이지 결코 자객으로서 한 것은 아니다. 한국과 일본 두 나라의 친선을 저해하고 동양의 평화를 어지럽힌 장본인은 바로 이토 히로부미이므로, 나는 한국의 의병 중장의 자격으로서 그를 제거한 것이다.

① 형평 운동을 전개하였다.
② 『동양 평화론』을 집필하였다.
③ 동학 농민 운동을 주도하였다.
④ 고종의 강제 퇴위 반대 운동을 전개하였다.

 ② 동양 평화론은 안중근이 집필하였다.
안중근은 을사늑약의 체결을 주도하고 통감부의 초대 통감으로 있던 이토 히로부미를 하얼빈에서 사살하였다 (1909).

38 (가)에 해당하는 내용은?

> • 제목 : (가)
> • 주요 단체
>   – 헌정 연구회 : 입헌 정치 체제 수립 추구
>   – 대한 자강회 : 고종 강제 퇴위 반대 운동
>   – 신민회 : 국권 회복과 공화정 추구

① 갑신정변　　　　　　　　② 물산 장려 운동
③ 애국 계몽 운동　　　　　　④ 항일 의병 전쟁

 ③ 애국 계몽 운동은 교육 · 산업 등의 분야에서 실력을 양성하여 국권을 회복하려는 운동으로, 주로 개화 지식인, 민중 계몽 지식인, 도시 시민층의 주도로 진행되었다. 보안회, 헌정 연구회, 대한 자강회, 신민회 등 여러 단체들이 국권 회복을 위한 애국 계몽 운동을 전개하였다.

39 다음 중 설명이 잘못된 것은?

① 신간회 – 황무지 개간권 요구 저지
② 대한 협회 – 장지연 등 천도교 세력과 합세
③ 대한 자강회 – 교육 산업 진흥, 고종 퇴위 반대
④ 헌정 연구회 – 입헌 군주제 수립을 통한 민권 확대 주장

해설 황무지 개간권 요구 반대 투쟁은 보안회의 활동이다.

40 개항 이후 경제적 구국 운동에 대한 설명으로 옳지 않은 것은?

① 방곡령의 선포 : 일본으로의 미곡 유출을 금지하였다.
② 황국 중앙 총상회의 활동 : 상권 수호 운동을 전개하였다.
③ 보안회의 활동 : 태극 서관, 자기 회사를 설립하였다.
④ 국채 보상 운동의 전개 : 대한매일신보의 후원을 받았다.

해설 ③ 보안회는 일제의 황무지 개간권 요구에 대한 반대 운동을 벌여 이를 철회시켰다.
안창호, 양기탁, 이승훈 등이 조직한 비밀 결사 단체인 신민회는 국내의 산업 활동을 육성하기 위해 대구에 태극 서관, 평양에 자기 회사를 설립하였다.
① 함경도 관찰사 조병식은 흉년으로 곡물이 부족하자 일본으로의 곡물 유출을 막기 위해 방곡령을 실시하였다.
② 조청 수륙 무역 장정이 체결되어 외국 상인들로 인해 어려움에 처한 서울 도성의 시전 상인들이 황국 중앙 총상회를 조직하여 상권 수호 운동을 전개하였다.
④ 대구에서 시작된 국채 보상 운동은 대한매일신보의 후원을 받아 전국으로 확산되었다.

41 다음에서 알 수 있는 민족 운동에 대한 설명으로 옳은 것은?

> … 지금 우리들은 정신을 새로이 하고 충의를 떨칠 때이니, 국채 1천 3백만 원은 우리의 존망에 직결된 것이니 이것을 갚으면 나라가 보존되고, 갚지 못하면 나라가 망할 것이니 …(중략)… 2천만 사람들이 3개월 동안 금연하고 그 대금으로 한 사람에게 매달 20전씩 거둔다면 1천 3백만 원을 모을 수 있습니다. …

① 황국 중앙 총상회가 주도하였다.
② 고종의 강제 퇴위를 반대하였다.
③ 대한매일신보 등 언론사의 지원을 받았다.
④ 일제의 황무지 개간권 요구를 철회시켰다.

해설 ③ 대구에서 시작된 국채 보상 운동은 계몽 단체와 대한매일신보, 황성신문 등 여러 언론 기관들의 지원을 받아 전국적으로 확산되었다(1907).
① 조청 상민 수륙 무역 장정이 체결되면서 외국 상인들로 인해 어려움을 겪게 된 시전 상인들은 황국 중앙 총상회를 설립하여 상권 수호 운동을 전개하였다(1898).
② 대한 자강회는 고종 퇴위 반대 운동을 전개하다 통감부에 의해 강제로 해산되었다(1907).
④ 일본이 대한 제국에 황무지 개간권을 요구하자 보안회에서 이에 대한 반대 운동을 전개하였다(1904).

42 (가)에 들어갈 신문으로 옳은 것은?

> (가)은/는 사장인 베델이 일본과 동맹을 맺은 영국 국민이어서 일제의 검열을 받지 않고 발행되었다. 이에 더해 민족의식이 투철한 박은식, 신채호 등이 논설위원으로 활동하면서 일제의 침략과 한국인의 친일 행위를 신랄하게 비판하였다.

① 독립신문   ② 황성신문

③ 제국신문   ④ 대한매일신보

 ④ 양기탁과 영국인 베델을 중심으로 창간된 대한매일신보는 국채 보상 운동을 전국적으로 확산시키는 데 기여하였다.
　① 독립신문은 서재필이 창간한 최초의 민간 신문으로 한글판과 영문판 두 종류로 발행되었다.
　② 황성신문은 장지연의 시일야방성대곡을 통해 을사늑약을 비판하였다.
　③ 제국신문은 이종일이 발행한 신문으로 한글로 되어 있어 서민층과 부녀자들을 중심으로 한 독자들이 많았다.

43 (가)에 들어갈 내용으로 옳은 것은?

> 〈근대 문물의 수용〉
> 1. 학습 목표 : 개항 이후 수용된 다양한 근대 문물을 설명할 수 있다.
> 2. 학습 내용
> • 경인선 : 한성에서 제물포까지 부설된 철도
> • 원산학사 : 덕원 지방의 관민이 세운 근대식 학교
> • 광혜원 :   (가)

① 한성순보를 발행한 기관

② 신식 무기를 제조하는 공장

③ 은세계 등 신극을 공연하는 극장

④ 알렌의 건의로 세워진 최초의 서양식 병원

 ④ 미국인 선교사이자 조선 왕실의 의사였던 알렌의 건의로 최초의 서양식 병원인 광혜원이 설립되었다. 광혜원은 설립 직후 제중원으로 명칭이 바뀌었다.
　① 개항 이후 박문국에서 최초의 근대 신문인 한성순보가 발간되었다.
　② 김윤식을 중심으로 청에 파견된 영선사는 톈진에서 근대 무기 제조 기술과 군사 훈련법을 배우고 돌아왔고, 이를 계기로 근대식 무기 제조 공장인 기기창이 세워졌다.
　③ 최초의 서양식 극장인 원각사에서 이인직의 「은세계」가 공연되었다.

44 (가)에 들어갈 내용으로 옳은 것은?

일본이 대한 제국의 경제 침탈을 위해 회사를 세우기도 했는지 궁금합니다.

네, 1908년에 (가)을/를 세워 황무지를 비롯한 많은 토지를 약탈하였습니다.

① 신민회   ② 일진회
③ 국채 보상 기성회   ④ 동양 척식 주식회사

 ④ 일제는 대한 제국의 토지와 자원을 수탈하기 위해 1908년 동양 척식 주식회사를 설립하였다.
　　① 신민회는 민족 산업의 육성을 위해 태극 서관, 자기 회사 등을 설립·운영하였다.
　　② 일진회는 1904년부터 1910년 사이 활동한 친일 단체이다.
　　③ 국채 보상 기성회는 국채보상운동을 주도한 단체이다.

45 다음에서 설명하는 근대 교육 기관은?

우리나라 최초의 근대적 사립학교는 함경남도 덕원 지역의 사람들이 덕원 부사에게 요청하여 설립되었다.

① 동문학   ② 육영공원
③ 서전서숙   ④ 원산학사

 ④ 우리나라 최초의 근대적 사립학교인 원산학사는 1883년에 함경남도 덕원 지역의 사람들이 덕원 부사에게 요청하여 설립되었다. 원산학사는 국가나 서양인에 의해 설립된 것이 아니라 민간인들이 자발적으로 설립 기금을 모아 근대 학교를 설립했다는 점에서 역사적으로 큰 의미를 갖는다.

일제 강점과 민족 운동의 전개

01 일제의 침략과 식민지 지배 정책

(1) 1910년대 무단 통치

① 무단 식민 통치(헌병 경찰 통치, 1910~1919)

기구 설치	• 조선 총독부 : 일제 식민 통치의 중추 기관(행정·입법·사법권·군통수권 장악) • 중추원 : 총독부 자문 기관
무단 통치 실시	• 헌병 경찰 제도 시행 : 헌병 경찰의 즉결 처분권 부여 • 무단 공포 통치 : 조선 태형령 제정, 일반 관리와 학교 교원에게까지 제복을 입고 칼을 차게 함 • 기본권 박탈 : 출판·언론·결사의 자유 박탈, 한글 신문 폐간 • 교육 정책 : 제1차 조선 교육령 제정(보통 교육과 실업 교육 위주의 편성, 일본어 교육 강화), 사립학교와 서당 탄압

② 1910년대 경제 수탈

토지 조사 사업 (1910~1918)	• 목적 : 한국의 식량과 원료 공급지화 → 토지 수탈 계획 • 내용 : 지주들의 소유권만 인정, 농민들의 관습적 경작권 부정 • 결과 : 일본인 소유지와 과세지 면적 증가, 식민지 지주제 강화, 농민 몰락
회사령 제정 (1910)	• 배경 : 민족 자본 성장 억압과 일본의 자본 독식 • 내용 : 총독의 허가를 받은 후 회사 설립, 허가 조건 위반 시 기업 해산 → 조선인의 기업 활동 억제
기 타	• 삼림령·어업령·조선 광업령 등을 통해 조선의 자원 독점, 전매제 실시, 금융 침탈, 철도·도로·항만 건설 • 식량·자원 일본 반출, 일본 상품 수입·판매에 이용하려는 목적

PLUS ONE ⊕ 즉결 처분권 : 일제가 조선인에게 재판 없이 태형, 벌금, 구류 등을 즉결 행사할 수 있는 처분권을 경찰 서장 등에게 부여한 권리

(2) 1920년대 문화 통치

① 문화 통치(민족 분열 통치)

　㉠ 배경 : 일제의 무단 통치에 대한 반발로 3·1 운동 발생 → 무단 통치의 한계 인식

　㉡ 목적 : 친일파 양성을 통해 민족 분열 도모

　㉢ 문화 통치의 실제 운영상 차이점

내 용	실제 운영
조선 총독에 문관 출신 임명 가능	문관 총독이 임명되지 않음

내 용	실제 운영
헌병 경찰제를 보통 경찰제로 전환	경찰서와 경찰관 수 증가, 고등 경찰제 실시, 치안 유지법 제정
언론·출판·집회·결사의 자유 부분 허용	신문 기사 검열·삭제, 압수·정간 등 탄압 강화
제2차 조선 교육령(보통학교 교육 연한 연장, 학교 수 증설)	고등 교육 기회 부재, 한국인 취학률 저조
참정권 부여(도·부·면에 평의회, 협의회 설치)	실권 없는 자문 기관으로 의결권이 없는 자문 기구에 불과

PLUS ONE ➊ 치안 유지법 : 일제가 국가 체제나 사유 재산 제도를 부정하는 사회주의 사상을 탄압할 목적으로 1925년에 제정한 법률이다. 이 법은 사회주의자는 물론 민족주의 계열의 독립운동가들을 탄압하는 데 이용되었다.

② 1920년대 경제 수탈

산미 증식 계획 (1920~1934)	• 배경 : 일본 본토의 쌀 부족 현상 → 한국에서 쌀 수탈 • 전개 : 비료 사용, 품종 개량, 수리시설 확충, 밭을 논으로 변경, 토지 개량 사업 전개 • 결과 : 식량 사정 악화, 농민 몰락, 농업 구조 변화
산업 침투	• 회사령 폐지(1920) : 허가제에서 신고제로 전환 → 일본 기업 진출 • 관세 철폐(1923) : 값싼 일본 제품 수입 증가, 한국 기업 타격 불가피

(3) 1930년대 이후의 민족 말살 통치

① 황국 신민화 정책

배 경	대공황 이후 일제의 침략 전쟁 확대(만주 사변, 중·일 전쟁, 태평양 전쟁)
목 적	한국인의 민족의식을 말살하여 일본인으로 동화시켜 침략 전쟁에 동원
내 용	• 내선일체 강조와 일선동조론 주장 • 황국 신민 서사 암송, 신사 참배, 궁성 요배, 창씨개명(일본식 성과 이름 변경) 강요 • 한국어·한국사 교육 금지, 일본어 사용 • 소학교 명칭을 국민학교(황국 신민의 학교)로 변경 • 한글 신문과 잡지 폐간(조선일보·동아일보 폐간)

PLUS ONE ➊ 내선일체(內鮮一體) : '내'는 일본을, '선'은 조선을 가리키며, '일본과 조선은 한 몸'이라는 뜻으로, 한국인을 일본인으로 동화시키기 위한 구호

황국 신민 서사
1. 우리들은 황국 신민이다. 충성으로써 군국에 보답하자.
2. 우리들 황국 신민은 서로 신애 협력하고 단결을 굳게 하자.
3. 우리들 황국 신민은 인고 단련의 힘을 길러 황도를 선양하자.

② 병참 기지화 정책

배 경	대공황 이후 일제의 침략 전쟁 확대
목 적	전쟁에 필요한 물자 조달을 위한 병참 기지화와 공업화 정책 시행
식민지 공업화	산미 증식 계획을 중단하고 농공 병진 정책 추진
남면북양 정책	대공황 이후 공업 원료 부족에 대비하기 위해 남부에 면화 재배, 북부에 면양 사육 강요

③ 농촌 진흥 운동(1932~1940)

배 경	대공황의 영향으로 농촌 경제가 피폐해지고 소작 쟁의 확산
내 용	• 소작 조건 개선, 농가 경제 개선 계획 등으로 농촌 통제 • 식민지 지배 체제 안정 추구

④ 전시 동원 체제 강화

국가 총동원법 제정(1938)	한국을 전쟁에 필요한 인적·물적 자원을 마음대로 수탈할 수 있는 전시 동원 체제로 재편 → 국민 정신 총동원 연맹 조직, 마을마다 애국반 편성, 친일파의 활동(전쟁 참여 독려)
인적 수탈	• 국민 징용령(1939) • 여자 정신 근로령(1944) • 병력 동원(지원병제, 학도 지원병제, 징병제) 실시
물적 수탈	전쟁 물자 공출, 금속 및 미곡 공출제 실시, 위문 금품 모금·국방 헌금 강요, 산미 증식 계획 재개

02 3·1 운동과 대한민국 임시 정부

(1) 1910년대 국내외 항일 운동

① 1910년대 국내 항일 민족 운동

독립 의군부 (1912)	의병장 임병찬이 비밀리에 조직, 복벽주의 표방, 일본에 국권 반환 요구 서신 발송 시도
대한 광복회 (1915)	박상진(총사령), 김좌진(부사령) 등이 군대식 조직으로 결성, 공화 정체의 근대 국가 수립 목표, 군자금 마련·친일파 처단 등의 활동

② 1910년대 국외 민족 운동

만주 지역	• 서간도 : 삼원보에서 경학사 조직, 신흥 강습소 설립(이후 신흥 무관 학교로 개편-독립군 양성) • 북간도 : 한인 집단촌 형성(용정촌, 명동촌 등), 민족 교육 실시(서전서숙, 명동 학교 설립), 중광단 결성(대종교, 이후 북로 군정서로 개편)
연해주	신한촌(1911), 권업회(1911, 자치 단체, 권업 신문 발행) 결성 → 이후 대한 광복군 정부 조직
상하이	신한 청년당(파리 강화 회의에 김규식을 대표로 파견)
미주 지역	대한인 국민회(장인환·전명운 의거를 계기로 결성, 독립운동 자금 모금), 대조선 국민군단(하와이, 박용만), 숭무 학교(멕시코)

❖ 1910년대 독립운동 기지

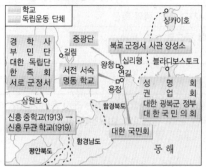

(2) 3·1 운동(1919)

① 3·1 운동의 배경

국 내	일본의 무단 통치와 수탈에 대한 반발, 고종의 급서(독살설)
국 외	• 미국 대통령 윌슨이 민족 자결주의 제시 • 레닌이 식민지와 반식민지의 민족 해방 운동 지원 선언

PLUS ONE 민족 자결주의 : 다른 민족이나 국가의 간섭을 받지 않고 자민족의 정치적 운명을 스스로 결정하는 권리를 실현하고자 하는 사상이다.

② 전개 및 확산

㉠ 준비 : 종교계(천도교, 기독교, 불교) 인사들이 대중화·일원화·비폭력의 3대 원칙에 따라 시위 운동의 진행 결정

㉡ 전개 : 민족 대표 구성, 민족 대표의 독립 선언서 발표 계획 → 태화관에서 독립 선언서 낭독 후 자진 체포 → 탑골 공원에서 학생·시민의 독립 선언서 낭독 후 서울 시내로 확산 → 전국 10여 개 도시에서 독립 선언식 개최 → 주요 도시로 확산(상인, 노동자 동참)

㉢ 확산 : 만주, 연해주, 미주(필라델피아), 일본(도쿄, 오사카) 등지의 이주 동포들이 만세 시위

㉣ 탄압 : 유관순 순국, 화성 제암리 주민 학살 등

③ 의의 및 영향

㉠ 의의 : 우리 역사상 최대 규모의 민족 운동

㉡ 영향

• 무단 통치에서 이른바 문화 통치로 전환
• 대한민국 임시 정부 수립의 계기
• 중국의 5·4 운동과 인도의 반영 운동 등에 영향
• 1920년대 노동·농민운동 활성화의 바탕

화성 제암리 주민 학살 사건(1919. 4.) : 화성 제암리에 파견된 일본군이 30여 명의 제암리 기독교 도들을 교회에 모아 놓고 문을 잠근 뒤, 무차별 사살하고 불을 질러 증거를 인멸하려고 한 비인간적 학살 사건이다.

(3) 대한민국 임시 정부 수립과 활동

① 대한민국 임시 정부 수립

배 경	3·1 운동을 계기로 조직적인 독립운동의 필요성 대두
전 개	• 여러 임시 정부의 활동 : 대한 국민 의회(연해주), 대한민국 임시 정부(상하이), 한성 정부(서울) • 항일 투쟁 역량 결집을 위한 통합 논의 • 대한민국 임시 정부 상하이에 수립(1919)
정치 형태	• 우리나라 최초로 3권 분립에 입각한 민주 공화 정체의 정부 • 임시 대통령 이승만, 국무총리 이동휘
활 동	• 민족 독립 운동의 중추 기관 임무 담당 : 독립신문 간행, 사료 편찬소 설치 • 외교 활동 : 구미 위원회 설치, 파리 강화 회의에 대표 파견, 군자금 모금과 정보 수집(연통제, 교통국)

❖ 여러 지역에 수립된 임시 정부의 통합

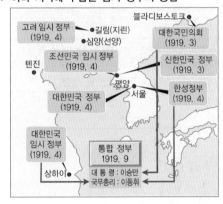

② 대한민국 임시 정부의 활동

연결망	• 연통제 조직 : 비밀 행정 조직 → 군자금 조달, 국내외 업무 연락 • 교통국 조직 : 정보 수집·분석·통신 담당
외교 활동	• 파리 위원부 설치 : 김규식을 전권 대사로 임명, 파리 강화 회의에 독립 청원서 제출 • 미국 구미 위원부 설치 : 한국의 독립 문제 국제 여론화
자금 모금	독립 공채 발행, 의연금 모금
문 화	독립신문 간행(기관지), 사료 편찬소 설치(한·일 관계 사료집 간행)
군 사	광복군 사령부·광복군 총영 마련, 독립군을 군무부 산하로 편제

③ 국민 대표 회의(1923)와 임시 정부의 변화

국민 대표 회의 개최(1923)	• 전개 : 독립운동의 새로운 활로를 모색할 목적으로 개최 → 창조파와 개조파, 현상유지파로 나누어 　대립 → 독립운동 세력의 분열 • 결과 : 독립운동가들의 이탈로 임시 정부의 활동 위축
대한민국 임시 정부의 변화	임시 정부의 체제 정비(5차례의 개헌 및 한인 애국단의 조직), 일제의 상하이 점령으로 이동 시작 → 일제의 본격적인 중국 침략 후 충칭에 정착(1940)

---

03 국내 민족 운동

(1) 실력 양성 운동

① 물산 장려 운동

배 경	일본 기업의 한국 진출 활발, 일본 상품의 관세 철폐(1923) → 일본 상품 대량 유입으로 한국 기업 위기
목 적	한국인 자본을 보호·육성하여 민족의 경제적 실력 양상
전 개	• 평양에서 조만식을 중심으로 평양 물산 장려회 설립(1920) → 서울과 전국으로 확산 • '내 살림 내 것으로', '조선 사람 조선 것' 등의 구호 제시 • 민족 산업의 보호·육성을 위한 토산품 애용, 근검저축, 금주·금연 등 실천
결 과	• 일제의 탄압과 방해로 큰 성과 거두지 못함 • 일부 기업가에 의해 토산품 가격이 상승함

❖ 국산품 선전 광고

② 민립 대학 설립 운동

배 경	3·1 운동 이후 교육열 고조, 일제의 교육령 개정
목 적	대학 설립을 통해 고등 교육을 실현하기 위하여 교육 분야의 실력 양성을 추진함
전 개	조선 민립 대학 기성 준비회 결성(1922) → 천만 원 모금 운동('한민족 1천만이 한 사람이 1원씩'의 구호)
결 과	• 일제의 탄압과 방해, 가뭄과 수해로 모금 운동 부진 • 일제의 회유책 : 경성 제국 대학 설립(1924)

③ 문맹 퇴치 운동

문자 보급 운동	조선일보 주도, '아는 것이 힘, 배워야 산다' 구호
브나로드 운동	동아일보 주도, '배우자, 가르치자, 다함께 브나로드' 구호

❖ 동아일보의 브나로드 운동

브나로드(Vnarod)는 러시아어로 '민중 속으로'라는 뜻이다.

④ 실력 양성 운동의 한계와 자치론

한 계	실력 양성 운동이 큰 성과를 거두지 못함
자치론의 대두	타협적 자치 운동론 대두 : 일제의 식민 통치 인정, 자치권 확보하여 민족의 실력 양성 주장
결 과	민족주의 세력의 분열 초래

(2) 민족 유일당 운동과 신간회

① 사회주의 사상의 유입

국내 유입	3 · 1 운동을 계기로 유입
확 산	청년 · 지식인층 중심으로 확산 → 조선 공산당 결성(1925)
영 향	• 자본주의 체제 부정 • 6 · 10 만세 운동 이후 사회주의 세력과 비타협적인 민족주의 세력의 연대 모색

PLUS ONE 민족주의와 사회주의 : 민족주의는 민족적 단결을 통해 민족의 이익을 도모하자는 입장이고, 사회주의는 혁명을 통해 무산 계급을 해방하여 평등 사회를 만들자는 주장이다.

② 민족 유일당 운동(민족 협동 전선)

배 경	일제의 사회주의 탄압, 제1차 국 · 공 합작, 자치 운동으로 인한 민족주의 진영의 분열 등
국 외	• 제1차 국 · 공 합작 성립(1924) • 한국 독립 유일당 북경 촉성회 결성(베이징), 만주에서 3부 통합 운동 전개
국 내	• 조선 민흥회(1926) : 비타협적 민족주의 계열이 사회주의 세력과 연합 모색 • 정우회 선언(1926) : 사회주의 세력이 민족주의 세력과의 제휴 필요성을 강조

③ 신간회의 결성과 활동

결성	• 비타협적 민족주의 세력과 사회주의 계열이 연대하여 창립(1927) • 회장 이상재, 부회장 홍명희 선출
강령	민족의 단결, 정치적·경제적 각성 촉구, 기회주의자 배격
활동	• 민중 계몽 활동으로 순회 강연, 야학 등 • 농민·노동·여성·형평 운동 등 지원 • 광주 학생 항일 운동을 지원(조사단 파견, 대규모 민중 대회 계획)
해소	민중 대회 사건으로 간부 대거 구속 → 타협적 민족주의와의 협력으로 갈등 발생, 코민테른 노선 변화 → 해소론 대두 → 해소(1931)
의의	• 민족주의 계열과 사회주의 계열의 민족 연합 • 일제 강점기 최대의 합법적인 반일 사회단체

PLUS ONE ➕ 신간회 강령
1. 우리는 정치적, 경제적 각성을 촉진함
2. 우리는 단결을 공고히 함
3. 우리는 기회주의를 일체 부인함

코민테른 : 1919년에 설립된 각국 공산당 연합으로 '국제 공산당'이라고도 한다. 레닌의 주도로 창설되어 국제 공산주의 운동을 지도하다가 1943년에 해산되었다.

(3) 다양한 사회 운동

① 학생 운동

㉠ 6·10 만세 운동(1926)
  • 순종의 장례식을 기해 일제의 수탈과 식민지 교육에 대한 반발로 발생한 항일 운동
  • 민족 유일당 운동의 계기

㉡ 광주 학생 항일 운동(1929)
  • 배경 : 민족 차별, 식민지 교육
  • 전개 : 일본인 학생 한국인 여학생 희롱 → 한·일 학생 충돌로 한국인 편파적 처벌 → 광주 지역 학생 총궐기 → 신간회 등의 지원으로 전국적인 규모의 항일 운동으로 확산
  • 의의 : 전국적 규모, 3·1 운동 이후 최대의 민족 운동

PLUS ONE ➕ 6·10 만세 운동의 격문
"조선 민중아!
우리의 철천지 원수는 자본·제국주의 일본이다.
이천만 동포야!
죽음을 각오하고 싸우자!
만세 만세 조선 독립 만세

② 농민 운동과 노동 운동

㉠ 농민 운동

배 경	토지 조사 사업, 산미 증식 계획 → 농민 몰락
전 개	• 1920년대 : 소작 쟁의 전개, 암태도 소작 쟁의(1923) • 1930년대 : 항일 민족 운동 성격, 혁명적 농민 조합 운동

㉡ 노동운동

배 경	회사령 철폐 → 노동자의 수 증가, 저임금, 열악한 노동 환경
전 개	• 1920년대 : 임금 인상, 열악한 노동 조건 개선 요구 → 원산 노동자 총파업(1929) • 1930년대 : 비합법적·혁명적 노동조합 건설

③ 기타 사회 운동

㉠ 여성 운동

• 배경 : 여성에 대한 봉건적 차별

• 근우회(1927) : 신간회의 자매 단체, 여성 의식 계몽 노력, 기관지『근우』발행, 노동·농민 운동에 참여

㉡ 소년 운동 : 방정환이 소년 운동 전개 → 어린이날 제정(1922, 천도교 소년회), 잡지『어린이』 발간

㉢ 형평 운동

• 배경 : 백정에 대한 사회적 차별(신분제는 갑오개혁 당시 철폐)

• 조선 형평사 결성(1923) : 신분 차별과 멸시 타파를 목표로 진주에서 창립

❖ 잡지『어린이』

(4) 민족 문화 수호 운동

① 국어 연구

조선어 연구회(1921)	이윤재, 최현배 등, 잡지『한글』간행, 가갸날(한글날) 제정
조선어 학회(1931)	조선어 연구회를 확대 개편, 한글 맞춤법 통일안·표준어 제정,『조선말 큰사전』의 편찬을 준비 → 조선어 학회 사건(1942)으로 강제 해산

PLUS ONE ⊕ 조선어 학회 사건 : 1942년에 총독부가 조선어 학회를 독립운동 단체로 몰아 회원 상당수를 구속한 사건이다. 이로 인해 조선어 학회는 해산되었다.

② 역사 연구

민족주의 사학	• 박은식 : 『한국통사』, 『한국독립운동지혈사』 저술, 민족의 '혼' 강조 • 신채호 : 고대사 연구에 치중하여 『조선상고사』, 『조선사연구초』 저술
사회경제 사학	• 사회주의의 영향으로 유물 사관을 토대로 한국사 정리 • 백남운 : 『조선사회경제사』, 『조선봉건사회경제사』 → 식민주의 사관의 정체성 이론 반박
실증 사학	• 객관적 사실에 근거한 문헌고증 • 이병도 · 손진태 : 진단 학회 조직(1934), 『진단학보』 발간
조선학 운동	1930년대 안재홍, 정인보 등이 『여유당전서』를 간행하면서 조선학을 제창

③ 종교 · 언론

종 교	• 개신교 : 신사 참배 거부 • 불교 : 한용운의 민족 불교 수호 운동 • 원불교 : 박중빈 창시, 새 생활 운동 전개 • 천도교 : 소년 운동 주도, 『개벽』 간행 • 대종교 : 만주에서 중광단 조직, 항일 무장 투쟁 전개
언 론	• 일제의 언론 통제 심화 • 일장기 말소 사건(1936) → 총독부의 압력으로 조선일보 · 동아일보 폐간(1940)

④ 문학 · 예술

문 학	• 1920년대 : 동인지 발간, 신경향파 문학, 저항 문학(한용훈, 이상화) • 1930년대 이후 : 윤동주, 이육사 등 저항 문학 지속, 순수 문학 등장
예 술	• 나운규의 아리랑(1926) : 민족의 저항 의식과 한국적 정서 부각 • 연극 토월회(1922) : 본격적 신극 운동 전개
체 육	• 제11회 베를린 올림픽 대회(1936) : 마라톤에서 손기정 우승, 남승룡 3위 • 엄복동 : 각종 자전거 대회에서 활약

04 국외 민족 운동

(1) 1920년대 무장 독립 전쟁의 승리와 시련

① 1920년대 무장 독립 전쟁

결성	3·1 운동 이후 민족의 역량에 대한 자신감, 조직적인 무장 투쟁의 필요성
봉오동 전투 (1920.6.)	• 독립군이 압록강·두만강 유역의 일본 경찰·식민 통치 기관 습격 • 홍범도(대한 독립군), 안무(군민회군), 최진동(군무 도독부군)의 주도 하에 연합 부대 형성 → 봉오동에서 대승
청산리 대첩 (1920.10.)	• 봉오동 전투에서 패한 일본군이 독립군 소탕 작전 계획을 세움 → 훈춘 사건으로 일본군 만주 진입 • 북로 군정서(김좌진)와 대한 독립군(홍범도)의 연합군 부대가 청산리에서 일본군에 반격 → 대승

PLUS ONE 훈춘 사건 : 봉오동 전투에서 패배한 일본군이 중국 마적단과 내통하여 고의로 일본 관공서를 습격하게 한 사건이다. 일제는 이를 독립군의 소행으로 몰면서 만주 출병의 명분으로 삼았다.

② 독립군 부대의 시련

간도 참변 (1920)	독립군 소탕이라는 명분하에 일본군이 간도 지역의 한인 학살
독립군 이동	청산리 대첩 후 밀산으로 독립군 집결 → 러시아 자유시로 이동
자유시 참변 (1921)	지원을 약속했던 소련이 독립군의 무장해제 요구 → 밀산에서 자유시로 이동했던 수백 명의 독립군 희생

PLUS ONE 간도 참변(1920) : 독립군에 패한 일본군은 간도 일대에서 우리 동포 1만여 명을 학살하고, 민가 2,500여 채와 학교 30여 채를 불태우는 만행을 저질렀다.

③ 독립군 부대의 재정비

3부 성립	3부 조직(참의부, 정의부, 신민부) → 만주 사변 → 중국군과 연합 작전
3부 통합 운동	민족 유일당 운동의 확산 → 독립군 단체 통합의 필요성 대두 → 혁신 의회(북만주)와 국민부(남만주)로 통합
미쓰야 협정 (1925)	조선 총독부와 만주 군벌 사이에 체결된 협약, 독립군 체포·인도 등에 합의 → 독립군 활동의 위축

❖ 1920년대 무장 독립 단체

(2) 의열 투쟁

① 의열단(1919)

배 경	3·1 운동 이후 강력한 무장 조직의 필요성 인식
결 성	김원봉, 윤세주 등을 중심으로 만주 지린성에서 결성
활 동	• 신채호가 작성한 '조선 혁명 선언'을 의열단의 행동 강령으로 채택 • 의거 : 박재혁(부산 경찰서 투탄, 1920), 김익상(조선 총독부 투탄, 1921), 김상옥(종로 경찰서 투탄, 1923), 김지섭(일본 황궁 투탄, 1924), 나석주(동양 척식 주식회사와 식산 은행 투탄, 1926)
전 환	• 배경 : 개별 의거의 한계 인식으로 조직적인 무장 투쟁의 필요성 자각 • 김원봉을 비롯한 단원들이 황푸 군관 학교에 입교(1926) → 난징에 조선 혁명 간부 학교 설립(1932) • 민족 혁명당 결성(1935)

② 한인 애국단(1931)

배 경	국민 대표 회의(1923) 이후 임시 정부의 침체로 다른 활로 모색
결 성	김구가 상하이에서 결성(1931)
활 동	이봉창 일왕 마차 폭탄 투척(1932), 윤봉길 상하이 훙커우 공원 고관 처단(1932)
영 향	중국 국민당 정부의 적극적인 지원 계기, 중국인의 한국 독립운동 재인식

PLUS ONE 윤봉길 의거 : 상하이 훙커우 공원에서 열린 상하이 사변 축하 기념식장에 폭탄을 투척하여 상하이 거류민 단장과 일본군 고관들을 처단하였다.

(3) 1930년대 무장 독립 전쟁

① 한·중 연합 작전

배 경	만주 사변(1931)과 만주국 수립, 한국 독립운동의 새로운 활로 개척 움직임
전 개	• 조선 혁명군 : 양세봉 지휘, 중국 의용군과 연합 작전 전개 → 영릉가·흥경성 전투에서 승리 • 한국 독립군 : 지청천 지휘, 중국 호로군과 연합 작전 전개 → 쌍성보·사도하자·대전자령 전투 등에서 승리
변 화	1930년대 중반 이후 연합 작전의 쇠퇴(일본의 대토벌 작전, 중국군의 사기 저하, 전리품을 둘러싼 한·중 연합군의 의견 대립 등)
결 과	대한민국 임시 정부의 요청으로 대부분의 독립군 부대는 중국 관내로 이동

PLUS ONE 만주 사변 : 일제가 1931년 9월 18일 류타오거우 사건(만철 폭파 사건)을 조작해 일본 관동군이 만주를 중국 침략 전쟁의 병참 기지로 만들고 식민지화하기 위해 벌인 침략 전쟁을 말한다.

② 만주 지역의 항일 유격 투쟁

배 경	사회주의의 확산, 한국·중국 농민들의 생존권 요구 투쟁 활발
동북 인민 혁명군 결성(1933)	중국 공산당이 조직, 한국인 공산주의자들 참여 → 모든 반일 세력을 수용, 동북 항일 연군으로 개편(1936)

PLUS ONE 동북 항일 연군 : 일제 타도를 위해 만주 지역의 모든 단체들이 이념, 노선, 계층, 민족, 국적 등과 관계 없이 연합한 부대이다.

③ 중국 관내의 항일 투쟁

민족 혁명당 (1935)	• 결성 : 의열단(김원봉)을 중심으로 한국 독립당·조선 혁명당 등이 모여 결성 • 분화 : 김원봉 주도, 조소앙, 지청천 탈당
조선 의용대 (1938)	• 결성 : 김원봉을 중심으로 조직, 중국 국민당 정부군과 합세하여 항일 투쟁 전개 • 분화 : 일부 세력이 화북 지방으로 이동하여 조선 의용대 화북 지대 결성(1941) → 김원봉 등 나머지 세력은 충칭으로 이동하여 한국 광복군에 합류(1942)

(4) 1940년대 무장 독립 전쟁과 건국 준비 활동

① 대한민국 임시 정부 활동

ㄱ 정착 : 충칭에 대한민국 임시 정부 정착(1940)

ㄴ 한국 독립당 결성 : 한국 국민당(김구), 한국 독립당(조소앙), 조선 혁명당(지청천) 등이 합류하여 결성, 이후 조선 혁명당(김원봉)도 합류

ⓒ 한국 광복군(1940)

창 설	대한민국 임시 정부가 중·일 전쟁 이후 군대 창설(1940) → 총사령관 지청천
활동 내용	• 대일 선전포고 : 태평양 전쟁 발발 직후 연합국의 일원으로 일본에 선전 포고(1941) • 군사력 증강 : 조선 의용대원들의 합류(1942)로 군사력 강화 • 연합 작전 전개 : 영국군의 요청으로 인도·미얀마 전선에 공작대 파견, 문서 번역, 일본군을 상대로 한 정보 수집과 포로 심문 등의 활동 전개 • 국내 진공 작전 : 미국 전략 정보국(OSS)의 지원하에 국내 정진군 조직하여 준비 → 일제의 패망으로 불발

ⓓ 대한민국 건국 강령 발표(1941)

기 초	• 조소앙의 삼균주의에 입각 • 대한민국 임시 정부가 제시한 신국가 건설 계획
내 용	민주 공화정 수립, 보통 선거와 무상 교육 실시, 토지와 주요 산업의 국유화, 노동권 보장 등

PLUS ONE ✛ 삼균주의 : 조소앙에 의해 정립된 정치 이념이다. 삼균이란 개인과 개인, 민족과 민족, 국가와 국가 간의 균등을 의미한다.

② 조선 독립 동맹과 조선 의용군

조선 독립 동맹 (1942)	• 결성 : 김두봉을 위원장으로 화북 지역 사회주의자들 중심으로 결성 • 활동 : 일본 제국주의 타도, 보통 선거에 의한 민주 공화국 수립, 남녀평등권 확립 등의 건국 강령 발표
조선 의용군 (1942)	• 화북 각지에서 중국 공산당군(팔로군)과 함께 항일전에 참여 • 광복 이후 중국 국·공 내전 참가 후 북한 인민군으로 편입

③ 조선 건국 동맹

결 성	국내에서 여운형 주도로 사회주의자와 민족주의자를 망라하여 결성
건국 방침	일본 제국주의 세력 축출, 조선 민족의 자유와 독립 회복, 민주주의 국가 수립, 노농 대중 해방
변 화	8·15 광복 후 조선 건국 준비 위원회로 개편

PLUS ONE ✛ 조선 건국 동맹 : 1944년 8월 여운형 등이 일본의 패전과 민족의 독립에 대비하여 만든 비밀 결사이다. 중앙과 지방 조직을 갖추고 군사행동을 계획하기도 하였으며, 조선 건국 준비 위원회의 모체가 되었다.

④ 국제 사회의 한국 독립 약속

카이로 회담 (1943.11.)	• 미국, 영국, 중국 대표가 선언 발표 • 적당한 시기에 한국을 독립시킨다는 것에 합의
얄타 회담 (1945.2.)	• 미국, 영국, 소련 대표가 참여 • 일본과의 전쟁에 소련의 참여 결정
포츠담 선언 (1945.7.)	• 미국, 영국, 중국 대표가 선언에 서명·발표 • 일본의 무조건 항복 요구, 한국 독립 재확인

적중예상문제

CHAPTER 05

01 (가) 시기에 해당하는 일제의 식민지 수탈 정책으로 옳은 것은?

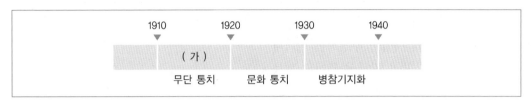

① 징용제 실시   ② 산미 증식 계획

③ 토지 조사 사업   ④ 학도 지원병제 실시

 1910년대 일제는 토지 조사국을 설치하고 토지 조사령을 발표하여 일정 기간 내 토지를 신고하도록 하였다. 신고하지 않은 토지는 총독부에서 몰수하여 일본인에게 헐값으로 불하하였다.

02 밑줄 그은 '시기'에 있었던 사실로 옳은 것은?

> 헌병 경찰 제도가 있었던 이 시기는 경무부와 헌병대 간판이 나란히 걸려 있었다. 당시에는 조선 주차 헌병대 사령관이 경무 총감부의 수장까지 겸하여 치안을 총괄했기 때문이다.

① 회사령이 제정되었다.

② 자유시 참변이 일어났다.

③ 원산 총파업이 전개되었다.

④ 미곡 공출제가 실시되었다.

 1910년대 일제의 무단 통치기에 강압적 통치를 목적으로 헌병 경찰 제도를 실시하여 헌병 경찰의 즉결 처분이 시행되었다. 또한 조선 태형령을 실시하여 곳곳에 배치된 헌병 경찰들이 조선인들에게 태형을 통한 형벌을 가하였고 교사들까지 제복을 입고 칼을 차고 다니게 하였다.
① 무단 통치기에 일제는 회사령을 공포하여 회사를 설립하거나 해산할 때 총독부의 허가를 받게 하여 민족 기업의 설립을 방해하였다.
② 간도 사변으로 인해 연해주의 자유시로 근거지를 옮긴 독립군은 이르쿠츠크파 고려 공산당과 상하이파 고려 공산당의 갈등으로 인해 자유시 참변을 겪었다(1921).
③ 영국인이 경영하는 제유 회사에서 일본인 감독이 조선인 노동자를 구타한 사건을 계기로 파업이 일어난 후 회사가 요구 조건을 이행하지 않자 원산 노동 연합회를 중심으로 총파업에 들어갔다(1929).
④ 중일 전쟁 이후 일제가 군량미 조달을 위해 미곡 공출제를 시행하여 조선 사람들의 생활이 더욱 어려워졌다(1939).

03 다음 법령이 공포된 시기의 상황으로 옳은 것은?

> 제1조 3개월 이하의 징역 또는 구류에 처하여야 할 자는 태형에 처할 수 있다.
> 제11조 태형은 감옥 또는 즉결 관서에서 비밀리에 행한다.
> 제13조 본령은 조선인에 한하여 적용한다.
>
> – "조선태형령"(1912)

① 제복을 입고 칼을 차고 다니는 교사
② 화폐 정리 사업을 추진하는 메가타
③ 학도 지원병을 강제 동원하고 있는 간부
④ 브나로드 운동에 대한 기사를 쓰는 언론인

 1910년대 무단 통치기에 조선 태형령이 실시되어 곳곳에 배치된 헌병 경찰들이 조선인들에게 태형을 가하였다.
① 헌병 경찰제는 무단 통치기인 1910년대에 강압적 통치를 목적으로 실시되었다. 당시 교사들까지 제복을 입고 칼을 차고 다니게 하였으며 조선 곳곳에 일본 헌병 경찰을 배치하여 독립운동가의 동태를 감시하였다.
② 제1차 한일 협약을 통해 재정 고문이 된 메가타는 경제권을 장악하기 위해 화폐 정리 사업을 추진하여 백동화를 제일 은행권으로 교환하였다(1905).
③ 일제는 국민 징용령(1939)으로 한국인의 노동력을 착취하였고, 학도 지원병 제도(1943), 징병 제도(1944) 등을 실시하여 젊은이들을 전쟁터로 강제 징집하였으며, 여자 정신대 근무령(1944)을 공포하여 젊은 여성들을 일본군 위안부로 삼는 만행을 저질렀다.
④ 동아일보와 조선일보 등의 언론사를 중심으로 1930년대 초 농촌 계몽 운동이 전개되었다. 동아일보는 브나로드 운동을 전개하였고, 조선일보는 문자 보급 운동을 전개하였다.

04 (가)에 들어갈 일제의 식민 통치 정책은?

> **(가)**
> • 계기 : 3·1 운동
> • 목적 : 친일파를 양성하여 민족 분열
> • 내용 : 보통 경찰제 실시, 문관 총독 임명 가능

① 무단 통치　　　　　　　　② 문화 통치
③ 민족 말살 정책　　　　　　④ 병참기지화 정책

 ② 3·1 운동은 고종의 인산일을 계기로 일어난 전국적인 민족 운동으로 중국의 5·4 운동에 영향을 주었으며, 일제의 통치 방식이 기존의 무단 통치에서 문화 통치로 바뀌게 되는 계기가 되었다(1919).
문화 통치 시기(1920년대) 정책
• 보통 경찰제 실시
• 문관 총독 임명 가능(식민 통치 은폐를 위한 기만책)
• 일본 식민 지배에 순응하는 우민화 교육

05 다음 일제의 식민 통치 방침이 마련된 배경으로 옳은 것은?

> • 총독은 문·무관 어느 쪽이라도 임용될 수 있는 길을 열고, 나아가 헌병 경찰 제도를 바꿔 보통 경찰 제도를 채택할 것이다.
> • 핵심적 친일 인물을 골라 그 계급과 사정에 맞게 각종 친일적 단체를 조직하게 한다.

① 브나로드 운동이 전개되었다.
② 암태도 소작 쟁의가 발생하였다.
③ 광주 학생 항일 운동이 일어났다.
④ 3·1 운동이 전국적으로 확산되었다.

 3·1 운동은 각계각층의 사람들이 참여한 대규모 독립 운동으로 국내외 민족 주체성을 확인하는 계기가 되어 대한민국 임시 정부의 수립이라는 결과를 가져왔으며, 이후 일제는 통치 방식을 기존의 무단 통치에서 문화 통치로 바꾸게 되었다.

06 밑줄 그은 '계획'이 실시되던 시기에 있었던 사실로 옳은 것은?

> 일본 각지에서 쌀 폭동이 일어나는 등 식량 위기가 발생하자, 조선 총독부는 쌀 생산을 대폭 늘리겠다는 계획을 실시하면서, 관개 시설을 확충한다는 명목으로 수리 조합을 조직하고 농민들을 가입시켰다. 많은 농민들은 조합비를 비롯한 경제적 부담의 증가로 토지를 상실하고 도시나 국외로 이주하기도 하였다.

① 함경도에서 방곡령이 선포되었다.
② 지계아문이 설치되어 지계가 발급되었다.
③ 증산량보다 많은 쌀이 일본으로 반출되었다.
④ 메가타의 주도로 화폐 정리 사업이 실시되었다.

 ③ 1920년대 제1차 세계 대전으로 공업화가 진전된 일본은 증가하는 도시 인구에 비해 농업 생산력이 부족하자 쌀값이 폭등하였다. 이에 조선에서 산미 증식 계획을 실시하여 일본 본토의 식량 부족 문제를 해결하고자 하였다. 이를 위해 품종 개량, 수리 시설 구축, 개간 등을 통해 쌀 생산을 대폭 늘리려 하였으나 증산량은 계획에 미치지 못하였다. 그럼에도 불구하고 증산량보다 많은 양의 쌀을 일본으로 반출하면서 농민들의 경제 상황은 더욱 악화되었다.
① 함경도 관찰사 조병식은 흉년으로 곡식이 부족해지자 일본으로 곡물이 유출되는 것을 막기 위해 방곡령을 선포하였다(1889).
② 대한 제국은 지계아문을 설치하고 근대적 토지 소유 문서인 지계를 발급하여 근대적 토지 소유권을 확립하고자 하였다(1901).
④ 제1차 한일 협약 이후 재정 고문으로 임명된 메가타는 경제권을 장악하기 위해 화폐 정리 사업을 추진하여 백동화를 제일 은행권으로 교환하였다(1905).

07 (가)에 들어갈 법령으로 옳은 것은?

> 1920년대 사회주의가 확산되자 일제는 (가)를/을 시행하여 식민지 지배에 저항하는 민족 해방 운동과 사회주의 및 독립운동을 탄압하였다.

① 신문지법   ② 토지 조사령
③ 치안 유지법   ④ 국가 총동원법

 ③ 1920년대 사회주의가 확산되자 일제는 치안 유지법을 시행하여 식민지 지배에 저항하는 민족 해방 운동과 사회주의 및 독립운동을 탄압하였다(1925).
 ① 조선 말기 일제가 우리나라의 신문을 탄압·통제하기 위하여 신문지법을 제정하였다(1907).
 ② 조선 총독부는 토지 조사국을 설치하고 토지 조사령(1912)를 공포하여 일정 기간 내 토지를 신고하도록 하였다. 신고하지 않은 토지는 총독부에서 몰수하였다.
 ④ 1930년대 일제는 우리 민족을 전쟁에 동원하기 위해 국가 총동원법을 제정하고 한반도 내에서 노동력과 물자 등을 수탈하였다.

08 다음 설명에 해당하는 일제 식민 정책은?

> 1920년대 일제는 부족한 쌀을 한국에서 확보하기 위한 정책을 추진하였다. 그 결과 쌀 생산량은 늘었지만, 증산량보다 많은 쌀이 일본으로 유출되어 우리 농민의 처지는 더욱 악화되었다.

① 회사령   ② 토지 조사 사업
③ 국가 총동원법   ④ 산미 증식 계획

 ④ 1920년대 일제는 일본 본토의 식량 문제를 해결하기 위해 산미 증식 계획을 실시하고, 이에 따라 수리 시설 확충, 종자 개량, 개간 등이 이루어졌다. 그러나 증산량보다 많은 쌀이 일본으로 반출되어 조선 농민들의 생활이 매우 어려워졌다.

09 다음 설명에 해당하는 일제의 식민 정책은?

> • 내선일체 강조
> • 황국 신민 서사 암송, 신사참배 강요
> • 일본식 성명 강요

① 회사령   ② 문화 통치
③ 헌병 경찰제   ④ 민족 말살 통치

④ 일제는 민족 말살 정책의 일환으로 황국 신민화를 위해 학교에서는 황국 신민의 서사를 암송시키고 신사 참배를 강요하였다. 또한, 한국어와 한국사 등의 과목은 폐지하여 교육 받을 수 없도록 하였으며, 일본식 이름으로 개명을 강요하였다.

10 밑줄 그은 '시기'에 있었던 사실로 옳지 않은 것은?

> 일제는 중·일 전쟁 이후 황국 신민화 정책을 추진하던 <u>시기</u>에 일왕에 대한 충성을 강요하면서 황국 신민 서사를 암송하게 하였다.

① 징병제가 실시되었다.　　　　② 신사 참배가 강요되었다.
③ 조선 태형령이 시행되었다.　　④ 국민 징용령이 공포되었다.

 ③ 1910년대 무단 통치기에 조선 태형령이 실시되어 곳곳에 배치된 헌병 경찰들이 조선인들에게 태형을 가하였다 (1912).
1930년대 중일 전쟁과 태평양 전쟁을 일으킨 일제는 국가 총동원령을 시행하여 우리 민족을 전쟁에 강제 동원하고, 민족의 정체성을 말살하기 위해 황국 신민화 정책을 시행하였다. 일제는 내선일체의 구호를 내세워 한글을 사용하지 못하게 하였고, 황국 신민 서사 암송, 창씨개명, 신사참배 등을 강요하였다. 또한 국민 징용령으로 한국인 노동력을 착취하고, 학도 지원병 제도, 징병 제도 등을 실시하여 젊은이들을 전쟁터로 강제 징집하였으며, 여자 정신대 근무령을 공포하여 젊은 여성들을 위안부로 삼는 만행을 저질렀다.

11 다음 기사에서 (가) 법령이 시행된 시기에 있었던 사실로 옳은 것은?

> ### 한국사 신문
> 제△△호　　　　　　　　　　　　　　　　　　　　　　19○○년 ○월 ○일
>
> 정부는 국민학교 현판을 떼어 내고 초등학교 현판을 다는 작업을 실시하기로 하였다. 일제가 (가)을/를 공포하면서 사용되기 시작한 국민학교라는 명칭은 일제 잔재 청산 차원에서 1996년 3월 1일부터 초등학교로 변경하기로 하였다. 중략……

① 토지 조사령이 제정되었다.
② 미쓰야 협정이 체결되었다.
③ 자유시 참변이 발생하였다.
④ 내선일체 강조와 일선동조론을 주장하였다.

 일제는 진주만을 습격하여 태평양 전쟁을 도발한 직후인 1941년 2월 28일 일제 칙령 제148호 '국민학교령(國民學校令)'을 공표하면서 소학교를 '황국 신민의 학교'라는 의미인 국민학교(國民學校)로 개칭하였다(1941). 이는 김영삼 정부 시기인 1996년 3월 1일 역사 바로 세우기 운동의 일환으로 교육법 제81조 제1호에 의해 초등학교로 명칭이 바뀌었다.

12 다음 정책이 시행되었던 시기에 볼 수 있는 모습으로 가장 적절한 것은?

> • 창씨를 안 한 자들의 자녀에 대해서는 각급 학교의 입학과 진학을 거부한다.
> • 창씨를 안 한 어린이들은 일본인 교사들이 구타, 질책하는 등 그를 증오함으로써 어린이로 하여금 애소로써 부모들에게 창씨를 하게 한다.
> • 창씨를 안 한 자는 공사를 불문하고 총독부 관계 기관에 일절 채용을 하지 않고, 현직자도 점차 해임 조치한다.

① 황국 신민 서사를 암송하는 학생
② 원각사에서 은세계를 관람하는 청년
③ 만민 공동회에서 연설을 듣고 있는 상인
④ 토지 조사 사업으로 토지를 측량하는 기사

 ① 중일 전쟁과 태평양 전쟁을 일으킨 일제는 조선 청년들을 징병제로 강제 동원하고 군량미 확보를 위해 미곡 공출제를 시행하였다. 이 시기에 일제는 황국 신민화 정책을 시행하여 창씨개명, 신사 참배, 황국 신민 서사 암송 등을 강요하였다.
  ② 최초의 서양식 극장인 원각사에서 이인직의 「은세계」가 공연되었다(1908).
  ③ 독립 협회는 만민 공동회와 관민 공동회를 통해 의회 설립과 자유 민권의 확립을 주장하였다(1898).
  ④ 조선 총독부는 1910년대에 토지 조사 사업을 위해 토지 조사국을 설치하고 토지 조사령을 발표하여 일정 기간 내 토지를 신고하도록 하였다. 신고하지 않은 토지는 총독부에서 몰수하여 일본인에게 헐값으로 불하하였다.

13 다음 설명에 해당하는 민족 운동으로 옳은 것은?

> • 민족 자결주의의 영향을 받았다.
> • 고종의 인산일을 계기로 전국적으로 일어난 민족 운동이다.
> • 중국의 5 · 4 운동에도 영향을 주었다.

① 3 · 1 운동   ② 애국 계몽 운동
③ 6 · 10 만세 운동   ④ 광주 학생 항일 운동

 ① 3 · 1 운동은 고종의 인산일을 계기로 일어난 전국적인 민족 운동으로 중국의 5 · 4 운동에 영향을 주었다. 또한 각계각층의 사람들이 참여한 대규모 독립운동으로 민족의 주체성을 확인하는 계기가 되었다.

14 다음 선언으로 시작된 민족 운동의 영향으로 옳은 것은?

> 우리는 오늘 조선이 독립한 나라이며, 조선인이 이 나라의 주인임을 선언한다. 우리는 이를 세계 모든 나라에 알려 인류가 모두 평등하다는 큰 뜻을 분명히 하고, 우리 후손이 민족 스스로 살아갈 정당한 권리를 영원히 누리게 할 것이다. …(중략)… 낡은 시대의 유물인 침략주의와 강권주의에 희생되어, 우리 민족이 수 천 년 역사상 처음으로 다른 민족에게 억눌리는 고통을 받은 지 십년이 지났다. …

① 의병 운동이 활성화되었다.
② 13도 창의군이 결성되었다.
③ 이권 수호 운동이 전개되었다.
④ 대한민국 임시 정부가 수립되었다.

해설 ④ 3·1 운동을 계기로 좀 더 조직적으로 독립운동을 추진하기 위하여 대한민국 임시 정부가 수립되었다. 1919년 3월 1일 독립선언으로 시작된 만세 시위는 서울을 시작으로 평양·진남포·안주(평안남도), 의주·선천(평안북도), 원산(함경남도) 등 6개 도시에서도 일어났다. 3·1운동은 독립선언서 첫 단락에서 보여주듯이 국권을 강탈당한 지 9년 만에 국민이 하나 되어 자주독립을 선언했다.

15 다음에 해당하는 민족 운동으로 가장 적절한 것은?

> • 구호 : '내 살림 내 것으로', '조선 사람 조선 것'
> • 포스터 : 국산품 선전 광고

① 형평 운동
② 조선학 운동
③ 국채 보상 운동
④ 물산 장려 운동

해설 ④ 1920년에 회사령이 폐지되고 조선 총독부가 한반도에서 일본 상품의 관세를 폐지한다고 발표하자 조만식 등을 중심으로 평양에서 민족 자본 육성을 통한 경제 자립을 위해 자급자족, 국산품 애용, 소비 절약 등을 내세운 물산 장려 운동이 전개되었다.
　① 일제 강점기에 신분 차별을 겪던 백정들은 진주에서 조선 형평사를 조직하고 형평 운동을 전개하였다.
　② 1930년대 중반 안재홍, 정인보, 문일평이 중심이 되어 추진된 조선학 운동은 조선의 언어, 역사, 문학을 연구하는 민족 문화 운동이다.
　③ 김광제, 서상돈 등의 제안으로 대구에서 시작된 국채 보상 운동은 일본에서 도입한 차관 1,300만 원을 갚아 주권을 회복하고자 하였다(1907). 역사, 문학을 연구하는 민족 문화 운동이다.

16 (가)에 들어갈 답변으로 옳은 것은?

> 3·1 운동으로 무단 통치의 한계를 느낀 일제가 실시한 통치 정책에는 어떤 것이 있을까요?

> (가)

① 한·일 협정을 체결하였습니다.
② 조선 총독부를 설치하였습니다.
③ 민족 분열 정책을 실시하였습니다.
④ 헌병 경찰 제도를 도입하였습니다.

해설 일본은 1919년 3·1 운동이 일어나자 무단 통치의 한계를 느끼고 문화 통치로 전환하였다. 참정권과 자치권을 부여하고 문화적 자유를 일부 허용하였으나 이는 우리 민족을 교묘히 분열시키는 통치 방식이었다.

17 (가)에 들어갈 내용으로 옳은 것은?

한국사 묻고 답하기
• 질문 : 1920년대 국외의 항일 독립운동에 대해 말씀해주세요.
• 답변
　– 대한 독립군 등이 봉오동에서 일본군을 격파했어요.
　– [　　　　　　(가)　　　　　　]
　– 참의부, 정의부, 신민부가 조직되었어요.

---

① 박용만이 대조선 국민 군단을 결성하였어요.
② 독립군 연합 부대가 청산리 전투에서 승리하였어요.
③ 안중근이 하얼빈에서 이토 히로부미를 저격하였어요.
④ 조선 의용대가 화북 지역에서 일본군과 전투를 벌였어요.

해설 ② 김좌진이 이끄는 북로 군정서군과 홍범도가 이끄는 대한 독립군이 주축이 된 독립군 부대는 청산리 전투에서 일본군에 대승을 거두었다(1920).
① 1914년에 박용만은 하와이에서 대조선 국민 군단을 결성하여 무장 투쟁을 준비하였으나 실현되지는 못하였다.
③ 1909년 안중근은 하얼빈에서 을사늑약의 원흉이자 초대 통감인 이토 히로부미를 사살하였다.

④ 1938년 김원봉이 주도하여 중국 국민당의 지원 하에 중국 관내에서 창설된 조선 의용대는 화북 지역에서 전투에 참가하였다.

18 밑줄 그은 '이 운동'에 대한 설명으로 옳은 것은?

> 배우자! 가르치자! 다함께 우리 조선의 문맹을 퇴치하자. 그리하여 문화의 조선을 건설하자! 이러한 깃발 아래 언론사가 주최한 이 운동은 전 조선 사십여 학교 이천여 명의 학생들이 장곡천정(長谷川町) 공회당에서 발대식을 거행함으로써 마침내 시작하게 되었다.

① 통감부의 방해와 탄압으로 실패하였다.
② 대중 집회인 만민 공동회를 개최하였다.
③ 평양에서 시작되어 전국으로 확대되었다.
④ 야학과 강습소를 세워 계몽 활동을 전개하였다.

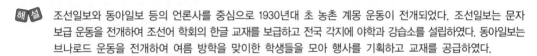

조선일보와 동아일보 등의 언론사를 중심으로 1930년대 초 농촌 계몽 운동이 전개되었다. 조선일보는 문자 보급 운동을 전개하여 조선어 학회의 한글 교재를 보급하고 전국 각지에 야학과 강습소를 설립하였다. 동아일보는 브나로드 운동을 전개하여 여름 방학을 맞이한 학생들을 모아 행사를 기획하고 교재를 공급하였다.

19 밑줄 그은 '이 단체'에 대한 설명으로 옳은 것은?

> 이 단체는 다음과 같은 3대 강령 아래 민족 협동 전선을 펼치고자 하였다.
> 1. 우리는 정치적, 경제적 각성을 촉진함
> 2. 우리는 단결을 공고히 함
> 3. 우리는 기회주의를 일체 부인함

① 국채 보상 운동을 전개하였다.
② 자기 회사, 태극 서관 등을 설립하였다.
③ 일제의 황무지 개간권 요구를 철회시켰다.
④ 비타협적 민족주의자들과 사회주의자들이 결성하였다.

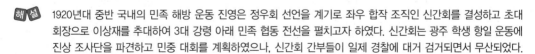

1920년대 중반 국내의 민족 해방 운동 진영은 정우회 선언을 계기로 좌우 합작 조직인 신간회를 결성하고 초대 회장으로 이상재를 추대하여 3대 강령 아래 민족 협동 전선을 펼치고자 하였다. 신간회는 광주 학생 항일 운동에 진상 조사단을 파견하고 민중 대회를 계획하였으나, 신간회 간부들이 일제 경찰에 대거 검거되면서 무산되었다.

20 다음 기사 내용에 해당하는 사건에 대한 설명으로 옳은 것은?

> 순종 황제의 인산일인 오늘, 경성 각지에서 만세 시위가 일어났다. 학생들이 격문을 뿌리며 조선 독립 만세를 외치자 시민들이 합세하였다.

① 신간회 결성의 배경이 되었다.
② 대한매일신보의 후원을 받았다.
③ 중국의 5·4 운동에 영향을 주었다.
④ 조선어 학회를 중심으로 추진되었다.

 1920년대에 사회주의가 유입되기 시작하고 사회주의자와 학생들은 순종의 인산일에 만세 운동을 계획하였으나 사회주의자들 이 사전에 발각되어 학생들을 중심으로 순종의 국장일인 1926년 6월 10일에 서울 시내에서 만세 시위를 전개하였다.
　① 운동의 준비 과정에서 조선 공산당을 중심으로 한 사회주의 세력과 천도교를 중심으로 한 민족주의 세력이 연대하여 민족 유일당을 결성할 수 있다는 공감대가 형성되었고 그 결과 신간회가 결성되었다.
　② 국채 보상 운동은 각종 계몽 단체와 대한매일신보, 황성신문, 제국신문 등 언론 기관의 지원을 받았다(1907).
　③ 3·1 운동은 고종의 인산일을 계기로 일어난 전국적인 민족 운동으로 중국의 5·4 운동에 영향을 주었으며, 일제의 통치 방식이 기존의 무단 통치에서 문화 통치로 바뀌게 되는 계기가 되었다.
　④ 조선어 학회는 한글 맞춤법 통일안을 제정하고 『조선말 큰사전』의 편찬을 시작하여 해방 이후 완성하였다.

21 다음 내용에서 나타난 민족 운동에 대한 설명으로 옳은 것은?

> 한국인 학생과 일본인 학생 간의 충돌 사건을 계기로 조선인 학생에 대한 차별과 식민지 교육에 저항하여 시위를 전개하였다.

① 정부에 헌의 6조를 건의하였다.
② 중국의 5·4 운동에 영향을 주었다.
③ 조선어 학회를 중심으로 추진되었다.
④ 신간회에서 조사단을 파견하여 지원하였다.

 ④ 광주 학생 항일 운동에 대해 신간회가 진상 조사단을 파견하여 지원하였다(1929).
　① 독립 협회는 관민 공동회를 개최하여 정부에 헌의 6조를 건의하였다(1898).
　② 3·1 운동은 중국의 5·4 운동에 영향을 주었다(1919).
　③ 조선어 학회는 한글 맞춤법 통일안과 표준어를 제정하고 『조선말 큰사전』의 편찬을 시작하여 해방 이후 완성하였다.

22 (가), (나) 사이의 시기에 있었던 사실로 옳은 것은?

> (가) ○○○○년 ○월 ○일 서울 거리는 순종 황제의 장례 행렬을 보려고 모인 사람들로 인산인해를 이루었다. 중앙고보, 연희전문, 보성전문 학생들이 전단을 배포하여 만세를 불렀다. 학생들은 즉시 체포 되어 경찰서로 연행되었다.
>
> (나) ○○○○년 ○월 ○일 광주에서 나주로 가는 통학 열차에서 일본인 남학생이 조선인 여학생을 희롱하는 사건이 있었다. 분개한 조선인 학생 박준채 등이 이를 제지하다가 일본인 학생들과 충돌하였다.

① 신간회가 결성되었다.
② 국가 총동원법이 제정되었다.
③ 교육 입국 조서가 반포되었다.
④ 여자 정신 근로령이 공포되었다.

 해설 (가) 6 · 10 만세 운동(1926) : 사회주의 세력과 학생들을 중심으로 순종의 인산일에 만세 운동을 계획하였으나 사회주의 세력이 사전에 발각되어 학생들을 중심으로 6 · 10 만세 운동을 전개하였다.
(나) 광주 학생 항일 운동(1929) : 한국인 학생과 일본인 학생 간의 충돌 사건을 계기로 조선인 학생에 대한 차별과 식민지 교육에 저항하여 발생하였으며, 신간회가 진상 조사단을 파견하여 지원하였다.
① 6 · 10 만세 운동의 준비 과정에서 조선 공산당을 중심으로 한 사회주의 세력과 천도교를 중심으로 한 민족주의 세력이 연대하여 민족 유일당을 결성할 수 있다는 공감대가 형성되었고 그 결과 좌우 합작 조직인 신간회가 결성되었다(1927).

23 밑줄 그은 '사건'으로 옳은 것은?

러시아 자유시에서 독립군 부대가 큰 피해를 입었다는데, 왜 그렇게 멀리까지 갔을까?

일제가 봉오동 전투 등 독립군 활동에 대한 보복으로 민간인을 학살한 사건 이후 독립군의 재정비를 위해 자유시로 이동했다는군.

① 간도 참변
③ 제주 4 · 3 사건
② 제암리 사건
④ 암태도 소작 쟁의

① 1920년 만주 일대에서는 홍범도의 대한 독립군과 김좌진의 북로 군정서가 중심이 되어 봉오동 전투, 청산리 전투를 큰 승리로 이끌었다. 이에 일제는 패배에 대한 보복으로 간도 지역의 수많은 한국인을 학살하고 민가와 학교를 불태우는 만행을 저질렀다(간도 참변). 이후 독립군은 러시아 자유시로 이동하였으나 그 곳에서도 독립군 내부 지휘권을 둘러싼 분쟁으로 인해 자유시 참변이 일어났다(1921).

24 미쓰야 협정이 체결된 시기를 연표에서 옳게 고른 것은?

```
      1904    1910        1921        1931    1937
        ▼      ▼           ▼           ▼       ▼
      ┌─────────────────────────────────────────┐
      │    ( 가 )    ( 나 )      ( 다 )   ( 라 )  │
      └─────────────────────────────────────────┘
      러·일    국권        자유시      만주    중·일
      전쟁    피탈         참변        사변    전쟁
```

① (가) ② (나)

③ (다) ④ (라)

조선 총독부 경무 국장 미쓰야와 만주 군벌 장쭤린은 '만주에서 활약하는 독립군을 체포하여 일본에게 넘길 것'과 '이 때 일본은 대가로 상금을 지불할 것'과 같은 내용을 담은 미쓰야 협정을 체결하였다(1925). 이로 인해 만주 지역의 독립 운동이 큰 제약을 받게 되었다.

25 다음 대화에 해당하는 역사적 사건은?

3·1 운동 이후 독립군이 일본군에 큰 승리를 거두었던 전투에 대해 알고 있습니까?

네, 홍범도의 대한 독립군을 포함한 독립군 연합 부대가 일본군과 싸워 크게 승리하였습니다.

① 기벌포 전투 ② 매소성 전투

③ 봉오동 전투 ④ 쌍성보 전투

 ③ 홍범도가 이끄는 대한 독립군은 대한 국민회군, 군무도독부 등의 독립군과 연합하여 봉오동 전투에서 일본군을 상대로 승리를 거두었다(1920)

26 다음 내용과 관련 있는 항일 민족 운동은?

> • 기차에서 한·일 학생 간의 충돌 사건을 계기로 일어남
> • 전국으로 확산되어 3·1 운동 이후 최대의 민족 운동으로 발전

① 브나로드 운동   ② 6.10 만세 운동

③ 원산 총파업 운동   ④ 광주 학생 항일 운동

 ④ 광주 학생 항일 운동에 대한 설명이다.

광주 학생 항일 운동
• 1929년 11월부터 1930년 3월까지 광주에서 일어난 학생들의 항일 투쟁 운동
• 광주에서 2,000여 명의 학생이 궐기하고 서울 등 전국적으로 확산되면서 3·1 운동 이후 최대의 민족 투쟁으로 발전

27 한국 광복군의 활동으로 옳지 않은 것은?

① 봉오동 전투에서 일본군을 격파하였다.
② 태평양 전쟁 때 일본에 선전포고를 하였다.
③ 국내 정진군을 조직하여 진공 작전을 준비하였다.
④ 인도와 미얀마 전선에서 연합군과 공동 작전을 전개하였다.

 ① 한국 광복군은 충칭에서 대한민국 임시 정부의 직할 부대로 창설되었으며, 미국의 협조를 받아 국내 진공 작전을 준비하였으나 일제의 항복으로 인해 무산되었다.

28 다음 저서를 저술한 인물은?

> 조선학 운동을 주도하며 정약용의 저술을 모은 『여유당전서』를 간행하였다.

① 백남운   ② 정인보

③ 문일평   ④ 신채호

해설 ② 정인보의 저서이다.
① 백남운은 『조선사회 경제사』, 『조선 봉건 사회 경제사』를 저술하였고, 유물 사관을 토대로 식민 사학의 정체성론을 반박하였다.
③ 문일평은 『호암전집』, 『한미 50년사』를 저술하였고 조선심, 조선정신, 조선사상을 강조하였다.
④ 신채호는 『조선 상고사』, 『조선사 연구초』 등을 저술하였고, 역사에서 '아(我)와 비아(非我)의 투쟁'을 강조하였다.

29 (가)에 들어갈 인물에 대한 설명으로 옳은 것은??

> ### 한국사 신문
>
> 제△△호 　　　　　　　　　　　　　　　　　 ○○○○년 ○○월 ○○일
>
> **민족주의 사학의 연구 방향을 제시하다.**
>
> (가)은/는『독사신론』을 통해 민족주의 사학의 연구 방향을 제시하였으며 일제의 역사 왜곡이 심한 고대사 연구에 주력하여『조선상고사』등을 저술하였다.

① 독립 의군부를 조직하였다.　　　② 조선 의용군을 창설하였다.
③ 조선 혁명 선언을 작성하였다.　　④ 조선말 큰사전 편찬을 주도하였다.

해설
③ 일제 강점기 독립운동가이자 민족주의 사학자인 신채호는『독사신론』을 저술하여 민족을 역사 서술의 중심에 두었으며 의열단의 행동 강령인 조선 혁명 선언을 집필하였다.
① 임병찬은 고종의 밀명을 받아 독립 의군부를 조직하여 조선 총독부에 국권 반환 요구서를 보내고, 의병 전쟁을 준비하였다(1912).
② 김두봉은 조선 의용대 화북지대를 개편한 조선 의용군을 창설하였다(1942).
④ 1931년 조선어 연구회에서 개칭한 조선어 학회는『조선말 큰사전』편찬을 주도하였으나 일제의 방해로 해방 이후 완성하였다(1957).

30 (가)에 해당하는 단체로 옳은 것은?

> ┌─────── (가) ───────┐
>
> • 중심인물 : 김원봉, 윤세주 등을 중심으로 만주 지린성에서 비밀 결사로 조직
> • 활 동
> 　– 박재혁의 부산 경찰석 투탄
> 　– 김상옥 종로 경찰서 투탄
> 　– 김지섭 일본 황궁 투탄
> 　– 나석주 동양 척식 주식회사와 식산 은행 투탄

① 물산 장려 운동을 펼쳤다.
② 봉오동 전투에서 큰 승리를 거두었다.
③ 삼균주의를 기본 이념으로 수용하였다.
④ 조선혁명선언을 활동 지침으로 하였다.

해설
김원봉을 중심으로 만주 지역에서 결성된 의열단은 신채호가 작성한 조선혁명선언을 기본 행동 강령으로 하여 직접적인 투쟁 방법인 암살, 파괴, 테러 등을 통해 독립운동을 전개하였다. 의열단원인 김익상은 조선 총독부에, 김상옥은 종로 경찰서에, 나석주는 동양 척식 주식회사와 조선 식산 은행에 각각 폭탄을 투척하였다.

31 다음 내용과 관계 깊은 종교는?

> • 소년 운동을 적극적으로 지원하였다.
> • 방정환, 이정호 등을 중심으로 어린이날을 정하고, 『어린이』라는 잡지를 간행하였다

① 천주교　　　　　　　　　② 대종교
③ 천도교　　　　　　　　　④ 개신교

 ③ 천도교에서는 소년 운동을 적극적으로 지원하였다. 방정환, 이정호 등이 활동한 천도교 소년회에서는 1923년 5월 1일을 어린이날로 정하고, 『어린이』라는 잡지를 간행하였다. 그러나 1930년대 들어서면서 일제는 소년 운동을 애국 운동으로 간주하여 탄압·금지시켰다.

32 다음 단체와 관련이 있는 사람은?

배 경	국민 대표 회의(1923) 이후 임시 정부의 침체 이후 다른 활로 모색
결 성	김구가 상하이에서 결성(1931)
영 향	중국 국민당 정부의 적극적인 지원 계기, 중국인의 한국 독립운동 재인식

① 김상옥　　　　　　　　　② 김원봉
③ 이봉창　　　　　　　　　④ 김익상

 ③ 이봉창은 한인 애국단 소속으로 도쿄에서 일본 국왕의 마차에 폭탄을 투척하였다(1932).
① 의열단원인 김상옥은 종로 경찰서에 폭탄을 투척하였다(1923).
② 김원봉은 의열단을 결성하여 직접적인 투쟁 방법인 암살, 파괴, 테러 등을 통해 독립운동을 전개하였다.
④ 의열단원인 김익상은 조선 총독부에 폭탄을 투척하였다(1921).

33 (가)의 활동으로 옳지 않은 것은?

> (가)은/는 나라 안팎에서 활동하던 대다수의 독립운동 세력이 참여하여 수립되었다. 최초의 민주 공화제 정부로서, 입법 기구인 임시 의정원, 행정 기구인 국무원, 사법 기구인 법원의 3권 분립 체제를 갖추고 있었다. 이는 우리나라가 국민이 주인인 민국으로 새롭게 출범하였음을 의미한다. 오늘날 대한민국 헌법은 그 법통을 계승한다고 명시하고 있다.

① 독립 공채를 발행하였다.　　　② 한국 광복군을 창설하였다.
③ 구미 위원부를 설치하였다.　　④ 대한매일신보를 간행하였다.

해설 ④ 양기탁과 영국인 베델을 중심으로 창간된 대한매일신보는 항일 민족 운동을 적극적으로 지원하였고, 국채 보상 운동을 전국적으로 확산시키는 데 기여하였다.
① 대한민국 임시 정부는 국외 거주 동포들에게 독립 공채를 발행하여 독립운동 자금을 마련하였다.
② 한국 광복군은 충칭에서 대한민국 임시 정부의 직할 부대로 창설되었으며, 미국의 협조를 받아 국내 진공 작전을 준비하였다.
③ 대한민국 임시 정부는 결성 초기에 미국에 구미 위원부를 두어 외교 활동을 담당하게 하였다.

34 다음 밑줄 친 내용에 해당하는 인물은?

> 임시 정부는 1941년 삼균 제도에 바탕을 둔 건국 강령을 발표했는데, 이는 사회주의 이념을 바탕으로 항일 투쟁을 전개하던 독립운동 세력들이 내세운 새 국가 건설의 목표와도 부합되었다.

① 김 구   ② 지청천
③ 조소앙   ④ 김원봉

해설 ③ 임시 정부는 1941년 건국 강령을 발표했는데, 건국 강령은 조소앙의 삼균주의를 바탕으로 정치적으로는 민주 공화국 건설, 경제적으로는 대기업의 국영화, 토지의 국유화 등의 내용을 담았다.

35 다음 (가)에 들어갈 단체로 옳은 것은?

> 김원봉은 조선 혁명당을 중심으로 조선 민족 전선 연맹을 결성하고, 중국 국민당의 지원을 받아 (가) 을/를 창설하였다.

① 조선 의용대
② 한국 독립군
③ 조선 혁명군
④ 동북 항일 연군

해설 조선 의용대(1938)
• 결성 : 김원봉을 중심으로 조직, 중국 국민당 정부군과 합세하여 항일 투쟁 전개
• 분화 : 일부 세력이 화북 지방으로 이동하여 조선 의용대 화북 지대 결성(1941) → 김원봉 등 나머지 세력은 충칭으로 이동하여 한국 광복군에 합류(1942)

36 다음 내용에서 (가)에 대한 설명으로 옳은 것은?

> (가)는/은 조선인의 힘으로 고등 교육 기관을 설립하고자 하는 취지에서 조직되었다. 그들은 '한민족 1천만이 한 사람이 1원씩'이라는 구호로 모금 운동을 실시하였지만 일제의 감시와 탄압으로 인해 실패하였다.

① 중국의 5 · 4 운동에 영향을 주었다.
② 대구에서 시작되어 전국으로 확산되었다.
③ 고종의 인산일을 기회로 삼아 시위를 전개하였다.
④ 이상재, 이승훈 등을 중심으로 모금 활동을 추진하였다.

 1920년대 이상재, 이승훈, 윤치호 등을 중심으로 하여 전개된 민립 대학 설립 운동은 한국인을 위한 고등 교육 기관을 설립하고자 하였다. 그들은 '한민족 1천만이 한 사람이 1원씩'이라는 구호로 모금 운동을 실시하였지만 일제의 감시와 탄압으로 인해 실패하였다.
① · ③ 3 · 1 운동은 고종의 인산일을 계기로 일어난 전국적인 민족 운동으로 중국의 5 · 4 운동에 영향을 주었다.
② 1907년 김광제, 서상돈 등의 제안으로 대구에서 시작된 국채 보상 운동은 일본에서 도입한 차관 1,300만 원을 갚아 주권을 회복하고자 하였다.

37 다음 밑줄 친 '그'에 대한 활동으로 옳은 것은?

> 그는 대한 독립군 사령관으로 김좌진과 함께 만주에서 큰 활약을 하였다. 이후 연해주에서 활동하다가, 1937년 소련에 의해 이곳 카자흐스탄으로 강제 이주 당하였다.

① 조선 의용대를 창설하였다.
② 봉오동 전투를 승리로 이끌었다.
③ 이완용을 습격하여 중상을 입혔다.
④ 조선 총독부에 폭탄을 투척하였다.

 ② 홍범도가 이끄는 대한 독립군이 봉오동에서 일본군을 상대로 승리를 거두었다(봉오동 전투, 1920).
① 김원봉의 주도 아래 조선 의용대가 중국 국민당의 지원을 받아 중국 관내에서 창설되었다.
③ 이재명은 을사오적 중 한 명인 이완용을 습격하여 중상을 입혔다.
④ 의열단원인 김익상은 조선 총독부에 폭탄을 투척하였다.

38 (가)~(다)를 일어난 순서대로 옳게 나열한 것은?

> (가) 자유시로 이동한 독립군 부대들이 러시아 적군(赤軍)에 의해 무장 해제를 당하는 가운데 수백 명의 독립군이 희생되었다.
> (나) 김좌진이 이끄는 북로 군정서군과 홍범도의 대한 독립군 등이 청산리 일대에서 일본군을 크게 무찔렀다.
> (다) 양세봉이 이끄는 조선 혁명군이 흥경성 전투에서 중국 의용군과 힘을 합쳐 일본군을 격퇴하였다.

① (가) – (나) – (다)　　　　　　② (가) – (다) – (나)
③ (나) – (가) – (다)　　　　　　④ (나) – (다) – (가)

 (나) 김좌진이 이끄는 북로 군정서군과 홍범도가 이끄는 대한 독립군이 주축이 된 독립군 부대는 청산리 전투에서 일본군에 대승을 거두었다(1920).
(가) 자유시로 이동한 대한 독립군단이 자유시 참변으로 인해 세력이 약화되었다(1921).
(다) 조선 혁명군은 남만주 지역에서 양세봉을 중심으로 하여 결성되었으며 중국 의용군과 연합하여 흥경성 전투에서 승리하였다(1933).

39 다음 설명에 해당하는 것은?

> • 1943년 미국, 영국, 중국 대표가 선언 발표
> • 적당한 시기에 한국을 독립시킨다는 것에 합의

① 톈진 조약　　　　　　② 남북 협상
③ 카이로 회담　　　　　④ 국민 대표 회의

 ③ 제2차 세계 대전 때 개최된 카이로 회담에 대한 설명이다.
① 톈진 조약은 갑신정변 이후에 일본과 청이 맺은 조약이다.
② 남북 협상은 남북한의 통일 정부 수립을 위해 1948년에 평양에서 열린 회담이다.
④ 국민 대표 회의는 1923년에 중국 상하이에서 독립운동 단체 대표들이 모여 임시 정부의 활동 방향에 대해 논의한 회의이다.

40 다음 내용에 해당하는 회담은?

> 질문 : │ (가) │에 대해 알려주세요.
> 답변 : 미·영·소 3국 수뇌가 유럽에서 독일과의 전쟁이 끝난 후 3개월 이내에 소련이 대일전에 참전한
> 다는 비밀 협정을 체결한 회담입니다.

① 얄타 회담
② 포츠담 회담
③ 카이로 회담
④ 모스크바 3국 외상 회의

해설 ① 얄타 회담(1945)은 소련의 대일전 참전 결정으로 소련군의 한반도 주둔의 배경이 되었다.

06 대한민국의 발전과 현대 세계의 변화

01 광복과 통일 정부 수립을 위한 노력

(1) 광복과 정부 수립 노력

① 8·15 광복

배 경	우리 민족의 끊임없는 독립운동 전개, 연합군의 한국 독립 약속과 연합군의 전쟁 승리
광 복	연합군의 승리로 일본이 무조건 항복 선언, 우리 민족의 끈질긴 독립운동의 결과

② 38도선 설정과 군정 실시

38도선 설정	38도선을 경계로 미국은 남한을, 소련은 북한을 각각 분할 점령
군정 실시	• 남한 : 1945년 9월 초 미군 진주 → 미군의 군정 실시(직접 통치) • 북한 : 소련군이 인민 위원회를 통해 통치(간접 통치) → 민족주의 세력 탄압

③ 자주적 정부 수립 노력

조선 건국 준비 위원회 (1945.8.)	• 결성 및 주도 : 조선 건국 동맹을 중심으로 민족주의 좌파와 사회주의 세력이 결성, 여운형과 안재홍 주도 • 활동 : 전국 지부 설치와 치안대 조직, 좌익 세력의 주도권 장악과 우익 세력 이탈 • 쇠퇴 : 조선 인민 공화국 선포(1945.9.) 이후 점차 약화
독립 촉성 중앙 협의회	이승만 중심으로 조직, 미군정의 지원 받으며 단독 정부 수립 추진
한국 독립당	김구 중심으로 조직
한국 민주당	송진우, 김성수 등이 중심이 되어 결성, 대한민국 임시 정부 지지 선언, 미 군정청과 긴밀한 관계 유지
군정 실시	• 남한 : 1945년 9월 초 미군 진주 → 미군의 군정 실시(직접 통치) • 북한 : 소련군이 인민 위원회를 통해 통치(간접 통치) → 민족주의 세력 탄압

> **PLUS ONE** 한국 민주당 : 광복 후 김성수와 송진우를 중심으로 하는 보수 우익 세력이 결집하여 창당한 정당이다. 이승만의 남한 단독 정부 수립 노선을 적극 지지하였으며, 대한민국 정부 수립에 주도적으로 참여하였다.

④ 모스크바 3국 외상 회의(1945.12.)

결정 사항	한반도에 임시 민주주의 정부 수립을 위한 미·소 공동 위원회 설치, 미·영·중·소 4개국에 의한 최대 5년간의 신탁 통치를 확정적으로 결의
국내 반응	우익(반탁 운동 전개), 좌익(처음에는 반대했으나 이후 결정 지지)
결 과	좌우익 세력의 대립 격화

(2) 통일 정부 수립을 위한 노력

① 미·소 공동 위원회

제1차 미·소 공동 위원회 (1946.3.)	덕수궁 석조전에서 개최, 임시 정부 참여 단체에 대한 미국과 소련의 대립으로 휴회
제2차 미·소 공동 위원회 (1947.5.)	제1차 때와 같은 문제로 대립하다가 결렬

PLUS ONE 미·소 공동 위원회 : 모스크바 3국 외상 회의 협정에 의하여 설치된 한국 문제 해결을 위한 미·소 양국 대표자 회의로, 두 차례에 걸쳐 열렸으나 모두 결렬되었다.

② 좌우 합작 운동(1946~1947)

배 경	• 제1차 미·소 공동 위원회 결렬 • 이승만의 정읍 발언 : 남한만의 단독 정부 수립 주장, 한국 민주당 찬성, 김구 반대
주도 세력	김규식과 중도 좌파 여운형을 중심으로 좌우 합작 위원회 결성
활 동	미 군정의 지원 아래 좌우 합작 7원칙 발표 → 좌우 합작으로 임시 정부 수립, 미·소 공동 위원회 속개 요청, 유상 몰수·무상 분배에 의한 토지 개혁, 과도 입법 기구에서 친일파 처리 등
결 과	여운형 암살 이후 좌우 합작 위원회 해체(1947.12.)

PLUS ONE 이승만의 정읍 발언(1946.6.) : 제1차 미·소 공동 위원회가 결렬된 후 이승만이 전북 정읍에서 남쪽만의 단독 정부 수립을 주장하였다.

③ 한국 문제의 유엔 상정

배 경	제2차 미·소 공동 위원회 결렬 → 미국이 한반도 문제를 유엔에 이관
경 과	인구 비례에 따른 남북한 자유 총선거 결의 → 유엔 한국 임시 위원단 파견 → 북한과 소련의 위원단 입북 거부로 남북한 총선거 실패 → 유엔 소총회(1948.2.)에서 접근 가능한 지역(남한)만의 총선거 실시 결의

④ 남북 협상(1948)

배 경	남한만의 단독 선거 결정으로 분단의 가능성이 높아짐
중심 인물	김구(한국 독립당), 김규식(민족 자주 연맹) 등
전개 과정	북한의 김일성에게 남북 정치 지도자 회의 제의 → 남북 정당·사회단체 연석 회의 개최(1948.4.) → 단독 정부 수립 반대, 미·소 양군 철수 요구 등을 담은 공동 성명서 채택
결 과	• 별다른 성과 없이 끝남 • 남북 협상파의 5·10 총선거 불참, 김구 암살(1949.6.) → 통일 정부 수립 실패

⑤ 정부 수립을 둘러싼 갈등

제주 4·3 사건 (1948)	남한만의 단독 선거를 반대하며 제주도의 좌익 세력 무장 봉기 → 제주도 내 총선거 불발, 진압 과정에서 많은 양민 희생
여수·순천 10·19 사건 (1948)	이승만 정부가 제주 4·3 사건 진압을 위해 여수 주둔 군대 출동 명령 → 군대 내 좌익 세력이 이에 반발하여 봉기 → 다수 민간인 사망

02 대한민국 정부 수립과 6·25 전쟁

(1) 대한민국 정부와 북한 정권 수립

① 대한민국 정부 수립

5·10 총선거(1948.5.10)	• 의의 : 우리나라 역사상 최초의 민주적 보통 선거 • 결과 : 제헌 국회의원을 선출(임기 2년), 무소속 당선자가 다수, 김구·김규식 등 남북 협상파는 남한 단독 선거 실시 반대로 불참
제헌 헌법 공포(1948.7.17.)	• 특징 : 3·1 운동 정신과 대한민국 임시 정부의 법통을 계승한 민주 공화국임을 밝힘 • 정치 구조 : 삼권 분립, 대통령 중심제, 국회에서 임기 4년의 대통령 간접 선거(1회에 한해 중임 허용), 단원제 국회
정부 수립(1945.8.15.)	국회에서 대통령(이승만), 부통령(이시영) 선출

② 북한 정권 수립

북조선 임시 인민 위원회	실질적 정부 역할, 토지 개혁 실시, 노동법과 중요 산업의 국유화 조치 → 북조선 인민 위원회로 발전
최고 인민 회의 구성과 헌법 제정	초대 수상 김일성을 중심으로 내각이 구성됨에 따라 조선 민주주의 인민 공화국 정부 수립 선포(1948.9.)

(2) 제헌 국회의 활동

① 친일파 청산을 위한 노력

반민족 행위 처벌법(1948)	제헌 국회에서 친일파 처벌을 위해 제정
반민족 행위 특별 조사 위원회 (반민특위)	친일 혐의자 체포·조사, 이승만 정부의 비협조와 방해, 경찰 반민 특위 습격 등으로 활동 제약
결 과	반민특위 활동 기간 단축에 따라 해체, 친일파 청산 노력 좌절

PLUS ONE 반민족 행위 특별 조사 위원회(반민특위) : 친일파 청산을 목적으로 반민족 행위 처벌법을 기준으로 국회에서 구성된 특별 위원회이다.

② 농지 개혁법 제정(1949)

㉠ 배경 : 국민 대다수가 토지 분배와 지주제 개혁 요구, 북한의 토지 개혁

㉡ 농지 개혁법 제정(1949.6.)

원 칙	유상 매입(지가 증권 발행), 유상 분배, 가구당 농지 소유 상한을 3정보로 제한
결 과	농민 중심의 토지 소유 확립, 사회적 지배 계급으로서의 지주 소멸
한 계	유상 분배에 따른 농민의 부담, 지주들의 편법 토지 매각으로 개혁 대상 토지 감소

PLUS ONE 유상 매입·유상 분배 : 정부가 지주에게 일정한 대가를 지불하고 토지를 사들인 이후 농민에게 대가를 받고 분배하는 방식이다.

(3) 6 · 25 전쟁

① 6 · 25 전쟁의 배경과 전개 과정

배 경	• 미국 · 소련의 군대 철수, 38도선 일대에서 잦은 무력 충돌, 북한의 군사력 강화, • 냉전의 격화, 애치슨 선언 발표(1950.1.)
전 개	북한의 기습적인 남침(1950.6.25.) → 북한군의 서울 점령 및 남하 → 유엔군의 참전 → 국군과 유엔군의 연합 작전으로 남하 저지 → 최후 방어선 구축 → 인천 상륙 작전 성공(9.15.) → 국군과 유엔군의 서울 수복(9.28.) 및 압록강까지 진격 → 중국군의 참전으로 국군과 유엔군의 후퇴 → 38도선 부근에서 전선 교착 → 미 · 소 양국의 휴전 회담 합의 → 정전 협정 체결(1953.7.) → 군사 분계선(휴전선) 설정

PLUS ONE ➕ 애치슨 선언 : 1950년 미 국무장관 애치슨이 발표한 미국의 태평양 방위선. 알래스카 · 일본 · 오키나와 · 대만 · 필리핀선으로 구성되어 한반도는 제외되었고 북한은 이로 인해 남한을 공격해도 미국의 개입이 없을 것이라고 판단하였다.

② 전쟁의 피해와 결과

피 해	수백만 명 인명 피해, 전 국토 초토화, 산업 시설 파괴, 분단의 고착화, 이산가족 발생
결 과	한 · 미 상호 방위 조약 체결(1953.10.), 남북 적대감 심화, 미송환 포로 문제 등

(4) 전후 남북 분단의 고착화

① 전후 남한의 정치와 경제

㉠ 이승만 정부의 독재 체제 강화 : 발췌 개헌(1952), 사사오입 개헌(1954) 등 이승만의 장기 집권 기도 및 반공체제 강화

㉡ 전후 복구와 원조 경제 체제 : 전후 복구 자금을 위한 노력 및 미국의 원조에 의한 삼백 산업(제분, 제당, 면방직 산업) 발달

② 북한의 사회주의 독재 체제 확립과 전후 복구

㉠ 김일성 중심의 지배 체제 강화 : 연안파, 소련파, 남조선 노동당 출신의 국내파 제거 → 권력 기반 강화

㉡ 전후 복구 사업 : 사회주의 국가(소련 · 중국)의 지원으로 전후 복구 사업 실시

03　민주주의의 발전

(1) 이승만 정권과 4·19 혁명

① 이승만의 장기 집권

발췌 개헌 (1952)	• 배경 : 제2대 국회의원 선거(1950. 5.) 결과 이승만 지지 세력 급감 • 과정 : 자유당 창당, 임시 수도 부산 일대에 계엄령 선포 → 야당 의원 연행·협박 → 개헌안 국회 통과 • 내용 : 대통령 직선제, 양원제 국회 • 결과 : 이승만 제2대 대통령 당선
사사오입 개헌 (1954)	• 배경 : 이승만 대통령 연임 목적 • 과정 : 개헌안이 1표 차로 부결 → 사사오입 논리로 개헌안 불법 통과 선포 • 내용 : 초대 대통령에 한해 중임 제한 규정 철폐 • 결과 : 제3대 대통령 선거(1956)에서 이승만 대통령의 3선 성공
독재 체제 강화	진보당 사건(조봉암 사형,1958), 국가 보안법 개정(1958), 경향신문 폐간(1959) 등

PLUS ONE ➕ 사사오입 개헌 : 개헌안 통과를 위해 136명의 찬성이 필요하나 자유당은 사사오입, 즉 반올림한 135명만으로도 가능하다는 억지 논리로 개헌안을 통과시켰다.

② 4·19 혁명과 장면 내각 수립

4·19 혁명(1960)	• 배경 : 자유당 정권의 3·15 부정 선거 • 과정 : 부정 선거 규탄 시위 → 김주열 학생의 시신 발견(4. 11.), 전국으로 시위 확산 → 학생·시민 대규모 시위 → 경찰 발포로 여러 사상자 발생, 비상 계엄령 선포(4. 19.) → 서울 시내 대학 교수단 시국 선언문 발표 및 시위(4. 25.) → 이승만 대통령 하야 성명 발표(4. 26.) • 의의 : 학생과 시민 중심의 반독재 민주주의 혁명 • 결과 : 허정 과도 정부 수립 후 헌법 개정(내각 책임제, 양원제 국회)
장면 정부(1960)	대통령 윤보선, 국무총리 장면 선출(1960. 8.), 경제 개발 5개년 계획 수립

PLUS ONE ➕ 양원제 국회 : 1960년에 의원 내각제로 헌법이 바뀌며 초대 참의원(상원) 58명과 제5대 민의원(하원) 233명이 선출되어 양원제 국회가 구성되었다.

(2) 박정희 정부와 유신 체제

① 5·16 군사 정변과 박정희 정부

5·16 군사정변 (1961)	박정희 등 일부 군인들이 권력 장악 → 혁명 공약 발표, 국가 재건 최고 회의 창설 → 군정 실시
한·일 국교 정상화(1965)	미국의 수교 요구, 경제 개발에 필요한 자본 확보 목적 → 반대 시위 전개(6·3 시위, 1964) → 한·일 협정 체결(1965)
베트남 파병 (1964~1973)	• 브라운 각서 체결(1966. 3.) : 베트남 파병에 따른 미국의 군사적·경제적 지원 약속 • 결과 : 많은 사상자 발생, 고엽제 문제, 베트남 특수로 경제 발전에 도움, 한미 동맹 관계 강화

3선 개헌	재선 성공(1967) → 북한의 도발로 남북 긴장 고조를 내세워 3선 개헌의 강행(대통령 중임 제한 철폐, 1969) → 3선 성공(1971)
장면 정부(1960)	대통령 윤보선, 국무총리 장면 선출(1960. 8.), 경제 개발 5개년 계획 수립

② 유신 체제

배 경	닉슨 독트린(1969) 등 냉전 체제 완화, 경제 불황으로 국민 불안 고조
과 정	비상계엄령 선포 → 국회 해산, 정당 및 정치 활동 금지 → 유신 헌법 제정(1972. 10. 27.) → 국민 투표로 확정
유신 헌법	대통령 간선제(통일 주체 국민 회의에서 선출, 임기 6년), 대통령의 중임 제한 조항 삭제, 대통령에게 긴급조치권, 국회 해산권, 국회의원 3분의 1 추천권(사실상 임명권) 부여
저항·탄압·붕괴	• 저항 및 탄압 : 개헌을 위한 서명 운동, 유신 반대 시위 확산 → 긴급조치권 발동 → 유신 체제에 대한 반대 활동 금지 • 붕괴 : YH 무역 사건(1979. 8.) → 김영삼의 국회의원직 제명 → 부·마 민주 항쟁(1979. 10.) → 박정희 대통령의 피살(10·26 사태, 1979)

PLUS ONE YH 무역 사건(1979) : 신민당사에서 농성하던 가발 공장 여성 노동자 중 1명이 진압 과정에서 숨졌다.

부·마 민주 항쟁(1979) : 대학생들이 민주 회복과 학원 자율화 등을 요구하며 시위를 벌이자, 정부는 부산과 마산 지역에 위수령을 발동하였다.

(3) 5·18 민주화 운동과 6월 민주 항쟁

① 5·18 민주화 운동(1980)

배 경	• 12·12 사태(1979) : 전두환 중심의 신군부 세력이 군사권을 장악 • 서울의 봄(1980) : 유신 철폐, 신군부 세력 퇴진 요구 • 신군부의 계엄령 전국 확대 : 모든 정치 활동 금지, 국회와 대학 폐쇄, 민주화 운동 탄압 등
전개 과정	광주에서 민주화 시위 전개(5. 18.) → 계엄군의 발포 → 시민군 조직 → 시민 수습 대책 위원회 구성, 평화적 협상 요구(5. 22.) → 계엄군의 무력 진압(5. 27.)
의 의	• 민주화 운동의 기반 : 이후 민주화 운동의 원동력이 됨 • 아시아 여러 나라의 민주화 운동에 영향 • 5·18 민주화 운동 기록물이 유네스코 세계 기록 유산에 등재(2011)

PLUS ONE 서울의 봄 : 10·26 사태 이후 1980년 5월 17일까지 벌어진 학생과 시민들의 민주화 운동 시기를 말한다. 이들은 신군부 퇴진, 계엄령 철폐, 유신 헌법 폐지 등을 요구하였다. 서울의 봄은 신군부가 전국에 계엄령을 선포하고 무력으로 진압하면서 종료되었다.

② 전두환 정부

성 립	신군부의 국가 보위 비상 대책 위원회 설치 → 통일 주체 국민 회의에서 전두환 대통령으로 선출(11대, 1980) → 신군부 7년 단임의 대통령 선거인단의 대통령 선출로 개헌 단행 → 전두환 대통령으로 선출(12대, 1981)
정 책	• 강압 정책 : 언론사 통폐합, 삼청 교육대 운영, 민주화 요구 탄압 등 • 유화 정책 : 야간 통행금지 해제, 두발과 교복 자율화, 대입 본고사 폐지, 해외여행 자유화, 프로 스포츠 육성 등

③ 6월 민주 항쟁(1987)

배 경	대통령 직선제 개헌 운동 확산, 민주화에 대한 국민의 열망 등
전 개	직선제 개헌 운동 본격화 → 박종철 고문치사 사건(1987), 전국적 항의 시위 → 4 · 13 호헌 조치(직선제 논의 금지) → 시위 도중 이한열 학생 의식 불명 → 6월 민주 항쟁
결 과	6 · 29 민주화 선언 발표 → 5년 단임제 대통령 직선제 개헌(9차) 단행

PLUS ONE 박종철 고문치사 사건 : 1987년 1월 대학생 박종철이 경찰의 물고문으로 사망한 사건으로, 정부의 고문 은폐 시도가 드러나 전두환 정권에 대한 국민들의 분노는 더욱 커졌다.

(4) 민주주의의 발전과 현대 정부의 정책

노태우 정부	서울 올림픽 개최, 3당 합당(1990, 민주 자유당 결성), 북방 외교 추진(소련 · 중국과 수교, 남북한 유엔 동시 가입, 남북 기본 합의서 채택)
김영삼 정부	지방 자치제 전면 실시, 고위 공직자 재산 공개, 금융 실명제 실시, 역사 바로 세우기, 경제 협력 개발 기구(OECD) 가입, 외환 위기로 국제 통화 기금(IMF)에 지원 요청
김대중 정부	헌장 사상 최초 평화적 여야 정권 교체, 금 모으기 운동, 국제 통화 기금 지원금 조기 상환, 6 · 15 남북 공동 선언 발표(2000), 개성공단 건설 등 경제 협력 추진 등
노무현 정부	행정 수도 건설 특별법 제정, 제2차 남북 정상 회담 성사(2007), 권위주의와 과거사 청산 노력
이명박 정부	기업 활동 규제 완화와 감세 정책 추진, 한 · 미 FTA 발효, 4대강 정비 사업 추진
박근혜 정부	창조 경제와 문화 융성 강조, 탄핵 가결(헌정 사상 최초로 대통령직 파면)
문재인 정부	탄핵 후 치러진 제19대 대통령 선거로 문재인 정부 출범

04 경제 · 사회 변화와 통일을 위한 노력

(1) 경제 발전과 사회 · 문화의 변화

① 6 · 25 전쟁 직후의 경제 상황

미국의 경제 원조	• 한 · 미 원조 협정 체결(1948) • 무상 원조, 소비재 산업 원료(밀가루 · 설탕 · 면화) → 삼백 산업 발달 • 1950년대 말 무상 원조에서 유상 차관으로 전환 → 한국 경제 위기
귀속 재산 처리	옛날 일본 재산 민간에 매각, 원조 물자 배분 → 정경 유착 문제 발생

PLUS ONE 삼백 산업 : 밀가루(제분), 설탕(제당), 면화(면방직)를 원료로 이용하는 산업으로, 이 원료들이 모두 흰색 이어서 붙여진 이름이다.

② 경제 개발 5개년 계획

제1, 2차 계획 (1962~1971)	• 국제 경제 협정 가입, 일본과의 국교 정상화, 베트남 전쟁 참전, 독일에 간호사와 광부 등 인력 수출 • 경공업 육성, 노동 집약적 산업(가발·섬유 산업) 중심 • 베트남 특수로 고도 성장, 경부 고속 국도 개통(1970) → 한강의 기적
제3, 4차 계획 (1972~1981)	• 중화학 공업 육성, 자본 집약적 산업 중심 • 포항 제철소 준공(1973), 수출액 100억 달러 달성(1977) • 제1차, 2차 석유 파동으로 기업 도산, 실업률 증가, 경제 성장률 감소

PLUS ONE 석유 파동 : 1973년 아랍·이스라엘 전쟁, 1979년 이란의 이슬람 혁명과 이란·이라크 전쟁이 계기가 되었다. 산유국들이 원유를 무기로 사용하면서 6, 7년 사이에 유가가 10배나 뛰어올랐다.

③ 1980년대의 경제 변화

전 개	부실기업 정리, 중화학 공업에 대한 투자 조정, 3저 호황(저유가·저달러·저금리)으로 자동차·철강 산업 등 발전
성 과	높은 경제 성장률 기록, 반도체 등 첨단 산업 육성, 국민 소득 증가

④ 세계화에 따른 한국 경제의 변화

㉠ 시장 개방 정책

국제 경제	선진 자본주의 국가들의 전면적 시장 개방 합의, 신자유주의 정책과 자유 무역 강조(우루과이 라운드 타결, 1993), 세계 무역 기구(WTO) 출범(1995)
한국 경제	신자유주의 정책 추진에 따른 공기업 민영화, 금융 규제 완화, 경제 협력 개발 기구(OECD) 가입

㉡ 외환 위기와 극복

전 개	기업 연쇄 부도와 외환 보유고 고갈 → 김영삼 정부 국제 통화 기금(IMF) 구제 신청(1997) → 국제 통화 기금(IMF) 지원 및 관리와 통제
극복 노력	강도 높은 구조 조정, 외국 자본 유치 노력, 부실 기업·은행 통폐합 및 매각, 공적 자금 투입으로 부실 정상화, 고용 보험 확대, 금 모으기 운동 전개 등
결 과	국제 통화 기금(IMF) 조기 상환(2001)
문제점	실업자 증가, 비정규직 증가, 재벌에 경제력 집중, 자영업자 도산 등
한국 경제	신자유주의 정책 추진에 따른 공기업 민영화, 금융 규제 완화, 경제 협력 개발 기구(OECD) 가입

(2) 사회·문화의 변화와 확산

① 사회·문화의 변화

새마을 운동 (1970)	• 내용 : 근면·자조·협동을 바탕으로 농촌 환경 개선에 중점을 둔 정부 주도 운동 • 평가 : 새마을 운동 기록물은 유네스코 세계 기록 유산으로 등재(2013)
노동 운동과 사회 운동	• 노동 운동 : 전태일 분신 사건(1970), 근로 기준법 준수 요구 • 여성 운동 : 남녀 고용 평등법(1987)과 남녀 차별 금지법(1999) 제정, 호주제 폐지(2005), 가족 관계 등록부 마련(2008) • 농민 운동 : 함평 고구마 피해 보상 운동(1970년대), 쌀 시장 개방과 자유 무역 협정 타결로 농축산물 시장 개방 반대 운동 전개(1980년대)

교 육	국민 교육 헌장 제정(1968), 중학교 무시험 진학(1969), 고교 평준화(1974), 과외 전면 금지와 본고사 폐지(1980), 중학교 의무 교육의 전면적 확대 시행(2004)
스포츠	프로야구 출범(1982), 서울 올림픽(1988), 한·일 월드컵(2002), 평창 동계 올림픽 대회(2018) 개최
성 과	높은 경제 성장률 기록, 반도체 등 첨단 산업 육성, 국민 소득 증가

PLUS ONE 함평 고구마 피해 보상 운동 : 1976년 함평 농협이 수확한 고구마 전부를 구매하겠다고 약속해 놓고, 생산량의 40%만 구매하여 고구마 판매 시기를 놓친 농민들이 큰 피해를 보았다. 농민들은 함평 고구마 피해 보상과 농민회 탄압 중지, 구속 회원 석방 등을 요구하며 단식 투쟁으로 보상을 받아냈다.

② 다문화 사회와 한국의 대중문화

다문화 사회	• 외국인 근로자, 국제 결혼 이주민, 북한 이탈 주민 증가 • 문화적 차이, 편견과 차별로 인한 어려움
한국 문화의 위상 강화	• 1990년대 한류 문화(한국 대중문화)의 전 세계적 확산 • 2000년대 케이팝(K-POP, 한국 대중가요)이 세계 각지에서 인기

(3) 통일을 위한 노력과 동북아시아의 현안

① 통일을 위한 노력

　㉠ 남북 긴장 고조 : 휴전 이후 북한의 무장 간첩 남파 등 잇따른 군사 도발

　㉡ 남북 관계의 진전

박정희 정부	남북 적십자 회담(1971), 7·4 남북 공동 성명(1972), 6·23 평화 통일 선언(1973)
전두환 정부	민족 화합 민주 통일 방안(1982), 남북 적십자 회담 재개, 최초로 이산가족 고향 방문 실현(1985)
노태우 정부	북방 외교 추진, 남북한 유엔 동시 가입(1991), 남북 기본 합의서 채택(1991), 한반도 비핵화 공동 선언(1991)
김영삼 정부	한민족 공동체 건설을 위한 3단계 통일 방안 제시(1994)
김대중 정부	대북 화해 협력 정책(햇볕 정책) 추진, 금강산 관광 사업 전개(1998), 남북 정상 회담과 6·15 남북 공동 선언 발표(2000)
노무현 정부	제2차 남북 정상 회담 개최(2007, 남북 관계의 발전과 평화 번영을 위한 10·4 남북 공동 선언 채택)
이명박 정부	북한의 핵 개발, 미사일 발사 실험, 무력 도발 등으로 남북 관계 악화
박근혜 정부	개성 공단 폐쇄(2016), 대북 강경 정책
문재인 정부	남북 정상 회담 개최(2018)

PLUS ONE 금강산 관광 사업 : 김대중 정부의 대북 화해 협력 정책을 배경으로 현대그룹이 1998년부터 금강산 해로 관광 사업을 시작하였으며, 2003년부터는 육로 관광 사업을 시작하였다.

② 동북아시아의 현안

독 도	• 1946년 '연합국 최고 사령관 각서' 일본에서 분리하여 한국에 반환한다고 명시 • 1952년 '인접 해양에 대한 주권에 관한 대통령 선언' 발표 → 독도가 우리 영토임을 분명히 밝힘 • 역사·지리·국제법적으로도 우리 영토임이 분명함
역사 갈등	• 일본 : 우익 세력 역사 왜곡(교과서 왜곡, 역사 은폐 및 축소, 침략 전쟁에 대한 미화), 위안부에 대한 사과 및 배상 거부 등 • 중국 : 동북공정 진행으로 고조선, 고구려, 발해 등을 중국 역사에 편입 시도

PLUS ONE ⊕ 동북 공정 : 중국은 통일적 다민족 국가론을 바탕으로 고조선, 고구려, 발해의 역사를 모두 중국의 역사라고 주장하고 있다.

적중예상문제

01 다음 사건들을 시대 순으로 바르게 나열한 것은?

> ㄱ. 모스크바 3국 외상 회의
> ㄴ. 얄타 회담
> ㄷ. 미·소 공동 위원회
> ㄹ. 포츠담 선언
> ㅁ. 카이로 회담

① ㄱ - ㄹ - ㄴ - ㄷ - ㅁ
② ㄴ - ㄹ - ㅁ - ㄱ - ㄷ
③ ㅁ - ㄴ - ㄹ - ㄱ - ㄷ
④ ㄹ - ㅁ - ㄴ - ㄷ - ㄱ

해설 ㅁ. 카이로 회담(1943.11.) → ㄴ. 얄타 회담(1945.2.) → ㄹ. 포츠담 선언(1945.7.) → ㄱ. 모스크바 3국 외상 회의(1945.12.) → ㄷ. 미·소 공동 위원회(1946~1947)

02 8·15 광복 이후 일어난 사건을 시간 순서대로 나열한 것은?

> 가. 5·10 총선거 실시
> 나. 모스크바 3국 외상회의
> 다. 남북연석회의 개회
> 라. 제1차 미·소공동위원회 개최

① 나 — 가 — 다 — 라
② 나 — 라 — 가 — 다
③ 나 — 라 — 다 — 가
④ 라 — 나 — 다 — 가

해설 대한민국 정부 수립 과정
모스크바 3국 외상 회의(1945. 12) → 1차 미·소 공동 위원회 결렬(1946. 3.) → 이승만의 정읍 발언(1946. 6.) → 좌우 합작 위원회 결성(1946. 7.) → 미국, 한국 문제를 유엔에 상정 (1947. 9.) → 유엔, 실시 가능한 지역만 총선 실시 지시(1947. 11.) → 제주 4·3 사건 (1948. 4.) → 남북 협상(1948. 4.) → 5·10 총선거 실시(1948. 5.) → 대한민국 정부 수립 (1948. 8.)

03 (가)에 해당하는 국제회의로 옳은 것은?

> • 한국의 독립 부여는 금번 (가)의 신탁 관리 결의로서 수포로 돌아갔으니 …… 3천만의 총역량을 발휘하여서 신탁 관리제를 배격하는 국민 운동을 전개하여 자주 독립을 완전히 획득하기까지 3천만 전 민족의 최후의 피 한 방울까지라도 흘려서 싸우는 항쟁 개시를 선언함.
> – 신탁통치 반대 국민 총동원 위원회
>
> • 이러한 국제적 결정은 금일 조선을 위하여 가장 정당한 것이라고 우리는 인정한다. …… 문제의 5년 기한은 그 책임이 (가)에 있는 것이 아니라 실인즉 우리 민족 자체의 결점(장구한 일본 지배의 해독과 민족적 분열)에 있다고 우리는 반성하지 않으면 안 된다.   – 조선 공산당 중앙 위원회

① 얄타 회담
② 카이로 회담
③ 포츠담 회담
④ 모스크바 3국 외상 회의

 ④ 모스크바 3국 외상 회의를 통해 미 · 소 공동 위원회의 설치와 최대 5년간의 신탁 통치 협정이 결정되었다 (1945.12).
① 미국의 루스벨트, 영국의 처칠, 소련의 스탈린이 얄타에 모여 소련의 대일전 참전을 결의하였다(1945.2).
② 미국의 루스벨트, 영국의 처칠, 중국의 장제스는 이집트 카이로에서 회담을 진행하여 제2차 세계 대전의 전후 처리 문제를 협의하였다. 연합국은 이 회담을 통해 국제적으로 한국의 독립 문제를 처음 보장하였다 (1943.11).
③ 독일의 항복 이후 전후 처리 문제 해결을 위해 미국, 영국, 소련이 포츠담 회담을 개최하였다. 회담을 통해 연합국은 일본에 무조건 항복을 요구하였다(1945.7).

04 다음 강령과 관련이 있는 단체의 활동 내용으로 옳은 것은?

> • 우리는 완전한 독립 국가의 건설을 기하였다.
> • 우리는 전 민족의 정치적 · 경제적 · 사회적 기본 요구를 실현할 수 있는 민주주의 정권의 수립을 기하였다.
> • 우리는 일시적 과도기에 있어서 국가 질서를 자주적으로 유지하며 대중생활의 확보를 기하였다.

① 발췌 개헌안의 내용을 살펴본다.
② 제주 4 · 3 사건의 진상을 알아본다.
③ 5 · 10 총선거에 출마한 인물들을 검색한다.
④ 조선 건국 준비 위원회의 설립 과정을 조사한다.

④ 조선 건국 준비 위원회의 강령이다. 광복 이후 여운형을 중심으로 조직된 최초의 건국 준비 단체인 조선 건국 준비 위원회는 전국에 지부를 결성하고 치안대를 조직하여 질서 유지 활동을 전개하였다(1945).

① 6·25 전쟁 중 이승만 정부와 자유당은 부산 지역에 비상계엄을 선포하고 대통령 직선제와 내각 책임제를 포함한 개헌안(양원제, 참의원, 민의원)을 국회에 제출하여 토론 없이 기립 표결로 통과시켰다(1952).

② 제주 4·3 사건은 경찰 및 우익 청년단의 탄압 중지와 단독 정부 수립 반대 등을 주장하는 제주도민을 미군정과 경찰이 강경 진압하면서 발생하였다(1948).

③ 조선 건국 준비 위원회를 조직한 여운형은 5·10 총선거가 실시되기 전인 1947년 7월에 암살당하였다.

05 다음 글이 발표된 배경으로 옳은 것은?

> 출발에 앞서 김구 선생 담화 발표
> 내가 30년 동안 조국을 그리다가 겨우 이 반쪽에 들어온 지도 벌써 만 2년 반에 가까웠다. 그동안에 또 다시 안타깝게 그리던 조국의 저 반쪽을 찾아가서 이제 38선을 넘게 되었다. …… 이번 회담의 방안이 무엇이냐고 묻는 친구들이 많다. 그러나 우리는 미리부터 특별한 방안을 작성하지 않고 피차에 백지로 임하기로 약속되었다. …… 조국을 위하여 민주 자주의 통일 독립을 전취하는 현 단계에 처한 우리에게는 벌써 우리의 원칙과 노선이 명백히 규정되어 있는 까닭이다.

① 6·25 전쟁이 발발하였다.

② 브라운 각서가 체결되었다.

③ 애치슨 선언이 발표되었다.

④ 남한만의 단독 선거가 결정되었다.

 ④ 미·소 공동 위원회가 결렬되고 유엔 한국 임시 위원단의 입국이 거부되자 유엔은 선거가 가능한 지역에서 총선거를 실시하도록 하였다. 남한만의 단독 선거에 반대하는 김구와 김규식은 평양으로 가서 김일성과 남북 협상을 전개하였으나 큰 성과를 거두지는 못하였다(1948).

① 6·25 전쟁은 1950년 북한의 불법 남침으로 인해 발발되었으며 1953년 휴전 협정이 체결되었다.

② 박정희 정부는 미국과 한국군의 베트남 파병 증파에 대한 보상으로 미국이 한국군의 현대화, 장비 제공 및 차관 제공을 약속한 브라운 각서를 체결하였다(1966).

③ 애치슨 선언은 1950년 미국의 국무 장관인 애치슨이 발표한 선언으로 한국을 미국의 태평양 방위선에서 제외한다는 내용을 포함하고 있다. 이는 6·25 전쟁 발발의 원인이 되었다는 비판을 받고 있다.

06 다음에서 (가)에 들어갈 내용으로 옳은 것은?

8 · 15 광복 → 미군정 시작 → (가) → 대한민국정부 수립

① 근우회 창립
② 좌 · 우합작위원회 활동
③ 남북 학생 회담 요구 시위
④ 반민족 행위 특별 조사 위원회 활동

 ② 여운형, 김규식이 중심이 되어 1946년 7월에 좌우 합작 위원회를 수립하였다. 좌우 합작 위원회의 목표는 모든 조직이 하나로 통합되어, 중도적 사상의 통일 정부를 수립하는 것이었다. 1946년 10월에는 좌우 합작 7원칙을 합의하여 제정하였다.
• 8 · 15 광복(1945.8.)
• 미군정 시작(1945.9.)
• 대한민국 정부 수립(1948.8.)

07 (가)에 들어갈 내용으로 옳은 것은?

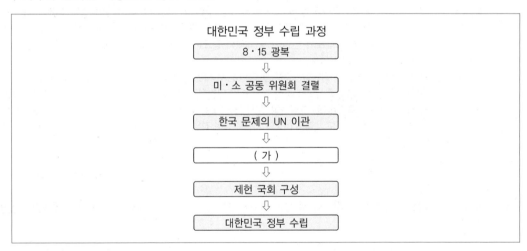

대한민국 정부 수립 과정

8 · 15 광복
⇩
미 · 소 공동 위원회 결렬
⇩
한국 문제의 UN 이관
⇩
(가)
⇩
제헌 국회 구성
⇩
대한민국 정부 수립

① 4 · 19 혁명
② 5 · 10 총선거
③ 농지 개혁법 제정
④ 한 · 미 상호 방위 조약 체결

 ② 유엔 총회는 한반도에서 인구 비례에 따른 총선거 실시, 유엔 한국임시 위원단 파견을 결의하였다. 그러나 소련이 38선 이북 지역 입북을 거부하여 유엔 총회에서 결의한 한반도 내 전체 선거는 무산되었다. 유엔 소총회는 선거 실시가 가능한 지역에서만 선거를 실시하고 임시 위원단이 선거를 감시하라는 결정을 내렸고 남한에서 5 · 10 총선거가 실시되어 제헌 국회가 구성되었다.

08 1948년 '반민족 행위 처벌법'이 제정된 목적은?

① 경제 활성화   ② 친일파 처벌

③ 남북 단일 정부 수립   ④ 전근대적 신분제 철폐

 ② 제헌 국회는 친일파 처벌을 위해 반민족 행위 처벌법(1948)을 제정하였다. 이에 따라 반민족 행위 특별 조사 위원회(반민 특위)를 설치하여 일제 강점기에 반민족 행위를 일삼았던 사람들을 광범위하게 조사하고 체포하였다. 그러나 반민족 행위자 처벌보다 반공을 더 중요하게 여긴 이승만 정부의 비협조로 친일파 청산 노력이 좌절되었다.

09 다음에서 (가)의 기구에 해당하는 것으로 옳은 것은?

> 제헌 국회는 일제의 잔재를 청산하고 민족정기를 바로잡기 위해 반민족 행위 처벌법을 제정하고, 이에 따라 (가)이/가 구성되어 활동하였다.

① 미군정 시기에 조직되었다.   ② 여운형이 위원장을 맡았다.

③ 좌·우 합작 운동을 전개하였다.   ④ 제대로 된 성과를 거두지 못하였다.

 ④ 제헌 국회는 일제의 잔재를 청산하고 민족정기를 바로잡기 위해 반민족 행위 처벌법을 제정하고, 이에 따라 반민족 행위 특별 조사 위원회(반민 특위)가 구성되어 활동하였다(1948). 그러나 반민 특위는 이승만 정권의 소극적이고 부정적인 태도와 친일 잔재 세력의 집요한 방해 공작에 시달리면서 제대로 된 성과를 거두지 못하고 해체되었다(1949).

① 반민족 행위 특별 조사 위원회는 이승만 정권 당시 제헌 국회의 반민족 행위 처벌법 제정에 따라 조직되었다.

② 광복과 함께 여운형을 중심으로 조선 건국 준비 위원회가 결성되었다(1945). 조선 건국 준비 위원회는 전국에 지부를 결성하고 치안대를 조직하여 질서 유지 활동을 전개하고 민주 주의 정권의 수립을 요구하였다.

③ 여운형, 김규식 등의 중도 세력은 미국의 지원을 받아 좌우 합작 위원회를 조직하여 좌우 합작 운동을 전개하였다(1946).

10 다음은 1949년 이승만 정부에서 제정한 농지 개혁법의 기본 원칙이다. 이 개혁에 대한 설명으로 옳은 것은?

> • 3정보 소유 상한
> • 유상 매입, 유상 분배

① 토지 국유화 확대   ② 기업적 농업 경영자 육성

③ 농민 중심의 토지 소유제 확립   ④ 미곡 증산을 통한 식량 자급

농지 개혁법 제정(1949.6.)

원 칙	유상 매수(지가 증권 발행), 유상 분배, 가구당 농지 소유 상한을 3정보로 제한
결 과	농민 중심의 토지 소유 확립, 사회적 지배 계급으로서의 지주 소멸
한 계	유상 분배에 따른 농민의 부담, 지주들의 편법 토지 매각으로 개혁 대상 토지 감소

11 다음 내용에서 밑줄 친 '농지 개혁법'의 실시 결과로 옳은 것은?

> 이승만 정부는 농지 개혁법을 제정하여 유상 매수, 유상 분배를 원칙으로 농지개혁을 실시하였다.

① 자작농이 증가하는 계기가 되었다.
② 동양 척식 주식회사에서 관리를 하였다.
③ 양전 사업을 실시하고 지계를 발급받았다.
④ 설탕, 면직물을 중심으로 한 삼백 산업이 활성화되었다.

해설 ① 제헌 국회 수립 이후 경자유전의 원칙에 따른 농지 개혁 법이 제정되어 유상 매수, 유상 분배를 원칙으로 토지 개혁이 실시되었다. 그 결과 자작농이 증가하게 되었다.
② 조선 총독부는 동양 척식 주식회사를 통해 토지 조사 사업으로 약탈한 토지를 일본인에게 싼 값에 불하하였다.
③ 대한 제국은 지계아문을 설치하고 지계를 발급하여 근대적 토지 소유를 확립하고자 하였다.
④ 1950년대에는 미국의 원조를 기반으로 하고 밀가루, 설탕, 면직물을 중심으로 한 삼백 산업이 활성화되었다.

12 이승만 정부 시기의 경제 상황으로 옳은 것은?

① 삼백 산업 발달   ② 한·일 협정 체결
③ 국제 통화 기금(IMF) 지원 요청   ④ 경제 협력 개발 기구(OECD) 가입

해설 ① 6·25 전쟁 직후인 1950년대에는 미국의 원조를 기반으로 한 삼백 산업(밀가루, 설탕, 면직물)이 활성화되었다.

13 다음 사건들을 시대 순으로 바르게 나열한 것은?

> ㄱ. 여수·순천 10·19 사건   ㄴ. 농지 개혁법 제정
> ㄷ. 제주 4·3 사건   ㄹ. 한·미 상호 방위 조약 체결

① ㄱ - ㄹ - ㄴ - ㄷ   ② ㄴ - ㄹ - ㄱ - ㄷ
③ ㄷ - ㄱ - ㄴ - ㄹ   ④ ㄹ - ㄴ - ㄷ - ㄱ

해설 ㄷ. 제주 4·3 사건(1948.4.) → ㄱ. 여수·순천 10·19 사건(1948.10.) → ㄴ. 농지 개혁법 제정(1949.6.) → ㄹ. 한·미 방위 조약(1953.10.1.)

14 6·25 전쟁에 대한 설명으로 옳지 않은 것은?

① 북한군의 기습 남침으로 시작되었다.
② 국군과 유엔군은 인천 상륙 작전에 성공하였다.
③ 수많은 사상자와 전쟁고아, 이산가족이 생겨났다.
④ 중국군과 소련군은 개입하지 않고 중립을 지켰다.

해설 ④ 소련군은 북한군에 무기와 일부 인력을 지원하였고, 중국도 대규모 군대를 북한에 파병하여 6·25 전쟁에 참전하였다.

15 (가)~(라)를 시간 순으로 옳게 나열한 것은?

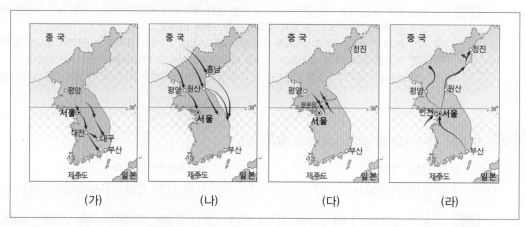

| (가) | (나) | (다) | (라) |

① (가) – (다) – (나) – (라)
② (가) – (라) – (나) – (다)
③ (나) – (다) – (가) – (라)
④ (나) – (라) – (가) – (다)

해설 6·25 전쟁의 전개 과정
(가) 북한의 남침(1950.6.25) : 북한군이 서울 점령 → 유엔군의 참전 → 낙동강을 사이에 두고 치열한 공방전
(라) 국군과 유엔군의 반격 : 인천 상륙 작전으로 전세 역전(1950.9.15) → 압록강까지 진격(1950.10)
(나) 중국군의 개입(1950.10) : 서울 함락(1951.1.4) → 서울 재탈환 → 38도선 일대 교착 상태
(다) 휴전 회담 개최 및 협정 체결(1951.7) : 소련이 유엔에 휴전 제의, 이승만 정부의 휴전 반대, 범국민 휴전 반대 운동 → 반공 포로 석방(1953.6.18) → 한미 상호 방위 조약 체결(1953.10)

16 6·25 전쟁 중에 볼 수 있는 모습이 아닌 것은?

① 압록강을 건너 참전하는 중국군
② 일본군의 무장을 해제하는 미군
③ 인천 상륙 작전을 준비하는 국군
④ 낙동강 전선으로 배치되는 학도병

 ② 1945년 8월 15일 해방 후 미군은 남한으로 진주하여 일본군의 무장을 해제하고 9월부터 군정을 실시하여 직접 통치하였다.
북한군의 불법 남침으로 인해 국군은 3일 만에 서울을 점령당하였으며, 북한군의 진격으로 인해 낙동강 지역까지 후퇴하여 유엔군과 함께 방어선을 구축하였다(1950). 국군과 유엔군은 인천 상륙 작전을 감행하여 전세를 역전시켰고, 기세를 몰아 압록강 인근까지 북진하였다. 그러나 1950년 10월부터 참전한 중국군의 신정 공세로 인해 국군과 유엔군은 흥남 철수 작전을 단행하고, 1951년 1·4 후퇴로 서울을 다시 빼앗겼다.

17 다음 노래의 배경이 된 사건으로 옳은 것은?

┌─ 보 기 ─┐

굳세어라 금순아
눈보라가 휘날리는 바람 찬 흥남 부두에
목을 놓아 불러 봤다 찾아를 봤다
금순아 어디로 가고 길을 잃고 헤매었더냐
피눈물을 흘리면서 1·4 이후 나 홀로 왔다

① 6·25 전쟁
② 12·12 사태
③ 5·16 군사 정변
④ 베트남 국군 파병

 ① 6·25 전쟁 당시 1950년 10월부터 참전한 중공군의 신정 공세로 인해 1951년 1·4 후퇴를 한 국군은 서울을 다시 빼앗겼다.
② 전두환과 노태우를 중심으로 한 신군부 세력이 군부 내 주도권을 장악하기 위해 12·12 사태를 일으켰다(1979).
③ 박정희를 중심으로 한 쿠데타 세력이 5·16 군사 정변을 일으켜 정권을 장악하였다(1961).
④ 박정희 정부는 미국의 요청에 의해 베트남에 국군을 파병하였다(1964).

18 다음은 6·25 전쟁의 전개 과정이다. (나) 시기에 일어난 사건으로 옳은 것은?

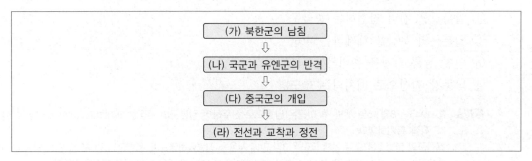

(가) 북한군의 남침
⇩
(나) 국군과 유엔군의 반격
⇩
(다) 중국군의 개입
⇩
(라) 전선과 교착과 정전

① 1·4 후퇴
② 반공 포로 석방
③ 미·소 양군 철수
④ 인천 상륙 작전 실시

 6·25 전쟁의 전개 과정
북한의 기습적인 남침(1950.6.25.) → 북한군의 서울 점령 및 남하 → 유엔군의 참전 → 국군과 유엔군의 연합 작전으로 남하 저지 → 최후 방어선 구축 → 인천 상륙 작전 성공(9.15.) → 국군과 유엔군의 서울 수복(9.28.) 및 압록강까지 진격 → 중국군의 참전으로 국군과 유엔군의 후퇴 → 38도선 부근에서 전선 교착 → 미·소 양국의 휴전 회담 합의 → 정전 협정 체결(1953.7.) → 군사 분계선(휴전선) 설정

19 다음 설명에 해당하는 사건에 대한 결과로 옳은 것은?

• 배경 : 자유당 정권의 3·15 부정 선거
• 과정 : 학생과 시민의 시위가 전국으로 확산되었다.
• 결과 : _____

① 5·10 총선거가 실시되었다.
② 이승만 대통령이 하야하였다.
③ 좌우 합작 위원회가 결성되었다.
④ 신탁 통치 반대 운동이 전개되었다.

 ② 이승만과 자유당 정권의 3·15 부정 선거에 대한 저항으로 4·19 혁명이 발발하여 이승만이 하야하고 하와이로 망명하였다(1960).

20 다음 상황이 전개된 민주화 운동에 대한 설명으로 옳은 것은?

> **역사 신문**
>
> 제△△호 　　　　　　　　　　　　　　　　　　○○○○년 ○○월 ○○일
>
> ---
>
> 대학 교수단, 가두시위 나서
>
> ---
>
> 오늘 대학 교수단이 '학생의 피에 보답하라.'는 현수막을 들고 거리로 나섰다. 교수단은 '3·15 선거를 규탄한다.'는 구호를 외치며 국회의사당으로 향했고, 1만여 명의 학생과 시민들이 시위에 가담하였다.

① 6·29 민주화 선언을 이끌어냈다.

② 4·13 호헌 조치의 철폐를 요구하였다.

③ 신군부의 비상계엄 확대를 반대하였다.

④ 이승만 대통령이 하야하는 결과를 가져왔다.

해설 ④ 이승만의 장기 집권과 자유당 정권의 3·15 부정 선거에 대 한 항거로 4·19 혁명이 발발하였다. 당시 대학 교수단은 대통령의 하야를 요구하는 시위 행진을 전개하였다(1960).

21 다음 신문기사에서 밑줄 그은 '정부' 시기에 있었던 사실로 옳은 것은?

> 신문 기사에 따르면 1954년 11월 27일, 당시 대통령에 한해 중임 제한 조항을 적용하지 않는다는 개헌안이 국회에서 부결되었다. 그러나 이틀 후 정부와 자유당은 사사오입의 논리를 내세워 이를 번복하고 개헌안 통과를 선포하였다.

① 삼청 교육대를 운영하였다.

② 한·일 간의 국교 정상화가 이루어졌다.

③ 장면을 국무총리로 하는 내각이 수립되었다.

④ 반민족 행위 특별 조사 위원회가 해체되었다.

해설 ④ 제헌 국회에서 일제의 잔재를 청산하고 민족정기를 바로잡기 위해 반민족 행위 처벌법을 제정하여 반민족 행위 특별 조사 위원회가 활동하였다(1949). 그러나 이승만 정부가 반민특위의 활동을 방해하고 무력화시켜 제대로 된 친일파 처벌은 이루어지지 못했다.
① 신군부 세력
② 박정희 정부
③ 장면 내각 정부

22 4·19 혁명에 대한 설명으로만 바르게 묶은 것은?

> ㄱ. 허정의 과도 정부가 수립되었다.
> ㄴ. 김구의 암살이 기폭제가 되었다.
> ㄷ. 10월 유신이 배경이 되었다.
> ㄹ. 마산에서 학생과 시민들이 부정선거 규탄 시위를 전개하였다.

① ㄱ, ㄴ ② ㄱ, ㄹ
③ ㄴ, ㄹ ④ ㄷ, ㄹ

 ㄴ. 김구는 1949년 암살되었으므로 1960년 4·19 혁명과는 무관하다.
ㄷ. 4·19 혁명은 3·15 부정 선거를 계기로 발생되었다.

23 다음에서 (가) 시기에 있었던 사실로 옳은 것은?

> 7·4 남북 공동 성명 → (가) → 부·마 민주 항쟁

① 유신 헌법이 제정되었다.
② 금융 실명제가 실시되었다.
③ 남북 정상 회담이 개최되었다.
④ 남북 기본 합의서가 채택되었다.

 • 7·4 남북 공동 성명 : 박정희 정부는 남북 간의 교류를 제의하여 서울과 평양에서 7·4 남북 공동 성명이 발표되었다(1972. 7.).
• 부·마 민주 항쟁 : YH 무역 노동자들이 폐업에 항의하여 일으킨 농성이 신민당사 앞에서 일어나자 박정희 정부는 김영삼을 국회의원에서 제명하였다. 이로 인해 김영삼의 정치적 근거지인 부산, 마산에서 유신 정권에 반대하는 부·마 민주 항쟁이 전개되었다(1979).
① 박정희 정부는 유신 헌법을 통해 대통령 임기 6년과 중임 제한 조항 삭제 및 통일 주체 국민회의를 통한 대통령 간선제의 내용을 담은 7차 개헌을 단행하였다(1972.10.).
② 김영삼 정부는 경제적으로 탈세와 부정부패를 뿌리 뽑겠다는 의지로 금융 실명제를 실시하였다(1993).

24 다음 정책을 실시한 정부에 해당하는 사실로 옳은 것은?

> • 베트남 파병
> • 한·일 국교 정상화
> • 외국 차관 도입
> • 경제 개발 5개년 계획 실시

① 4·19 혁명이 발발하였다.
② 3선 개헌안을 통과시켰다.
③ 박종철 고문 치사 사건이 일어났다.
④ 4·13 호헌 조치의 철폐를 요구하였다.

해설 박정희 정부는 경제 개발 계획에 필요한 자본을 확보하기 위해 일본과의 국교 정상화를 추진하여 한일 협정을 체결하였다(1965). 또한 장기 집권을 위해 대통령의 3선 연임을 허용하는 3선 개헌안(6차 개헌)을 통과시켰다(1969). 또, 박정희 정부는 미국의 요청으로 베트남에 국군을 파병하였으며 베트남 파병 증파에 대한 보상으로 한국군의 현대화, 장비 제공 및 차관 제공을 약속한 브라운 각서를 체결하였다(1966).
① 이승만 정부
③·④ 전두환 정부

25 (가)에 들어갈 내용으로 옳은 것은?

대한민국의 경제 발전 과정

1960년대		1970년대		1980년대
노동 집약적 경공업 육성	⇨	(가)	⇨	3저 호황, 고도 성장

① 여러 국가와 자유 무역 협정 체결
② 경제 협력 개발 기구(OECD) 가입
③ 국제 통화 기금(IMF)으로부터 긴급 자금 지원
④ 중화학 공업 육성의 주력으로 2·3차 산업 비중 증가

해설 ④ 1970년대 박정희 정부가 주도했던 제3·4차 경제 개발 계획이 실행되었던 시기이다.
제3·4차 경제 개발 계획(1972~1981)
• 내용 : 중화학 공업 육성에 주력(포항 제철 등 대규모 조선, 자동차, 정유, 전자), 1차 산업 비중 축소 및 2·3차 산업의 비중 증가
• 위기 : 제1·2차 석유 파동(석유에 대한 대외 의존도가 높았기 때문에 산업이 크게 흔들림)

26 다음 내용에 해당하는 정부 시기의 사실로 옳은 것은?

> 서울과 부산을 이어주는 총 길이 400킬로미터가 넘는 국내 최장 고속도로가 준공되었다.

① 서울 올림픽 대회가 개최되었다.
② 박종철 고문 치사 사건이 발생하였다.
③ 반민족 행위 특별 조사 위원회가 구성되었다.
④ 전태일이 근로 기준법의 준수를 요구하며 분신하였다.

 ④ 경부 고속 도로 준공은 박정희 정부 시기에 일어난 역사적 사실이다. 박정희 정부 시기 급속한 산업화로 노동자들은 열악한 노동 환경에서 큰 고통을 겪었다. 1970년 11월에는 평화시장 재단사 전태일이 "근로 기준법을 지켜라.", "우리는 기계가 아니다." 등의 구호를 외치고 분신하며 당시 비인간적인 노동 현실을 고발하기도 하였다.
① 노태우 정부는 서울 올림픽을 성공적으로 개최하였다(1988).
② 전두환 정부 때 박종철 고문 치사 사건과 4·13 호헌 조치를 계기로 6월 민주 항쟁이 전국적으로 확산되었다 (1987).
③ 이승만 정부 때 제헌 국회는 일제의 잔재를 청산하고 민족 정기를 바로 잡기 위해 반민족 행위 처벌법을 제정하였고 이에 반민족 행위 특별 조사 위원회가 구성되어 활동하였다.

27 다음 탐구 주제 (가)에 들어갈 해당 사건은?

> ┤ 탐구 활동 계획서 ├
> • 탐구 주제 : [(가)   ]
> • 탐구 내용
> – 민주화 운동을 탄압한 신군부
> – 광주 시민군 결성 및 대항
> – 관련 기록물 유네스코 세계 기록 유산 등재

① 4·19 혁명
② 베트남 파병
③ 4·13 호헌 조치
④ 5·18 민주화 운동

 ④ 군부의 비상계엄 확대에 대항하여 광주에서 발생한 5·18 민주화 운동은 신군부가 공수 부대를 동원하여 무력으로 진압에 나서자 학생과 시민들이 시민군을 결성하여 대항하며 확대되었다(1980). 5·18 민주화 운동은 1980년대 우리나라 민주화 운동의 밑거름이 되었고, 2011년에 관련 기록물이 유네스코 세계 기록 유산으로 등재되었다.

28 다음 대화에 나타난 민주화 운동에 대한 설명으로 옳은 것은?

'서울의 봄' 이후 광주에서 시민군이 결성되었던 이유에 대해 알고 싶어요.

공수부대가 집단발포를 하자 시민들이 스스로를 지키기 위해 무장하고 저항했던 것입니다.

① 4 · 13 호헌 조치에 저항하였다.
② 3 · 15 부정 선거가 발단이 되어 일어났다.
③ 박종철과 이한열의 희생으로 확산되었다.
④ 신군부가 계엄령을 전국으로 확대한 것에 반대하였다.

해설 신군부의 비상계엄 확대에 항거하여 광주에서 일어난 5 · 18 민주화 운동은 신군부가 공수 부대를 동원하여 무력 진압에 나서자 학생과 시민들이 시민군을 결성하여 대항하면서 격화되었다(1980). 5 · 18 민주화 운동은 1980년대 우리나라 민주화 운동의 밑거름이 되었고 2011년에는 관련 기록물이 유네스코 세계 기록 유산으로 등재되었다.
①·③ 박종철 고문치사 사건과 4 · 13 호헌 조치에 반발하여 직선제 개헌과 민주 헌법 제정을 요구하는 시위가 확대되었다. 시위 도중 연세대 재학생 이한열이 사망하자 시위는 더욱 격화되어 6월 민주 항쟁이 전국적으로 확대되었다(1987).
② 이승만과 자유당 정권이 자행한 3 · 15 부정 선거에 대한 항의로 마산에서 발생한 규탄 시위에서 마산상고 학생이었던 김주열이 사망하자 전국적으로 시위가 확산되어 4 · 19 혁명이 발발하였다.

29 두 사람의 대화 내용에 해당하는 것은?

냉전 체제가 완화되고 남북 대화가 시작된 후 1972년에 남북한이 동시에 발표했지.

자주 · 평화 · 민족 대단결의 통일 원칙을 제시하기도 했지.

① 6 · 29 선언 　　　　　　　② 햇볕 정책
③ 금융 실명제 　　　　　　　④ 7 · 4 남북 공동 성명

 ④ 7 · 4 남북 공동 성명(1972)은 분단 이후 최초로 남북이 통일에 관련한 합의를 발표한 성명으로, 자주 · 평화 · 민
족 대단결의 통일 원칙을 제시하였다.

30 (가)에 해당하는 사건은?

- 사건 : ［ 　　　　　　(가)　　　　　　］
- 배경 : 대통령 직선제 개헌 운동 확산
- 내용 : 호헌 철폐, 독재 타도를 주장하는 민주화 시위 전개
- 결과 : 6 · 29 민주화 선언 발표와 대통령 직선제 수용

① 4 · 19 혁명 　　　　　　　② 새마을 운동
③ 6월 민주 항쟁 　　　　　　④ 6 · 10 만세 운동

 ③ 6월 민주 항쟁은 박종철 고문치사 사건과 4 · 13 호헌 조치가 원인이 되어 발생하였다. 시민들은 호헌 철폐와
독재 타도 등의 구호를 내세워 민주적인 헌법 개정을 요구하였고, 정부는 5년 단임의 대통령 직선제를 골자로
하는 6 · 29 민주화 선언을 발표하였다.

31 다음 설명에 해당하는 정책으로 옳은 것은?

- 정부가 농촌 근대화의 의지를 실험하기 위함이었다.
- 자조, 자립, 협동의 정신을 강조하였다.
- 농가 지붕 개량, 농로개설 등 20개 표준 사업을 정하였다.

① 농지 개혁 시행
② 새마을 운동 전개
③ 브나로드 운동 전개
④ 토지 조사 사업의 실시

해설 ② 새마을 운동은 박정희 정부가 1970년대 농촌 환경 개선과 소득 증대를 목표로 추진한 정책이다.

32 다음 사실들을 일어난 순서대로 나열한 것은?

> ㄱ. 우루과이 라운드 타결
> ㄴ. 수출 100억 달러 달성
> ㄷ. 3저 호황
> ㄹ. 베트남 특수

① ㄱ - ㄹ - ㄴ - ㄷ
② ㄴ - ㄱ - ㄷ - ㄹ
③ ㄷ - ㄱ - ㄴ - ㄹ
④ ㄹ - ㄴ - ㄷ - ㄱ

> 해설 ㄹ. 베트남 특수(1960년대 후반~1970년대 전반) → ㄴ. 수출 100억 달러 달성(1977) → ㄷ. 3저 호황(1980년대 중후반) → ㄱ. 우루과이 라운드 타결(1993)

33 (가)에 들어갈 내용으로 가장 적절한 것은?

┤ 수행 평가 보고서 ├

• 주제 : (가)
• 목 차
　1. 소녀상 건립에 대한 이해와 목적
　2. 일본 대사관 앞 수요 집회 조사
　3. 일본 정부 위안부 문제에 대한 반응

① 반미 문제
② 동북 공정
③ 남북 협상
④ 일본군 '위안부'

> 해설 ④ 중·일 전쟁과 태평양 전쟁을 일으킨 일본은 여자 정신대 근무령을 공포하여 젊은 여성들을 전쟁터로 끌고 가 일본군 위안부로 삼는 만행을 저질렀다. 광복 이후 위안부 피해자들은 소녀상 건립과 일본 대사관 앞 수요 집회를 통해 일본 정부에 위안부 문제에 대한 정식적인 사과를 요구하고 있다.

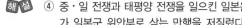

34 다음 밑줄 그은 '노력'의 내용으로 옳은 것은?

> ### 역사 신문
> 제△△호 　　　　　　　　　　　　　○○○○년 ○○월 ○○일
>
> **김대중 대통령, 노벨 평화상 수상!**
>
> 노르웨이 오슬로에서 김대중 대통령이 한국인 최초로 노벨 평화상을 수상하였다. 민주주의와 인권을 향해 헌신한 것과 햇볕 정책을 통해 한반도의 평화와 화해를 위해 <u>노력</u>한 점을 인정받은 것이다. 이번 노벨상 수상은 국제 사회의 한반도 문제에 대한 관심을 더욱 높여 평화 통일을 앞당기는 데 도움을 줄 것으로 평가된다.

① 남북 조절 위원회 설치

② 남북한 유엔 동시 가입

③ 남북 기본 합의서 채택

④ 6·15 남북 공동 선언 합의

 ④ 김대중 정부 시기에 북한과의 교류가 크게 확대되어 평양에서 최초로 남북 정상 회담이 이루어지면서 6·15 남북 공동 선언이 발표되었다(2000). 이를 통해 금강산 관광 사업의 활성화, 개성 공단 건설 운영에 관한 합의서 체결, 이산가족 상봉, 경의선 복원 등이 실현되었다.
① 박정희 정부
②·③ 노태우 정부

제 **3** 과목

상식 I

(일반상식)

의무
소방원

국어/국사/상식/적성검사

한권으로 끝내기!

윤리 · 환경 · 철학

CHAPTER 01

■ 책임윤리

- 신념을 추구하는 과정에서 일어날 수 있는 모든 결과를 예상하고 그 결과까지 감당하는 태도이다.
- 책임윤리는 막스 베버가 심정윤리(행위에 선한 의도를 중시)와 대비하면서 처음 사용하였다.

■ 생태 중심주의(레오폴트)

- 대지 윤리(Land Ethics) : 도덕 공동체의 범위를 동식물과 물, 흙을 비롯해 대지까지 확대하였다 (먹이 사슬을 이루는 유기적 관계에 주목).
- 인간은 대지의 한 구성원일 뿐이며, 자연은 인간의 이해와 상관없이 내재적 가치를 지니므로 자연 전체가 도덕적 고려의 대상이 되어야 한다고 보았다.

■ 도덕적 실천과 봉사

- 삶과 행복 : 도덕적 성찰과 실천을 통해서 좀더 나은 사람이 될 수 있으며, 실천 과정에서 삶의 의미와 행복을 느낄 수 있다(예 나는 선한 행동이 인간의 참된 행복임을 알고 있으며, 실제로 그렇다고 느낀다. -루소-).
- 도덕적 실천 노력에는 보편적 가치를 따라 가려는 행동, 잘못한 일을 바로잡는 용기, 다른 사람들과 더불어 살아가려는 노력 등이 있다(예 사람은 다른 사람을 도운 후에는 심리적 만족감을 느끼며 이때 엔도르핀의 분비는 정상치의 3배에 달하고 면역 항체의 수치도 높아진다. 결국 인간은 타인과 더불어 살 때 행복한 존재라는 것이다. -EBS 지식 채널-).

■ 윤리와 윤리학

윤 리	• 인간이 살아가면서 지켜야 할 도덕적 행동의 기준 또는 규범 • 사물의 이치를 나타내는 물리(物理)에 대응하여 인간관계의 이치와 도리를 나타냄
윤리학	도덕적 행동의 기준이나 규범을 체계적으로 탐구하는 학문

■ 니코마코스 윤리학(아리스토텔레스)

- 인간의 삶이 궁극적으로 추구하는 것이 무엇인지, 궁극적 목적을 이루기 위해 인간은 어떤 노력을 해야 하는지를 묻고 있다.

- 아리스토텔레스는 인간의 모든 활동의 목적은 '선(善)의 달성'이고, 그중 최고의 선(善)은 '행복'이라고 한다.
- 윤리학을 통해 개인의 행복을, 정치학을 통해 공동체 전체의 행복을 추구한다.

■ 규범 윤리학

- 인간이 어떻게 행동해야 하는가에 대한 보편적 원리를 탐구한다.
- '선행을 하라.', '악행을 하지 말라.', '살인을 하지 말라.', '불우 이웃을 도우라.'와 같은 기본적인 도덕 기준들을 제시한다.
- 이론 윤리학과 실천 윤리학으로 구분하였다.

■ 메타 윤리학

- 도덕 언어의 의미를 분석하고 도덕 추론의 타당성을 검토하여 윤리학의 학문적 성립 가능성을 모색하였다.
- '어째서 선행을 해야 하는가?', "어째서 악행을 해서는 안 되는가?", "선행이란 무엇이며, 궁극적으로 선이란, 혹은 악이란 무엇인가?", "어째서 살인을 해서는 안 되는가?"와 같은 질문에 답변을 제시하려 하였다.

■ 이론 윤리학

- 특정 원리가 윤리적 행위를 위한 근본 원리로 성립할 수 있는지 연구하는 학문으로 의무론, 공리주의, 덕 윤리가 대표적이다.
- 윤리 이론을 정립하여 행위를 인도하는 도덕 판단의 기준을 제공한다.

> - 의무론 : 행위의 옳음을 결정하는 법칙이 있고, 이 법칙에 따라 행동하는 것이 인간의 의무이자 선을 실천하는 행위라고 보는 입장이다.
> - 공리주의 : 최대 다수의 최대 행복의 실현이 윤리적 행위의 목적이 되며 쾌락과 행복을 가져다주는 행위는 옳은 행위이고, 고통과 불행을 가져다주는 행위는 그릇된 행위라는 입장이다.
> - 덕 윤리 : 도덕 법칙이나 원리보다 행위자의 내면적 도덕성이나 성품을 강조하는 윤리 이론이다.

■ 실천 윤리학

- 이론 윤리학을 활용하여 현대 사회의 다양한 윤리 문제를 해결하는 데 목표를 둔 학문이다. → 실천적 성격
- 다양한 분야의 학문을 함께 탐구한다. → 학제적 성격
- 아리스토텔레스는 윤리학을 실천 학문으로 분류하였다.

■ 현대 사회의 다양한 윤리적 쟁점

생명 윤리	인공 임신 중절, 자살, 안락사, 뇌사, 생명 복제, 동물 실험과 동물의 권리 등 삶과 죽음 및 생명의 존엄성에 대한 문제
성과 가족 윤리	사랑과 성의 관계, 성차별과 양성평등, 성의 자기 결정권, 성 상품화, 결혼의 윤리적 의미, 부부 윤리, 가족 해체 현상, 노인 소외 등에 대한 문제
사회 윤리	직업 윤리, 공정한 분배 및 처벌, 사형제 존폐 여부, 우대 정책과 역차별, 시민 참여와 시민 불복종 등에 대한 문제
과학 기술과 정보 윤리	과학자의 사회적 책임, 과학 기술의 가치 중립성에 대한 논쟁, 사이버 공간에서의 표현의 자유 허용 범위, 사이버 따돌림, 사이버 공간에서의 자아 정체성 등에 대한 문제
환경 윤리	미래 세대에 대한 책임, 기후 변화에 따른 윤리적 문제, 생태계의 지속 가능성에 대한 문제
문화 윤리	다문화 사회에서 발생하는 문제, 대중문화의 상업화에 따른 선정성과 폭력성, 의식주와 관련한 윤리 문제
평화 윤리	민족의 정체성과 민족 통합, 세계화와 지역화, 국제 분쟁, 해외 원조 등

■ 도덕적 인격 완성의 중시

- 공자 : 인간에 대한 사랑인 인(仁)을 타고난 내면적 도덕성으로 보았으며, 인을 실천하기 위해 효도하고 우애 있게 지내자는 효제(孝悌), 다른 사람을 배려하자는 충서(忠恕) 등 제시하였다.
- 맹자 : 누구에게나 주어져 있다는 선한 마음인 사단(四端)을 바탕으로 수양하면 도덕적으로 완성된 인간인 성인(聖人)과 군자(君子)가 된다고 주장하였다.

측은지심(惻隱之心)	남을 불쌍히 여기는 마음
수오지심(羞惡之心)	자신의 잘못을 부끄러이 여기고, 남의 잘못을 미워하는 마음
사양지심(辭讓之心)	겸손하고 양보하는 마음
시비지심(是非之心)	옳고 그름을 가리는 마음

■ 도덕적 공동체의 추구

- 정명(正名) : 공자는 사회 구성원 각자가 자신의 역할과 신분에 맞는 덕을 실현해야 한다고 강조하였다.
- 대동사회(大同社會) : 모두가 더불어 잘 사는 사회로, 유교에서 제시한 이상사회이다.
- 오륜(五倫) : 인간관계에서 지켜야 할 다섯 가지 의무이다.

■ 자연법 윤리

- 인간의 본성에 근거하는 절대적인 법으로, 모든 인간에게 자연적으로 주어진 보편적인 법을 말한다 (예 선은 행하고 악은 피하라).
- 실정법과 대비되는 개념으로 언제 어디서나 유효하며, 보편적이고 불변적인 법칙이 있다고 보았다.
- 스토아 학파 : 자연법 윤리의 기초를 제시했으며, 인간은 누구나 자연법을 파악할 수 있는 이성을 지니고 있으므로 모든 인간은 동등하게 대우받아야 한다고 주장하였다.

- 토마스 아퀴나스의 자연적 질서 : 인간이 본성적으로 지니는 자연적 성향으로 자기보존, 종족보존, 신과 사회에 대한 진리의 파악을 제시하였다.

■ 칸트 윤리

- 도덕성의 판단에 있어 행위의 결과보다 동기를 중시하였다.
- 오로지 의무의식에서 나온 행위만이 도덕적 가치를 지닌다고 보았다.
- 도덕법칙 : 이성적이고 자율적인 인간은 보편적인 도덕법칙을 의식할 수 있다고 보았으며, 도덕법칙은 정언 명령의 형식을 띠고 있다.
- 정언명법
  - 네 의지의 준칙이 언제나 동시에 보편적 입법의 원리가 되도록 행위하라.
  - 너 자신에게나 다른 사람에게 있어서 인격을 언제나 동시에 목적으로 대우하고 수단으로 대우하지 말라.

> - 정언 명령 : 행위의 결과와 상관없이 행위 자체가 선(善)이기 때문에 무조건 수행해야 하는 도덕적 명령이다(예 부모님을 공경하라, 거짓말하지 말라).
> - 가언 명령 : 명령에 조건이 붙는 것으로 도덕 법칙이 될 수 없다(예 성공하려면 거짓말하지 말라).

■ 칸트의 의무 의식

실천 이성은 우리 마음속에 있는 의무 의식이다. 의무 의식에 따라 행동의 결과에 관계없이 규칙을 따라야 한다. 예를 들면 주위에 굶주리는 사람이 있다고 할 때, 단지 동정심때문에 남을 돕는 일은 참된 도덕적 행동이 아니다. 동정심도 없고 기쁨도 얻지 못하지만 도와야 한다는 의무 의식에 따라 남을 돕는 행위가 참된 도덕적 행동이다.

■ 공리주의

인간은 누구나 쾌락을 추구하고 고통을 피하려는 존재로, 행위의 결과가 가져다주는 쾌락과 행복을 중시한다. 쾌락과 행복을 가져다주는 행위는 옳은 행위이고, 고통과 불행을 가져다주는 행위는 그릇된 행위이다. 공리주의의 기본적 관심은 유용성의 추구이다.

벤 담	• 행위의 선악은 그 행위의 결과에 의해 판단할 수 있다. • 최대 다수의 최대 행복 : 사회는 개인의 집합체이므로 개인의 행복과 사회 전체의 행복은 연결되어 있으므로 더 많은 사람이 행복을 누리는 것이 바람직하다. • 쾌락은 질적으로 동일하며, 양적 차이만 있어서 쾌락을 계산할 수 있다.
밀	• 쾌락의 양뿐만 아니라 질적인 차이도 고려해야 한다. • 감각적 쾌락보다 정신적 쾌락이 우위에 있다고 주장하였다.

■ 덕 윤리

- 윤리적으로 옳고 선한 결정을 하려면 유덕한 품성을 길러야 하며, 옳고 선한 행위를 습관화하여 자신의 행위로 내면화해야 한다.
- 공동체와 분리된 개인이 아니라 공동체 구성원으로서의 인간의 삶에 관심을 갖는다.
- 매킨타이어 : 개인의 자유와 선택보다는 공동체와 그 공동체의 전통과 역사를 중시한다.
- 덕 윤리가 내리는 도덕판단은 구체적이고 맥락적 사고를 반영한다.
- 아리스토텔레스의 윤리 사상적 전통을 따른다.

■ 도덕적 탐구

- 도덕적 사고를 통해 도덕적 의미를 새롭게 구성하는 지적 활동이다.
- 현실 문제를 해결할 때 당위적 차원에 주목하여 가치와 규범의 탐구에 집중하고 도덕적인 실천을 중요시한다.
- 윤리적 딜레마를 활용한 도덕적 추론으로 이루어진다.
- 이성적 사고뿐만 아니라 정서적 측면도 함께 고려한다.

> 도덕적 딜레마
> 두 가지 이상의 도덕적 의무와 도덕 원칙 사이에 갈등과 충돌이 전개되는 상황을 말한다.

■ 도덕적 추론

- 주어진 상황에서 무엇이 옳은지, 어떤 행동을 해야 하는지에 대해 결정하는 사고 과정이다.
- 도덕적 탐구 과정에서 옳고 그름을 판단하는 '도덕원리'와 참과 거짓을 구분하는 '사실판단'을 근거로 논리적인 과정을 통해 올바른 '도덕 판단'을 내리는 과정이 필요하다.
- 도덕적 추론 과정의 예
    - 도덕원리(원리의 근거) : "법을 준수해야 한다."
    - 사실판단(사실 근거) : "무단횡단은 법을 어기는 행동이다."
    - 도덕판단(결론) : "무단횡단을 해서는 안 된다."

■ 윤리적 성찰

유 교	일일삼성	하루에 세 번 돌아본다는 뜻으로, 날마다 자신의 행동을 반성하고 개선하라.
	거경(居敬)	늘 한 가지를 주로 하고 다른 것으로 옮김이 없이, 심신이 긴장되고 순수한 상태를 유지함으로써 덕성을 함양하는 수양을 의미한다.
	신독(愼獨)	혼자 있어도 도리에 어긋나는 행동을 하지 않는다.
불 교	참 선	무엇이 참된 삶인지 깨닫고 자신 안에 내재한 맑은 본성을 찾아 바르게 살아가기 위해 앉아서 하는 수행법이다.
소크라테스	산파술	끊임없는 질문을 통해 자신의 무지를 자각하고 성찰할 수 있도록 하는 방법이다.
아리스토텔레스	중 용	마땅한 때에 마땅한 일에 대해 마땅한 사람에게 마땅한 동기로 느끼거나 행하는 태도이다. 자신의 행위와 태도를 성찰하고, 비도덕적 행위에 대한 반성을 강조하였다.

■ 윤리적 실천

- 도덕적 탐구와 윤리적 성찰을 조화시키며, 이를 바탕으로 윤리적 실천이 이루어져야 한다.
- 탐구와 성찰을 윤리적 실천으로 옮겨 도덕적으로 옳은 것을 행하도록 해야 한다.
- 윤리적 실천을 위한 도덕적 습관을 기르며, 선의지를 강화해야 한다.

■ 생식보조술의 윤리적 쟁점

- 생식보조술은 난임 부부가 자녀를 임신할 수 있게 돕는 의료 시술로 시험관 아기 시술과 인공 수정 시술이 있다.
- 생식보조술의 윤리적 문제 : 대리모 출산, 비배우자 인공 수정, 생식 세포 매매 등
- 생식보조술의 찬반 논리

찬 성	• 난임 부부의 고통을 덜어 주고 행복을 증진시킨다. • 출산율을 높여 사회를 존속시키는 데 기여한다.
반 대	• 생명체의 탄생 과정에 인위적으로 개입해서는 안된다. • 자연법 윤리의 관점에서 생명체의 탄생 과정에 인위적으로 개입하는 것은 자연의 섭리에 어긋나며 도덕적으로 옳지 않다.

■ 뇌사의 윤리적 쟁점

- 뇌사는 뇌 활동이 회복 불가능하게 정지된 상태를 의미한다.
- 우리나라에서는 장기 기증을 전제로 한 경우에만 뇌사를 죽음으로 인정한다.
- 뇌사를 죽음으로 인정하면 뇌사자의 장기를 다른 환자에게 이식할 수 있게 되면서 뇌사를 죽음의 판정 기준으로 인정해야 한다는 의견이 대두하였다.

■ 생명 과학

생명체가 나타내고 있는 생명 현상의 본질과 그 특성을 연구하는 학문으로 시험관 아기, 장기 이식, 신약 개발, 동식물 품종 개발, 유전병과 난치병 극복 등이 있다. 생명 과학의 발전으로 인류의 질병 퇴치와 생명 연장, 삶의 질 향상 등에 크게 기여하고 있으나, 생명 복제 등의 다양한 문제가 발생하고 있다.

■ 유전자 치료

생명 공학 기술을 이용하여 특정 동식물의 유용한 유전자를 다른 동식물에 삽입하여 유전자의 기능을 바로잡거나 이상 유전자 자체를 바꾸는 치료법을 말한다.

구 분	체세포 유전자 치료	생식 세포 유전자 치료
의 미	유전자의 운반체인 바이러스를 이용하여 유전 물질을 환자의 체세포에 삽입하여 질병을 치료하는 방법이다.	수정란이나 발생 초기의 배아에 유전 물질을 삽입하여 질병을 치료하는 방법이다.
특 징	• 주입된 유전자는 환자 개인에게만 영향을 미치므로 질병 치료를 위해 제한적으로 허용된다. • 생명 의료 윤리 원칙에 따른 과학적, 의학적, 윤리적인 검토가 지속적으로 필요하다.	생식 세포에 영향을 주어 변형된 유전적 정보가 후세대에 영향을 끼치므로 윤리적으로 논란의 소지가 있다.

■ 동물 실험

- 동물 실험은 살아 있는 동물을 대상으로 수행하는 실험을 말한다.
- 다양한 종의 동물이 신약 개발을 위한 연구, 공산품의 안전성 검사, 실험 교육 등 다양한 분야에서 동물실험이 광범위하게 사용되고 있다.

> 동물 실험에 대한 3R 원칙
> • 대체(Replacement) : 가능하다면 동물 실험이 아닌 방법으로 대체한다.
> • 감소(Reduction) : 꼭 필요한 경우 실험 횟수와 동물의 수를 줄인다.
> • 정교화(Refinement) : 동물의 고통을 덜기 위해 실험을 정교화해야 한다.

■ 사랑의 가치

- 인간이 지향하는 최고 단계의 정서로 인간을 도덕적인 생활로 이끈다.
- 인간과 인간 사이의 인격적인 교감이 이루어지게 하여 사회적 존재로서의 인간의 본성을 실현하는 바탕이 된다.

■ **사랑의 구성 요소(프롬)**

보 호	사랑하는 사람의 생명과 성장에 관심을 가지고 보호하는 것이다.
책 임	사랑하는 사람의 요구에 배려하면서 자신의 행동에 책임을 지는 것이다.
존 경	사랑하는 사람을 소유하고 지배하는 것이 아니라, 있는 그대로 받아들이며 존경하는 것이다.
이 해	사랑하는 사람에 대해 깊이 이해하는 것이다.

■ **성(性)과 관련된 윤리 문제**
- 성차별 : 남녀 간의 차이를 잘못 이해하여 하는 차별로서, 여성 혹은 남성이라는 이유로 부당한 대우를 하는 것이다.
- 성의 자기결정권 : 외부의 강요 없이 스스로 자신의 성적 행동을 결정할 수 있는 권리이다.
- 성 상품화 : 인간의 성 자체를 상품처럼 사고팔거나 또는 다른 상품을 얻기 위한 수단으로 이용하는 등 인간의 성을 직접 또는 간접적으로 이용하여 이윤을 추구하는 행위이다.

■ **오륜(五倫)**
- 유교에서 강조하는 다섯 가지의 기본 윤리를 말한다.
- 부자유친(父子有親), 군신유의(君臣有義), 부부유별(夫婦有別), 장유유서(長幼有序), 붕우유신(朋友有信)이 있다.

■ **음양론(陰陽論)**
- 음양론은 우주와 인간을 포함한 인간 사회의 모든 일들이 운영되는 원리를 음과 양의 운행으로 설명하고 있다.
- 음과 양은 상호 의존적·보완적 관계로, 남녀는 서로 결합하여 조화를 이룰 때 비로소 완전한 존재가 될 수 있다.
- 부부는 상대방의 인격을 존중하고 협력하여야 한다는 부부상경의 윤리는 음양론을 바탕으로 한다.

■ **가족의 가치**

정서적 안정	인간은 가족 간의 사랑과 이해 속에서 정서적 안정을 느낀다.
사회화와 인격 형성	사회생활에 필요한 규칙이나 예절을 배운다. 이러한 과정을 사회화라고 하며, 이는 바람직한 인격 형성에 도움을 준다.
건강한 사회의 토대	가족은 사회를 이루는 최소 집단이므로 가족의 화목과 안정은 사회 전체의 화목과 안정으로 이어진다.

■ 바람직한 가족 윤리

전통 사회	부자유친(父子有親)과 부자지효(父子之孝)의 윤리를 강조하였다.
부모 자녀	• 부모는 자녀를 사랑하는 자애(慈愛)를, 자녀는 부모에게 효도(孝道)를 실천해야 한다. • 부모는 자녀가 건강하게 자라고 성숙한 인격을 형성할 수 있도록 도와주어야 하며, 독립된 인격체로 존중해야 한다. • 자녀는 낳아주고 길러준 부모의 은혜에 감사하며, 이를 겉으로 바르게 표현해야 한다. • 양지(養志) : 부모의 뜻을 헤아려 실천함으로써 부모를 기쁘게 해드리는 것이다.
형제자매	• 우애(友愛) : 서로에 대해 사랑하고 공경해야 한다. • 형우제공(兄友弟恭) : 형은 동생을 벗처럼 사랑하고 보살피고, 동생은 부모를 사랑하는 마음처럼 형을 공경한다. • 형제자매 간의 규범을 익히는 것은 또 다른 사회적 관계의 규범을 배우고 익히는 데 밑거름이 된다.

■ 동양의 직업관

공 자	• 정명(正名) 사상 : 임금은 임금답고, 신하는 신하다우며, 부모는 부모답고, 자식은 자식다워야 한다. • 생활 속에서 자신이 맡은 바 임무와 역할을 충실히 수행하라.
맹 자	• 대인의 일과 소인의 일을 구별 → 사회적 분업과 직업 간의 상호 보완성을 강조하였다. • 경제적으로 불안정하면 도덕적인 삶을 지키기 어려우므로 직업이 필요하다.
순 자	적성과 능력에 따라 직분을 분담하는 예(禮)에 따르고, 이를 성실히 수행하라.
장인 정신	자신의 일에 긍지를 가지고 전념하거나 한 가지 기술에 정통하려고 노력하는 것이다.

■ 서양의 직업관

플라톤	• 통치자, 수호자, 생산자 계급이 각자의 고유한 기능에 따라 자신의 직분을 충실히 수행해야 한다. • 직업을 통해 자신의 고유한 기능을 발휘하는 것이 덕(德)을 실현하는 것이다.
중세 그리스도교	노동은 원죄에 대한 속죄의 의미로 신이 부과한 것이므로, 속죄의 차원에서 노동을 해야 한다.
칼 뱅	직업은 신의 거룩한 부름, 즉 소명(召命)이므로 근면하고 성실하게 직업에 임해야 한다.
마르크스	인간은 노동을 통해 자아실현을 할 수 있으나, 자본주의 체제에서의 분업화된 노동은 인간 소외 현상을 심화시킨다.

■ 행복한 직업의 조건

- 부나 명예, 권력 같은 외재적 가치가 아닌 그 일 자체가 목적이 되는 등의 바람직한 직업관을 가져야 한다.
- 행복한 직업 생활을 위해 자신의 적성과 능력에 맞는 직업 선택이 필요하다.
- 전문성, 연대의식, 소명의식, 인간애를 바탕으로 타인을 배려하고 서로 존경과 사랑을 주고받는 직업 생활을 해야 한다.

■ 직업 윤리

- 직업 윤리는 직업 생활에서 자신이 맡은 일에 대해 지켜야 하는 행동 기준과 규범을 말한다.
- 직업 윤리는 개인의 자아 실현과 사회의 발전에 기여할 수 있고, 직업 생활에서 일어날 수 있는 부정부패를 막아 건강한 공동체를 유지할 수 있다.
- 직업 윤리의 특성
  - 일반성 : 모든 직업에서 공통으로 지켜야 하는 행동 규범으로 정직, 성실, 의무, 준법 등을 말한다.
  - 특수성 : 각각의 직업에서 지켜야 하는 특수한 행동 규범으로 비밀 유지, 의료인의 생명 존중이나 교사의 학생 존중, 애정과 관심 등을 말한다.

■ 청렴한 사회

- 청렴은 성품과 행동이 맑고 깨끗하여 탐욕을 부리지 않는 것이다.
- 청렴한 삶은 자신의 지위를 이용하여 부당한 이익을 취하지 않고 자신의 양심과 사회 정의에 따라 행동(예 청백리 정신)하는 것이며, 업무 처리의 투명성을 보장하고 부정부패를 방지하기 위한 제도를 마련하여 청렴한 사회를 실현할 수 있다.

> - 청백리(淸白吏) : 마음이 청렴하고 결백한 관리로 검소하며 절제된 생활을 하는 공직자를 말한다.
> - 노블레스 오블리주 : 사회 고위층이나 고위 공직자 등 높은 사회적 신분을 지닌 사람에게 요구되는 도덕적 의무와 책임을 뜻한다. 명예(노블레스)만큼 의무(오블리주)를 다해야 한다는 말로, 초기 로마 시대에 왕과 귀족들이 보여 준 투철한 도덕의식과 솔선수범의 정신에서 유래했다.

■ 개인 윤리와 사회 윤리

구 분	개인 윤리	사회 윤리
윤리 문제의 원인	도덕성 결핍	사회 구조와 제도의 부조리
윤리 문제의 해결책	도덕성 함양과 실천 의지, 바람직한 습관	사회 구조와 제도의 개선

■ 니부어의 사회 윤리

- 개인적으로 도덕적인 사람도 자신이 속한 집단의 이익을 위해 비도덕적으로 행동할 수 있기 때문에 현대 사회의 복잡한 윤리 문제를 개인의 양심과 덕목의 실천만으로 해결하기 어렵다고 보았다.
- 개인의 도덕적 행위는 집단의 도덕성을 결정하지 못하며, 오히려 집단이 개인 행위의 도덕성을 결정할 수 있으므로 정의로운 사회가 되려면 개인의 도덕성뿐 아니라 사회의 도덕성을 고양해야 한다고 하였다.

- 사회 구조와 제도의 개선을 통해 윤리 문제를 해결해야 하며 이를 위해 사회적인 강제력을 동원해야 한다고 주장하였다.

■ 사회 정의

- 사회 정의는 개인 간의 올바른 도리 또는 사회를 구성하고 유지하는 공정한 도리로서, 사회가 추구해야 할 가장 핵심적이고 기본적인 덕목 중 하나이다.
- 사회 정의의 분류

분배적 정의	• 각자가 자신의 몫을 누릴 수 있게 하는 것이다. • 공정한 분배 기준에 대한 사회적 합의와 관련 있다.
교정적 정의	• 위법과 불공정함을 바로잡아 공정함을 확보하는 것이다. • 처벌과 배상이 피해의 정도에 맞게 공정하게 정해졌는지를 보는 것이다. • 법적 정의와 관련이 깊다.
절차적 정의	• 공정한 절차를 통해 합당한 몫을 결정하는 것이다. • 합의 과정의 투명성과 공정성에 초점을 둔다.

■ 롤스의 '공정으로서의 정의'

- 사회 제도가 공정한 조건에서 합의된 정의 원칙에 의해 규제되어야 공정한 분배가 가능하다고 주장하였다.
- 공정한 절차를 통해 발생한 결과는 정당하다고 본다. → 절차적 정의를 중시
- 사람들은 자연적, 사회적 우연성이 배제된 원초적 입장에 놓였을 때 자신이 가장 불리한 상황에 놓일 가능성을 염두에 두고 모두에게 공정한 정의 원칙에 합의한다. → 최소 수혜자에게 최대의 이익을 주는 분배 방식
- 롤스의 정의의 원칙

제1원칙	평등한 자유의 원칙	모든 사람은 기본적 자유에서 평등한 권리를 가진다.
제2원칙	차등의 원칙	사회적·경제적 불평등은 최소 수혜자에게 최대의 이익을 보장해야 한다.
	기회균등의 원칙	불평등의 계기가 되는 지위는 공정한 기회균등의 원칙에 따라 모든 사람에게 개방되어야 한다.

■ 노직의 '소유권으로서의 정의'

- 개인의 소유권 중시 : 최초의 취득, 자발적 이전(양도), 교정 등의 과정이 정당하다면 현재의 소유권에 대해 정당한 권리를 가진다.
- 국가는 개인의 소유권을 침해하지 않는 '최소 국가'로, 세금이나 복지정책 등 국가에 의한 재분배 행위를 반대했다.

취득의 원칙	과정이 정당하다면 타인의 처지를 악화시키지 않는 한 해당 소유물을 취득할 권한을 가짐
이전의 원칙	타인이 이전한 것에 대해서도 정당한 소유권을 가짐
교정의 원칙	취득과 이전의 과정에서 부당한 절차가 생길 시 이를 바로잡아야 함

■ 왈처의 '복합 평등으로서의 정의'

- 모든 재화를 공정하게 분배할 수 있는 하나의 정의 원칙만이 존재하지 않는다.
- 다양한 삶의 영역에서 각각 다른 공정한 기준에 따라 사회적 가치가 분배될 때 사회 정의가 실현된다고 하였다.

■ 우대 정책의 윤리적 쟁점

- 우대 정책의 의미 : 공정한 분배를 위하여 특정 집단이 겪어 온 부당한 차별을 바로잡기 위해 다양한 방면에서 혜택을 제공하는 것이다.
- 우대 정책의 사례 : 대학의 농어촌 특별 전형, 지역 균형 선발, 여성 할당제 등

■ 처벌에 대한 응보주의와 공리주의

응보주의	• 형벌은 죄에 대한 정당한 보복을 가하는 데 목적이 있다고 보는 사상을 말한다. • 칸트 : 자유롭게 자신의 행위를 결정할 수 있는 이성적 존재는 자신의 행동에 책임을 져야 한다(개인의 책임 강조).
공리주의	• 행위의 목적이나 선악 판단의 기준을 인간의 이익과 행복을 증진시키는 데 두는 사상이다. • 최대 다수의 최대 행복을 내세우며 사회 전체의 복지를 중요시한다.

■ 공정한 처벌 조건

- 죄형 법정주의 : 처벌의 근거가 되는 법이 있어야 하며, 유죄 조건에 부합하는지 따져 보고 죄가 있다는 것이 확실한 경우만 법에 따라 처벌해야 한다.
- 비례성의 원칙 : 범죄와 형벌 사이에는 균형이 유지되어야 하며, 위반이나 침해의 정도에 따라 적절하게 처벌해야 한다.

■ 국가 권위

국민이 국가를 따르게 하는 힘으로, 통치권이나 명령권과 같이 국민의 공동 이익을 보장해 주기 위해 국가 조직을 통해 행사되는 물리적 강제력을 말한다.

■ 사회 계약설

- 자연 상태에서의 인간 사회에는 불신과 투쟁이 존재할 뿐 보편타당한 도덕 원리가 존재할 수 없다. 이를 보안하고 공공 이익을 달성하기 위해 자발적으로 합의나 계약을 맺고 국가를 수립한다고 보았다.
- 사회 계약설 주장한 사상가

사상가	자연 상태	국가의 역할
홉 스	만인의 만인에 대한 투쟁 상태	
로 크	자유·평등한 상태지만 인간관계 확대로 자연권 유지 불안	시민의 생명과 자유, 재산을 보호해야 함
루 소	자유·평등 상태이나 사유 재산으로 인해 불평등 발생	

■ 롤스의 국가관

- 사회 구성원들의 선(善)을 증진해 주고 공공의 정의관에 의해 잘 규제되고 있는 질서정연한 사회를 구현해야 한다고 하였다.
- 질서정연한 사회의 구현을 위해 정의의 원칙(예 평등한 자유의 원칙, 차등의 원칙, 기회 균등의 원칙)을 실현해야 한다고 주장하였다.

■ 민주 시민의 권리와 의무

권 리	의 무
• 주권자로서 자유를 행사하는 권리를 말한다. • 국가에 대해 생명, 재산, 인권의 보호, 사회 보장과 복지 증진, 공공재의 효율적인 관리와 제공 등을 요구할 수 있다.	• 사회의 질서를 유지하고 조정하기 위해 해야 하는 임무를 말한다. • 국가의 정당한 권위를 존중하고 국가가 시민을 위한 역할을 잘 수행하는지 지속적으로 확인하며, 국방·납세·교육의 의무와 정치 참여의 의무 등을 잘 이행한다.

■ 민주 시민의 참여

필요성	• 대의 민주주의의 한계 : 선출된 대표가 국민의 의견을 충분히 반영하지 못하며, 전문적이고 다양한 현대 사회 문제를 해결하기 힘들 수 있다. • 직접적인 참여를 통해 '시민에 의한 통치'라는 민주주의의 이념을 실현할 수 있으며, 개인의 권리를 보장받을 수 있다. • 다양한 의견의 수렴을 통해 다양하고 복잡한 사회 문제를 효과적으로 해결하고 공동체의 발전을 도모할 수 있다.
참여 방법	• 선거, 공청회, 주민 소환제, 국민 참여 재판 등 다양한 제도에 참여할 수 있다. • 언론에 의견 보내기, 행정 기관에 건의, 시민 단체 활동 등 다양한 형태의 활동에 참여할 수 있다.

■ 시민 불복종

• 법률이나 정부의 권력, 명령 등이 기본권을 침해하거나 부당하다고 판단될 때 법이나 정책을 변화시키기 위하여 의도적으로 법을 위반하여 저항하는 행위이다.
• 시민 불복종에 대한 다양한 관점

드워킨	시민은 헌법 정신에 어긋나는 법률에 저항할 수 있다.
소 로	• 법보다 정의에 대한 존경심이 더 중요하며, 악법에 대한 불복종은 정의로운 행동이다. • 헌법을 넘어선 개인의 양심에 따라 정의롭지 못한 악법에 대해 적극적으로 불복종해야 한다.
간 디	• 부당한 법에 대한 불복종은 정당하다. • 불복종은 비폭력적이고 평화로운 방법으로 이루어져야 한다.
롤 스	시민 불복종은 사회적 다수에 의해 공유된 공공의 정의관에 어긋날 경우 허용된다.
싱 어	• 시민 불복종으로 인해 발생할 이익과 손해를 계산해야 한다. • 시민 불복종을 시행할 경우 성공 가능성에 대해 고려해야 한다.

■ 시민 불복종의 정당화 조건

공개성	불복종의 정당성을 알리기 위해 공개적으로 이루어져야 한다.
정당성	개인에게 불리한 법률이나 정책이 아니라 사회 구성원의 권리를 침해하여 사회 정의를 훼손한 법이나 정책에 항의하는 것이다.
비폭력성	폭력적인 행동으로 선동하는 것은 정당화될 수 없다.
최후의 수단	정상적인 방식을 시도했지만 소용이 없을 때 최후의 상황에서 시도해야 한다.
처벌의 감수	위법 행위에 대한 처벌을 받아들여 기본적인 법을 존중하고 정당한 법체계를 세우기 위한 노력임을 분명히 해야 한다.

■ 판옵티콘(Panopticon)

벤담이 제안한 원형 감옥으로 '모두'를 뜻하는 'Pan'과 '본다'는 뜻의 'Opticon'을 합친 말이다. 판옵티콘에 서는 간수는 모든 죄수를 볼 수 있지만 죄수는 간수를 볼 수 없도록 설계되어 있다. 죄수는 늘 감시받는 느낌을 받게 되어 스스로를 감시하는 규율의 내면화가 이루어진다는 것이다.

■ 빅 브라더(Big Brother)

조지 오웰의 소설 '1984'에 등장하는 용어로 텔레스크린을 통해 모든 사람을 감시하는 권력을 말하며, 이는 현대 정보 사회에서의 감시와 통제의 문제점을 상징적으로 표현한다.

■ 인간 소외 사회

기술이 지배하는 거대한 사회 구조의 영향으로 인간성과 인간다운 삶을 잃어버린 사회를 말한다.

■ 요나스의 책임 윤리

- 과학 윤리의 사회적 책임 : 과학 기술 시대에 맞는 책임 윤리의 확립을 주장, 과학 기술이 미래에 끼치게 될 결과까지 예측하여 인류에 해악을 끼칠 수 있는 과학 기술 연구는 중단하는 등 도덕적인 책임을 져야 한다고 하였다.
- 미래 세대에 대한 책임 : 인류 존속에 대한 현세대의 책임을 강조, 책임은 일차적으로 미래 세대의 존재를 보장하는 것이고, 이차적으로는 미래 세대의 삶의 질을 배려하는 것이다.

■ 정보 기술 발달의 긍정적 변화

생활의 편리성 향상	• 인터넷을 통해 일상적인 활동을 하거나 업무를 쉽고 빠르게 처리할 수 있다. • 전 세계 사람들과 쉽게 대화할 수 있다.
전문적인 지식의 습득	사물 인터넷의 발달과 인터넷 검색 등 여러 정보 통신 매체를 통해 전문적인 정보를 쉽게 얻을 수 있다.
사회 참여 기회 확대	• 쌍방향 의사소통이 가능한 수평적이고 다원적인 사회로 변화한다. • 가상공간의 등장으로 자신의 의견을 자유롭게 표현하고 청원이나 서명 운동에 참여하는 등 정치적 의사 결정 과정에 직접 참여할 수 있다.
다양성이 존중되는 사회 분위기 조성	인터넷을 통해 전 세계 문화를 실시간으로 접할 수 있어 다양한 문화를 경험하고 이해할 수 있다.

■ 사이버 폭력

사이버 공간에서 상대방이 원하지 않는 언어, 이미지 등을 이용하여 정신적으로 피해를 주는 폭력 행위이다. 사례로는 사이버 따돌림(Cyber Bullying), 사이버 명예 훼손, 사이버 모욕, 사이버 스토킹, 사이버 성폭력 등이 있다.

■ 사이버 불링(Cyber Bullying)

'불링(Bullying)'은 약자를 괴롭히는 행동을 뜻하며, 사이버 불링은 신속성, 익명성, 광범위한 확산 등으로 사회 문제를 일으키고 있다.

■ 저작권 침해

저작권은 소설, 시, 음악, 미술, 컴퓨터 프로그램 등과 같은 저작물에 대해 창작자가 가지는 권리이고, 저작권 침해는 저작권법에 따라 배타적으로 보호되는 저작물을 무단으로 사용하여 저작권자의 권리를 침해하는 행위를 말한다(예 소프트웨어 무단 복제, 저작물 표절, 불법 다운로드 등).

■ 사생활 침해

자신의 의사와 무관하게 개인 정보가 다른 사람에게 노출되거나 악용되는 것을 말한다(예 신상 털기 등). 사생활 침해로 개인 정보가 악용되어 통제·억압당할 경우 개인의 자유로운 활동과 행복 추구를 방해하여 인간의 존엄성을 해칠 수 있다.

■ 자기 결정권과 잊힐 권리

- 정보의 자기 결정권 : 자신에 관한 정보를 보호받기 위해 이를 자율적으로 결정하고 관리할 수 있는 권리를 말한다.
- 잊힐 권리 : 개인의 사생활 보호를 위해 등장한 것으로, 정보 주체가 온라인상에서 자신과 관련된 모든 정보에 대한 삭제 및 확산 방지를 요구할 수 있는 자기 결정권 및 통제 권리이다.

■ 정보 윤리

스피넬로(Spinello, R.)는 인간의 존엄성과 기본권, 사회 정의 등과 같은 기본적인 가치를 바탕으로 한 정보 윤리의 기본 원칙으로 존중, 책임, 정의, 해악 금지의 4가지를 제시하였다.

존중의 원칙	자신에 대한 존중과 타인에 대한 존중으로, 자신에 대한 존중이란 스스로를 본래적 가치를 지닌 것으로 대우하는 것이고 타인에 대한 존중은 타인의 인격과 사생활, 지적 재산권 등을 존중하는 것이다.
책임의 원칙	정보 제공자 및 이용자는 자신의 행동이 가져올 결과를 신중히 생각하고 책임있게 행동해야 한다.
정의의 원칙	정보의 진실성과 공정성, 완전성을 추구하며 다른 사람의 기본적 자유와 권리를 침해하지 않아야 한다.
해악 금지의 원칙	사이버상에서의 비도덕적 행동을 지양하고 타인에게 피해를 끼치지 않아야 한다.

■ 뉴미디어

- 기존 매체가 인터넷 등 전자 통신의 새로운 기술과 결합하여 정보를 가공하고 전송, 소비하는 새로운 수단의 전송 매체를 뜻한다.

- 뉴미디어의 특징

상호작용화	송수신자 간에 쌍방향 정보 교환이 가능해져 활발하게 상호 작용할 수 있다.
비동시화	정보 교환에서 송수신자가 동시에 참여하지 않고도 수신자가 원하는 시간에 정보를 볼 수 있다.
탈대중화	대규모 집단에 획일적인 메시지를 전달하는 방식에서 벗어나 특정 대상과 특정 정보의 상호 교환이 가능하다.
능동화	이용자가 정보를 직접 생산하고 유통, 소비하는 동시에 감시의 역할도 할 수 있어, 더욱 능동적으로 활동할 수 있다.
종합화	아날로그 시대에 개별적으로 존재했던 매체들이 하나의 정보망으로 통합된다.

■ 뉴 미디어 시대의 매체 윤리

진실 보도	있는 그대로의 사실을 전달해야 한다.
타인의 인격 존중	• 시민의 알 권리도 중요하지만, 이를 충족하는 과정에서 개인의 인격권을 침해하지 않도록 해야 한다. • 뉴 미디어는 다수에게 영향을 끼칠 수 있는 공적인 영역이므로 표현의 자유는 타인의 권리를 침해하지 않는 범위에서 허용되어야 한다.
공정한 보도	정보와 관련된 내용을 객관성과 공정성을 가지고 동등하고 균형 있게 취급해야 한다.
표절 금지	• 내용에 큰 차이가 없는 기사들이 동시적으로 다양한 언론사의 이름을 달고 게재되고 있다. • 표절은 원작자의 권리와 소중한 재산을 침해하는 것이며, 언론에 대한 신뢰를 무너뜨린다.

■ 알 권리

- 국민은 정보를 제한 없이 알 수 있는 알 권리가 있으며, 이는 인간의 존엄성을 실현하고 헌법에 명시된 행복 추구권을 보장하기 위해 필요하다.
- 시민 혼자 정보를 수집하는 것에는 한계가 있으므로, 언론에 객관적이고 공정한 정보 전달의 의무를 부여한다.

■ 인격권

- 인간의 존엄성에 바탕을 둔 사적 권리이다.
- 국민의 알 권리 보장을 위한 매체의 보도가 개인의 인격권을 침해하면 안 된다.

■ 미디어 리터러시

- 매체 이해력이라고도 하며, 매체의 내용을 비판적으로 해석하면서 제대로 사용하고 표현하는 능력을 말한다.
- 비판적인 사고를 바탕으로 정보를 올바르게 이해하고 활용해야 한다.

■ 자연을 보는 서양의 관점

인간 중심주의	• 인간만이 윤리적 동물이며 자연은 인간의 도구라고 여기는 입장이다. • 도구적 자연관, 기계론적 자연관, 이분법적 세계관이 있다. • 데카르트 : 모든 존재를 정신과 물질로 구분, 인간의 정신은 물질로 환원할 수 없는 존엄한 것이지만 자연은 기계에 불과하며, 자연과학의 목표는 인간을 자연의 주인으로 만드는 데 있다. • 베이컨 : 자연은 인간에게 순종해야 하고 정복되어야 하는 대상이다. • 칸트 : 이성적 존재만이 자율적이고 도덕적 존재이다. → 인간만이 도덕적 주체가 될 수 있다.
동물 중심주의	• 자연을 보는 관점을 도덕적인 범위에서 동물까지로 확대해야 한다. • 동물을 인간의 수단으로 여기는 것에 반대하며, 동물의 복지와 권리를 향상해야 한다고 주장하였다. • 싱어 : 공리주의에 근거하여 동물도 쾌락과 고통을 느끼므로 도덕적 고려의 대상이다. • 레건 : 동물도 삶의 주체로 자신의 고유한 삶을 영위할 권리가 있는 내재적 가치를 지니고 있으므로 도덕적으로 존중받아야 한다.
생명 중심주의	• 도덕적 지위를 갖는 기준이 생명이라고 보고 도덕적 고려 범위를 모든 생명체로 확대해야 한다. • 인간과 동물뿐만 아니라 식물을 포함한 모든 생명체가 생명이라는 점에서 내재적 가치를 지닌다. • 슈바이처 : 생명은 그 자체로 선이며 생명을 파괴하고 억압하는 것은 악이므로 불가피하게 생명을 해쳐야 하는 경우에는 도덕적 책임을 느껴야 한다. • 테일러 : 모든 생명체는 의식의 유무에 상관없이 자신의 생존, 성장, 발전, 번식이라는 목적을 지향하는 '목적론적 삶의 중심'이라고 규정하였다.
생태 중심주의	• 무생물을 포함한 생태계 전체를 고려 대상으로 삼는다(전일론적 입장). • 레오폴드 : 도덕 공동체의 범위를 동식물과 물, 흙을 비롯해 대지까지 확대하였다(대지 윤리). • 네스 : 세계관과 생활양식 자체를 생태 중심적으로 바꾸어야 한다(심층 생태주의).

■ 자연을 보는 동양의 관점

유 교	만물은 본래의 가치를 지니고 있다고 보고 인간과 자연이 조화를 이루는 천인합일의 경지를 추구한다.
불 교	• 연기설(緣起說) : 모든 존재의 상호 의존성을 인식하고 모든 생명을 소중히 여기며 자비를 베풀어야 한다. • 불살생(不殺生) : 살아 있는 것을 죽이지 않는다는 생명 존중 사상 • 자타불이 : 너와 내가 둘이 아니라는 것으로, 남을 내 몸과 같이 느끼고 생각한다는 자비사상이다.
도 가	• 노자 : 인간도 인위적 욕망을 버리고 자연의 순리에 따르는 무위자연(無爲自然)의 삶을 살아야 한다. • 장자 : 만물이 나와 하나라는 물아일체(物我一體)를 강조하였다.

■ 기후 변화 방지를 위한 국제적 노력

유엔 기후 변화 협약(1992)	• 지구 온난화를 방지하기 위한 국제 협약이다. • 온난화의 주범인 온실가스 배출 억제를 규정하였다.
교토 의정서 (1997)	• 기후 변화 협약의 강제적 구속력 부족으로 실천이 미비한 점을 해결하기 위해 채택하였다. • 선진국의 온실가스 감축 목표를 설정하고, 온실가스 배출권을 거래할 수 있는 탄소 배출권 거래 제도를 도입하였다.
파리 기후 협약 (2015)	• 선진국뿐 아니라 협약에 참여한 모든 국가가 온실가스 감축 목표를 지키기로 합의하였다. • 개발도상국에 집중적인 지원을 한다.

■ 환경 문제 관련 국제 협약

- 람사르 협약(1975년) : 각종 생물의 서식지인 습지와 습지의 자원을 보호하기 위해 가입국 모두에게 습지 보호의 의무를 부여하는 국제 협약
- 몬트리올 의정서(1987년) : 오존층 파괴 물질인 염화플루오린화탄소의 생산과 사용을 규제하려는 목적에서 체결한 협약
- 바젤 협약(1989년) : 국제적으로 문제가 되는 유해 폐기물의 수출입에 관련된 규제를 목적으로 하는 협약
- 생물 다양성 협약(1992년) : 생물 다양성의 보전, 생물다양성 구성 요소의 지속가능한 이용, 생물유전자원의 이용으로부터 발생되는 이익의 공평한 공유 등을 목적으로 하는 협약

■ 예술과 윤리에 대한 도덕주의와 심미주의

구 분	도덕주의	심미주의
의 미	도덕적 가치가 미적 가치보다 우위에 있어서 예술은 윤리의 지도를 받아야 한다.	미적 가치와 도덕적 가치는 무관하므로 윤리가 예술에 관여해서는 안 된다.
사상가	• 플라톤 : 예술의 목적은 올바른 행동을 권장하고 덕성을 장려하는 데 있다. • 톨스토이 : 예술 작품의 가치는 도덕적인 가치에 의해 결정되므로, 선을 추구하는 예술이 참된 예술이다.	• 와일드 : 예술가는 예술 표현을 자유롭게 할 수 있도록 자율성과 독창성을 지녀야 한다. • 스핑건 : 시(時)가 도덕적이라든가 혹은 비도덕적이라고 말하는 것은 정삼각형이 도덕적이고 이등변 삼각형이 비도덕적이라고 말하는 것과 같이 무의미하다.

■ 대중문화의 특징

- 신문, 방송, 인터넷 등의 대중 매체에 의한 대량 생산이 이루어지고, 불특정 다수에 의해 대량 소비가 가능하게 된다.
- 자본주의 체제에서 시장을 통해 제작·유통되어 이윤을 창출한다.
- 대중매체를 통해 저렴한 비용으로 예술을 향유할 수 있게 되면서 대중이 소비 주체가 된다.

■ 대중문화의 윤리적 문제

선정성과 폭력성	• 육체와 성을 욕구 충족의 수단 및 과시적 대상으로 인식한다. • 폭력을 미화하거나 정당화하여 그릇된 인식을 지니게 한다. • 청소년을 비롯하여 대중의 정서에 악영향을 주고, 모방범죄로 이어질 수도 있다.
자본 종속	• 자본종속 : 자본의 힘이 대중문화를 지배하는 현상을 말한다. • 막대한 자본력을 지닌 일부 기획사가 대중문화를 주도하게 되면서 상업적이고 획일화된 상품이 양산되어 문화의 다양성이 위축된다. • 대중문화를 생산하고 소비하는 개인의 삶도 획일화되고, 문화 산업의 도구로 전락할 수도 있다.
지나친 상업성	• 자본주의 원리에 따라 이윤을 창출하는 단순한 상품으로 여긴다. • 불특정 다수에게 직간접적인 영향을 주므로 그 영향력과 사회적 효과를 신중히 고려해야 한다.

■ **몰개성화(沒個性化)**

다른 사람과 구별되는 개성이 없어지는 현상을 뜻한다.

■ **패스트 패션**

최신 유행을 반영하여 유행에 따른 신제품을 짧은 주기로 대량 생산하여 판매하는 의류를 말한다. 주로 인건비가 저렴한 개발도상국에서 값싼 원료로 생산하여 가격이 저렴하다.

■ **유전자 변형 농산물(GMO)**

'유전자 조작 농산물'이라고도 하며, 농산물의 생산성과 질을 높이기 위해 본래 유전자를 조작하고 변형해 새롭게 만든 농산물을 말한다.

■ **로컬 푸드 운동**

장거리 운송을 거치지 않은 지역 농산물 소비 운동으로, 생산자와 소비자 모두에게 이익을 준다.

■ **슬로푸드 운동**

이탈리아 로마에 패스트푸드 지점이 생기는 데 반대하면서 시작된 운동으로, '좋고, 깨끗하고, 공정한 (Good, Clean and Fair) 먹거리'를 실현하고자 한다.

■ **음식문화의 윤리적 문제 해결노력**

생태계와 음식문화	• 음식을 통해 타인, 공동체, 생태계와 밀접한 관련을 갖는다는 사실을 인식한다. • 음식물 쓰레기 줄이기, 로컬 푸드 운동, 슬로 푸드 운동 등
사회적 제도	• 바람직한 음식 문화의 확립을 위해 제도적 장치를 마련한다. • 성분 표시 강화, 음식물 쓰레기 종량제, 육류 생산 과정에서 동물의 고통을 줄이는 제도적 장치 등

■ **윤리적 소비문화**

합리적 소비	• 자신의 경제력 안에서 최소한의 비용으로 최대의 만족을 추구하는 소비이다. • 개인의 경제적 이익이나 만족감 등 합리성과 효율성이 상품 선택의 기준이 된다.
윤리적 소비	• 상품이나 서비스를 만들고 유통하는 전체 과정을 윤리적인 가치 판단에 따라 구매하여 사용하는 것이다. • 합리적 소비의 한계를 인식하고, 이에 대한 대안으로 등장한다. • 경제성을 넘어 환경, 인권, 복지, 노동조건, 경제 정의 등 인류의 보편적 가치를 실천하는 소비이다.

■ 사회적 기업

취약 계층에게 고용 및 복지를 제공하는 등 사회적인 목적을 추구하면서 재화 및 서비스의 생산과 판매 등 영업 활동을 추구하는 기업을 말한다. 자립적인 운영을 위해 이익을 추구하나, 이익을 공익이나 지역 사회에 재투자한다.

■ 윤리적 소비의 실천

개인적 실천	• 인권과 정의를 생각하는 소비이다(예 공정 무역 상품 구매, 노동자의 인권과 복지를 생각하는 기업의 상품 구매). • 공동체적 가치를 생각하는 소비이다(예 지역에서 생산된 농산물을 지역에서 소비하는 로컬 푸드 소비 등). • 동물 복지를 생각하는 소비이다(예 모피, 털, 가죽 등을 사용하지 않은 애니멀 프리 상품 구매, 동물실험을 거치지 않은 상품 구매 등). • 환경 보존을 생각하는 소비이다(예 친환경 상품 소비, 멸종 위기 동식물을 사용하지 않은 상품 구매, 여행지의 문화와 환경 등을 존중하고 보호하는 공정 여행 등).
사회적 실천	사회적 차원에서 윤리적 소비의 확산을 위한 제도적 장치를 마련해야 한다(예 기업의 윤리 경영 촉진을 위한 제도 마련, 사회적 기업 지원 법률 제정, 친환경 제품 인증제, 환경 마크 부여 등).

■ 다문화 사회

• 한 사회 안에 다른 인종, 민족 등 여러 집단이 지닌 문화가 함께 존재하는 사회를 말한다.
• 우리 사회는 세계화에 따라 국제결혼, 외국인 노동자 증가 등으로 인해 다문화 사회가 되었다.
• 통일성보다 다양성을, 단일성보다 다원성을, 동일성보다 차이를 강조한다.
• 국가 간 장벽이 약화되고 국가 간 교류와 협력이 활발히 진행되는 세계화와 관련 있다.
• 새로운 문화 요소의 도입으로 문화 선택의 폭이 확대되고 문화 발전의 기회가 늘어난다.

■ 문화 동화주의

• 이민자들의 다양한 문화를 기존의 문화에 융합하고 흡수하는 다문화 정책이다.
• 용광로 이론 : 모든 것을 녹이는 용광로처럼 다양한 이주민의 문화를 주류 사회에 융합시키는 정책이다.
• 사회를 통합하고 질서를 유지하는 데 유리하다.
• 소수 민족의 문화가 소실되고 인권 침해의 문제가 발생할 수 있다.
• 문화의 획일화로 인해 문화적 역동성이 저하될 수 있다.

■ 문화 다원주의

• 주류의 고유문화가 중심적인 역할을 하되, 이주민의 문화는 그 안에서 문화적 정체성을 유지하면서 공존하는 것이다.

- 국수 대접 이론 : 주류 문화는 국수와 국물처럼 중심적인 역할을 하고, 이주민의 문화는 고명처럼 부수적 역할을 하며 공존해야 한다.
- 이주민의 문화를 존중하고 공존을 추구하지만 주류 문화의 우위를 인정한다.

■ 다문화주의

- 이민자들의 다양한 문화를 인정하고 존중하며 문화다양성을 실현하려는 정책이다.
- 소수 민족의 문화와 인권을 보호하고, 다양한 문화의 공존이 가능해져 문화적 역동성이 증가한다.
- 다양한 문화의 공존으로 사회적 혼란과 문화 간 갈등이 발생할 수 있다.

■ 다문화주의에 대한 이론적 접근

- 샐러드볼 이론 : 다양한 채소와 과일이 샐러드 볼 안에서 조화를 이루듯, 국가라는 샐러드 볼 안에서 여러 문화가 서로 조화롭게 공존하는 정책이다.
- 모자이크 이론 : 여러 색의 모자이크 조각이 조화를 이뤄 하나의 작품이 되듯, 다양한 문화의 공존을 목표로 한다.
- 용광로 이론 : 금, 철, 구리 등 서로 다른 여러 물질을 용광로에 넣으면 모두 녹아 하나가 되는 것처럼, 여러 민족의 고유한 문화들이 그 사회의 지배적인 문화 안에서 변화를 일으키고, 서로에게 영향을 주어 새로운 문화를 만들어 나가는 것을 뜻한다.

■ 문화 상대주의

- 문화의 상대성을 인정하고 문화를 그 사회의 환경과 맥락에서 이해하는 태도이다.
- 문화의 상대성과 특수성을 겸허하게 받아들이는 태도이다.
- 각 문화가 지니는 고유한 가치를 인정하는 태도이다.
- 각 문화 주체의 입장에서 문화를 판단하고 평가하는 관점이다.
- 자국과 타국의 문화를 편견(고정관념)없이 이해하기 위한 기본적인 태도이다.

■ 극단적 문화 상대주의

생명 존중이나 인간 존엄성과 같은 인류의 보편적 가치를 해치는 행위에 대해서도 문화 상대주의를 적용하는 태도로서, 이는 인류의 보편적 가치의 실현을 방해하고, 문화의 발전을 저해할 수 있다(예 이슬람 문화권의 명예 살인, 아프리카 소수 민족의 식인 풍습, 여성을 납치하여 아내로 삼는 키르기스스탄의 알라가추, 중국의 전족, 순장 등).

■ 자문화 중심주의

- 자기 문화만을 우수한 것으로 믿고 다른 문화를 부정적으로 평가하는 태도로서, 다른 문화를 자기 문화의 기준으로 평가하려는 태도이다.
- 문화의 주체성 유지, 사회통합의 수단이 되는 반면, 배타적 국수주의, 국제적 고립, 문화 발전의 걸림돌, 다른 문화 간 갈등을 초래할 수 있다(예 중국의 '천하도', 한국인의 개고기 식용을 부정하는 태도 등).

■ 에스노센트리즘(Ethnocentrism)

- 자민족 중심 또는 자민족 우월의 사상이다.
- 어원은 Ethnos(인종, 민족)와 Kentron(중심, 중앙)의 결합어(그리스어)이다.
- 자신이 속한 사회 집단을 자랑스럽게 여기면서 적극적인 참여와 복종적 태도를 취하고, 다른 집단에 대해서는 적대적이거나 부정적인 태도로 배척하는 것도 에스노센트리즘에 포함된다(예 나치의 유대인 박해).

■ 문화 사대주의

- 자신이 속한 문화보다 다른 문화가 더 우월하다고 믿는 태도를 말한다.
- 문화의 정체성·주체성을 상실할 우려가 높다(예 조선 시대에 중국을 숭배하는 사상, 한글보다 영어로 제작된 이름을 무조건 멋있다고 하는 것 등).

■ 문화 변동

- 내부적 요인
  - 발명 : 원래 없던 것이 새로 만들어진 것(예 전화, 컴퓨터, 한글, 수레바퀴, 안경 등)
  - 발견 : 원래 있던 것을 뒤늦게 찾는 것(예 불, 새로운 병원균, 태양의 흑점, 비타민 등)
- 외부적 요인
  - 문화 전파 : 한 사회의 문화가 다른 사회로 전해져서 그 사회의 문화에 정착되는 현상(예 피자나 햄버거, 종교의 전파, 청바지 등)

■ 문화 융합

- 서로 다른 두 개의 문화가 만나서 제3의 형태의 문화를 형성하는 것이다(예 라이스 버거, 떡케이크 등).
- 문화의 세계화가 이루어지는 과정에서 확산된 문화가 세계 각 지역의 특성에 맞게 지역 문화와 섞이는 현상이다.
- 확산된 문화가 각 지역의 특성에 맞게 지역 문화와 섞이는 현상을 말한다.

■ 문화 병존(공존)

기존의 문화 요소와 다른 문화의 요소가 함께 공존하는 현상을 말한다(예 코리아타운).

■ 문화 동화

한 문화가 다른 문화에 흡수되거나 대체되어 정체성이 상실되는 문화 현상이다(예 우리나라 일상복이 한복에서 양복으로 대체된 것, 아메리카 원주민의 언어가 식민 지배국의 언어로 대체된 것 등).

■ 화이부동(和而不同)

"남과 사이좋게 지내기는 하나 무턱대고 어울리지는 않음, 이익을 위해 도리를 저버리면서까지 남에게 부화뇌동(附和雷同)하지 않음" 이 말은 화합을 하되 사사로운 이익이나 계파의 이해관계가 걸린 탐욕, 즉 그릇된 것과는 결코 함께하지 않는다는 의미이다.

■ 종교의 기능

- 인간은 종교를 통해 인생의 궁극적인 의미를 발견하고 마음의 평화와 행복을 추구한다.
- 인류의 보편적인 가치를 추구하는 등 사회 통합의 계기가 된다.
- 종교가 추구하는 이상을 아름답게 표현한 예술 작품은 인류의 문화 수준을 높여준다.
- 종교학자 엘리아데는 인간을 '종교적 인간(Home Religiosus)'으로 규정하고, 종교를 지향하는 것이 인간의 근본적인 성향이라고 본다.

■ 황금률

- 수많은 종교, 도덕, 철학 등에서 주장하는 원칙으로 '타인이 나에게 해 주었으면 하는 행위를 하라'는 윤리 원칙이다.
- 기독교 : 기본적 윤리관으로서, "남에게 대접을 받고자 하는 대로 남을 대접하라."는 가르침이다.
- 논어 : 공자는 "자기가 하고 싶은 것이 아니면 다른 사람에게 시키지 말라(己所不欲勿施於人)"고 하였다.
- 대학 : '자신을 척도로 남의 처지를 살펴서 인도하는 도덕상의 길(絜矩之道)'로 표현된다.

■ 종교 갈등 극복을 주장한 사상가

- 신학자 한스 큉 : "종교 간 대화 없이 종교 간의 평화 없고, 종교 평화 없이는 세계 평화도 없다."
  → 종교 간 협력이 평화로운 세계를 위한 기초가 된다고 강조하였다.
- 철학자 뮐러 : "하나만 아는 자는 아무것도 모르는 자이다." → 서로 다른 종교를 이해하려는
  노력이 필요하다고 강조하였다.
- 원효 : 다양한 불교 종파들의 대립을 하나로 통합하여 일심(一心)으로 극복해야 한다는 화쟁(和諍)
  을 강조하였다.

■ 동서양의 소통과 담론

원효	• 화쟁(和諍)사상 : 모든 종파와 사상을 분리시켜 고집하지 말고 더 높은 차원에서 하나가 되어야 한다는 것으로, 다양성을 인정하고 포용과 존중의 중요성을 강조하였다. • 특수하고 상대적인 입장에서 벗어나 더 높은 차원에서 하나로 통합해야 한다.
공자	화이부동(和而不同) : 남과 사이좋게 지내기는 하나 자신의 중심은 잃지 않는다는 것으로, 조화의 중요성을 강조한다.
맹자	소통을 방해하는 그릇된 언사 네 가지를 제시하며 진실한 마음에서 우러난 바른 말을 해야 한다.
장자	• 옳고 그른 것은 도(道)의 입장에서 바라본다면 모두 똑같은 것이다. • 서로 다른 것을 그 자체로 인정하고 그것의 상호 의존 관계를 이해할 때 갈등을 줄이고 진정한 소통을 할 수 있다.
밀	• 인간은 끊임없이 잘못 판단하고 잘못 행동할 수 있는 존재라고 한다. • 자신의 오류 가능성을 인정하고 열린 마음으로 토론에 임해야 한다.
아펠	• 보편적인 윤리 규범은 합리적인 토론을 통해 만들어지며, '인격의 상호 인정'이 진정한 소통을 위한 기본 전제라고 한다. • 개인은 의사소통 공동체의 구성원으로서 합의를 위해 담론에 참여해야 할 책임이 있으며, 공동체를 유지해야 할 책임도 가지고 있다.

■ 하버마스의 담론 윤리

- '담론 윤리'를 강조하며 서로 이해하며 합의해 나가는 과정을 중시한다.
- 시민은 누구나 자유롭게 소통에 참여할 자격이 있다고 강조하며, '의사소통의 합리성'을 실현하기
  위한 '이상적 담화조건'을 제시하였다.
- 의사소통의 합리성과 이상적 담화 조건

의사소통의 합리성		• 상호 간 논증적인 토론 과정을 거쳐 보편적 합의에 도달하는 것이다. • 서로 합의한 결과를 수용하고 이를 의무로 받아들일 수 있으려면 합리적 의사소통 과정을 거쳐야 한다.
이상적 담화 조건	이해 가능성	대화 당사자들이 토론 내용을 서로 이해할 수 있어야 한다.
	진리성	담화 내용은 참이어야 하며, 진리에 바탕을 두어야 한다.
	진실성	상대방을 속이지 않고, 말하려는 바를 진실하게 표현해야 한다.
	정당성	말하는 내용은 사회적으로 정당한 규범을 다루고, 논쟁 절차를 준수해야 한다.

- 공론장 : 시민 사회 내부에서 작동하는 의사소통의 영역으로 사회 통합의 가능성을 내포하고 있다. 언론, 텔레비전의 공론, 문화적·정치적·학술적 공론 등 다양한 영역을 가지고 있다.

■ 열린 민족주의

'열린'이란 다양성을 인정한다는 뜻으로, 자기 민족의 정체성을 유지하면서 다른 민족의 문화를 포용하는 열린 자세를 가지고 그들과 공존하는 태도를 말한다.

■ 민족주의의 구분

닫힌 민족주의	자기 민족의 발전을 위해 다른 민족의 희생을 당연하게 여기는 폐쇄적 민족주의이다.
극단적 세계주의	세계의 통합을 지나치게 강조하여 다른 국가나 민족의 필요성을 부정하는 사상이다.
배타적 민족주의	자기 민족의 이익만을 추구하여 다른 민족을 배척하는 민족주의로 자민족 중심주의, 국수주의, 제국주의 등이 속한다.

■ 칸트의 영구 평화를 위한 확정 조항

- 제1항 : 모든 국가의 정치 체제는 공화정에 기초해야 한다(국내법 측면).
- 제2항 : 국제법은 자유로운 국가들의 연방 체제(국제연맹)에 기초하여야 한다.
- 제3항 : 세계 시민법은 보편적 우호의 조건에 국한되어야 한다.

■ 환대권(칸트)

어떤 사람이 다른 나라 영토에 도착했을 때 평화적으로 행동한다면 적으로 간주되지 않고 존중받을 권리를 말한다.

■ 지역화(Localization)와 글로컬리즘(Glocalism)

- 지역화는 특정 지역에서 그 지역의 고유한 전통이나 특성을 살려 다른 지역과 차별화된 경쟁력을 갖추려고 노력하는 것이다.
- 다른 지역과 차별화된 고유문화나 전통이 세계화의 흐름 속에서 지역 경쟁력의 바탕이 된다.
- 지역화를 지나치게 강조하면 배타성과 폐쇄성으로 인한 갈등이 발생할 수 있기 때문에 세계화와 지역화가 조화를 이루어야 한다는 글로컬리즘이 대두되고 있다.

■ 롤스의 '질서 정연한 사회'

독재나 착취와 같은 불합리한 사회 구조나 제도를 가진 사회는 '질서 정연하지 못한 사회'이고, 이것이 개선되어 정치적 전통이나 법, 규범 등이 적정한 수준에 이른 사회가 질서 정연한 사회이다. 롤스는 해외 원조에 대해 질서 정연하지 못한 사회를 질서정연한 사회로 만드는 것을 목표로 삼았다.

적중예상문제

01 다음 설명에 공통적으로 해당하는 문화 이해 태도는?

> • 특정 문화를 기준으로 자기 문화를 평가한다.
> • 다른 문화가 자기 문화보다 우월하다고 본다.

① 문화 상대주의
② 문화 사대주의
③ 문화 제국주의
④ 자문화 중심주의

 문화 사대주의는 다른 문화가 자신이 속한 문화보다 우월하다고 믿고 그것을 동경하거나 숭상하며, 자신의 문화를 낮게 평가하는 태도나 주의를 의미한다.

02 다음 입장을 가진 사상가가 주장한 내용으로 가장 적절한 것은?

> 행복은 모든 것 가운데 가장 바람직한 것이요, 여러 선(善) 중에서 최고의 선이다. 따라서 행복은 궁극적이고 자족적이며, 모든 행동의 목적이라고 할 수 있다. 무엇이 행복인지 알려면 인간의 기능에 대해 생각해 보아야 한다. 인간만이 지닌 특별한 기능은 정신의 이성적 활동이다. 그러므로 행복이란 덕과 일치하는 정신적 활동이다.

① 진정한 행복은 최대 다수가 모두 행복해지는 것이다.
② 진정한 행복은 신의 은총이 있어야만 이루어질 수 있는 것이다.
③ 진정한 행복은 인간관계보다 추상적 법칙을 중시할 때 가능하다.
④ 진정한 행복은 다른 어떤 것을 얻기 위한 수단이 아닌 목적 그 자체이다.

 아리스토텔레스의 니코마코스 윤리학
• 인간의 삶이 궁극적으로 추구하는 것이 무엇인지, 궁극적 목적을 이루기 위해 인간은 어떤 노력을 해야 하는지를 묻고 있다.
• 아리스토텔레스는 인간의 모든 활동의 목적은 '선(善)의 달성'이고, 그중 최고의 선(善)은 '행복'이라고 한다.
• 윤리학을 통해 개인의 행복을, 정치학을 통해 공동체 전체의 행복을 추구한다.

03 다음 중 윤리학에 대한 설명으로 옳지 않은 것은?

① 도덕적 행위가 갖추어야 할 조건과 기준이 무엇인지 탐구한다.
② 윤리학은 가치 있는 삶의 방향을 제시해 준다.
③ 인간의 도덕적 행위 자체가 주된 탐구 대상이다.
④ 아리스토텔레스는 윤리학을 이론 학문으로 분류하였다.

해설 아리스토텔레스는 윤리학을 실천 학문으로 분류하였다.

04 다음의 ㉠과 ㉡에 들어갈 말로 옳은 것은?

> (㉠)은 특정 원리가 윤리적 행위를 위한 근본 원리로 성립할 수 있는지를 연구한다. (㉡)은 시대가 변화함에 따라 정치·경제·사회·문화 등 다양한 영역에서 새로운 윤리 문제에 대한 해결책의 요청에 따라 대두되었다.

	㉠	㉡
①	의무론	공리주의
②	공리주의	의무론
③	실천 윤리학	이론 윤리학
④	이론 윤리학	실천 윤리학

해설 ㉠은 이론 윤리학, ㉡은 실천 윤리학이다. 실천 윤리학은 이론 윤리학에서 제시한 다양한 윤리 이론을 토대로 현대 사회의 윤리 문제를 해결하고자 한다.

05 다음 주제와 관련된 응용윤리 영역은?

> • 사이버 따돌림 문제
> • 개인의 사생활 침해
> • 해킹, 악성 댓글, 온라인 사기

① 정보 윤리　　　　　　② 환경 윤리
③ 직업 윤리　　　　　　④ 생명 윤리

해설 정보 윤리는 사이버 공간에서 어떻게 행동할 것인지에 주목하며 정보 통신 기술의 발달이 인간 삶에 미친 영향과 이에 따른 윤리 문제에 초점을 둔다. 사이버 공간에서의 표현의 자유의 허용 범위, 사이버 따돌림 문제 등을 중요하게 다룬다.

06 다음의 학문은 무슨 윤리학인가?

> 의무론, 공리주의, 덕 윤리

① 실천 윤리학
② 이론 윤리학
③ 메타 윤리학
④ 환경 윤리학

> **해설** 이론 윤리학은 특정 원리가 윤리적 행위를 위한 근본 원리로 성립할 수 있는지를 연구하는 학문이다.
> ① 실천 윤리학은 다양한 윤리 문제의 해결을 목표로 하는 학문이다.
> ③ 메타 윤리학은 도덕적 언어의 논리적 타당성과 의미를 분석하는 학문이다.
> ④ 환경 윤리학은 동물, 생태계와 관련된 윤리학으로 실천 윤리학에 속한다.

07 다음의 (가)와 같이 주장한 사상가의 입장에서 (나)의 밑줄 친 A의 행위에 대해 내릴 평가로 가장 적절한 것은?

> (가) 네 자신의 인격에서나 다른 사람의 인격에서 인간을 단지 수단으로만 대우하지 말고 항상 동시에 목적으로 대우하도록 그렇게 행위하라.
> (나) A는 장애인을 고용하면 여러 특혜를 받을 수 있다는 말을 듣고 장애인을 채용하였으나 장애인들은 일이 너무 서툴러 생산의 효율성이 떨어지게 되었다. A는 충분한 해고 요건이 발생하지 않았음에도 불구하고 고용한 장애인들을 해고하였다.

① 필요에 따른 분배를 기준으로 하였으므로 도덕적 행위이다.
② 사회적 효용성 증가에 도움이 되었으므로 도덕적인 행위이다.
③ 인간을 이익 실현의 도구로 보고 행동했으므로 비도덕적인 행위이다.
④ 사회 구성원 다수가 동의한 법에 기초하였으므로 문제되지 않을 행위이다.

> **해설** (가)는 칸트의 정언명법에 대한 내용이다. 이는 정언 명령에 따라 무조건 수행해야 하는 도덕적인 행위를 설명하고 있는데, (나)의 내용은 장애인 채용 시 특혜를 받을 수 있다는 조건에 따라 장애인들을 고용하였다가 해고하였으므로 칸트의 가언 명령에 해당하여 도덕적인 행위에 해당하지 않는 것이다.

08 다음 ㉠과 ㉡에 들어갈 말로 올바르게 짝지어진 것은?

> 예술, 종교, 의식주와 관련된 윤리는 (㉠)이고, 민족의 정체성과 민족 통합과 관련된 윤리는 (㉡)이다.

	㉠	㉡
①	문화 윤리	사회 윤리
②	평화 윤리	문화 윤리
③	사회 윤리	환경 윤리
④	문화 윤리	평화 윤리

 문화 윤리는 인간이 창조하는 문화에 대해 윤리적으로 성찰하는 데 중점을 둔 윤리로 예술, 종교, 의식주와 관련된 윤리 문제, 다문화 사회에서 발생하는 윤리 문제를 중요하게 다룬다. 평화 윤리는 국가 간의 운명 공동체 의식, 상호 의존에 대한 인식을 바탕으로 전쟁과 억압 및 차별이 제거된 평화 상태를 실현할 수 있는 방안을 모색한다. 또한 민족의 정체성과 민족 통합, 통일과 관련된 윤리 문제 등을 중요하게 다룬다.

09 다음과 같은 주장을 펼친 학파나 철학자는?

> 인간은 누구나 자연법을 파악할 수 있는 이성을 가지고 있으므로 모든 인간은 동등하게 대우받아야 한다.

① 칸 트
② 토마스 아퀴나스
③ 벤 담
④ 스토아 학파

 스토아 학파는 그리스 철학의 한 학파로, 윤리학을 중요하게 다루었고 금욕과 극기로 자연에 순응하는 생활을 이상으로 내세웠다.
② 토마스 아퀴나스는 인간이 본성적으로 지니는 자연적 성향으로 자기 보존, 종족 보존, 신과 사회에 대한 진리 파악을 제시하였다.

10 다음과 관련 있는 윤리와 학자로 바르게 연결된 것은?

> • 덕을 함양한 사람이 할 법한 판단과 행위의 실천에 관심을 갖는다.
> • 훌륭한 성품이 당면한 윤리 문제를 해결하는 데 도움이 된다.

① 행위 공리주의 – 벤담
② 덕 윤리 – 아리스토텔레스
③ 규칙 공리주의 – 밀
④ 의무론 – 벤담

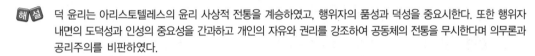 덕 윤리는 아리스토텔레스의 윤리 사상적 전통을 계승하였고, 행위자의 품성과 덕성을 중요시한다. 또한 행위자 내면의 도덕성과 인성의 중요성을 간과하고 개인의 자유와 권리를 강조하여 공동체의 전통을 무시한다며 의무론과 공리주의를 비판하였다.

11 다음 ㉠에 들어갈 말로 옳은 것은?

> 자신의 경험, 자아 정체성, 세계관, 삶의 목적 및 이상 등에 대해 스스로 평가하고 반성하는 것을 (㉠)이라 한다.

① 토 론   ② 추 론
③ 성 찰   ④ 존 중

 성찰은 생활 속에서 자신의 마음가짐, 행동 또는 가치관과 정체성에 대하여 윤리적 관점에서 깊이 반성하고 살피는 태도이다.

12 실천 윤리학 중 다음과 관계깊은 것은?

> • 생명 복제를 어디까지 허용해야 하는가?
> • 생식 세포의 사용을 허용해야 하는가?
> • 동물 실험을 허용해야 하는가?

① 생명 윤리   ② 사랑과 성의 윤리
③ 자연과 윤리   ④ 다문화 사회의 윤리

해설 생명 복제나 생식 세포의 이용, 동물의 생명 등 생명을 책임 있게 다루기 위한 모든 윤리적인 고려와 관련된 것은 생명 윤리이다.

13 〈보기〉의 내용을 주장한 사상가의 관점으로 가장 적절한 것은?

> **│ 보 기 │**
>
> 우리는 먼저 인간이어야 하고, 그 다음에 국민이어야 한다고 나는 생각한다. 법에 대한 존경심보다는 먼저 정의에 대한 존경심을 기르는 것이 바람직하다. 내가 떠맡아야 하는 유일한 책무는 언제든 내가 옳다고 생각하는 일을 행하는 것이다.

① 다수결로 결정된 법은 항상 정의롭다.
② 시민 불복종을 시행할 경우 성공 가능성에 대해 고려해야 한다.
③ 개인의 양심에 비추어 정의를 판단해야 한다.
④ 시민 불복종의 근거는 공유된 사회 내 정의관이다.

 헨리 데이빗 소로의 '시민 불복종'에 대한 내용이다. 소로는 법보다 정의에 대한 존경심이 더 중요하며, 악법에 대한 불복종은 정의로운 행동이라고 하였으며, 헌법을 넘어선 개인의 양심에 따라 정의롭지 못한 악법에 대해 적극적으로 불복종해야 한다고 주장하였다.

14 다음 사상가가 강조하는 태도로 가장 올바른 것은?

> 인간은 자신의 죽음을 알면서 죽어 가는 존재이다. 따라서 죽음을 외면하지 말고, 항상 자기 것이라는 사실을 인지하면서 살아야 한다.

① 죽음을 자각하고 삶을 의미 있고 가치 있게 살아야 한다.
② 죽음은 그 자체로 또 다른 삶으로, 삶과 죽음은 하나이다.
③ 죽음보다는 현실의 윤리적 삶을 중요시해야 한다.
④ 죽음을 회피하고자 노력해야 한다.

 제시문의 내용은 하이데거의 죽음에 대한 견해이다. 하이데거는 인간은 자기 죽음을 알면서 죽어 가는 존재이며, 죽음을 통해 인간이 유한한 존재임을 깨닫고 삶을 의미 있고 가치 있게 살 수 있다고 하였다.
② 불교의 윤회 사상이다.
③ 공자의 죽음에 대한 견해이다.
④ 하이데거는 죽음을 회피할 수 없는 대상으로 보았다.

15 다음 찬반 토론의 주제로 가장 적절한 것은?

> 찬성 : 임신한 여성의 자유로운 선택권을 보장해야 합니다.
> 반대 : 초기 단계의 태아라 하더라도 인간의 존엄성을 가지고 있습니다.

① 생명 복제   ② 생식 보조술

③ 유전자 조작   ④ 인공임신중절

해설 제시문은 인공임신중절에 대한 찬성과 반대 의견이다.

인공임신중절의 찬반논리

찬 성	반 대
• 소유권 논거 : 여성은 아기 몸에 대한 소유권을 지니며 태아는 여성 몸의 일부이기 때문에 태아에 대한 권리를 가짐 • 생산 논거 : 여성은 태아를 생산하므로 태아를 마음대로 할 수 있는 권리가 있음 • 자율권 논거 : 여성은 자신의 삶을 자율적으로 영위할 수 있기 때문에 낙태에 관해 자유롭게 결정할 권리를 가짐 • 평등권 논거 : 여성은 남성과 동등한 권리를 가져야 하는데, 이를 위해서는 낙태에 대한 결정이 자유로워야 함 • 정당방위 논거 : 여성은 자기 방어와 정당방위의 권리가 있기 때문에 일정한 조건에서 낙태를 결정할 권리가 있음 • 프라이버시 논거 : 낙태는 여성의 사생활 문제이므로 개인이 선택할 수 있음	• 존엄성 논거 : 모든 인간의 생명은 존엄하기 때문에 태아의 생명도 존엄함 • 무고한 인간의 신성불가침 논거 : 잘못이 없는 인간을 해치는 것은 부도덕함 • 잠재성 논거 : 태아는 임신 순간부터 성인으로 성장할 잠재성이 있기 때문에 인간으로서의 지위를 가짐

16 (가)와 (나)에 해당하는 성의 가치로 올바르게 연결된 것은?

> (가) 상대방에 대한 배려나 예의를 바탕으로 한다.
> (나) 새로운 생명을 탄생시켜 종족 보존의 기능을 수행한다.

	㉠	㉡
①	생식적 가치	쾌락적 가치
②	쾌락적 가치	인격적 가치
③	생식적 가치	인격적 가치
④	인격적 가치	생식적 가치

해설 성의 가치 중 인격적 가치는 동물의 성과 달리 상대방에 대한 예의나 배려를 바탕으로 하는 것이다. 생식적 가치는 생명을 탄생시키고 종족 보존의 기능을 수행하는 것이고, 쾌락적 가치는 감각적인 욕구를 충족시켜 주고 애정적 유대감을 높여 주는 것이다.

17 양성평등을 실현하기 위한 노력에 해당하는 것을 〈보기〉에서 모두 고른 것은?

> ┤ 보 기 ├
> ㉠ 성 차이 인정   ㉡ 성 차별 인정
> ㉢ 다양성의 존중   ㉣ 성 역할에 대한 고정 관념에 집착

① ㉠, ㉡
② ㉠, ㉢
③ ㉡, ㉢
④ ㉢, ㉣

해설 양성평등이란 남성 또는 여성이 성을 이유로 차별받지 않고 인간의 존엄과 권리 및 자유를 동등하게 보장받으며 동등하게 책임을 분담하는 것을 말한다. 양성 평등을 실현하기 위해서는 남녀의 차이를 인정하고 상호 인격을 존중하며 다양성과 개성을 존중해야 한다.

18 문화 다원주의에 대한 설명으로 옳은 것은?

① 자기 문화만을 우수한 것으로 믿고 다른 문화를 부정적으로 평가한다.
② 문화의 획일화로 인해 문화적 역동성이 저하될 수 있다.
③ 이주민의 문화를 존중하고 공존을 추구하지만 주류 문화의 우위를 인정한다.
④ 소수 민족의 문화가 소실되고 인권 침해의 문제가 발생할 수 있다.

해설 문화 다원주의란 주류의 고유문화가 중심적인 역할을 하되, 이주민의 문화는 그 안에서 문화적 정체성을 유지하면서 공존하는 것이다. 따라서 이주민의 문화를 존중하고 공존을 추구하지만 주류 문화의 우위를 인정하는 입장이다.

19 롤스(Rawls, J.)의 정의의 원칙 중 ㉠, ㉡의 내용에 해당하는 사례로 적절한 것은?

> 롤스의 제2의 법칙
> ㉠ 최소 수혜자 우선 배려의 원칙
> ㉡ 공정한 기회 균등의 원칙

	㉠	㉡
①	국민건강보험 실시	고위 공직자 재산 등록제 실시
②	영화 사전 심의제도 폐지	선거연령 하향 조정
③	장애인 고용 촉진 정책 시행	공무원 시험 학력 제한 폐지
④	직업 선택의 자유 보장	국민기초생활보장제도 실시

롤스(Rawls, J.)의 제2의 원칙(차등의 원칙)
- 기본권이 보장되고 아무리 공평한 대우를 받는 사회라 하더라도, 사회적 약자에 대한 배려가 우선되어야 함
- 사회적·경제적 불평등 : 오직 최소 수혜자에게 최대의 이익을 보장해야 함
- 사회적·경제적 불평등의 계기가 되는 지위는 공정한 기회 균등의 원칙에 따라 모든 사람에게 개방되는 사회

20 다음 설명에 해당하는 것은?

> 이것은 정의롭지 않은 사회 제도를 의도적으로 거부하는 시민 저항 운동이다. 간디의 비폭력 저항과 마틴 루터 킹의 흑인 인권 운동이 이에 해당한다.

① 협동조합
② 노동운동
③ 시민 불복종
④ 난민구호활동

 시민 불복종
정의롭지 못한 법이나 정부 정책을 변혁하려는 목적으로 행해지는 의도적인 시민 저항 운동으로, 법에 대한 저항권을 행사하는 것이다.

21 다음 문제 상황을 니부어(Niebuhr, R.)의 사회 윤리적 관점에서 해결하는 가장 적절한 방법은?

> 사회적 약자들은 카드빚, 실직, 부의 양극화 등과 같은 탈출구 없는 경제적 상황에 놓여 있다. 그래서 삶에 대한 분노와 절망을 죽음으로 해결할 수밖에 없는 처지에 직면해 있다.

① 경제적 분배 정의를 실현하는 법과 제도를 확대한다.
② 인간 생명의 소중함을 깨닫기 위해 종교 생활을 한다.
③ 삶의 의지를 고양할 수 있는 치유 프로그램에 참여한다.
④ 시민 운동 차원에서 협력과 나눔의 문화 활동을 전개한다.

 사회 도덕 문제의 해결 방안(니부어)
- 사회 정책과 제도의 개선을 통한 문제 해결을 강조함
- 개인의 도덕성 함양뿐만 아니라, 개인의 도덕성이 올바르게 표현될 수 있는 사회적 여건을 마련하는 데에도 노력을 기울여야 함
- 환경 문제, 지역 이기주의, 부정부패, 이익 집단 간의 갈등은 개인의 도덕성과도 관계가 있지만, 정책이나 제도의 개선이 선행되어야 함

22 다음 내용에 대한 주제로 가장 적절한 것은?

> 정의로운 사회를 위해 사회적·경제적 불평등은 최소 수혜자에게 최대의 이익을 보장하도록 해야 한다. 즉 사회적 약자에 대한 배려가 우선해야 한다는 것이다. 예를 들어 저소득자에게 생활비 보조금 지급, 공공시설에 장애인 전용 엘리베이터 설치, 빈곤 무주택자에게 임대 아파트 우선 공급 등이 이에 해당한다.

① 롤스의 정의론 중 차등의 원칙
② 아리스토텔레스의 정의와 우애의 원칙
③ 홉스의 사회적 계약의 원칙
④ 칸트의 평등한 자유의 원칙

해설 제시문은 롤스의 정의론 중 사회의 최소 수혜자에게 최대의 이익을 보장해야 한다는 '차등의 원칙'에 대한 설명이다.

23 다음에서 설명하는 정의의 종류는?

> • 사회적 합의 과정의 투명성과 공정성을 강조한다.
> • 롤스(Rawls, J)의 '정의의 제2원칙'을 적용한다.

① 절차적 정의
② 결과적 정의
③ 도구적 정의
④ 이념적 정의

해설 절차적 정의는 '정의로운' 또는 '공정한' 과정을 통해 발생한 결과는 공정하다는 원리로서, 대표적 사상가인 롤스는 사회 구성원들이 사회적 상황이나 개인적인 성향에 영향을 받지 않는다고 보았다.

24 밑줄 친 '이것'에 해당하는 공자의 사상은?

> <u>이것</u>은 "임금은 임금다워야 하고, 신하는 신하다워야 한다."라는 뜻으로 사람들이 각자의 신분과 지위에 맞는 역할을 제대로 해야 한다는 의미를 갖는다.

① 겸애(兼愛)　　　　　　　　　② 자비(慈悲)
③ 부쟁(不爭)　　　　　　　　　④ 정명(正名)

해설 공자는 사회 구성원 각자가 자기에게 주어진 직분에 최선을 다함으로써 예의와 질서가 올바르게 이루어지는 정명(正名)의 사회가 된다고 주장했다.

25 ⊙에 들어갈 가장 적절한 내용은?

> 니부어는 개인의 도덕성만으로는 사회 집단의 비도덕성을 해결할 수 없으므로, (⊙)하면 사회 정의가
> 실현될 것이라고 하였다.

① 잘못된 사회 구조와 제도를 개선 ② 개인의 양심을 회복
③ 도덕성을 함양하고 실천 ④ 무한 경쟁 원리를 도입

 니부어는 개인 윤리를 강조하는 전통적인 관점의 한계를 지적하여, 현대 사회의 복잡한 윤리 문제를 개인의
양심과 덕목의 실천만으로 해결하기 어렵다고 보면서 사회 구조와 제도의 개선으로 윤리 문제를 해결해야 한다고
주장하였다.

26 다음 ⊙에 들어갈 내용으로 올바른 것은?

> 〈롤스(Rawls, J)의 정의론〉
> (1) 제1의 원칙 : (⊙   )
> (2) 제2의 원칙
>   ① 차등의 원칙 : 최소 수혜자에게 최대의 이익을 보장하도록 조정
>   ② 기회 균등의 원칙 : 개방된 지위의 보장

① 평등한 자유의 원칙 ② 사회 구조와 제도의 개선
③ 소유권으로서의 정의 ④ 복합 평등으로서의 정의 원칙

 롤스는 공정한 절차를 통해 발생한 결과는 정당하다고 보았는데, 제1원칙은 모든 사람은 기본적 자유에서 평등한
권리를 가진다는 것이고 제2원칙 중 차등의 원칙은 사회적, 경제적 불평등은 최소 수혜자에게 최대의 이익을
보장해야 한다는 것, 기회 균등의 원칙은 불평등의 계기가 되는 지위는 공정한 기회균등의 원칙에 따라 모든
사람에게 개방되어야 한다는 것이다. 소유권으로서의 정의는 노직의 주장이며 복합 평등으로서의 정의는 왈처의
주장이다.

27 다음 사례에서 발생한 지식 정보사회의 윤리적 문제는?

> 최근 사람들이 정식으로 음반을 구입하지 않고 불법으로 노래 파일을 내려받기 때문에 이 노래의 작곡가가
> 경제적으로 손해를 보았다.

① 익명성 ② 악성 댓글
③ 정보 격차 ④ 저작권 침해

 정보 통신 기술의 발달로 저작권법에 따라 보호받는 저작물을 저작권자의 허락 없이 무단으로 이용하는 저작권
침해 문제가 발생하기 쉽다.

28 다음 내용을 주장한 사상가는?

> "과학자의 목적은 자연의 비밀을 파헤치는 데 있다."고 하면서 "자연을 이용해서 노예로 만들어 인간에게 봉사하도록 해야 한다."고 주장하였다.

① 흄   ② 밀

③ 루 소   ④ 베이컨

 베이컨은 계급제와 신분제는 존재하지만, 과학 기술의 발전을 통해 빈곤이 해결되고 인간의 건강·행복·능력이 증진되는 과학적 유토피아 사회로 '뉴 아틀란티스'를 제시했다.

29 다음의 주제와 가장 관련이 깊은 것은?

> 과학 기술이 발전함에 따라 컴퓨터와 같은 기계를 통한 간접적 만남이 많아지고 인간을 직접 대면하는 시간이 줄어들게 되었다. 이에 따라 인간은 사회로부터 소외감과 단절감을 더 크게 느끼게 되어 은둔형 외톨이, 게임 중독과 같은 유형의 사회적 문제가 발생하고 있다.

① 도덕적 토론은 왜 복잡한가?

② 국가 권력의 횡포는 막을 수 없는가?

③ 정보 사회의 윤리적 문제는 무엇인가?

④ 환경 보존과 개발은 양립할 수 있는가?

 지식 정보 사회의 윤리적 문제
- 정보 통신 기술 발달에 따른 윤리적 문제 : 개인 정보 유출 및 사이버 인권 침해, 저작권 문제, 건전하지 않은 정보 유통 등
- 생명 공학 기술의 발달에 따른 윤리적 문제 : 인간 배아 복제, 안락사, 대리모 등 인간 존엄성 훼손, 유전자 조작 등

30 〈보기〉에서 설명하고 있는 개념은?

> ┤ 보 기 ├
>
> 소비자가 상품, 서비스 등을 구매할 때 원료 재배, 생산, 유통 등의 전 과정이 소비와 연결되어 있다는 것을 인식하고 행동하는 소비 행태이다. 특히 인간, 동물, 환경을 착취하거나 해를 끼치지 않는 상품을 소비하고자 한다.

① 윤리적 소비   ② 녹색 소비

③ 생산적 소비   ④ 로컬 소비

윤리적 소비
- 상품이나 서비스를 만들고 유통하는 전체 과정을 윤리적인 가치 판단에 따라 구매하여 사용하는 것이다.
- 합리적 소비의 한계를 인식하고, 이에 대한 대안으로 등장한다.
- 경제성을 넘어 환경, 인권, 복지, 노동조건, 경제 정의 등 인류의 보편적 가치를 실천하는 소비이다.

31 환경적으로 건전하고 지속 가능한 발전의 실현 방안으로 옳지 않은 것은?

① 에너지를 절약하고 재활용한다.
② 친환경적인 소비 생활을 한다.
③ 자연 자정 능력을 넘어서는 무한 개발을 지향한다.
④ 풍력, 태양열 에너지 개발 등 녹색 성장을 지향한다.

해설 개발은 자연의 자정 능력 이내에서 이루어져야 한다. 무분별한 개발은 환경오염을 야기한다.

32 다음의 내용을 주장한 윤리 사상가는?

- "너의 행위의 귀결이 미래에도 인간이 존속할 수 있는 가능성을 파괴하지 않도록 행위하라."
- 현 세대는 미래 세대가 생존할 수 없을지도 모른다는 두려움을 가지고 겸손한 태도로 절제된 소비 생활을 해야 한다.

① 요나스
② 길리언
③ 니부어
④ 레 건

해설 제시문의 내용은 요나스의 책임 윤리이다. 요나스는 인류가 존재해야 한다는 당위적 요청을 근거로 인류 존속에 대한 현세대의 책임을 강조하였다.

33 다음 내용이 설명하는 것은?

- 생태 지속 가능성의 범위에서 환경 개발을 추구함으로써 인간과 자연이 공존하며, 개발과 보존을 양자택일이 아닌 조화와 균형의 관점에서 바라보는 것이다.
- 현세대와 미래 세대의 필요를 같이 충족하는 개발 방식이다.

① 자연 보전론
② 도구적 자연론
③ 경제 지향적 발전
④ 지속 가능한 발전

 개발은 환경 보전을 가로막고 환경 보전은 개발을 가로막는 딜레마가 생기므로 이에 대한 해결책으로 '환경적으로 건전하고 지속 가능한 발전' 개념이 등장하였다.

34 다음의 (가), (나), (다)가 공통적으로 지향하는 과학 기술에 대한 입장은?

> (가) 과학 기술은 좋은 것도, 나쁜 것도 아니야.
> (나) 과학 기술은 객관적, 사실적 영역으로 주관적 가치가 개입될 수 없어.
> (다) 과학 기술은 윤리적 관점에서 평가되어서는 안 돼.

① 과학 기술은 가치 판단이 필요하다.
② 과학 기술은 윤리적인 규제가 필요하다.
③ 과학 기술은 가치 중립적이어야 한다.
④ 과학 기술에는 여러 가치가 개입된다.

 제시문에 나온 (가), (나), (다)는 모두 과학 기술을 가치 중립적인 것으로 본다. 과학 기술을 가치 중립적으로 보는 입장은 과학 기술 자체는 사실의 영역으로 가치 판단의 대상이 아니며, 과학 기술의 가치는 그것을 사용하는 사람에게 달려 있다고 본다.

35 다음에서 강조하는 도덕적 자세는?

> 어떤 문제에 대해 타인과 의견이 대립되는 상황에서는 의견 차이를 좁히고 서로에게 도움이 되는 방향으로 노력해야 한다. 이런 과정에서 서로 상대방의 의견을 존중하는 마음가짐이 우선시되어야 한다.

① 관 용   ② 비 판
③ 복 종   ④ 강 요

 관용이란 자신과 다른 사고방식과 행위 양식을 존중하고 승인하는 태도이다.
② 비판 : 사물의 옳고 그름을 판단하여 밝히는 것
③ 복종 : 남의 명령이나 의사를 그대로 따라 좇는 것
④ 강요 : 억지로 또는 강제로 요구하는 것

36 다음에서 설명하는 것은?

> • 지역의 생산성과 주민의 삶의 질을 향상하기 위해 계획적으로 지역을 변화시키는 사업이다.
> • 시행 주체와 방법에 따라 상향식, 하향식으로 구분된다.

① 지역 개발   ② 지역 갈등
③ 지역 격차   ④ 지역 이기주의

'지역 개발'은 각 지역이 갖는 발전 잠재력을 효율적으로 개발하여 국토의 생산성을 높이고 주민의 생활 수준을 고르게 향상시키는 것을 말한다.

37 다음 중 윤리적 소비에 해당하지 않는 것은?

① 만들고 유통하는 전체 과정을 윤리적 가치 판단에 따라 구매, 사용한다.

② 환경, 인권, 복지 등 인류의 보편적 가치를 실천하는 소비를 한다.

③ 경제적 효율성을 가장 중시하는 소비를 한다.

④ 환경적으로 건전한 지속 가능한 소비를 한다.

해설 합리적 소비는 개인의 경제적 이익 등 합리성과 효율성이 상품 선택의 기준이 되는 것으로, 이런 합리적 소비의 한계를 인식하고 대안으로 등장한 것이 윤리적 소비이다. 윤리적 소비는 경제성을 넘어 환경, 인권, 복지, 노동 조건, 경제 정의 등 인류의 보편적 가치를 실천하는 소비이다.

38 다음 중 대중문화의 윤리적 문제점을 모두 고른 것은?

> ㉠ 선정성과 폭력성
> ㉡ 막대한 자본력에 지배받는 자본 종속
> ㉢ 저렴한 비용으로 다양한 계층이 예술 향유
> ㉣ 자본주의 원리에 따른 지나친 상업성

① ㉠, ㉡, ㉢, ㉣

② ㉠, ㉡, ㉣

③ ㉠, ㉢, ㉣

④ ㉠, ㉡

해설 ㉢은 대중문화의 긍정적인 측면이다. 대중문화의 부정적 측면으로는 성을 욕구 충족의 수단으로 인식하고 폭력을 미화하는 선정성과 폭력성, 자본의 힘이 대중문화를 지배하는 자본 종속 현상, 예술을 자본주의 원리에 따라 이윤을 창출하는 단순한 상품으로 여기는 지나친 상업성 등이 있다.

39 다음 내용이 설명하는 용어는?

> 장거리 운송을 거치지 않은 지역 농산물 소비 운동으로, 생산자와 소비자 모두에게 이익을 준다.

① 로컬 푸드 운동

② 슬로 푸드 운동

③ 유전자 변형 농산물 운동

④ 식품 안전성 운동

해설 제시문의 내용은 로컬 푸드 운동에 대한 설명이다.
슬로푸드 운동은 패스트푸드에 대항하여 좋고, 깨끗하고, 공정한 먹거리를 실현하고자 시작된 운동이다.

40 윤리적 소비를 위한 실천 방법으로 적절하지 않은 것은?

① 공정 무역 상품을 구매한다.

② 다양한 지역의 음식을 빠르게 먹을 수 있는 패스트푸드를 이용한다.

③ 여행지의 문화와 환경을 존중하고 보호하는 공정 여행을 한다.

④ 모피, 털, 가죽 등을 사용하지 않은 애니멀 프리 제품을 구입한다.

해설 윤리적 소비는 지역에서 생산된 농산물을 지역에서 소비하는 로컬 푸드 소비를 추구한다.

41 다음에서 설명하는 것은?

> 자신의 도덕적 경험, 삶의 목적 및 이상에 대해 스스로 평가하고 반성하는 것으로 윤리적 실천력을 향상하는 것

① 이기적 실천

② 논리적 사고

③ 윤리적 성찰

④ 창의적 사고

해설 윤리적 성찰은 생활 속에서 자신의 마음가짐, 행동 또는 가치관과 정체성에 대하여 윤리적 관점에서 깊이 반성하고 살피는 태도이다.

42 종교와 윤리에 대한 다음 설명 중 옳지 않은 것은?

① 종교와 윤리는 도덕성을 강조한다.

② 종교는 윤리적 문제에 대해 종교적으로 중립적인 태도를 취한다.

③ 윤리는 현실 세계에서 지켜야 할 규범을 포함한다.

④ 종교에 의해 윤리가 배척되어 갈등이 발생할 수 있다.

해설 불교는 자타불이(自他不二)와 연기설(緣起說)을 바탕으로 인간과 자연, 우주의 관계가 긴밀한 것임을 강조한다.

43 다음에서 자유의 의미를 바르게 연결한 것은?

> (가) 외부로부터의 강제나 방해가 없는 상태
> (나) 스스로의 선택과 결정에 따라 목적을 설정하고 그것을 실현하고자 노력하는 상태

① (가) 소극적 자유 - (나) 적극적 자유
② (가) 적극적 자유 - (나) 감정적 자유
③ (가) 감정적 자유 - (나) 이성적 자유
④ (가) 이성적 자유 - (나) 소극적 자유

 소극적 자유는 인간의 행동 선택에 대한 외부로부터의 강제나 제약·억압이 없는 상태를, 적극적 자유는 스스로의 힘에 의해 이성적으로 결정한 목표를 향해 노력하는 상태를 뜻한다.

44 하버마스(Habermas, J.)가 제시한 이상적 담화 조건에 속하지 않는 것은?

① 이해 가능성   ② 진리성
③ 진실성   ④ 공론성

 하버마스의 이상적 담화 조건
  • 이해 가능성 : 대화 당사자들이 토론 내용을 서로 이해할 수 있어야 함
  • 진리성 : 담화 내용은 참이어야 하며, 진리에 바탕을 두어야 함
  • 진실성 : 상대방을 속이지 않고, 말하려는 바를 진실하게 표현해야 함
  • 정당성 : 말하는 내용은 사회적으로 정당한 규범을 다루고, 논쟁 절차를 준수해야 함

45 다음의 (   ) 안에 들어갈 내용으로 적절한 것은?

> 갈퉁(Galtung, J.)의 평화론
> • 소극적 평화 : 테러, 범죄, 전쟁과 같은 물리적 폭력이 없는 상태
> • 적극적 평화 : (   )

① 빈곤, 정치적 억압, 인종 차별과 같은 간접적 폭력까지 모두 제거된 상태
② 종교나 사상, 언어, 예술 등 문화적 영역의 폭력이 제거된 상태
③ 사회 제도나 관습 등 사회 구조로부터 비롯되는 폭력이 제거된 상태
④ 사람의 목숨과 신체에 위협을 가하는 폭력이 없어진 상태

 적극적 평화는 직접적 폭력뿐만 아니라 빈곤, 정치적 억압, 인종 차별과 같은 간접적 폭력까지 모두 제거된 상태를 말한다. 전쟁이 없는 상태일지라도 빈곤, 억압 등 인간의 잠재적 능력이 억압되는 경우가 존재한다면 적극적 평화가 실현되었다고 볼 수 없다.

46 다음의 내용을 주장한 사상가는?

> • 전쟁이란 인간을 국가적 이해관계를 실현하기 위한 수단으로만 대우하는 것이므로 도덕적으로 정당화될
> 수 없다.
> • 전쟁을 막기 위해 각국이 주권의 일부를 양도하여 국제법 및 국제조직을 설치해야 한다.

① 베카리오   ② 칸 트

③ 하버마스   ④ 갈 퉁

 칸트는 '영구 평화론'에서 반복되는 전쟁은 인류를 멸망으로 이끌 것이라고 경고하며 전쟁을 막기 위해 각국이
주권의 일부를 양도하여 국제법 및 국제연맹(조직)을 설치해야 한다고 주장하였으며, 영구 평화의 실현에 장애가
되는 일을 금지한 6개 예비 조항과 영구 평화를 실현하기 위한 조건을 논한 3항의 확정 조항을 제시하였다.

47 배려 윤리의 특징을 〈보기〉에서 고른 것은?

> ┤보 기├
> ㉠ 공감 중심   ㉡ 자기 중심
> ㉢ 관계 중시   ㉣ 이윤 중시

① ㉠, ㉡   ② ㉠, ㉢

③ ㉡, ㉣   ④ ㉢, ㉣

 배려 윤리는 윤리적 의사 결정을 할 때 관계 및 맥락에 대한 고려와 공감 및 배려의 중요성을 강조한다. 따라서
정의 중심의 추상적 도덕 원리로 해결할 수 없는 윤리 문제를 해결하는 데 도움을 준다.

48 다음에 나온 싱어(Singer, P.)의 해외 원조에 대한 입장과 같은 것은?

> 당장의 생존과 관련 없는 지출을 하는 사람이 기부하지 않는 것은 마치 물에 빠진 어린아이를 손쉽게
> 구할 수 있는데도 그냥 지나치는 사람과 똑같은 것이다.

① 고통을 감소시키고 쾌락을 증진하는 것을 추구하는 공리주의적 관점에서 해외 원조는 인류에
게 주어진 의무이다.

② 해외 원조는 의무가 아니며 자신의 부를 어떻게 이용할지는 개인의 자유이다.

③ 해외 원조는 고통받는 사회가 질서 정연한 사회가 되도록 돕는 것이다.

④ 약소국에 대한 원조는 불필요하다.

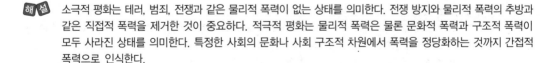 ① 싱어는 고통을 감소시키고 쾌락을 증진하는 것은 인류의 의무로, 굶주림과 죽음을 방치하는 것은 인류 전체의 고통을 증가시키는 것이며, 이런 공리주의적 관점에서 해외 원조는 인류에게 주어진 의무이므로 누구나 차별 없이 도움을 받아야 한다고 하였다.

② 노직의 견해로, 노직은 해외 원조는 의무가 아닌 선의를 베푸는 자선으로 개인의 자유에 맡겨야 한다고 하였다.

③ 롤스의 견해로, 롤스는 고통받는 사회가 질서정연한 사회가 된다면 더 이상의 원조는 필요 없다고 하였다.

49 국제 정의의 종류 두 가지로 바르게 짝지어진 것은?

① 형사적 정의 – 절차적 정의

② 절차적 정의 – 분배적 정의

③ 형사적 정의 – 전체적 정의

④ 분배적 정의 – 형사적 정의

해설 여러 국가가 평화롭게 공존하기 위해서는 정의로운 국제 사회를 만드는 국제 정의가 필요하다. 국제 정의의 종류로는 형사적 정의와 분배적 정의가 있다. 형사적 정의는 범죄의 가해자를 처벌함으로써 실현되는 정의이다. 분배적 정의는 재화의 공정한 분배로 실현되는 정의이다.

50 다음 중 소극적 평화에 해당하는 것은?

> ㉠ 물리적 폭력이 없는 상태
> ㉡ 종교적 폭력이 없는 상태
> ㉢ 구조적 폭력이 없는 상태
> ㉣ 문화적 폭력이 없는 상태

① ㉠   ② ㉠, ㉡

③ ㉢   ④ ㉢, ㉣

해설 소극적 평화는 테러, 범죄, 전쟁과 같은 물리적 폭력이 없는 상태를 의미한다. 전쟁 방지와 물리적 폭력의 추방과 같은 직접적 폭력을 제거한 것이 중요하다. 적극적 평화는 물리적 폭력은 물론 문화적 폭력과 구조적 폭력이 모두 사라진 상태를 의미한다. 특정한 사회의 문화나 사회 구조적 차원에서 폭력을 정당화하는 것까지 간접적 폭력으로 인식한다.

51 다음에서 설명하는 사상은?

> • 대표적 사상가 : 노자, 장자
> • 삶의 자세 : 무위자연(無爲自然). 무엇을 억지로 하지 않고 자연의 순리를 따름

① 유 학   ② 불 교
③ 도 가   ④ 법 가

해설 억지로 무언가를 하지 않고 자연의 순리를 따르는 것은 도가의 사상이다.

52 습지 생태계 보호를 위한 국제 협약은?

① 런던 협약
② 람사르 협약
③ 바젤 협약
④ 몬트리올 의정서

해설 ① 런던 협약 : 해양투기 및 폐기물의 해상 소각의 규제
③ 바젤 협약 : 유해 폐기물의 국가 간 이동 및 처리에 관한 국제 협약
④ 몬트리올 의정서 : 오존층 보호에 관한 국제 의정서

53 다문화 가정을 돕기 위한 정책적 노력으로 적절하지 않은 것은?

① 한국어 강좌 개설
② 육아 휴직 제도 보완
③ 구직 활동 지원
④ 정신 상담 및 치료

해설 ②의 육아 휴직 제도 보완은 출산 장려 정책에 해당한다.
다문화 사회에서는 문화적 차이에서 비롯된 충돌이나 갈등이 발생할 수 있으므로 국제결혼 이민자와 외국인 근로자를 대상으로 취업 정보 제공 및 직업 적성 검사 등 구직 활동 지원, 정신 건강 상담 및 치료, 한글 및 한국 문화 강좌 개설 등 다양한 노력이 필요하다.

54 다음 내용에서 설명하는 효의 실천 방법은?

> 부모의 뜻을 헤아려 실천함으로써 부모를 기쁘게 해 드리는 것

① 불혹(不惑)　　　　　　② 우애(友愛)
③ 이순(耳順)　　　　　　④ 양지(養志)

 부모는 자녀를 사랑하는 자애(慈愛)를, 자녀는 부모에게 효도(孝道)를 실천해야 한다. 자녀는 낳아주고 길러준 부모의 은혜에 감사하면서 이를 바르게 표현해야 하는데 부모의 뜻을 헤아려 실천함으로써 부모를 기쁘게 해드리는 것을 양지(養志)라고 한다.

55 다음 지역들의 공통점은?

> • 남중국해 연안
> • 북극해 연안
> • 카스피해 유역

① 종교 분쟁으로 인한 난민 발생 지역
② 에너지 자원을 둘러싼 영유권 분쟁 지역
③ 국제 하천을 둘러싼 물 분쟁 지역
④ 천연 바이오 연료의 생산 지역

 문제에 제시된 지역들은 석유, 천연가스 등의 에너지 자원이 매장되어 있어 주변 국가들의 영유권 분쟁이 발생하고 있다.

56 지구 온난화가 환경에 영향을 준 사례에 대한 설명으로 옳지 않은 것은?

① 북반구에서는 작물 재배의 북한계선이 북상하고 있다.
② 대관령 일대의 고랭지 채소 재배 면적이 감소하고 있다.
③ 해수면 상승으로 해안 저지대의 침수 피해가 나타나고 있다.
④ 우리나라 근해에서는 한류성 어족의 어획량이 증가하고 있다.

 ④ 온난화 영향으로 환경이 파괴되어 어획량이 감소하고 있다.

57 다음 빈칸에 들어갈 환경 문제로 옳은 것은?

> (   )은(는) 1980년대에 가장 심각한 환경 문제로 대두되었다. 1987년 몬트리올 의정서가 체결된 이후 프레온 가스 사용에 대한 규제가 이뤄지며 다행히 최악의 사태를 막을 수 있었다는 평가가 있었지만, 2011년 초 북극권에서 지구에 직접적으로 흡수되는 자외선의 수치가 급격히 상승하면서 문제의 심각성이 커지고 있다.

① 사막화 현상
② 오존층 파괴
③ 지구 온난화
④ 산성비

해설 20세기 들어 산업화로 염화플루오린화탄소의 사용량이 증가하면서 오존층 파괴 현상이 빠른 속도로 진행되고 있다.

58 지속 가능한 발전에 대한 설명으로 바르지 못한 것은?

① 지구촌에 당면한 과제를 해결하고 인류의 존속과 미래를 대비한다.
② 인류와 자연이 지속적으로 공존해야 한다.
③ 현재 세대가 희생되더라도 미래 세대의 필요를 충족시켜야 한다.
④ 미래 세대가 보존된 환경 속에서 발전을 계속해야 한다.

해설 지속 가능한 발전이란 현재의 세대가 풍요로울 수 있으면서도 미래 세대가 보존된 환경 속에서 적절한 발전을 지속할 수 있도록 하여, 인류와 자연이 지속적으로 공존하는 발전을 의미한다. 이를 위해서는 빈부 격차, 갈등과 분쟁, 자원 고갈, 기아 등 지구촌에 당면한 과제를 해결하고 인류의 존속과 미래에 대비해야 한다.

사회 · 정치 · 문화 · 법률 · 노동

■ 사실 판단

- 객관적 사실의 진위 여부로 증명되는 판단이다.
- 경험적 근거에 의해 참과 거짓을 구분할 수 있는 진술 혹은 존재하는 현상을 객관적으로 서술하는 것이다.
- 관찰이나 과학적 · 역사적 탐구 등과 같이 객관적인 사실에 근거한 판단이다.
- 관련된 문제에 대한 정답이 존재한다(예 장미는 식물이다).

■ 가치 판단

- 어떤 대상의 의의나 중요성 및 값어치에 대한 판단이다.
- 어떤 현상을 주관적으로 평가하여 서술하므로 객관적 진위 판별이 어렵다.
- 좋고 나쁨, 옳고 그름, 아름다움과 추함, 고귀함과 저속함 등 주관적 가치에 근거한 판단이다.
- 관련된 문제에 대한 정답을 찾기 어렵다(예 장미꽃은 아름답다).

■ 인간 존엄성

- 모든 사람이 인간이라는 이유만으로 성별, 인종, 신분 등에 상관 없이 가장 소중하고 존엄한 존재로 대우받는 것이다.
- 인간의 당연한 권리를 침해받거나 억압받지 않으며 살아가는 일을 말한다.

■ 인 권

- 인간이 가지는 기본적 권리이다.
- 압박과 공포, 빈곤, 차별 등에서 해방되어 모든 인간이 인간다운 삶을 살기 위해 당연히 누려야 할 자유와 권리를 말한다.
- 인권 침해 사례 : 인간을 노예로 삼는 일, 학교에서 일어나는 폭력, 형벌로 태형을 가하는 일 등이다.

기본적 권리	인간으로서 누려야 할 기본적이며 필수적인 권리이다(천부인권 = 자연권).
보편적 권리	성별, 신분, 인종, 종교에 상관없이 모든 사람이 가질 수 있는 권리이다.
불가침의 권리	다른 사람에게 양도하거나 포기할 수 없고, 다른 사람의 인권을 침해할 수 없는 권리이다.
항구적 권리	영구적으로 권리가 보장되는 권리이다.

■ 헌법에 규정된 기본권

모든 국민은 인간으로서의 존엄과 가치를 가지며, 행복을 추구할 권리를 가진다. 국가는 개인이 가지는 불가침의 기본적 인권을 확인하고 이를 보장할 의무를 진다(헌법 제10조 → 기본권 추구의 근본 원리).

구 분	의 미	내 용
인간의 존엄성과 가치 및 행복추구권	모든 기본권의 출발이자 다른 기본권을 포괄하는 광범위한 권리이다.	• 인간 존엄성 : 다른 기본권의 전제가 되는 동시에 목적이 되는 기본권 • 행복 추구권 : 물질적 풍요와 정신적 안정을 동시에 충족시키는 권리
자유권	국민이 국가 권력의 간섭이나 침해를 받지 않을 권리이다.	• 신체의 자유 : 죄형법정주의, 고문 금지, 법률에 의한 체포 • 정신적 자유 : 양심·종교·표현의 자유 • 사회·경제적 자유 : 주거·거주 이전·재산권 보장의 자유
평등권	성별, 종교, 학력, 사회적 신분 등에 의해 불합리하게 차별받지 않을 권리이다.	• 법 앞의 평등 • 기회의 균등
참정권	국민이 국가의 정치 과정에 능동적으로 참여할 수 있는 권리이다.	• 선거권 • 국민 투표권 • 공무 담임권
청구권	국민이 국가에 대하여 일정 행위를 적극적으로 청구할 수 있는 권리 → 기본권 보장을 위한 기본권이다.	• 재판 청구권 • 청원권 • 형사 보상 청구권 • 국가 배상 청구권 • 범죄 피해자의 국가 구조 청구권
사회권	국가에 대해 인간다운 생활의 보장을 요구할 수 있는 적극적인 권리이다. → 현대 복지국가에서 강조	• 교육을 받을 권리 • 근로의 권리, 노동 3권 • 환경권 • 혼인·가족·모성·보건에 관한 권리

■ 참정권

선거권	국가의 중요 공무원을 선출할 수 있는 권리
국민 투표권	헌법개정안이나 국가의 중요한 일을 투표로 결정할 수 있는 권리
공무 담임권	국민이 국가·지방 자치 단체의 구성원이 되어 공무를 담당할 수 있는 권리

■ 국민주권의 원리

국가 권력의 정당성이 국민에게 있고 모든 통치 권력의 행사는 국민의 의사에 의해 이루어진다는 원리로 선거제도(국민투표), 죄형법정주의 등이 국민주권의 원리를 근거로 작용한다.

> 대한민국 헌법 제1조
> ① 대한민국은 민주 공화국이다.
> ② 대한민국의 주권은 국민에게 있고, 모든 권력은 국민으로부터 나온다. → 국민주권의 원리

■ 서양의 인권 신장

영국 대헌장(1215) → 영국 권리 장전(1689) → 미국 독립 선언(1776) → 프랑스 인권 선언(1789) → 독일 바이마르 헌법(1919) → 세계 인권 선언(1948) → 인종 차별 철폐 협약(1965) → 국제 인권 규약(1966) → 여성 차별 철폐 협약(1979) → 아동의 권리에 관한 협약(1989) → 장애인 권리 협약(2006)

■ 우리나라의 인권 신장

만적의 난(1198) → 동학 농민 운동(1894) → 3·1 운동(1919) → 헌법 제정(1948) → 4·19 혁명 (1960) → 5·18 민주화 운동(1980) → 6월 민주 항쟁(1987) → 국가 인권 위원회 출범(2001) → 호주제 폐지(2005) → 연령차별 금지법, 장애인 차별 금지법 제정(2007) → 인터넷 실명제 위헌 결정(2012)

■ 천부인권사상

사람은 태어날 때부터 불가양·불가침의 자유와 평등의 권리, 즉 천부의 인권을 가지고 있다는 사상으로, 절대 군주를 타도하는 이론적 바탕과 기본권 사상 발전의 토대가 되었다.

> 미국 독립 선언문(1776)
> 모든 사람은 나면서부터 평등하고 조물주는 인간에게 몇 가지 양도할 수 없는 권리를 부여하였으며...(이하 생략)

■ 자유민주적 기본 질서

- 자유 민주주의를 바탕으로 인간의 존엄성을 실현할 수 있도록 국민의 자유와 권리를 보장하는 통치 질서
- 우리나라는 헌법 전문과 헌법 제4조에서 자유민주적 기본 질서를 보장 → 대한민국은 통일을 지향하며, 자유 민주적 기본 질서에 입각한 평화적 통일 정책을 수립하고 이를 추진한다.

■ 선거의 4원칙

보통 선거	일정한 연령에 달한 국민이라면 성, 학력, 신분 등에 관계없이 누구에게나 선거권 부여 ↔ 제한 선거
평등 선거	모든 유권자에게 동등한 한 표씩 투표권을 부여, 투표 가치의 등가성 보장 ↔ 차등 선거
직접 선거	대리인을 거치지 않고 유권자 자신이 직접 투표 장소에 나가 투표하는 원칙 ↔ 간접 선거, 대리 선거
비밀 선거	누구에게 투표했는지 다른 사람들이 알지 못하게 하는 원칙 ↔ 공개 선거

■ 선거구 법정주의

선거구를 공정하게 획정하고자 국민 대표 기관인 의회에서 선거구를 법률로 정하도록 하는 원칙
→ 게리맨더링 방지

■ 선거 공영제

선거 운동의 기회를 균등하게 제공하여 공정한 선거를 보장, 선거 운동 비용의 일부 또는 전부를
국가나 지방자치단체가 지원

■ 사전투표제

- 선거 당일 투표를 할 수 없는 유권자가 미리 설치된 투표소에서 투표하는 제도이다.
- 2013년 재·보궐선거에서 처음 도입되어 투표 참여율을 높이는 데 기여하고 있다. 부재자 신고
  없이 간단한 신분 확인을 거쳐 미리 설치된 투표소에 가서 투표할 수 있다. 유권자는 자신의
  선거구뿐만 아니라 다른 지역의 투표소에서도 투표를 할 수 있어 편리하다.

■ 국민투표권

헌법 개정안이나 국가의 중요한 일에 대해 주권자인 국민이 투표를 하여 직접 결정할 수 있는 권리를
말한다.

■ 선거의 기능

대표자의 선출	국민은 자유롭고 공정한 투표로 정책 결정에 참여한다.
정치권력에 정당성 부여	정치인은 국민에게 동의와 지지를 바란다.
대표자의 통제	통치자가 책임 정치를 실현할 수 있게 한다.
주권 의식의 고양	국민은 국가의 주인이라는 의식을 심어준다.

■ 지방 자치 제도

지방의 정치와 행정을 그 지방 주민들 스스로에 의해 또는 주민의 대표자를 통해 자율적으로 처리해 나가도록 하는 제도이다.

■ 권력분립의 원리

국가의 권력 기관의 분립과 독립된 권력 사이의 상호 견제와 균형의 유지를 주장한 정치 원리이다. 프랑스의 사상가 몽테스키외는 『법의 정신』에서 권력 분립 이론을 주장하였는데, 거대한 권력 기관을 3개로 분립하여 서로 견제할 수 있는 구조로 만들면 개개의 구성원 모두의 자유가 보장될 수 있다고 생각하였다.

■ 견제와 균형의 원리

- 탄핵 소추 : 대통령, 국무총리, 법관, 검사 등 고위 공무원이 잘못을 저질렀을 때, 국회에서 그들의 위법을 고발하는 것이다.
- 국정 감사 : 국회가 행정부의 국정 수행이나 예산 집행 등에 대해 실시하는 감사 활동이다.
- 국정 조사 : 국회에서 재적 의원 4분의 1 이상의 요구가 있을 때 특별 위원회 또는 상임 위원회로 하여금 국정의 특정 사안에 관하여 국정조사를 하게 한다.
- 위헌 법률 심사 제청 : 법률이 헌법에 위반되는지 여부가 재판의 전제가 된 경우에 법원이 헌법재판소에 위헌 법률 심판을 요구한다.

■ 헌법재판소(憲法裁判所)

- 헌법에 관한 분쟁이나 법률의 위헌 여부, 탄핵, 정당의 해산 등에 관한 것을 사법적 절차에 따라 해결하는 특별재판소이다.
- 헌법재판소장은 대통령이 국회의 동의를 얻어 임명하며 재판관은 총 9명으로 대통령과 국회, 대법원장이 각각 3명씩 선출하여 대통령이 임명한다.
- 헌법재판소 재판관의 임기는 6년이며 연임이 가능하며, 재판관의 정년은 70세이다.〈개정반영〉
- 헌법재판소 재판관은 정당에 가입하거나 정치에 관여할 수 없고, 탄핵 또는 금고 이상의 형의 선고에 의하지 아니하고는 파면되지 않는다.
- 헌법재판소의 권한으로는 탄핵심판, 위헌법률심판, 정당해산심판, 권한쟁의심판, 헌법소원심판 등이 있다.

■ 재판 제도

- 개인 혹은 단체의 권리가 침해되었을 때 구제하는 역할을 하는 사법 제도이다.
- 사법권의 독립 : 법관의 재판상의 독립 → '법관은 헌법과 법률에 의하여 그 양심에 따라 독립하여 심판한다(헌법 제103조).'
- 공개 재판주의 : 재판의 과정을 소송 당사자 이외의 일반인도 방청할 수 있도록 하는 것이다.
- 증거 재판주의 : 증거를 바탕으로 재판을 진행하는 것이다.
- 심급 제도 : 급이 다른 법원에서 여러 번 재판을 받을 수 있도록 하는 제도이다.

■ 재판의 독립

재판 과정에서 사법부 내부와 당사자 및 사회적 압력으로부터 독립을 유지하여 공정성을 기한다. 따라서 법관은 헌법과 법률, 자신의 양심에 따라 재판해야 한다.

■ 법의 체계 : 헌법 > 법률 > 명령 > 지방자치 법규(조례·규칙)

헌 법		국가의 구성·통치·작용의 기본원리와 기본권보장에 관한 기본적 원칙을 규정한 근본법이며 최고의 수권법
법 률		헌법이 정하는 절차에 따라 국회에서 제정하며 일반적으로 국민의 권리와 의무사항을 규정
명 령	대통령령	법률을 시행하기 위하여 필요한 사항에 관하여 대통령이 발하는 명령
	총리령·부령	국무총리 또는 행정 각부의 장관이 그의 소관 사무에 관하여 법률이나 대통령의 위임에 의거하여 발하는 명령
지방자치 법규	조 례	지방자치단체가 법령의 범위 내에서 자기의 사무에 관하여 규정한 것
	규 칙	지방자치단체의 장이 법령 또는 조례에서 위임한 범위 내에서 그 권한에 속하는 사무에 관하여 규정한 것

■ 사회 보장 제도

구 분	목 적	대 상	특 징	종 류
사회 보험	질병, 노령, 실업, 사망, 재해 등의 위험 대비	부담 능력이 있는 모든 국민	• 강제 가입 • 상호 부조 • 수혜자와 국가·기업 부담 • 능력별 부담	• 국민 건강 보험 • 고용 보험 • 국민 연금 • 노인 장기 요양 보험 • 산업 재해 보상 보험
공공 부조	생활 유지 능력이 부족한 사람들의 최저 생활 보장	보험료 부담 능력이 없는 국민	• 수혜자 부담 없이 국가가 전액 부담 • 소득 재분배 효과가 큼 • 재정 부담 • 근로 의욕 상실	• 의료 급여 제도 • 기초 노령 연금 제도 • 국민 기초 생활 보장 제도

구 분	목 적	대 상	특 징	종 류
사회복지 서비스	취약 계층의 정상적 생활 지원	취약 계층	• 상담, 재활, 직업 소개, 복지 시설 제공 • 비경제적 보상 • 보건, 교육, 주택, 문화, 환경 분야 지원	• 아동 복지 • 여성 복지 • 노인 복지 • 장애인 복지 • 청소년 복지

■ 기본권 제한

• 국가는 국가 안전 보장, 국가 질서 유지, 공공복리 등을 위해 필요한 경우에 한하여 법률을 통해서 국민의 기본권 제한이 가능하다. → '국민의 모든 자유와 권리는 국가 안전 보장, 질서 유지, 또는 공공복리를 위하여 필요한 경우에 한하여 법률로써 제한할 수 있으며 제한하는 경우에도 자유와 권리의 본질적인 내용을 침해할 수 없다(헌법 제37조 제2항).'

• 불가피하게 기본권을 제한하는 경우에도 자유와 권리의 본질적 내용은 침해하지 못함 → 시민의 안전과 질서 유지를 위해 집회 및 시위를 어느 정도 제한할 수 있으나 정도가 지나쳐 국민의 의사 표현의 자유를 위협하는 수준이 되면 헌법에 위반

■ 공유지의 비극

• 개인과 공공의 이익이 상충될 때 개인의 이익만을 극대화한 결과 경제 주체 모두가 파국에 이른다는 것이다.

• 공유지의 비극을 해결하기 위해서는 공동체 의식을 함양하고, 공유지를 사유화하거나 정부와 같이 권한이 부여된 기관에서 관리하게 한다.

■ 침해된 권리에 대한 피해 구제 방안

행정 심판	행정부에 위법한 처분 등의 시정을 요구하는 제도이다.
행정 소송	사법부에 행정청의 잘못된 행정 행위나 처분을 요구하는 정식 재판 절차를 말한다.
행정상 손해 배상 청구	위법으로 인해 피해를 입은 경우, 개인주의, 재산과 정신적 피해 보상을 요구하는 것이다.
헌법 소원 심판	공권력의 행사 또는 불행사로 국민의 기본권이 침해되는 경우 국민이 기본권을 구제해 줄 것을 직접 요청하는 제도이다.

■ 정당 & 이익 집단

구 분	정 당	이익 집단
목 적	정권의 획득, 공익의 실현	자신들이 추구하는 특수한 이익 실현
기 능	국민의 뜻을 대변하여 전체 국민을 위한 정책 마련	사회의 다양한 이익을 표출
정치적 책임	정치적 책임 있음	정치적 책임 없음
예 시	더불어민주당, 미래통합당, 정의당	노동조합, 대한변호사협회, 전국경제인연합회, 상공회의소

■ 이익 집단 & 시민 단체

이익 집단은 자기 집단의 특수 이익(예 직업적 이익)을 도모하는 데 반해, 시민 단체는 그 행동 방식에 있어서 이익 집단과 유사하나 공익(예 환경 보전, 소비자 보호, 경제 정의 등)을 목적으로 한다는 점에서 차이가 있다.

■ 사회 참여 방법

• 개인적 차원

선거(투표)	사회 참여의 가장 기본적인 방법
청 원	행정 기관에 대해 불만 및 요구 사항을 진술하고 시정을 요구
기 타	진정서 제출, 봉사 활동, 재능 기부, 공청회나 토론회 참석, 언론 투고 등

• 집단적 차원

정 당	• 정치적 견해를 같이하는 사람들이 정권 획득을 목적으로 결성한 단체 • 사회의 문제들에 대한 여론을 형성하고 조직화하여 정부에 전달
언 론	• 매체를 통해 사회적 사실을 신속·정확하게 전달하고 사회적 쟁점에 대하여 여론을 형성하는 단체 • 여론 형성에 지배적 역할을 함
이익 집단	• 이해관계를 같이 하는 사람들이 그들의 특수한 이익을 실현하기 위하여 정치 과정에 영향력을 행사하기 위하여 만든 집단 • 자신들이 추구하는 이익에 부합하는 정책이 만들어지도록 여론을 형성하고 조직화하여 정부에 전달
시민 단체	• 특정 집단의 이익을 추구하는 것이 아니라 공공의 이익을 추구하기 위해 시민들이 자발적으로 결성한 집단 • 국가 권력에 대한 감시와 견제, 시민의 정치 참여 활성화 등 수행

• 정보화 시대의 사회 참여 : 전자 투표, 온라인 서명, 사이버 캠페인, 사회 관계망 서비스(SNS) 등

■ 사회적 약자

경제 수준이나 사회적 지위 등에서 열악한 위치에 있어 사회적으로 배려와 보호의 대상이 되는 개인 또는 집단(예 빈곤층, 장애인, 홀로 사는 노인, 여성, 어린이, 영세 및 중소기업 등이다)

■ 적극적 우대 조치

- 사회적 차별을 줄이고 과거의 잘못을 고치고자 적극적으로 가산점을 주거나 특혜를 주는 사회 정책이다(예 장애인 고용 의무제, 여성 고용 할당제, 지역 할당제, 농어촌 학생 특별 전형).
- 기회의 평등을 원칙으로 하고 합리적 범위 내에서 결과의 평등을 고려한 것이다.
- 적극적 우대 조치는 사회적 약자에게 더 많은 기회를 제공하기 때문에 다른 상대방에게 역차별이 발생하지 않도록 유의할 필요가 있다.
- 사회적 약자를 배려하는 방법에 대해 구체적인 사회적 합의가 필요하다.

■ 여성 고용 할당제

여성에 대한 차별을 없애기 위한 제도로, 정치·경제·교육 등 각 부문에서 채용 시 일정한 비율을 여성에게 할당하는 제도이다.

■ 역차별

부당한 차별을 받는 대상을 보호하기 위한 제도나 방침이 너무 급진적이어서 도리어 반대편이 차별을 당하게 되는 경우를 말한다.

■ 갈퉁(Johan Galtung)의 평화적 수단에 의한 평화

- 국가 안보 차원으로 이해되었던 과거와 달리 '진정한 평화'는 정의, 인간존엄성, 삶의 질 등의 적극적 평화를 실현하는 것이다.
- 소극적 평화 & 적극적 평화

소극적 평화	적극적 평화
• 전쟁, 테러, 폭행 등 직접적·물리적·신체적 폭력이 없는 상태 • 집단적·조직적 폭력이나 위협이 없는 상태	• 억압, 착취 등 구조적 폭력이 없는 상태 • 빈곤, 기아, 종교, 사상, 언어, 문화적 차별에 의한 폭력이 사라진 상태

■ 대통령의 지위와 권한

대통령은 한 나라의 원수이자 외국에 대해 국가를 대표하는 자로서, 국가 원수로서의 권한과 행정부 수반으로서의 권한을 가진다.

국가 원수로서의 권한	긴급 명령권, 조약체결·비준권, 국민투표 부의권 등
행정부 수반으로의 권한	국군 통수권, 법령 집행권, 공무원 임면권, 법률안 거부권 등

■ 국회에서 하는 일

입법에 관한 일	법률 제정, 법률 개정, 헌법 개정 제안·의결, 조약체결·비준 동의
재정에 관한 일	예산안 심의·확정, 결산심사, 재정입법, 기금심사, 계속비의결권, 예비비지출 승인권, 국채 동의권, 국가의 부담이 될 계약의 체결에 대한 동의권
일반 국정에 관한 일	국정감사·조사, 탄핵소추권, 헌법기관 구성권, 긴급명령·긴급재정경제처분명령 승인권, 계엄해제 요구권, 일반사면에 대한 동의권, 국무총리·국무위원 해임건의권, 국무총리·국무위원·정부위원 출석요구권 및 질문권

■ 국회의원의 특권

면책특권	국회의원이 국회에서 직무상 행한 발언과 표결에 대해 국회 외에서 책임을 지지 아니하는 특권을 말한다. 그러나 국회 내에서는 책임을 추궁할 수 있다.
불체포특권	국회의원은 현행범인 경우를 제외하고는 회기 중에 국회의 동의 없이 체포 또는 구금되지 아니하며, 회기 전에 체포·구금된 때에는 현행범이 아닌 한, 국회의 요구가 있으면 회기 중 석방되는 특권을 말한다.

■ 비례대표제

- 각 정당의 총득표 수에 비례하여 당선자를 결정하는 제도이다.
- 사표(死票)를 방지하고 소수표를 보호하는 동시에 국민의 의사를 정확·공정하게 반영하는 것이 목적이다.
- 비례대표제의 장점은 투표권자들이 투표하는 한 표의 가치를 평등하게 취급한다는 점에서 참다운 선거권의 평등을 보장하고 정당 정치 확립에 유리하며 소수 의견을 존중하고 다양한 여론을 반영한다는 것이다.
- 단점으로는 군소정당이 난립하고, 정당 간부의 횡포가 우려된다는 점이 있다.

■ 국정조사권(國政調査權)

- 국회 차원에서 중요한 현안에 대해 진상규명과 조사를 할 수 있는 권한이다.
- 국회가 입법이나 재정, 국정통제에 관한 권한 등을 유효적절하게 행사하기 위해 특정한 국정사안에 관하여 조사할 수 있는 권한을 말한다.
- 국정조사는 국회 재적의원 4분의 1 이상의 요구가 있을 때 국회가 주체가 되어 행해지며 공개를 원칙으로 한다.
- 정기적으로 이루어지는 국정감사와 달리 국정조사는 의회의 판단에 의해 수시로 이루어질 수 있으며, 국회는 조사사안에 대해 특별위원회를 구성하거나 해당 상임위원회에서 조사위원회를 구성한다.

■ 직접민주정치(間接民主政治)

- 시민이 직접 주권을 행사하는 정치형태이다.
- 국가의사를 결정하는 데 있어서 대표자를 대상으로 하지 않고 국민이 직접 참여하는 제도를 말한다.
- 국민투표·국민발안·국민소환 등의 형태로 나타나며, 대표를 뽑아 간접적으로 정치에 참여하는 대의제와 반대되는 개념이다.

■ 간접민주정치(間接民主政治)

- 국민이 선거를 통해 대표자를 선출하여 간접적으로 정치에 참여하는 것이다.
- 국민들이 투표를 통해 자신들의 의견을 대표할 수 있는 대표자를 선출하고 이들로 하여금 정치에 간접적으로 참여하는 제도인 간접민주정치가 발달하였다.
- 의원내각제와 대통령제의 두 가지 형태가 있다.

■ 대의제(代議制)

- 국민들이 선출한 대표자들을 통하여 국가 의사를 결정하는 간접민주주의 제도이다.
- 간접민주제 또는 대표민주제라고 불리는 이 제도는 국민이 직접 국가의 의사를 형성하지 않고, 대표자를 선출하여 간접적으로 의사결정과정에 참여하는 국가 의사결정의 원리이다.
- 이 제도는 대부분의 나라에서 시행되고 있으며, 간접민주제의 형태를 분류해보면 대의정치·정당 정치·대표민주제·책임정치 등을 들 수 있다.

■ 법률 제정 절차

법률안의 제출(국회의원과 정부가 제출) → 법률안의 심의와 의결(국회의장이 상임위원회에 회부) → 상임위원회의 심사 → 법제사법위원회의 체계·자구심사 → 전원위원회의 심사 → 본회의 상정(심의·의결) → 정부이송 → 대통령의 승인 → 공포

■ 법치주의(法治主義)

국가가 국민의 자유와 권리를 제한하거나 국민에게 새로운 의무를 부과할 때에는 반드시 의회가 제정한 법률에 의하거나 법률적 근거가 있어야 한다. 여기에서 법은 국민의 대표기관인 의회에서 제정한 법률을 말한다.

■ 조세법률주의(租稅法律主義)

조세의 종목과 세율을 법률로써 정해야 한다는 원칙 '법률의 근거 없이 조세를 부과하거나 징수할 수 없다'는 원칙으로, 국민의 재산권 보호와 법률생활의 안정 도모를 목적으로 한다. 그 내용에는 과세요건법정주의, 과세요건명확주의, 소급과세의 금지, 합법성의 원칙 등이 있다.

■ 상소(上訴)제도

- 재판 확정 전에 상급법원에 취소·변경을 구하는 불복신청제도이다.
- 상소란 법원의 판결에 불복하여 상급법원에 다시 재판을 청구하는 절차이며 항소·상고·항고 등이 있다.
- 항소(抗訴)는 제1심 판결에 불복하여 고등법원 또는 지방법원 합의부에 다시 재판을 청구하는 절차이다.
- 상고(上告)는 제2심 판결에 불복하여 대법원에 재판을 청구하는 절차이다.
- 항고(抗告)는 법원의 결정이나 명령에 불복하여 상급 법원에 다시 상소하는 절차이다.

■ 죄형법정주의(罪刑法定主義)

- 법률이 없으면 범죄도 없고 형벌도 존재하지 않는다는 원칙이다.
- 어떤 행위가 범죄가 되고, 그 범죄에 대하여 어떤 처벌을 할 것인가는 미리 성문의 법률에 규정되어 있어야 한다.
- 근대 자유주의 인권사상을 배경으로 확립된 것으로 국가기관으로부터 국민의 권리를 보장한다는 데 그 목적이 있다.

■ 기소독점주의(起訴獨占主義)

- 공소를 제기하고 수행할 권한을 검사가 독점하는 것으로 다시 말하면 재판을 받게 할지 여부를 결정할 수 있는 권한을 오직 검사만 갖는다는 뜻이다.
- 우리나라는 '공소는 검사가 제기하여 수행한다(형사소송법 제246조).'고 규정하여 기소독점주의와 기소편의주의를 채택하고 있다.

- 기소독점주의는 공소제기(公訴提起)의 권한을 검사에게만 부여하는 것이며, 기소편의주의는 형사소송법상 공소의 제기에 관하여 검사의 재량을 허락하고 불기소(기소유예와 무혐의 처분)를 인정하는 제도이다.

■ 속지주의(屬地主義)

- 한 국가의 영역 안에 있는 사람은 국적을 불문하고, 그 나라의 법이 적용된다는 국제법상의 한 원칙이다(영토고권 존중).
- 우리나라는 형법 제2조에서 '대한민국 영역 내에서 죄를 범한 내국인과 외국인에게 적용한다.'라고 규정하고 있으며, 제4조에서 '대한민국의 영역 외에 있는 대한민국의 선박 또는 항공기 내에서 죄를 범한 외국인에게 적용한다.'라고 규정하여 속지주의를 채택하고 있다.
- 제3조에서 '본 법은 대한민국 영역 외에서 죄를 범한 내국인에게 적용한다.'라는 규정을 두어 속인주의도 아울러 채택하고 있다.

■ 구속적부심사(拘束適否審査)

- 수사기관의 피의자에 대한 구속의 적부를 법원이 심사하여, 그 구속이 위법·부당하다고 판단되는 경우 구속된 피의자를 석방하는 제도이다.
- 피구속자 또는 관계인의 청구가 있으면, 법관이 즉시 본인과 변호인이 출석한 공개법정에서 구속의 이유(주거부정, 증거인멸의 염려, 도피 등)을 밝히도록 하고, 구속의 이유가 부당하거나 적법한 것이 아닐 때에는, 법관이 직권으로 피구속자를 석방하게 하는 제도를 말한다.
- 피의자의 석방제도라는 점에서 피고인의 석방제도인 보석제도와 다르다.

■ 국민참여재판

우리나라에서 2008년 1월부터 시행된 배심원 재판제도로서, 만 20세 이상의 국민 중 무작위로 선정된 배심원(예비배심원)이 참여하는 형사재판으로, 배심원으로 선정된 국민은 피고인의 유무죄에 관하여 평결을 내리고, 유죄 평결이 내려진 피고인에게 선고할 적정한 형벌을 토의하는 등 재판에 참여하는 기회를 갖게 된다. 단, 배심원의 평결은 법원을 기속하지 않고 단지 권고적 효력만을 갖는다.

■ 게마인샤프트(Gemeinschaft)

- 혈연, 지연, 애정 등을 기초로 하는 가족·친족·마을과 같이 자연적으로 형성된 사회이다.
- 독일의 사회학자 퇴니에스가 게젤샤프트라고 부르는 이익사회 개념의 반대개념으로 사용한 사회개념으로 공동사회라고도 한다.

- 전통이나 관습, 종교의 지배력이 강하며 사회 구성원들이 친밀감을 갖고 교류할 수 있어 정서적인 일체감을 느낀다.

■ 게젤샤프트(Gesellschaft)

- 국가, 도시, 회사, 조합, 정당 등 개인의 선택에 의해서 인위적으로 형성된 사회이다.
- 게마인샤프트와 반대되는 개념으로, 이익사회라고도 한다. 구성원들의 이익과 목적에 따라 선택적으로 구성됐기 때문에 상호이익이나 관심이 일치하지 않으면 성립할 수 없다.
- 계약적이고 합리적인 속성을 갖고 있으며 외형상으로는 결합돼 있지만 구성원들은 일체감을 느끼지 못한다.

■ 고령사회(高齡社會)

- 전체 인구 중에서 65세 이상의 인구가 14% 이상을 차지하는 사회를 말한다.
- 우리나라는 세계에서 가장 빠르게 고령화가 진행되고 있다. 2000년에 65세 이상 고령인구가 전체 인구의 7%인 '고령화사회'에 진입했고, 이후 2017년 8월 조사에서 65세 이상의 인구가 전체 인구의 14.02%를 차지하며 본격적인 고령사회에 진입했다.
- 초고령사회는 전체 인구 중에서 65세 이상인 인구가 20% 이상을 차지하는 사회로 2026년경 도달할 것으로 보인다.

■ 4대보험

법에 의한 강제성을 띠고 있어 근로자가 의무적으로 적용받아야 하는 사회보험제도로 건강보험, 국민연금, 고용보험, 산재보험을 말한다.

■ 노동3권(勞動三權)

근로자는 근로조건의 향상을 위하여 자주적인 단결권·단체교섭권 및 단체행동권을 가진다(헌법 제33조 제1항).

■ 실업률

- 일할 능력과 취업할 의사가 있는 사람 중에 일자리가 없는 사람이 차지하는 비율을 말한다.
- 통계청이 전국 3만여 표본가구를 대상으로 매월 15일이 포함된 1주일 동안 조사해 발표하는 것으로, 실업자의 수를 만 15세 이상 경제활동인구수로 나누어 구한다.
- 우리나라는 1주일에 1시간 이상을 일하면 취업자로 구분하기 때문에 실업률을 통해 실업상태를 정확히 알기는 어렵다.

$$실업률 = \frac{실업자}{경제활동인구} \times 100$$

■ 실업의 종류

- 비자발적 실업 : 일하고자 하는 의사는 있지만 고용시장의 사정이 어려워 일자리를 구하지 못해 발생하는 실업이다.
- 자발적 실업 : 일할 능력과 의사는 있지만 현재의 임금수준이나 복지 등에 만족하지 못하고 다른 곳으로의 취업을 원하기 때문에 발생하는 실업이다.
- 경기적 실업 : 경기가 침체됐을 때 인원 감축의 결과로 나타나는 실업으로, 일할 의사는 있지만 경기 악화로 인해서 발생하며 비자발적 실업의 한 형태이다.
- 구조적 실업 : 경제가 성장함에 따라 산업구조·기술 등의 변화가 생기는데 이에 적절하게 대응하지 못할 때 나타나는 실업이다.
- 기술적 실업 : 기술진보로 인해서 기계가 노동인력을 대체함에 따라 노동수요가 감소해 발생하는 구조적 실업 형태이다.
- 마찰적 실업 : 구직자, 근로자들이 더 좋은 조건을 찾는 탐색행위로 인해 발생하는 실업으로 자발적 실업에 해당한다.
- 잠재적 실업 : 표면적으로는 취업 중이지만 생계유지를 위해 잠시 만족스럽지 않은 직업에 종사하며 계속 구직에 힘쓰는 상태이다.

■ 비경제활동인구

- 일할 능력이 있지만 스스로 일할 의사가 없거나, 일할 능력이 없어서 노동활동에 기여하지 못하는 인구이다.
- 우리나라에서는 15세 이상이 되어야 일할 능력이 있다고 보는데, 15세 이상 인구 가운데 일할 의사가 없는 사람을 비경제활동인구라 하며, 가정주부, 학생 등이 속한다.

■ 근로기준법

경제적·사회적 약자인 근로자들의 지위를 보호·개선하기 위해 근로조건의 최저 기준을 정한 법이다.

■ 지속 가능한 발전

- 물질적 자연 순환과 에너지를 고려한 한계 내에서 현 세대의 모든 사람이 더 나은 삶의 욕구를 만족시키는 발전이다.

- 자동차보다 인간이 중심이 되고, 에너지 낭비가 없고, 일자리가 풍부하고, 태양광·풍력·지열 등 재생가능에너지 사용이 확대되는 것이다.

■ ILO(International Labour Organization)
- 노동조건의 개선과 노동자들의 기본적인 생활을 보장하기 위한 국제노동기구이다.
- 국제적으로 노동자들을 보호하기 위해 설립돼 1946년 최초의 유엔전문기구로 인정받았으며 국제노동입법 제정을 통해 고용·노동조건·기술원조 등 노동자를 위한 다양한 활동을 하고 있다.

적중예상문제

01 사회권에 대한 설명으로 가장 적절한 것은?

① 국가의 정치에 참여할 수 있는 권리

② 차별받지 않고 동등한 인격체로서 대우받을 권리

③ 기본권이 침해당했을 때 이를 구제하기 위한 권리

④ 모든 국민이 국가로부터 인간다운 생활을 보장받을 권리

해설 사회권은 모든 국민이 국가로부터 인간다운 생활을 보장받을 권리로 현대 복지국가에서 강조하고 있다.

02 다음 중 가치 판단에 대한 옳은 설명을 모두 고른 것은?

> ㉠ 가치의 우선순위를 판단할 수 있다.
> ㉡ 충돌할 경우 구성원 간의 토론과 합의가 이루어져야 한다.
> ㉢ 진위의 판별이 어렵다.
> ㉣ 충돌은 개인의 내면에서는 나타나지 않는다.

① ㉠, ㉡　　　　　　　　　② ㉠, ㉢

③ ㉡, ㉢　　　　　　　　　④ ㉢, ㉣

해설 가치 판단은 어떤 현상을 주관적으로 평가하여 서술하므로, 객관적 진위 판별이 어렵다. 가치 판단이 충돌할 경우에는 사회 구성원 간의 대화와 타협으로 합의를 이루어야 한다.

03 다음 중 사실 판단에 해당하는 내용으로 옳지 않은 것은?

① 존재하는 현상을 객관적으로 서술하는 것이다.

② 경험적 근거에 의해 참과 거짓이 분명하다.

③ 관찰이나 과학적 혹은 역사적 탐구 등과 같이 객관적인 사실에 근거한 판단이다.

④ 관련된 문제에 대한 정답을 찾기 어렵다.

해설 ④는 가치 판단이며, 사실 판단은 관련된 문제에 대한 정답이 존재한다.

04 다음 내용과 가장 관련 있는 것은?

> 인간이 태어날 때부터 남에게 양도하거나 빼앗길 수 없는 권리

① 계몽사상
② 자연권
③ 전체주의
④ 절대주의

해설 인간으로서 누려야 할 기본적이며 필수적인 권리(천부인권 = 자연권)로서 다른 사람에게 양도하거나 포기할 수 없고, 다른 사람이 침해할 수 없는 불가침의 권리이다.

05 다음 중 인권에 대한 설명으로 옳지 않은 것은?

① 인간으로서 누려야 할 기본적이며 필수적인 권리
② 다른 사람에게 양도할 수는 없지만 포기할 수는 있는 권리
③ 영구적으로 보장되는 권리
④ 성별, 신분, 인종, 종교에 상관없이 모든 사람이 가질 수 있는 권리

해설 인권은 다른 사람에게 양도하거나 포기할 수 없는 불가양의 권리이자 다른 사람이 침해할 수 없는 불가침의 권리이다.

06 기본권과 그 구체적인 내용이 바르게 연결된 것은?

① 참정권 – 국민 투표권
② 청구권 – 근로의 권리
③ 자유권 – 노동 3권
④ 사회권 – 청원권

해설 ②·③ 근로의 권리, 노동 3권 : 사회권
④ 청원권 : 청구권

07 다음 설명에 해당하는 것은?

> • 지방의 정치와 행정을 그 지방 주민들 또는 주민의 대표자를 통해 자율적으로 처리해 나가도록 한 제도이다.
> • 국가 권력을 중앙 정부와 지방 자치 단체가 나누어 행사할 수 있게 하여 권력 남용을 방지하기 위한 것이다.

① 복수 정당 제도
② 지방 자치 제도
③ 삼권 분립 제도
④ 시장 경제 제도

해설 제시된 내용은 '지방 자치 제도'에 대한 설명이다.
① 복수 정당 제도 : 국민의 다양한 정치적 의견과 요구 사항을 반영할 수 있다.
③ 삼권 분립 제도 : 국가 권력의 작용을 입법부, 행정부, 사법부로 나누고 각 기관의 상호 견제와 균형을 통해 권력의 집중과 남용을 방지하여 국민의 기본권을 보장한다.
④ 시장 경제 제도 : 국가의 개입을 최소화하고 시장참가자들이 수요와 공급의 원리에 의해 자유로이 시장에서 거래를 한다.

08 다음 중 모든 인간이 인간다운 삶을 살기 위해 당연히 누려야 할 자유와 권리인 인권의 특징으로 옳지 않은 것은?

① 불가침의 권리 - 다른 사람에게 양도하거나 포기하는 권리
② 기본적 권리 - 인간으로서 누려야 할 기본적이며 필수적인 권리
③ 항구적 권리 - 영구적으로 보장되는 권리
④ 보편적 권리 - 성별, 신분, 인종, 종교에 상관없이 모든 사람이 가질 수 있는 권리

해설 인권은 국가를 포함하여 어떤 권력도 함부로 침해할 수 없는 불가침의 권리이다.

09 인간다운 삶에 대한 설명으로 옳지 않은 것은?

① 소득, 수명 등 객관적인 지표가 높으면 인간다운 삶을 산다고 확신할 수 있다.
② 경제적 측면과 사회·문화적 측면의 만족이 보장되어야 한다.
③ 기본적인 의식주 해결은 인간다운 삶의 전제 조건이다.
④ 사람들의 전반적인 행복 수준이 높아 삶의 질이 높은 상태를 말한다.

해설 국민 소득, 평균 수명, 교육 수준 등 객관적인 지표가 높더라도 정신적 스트레스가 많고 행복감이 낮으면 삶의 질은 떨어질 수 있다.

10 다음 내용과 관련 있는 헌법상의 기본권은?

> • 헌법 제24조 모든 국민은 법률이 정하는 바에 의하여 선거권을 가진다.
> • 헌법 제25조 모든 국민은 법률이 정하는 바에 의하여 공무 담임권을 가진다.

① 청구권
② 참정권
③ 사회권
④ 자유권

 참정권 : 국민이 국가의 정치 과정에 능동적으로 참여할 수 있는 권리(예 선거권, 국민 투표권, 공무 담임권)
① 청구권 : 국민이 국가에 대하여 일정 행위를 적극적으로 청구할 수 있는 권리
③ 사회권 : 국민이 국가에 대해 인간다운 생활의 보장을 요구할 수 있는 적극적인 권리
④ 자유권 : 국민이 국가 권력의 간섭이나 침해를 받지 않을 권리

11 다음 ㉠에 들어갈 내용으로 옳은 것은?

> 국민의 모든 자유와 권리는 국가 안전 보장·질서 유지 또는 (㉠)을(를) 위하여 필요한 경우에 한하여 법률로써 제한할 수 있으며...(후략)
>
> – 헌법 제37조 제2항 –

① 재산권 보장
② 지역 균형 발전
③ 공공복리
④ 사회 복지

해설 기본권의 제한
국가는 국가 안전 보장, 국가 질서 유지, 공공복리 등을 위해 필요한 경우에 한하여 법률을 통해서 국민의 기본권 제한 가능하다. 국민의 모든 자유와 권리는 국가 안전 보장, 질서 유지, 또는 공공복리를 위하여 필요한 경우에 한하여 법률로써 제한할 수 있으며 제한하는 경우에도 자유와 권리의 본질적인 내용을 침해할 수 없다(헌법 제37조 제2항).

12 다음 (가), (나)에 대한 설명으로 옳은 것은?

헌법의 원리	관련 헌법 조항
(가)	제1조 ① 대한민국은 민주 공화국이다. ② 대한민국의 주권은 국민에게 있고, 모든 권력은 국민으로부터 나온다.
(나)	제61조 ① 국회는 국정을 감사하거나 특정한 국정 사안에 대하여 조사할 수 있으며, 이에 필요한 서류의 제출 또는 증인의 출석과 증언이나 의견의 진술을 요구할 수 있다. 제104조 ① 대법원장은 국회의 동의를 얻어 대통령이 임명한다.

① (가)는 권력분립의 원리에 해당한다.

② (나)는 국회의원의 의무에 대한 내용이다.

③ (나)는 (가)와 달리 헌법이 국민의 자유와 권리를 보장하는 규범임을 나타낸다.

④ 국민 투표권은 (나)가 아닌 (가)에 해당한다.

 (가)의 헌법 제3조는 대한민국의 제1의 근본이념인 민주주의와 이를 실현하기 위한 기본원리인 국민주권주의를 제창하고 선언한다. 이 국민주권의 원리는 국가 권력의 정당성이 국민에게 있고 통치 권력의 행사가 국민의 의사에 있어야 한다는 원리로 이해되고 이는 선거제도를 통한 국민의 참정권 행사로 작용한다.
① (가)는 국민주권주의의 원칙을 제창하고 선언한 것이다.
② (나)는 국정감사 · 국정조사의 규정과 대통령의 대법원장의 임명권에 관한 내용이다.
③ 헌법 제10조는 국민의 자유와 권리를 보장하는 규범이다.

13 다음은 미국 독립 선언문의 일부이다. 밑줄 친 내용에 해당하는 것은?

> 모든 사람은 나면서부터 평등하고 조물주는 인간에게 몇 가지 양도할 수 없는 권리를 부여하였으며, 그 권리 중에는 생명과 자유와 행복의 추구가 있다는 것은 자명한 진리이다. 이 권리를 확보하기 위하여 인류는 정부를 조직하였으며, 정부의 정당한 권력은 국민의 동의에서 발생한다.

① 사회계약설

② 저항권

③ 천부인권 사상

④ 평등권

 천부인권 사상 : 인간은 나면서부터 불가양 · 불가침의 자유와 평등의 권리, 즉 천부의 인권을 가지고 있다는 사상으로, 절대 군주를 타도하는 이론적 바탕과 기본권 사상 발전의 토대가 되었다.
① 사회계약설 : 모든 인간은 천부의 권리를 가지는데, 자연 상태에서는 이러한 자유와 권리의 보장이 확실하지 않으므로 계약을 맺어 국가를 구성하고 자신들의 권리를 국가에 위임하였다는 견해
② 저항권 : 국민의 기본권을 침해하는 국가권력의 불법적 행사에 대하여 그 복종을 거부하거나 실력행사를 통하여 저항할 수 있는 국민의 권리
④ 평등권 : 모든 인간을 원칙적으로 평등하게 다룰 것과 국가로부터 차별대우를 받지 아니하도록 요구하는 권리

14 다음에 해당하는 사회 보장 제도에 대한 내용으로 옳은 것은?

> • 국민 건강 보험
> • 노인 장기 요양 보험
> • 국민 연금
> • 고용 보험

① 수혜자 부담 없이 국가가 전액 부담한다.

② 생활 유지 능력이 부족한 사람들의 최저 생활 보장이다.

③ 강제 가입이 원칙이다.

④ 소득 재분배 효과가 크다.

해설 ①, ②, ④는 공공 부조에 대한 설명이다.
사회 보험의 특징
 • 강제 가입
 • 상호 부조
 • 수혜자와 국가 · 기업 부담
 • 능력별 부담

15 다음 헌법 조항에 공통적으로 나타나 있는 내용으로 옳지 않은 것은?

> 제10조 모든 국민은 인간으로서의 존엄과 가치를 가지며, 행복을 추구할 권리를 가진다. 국가는 개인이
> 가지는 불가침의 기본적 인권을 확인하고 이를 보장할 의무를 진다.
> 제34조 ① 모든 국민은 인간다운 생활을 할 권리를 가진다.
> ② 국가는 사회 보장 · 사회 복지의 증진에 노력할 의무를 진다.

① 인간다운 삶을 누릴 수 있는 권리를 명시하고 있다.

② 국민의 기본권에 대한 내용이 포함되어 있다.

③ 국가의 사회 보장 의무를 규정하고 있다.

④ 작은 정부의 역할을 나타내고 있다.

해설 우리나라 헌법 제10조와 제34조의 내용으로 국민의 기본권과 국가의 사회 보장 의무를 명시하고 있다.

16 국가 권력의 남용을 견제하기 위해 시민 단체가 실시하는 시민 운동의 역할이 아닌 것은?

① 부당한 국가 권력의 행사를 감시하고 비판
② 공익을 침해하는 이익 집단의 행동을 견제
③ 이익 갈등을 중재하고 특정 문제를 해결하기 위해 법률 제정 요구
④ 자신들의 특수 이익을 보장받기 위해 정치 과정에 영향력 행사

해설 ④는 이익 집단에 대한 설명이다.

17 다음 기사에 나타난 인권 문제의 해결 방안으로 적절하지 않은 것은?

> 서울시에서 서울과 경기 지역의 가출 여자 청소년 175명을 대상으로 2개월 동안 조사한 결과 40%의 청소년이 성폭력 피해 경험이 있는 것으로 나타났다.

① 우리의 문제이자 나의 문제라고 인식한다.
② 인간적인 공감과 동정으로 접근한다.
③ 다양한 관점에서 살펴본다.
④ 쟁점의 해결 과정을 민주적·합리적으로 공평하게 진행한다.

해설 인권 문제의 해결 방안
 • 인권과 관련된 사회적 쟁점은 우리의 문제이자 나의 문제라는 인식 필요
 • 인권 관련 쟁점을 다양한 관점에서 살펴보아야 함
 • 쟁점의 해결 과정을 민주적·합리적이며 공평하게 진행해야 함
 • 사회적 약자를 우선적으로 배려해야 함

18 다음 중 밑줄 친 내용에서 추론할 수 있는 것을 고르면?

> 모든 국민은 인간으로서의 존엄과 가치를 가지며, 행복을 추구할 권리를 가진다. <u>국가는 개인이 가지는 불가침의 기본적 인권을 확인하고 이를 보장할 의무를 진다.</u>
>
> − 헌법 제10조 −

① 시민은 자신의 삶을 스스로 결정할 수 있는 권리를 지닌다.
② 국가는 국민의 기본권을 침해하지 않는 한에서 모든 행위를 집행할 수 있다.
③ 국가는 국민의 기본권 보장을 위해 적극적으로 노력해야 하는 의무를 지니고 있다.
④ 국가 안전 보장은 국가의 유일무이한 의무이다.

해설 밑줄 친 내용에는 기본권 보장에 대한 국가의 의무가 명시되어 있다. 국가는 국민의 기본권을 침해하지 않을 뿐 아니라 국민의 기본권 보장을 위해 적극적으로 노력해야 할 의무가 있다는 것이다.

19 다음 내용 중 밑줄 친 '기부'의 특징으로 옳은 것은?

> 미국의 비정부 기구(NGO) 키바(KIVA)는 돈이 필요한 이들과 <u>기부</u>를 원하는 이들을 연결해주는 인터넷 사이트로, 세계 각지에서 <u>기부</u>를 원하는 사람과 <u>기부</u>를 받고자 하는 사람들이 이 사이트를 통해 만난다. 특이한 점은 기부자가 단순히 돈을 건네주기만 하는 게 아니라 돈을 빌려주고 다시 돌려받아 그 돈이 필요한 다른 사람에게 준다는 것이다.

① 수혜자의 자활 도움
② 노블리스 오블리주
③ 재능 기부
④ 비경제적 기여

해설 경제적 도움이 필요하고 자립과 자활 의지가 있는 사람들을 적은 금액으로 여러 사람이 함께 지원하는 새로운 형식의 기부에 대한 내용이다.

20 다음 중 고령화에 대한 설명으로 옳지 않은 것은?

① 평균 수명의 연장은 고령화의 한 원인으로 작용한다.
② 우리나라도 향후 고령화사회가 될 가능성이 높다.
③ 고령화에 따라 노동력 부족 등의 많은 문제가 발생한다.
④ 한 국가에서 65세 이상의 노인 인구가 전체 인구의 7%를 초과하면 고령화사회로 판단된다.

해설 ② 우리나라는 이미 고령화사회를 지나 고령사회에 진입하였다.

21 밑줄 친 ㉠의 관점이 반영되어 나타난 사례로 가장 적절한 것은?

> 지나친 개발로 자연 환경이 파괴된 후 ㉠ "인간과 자연이 서로 공존해야 한다."라는 관점으로 인간과 자연 사이의 관계를 재정립하였다.

① 자연을 신격화하여 숭배하였다.
② 공업단지 조성을 위해 갯벌을 간척하였다.
③ 용수 확보를 위해 다목적 댐을 건설하였다.
④ 도로 건설 시 야생 동물을 위한 생태 통로를 건설하였다.

해설 도로 건설 시 야생 동물을 위한 생태 통로 건설은 인간과 자연의 공존의 관점이 반영된 것으로 볼 수 있다.

22 UN에서 분류하는 고령사회란 총인구 중 65세 이상의 인구가 얼마 이상인 사회인가?

① 5%　　　　　　　　　　　　　② 7%

③ 10%　　　　　　　　　　　　　④ 14%

 고령사회란 총인구 중 65세 이상의 인구가 14% 이상인 사회를 말한다. 초고령사회는 전체 인구 중에서 65세 이상인 인구가 20% 이상을 차지하는 사회이다.

23 다음 내용과 관계 깊은 법은?

> 오늘날 국가에서는 사용자와 근로자 간의 종속 관계를 지양하고, 공정한 근로 계약이 이루어지도록 함으로써 근로자의 지위를 향상할 수 있도록 각종 법과 제도적 장치를 마련하고 있다.

① 근로기준법　　　　　　　　　　② 남녀고용평등법

③ 노동위원회법　　　　　　　　　　④ 노동조합법

 근로자와 사용자의 종속 관계를 지양하고 근로자의 권리를 보호하기 위한 법률은 근로기준법이다.

24 다음과 같은 특징을 갖는 정치 참여 주체는?

> • 시민들이 자발적으로 조직한 집단이다.
> • 정권 획득이 아닌 공익 실현이 목표이다.
> • 상업적 이득을 추구하지 않는 비영리기구이다.

① 시민 단체　　　　　　　　　　② 행정부

③ 정 당　　　　　　　　　　　④ 입법부

 시민 단체
  • 특정 집단의 이익을 추구하는 것이 아니라 공공의 이익을 추구하기 위해 시민들이 자발적으로 결성한 집단
  • 국가 권력에 대한 감시와 견제, 시민의 정치 참여 활성화 등 수행

25 다음 중 인권 및 사회 정의 쟁점의 해결 방안으로 잘못된 것은?

① 인권 관련 쟁점을 정치, 법, 경제, 사회·문화 등 다양한 관점에서 살펴보아야 한다.

② 서로 다른 주장을 뒷받침하는 사실적 증거를 확인하는 태도가 필요하다.

③ 노인, 어린이, 장애인 등 사회적 약자에 대한 관심과 배려가 필요하다.

④ 인권과 관련된 사회적 쟁점은 상대방의 문제라는 인식이 필요하다.

인권과 관련된 사회적 쟁점은 우리의 문제이자 나의 문제라는 인식이 필요하다.

26 다음 글에 나타난 활동의 특징을 〈보기〉에서 고른 것은?

> 고등학생들은 자신들이 모은 성금으로 연탄 1,000장을 구매하여, 저소득층 가구와 홀로 사는 노인 등 경제적으로 어려운 이웃에게 직접 배달하였다.

┤ 보 기 ├
ㄱ 재능 기부　　　　　　　　　　　ㄴ 경제적 기부
ㄷ 근로자의 의무　　　　　　　　　　ㄹ 사회봉사

① ㄱ, ㄴ　　　　　　　　　　　　② ㄱ, ㄷ
③ ㄴ, ㄹ　　　　　　　　　　　　④ ㄷ, ㄹ

 고등학생들이 성금을 모아 연탄을 구매하여 경제적으로 어려운 이웃에게 직접 배달하였으므로 경제적 기부와 사회봉사에 참여하였다고 볼 수 있다.

27 다음 중 우리나라 인권 신장의 역사에 대한 설명으로 옳지 않은 것은?

> ㄱ 6월 민주 항쟁(1987)을 계기로 대통령 직선제가 채택되었다.
> ㄴ 4·19 혁명(1960)은 신군부 세력의 퇴진 및 계엄령 철폐 등을 요구하며 전개된 민주화 운동이다.
> ㄷ 1948년에 제정된 제헌 헌법에서는 대통령제를 명시하고 있다.
> ㄹ 2001년에 제정된 국가 인권 위원회가 출범하여 인권 의식을 확대하고 개인의 기본권을 보장하고 있다.

① ㄱ　　　　　　　　　　　　　② ㄴ
③ ㄷ　　　　　　　　　　　　　④ ㄹ

 • 4·19 혁명(1960) : 이승만 정권의 독재와 3·15 부정 선거에 대해 국민이 저항권을 행사한 것이다.
　　 • 5·18 민주화 운동(1980) : 신군부 세력의 퇴진 및 계엄령 철폐 등 민주주의 회복을 요구하며 전개된 민주화 운동이다.

28 다음 제도들의 공통적인 특징으로 옳은 것은?

> • 장애인 차별 금지법
> • 여성 고용 할당제
> • 농·어촌 학생 특별 전형

① 개개인의 노력 없이 차별과 소외를 극복하기 위함이다.
② 차별받아온 사람들을 위한 형식적 평등을 보장한다.
③ 사회적 약자를 배려하는 것이므로 무조건 우선권을 부여하는 대우이다.
④ 다른 상대방에게 역차별이 발생할 수 있다.

해설 적극적 우대 조치는 사회적 약자에게 더 많은 기회를 제공하기 때문에 다른 상대방에게 역차별이 발생하지 않도록 유의할 필요가 있다.
역차별
부당한 차별을 받는 대상을 보호하기 위한 제도나 방침이 너무 급진적이어서 도리어 반대편이 차별을 당하게 되는 경우

29 다음 밑줄 친 내용으로 적절한 것은?

> 저출산, 유소년 인구 감소와 의료기술 발달로 인한 수명 연장 등은 <u>사회에 다양한</u> 변화를 가져오고 있다.

① 출산·육아 장려 정책 축소 　　② 청·장년층 조세 부담 감소
③ 노인 대상 실버산업의 성장 　　④ 노인들의 정치적 영향력 감소

해설 최근 우리나라는 출산율이 낮고, 평균 수명이 늘어나면서 인구의 고령화로 실버산업이 성장하고 있다.

30 헌법재판소에서 탄핵결정을 인용하기 위해서는 몇 명 이상의 재판관이 찬성해야 하는가?

① 3명 　　　　　　　　　② 4명
③ 5명 　　　　　　　　　④ 6명

해설 법률의 위헌 결정, 탄핵 결정, 정당해산 결정, 헌법소원의 인용 결정은 재판관 6인 이상의 찬성이 필요하다.

31 다음 중 의결정족수가 다른 하나는?

① 국회의원 제명
② 국무총리 등의 탄핵소추안 의결
③ 헌법개정안 의결
④ 대통령에 대한 탄핵소추안 의결

 국회의원 제명, 대통령에 대한 탄핵소추안 의결, 헌법개정안 의결, 국회의원 자격상실 결정의 경우 필요한 의결정족수는 재적의원 3분의2 이상 찬성이다.
② 국무총리·국무위원 해임건의안 의결, 국무총리 등의 탄핵소추안 의결, 계엄해제 요구, 국회의장·부의장 선거 등은 재적의원 과반수 찬성을 의결정족수로 한다.

32 대통령이 국회의 동의를 얻어야 할 경우를 모두 고른 것은?

㉠ 헌법재판소장 임명	㉡ 국군의 외국 파견
㉢ 대법관 임명	㉣ 예비비 지출
㉤ 대법원장 임명	㉥ 감사원장 임명

① ㉠, ㉡, ㉢, ㉤, ㉥
② ㉡, ㉢, ㉣, ㉤
③ ㉠, ㉣, ㉤, ㉥
④ ㉡, ㉢, ㉤, ㉥

 사전 동의 사항
조약의 체결·선전 포고와 강화, 일반 사면, 국군의 외국 파견과 외국 군대의 국내 주류, 대법원장·국무총리·헌법재판소장·감사원장·대법관 임명, 국채 모집, 예비비 설치, 예산 외의 국가 부담이 될 계약 체결

33 다음 〈보기〉에 나온 사람들의 임기를 모두 더한 것은?

| 보 기 |

국회의원, 대통령, 감사원장, 대법원장, 국회의장

① 18년
② 19년
③ 20년
④ 21년

 국회의원 4년 + 대통령 5년 + 감사원장 4년 + 대법원장 6년 + 국회의장 2년 = 21년

34 다음 중 우리나라가 채택하고 있는 의원내각제적 요소는?

① 대통령의 법률안 거부권
② 의원의 각료 겸직
③ 정부의 의회 해산권

④ 의회의 내각 불신임 결의권

 대통령제와 의원내각제의 차이는 의회의 내각 불신임권과 행정부의 의회 해산권의 존재 여부에 있다. 우리나라의 의원내각제적 요소에는 행정부(대통령)의 법률안 제안권, 의원의 내각 각료 겸직 가능, 국무총리제, 국무회의의 국정 심의, 대통령의 국회 출석 및 의사 표시권, 국회의 국무총리·국무위원에 대한 해임 건의권 및 국회 출석 요구·질문권 등이 있다.

35 다음의 헌법의 개정 절차에 대한 설명 중 틀린 것은?

① 헌법개정은 국회재적의원 과반수 또는 대통령의 발의로 제안된다.
② 대통령은 제안된 헌법개정안을 20일 이상 공고하여야 한다.
③ 국회는 헌법개정안이 공고된 날로부터 30일 이내에 의결하여야 하며, 국회의 의결은 재적의원 3분의 1 이상의 찬성을 얻어야 한다.
④ 헌법개정안은 국회가 의결한 후 30일 이내에 국민투표에 붙여 국회의원선거권자 과반수의 투표와 투표자 과반수의 찬성을 얻어야 한다.

해설 국회는 헌법개정안이 공고된 날로부터 60일 이내에 의결하여야 하며, 국회의 의결은 재적의원 3분의 2 이상의 찬성을 얻어야 한다(헌법 제130조 제1항 참고).

36 우리나라의 기초의원 선거에 대한 설명으로 틀린 것은?

① 선거권은 19세 이상의 국민에게 주어진다.
② 기초의회의원 선거의 경우 소선거구제이다.
③ 정당 추천제와 선거권자 추천제를 병행하고 있다.
④ 기초의원 선거의 기탁금은 200만 원이다.

해설 시·도의원 선거 시 선거구별 1인을 선출하는 소선거구제를 채택하고 있다. 한편, 자치구·시·군의원 선거의 경우 선거구별로 2~4인을 선출하는 중선거구제를 도입하고 있다.

37 국회에 관한 내용 중 옳은 것은?

① 한 번 부결된 의안은 같은 회기 중 다시 제출할 수 없다.
② 국회의원은 현행범이라 할지라도 회기 중 국회 동의 없이 체포할 수 없다.
③ 임시국회는 대통령 또는 국회 재적의원 3분의 1 이상의 요구로 열린다.
④ 국회의장은 무기명투표로 선거하되 재적의원 3분의 2의 득표로 당선된다.

해설 ① 일사부재의 원칙을 설명한 것이다.

② 국회의원은 현행범을 제외하고 국회의 동의 없이 체포·구금할 수 없다.

③ 임시국회는 대통령 또는 국회 재적의원의 4분의 1 이상의 요구로 열린다.

④ 국회의장은 무기명투표로 선거하되 재적의원 과반수의 득표로 당선된다.

일사부재의의 원칙

한 번 부결된 안건은 같은 회기 중에 다시 발의하거나 제출하지 못한다는 원칙이다. 소수파에 의한 의사 방해를 막기 위한 제도로 헌법상의 원칙이 아니고 국회법상의 원칙이다(국회법 제92조).

38 다음 중 의원내각제에 대한 설명으로 옳지 않은 것은?

① 내각은 의회에 대해 연대적으로 책임을 진다.

② 내각의 각료는 의회의 신임 여하에 따라 임명된다.

③ 의회 다수파의 횡포 가능성이 존재한다.

④ 정치적 책임에 둔감하다.

 정치적 책임에 둔감한 것은 대통령제에 대한 내용이며 의원내각제는 내각불신임권으로 내각의 잘못에 대해 사퇴하도록 할 수 있는 것과 달리, 대통령제는 잘못에 대해 비판은 할 수 있지만 직접적인 영향력을 행사할 수는 없기 때문에 책임에 민감하지 못할 수 있다는 단점이 존재한다.

39 다음 중 불문법(不文法)이 아닌 것은?

① 판례법   ② 조 리

③ 관습법   ④ 규 칙

해설 규 칙

헌법 또는 기타 법률에 근거하여 성립하는 성문법의 일종이다. 예로 헌법에 의해 제정되는 국회규칙·대법원규칙, 법률에 의해 제정되는 공정거래위원회규칙·감사원규칙, 행정기관의 직권으로 제정할 수 있는 행정 입법으로서의 행정규칙 등이 있다. 규칙은 헌법 기타 법률에 위반되는 내용을 규정할 수 없다.

① 구체적 법률문제에 대한 동일한 취지의 법원판결이 반복될 경우, 그 판결을 법적 규범으로 삼는 것을 말한다.

② 사회생활에서 건전한 상식으로 판단할 수 있는 사물의 본질적 법칙으로, 경험·사회통념·신의성실의 원칙 등으로 대변될 수 있다. 일반적으로 법의 흠결을 보완하는 해석상·재판상의 기준으로 적용된다.

③ 일정한 행위가 계속적으로 반복되어 사람들을 구속할 만한 법적 확신을 취득한 자연발생적 규범을 말한다.

40 정당에 대한 설명으로 옳지 않은 것은?

① 국민의 다양한 요구를 집약하여 법률이나 정책을 직접 결정한다.

② 선거에 후보자를 추천하여 국민의 의사를 대변할 대표자를 배출한다.

③ 정치권력을 획득함으로써 정치를 통해 자신들의 주장을 실현하고자 한다.

④ 개인이나 집단이 표출하는 다양한 의견을 조직화하여 정부에 전달하는 역할을 한다.

정당은 국민의 다양한 요구를 집약하여 법률이나 정책을 제안하기는 하나, 직접 정책을 결정하는 것은 아니다.

41 다음 중 노동 3권이 아닌 것은?

① 단결권 ② 노동쟁의권
③ 단체교섭권 ④ 단체행동권

 노동 3권
- 단결권 : 자주적으로 노동조합을 설립할 수 있는 권리
- 단체교섭권 : 근로자가 근로조건을 유지하거나 개선하기 위해서 단체로 모여 사용자와 교섭할 수 있는 권리이다. 노동조합이 단체교섭권을 들어 합리적인 교섭을 요청할 때 사용자는 정당한 이유 없이 이를 거부하거나 피할 수 없다.
- 단체행동권 : 근로자가 자신의 근로조건을 유리하게 하기 위해서 단체로 집단적인 행위를 할 수 있도록 한 쟁의권으로 정당한 단체행동권의 행사는 민사상·형사상 책임이 면제된다.

42 다음 중 사회보험에 대한 설명으로 옳지 않은 것은?

① 사회보험은 전 국민을 대상으로 하며 가입이 강제된다.
② 사회보험은 건강보험, 산업재해보상보험, 고용보험, 연금보험 등이 있다.
③ 사회보험은 일반조세에 의하여 충당된다.
④ 소득재분배의 기능을 한다.

 사회보험의 보험료는 조세가 아닌 국민, 기업, 국가가 서로 분담하여 부담한다.

43 사회적 목표는 분명하지만 그것을 성취할 만한 적절한 수단들이 제공되지 못할 경우에 목표와 수단이 어긋나서 규범의 부재나 혼란의 상태를 보이게 되는 현상으로 무규범상태를 이르는 말은?

① 차별적 접촉이론 ② 아노미 현상
③ 낙인이론 ④ 문화지체 현상

 ① 차별적 접촉이론 : 미국의 범죄학자 에드윈 H. 서덜랜드의 사회학적 이론으로 특정한 사람이 일탈적 행위 유형을 학습하게 되는 이유를 설명한다. 범죄는 일반적인 행위와 마찬가지로 학습을 통해서 익히게 되고, 학습은 주로 친밀한 사람들과의 상호작용을 통해 일어난다고 한다.
③ 낙인이론 : 1960년대에 등장한 범죄학 이론으로, 어떤 사람이 사회구성원들이 일탈 행동이라고 규정한 어떤 행동을 하여 일탈 행위자로 낙인찍히면 그 사람은 낙인찍힌 대로 범죄자가 된다는 이론이다.
④ 문화지체 현상 : 미국의 사회학자 W. F. 오그번이 주장한 이론으로 급속히 발전하는 물질문화와 비교적 완만하게 변하는 비물질 문화 간 변동 속도의 차이에서 생겨나는 사회적 부조화 현상을 말한다.

44 헌법상 기본권 제한의 한계로 옳지 않은 것은?

① 법률로써 제한할 수 있다.

② 기본권 침해로 인한 피해가 최소화되어야 한다.

③ 국민의 자유와 권리의 본질적인 내용을 침해할 수 있다.

④ 국가 안전 보장, 질서 유지, 공공복리를 위해 제한할 수 있다.

 국민의 모든 자유와 권리는 국가안전 보장, 질서 유지, 또는 공공복리를 위하여 필요한 경우에 한하여 법률로써 제한할 수 있으며, 제한하는 경우에도 자유와 권리의 본질적인 내용을 침해할 수 없다(헌법 제37조 제2항).

45 다음 글에서 강조하는 문화에 대한 관점으로 가장 적절한 것은?

> 각 사회의 구성원은 서로 다른 환경이나 상황에 적응해 가면서 독특한 생활 방식을 쌓아 왔으며, 각 사회 구성원이 추구하는 가치관 또한 다르다. 문화는 독특한 자연환경과 사회적 상황 등을 고려하여 형성된 것이다. 따라서 각각의 문화가 가지고 있는 고유성과 상대적 가치를 이해하고 존중하는 태도나 관점이 필요하다.

① 문화 사대주의 　　　　　② 문화 상대주의

③ 윤리 상대주의 　　　　　④ 자문화 중심주의

문화 상대주의는 각각의 문화를 그 문화의 전통 속에서 이해하며, 편견 없이 각 문화의 다양성을 인정하고 고유한 가치 또한 인정하여 각각의 문화를 있는 그대로 받아들이려는 태도이다.

경제 · 경영 · 금융

■ 외부 경제 & 외부 불경제

- 외부 경제 : 자신의 소비가 다른 사람에게 대가 없이 혜택을 주는 것이다.
- 외부 불경제 : 자신의 소비가 다른 사람에게 일방적으로 피해를 주는 것이다(예 사치스러운 소비 등).

■ 편승 효과(Bandwagon Effect, 밴드왜건 효과)

편승 효과(밴드왜건)란 서커스 행렬을 선도하는 악대 마차로, 사람들이 무의식적으로 그곳에 몰려들면서 군중이 점점 증가하는 것을 비유하여 생긴 용어이다. 정치에서는 특정 유력 후보가 앞서 가는 경우 그 후보자에 대해 유권자의 지지가 더욱 커지는 것을 의미하고, 경제에서는 특정 상품의 수요가 증가하면 일반 대중이 따라 사는 경우 말한다.

■ 스노브 효과(Snob Effect)

특정 제품에 대한 소비가 증가하게 되면 그 제품의 수요가 줄어드는 현상으로, 이 효과는 다른 사람들이 구입한 물건은 구입하지 않고 남들과 구별될 수 있는 특별한 물건을 구매하고자 하는 사람들의 행위를 말한다.

■ 매몰비용 오류(Sunk Cost Fallacy)

매몰비용은 의사 결정을 하고난 이후에 발생하는 비용으로서, 이미 지출해서 회수할 수 없는 비용을 말한다. 매몰비용 때문에 이미 실패하거나 실패할 것으로 예견되는 일에 시간 · 노력 · 돈의 투자를 '매몰비용의 오류'라 한다.

■ 애덤 스미스(Adam Smith)

영국 스코틀랜드 출신의 정치 · 경제학자이자 윤리철학자이며 『국부론』의 저자이다. 스미스는 국부의 본질은 사회 구성원 모두가 소비하는 상품과 서비스의 양이라고 주장하면서, 국부의 증가는 분업으로 노동생산성을 높이는 것이며 자본 축적으로 생산직 노동자를 늘리는 것이라 하였다.

■ 수정 자본주의

수정자본주의는 미국의 대공황으로 공급 위주의 경제에만 의존할 수 없게 되자 케인즈 경제학과 같은 적극적인 정부 주도의 경제가 도입되었으며, 이것을 애덤스미스의 자유방임주의와 구별하여 수정자본주의라 한다.

■ 산업 자본주의

자본주의 발전 과정에서 산업 자본이 경제의 주축이 되는 자본주의로서 영국 등의 구미 선진국은 산업 혁명을 통한 대량 생산으로 대규모의 산업 자본을 축적하게 되었다. 이를 통해 산업자본가들은 청교도 혁명, 명예혁명, 프랑스 혁명 등으로 사유 재산 보호와 이윤 추구의 자유 시장 거래를 요구하게 되었고, 애덤 스미스는 '보이지 않는 손'에 의한 자유방임 자본주의를 주장하게 되었다.

■ 상업 자본주의

16세기~18세기에 신대륙 발견 및 신항로 개척으로 중상주의 정책과 해외 식민지 개척을 통해 발달하게 된 초기 자본주의의 형태이다. 그 당시의 유럽 각국들은 산업 혁명 이후 상공업 발달과 공장제 수공업의 확대로 자본을 축적하게 되었으며 재화의 교환과 판매를 통해 큰 이윤을 추구하는 경제 체제였다. 유럽 각국은 동방 무역을 통해 향신료, 비단 등의 매매로 막대한 양의 재화가 유럽으로 유입됨과 동시에 새로운 원료 산지와 판매 시장을 얻게 되었다.

■ 독점 자본주의

생산과 자본의 고도의 집적(集積) 형태나 은행 자본과 산업 자본의 결합 등으로 거대한 소수의 기업이 독점적·지배적인 힘을 가지게 되는 자본주의를 말한다. 독점 자본주의는 제국주의처럼 자기의 이익만 챙기는 자본주의로서 대표적인 나라로는 대영 제국, 프랑스 제국, 일본 제국이 대표적이다.

■ 레몬마켓(Lemon Market)

- 쓸모없는 재화나 서비스 등 저급품만 거래되는 시장을 말한다.
- 레몬은 미국에서 '시큼하고 맛없는 과일'로 통용되며 속어로 불량품을 뜻하는데, 이에 빗대어 경제 분야에서는 쓸모없는 재화나 서비스가 거래되는 시장을 레몬시장이라 일컫는다.

■ 기회비용

포기된 재화의 대체 기회 평가량을 의미하는 것으로, 어떤 생산물의 비용을 그 생산으로 단념한 다른 생산기회의 희생으로 보는 개념이다. 즉, 하나의 선택에 따라 포기하게 된 선택의 가치로, 대안이 여러 가지인 경우에는 포기한 대안들 중 가장 큰 가치를 의미한다. 여기서 중요한 것은 선택에 영향을 주지 않는 비용인 매몰비용은 기회비용에 포함되지 않는다는 것이다.

■ 경제성장률

한 나라 경제가 일정 기간 동안 실질적으로 성장하는 비율을 나타낸 것으로 통상 1년 단위로 측정한 것으로 국가의 실질액의 증가율을 나타내고 있기 때문에 실질성장률이라고도 한다.

$$경제성장률(\%) = \frac{\text{이번 연도 실질 GDP} - \text{전년도 실질 GDP}}{\text{전년도 실질 GDP}} \times 100$$

■ 경제활동인구

만 15세 이상 인구 중 노동 능력이나 노동 의사가 있어 경제활동에 기여할 수 있는 인구로, 경제활동참 가율은 만 15세 이상 인구 중 경제활동인구(취업자 + 실업자)가 차지하는 비율을 말한다.

$$경제활동참가율(\%) = \frac{\text{경제활동인구}}{\text{만 15세 이상 인구}} \times 100$$

■ 인플레이션(Inflation)

- 개별상품 및 서비스 가격들의 평균값이 지속적으로 상승하는 현상이다.
- 이는 화폐가치가 하락하는 것으로, 예를 들어 100원 짜리 사과가 인플레이션으로 인해 300원, 500원 등 가격이 높아지는 현상을 말한다. 이는 화폐가 시중에 많이 풀려 화폐가치가 하락하면서 나타나는 현상이다.

■ 스태그플레이션(Stagflation)

경기침체를 의미하는 '스태그네이션(Stagnation)'과 물가상승을 의미하는 '인플레이션(Inflation)'을 합성한 용어로, 경제활동이 침체되고 있는 상황에서도 물가는 지속적으로 상승하고 있는 현상이다. 스태그플레이션이 발생할 경우 경제성장과 물가안정 어느 쪽도 달성하기가 힘들어진다.

■ 공급의 가격탄력성

- 가격의 변화 정도에 따른 공급량의 변화 정도
- 어느 재화 가격이 변할 때 그 재화 공급량이 얼마나 변하는지를 나타내는 지표로, 이는 공급자들이 생산량을 얼마나 신축적으로 조절할 수 있는가에 좌우된다.

$$공급의 가격 탄력성 = \frac{\text{공급량의 변화율}}{\text{가격의 변화율}}$$

■ 수요의 가격탄력성

• 가격의 변화 정도에 따른 수요량의 변화 정도를 말한다.
어느 재화의 가격이 변할 때 그 재화의 수요량이 얼마나 변하는지를 나타내는 지표로, 수요량의 변화율을 가격의 변화율로 나눈 수치이다.

$$수요의 \ 가격 \ 탄력성 = \frac{수요량의 \ 변화율}{가격의 \ 변화율}$$

■ 수요의 공급곡선

상품의 가격과 수요·공급량의 관계를 나타내는 곡선 가격은 수요곡선과 공급곡선의 교차점에서 결정된다.

■ 시장의 종류

완전경쟁시장	수많은 판매자와 수많은 구매자가 주어진 조건에서 동일한 재화를 사고파는 시장
독점적 경쟁시장	소수 기업들이 독점적 입장의 강화를 꾀하면서도 서로 경쟁하는 시장
독점시장	특정 기업이 생산과 시장을 지배하고 있는 시장

■ 국내총생산(GDP ; Gross Domestic Product)

일정 기간 동안에 한 나라의 국경 안에서 생산된 모든 최종 생산물의 시장가치이다.

일정 기간 동안	유량개념을 의미하며 보통 1년을 단위로 측정한다.
한 나라의 국경 안	속지주의 개념으로, 외국인이 국내에서 생산한 것은 포함되지만 내국인이 국외에서 생산한 것은 제외한다.
최종 생산물	중간 생산물은 제외한다.
시장가치	시장에서 거래된 것만 포함한다.

■ 소비자물가지수(CPI ; Consumer Price Index)

소비자가 구입하는 재화의 가격과 서비스 요금의 변동을 종합적으로 측정하기 위해 작성되는 물가지수이다. 각 가정이 생활을 위해 구입하는 상품과 서비스의 가격 변동을 알아보기 위해 작성하는 통계로, 소비자가 구입하는 수많은 상품과 서비스의 가격수준, 단위, 가격흐름을 지수로 산정하여 누구나 쉽게 알아볼 수 있도록 만든 것이다.

■ 동남아시아국가연합(ASEAN)

- 동남아시아의 정치·경제·문화 공동체이다.
- 매년 11월에 정상회의를 개최한다. 1967년 태국 방콕에서 창설되어 동남아시아 지역의 경제적·사회적 기반 확립과 각 분야에서의 평화적·진보적인 생활수준의 향상을 목적으로 하며 EU의 규모에 준하는 정치·경제 통합체를 지향하고 있다.

■ 필립스 곡선

- 실업률이 낮으면 임금상승률이 높고, 실업률이 높으면 임금상승률이 낮다는 관계를 나타낸 곡선이다.
- 영국 경제학자 필립스가 실제 영국의 사례를 토대로 분석한 결과에서 x = 실업률, y = 임금상승률로 하여 $\log(y + 0.9) = 0.984 - 1.394x$라는 관계를 도출하였다. 이 경우 실업률이 5.5%일 때 임금상승률은 0이 된다.
- 최근에는 임금상승률과 실업률의 관계보다는 물가상승률과 실업률의 관계를 보는 것이 일반적이다.

■ 핫머니(Hot Money)

- 국제 금융 시장을 이동하는 단기성 자금을 말한다.
- 각국의 단기금리의 차이, 환율의 차이에 의한 투기적 이익을 목적으로 하는 것과 국내 통화불안을 피하기 위한 자본도피 등이 있다.
  - 자금 이동이 일시에 대량으로 이루어진다.
  - 자금이 유동적인 형태를 취한다.

■ 금융 자본의 국제 이동

- 금융 자본은 주식, 채권 등 금융 상품에 투자하는 돈을 말한다.
- 금융 자본의 영향

긍정적 영향	국가 간 자금의 유통, 주식 시장의 주가와 외환 시장의 환율에 영향, 국민 경제생활과 국가 경제의 원활한 흐름에 기여함
부정적 영향	• 특정 국가의 금융 시장 불안이 전 세계의 금융 위기 초래 • 단기성 국제 투기 자본(예 핫머니)에 의해 경제 상황이 악화될 수 있음

■ 경제 주체

- 가계 : 재화와 서비스의 생산 활동에 참여한 대가로 소득을 얻어 소비 활동을 해 나가는 소비 주체이다.
- 기업 : 사람들이 생활하는 데 필요한 재화나 서비스를 만들어 내는 생산 주체이다.
- 정부 : 공공 서비스를 생산·공급하고 자원을 활용하여 국가 일을 수행하는 생산의 주체인 동시에 소비의 주체이다.

■ 소 득

- 소득은 가계가 기업에 노동, 토지, 자본 등의 생산 요소를 제공하여 받은 대가를 말한다. → 소비와 저축의 원천
- 소득의 유형
  - 근로 소득 : 사업자에 고용되어 노동력을 제공하면 그 대가로 받는 임금이다.
  - 재산 소득 : 자본, 토지 등을 제공하고 그 대가로 받는 이자, 지대 등이다.
  - 사업 소득 : 직접 기업을 경영하여 얻는 이윤이다.
  - 이전 소득 : 생산에 직접 참여하지 않고 무상으로 얻는 소득이다(예 기초 생활비, 연금, 실업 수당).

■ 가계 소득의 종류

경상 소득	• 규칙적이고 계속적으로 반복되는 경제 활동을 통해 얻어지는 소득 • 사업 및 부업 소득, 재산 소득, 근로 소득, 이전 소득
비경상 소득	• 일시적이거나 임시적으로 얻는 소득 • 증여 및 상속 재산, 퇴직금, 상금, 복권 당첨금

■ 가계의 소비와 저축

가계는 생산에 참여한 대가로 소득을 얻어 소비하고 나머지는 저축한다. 이 과정에서 가계는 소비 여부를 선택하게 된다. 미래의 소비가 나에게 큰 만족감을 준다면 목돈을 마련할 수 있는 저축을 선택하고, 현재 소비에 더 가치를 둔다면 소비를 선택한다.

■ 절약의 역설(케인즈)

모든 개인이 절약을 하여 저축을 증가시키면 총수요가 감소하여 국민 소득이 감소하게 되고, 그 결과 경제 전체적으로 총저축이 늘어나지 않거나 오히려 감소하는 것을 말한다.

■ 합리적 소비 생활

의 미	• 자신의 소득 범위 내에서 최대의 만족을 얻을 수 있는 소비 활동이다. • 소비와 저축이 적절한 조화를 이루는 소비를 말한다.
방 법	• 같은 비용일 때 만족(편익)이 더 큰 것을 선택하고, 같은 만족(편익)일 때 비용이 더 적은 것을 선택한다. • 자신의 형편에 맞게 장기 계획에 따라 소비와 저축을 계획한다. • 구매 상황에 맞는 결제 수단을 선택한다. → 신용 카드, 현금, 전자 결제 등

■ 바람직한 소비

소비를 하기 전에 타인, 사회, 환경, 인류에 대한 바람직한 가치 판단을 하고 실천하는 소비이다. 바람직한 소비의 유형에는 환경과 미래 세대를 고려하는 지속 가능한 '녹색소비'와 공정무역 제품을 구매하는 '착한 소비'가 있다.

■ 합리적 선택

자신이 선택한 것의 만족도가 포기한 것의 만족도보다 클 때, 즉 기회비용이 작은 것을 선택했을 때 합리적인 선택을 했다고 할 수 있다. 그러므로 합리적인 선택을 하기 위해서는 내게 더 소중한 것, 기회비용이 더 작은 것을 선택해야 한다(예 비용 < 편익 = 합리적 선택).

■ 베블런 효과(Veblen Effect)

가격이 오르는데도 일부 계층의 과시욕이나 허영심 등으로 인해 수요가 줄어들지 않는 현상으로 상류층 소비자들의 소비 행태를 표현한 말이다. 미국의 경제학자이자 사회학자인 소스타인 베블런이 자신의 저서 『유한계급론(1899)』에서 "상류층계급의 소비는 사회적 지위를 과시하기 위하여 자각 없이 행해진다."고 지적한 데서 유래했다.

■ 밴드왜건 효과

유행에 따라 상품을 구매하는 소비 현상으로, 어떤 재화의 수요가 증가하면 사람들이 덩달아 움직여 수요가 증가하는 것이다(예 청소년들이 가방이나 의류를 구입할 때 친구들을 의식하여 가격 대비 품질이 우수한 제품보다는 고가의 유명 브랜드 제품을 선호함).

■ 스노브 효과

다른 사람과 차이를 두고 싶은 속물처럼 타인과의 차별화를 위해 소비하는 현상이다(예 한정판으로 생산된 제품을 구매하려는 행위).

■ 합리적 소비의 의사결정단계

1단계(문제 인식)	자신에게 발생한 경제 문제를 인식한다.
2단계(대안 탐색)	수많은 대안 중에서 실제로 선택이 가능한 대안들을 나열한다.
3단계(기준 설정)	여러 가지 대안 중에서 최선의 선택을 하기 위한 기준을 설정한다.
4단계(대안 평가)	각 대안에 대해 자료 및 정보를 수집하여 구체적으로 평가한다.
5단계(최종 선택)	여러 가지 대안 중 가장 높은 평가 점수를 얻은 대안을 선택한다.

■ 예 금
- 예금은 정해진 이자를 기대하고 은행 등 금융 기관에 돈을 맡기는 것이다.
- 예금자 보호 제도를 통해 원금을 손해 보지 않고, 안정적으로 수입을 얻을 수 있으며 유동성이 높다.
- 위험성이 적은 만큼 수익성이 낮다.
- 예금의 종류
  - 요구불 예금 : 입금과 출금이 자유로운 예금이다(예 보통 예금, 당좌 예금).
  - 저축성 예금 : 이자 수입을 주된 목적으로 하는 예금이다(예 정기 예금, 정기 적금).

■ 예금자 보호제도

금융기관의 파산 등으로 고객의 예금이 지급될 수 없을 때 예금보험공사에서 1인당 5천만 원 한도 내에서 고객 돈을 지급해주는 제도를 말한다.

■ 투 자
- 고수익을 위해 고위험 금융 상품을 구입·운용하는 것이다.
- 투자의 종류

주 식	• 주식회사가 투자자에게 발행한 증서이다. • 기업의 실적에 따라 예금보다 높은 이익을 얻을 수 있지만, 기업이 파산하면 원금을 잃을 수 있어 안전성이 낮다.
채 권	• 국가나 기업 등이 투자자로부터 돈을 빌리면서 발행한 증서이다. • 발행 기관의 성과와 관계없이 일정한 이자를 얻을 수 있기 때문에 안전성이 높다.
펀 드	• 투자자로부터 모은 자금을 전문적인 운용 기관이 주식이나 채권 등에 투자하여 그 수익을 투자자에게 배분하는 간접 투자 상품이다. • 소액 투자가 가능하고, 금융 상품에 대한 지식이 없는 소비자도 투자가 가능하지만, 원금에 손실이 발생해도 운용 회사 측에서 책임지지 않는다.

■ 지급결제 수단

현 금	• 재화와 서비스의 구매 대가를 직접 화폐로 지불하는 방식이다. • 충동구매 및 과소비를 자제할 수 있다. • 많은 현금을 가지고 다니기 어렵고, 분실의 위험이 있다.
신용 카드	• 상품을 먼저 구매한 뒤 일정 기간이 지난 이후에 대금을 지불하는 방식이다. • 현금을 휴대하지 않아도 상품을 구매할 수 있는 할부 서비스를 이용하여 분할 상환할 수 있다. • 충동구매나 과소비를 유발할 우려가 있다.
직불 카드	자신의 예금 한도 내에서 소비할 수 있으며 신용 카드와 현금의 단점을 보완한 기능을 가진다.
전자 결제	• 전자 통신 기기를 이용하여 대금 지급이나 자금 이체를 하는 방식이다. • 현금을 휴대하지 않아도 상품을 구매할 수 있고, 시·공간의 한계를 초월하여 거래가 가능하다. • 개인 정보 유출이나 해킹 등 보안사고에 취약하다.
어음·수표	당사자 간 신용을 바탕으로 장차 일정한 현금으로 지급할 것을 약속하는 증서이다.

■ 신용 관리

• 장래에 갚을 것을 약속하고 현재 상품을 사거나 돈을 빌릴 수 있는 능력을 말한다.
• 현재의 소득보다 더 많은 지출이 가능하고 현금 없이 거래를 할 수 있다.
• 예상치 못한 위험이 발생하였을 때 필요한 자금 마련이 가능하다.
• 충동구매나 과소비 유발, 신용을 잃을 경우에 취업, 비자 발급, 카드 발급, 휴대 전화 가입 등의 사회적·경제적 불이익을 받을 수 있다.
• 신용이 좋지 않으면 각종 금융 기관으로부터 대출이 제한되거나 높은 이자를 지불해야 한다.

■ 신용 등급

금융 회사는 고객에 대해 수집한 신용 정보를 바탕으로 신용에 대해 등급을 매기는데, 등급이 높을수록 우량 고객으로 평가한다.

■ 국제 거래

• 국경을 초월하여 생산물(재화와 서비스) 및 생산 요소(자본, 노동 등)의 모든 경제적 거래가 이루어지는 것이다.
• 생산 요소(예 인력, 자본, 기술)의 이동이 국내 거래만큼 자유롭지 못하다.
• 각 나라마다 화폐 제도와 단위가 다르기 때문에 국제 통화를 매개로 거래가 이루어지는데, 국제 통화를 사용하기 위해서는 자국의 화폐와 국제 통화 간의 교환 비율인 환율을 결정해야 한다.
• 상품 생산비의 차이로 국가마다 상품 가격에 차이가 발생하는 것은 부존자원, 생산 기술의 차이 때문이다.

■ 국제 거래의 장·단점

구 분	장 점	단 점
소비자·근로자 측면	• 소비자는 상품 선택의 폭이 넓어지고 더 싸게 제품을 구입할 수 있다. • 근로자는 해외를 무대로 진출하여 일할 수 있다.	• 소비자는 각국 상품의 안전에 대한 불안이 증가할 수 있다. • 근로자는 해외 근로자와 경쟁하며 고용 불안정이 발생할 수 있다.
기업 측면	• 기업들이 원자재나 값싼 노동력을 활용해 생산비를 절감한다. • 세계 시장에 진출하여 이익을 극대화할 수 있다. • 기술 개발과 생산성 향상을 통해 비교 우위가 있는 상품을 대량 생산하여 규모의 경제를 실현한다.	• 타국 기업과의 경쟁으로 인해 도태될 수 있다. • 환율 변동 등 국제적 변수에 따라 생산에 차질이 발생할 수 있다.
국민 경제 측면	• 저렴한 외국 상품의 수입으로 물가가 안정되어 국민 경제 생활에 도움이 된다. • 선진국과 개발도상국 간의 협력 증대로 생산 기술이나 자본이 이전되어 개발도상국의 발전에 도움이 된다.	• 경제적 이해관계에 따른 국가 간 마찰 증가한다. • 정부가 국내 산업 보호나 자본 이동 규제 등의 정책 수행이 어렵다. • 선진국과 개발도상국 간의 경제적 불평등이 심화된다.

■ 한 류

한류는 1990년대 말 중국에서 우리나라의 대중문화가 인기를 얻게 된 현상을 말한다. 이후 한국 대중문화의 열풍은 중국뿐만 아니라 동남아시아를 거쳐 전 세계로 확산되었고, 오늘날 한류는 '인기 있는 한국의 문화'가 아니라 세계인이 함께 즐기고 느끼는 '세계인의 문화'가 되고 있다.

■ 특 화

특정 상품을 전문적으로 생산하여 경쟁력을 갖추는 것으로, 경쟁력이 없는 상품은 포기하고 비교 우위를 가진 상품을 생산하는 것이다.

■ 무역 의존도

한 나라의 경제가 어느 정도 무역에 의존하고 있는가를 표시하는 자료로서 각국의 국내 총생산(GDP)에서 무역 총액이 차지하는 비율로 나타낸다.

■ 국제 통화

금이나 달러화와 같이 국제적으로 통용되는 화폐를 말한다.

■ 비교 우위

다른 나라에 비해 더 적은 기회비용으로 재화를 생산할 수 있는 능력을 뜻하는데 한 나라에서 어떤 재화를 생산하기 위해 포기하는 재화의 양이 다른 나라보다 적다면 비교 우위가 있는 것이다.

■ 규모의 경제

재화를 대량으로 생산할 때의 단위당 생산 비용이 하락하는 것으로 생산비의 하락으로 인해 기업은 더 큰 이익을 얻을 수 있다.

■ 공정 무역

선진국과 후진국 간의 무역거래 시 불공정한 거래를 막고 후진국에 정당한 값으로 물건을 직거래함으로써 양 당사자 간의 거래에 공정성을 확립시키는 무역 거래이다.

■ 다국적 기업

- 하나 혹은 둘 이상의 국가에서 법인을 등록하고 여러 지사를 거느리고 경영활동을 벌이는 기업을 말한다.
- 생산비 절감, 해외 시장의 확대, 무역 규제 완화를 위해 다른 나라에 생산 공장을 설립하거나 지사를 설립·운영하는 기업이다(예 나이키, 소니, 아디다스, GM, 포드, 코카콜라, 펩시 등).
- 자본·의사 결정·통제 기능은 자국의 본사에, 생산·서비스·판매는 해외의 공장 등으로 분산한다.
- 다국적 기업의 영향

긍정적 영향	• 다국적 기업을 통해 선진 기술이나 경영 기법을 습득한다. • 고용 창출의 효과가 있다. • 소비자들의 다양한 상품 선택이 가능하다.
부정적 영향	• 가격 횡포로 인한 소비자 피해가 생길 수 있다. • 기업의 이익을 우선시하므로 우리나라 입장에서 효율적 투자 기대가 어렵다. • 국내 시장을 쉽게 장악해 국내 중소기업의 피해가 생길 수 있다. • 국내 자본의 유출 가능성이 증대된다.

■ 기축통화

일반적으로 인식되고 있는 미 달러 화, 영 파운드화와 같이 국제 간 결제에 금과 동격으로 널리 사용되고 있는 통화를 말하는데, 대부분의 국가에서는 미국의 달러화가 많이 사용된다.

■ 환 율

- 환율은 서로 다른 두 나라 화폐 간의 교환 비율을 말한다.
- 환율의 결정 : 외환 시장에서 외화에 대한 수요와 공급이 일치하는 수준에서 결정되며, 환율은 기본적으로 각국의 화폐가 가지는 구매력으로 결정되는 것이 바람직하다.

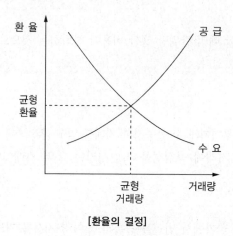

[환율의 결정]

■ 환율의 변동

외화의 수요 요인	수입 상품의 대금 결제, 물품의 수입, 해외여행, 외국으로의 차관 상환, 국내 소득 수준의 변화, 국내외 금리 차이, 해외 투자의 증감 등
외화의 공급 요인	수출 상품의 대금 수취, 물품의 수출, 차관 도입, 외국인 국내 여행, 국내외 금리 차이, 해외 소득의 변화 등

■ 환율 변동의 영향

환율의 상승	환율의 하락
• 외국 화폐의 가치 상승, 원화 가치 하락 • 우리 수출품 가격 하락 → 수출 증가 → 생산 증가, 고용 확대 • 수입품 가격 상승 → 수입 감소 • 수출 증가, 수입 감소로 인해 국제 수지 흑자 • 수입 원자재 가격 상승으로 국내 물가 상승 • 외채 상환 부담 및 국내 기업 생산 증가 • 내국인 해외여행 불리, 외국인 국내 여행 증가	• 외국 화폐의 가치 하락, 원화 가치 상승 • 우리 수출품 가격 상승 → 수출 감소 → 생산 위축, 고용 감소 • 수입품 가격 하락 → 수입 증가 • 수출 감소, 수입 증가로 인해 국제 수지 적자 • 수입 원자재 가격 하락으로 국내 물가 안정 • 외채 상환 부담 및 국내 기업 생산 감소 • 내국인 해외여행 유리, 외국인 국내 여행 감소

■ 무역 장벽

- 무역 장벽 : 국가 간의 경쟁에서 자국 상품을 보호하고 교역 조건을 유리하게 하며 국제 수지를 개선하기 위하여 정부가 인위적으로 취하는 법적·제도적 조치를 말한다.
- 관세 장벽 : 수입 상품에 고율의 관세를 부과하여 수입을 제한하는 인위적인 규제 조치이다.
- 비관세 장벽 : 관세 이외의 방법으로 정부가 국산품과 외국품을 차별, 수입을 억제하려는 정책을 말한다.

■ 지역 경제 공동체

- 세계화 속에서 지리적으로 인접해 상호 의존성이 높은 국가들이 경제적 효율성을 높이기 위해 형성한 경제 공동체를 의미한다.
- 지역 경제 공동체에는 유럽 연합(EU), 아시아 태평양 경제 협력체(APEC), 북미 자유 무역 협정(NAFTA), 동남아시아 국가 연합(ASEAN), 남미 공동 시장(MERCOSUR) 등이 있다.

■ 북미자유무역협정(NAFTA)

- 캐나다·멕시코·미국이 체결한 자유무역협정이다.
- 인구 4억 5,000만명, GDP 규모 17조 달러에 달하는 세계에서 가장 큰 무역 블록으로 1992년에 체결되어 1994년 1월부터 발효되었다.
- 주요 내용은 3개국 간에 재화와 서비스 이동에 대한 각종 관세 및 비관세장벽을 단계적으로 철폐한다는 것이다.
- NAFTA는 역내 보호무역주의적 성격을 띠고 있다.

■ 세계무역기구(WTO)

- 국제 무역의 확대를 통한 경제발전, 국제 평화와 번영에 공헌하는 목적으로 설립된 국제기구이다.
- 1994년 우루과이라운드 협상이 마무리되고 마라케시 선언을 공동으로 발표함으로써 1995년 1월에 정식 출범하였고, 1947년 이래 국제무역 질서를 규율해 오던 '관세 및 무역에 관한 일반협정(GATT)' 체제를 대신하게 되었다.
- WTO는 세계무역분쟁조정, 관세인하 요구, 반덤핑규제 등 막강한 국제적인 법적권한과 구속력을 행사한다.

■ 자유무역협정(FTA ; Free Trade Agreement)

• 둘 또는 그 이상의 나라들이 상호 간에 수출입 관세와 시장 점유율 제한 등의 무역 장벽을 제거하기로 약정하는 조약이다.

• 자유무역협정(FTA)은 협정을 체결한 국가 간에 상품 · 서비스 교역에 대한 관세 및 무역장벽을 철폐함으로써 배타적인 무역특혜를 서로 부여하는 협정이다.

• 협정국 간의 관세 철폐로 수입품 가격이 하락해 국내 소비량과 수입량이 증가하지만, 정부의 관세 수입은 감소한다.

• 경쟁력이 높은 산업은 시장 확대로 더 큰 이익이 발생하고, 경쟁력이 취약한 산업은 손해가 발생한다.

• 우리나라의 FTA 체결국 : 칠레(최초 체결), 싱가포르, 유럽 연합(EU), 동남 아시아 국가 연합(ASEAN), 페루, 미국 등이 있다.

적중예상문제

01 시장 개방의 확대와 공정한 무역 경쟁을 위해 1995년에 출범한 기구는?

① WTO   ② WHO
③ GATT   ④ IBRD

 세계무역기구(WTO)는 범세계적인 자유무역기구로, 시장 개방의 확대와 공정한 무역 경쟁을 위해 1995년 출범하였다.

02 다음 중 비경제활동인구에 포함되지 않는 사람은?

① 가정주부   ② 학 생
③ 노 인   ④ 현역군인

 비경제활동 인구는 만 15세 이상 인구에서 취업자와 실업자를 뺀 것으로, 일자리 없이 구직활동도 하지 않는 사람을 말한다. 주부, 학생, 일을 할 수 없는 연로자와 심신장애자, 종교단체나 자선단체 등에 자발적으로 종사하는 사람들도 포함된다.

03 잠재적 실업에 대한 설명으로 적절한 것은?

① 형식적·표면적으로는 취업하고 있지만 실질적으로는 실업상태에 있는 실업형태
② 노동에 대한 수요와 공급이 일시적으로 일치하지 않아 생기는 실업형태
③ 경제구조의 내재적인 모순에서 오는 만성적·고정적 실업형태
④ 계절적 조건에 의한 생산과정의 제약으로 노동에 변동이 생겨 나타나는 실업형태

 ② 마찰적 실업, ③ 구조적 실업, ④ 계절적 실업

04 다음 설명에 해당하는 경제 정책은?

> 사회 간접 자본(SOC) 확충과 기술 개발 지원을 위한 정부 지출을 늘리고, 가계나 기업의 조세 감면을 통해 소비와 투자를 증대시킴으로써 경제 성장을 유도한다.

① 확대 재정 정책   ② 긴축 재정 정책
③ 확대 금융 정책   ④ 긴축 금융 정책

경제가 위축·침체되어 발전이 저해될 경우에 정부는 조세 감면과 정부의 지출 증가(적자 예산) 등을 통해 시중에 자금의 흐름을 촉진함으로써 경제의 활성화를 도모한다.

05 환율이 상승할 때 일어나는 경제적 변화로 틀린 것은?

① 국제수지가 개선된다.　　　② 국내 물가가 상승한다.

③ 외채상환 부담이 증가한다.　　④ 수출이 감소된다.

 수출이 증가하고 수입이 감소해 국제수지가 개선된다.

06 다음 중 엥겔계수에 대한 설명으로 옳지 않은 것은?

① 총가계 지출액 중에서 식료품비가 차지하는 비율을 의미한다.

② 식료품은 소득수준과 관계없이 소비되는 동시에 일정 수준 이상은 소비할 필요가 없다.

③ 엥겔계수는 소득 수준이 높아짐에 따라 점차 증가하는 경향이 있다.

④ 일반적으로 엥겔계수가 50% 이상이면 하위층, 30% 이하일 경우 상위층으로 분류한다.

 엥겔(Engel)계수
저소득 가계일수록 가계 지출 중 식료품비가 차지하는 비율이 높고, 고소득 가계일수록 식료품비가 차지하는 비율이 낮게 나타나는 것을 엥겔의 법칙이라 한다. 식료품은 필수품이기 때문에 소득 수준과 상관없이 소비되는 동시에 일정 수준 이상은 소비할 필요가 없다. 따라서 엥겔계수는 소득 수준이 높아짐에 따라 점차 감소하는 경향이 있다.

07 〈보기〉의 비합리적 소비를 설명하는 용어는?

┤보 기├

이것은 상류층 소비자들에 의해 이루어지는 소비 행태로, 가격이 오르는 데도 수요가 줄어들지 않고, 오히려 증가하는 현상을 말한다. 예를 들어 값비싼 귀금속류나 고가의 가전제품, 고급 자동차 등은 경제상황이 악화되어도 수요가 줄어들지 않는 경향이 있다. 이는 꼭 필요해서 구입하는 경우도 있지만, 단지 자신의 부를 과시하거나 허영심을 채우기 위해 구입하는 사람들이 많기 때문이다.

① 밴드왜건 효과(Bandwagon Effect)

② 베블런 효과(Veblen Effect)

③ 스노브 효과(Snob Effect)

④ 매몰비용 오류(Sunk Cost Fallacy)

 비합리적 소비에는 베블런 효과, 스노브 효과, 밴드왜건 효과 등이 있는데. 〈보기〉는 가격이 오르는데도 일부 계층의 과시욕이나 허영심 등으로 인해 수요가 줄어들지 않는 현상인 베블런 효과에 대한 내용이다.

08 경기침체 속에서 물가상승이 동시에 발생하는 상태를 가리키는 용어는?

① 디플레이션
② 하이퍼인플레이션
③ 스태그플레이션
④ 애그플레이션

 ① 물가가 지속적으로 하락하고 경제활동이 침체되는 현상
② 물가 상승 현상이 통제를 벗어난 초인플레이션 상태
④ 곡물 가격이 상승하면서 일반 물가도 오르는 현상

09 다음 중 임금상승률과 실업률 사이의 상충관계를 나타낸 것은?

① 로렌츠 곡선
② 필립스 곡선
③ 지니계수
④ 래퍼 곡선

 필립스 곡선(Phillips Curve)
실업률과 임금·물가상승률의 반비례 관계를 나타낸 곡선으로, 실업률이 낮으면 임금이나 물가의 상승률이 높고, 실업률이 높으면 임금이나 물가의 상승률이 낮다는 것이다. 영국의 경제학자 필립스가 찾아낸 법칙으로, 물가안정과 완전고용이라는 두 가지 목표는 동시에 달성될 수 없고, 어느 한쪽을 달성하기 위해서는 다른 한쪽은 희생되어야 함을 의미한다.

10 공급의 가격탄력성에 대한 설명으로 틀린 것은?

① 가격의 변화율에 대한 공급량의 변화율을 의미한다.
② 일반적으로 농산물의 공급이 공산품의 공급보다 비탄력적이다.
③ 생산요소의 가격이 급격히 상승할수록 공급은 더 탄력적이 된다.
④ 생산에 소요되는 기간이 단기일수록 공급은 더 탄력적이 된다.

생산량이 증가할 때 생산비가 급격히 상승하는 상품은 비탄력적인 반면, 생산비가 완만하게 상승하는 상품은 좀더 탄력적이 된다.

11 다음 밑줄 친 '이것'에 대한 설명으로 옳은 것은?

> 이것은 장래에 갚을 것을 약속하고 현재 돈을 빌릴 수 있는 능력을 말한다.

① 잘못 관리하면 금융 거래에서 불이익을 당할 수도 있다.
② 과도하게 이용할 경우에는 소득이 증가하게 된다.
③ 입금과 출금이 자유롭다.
④ 충동구매와 과소비를 줄이는 데 도움이 된다.

해설 이것은 신용에 대한 설명이다. 신용을 잘못 관리하면 금융 거래에서 불이익을 당할 수 있다.

12 소득의 관리와 합리적인 소비활동으로 바른 것은?

① 지금 당장 필요하지 않아도 할인하는 물건을 구매해 보관하는 것이 이익이다.
② 적은 비용으로 큰 만족감을 얻을 수 있도록 미리 계획하여 소비한다.
③ 소득의 범위를 벗어나 소비하는 것이 만족감이 크다.
④ 무조건 비싼 물건을 구입하는 것이 좋다.

해설 과소비, 충동소비, 모방소비, 과시소비는 합리적인 소비라고 할 수 없다.

13 다음 중 합리적인 소비를 위한 의사 결정 단계를 순서대로 배열한 것은?

> ㉠ 대안 탐색   ㉡ 최종 선택
> ㉢ 문제 인식   ㉣ 기준 설정
> ㉤ 대안 평가

① ㉠ → ㉢ → ㉣ → ㉤ → ㉡
② ㉠ → ㉣ → ㉢ → ㉤ → ㉡
③ ㉢ → ㉠ → ㉣ → ㉤ → ㉡
④ ㉢ → ㉣ → ㉠ → ㉤ → ㉡

해설 합리적인 소비를 위한 의사 결정 단계
문제 인식 → 대안 탐색 → 기준 설정 → 대안 평가 → 최종 선택

14 다음 빈칸에 들어갈 알맞은 내용은?

> (   )(이)란 장래에 갚을 것을 약속하고 현재 상품을 사거나 돈을 빌릴 수 있는 능력으로서 현금 없이도 거래할 수 있고, 예상치 못한 위험 발생 시 필요한 자금을 마련할 수 있으며, 현재 소득보다 더 많은 지출이 가능하다.

① 지불능력
② 소 비
③ 경제력
④ 신 용

해설 신용 거래도 갚아야 할 빚, 즉 부채이기 때문에 적절하게 사용해야 한다.

15 다음과 같은 소비의 영향으로 옳지 않은 것은?

> 소득을 고려하지 않은 채, 계획에 없는 충동구매를 하거나 유행을 좇아 불필요한 물품을 구매하여 자신의 소득 수준이나 지불 능력을 초과하는 소비 형태이다.

① 국가 경제의 건전한 발달을 위협한다.
② 계층 간 위화감을 유발한다.
③ 부채를 발생시킨다.
④ 물가 하락을 유발한다.

해설 과도한 소비는 물가 상승을 유발한다.

16 다음에서 설명하는 개념에 대한 설명으로 옳지 않은 것은?

> 가계가 경제 활동의 대가로 얻은 소득 중에서 소비하지 않고 남겨 둔 것이다.

① 재산 소득을 얻고 심리적 안정감을 가질 수 있다.
② 내 집 마련, 자녀 교육, 노후 대비 등 장래의 필요를 충족하기 위한 것이다.
③ 부채를 유발한다.
④ 미래의 생활 안정 및 향상을 위한 준비로 볼 수 있다.

해설 소득 중에서 소비하지 않고 남겨 둔 것은 '저축'이다. 저축은 예상치 못한 지출 또는 소득 감소에 대비한 것이다.

17 다음 중 자산 관리에 대한 옳은 설명을 고른 것은?

> ㉠ 미래의 질병이나 사고 등으로 인한 예상치 못한 지출에 대비하기 위해 필요하다.
> ㉡ 소득은 평생에 걸쳐 지속적으로 얻을 수 있는 것이므로, 그것을 효율적으로 활용하기 위해 필요하다.
> ㉢ 오늘날 고령화 현상으로 필요성이 점차 감소하고 있다.
> ㉣ 소득을 어떻게 저축 또는 투자할 것인가에 대한 계획과 관리를 말한다.

① ㉠, ㉡   ② ㉠, ㉣   ③ ㉡, ㉢   ④ ㉢, ㉣

해설 ㉡ 소득은 한정된 기간에만 얻을 수 있다.
㉢ 고령화 현상으로 자산 관리의 필요성이 점차 증가하고 있다.

18 다음 ㉠에 대한 설명으로 옳은 것은?

> (㉠)은/는 소득 중에서 소비하지 않은 부분으로, 사람들은 장래를 대비하고 자산을 늘리기 위해 (㉠)을/를 한다.

① ㉠은 소득 중에서 미래 소비를 위해 남겨 둔 것을 말한다.
② 소득이 일정한 상태에서 현재 소비가 많아지면 ㉠이 늘어난다.
③ ㉠은 부채를 의미한다.
④ ㉠은 예금의 형태로만 이루어진다.

해설 저축에 대한 설명이다. 저축은 소득 중에서 현재 필요한 만큼만 소비하고 미래의 소비를 위해 남겨 둔 것을 말한다.

19 다음 밑줄 친 (A)와 (B)에 해당하는 것을 〈보기〉에서 골라 옳게 연결한 것은?

> 자산이란 개인이나 기업이 소유하고 있는 경제적 가치가 있는 재산을 말한다. 자산은 (A) 금융 자산과 (B) 실물 자산으로 구분할 수 있다.

┤ 보 기 ├
㉠ 채 권   ㉡ 부동산   ㉢ 현 금   ㉣ 주 식

	(A)	(B)
①	㉠, ㉢, ㉣	㉡
②	㉠	㉡, ㉢, ㉣
③	㉡, ㉢	㉠, ㉣
④	㉡, ㉣	㉠, ㉢

금융 자산에는 현금, 예금, 주식, 채권 등의 각종 금융 상품이 있으며, 실물 자산에는 주택이나 토지와 같은 부동산과 금이나 골동품과 같은 동산이 있다.

20 다음은 자산 관리와 관련된 글이다. 제시된 글이 함축하고 있는 뜻으로 가장 적절한 것을 모두 고른 것은?

> "계란을 한 바구니에 담지 마라."라는 말이 있다. 계란을 한 바구니에 담으면, 바구니를 떨어뜨릴 경우 계란이 모두 깨질 수 있기 때문이다.

> ㉠ 투자를 할 때는 안전성보다는 수익성을 우선 고려해야 한다.
> ㉡ 합리적인 자산 관리를 위해 포트폴리오를 구성해야 한다.
> ㉢ 다양한 자산에 분산 투자함으로써 위험을 나누어 관리해야 한다.

① ㉠
② ㉠, ㉡
③ ㉡, ㉢
④ ㉢

 자산 관리의 원칙은 다양한 자산에 분산 투자하여 적정한 수익성을 확보하고 투자로 인한 위험을 줄이는 것이므로, 안전성과 수익성을 적절히 고려해야 한다.

21 자본주의의 역사적 전개 과정 중 [보기]의 밑줄친 '이 주장'으로 가장 적절한 것은?

> ┤ 보 기 ├
>
> 1929년 미국에서 주가 폭락을 계기로 대공황이 발생하여 은행과 기업이 도산하고 실업자가 늘어나자 이 주장이 등장하였다.
> 특히 영국의 경제학자 케인스(Keynes, J. M.)는 시장 경제의 문제점을 보완하려면 정부가 시장에 개입해야 한다고 주장하여 대규모 공공사업으로 구매력을 높이려는 정부 정책을 뒷받침하였다.

① 신자유주의
② 상업자본주의
③ 독점자본주의
④ 수정자본주의

 수정자본주의(修正資本主義)
수정자본주의는 미국의 대공황으로 공급 위주의 경제에만 의존할 수 없게 되자 케인즈 경제학과 같은 적극적인 정부 주도의 경제가 도입되었으며, 이것을 애덤스미스의 자유방임주의와 구별하여 수정자본주의라 한다.

22 다음 그림은 일생에 걸친 소득과 소비 곡선을 나타낸 것이다. 이에 대한 옳은 설명만을 〈보기〉에서 모두 고른 것은?

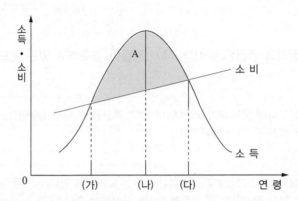

| 보 기 |

㉠ (가) 시기 이후에는 일생 동안 계속 저축이 발생한다.
㉡ (나) 시기에는 생애 동안 누적된 저축액이 가장 많다.
㉢ (다) 시기 이후에는 수입이 지출보다 적다.
㉣ A 영역은 저축을 나타낸다.

① ㉠, ㉡   ② ㉠, ㉣
③ ㉡, ㉢   ④ ㉢, ㉣

 A 영역은 저축을 의미하며, 저축은 (가) 시기부터 (다) 시기까지 소득이 소비보다 많은 구간에서 발생한다. 그러나 (다) 시기 이후에는 저축이 발생하지 않는다. 누적된 저축액이 가장 많은 시점은 (다) 시기이다.

23 A, B에 대한 설명으로 옳지 않은 것은?

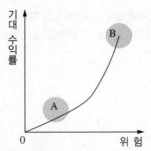

① A는 원금 손실이 없다는 장점이 있다.
② A에는 정기 예금이나 적금 등이 있다.
③ B에는 안전성이 낮은 펀드와 주식 등이 있다.
④ B보다 A가 더 많은 수익을 얻을 수 있다.

A는 저수익 · 저위험 자산군으로 수익성은 낮으나 안전성이 높은 예금과 채권을 들 수 있다. A 자산군은 원금 손실 없이 정해진 이자 수익을 정확하게 얻을 수 있지만 그 이상의 수익은 얻을 수 없다는 특징이 있다. 반면, B의 자산군은 고수익 · 고위험 구간으로, 원금을 잃을 수 있는 위험이 존재하지만 예금보다 큰 수익을 얻을 수 있다. 따라서 A보다 B가 더 많은 수익을 얻을 수 있다.

24 합리적인 소비에 해당하는 것은?

① 계획 없이 즉흥적으로 이루어지는 소비
② 타인의 소비에 영향을 받아 이에 편승하여 따라 하는 소비
③ 광고 등의 대기업 상품만을 구매하는 소비
④ 주어진 소득 내에서 최대의 만족을 얻을 수 있는 소비

 자신의 소득 내에서 최대한의 만족을 얻을 수 있는 소비활동이 가장 바람직하다.

25 다음 설명에 해당하는 것은?

> • 서로 다른 두 나라 화폐의 교환 비율이다.
> • 일반적으로 외국 돈 1단위와 교환되는 자국 화폐의 비율로 표시한다.

① 환 율
② 실업률
③ 물가 상승률
④ 경제 성장률

 돈의 가치를 서로 비교하여 바꿀 때의 기준인 '환율'은 두 나라 돈을 맞바꾸는 비율을 말한다. 예를 들어, 한국 돈과 미국 돈을 바꿀 때 1달러 당 몇 원을 받을 수 있는지 결정하는 비율을 말한다.

26 다음에서 나타나는 소비행태에 해당하는 용어는?

> 등산복의 성능이 개선되고 신소재가 개발되는 것은 분명 긍정적인 소식이지만, 문제는 기존 제품과 별반 차이가 없는데도 신제품이라는 이유만으로 터무니없이 높은 가격이 책정된다는 것이다. 소비자 또한 그러한 사실을 모르는 것은 아니지만, 새로운 상품으로 자신을 과시하기 위해 비싼 가격을 감수한다. 이러한 현상이 심화되면 비싼 신제품일수록 잘 팔리고, 성능에는 크게 차이가 없어도 가격이 싸면 오히려 잘 팔리지 않는 기이한 현상이 나타난다.

① 베블런 효과
② 밴드왜건 효과
③ 스노브 효과
④ 속물 효과

해설 자신을 과시하기 위해 높은 가격을 기꺼이 지불하려는 소비 행태를 베블런 효과라고 한다.
② 밴드왜건 효과 : 곡예나 퍼레이드의 맨 앞에서 행렬을 선도하는 악대차가 사람들의 관심을 끄는 효과를 내는 데에서 유래한 용어로, 대중적으로 유행하는 정보를 따라 상품을 구매하는 현상이다.
③·④ 속물 효과 : 스노브 효과라고도 하며, 특정 상품에 많은 사람이 몰리면 희소성이 떨어져 차별화를 위해 다른 상품을 구매하려는 현상이다.

27 다음 ㉠, ㉡에 대한 설명으로 옳지 않은 것은?

> 사람들은 소득의 대부분을 일상생활에 필요한 재화나 서비스를 구입하는 데 (㉠)하며, 소득에서 (㉠)을/를 제외한 나머지를 (㉡)한다.

① ㉠은 소비, ㉡은 저축이다.
② ㉡은 미래의 소비를 위한 것이다.
③ 만약 현재보다 미래에 더 가치를 둔다면 ㉡보다 ㉠을 중시할 것이다.
④ ㉠은 현재의 소득뿐만 아니라 미래의 소득으로부터 영향을 받는다.

해설 ㉠은 소비, ㉡은 저축으로, 현재보다 미래에 더 가치를 둔다면 소비보다 저축을 더 중시할 것이다.

28 다음 중 다양한 저축 수단에 대한 설명으로 옳은 것은?

> ㉠ 펀드 : 다수의 투자자로부터 모은 자금을 투자하여 얻은 수익을 투자자에게 배분하는 것이다.
> ㉡ 주식 : 국가, 공공 기관, 기업 등이 투자자로부터 돈을 빌리면서 발행한 증서이다.
> ㉢ 채권 : 주식회사가 투자자에게 발행한 증서이다.
> ㉣ 예금 : 정해진 이자를 기대하고 금융 기관에 돈을 맡기는 것이다.

① ㉠, ㉡
② ㉠, ㉣
③ ㉡, ㉢
④ ㉢, ㉣

해설 ㉡은 채권, ㉢은 주식에 대한 설명이다.

29 다음과 같은 특징이 나타나는 지급 수단으로 옳은 것은?

> 구매 대금의 지급을 일정 기간 유예하는 구매 수단으로, 가진 돈이 없어도 상품을 구입할 수 있어 편리하다.
> 그러나 지급 능력 이상으로 사용할 우려가 있다.

① 계좌 이체
② 전자 결제
③ 신용 카드
④ 수 표

 신용 카드는 구매 대금의 지급을 일정 기간 유예하는 구매 수단으로, 가진 돈이 없어도 상품을 구입할 수 있어 편리하다. 그러나 지급 능력 이상으로 사용할 우려가 있다.

30 다음의 주제로 가장 적절한 것은?

> • 과도한 부채를 지지 않을 것
> • 신용 관리는 지속적으로 할 것
> • 주거래 은행과 꾸준히 거래할 것
> • 가계부를 통해 소비 습관을 확인할 것
> • 세금이나 공과금 등을 연체하지 않을 것
> • 자신의 신용 정보를 항상 확인하고 관리할 것

① 다양한 지불 방법
② 합리적인 신용 관리 방법
③ 과도한 소비의 문제점
④ 전자 결제의 특징

 합리적인 신용 관리 방법을 이해하는 문제로 신용은 나중에 그 대가를 지불하기로 약속하고 상품이나 서비스를 살 수 있거나, 현재 돈을 빌릴 수 있는 능력을 말한다. 합리적인 경제생활을 위해서는 평소에 자신의 신용을 철저하게 관리해야 한다.

31 다음 중 소득에 대한 설명으로 옳은 것을 고른 것은?

> ㉠ 재산 소득은 생산에 참여하지 않고 무상으로 얻는 소득이다.
> ㉡ 가계가 기업에 생산 요소를 제공하여 받은 대가이다.
> ㉢ 소비와 저축의 원천이다.
> ㉣ 근로 소득은 직접 기업을 경영하여 얻은 이윤이다.

① ㉠, ㉡
② ㉠, ㉢
③ ㉡, ㉢
④ ㉢, ㉣

 ㉠ 재산 소득은 자본, 토지 등을 보유한 대가로 받는 이자, 지대 등이다.
㉣ 근로 소득은 사용자에게 고용되어 노동력을 제공하고 받는 임금이다.

32 다음 중 합리적인 신용 관리 방법으로 잘못된 것은?

① 자신의 신용 정보를 항상 확인하고 관리한다.

② 세금이나 공과금 등을 연체하여 납부를 늦춘다.

③ 과도한 부채를 지지 않는다.

④ 가계부를 통해 소비 습관을 확인한다.

해설 세금이나 공과금이라고 해서 납부를 늦추면 연체 이자가 붙을 수 있으므로, 제때 납부하여 신용을 관리해야 한다.

33 환율(원/달러)이 상승할 경우 가장 유리한 사람은?(단, 다른 조건은 일정하다고 가정한다)

① 미국으로 여행을 가려는 대학생

② 미국 유학 중인 자녀에게 송금하는 부모

③ 미국 시장에 상품을 수출하는 수출업자

④ 미국에서 원자재를 수입하여 상품을 생산하는 기업가

해설 환율(원/달러)이 증가하게 되면 미국 시장에 상품을 수출하는 수출업자가 같은 상품을 판매했을 때 수익이 증가함에 따라 가장 유리하다.

34 다음 내용에 해당하는 것은?

> • 장기적으로 소비와 저축의 목표를 세워 실행한다.
> • 급변하는 금융 환경에서는 미래의 소득과 소비를 예측하기 어렵다.
> • 소득 중 일정 금액을 저축하고, 나머지 예산에서 계획적으로 소비한다.

① 소득의 합리적 배분

② 국제적 투기 자본

③ 저 축

④ 가 계

해설 급변하는 금융 환경 속에서 안정적인 경제생활을 하기 위해서는 소득을 상황에 맞게 소비와 저축으로 적절히 배분하여, 합리적인 방법으로 저축하고 소비하는 노력이 필요하다.

35 다음 자료에서 추론할 수 있는 내용으로 가장 적절한 것은?

> 지난 1년간 자영업자의 부채는 20% 가까이 늘었다. 이는 글로벌 금융 위기 이후 내수가 부진해 소득이 큰 폭으로 줄었기 때문이다.

① 가계의 소비는 주어진 소득의 범위 내에서 한다.
② 안정적인 경제생활을 하기 위해서는 소득을 소비와 저축에 적절하게 배분해야 한다.
③ 저축을 늘리면 소비가 줄어든다.
④ 소득은 보유 재산에 따라 다르게 나타날 수 있다.

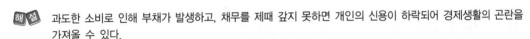 오늘날 금융 환경이 급격하게 변화하면서 소득과 소비를 예측하기 어려워졌다. 이에 따라 안정적인 경제생활을 하기 위한 합리적인 소득 배분이 중요해지고 있다.

36 다음 중 과도한 소비의 문제점으로 옳은 것을 모두 고른 것은?

> ㉠ 계층 간 위화감이 조성되어 사회적 갈등이 유발될 수 있다.
> ㉡ 과다한 부채가 발생할 수 있다.
> ㉢ 개인의 신용도가 상승하여 경제생활의 곤란을 초래한다.

① ㉠   ② ㉠, ㉡
③ ㉡, ㉢   ④ ㉢

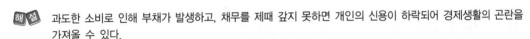 과도한 소비로 인해 부채가 발생하고, 채무를 제때 갚지 못하면 개인의 신용이 하락되어 경제생활의 곤란을 가져올 수 있다.

37 국가 간에 무역이 이루어지는 근본적인 이유는?

① 인구수의 차이
② 생산 방식의 차이
③ 생산 비용의 차이
④ 사회 제도의 차이

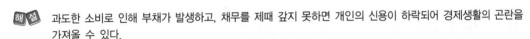 국제 거래에서 국가마다 서로 자연환경이 다르고 보유하고 있는 자원의 종류와 양에도 차이가 있어 생산 비용의 차이가 발생한다.

38 다음 주장을 설명하기에 적절한 경제 용어는?

> 각국은 생산비가 상대적으로 더 저렴한 상품의 생산을 늘려 서로 수출하면, 모두 이익을 볼 수 있다.

① 경상 수지
② 비교 우위
③ 인적 자본
④ 경기 변동

해설 비교 우위란 국제 무역에서 한 나라의 어떤 재화가 비록 상대국의 것에 비해 절대 우위에서 뒤처지더라도 생산의 기회비용을 고려하였을 때 상대적인 우위를 지닐 수 있다는 개념이다.

39 다음 중 민간 기업에 의한 국제 경쟁력 강화 방안으로 가장 적절한 것은?

① 가계의 저축 증대
② 불합리한 정책 철폐
③ 연구 개발 투자 확대
④ 사회 간접 자본 축소

해설 국제 경쟁력을 강화하기 위해 기업은 연구 개발 투자를 확대하고 기술 개발 등에 힘써야 한다.

40 다음에 나타난 환율 변동의 영향으로 옳은 것은?

> 1달러 = 1,100원 → 1달러 = 1,500원

① 석유 수입 가격 하락
② 외채 상환 부담 증가
③ 국내 제품 수출 감소
④ 개인의 해외여행 비용 감소

해설 ① 석유 수입 가격 상승
③ 국내 제품 수출 증가
④ 개인의 해외여행 비용 증가

41 다음에 해당하는 경제 용어는?

> 한 나라가 일정 기간 동안 벌어들인 외화와 지불한 외화의 차액을 말한다.

① 지니 계수
② 국제 수지
③ 국내 총생산
④ 국민 총생산

해설 국제 수지는 보통 1년 동안 그 나라에 들어오고 나간 상품과 서비스, 자본의 액수를 정리한 것이다.

42 지역 블록화의 사례가 아닌 것은?

① 유럽 연합(EU)
② 세계무역기구(WTO)
③ 북미 자유무역협정(NAFTA)
④ 아시아·태평양 경제협력체(APEC)

해설 주요 경제블록에는 유럽 연합(EU), 북미 자유무역협정(NAFTA), 동남아시아 국가연합(ASEAN), 아시아·태평양 경제협력체(APEC) 등이 있다.

43 외국인의 국내 투자 중 직접 투자 방식은?

> ㉠ 우리나라의 부동산을 샀다가 매매 차익을 챙기고 다시 판다.
> ㉡ 외국인이 우리나라에 공장을 설립하여 생산 활동을 한다.
> ㉢ 다국적 기업이 우리나라에 진출한다.
> ㉣ 외국 기업이 우리나라 주식을 사들인다.

① ㉠, ㉡
② ㉠, ㉢
③ ㉡, ㉢
④ ㉢, ㉣

해설 직접 투자는 우리나라에 직접 생산시설을 설립하여 생산 활동을 통해 이익을 창출하는 방식이고, 간접 투자는 우리 기업의 주식이나 채권 등을 사들여 간접적으로 참여하는 방법이다.

44 무한 경쟁 체제에서 우리나라의 국제 경쟁력 강화 방안으로 적절하지 않은 것은?

① 투명한 기업 경영
② 보호 무역의 강화
③ 금융 환경의 선진화
④ 기술 개발 투자 확대

 국제 경쟁력 강화 방안
• 가계 : 저축 증대, 합리적 소비
• 기업 : 연구 개발 투자 확대, 기술 개발
• 정부 : 불합리한 정책 철폐, 사회 간접 자본 확대

45 다음 내용에 해당하는 경제 용어는?

> • 경제 규모가 크고 국제적인 유동성이 충분하며, 가치가 안정되어 있는 국가의 통화이다.
> • 미국의 달러화 등이 대표적으로 사용되고 있다.

① 기회비용
② 기축통화
③ 절대 우위
④ 비교 우위

 기축통화
일반적으로 인식되고 있는 미국 달러화, 영국 파운드화와 같이 국제간 결제에 금과 동격으로 널리 사용되는 통화를 말하는데, 대부분의 국가에서는 미국의 달러화가 많이 사용된다.

46 국제 거래가 활성화되었을 때 기업이 주의해야 할 점으로 묶인 것은?

> ㉠ 상품의 안정성에 대한 불신이 발생한다.
> ㉡ 해외 근로자와 경쟁하여 고용불안정이 발생한다.
> ㉢ 타국의 기업과 경쟁하여 기업의 도산 우려가 있다.
> ㉣ 환율 변동 등의 국제적 변수에 따라 생산에 차질이 발생한다.

① ㉠, ㉡　　　　　　　　　② ㉠, ㉣
③ ㉡, ㉢　　　　　　　　　④ ㉢, ㉣

해설 국제 거래의 증가로 기업들은 원자재나 값싼 노동력을 활용해 생산비를 절감하거나 세계 시장에 진출하여 이익을 극대화할 수 있으나 타국 기업과의 경쟁으로 인해 도태될 수 있으며, 환율 변동 등 국제적 변수에 따라 생산에 차질이 생길 수 있다.

47 다음에서 이끌어 낼 수 있는 생각으로 거리가 먼 것은?

> 주영이는 여름방학 때 해외 어학연수를 계획하고 은행에서 환전 비율을 알아보았더니, 어제는 1달러에 1,000원이었는데 오늘은 1,050원으로 올라 여러 가지 생각을 하게 되었다.

① 수출이 감소할 것 같다.
② 국내 물가가 오를 것 같다.
③ 여행 경비 부담이 커질 것 같다.
④ 외채를 갚을 때 부담이 커질 것 같다.

 환율이 상승하면 원화 가치가 하락하여 수출이 증가한다.

48 (가)에 들어갈 말로 가장 적절한 것은?

> 현빈 : 요즘 수출이 증가하여 외환이 국내에 많이 들어왔다는데, 우리 경제에는 어떤 변화가 나타날까?
> 수지 : 다른 조건이 변하지 않는다면, _____(가)_____

① 환율이 하락하겠지.　　　　　② 통화량이 감소하겠지.
③ 국제 수지 적자가 되겠지.　　　④ 외환 보유량이 감소하겠지.

 수출이 증가하면 국제 수지가 흑자가 되어 외화 유입이 증가하고, 국내 통화량도 증가한다. 외화의 공급이 증가하면 환율이 하락한다.

49 다음 내용을 모두 포함하는 개념은?

> • 원조, 기부 등 무상 거래 수지
> • 국가 간 노동과 자본 소득의 수지
> • 재화와 서비스의 수출입으로 인한 수지

① 경상 수지　　　　　　　　　② 무역 수지
③ 이전 수지　　　　　　　　　④ 자본 수지

 • 경상 수지 : 국가 간의 거래에서 재화나 서비스의 수출입, 자본이나 노동 등 생산 요소의 이동에 따른 대가의 수취와 지급을 종합적으로 나타낸 것
　• 무역 수지 : 우리나라의 상품수출과 상품수입의 차이, 즉 일정 기간의 수출입거래로 발생한 일국의 외국과의 대금 수불액
　• 이전 수지 : 무역 수지, 무역 외 수지와 함께 국제 수지를 구성하는 요소로, 대가가 따르지 않는 국제거래
　• 자본 수지 : 한 나라의 대외거래 가운데 실물의 이동을 수반하지 않는 자본의 이동에 따른 재산 및 부채의 변화 지표

50 다음 내용에서 ㉠~㉢과 관련 있는 것으로 가장 적절한 것은?

> ㉠ 생산자에게 다양한 기회를 제공하자!
> ㉡ 무역 과정의 투명성을 확대하고, 공정한 가격을 지불하자!
> ㉢ 바람직한 노동 환경 속에서 친환경적으로 제품이 생산되게 하자!

① 한국 국제 협력단(KOICA)
② 경제 협력 개발 기구(OECD)
③ 공정 무역
④ 비정부 기구(NGO)

 공정 무역의 주요 원칙
  • 선진국과 개발도상국 사이의 불공정한 거래를 막는다.
  • 개발도상국의 생산자에게 정당한 가격을 지불하여 노동 착취를 막는다.
  • 올바른 물건을 공급하자는 운동으로 장기적으로 생산자와 소비자는 물론 환경에도 이로운 지속 가능한 발전을 추구한다.

과학 : 물리 · 지구과학 · 생명과학 · 화학

■ 우주론

- 빅뱅 우주론 : 우주는 약 138억 년 전 대폭발과 함께 시작되었으며, 지금까지 계속 팽창하고 있다는 우주론이다. → 현재 여러 증거들(예 우주 배경 복사, 우주에 존재하는 수소와 헬륨의 질량비) 이 관측됨에 따라 빅뱅 우주론이 인정받고 있다.
- 정상 우주론 : 우주가 팽창하는 동안 계속 물질이 생성되어 우주는 항상 같은 밀도를 유지한다는 우주론이다.

■ 원 소

- 우주의 주요 원소 : 수소와 헬륨이 전체 원소의 약 98%를 차지한다.
- 지구와 생명체의 주요 원소 : 빅뱅 후 수억 년이 지났을 때 별이 탄생하였고, 별이 진화하는 과정에서 여러 가지 원소가 생성되었다. → 수소와 헬륨에 비해 무거운 원소가 많은 비율을 차지한다.

■ 별

- 별 : 중심부에서 핵융합 반응으로 생성된 에너지를 방출하여 스스로 빛을 내는 천체이다.
- 별의 탄생 : 성운 중 온도가 낮고 밀도가 높은 지역에서 생성된다.
  - 성운의 온도가 낮고 밀도가 높은 부분에서 자체 중력 수축으로 온도와 밀도가 증가한다.
  - 중력 수축으로 원시별(원시성)이 형성되며, 회전하는 원시별 주변에 성간 물질이 원반 모양으로 형성된다.
  - 중심 온도가 1,000만K 이상이 되면 중력 수축이 멈추고, 수소 핵융합 반응을 하는 별(주계열성)이 탄생한다.
- 별의 진화 : 수소 핵융합 반응으로 탄생한 별은 질량에 따라 다르게 진화한다.
  - 질량이 태양보다 매우 작은 별 : 중력 수축만 하면서 갈색 왜성으로 진화한다.
  - 질량이 태양과 비슷한 별 : 적색 거성 → 행성상 성운 → 백색 왜성으로 진화한다.
  - 질량이 태양보다 매우 큰 별 : 초거성 → 초신성 → 중성자별 또는 블랙홀로 진화한다.

■ 주계열성

별은 일생의 90%를 주계열성으로 보내며, 중심에서 수소 핵융합 반응으로 헬륨을 생성한다. 질량이 클수록 수소가 빨리 소모되어 수명이 짧고, 표면 온도가 높다. 수소 핵융합 반응으로 팽창하려는 기체의 압력과 수축하려는 중력이 작용하여 크기는 변하지 않는다.

■ 성운설(태양계 특징)

- 태양은 태양계 중심에 위치하고, 태양계 전체 질량의 99% 이상을 차지한다.
- 행성들의 공전 궤도면(평면상 위치)이 거의 일치한다.
- 태양의 자전 방향과 행성의 공전 방향(서 → 동)이 일치한다.
- 행성들은 원에 가까운 타원 궤도로 공전하고, 태양에서 멀어질수록 공전 주기가 길어진다.
- 태양에서 가까운 행성들은 암석질로 구성되어 있고, 먼 거리에 있는 행성들은 가벼운 기체 성분으로 구성되어 있다.
- 태양계를 구성하는 행성들의 나이와 태양의 나이가 비슷하다.

■ 지구형 행성 & 목성형 행성

지구형 행성	• 수성, 금성, 지구, 화성이 있다. • 원시 태양과 가까운 곳은 온도가 높아 녹는점이 높은 무거운 원소들만 남아 있을 수 있었으며, 이 무거운 원소(예 철, 니켈, 규산염 등)들의 충돌로 반지름이 작고 밀도가 큰 행성들이 형성되었다.
목성형 행성	• 목성, 토성, 천왕성, 해왕성이 있다. • 원시 태양과 먼 곳은 온도가 낮아 주로 가벼운 기체(예 수소, 헬륨, 메테인 등)들이 존재하였으며, 이 가벼운 원소들로부터 반지름이 크고 밀도가 작은 행성들이 형성되었다.

■ 지구의 형성

원시 지구 형성	태양계 성운에서 원시 행성 생성되는 과정에서 원지 지구도 형성되었다.
미행성의 충돌	미행성의 충돌로 원시 지구의 크기와 질량은 점점 증가하였다.
마그마의 바다 형성	미행성의 충돌, 대기의 수증기와 이산화탄소의 온실 효과로 마그마의 바다를 형성하였다.
원시 지각의 형성	시간이 지남에 따라 밀도 차에 의한 핵, 맨틀이 분리되고, 지구 표면 온도가 점점 낮아져 단단하게 굳어진 원시 지각이 형성되었다.
원시 바다의 형성과 대기 성분 변화	대기 중의 수증기가 비가 되어 원시 바다를 형성하였고, 미행성의 충돌과 화산 활동으로 대기의 성분이 변하였다. → 바다에서 최초로 생명체가 탄생하였다.

■ 금속 원소와 비금속 원소

구 분	금속 원소	비금속 원소
주기율표에서의 위치	왼쪽과 가운데	오른쪽(단, 수소는 예외)
실온에서의 상태	고체(단, 수은은 액체)	기체나 고체(단, 브로민은 액체)
광 택	있다.	없다.
열과 전기 전도성	크다.	적다.
이온의 형성	양이온이 되기 쉽다.	18족을 제외하고 음이온이 되기 쉽다.
이 용	• 알루미늄 – 알루미늄 호일 • 구리 – 전선 • 철 – 건축 자재	• 산소 – 생명체의 호흡 • 질소 – 식품 포장 충전 • 인 – 성냥

■ 원 소

• 물질을 이루는 기본 성분이다.
• 더 이상 다른 물질로 분해되지 않는다.
• 현재까지 알려진 원소는 약 110종류이다.

■ 주기율표

• 주기율 : 원소들의 원자번호 순으로 나열할 때 성질이 비슷한 원소가 주기적으로 나타나는 현상이다.
• 주기율표 : 성질이 비슷한 원소가 같은 세로줄에 오도록 배열한 표로, 가로줄을 주기, 세로줄을 족이라 한다.
　– 주기 : 1~7주기까지 있으며, 같은 주기의 원소는 전자껍질의 수가 같다.
　– 족 : 1~18족까지 있으며, 같은 족의 원소는 원자가 전자(최외각 전자)의 수가 같아 성질이 비슷하다. 같은 족에 있는 원소를 동족 원소라 한다.

■ 이온 결합

• 금속 원소의 원자와 비금속 원소의 원자가 서로 전자를 주고받아 양이온과 음이온을 생성한다.
• 이 이온들 사이의 정전기적 인력으로 결합이 형성된다.
• 이온 결합 물질

염화나트륨($NaCl$)	소금의 주성분
수산화나트륨($NaOH$)	비누의 원료
탄산칼슘($CaCO_3$)	달걀 껍데기, 조개 껍데기 주성분
염화칼슘($CaCl_2$)	습기 제거제

■ 공유 결합

- 비금속 원자들이 서로 전자를 내놓아 전자쌍을 이루고 공유하는 결합이다.
- 공유 결합의 종류와 세기 : 두 원자 사이의 공유 전자쌍 수에 따라 단일 결합, 2중 결합, 3중 결합 등으로 나눈다.
- 결합의 수가 많을수록 결합의 세기가 세다(단일 결합 < 2중 결합 < 3중 결합).
- 공유 결합 물질

물(H_2O)	생명체 주요 구성 물질
에탄올(C_2H_6O)	소독용 알코올, 술
설탕($C_{12}H_{22}O_{11}$)	음식의 조미료
아세틸살리실산($C_9H_8O_4$)	아스피린(의약품)

■ 신소재

- 기존 소재를 구성하는 원소의 종류나 화학 결합의 구조를 변화시켜 단점을 보완하고, 기존 재료에 없는 새로운 성질을 띠게 만든 물질이다.
- 신소재의 종류 : 반도체, 초전도체, 액정, 나노 신소재 등이 있다.

■ 반도체

- 전기 전도성 : 가전자 띠와 전도 띠의 에너지 간격이 좁을수록 전자의 이동이 쉽다. 이 에너지 간격에 따라 물질을 도체, 반도체, 부도체로 나눈다.

도 체	가전자 띠와 전도띠가 중첩되어 있거나 에너지 간격이 없거나 가까워 전자의 이동이 활발하다(예 금, 구리, 철 등의 금속).
반도체	가전자 띠와 전도 띠 사이의 에너지 간격이 비교적 작아 전자가 에너지를 얻으면 전도 띠로 올라갈 수 있다(예 실리콘, 저마늄 등).
부도체	가전자 띠에 전자가 완전히 채워져 있고 에너지 간격이 커서 에너지를 얻어도 전도 띠로 올라갈 수 없다(예 나무, 고무, 유리 등).

- 반도체의 특징 : 순수한 규소나 저마늄 등은 전류가 잘 흐르지 않지만, 소량의 불순물(원소)을 첨가하면 전기 전도성이 크게 증가한다(도핑 : 순수한 반도체에 불순물을 첨가하는 과정).
- 반도체의 이용 : 다이오드, 트렌지스터, 발광 다이오드(LED), 유기 발광 다이오드(OLED)

■ 초전도체

- 초전도체 : 초전도 현상을 나타내는 물질이다.
- 초전도 현상 : 특정 온도(임계 온도) 이하에서 전기 저항이 0이 되는 현상이다.

- 초전도체의 특징
  - 저항이 0이므로 전력 손실이 없어 큰 전류 송전에 유리하다. 예 초전도 케이블, 송전선 등
  - 큰 전류 송전이 가능하므로 그에 따른 강한 자기장을 만들 수 있다. 예 자기 공명 영상 장치(MRI), 핵융합 장치 등
  - 마이스너 효과 : 강한 자기장이 주변의 자기장을 밀어내 물체를 띄울 수 있다. 예 자기 부상 열차

■ 액 정

- 가늘고 긴 분자가 거의 일정한 방향으로 배열되어 있고, 액체와 고체의 성질을 함께 가진 물질이다.
- 액정 디스플레이(LCD) : 액정을 이용해 얇게 만든 영상 표시 장치로, 전압이 걸리지 않으면 빛이 통과하고 전압이 걸리면 빛이 차단되는 성질을 이용한다.
- 이용 : 휴대 전화, 카메라 등의 화면에 이용된다.

■ 나노 기술의 신소재

그래핀	• 탄소 원자가 육각형 벌집 모양으로 연결되어 평면적인 구조를 이루고 있다. • 투명하고 전기 전도성이 좋으며, 단단하면서도 유연성이 있으므로, 휘어지는 디스플레이, 야간 투시용 콘택트 렌즈, 차세대 반도체 소재 등에 이용된다.
탄소 나노 튜브	• 6개의 탄소가 육각형 모양으로 결합하여 원통 모양을 이루고 있다. • 강도가 강하고, 열전도율과 전기 전도율이 높아 첨단 현미경의 탐침, 금속이나 세라믹과 섞어 강도를 높인 복합 재료 등에 쓰인다.
풀러렌	• 60개의 탄소 원자가 그물 모양으로 결합하여 공 모양을 이루고 있다. • 내부가 비어 있고, 잘 부서지거나 변형되지 않는다. • 강도가 높고 초전도성이 있어 마이크로 로봇이나 의약 성분의 체내 운반체 등에 쓰인다.

■ 자연을 모방한 신소재

신소재	이 용
도꼬마리 열매를 모방한 신소재	벨크로 테이프
거미줄을 모방한 신소재	인공힘줄, 낙하산
연잎의 표면을 모방한 신소재	방수가 되는 옷, 유리코팅제
상어의 비늘을 모방한 신소재	전신 수영복
홍합의 접착 단백질을 모방한 신소재	수중 접착제, 의료용 생체 접착제
게코도마뱀의 발바닥을 모방한 신소재	게코 테이프, 의료용 패치

■ 에너지 보존의 법칙

- 에너지가 다른 물체로 이동하거나 형태가 바뀌어도 에너지의 총합은 변하지 않는다는 법칙이다.
- 증기기관차에서는 수증기의 분자가 갖는 열에너지가 운동에너지로 전환된다. 이때 열에너지의 총합과 운동에너지의 총합은 같아야 하는데 실제로는 운동에너지의 합이 항상 작다. 에너지가 전환되면서 소모되는 기타 에너지가 있기 때문이다. 이 에너지까지 합하면 전환 전의 에너지의 총합과 전환 후의 에너지의 총합은 같다.

■ 열의 이동현상

- 대류 : 액체나 기체가 열을 받으면 팽창하여 열을 받은 부분의 밀도가 낮아져 상승하고, 상승된 부분의 열이 식어서 밀도가 커지면 하강하게 된다.
- 전도 : 직접접촉에 의해 물질 속에서 열이 고온부에서 저온부로 옮겨지는 현상이다.
- 복사 : 열이 중간 매질이 없이 다른 물체로 직접 전달되는 현상이다.

■ 옴의 법칙

- 전류의 세기는 전기의 저항에 반비례, 두 점 사이의 전위차에 비례한다는 법칙이다.
- 독일 물리학자 옴이 발견한 법칙이다. 전류의 세기를 I, 전압의 크기를 V, 전기저항을 R이라 할 때, $V = I \cdot R$의 관계가 성립한다. 즉, 전류는 전압의 크기에 비례하고 저항에 반비례한다.

■ 운동의 법칙

- 뉴턴이 확립한 역학(力學)의 3대 법칙이다.

관성의 법칙 (뉴턴의 제1법칙)	외부의 힘이 가해지지 않는 한 정지되어 있는 물체는 계속 정지하고, 움직이는 물체는 계속 등속 직선 운동을 하는데 이를 정지관성, 운동관성이라 한다.
가속도의 법칙 (뉴턴의 제2법칙)	물체에 힘이 가해졌을 때 가속도의 크기는 힘의 크기에 비례하고, 질량에 반비례하며, 가속도의 방향은 힘의 방향과 일치한다.
작용 · 반작용의 법칙 (뉴턴의 제3법칙)	두 물체 간에 작용하는 힘은 늘 한 쌍으로 작용하며, 그 방향은 서로 반대이나 크기는 같다.

■ 플레밍의 법칙

- 플레밍이 발견한 자기장, 전류, 도선의 운동에 대한 법칙이다.
- 자기장에 놓인 전류가 흐르는 도선에 작용하는 힘과 자기장의 방향과의 관계를 나타내는 법칙으로 왼손의 법칙과 오른손의 법칙이 있다.
- 왼손법칙은 자기장 속에서 전류가 흐르는 도선이 자기장에 의해 힘을 받을 때, 그 힘의 방향을 알아내는 법칙이다.

- 오른손법칙은 자기장 속에서 도선에 힘을 가했을 때, 가해진 힘과 자기장에 의해 흐르는 전류의 방향을 알아내는 법칙이다.

■ 불산(Hydrofluoric Acid)

- 불화수소(HF)의 수용액으로 무색의 자극성 액체이다.
- 금속의 녹을 제거하거나 반도체 실리콘 웨이퍼의 불필요한 부분을 녹이는 데 탁월한 효능을 나타내므로 반도체 산업에 필수 화학물질로 사용된다. 피부에 닿으면 심각한 화상을 입힐 뿐만 아니라 상온에서 기체 상태로 존재하여 눈과 호흡기로 흡입할 경우 신체 마비나 호흡부전 등을 유발하기 때문에 취급에 각별한 주의가 필요하다.

■ 중 력

- 질량이 있는 모든 물체 사이에 상호 작용하는 힘이다.
- 중력의 크기(N) = 질량(kg) × 중력 가속도(m/s^2)
- 물체에 작용하는 중력의 크기를 무게라고 한다.

중력과 지구 시스템	중력과 생명 시스템
• 대류 현상이 일어난다. • 지표면 근처에 대기층이 형성된다. • 달과 지구 사이에 작용하는 중력은 밀물과 썰물 현상을 일으킨다.	• 식물의 뿌리가 중력을 받아 땅속으로 자란다. • 기린은 다른 동물에 비해 혈압이 높다.

■ 관성의 법칙

- 물체에 힘이 작용하지 않으면 정지해 있던 물체는 계속 정지해 있고, 운동하던 물체는 계속 등속 직선 운동을 한다.
- 관성의 사례
  - 버스가 갑자기 출발하면 승객이 뒤로 쏠린다.
  - 버스가 급정지하면 승객이 앞으로 쏠린다.
  - 달리기를 할 때 선수가 결승선에서 바로 멈추기가 어렵다.

■ 운동량과 충격량

- 운동량(p)은 운동하는 물체의 운동 효과를 나타내는 물리량이다.
- 운동량의 식은 질량(m)과 속도(v)의 곱으로 나타낸다($p = mv$).
- 물체가 받은 충격량은 운동량의 변화량과 같다.
- 충격량의 식은 물체에 작용한 힘(F)과 힘이 작용한 시간(Δt)의 곱으로 나타낸다($I = F\Delta t$).

- 물체가 받은 충격량은 운동량의 변화량과 같다.
- 힘-시간 그래프와 충격량 : 그래프 아랫부분의 넓이가 충격량을 나타낸다.

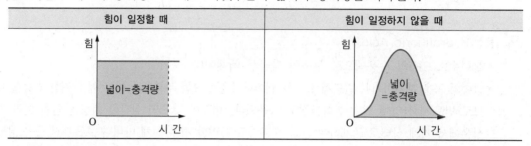

힘이 일정할 때	힘이 일정하지 않을 때
넓이=충격량	넓이=충격량

- 충돌과 안전장치
  - 자동차의 에어백은 충돌 시간을 길게 해줌으로써 탑승자가 받는 힘을 줄여준다.
  - 투수가 야구공을 받을 때 손을 뒤로 빼면서 받으면 받는 힘이 작아져 손에 충격을 줄여준다.
  - 놀이방 매트는 바닥에 넘어졌을 때 몸과 바닥과의 충돌 시간을 길게 해주어 아이가 받은 충격을 줄여준다.

■ 지구 시스템의 에너지원

태양 에너지	• 발생원인 : 태양의 수소 핵융합 반응 • 지구 시스템에서 자연 현상을 일으키는 근본적인 에너지원이다.
지구 내부 에너지	• 발생원인 : 지구 내부의 방사성 원소의 붕괴열 • 맨틀 대류를 일으켜 판을 움직인다.
조력 에너지	• 발생원인 : 달과 태양의 인력 • 밀물과 썰물을 일으켜 해안 생태계와 지형 변화에 영향을 준다.

■ 지권의 구성

지 각	• 지구의 겉 부분으로, 대륙 지각과 해양 지각으로 구분한다. • 규산염 물질로 이루어져 있다.
맨 틀	• 지권 전체 부피의 약 80%를 차지한다. • 고체 상태이지만 일부는 유동성이 있어 대류가 일어난다.
핵	• 액체 상태인 외핵과 고체 상태인 내핵으로 이루어져 있다. • 주로 철과 니켈 등 무거운 물질로 이루어져 있어 밀도가 크다. • 외핵에서 철과 니켈의 대류로 지구 자기장이 형성된다.

■ 기권의 구성

열 권	• 높이 올라갈수록 기온이 상승한다. • 공기가 매우 희박하여 낮과 밤의 기온 차가 매우 크다. • 고위도의 상공에서 오로라가 관측된다.
중간권	• 높이 올라갈수록 기온이 하강한다. → 대류가 일어난다. • 수증기가 거의 없어 기상 현상이 나타나지 않는다.
성층권	• 높이 올라갈수록 기온이 상승한다. → 오존이 태양의 자외선을 흡수하기 때문이다. • 높이 약 20~30km에 오존층이 존재한다.
대류권	• 높이 올라갈수록 기온이 하강한다. → 대류가 일어난다. • 수증기가 존재하고 대류가 일어나므로 구름, 비, 눈 등의 기상 현상이 나타난다.

■ 해수의 층상 구조

혼합층	• 태양 복사 에너지를 흡수하여 수온이 높다. • 바람의 혼합 작용으로 인해 깊이에 따른 수온이 거의 일정하다.
수온 약층	• 깊이가 깊어질수록 수온이 급격히 낮아진다. • 매우 안정한 층이며, 혼합층과 심해층 사이의 물질과 에너지 교환을 차단한다.
심해층	• 태양 복사 에너지가 거의 도달하지 못하여 수온이 매우 낮다. • 계절이나 깊이에 따른 수온 변화가 거의 없다.

■ 생물권

• 지구에 살고 있는 모든 생명체를 뜻한다.
• 유기 화합물로 이루어진 생물체는 탄소, 수소, 질소, 산소, 인, 황 등으로 구성된다.
• 지권, 기권, 수권에 걸쳐 분포한다.

■ 화산 활동

• 마그마가 지각의 약한 부분을 뚫고 나와 화산 분출물을 방출한다.
• 화산 피해 사례
  – 용암으로 인명 및 재산 피해가 발생한다.
  – 용암으로 인해 지형의 변화가 생기며, 산사태가 발생한다. → 지권에 영향 줌
  – 화산 기체로 인한 산성비 및 토양의 산성화가 일어난다. → 지권에 영향 줌
  – 화산재가 햇빛을 가려 기온 하강이 일어난다. → 기권에 영향 줌
  – 화산재에 의한 항공기 운항 방해로 경제적·사회적 피해가 발생한다.

■ 지 진

- 지층에 축적된 에너지가 방출되면서 진동이 일어난다.
- 지진 피해 사례
  - 지표면이 갈라지면서 도로 및 건물 붕괴가 일어나며, 산사태가 발생한다. → 지권에 영향 줌
  - 지진 해일(쓰나미)가 발생한다. → 수권에 영향 줌
  - 가스관 파괴로 인한 가스 누출 등 환경적·경제적·사회적 피해가 발생한다.

■ 생명 시스템의 구성 단계

- 생명 시스템은 세포, 조직, 기관 등의 구성 요소가 상호 작용을 통해 다양한 생명 활동을 수행하는 시스템이다.
- 생명 시스템의 구성

세 포	생명 시스템을 구성하는 구조적·기능적 단위이다.
조 직	모양과 기능이 비슷한 세포들의 모임이다.
기 관	여러 조직이 모여 고유한 형태와 기능을 나타내는 것이다.
개 체	독립된 구조와 기능을 가진 하나의 생명체이다.

■ 세포의 구조와 기능

핵	• 세포에서 가장 큰 세포 소기관이다. • 핵막으로 둘러싸여 있으며, 유전 정보를 저장하고 있는 DNA가 있어 세포의 생명 활동을 조절한다.
리보솜	DNA의 유전 정보에 따라 단백질이 합성되는 장소이다.
소포체	• 막으로 둘러싸인 납작한 주머니 모양으로, 핵막과 연결되어 있다. • 리보솜에서 합성된 단백질을 골지체나 세포의 다른 부위로 운반하거나 지질을 합성한다.
골지체	소포체를 통해 전달된 단백질, 지질 등을 저장했다가 막으로 싸서 분비한다.
미토콘드리아	세포 호흡이 일어나는 장소로, 유기물을 산화시켜 세포가 생명 활동을 하는 데 필요한 에너지를 생산한다.
엽록체	광합성이 일어나는 장소로, 이산화탄소와 물을 원료로 포도당을 합성한다.
액 포	물, 색소, 노폐물 등을 저장하며, 성숙한 식물 세포일수록 크기가 크다.
세포막	세포를 둘러싸는 막으로, 세포 안팎으로 물질이 출입하는 것을 조절한다.
세포벽	식물 세포의 세포막 바깥에 있는 단단한 구조물로, 세포를 보호하고 모양을 유지한다.

■ 세포막

- 세포막은 세포의 형태를 유지하는 얇은 막으로, 인지질 2중층에 막단백질이 군데군데 박혀 있다.
- 세포막의 구조

인지질	인산과 지방산으로 구분한다. • 인산은 인지질의 머리 부분으로 친수성이다. • 지방산은 인지질의 꼬리 부분으로 소수성이다. • 친수성인 머리 부분이 물과 접한 바깥쪽을 향하고, 소수성인 꼬리 부분이 서로 마주 보여 배열하여 인지질 2중층을 형성한다.
단백질	외부 신호를 받아들이거나 물질을 선택적으로 투과시킨다. • 인지질층이 유동성이 있어 막단백질의 위치 이동이 가능하다.

- 세포막을 통한 물질 이동
  - 확산 : 세포막을 경계로 용질의 농도가 높은 쪽에서 낮은 쪽으로 물질이 이동한다(확산은 물질의 농도 차에 따라 스스로 퍼져 나가는 것이므로 에너지의 소모가 일어나지 않는다).
  - 삼투 : 세포막을 경계로 용질의 농도가 낮은 용액에서 높은 용액으로 물이 이동하는 현상이다(삼투는 확산의 일종으로, 에너지 소모가 일어나지 않는다).

■ 물질대사

- 물질대사는 생명체 내에서 일어나는 모든 화학 반응으로, 생체 촉매(효소)가 관여한다.
- 물질대사는 물질을 합성하는 동화 작용과 물질을 분해하는 이화 작용으로 구분된다.

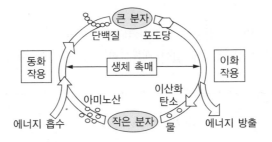

■ 효 소

- 효소는 생명체에서 합성되어 물질대사를 촉진하는 물질이다.
- 효소의 기능은 활성화 에너지를 낮추어 화학 반응의 반응 속도를 증가시킨다.
- 한 종류의 효소는 한 종류의 반응물(기질)에만 작용한다.
- 효소는 반응 전후 변하지 않으므로 재사용된다.
- 효소는 생명체 밖에서도 작용할 수 있으므로 다양하게 활용되고 있다(예 발효 식품, 의약품 등).

■ 유전자와 단백질

- 유전자는 유전 정보가 저장된 DNA의 특정 부위이다.
- 유전자에 저장된 유전 정보에 따라 다양한 단백질이 합성되고, 이 단백질에 의해 다양한 형질이 나타난다.
- 생명 중심 원리 : 세포에서 유전 정보가 DNA에서 RNA를 거쳐 단백질로 전달된다.
- 유전 정보는 유전자를 이루는 DNA 염기 서열에 저장되어 있다.
- 유전 정보의 전달

| 전 사 | DNA 한쪽 가닥에 상보적인 염기 서열을 가진 RNA가 합성된다. |
| 번 역 | 전사된 RNA의 유전 정보에 따라 세포질에서 단백질이 합성된다. |

■ 산화 환원 반응

- 어떤 물질이 산소를 얻거나 전자를 잃고 산화되면 다른 물질은 산소를 잃거나 전자를 얻어 환원된다.
  → 산화와 환원은 항상 동시에 일어난다(산화 환원 반응의 동시성).
- 산화와 환원

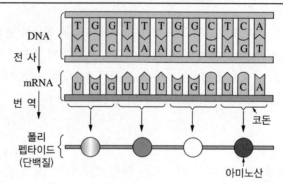

구 분	산 화	환 원
	물질이 산소를 얻음 $C + O_2 \rightarrow CO_2$	물질이 산소를 잃음 $2CuO \rightarrow 2Cu + O_2$
산소의 이동	산 화 $2CuO + C \rightarrow 2Cu + CO_2$ 산화 구리 탄소 구리 이산화탄소 (Ⅱ) 환 원	
	물질이 전자를 잃음 $Mg \rightarrow Mg^{2+} + 2\ominus$	물질이 전자를 얻음 $Cu^{2+} + 2\ominus \rightarrow Cu$
전자의 이동	산 화 $Mg + Cu^{2+} \rightarrow Mg^{2+} + Cu$ 마그네슘 구리 마그네슘 구리 이온 이온 환 원	

■ 광합성과 호흡

구 분	의 미	반응식
광합성	식물의 엽록체에서 빛에너지를 이용하여 이산화탄소와 물로 포도당과 산소를 만드는 반응이다.	$6CO_2 + 6H_2O \xrightarrow{\text{[빛에너지]}} C_6H_{12}O_6 + 6O_2$ 이산화탄소 　 물 　　　　 포도당 　 산 소
호 흡	미토콘드리아에서 포도당과 산소가 반응하여 이산화 탄소와 물이 생성되고, 에너지가 발생하는 반응이다.	$C_6H_{12}O_6 + 6O_2 \rightarrow 6CO_2 + 6H_2O$ 포도당 　 산 소 　 이산화탄소 　 물

■ 산

- 물에 녹아 수소 이온(H^+)을 내놓는 물질이다(예 염산(HCl), 황산(H_2SO_4), 아세트산(CH_3COOH), 탄산(H_2CO_3), 질산(HNO_3) 등).

> 산의 이온화
> - $HCl \rightarrow H^+ + Cl^-$
> - $H_2SO_4 \rightarrow 2H^+ + SO_4^{2-}$

- 산의 공통적인 성질은 수소 이온(H^+) 때문에 나타난다.
- 산의 성질(산성)
  - 신맛이 난다(예 과일, 식초, 탄산음료, 김치, 해열제 등).
  - 수용액에서 전류가 흐른다.
  - 금속과 반응하여 수소 기체를 발생시키고, 달걀 껍데기와 반응하여 이산화탄소 기체를 발생시킨다.
  - 푸른색 리트머스 종이를 붉게 변화시킨다.
  - 페놀프탈레인 용액의 색을 변화시키지 않는다.

■ 염 기

- 물에 녹아 수산화 이온(OH-)을 내놓는 물질이다(예 수산화 나트륨($NaOH$), 수산화 칼륨(KOH), 암모니아(NH_3), 수산화 칼슘($Ca(OH)_2$), 수산화 바륨($Ba(OH)_2$), 수산화 마그네슘($Mg(OH)_2$) 등).

> 염기의 이온화
> - $NaOH \rightarrow Na^+ + OH^-$
> - $Ca(OH)_2 \rightarrow Ca^{2+} + 2OH^-$

- 염기의 공통적인 성질은 수산화 이온(OH^-) 때문에 나타난다.
- 염기의 성질(염기성)
  - 쓴맛이 난다(예 비누, 하수구 세정제, 제산제, 치약 등).
  - 수용액에서 전류가 흐른다.
  - 금속이나 달걀 껍데기와 반응하지 않는다.
  - 단백질을 녹이는 성질이 있어 손으로 만지면 미끈거린다.

- 붉은색 리트머스 종이를 푸르게 변화시킨다.
- 페놀프탈레인 용액을 붉게 변화시킨다.

■ 지시약과 pH

• 지시약 : 용액의 액성(예 산성, 중성, 염기성)을 구별하기 위해 사용하는 물질이다.

구 분	산 성	중 성	염기성
리트머스 종이	푸른색 → 붉은색	–	붉은색 → 푸른색
페놀프탈레인 용액	무 색	무 색	붉은색
메틸 오렌지 용액	붉은색	노란색	노란색
BTB 용액	노란색	초록색	파란색

• pH : 수용액에 들어 있는 수소 이온(H^+)의 농도를 숫자로 나타낸 것으로, 0~14 사이의 값을 갖는다. pH가 작을수록 산성이 강하고, pH가 클수록 염기성이 강하다(예 pH < 7 → 산성, pH = 7 → 중성, pH > 7 → 염기성).

■ 중화 반응

• 산과 염기가 반응하여 물이 생성되는 반응이다.
• 산의 H^+과 염기의 OH^-이 1 : 1의 개수비로 반응하여 물(H_2O)을 생성한다.

$$H^+ + OH^- \rightarrow H_2O$$

• 중화점 : 산의 H^+과 염기의 OH^-이 모두 반응하여 중화 반응이 완결된 지점이며, 이 지점이 용액의 온도 변화가 가장 높다.
• 중화열 : 중화 반응이 일어날 때 발생하는 열 → 반응하는 수소 이온(H^+)과 수산화 이온(OH^-)의 수가 많을수록 중화열이 많이 발생한다.
• 일상 속 중화반응의 예
  - 생선구이에 산성 물질인 레몬 즙을 뿌려 비린내의 원인인 염기성 물질을 중화한다.
  - 위산 과다 분비로 속이 쓰릴 때 염기성 성분인 제산제를 먹어 위산을 중화한다.
  - 산성화된 토양에 염기성 물질인 석회 가루를 뿌린다.

■ 표준화석과 시상화석

	표준화석	시상화석
특 징	• 지층의 생성 시대를 알려준다. • 생존 기간이 짧고, 분포 면적은 넓다.	• 지층의 생성 환경을 알려준다. • 생존 기간이 길고, 분포 면적이 좁다.
예	• 고생대 : 삼엽충, 방추충, 갑주어 • 중생대 : 암모나이트, 공룡 • 신생대 : 화폐석, 매머드	• 고사리 : 따뜻하고 습한 육지 • 산호 : 따뜻하고 얕은 바다 • 조개 : 얕은 바다나 갯벌

■ 지질 시대의 구분

선캄브리아대	• 남세균의 광합성 증가로 대기 중 산소량 증가 • 단세포 생물, 원시 해조류, 다세포 생물 등 출현 • 스트로마톨라이트, 에디아카라 동물군 화석(발견되는 화석이 적음)
고생대	• 온난한 기후, 오존층 형성 • 초기에 다양한 생물 출현 • 오존층이 두꺼워져 최초의 육상 생물 출현 • 삼엽충, 방추충, 어류(갑주어 등), 곤충류, 양서류, 양치식물 번성 • 말기에 판게아, 빙하기 형성 • 말기에 생물의 대멸종(판게아 형성, 빙하기 등을 원인으로 추정)
중생대	• 전반적으로 온난한 기후 • 암모나이트, 공룡, 겉씨식물 번성, 시조새 출현 • 판게아가 분리되며, 대서양과 인도양 형성 • 말기에 생물의 대멸종(운석 충돌, 화산 폭발 등을 원인으로 추정)
신생대	• 4번의 빙하기, 3번의 간빙기 • 현재와 비슷한 수륙분포 형성 • 화폐석, 포유류, 속씨식물 번성, 최초의 인류 출현

■ 진화와 변이

• 진화 : 생물의 오랫동안 여러 세대를 거치면서 환경에 적응하여 변화하는 현상이다.

• 변이 : 같은 종의 개체 사이에 나타나는 형질의 차이를 말한다.

유전적 변이	개체가 가진 유전자의 차이로 나타난다. → 형질이 자손에게 유전되며, 진화의 원동력이 된다. 유전적 변이의 원인 : 돌연변이, 생식세포의 다양한 조합 등이 있다.
비유전적 변이	환경의 영향으로 나타난다. → 형질이 자손에게 유전되지 않는다.

■ 자연 선택설(다윈)

- 다양한 변이를 가진 개체들 중 환경에 잘 적응한 개체가 자연 선택되는 과정을 반복하여 생물이 진화한다는 학설이다.
- 자연 선택설의 진화과정 : 과잉 생산과 변이 → 생존 경쟁 → 자연 선택 → 진화
- 한계 : 유전자의 역할이 밝혀지기 전이였기 때문에 변이가 나타나는 원인과 부모의 형질이 자손에게 유전되는 원리를 명확히 설명하지 못하였다.

■ 생물 다양성

- 일정한 생태계에 존재하는 생물의 다양한 정도를 의미하며, 유전적 다양성, 종 다양성, 생태계 다양성을 모두 포함한다.
  - 유전적 다양성 : 같은 생물종이라도 서로 다른 유전자를 가지고 있어 다양한 형질이 나타나는 것을 의미한다.
  - 종 다양성 : 일정한 지역에 얼마나 많은 생물종이 고르게 분포하며 살고 있는지를 의미한다.
  - 생태계 다양성 : 생태계의 종류에 따라 환경이 다르므로 환경과 상호 작용을 하며 서식하는 생물종과 개체 수가 다르다.
- 생물 다양성의 감소 원인은 서식지의 파괴 및 단편화, 야생 동식물 불법 포획과 남획, 외래종의 도입, 환경오염 등이 있다.

■ 생물자원

- 인간의 생활과 생산 활동에 이용될 가치가 있는 생물을 생물자원이라고 하며, 생물 다양성이 높을수록 생물자원이 풍부해진다.
- 생물자원의 예
  - 목화, 누에 등은 의복의 원료로 이용된다.
  - 벼, 옥수수, 콩, 사과 등은 식량으로 이용된다.
  - 나무 등은 주택의 재료로 이용된다.
  - 주목의 열매에서 항암제의 원료를 얻는다.
  - 버드나무 껍질에서 아스피린의 원료를 얻는다.
  - 휴식 장소, 생태 관광 장소 등을 제공한다.

■ 생태계의 구성요소

- 생물적 요인

생산자	광합성을 통해 스스로 양분을 만드는 생물이다(예 식물 플랑크톤, 식물).
소비자	생산자나 다른 동물을 섭취하여 양분을 얻는 생물이다(예 동물 플랑크톤, 초식 동물, 육식 동물).
분해자	죽은 생물이나 배설물을 분해하여 양분을 얻는 생물이다(예 세균, 버섯, 곰팡이).

- 비생물적 요인 : 생물을 둘러싸고 있는 환경 요인이다(예 빛, 온도, 물, 토양, 공기 등).

■ 생물과 환경

- 빛의 세기와 파장, 일조 시간 등은 생물의 형태나 생활 방식에 영향을 준다.
- 생물의 생명 활동은 온도의 영향을 받는다.
- 물은 생명 유지에 반드시 필요하므로 생물은 몸속 수분을 보존하기 위해 다양한 방법으로 적응하였다.
- 토양은 많은 생물에 삶의 터전을 제공하고, 토양의 무기염류, 공기, 수분 함량 등은 생물의 생활에 영향을 준다.
- 공기는 생물은 서로 영향을 주고받는다.
- 인간은 환경과 상호 작용을 하며 살아가며, 생태계를 구성하는 구성 요소이기도 하므로 생태계를 보전하는 것은 인간의 생존을 위해서도 중요하다.

■ 먹이관계와 생태 피라미드

먹이 사슬	생산자로부터 최종 소비자까지 먹고 먹히는 관계를 사슬 모양으로 나타낸 것이다.
먹이 그물	여러 개의 먹이 사슬이 복잡하여 얽혀 그물처럼 나타나는 것이다.
생태 피라미드	안정된 생태계에서는 개체 수, 생물량, 에너지양이 상위 영양 단계로 갈수록 감소하는 피라미드 형태를 나타낸다.

■ 생태계 평형

- 생태계를 구성하는 생물의 종류와 개체 수, 물질의 양, 에너지 흐름 등이 안정된 상태를 유지하는 것으로, 먹이 그물이 복잡할수록 생태계 평형이 잘 유지된다.
- 안정된 생태계는 환경이 변해 일시적으로 생태계 평형이 깨지더라도 시간이 지나면 다시 생태계 평형 상태가 된다.
- 생태계 평형을 깨뜨리는 요인 : 자연재해(예 홍수, 지진, 산사태 등), 인간 활동(예 무분별한 벌목, 경작지 개발, 도시화, 대기 오염, 수질 오염 등)
- 생태계 보전 노력
  - 멸종 위치에 처한 생물을 천연기념물로 지정한다.
  - 서식지를 연결하는 생태 통로를 설치한다.

- 하천 복원 사업을 실시한다.
- 도시에 옥상 정원 및 숲을 조성한다.
- 생태적으로 보전 가치가 있는 장소를 국립공원으로 지정한다.

■ 지구 온난화

지구온난화	대기 중 온실 기체의 양이 증가하여 지구의 평균 기온이 상승하는 현상
발생원인	화석 연료의 사용량 증가로 인한 대기 중 이산화탄소의 농도 증가(주요 원인), 지나친 삼림 벌채, 과도한 가축 사육 등으로 인한 대기 중 온실 기체의 양이 증가
영 향	강수량과 증발량의 변화에 의한 기상 이변, 빙하의 융해로 인한 해수면 상승, 육지 면적 감소, 생태계 변화에 의한 생물 다양성 감소 등
대 책	화석 연료 사용 억제, 신재생 에너지 개발, 국가 간 협약 체결 등

■ 대기 대순환

- 위도별 에너지 불균형과 지구의 자전에 의해 발생한다.
- 적도의 따뜻한 공기는 상승하여 고위도로 이동하고, 극의 찬 공기는 하강하여 저위도로 이동하며, 지구 자전의 영향을 받아 3개의 순환 세포를 형성한다.
  - 적도~30℃ : 무역풍이 분다.
  - 위도 30℃~60℃ : 편서풍이 분다.
  - 위도 60℃~90℃ : 극동풍이 분다.
- 저위도에서 고위도로 열에너지 수송한다. → 에너지 불균형 해소

■ 해수의 표층 순환

- 해수면 위에서 지속적으로 부는 바람이 발생원인이다.
- 대기 대순환의 바람에 의해 동서 방향의 표층 해류 발생, 동서 방향으로 흐르던 표층 해류가 대륙에 의해 막히면 남북 방향으로 흐르면서 표층 순환한다.
- 해류의 흐름
  - 무역풍대 : 동 → 서(예 북적도 해류, 남적도 해류)
  - 편서풍대 : 서 → 동(예 북태평양 해류, 북대서양 해류, 남극순환 해류)
  - 난류 : 저위도 → 고위도(예 쿠로시오 해류, 멕시코 만류 등)
  - 한류 : 고위도 → 저위도(예 캘리포니아 해류, 카나리아 해류 등)
- 저위도에서 고위도로 열에너지 수송 → 에너지 불균형 해소

■ 사막화

사막화	사막 주변 지역의 토지가 황폐해져 사막이 점차 넓어지는 현상
발생원인	• 자연적 원인 : 대기 대순환의 변화(강수량 감소, 증발량 증가) • 인위적 원인 : 과잉 경작, 과잉 방목, 무분별한 삼림 벌채 등
피 해	황사 발생 빈도 증가, 작물 수확량 감소로 인한 식량 부족 등
대 책	삼림 벌채 최소화, 숲 면적 늘리기 등

■ 엘리뇨

엘리뇨		적도 부근 동태평양 해역의 표층 수온이 평년보다 높은 상태로 지속되는 현상
발생원인		대기 대순환의 변화로 표층 해수의 흐름이 영향 받아 발생 → 무역풍이 평상시보다 약화되어 적도 부근의 따뜻한 해수가 동쪽으로 이동
피 해	적도 부근 동태평양	수온 상승, 어획량 감소, 강수량 증가, 홍수 발생
	적도 부근 서태평양	수온 하강, 강수량 감소, 가뭄 발생

■ 라니냐

라니냐		엘리뇨와 반대로, 적도 부근 동태평양 해역의 표층 수온이 평년보다 낮은 상태로 지속되는 현상
발생원인		대기 대순환의 변화로 표층 해수의 흐름이 영향 받아 발생 → 무역풍이 평상시보다 강화되어 따뜻한 해수가 서쪽으로 이동
피 해	적도 부근 동태평양	수온 하강, 강수량 감소, 가뭄 발생
	적도 부근 서태평양	수온 상승, 강수량 증가, 홍수 발생

■ 에너지

역학적 에너지	운동 에너지	운동하는 물체가 가지는 에너지
	위치 에너지	높은 곳에 있는 물체가 가지는 에너지
열에너지		물체의 온도를 변화시키는 에너지
화학 에너지		화학 결합에 의해 물질 속에 저장된 에너지
전기 에너지		전하의 이동에 의해 발생하는 에너지
핵에너지	핵융합에너지	원자핵이 합쳐지면서 발생하는 에너지
	핵분열에너지	원자핵이 분열하면서 발생하는 에너지(원자력 발전)
파동 에너지	소리에너지	공기의 진동으로 전달되는 에너지
	빛에너지	빛의 형태로 전달되는 에너지

■ 에너지의 전환

- 한 형태의 에너지가 다른 형태의 에너지로 전환되는 것이다.

자연에서의 에너지 전환	• 빛에너지 → 화학에너지 : 광합성 • 전기에너지 → 빛에너지 : 번개 • 열에너지 → 운동에너지 : 태풍 • 지구 내부 에너지 → 역학적 에너지 : 화산 폭발
일상생활에서의 에너지 전환	• 역학적 에너지 → 전기 에너지 : 수력 발전 • 핵에너지 → 전기 에너지 : 원자력 발전 • 전기 에너지 → 운동 에너지 : 세탁기, 선풍기 • 전기 에너지 → 소리 에너지 : 스피커

■ 에너지 보존 법칙

에너지는 여러 가지 형태로 전환될 수 있지만, 새로 생기거나 소멸되지 않으며 전체 양은 항상 일정하게 보존된다.

■ 에너지 효율

- 공급한 에너지 중에서 유용하게 사용된 에너지의 비율(%)을 말한다.
- 에너지 효율(%) = $\dfrac{\text{유용하게 사용된 에너지의 양}}{\text{공급한 에너지의 양}} \times 100$
- 효율적인 에너지 이용한 예 : 하이브리드 자동차, 단열 자재를 이용한 에너지 제로 하우스, LED 전구 등이 있다.

■ 전자기 유도

전자기 유도	코일 근처에서 자석을 움직이거나 자석 근처에서 코일을 움직일 때 코일에 전류가 흐르는 현상이다.
유도 전류	• 전자기 유도에 의해 발생하는 전류를 말한다. • 자석의 세기가 셀수록, 자석을 빠르게 움직일수록, 코일의 감은 수가 많을수록 유도 전류의 세기가 세다.
유도 기전력	전자기 유도에 의해 코일에 생기는 전압으로, 유도 기전력이 클수록 코일에 유도 전류가 많이 흐른다.

■ 발전기

발전기	전자기 유도를 이용하여 전기 에너지를 생산하는 장치이다.
발전기의 원리	자석 사이에서 코일을 회전시키면 코일을 통과하는 자기장이 변하여 전자기 유도에 의해 코일에 유도 전류가 흐른다.
발전기의 에너지 전환	코일의 운동 에너지가 전기 에너지로 전환된다.

■ 전력 수송

- 전력 : 단위 시간 동안 생산 또는 사용한 전기 에너지로, 전압과 전류의 곱과 같다.

$$\text{전력} = \frac{\text{전기 에너지}}{\text{시 간}} = \text{전압} \times \text{전류}$$

- 전류 수송과정 : 발전소에서 생산한 전기 에너지는 초고압 변전소에서 전압을 높여 송전되고, 1, 2차 변전소를 거쳐 전압을 낮춘 후 최종적으로 주상 변압기를 거쳐 가정으로 공급된다.

■ 손실 전력과 변압

- 손실 전력은 송전 과정에서 송전선의 저항에 의해 전기 에너지의 일부가 열에너지로 전환되어 손실되는 전력이다.

$$\text{손실 전력} = (\text{전류})^2 \times \text{저항}$$

- 손실 전력을 줄이는 방법

  - 송전 전압을 높게 한다. → 송전 전력이 일정할 때, 전압을 n배 높이면 전류는 $\frac{1}{n}$이 되므로 손실 전력은 $\frac{1}{n^2}$배가 된다.

  - 송전선의 저항을 작게 한다. → 저항이 작은 송전선을 사용하거나, 굵기가 굵은 송전선을 사용한다.

■ 변압기

- 송전 과정에서 전압을 변화시키는 장치로, 1차 코일과 2차 코일의 감은 수를 조절하여 전압을 변화시킨다.
- 에너지 손실이 없을 때 1차 코일과 2차 코일의 전력은 같다($P_1 = P_2$이므로 $V_1 I_1 = V_2 I_2$).
- 전압은 코일의 감은 수에 비례하고, 전류의 세기는 코일의 감은 수에 반비례한다$\left(\frac{V_1}{V_2} = \frac{I_2}{I_1} = \frac{N_1}{N_2}\right)$.

■ 태양 에너지

- 태양 중심부에서 일어나는 수소 핵융합 반응을 통해 생성된다.
- 수소 원자핵 4개가 융합하여 헬륨 원자핵 1개로 변하는 수소 핵융합 반응에서 질량이 감소하는데, 이 감소한 질량에 해당하는 에너지가 태양 에너지이다.

■ 태양 에너지의 순환

- 광합성을 통해 화학 에너지 형태로 저장된다. → 생명체의 에너지원
- 동식물에 화학 에너지 형태로 축적된다. → 화석 연료(석탄, 석유, 천연가스 등)
- 대기, 해양, 지표에 흡수된다. → 대기와 해수의 순환, 기상 현상을 일으킨다.

■ 화석 연료

- 동식물의 유해가 지각에 매몰되어 오랜 시간 동안 고온·고압을 받아 형성된 에너지 자원
- 화석 연료의 종류

석 탄	고생대의 고사리류 식물이 퇴적되어 고온·고압에 변성
석 유	주로 중생대의 공룡이 퇴적되어 고온·고압에 변성
천연가스	바다나 호수 속의 플랑크톤이나 동물이 퇴적하여 고온·고압에 의해 변성

■ 핵발전에너지

- 원자로 안에서 우라늄을 핵분열시켜 발생하는 열로 물을 끓여 수증기로 터빈을 돌린다. 터빈의 회전으로 전기를 생산한다.
- 장·단점

장 점	• 이산화탄소를 거의 배출하지 않아 화력 발전을 대체할 수 있다. • 에너지 효율이 높다.
단 점	• 방사능 누출에 대비해야 한다. • 자원 매장량이 한정되어 있다. • 건설비가 많이 들고, 폐기물 처리가 어렵다.

■ 신에너지

수소에너지	• 수소를 분리하여 에너지로 이용한다. • 수소를 생산하는 데 많은 에너지가 필요하다. • 폭발 위험성이 있어 저장 및 운반에 고도의 기술이 필요하다.
연료 전지	• 수소와 산소의 산화·환원 반응을 통한 화학에너지를 전기에너지로 전환해 사용한다. • 우주선, 자동차, 컴퓨터 등의 에너지원으로 사용된다. • 수소를 생산하는 비용이 비싸며, 연료 전지의 변질이나 변형이 우려된다.
석탄 액화·가스화	• 석탄은 석유에 비해 매장량에 여유가 있다. • 석탄을 액체화시키거나 가스화시켜 터빈을 돌려 에너지를 생산한다. • 설치 면적이 넓어 건설비가 많이 들고 대기 오염 물질을 발생시킨다.

■ 재생에너지

태양에너지	• 태양의 빛에너지(태양광)나 열에너지(태양열)를 이용한다. • 태양광 : 태양 전지판을 이용하여 태양의 빛에너지를 전기에너지로 직접 변환한다. 태양 전지, 태양광 발전 등에서 이용된다. • 태양열 : 태양열로 물을 데워 증기로 터빈을 돌리거나, 태양열을 난방에 이용한다. • 초기 시설 설치비가 많이 들고, 계절에 따른 영향을 받는다.
풍력에너지	• 바람의 운동에너지를 이용하여 풍력 발전기를 돌려 전기를 얻는다. • 넓은 면적이 필요하지 않아 국토 활용 효율을 높일 수 있다. • 환경에 따라 발전량의 차이가 나고, 소음이 발생할 수 있다.
바이오에너지	• 생물 유기체를 가스, 액체 혹은 고체 연료로 변환하거나 연소시켜 에너지를 얻는다. • 기존 화석 연료 기반 시설을 그대로 이용하면서도 에너지 효율이 높다. • 곡물의 가격 상승 및 산림 훼손, 연소 시 이산화탄소를 배출한다.
해양에너지	• 해수면의 높이 차, 파도, 해류, 밀물과 썰물의 흐름 등을 이용하여 전기를 생산한다(조력 발전, 파력 발전). • 설치 장소가 제한적이며, 해양 생태계에 혼란을 줄 수 있다. • 건설 비용이 많이 들고, 조류의 세기가 일정하지 않으므로 에너지의 생산량 또한 일정하지 않다.
지열에너지	• 지하수 및 지구 내부의 열에너지를 이용하여 전기에너지를 생산한다. • 좁은 면적에 설비·설치가 가능하며, 날씨의 영향을 받지 않는다. • 설치 장소에 제한이 있으며, 설치비용이 많이 들고 정기적인 보수를 요구한다.
수력에너지	• 물의 위치에너지를 이용하여 전기에너지를 얻는다. • 발전 비용이 적게 든다. • 건설비가 많이 들고, 설치 장소가 제한적이며 댐 건설에 의해 생태계가 파괴될 수 있다.
폐기물에너지	• 가연성 폐기물의 소각 과정에서 발생하는 열에너지를 얻는다. • 버려진 폐기물을 사용하는 것으로 재생에너지의 좋은 예이다. • 폐기물의 종류에 따라 온실 가스와 대기 오염 물질을 생성할 수 있다.

04 적중예상문제

01 그림은 원자와 원자를 구성하는 입자들을 모형으로 나타낸 것이다. 다음 중 크기가 가장 작은 것은?

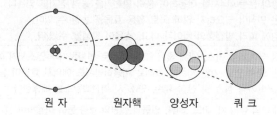

원 자   원자핵   양성자   쿼 크

① 원 자
② 쿼 크
③ 양성자
④ 원자핵

해설 원자핵 속에 있는 양성자 내 쿼크는 원자핵의 크기의 10만분의 1로, 원자핵 내부도 거의 텅텅 빈 공간이다.

02 태양계의 특징으로 옳지 않은 것은?

① 행성들의 나이가 비슷하다.
② 행성들의 대기의 구성 성분이 같다.
③ 행성들의 공전 궤도면이 거의 같다.
④ 태양의 자전 방향과 행성의 공전 방향이 같다.

해설 성운설에 의해 생성된 태양과 행성들은 나이가 비슷하다. 태양계 생성 당시 회전하는 원반에서 생성되었기 때문에 태양의 자전 방향과 행성의 공전 방향은 같고, 공전 궤도면이 거의 일치한다. 대기 성분의 경우, 생성 당시 온도와 행성의 질량 등에 따라 달라진다.

03 주기에 대한 설명으로 옳지 않은 것은?

① 1~7주기까지 있다.
② 주기는 전자껍질수와 같다.
③ 같은 주기 원소는 같은 수의 껍질을 가진다.
④ 2주기 원소의 최외각 전자껍질에 최대 전자수는 2이다.

해설 주기는 1~7주기까지 있으며, 같은 주기 원소끼리는 전자껍질수가 같다. 2주기 원소는 최외각 전자껍질(두 번째 전자껍질)에 최대 8개의 전자를 갖는다.

04 비금속 원소에 대한 설명으로 옳은 것은?

① 양이온이 되기 쉽다.
② 주기율표의 오른쪽 부분에 위치한다.
③ 열과 전기가 잘 통한다.
④ 상온에서 대부분 액체 상태이다.

해설 비금속 원소는 음이온이 되기 쉬우며, 열과 전기가 잘 통하지 않는다. 그리고 상온에서 대부분 기체나 고체 상태이다.

05 공유 결합에 대한 설명으로 옳지 않은 것은?

① 결합의 수가 많을수록 결합의 세기가 세다.
② 전자쌍 수에 따라 단일 결합, 2중 결합 등으로 나뉠 수 있다.
③ 수소는 전자쌍 2개를 공유하는 2중 결합을 한다.
④ 비금속 원자들이 서로 전자를 내놓아 전자쌍을 이루는 것이다.

해설 ③ 수소는 전자쌍 1개를 공유하는 단일 결합을 한다(H-H).

06 ( ) 안에 들어갈 숫자로 옳은 것은?

> 탄소는 원자가 전자가 ( )개이므로, 여러 종류의 원소와 결합하여 다양한 탄소 화합물을 만들 수 있다.

① 1   ② 2
③ 3   ④ 4

해설 탄소는 주기율표의 14족 원소로, 원자가 전자가 4개이다. 따라서 최대 4개의 원자와 결합이 가능하며, 다양한 종류의 원자와 결합할 수 있다.

07 핵산의 구성 단위체로 옳은 것은?

① 포도당
② 아미노산
③ 지방산
④ 뉴클레오타이드

해설 핵산의 단위체는 뉴클레오타이드이며, 인산, 당, 염기가 1 : 1 : 1로 결합되어 있다.

08 다음 (가)와 (나)에 들어갈 용어를 옳게 나타낸 것은?

특정 온도 이하에서 전기 저항이 0이 되는 물질을 ((가))라고 하며, 이때의 온도를 ((나))라고 한다.

(가)	(나)
① 반도체	임계온도
② 반도체	절대온도
③ 초전도체	임계온도
④ 초전도체	절대온도

해설 특정 온도 이하에서 전기 저항이 0이 되는 물질을 초전도체라고 하며, 이때의 온도를 임계온도라고 한다.

09 초전도체의 마이스너 특성을 이용한 것은?

① 증폭기
② 인공 관절
③ 항공기 동체
④ 자기 부상 열차

해설 초전도체의 마이스너 효과는 전류가 흐를 때 강한 자기장의 발생으로 물체를 띄우는 현상이다. 증폭기는 반도체를 이용한 것이고, 인공 관절은 고기능성 고분자 물질 중 생체 적합성 고분자 물질을 이용한 것이다. 항공기 동체는 탄소 나노 튜브의 가볍고 강도가 높은 특성을 이용한 것이다.

10 다음에서 설명하는 신소재는?

> • 탄소 원자가 육각형 벌집 모양 구조로 연결되어 있다.
> • 투명하면서도 유연성이 있어 휘어지는 디스플레이에 주로 사용한다.

① 풀러렌
② 탄소 나노 튜브
③ 그래핀
④ 반도체

 그래핀은 강철보다 강도가 강하고 투명하며 유연성이 있어 휘어지는 디스플레이에 이용된다.

11 자연의 대상과 그 대상을 모방해 개발한 신소재를 옳게 짝지은 것은?

① 거미줄 – 의료용 패치
② 연잎 – 수중 접착제
③ 상어 비늘 – 전신 수영복
④ 홍합 – 방수가 되는 옷

 ① 거미줄 – 인공힘줄, 낙하산
② 연잎 – 유리 코팅제, 방수가 되는 옷
④ 홍합 – 수중 접착제, 의료용 생체 접착제

12 투과력이 높아 뼈의 골절이나 복부 질환 검진에 사용되는 CT(컴퓨터 단층 촬영)에 이용되는 전자기 파는?

① X선
② 자외선
③ 적외선
④ 가시광선

 X선
보이지 않는 빛의 한 종류로, 물질을 잘 통과하는 성질이 있어 몸속에 있는 뼈를 촬영할 때 쓰인다.

13 ㉠과 ㉡에 들어갈 용어를 차례대로 나열한 것은?

대부분의 충돌 예방 안전장치는 충돌이 일어났을 때 힘이 작용하는 시간을 (㉠) 하여 사람이 받는 힘의 크기가 (㉡)도록 한다.

	㉠	㉡
①	짧게	작
②	짧게	크
③	길게	작
④	길게	크

 일반적으로 충돌 예방 안전장치는 충돌이 일어났을 때 힘이 작용하는 시간을 길게 하여 사람이 받는 힘의 크기를 줄이는 원리를 이용한다.

14 그림은 수평면 위에서 직선 운동을 하는 어떤 물체의 운동량을 시간에 따라 나타낸 것이다. 0~3초 동안 물체에 작용한 힘의 크기는?

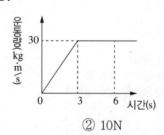

① 5N ② 10N
③ 15N ④ 30N

 0~3초 동안 운동량의 변화량 = 충격량 = 힘 × 시간이므로 30(kg·m/s) = 힘 × 3s이다. 따라서 0~3초 동안 물체에 작용한 힘의 크기는 10N이다.

15 지구 시스템에 해당하지 않는 것은?

① 지권 ② 수권
③ 기권 ④ 자기권

 지구 시스템에는 지권, 기권, 수권, 생물권, 외권이 있다.

16 다음 설명에 해당하는 발전 방식은?

> • 태양의 빛에너지를 직접 전기 에너지로 전환한다.
> • 광전 효과를 기반으로 하는 태양 전지를 이용한다.

① 조력 발전
② 풍력 발전
③ 원자력 발전
④ 태양광 발전

해설 태양광 발전은 발전기의 도움 없이 태양 전지를 이용하여 태양의 빛에너지를 직접 전기 에너지로 전환시키는 발전 방식이다. 태양광을 이용하면 고갈될 염려가 없고, 환경오염 물질을 배출하지 않아서 친환경 발전이라 할 수 있다.

17 다음 설명에 해당하는 기권의 구성 요소는?

> • 높이 올라갈수록 기온이 하강한다.
> • 수증기가 존재하고 대류가 일어나므로 구름, 비, 눈 등의 기상 현상이 나타난다.

① 열 권　　　　　　　　　　② 중간권
③ 성층권　　　　　　　　　　④ 대류권

해설 기권의 구성 요소 중 높이 올라갈수록 기온이 하강하며, 기상 현상이 나타나는 곳은 대류권이다.

18 다음 설명에 해당하는 지구 시스템 구성 요소 간의 상호 작용은?

> • 복사에너지 방출
> • 화산 가스 방출

① 생물권 – 지권
② 지권 – 기권
③ 수권 – 기권
④ 생물권 – 수권

해설 복사에너지 방출 및 화산 가스 방출은 지권과 기권의 상호 작용에 의한 것이다.

19 지구 시스템에서 자연 현상을 일으키는 근본적인 에너지원은?

① 태양 에너지

② 지구 내부 에너지

③ 조력 에너지

④ 풍력 에너지

해설 지구 시스템의 에너지원은 태양 에너지, 지구 내부 에너지, 조력 에너지가 있으며, 이 중 주된 에너지원이며 자연 현상을 일으키는 근본적인 에너지원은 태양 에너지이다.

20 (가)와 (나)에 들어갈 용어를 차례대로 나열한 것은?

> 물의 순환을 일으키는 주된 에너지원은 ((가))이며, 물은 각 권 사이를 순환한다. 이때 각 권에서 물의 유입량과 유출량이 같아 물의 총량은 ((나))다.

	(가)	(나)
①	태양 에너지	감소한
②	태양 에너지	일정하
③	지구 내부 에너지	일정하
④	지구 내부 에너지	증가한

해설 물의 순환을 일으키는 주된 에너지원은 태양 에너지이며, 물은 각 권 사이를 순환하는데, 각 권에서 물의 유입량과 유출량이 같아 물의 총량은 일정하다.

21 화산 활동이 기권에 영향을 준 사례로 옳은 것은?

① 용암으로 인해 지형 변화가 생긴다.

② 산사태가 발생한다.

③ 토양의 산성화가 일어난다.

④ 화산재가 햇빛을 가려 기온 하강이 일어난다.

해설 화산재가 햇빛을 가려 지구의 기온을 낮추는 것은 기권에 영향을 주는 사례이다. 화산 활동은 우리 생활에 여러 피해를 주기도 하고, 광물 자원 및 관광 자원으로써 활용되기도 한다.

22 지진의 부정적인 면으로 옳지 않은 것은?

① 도로 및 건물 붕괴가 일어난다.

② 산사태가 발생한다.

③ 지진 해일이 발생한다.

④ 지구 내부 구조 및 물질을 연구할 수 있다.

해설 지진파를 분석하여 지구 내부 구조 및 물질을 연구할 수 있는 긍정적인 면도 있다.

23 다음 설명에 해당하는 세포 소기관을 옳게 짝지은 것은?

| (가) DNA의 유전 정보에 따라 단백질이 합성되는 장소이다. |
| (나) 세포 호흡이 일어나는 장소이다. |

	(가)	(나)
①	핵	리보솜
②	리보솜	미토콘드리아
③	소포체	미토콘드리아
④	골지체	핵

해설 DNA의 유전 정보에 따라 단백질이 합성되는 장소는 리보솜이며, 세포 호흡이 일어나는 장소는 미토콘드리아이다.

24 식물 세포에만 존재하는 기관을 옳게 짝지은 것은?

① 엽록체, 세포막

② 엽록체, 세포벽

③ 미토콘드리아, 액포

④ 미토콘드리아, 세포벽

해설 엽록체는 광합성이 일어나는 장소로 식물 세포에 존재하며, 세포벽은 세포막 바깥을 싸고 있는 막으로 식물 세포에만 존재한다.

25 세포막의 주성분은?

① 인지질, 단백질 ② 중성 지방, 단백질

③ 인지질, 글루코스 ④ 중성 지방, 글루코스

해설 세포막의 주성분은 인지질과 단백질로, 세포막은 인지질 2중층에 막단백질이 파묻혀 있거나 관통하고 있는 구조이다.

26 그림은 생명체 내에서 일어나는 물질대사를 나타낸 것이다. (가)와 (나)에 해당하는 용어를 옳게 짝지은 것은?

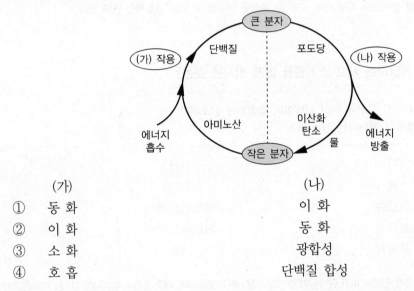

	(가)	(나)
①	동 화	이 화
②	이 화	동 화
③	소 화	광합성
④	호 흡	단백질 합성

해설 (가)는 작은 분자를 큰 분자로 합성하는 동화 작용이며, (나)는 큰 분자를 작은 분자로 분해하는 이화 작용이다.

27 유전자에 대한 설명으로 옳지 않은 것은?

① DNA상의 특정한 염기 서열이다.
② 아미노산을 합성하는 유전 암호는 총 128가지가 있다.
③ 단백질을 합성하기 위한 유전 정보를 가진다.
④ 유전 정보는 4종류 염기의 배열 순서에 따라 달라진다.

해설 유전자는 DNA상의 특정한 염기 서열로, A · T · C · G 4종류의 염기가 3개씩 배열되어 하나의 유전자 암호를 만든다. 이 유전자 암호는 아미노산을 합성하여 단백질을 만든다. 4종류 염기가 3개씩 모여 하나의 유전자 암호를 만들므로 총 $4^3 = 64$가지의 유전자 암호를 가진다.

28 동식물의 세포 소기관에 관한 설명 중 옳지 않은 것은?

① 세포벽은 인지질과 단백질로 구성되어 있다.

② 세포에서 에너지 전환을 담당하는 세포 소기관은 엽록체와 미토콘드리아이다.

③ 리보솜은 DNA의 유전 정보에 따라 단백질이 합성되는 장소이다.

④ 골지체는 소포체를 통해 전달된 단백질, 지질 등을 저장했다가 막으로 싸서 분비한다.

해설 세포막은 세포의 형태를 유지하는 얇은 막으로, 인지질 2중층에 막단백질이 군데군데 박혀 있다. 세포벽은 식물 세포의 세포막 바깥에 있는 단단한 구조물로, 세포를 보호하고 모양을 유지한다.

29 다음은 두 가지 화학 반응식을 나타낸 것이다. (가)와 (나)에서 산화되는 물질을 옳게 나타낸 것은?

> (가) $Fe_2O_3 + 3CO \rightarrow 2Fe + 3CO_2$
> (나) $Zn + 2HCl \rightarrow ZnCl_2 + H_2$

	(가)	(나)
①	Fe_2O_3	Zn
②	Fe_2O_3	HCl
③	CO	Zn
④	CO	HCl

해설 (가)에서 일산화탄소(CO)는 산소를 얻어 이산화탄소(CO_2)로 산화되고, (나)에서 아연(Zn)은 전자를 잃고 아연 이온(Zn^{2+})으로 산화된다.

30 광합성과 화석 연료의 연소 반응 중 괄호 안에 들어갈 공통 물질은?

> • 이산화탄소 + 물 → 포도당 + ( )
> • 메테인 + ( ) → 이산화탄소 + 물

① 산소(O_2)

② 수소(H_2)

③ 일산화탄소(CO)

④ 물(H_2O)

해설 광합성과 연소 반응 모두 산소(O_2)가 관여하는 산화 환원 반응이다.

31 다음과 같은 에너지 전환을 주로 이용하는 장치는?

빛 에너지 → 전기 에너지

① 냉장고　　　　　　　　　　　② 선풍기

③ 전기 난로　　　　　　　　　　④ 태양 전지

 태양 전지는 태양광을 활용한 것으로 태양 전지판을 이용하여 태양의 빛 에너지를 전기 에너지로 변환한다.

32 다음 설명에 해당하는 것은?

• 세포를 싸고 있는 막으로 물질의 출입을 조절한다. • 인지질 2중층과 단백질 등으로 구성되어 있다.

① 핵　　　　　　　　　　　　　② 세포막

③ 엽록체　　　　　　　　　　　④ 미토콘드리아

 ① 세포에서 핵막에 쌓인 부분을 통칭한다.
　③ 세포 내에서 광합성에 관여하는 세포소기관이다.
　④ 세포 내에서 세포 호흡에 관여하는 세포소기관이다.

33 수용액 상태일 때 〈보기〉의 성질을 모두 가진 물질은?

─| 보 기 |─
• 전류가 흐른다. • 단백질을 녹이는 성질이 있다. • 금속이나 달걀 껍데기와 반응하지 않는다.

① 염 산　　　　　　　　　　　② 암모니아

③ 아세트산　　　　　　　　　　④ 염화나트륨

 염기의 성질
　• 쓴맛이 난다(예 비누, 하수구 세정제, 제산제, 치약 등).
　• 수용액에서 전류가 흐른다.
　• 금속이나 달걀 껍데기와 반응하지 않는다.
　• 단백질을 녹이는 성질이 있어 손으로 만지면 미끈거린다.
　• 붉은색 리트머스 종이를 푸르게 변화시킨다.
　• 페놀프탈레인 용액을 붉게 변화시킨다.
　• 수산화나트륨, 수산화칼륨, 수산화칼슘, 암모니아, 수산화마그네슘, 탄산수소나트륨 등이다.

34 산의 공통적인 성질은 무엇 때문인가?

① 수소 이온(H^+)
② 수산화 이온(OH^-)
③ 물(H_2O)
④ 이산화탄소(CO_2)

해설 신맛이 나고, 금속과 반응하는 산의 공통적인 성질은 수소 이온(H^+) 때문에 나타난다.

35 산성 수용액에 대한 설명으로 옳은 것만을 〈보기〉에서 모두 고른 것은?

┤ 보 기 ├
ㄱ. 신맛이 난다.
ㄴ. 탄산음료, 이온 음료가 해당한다.
ㄷ. 붉은색 리트머스 종이를 푸르게 변화시킨다.

① ㄱ, ㄴ
② ㄱ, ㄷ
③ ㄴ, ㄷ
④ ㄱ, ㄴ, ㄷ

해설 산성 수용액은 푸른색 리트머스 종이를 붉게 변화시킨다.

36 생활 속 중화 반응에 대한 설명으로 옳은 것만을 〈보기〉에서 모두 고른 것은?

┤ 보 기 ├
ㄱ. 산성화된 토양에 염기성 물질인 석회 가루를 뿌린다.
ㄴ. 위산이 과다하게 분비되어 속이 쓰릴 때 염기성 성분인 제산제를 먹는다.
ㄷ. 생선회에서 비린내 성분의 산성 물질을 중화할 때 레몬즙을 뿌린다.

① ㄱ
② ㄱ, ㄴ
③ ㄱ, ㄷ
④ ㄴ, ㄷ

해설 생선회에서 비린내 성분은 염기성 물질이며, 산성 물질인 레몬즙을 뿌리면 중화된다.

37 다음에서 설명하는 지질 시대는?

> • 후기에 빙하기와 간빙기가 반복되었다.
> • 수륙 분포가 현재와 비슷하다.
> • 속씨식물의 화석이 생성되었다.

① 신생대   ② 중생대

③ 고생대   ④ 선캄브리아대

 신생대는 4번의 빙하기와 3번의 간빙기를 거쳤다.

38 다윈의 자연 선택설에 의한 진화 과정을 옳게 나타낸 것은?

① 과잉 생산 → 생존 경쟁 → 자연 선택 → 진화

② 생존 경쟁 → 과잉 생산 → 자연 선택 → 진화

③ 과잉 생산 → 자연 선택 → 생존 경쟁 → 진화

④ 자연 선택 → 과잉 생산 → 생존 경쟁 → 진화

 다윈의 자연 선택설은 과잉 생산된 같은 종의 개체들 사이에는 다양한 변이가 나타나며, 생존 경쟁에서 환경에 적응하기 유리한 변이를 가진 개체가 더 많이 살아남아 자손을 남기게 되고, 이러한 자연 선택 과정이 오랫동안 누적되어 생물의 진화가 일어난다는 것이다.

39 다음은 생물 다양성의 세 가지 예를 나타낸 것이다. (가)~(다)에 해당하는 생물 다양성을 옳게 나타낸 것은?

구 분	예
(가)	아시아무당벌레는 날개의 색과 반점 무늬가 개체마다 다르다.
(나)	숲에는 버섯, 고사리, 개구리, 쥐, 참나무 등이 살고 있다.
(다)	지구 여러 지역에는 산, 강, 초원 등이 존재한다.

	(가)	(나)	(다)
①	유전적 다양성	종 다양성	생태계 다양성
②	유전적 다양성	생태계 다양성	종 다양성
③	종 다양성	유전적 다양성	생태계 다양성
④	생태계 다양성	종 다양성	유전적 다양성

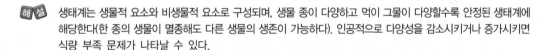

해설 (가) 유전적 다양성 : 같은 생물종이라도 하나의 형질을 결정하는 유전자에 차이가 있어 형질이 다양하게 나타나는 것을 의미한다.
(나) 종 다양성 : 일정한 지역에 얼마나 많은 생물종이 고르게 분포하며 살고 있는지를 의미한다.
(다) 생태계 다양성 : 생물 서식지의 다양한 정도를 의미한다.

40 생물 다양성 보전을 위한 노력으로 옳지 않은 것은?

① 생태 통로의 설치
② 외래종의 적극 도입
③ 멸종위기 생물 복원 사업 및 보호
④ 종자 은행을 통해 생물의 유전자 관리

해설 외래종을 도입하기 전 외래종이 기존 생태계에 주는 영향을 철저하게 검증해야 한다.

41 생태계에 대한 설명으로 옳은 것은?

① 생물적 요소로만 구성된다.
② 생물 종이 다양할수록 안정된 생태계로 볼 수 있다.
③ 먹이 그물이 단순할수록 안정된 생태계로 볼 수 있다.
④ 인공적으로 다양성을 증가시키면 식량 부족 문제를 해결할 수 있다.

해설 생태계는 생물적 요소와 비생물적 요소로 구성되며, 생물 종이 다양하고 먹이 그물이 다양할수록 안정된 생태계에 해당한다(한 종의 생물이 멸종해도 다른 생물의 생존이 가능하다). 인공적으로 다양성을 감소시키거나 증가시키면 식량 부족 문제가 나타날 수 있다.

42 평상시와 비교하여 엘니뇨 시기에 나타나는 현상에 대한 설명으로 옳지 않은 것은?

① 대기 대순환의 변화로 표층 해수의 흐름이 영향 받아 발생한다.
② 동태평양의 표층 수온이 상승한다.
③ 서태평양 인근 지역에 폭우가 발생하고, 페루 연안에 가뭄이 발생한다.
④ 대기 순환의 변화를 일으켜 전 세계적으로 기상 이변이 일어날 수 있다.

해설 엘리뇨
적도 부근 동태평양 해역의 표층 수온이 평년보다 높은 상태로 지속되는 현상이며 대기 대순환의 변화로 표층 해수의 흐름이 영향 받아 발생한다. 엘리뇨의 피해는 적도 부근 동태평양 지역은 수온이 상승하고 어획량이 감소하며 홍수가 발생하며, 적도 부근 서태평양 지역은 수온이 내려가고 강수량이 감소하여 가뭄이 발생한다.

43 지구 온난화에 가장 많은 영향을 미치는 대기 성분은?

① 이산화탄소(CO_2) ② 메테인(CH_4)
③ 일산화이질소(N_2O) ④ 클로로플루오로탄소(CFC)

해설 이산화탄소 자체의 온실 효과율은 낮지만 대기 중의 농도가 높아 실질적인 온실 효과 기여율은 약 60% 정도로 지구 온난화에 가장 많은 영향을 미치고 있다.

44 지구 온난화 방지 대책으로 옳지 않은 것은?

① 화석 연료의 사용을 줄인다.
② 산림 면적을 확대한다.
③ 신·재생에너지의 사용을 늘린다.
④ 개발도상국의 탄소 배출권을 사들인다.

해설 탄소 배출권은 탄소를 배출할 수 있는 권리로, 자원의 활용이 적은 개발도상국의 탄소 배출권을 사들임으로써 탄소 배출에 대한 책임을 면할 수 있지만 온난화의 방지 대책으로 볼 수는 없다.

45 대기 대순환에 대한 설명으로 옳지 않은 것은?

① 위도에 따른 태양복사에너지의 차에 의해 나타난다.
② 바람과 수증기의 이동으로 에너지 불균형을 해소한다.
③ 극지방에서는 차가운 공기가 하강하는 저압대를 형성한다.
④ 지구가 자전하지 않는다면, 하나의 순환이 형성됐을 것이다.

해설 대기 대순환은 태양복사에너지 차에 따른 에너지 불균형에 의해 나타나며, 바람과 수증기의 이동으로 에너지 불균형을 해소한다. 극지방에서 차가운 공기가 하강하며 형성된 고기압이 저위도(위도 60° 부근)로 이동해 상승한다. 만약 지구가 자전하지 않는다면, 적도 지방에서 상승한 대기는 극지방까지 올라와 해수면을 타고 하강할 것이다.

46 해수의 순환에 대한 설명으로 옳은 것은?

① 대기 순환에 의해 표층 해류가 발생한다.
② 대기 순환의 방향과 반대 방향이다.
③ 대양의 서쪽에는 한류가 발달한다.
④ 고위도의 난류가 저위도로 이동하면서 에너지 불균형을 해소한다.

해설 ② 대기 순환과 해수의 순환 방향은 거의 일치한다.
③ 대양의 서쪽에는 난류가 발달한다.
④ 저위도의 난류가 고위도로 흐르면서 에너지 불균형을 해소한다.

47 엘니뇨(EL Nino) 현상으로 맞는 설명은?

① 도심 지역의 온도가 다른 지역보다 높게 나타나는 현상
② 예년과 비교할 때 강한 무역풍이 지속돼 일어나는 기후 변동 현상
③ 남미의 페루 연안에서 적도에 이르는 태평양상의 기온이 상승해 세계 각지에서 홍수 또는 가뭄 등이 발생하는 기상 이변 현상
④ 고층 빌딩들 사이에서 일어나는 풍해 현상

해설 ① 열섬 현상, ② 라니냐 현상, ④ 빌딩풍해 현상
엘니뇨 현상
엘니뇨는 무역풍이 약해지면서 따뜻한 표층 해수가 서쪽으로 이동하지 못하면서 발생한다. 이로 인해 동태평양의 용승 작용이 약화되고 수온이 상승한다. 이 때문에 어획량이 감소하고, 강수량이 증가하며, 홍수 등의 피해가 일어난다. 서태평양은 수온이 낮아지고 강수량이 감소하여 가뭄 등의 피해가 발생한다.

48 역학적 에너지에 대한 설명으로 옳지 않은 것은?

① 운동에너지와 위치에너지의 합이다.
② 운동에너지가 증가하면 위치에너지는 감소한다.
③ 운동에너지가 증가해도 역학적 에너지는 변하지 않는다.
④ 위치에너지가 증가하면 역학적 에너지도 증가한다.

 해설 '역학적 에너지 = 위치에너지 + 운동에너지'이다. 에너지 보존 법칙에 의해서 역학적 에너지의 값은 항상 일정하다. 그러므로 위치에너지가 감소하면, 위치에너지가 감소한 만큼 운동에너지는 증가한다. 위치에너지나 운동에너지의 값이 변해도 역학적 에너지의 값은 변하지 않는다.

49 100J의 에너지를 공급받아 70J의 에너지만 유용하게 사용되었다면 에너지 효율은 얼마인가?

① 30%   ② 50%
③ 70%   ④ 90%

해설 에너지 효율(%)은 공급한 에너지의 양 중에서 유용하게 사용된 에너지의 양을 백분율로 나타낸 것이다.

$$에너지\ 효율(\%) = \frac{열기관이\ 한\ 일}{공급한\ 열에너지} \times 100 = \frac{70J}{100J} \times 100 = 70\%$$

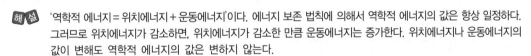

50 그림과 같이 자석이 코일 근처에서 화살표 방향으로 움직이는 경우 검류계에 흐르는 전류의 방향이 같은 것끼리 옳게 짝지은 것은?

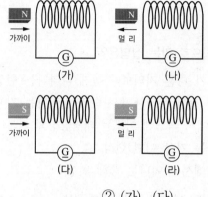

① (가), (나)　　　　　　　　　　　② (가), (다)
③ (가), (라)　　　　　　　　　　　④ (나), (라)

 자석의 N극을 코일에 가까이하거나 S극을 멀리하면 코일의 위쪽에 N극이 유도되고(가, 라), 자석의 N극을 멀리하거나 S극을 가까이하면 코일의 위쪽에 S극이 유도된다(나, 다).

51 양이온과 음이온 사이의 정전기적 인력에 의한 결합은?

① 이온 결합　　　　　　　　　　　② 공유 결합
③ 금속 결합　　　　　　　　　　　④ 옥텟 규칙

 양이온과 음이온 사이의 정전기적 인력에 의한 결합은 이온 결합이다.

52 전력에 대한 설명으로 옳지 않은 것은?

① 단위 시간 동안 생산 또는 사용하는 전기에너지이다.
② 1W는 1초 동안 1J의 전기 에너지를 사용할 때의 전력이다.
③ 단위는 J/s, W(와트)를 쓴다.
④ 전압×전류×시간으로 나타낼 수 있다.

 $$전력 = \frac{전기 \ 에너지}{시간} = 전압 \times 전류이다.$$

전력
단위 시간 동안 생산 또는 사용한 전기 에너지로, 전압과 전류의 곱과 같다.

53 송전 전압을 100V에서 200V로 높이면 송전선에서의 전력 손실은 몇 배가 되는가?

① 2배

② 4배

③ $\frac{1}{2}$ 배

④ $\frac{1}{4}$ 배

 송전 전압을 n배 높이면 손실 전력은 $\frac{1}{n^2}$ 배로 줄어들므로, 송전 전압을 100V에서 200V로 2배 높이면 손실 전력은 $\frac{1}{4}$ 배로 줄어든다.

54 〈보기〉 중 발전소에서 보내는 전력을 변화시키지 않으면서 송전과정에서 손실되는 전력을 줄일 수 있는 방법으로 옳은 것만을 고른 것은?

┤ 보 기 ├
ㄱ. 굵기가 얇은 송전선을 사용한다.
ㄴ. 송전선의 저항을 작게 한다.
ㄷ. 송전 전압을 높게 한다.
ㄹ. 저항이 큰 송전선을 사용한다.

① ㄱ, ㄴ

② ㄱ, ㄷ

③ ㄱ, ㄹ

④ ㄴ, ㄷ

 손실 전력을 줄이는 방법
• 송전 전압을 높게 한다. → 송전 전력이 일정할 때, 전압을 n배 높이면 전류는 $\frac{1}{n}$이 되므로 손실 전력은 $\frac{1}{n^2}$ 배가 된다.
• 송전선의 저항을 작게 한다. → 저항이 작은 송전선을 사용하거나, 굵기가 굵은 송전선을 사용한다.

55 다음 중 효율적인 전력 수송 방법으로 옳지 않은 것은?

① 저전압 송전 : 전압을 낮추어 송전함으로써 손실 전력을 줄인다.
② 거미줄 같은 송전 전력망 : 거미줄과 같이 복잡한 송전 전력망을 구축하면, 선로에 이상이 생길 경우에 그 부분을 차단하고 우회하여 송전할 수 있다.
③ 지능형 전력망(스마트 그리드) : 정보 통신 기술을 바탕으로 소비자와 전력 회사가 실시간으로 정보를 주고받아 효율성을 높이는 전력 공급 기술이다.
④ 전력 예측 공급 시스템 : 소비자의 수요 전력을 통계적으로 예측하여 발전소에서 생산하는 전력량을 조절하는 시스템이다.

해설 전력 수송을 효율적으로 하려면 전압을 높게 송전함으로써 손실 전력을 줄여야 한다.

56 태양 에너지의 영향에 대하여 잘못 설명한 것은?

① 태양의 열에너지에 의해 가열된 물이 증발하여 기상 현상이 일어난다.
② 식물이 태양의 빛에너지를 받아 유기물을 생성한다.
③ 생물이 죽어 화석 연료가 되며, 연소할 때 에너지를 흡수한다.
④ 위도에 따른 에너지 불균형으로 대기와 해수의 순환이 일어난다.

해설 ③ 화석 연료로 전환된 태양에너지는 연소할 때 에너지를 방출한다.

57 화석 연료에 대한 설명으로 옳지 않은 것은?

① 석유는 각종 화합물의 재료로 쓰인다.
② 석탄 연소 시 발생하는 열에너지로 증기기관을 작동시킨다.
③ 화석 연료로 발생되는 이산화탄소는 지구 온난화를 일으킨다.
④ 천연가스 연소 시 발생하는 화학에너지는 취사와 난방에 쓰인다.

해설 ④ 천연가스 연소 시 발생하는 열에너지는 취사와 난방에 쓰인다.

58 핵분열 발전에 따른 핵에너지에 대한 설명으로 옳지 않은 것은?

① 매장 지역이 편중되어 있다.
② 화석 연료에 비해 오래 사용할 수 있다.
③ 우라늄이 핵분열할 때 발생하는 열을 이용한다.
④ 새로운 기술 개발이 필요한 재생 에너지이다.

해설 핵에너지는 우라늄의 핵분열 시 발생되는 열을 이용하는 것으로, 화석 연료보다 효율이 높아 화석 연료의 대체 연료로 떠오르고 있다. 하지만 매장 지역이 편중되어 있고 매장량이 한정되어 있는 비재생 에너지에 속한다.

59 신에너지에 속하지 않는 것은?

① 연료 전지   ② 수소 에너지
③ 풍력 에너지   ④ 석탄의 액화 · 가스화 에너지

풍력 에너지는 재생 에너지에 해당한다. 신에너지는 기존에 사용하지 않았던 새로운 에너지를 의미하며, 재생 에너지는 햇빛, 지열, 물, 생물 유기체 등을 포함하는 재생 가능한 에너지를 변환시켜 이용하는 에너지이다.

60 **라니냐 현상은 무엇을 가리키는가?**

① 무역풍이 평년보다 약해지는 것
② 적도 부근의 해수온도가 낮아지는 것
③ 남미 태평양의 해수온도가 높아지는 것
④ 지구 북반구의 해수온도가 낮아지는 것

 • 라니냐(La Nina) 현상 : 적도 부근의 표면 해수온도가 갑자기 낮아지는 현상이다.
• 엘니뇨(El Nino) 현상 : 남미 에콰도르와 페루 북부 연안에서 크리스마스 무렵부터 봄철에 걸쳐 일어나는 해류의 변화로 북쪽에서 난류가 유입되어 수온이 높아지는 현상이다.

MEMO

제 4 과목

상식 II
(소방상식)

의무
소방원

국어/국사/상식/적성검사

한권으로 끝내기!

(주)시대고시기획
(주)시대교육

www.sidaegosi.com

시험정보 · 자료실 · 이벤트
합격을 위한 최고의 선택

시대에듀
www.sdedu.co.kr

자격증 · 공무원 · 취업까지
BEST 온라인 강의 제공

소방의 개요와 관련법

01 소방의 개념

(1) 소방학의 정의

① 소방기본법 제1조에 의하면 "이 법은 화재를 예방·경계하거나 진압하고 화재, 재난·재해, 그 밖의 위급한 상황에서의 구조·구급활동 등을 통하여 국민의 생명·신체 및 재산을 보호함으로써 공공의 안녕 및 질서 유지와 복리증진에 이바지함을 목적으로 한다."라고 규정되어 있다. 즉, 이와 같은 소방 현상을 탐구하는 것이 소방학이다.

② 최근에는 인위적 재난과 자연재해대책법에서 규정하고 있는 자연재해를 포함한 모든 재난현장의 긴급구난기능을 담당하는 것으로 각종 재해로부터 국민의 생명과 재산이 손상될 우려가 있을 때, 이를 구하고 그 피해를 최소화하는 활동까지 포괄하고 있다.

(2) 소방행정의 정의

소방이란 화재의 예방·경계·진압을 위한 일체의 활동과정으로 볼 수 있으며, 소방행정은 이러한 제반활동을 구체적으로 형성하는 국가활동이라고 할 수 있을 것이다.

02 소방의 역사

우리나라 소방제도의 효시는 조선시대에 생겨난 금화도감이라 할 수 있으나 그 이전에도 비록 제도화되지는 않았지만 화재진압이나 화재를 대비하는 예방활동이 존재하였다.

(1) 삼국시대

도성의 건축술이 발달되어 왕궁, 관부, 성문 등 대형건축물이 세워지고 인가는 서로 연접하여 짓게 되었는데 이로 인하여 화재가 발생하면 대형화재로 번져서 삼국시대에 들어와서는 화재가 사회적 재앙으로 등장하게 되었다.

(2) 통일신라시대

소방이나 경찰의 전문적인 행정분야는 분화되지 못하였고 삼국시대와 같이 군부나 일반 백성들이 소화활동을 하였을 것으로 추정되고 있다.

(3) 고려시대

① 현재의 중앙정부조직처럼 화재를 담당하는 전문부서인 부처별 조직은 없었으나 금화제도라는 명칭으로 화기를 단속하고 예방하였다.

② 인구가 증가되었고, 대형건물이 들어서고 병란이 잦아, 통일신라시대보다 화재가 많이 발생하였다.

PLUS ONE 금화관리자의 배치
- 각 관아(官衙)와 진(鎭)은 당직자 또는 그 장(長)이 금화책임자였다.
- 문종(文宗) 20년 운여창(양곡창고) 화재 이후로 창름(쌀창고), 부지(창고)에 금화관리자를 배치하고, 어사대가 수시로 점검하여 일직(日直)이 자리를 비우거나 빠지는 경우에는 먼저 가둔 후 보고하였다.

(4) 조선 전기

① **소방 고유조직 탄생** : 세종대왕 때에는 금화도감을 설치하고 금화군을 편성하여 화재를 방비하였다.

② **금화법령** : 소방 관련 법령은 경국대전의 편찬으로 그 골격을 갖추었는데 행순(순찰근무), 방화관계 법령, 실화 및 방화에 관한 형률이 기록되어 있다.

③ **금화관서의 설치** : 세종 8년(1426년) 2월 한성부 대형화재를 계기로 금화관서를 설치하게 되었는데, 상비 소방제도로서의 관서는 아니지만 화재를 방비하는 독자적 기구로서 우리나라 최초의 소방기구라 볼 수 있으며 이후 수성금화도감 등으로 변천하였다.

④ **소방활동**

㉠ 금화도감이 설치되기 전에도 궁중화재를 진압하기 위하여 금화조직이 있었으며 금화도감이 설치된 후에는 궁중뿐만 아니라 관아, 민가를 구화하기 위한 금화군제도와 5가 작통제도(五家 作統制度)가 실시되었다. 지방에서는 자발적으로 의용조직을 만들어 활동하였다.

㉡ 세종 5년에 병조에서 궁중화재에 대비하여 금화조건을 시행하였으며, 공조에서는 구화사다리, 저수기, 급수기를 비치하고, 형조에서는 급수하는 일을 맡았다.

㉢ 세종 19년에 전국 각지에서 흉년으로 인해 도적과 화적이 극심해져, 각 고을에서 자체적으로 지혜 있고 근검한 사람을 뽑아서 두목으로 정하고 동리 청장년으로 조를 짜 순경을 돌게 하였다. 이들은 도적과 화재가 있으면 구제하고, 가까운 동리까지 지원활동을 하였는데 이러한 경방조직은 현재의 의용소방대와 흡사한 것이라 할 수 있다.

방화성 도시계획
- **방화장** : 건물이 서로 연접하여 있어서 한 번 불이 나면 피해가 극심하므로 세종 8년(1423년) 대형화재가 있은 후에는 집과 집 사이에 방화장(방화담)을 쌓도록 하고 나무로 울타리하는 것을 금하였다.
- **방화용수** : 각 가정에서 물 항아리에 물을 가득 채워 놓고 식수로 하는 것 외에 방화수로 사용할 수 있도록 하였으며, 행랑은 10간(間)마다, 개인집은 우물 하나씩을 파고, 각 관청에서는 우물 두 개씩을 파서 소방용수로 쓸 수 있도록 하였다.
- **궁중 방화시설** : 궁중건물은 지붕이 높아서 화재가 발생하면 오르기 어렵고 옥상이 위험하므로 사다리 등을 비치하고 사방 100미터 이내에는 건축을 금하고 창고는 30미터 이상을 떨어져 짓도록 하여 궁궐 화재를 예방하였다.

(5) 조선 후기

① **갑오개혁 전후** : 1895년 관제를 개혁하면서 경찰과 소방은 내무 지방국에서 관장하도록 하였으며, 이때 만들어진 경무청 처무세칙에서 '수화, 소방은 난파선 및 출화, 홍수 등에 관계하는 구호에 관한 사항'으로 하였는데 여기에서 소방이란 용어가 역사상 처음 등장하였다.

② **소방장비 및 수도의 개설**
  ㉠ 소방장비를 갖추고 훈련 실시, 수도의 개설로 소화전 설치
  ㉡ 공설 소화전 외에 사설 소화전 설치 허용, 사설 소화전을 공용에 사용하고자 할 때에는 이를 거절하지 못하도록 하여 소방용수확보에 새로운 전기를 마련

③ **화재보험제도** : 1906년에 일본인이 한국 내에 화재보험회사 대리점을 설치하기 시작해서 1908년에는 일본 통감부가 우리나라 최초 화재보험회사를 설립 → 일제통치시대에는 우리 사회에서도 널리 보급

(6) 일제침략시대

① **상비소방제도**
  ㉠ 소방조 소속 상비소방수 : 1900년대 무렵부터 소방조 소속으로 상비소방수 임명
  ㉡ 도 경무부 소속 상비소방수 : 한일합방(1910년) 직후 시행, 정식 공무원으로 양성화

② **소방관서의 설치** : 경성소방서 설치, 소방서제의 확립

③ **소방장비의 보강**
  ㉠ 진압장비의 도입 : 1912년 가솔린펌프 1대 구입 - 우리나라에 들어온 최초의 소방장비
  ㉡ 파괴장구로는 파괴소방차와 갈쿠리, 도끼 등이 있었으며, 구조장구로는 구조대, 구조막이 비치되었다. 또한, 고층건물의 화재진압을 위하여 사다리 소방차도 도입되었으며, 망루, 119전화, 화재발생경보, 차고 등이 설치되었다.

소방행사 및 연습
• **불조심 행사** : 정월 4일 8시부터 5분간 소방신호를 타종한 후 소방장비의 사열 등 독특한 시무식을 거행하였는데 1915년부터는 불조심행사로 대체되었다.
• **춘·추 연습** : 경찰서장이 매년 2회 이상 소방조원을 소집하여 점검과 연습을 행하고 기구의 정비상황과 기율을 감독하였는데 그 시기가 4~5월, 10~11월로 1년에 두 번 실시하였다.
• **방화일(防火日) 행사** : 시작 시기는 확실하지 않으나 매년 12월 1일을 방화일로 정하여 각종 예방활동을 전개하였다.

(7) 미군정시대

① 1946년 4월 10일 중앙소방위원회가 설치되고 상무부 토목국이 동년 8월 10일 토목부로 승격되면서 중앙소방위원회를 관장하였다. → 소방행정기구가 경찰에서 분리

② **자치소방제도의 실시**

㉠ 미군정청이 조선총감부를 인수할 당시 소방행정은 경무국 통신과에 속하여 있었는데 경무국의 경비과를 인수한 군정청은 소방업무와 통신업무를 합쳐 소방과를 설치하였다.

㉡ 1945년 11월 소방과를 소방부로 개편하는 동시에 도 경찰부에도 소방과를 설치하였다.

㉢ 1946년 4월 10일 군정법 제66호로 소방부 및 소방위원회를 설치하고 소방행정을 경찰에서 분리하여 자치화하였다.

(8) 대한민국 정부수립과 소방제도

① **중앙소방행정기구**

㉠ 과도정부의 경무부, 토목부, 중앙소방위원회 등을 인수한 내무부는 내무부 직제에 의거 소방업무를 치안국 내 소방과에서 분장하도록 하였다.

㉡ 1950년 3월 18일 내무부 직제의 개정으로 소방과는 보안과 내 소방과계로 축소되었다.

㉢ 1955년 2월 17일에는 보안과의 소방계를 경비과의 방화계와 병합하여 방호계로 하였고 방호계에서 소방업무와 방공업무를 동시에 분장하였다.

㉣ 1961년 10월 2일에는 치안국에 소방과를 다시 설치하였는데 당시 소방과에는 방호계와 소방계를 두고 민방공, 소방, 수난구조 및 방호업무를 분장하였다.

㉤ 1964년 12월 6일에는 내무부차관을 위원장으로 하는 소방행정심의회를 설치하였다.

② **소방공무원 교육기관**

㉠ 소방공무원에 대한 교육은 경찰교육기관에서 맡았다.

㉡ 경찰교육기관은 정부수립 후 경찰수습소를 인수하여 경찰관교습소, 조선경찰학교, 국립경찰학교 등으로 개칭하여 운영하였다.

ⓒ 1963년 4월 경찰전문학교 내에 소방학과를 설치하고, 1972년 7월 22일 경찰전문학교를 경찰대학으로 승격하면서 경찰대학부설 소방학교를 설치하였다가 민방위본부가 창설되어 소방업무를 인수하면서 폐지하였으나 소방공무원위탁교육은 계속 실시하였다.

ⓔ 1978년 7월 27일 소방학교 직제 공포를 한 이후 같은 해 9월 4일에 소방학교가 개교하였다.

ⓜ 1995년 5월 16일 중앙소방학교로 개칭한 이후, 긴급구조 교육기관(1998년), 특수분야 교원연수기관(2000년), 의무소방원 교육훈련기관(2001년)으로 지정되었다.

ⓗ 현재 조직은 교육지원과, 인재개발과, 교육훈련과, 인재채용팀, 소방종합훈련단(임시조직)으로 구성되어 있다.

③ 지방소방행정기구

㉠ 도 경찰국 : 1948년 내무부 치안국에 소방과를 설치하면서 각 도에 있던 소방청을 흡수하여 소방과를 설치하였으나, 1950년 소방계로 축소되면서 서울과 경남을 제외한 각 도 소방과는 보안과로 흡수되었고, 그 후 소방업무는 다시 경비과로 흡수되었다.

㉡ 소방서 · 경찰서

• 과도기 정부 당시 소방서의 수가 50개소에 달하였지만 1950년 5월 27일에 23개 소방서만 존치하고 27개 소방서는 폐지되었다. 그 후 소방서의 수가 다시 증가되어 민방위본부 창설 시에는 28개 소방서가 있었다.

• 소방서가 설치된 지역은 소방서에서 소방업무를 담당하였으나, 소방서 미설치지역에서는 경찰서에서 담당하였다. 이후 1971년 12월 31일 소방기본법 개정시 소방서 미관할 구역의 소방업무를 시장 · 군수가 담당하도록 하였으나 그 시행을 유보해 오다가 민방위본부 발족 후 소방기본법의 개정으로 1976년 1월 1일부터 경찰서 및 지 · 파출소의 소방업무를 시, 군, 면에서 인수하여 수행하였다.

㉢ 소방서의 설치 : 소방서 직제 및 소방서설치에 관한 규정에 의거 서울 · 부산은 내무부장관의 협의를 거쳐 조례로 정하고 다른 지역은 시 · 군의 소방서 직제에 의하도록 하였다.

㉣ 소방서의 직제 : 1967년 11월 23일 소방서 직제 개정으로 시 · 도지사가 필요한 계를 설치할 수 있도록 하고, 1969년 1월 14일 소방서 내에 방호과와 소방과를 두도록 하였다.

④ 자치소방제도

㉠ 기구개편 : 1970년 8월 3일 정부조직법의 개편으로 소방사무를 자치사무로 하도록 하였으나 제도적 절차가 마련되지 않아 경찰국 기구 내에서 소방사무를 취급하다가 1972년 5월 31일과 동년 6월 1일에 서울, 부산에서 각각 소방본부가 발족되어 소방사무를 관장하였다. 이로써 국가소방과 자치소방으로 이원화되기 시작하였다.

㉡ 소방재정 : 국비예산으로 편성되는 경찰예산 중 소방비는 그 규모가 빈약하여 인건비와 차량 유지비가 대부분이었다. 따라서 1951년 2월 26일 내무부장관의 지시로 소방목적세를 부과하여 부족한 소방예산을 충당하여 오다가 1961년 12월 8일 지방세법 개정으로 소방공동시설세가 명문화되어 오늘에 이르고 있다.

(9) 민방위소방제도

구 분	중앙소방행정기구	지방행정기구	민간소방조직
종 류	• 중앙소방본부 • 중앙소방학교 • 중앙119구조본부	• 도 민방위국 • 시 민방위국(과) • 군 민방위과	• 의용소방대 • 자위소방체제 : 방화관리제도, 자위소방조직, 청원소방원제도, 자체소방대

(10) 광역자치소방제도

① **소방의 광역행정 도입** : 이원적 형태로 운영되어 오던 소방조직에 1991년 5월 31일 정부조직법과 소방법이 개정되면서 광역소방행정체제가 도입되었다.

② **광역소방으로서의 제도 및 조직개편** : 1992년 4월 10일 각 도에 일제히 소방본부가 설치됨으로써 본격적으로 광역소방행정이 실시되었다.

   ㉠ 제도의 변화
   - 국가, 지방으로 이원화된 조직체계에서 광역자치소방체계로 통일
   - 각 도의 소방조직이 소방과에서 소방본부로 확대 설치
   - 소방서 담당 관할 구역이 모든 시·군이 포함되도록 확대
   - 소방공무원 임용권한이 시·도지사로 조정
   - 소방공동시설세가 시·군세에서 도세로 전환
   - 의용소방대 설치·운영이 도의 조례로 조정

   ㉡ 조직의 개편
   - 9개도에 소방본부 설치
   - 도 소방본부는 각각 도마다 자체실정에 맞는 조직을 운영

③ **소방방재청의 출범** : 2004년 공식출범한 소방방재청은 2국, 7과, 2소속기관, 18시·도 소방본부 체제를 갖추고 '재난 및 안전관리 기본법' 등 법률의 집행을 통해 국가재난관리업무를 중추적으로 수행하는 기능을 하게 되었다.

> **PLUS ONE** 광역소방행정의 파급효과
> - 소방행정의 능률성·효과성 향상
> - 통합적 지휘체계 및 응원출동체제 확립
> - 소방재정의 효율적 관리
> - 합리적 인사관리

④ **국민안전처의 출범** : 2014년 국무총리 소속으로 공식출범한 국민안전처는 국가적 재난관리를 위한 재난안전 총괄부서로서, 강력한 재난안전 컨트롤타워 구축을 통하여 종합적이고 신속한 재난안전 대응 및 수습체계를 마련하기 위하여 설치되었다.

   ㉠ 업 무
   - 안전 및 재난에 관한 정책의 수립·운영 및 총괄·조정
   - 비상대비와 민방위에 관한 업무

- 소방 및 방재에 관한 업무
- 해양에서의 경비·안전·오염방제 및 해상사건 수사

⑤ 소방청의 출범(2017년)

    ㉠ 국가 재난에 대한 대응 역량을 강화하고 안전에 대한 국가와 지방자치단체 간 유기적 연계가 가능하도록 국민안전처와 행정자치부를 통합하여 행정안전부를 신설하고, 신설되는 행정안전부에 재난 및 안전 관리를 전담할 재난안전관리본부를 설치하였다.

    ㉡ 소방 정책과 구조구급 등 소방에 대한 현장 대응 역량을 강화하기 위하여 행정안전부장관 소속으로 소방청을 신설하였다.

03 소방기본법

(1) 목적(소방기본법 제1조)

화재를 예방·경계하거나 진압하고 화재, 재난·재해, 그 밖의 위급한 상황에서의 구조·구급활동 등을 통하여 국민의 생명·신체 및 재산을 보호함으로써 공공의 안녕 및 질서 유지와 복리증진에 이바지함을 목적으로 한다.

(2) 용어의 정의(소방기본법 제2조)

① **소방대상물** : 건축물, 차량, 선박, 선박건조구조물, 산림, 그 밖의 인공 구조물 또는 물건

② **관계지역** : 소방대상물이 있는 장소 및 그 이웃지역으로서 화재의 예방·경계·진압, 구조·구급 등의 활동에 필요한 지역

③ **관계인** : 소방대상물의 소유자·관리자 또는 점유자

④ **소방본부장** : 특별시·광역시·특별자치시·도 또는 특별자치도(시·도)에서 화재의 예방·경계·진압·조사 및 구조·구급 등의 업무를 담당하는 부서의 장

⑤ **소방대** : 화재를 진압하고 화재, 재난·재해, 그 밖의 위급한 상황에서의 구조·구급활동 등을 하기 위하여 다음의 사람으로 구성된 조직체를 말한다.

    ㉠ 소방공무원법에 따른 소방공무원

    ㉡ 의무소방대설치법에 따라 임용된 의무소방원(義務消防員)

    ㉢ 의용소방대 설치 및 운영에 관한 법률에 따른 의용소방대원(義勇消防隊員)

PLUS ONE 의무소방대설치법(義務消防隊設置法)

화재의 경계·진압과 재난·재해 발생 시 구조·구급활동 등 소방업무를 보조하기 위하여 소방기관의 장 소속하에 의무소방대를 둔다. 대원은 규정에 의하여 임용된 의무소방원과 소방공무원법에 의한 소방공무원으로 구성하며 의무소방원은 병역법의 규정에 의하여 전환복무된 사람 중에서 소방청장이 임용한다.

⑥ 소방대장 : 소방본부장 또는 소방서장 등 화재, 재난·재해, 그 밖의 위급한 상황이 발생한 현장에서 소방대를 지휘하는 사람

(3) 국가와 지방자치단체의 책무(소방기본법 제2조의2)

국가와 지방자치단체는 화재, 재난·재해, 그 밖의 위급한 상황으로부터 국민의 생명·신체 및 재산을 보호하기 위하여 필요한 시책을 수립·시행하여야 한다.

(4) 소방기관의 설치 등(소방기본법 제3조)

① 시·도의 화재 예방·경계·진압 및 조사·소방안전교육·홍보와 화재, 재난·재해, 그 밖의 위급한 상황에서의 구조·구급 등의 업무, 즉 소방업무를 수행하는 소방기관의 설치에 필요한 사항은 대통령령으로 정한다.

② 소방업무를 수행하는 소방본부장 또는 소방서장은 그 소재지를 관할하는 특별시장·광역시장·특별자치시장·도지사 또는 특별자치도지사(시·도지사)의 지휘와 감독을 받는다.

③ ②에도 불구하고 소방청장은 화재 예방 및 대형 재난 등 필요한 경우 시·도 소방본부장 및 소방서장을 지휘·감독할 수 있다.

④ 시·도에서 소방업무를 수행하기 위하여 시·도지사 직속으로 소방본부를 둔다.

PLUS ONE 소방서의 설치(지방소방기관설치에 관한 규정 별표2)
- 시·군·구 단위로 설치하되, 소방업무의 효율적인 수행을 도모하기 위하여 특히 필요한 경우에는 인근 시·군·구를 포함한 지역을 단위로 설치할 수 있다.
- 위에 따라 소방서의 관할구역에 설치된 119 안전센터의 수가 5개를 초과하는 경우에는 소방서를 추가로 설치할 수 있다.
- 위의 사항에도 불구하고 석유화학단지·공업단지·주택단지 또는 문화관광단지의 개발 등으로 대형화재의 위험이 있거나 소방수요가 급증하여 특별한 소방대책이 필요한 경우에는 해당 지역마다 소방서를 설치할 수 있다.

(5) 소방공무원의 배치 등(소방기본법 제3조의2)

소방기관 및 소방본부에는 「지방자치단체에 두는 국가공무원의 정원에 관한 법률」에도 불구하고 대통령령으로 정하는 바에 따라 소방공무원을 둘 수 있다.

(6) 다른 법률과의 관계(소방기본법 제3조의3)

제주특별자치도에는「제주특별자치도 설치 및 국제자유도시 조성을 위한 특별법」제44조에도 불구하고 이 법 제3조의2를 우선하여 적용한다.

(7) 119종합상황실의 설치와 운영(소방기본법 제4조)

소방청장·소방본부장 및 소방서장은 화재, 재난·재해, 그 밖에 구조·구급이 필요한 상황이 발생한 때에 신속한 소방활동을 위한 정보의 수집·분석과 판단·전파, 상황관리, 현장 지휘 및 조정·통제 등의 업무를 수행하기 위하여 119종합상황실을 설치·운영하여야 하며, 필요한 사항은 행정안전부령으로 정한다.

(8) 소방업무에 관한 종합계획의 수립·시행(소방기본법 제6조)

소방청장은 화재, 재난·재해, 그 밖의 위급한 상황으로부터 국민의 생명·신체 및 재산을 보호하기 위하여 소방업무에 관한 종합계획을 5년마다 수립·시행하여야 하고, 이에 필요한 재원을 확보하도록 노력하여야 한다.

(9) 소방의 날 제정과 운영(소방기본법 제7조)

국민의 안전의식과 화재에 대한 경각심을 높이고 안전문화를 정착시키기 위하여 매년 11월 9일을 소방의 날로 정하여 기념행사를 한다. 소방의 날 행사에 관하여 필요한 사항은 소방청장 또는 시·도지사가 따로 정하여 시행할 수 있다.

(10) 소방력의 기준(소방기본법 제8조)

소방기관이 소방업무를 수행하는 데에 필요한 인력과 장비 등(소방력)에 관한 기준은 행정안전부령으로 정한다. 시·도지사는 위에 따른 소방력의 기준에 따라 관할 구역의 소방력을 확충하기 위하여 필요한 계획을 수립하여 시행하여야 한다.

(11) 소방장비 등에 대한 국고보조(소방기본법 제9조)

국가는 소방장비의 구입 등 시·도의 소방업무에 필요한 경비의 일부를 보조한다. 규정에 따른 보조 대상 사업의 범위와 기준보조율은 대통령령으로 정한다.

(12) 소방용수시설의 설치 및 관리(소방기본법 제10조)

시·도지사는 소방활동에 필요한 소화전(消火栓)·급수탑(給水塔)·저수조(貯水槽) 등 소방용수시설을 설치하고 유지·관리하여야 한다. 다만, 수도법에 따라 소화전을 설치하는 일반수도사업자는 관할 소방서장과 사전협의를 거친 후 소화전을 설치하여야 하며, 설치 사실을 관할 소방서장에게 통지하고, 그 소화전을 유지·관리하여야 한다. 시·도지사는 소방자동차의 진입이 곤란한 지역 등 화재발생 시에 초기 대응이 필요한 지역으로서 대통령령으로 정하는 지역에 소방호스 또는 호스릴 등을 소방용수시설에 연결하여 화재를 진압하는 시설이나 장치(비상소화장치)를 설치하고 유지·관리할 수 있다. 소방용수시설과 비상소화장치의 설치기준은 행정안전부령으로 정한다.

(13) 화재의 예방조치(소방기본법 제12조)

① 소방본부장이나 소방서장은 화재의 예방상 위험하다고 인정되는 행위를 하는 사람이나 소화(消火)활동에 지장이 있다고 인정되는 물건의 소유자·관리자 또는 점유자에게 다음의 명령을 할 수 있다. 정당한 사유 없이 명령에 따르지 아니하거나 이를 방해한 자는 200만원 이하의 벌금에 처한다.

    ㉠ 불장난, 모닥불, 흡연, 화기(火氣) 취급, 풍등 등 소형 열기구 날리기, 그 밖에 화재예방상 위험하다고 인정되는 행위의 금지 또는 제한

    ㉡ 타고 남은 불 또는 화기가 있을 우려가 있는 재의 처리

    ㉢ 함부로 버려두거나 그냥 둔 위험물, 그 밖에 불에 탈 수 있는 물건을 옮기거나 치우게 하는 등의 조치

② 소방본부장이나 소방서장은 위험물 또는 물건을 보관하는 경우에는 그 날부터 14일 동안 소방본부 또는 소방서의 게시판에 그 사실을 공고하여야 하며, 보관하는 위험물 또는 물건의 보관기간 및 보관기간 경과 후 처리 등에 대하여는 대통령령으로 정한다.

(14) 화재경계지구의 지정(소방기본법 제13조)

시·도지사는 다음 어느 하나에 해당하는 지역 중 화재가 발생할 우려가 높거나 화재가 발생하는 경우 그로 인하여 피해가 클 것으로 예상되는 지역을 화재경계지구(火災警戒地區)로 지정할 수 있다.

① 시장지역

② 공장·창고가 밀집한 지역

③ 목조건물이 밀집한 지역

④ 위험물의 저장 및 처리시설이 밀집한 지역

⑤ 석유화학제품을 생산하는 공장이 있는 지역

⑥ 「산업입지 및 개발에 관한 법률」 제2조제8호에 따른 산업단지

⑦ 소방시설·소방용수시설 또는 소방출동로가 없는 지역

⑧ 그 밖에 위에 준하는 지역으로서 소방청장·소방본부장 또는 소방서장이 화재경계지구로 지정할 필요가 있다고 인정하는 지역

(15) 화재에 관한 위험경보(소방기본법 제14조)

소방본부장 또는 소방서장은 「기상법」 제13조 제1항에 따른 이상기상의 예보 또는 특보가 있을 때에는 화재에 관한 경보를 발령하고 그에 따른 조치를 할 수 있다.

(16) 소방활동(소방기본법 제16조)

소방청장, 소방본부장 또는 소방서장은 화재, 재난·재해, 그 밖의 위급한 상황이 발생하였을 때에는 소방대를 현장에 신속하게 출동시켜 화재진압과 인명구조·구급 등 소방에 필요한 활동을 하게 하여야 한다.

(17) 소방교육·훈련(소방기본법 제17조)

소방청장, 소방본부장 또는 소방서장은 소방업무를 전문적이고 효과적으로 수행하기 위하여 소방대원에게 필요한 교육·훈련을 실시하여야 한다. 규정에 따른 교육·훈련의 종류 및 대상자, 그 밖에 교육·훈련의 실시에 관하여 필요한 사항은 행정안전부령으로 정한다.

PLUS ONE 소방교육·훈련의 종류(소방기본법 시행규칙 별표3의2)
- 화재진압훈련 : 화재진압 업무를 담당하는 소방공무원·의무소방원·의용소방대원
- 인명구조훈련 : 구조업무를 담당하는 소방공무원과 보조임무를 수행하는 의무소방원·의용소방대원
- 응급처치훈련 : 구급업무를 담당하는 소방공무원·의무소방원·의용소방대원
- 인명대피훈련 : 소방공무원·의무소방원·의용소방대원
- 현장지휘훈련 : 소방공무원 중 지방소방위, 지방소방경, 지방소방령, 지방소방정

(18) 소방신호(소방기본법 제18조)

화재예방·소방활동 또는 소방훈련을 위하여 사용되는 소방신호의 종류와 방법은 행정안전부령으로 정한다.

PLUS ONE 소방신호의 종류(소방기본법 시행규칙 제10조)
- 경계신호 : 화재예방상 필요하다고 인정되거나 화재위험경보 시 발령
- 발화신호 : 화재가 발생한 때 발령
- 해제신호 : 소화활동이 필요 없다고 인정되는 때 발령
- 훈련신호 : 훈련상 필요하다고 인정되는 때 발령

(19) 화재 등의 통지(소방기본법 제19조)

화재현장 또는 구조·구급이 필요한 사고현장을 발견한 사람은 그 현장의 상황을 소방본부, 소방서 또는 관계 행정기관에 지체 없이 알려야 한다. 화재 또는 구조·구급이 필요한 상황을 거짓으로 알린 사람은 200만원 이하의 과태료에 처한다.

(20) 소방자동차의 우선통행 등(소방기본법 제21조)

① 모든 차와 사람은 소방자동차가 화재진압 및 구조·구급활동을 위하여 출동을 할 때에는 이를 방해하여서는 아니 된다. 소방자동차의 출동을 방해한 사람은 5년 이하의 징역 또는 5천만원 이하의 벌금에 처한다. 소방자동차가 화재진압 및 구조·구급활동을 위하여 출동하거나 훈련을 위하여 필요한 때에는 사이렌을 사용할 수 있다.

② 모든 차와 사람은 소방자동차가 화재진압 및 구조·구급 활동을 위하여 사이렌을 사용하여 출동하는 경우에는 다음의 행위를 하여서는 아니 된다.

　　㉠ 소방자동차에 진로를 양보하지 아니하는 행위

　　㉡ 소방자동차 앞에 끼어들거나 소방자동차를 가로막는 행위

　　㉢ 그 밖에 소방자동차의 출동에 지장을 주는 행위

(21) 소방대의 긴급통행(소방기본법 제22조)

소방대는 화재, 재난·재해, 그 밖의 위급한 상황이 발생한 현장에 신속하게 출동하기 위하여 긴급한 때에는 일반적인 통행에 쓰이지 아니하는 도로·빈터 또는 물 위로 통행할 수 있다.

(22) 소방활동구역의 설정(소방기본법 제23조)

소방대장은 화재, 재난·재해, 그 밖의 위급한 상황이 발생한 현장에 소방활동구역을 정하여 소방활동에 필요한 사람으로서 대통령령으로 정하는 사람 외에는 그 구역에 출입하는 것을 제한할 수 있다. 소방활동구역을 출입한 사람은 200만원 이하의 과태료에 처한다.

(23) 소방활동 종사명령(소방기본법 제24조)

소방본부장, 소방서장 또는 소방대장은 화재, 재난·재해, 그 밖의 위급한 상황이 발생한 현장에서 소방활동을 위하여 필요할 때에는 그 관할구역에 사는 사람 또는 그 현장에 있는 사람으로 하여금 사람을 구출하는 일 또는 불을 끄거나 불이 번지지 아니하도록 하는 일을 하게 할 수 있다. 이 경우 소방본부장, 소방서장 또는 소방대장은 소방활동에 필요한 보호장구를 지급하는 등 안전을 위한 조치를 하여야 한다.

(24) 강제처분 등(소방기본법 제25조)

① 소방본부장, 소방서장 또는 소방대장은 사람을 구출하거나 불이 번지는 것을 막기 위하여 필요할 때에는 화재가 발생하거나 불이 번질 우려가 있는 소방대상물 및 토지를 일시적으로 사용하거나 그 사용의 제한 또는 소방활동에 필요한 처분을 할 수 있다. 처분을 방해한 자 또는 정당한 사유 없이 그 처분에 따르지 아니한 자는 3년 이하의 징역 또는 3천만원 이하의 벌금에 처한다.

② 소방본부장, 소방서장 또는 소방대장은 사람을 구출하거나 불이 번지는 것을 막기 위하여 긴급하다고 인정할 때에는 ①에 따른 소방대상물 또는 토지 외의 소방대상물과 토지에 대하여 ①에 따른 처분을 할 수 있다. 규정에 따른 처분을 방해한 자 또는 정당한 사유 없이 그 처분에 따르지 아니한 자는 300만원 이하의 벌금에 처한다.

③ 소방본부장, 소방서장 또는 소방대장은 소방활동을 위하여 긴급하게 출동할 때에는 소방자동차의 통행과 소방활동에 방해가 되는 주차 또는 정차된 차량 및 물건 등을 제거하거나 이동시킬 수 있다. 규정에 따른 처분을 방해한 자 또는 정당한 사유 없이 그 처분에 따르지 아니한 자는 300만원 이하의 벌금에 처한다.

(25) 피난명령(소방기본법 제26조)

소방본부장, 소방서장 또는 소방대장은 화재, 재난·재해, 그 밖의 위급한 상황이 발생하여 사람의 생명을 위험하게 할 것으로 인정할 때에는 일정한 구역을 지정하여 그 구역에 있는 사람에게 그 구역 밖으로 피난할 것을 명할 수 있다. 피난명령을 위반한 사람은 100만원 이하의 벌금에 처한다.

(26) 소방용수시설 또는 비상소화장치의 사용금지(소방기본법 제28조)

누구든지 정당한 사유 없이 소방용수시설 또는 비상소화장치를 사용하는 행위, 손상·파괴, 철거 또는 그 밖의 방법으로 소방용수시설 또는 비상소화장치의 효용을 해치는 행위, 소방용수시설 또는 비상소화장치의 정당한 사용을 방해하는 행위를 하여서는 아니 된다. 정당한 사유 없이 소방용수시설 또는 비상소화장치를 사용하거나 소방용수시설 및 비상소화장치의 효용(效用)을 해치거나 그 정당한 사용을 방해한 사람은 5년 이하의 징역 또는 5천만원 이하의 벌금에 처한다.

(27) 화재의 원인 및 피해 조사(소방기본법 제29조, 시행규칙 제11조)

① 소방청장, 소방본부장 또는 소방서장은 화재가 발생하였을 때에는 화재의 원인 및 피해 등에 대한 화재조사를 하여야 한다.

② 화재조사의 방법 및 전담조사반의 운영과 화재조사자의 자격 등 화재조사에 필요한 사항은 행정안전부령으로 정한다.

③ 화재조사는 관계 공무원이 화재사실을 인지하는 즉시 장비를 활용하여 실시되어야 한다.

PLUS ONE ➕ 용어 정리(화재조사 및 보고규정 제2조)
- 조사 : 화재원인을 규명하고 화재로 인한 피해를 산정하기 위하여 자료의 수집, 관계자 등에 대한 질문, 현장 확인, 감식, 감정 및 실험 등을 하는 일련의 행동
- 감식 : 화재원인의 판정을 위하여 전문적인 지식, 기술 및 경험을 활용하여 주로 시각에 의한 종합적인 판단으로 구체적인 사실관계를 명확하게 규명하는 것
- 감정 : 화재와 관계되는 물건의 형상, 구조, 재질, 성분, 성질 등 이와 관련된 모든 현상에 대하여 과학적 방법에 의한 필요한 실험을 행하고 그 결과를 근거로 화재원인을 밝히는 자료를 얻는 것

(28) 출입 · 조사 등(소방기본법 제30조)

소방청장, 소방본부장 또는 소방서장은 화재조사를 하기 위하여 필요하면 관계인에게 보고 또는 자료 제출을 명하거나 관계 공무원으로 하여금 관계 장소에 출입하여 화재의 원인과 피해의 상황을 조사하거나 관계인에게 질문하게 할 수 있다.

(29) 화재조사와 관계 기관의 협력(소방기본법 제32조 · 제33조)

① 소방공무원과 국가경찰공무원은 화재조사를 할 때에 서로 협력하여야 한다.
② 소방본부, 소방서 등 소방기관과 관계 보험회사는 화재가 발생한 경우 그 원인 및 피해상황을 조사할 때 서로 협력하여야 한다.

04 의무소방대설치법

(1) 설치 및 임무(법 제1조)

화재의 경계 · 진입과 재난 · 새해발생시 구조 · 구급활동 등 소방업무를 보조하기 위하여 대통령령이 정하는 소방기관의 장 소속하에 의무소방대를 둔다.

(2) 조직(법 제2조)

① 의무소방대의 대원은 의무소방원과 소방공무원으로 구성한다.
② 의무소방대의 편성과 조직에 관한 사항은 소방청장이 정한다.

(3) 의무소방원의 임용 및 추천(법 제3조)

① 의무소방원은 병역법에 의하여 전환복무된 자 중에서 이를 임용한다.

② 전환복무대상자가 될 의무소방원임용예정자는 18세 이상인 자(현역병으로 징집이 결정된 자를 제외한다) 중에서 대통령령이 정하는 바에 의하여 소방청장이 국방부장관에게 추천한다.

(4) 복무 등(법 제4조)

의무소방원의 임용·보수·복무·당연퇴직·직권면직 및 휴직 등에 관하여 필요한 사항은 대통령령으로 정한다.

(5) 교육 및 훈련(법 제4조의2)

① 의무소방대 소속 기관의 장은 의무소방원에 대하여 교육(임무 수행과 관련한 보건안전교육 포함)·훈련을 실시하여야 한다.
② ①에 따른 교육·훈련의 내용, 주기, 방법 등에 필요한 사항은 대통령령으로 정한다.

(6) 의무소방원의 임무(시행령 제20조)

① 화재 등에 있어서 현장활동의 보조
 ㉠ 화재 등 재난·재해사고현장에서의 질서유지 등 진압업무의 보조와 구조·구급활동의 지원
 ㉡ 소방용수시설의 확보
 ㉢ 현장 지휘관의 보좌
 ㉣ 상황관리의 보조
 ㉤ 그밖에 현장활동에 필요한 사항의 지원
② 소방행정의 지원
 ㉠ 문서수발 등 소방행정의 보조
 ㉡ 통신 및 전산 업무의 보조
 ㉢ 119안전센터에서의 소내근무의 보조
 ㉣ 소방용수시설 유지관리의 지원
 ㉤ 소방순찰 및 예방활동의 지원
 ㉥ 차량운전의 지원
③ 소방관서의 경비

(7) 의무소방원의 직권면직(시행령 제27조)

① 임용권자는 의무소방원이 다음의 어느 하나에 해당하는 경우에는 직권으로 면직시킬 수 있다.
 ㉠ 신체 또는 정신상의 이상으로 직무를 감당하지 못하는 경우
 ㉡ 규정에 해당하는 사유로 휴직된 사람이 그 휴직기간이 만료된 후에도 직무를 감당하지 못하는 경우

ⓒ 규정에 해당하는 사유로 휴직된 사람이 그 휴직기간 만료일까지 생사 또는 소재지를 알 수 없는 경우

ⓔ 징역 또는 금고의 형을 선고받은 사람(제26조제4호에 해당하는 사람은 제외한다)으로서 의무소방원으로 부적합하다고 인정되는 경우

② 임용권자는 의무소방원을 직권으로 면직시킬 경우 ㉠과 ㉡에 해당하는 경우에는 국군통합병원 또는 국·공립병원장이 발급하는 진단서를 확인하여야 하며, ㉣에 해당하는 경우에는 운영위원회의 심사를 거쳐야 한다.

(8) 의무소방원의 휴직(시행령 제28조)

① 공무 외의 사유로 인한 질병 또는 심신장애로 인하여 복무를 감당할 수 없는 경우

② 화재진압 등 재난현장에서 소방활동 중 그 생사가 불명하게 된 경우

③ 전시·사변 또는 천재·지변이나 항공기 또는 선박 등의 사고로 인하여 생사가 불명하게 된 경우

④ ②호 및 ③외의 사유로 그 생사가 불명하게 된 경우

⑤ 부상 또는 질병으로 인하여 휴가를 얻은 자가 휴가기간이 만료된 후에도 계속 치료가 필요한 경우

⑥ 형사사건으로 구속 또는 기소되거나 1년 6월 미만의 징역 또는 금고의 형을 집행받게 된 경우

(9) 징계(법 제5조)

① 의무소방원에 대한 징계는 영창·근신 및 견책으로 한다.

② 영창은 의무소방대 또는 그 밖의 구금장에 구금함을 말하며 그 기간은 15일 이내로 한다.

③ 근신은 훈련 또는 교육을 받는 경우를 제외하고는 평상근무에 복무함을 금지하고 일정한 장소에서 비행을 반성함을 말하며 그 기간은 15일 이내로 한다.

④ 견책은 전과에 대하여 훈계하고 회개하게 함을 말한다.

(10) 소청(법 제6조)

직권면직 또는 규정에 의한 징계처분을 받고 불복하는 의무소방원의 소청은 당해 의무소방대가 소속된 기관에 설치된 소방공무원징계위원회에서 이를 심사하며, 소청에 대한 결정이 있을 때까지는 당해 처분에 따라야 한다.

(11) 공사상급여금(법 제7조)

의무소방원이 직무수행 중 상이를 입고 퇴직하거나 사망(상이로 인하여 사망한 경우 포함)한 때에는 군인에 준하여 대통령령이 정하는 급여금을 지급한다.

(12) 보상 및 치료(법 제8조)

① 의무소방원으로서 직무수행 중 상이를 입고 퇴직한 자와 사망(상이로 인하여 사망한 경우 포함)한 자의 유족은 「국가유공자 등 예우 및 지원에 관한 법률」 또는 「보훈대상자 지원에 관한 법률」에 따른 보상대상자로 한다. 이 경우 보상대상자의 범위 및 기준 등에 관한 사항은 대통령령으로 정한다.

② 의무소방원이 직무수행 중 부상하거나 질병에 걸린 때에는 대통령령이 정하는 의료시설에서 무상으로 치료를 받을 수 있다.

05 소방공무원법

(1) 소방공무원의 신분(법 제11조, 국가공무원법 제2조 제2항)

① 소방공무원은 경력직 공무원으로서 특정직 공무원이다.

> **PLUS ONE ➕**
> • 경력직 공무원 : 실적과 자격에 따라 임용되고 그 신분이 보장되며 평생 동안 공무원으로 근무할 것이 예정되는 공무원 − 일반직・특정직 공무원
> • 특수경력직 공무원 : 경력직 공무원 외의 공무원 − 정무직・별정직 공무원

② 소방공무원에게 적용되는 소방공무원법은 소방공무원의 책임 및 직무의 중요성과 신분 및 근무조건의 특수성에 비추어 그 임용, 교육훈련, 복무, 신분보장 등에 관하여 「국가공무원법」 및 「지방공무원법」에 대한 특례를 규정하는 것을 목적으로 한다.

(2) 소방공무원의 인사(국가공무원법 제5조)

① **직위** : 1명의 공무원에게 부여할 수 있는 직무와 책임

② **직급** : 직무의 종류・곤란성과 책임도가 상당히 유사한 직위의 군

③ **정급** : 직위를 직급 또는 직무등급에 배정하는 것

④ **강임** : 같은 직렬 내에서 하위 직급에 임명하거나 하위 직급이 없어 다른 직렬의 하위 직급으로 임명하거나 고위 공무원단에 속하는 일반직 공무원(계급 구분을 적용하지 아니하는 공무원 제외)을 고위 공무원단 직위가 아닌 하위 직위에 임명하는 것

⑤ **전직** : 직렬을 달리하는 임명

⑥ **전보** : 같은 직급 내에서의 보직 변경 또는 고위 공무원단 직위 간의 보직 변경(계급 구분을 적용하지 아니하는 공무원은 고위 공무원단 직위와 대통령령으로 정하는 직위 간의 보직 변경 포함)

⑦ **직군** : 직무의 성질이 유사한 직렬의 군
⑧ **직렬** : 직무의 종류가 유사하고 그 책임과 곤란성의 정도가 서로 다른 직급의 군
⑨ **직류** : 같은 직렬 내에서 담당 분야가 같은 직무의 군
⑩ **직무등급** : 직무의 곤란성과 책임도가 상당히 유사한 직위의 군

06 재난 및 안전관리기본법

(1) 목적과 이념(법 제1조 · 제2조)

① **목적** : 각종 재난으로부터 국토를 보존하고 국민의 생명 · 신체 및 재산을 보호하기 위하여 국가와 지방자치단체의 재난 및 안전관리체제를 확립하고, 재난의 예방 · 대비 · 대응 · 복구와 안전문화활동, 그 밖에 재난 및 안전관리에 필요한 사항을 규정함을 목적으로 한다.

② **기본이념** : 이 법은 재난을 예방하고 재난이 발생한 경우 그 피해를 최소화하는 것이 국가와 지방자치단체의 기본적 의무임을 확인하고, 모든 국민과 국가 · 지방자치단체가 국민의 생명 및 신체의 안전과 재산보호에 관련된 행위를 할 때에는 안전을 우선적으로 고려함으로써 국민이 재난으로부터 안전한 사회에서 생활할 수 있도록 함을 기본이념으로 한다.

(2) 용어 정의(법 제3조)

① **재난** : 국민의 생명 · 신체 · 재산과 국가에 피해를 주거나 줄 수 있는 것
  ㉠ **자연재난** : 태풍, 홍수, 호우(豪雨), 강풍, 풍랑, 해일(海溢), 대설, 한파, 낙뢰, 가뭄, 폭염, 지진, 황사(黃砂), 조류(藻類) 대발생, 조수(潮水), 화산활동, 소행성 · 유성체 등 자연우주물체의 추락 · 충돌, 그 밖에 이에 준하는 자연현상으로 인하여 발생하는 재해
  ㉡ **사회재난** : 화재 · 붕괴 · 폭발 · 교통사고(항공사고 및 해상사고를 포함한다) · 화생방사고 · 환경오염사고 등으로 인하여 발생하는 대통령령으로 정하는 규모 이상의 피해와 국가핵심기반의 마비, 「감염병의 예방 및 관리에 관한 법률」에 따른 감염병 또는 「가축전염병예방법」에 따른 가축전염병의 확산, 「미세먼지 저감 및 관리에 관한 특별법」에 따른 미세먼지 등으로 인한 피해

② **해외재난** : 대한민국의 영역 밖에서 대한민국 국민의 생명 · 신체 및 재산에 피해를 주거나 줄 수 있는 재난으로서 정부 차원에서 대처할 필요가 있는 재난

③ **재난관리** : 재난의 예방 · 대비 · 대응 및 복구를 위하여 하는 모든 활동

④ 안전관리 : 재난이나 그 밖의 각종 사고로부터 사람의 생명·신체 및 재산의 안전을 확보하기 위하여 하는 모든 활동

⑤ 재난관리책임기관 : 재난관리업무를 하는 다음의 기관
　　㉠ 중앙행정기관 및 지방자치단체
　　㉡ 지방행정기관·공공기관·공공단체(공공기관 및 공공단체의 지부 등 지방조직을 포함) 및 재난관리의 대상이 되는 중요 시설의 관리기관 등으로서 대통령령으로 정하는 기관

⑥ 긴급구조 : 재난이 발생할 우려가 현저하거나 재난이 발생하였을 때에 국민의 생명·신체 및 재산을 보호하기 위하여 긴급구조기관과 긴급구조지원기관이 행하는 인명구조, 응급처치, 그 밖에 필요한 모든 긴급한 조치

⑦ 긴급구조기관 : 소방청·소방본부 및 소방서. 다만, 해양에서 발생한 재난의 경우에는 해양경찰청·지방해양경찰청 및 해양경찰서

⑧ 긴급구조지원기관 : 긴급구조에 필요한 인력·시설 및 장비, 운영체계 등 긴급구조능력을 보유한 기관이나 단체로서 대통령령으로 정하는 기관과 단체

⑨ 국가재난관리기준 : 모든 유형의 재난에 공통적으로 활용할 수 있도록 재난관리의 전 과정을 통일적으로 단순화·체계화한 것으로서 행정안전부장관이 고시한 것

⑩ 안전문화활동 : 안전교육, 안전훈련, 홍보 등을 통하여 안전에 관한 가치와 인식을 높이고 안전을 생활화하도록 하는 등 재난이나 그 밖의 각종 사고로부터 안전한 사회를 만들어가기 위한 활동

⑪ 안전취약계층 : 어린이, 노인, 장애인 등 재난에 취약한 사람

⑫ 재난관리정보 : 재난관리를 위하여 필요한 재난상황정보, 동원 가능 자원정보, 시설물정보, 지리정보

⑬ 재난안전통신망 : 재난관리책임기관·긴급구조기관 및 긴급구조지원기관이 재난관리업무에 이용하거나 재난현장에서의 통합지휘에 활용하기 위하여 구축·운영하는 무선통신망

(3) 안전관리기구 및 기능

① 중앙안전관리위원회(법 제9조)
　　㉠ 재난 및 안전관리에 관한 다음의 사항을 심의하기 위하여 국무총리 소속으로 중앙안전관리위원회(중앙위원회)를 둔다.
　　　　• 재난 및 안전관리에 관한 중요 정책에 관한 사항
　　　　• 국가안전관리기본계획에 관한 사항
　　　　• 재난 및 안전관리사업 관련 중기사업계획서, 투자우선순위 의견 및 예산요구서에 관한 사항
　　　　• 중앙행정기관의 장이 수립·시행하는 계획, 점검·검사, 교육·훈련, 평가 등 재난 및 안전관리업무의 조정에 관한 사항

- 안전기준관리에 관한 사항
- 재난사태의 선포에 관한 사항
- 특별재난지역의 선포에 관한 사항
- 재난이나 그 밖의 각종 사고가 발생하거나 발생할 우려가 있는 경우 이를 수습하기 위한 관계 기관 간 협력에 관한 중요 사항
- 중앙행정기관의 장이 시행하는 대통령령으로 정하는 재난 및 사고의 예방사업 추진에 관한 사항
- 그 밖에 위원장이 회의에 부치는 사항

ⓛ 중앙위원회의 위원장은 국무총리가 되고, 위원은 대통령령으로 정하는 중앙행정기관 또는 관계 기관·단체의 장이 된다.

ⓒ 중앙위원회의 위원장은 중앙위원회를 대표하며, 중앙위원회의 업무를 총괄한다.

ⓔ 중앙위원회에 간사 1명을 두며, 간사는 행정안전부장관이 된다.

ⓜ 중앙위원회의 위원장이 사고 또는 부득이한 사유로 직무를 수행할 수 없을 때에는 행정안전부장관, 대통령령으로 정하는 중앙행정기관의 장 순으로 위원장의 직무를 대행한다.

ⓗ ⓜ에 따라 행정안전부장관 등이 중앙위원회 위원장의 직무를 대행할 때에는 행정안전부의 재난안전관리사무를 담당하는 본부장이 중앙위원회 간사의 직무를 대행한다.

ⓢ 중앙위원회는 ⓘ의 사무가 국가안전보장과 관련된 경우에는 국가안전보장회의와 협의하여야 한다.

ⓞ 중앙위원회의 위원장은 그 소관 사무에 관하여 재난관리책임기관의 장이나 관계인에게 자료의 제출, 의견 진술, 그 밖에 필요한 사항에 대하여 협조를 요청할 수 있다. 이 경우 요청을 받은 사람은 특별한 사유가 없으면 요청에 따라야 한다.

ⓩ 중앙위원회의 구성과 운영 등에 필요한 사항은 대통령령으로 정한다.

② **지역위원회(법 제11조)**

ⓘ 지역별 재난 및 안전관리에 관한 다음의 사항을 심의·조정하기 위하여 특별시장·광역시장·특별자치시장·도지사·특별자치도지사(시·도지사) 소속으로 시·도 안전관리위원회(시·도위원회)를 두고, 시장(제주특별자치도 행정시장을 포함)·군수·구청장 소속으로 시·군·구 안전관리위원회를 둔다.

- 해당 지역에 대한 재난 및 안전관리정책에 관한 사항
- 안전관리계획에 관한 사항
- 해당 지역을 관할하는 재난관리책임기관(중앙행정기관과 상급 지방자치단체는 제외)이 수행하는 재난 및 안전관리업무의 추진에 관한 사항
- 재난이나 그 밖의 각종 사고가 발생하거나 발생할 우려가 있는 경우 이를 수습하기 위한 관계 기관 간 협력에 관한 사항

- 다른 법령이나 조례에 따라 해당 위원회의 권한에 속하는 사항
- 그 밖에 해당 위원회의 위원장이 회의에 부치는 사항

ⓒ 시·도위원회의 위원장은 시·도지사가 되고, 시·군·구위원회의 위원장은 시장·군수·구청장이 된다.

ⓒ 시·도위원회와 시·군·구위원회(지역위원회)의 회의에 부칠 의안을 검토하고, 재난 및 안전관리에 관한 관계 기관 간의 협의·조정 등을 위하여 지역위원회에 안전정책실무조정위원회를 둘 수 있다.

ⓔ 지역위원회 및 안전정책실무조정위원회의 구성과 운영에 필요한 사항은 해당 지방자치단체의 조례로 정한다.

(4) 중앙재난안전대책본부 등

① 중앙재난안전대책본부 등(법 제14조)

ⓐ 대통령령으로 정하는 대규모 재난의 대응·복구(이하 수습) 등에 관한 사항을 총괄·조정하고 필요한 조치를 하기 위하여 행정안전부에 중앙재난안전대책본부(중앙대책본부)를 둔다.

ⓑ 중앙대책본부에 본부장과 차장을 둔다.

ⓒ 중앙대책본부의 본부장(중앙대책본부장)은 행정안전부장관이 되며, 중앙대책본부장은 중앙대책본부의 업무를 총괄하고 필요하다고 인정하면 중앙재난안전대책본부회의를 소집할 수 있다. 다만, 해외재난의 경우에는 외교부장관이, 「원자력시설 등의 방호 및 방사능 방재 대책법」에 따른 방사능재난의 경우에는 중앙방사능방재대책본부의 장이 각각 중앙대책본부장의 권한을 행사한다.

ⓓ ⓒ에도 불구하고 재난의 효과적인 수습을 위하여 다음의 어느 하나에 해당하는 경우에는 국무총리가 중앙대책본부장의 권한을 행사할 수 있다. 이 경우 행정안전부장관, 외교부장관(해외재난의 경우에 한정한다) 또는 원자력안전위원회 위원장(방사능 재난의 경우에 한정한다)이 차장이 된다.

- 국무총리가 범정부적 차원의 통합 대응이 필요하다고 인정하는 경우
- 행정안전부장관이 국무총리에게 건의하거나 수습본부장의 요청을 받아 행정안전부장관이 국무총리에게 건의하는 경우

ⓔ 중앙대책본부장은 대규모재난이 발생하거나 발생할 우려가 있는 경우에는 대통령령으로 정하는 바에 따라 실무반을 편성하고, 중앙재난안전대책본부상황실을 설치하는 등 해당 대규모 재난에 대하여 효율적으로 대응하기 위한 체계를 갖추어야 한다. 이 경우 중앙재난안전상황실과 인력, 장비, 시설 등을 통합·운영할 수 있다.

ⓕ 중앙대책본부, 중앙재난안전대책본부회의의 구성과 운영에 필요한 사항은 대통령령으로 정한다.

② 중앙대책본부장의 권한 등(법 제15조)

ㄱ 중앙대책본부장은 대규모 재난을 효율적으로 수습하기 위하여 관계 재난관리책임기관의 장에게 행정 및 재정상의 조치, 소속 직원의 파견, 그 밖의 필요한 지원을 요청할 수 있다. 이 경우 요청을 받은 관계 재난관리책임기관의 장은 특별한 사유가 없으면 요청에 따라야 한다.

ㄴ ㄱ에 의하여 파견된 직원은 대규모 재난의 수습에 필요한 소속 기관의 업무를 성실히 수행하여야 하며, 대규모 재난의 수습이 끝날 때까지 중앙대책본부에서 상근하여야 한다.

ㄷ 중앙대책본부장은 해당 대규모 재난의 수습에 필요한 범위에서 수습본부장 및 지역대책본부장을 지휘할 수 있다.

③ 지역재난안전대책본부(법 제16조)

ㄱ 해당 관할 구역에서 재난의 수습 등에 관한 사항을 총괄·조정하고 필요한 조치를 하기 위하여 시·도지사는 시·도재난안전대책본부(시·도대책본부)를 두고, 시장·군수·구청장은 시·군·구재난안전대책본부(시·군·구대책본부)를 둔다.

ㄴ 시·도대책본부 또는 시·군·구대책본부(지역대책본부)의 본부장(지역대책본부장)은 시·도지사 또는 시장·군수·구청장이 되며, 지역대책본부장은 지역대책본부의 업무를 총괄하고 필요하다고 인정하면 대통령령으로 정하는 바에 따라 지역재난안전대책본부회의를 소집할 수 있다.

ㄷ 시·군·구대책본부의 장은 재난현장의 총괄·조정 및 지원을 위하여 재난현장 통합지원본부(통합지원본부)를 설치·운영할 수 있다. 이 경우 통합지원본부의 장은 긴급구조에 대해서는 시·군·구 긴급구조통제단장의 현장지휘에 협력하여야 한다.

ㄹ 통합지원본부의 장은 관할 시·군·구의 부단체장이 되며, 실무반을 편성하여 운영할 수 있다.

ㅁ 지역대책본부 및 통합지원본부의 구성과 운영에 필요한 사항은 해당 지방자치단체의 조례로 정한다.

(5) 재난안전상황실

① 재난안전상황실(법 제18조)

ㄱ 행정안전부장관, 시·도지사 및 시장·군수·구청장은 재난정보의 수집·전파, 상황관리, 재난발생 시 초동조치 및 지휘 등의 업무를 수행하기 위하여 다음의 구분에 따른 상시 재난안전상황실을 설치·운영하여야 한다.
  • 행정안전부장관 : 중앙재난안전상황실
  • 시·도지사 및 시장·군수·구청장 : 시·도별 및 시·군·구별 재난안전상황실

ⓛ 중앙행정기관의 장은 소관 업무분야의 재난상황을 관리하기 위하여 재난안전상황실을 설치
· 운영하거나 재난상황을 관리할 수 있는 체계를 갖추어야 한다.

ⓒ 재난관리책임기관의 장은 재난에 관한 상황관리를 위하여 재난안전상황실을 설치 · 운영할
수 있다.

ⓔ 재난안전상황실은 중앙재난안전상황실 및 다른 기관의 재난안전상황실과 유기적인 협조체
제를 유지하고, 재난관리정보를 공유하여야 한다.

② 재난 신고 등(법 제19조)

ⓐ 누구든지 재난의 발생이나 재난이 발생할 징후를 발견하였을 때에는 즉시 그 사실을 시장 ·
군수 · 구청장 · 긴급구조기관, 그 밖의 관계 행정기관에 신고하여야 한다.

ⓛ 신고를 받은 시장 · 군수 · 구청장과 그 밖의 관계 행정기관의 장은 관할 긴급구조기관의 장에
게, 긴급구조기관의 장은 그 소재지 관할 시장 · 군수 · 구청장 및 재난관리주관기관의 장에게
통보하여 응급대처방안을 마련할 수 있도록 조치하여야 한다.

③ 재난상황의 보고(법 제20조)

ⓐ 시장 · 군수 · 구청장, 소방서장, 해양경찰서장, 재난관리책임기관의 장 또는 국가핵심기반
을 관리하는 기관 · 단체의 장은 그 관할구역, 소관 업무 또는 시설에서 재난이 발생하거나
발생할 우려가 있으면 대통령령으로 정하는 바에 따라 재난상황에 대해서는 즉시, 응급조치
및 수습현황에 대해서는 지체 없이 각각 행정안전부장관, 관계 재난관리주관기관의 장 및
시 · 도지사에게 보고하거나 통보하여야 한다. 이 경우 관계 재난관리주관기관의 장 및 시 · 도
지사는 보고받은 사항을 확인 · 종합하여 행정안전부장관에게 통보하여야 한다.

ⓛ 시장 · 군수 · 구청장, 소방서장, 해양경찰서장, 재난관리책임기관의 장 또는 관리기관의 장
은 재난이 발생한 경우 또는 재난 발생을 신고받거나 통보받은 경우에는 즉시 관계 재난관리
책임기관의 장에게 통보하여야 한다.

(6) 안전관리계획

① 국가안전관리기본계획의 수립 등(법 제22조)

ⓐ 국무총리는 대통령령으로 정하는 바에 따라 국가의 재난 및 안전관리업무에 관한 기본계획(국
가안전관리기본계획)의 수립지침을 작성하여 관계 중앙행정기관의 장에게 통보하여야 한다.

ⓛ 수립지침에는 부처별로 중점적으로 추진할 안전관리기본계획의 수립에 관한 사항과 국가재
난관리체계의 기본방향이 포함되어야 한다.

ⓒ 관계 중앙행정기관의 장은 ⓐ에 따른 수립지침에 따라 그 소관에 속하는 재난 및 안전관리업
무에 관한 기본계획을 작성한 후 국무총리에게 제출하여야 한다.

ⓔ 국무총리는 관계 중앙행정기관의 장이 제출한 기본계획을 종합하여 국가안전관리기본계획을 작성하여 중앙위원회의 심의를 거쳐 확정한 후 이를 관계 중앙행정기관의 장에게 통보하여야 한다.

ⓜ 중앙행정기관의 장은 확정된 국가안전관리기본계획 중 그 소관사항을 관계 재난관리책임기관(중앙행정기관과 지방자치단체는 제외)의 장에게 통보하여야 한다.

ⓗ 국가안전관리기본계획과 집행계획, 시·도안전관리계획 및 시·군·구안전관리계획은「민방위기본법」에 따른 민방위계획 중 재난관리분야의 계획으로 본다.

ⓢ 국가안전관리기본계획에는 다음의 사항이 포함되어야 한다.
- 재난에 관한 대책
- 생활안전, 교통안전, 산업안전, 시설안전, 범죄안전, 식품안전, 안전취약계층 안전 및 그 밖에 이에 준하는 안전관리에 관한 대책

② **집행계획(법 제23조)**

ⓐ 관계 중앙행정기관의 장은 규정에 따라 통보받은 국가안전관리기본계획에 따라 그 소관업무에 관한 집행계획을 작성하여 조정위원회의 심의를 거쳐 국무총리의 승인을 받아 확정한다.

ⓑ 관계 중앙행정기관의 장은 확정된 집행계획을 행정안전부장관, 시·도지사 및 재난관리책임기관의 장에게 각각 통보하여야 한다.

ⓒ 재난관리책임기관의 장은 통보받은 집행계획에 따라 세부집행계획을 작성하여 관할 시·도지사와 협의한 후 소속 중앙행정기관의 장의 승인을 받아 이를 확정하여야 한다. 이 경우 그 재난관리책임기관의 장이 공공기관이나 공공단체의 장인 경우에는 그 내용을 지부 등 지방조직에 통보하여야 한다.

③ **시·도 안전관리계획의 수립(법 제24조)**

ⓐ 행정안전부장관은 국가안전관리기본계획과 집행계획에 따라 시·도의 재난 및 안전관리업무에 관한 계획(시·도 안전관리계획)의 수립지침을 작성하여 이를 시·도지사에게 통보하여야 한다.

ⓑ 시·도의 전부 또는 일부를 관할 구역으로 하는 재난관리책임기관의 장은 그 소관 재난 및 안전관리업무에 관한 계획을 작성하여 관할 시·도지사에게 제출하여야 한다.

ⓒ 시·도지사는 통보받은 수립지침과 제출받은 재난 및 안전관리업무에 관한 계획을 종합하여 시·도안전관리계획을 작성하고 시·도위원회의 심의를 거쳐 확정한다.

ⓓ 시·도지사는 확정된 시·도안전관리계획을 행정안전부장관에게 보고하고, 재난관리책임기관의 장에게 통보하여야 한다.

④ **시·군·구안전관리계획의 수립(법 제25조)**

ⓐ 시·도지사는 확정된 시·도안전관리계획에 따라 시·군·구의 재난 및 안전관리업무에 관한 계획(시·군·구안전관리계획)의 수립지침을 작성하여 시장·군수·구청장에게 통보하

여야 한다.

    ⓛ 시·군·구의 전부 또는 일부를 관할 구역으로 하는 재난관리책임기관의 장은 그 소관 재난 및 안전관리업무에 관한 계획을 작성하여 시장·군수·구청장에게 제출하여야 한다.

    ⓒ 시장·군수·구청장은 통보받은 수립지침과 제출받은 재난 및 안전관리업무에 관한 계획을 종합하여 시·군·구안전관리계획을 작성하고 시·군·구위원회의 심의를 거쳐 확정한다.

    ⓔ 시장·군수·구청장은 확정된 시·군·구안전관리계획을 시·도지사에게 보고하고, 재난관리책임기관의 장에게 통보하여야 한다.

(7) 응급조치 등

① 재난사태 선포(법 제36조)

    ㉠ 행정안전부장관은 대통령령으로 정하는 재난이 발생하거나 발생할 우려가 있는 경우 사람의 생명·신체 및 재산에 미치는 중대한 영향이나 피해를 줄이기 위하여 긴급한 조치가 필요하다고 인정하면 중앙위원회의 심의를 거쳐 재난사태를 선포할 수 있다. 다만, 행정안전부장관은 재난상황이 긴급하여 중앙위원회의 심의를 거칠 시간적 여유가 없다고 인정하는 경우에는 중앙위원회의 심의를 거치지 아니하고 재난사태를 선포할 수 있다.

    ⓛ 행정안전부장관은 재난사태를 선포한 경우에는 지체 없이 중앙위원회의 승인을 받아야 하고, 승인을 받지 못하면 선포된 재난사태를 즉시 해제하여야 한다.

    ⓒ 행정안전부장관 및 지방자치단체의 장은 재난사태가 선포된 지역에 대하여 다음의 조치를 할 수 있다.

        • 재난경보의 발령, 인력·장비 및 물자의 동원, 위험구역 설정, 대피명령, 응급지원 등 이 법에 따른 응급조치

        • 해당 지역에 소재하는 행정기관 소속 공무원의 비상소집

        • 해당 지역에 대한 여행 등 이동 자제 권고

        • 「유아교육법」, 「초·중등교육법」 및 「고등교육법」에 따른 휴업명령 및 휴원·휴교 처분의 요청

        • 그 밖에 재난예방에 필요한 조치

    ⓔ 행정안전부장관은 재난으로 인한 위험이 해소되었다고 인정하는 경우 또는 재난이 추가적으로 발생할 우려가 없어진 경우에는 선포된 재난사태를 즉시 해제하여야 한다.

② 응급조치(법 제37조)

    시·도 긴급구조통제단 및 시·군·구 긴급구조통제단의 단장(지역통제단장)과 시장·군수·구청장은 재난이 발생할 우려가 있거나 재난이 발생하였을 때에는 즉시 관계 법령이나 재난대응 활동계획 및 위기관리 매뉴얼에서 정하는 바에 따라 수방(水防)·진화·구조 및 구난(救難), 그 밖에 재난 발생을 예방하거나 피해를 줄이기 위하여 필요한 다음의 응급조치를 하여야 한다.

다만, 지역통제단장의 경우에는 다음의 ⓒ 중 진화에 관한 응급조치와 ⑩ 및 Ⓢ의 응급조치만 하여야 한다.

ⓐ 경보의 발령 또는 전달이나 피난의 권고 또는 지시

ⓑ 안전조치

ⓒ 진화·수방·지진방재, 그 밖의 응급조치와 구호

ⓓ 피해시설의 응급복구 및 방역과 방범, 그 밖의 질서 유지

ⓔ 긴급수송 및 구조 수단의 확보

ⓕ 급수 수단의 확보, 긴급피난처 및 구호품의 확보

ⓖ 현장지휘통신체계의 확보

ⓗ 그 밖에 재난 발생을 예방하거나 줄이기 위하여 필요한 사항으로서 대통령령으로 정하는 사항

③ 동원명령 및 응급부담(법 제39조, 법 제45조)

ⓐ 동원명령 : 중앙대책본부장과 시장·군수·구청장(시·군·구대책본부가 운영되는 경우에는 해당 본부장)은 재난이 발생하거나 발생할 우려가 있다고 인정하면 다음의 조치를 할 수 있다.
- 「민방위기본법」에 의한 민방위대의 동원
- 응급조치를 위하여 재난관리책임기관의 장에 대한 관계 직원의 출동 또는 재난관리자원 및 지정된 장비·시설 및 인력의 동원 등 필요한 조치의 요청
- 동원 가능한 장비와 인력 등이 부족한 경우에는 국방부장관에 대한 군부대의 지원 요청

ⓑ 응급부담 : 시장·군수·구청장과 지역통제단장(대통령령으로 정하는 권한을 행사하는 경우에만 해당)은 그 관할 구역에서 재난이 발생하거나 발생할 우려가 있어 응급조치를 하여야 할 급박한 사정이 있으면 해당 재난현장에 있는 사람이나 인근에 거주하는 사람에게 응급조치에 종사하게 하거나 대통령령으로 정하는 바에 따라 다른 사람의 토지·건축물·인공구조물, 그 밖의 소유물을 일시 사용할 수 있으며, 장애물을 변경하거나 제거할 수 있다.

④ 대피명령 등(법 제40조·제41조·제42조·제43조)

ⓐ 대피명령 : 시장·군수·구청장과 지역통제단장(대통령령으로 정하는 권한을 행사하는 경우에만 해당)은 재난이 발생하거나 발생할 우려가 있는 경우에 사람의 생명 또는 신체나 재산에 대한 위해를 방지하기 위하여 필요하면 해당 지역 주민이나 그 지역 안에 있는 사람에게 대피하도록 명하거나 선박·자동차 등을 그 소유자·관리자 또는 점유자에게 대피시킬 것을 명할 수 있다. 이 경우 미리 대피장소를 지정할 수 있다.

ⓑ 위험구역의 설정 : 시장·군수·구청장과 지역통제단장(대통령령으로 정하는 권한을 행사하는 경우에만 해당)은 재난이 발생하거나 발생할 우려가 있는 경우에 사람의 생명 또는 신체에 대한 위해 방지나 질서의 유지를 위하여 필요하면 위험구역을 설정하고, 응급조치에 종사하지

아니하는 사람에게 다음의 조치를 명할 수 있다.

- 위험구역에 출입하는 행위나 그 밖의 행위의 금지 또는 제한
- 위험구역에서의 퇴거 또는 대피

ⓒ 강제대피조치 : 시장·군수·구청장 및 지역통제단장(대통령령으로 정하는 권한을 행사하는 경우에만 해당)은 대피명령을 받은 사람 또는 위험구역에서의 퇴거나 대피명령을 받은 사람이 그 명령을 이행하지 아니하여 위급하다고 판단되면 그 지역 또는 위험구역 안의 주민이나 그 안에 있는 사람을 강제로 대피 또는 퇴거시키거나 선박·자동차 등을 견인시킬 수 있다.

ⓔ 통행제한 등 : 시장·군수·구청장과 지역통제단장(대통령령으로 정하는 권한을 행사하는 경우에만 해당)은 응급조치에 필요한 물자를 긴급히 수송하거나 진화·구조 등을 하기 위하여 필요하면 대통령령으로 정하는 바에 따라 경찰관서의 장에게 도로의 구간을 지정하여 해당 긴급수송 등을 하는 차량 외의 차량의 통행을 금지하거나 제한하도록 요청할 수 있다.

(8) 긴급구조

① 중앙긴급구조통제단(법 제49조)

ⓐ 긴급구조에 관한 사항의 총괄·조정, 긴급구조기관 및 긴급구조지원기관이 하는 긴급구조활동의 역할 분담과 지휘·통제를 위하여 소방청에 중앙긴급구조통제단(중앙통제단)을 둔다.

ⓑ 중앙통제단의 단장은 소방청장이 된다.

ⓒ 중앙통제단장은 긴급구조를 위하여 필요하면 긴급구조지원기관 간의 공조체제를 유지하기 위하여 관계 기관·단체의 장에게 소속 직원의 파견을 요청할 수 있다. 이 경우 요청을 받은 기관·단체의 장은 특별한 사유가 없으면 요청에 따라야 한다.

ⓔ 중앙통제단의 구성·기능 및 운영에 필요한 사항은 대통령령으로 정한다.

PLUS ONE 긴급구조기관(재난 및 안전관리기본법 제3조)
긴급구조기관이란 소방청, 소방본부, 소방서를 말한다. 다만 해양에서 발생한 재난의 경우에는 해양경찰청, 지방해양경찰청, 해양경찰서를 말한다.

② 지역긴급구조통제단(법 제50조)

ⓐ 지역별 긴급구조에 관한 사항의 총괄·조정, 해당 지역에 소재하는 긴급구조기관 및 긴급구조지원기관 간의 역할분담과 재난현장에서의 지휘·통제를 위하여 시·도의 소방본부에 시·도 긴급구조통제단을 두고, 시·군·구의 소방서에 시·군·구 긴급구조통제단을 둔다.

ⓑ 시·도 긴급구조통제단과 시·군·구 긴급구조통제단(지역통제단)에는 각각 단장 1명을 두되, 시·도긴급구조통제단의 단장은 소방본부장이 되고 시·군·구 긴급구조통제단의 단장은 소방서장이 된다.

ⓒ 지역통제단장은 긴급구조를 위하여 필요하면 긴급구조지원기관 간의 공조체제를 유지하기 위하여 관계 기관·단체의 장에게 소속 직원의 파견을 요청할 수 있다. 이 경우 요청을 받은 기관·단체의

장은 특별한 사유가 없으면 요청에 따라야 한다.

 ② 지역통제단의 기능과 운영에 관한 사항은 대통령령으로 정한다.

③ 긴급구조(법 제51조)

 ⊙ 지역통제단장은 재난이 발생하면 소속 긴급구조요원을 재난현장에 신속히 출동시켜 필요한 긴급구조활동을 하게 하여야 한다.

 ⓒ 지역통제단장은 긴급구조를 위하여 필요하면 긴급구조지원기관의 장에게 소속 긴급구조지원요원을 현장에 출동시키거나 긴급구조에 필요한 장비·물자를 제공하는 등 긴급구조활동을 지원할 것을 요청할 수 있다. 이 경우 요청을 받은 기관의 장은 특별한 사유가 없으면 즉시 요청에 따라야 한다.

 ⓒ ⓒ에 따른 요청에 따라 긴급구조활동에 참여한 민간 긴급구조지원기관에 대하여는 대통령령으로 정하는 바에 따라 그 경비의 전부 또는 일부를 지원할 수 있다.

 ⓔ 긴급구조활동을 하기 위하여 회전익항공기(헬기)를 운항할 필요가 있으면 긴급구조기관의 장이 헬기의 운항과 관련되는 사항을 헬기운항통제기관에 통보하고 헬기를 운항할 수 있다. 이 경우 관계 법령에 따라 해당 헬기의 운항이 승인된 것으로 본다.

④ 긴급구조 현장지휘(법 제52조)

 ⊙ 재난현장에서는 시·군·구 긴급구조통제단장이 긴급구조활동을 지휘한다. 다만, 치안활동과 관련된 사항은 관할 경찰관서의 장과 협의하여야 한다.

 ⓒ 시·도 긴급구조통제단장은 필요하다고 인정하면 ⊙의 규정에도 불구하고 직접 현장지휘를 할 수 있다.

 ⓒ 중앙통제단장은 대통령령으로 정하는 대규모 재난이 발생하거나 그 밖에 필요하다고 인정하면 ⊙, ⓒ의 규정에도 불구하고 직접 현장지휘를 할 수 있다.

 ⓔ 재난현장에서 긴급구조활동을 하는 긴급구조요원과 긴급구조지원기관의 인력·장비·물자에 대한 운용은 현장지휘를 하는 긴급구조통제단장(각급통제단장)의 지휘·통제에 따라야 한다.

 ⓜ 지역대책본부장은 각급통제단장이 수행하는 긴급구조활동에 적극 협력하여야 한다.

 ⓗ 시·군·구 긴급구조통제단장은 설치·운영하는 통합지원본부의 장에게 긴급구조에 필요한 인력이나 물자 등의 지원을 요청할 수 있다. 이 경우 요청받은 기관의 장은 최대한 협조하여야 한다.

 ⓢ 재난현장의 구조활동 등 초동 조치상황에 대한 언론 발표 등은 각급통제단장이 지명하는 자가 한다.

 ⓞ 각급통제단장은 재난현장의 긴급구조 등 현장지휘를 효과적으로 하기 위하여 재난현장에 현장지휘소를 설치·운영할 수 있다. 이 경우 긴급구조활동에 참여하는 긴급구조지원기관의 현장지휘자는 현장지휘소에 대통령령으로 정하는 바에 따라 연락관을 파견하여야 한다.

 ⓩ 각급통제단장은 긴급구조 활동을 종료하려는 때에는 재난현장에 참여한 지역사고수습본부장, 통합지원본부의 장 등과 협의를 거쳐 결정하여야 한다. 이 경우 각급통제단장은 긴급구조

활동 종료 사실을 지역대책본부장 및 긴급구조지원기관의 장에게 통보하여야 한다.

ⓧ 해양에서 발생한 재난의 긴급구조활동에 관하여는 ㉠부터 ⓩ까지의 규정을 준용한다. 이 경우 시·군·구 긴급구조통제단장, 시·도 긴급구조통제단장, 중앙긴급구조통제단장은 「수상에서의 수색·구조 등에 관한 법률」에 따른 지역구조본부의 장, 광역구조본부의 장, 중앙구조본부의 장으로 각각 본다.

⑤ **긴급대응협력관(법 제52조의2)** : 긴급구조기관의 장은 긴급구조지원기관의 장에게 다음의 업무를 수행하는 긴급대응협력관을 대통령령으로 정하는 바에 따라 지정·운영하게 할 수 있다.

㉠ 평상시 해당 긴급구조지원기관의 긴급구조대응계획 수립 및 보유자원관리

㉡ 재난대응업무의 상호 협조 및 재난현장 지원업무 총괄

⑥ **긴급구조대응계획의 수립(법 제54조)** : 긴급구조기관의 장은 재난이 발생하는 경우 긴급구조기관과 긴급구조지원기관이 신속하고 효율적으로 긴급구조를 수행할 수 있도록 대통령령으로 정하는 바에 따라 재난의 규모와 유형에 따른 긴급구조대응계획을 수립·시행하여야 한다.

⑦ **해상에서의 긴급구조(법 제56조)**

해상에서 발생한 선박이나 항공기 등의 조난사고의 긴급구조활동에 관하여는 「수상에서의 수색·구조 등에 관한 법률」 등 관계 법령에 따른다.

⑧ **항공기 등 조난사고 시의 긴급구조(법 제57조)** : 국방부장관은 항공기나 선박의 조난사고가 발생하면 관계 법령에 따라 긴급구조업무에 책임이 있는 기관의 긴급구조활동에 대한 군의 지원을 신속하게 할 수 있도록 다음의 조치를 취하여야 한다.

㉠ 탐색구조본부의 설치·운영

㉡ 탐색구조부대의 지정 및 출동대기태세의 유지

㉢ 조난 항공기에 관한 정보 제공

(9) 특별재난지역의 선포 및 지원

① **특별재난지역의 선포(법 제60조)**

㉠ 중앙대책본부장은 대통령령으로 정하는 규모의 재난이 발생하여 국가의 안녕 및 사회질서의 유지에 중대한 영향을 미치거나 피해를 효과적으로 수습하기 위하여 특별한 조치가 필요하다고 인정하거나 ㉢에 따른 지역대책본부장의 요청이 타당하다고 인정하는 경우에는 중앙위원회의 심의를 거쳐 해당 지역을 특별재난지역으로 선포할 것을 대통령에게 건의할 수 있다.

㉡ ㉠에 따라 특별재난지역의 선포를 건의받은 대통령은 해당 지역을 특별재난지역으로 선포할 수 있다.

㉢ 지역대책본부장은 관할지역에서 발생한 재난으로 인하여 ㉠에 따른 사유가 발생한 경우에는 중앙대책본부장에게 특별재난지역의 선포 건의를 요청할 수 있다.

② **특별재난지역에 대한 지원(법 제61조)** : 국가나 지방자치단체는 특별재난지역으로 선포된 지역에 대하여는 규정에 따른 지원을 하는 외에 대통령령으로 정하는 바에 따라 응급대책 및 재난구호와 복구에 필요한 행정상·재정상·금융상·의료상의 특별지원을 할 수 있다.

CHAPTER 01 적중예상문제

01 다음 중 소방기본법상의 목적이 아닌 것은?

① 화재의 예방·경계 및 진압
② 응급환자의 구급 활동
③ 국민의 생명·재산 보호
④ 강설 시 제설작업 지원

 목적(소방기본법 제1조)
화재를 예방·경계하거나 진압하고 화재, 재난·재해, 그 밖의 위급한 상황에서의 구조·구급 활동 등을 통하여 국민의 생명·신체 및 재산을 보호함으로써 공공의 안녕 및 질서 유지와 복리증진에 이바지함을 목적으로 한다.

02 다음 중 소방업무의 영역에 속하지 않는 것은?

① 해상인명구조
② 인적 재난대응
③ 자연재난대응
④ 응급의료

 해상에서의 선박 또는 항공기 등의 조난사고가 발생한 때에는 수난구호법 등 관계 법령에 의하여 해양경찰청장이 긴급구조활동을 수행하여야 한다.

03 「국가공무원법」상의 공무원의 구분 중 소방공무원이 속하는 것은?

① 일반직 공무원
② 정무직 공무원
③ 특정직 공무원
④ 별정직 공무원

 소방공무원의 신분(소방기본법 제11조, 국가공무원법 제2조 제2항)
• 소방공무원은 경력직 공무원으로서 특정직 공무원이다.
 – 경력직 공무원 : 실적과 자격에 따라 임용되고 그 신분이 보장되며 평생 동안 공무원으로 근무할 것이 예정되는 공무원 → 일반직·특정직 공무원
 – 특수경력직 공무원 : 경력직 공무원 외의 공무원 → 정무직·별정직 공무원

04 재난은 국민의 생명·신체·재산과 국가에 피해를 주거나 줄 수 있는 것으로 정의된다. 다음 중 "사회재난"의 종류에 해당하는 것으로 옳은 것은?

① 황 사　　　　　　　　　　　② 가 뭄
③ 화생방사고　　　　　　　　　④ 해 일

 • 자연재난 : 태풍, 홍수, 호우(豪雨), 강풍, 풍랑, 해일(海溢), 대설, 한파, 낙뢰, 가뭄, 폭염, 지진, 황사(黃砂), 조류(藻類) 대발생, 조수(潮水), 화산활동, 소행성·유성체 등 자연우주물체의 추락·충돌, 그 밖에 이에 준하는 자연현상으로 인하여 발생하는 재해
　　　• 사회재난 : 화재·붕괴·폭발·교통사고(항공사고 및 해상사고 포)·화생방사고·환경오염사고 등으로 인하여 발생하는 대통령령으로 정하는 규모 이상의 피해와 국가핵심기반의 마비, 「감염병의 예방 및 관리에 관한 법률」에 따른 감염병 또는 「가축전염병예방법」에 따른 가축전염병의 확산, 「미세먼지 저감 및 관리에 관한 특별법」에 따른 미세먼지 등으로 인한 피해

05 「소방기본법」상 시·도지사가 화재경계지구로 지정할 수 있는 대상이 아닌 것은?(단, 소방청장이 해당 시·도지사에게 해당 지역의 화재경계지구 지정을 요청하여 지정하는 사항에 대하여는 제외한다)

① 석유화학제품을 생산하는 공장이 있는 지역
② 고층건물이 밀집한 지역
③ 소방출동로가 없는 지역
④ 공장·창고가 밀집한 지역

 화재경계지구(소방기본법 제13조)
　　　• 시장지역
　　　• 공장·창고가 밀집한 지역
　　　• 목조건물이 밀집한 지역
　　　• 위험물의 저장 및 처리시설이 밀집한 지역
　　　• 석유화학제품을 생산하는 공장이 있는 지역
　　　• 「산업입지 및 개발에 관한 법률」 제2조 제8호에 따른 산업단지
　　　• 소방시설·소방용수시설 또는 소방출동로가 없는 지역

06 소방기본법 및 같은 법 시행규칙상 화재조사에 관한 내용으로 옳지 않은 것은?

① 화재조사는 화재진압이 완료되는 즉시 실시되어야 한다.
② 화재조사전담부서에는 기준에 의한 장비 및 시설을 갖추어야 한다.
③ 화재조사에는 화재원인조사뿐만 아니라 화재 피해 조사도 포함된다.
④ 화재조사를 하는 관계 공무원은 그 권한을 표시하는 증표를 지니고 이를 관계인에게 보여주어야 한다.

화재의 원인 및 피해 조사(소방기본법 제29조)
소방청장, 소방본부장 또는 소방서장은 화재가 발생하였을 때에는 화재의 원인 및 피해 등에 대한 화재조사를 하여야 한다.

07 소방기본법에서 규정하고 있는 소방대상물이 아닌 것은?

① 산 림　　　　　　　　　　② 물 건
③ 선박건조구조물　　　　　　④ 항해하는 선박

 소방대상물(소방기본법 제2조 제1호)
건축물, 차량, 선박(선박법 제1조의2의 규정에 따른 선박으로서 항구에 매어둔 선박만 해당), 선박건조구조물, 산림, 그 밖의 인공 구조물 또는 물건

08 소방기본법상 소방대의 구성원이 될 수 없는 사람은?

① 소방공무원
② 의무소방원
③ 소방시설업자
④ 의용소방대원

소방대의 구성원(소방기본법 제2조 제5호)
• 소방공무원법에 따른 소방공무원
• 의무소방대설치법에 따라 임용된 의무소방원
• 의용소방대원

09 소방기본법령상 소방신호의 종류에 대한 설명으로 옳지 않은 것은?

① 경계신호 : 화재예방상 필요하다고 인정되거나 화재위험경보 시 발령
② 발화신호 : 화재가 발생하기 전 발령
③ 해제신호 : 소화활동이 필요 없다고 인정되는 때 발령
④ 훈련신호 : 훈련상 필요하다고 인정되는 때 발령

소방신호의 종류(소방기본법 시행규칙 제10조)
• 경계신호 : 화재예방상 필요하다고 인정되거나 화재위험경보 시 발령
• 발화신호 : 화재가 발생한 때 발령
• 해제신호 : 소화활동이 필요 없다고 인정되는 때 발령
• 훈련신호 : 훈련상 필요하다고 인정되는 때 발령

10 다음 중 소방의 날은 언제인가?

① 매년 1월 19일
② 매년 9월 11일
③ 매년 11월 9일
④ 매년 9월 19일

 국민의 안전의식과 화재에 대한 경각심을 높이고 안전문화의 정착을 위하여 매년 11월 9일을 소방의 날로 정하여 기념행사를 한다(소방기본법 제7조).

11 다음 중 소방력의 3요소에 해당하지 않는 것은?

① 소방대원
② 소방장비
③ 가연물
④ 소방용수

 소방력의 3요소
 • 소방대원
 • 소방장비
 • 소방용수

12 소방기본법에서 규정하는 "소방대"에 포함되지 않은 것은?

① 소방공무원
② 의무소방원
③ 의용소방대원
④ 소방안전원

해설 소방대(소방기본법 제2조)
화재를 진압하고 화재, 재난・재해, 그 밖의 위급한 상황에서의 구조・구급활동 등을 하기 위하여 다음의 사람으로 구성된 조직체를 말한다.
 • 소방공무원법에 따른 소방공무원
 • 의무소방대설치법에 따라 임용된 의무소방원(義務消防員)
 • 의용소방대 설치 및 운영에 관한 법률에 따른 의용소방대원(義勇消防隊員)

13 의무소방대설치법상 의무소방원의 임무에 해당하는 것을 모두 고른 것은?

ㄱ. 통신 및 전산 업무의 보조
ㄴ. 상황관리의 보조
ㄷ. 화재 등 재난・재해사고현장에서 질서유지
ㄹ. 소방대상물의 소방특별조사

① ㄱ, ㄴ, ㄷ
② ㄱ, ㄴ, ㄹ
③ ㄱ, ㄷ, ㄹ
④ ㄴ, ㄷ, ㄹ

의무소방원의 임무(의무소방대설치법 시행령 제20조)
- 화재 등에 있어서 현장 활동의 보조
  - 화재 등 재난·재해사고현장에서의 질서유지 등 진압업무의 보조와 구조·구급활동의 지원
  - 소방용수시설의 확보
  - 현장 지휘관의 보좌
  - 상황관리의 보조
  - 그밖에 현장 활동에 필요한 사항의 지원
- 소방행정의 지원
  - 문서수발 등 소방행정의 보조
  - 통신 및 전산 업무의 보조
  - 119안전센터에서의 소내 근무의 보조
  - 소방용수시설 유지관리의 지원
  - 소방 순찰 및 예방활동의 지원
  - 차량운전의 지원
- 소방관서의 경비

14 다음 중 의무소방원의 임용권자는 누구인가?

① 소방서장
② 시·도 소방본부장
③ 중앙소방학교장
④ 소방청장

 의무소방원의 임용권자(의무소방대 설치법 시행령 제3조)
의무소방원은 병역법 규정에 의하여 전환복무된 사람 중에서 소방청장이 임용한다.

15 다음 중 의무소방원으로 응시할 수 있는 사람은?

① 병역판정검사를 필하고 입영일자가 결정된 자
② 대학생으로 입영을 연기 중인 자
③ 자격정지 이상의 형의 선고를 받고 그 형이 확정된 자
④ 병역기피 사실이 있는 자

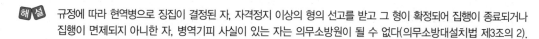 규정에 따라 현역병으로 징집이 결정된 자, 자격정지 이상의 형의 선고를 받고 그 형이 확정되어 집행이 종료되거나
집행이 면제되지 아니한 자, 병역기피 사실이 있는 자는 의무소방원이 될 수 없다(의무소방대설치법 제3조의 2).

16 다음 중 소방공무원의 직급분류로 맞는 것은?

① 별정직 공무원
② 정무직 공무원
③ 특정직 공무원
④ 일반직 공무원

해설 ③ 소방공무원은 경력직 공무원으로서 특정직 공무원이다(국가공무원법 제2조 제2항).

17 의무소방대설치법령상 의무소방원의 임무에 해당하지 않는 것은?

① 상황관리의 보조
② 통신 및 전산 업무 전담
③ 구조·구급활동의 지원
④ 현장 지휘관의 보좌

해설 의무소방원의 임무(의무소방대설치법 시행령 제20조)

화재 등에 있어서 현장 활동의 보조	• 화재 등 재난·재해사고현장에서의 질서유지 등 진압업무의 보조와 구조·구급활동의 지원 • 소방용수시설의 확보 • 현장 지휘관의 보좌 • 상황관리의 보조 • 그밖에 현장 활동에 필요한 사항의 지원
소방행정의 지원	• 문서수발 등 소방행정의 보조 • 통신 및 전산 업무의 보조 • 119안전센터에서의 소내 근무의 보조 • 소방용수시설 유지관리의 지원 • 소방 순찰 및 예방활동의 지원 • 차량운전의 지원
소방관서의 경비	–

18 재난 및 안전관리 기본법령에서 규정하고 있는 "자연재난"에 해당하는 것은?

ㄱ. 교통사고	ㄴ. 화 재
ㄷ. 황사(黃砂)	ㄹ. 지 진

① ㄱ, ㄴ
② ㄱ, ㄷ
③ ㄷ, ㄹ
④ ㄴ, ㄹ

황사와 지진은 자연재난에 해당하고, 교통사고와 화재는 사회재난이다.
사회재난
화재·붕괴·폭발·교통사고(항공사고 및 해상사고 포함)·화생방사고·환경오염사고 등으로 인하여 발생하는 대통령령으로 정하는 규모 이상의 피해와 국가핵심기반의 마비, 「감염병의 예방 및 관리에 관한 법률」에 따른 감염병 또는 「가축전염병예방법」에 따른 가축전염병의 확산, 「미세먼지 저감 및 관리에 관한 특별법」에 따른 미세먼지 등으로 인한 피해

19 재난(Disaster)이란 대규모 인명·재산피해를 가져오는 사고를 말한다. 다음 중 자연재난의 종류에 포함되지 않는 것은?

① 해 일　　　　　　　　　　② 건물붕괴
③ 낙 뢰　　　　　　　　　　④ 대 설

 ②는 사회재난이다.

20 재난 및 안전관리 기본법상 자연재난이 아닌 것은?

① 황 사　　　　　　　　　　② 폭 발
③ 강 풍　　　　　　　　　　④ 낙 뢰

 • 자연재난 : 태풍, 홍수, 호우(豪雨), 강풍, 풍랑, 해일(海溢), 대설, 한파, 낙뢰, 가뭄, 폭염, 지진, 황사(黃砂), 조류(藻類) 대발생, 조수(潮水), 화산활동, 소행성·유성체 등 자연우주물체의 추락·충돌, 그 밖에 이에 준하는 자연현상으로 인하여 발생하는 재해
• 사회재난 : 화재·붕괴·폭발·교통사고(항공사고 및 해상사고를 포함한다)·화생방사고·환경오염사고 등으로 인하여 발생하는 대통령령으로 정하는 규모 이상의 피해와 국가핵심기반의 마비, 「감염병의 예방 및 관리에 관한 법률」에 따른 감염병 또는 「가축전염병예방법」에 따른 가축전염병의 확산, 「미세먼지 저감 및 관리에 관한 특별법」에 따른 미세먼지 등으로 인한 피해

21 재난 및 안전관리 기본법상 긴급구조기관에 해당하지 않는 것은?

① 소방본부　　　　　　　　② 지방해양경찰서
③ 해양경찰청　　　　　　　④ 해양수산부

긴급구조기관(재난안전법 제3조)
소방청, 소방본부, 소방서. 다만, 해양 재난 발생 시에는 해양경찰청·지방해양경찰청, 해양경찰서가 된다.

22 화재조사 및 보고규정상 화재와 관계되는 물건의 형상, 구조, 재질, 성분, 성질 등 이와 관련된 모든 현상에 대하여 과학적 방법에 의한 필요한 실험을 행하고 그 결과를 근거로 화재원인을 밝히는 자료를 얻는 것을 무엇이라 하는가?

① 조 사   ② 감 정

③ 감 식   ④ 감 찰

 용어 정리(화재조사 및 보고규정 제2조)
- 조사 : 화재원인을 규명하고 화재로 인한 피해를 산정하기 위하여 자료의 수집, 관계자 등에 대한 질문, 현장 확인, 감식, 감정 및 실험 등을 하는 일련의 행동
- 감식 : 화재원인의 판정을 위하여 전문적인 지식, 기술 및 경험을 활용하여 주로 시각에 의한 종합적인 판단으로 구체적인 사실관계를 명확하게 규명하는 것
- 감정 : 화재와 관계되는 물건의 형상, 구조, 재질, 성분, 성질 등 이와 관련된 모든 현상에 대하여 과학적 방법에 의한 필요한 실험을 행하고 그 결과를 근거로 화재원인을 밝히는 자료를 얻는 것

23 소방기본법령상 소방대원 중 의무소방원에게 실시할 교육 · 훈련의 종류에 해당하지 않는 것은?

① 화재진압훈련

② 인명구조훈련

③ 응급처치훈련

④ 소방안전교육훈련

 의무소방원의 소방교육 · 훈련
화재진압훈련, 인명구조훈련, 응급처치훈련, 인명대피훈련 등이 있다.

24 소방기본법령상 건축물, 차량, 선박(선박법 제1조의2 제1항에 따른 선박으로서 항구에 매어둔 선박만 해당한다), 선박 건조 구조물, 산림, 그 밖의 인공 구조물 또는 물건을 무엇이라 하는가?

① 관계지역

② 소방대상물

③ 경계지역

④ 소방대

 ① 관계지역 : 소방대상물이 있는 장소 및 그 이웃지역으로서 화재의 예방 · 경계 · 진압, 구조 · 구급 등의 활동에 필요한 지역을 말한다(소방기본법 제2조).
④ 소방대 : 화재를 진압하고 화재, 재난 · 재해, 그 밖의 위급한 상황에서 구조 · 구급 활동 등을 하기 위하여 소방공무원, 임용된 의무소방원, 의용소방대원으로 구성된 조직체를 말한다(소방기본법 제2조).

25 재난발생으로 특정지역에 일정 규모 이상의 피해가 발생한 경우 그 지역을 특별재난지역으로 선포하여 특별한 지원을 할 수 있다. 이 특별재난지역의 선포권자는 누구인가?

① 행정안전부장관

② 대통령

③ 소방청장

④ 국무총리

해설 특별재난지역의 선포를 건의받은 대통령은 해당 지역을 특별재난지역으로 선포할 수 있다(재난 및 안전관리기본법 제60조 제2항).

화재이론

01 화재의 개념

(1) 화재의 정의

① 재해 : 천재와 인재로 구분

   ⊙ 천재 : 지진, 해일, 폭풍우, 홍수, 이상기상 등 지구상의 자연현상에 의하여 야기되는 것이므로, 그 발생을 예측할 수 있다 하더라도 이를 방지하는 것은 불가능하고 다만, 그 재해에 의하여 발생하는 피해를 감소시킬 수 있는 대책을 미리 강구하는 것 외에는 다른 대책은 없다.

   ⊙ 인재 : 원칙적으로 발생을 미연에 방지하는 것이 가능하다. 화재도 인재의 일종이므로 그 발생을 미연에 방지하는 것이 충분히 가능하다.

② 화 재

   ⊙ 사람의 의도에 반하여 발생 혹은 확대되고 또는 방화에 의하여 발생하여 소화의 필요가 있는 연소현상으로서 이를 소화할 때에는 소화시설 또는 이와 같은 정도의 효과가 있는 것의 이용을 필요로 하는 것이다.

   ⊙ 가연성 물질이 의도에 반하여 연소함으로써 인적·물적 손실을 발생시키는 것이다.

PLUS ONE ➕ 화재의 특성
- 우발성 : 화재는 돌발적으로 발생하며, 방화 즉, 인위적인 화재를 제외하고는 예측하기란 거의 불가능에 가깝다. 또한 인간의 의도와는 전혀 상관없이 발생한다.
- 성장성 : 화재는 발생하면 무한의 확대성을 가진나.
  - 일반적으로 연소면적은 화재경과시간의 제곱에 비례하여 빠르게 성장·확대되어 간다.
  - 산소와의 친화력이 큰 물질일수록 발화점이 낮고 발화하기 쉬운 경향이 있으며, 고체 가연물의 발화점은 가열공기의 유량, 가열속도, 가연물의 시료나 크기, 모양에 따라 달라질 수 있다.
- 불안정성 : 화재 시의 연소는 기상, 가연물, 건축구조 등의 조건이 상호 간섭하면서 복잡한 형상으로 진행된다.

(2) 화재의 분류

화재가 발생하는 데 필요한 연소의 3요소 중 가연물의 종류와 성상에 따라 분류하는 것이 일반적이다.

① A급(일반화재) : 목재, 종이(타서 재가 남음)

② B급(유류화재) : 인화성 액체로 주로 4류 위험물류임(석유난로, 보일러 취급부주의)

③ C급(전기화재) : 전기기구, 전기배선 불량(통전 중 과열, 스파크, 누전)

④ D급(금속화재) : 칼륨, 나트륨, 마그네슘

⑤ E급(가스화재) : 가연성 가스(수소, 메탄, 에탄, 프로판, 암모니아), 액화가스(LPG), 압축가스(산소, 질소, 수소)

⑥ K급(식용유화재) : 주방의 식용유

> **PLUS ONE ➕ 위험물 종류(위험물안전관리법 시행령 별표 1)**
> • 제1류 위험물 : 산화성 고체, 강산화제로서 다량의 산소 함유, 가열 · 충격 · 마찰 등에 의해 분해, 산소방출
> • 제2류 위험물 : 저온 착화하기 쉬운 가연성 물질, 연소 시 유독가스 발생
> • 제3류 위험물 : 자연발화성 물질 및 금수성 물질, 물과 반응하거나 자연발화에 의해 발열 또는 가연성 가스 발생, 용기파손 또는 누출에 주의
> • 제4류 위험물 : 인화성 액체, 인화가 용이, 대부분 물보다 가볍고 증기는 공기보다 무거움, 주수소화 불가능한 것이 대부분임
> • 제5류 위험물 : 자기반응성 물질, 가연성으로 산소를 함유하여 자기연소, 가열 · 충격 · 마찰 등에 의해 착화나 폭발, 연소속도가 매우 빨라 소화 어려움
> • 제6류 위험물 : 산화성 액체, 강산으로 산소를 발생하는 조연성 액체(자체는 불연), 일부는 물과 접촉하면 발열

02 화재와 기상

(1) 기 온

① 화재는 기온이 높은 여름철보다 기온이 낮은 겨울철에 비교적 많다.

② 습도가 같을 경우에는 기온이 낮을 때보다도 높을 때가 물질의 타는 속도가 빠른 것으로 알려져 있다.

③ 기온이 낮은 겨울철에 화재가 많이 발생하는 것도 불의 사용횟수가 많고 습도가 낮기 때문이다.

(2) 상대습도와 화재

① 상대습도(습도)는 화재와 관계 깊은 기상요소이며, 습도가 내려가면 가연물이 건조해서 발화(착화)되기 쉬운 상태가 된다.

② 비화(飛火)나 튀는 불가루, 그 외 불꽃은 습도가 낮고 공기가 건조할 때는 상당히 소화가 곤란해진다.

③ 일반적으로 습도에 민감하게 영향을 받는 것은 목재, 섬유, 종이류 등으로 습도가 낮아지면 급격히 건조되고, 높아지면 흡습량이 많아진다.

(3) 바람과 화재

① 풍속이 강할 때에는 바람방향의 연소속도가 빠르고, 전체 연소면적이 커진다.

② 바람과 연소의 관계는 풍향의 변화나 불연성 건조물, 주수(물뿌림) 효과 등에 따라 변화된다.

③ 바람이 없을 때는 화점을 중심으로 원의 형태를 그리면서 시간의 흐름과 함께 연소가 확대되지만, 바람이 불 때는 연소면의 형태가 계란형태가 되고, 풍속이 강한 정도에 따라 풍하방향으로 길게 타원형을 그리게 된다.

(4) 화재폭풍

① 거대한 화재 선풍의 일종, 불기둥이 바람을 빨아 일으키는 폭풍 현상으로 넓은 지역에 걸쳐 무섭고, 격심하게 타는 연소현상이다.

② 대규모 대기의 대류운동은 화재 구역 전부를 포위하는 경향이 있다.

③ 연소 장소 밑부분으로 흡인되는 표면 Draft는 연소 장소에서 외부로 수백 미터에 걸쳐 맹렬한 파괴력을 소유한다.

(5) 화재 시 인체에 대한 온도의 영향

① 인간과 온도환경 : 바람이 없고 습도가 낮은 고온환경에서 인간은 50℃에서는 여러 시간, 130℃에서는 15분, 200~250℃에서는 5분 정도 견딜 수 있다고 한다.

② 방사열의 영향 : 인간이 방사열을 받았을 때의 내용 시간은 방사열의 제곱에 반비례하며, 열관성에 비례하고, 온도차의 제곱에 비례한다.

③ 열과 화상

1도 화상	홍반성 화상, 변화가 피부의 표층에 국한되는 것으로 환부가 빨갛게 되며 가벼운 부종과 통증을 수반한다.
2도 화상	수포성 화상, 피부 깊숙이 화열이 침투되어 분비액이 많이 쌓여 화상 직후 혹은 하루 이내에 물집이 생긴다.
3도 화상	괴사성 화상, 피하지방 깊숙이 화열이 침투한 것으로 말초신경까지 손상을 입어 피부의 전체 층이 죽어 궤양화되는 화상이며 1도나 2도 화상에 비해 통증은 거의 느끼지 못하는 증세이다.
4도 화상	흑색화상, 더욱 깊은 피하지방, 근육 또는 뼈까지 도달하는 화상으로 전기화재 등에서 피부가 탄화되는 현상이다.

④ 인간의 내열한계 : 석유화학 탱크화재 실험에 있어서 보통의 작업복을 착용하고 있을 때의 한계치는 $2,400kcal/m^2 \cdot h$이다.

⑤ 의복화재

㉠ 화재 시 의복에 착화하면 착화하지 않은 경우에 비하여 인체에 손상을 주는 정도가 높아진다.

㉡ 착화한 경우 때로는 전신의 70%가 2도 이상의 화상을 입는 일이 있으나, 착화하지 않으면 2%의 화상으로 끝날 수도 있다.

- **귀소본능(歸巢本能)** : 비상시 자신의 신체를 보호하기 위하여 원래 온 길 또는 일상 사용하는 경로에 의해 탈출을 도모하고자 하는 본능
- **퇴피본능(退避本能)** : 이상상황이 발생하면 사람들은 우선 실태를 확인하려고 하며, 그 근방에 접근하려고 하지만, 긴급사태가 확인되면 반사적으로 그 지점에서 멀어지려고 하는 본능
- **지광본능(指光本能)** : 화재 시 정전 또는 검은 연기의 유동으로 주위가 어두워지면 밝은 곳을 찾아 외주로 달아나려는 본능
- **좌회본능(左回本能)** : 일반적으로 오른손잡이인 사람이 많기 때문에 오른손, 오른발이 발달해 어둠 속에서 보행하면 자연히 왼쪽으로 돌게 되는 본능
- **추종본능(追從本能)** : 비상시에 많은 군중들이 한 사람의 리더(Leader)에 추종하려는 본능

03 계절별 화재의 주요 원인과 예방요령

(1) 봄철 화재

① 주요 원인

㉠ 봄철에는 이동성 고기압의 영향으로 실효습도가 50% 이하로 떨어지는 일수가 많고 바람도 강하게 불어 조그마한 불씨라도 삽시간에 큰불로 확대될 수 있는 위험한 연소조건을 형성하고 있다.

㉡ 화창한 봄 날씨로 인해 사람들의 긴장이 풀어지면서 화기취급상의 부주의, 태만, 관리 소홀이 주된 원인이 되고 있다.

㉢ 행락철을 맞아 산이나 야외로의 나들이 기회가 많아지는데 이때 함부로 버린 담뱃불이나 불법 취사행위, 어린이들의 불장난으로 인하여 산림화재(산불)가 많이 발생하고 있으며, 일단 발화한 불은 건조한 날씨와 강한 바람으로 삽시간에 대형화재로 번진다.

㉣ 기상청에서는 화재와 깊은 관계가 있는 특보로서 건조주의보와 건조경보를 발표하고 있는데 건조주의보는 실효습도가 35% 이하가 2일 이상 계속될 것이 예상될 때 발표한다.

㉤ 건조경보는 실효습도 25% 이하가 2일 이상 계속될 것이 예상될 때 발표한다.

PLUS ONE ➕ 습 도

일반적으로 공기 중의 수분 함유량을 나타내는 상대습도보다 물체의 건조도를 나타내는 실효습도를 말한다.
- 실효습도 50% 이하 : 인화되기 쉬움
- 실효습도 40% 이하 : 불이 잘 꺼지지 않음
- 실효습도 30% 이하 : 자연발생적으로 불이 일어날 가능성이 커짐

② 예방요령

㉠ 봄철 화재의 취약대상을 파악하여 집중적인 방화관리와 지도로 화재발생 위험요소를 제거한다.

㉡ 행락철 집을 비울 때에는 사용하지 않는 전기기구의 플러그를 뽑고 가스기구의 중간밸브를 잠그도록 한다. 소방시설의 안전점검과 소방교육 및 훈련을 통하여 방화에 대한 경각심을 고취시킨다.

㉢ 산이나 야외에서는 불법 취사행위를 하지 않도록 하고 특히 산에 오를 때에는 라이터나 성냥 등 화기물질을 소지하지 않도록 한다.

㉣ 어린이들의 불장난을 예방하기 위하여 성냥이나 라이터 등 불을 일으킬 수 있는 물건들은 어린이들의 손이 닿지 않는 곳에 보관한다.

㉤ 논두렁이나 밭두렁, 기타 농산 폐기물을 소각할 때에는 바람이 없는 날을 택하고 주의와 감시를 철저히 한다.

(2) 여름철 화재

① 주요 원인

㉠ 여름철은 고온다습하고 장마기간 동안 비가 많이 내리기 때문에 다른 계절에 비해 화재발생률이 낮지만 최근에는 냉방을 위한 에어컨이나 선풍기 등 전기제품의 사용 증가에 따라 이를 사용하는 사람들의 부주의나 제품불량으로 인한 화재가 점차 늘어가고 있는 실정이다.

㉡ LNG나 LPG가 취사연료로 보급되면서 가스사용 중 가스누설로 인한 가스폭발 화재사고가 발생하고 있다.

㉢ 여름철에는 모기향을 피워 놓고 잠을 자다가 모기향불이 이불에 옮겨 붙어 화재가 종종 발생하고 있다.

② 예방요령

㉠ 주택에서 물기가 있는 장소에 공급하는 전로에는 반드시 누전차단기를 설치하여 누전으로 인한 화재를 예방한다.

㉡ 개폐기에 사용하는 퓨즈는 과부하나 합선 시 자동으로 끊어질 수 있도록 반드시 규격퓨즈를 사용한다.

㉢ 하나의 콘센트에 여러 개의 전기제품을 사용하지 않도록 하고 기존배선을 연결하여 늘려서 사용하고자 할 경우에는 전선의 허용전류를 초과하지 않도록 각별히 주의한다.

㉣ 장마기간 동안 가스용기의 부식으로 가스누출의 위험이 있으므로 가스용기는 바람이 잘 통하고 비나 직사광선이 닿지 않는 외부의 장소에 보관한다.

㉤ 여름휴가로 장기간 집을 비울 때 LPG의 경우에는 중간밸브뿐만 아니라 용기밸브까지 잠그도록 하고 도시가스는 메인밸브와 중간밸브, 콕을 잠근 다음 관리사무소에 연락을 하여 필요한 조치를 취해 놓도록 한다.

(3) 겨울철 화재

① 주요 원인

　　㉠ 겨울철에는 차가운 계절풍이 불고 습도도 낮아 주위의 물체들은 매우 건조한 상태에 놓이게 된다.

　　㉡ 일 년 중 가장 기온이 낮아 난방기구를 많이 사용하게 됨에 따라 난방기구 취급부주의로 인한 화재가 많이 발생하고 있다.

　　㉢ 사계절 중 겨울철, 즉 12월에서 2월 사이에 화재는 가장 높은 발생률을 기록하고 있다.

② 예방요령

　　㉠ 사용하지 않는 전열기구는 반드시 플러그를 뽑아 두도록 하고 콘센트에서 플러그를 뽑을 때에는 몸 전체를 잡고 뽑는다.

　　㉡ 두꺼비집의 퓨즈는 정격용량의 규격퓨즈를 사용하고 고온의 절연기구에는 반드시 절연 고무 코드를 사용한다.

　　㉢ 석유난로는 불이 붙어 있는 상태에서 주유하거나 이동시키지 않는다.

　　㉣ 전기난로 및 가스기구 등은 충분한 거리를 유지하여 설치하고 주변의 인화성 물질을 제거한다.

　　㉤ 난로 주위에서는 절대로 세탁물을 건조하지 않도록 하고 특히 커튼이나 가연물질이 난로에 닿지 않도록 각별히 주의한다.

　　㉥ 난로 주위에는 항상 소화기나 모래 등을 비치하여 만일의 상황에 대비한다.

　　㉦ 난로 주변에 어린이들만 남겨둔 채 자리를 뜨거나 외출하는 것을 삼가고 특히 성냥이나 라이터 등 불을 일으킬 수 있는 물건들은 어린이들의 손이 닿지 않는 안전한 장소에 보관하며, 불에 대한 무서움을 인식시켜 불장난을 하지 않도록 한다.

04　화재발생 시 대처요령

(1) 화재발생 시 행동요령

① 발화 초기의 안전조치

　　㉠ 화재가 발생하면 최초 발견자는 큰 소리로 다른 사람에게 화재가 발생했다는 사실을 알려야 하고 즉시 소화기, 모래, 옥내소화전 등을 이용하여 소화작업에 임해야 한다.

　　㉡ 무엇보다도 중요한 것은 소방서에 신고(119에 신고)하는 것으로, 초기 소화가 불가능하다고 판단되면 지체 없이 소방관서에 신고를 하고 대피해야 하는데 이때는 연소속도를 늦추기 위하여 반드시 출입문을 닫고 대피하여야 한다.

② 화재신고

　　㉠ 소화기나 물 등을 이용하여 초기 소화가 불가능하다고 판단되면 서로 미루지 말고 즉시 소방 관서에 화재신고를 해야 한다.

　　㉡ 일단 화재가 발생하면 큰 소리로 "불이야"를 외치거나 비상벨을 눌러 다른 사람들에게 화재사 실을 알린다.

　　㉢ 소방관서에 화재신고를 할 때에는 침착하게 화재발생 장소, 주소, 주요 건축물 또는 목표물, 화재의 종류 등을 상세하게 설명하여야 하며 침착한 신고를 위해서는 평소에 유사시를 예상한 마음자세와 훈련이 필요하다.

　　㉣ 만일의 경우를 대비하여 전화기 가까운 곳에 집주소나 주요 건축물 또는 목표물 등을 적어서 부착시켜 놓고 유사시 이것을 보고 신고하면 효과적이다.

③ 피난유도 및 대피요령

　　㉠ 피난유도 : 불특정 다수인이 출입하는 백화점이나 고층복합건물 등에 화재가 발생하였을 경우 건물구조를 상세하게 알지 못하는 사람들은 당황하거나 겁을 먹게 되어 이성을 잃고 무분별한 행위를 하게 되므로 화재 시에는 그 건물구조에 익숙한 사람이 적절한 피난유도를 해야 한다.

　　　• 만일의 경우를 생각하여 피난계획을 세워 둔다.

　　　• 과거 수많은 대형참사가 적절한 피난유도가 이루어지지 않아 발생했다는 사실을 고려하여 평소 피난통로의 확보와 피난유도 훈련을 철저히 실시한다.

　　　• 건물 내부에는 두 개 이상의 피난통로를 설치하여 유사시에 충분히 활용할 수 있도록 한다.

　　　• 피난유도 시에는 큰 소리로 외치는 것보다 차분하고 침착하게 행동해야 한다.

　　㉡ 대피요령

　　　• 문에 손을 대어본 후 만약 문 밖에 연기와 화기가 없다고 생각이 들 때에는 어깨로 문을 떠받친 다음 문쪽의 반대방향으로 고개를 돌리고 숨을 멈춘 후 조심해서 비상구나 출입문을 열고 대피한다.

　　　• 연기 속을 통과하여 대피할 때에는 수건 등을 물에 적셔서 입과 코를 막고 숨을 짧게 쉬며 낮은 자세로 엎드려 신속하게 대피해야 한다.

　　　• 고층건물이나 복합·지하상가 화재 시에는 안내원의 지시에 따르거나 통로의 유도등을 따라 낮은 자세로 침착하고 질서 있게 대피하여야 한다.

　　　• 피난시설 및 피난기구 없이 아래층으로 대피할 때는 커튼 등으로 줄을 만들어 타고 내려간다.

　　　• 일단 외부로 대피한 사람은 귀중품을 꺼내기 위해 절대 건물 안으로 진입해서는 안 된다.

　　　• 아래층으로 대피가 불가능할 때에는 옥상으로 대피하여 구조를 기다려야 하며 반드시 바람을 등지고 있어야 한다.

- 화염을 통과하여 대피할 때에는 물에 적신 담요 등을 뒤집어 쓰고 신속히 대피한다.
- 고층건물 화재시 엘리베이터는 화재발생 층에서 열리거나 정전으로 멈추어 안에 갇힐 염려가 있고 엘리베이터 통로 자체가 굴뚝 역할을 하여 질식할 우려가 있으므로 엘리베이터는 절대로 이용해서는 안 된다. 화재 시에는 엘리베이터가 1층에서 멈추어 작용하지 않게 한다.

ⓒ 불이 난 건물 내에 갇혔을 때의 조치요령
- 건물 내 화재발생으로 불길이나 연기가 주위까지 접근하여 대피가 어려울 때에는 무리하게 통로나 계단 등을 통하여 대피하기보다는 건물 내에서 안전조치를 취한 후 갇혀 있다는 사실을 외부로 알린다.
- 연기가 새어 들어오면 낮은 자세로 엎드려 담요나 타월 등에 물을 적셔 입과 코를 막고 짧게 호흡을 한다.
- 일단 실내에 고립되면 화기나 연기가 없는 창문을 통해 소리를 지르거나 물건 등을 창 밖으로 던져 갇혀 있다는 사실을 외부로 알린다.
- 실내에 물이 있으면 불에 타기 쉬운 물건에 물을 뿌려 불길의 확산을 지연시킨다.
- 화상을 입기 쉬운 얼굴이나 팔 등을 물에 적신 수건 또는 두꺼운 천으로 감싸 화상을 예방한다.
- 아무리 위급한 상황일지라도 반드시 구조된다는 신념을 가지고 기다려야 하며 창 밖으로 뛰어 내리거나 불길이 있는데도 함부로 문을 열어서는 안 된다.

(2) 화재발생 후 전기·가스안전관리

① 전기로 인한 재해예방요령
ⓐ 화재발생 시 가능하면 전원차단기를 끄고 대피한다.
ⓑ 화재의 진화 후에는 진화과정에서 다량의 물이 전기시설물에 묻어 있는 경우가 많으므로 전기배선 등을 함부로 만져서는 안 된다.
ⓒ 전기시설의 이상 유무 확인은 한국전기안전공사 각 사업소에 의뢰하여 점검토록 한다.
ⓓ 전력공급 재개는 복구공사가 완료된 후 공사업체에서 한전에 요청하여 처리하게 된다.

② 가스사고발생 시 응급조치요령
ⓐ 가스사고발생 시 신고요령
- 가스사고발생 시 119로 신고하면 가스안전공사에도 연락이 된다.
- 도시가스사고인 경우에는 지역 도시가스회사에 신고하고 LPG사고인 경우에는 판매업소에 신고한다.
ⓑ 가연성 가스 누설 시 행동요령
- 콕, 중간밸브 및 용기밸브(도시가스는 메인밸브)를 잠근 후 창문과 출입문을 열고 환기를 시켜 준다.

- 화기를 멀리하고 전기기구를 절대로 만져서는 안 된다(전기스파크 발생으로 폭발의 원인이 된다).
- 누설부위의 응급조치를 위하여 공급업소(LPG : 판매업소, 도시가스 : 도시가스회사)에 연락하여 누설부위에 대한 응급조치를 받는다.

© 화재 및 폭발 시 행동요령
- 콕, 중간밸브 및 용기밸브를 잠그고 신속히 안전한 장소로 대피하도록 한다.
- 사고발생 즉시 119에 신고하여 화재진압 및 인명구조 요청을 하고 가스안전공사 및 공급업소에도 신고를 한다.
- 현장에 도착한 응급조치반에게 잠그지 못한 가스밸브 등의 시설상태를 알려 신속한 조치가 이루어지도록 한다.

@ 독성 가스 누설 시 행동요령
- 주위사람에게 알려 대피하도록 한다.
- 호흡을 중지하고 손수건 등으로 코와 입을 막는다.
- 높은 지대 또는 다른 지역으로 대피한다.
- 그 지역을 이탈하되 바람의 반대방향으로 대피한다.
- 가까운 경찰서 또는 소방관서, 가스안전공사 등에 신고한다.

(3) 피해자 발생 시 응급조치

① 즉시 피해자를 바람의 반대방향으로 대피시켜 신선한 공기가 있는 장소에서 유해물의 옷이나 피부 부착(흡착) 유무를 확인한다.
② 유해물이 옷이나 피부에 부착되었을 때는 즉시 옷을 벗기거나 피부 등을 잘 씻어낸 후 담요 등으로 보온한다.
③ 의식이 없어 호흡에 장애가 있으면, 심장마사지 등 적절한 조치를 취하여야 한다.
④ 신속히 119에 신고하여 병원으로 후송하고 의사의 지시를 받는다.

적중예상문제

01 위험물안전관리법령상 위험물의 유별에 따른 성질의 분류로 옳은 것은?

① 제1류 : 자기반응성 물질

② 제3류 : 저온 착화하기 쉬운 가연성 물질

③ 제4류 : 인화성 액체

④ 제6류 : 자연발화성 물질 및 금수성 물질

해설 위험물 종류
• 제1류 위험물 : 산화성 고체
• 제2류 위험물 : 저온 착화하기 쉬운 가연성 물질
• 제3류 위험물 : 자연발화성 물질 및 금수성 물질
• 제4류 위험물 : 인화성 액체
• 제5류 위험물 : 자기반응성 물질
• 제6류 위험물 : 산화성 액체

02 일반화재는 어디에 속하는가?

① A급 화재

② B급 화재

③ C급 화재

④ D급 화재

해설 화재의 분류
• A급(일반화재) : 목재, 종이(타서 재가 남음)
• B급(유류화재) : 인화성 액체로 주로 4류 위험물류임(석유난로, 보일러 취급부주의)
• C급(전기화재) : 전기기구, 전기배선불량(통전 중 과열, 스파크, 누전)
• D급(금속화재) : 칼륨, 나트륨, 알루미늄

03 다음 중 호우나 태풍을 만났을 때 등산, 해수욕장, 낚시터 등 야영장에서 지켜야 할 안전수칙으로 거리가 가장 먼 것은?

① 등산 시 빨리 하산하거나 급히 높은 지대로 피신한다.

② 등산 시 하산할 경우 가급적 계곡 쪽으로 하산한다.

③ 섬 주변에서 낚시를 하고 있는 경우 즉시 안전지대로 대피한다.

④ 야영 중 강물이 넘칠 때는 물건에 미련을 두거나 무리하게 건져 올릴 생각을 버린다.

해설 호우나 태풍 시 계곡은 물이 급격히 불어나고 물살도 거세지므로 피하는 것이 좋다.

04 가스의 위험성에 대한 설명으로 옳지 않은 것은?

① 프로판은 공기보다 무거워 밑으로 가라앉아 바닥에 체류한다.
② 부탄은 공기보다 가벼워 공간의 상층부에 체류한다.
③ 도시가스는 공기보다 가벼워 공간의 상층부에 체류한다.
④ 가연성 가스는 일정농도 범위 내에서만 연소, 폭발을 일으킨다.

 프로판은 약 1.5배, 부탄은 약 2배 정도 공기보다 무겁다.

05 다음 중 주로 해저지진에 의해 발생하는 갑작스러운 조석파를 무엇이라고 하는가?

① 해 일   ② 홍 수
③ 폭 풍   ④ 호 우

해설 해 일
폭풍이나 지진, 화산폭발 등에 의하여 바닷물이 비정상적으로 높아져 육지로 넘쳐 들어오는 현상으로, 해일은 달과 태양의 인력에도 영향을 받는데, 특히 사리 때에 발생하는 해일은 그 피해가 크므로 주의를 기울여야 한다.
• 폭풍해일 : 폭풍 때문에 발생하는 해일
• 지진해일(쓰나미) : 지진이나 화산폭발로 일어나는 해일

06 다음 중 집중호우에 대한 설명으로 가장 옳은 것은?

① 짧은 시간 동안에 많은 비가 내리는 것
② 오랫동안에 걸쳐서 내렸다 그쳤다를 반복하며 계속되는 비
③ 지형적인 영향 등으로 비가 특정 지역에 집중되어 내리는 현상
④ 과도한 강우로 인해 제방으로부터 월류하여 건조한 땅을 덮는 현상

해설 ① 단시간에 많은 비가 오는 것을 강우 또는 집중호우라고 한다.

07 다음 중 우리나라에서의 호우발생 원인으로 가장 거리가 먼 것은?

① 태 풍
② 장마전선
③ 남태평양 고기압
④ 양쯔강 유역에서 발생하여 이동하는 온대성 저기압

해설 ③ 남태평양 고기압의 영향으로 온난습윤한 남동풍이 분다.

08 바람과 화재에 관한 내용으로 적절하지 않은 것은?

① 풍속이 강할 때는 바람방향의 연소속도가 빠르다.
② 바람과 연소 관계는 불연성 건조물 등에 따라 변화된다.
③ 바람이 없을 때는 화점을 중심으로 원의 형태로 연소가 확대된다.
④ 풍속이 약할 때는 전체 연소면적이 커진다.

해설 ④ 풍속이 강할 때에는 전체 연소면적이 커진다.

09 응급상황 시 가장 적절한 국민행동은?

① 평소 소화전을 이용하여 거리를 청소한다.
② 급한 일이 있으면 출동 중인 소방자동차를 추월해도 된다.
③ 화재가 발생하면 즉시 신고하고 소방대가 도착할 때까지 초기소화와 인명구출을 위해 노력한다.
④ 화재발생 위험이 적은 여름철에는 소방시설의 전원을 차단하여 에너지를 절약한다.

해설 ③ 화재가 발생하면 최초 발견자는 큰 소리로 다른 사람에게 화재가 발생했다는 사실을 알려야 하고 즉시 소화기, 모래, 옥내소화전 등을 이용하여 소화작업에 임해야 한다. 무엇보다도 중요한 것은 소방서에 신고하는 것으로, 초기소화가 불가능하다고 판단되면 지체 없이 소방관서에 신고를 하고 대피해야 하는데 이때는 연소속도를 늦추기 위하여 반드시 출입문을 닫고 대피해야 한다.

10 다음 중 화재발생 시 행동요령으로 틀린 것은?

① 초기 소화를 위해 노력한다.
② 119에 신고한다.
③ 대피유도를 한다.
④ 지갑을 챙기기 위해 발화건물로 다시 들어간다.

11 다음 중 화재예방을 위한 행동요령으로 틀린 것은?

① 인화성이 강한 가스, 시너, 휘발유 등은 화기에 가까이 하지 않는다.
② 성냥이나 라이터 등은 어린이 손에 닿지 않는 곳에 둔다.
③ 화재발생에 대비하여 항상 소화기를 잘 보이는 곳에 비치해 둔다.
④ 콘센트의 플러그 줄을 잡고 뽑는다.

해설 ④ 사용하지 않는 전열기구는 반드시 플러그를 뽑아두도록 하는데, 이때 플러그의 몸통을 잡고 뽑는다.

12 다음 중 화재 시 대피요령으로 틀린 것은?

① 코를 물에 적신 수건 등으로 막는다.

② 불이 난 곳의 반대방향으로 이동한다.

③ 연기가 자욱하여 시야가 불분명한 경우에는 시야확보를 위해 최대한 똑바로 서서 이동한다.

④ 함부로 높은 곳에서 뛰어내리지 않는다.

> **해설** ③ 연기 속을 통과하여 대피할 때에는 수건 등을 물에 적셔서 입과 코를 막고 숨을 짧게 쉬며 낮은 자세로 엎드려 신속하게 대피해야 한다.

13 화재발생 시 안전한 긴급대피요령으로 틀린 것은?

① 피난 시 화장실이나 통로의 막다른 곳은 위험하다.

② 피난할 때 자세를 낮추고 젖은 수건으로 코와 입을 보호한다.

③ 불이 난 곳 반대방향의 비상구를 이용한다.

④ 엘리베이터를 이용하여 신속히 대피한다.

> **해설** ④ 고층건물 화재 시 엘리베이터는 화재발생 층에서 열리거나 정전으로 멈추어 안에 갇힐 염려가 있고, 엘리베이터 통로 자체가 굴뚝 역할을 하여 질식할 우려가 있으므로 엘리베이터를 절대로 이용해서는 안 된다.

14 전기로 인한 재해예방 요령으로 옳지 않은 것은?

① 전력공급 재개는 복구공사가 완료된 후 공사업체에서 한전에 요청한다.

② 진화과정에서 전기시설물에 물이 묻어 있는 경우 전기배선을 만지지 않는다.

③ 전기시설의 이상 유무 확인은 공사업체에서만 점검토록 한다.

④ 화재 발생 시 전원차단기를 끄고 대피한다.

> **해설** 전기시설의 이상 유무 확인은 한국전기안전공사 각 사업소에 의뢰하여 점검토록 한다.

15 독성가스 사고 피해자 발생 시 응급조치로 옳지 않은 것은?

① 즉시 피해자를 바람의 반대방향으로 대피시켜 신선한 공기가 있는 장소로 옮긴다.

② 유해물 등이 피부 부착 시에는 전문가의 조치를 기다리며 환자를 보호한다.

③ 호흡장애 시 심장마사지 등 적절한 조치를 취한다.

④ 신속히 119에 신고하여 병원으로 후송한다.

> **해설** 유해물이 옷이나 피부에 부착 시, 즉시 옷을 벗기거나 피부 등을 잘 씻어낸 후 담요 등으로 보온한다.

CHAPTER 03 연소이론

01 연소의 개념

(1) 연소의 정의

① 연소란 가연물이 공기 중의 산소 또는 산화제와 반응하여 열과 빛을 발생하면서 산화하는 현상을 말하며, 발열반응이 계속되면 발생되는 열에 의해 가연물질이 고온화되어 연소는 계속 진행된다.

② 연소의 화학반응은 공기 중의 산소뿐만 아니라 산소를 함유하고 있는 산화제에서도 일어나며 반응을 일으키기 위해서는 활성화 에너지(최소 점화에너지)가 필요한데 이 에너지를 점화에너지 · 점화원 · 발화원 또는 최소 점화(착화)에너지라고 하며 약 $10^{-6} \sim 10^{-4}$ J의 에너지가 필요하다.

③ 가연물질의 활성화를 위해 필요한 에너지는 충격 · 마찰 · 자연발화 · 전기불꽃 · 정전기 · 고온표면 · 단열압축 · 자외선 · 충격파 · 낙뢰 · 나화 · 화학열 등에 의해 공급된다.

(2) 연소의 양상

① **표면연소** : 고체상태의 표면에 산소가 공급되어 연소가 이루어지는 현상

② **불꽃연소** : 고체가 융해 후 증발, 액체가 증발하거나, 기체에 산소가 공급되어 연쇄반응을 일으키는 현상

(3) 정상연소와 비정상연소

① **정상연소** : 가연물질의 연소 시 충분한 공기의 공급이 이루어지고 연소 시의 기상조건이 양호할 때에는 정상적인 연소가 이루어지므로 화재의 위험성이 적으며, 연소상의 문제점이 발생되지 않고 연소장치 · 기기 및 기구에서의 열효율도 높다.

② **비정상연소** : 가연물질의 연소시 공기의 공급이 불충분하거나 기상조건이 좋지 않으면 정상적으로 연소가 이루어지지 않고 이상현상이 발생되므로 화재의 위험성이 많다. 또한 연소상의 문제점이 많이 발생하여 연료를 취급 · 사용하는 연소장치 · 기기 및 기구의 안전관리에 주의가 요구된다.

(4) 완전연소와 불완전연소

① 가연물질이 연소하면 가연물질을 구성하는 주성분인 탄소(C), 수소(H) 및 산소(O)에 의해 일산화탄소(CO)·이산화탄소(CO_2) 및 수증기(H_2O)가 발생한다. 이때 공기 중의 산소 공급이 충분하면 완전연소반응이 일어나고 산소의 공급이 불충분하면 불완전연소반응이 일어난다.

② 완전연소 시에는 이산화탄소(CO_2)가, 불완전연소 시에는 일산화탄소(CO)가 발생한다.

> **PLUS ONE** 불완전연소의 원인
> • 가스의 조성이 균일하지 못할 때
> • 공기 공급량이 부족할 때
> • 주위의 온도가 너무 낮을 때
> • 환기 또는 배기가 잘되지 않을 때

(5) 연소공기

가연물질을 연소시키기 위해서 사용되는 공기의 양에는 실제공기량, 이론공기량, 과잉공기량, 이론산소량, 공기비 등이 있다.

① **실제공기량** : 가연물질을 실제로 연소시키기 위해서 사용되는 공기량으로 이론공기량보다 크다.

② **이론공기량** : 가연물질을 연소시키기 위해서 이론적으로 계산하여 산출한 공기량이다.

③ **과잉공기량** : 실제공기량에서 이론공기량을 차감하여 얻은 공기량이다.

④ **이론산소량** : 가연물질을 연소시키기 위해서 필요한 최소의 산소량이다.

⑤ **공기비** : 실제공기량을 이론공기량으로 나눈 값으로 일반적인 공기비는 기체가연물질은 1.1~1.3, 액체가연물질은 1.2~1.4, 고체가연물질은 1.4~2.0이 된다.

> **PLUS ONE** 가연성 가스를 공기 중에서 연소시킬 때 공기 중의 산소 농도가 증가하면 나타나는 현상
> • 연소속도가 빨라진다.   • 화염의 온도가 높아진다.
> • 발화온도가 낮아진다.   • 폭발한계가 넓어진다.
> • 점화에너지가 작아진다.

02   연소의 3요소

(1) 가연물

① **개념** : 산화하기 쉬운 물질이며 산소와 발열반응을 일으키는 물질을 말한다.

② **가연물의 구비조건**

　㉠ 화학반응을 일으킬 때 필요한 최소 에너지(활성화 에너지)의 값이 적어야 한다.

ⓛ 일반적으로 산화되기 쉬운 물질로서 산소와 결합할 때 발열량이 커야 한다.

ⓒ 열의 축적이 용이하도록 열전도의 값이 적어야 한다(열전도율은 기체 < 액체 < 고체 순서로 커지므로 연소순서는 그 반대이다).

ⓔ 지연성(조연성) 가스인 산소·염소와의 친화력이 강해야 한다.

ⓜ 산소와 접촉할 수 있는 표면적이 큰 물질이어야 한다(기체 > 액체 > 고체).

ⓗ 연쇄반응을 일으킬 수 있는 물질이어야 한다.

③ 가연물이 될 수 없는 조건

ⓖ 주기율표 0족의 비활성 기체로서 이들은 결합력이 없으므로 산소와 결합하지 못한다. 이러한 물질에는 헬륨(He), 네온(Ne), 아르곤(Ar), 크립톤(Kr), 크세논(Xe) 등이 있다.

ⓛ 이미 산소와 결합하여 더 이상 산소와 화학반응을 일으킬 수 없는 물질로 물(H_2O), 이산화탄소(CO_2), 산화알루미늄(Al_2O_3), 이산화규소(SiO_2), 오산화인(P_2O_5), 삼산화황(SO_3), 삼산화크롬(CrO_3), 산화안티몬(Sb_2O_3) 등이 있다.

ⓒ 산소와 화합하여 산화물을 생성하나 발열반응을 하지 않고 흡열반응하는 물질로는 질소 또는 질소산화물 N_2, NO 등이 있다.

ⓔ 자체가 연소하지 아니하는 물질에는 돌, 흙 등이 있다.

(2) 산소공급원

① 개념 : 가연물이 연소하려면 산소와 혼합되어 불이 붙을 수 있는 조건을 만들어야 하는데, 이를 연소범위라 한다. 보통 공기 중에는 약 21%의 산소가 포함되어 있어서 공기는 산소공급원 역할을 할 수 있다. 일반적으로 산소의 농도가 높을수록 연소는 잘 일어나고 일반 가연물인 경우 산소농도 15% 이하에서는 연소가 어렵다.

② 산소공급원의 종류

ⓖ 공기 : 일반적으로 공기 중에 함유되어 있는 산소(O_2)의 양은 용량으로 계산하면 전체 공기의 양에 대하여 21용량%(vol%)이며, 질량으로 계산하면 23중량%(wt%)로 존재하고 있어 연소에 필요한 산소는 공기 중의 산소가 이용되고 있다.

ⓛ 산화제 : 위험물 중 제1류·제6류 위험물로서 가열·충격·마찰에 의해 산소를 발생한다.

　• 제1류 위험물 : 산소를 함유하고 있는 강산화제
　　– 염소산염류, 과염소산염류, 과산화물, 질산염류, 과망간산염류, 무기과산물류 등

　• 제6류 위험물 : 과염소산, 질산 등

ⓒ 자기반응성 물질 : 분자 내에 가연물과 산소를 충분히 함유하고 있는 제5류 위험물로서 연소속도가 빠른 폭발성 물질이며, 니트로글리세린(NG), 셀룰로이드, 트리니트로톨루엔 등이 있다.

(3) 점화원

① **개념** : 연소반응이 일어나려면 가연물과 산소공급원이 적절한 조화를 이루어 연소범위를 만들었을 때 외부로부터 최소의 활성화 에너지가 필요한데 이를 점화원이라 하며 전기불꽃, 충격 및 마찰, 단열압축, 나화 및 고온표면, 정전기 불꽃, 자연발화, 복사열 등이 있다.

② **전기불꽃** : 전기설비의 회로상에서나 전기기기・기구 등을 사용하는 장소에서 접점스파크나 고전압에 의한 방전, 조명기구 등의 파손으로 과열된 필라멘트가 노출되는 경우, 자동제어기의 경우 릴레이의 접점, 모터의 정류자 등 작은 불꽃에서도 충분히 가연성 가스를 착화시킬 수 있는 에너지가 있다.

③ **충격 및 마찰** : 두 개 이상의 물체가 서로 충격・마찰을 일으키면서 작은 불꽃을 일으키는데, 이러한 마찰불꽃에 의하여 가연성 가스에 착화가 일어날 수 있다.

④ **단열압축** : 기체를 높은 압력으로 압축하면 온도가 상승하는데, 여기에 각종 오일이나 윤활유가 열분해되어 저온발화물을 생성하며 발화물질이 발화하여 폭발하게 된다.

⑤ **나화 및 고온표면**

　㉠ 나화 : 항상 화염을 가지고 있는 열 또는 화기

　㉡ 고온표면 : 작업장의 화기, 가열로, 건조장치, 굴뚝, 전기・기계설비 등으로서 항상 화재의 위험성이 내재되어 있다.

⑥ **정전기 불꽃** : 물체가 접촉하거나 결합한 후 떨어질 때 양(+)전하와 음(-)전하로 전하의 분리가 일어나 발생한 과잉전하가 물체(물질)에 축적되는 현상을 말하는데, 이렇게 되는 경우 정전기의 전압은 가연물질에 착화가 가능하다.

> **PLUS ONE ➕** 정전기를 방지하기 위한 예방대책
> • 정전기의 발생이 우려되는 장소에 접지시설을 한다.
> • 실내의 공기를 이온화하여 정전기의 발생을 예방한다.
> • 정전기는 습도가 낮거나 압력이 높을 때 많이 발생하므로 습도를 70% 이상으로 한다.
> • 전기의 저항이 큰 물질은 대전이 용이하므로 전도체 물질을 사용한다.

⑦ **자연발화** : 인위적으로 가열하지 않아도 일정한 장소에 장시간 저장하면 열이 발생하여 축적됨으로써 발화점에 도달하여 부분적으로 발화되는 현상을 말한다.

　- 원면, 고무분말, 셀룰로이드, 석탄, 플라스틱의 가소제, 금속가루 등

> **PLUS ONE ➕** 자연발화를 일으키는 원인
> • 분해열에 의한 발열 : 셀룰로이드, 니트로셀룰로스
> • 산화열에 의한 발열 : 석탄, 건성유
> • 발효열에 의한 발열 : 퇴비, 먼지
> • 흡착열에 의한 발열 : 목탄, 활성탄
> • 중합열에 의한 발열 : 시안화수소(HCN), 산화에틸렌
> 자연발화를 방지할 수 있는 방법
> • 통풍구조를 양호하게 하여 공기유통을 잘 시킨다. 　　• 저장실 주위의 온도를 낮춘다.
> • 습도 상승을 피한다. 　　• 열이 쌓이지 않도록 퇴적한다.

⑧ **복사열** : 물질에 따라서 비교적 약한 복사열도 장시간 방사로 발화될 수 있다. 햇빛이 유리나 거울에 반사되어 가연성 물질에 장시간 쪼일 때 열이 축적되어 발화될 수 있다.

> **PLUS ONE** ⊕ 연소의 4요소
> • 가연물(연료, 나무)
> • 산소공급원(공기, 바람, 산화제)
> • 점화원
> • 화학적인 연쇄반응

03 연소의 형태

연소의 형태는 기체 가연물·액체 가연물 및 고체 가연물을 구성하는 분자의 구조, 원소성분, 물성 등에 따라 기체연소·액체연소·고체연소로 분류되며 연소의 상태에 따라 정상적으로 연소하는 정상연소와 폭발적으로 연소하는 비정상연소로 구분된다.

(1) 기체의 연소

① 가연성 기체는 공기와 적당한 부피비율로 섞여 연소범위에 들어가면 연소가 일어나는데 기체의 연소가 액체 가연물질 또는 고체 가연물질의 연소에 비해서 가장 큰 특징은 연소 시 이상현상인 폭굉이나 폭발을 수반한다는 것이다.

② 기체의 연소형태

ㄱ 확산연소(발염연소) : 연소버너 주변에 가연성 가스를 확산시켜 산소와 접촉, 연소범위의 혼합가스를 생성하여 연소하는 현상으로 기체의 일반적 연소형태이다.

ㄴ 예혼합연소 : 연소시키기 전에 이미 연소 가능한 혼합가스를 만들어 연소시키는 것으로 혼합기로의 역화를 일으킬 위험성이 크다.

ㄷ 폭발연소 : 가연성 기체와 공기의 혼합가스가 밀폐용기 안에 있을 때 점화되면 연소가 폭발적으로 일어나는데 예혼합연소의 경우에 밀폐된 용기로의 역화가 일어나면 폭발할 위험성이 크다. 이것은 많은 양의 가연성 기체와 산소가 혼합되어 일시에 폭발적인 연소현상을 일으키는 비정상연소이기도 하다.

(2) 액체의 연소

① 액체 가연물질의 연소는 액체 자체가 연소하는 것이 아니라 '증발'이라는 변화과정을 거쳐 발생된 기체가 타는 것이다.

② 액체의 연소형태

㉠ 증발연소(액면연소)

• 액체 가연물질이 액체 표면에 발생한 가연성 증기와 공기가 혼합된 상태에서 연소가 되는 형태로 액체의 가장 일반적인 연소형태이다.

• 연소원리는 화염에서 복사나 대류로 액체표면에 열이 전파되어 증발이 일어나고 발생된 증기가 공기와 접촉하여 액면의 상부에서 연소되는 반복적 현상이다(예 : 에테르, 이황화탄소, 알코올류, 아세톤, 석유류 등).

㉡ 분해연소 : 점도가 높고 비휘발성이거나 비중이 큰 액체 가연물이 열분해하여 증기를 발생하게 함으로써 연소가 이루어지는 형태이며 이는 상온에서 고체상태로 존재하고 있는 고체 가연물질의 경우도 분해연소의 형태를 보여준다.

(3) 고체의 연소

① 상온에서 고체상태로 존재하는 고체 가연물질의 일반적 연소형태는 표면연소, 증발연소, 분해연소, 자기연소로 나눌 수 있다.

② 고체의 연소형태

㉠ 표면연소(직접연소) : 고체 가연물이 열분해나 증발하지 않고 표면에서 산소와 급격히 산화 반응하여 연소하는 현상, 즉 목탄 등이 열분해에 의해서 가연성 가스를 발생하지 않고 그 물질 자체가 연소하는 현상으로 불꽃이 없는 것(무염연소)이 특징이다.

– 목탄, 코크스, 금속(분·박·리본 포함), 나무와 같은 가연물의 연소 말기 등

㉡ 증발연소 : 고체 가연물이 열분해를 일으키지 않고 증발하여 증기가 연소되거나 먼저 융해된 액체가 기화하여 증기가 된 다음 연소하는 현상으로, 액체 가연물질의 증발연소 형태와 같다.

– 황(S), 나프탈렌($C_{10}H_8$), 파라핀(양초) 등

㉢ 분해연소 : 고체 가연물질을 가열하면 열분해를 일으켜 나온 분해가스 등이 연소하는 형태이다.

– 목재, 석탄, 종이, 섬유, 플라스틱, 합성수지, 고무류 등

㉣ 자기연소(내부연소) : 가연물이 물질의 분자 내에 산소를 함유하고 있어 열분해에 의해서 가연성 가스와 산소를 동시에 발생시키므로 공기 중의 산소 없이 연소할 수 있는 것을 말한다.

– 니트로셀룰로스(NC), 트리니트로톨루엔(TNT), 니트로글리세린(NG), 트리니트로페놀(TNP) 등의 제5류 위험물(폭발성 물질)

04 연소용어

(1) 인화점(인화온도)

연소범위에서 외부의 직접적인 점화원에 의하여 인화될 수 있는 최저 온도, 즉 공기 중에서 가연물 가까이 점화원을 투여하였을 때 불이 붙는 최저의 온도이다.

(2) 발화점(착화점, 발화온도)

외부의 직접적인 점화원이 없이 가열된 열의 축적에 의하여 발화되고 연소가 되는 최저의 온도, 즉 점화원이 없는 상태에서 가연성 물질을 공기 또는 산소 중에서 가열함으로써 발화되는 최저 온도를 말한다. 일반적으로 발화점은 분자의 구조가 복잡할수록, 발열량이 높을수록, 압력·화학적 활성도가 클수록, 산소와 친화력이 클수록, 금속의 열전도율과 습도가 낮을수록 낮아진다.

> **PLUS ONE** ➕ 발화점이 달라지는 요인
> • 가연성 가스와 공기의 조성비
> • 발화를 일으키는 공간의 형태와 크기
> • 가열속도와 가열시간
> • 발화원의 재질(종류)과 가열방식

(3) 연소점

연소상태가 계속될 수 있는 온도를 말하며 일반적으로 인화점보다 대략 $10℃$ 정도 높은 온도로서 연소상태가 5초 이상 유지될 수 있는 온도이다. 이것은 가연성 증기 발생속도가 연소속도보다 빠를 때 이루어진다.

(4) 폭발범위(Explosion Range, 연소범위)

연료가스와 연소성 기체(산소나 공기)의 혼합된 가스가 연소할 수 있는 혼합범위를 연소가스의 혼합가스에 대한 체적비(比)로 나타낸 것이다. 폭발범위는 온도·압력이 상승하거나 산소농도가 증가하면 넓어진다.

(5) 연소속도

가연물질에 공기가 공급되어 연소가 되면서 반응하여 연소생성물을 생성할 때의 반응속도이며 연소속도에 영향을 미치는 요인으로는 가연물의 온도, 산소농도에 따라 가연물과 접촉하는 속도, 산화반응을 일으키는 속도, 촉매, 압력 등이 있다.

(6) 연기농도

연기는 일종의 불안정한 연소생성물을 말하며 온도가 낮을수록 액체상태가 되어 연기의 농도가 진하며 또한 산소공급이 불충분하게 되면 역시 탄소분이 생성되어 검은색 연기로 된다(탄소분이 많은 탄화수소일수록 심하다).

(7) 증기밀도

동일 온도, 동일 압력하에서 동 부피의 공기의 무게에 비교한 것으로 증기밀도가 1보다 큰 기체는 공기보다 무겁고 1보다 적으면 공기보다 가벼운 것이 된다.

$$증기밀도 = \frac{분자량}{29} \quad (29 : 공기의\ 평균\ 분자량)$$

(8) 비점(沸點, Boiling Point)

액체의 증기압은 대기압에서 동일하고 액체가 끓으면서 증발이 일어날 때의 온도를 액체의 비점이라 한다. 비점이 낮은 경우는 액체가 쉽게 기화되므로 비점이 높은 경우보다 연소가 잘 일어난다.

(9) 비열(Specific Heat)

비열은 어떤 물체를 위험 온도까지 올리는 데 필요한 열량이나 고온의 물체를 안전한 온도로 냉각시키는 데 제거하여야 할 열량을 나타내는 비교 척도로서 물질에 따라 다르다. 물 이외의 모든 물질은 대체로 비열이 1보다 작다.

(10) 융점(Melting Point)

대기압(Latm)하에서 고체가 용융하여 액체가 되는 온도를 융점이라고 하는데 융점이 낮은 경우 액체로 변화하기가 용이하고 화재발생시에는 연소 구역의 확산이 용이하기 때문에 위험성이 매우 높다.

(11) 잠열(Latent Heat)

고체에서 액체로, 액체에서 고체로 변할 때 출입하는 열을 융해 잠열이라 하고 액체가 기체로, 기체가 액체로 변할 때 출입하는 열을 증발 잠열이라 한다.

(12) 점도(Viscosity)

점도는 점착과 응집력의 효과인 흐름에 대한 저항의 측정 수단으로 모든 액체는 점성을 가지고 있다.

05　연소의 확대

(1) 전 도

① 열이 물체를 통하여 전달되는 현상으로 고온 측에서 저온 측으로 이동하는데 고체는 기체보다 잘 전도되고, 고온 측과 저온 측의 온도차, 길이 및 두께에 따라 전도율이 달라지며, 주로 금속류가 높다.

② 공기는 열전도가 낮은 편인데 압력이 낮으면 열전도는 느리게 되고 진공 상태에서는 열의 전도가 이루어지지 않는다.

(2) 대 류

공기의 운동이나 유체의 흐름에 의해 열이 이동되는 현상으로 액체나 기체에 온도를 가하면 비중이 작아져서 분자의 운동이 활발해지고 부피가 팽창하면서 고온의 열기류는 상승하게 된다. 화재 시 연기가 위로 향하는 것이나 화로에 의해 방 안의 공기가 더워지는 것이 대류에 의한 현상이다.

(3) 복 사

물체가 가열되면 열 에너지가 전자파로 방출되는데 이 전자파에 의해 열이 이동되는 현상으로 난로가에서 열을 쬐거나, 양지바른 곳에서 햇볕을 쬘 때 따뜻함을 느끼는 것은 복사열을 받기 때문이다. 화재현장에서 열의 이동에 가장 크게 작용하며 주위 건물을 연소시키는 것도 복사열이 주원인이다.

(4) 비화(불똥)

불티나 불꽃이 기류를 타고 다른 가연물로 전달되어 화재가 일어나는 것을 말한다.

06　이상(異常)연소현상

(1) 역화(Back Fire)

대부분 기체연료를 연소시킬 때 발생되는 이상연소현상으로서 연료의 분출속도가 연소속도보다 느릴 때 불꽃이 연소기의 내부로 빨려 들어가 혼합관 속에서 연소하는 현상을 말한다.

PLUS
ONE 역화의 원인
- 혼합 가스량이 너무 적을 때
- 노즐의 부식으로 분출구멍이 커진 경우
- 버너의 과열
- 연소속도보다 혼합가스의 분출속도가 느릴 때

(2) 선화(Lifting)

역화의 반대 현상으로 연료가스의 분출속도가 연소속도보다 빠를 때 불꽃이 버너의 노즐에서 떨어져서 연소하는 현상으로 완전한 연소가 이루어지지 않는다.

(3) 블로 오프(Blow-off)현상

선화 상태에서 연료가스의 분출속도가 증가하거나 주위 공기의 유동이 심하면 화염이 노즐에 정착하지 못하고 떨어져 꺼지는 현상을 말한다.

(4) 불완전연소

연소 시 가스와 공기의 혼합이 불충분하거나 연소온도가 낮을 경우 등 여러 가지 요인으로 노즐의 선단에 적황색 부분이 늘어나거나, 그을음이 발생하는 현상을 말한다.

PLUS
ONE 불완전연소의 원인
- 공기의 공급이 부족할 때
- 연소온도가 낮을 때
- 연료공급상태가 불안정할 때

(5) 연소소음

연소에 수반되어 발생하는 소음을 말하며 발생원인은 연소속도나 분출속도가 대단히 클 때, 연소장치의 설계가 잘못되어 연소 시 진동이 발생하는 경우 등에 발생하며, 연소음, 가스분출음, 공기흡입음, 폭발음, 공명음 등이 있다.

(6) 백드레프트(Back Draft, 逆火)

산소가 부족하거나 훈소 상태에 있는 밀폐된 실내에 갑자기 출입문 등의 개방으로 공기 중의 산소가 다량 유입되면 연소가스가 폭발적으로 진행되는 현상

(7) 롤오버(Rollover) 현상

화재의 초기단계에서 발생된 가연성 가스가 산소와 혼합하여 천장부분에 집적(集積)될 때 발생하며, 뜨거운 가스가 실내공기압의 차이에 따라 천장을 구르면서 화재가 발생되지 않은 지역으로 굴러가는 현상

(8) 플래시오버(Flashover) 현상

실내 전체가 발화온도까지 미리 충분히 가열된 상태에서 한순간에 화재로 뒤덮이는 상태

(9) 보일오버(Boil-over)

중질유의 탱크에서 장시간 조용히 연소하다가 탱크내의 잔존기름이 갑자기 분출하는 현상

(10) 슬롭오버(Slop-over)

물이 연소유의 뜨거운 표면에 들어갈 때, 기름표면에서 화재가 발생하는 현상

(11) 블레비 현상(Boiling Liquid Expanding Vapor Explosion, BLEVE)

가스탱크가 화재에 노출되었을 때, 탱크의 내부 압력이 증가하여 탱크가 파열되고 외부로 액화가스가 분출되면서 착화되었을 때의 폭발 현상

(12) 증기운폭발(Unconfined Vapor Cloud Explosion, UVCE)

저장탱크에서 유출된 가스가 대기 중의 공기와 혼합하여 폭발성 증기구름을 형성하다가 점화원과 만났을 때 착화 폭발하는 유형

07 유해성성물

(1) 일산화탄소(CO)

일산화탄소는 무색·무미의 환원성이 강한 가스로서 상온(300℃ 이상)의 열분해 시에 생성된다. 13~75%가 폭발한계로서 다른 가스의 연소를 돕지는 않지만 혈액 중의 헤모글로빈과 결합하여 흡입 시 산소 결핍상태가 된다.

(2) 이산화탄소(CO_2)

이산화탄소는 무색·무미의 기체로서 공기보다 무거우며 가스 자체에는 독성이 거의 없으나 다량이 존재할 때 사람의 호흡속도를 증가시키고 혼합된 유해가스의 흡입을 증가시켜 위험을 가중시킨다 (인체의 허용농도 5,000ppm).

(3) 황화수소(H_2S)

황을 포함하고 있는 유기 화합물이 불완전연소하면 발생하는데 계란 썩는 냄새가 나며 0.2% 이상 농도에서 후각이 마비되고 0.4~0.7%에서 1시간 이상 노출되면 현기증, 장기 호흡곤란의 증상과 호흡기의 통증이 일어난다. 0.7%를 넘어서면 독성이 강해져서 신경계통에 영향을 미치고 호흡기가 무력해진다.

(4) 이산화황(SO_2)

유황이 함유된 물질인 동물의 털, 고무 등이 연소하는 화재시에 발생되며 무색의 자극성 냄새를 가진 유독성 기체로 눈 및 호흡기 등에 점막을 상하게 하고 질식사할 우려가 있다. 특히 유황을 저장 또는 취급하는 공장에서의 화재 시 주의를 요한다.

(5) 암모니아(NH_3)

질소 함유물(나일론, 나무, 실크, 아크릴 플라스틱, 멜라닌수지)이 연소할 때 발생하는 연소생성물로서 유독성이 있으며 강한 자극성을 가진 무색의 기체이다. 냉동시설의 냉매로 많이 쓰이고 있어 냉동창고 화재 시 누출가능성이 크므로 주의해야 한다.

(6) 시안화수소(HCN)

질소성분을 가지고 있는 합성수지, 동물의 털, 인조견 등의 섬유가 불완전연소할 때 발생하는 맹독성 가스로 0.3%의 농도에서 즉시 사망할 수 있다.

(7) 포스겐($COCl_2$)

열가소성 수지인 폴리염화비닐(PVC), 수지류 등이 연소할 때 발생되며 맹독성 가스로 허용농도는 0.1ppm(mg/m^3)이다. 일반적인 물질이 연소할 경우는 거의 생성되지 않지만 일산화탄소와 염소가 반응할 경우 생성되기도 한다.

(8) 염화수소(HCl)

PVC와 같이 염소가 함유된 수지류가 탈 때 주로 생성되는데 독성의 허용농도는 5ppm(mg/m^3)이며 향료, 염료, 의약, 농약 등의 제조에 이용되고 있다. 자극성이 강해 눈과 호흡기에 큰 영향을 미친다.

(9) 이산화질소(NO_2)

질산셀룰로스가 연소 또는 분해될 때 생성되며 독성이 매우 강해 200~700ppm 정도의 농도에 잠시 노출되어도 인체에 치명적이다.

(10) 불화수소(HF)

합성수지인 불소수지(플루오린수지)가 연소할 때 발생되는 연소생성물로서 무색의 자극성 기체이며 유독성이 강하다. 허용농도는 3ppm(mg/m^3)이며 모래와 유리를 부식시키는 성질이 있다.

CHAPTER 03 적중예상문제

01 특수 화재현상 중 중질유의 탱크에서 장시간 조용히 연소하다가 탱크내의 잔존기름이 갑자기 분출하는 현상을 일컫는 용어는?

① 보일오버

② 백드래프트

③ 롤오버

④ 플래시오버

 ② 백드래프트 : 산소가 부족하거나 훈소 상태에 있는 밀폐된 실내에 갑자기 출입문 등의 개방으로 공기 중의 산소가 다량 유입되면 연소가스가 폭발적으로 진행되는 현상

③ 롤오버 : 화재의 초기단계에서 발생된 가연성 가스가 산소와 혼합하여 천장부분에 집적(集積)될 때 발생하며, 뜨거운 가스가 실내공기압의 차이에 따라 천장을 구르면서 화재가 발생되지 않은 지역으로 굴러가는 현상

④ 플래시오버 : 실내 전체가 발화온도까지 미리 충분히 가열된 상태에서 한순간에 화재로 뒤덮이는 상태

02 [보기]의 빈칸에 들어갈 말이 올바르게 짝지어진 것은?

┤ 보 기 ├

(가)이란 외부의 직접적인 점화원 없이 가열된 열의 축적에 의하여 발화가 되고 연소가 시작되는 최저 온도

(나)이란 기체 또는 휘발성 액체에서 발생하는 증기가 공기와 섞여서 가연성 혼합기체를 형성하고 착화원의 존재 시 발화가 일어날 수 있는 최저 온도

	(가)	(나)
①	발화점	인화점
②	인화점	착화점
③	폭발점	발화점
④	연소점	연소점

 • 발화점(착화점, 발화온도)

외부의 직접적인 점화원이 없이 가열된 열의 축적에 의하여 발화되고 연소가 되는 최저의 온도, 즉 점화원이 없는 상태에서 가연성 물질을 공기 또는 산소 중에서 가열함으로써 발화되는 최저 온도를 말한다.

• 인화점(인화온도)

연소범위에서 외부의 직접적인 점화원에 의하여 인화될 수 있는 최저 온도, 즉 공기 중에서 가연물 가까이 점화원을 투여하였을 때 불이 붙는 최저의 온도이다.

03 가연물로서 유리한 조건이 아닌 것은?

① 열전도율이 높은 물질
② 발열량이 많은 물질
③ 활성화 에너지가 낮은 물질
④ 수분의 함량이 낮은 물질

해설 ① 열의 축적이 용이하도록 열전도율의 값이 적어야 한다.

04 다음 내용에 해당하는 현상은?

> 과열상태 탱크 내부의 액화가스가 분출, 착화되었을 때 폭발하는 현상

① 블레비
② 슬롭오버
③ 롤오버
④ 증기운폭발

해설 블레비 현상(Boiling Liquid Expanding Vapor Explosion, BLEVE)
가스탱크가 화재에 노출되었을 때, 탱크의 내부 압력이 증가하여 탱크가 파열되면서 외부로 액화가스가 분출되면서 착화되었을 때의 폭발 현상이다.

05 백드레프트(Back Draft) 현상에 대한 설명으로 옳은 것은?

① 산소가 부족하거나 훈소 상태에 있는 실내에 산소가 일시적으로 다량 공급될 때 연소가스가 순간적으로 발화하는 현상
② 물이 연소유의 뜨거운 표면에 들어갈 때, 기름표면에서 화재가 발생하는 현상
③ 실내 전체가 발화온도까지 미리 충분히 가열된 상태에서 한순간에 화재로 뒤덮이는 현상
④ 가스탱크가 화재에 노출되었을 때, 탱크의 내부 압력이 증가하여 탱크가 파열되면서 외부로 가스가 분출·폭발하는 현상

해설 백드레프트(Back Draft, 逆火)
산소가 부족하거나 훈소 상태에 있는 밀폐된 실내에 갑자기 출입문 등의 개방으로 공기 중의 산소가 다량 유입되면 연소가스가 폭발적으로 진행되는 현상

06 다음 중 유리나 거울에 반사된 햇빛을 가연성 물질에 장시간 쪼일 때 열이 축적되어 발화될 수 있는 현상은?

① 복사열   ② 자연발화

③ 충격 및 마찰   ④ 단열압축

해설 ② 인위적으로 가열하지 않아도 일정한 장소에 장시간 저장하면 열이 발생·축적되어 발화점에 도달하여 부분적으로 발화되는 현상

③ 두 개 이상의 물체가 서로 충격·마찰을 일으키면서 작은 불꽃을 일으키는 현상

④ 기체를 높은 압력으로 압축하면 온도가 상승하는데, 여기에 각종 오일이나 윤활유가 열분해되어 저온 발화물을 생성하며 발화물질이 발화하여 폭발하는 현상

07 다음 가연물 중 화재의 연소특성이 다른 것은?

① 목 재   ② 섬 유

③ 종 이   ④ 유 류

해설 ①·②·③은 고체의 연소형태 중 분해연소에 해당하고, ④는 액체의 연소형태 중 증발연소에 해당한다.

08 가연성 액체의 위험도는 보통 무엇을 기준으로 하여 결정하는가?

① 착화점   ② 인화점

③ 복사열   ④ 비등점

해설 인화점
공기 중에서 가연물 가까이 점화원을 투여하였을 때 불붙는 최저의 온도

09 점화원이 없는 상태에서 가연성 물질을 공기 또는 산소 중에서 가열함으로써 발화되는 최저 온도를 말하는 것은?

① 인화점   ② 연소점

③ 비 점   ④ 착화점

해설 발화점(착화점, 발화온도)
외부의 직접적인 점화원이 없이 가열된 열의 축적에 의하여 발화가 되고 연소가 되는 최저의 온도, 즉 점화원이 없는 상태에서 가연성 물질을 공기 또는 산소 중에서 가열함으로써 발화되는 최저 온도

10 다음 중 연소속도에 영향을 미치는 요인이 아닌 것은?

① 가연물의 온도

② 산화반응을 일으키는 속도

③ 촉 매

④ 비상벨

해설 연소속도에 영향을 미치는 요인
- 가연물의 온도
- 산화반응을 일으키는 속도
- 촉 매
- 압 력
- 산소농도에 따라 가연물과 접촉하는 속도

11 화재발생 시 짙은 연기가 생성되는 원인으로서 적합한 것은?

① 공기의 양이 부족할 경우

② 공기의 양이 많을 경우

③ 수분의 양이 부족할 경우

④ 수분의 양이 많을 경우

해설 산소공급이 불충분하게 되면 탄소분이 생성되어 검은색 연기로 된다.

12 화재발생 시 열의 이동에 가장 크게 작용하는 화염의 이동방식은?

① 전 도

② 대 류

③ 복 사

④ 열관류

해설 화재현장에서 열의 이동에 가장 크게 작용하여 주위의 건물을 연소시키는 것은 복사열이다.

13 폭발범위에 대한 설명으로 옳지 않은 것은?

① 온도가 상승하면 폭발범위는 넓어진다.

② 불활성물질을 첨가하면 폭발범위는 넓어진다.

③ 산소농도가 증가하면 폭발범위는 넓어진다.

④ 연료가스와 연소성 기체의 혼합된 가스의 연소 혼합범위를 연소가스의 혼합가스에 대한 체적 비(比)로 나타낸 것이다.

해설 폭발범위(Explosion Range, 연소범위)
연료가스와 연소성 기체(산소나 공기)의 혼합된 가스가 연소할 수 있는 혼합범위를 연소가스의 혼합가스에 대한 체적비(比)로 나타낸 것이다. 폭발범위는 온도·압력이 상승하거나 산소농도가 증가하면 넓어진다.

14 불티나 불꽃이 기류를 타고 다른 가연물로 전달되어 화재가 일어나는 현상은?

① 전 도
② 대 류
③ 비 화
④ 복 사

 ③ 비화(불똥) : 불티나 불꽃이 기류를 타고 다른 가연물로 전달되어 화재가 일어나는 현상

15 연소의 3요소 중 점화원에 해당하지 않은 것은?

① 전기불꽃
② 충격 및 마찰
③ 산화제
④ 단열압축

해설 점화원
연소반응이 일어나려면 가연물과 산소공급원이 적절한 조화를 이루어 연소범위를 만들었을 때 외부로부터 최소의 활성화 에너지가 필요한데 이를 점화원이라 하며 전기불꽃, 충격 및 마찰, 단열압축, 나화(裸火) 및 고온표면, 정전기 불꽃, 자연발화, 복사열 등이 있다.

16 화재발생 시 인체에 가장 많은 피해를 주는 것은?

① 연소가스
② 수증기
③ 화 염
④ 열 기

해설 연소에 의해 발생되는 물질에는 연소가스, 화염, 열, 연기가 있으며, 이들이 인체에 미치는 영향 중 가장 큰 것은 가열된 공기 중의 가스(연기 포함) 흡입으로 인한 독성물질 유입이다.

17 화재 시 연기가 인체에 영향을 미치는 다음 요인 중 가장 중요한 것은?

① 연기 중의 미립자
② 일산화탄소의 증가로 인한 산소의 감소
③ 탄산가스의 증가로 인한 산소의 희석
④ 연기 속에 포함된 수분의 양 감소

 일산화탄소(CO)
일산화탄소는 무색·무취·무미의 환원성이 강한 가스로서 인체 내의 헤모글로빈과 결합하여 산소의 운반기능을 약화시켜 질식하게 한다.

18 화재 시 발생하는 가스 중 질식효과는 있지만 독성은 거의 없는 것은?

① 일산화탄소
② 이산화탄소
③ 포스겐
④ 염화수소

 이산화탄소(CO_2)
이산화탄소는 무색·무미의 기체로서 공기보다 무거우며 가스 자체는 독성이 거의 없으나 다량이 존재할 경우 사람의 호흡 속도를 증가시키고 혼합된 유해 가스의 흡입을 증가시켜 위험을 가중시킨다.

04 소화이론

01 소화의 기본원리

(1) 소화의 정의

소화란 가연물질이 산화반응에 의해 열과 빛을 내는 연소현상, 즉 화재가 발생한 지점을 인화점 이하로 냉각하거나, 산소의 공급을 차단시켜서 산소농도를 희석시키거나, 가연물질을 화재현장으로부터 제거하거나 하여 연소의 연쇄반응을 차단·억제시키는 것을 말한다.

(2) 소화의 원리

① 소화의 3대 원리 : 화재가 발생하려면 연소의 3대 요소인 가연물질, 점화원, 산소공급원이 구비되어야 한다. 그러나 연소의 3요소 중 1가지만 사라지면 연소 및 화재가 진행되지 않고 곧 정지하게 된다.

② 소화의 4대 원리 : 소화의 3대 원리에 연쇄반응의 차단을 더한 것이다.

02 소화방법

(1) 냉각소화법

① 연소를 위해서는 연소반응에 의해서 발생된 연소열이 미반응의 가연물에 공급되어야만 한다. 그러므로 냉각소화법은 연소의 4요소 중에서 에너지를 제거하여 발화점 이하로 내려가게 하는 소화법이다.

② 냉각소화방법

    ㉠ 고체물질을 이용한 냉각소화 : 가스버너의 화염에 철망을 대면 상부의 불꽃은 차츰 꺼지게 되는데 이것은 철망에 의해 열을 빼앗겨 냉각소화가 이루어진 것이다. 이와 비슷한 방법으로 튀김기름에 불이 붙었을 경우 야채를 넣으면 기름의 온도를 저하시켜 화재를 소화시킬 수 있다.

ⓛ 물을 이용한 냉각소화 : 목재 등과 같이 분해연소를 하는 물질에 물을 주입하면 목재 자체의 냉각으로 소화된다. 물을 뿌림으로 냉각에 동반되는 열분해의 저지로 가연성 가스의 농도를 연소범위보다 낮게 하는 효과로 소화가 진행된다.

ⓒ 이산화탄소나 할론 가스의 소화약제에 의한 냉각소화 : 소화약제 방출 시 약제의 증발열 흡수에 의해 연소열을 쉽게 빼앗을 수 있다.

(2) 질식소화법

① 연소에는 산소가 필요하므로 공급되는 산소를 차단 또는 산소 농도를 15% 이하로 억제하여 화재를 소화하는 방법을 말한다. 그러나 산소를 함유하는 물질의 연소, 즉 셀룰로이드와 같은 자기 연소성 물질 등에 이용되는 것은 불가능하다.

② 소화방법

㉠ 불연성 기체로 연소물을 덮는 방법 : 불연성 기체 또는 증기를 연소물 위에 뿌려 이 기체가 연소물 위를 덮어 주위로부터의 산소공급을 차단시키는 방법 – 공기보다 무겁고 불연성 기체인 이산화탄소, 할로겐화합물소화약제 등

ⓒ 불연성 포로 연소물을 덮는 방법 : 점도가 높고 부착성과 안정성이 양호하며 바람 등의 영향이 적은 거품을 이용하여 연소면을 덮어 산소공급을 차단시키는 방법 – 화학포, 단백포, 계면활성제포, 수성막포, 내알코올성포 등

ⓒ 불연성 고체로 연소물을 덮는 방법 : 젖은 이불, 모래, 흙 등을 이용하여 화염을 덮는 방법으로 돌발적인 화재발생 시 대처할 수 있는 방법

(3) 제거소화법

① 가연성 물질을 연소로부터 제거하여 불의 확산을 저지하는 소화방법으로서 가장 원시적이면서 효과가 좋은 방법이라 할 수 있다.

② 소화방법

㉠ 전기 화재 시 전기 공급을 중지시킨다.

ⓒ 산불 화재 시 진행방향의 나무를 잘라 제거한다.

ⓒ 가스 화재 시 밸브를 차단시켜 가스 공급을 중단시킨다.

(4) 희석소화법

① 기체, 액체, 고체에서 나오는 분해가스나 증기의 농도를 작게 하여 연소를 중지시키는 방법이다.

② 소화방법

㉠ 액체에 의한 희석소화 : 가연성 액체를 불연성의 다른 액체로 희석하여 발생되는 가연성 기체의 농도를 감소시켜 소화하는 방법이다.

ⓛ 강풍에 의한 희석소화 : 연소물에 강렬한 바람이 닿으면 풍속이 어떤 값 이상이 될 때 불꽃이 꺼지게 되는데 이는 가연성 증기가 순간적으로 바람에 날려서 농도가 희박해지기 때문이다.

ⓒ 불연성 기체에 의한 희석소화 : 불연성 기체를 화염 중에 넣으면 산소 농도가 감소하여 연소가 중지된다.

03 소화기

(1) 소화기의 종류

① 분말소화기

ⓐ 현재 우리나라에서 가장 많이 보급되어 있는 소화기로 인산암모늄이 주성분이며, 방사된 약제는 연소면의 피복에 의한 질식·억제작용에 의해 일반화재, 전기화재 등 모든 화재에 효과적이나 소화약제는 다른 종류의 분말소화약제와는 화학성질이 다르므로 혼합되지 않도록 해야 한다.

ⓑ 분말형태의 소화약제를 사용하는 소화기의 내용연수는 10년으로 한다(소방시설법 시행령 제15조의4).

ⓒ 분말소화설비의 장점
  • 소화성능이 우수하다.
  • B·C급 화재에 적응(3종은 A급 화재도 적응)한다.
  • 빠른 화재진압(녹다운 효과)을 할 수 있고 비전도성이다.

ⓓ 분말소화설비의 단점
  • 침투성이 나쁘다.
  • 재발화위험이 있다.
  • 냉각효과는 약하다.
  • 분말에 의한 미연소물의 2차 손상이 있다.
  • 가시도 약화(피난 방해)된다.

② 이산화탄소 소화기

ⓐ 이산화탄소는 고압으로 압축되어 액상으로 용기에 충전되어 있으며, 고압가스용기를 사용하기 때문에 중량이 무겁고 고압가스의 취급이 용이하지 못하다는 단점이 있으나 소화약제에 의한 오손이 적고 전기절연성도 크기 때문에 전기화재에 많이 사용된다.

ⓛ 할론가스(할론 1301, 1211, 2402)를 채워 사용하며, 무색의 투명한 방사성이 있는 증발성 액체로 방사된 약제는 기화하여 질식 및 억제작용이 탁월해 유류화재에 적합하다. 또한 약제는 전기의 부도체이므로 전기화재에도 적합하다. 소화효과가 크며 인체에는 큰 피해를 주지 않으나 밀폐된 곳에서 장시간 사용하는 것은 위험하다.

(2) 소화약제의 종류

① 물 소화약제

ⓖ 물 소화약제의 특성
- 대부분의 화재 진압용으로 널리 사용되며 싸고 구하기 쉽다.
- 비열과 증발잠열이 커서 냉각효과가 크다.
- 펌프, 배관, 호스 등을 사용하여 유체의 이송이 용이하다.
- 화재진화 이후 오염의 정도가 심하다.
- 주로 A급(일반화재)에 사용한다.
- 변질 우려가 없어 장기간 보관할 수 있다.

ⓛ 물의 소화효과 : 냉각작용, 질식작용, 유화작용, 희석작용

ⓒ 물의 주수방법
- 봉상주수 : 굵은 물줄기를 가연물에 직접 주수 → 물 소화기, 옥내·외소화전, 연결송수관
- 적상주수 : 일반적으로 실내 고체가연물에 적용 → 스프링클러, 연결살수설비
- 무상주수 : 안개형태의 주수 형태 → 분무노즐을 사용하는 물소화기, 물분무 소화설비 등

② 포 소화약제

ⓖ 포 소화약제의 특성
- 가연성 액체 화재 시 절대적인 소화 위력을 보이며 옥내·외에서도 소화 효과를 나타낸다.
- 인체에 무해하며 열분해 시 독성가스의 발생이 없다.
- 추울 때는 사용이 제한되며 소화 후 약제의 잔존물이 남는다.

ⓛ 포 소화약제의 구비조건 : 내열성, 내유성, 유동성, 점착성

PLUS ONE 화재의 종류 및 적용 소화제

구 분	A급	B급	C급	D급	E급
화재 종류	일반화재	유류화재	전기화재	금속화재	가스화재
표 식	백 색	황 색	청 색	무 색	황 색
가연물	목재, 종이, 섬유 등	인화성 액체, 가연성 액체, 석유 그리드, 타르, 오일 등	발전기, 전기기기, 배선과 관련된 화재	가연성 금속	일반가스, LPG, 할론
소화 효과	냉 각	질 식	질식, 냉각	질 식	질 식
적용 소화제	• 물 • 산알칼리 소화기 • 강화액 소화기	• 포말 소화기 • CO_2 소화기 • 분말 소화기 • 할론1211 • 할론1301	• CO_2 소화기 • 분말 소화기 • 할론1211 • 할론1301	• 마른 모래 • 팽창질석	• 분 말 • CO_2 • g할론

※ 우리나라의 경우는 소화기구 및 자동소화장치의 화재안전기준(NFSC 101)에 따라 일반화재(A급 화재), 유류화재(B급 화재), 전기화재(C급 화재), 주방화재(K급 화재)로 구분한다.

(3) 소화기 사용법 및 관리요령

① 소화기 사용법

㉠ 당황하지 말고 침착하게 화원이 있는 곳으로 소화기를 이동한다.

ⓛ 소화기의 안전핀을 뽑는다.

ⓒ 바람을 등지고 불이 난 곳을 향해 호스를 빼들고 손잡이를 힘껏 움켜쥔다.

㉣ 불길 주위에서부터 빗자루로 쓸듯이 골고루 뿌려준다.

② 소화기의 설치 및 관리요령

㉠ 소화기는 눈에 잘 띄고 통행에 지장을 주지 않도록 설치한다.

ⓛ 습기가 적어 건조하며 서늘한 곳에 설치한다.

ⓒ 유사시에 대비 수시로 점검하여 파손, 부식 등을 확인한다.

㉣ 한 번 사용한 소화기는 다시 사용할 수 있도록 허가업체에서 약제를 재충약한다.

PLUS ONE 소화기 사용상의 주의사항
• 소화기는 화재 초기에만 효과가 있고 화재가 확대된 후에는 효과가 없다.
• 소화기는 대형소화설비의 대용은 될 수 없다.
• 소화기는 그 구조, 성능, 취급법을 알고 있지 않으면 효과가 없다.
• 만능 소화기는 없다.
• 소화기 외부 표시사항인 소화기 명칭, 적응화재표시, 용기합격 및 중량표시, 적용방법, 취급상 주의사항, 동력단위, 제조연월일을 확인한다.

③ 옥내소화전 사용법 및 관리요령

ㄱ 옥내소화전 사용법 : 옥내소화전함의 문을 열고 결합된 호스와 관창을 화재지점 가까이 끌고 가서 늘어뜨린 다음 소화전함에 설치된 밸브를 시계 반대 방향으로 틀면 물이 나온다(단, 기동스위치로 작동하는 경우에는 ON[적색] 스위치를 누른 후 밸브를 연다).

ㄴ 옥내소화전 관리요령

• 소화전함의 문을 열고 닫을 때에는 충격이 가지 않도록 한다.

• 소화전함 내부에 습기가 차거나 호스에 물이 차지 않도록 주의한다.

• 호스가 꼬이지 않도록 잘 말아서 보관한다.

(4) 소방안전관리자의 업무(화재예방 및 소방시설 설치·유지 및 안전관리에 관한 법률 제20조 제6항)

① 피난계획에 관한 사항과 대통령령이 정하는 사항이 포함된 소방계획서의 작성 및 시행

② 자위소방대 및 초기 대응체계의 구성·운영·교육

③ 피난시설·방화구획 및 방화시설의 유지·관리

④ 소방훈련 및 교육

⑤ 소방시설이나 그 밖의 소방관련 시설의 유지·관리

⑥ 화기취급의 감독

⑦ 그 밖에 소방안전관리에 필요한 업무

> **PLUS ONE** 소방안전관리자 신고기간(화재예방, 소방시설 설치·유지 및 안전관리에 관한 법률 제20조 제4항)
> 소방안전관리대상물의 관계인이 소방안전관리자를 선임한 경우에는 선임한 날부터 14일 이내에 소방본부장이나 소방서장에게 신고한다.

(5) 119구조·구급대 이용안내

① 운영 : 신고접수 즉시 현장출동하며, 인명구조 및 응급환자의 병원이송을 담당한다.

② 이용방법

ㄱ 이용대상 : 모든 국민(응급환자)

ㄴ 신고방법 : 국번없이 119로 신고

ㄷ 이용시간 : 24시간 상시 이용가능

ㄹ 이송에 따른 경비 : 일체 무료

③ 편리한 점

ㄱ 전화로 119만 누르면 되므로 신고 및 이용이 편리

ㄴ 24시간 출동대기로 신속한 출동, 이송 가능

ⓒ 병원과 긴밀한 협조체제 유지, 병원의 환자수송능력, 산소소생기 보유 등 환자가 병원에
도착하기까지의 응급처치 가능

ⓔ 희망하는 병원으로 이송, 입원조치원칙, 병원진료 원활(의료행위거부 못함)

04 물

(1) 소화원리

① 주로 냉각작용에 의한 소화이며 기화시 질식작용으로 소화에 영향을 줄 수 있다.

② 물은 큰 비열과 잠열을 가지고 있다.

③ 통상 열분해물질은 250~450℃에 이르는데, 물은 100℃에서 증발함으로써 연쇄반응에 필요한
열을 효과적으로 냉각시킬 수 있다(고체화재에 적합).

④ 물방울의 크기가 작으면 단위량당 표면적이 증가하여 열을 흡수하는 증발이 용이하다.

⑤ 물이 수증기로 변화할 때 약 1,650배로 부피가 팽창하여 연소면을 덮기 때문에 물분무소화 시
질식효과의 기대도 할 수 있다.

⑥ 물방울의 입경이 굵은 것보다 작은 것이 냉각효과는 크다.

(2) 물의 장점

① 어디서나 쉽게 구할 수 있다.

② 가격이 저렴하고 약제에 대한 독성도 없다.

③ 다른 어떤 비가연성 액체보다 최소 4배 이상 큰 증발잠열을 갖는다.

(3) 물의 단점

① 0℃ 이하에서는 얼고, 전기가 통하는 도체이며, 진화 시 수손피해를 입는다.

② 물을 사용하면 폭발하거나, 가연성 가스를 발하는 금수성 물질에는 사용할 수 없다.

③ 휘발유와 같이 물보다 가볍고 물에 녹지 않는 비수용성 액체인 위험물화재에는 적합하지 않다.

④ 윤활유나 중유, 동물성 기름과 같이 연소하는 물질이 물보다 비등점이 높으면, 물이 액체 속으로
가라앉았다가 유면으로 떠오르면서 수증기로 변해 물질을 분출하게 만들고, 연소속도를 더 빠르
게 촉진시킨다.

적중예상문제

01 다음 괄호 안에 들어갈 내용이 차례대로 옳은 것은?

> 특정소방대상물의 관계인이 소방안전관리자를 선임한 경우에는 선임한 날부터 (   ) 이내에 소방본부장이
> 나 (   )에게 신고하여야 한다.

① 3일, 소방청
② 7일, 소방안전관리자
③ 14일, 소방서장
④ 20일, 소방서장

해설 소방안전관리자 신고기간(화재예방, 소방시설 설치·유지 및 안전관리에 관한 법률 제20조 제4항)
소방안전관리대상물의 관계인이 소방안전관리자를 선임한 경우에는 선임한 날부터 14일 이내에 소방본부장이나
소방서장에게 신고한다.

02 연소에 필요한 산소를 차단하거나 그 농도를 낮추어 소화하는 방법을 질식소화라고 한다. 통상
화재 시 산소농도가 몇 % 이하가 되면 소화되는가?

① 15%   ② 20%
③ 25%   ④ 50%

해설 연소에는 산소가 필요하므로 공급되는 산소를 차단시키거나 산소농도를 15% 이하로 억제하면 화재를 소화할
수 있다.

03 다음 설명에 해당하는 소화방법으로 옳은 것은?

> 연소에는 산소가 필요하므로 공급되는 산소를 차단 또는 산소 농도를 15% 이하로 억제하여 화재를
> 소화하는 방법

① 냉각소화법
② 제거소화법
③ 질식소화법
④ 희석소화법

• 냉각소화법 : 연소를 위해서는 연소반응에 의해서 발생된 연소열이 미반응의 가연물에 공급되어야만 한다. 그러므로 냉각소화법은 연소의 4요소 중에서 에너지를 제거하여 발화점 이하로 내려가게 하는 소화법이다.
• 제거소화법 : 가연성 물질을 연소로부터 제거하여 불의 확산을 저지하는 소화방법으로서 가장 원시적이면서 효과가 좋은 방법이라 할 수 있다.
• 질식소화법 : 연소에는 산소가 필요하므로 공급되는 산소를 차단 또는 산소 농도를 15% 이하로 억제하여 화재를 소화하는 방법을 말한다.
• 희석소화법 : 기체, 액체, 고체에서 나오는 분해가스나 증기의 농도를 작게 하여 연소를 중지시키는 방법이다.
• 부촉매소화법 : 연소의 연쇄반응을 차단하고 억제하여 소화하는 방법으로 화학소화 작용이라고 한다.

04 소화기 사용 순서로 옳은 것은?

> ㉠ 소화기를 불이 난 곳으로 옮긴다.
> ㉡ 안전핀을 뽑는다.
> ㉢ 바람을 등지고 호스를 불 쪽으로 향하게 한다.
> ㉣ 손잡이를 힘껏 쥐고, 불을 향해 빗자루로 쓸듯이 골고루 뿌려준다.

① ㉠-㉡-㉢-㉣
② ㉡-㉠-㉣-㉢
③ ㉡-㉠-㉢-㉣
④ ㉠-㉡-㉣-㉢

 소화기 사용 순서
㉠ 당황하지 말고 침착하게 화원이 있는 곳으로 소화기를 옮긴다.
㉡ 소화기의 안전핀을 뽑는다.
㉢ 바람을 등지고 화점을 향하여 호스를 빼들고 손잡이를 힘껏 움켜쥔다.
㉣ 불길 주위에서부터 빗자루로 쓸듯이 골고루 방사한다.

05 물 소화약제에 대한 설명으로 옳은 것은?

① 값이 비싸 구하기 어렵다.
② B · C급 화재에 널리 쓰인다.
③ 화재진화 이후 오염의 정도가 심하다.
④ 비열과 증발잠열이 작다.

 ① 값이 싸고 구하기 쉽다.
② 주로 A급(일반화재)에 사용한다.
④ 비열과 증발잠열이 커서 냉각효과가 크다.

06 다음 중 소화기의 설치 및 관리요령으로 틀린 것은?

① 눈에 잘 띄고 통행에 지장을 주지 않도록 설치한다.
② 고온다습한 곳에 설치한다.
③ 유사시에 대비하여 수시로 점검하여 파손, 부식 등을 확인한다.
④ 한 번 사용한 소화기는 다시 사용할 수 있도록 허가업체에서 약제를 재충약한다.

해설 소화기의 설치 및 관리요령
• 소화기는 눈에 잘 띄고 통행에 지장을 주지 않도록 설치한다.
• 습기가 적고 건조하며 서늘한 곳에 설치한다.
• 유사시에 대비하여 수시로 점검하여 파손, 부식 등을 확인한다.
• 한 번 사용한 소화기는 다시 사용할 수 있도록 허가업체에서 약제를 재충약한다.

07 다음 설명 중 틀린 것은?

① 소방차가 출동하면 벌금을 내지 않는다.
② 119구급대의 이용은 무료이다.
③ 모든 재난신고는 119로 하면 된다.
④ 화재증명원은 관할 경찰서 민원실에서 발급받을 수 있다.

해설 화재증명원은 화재보험, 재해부조금 등 지급요청 시 첨부하는 서류로 가까운 소방서에서 발급받을 수 있다.

08 다음 옥내소화전 관리요령이 아닌 것은?

① 소화전함의 문을 개폐시 충격이 가지 않게 한다.
② 소화전함 내부에 습기가 차거나 호스에 물이 차지 않게 한다.
③ 호스가 꼬이지 않게 잘 말아서 관리한다.
④ 한 번 사용한 소화기는 허가업체에서 약제를 충전하여 재사용한다.

해설 ④는 소화기의 관리요령이다.

09 가연물의 종류에 따른 화재의 분류로 옳은 것은?

① A급 화재 — 일반화재
② B급 화재 — 가스화재
③ C급 화재 — 금속화재
④ E급 화재 — 유류화재

해설 ② B급 화재 : 유류화재
③ C급 화재 : 전기화재
④ E급 화재 : 가스화재
화재의 종류
A급 화재(일반화재), B급 화재(유류화재), C급 화재(전기화재), D급 화재(금속화재), E급 화재(가스화재)

10 물은 소화약제로서 가장 대표적이며 유용하게 쓰이고 있다. 다음 중 물의 장점이 아닌 것은?

① 비열이 작다.
② 증발잠열이 크다.
③ 비용이 비교적 싸다.
④ 구하기 쉽다.

해설 ① 물은 큰 비열과 잠열을 가지고 있다.

CHAPTER 05 소방시설론

소방시설

(1) 소방시설의 개념

① 소방시설은 이미 발생한 화재를 발견하여 진화하거나 대피를 유도해 인명과 재산의 피해를 줄이기 위한 시설이다.

② 화재를 탐지하고 경보를 발하며 진화하거나 사람이 대피를 하기 위한 시설이다.

③ 건축물화재를 예방하기 위하여 건축물의 불연 및 내연화, 내장재 사용제한, 방화구획 등이 건축법규에 규정되어 있다.

(2) 소방시설의 종류(화재예방, 소방시설 설치 · 유지 및 안전관리 등에 관한 법률 시행령 별표1)

① **소화설비** : 물 또는 그 밖의 소화약제를 사용하여 소화하는 등, 기계 · 기구 또는 설비로서, 소화기구, 자동소화장치, 옥내소화전설비, 스프링클러설비 등, 물분무소화설비, 옥외소화전설비 등이 있다.

② **경보설비** : 화재발생 사실을 통보하는 기계 · 기구 또는 설비로서, 단독경보형 감지기, 비상경보설비, 시각경보기, 자동화재탐지설비, 비상방송설비, 자동화재속보설비, 통합감시시설, 누전경보기, 가스누설경보기가 있다.

③ **피난구조설비** : 화재가 발생할 경우 피난하기 위하여 사용하는 기구 또는 설비로서, 피난기구, 인명구조기구, 유도등, 비상조명등 및 휴대용비상조명등이 있다.

④ **소화용수설비** : 화재를 진압하는 데 필요한 물을 공급하거나 저장하는 설비로서, 상수도소화용수설비, 소화수조 · 저수조, 그 밖의 소화용수설비가 있다.

⑤ **소화활동설비** : 화재를 진압하거나 인명구조활동을 위하여 사용하는 설비로서, 제연설비, 연결송수관설비, 연결살수설비, 비상콘센트설비, 무선통신보조설비, 연소방지설비가 있다.

(3) 화재의 감지 · 경보설비

① **자동화재탐지설비** : 화재 초기에 필요한 방재 · 감지설비이다.

㉠ 감지기 : 화재 시 발생을 자동적으로 감지하여 수신기에 발신하는 장치
- 차동식 : 실내의 온도가 상승하여 일정한 값을 넘었을 때 작동하는 것
- 정온식 : 실내의 온도가 일정 온도 이상으로 상승하였을 때 작동하는 것

- 보상식 : 차동·정온식의 장점만 취합하여 차동성을 가지면서 고온도에서 반드시 작동하는 것
- 스포트형 : 한 국소의 열효과, 즉 전체 중 어느 한 곳의 온도상승에 의하여 작동하는 것
- 분포형 : 전체 면적을 감지하며 일명 선상화재감지기라고도 함

ⓒ 수신기 : 감지기나 발신기로부터 화재신호를 받아서 필요한 곳으로 송신하는 장치

ⓒ 발신기 : 화재발견자가 수동으로 조작하여 화재신호를 발신하기 위한 장치

ⓒ 중계기 : 감지기·발신기 또는 전기적 접점 등의 작동에 따른 신호를 받아 이를 수신기의 제어반에 전송하는 장치

ⓜ 화재경보기 : 화재 발생 시 벨(경종) 등에 의해 경보를 울리는 장치

ⓗ 표시등 : 발신기의 위치를 표시하는 적색등

② 비상경보설비

ⓗ 화재발생 시 빠른 시간에 소방대상물에 있는 사람에게 경보를 발하여 피난 및 초기 소화활동을 신속하게 처리하기 위한 설비이다.

ⓛ 비상경보기구는 휴대용으로 경종, 휴대용 확성기, 수동식 사이렌 등이 있다.

ⓒ 비상경보설비는 건물에 고정된 설비로서 비상벨, 자동식 사이렌, 비상방송설비 등이 있다.

ⓒ 자동화재탐지설비는 비상벨이나 자동식 사이렌이 없어도 그 자체 경보기능이 가능하다.

ⓜ 비상경보설비의 방송설비는 지하상가 또는 일정 규모 이상(법적 기준)의 소방대상물에 설치하여야 한다.

③ 누전경보기

ⓗ 누전경보기는 누설전류가 흐르면 자동적으로 경보를 발하여 관계자에게 알려 주는 설비이다.

ⓛ 누설전류를 검출하는 영상변류기, 그 전류를 증폭하는 수신기, 경보를 발하는 음향장치와 누전개소를 차단시켜 주는 차단장치로 구성되어 있다.

(4) 초기 소화설비

① 소화기구

ⓗ 수동식 소화기, 자동식 소화기, 물양동이, 마른 모래, 팽창질석 또는 팽창진주암 등의 간이소화용구를 말한다.

ⓛ 소화기는 용기에 저장된 소화약제를 압력에 의해 방사하여 초기 소화를 행하는 기구로 사람이 직접 조작하여 작동된다.

ⓒ 소화기의 종류에는 포·이산화탄소·할로겐화합물·분말·물·강화액소화기 등이 있다.

PLUS ONE ♥ 주택용 소방시설(화재예방, 소방시설 설치·유지 및 안전관리에 관한 법률 시행령 제13조)
- 소화기
- 단독경보형감지기

② 옥내소화전설비

    ㉠ 수원, 가압송수장치, 배관, 옥내소화전함(배관구, 가업송수장치의 기동장치, 표시등, 호스수납장치) 등으로 구성되어 있다.

    ㉡ 옥내소화전 방수구는 옥내소화전함 내에 설치되어 소방호스와 연결하고, 개방 시에 소화수를 방수하는 밸브로 시계반대방향으로 조작 시 열리고, 시계방향으로 조작하면 닫힌다.

    ㉢ 옥내소화전설비 배관 내의 수압을 인식하여 펌프를 자동으로 작동시키는 기능을 지닌 기동용 수압개폐장치에는 압력체임버, 기동용 압력스위치 등이 있다.

③ 스프링클러설비

    ㉠ 화재를 최단 시간 내에 소화시키는 고정식 자동소화설비로 소화설비 중 가장 효과가 좋은 설비이다.

    ㉡ 스프링클러설비에는 폐쇄형과 개방형이 있는데, 폐쇄형은 수원, 가압송수장치, 배관, 자동경보장치, 스프링클러헤드(폐쇄형), 말단 시험밸브와 건물 외부에 설치하는 전용 송수구로 구성되어 있다.

    ㉢ 스프링클러헤드의 감열부가 용해되어 가압수가 자동적으로 방수되어 디플렉터에 의해 균일하게 살수된다(주로 사용하는 형태는 폐쇄형).

    ㉣ 방수와 동시에 펌프가 가동되고 경보밸브가 작동하여 경보가 발해진다.

    ㉤ 일반적으로 방재센터, 감시실, 수위실 등 사람이 있는 장소에 화재표시반을 설치하여 경보가 울림과 동시에 표시되는 것이 많다.

    ㉥ 개방형은 개방형 스프링클러헤드를 사용하는 것으로 설치된 스프링클러헤드의 전부 또는 구획된 부분에서 살수되며, 폐쇄형 구성 외에 동시 개방밸브를 필요로 한다(주로 무대 등에 설치).

④ 물분무소화설비

    ㉠ 화재 시 물분무헤드를 이용하여 물을 무상의 미립자로 방사하는 것으로 유류화재, 전기화재 등에 효과적이다.

    ㉡ 기타 화재의 제압, 연소방지, 냉각에 사용된다.

    ㉢ 물분무헤드에서의 방출에 의한 소화원리

        • 화열에 의해 물방울이 다량의 수증기를 발생시켜, 연소에 필요한 산소를 차단한다.

        • 기름 표면에 수증기가 쌓여 불연성 유화층을 형성하므로 질식소화를 한다.

        • 수류의 절연도가 높다.

⑤ 포소화설비

    ㉠ 물에 의한 소화효과가 별로 없을 때 또는 화재가 확대될 우려가 있는 경우의 화재에 사용한다.

    ㉡ 미세한 기포의 집합체로 연소물을 기포층 또는 얇은 막으로 덮고 연소에 필요한 공기를 차단함과 동시에 기포에 포함되어 있는 물에 의해 질식·냉각작용으로 소화시키는 원리이다.

ⓒ 용도에 따라 합성계면활성제, 포소화약제나 수성막포소화약제가 이용되고 3% 또는 6%가 물과 혼합해서 사용되므로 3% · 6%형이라 한다.

ⓔ 주로 주차장에서 많이 사용되며 기타 특수가연물의 취급장소나 저장창고에 이용된다.

PLUS ONE ➕ 포소화설비의 약제 혼합방식
- 펌프 프로포셔너 방식(Pump Proportioner Type)
  펌프 토출관과 흡입관 사이의 배관 도중에 흡입기의 펌프에서 나온 물의 일부와 농도조절밸브에서 조정된 포소화약제 필요량을 소화약제탱크에서 펌프흡입측으로 보내는 약제의 혼합 방식
- 라인 프로포셔너 방식(Line Proportioner Type)
  펌프와 발포기 중간에 설치된 벤투리관의 벤투리작용에 의해서 포소화약제를 흡입 · 혼합하는 방식
- 프레저 프로포셔너 방식(Pressure Proportioner Type)
  펌프와 발포기의 중간에 설치된 벤투리관의 벤투리작용과 펌프가압수의 포소화약제 저장 탱크에 대한 압력으로 포소화약제를 흡입 · 혼합하는 방식
- 프레저 사이드 프로포셔너 방식(Pressure Side Proportioner Type)
  펌프 토출관에 압입기를 설치하여 포소화약제 압입용펌프로 포소화약제를 압입시키는 혼합 방식

⑥ 불연성 가스소화설비

㉠ 공기 중에는 용적비 21%의 산소가 있는데, 화재를 소화하기 위해서는 산소농도를 줄임으로써 소화할 수 있다.

㉡ 불연성 가스를 공기 중에 방출하면 산소농도가 줄어들어 질식작용으로 소화된다.

㉢ 불연성 가스로는 할로겐화합물 또는 이산화탄소가 이용되는데 할로겐화합물은 이산화탄소에 비해 독성이 적고 위험성이 적으므로 할로겐화합물이 주로 이용된다.

㉣ 주차장, 보일러실, 전기실 등에는 할론1301이 사용된다.

㉤ 할로겐화합물소화약제는 $Cl \cdot F \cdot Br$으로 이루어져 있는 매우 안정된 화합물로 변질, 분해, 부식에 대해서도 우수하며, 무색무취이다.

⑦ 분말소화설비

㉠ 분말소화제는 탄산수소나트륨 등의 미세 건조분말을 방습제로 피복하고 유동성을 갖도록 윤활제를 혼합한 것이 사용된다.

㉡ 화재열에 의해 분해되는 화학반응을 일으켜 불연성 가스와 수증기를 발생, 불연성 가스에 의한 산소농도의 희석작용, 열분해에 의한 냉각작용 및 연소물을 덮어 공기를 차단하는 질식작용, 연쇄반응을 억제시키는 부촉매작용으로 소화하는 것이다.

㉢ 주로 인화성 액체, 전기화재 및 일반 가연물의 표면화재 등에 사용된다.

PLUS ONE ➕ 본격 소화설비
- 제연설비
- 헬리포트
- 무선통신보조설비
- 비상용 엘리베이터
- 비상콘센트설비
- 연결송수관설비
- 연결살수설비

02 피난계획 및 피난설비

(1) 피난계획

① 재해로 본 피난행동(재해발생 시 인간행동 심리상태)
  ㉠ 평상시 상태의 행동
   - 방재조치가 잘된 건물의 화재초기에는 화재발생경보에 의하여 연기, 냄새로 감지하였을 때 피난자는 평상시 상태의 행동을 할 수 있다.
   - 화재장소의 발견 또는 소화작업, 물건의 반출 등의 행동을 취할 수 있다.
   - 초기소화 및 피난경보가 잘못되면 사람이 패닉상태에 빠지는 원인이 된다.
  ㉡ 긴장상태의 행동
   - 연기가 나는 화재를 보거나 피난자의 비명소리를 들으면 사람의 심리상태는 긴장상태가 된다.
   - 이때의 행동은 상식적으로는 생각할 수 없는 강한 힘을 발휘하거나 반대로 어떻게 하여야 좋은지 또는 어느 곳으로 피난하면 좋은지 알 수 없게 되는 수도 있다.
   - 긴장상태에서는 자기 스스로 판단을 할 수 없으므로 강력한 피난지시가 필요하다.
  ㉢ 패닉상태의 행동
   - 패닉상태일 때 인간은 상상을 초월하는 행동과 힘이 생긴다.
   - 대형화재가 발생하면 죽음을 초래하는 다이빙 등의 행동이 나타난다.

② 피난행동의 성격
  ㉠ 계단보행속도
   - 수평방향의 피난은 군집보행속도에 따라 다르나, 수직방향에서 계단보행속도는 계단보행의 보행수에 따라 달리한다.
   - 계단보행 시에는 수평방향의 보행에서와 같이 자유보행속도는 현저히 떨어진다.
  ㉡ 군집보행속도
   - 사람이 속도에 제약을 받지 않고 걷는 것이 자유보행속도이며, 일반적으로 1.0m/sec의 속도로 걷는다.
   - 복잡한 시내에서 후속 보행자가 앞 보행자의 보행속도에 동조하는 상태를 군집보행이라 한다.

PLUS ONE ➕ 여러 가지 형태의 보행속도(m/sec)
- 빠른 보행자 : 2.0m/sec
- 느린 보행자 : 1.0m/sec
- 빨리 달리기 : 8.0m/sec
- 100m 달리기 : 10.0m/sec
- 군집보행 : 1.0m/sec
- 일반 보행속도 : 1.3m/sec

© 군집유동계수
- 재해발생 시 피난행동개시 후 협소한 출구에 많은 사람이 동시에 몰릴 때는 체류현상이 발생하여 일정한 인원만 출구를 통과할 수 있다.
- 군집유동계수란 체류현상 발생 시의 통과가능한 인원을 단위 폭(1m)과, 단위 시간(1초)으로 나타낸 것이다.
- 건축법에서는 장해효과를 고려하여 평균 1.33인/m·sec으로 하고 있다.

③ 피난계획의 일반원칙
㉠ 피난경로는 간단명료할 것
㉡ 두 방향 피난동선을 항상 확보해 둘 것
㉢ 인간의 특성을 고려하여 피난계획을 세울 것
㉣ 동선의 마지막 부분은 안전구역이나 안전구역을 향해 개방하여 있을 것
㉤ 피난수단은 조작이 간편한 원시적 방법을 원칙으로 할 것(인간의 보행, 계단 이용, 엘리베이터 이용 불가)
㉥ 피난설비는 고정식 시설을 원칙으로 할 것

④ 안전구획 : 건축물 내 피난 시 이용되는 안전구획은 안전도에 따라 다음 3가지로 나누어지며 일반적인 피난경로는 '거실 → 복도(제1차 안전구획) → 부속실(제2차) → 계단(제3차) → 중간피난층 또는 지상'이다.
㉠ 제1차 안전구획(복도) : 수평방향의 피난에 있어서 가장 중요한 통로로 1차적인 안전성이 확보된다.
㉡ 제2차 안전구획(부속실) : 계단 입구에 설치하여 계단에 진입하지 못한 사람들에게 안전성을 부여하는 공간으로 이용된다.
㉢ 제3차 안전구획(계단) : 수직방향의 피난에 가장 중요한 통로로 최후까지 사용할 수 있도록 안전을 확보하며 수직방향계단, 특별피난계단, 옥외 피난계단이 있다.

(2) 피난구조설비(화재예방, 소방시설 설치·유지 및 안전관리에 관한 법률 시행령 별표 5)

피난구조설비란 화재 등의 재해 시에 탈출·피난하기 위해서 사용하는 기계·기구 또는 설비로 다음과 같은 네 가지 종류로 분류된다.
① 피난기구 : 피난밧줄, 미끄럼대, 미끄럼봉, 피난사다리, 완강기, 구조대, 피난교, 피난트랩
② 유도등 : 유도표지, 비상조명등
③ 인명구조기구 : 방열복, 공기호흡기, 인공소생기 등
④ 비상조명등 및 휴대용비상조명등

적중예상문제

01 다음 밑줄 친 ㉠에 들어가지 않는 것은?

> 화재예방, 소방시설 설치·유지 및 안전관리에 관한 법률 및 같은 법 시행령 상 소화활동설비의 종류에는
> _____㉠_____ 등이 있다.

① 비상콘센트설비
② 소화용수설비
③ 연결송수관설비
④ 무선통신보조설비

해설 소화활동설비
화재를 진압하거나 인명 구조 활동을 위하여 사용하는 설비로서, 제연설비, 연결송수관설비, 연결살수설비, 비상콘센트설비, 무선통신보조설비, 연소방지설비가 있다.

02 화재예방, 소방시설 설치·유지 및 안전관리에 관한 법률 및 같은 법 시행령상 피난구조설비 중 피난기구에 해당하지 않는 것은?

① 피난사다리   ② 완강기
③ 피난트랩   ④ 비상조명등

해설 피난구조설비
• 피난기구 : 피난밧줄, 미끄럼대, 미끄럼봉, 피난사다리, 완강기, 구조대, 피난교, 피난트랩
• 유도등 : 유도표지, 비상조명등
• 인명구조기구 : 방열복, 공기호흡기, 인공소생기 등
• 비상조명등 및 휴대용비상조명등

03 소화기구의 종류가 아닌 것은?

① 분말소화기
② 할로겐화합물소화기
③ 이산화탄소소화기
④ 옥내소화전설비

해설 소화기의 종류에는 포·이산화탄소·할로겐화합물·분말·물·강화액소화기 등이 있다.

04 화재예방, 소방시설 설치·유지 및 안전관리에 관한 법령상 소화설비가 아닌 것은?

① 옥내소화전설비　　　　　　　　② 자동소화장치
③ 자동화재탐지설비　　　　　　　④ 물분무소화설비

 ③ 자동화재탐지설비는 경보설비에 해당한다.
소화설비
물 또는 그 밖의 소화약제를 사용하여 소화하는 등, 기계·기구 또는 설비로서 소화기구, 자동소화장치, 옥내소화전
설비, 스프링클러설비, 물분무소화설비, 옥외소화전설비 등이 있다.

05 사무실 천장 등에 헤드를 설치하여 화재가 발생하였을 때 자동으로 헤드를 통하여 물을 분사하여 화재를 진압하는 소방시설의 이름은?

① 옥내소화전설비　　　　　　　　② 스프링클러설비
③ 연결살수설비　　　　　　　　　④ 이산화탄소소화설비

 스프링클러설비
사무실 천장 등에 헤드를 설치하여 화재가 발생하였을 때 스프링클러헤드의 감열부가 용해되어 가압수가 자동적으
로 방수, 디플렉터에 의해 균일하게 살수되어 화재를 진압하는 소방시설

06 화재예방, 소방시설 설치·유지 및 안전관리에 관한 법률 시행령에서 정하는 주택용 소방시설에 해당하는 것은?

① 차동식감지기　　　　　　　　　② 소화기
③ 정온식감지기　　　　　　　　　④ 보상식감지기

 주택용 소방시설(화재예방, 소방시설 설치·유지 및 안전관리에 관한 법률 시행령 제13조)
　　• 소화기
　　• 단독경보형감지기

07 위험물 등의 화재를 진압하기 위하여 물에 일정비율의 포소화약제를 혼합하여 사용하는 소방시설의 이름은?

① 포소화설비　　　　　　　　　　② 스프링클러설비
③ 물분무소화설비　　　　　　　　④ 이산화탄소소화설비

 미세한 기포의 집합체로 연소물을 기포층 또는 얇은 막으로 덮고 연소에 필요한 공기를 차단함과 동시에 기포에
포함되어 있는 물에 의해 질식·냉각작용으로 소화시키는 원리이다.

08 피난기구에 속하지 않는 것은?

① 완강기
② 구조대
③ 자동화재탐지설비
④ 피난사다리

 ③은 경보설비에 해당한다.

09 다음 중 피난을 위한 시설물이라고 볼 수 없는 것은?

① 객석 유도등
② 피난사다리
③ 옥내소화전
④ 비상조명등

 ③은 소방설비 중 옥내소화전설비이다.

10 펌프와 발포기 중간에 설치된 벤투리관의 벤투리작용에 의해서 포소화약제를 흡입·혼합하는 방식은?

① 펌프 프로포셔너 방식(Pump Proportioner Type)
② 라인 프로포셔너 방식(Line Proportioner Type)
③ 프레저 프로포셔너 방식(Pressure Proportioner Type)
④ 프레저 사이드 프로포셔너 방식(Pressure Side Proportioner Type)

 포소화설비의 약제 혼합방식
- 펌프 프로포셔너 방식(Pump Proportioner Type) : 펌프 토출관과 흡입관 사이의 배관 도중에 흡입기의 펌프에서 나온 물의 일부와 농도조절밸브에서 조정된 포소화약제 필요량을 소화약제탱크에서 펌프흡입측으로 보내는 약제의 혼합 방식
- 라인 프로포셔너 방식(Line Proportioner Type) : 펌프와 발포기 중간에 설치된 벤투리관의 벤투리작용에 의해서 포소화약제를 흡입·혼합하는 방식
- 프레저 프로포셔너 방식(Pressure Proportioner Type) : 펌프와 발포기의 중간에 설치된 벤투리관의 벤투리작용과 펌프가압수의 포소화약제 저장 탱크에 대한 압력으로 포소화약제를 흡입·혼합하는 방식
- 프레저 사이드 프로포셔너 방식(Pressure Side Proportioner Type) : 펌프 토출관에 압입기를 설치하여 포소화약제 압입용펌프로 포소화약제를 압입시키는 혼합 방식

인명구조론

CHAPTER 06

01 응급의료

(1) 응급환자(응급의료법 제2조)

질병, 분만, 각종 사고 및 재해로 인한 부상이나 그 밖의 위급한 상태로 인하여 즉시 필요한 응급처치를 받지 아니하면 생명을 보존할 수 없거나 심신상의 중대한 위해가 발생할 가능성이 있는 환자 또는 이에 준하는 자로서 보건복지부령이 정하는 사람을 말한다.

(2) 응급의료체계

응급환자의 치료에 있어서 기본적인 것은 우선 신속한 이송체계를 구축하는 것이며, 또한 적절한 응급의료인력을 교육하고 훈련시켜서 인적 자원을 양성하며, 충분한 의료장비와 구급차를 준비하여 이들을 통합적으로 융합시킬 수 있는 통신체계를 구축하는 것이다. 이러한 병원 전단계(Pre-hospital Phase)에서 발생하는 상황 이외에도 병원 내에 충분한 시설(응급센터, 입원실, 중환자실, 수술실 등)을 갖추고, 응급환자를 치료하기 위하여 필요한 인력, 장비, 자원 등을 효과적으로 조직하여 운영하는 것을 응급의료서비스체계(Emergency Medical Services System)라고 한다.

(3) 응급의료체계의 구성요소

① 인 력
  ㉠ 일반인 : 응급환자가 발생하였을 때에 대부분의 경우에는 근처에 있는 일반인이 처음으로 환자와 접촉하게 된다.
  ㉡ 최초대응자 : 전문적인 응급구조사와는 달리 응급처치에 관한 단기간의 교육을 받고 일상 업무에 종사하면서 응급환자가 발생하였을 때에는 응급구조사가 현장에 도착할 때까지 응급처치를 시행하는 요원(경찰, 소방, 양호교사, 안전요원 등)을 말한다.
  ㉢ 응급간호사(CEN ; Certified Emergency Nurse) : 응급실 내에서의 간호활동뿐만 아니라 현장처치에서도 응급간호사가 일부 역할을 수행하고 있고, 향후에는 항공이송 등과 같은 특수분야에서 활동할 것으로 본다.
  ㉣ 응급구조사(EMT ; Emergency Medical Technician) : 국내에서는 응급구조사를 1급과 2급으로 구분하고 있으며 병원 전단계 응급의료의 중심적 역할을 수행한다.

　　ⓜ 응급의료전화상담원(Dispatcher) : 응급정보센터나 119상황실에서 근무하면서 응급환자의 신고를 접수하고 응급처치상담을 하여 응급의료체계를 가동시키는 업무를 수행한다.

　　ⓑ 응급의학 전문의(Emergency Physician) : 모든 응급환자에게 포괄적이고 효과적인 응급치료를 제공하는 전문의료인으로서, 의료적인 처치 이외에도 전문요원의 교육, 응급의료체계의 구성과 운영방법 등에 대한 제반업무를 수립하고 평가하는 모든 과정을 담당한다.

② 장 비

　　㉠ 응급의료장비 : 응급처치에 필수적인 의료장비를 비롯하여 환자를 이송하는 중에도 사용할 수 있는 각종 중환자 처치장비이다.

　　㉡ 통신장비 : 전화, 무선단파방송, 인터폰, 무선전화 등이 있다.

　　㉢ 구급차 : 구급차 내에서 응급처치가 가능하도록 충분한 높이를 가진 특수구급차(ALS Unit)와 단순이송을 위한 일반구급차(BLS Unit) 등 2가지로 분류되고 있다.

> **PLUS ONE**　응급의료체계의 진행단계
> - 목격자에 의한 환자 발견과 기본응급조치
> - 응급의료요원에 의한 현장처치
> - 응급실에서의 응급처치
> - 응급의료체계의 문제점 파악 및 평가
> - 응급의료정책의 전환 및 부서별 교육
> - 응급전화에 의한 응급의료체계의 가동
> - 응급의료종사자에 의한 전문 인명소생술과 이송
> - 병실에서의 지속적인 전문처치
> - 문제점 보완 및 개선계획 수립

02　응급처치

(1) 응급처치의 개념과 목적

① 개념 : 사고나 질병 또는 재해로부터 자기 자신을 지키고, 갑자기 환자가 발생하였을 때 그 환자에게 의사의 치료를 적기에 받을 수 있도록 의사의 진료 전까지의 즉각적이고 임시적인 적절한 응급조치를 말한다.

② 목적 : 부상자의 생명을 구하고, 상태 악화를 방지하며, 고통을 경감 및 회복하는 데 있다.

(2) 응급처치의 10대 원칙

① 환자를 수평으로 눕힌다.

　　㉠ 심한 쇼크 상태일 때 : 머리를 낮게 발을 높게 한다.

　　㉡ 토했거나 입에서 토혈해서 의식이 있을 때 : 피 또는 물을 토할 위험이 있을 때에는 얼굴을 옆으로 돌려 머리가 발보다 낮게 한다.

ⓒ 호흡장애가 있을 경우 : 앉아 있게 하거나 하반신을 기대게 하고 발을 뻗어 편한 자세를 취하게 한다.

② 출혈 질식 쇼크일 경우 신속히 처리(인공호흡과 지혈)한다.

③ 부상자를 조사할 때 움직이지 않도록 한다.

④ 부상자를 안심시킨다.

⑤ 부상자에게 상처를 보이지 않도록 한다.

⑥ 출혈을 멎게 하는 등 절대 필요한 경우를 제외하고 환부를 손가락으로 만져서는 안 된다.

⑦ 의식불명의 환자에게 먹을 것을 주어서는 안 된다(특히 출혈이 심한 환자에게 물은 금지).

⑧ 가능한 한 환자를 움직여서는 안 된다.

⑨ 부상자를 움직일 때 들것은 발을 앞으로 하고 운반한다.

⑩ 정상적인 체온 유지를 위해 담요 등으로 덮어 주어야 한다.

(3) 응급처치의 실시범위와 준수사항

① 생사의 판정은 하지 않는다(생사판정은 의사가 한다).

② 원칙적으로 의약품의 사용을 피한다.

③ 의사의 치료를 받기 전까지의 응급처치로 끝난다.

④ 의사에게 응급처치 내용을 설명하고 인계한 후에는 모든 것을 의사의 지시에 따른다.

⑤ 응급처치 시 동의를 구하여 실시한다.

　ⓐ 성인 : 의식이 있는 경우 본인에게, 의식이 없는 경우 보호자에게 동의를 구하여 실시한다.

　ⓑ 소ㆍ유아 : 동의를 구함과 동시에 치료가 함께 이루어질 수 있도록 한다.

　ⓒ 의식도 없고 보호자도 없는 경우 : 주변사람에게 알린 후(묵시적 동의로 인정) 도움을 받아 실시한다.

(4) 응급처치 시 환자의 평가

① 기본적 평가(ABC 평가)

② 환자평가

　ⓐ 환자의식이 있는 경우 : 환자에게 이름, 연령 등을 직접 물어보고 10분 간격으로 말을 시킨다.

　ⓑ 환자의식이 없는 경우

　　• 외모에 나타난 증상으로 관찰(조사)한다.

- 한 손으로 경추를 보호하면서 다른 손으로 환자에게 자극을 주어 깨워본다.
- 외견상의 상황만으로 환자의 위급성을 판단할 수 없으므로 ABC 등의 평가가 이루어져야 한다.

③ 평가방법
    ㉠ 전체적 상황판단
    ㉡ 의식유무 확인
    ㉢ 기도유지상태 확인
    ㉣ 호흡 및 맥박확인(약 5~10초간)

> **PLUS ONE**   정상적인 호흡 · 맥박수
> 맥박이 아주 느리거나(성인 60회/분 이하), 아주 빠르면(성인 100회/분 이상) 위험한 상태이다. 건강한 성인의 1분간 정상호흡수는 12~20회이고 성인의 정상 맥박수는 분당 60~90회 정도, 어린이는 성인보다 빨라 90~100회에 이른다.

    ㉤ 얼굴색, 피부색, 체온 확인
    ㉥ 동공 확인(심장, 중추신경계의 상태를 나타냄)
    ㉦ 손발이 움직이는지 확인

> **PLUS ONE**   환자 운반 중 주의사항
> 운반할 때에는 발쪽을 앞으로 향하여 운반하고, 토했거나 토혈을 했으나 의식이 있을 때는 얼굴을 옆으로 돌리고 머리를 발보다 낮게 운반하며 부상자에게 상처를 보이지 않게 한다.

03   쇼크(Shock)

(1) 쇼크의 개념
    ① 순간적인 혈액순환의 감퇴로 말미암아 신체의 전 기능이 부진되거나 허탈된 상태를 말한다.
    ② 원인 : 혈액손실, 혈관확장, 심박동 이상, 호흡기능의 이상, 알레르기 반응 등이 있다.

(2) 증 상
    ① 불안감과 두려움
    ② 차가운 피부
    ③ 청색증
    ④ 동공반응 느려짐
    ⑤ 빠르고 불규칙한 호흡
    ⑥ 맥박 약화, 혈압 저하

(3) 쇼크처치

① 원 칙

　　㉠ 기도유지 및 척추고정(구토가 심한 경우 옆으로 누인다)

　　㉡ 출혈부위 지혈(직접압박)

　　㉢ 적정자세 유지

　　㉣ 골절부위 부목고정

　　㉤ 환자안정

　　㉥ 환자의 체온유지

　　㉦ 병원이송

② 자 세

　　㉠ 머리나 척추에 부상이 없으면 하체를 25~30cm 정도 높여 준다.

　　㉡ 가슴에 부상을 당하여 호흡이 힘든 환자인 경우에는 부상자의 머리와 어깨를 높게 하여 눕힌다(비스듬히 앉힌다).

　　㉢ 구토하는 환자는 위 속에서 나온 이물질이 기도로 넘어가지 않게 얼굴을 옆으로 돌려 준다.

　　㉣ 의식 있을 경우 : 질문 후 편안한 자세

　　㉤ 의식 없을 경우 : 안색이 창백 – 하체거양(다리 등을 베개나 쿠션에 올리는 것)

　　㉥ 청안 : 하체거양 – 구조호흡

　　㉦ 부상부위 : 거양

③ 보온(36.5℃ 유지)

　　㉠ 부상자의 몸이 식으면 쇼크상태가 악화된다.

　　㉡ 담요, 상의, 신문지 등 몸을 덮을 수 있는 대용품을 사용한다.

　　㉢ 27℃ 이하 : 심장마비 발생 우려

　　㉣ 35℃ 이하, 41℃ 이상 : 뇌손상 우려

④ 음 료

　　㉠ 원칙적으로 주지 않는다.

　　㉡ 갈증해소를 위하여 필요한 경우 깨끗한 수건 등에 물을 적셔서 입술만 적셔 준다.

　　㉢ 두부, 복부, 흉부의 손상, 내출혈, 대출혈환자(수술을 할 수도 있음)의 경우 음료를 절대 주지 않는다.

　　㉣ 일사병, 설사 등에 의한 탈수, 화상, 약물중독, 뱀에 물린 경우, 자극성 없는 미온수(물) 공급이 가능하다(의식이 있는 경우).

　　㉤ 환자가 의식이 있고, 마실 것을 줄 필요가 있을 때에는 따뜻한 물, 우유, 엽차 같은 것이 좋으며, 조금씩 마시게 한다.

04 구조호흡

(1) 구조호흡의 대상

구조호흡은 호흡이 정지됐으나 심장은 계속 뛰고 있는 환자에게 실시한다.

(2) 의식 유무 확인

① 주변사람에게 의료기관에 연락을 하도록 한다.
② 먼저 환자 옆에 앉아 가볍게 흔들면서 큰 소리로 "괜찮습니까?" 하고 물어보아 의식 유무를 확인한다.

(3) 호흡확인

① 환자의 자세는 그대로 한 채 환자의 얼굴 가까이 대고 5초 동안 호흡을 확인한다.
② 기도개방 후 호흡의 유무를 확인하여 호흡이 없는 경우 구조호흡을 실시한다.
③ 호흡의 관찰은 기도를 확보한 상태에서 환자의 가슴, 코, 입 등을 통하여 보고, 듣고, 느낀다.

(4) 환자의 자세 교정

① 환자를 똑바로 눕혀 신체의 뒤틀림이나 부상의 악화를 방지한다.
② 환자의 엉덩이와 어깨 중간쯤에서 환자의 얼굴을 보며 무릎을 꿇고 앉는다.
③ 필요할 경우 환자의 두 다리를 곧게 편다.
④ 환자의 팔을 처치하는 사람 쪽으로 당겨 환자의 머리 위로 뻗쳐 놓는다.
⑤ 몸을 굽혀 한 손은 환자의 어깨를 다른 한 손은 엉덩이를 잡는다.
⑥ 환자를 천천히 끌어당기면서 돌려놓는다.
⑦ 환자를 똑바로 눕힐 때 어깨를 잡았던 손으로 환자의 목과 머리 뒷부분을 받친다.
⑧ 처치원 쪽에 있는 환자의 팔을 환자 옆에 나란히 놓는다.
⑨ 환자의 자세교정은 10초 이내에 신속하게 해야 한다.

(5) 기도개방

① 즉각적인 기도개방은 환자를 성공적으로 소생시키기 위하여 가장 중요한 것이다.
② 환자의 머리 쪽에 있는 처치원의 손을 환자의 이마 위에 얹고 손바닥으로 눌러 머리를 뒤로 젖히고, 다른 손의 손가락을 환자의 아래쪽 턱뼈 밑에 대고 턱을 앞으로 끌어올린다.
③ 이마가 거의 맞닿을 정도까지 턱을 끌어올리되, 환자의 입이 닫히지 않도록 엄지손가락을 사용하여 입이 벌어지도록 한다.

(6) 호흡 유무 확인

① 환자의 머리를 뒤로 젖히고 턱을 끌어올려 기도를 개방한다.

② 환자의 입과 코 가까이에 귀를 대고 환자의 가슴을 본다.

③ 가슴이 오르내리는지 살펴보고, 호흡을 하는지 들어보고, 코와 입에서 공기가 나오는지 느껴보는 일을 5초 동안 한다.

(7) 두 번 충분히 불어넣기

① 호흡이 없으면 즉시 2번 불어넣기를 실시한다. 천천히(부드럽게) 깊게(충분히) 실시(1.5~2초)한다.

② 구강 대 구강, 구강 대 비강 구조호흡법을 실시한다. 불어넣을 때 공기가 새지 않도록 한다.

③ 머리를 뒤로 젖히고 턱을 끌어올려 기도를 개방시킨 상태에서 환자의 이마를 누르고 있는 엄지와 검지로 환자의 코를 부드럽게 잡아 막는다.

④ 처치원은 자기 입을 크게 벌려 공기를 많이 들이마시고 환자의 입에 자기의 입을 공기가 새지 않도록 밀착시킨 후 환자의 입 속으로 공기를 불어넣는다.

⑤ 불어넣을 때 저항을 느끼거나 공기가 들어가지 않으면, 대부분의 경우 머리를 뒤로 충분히 젖히지 않았거나 환자의 혀가 목 안쪽을 막고 있기 때문이다. 다시 한번 위의 과정을 반복하고, 머리를 충분히 뒤로 젖힌 상태에서도 공기가 들어가지 않을 때에는 음식물이나 기타 이물질이 기도를 막고 있는지 확인한다.

(8) 혈액 순환 확인(목 옆의 동맥 박동 확인)

① 2번 불어넣기를 한 후, 10초 이내에 맥박을 확인한다.

② **맥박확인** : 경동맥(성인), 상완동맥(영아)

③ 손끝으로 부드럽게 눌러 경동맥의 박동을 5~10초간 느껴본다.

※ 엄지로 하면 처치원 자신의 맥박이 느껴질 수 있기 때문에 검지와 중지로 해야 한다.

④ **호흡확인** : 보고, 듣고, 느낀다.

⑤ **맥박 유(有), 호흡 무(無)** : 구조호흡

⑥ **맥박 무(無), 호흡 유(有)** : 심폐소생

(9) 규칙적으로 불어넣기 실시

① 기도를 개방한다.

② 매회 1~1.5초간 불어넣기를 5초 간격으로 실시한다. 간격을 정확하게 하기 위하여 하나에서 다섯까지 숫자를 세도록 하며, 처치원 자신의 호흡을 들이마신 후 환자에게 불어넣고 이때 환자의 가슴이 올라오는지 지켜본다.

③ 불어넣기를 하는 사이에 환자의 입에서 입술을 떼고 환자의 코와 입으로 공기가 빠져 나가는지 느끼면서 가슴이 내려가는지 본다. 이때 환자가 스스로 호흡을 시작하는지 주의하여 들어보아야 한다.

(10) 맥박의 재확인

① 규칙적으로 불어넣기를 1분간(12회 정도) 실시한 뒤 환자의 맥박을 확인해야 한다.

② 다음과 같은 상황이 될 때까지 규칙적으로 불어넣기를 계속 실시한다.

　㉠ 환자 스스로 호흡하기 시작할 때

　㉡ 훈련된 다른 처치원과 교대할 때

　㉢ 응급의료서비스요원이 도착하여 환자를 처치할 때

　㉣ 처치원이 너무 지쳐 구조 호흡을 그 이상 계속할 수 없을 때

PLUS ONE ✚

인공호흡 실시
- 5초에 1회씩 실시(1분에 12회)
- 불어넣기 실시 후 호흡확인과 맥박확인
- 호흡이 없으면 인공호흡 실시하고, 맥박이 없으면 즉시 심폐소생술 실시
- 인공호흡 – 성인 : 5초에 1회, 소아 : 4초에 1회, 영아 : 3초에 1회

심폐소생술
- 정의 : 심폐소생술은 심정지가 의심되는 환자에게 인공으로 호흡과 혈액순환을 유지함으로써 조직으로의 산소공급을 유지시켜서 생물학적 사망으로의 전환을 지연시키고자 하는 노력이다.
- 목적 : 심폐의 정지 또는 부전에 따른 비가역적 뇌의 무산소증을 방지함에 있다. 뇌의 무산소증은 심폐 정지 후 4분 내지 6분 이상을 방치하면 발생하므로 이 시간 이내에 소생술이 시작되어야 한다.

③ **환자의 자세** : 환자를 똑바로 눕혀 신체의 뒤틀림이나 부상의 악화를 방지해야 한다.

④ 맥박이 만져지는 환자가 정상호흡이 없으면, 성인은 인공호흡을 분당 10~12회, 어린이는 12~20회 실시한다.

⑤ 응급처치자가 1인인 경우 흉부압박 30회, 인공호흡 2회의 비율로 실시한다.

⑥ 응급처치자가 2인인 경우 약 1~2분마다(30 : 2 주기를 3~5번 시행) 교대하여 실시한다.

05 골절

(1) 원 인

골절은 뼈가 부러지거나 금이 간 것을 말한다. 교통사고, 추락사고 등이 주요 원인이다.

(2) 골 절

① 단순골절 : 다른 조직의 손상은 없고, 뼈만 손상된 것
② 복합골절 : 뼈가 손상되었을 뿐만 아니라 다른 신체조직의 손상을 겸한 상태
③ 골절은 대부분의 경우 단순골절이지만 때때로 부러진 뼈끝이 피부를 뚫어 복합골절이 되기도 한다.

(3) 응급처치 시의 주의사항

① 주의사항
　㉠ 단순 혹은 복합골절이 의심되는 경우에는 그 이상의 손상을 입지 않도록 주의한다.
　㉡ 단순골절에 있어서 가장 중요한 처치는 그것이 복합골절이 되지 않게 예방하는 일이다.
　㉢ 전문의료요원을 사고 현장에 요청할 것인지 혹은 상처에 부목을 대어 병원으로 운반할 것인지를 응급처치원이 판단하여야 하며, 가능하면 모든 골절의 경우 현장에 전문응급의료요원을 요청하여 처치하는 것이 좋다.

② 처치요령
　㉠ 다친 곳을 건드리거나 환자를 함부로 옮김으로써 부러진 뼈끝이 신경, 혈관 또는 근육을 손상하게 하거나 피부를 뚫어 복합골절이 되게 하는 일이 없도록 한다.
　㉡ 복합골절에 있어서 출혈이 있으면 직접압박으로 출혈을 방지하고, 만약 출혈이 심하면 지압 점압박으로 지혈한다.
　㉢ 부목을 대기 전에 미리 적당한 위치에 지혈대를 넣어 두고, 그 위에 부목을 대면 환자를 운반하는 도중에 출혈이 심하여 지혈대 사용이 필요할 때 부목을 풀지 않고도 쉽게 지혈대를 쓸 수 있다. 복합골절은 피가 멈춘 후에 소독한 붕대를 감는다.
　㉣ 환자를 병원에 데려갈 때 주의해야 할 점은 환자의 뼈가 부러진 부위를 움직이지 않게 하는 것이다. 그러기 위해서는 부목을 이용하는 것이 이상적이다.

(4) 부목사용법

① 고정부목

㉠ 고정부목은 환자의 전신 또는 신체의 일부분을 움직이지 않게 하기 위하여 사용한다.

㉡ 어떠한 대용 부목을 사용하든지 부목은 골절된 뼈의 양쪽 관절 너머까지 걸칠 만큼 긴 것을 사용하는 것이 좋다.

㉢ 부목은 안쪽에 헝겊을 고여서 피부가 상하지 않도록 하며, 부목의 질은 가볍고 단단한 것이 좋다.

② 견인부목

㉠ 견인부목은 대퇴골의 골절에 사용된다.

㉡ 단순골절, 복합골절에 관계없이 견인부목으로 발을 끌어당겨, 부러진 뼈끝을 튼튼하고 유순하게 끌어당긴다.

㉢ 복합골절이 되어 부러진 뼈끝이 피부를 뚫었을 때 그 부러진 뼈끝을 본래의 위치에 가져가기 위하여 견인부목을 사용하여서는 안 된다. 이런 경우 응급처치원이 고정부목을 사용하여 처음 발견하였을 때의 상태대로 둔다.

㉣ 발을 끌어당김으로써 부러진 뼈끝이 덧놓이는 것을 어느 정도 억제할 수는 있으나, 이 방법만으로는 덧놓임을 완전히 예방할 수 없으며, 다리에 견인부목을 대고 붕대를 튼튼히 감아 고정시켜 놓으면, 조직에 대한 그 이상의 손상을 막을 수 있고, 심한 고통을 덜 수 있으며, 충격이 예방되어 운반 도중에 환자가 좀더 편안할 수 있다.

㉤ 응급처치원은 사고현장에서 발견할 수 있는 긴 목판이나 막대기로 대용 견인부목을 만들 수 있다.

PLUS ONE 골절 환자를 운반할 경우 주의사항

- 반드시 부목을 댄 후에 부상자를 옮겨야 하며, 가능하면 부상자를 옮기지 말 것. 그러나 긴급한 부상자를 옮겨야 하고 부목을 댈 여유가 없을 때에는 한 손으로 골절된 위쪽을 잡고 다른 손으로는 그 아래쪽을 잡아 어느 정도 보호해야 할 것
- 부러진 뼈를 맞추려고 하지 말고, 우선 골절된 뼈와 그 뼈의 양쪽 관절이 움직이지 않게 방지하고 충격에 대한 응급처치를 할 것
- 일반적으로 골절 환자에게 부목을 대기 전에 의사나 병원으로 빨리 운반할 필요는 없으며, 모든 재료가 준비된 다음에 부목을 댈 것

06   탈 구

(1) 개 념

관절이 어긋나 뼈가 제자리에서 물러난 상태이며, 탈구가 되면 뼈를 연결하는 인대 및 관절을 둘러싸 움직임을 쉽고 부드럽게 하는 액량이 부분적 혹은 전면적으로 파손되어, 관절 주위의 혈관, 힘줄, 근육 및 신경도 역시 손상을 입거나 혹은 터져 갈라지는 것을 말한다.

(2) 일반적인 응급처치

① 탈구는 빠르고도 정확한 처치를 필요로 한다. 그러나 특별한 비상시가 아니면 전문 의료요원이 아닌 사람이 탈구를 바로 잡으려고 하여서는 안 된다.

② 부상한 부위를 될 수 있는 한 편하게 하고, 냉찜질을 하여 아픔을 가라앉히고, 부종을 막아야 한다. 충격에 대한 응급처치를 한다.

③ 슬관절 탈구의 부상자를 옮길 필요가 있을 때에는 베개나 윗도리를 접어서 부상당한 다리의 무릎 밑에 괴어 준다.

④ 손가락이나 발목 탈구의 처치는, 탈구된 양쪽 뼈를 한 손에 한 쪽씩 양손으로 단단히 붙잡고 뼈가 제자리에 들어가 맞을 때까지 천천히 일직선으로 잡아당긴다.

> **PLUS ONE ➕** 탈구환자 응급처치 시의 주의사항
> • 어떠한 경우에도 얼굴을 앞이나 뒤로 혹은 옆으로 돌려서는 안 된다.
> • 머리를 부목 위에 놓은 후 머리의 양쪽을 고여서 얼굴이 위를 향하여 고정되게 한다.
> • 머리 밑에는 아무 것도 넣지 않는다.
> • 그런 다음에는 양팔을 가슴에 얹고 부목 밑의 붕대를 부상자 위로 돌려서 양팔이 부목 위에서 움직이지 않도록 단단히 묶는다.
> • 다리까지 잘 묶은 뒤에 부목을 들것이나 구급차 위에 얹어 환자를 병원으로 운반한다.
> • 엎드려 누워 있는 부상자를 발견하였을 때 위에서 말한 바와 같이 부목을 준비한 다음에 부목에 가까운 부상자의 팔을 주의하여 머리 위쪽으로 올려주어 몸을 옮길 때에 지장이 없도록 하고, 환자의 머리쪽에 꿇어앉은 응급처치원은 얼굴의 양편을 손으로 받쳐 힘 있게 잡고(손으로 귀와 턱을 감싸 잡는다), 다른 사람들이 환자를 부목 위에 돌려 올릴 때에 환자의 머리와 동체가 동시에 일직선이 되도록(허리가 구부러지거나 옆으로 향하지 않도록) 단단히 붙잡는다. 머리를 고정시키기 위해서는 약간 머리를 잡아당겨야 한다.
> • 옆으로 누워 있거나 구부리고 누워 있는 부상자를 발견하였을 경우에는 부목을 부상자의 등 가까이에 놓은 다음 다른 사람들이 조심하여 사지를 펴줄 동안 응급처치원은 환자의 머리를 잡고 환자의 온몸을 일직선 자세로 부목 위에 옮긴다.

07   염 좌

(1) 염좌의 개념

무리한 관절운동으로 인하여 관절을 유지하고 있는 인대가 부분적 혹은 전면적으로 손상되는 것을 말한다.

(2) 응급처치

① 염좌된 부위를 높이 올리고, 손목이면 팔걸이를 하여 고정시키고, 발목이면 환자를 눕히고 옷이나 베개 같은 것을 염좌 부위의 밑에 놓아 그 부위를 높이고, 환자를 안정시킨다.

② 여러 시간 또는 치료받을 때까지 상처 부위에 냉찜질을 한다.

③ 염좌가 심하면 의료요원이 도착할 때까지 움직이지 않도록 한다.

④ 발목뼈가 염좌되었고 처치를 받기까지 짧은 거리나마 혼자서 걸어야만 할 경우에는 자기 스스로 염좌에 대한 붕대를 하여 발뒤꿈치를 고정한다. 이때 붕대는 신발을 신은 채 묶는 것이 좋다.

⑤ 손상이 골절을 겸할 수도 있으므로 발목 염좌 환자는 되도록 걷지 않는 것이 좋으며 가능한 빨리 전문적인 치료를 받도록 한다.

08   화 상

(1) 개 념

① 화상은 불, 화학물질, 전기 또는 열기에 노출되어 신체에 생기는 부상이다.

② 화상의 심각성은 깊이, 크기, 위치에 따라 결정된다.

③ 화상은 충격, 통증, 감염을 야기시킬 수 있으며, 어린이나 노약자에게 발생하였을 때 더욱 심각하다.

(2) 화상의 구분

① 1도 화상

가장 가벼운 화상으로서 피부가 붉어지거나 변색되고 가볍게 붓거나 통증이 있다. 일반적으로 햇볕에 과도하게 노출되거나, 뜨거운 물에 가볍게 접촉하거나 또는 증기에 살짝 데거나 화학물질에 잠깐 닿았을 경우에 발생한다.

② 2도 화상

1도 화상보다 심하고 깊고, 붉게 보이거나 반점과 물집이 생긴다. 손상된 피부층을 통해서 생기는 작은 습기처럼 보일 수도 있다. 보통 매우 강한 햇볕 화상, 뜨거운 물의 접촉 또는 휘발유나 등유와 같은 가연성 물질이 연소 시 일어나는 불꽃에 닿아서 생긴다.

③ 3도 화상

㉠ 3도 화상은 가장 심하고 깊은 화상이다. 이 상태의 화상은 하얗게 보이거나 까맣게 타버린 것처럼 보이고 또는 2도 화상처럼 보인다. 그것들은 모든 피부층을 통해서 확산되며, 때로는 피하조직 속으로도 확산된다.

㉡ 화상이 너무 깊어서 표피부분만 치료하게 되므로 흉터는 마지막에 덴 부분의 표면까지도 나타나게 된다. 3도 화상은 불이 붙은 옷, 뜨거운 물에 빠지거나 또는 불꽃, 뜨거운 물체, 전기의 접촉 등에 의하여 가장 빈번하게 일어난다.

㉢ 3도 화상을 입은 부상자는 심한 통증을 호소하지만 신경끝이 파괴되었다면, 부상자는 통증을 거의 느끼지 않을 것이다.

㉣ 화상 중에도 약간 덜 심한 3도 화상은 얼룩형태로 나타날 수 있다. 화상의 정도를 판단하는 것은 부상자가 얼마 동안 화상의 원인에 노출되어 있었으며, 또 그것이 얼마나 뜨거웠는가를 아는 것이 때때로 도움이 된다.

(3) 화상의 중증도

① 중증화상 : 집중처치를 시행하여야 한다.

㉠ 호흡기손상, 골절 및 다른 중증의 손상이 동반된 경우

㉡ 얼굴, 손, 발, 생식기에 2도 또는 3도 화상을 입은 경우

㉢ 신체면적의 10%를 초과하는 3도 화상을 입은 경우

㉣ 신체면적의 30%를 초과하는 2도 화상을 입은 경우

㉤ 고령자나 기왕증이 중한 환자가 중증화상을 입은 경우

② 중간화상 : 중증화상보다는 경증이지만 입원 치료해야 하는 경우이다.

㉠ 얼굴, 손, 발, 생식기를 제외한 신체부위에 3도 화상을 2~10% 면적에 입은 경우

㉡ 15~30% 면적의 2도 화상을 입은 경우

㉢ 50~75% 면적의 1도 화상을 입은 경우

③ 경증화상 : 입원이 필요 없이 통원치료로 가능한 화상이다.

㉠ 15% 미만의 2도 화상을 입은 경우

㉡ 50% 미만의 1도 화상을 입은 경우

(4) 응급처치

① 불에 의한 화상의 응급처치

- ㉠ 환자의 주된 충격요인은 화상을 입은 부위로 인하여 체액의 심한 손상이므로 부상자를 수평 자세로 눕힌다.
- ㉡ 통증이 심하지 않으면 화상부위를 높게 해주고 체온을 유지하도록 한다.
- ㉢ 물집이 터지지 않은 1도, 2도 화상은 흐르는 찬물로 열기를 식혀준다(젖은 드레싱을 대준다).
- ㉣ 물집이 터진 2도, 3도 화상은 소독된 드레싱을 하고 붕대를 느슨하게 감아준다. 충격의 위험이 있으므로 물을 사용하지 않는다.

② 화공약품에 의한 화상

- ㉠ 피부에 묻은 화공약품은 흐르는 물로 씻어낸다(15~30분 정도).
- ㉡ 화공약품이 묻은 옷과 장신구는 벗겨낸다.
- ㉢ 화상부위에 소독된 드레싱을 대주고 붕대를 느슨하게 감아준다.

③ 전기에 의한 화상

- ㉠ 조직손상은 외견상 관찰되는 피부의 화상보다 훨씬 심하다.
- ㉡ 전기에너지에 의하여 부정맥(심장박동불안정)을 유발함으로써 심폐정지가 발생할 수 있다.
- ㉢ 응급처치
  - 모든 전기화상은 병원에서 치료를 받아야 한다.
  - 즉시 전원을 차단한다.
  - 전원이 차단되지 않았으면 환자와 접촉하면 안 된다.
  - 심폐정지 발생 시에는 현장에서 심폐소생술을 시행한다.
  - 상처부위는 소독거즈로 덮어준다.
  - 골절이 의심되면 부목으로 고정한다.
  - 신속히 병원으로 이송한다.

(5) 화상처치시 주의사항

① 화상에서 제일 무서운 것은 쇼크와 감염이므로 이에 대한 예방을 해야 한다.
② 더러운 손으로 화상부위를 만지지 말아야 한다.
③ 물집을 터뜨리지 말아야 한다.
④ 화상부위에 옷이 붙어 있다면 떼지 말아야 한다.
⑤ 화상부위에 솜을 대지 말고 소독된 드레싱을 대준다.
⑥ 체온유지에 노력한다.
⑦ 화상부위의 옷을 억지로 벗기지 말고 칼로 잘라내는 방법으로 화상입은 피부의 손상을 최대한 방지해야 한다.

09 출혈환자

(1) 개 념

출혈이란 혈액이 동맥, 모세 혈관, 정맥으로부터 외부로 유출되는 것을 의미하며 출혈부위에 따라 외부 및 내부출혈로 구분된다.

(2) 지 혈

① **직접 압박지혈** : 가장 보편화된 방법으로서 출혈되는 상처부위를 직접 압박하는 방법이다. 출혈이 멈춘 후에는 소독거즈를 덮고 압박붕대로 감아준다. 만약 출혈이 멈추지 않으면 더 세게 압박해 본다. 사지(四肢)에서 출혈이 있을 때는 출혈부위를 심장보다 높게 함으로써 출혈량을 줄일 수 있다.

② **동맥점 압박지혈** : 팔이나 다리에서의 출혈이 직접 압박으로 지혈되지 않으면, 동맥의 근위부를 압박함으로써 심한 출혈을 억제할 수 있다.

③ **지혈대 이용 지혈** : 지혈대는 다른 방법으로도 출혈을 멈출 수가 없을 때에 사용되는 방법이다. 신경이나 혈관에 손상을 줄 수 있으며 팔이나 다리에 괴사(壞死)를 초래할 수 있으므로 일정한 시간마다 지혈대를 풀어서 괴사를 방지하는 것이 중요하다.

> **PLUS ONE** 지혈대 이용 시 주의사항
> • 지혈대를 이용한 방법은 최후의 수단으로써 지혈이 어려운 절박한 상황하에서만 활용한다.
> • 지혈 시간을 반드시 표기하여 일정한 시간마다 풀어주도록 한다.

10 환경응급의학

(1) 곤충손상

① **특징** : 침에 의하여 독액이 주사됨
  ㉠ 꿀벌 : 침을 쏘면 침이 빠짐(일회성)
  ㉡ 말벌 : 침이 빠지지 않음(반복성)
  ㉢ 개미 : 국내의 개미는 무해함

② **국소증상**
  ㉠ 위치 : 손상이 발생한 병변부
  ㉡ 증상 : 병변부위 통증, 종창, 작열감, 발열, 두드러기(감작반응의 전구증상)

③ 치 료

ㄱ 사지를 물렸을 때는 물린 부위의 근위부에 압박대

ㄴ 피부에 독침이나 독주머니가 남아 있다면 제거

ㄷ 물린 자리에 얼음주머니

ㄹ 병변 부위를 고정시킨 채 병원이송

④ 과민반응

ㄱ 특징 : 환자의 5%에서 발생하고, 알레르기를 가진 환자에서 발생하며, 사망환자의 반 이상이 한 시간 내 사망

ㄴ 증상 : 전신적인 가려움증, 작열감, 두드러기, 입이나 혀의 부종, 기도폐색, 천식음, 흉부압박감, 기침, 호흡곤란, 불안감, 복부통증 등

ㄷ 치료 : 기도유지 → 산소투여 → 압박대 부착 → 병변부위의 침 제거 → 냉찜질 → 병원이송

(2) 교 상

① 거미에 의한 교상

ㄱ 특징 : 국내의 거미는 대부분 무해하나 국소반응이 주된 손상

ㄴ 독거미 : 주로 미국에 분포

• 검정과부거미 : 신경독, 척추신경에 직접 작용, 전신적 임상증상, 심한 통증, 근육경직, 흉부압박감, 호흡곤란이 24시간 후 발생

• 갈색은둔자거미 : 조직의 괴사유발, 궤양형성

② 뱀에 의한 교상

ㄱ 특징 : 뱀을 자극하거나 부상을 입히지 않는 한 물지 않음. 4~10월 사이에 주로 발생

ㄴ 중독의 정도와 해독제 사용

Grade 0	중독증상 없고 물린 자국, 물린 부위의 2~3cm 정도에 부종과 홍반(해독제 불필요)
Grade Ⅰ	경미한 중독증상, 통증과 작열감, 15cm 이내의 부종과 홍반(해독제 불필요)
Grade Ⅱ	중증도의 중독증상, 심한 통증과 몸통쪽으로 퍼지는 부종, 홍반, 점상출혈, 오심, 구토, 현훈, 체온상승(해독제 5vials)
Grade Ⅲ	심한 중독증상, 물린 사지 전체와 몸통의 일부에 부종, 전신적인 홍반과 점상출혈, 빈맥, 저혈압, 체온하강(해독제 5~10vials)
Grade Ⅳ	매우 심한 중독증상, 수시간 이내 몸통까지 부종, 홍반, 수포, 괴사 15분 이내 쇠약감, 오심, 구토, 현훈, 근육통, 창백, 식은땀, 경련, 차고 축축한 피부, 요실금, 혼수, 사망(해독제 10~20vials 이상)

ㄷ 응급처치

• 환자를 뱀으로부터 피신시키고 안전하다면 뱀의 종류를 확인한다.

• 환자를 누이고 안정시키며 상지를 물린 경우 반지 등을 제거한다.

• 가능하면 물린 부위를 부목고정하고 상처를 심장보다 낮게 위치시킨다.

- 비누와 물로 부드럽게 물린 부위를 닦아낸다.
- 팔이나 다리를 물렸을 때는 2~3cm 정도 폭의 헝겊 등으로 물린 부위에서 5~10cm 상부를 묶는다.
- 의료인이 아닌 사람이 독소를 빨아내기 위하여 물린 부위를 칼로 절개하는 것은 오히려 근육, 혈관, 신경 등의 다른 구조물에 손상을 줄 수 있기 때문에 권장되지 않습니다.
- 물린지 30분 이내일 때는 흡입기를 이용하여 상처의 혈액을 흡인한다.
- 혈압, 심박동, 호흡 등의 생체징후를 관찰한다.
- 쇼크의 징후가 나타나면 환자를 쇼크자세로 유지한다.
- 구강을 통하여 어떤 것도 복용시키지 않는다(특히 알코올).
- 구토를 할 수 있으므로 기도유지에 유의한다.
- 병원으로 신속히 이송한다.

③ 개 등 동물에 의한 교상
  ㉠ 특 징
   - 입 속에 전염성 세균이 많음
   - 교상부위는 천공형 피부손상
   - 파상풍 감염 위험성 높음
   - 광견병 발생가능성
   - 개, 다람쥐, 너구리, 스컹크, 여우, 박쥐
   - 발생 시 효과적 치료방법이 없음
  ㉡ 응급처치
   - 환자를 안심시키고 병원으로 이송
   - 교상부위를 소독하고 마른 거즈로 덮은 후 이송
   - 의사에 의한 처치 필요
   - 파상풍 치료와 항생제 치료
   - 개를 생포하여 7~10일간 격리 관찰하여 광견병의 발병 여부 확인
   - 동물을 찾지 못하거나 확인을 못한 경우에는 환자가 광견병에 걸린 것으로 간주하고 치료

④ 이물질이 목에 걸렸을 때의 응급처치
  ㉠ 호흡을 할 수 없고 맥이 풀려 얼굴과 입술이 새파래졌을 때는 곧바로 인공호흡을 하고 당황하지 말고 가까운 병원으로 급히 데려간다.
  ㉡ 이물질이 식도를 통해 넘어갔다면 4~5일 동안 건강에 이상이 없는지 살펴본 후 변을 통해 배출되었는지 확인하고, 만약 도중에 걸려 나오지 않을 때는 전문의의 상담을 받는다.
  ㉢ 아기의 경우 머리를 아래쪽으로 향하게 엎드린 자세에서 손바닥으로 등을 4~5회 연속하여 두드린 후 아기를 앞으로 돌려 가슴을 4~5회 압박한다. 이물이 입으로 나와 육안으로 관찰되면 조심스럽게 손가락을 이용하여 이물을 제거하고 인공호흡을 실시한다.

⑤ 타박상을 입었을 때의 응급처치

　　㉠ 타박상을 입었을 때는 환부를 높게 하고 청결한 물이나 붕산수 등으로 차게 한다.

　　㉡ 붓거나 통증이 심할 때는 얼음찜질을 한다.

　　㉢ 며칠 후 통증과 열이 없으면 뜨거운 찜질로 바꾸어 응어리를 풀어준다.

⑥ 귀에 이물질이 들어갔을 때의 응급처치

　　㉠ 물이 들어갔을 때 : 물이 들어간 쪽의 귀가 밑으로 향하게 몇 분간 누워 있으면 물이 빠진다.

　　㉡ 벌레가 들어갔을 때 : 귀를 밝은 쪽으로 향하게 하거나 손전등을 귀 가운데에 비추어 밝은 쪽으로 나오게 유도한다. 그래도 효과가 없을 때에는 식용유나 알코올을 한두 방울 귓속에 떨어뜨리면 벌레가 죽어 빠질 수도 있다.

　　㉢ 기타 이물(콩, 돌) 등이 들어갔을 때 : 직접 제거하려다가 고막, 외이도 등에 손상이 생기거나 오히려 더 안쪽으로 밀어 넣게 될 수도 있기 때문에 병원으로 데려간다.

⑦ 눈에 이물질이 들어갔을 때의 응급조치

　　㉠ 가벼운 경우에는 눈물을 통해 이물질을 제거하거나 흐르는 물에 씻어내는 방법 또는 식염수를 사용해서 눈을 씻어내는 방법이 있다.

　　㉡ 이물질이 조금 큰 경우는 손을 깨끗이 닦고 눈꺼풀을 젖히고 촉촉한 면봉 등을 이용해 이물질을 제거할 수 있다.

　　㉢ 독성물질이 눈에 들어갔다면 빨리 흐르는 물에 15분 정도 눈을 충분히 씻어준 뒤 신속하게 가까운 병원을 찾는다.

⑧ 코에 이물질이 들어갔을 때의 응급처치 : 이물질이 들어 있지 않은 코를 막고 힘껏 코를 푸는 듯이 빼내 보도록 한다. 그래도 안 될 경우에는 코로 숨을 쉬지 않고 입으로 쉬게 하면서 전문의의 진료를 받게 한다.

⑨ 일사병·열사병에 걸렸을 때의 응급처치

　　㉠ 통풍이 잘되는 그늘진 곳으로 옮겨 눕히고 옷을 풀고 찬물 타월로 머리를 식힌다.

　　㉡ 의식이 회복되면 냉수를 조금씩 자주 주고 안정을 취하도록 한다.

　　㉢ 위의 방법을 취하여도 의식이 돌아오지 않고 고열이 있는 경우는 곧바로 병원으로 데리고 간다. 땀도 흘리지 않는 중증의 경우에는 경련을 일으키고 드물게는 사망하는 수도 있다.

⑩ 가스에 중독되었을 때의 응급처치

　　㉠ 곧바로 신선한 공기가 있는 곳으로 옮기거나 창문을 열어 방 안의 공기를 환기시킨다.

　　㉡ 호흡과 혈액순환을 돕기 위해 옷을 느슨하게 풀어주며 몸을 따뜻하게 해 준다.

　　㉢ 의식이 있는 경우에는 심호흡을 시키며, 의식을 잃었을 때는 즉시 병원으로 옮겨 고압산소 치료를 받도록 한다.

11 수중 사고

(1) 익사와 익수

① 정의

㉠ 익사 : 물에 잠긴 후 질식에 의하여 사망

㉡ 익수 : 물에 잠긴 후 일시적이라도 생존한 경우

PLUS ONE 수상안전수칙
- 혼자서 수영하지 말 것
- 자기를 도와줄 능력을 가진 사람과 함께 수영할 것
- 자신의 능력 한도 내에서 수영할 것
- 정해진 규칙을 준수할 것
- 어린이는 보호자의 감시하에 수영하게 할 것
- 음주 후에는 수영을 금지할 것
- 인명구조원에 의하여 감시되는 지역에서만 수영할 것
- 부유물(공기매트, 튜브)에 의지하여 깊은 곳에 가지 말 것
- 수상 스포츠(제트스키, 모터보트 등)를 실시할 때는 구명조끼를 착용할 것
- 해산물을 함부로 먹지 말 것

② 응급처치

㉠ 수중구조 시행
- 인명구조대원에 의한 구조
- 간접구조 : 장대, 나무, 구명대

㉡ 수중에서부터 인공호흡 시행

㉢ 심장압박은 수중에서 구출된 후 평평한 곳에서 시행

㉣ 32℃ 이하의 수온에 노출된 환자로서 맥박이 감지되지 않거나 호흡이 없는 환자는 즉시 심폐소생술을 실시하고 병원운반 중에도 지속 시행

㉤ 환자의 체온이 낮다면 담요로 보온해 주고, 기본심폐소생술에 의거하여 처치 시행

㉥ 환자가 토한다면 얼굴을 한쪽으로 돌리게 함. 환자가 물을 마셨다고 하여 물을 빼는 것은 도움이 되지 않고 산소 공급이 더 중요

㉦ 산소를 투여하면서 병원으로 이송

(2) 저체온증

① 발생 : 체온보다 차가운 물속에 잠겼을 때(특히 21℃ 이하의 찬물)

② 특징

㉠ 부정맥(심장박동불안정) 시 많이 발생하며, 외형상 사망형태이다.

ⓛ 중심체온이 35도 이하로 내려가면 심장, 뇌, 폐, 기타 생명에 중요한 장기의 기능이 저하되기 시작한다.

③ 응급처치

　ⓐ 더이상의 체온강하를 방지하기 위해 젖은 의복을 제거하고 따뜻한 장소로 옮긴다.

　ⓛ 환자를 조심스럽게 다루며 움직임을 최소화한다(심실세동의 유발 가능성 때문).

　ⓒ 환자를 따뜻하게 한다(모포 등을 덮는다).

　ⓓ 심폐정지 시는 심폐소생술을 실시한다.

　ⓜ 모든 저체온환자는 병원으로 이송한다.

적중예상문제

01 응급의료체계에서 병원 전단계 응급의료의 중심적 역할을 수행하는 자는 누구인가?

① 전화상담원

② 응급구조사

③ 최초발견자

④ 응급실 의사

 국내에서는 응급구조사를 1급과 2급으로 구분하고 있으며 병원 전단계 응급의료의 중심적 역할을 수행한다.

02 다음 중 응급상황이라 보기 어려운 것은?

① 교통사고로 의식이 없을 때

② 물에 빠져 호흡이 없는 경우

③ 심장마비

④ 소화불량

 응급상황의 내용
- 의식이 없거나 의식이 사라져 가고 있을 때
- 호흡이 곤란하거나 비정상적인 방법으로 호흡할 때
- 심한 출혈이 있을 때, 혈액이 섞인 구토를 할 때
- 불분명한 말투, 발작증세와 심한 두통증세를 보일 때
- 중독증상이 보일 때, 머리·목 등에 상처가 있을 때
- 골절이라고 예상될 때, 가슴 및 복부에 압박과 통증을 호소할 때
- 화재, 폭발을 목격할 때, 끊어진 전선이 바닥에 떨어져 있을 때
- 급격히 물이 불어날 때, 차량 충돌 시
- 부상자가 쉽게 움직이지 못할 때

03 유아나 소아의 경우 심정지의 주된 원인은 무엇인가?

① 관상동맥경화증

② 호흡정지

③ 심한 머리손상

④ 심한 저체온

 영아나 소아의 경우, 심정지는 성인과 달리 심장질환 자체 또는 부정맥에 의한 경우보다는 호흡부전이나 패혈증 등으로 인한 질식성 심정지가 더 많다.

04 편안한 상태에 있는 정상 성인의 분당 평균 호흡수는 몇 번인가?

① 8~10회

② 15~20회

③ 25~30회

④ 30~40회

해설 건강한 성인의 분당 평균 호흡수는 15~20회이다.

05 일반적으로 성인의 경우 호흡(심장)이 정지된 후 몇 분이 경과하면 뇌가 비가역적인 영구손상을 받게 되는가?

① 2~3분

② 5~6분

③ 10~15분

④ 15~20분

해설 일반적으로 뇌의 무산소증은 심폐정지 후 4분 내지 6분 이상을 방치하면 발생하므로 이 시간 이내에 소생술이 시작되어야 한다.

06 응급처치에 대한 설명으로 틀린 것은?

① 심한 쇼크 시 머리는 낮게 발은 높게 유지한다.

② 토했거나 토혈을 했을 경우 의식이 있을 때는 얼굴을 옆으로 돌리고 머리를 발보다 낮게 한다.

③ 들것 운반 시 머리를 앞으로 향하여 운반한다.

④ 부상자에게 상처를 보이지 않는다.

해설 들것 운반 시에는 발쪽을 앞으로 향하여 운반하고, 토했거나 토혈을 했으나 의식이 있을 때는 얼굴을 옆으로 돌리고 머리를 발보다 낮게 운반하며 부상자에게 상처를 보이지 않게 한다.

07 갑은 성인 심정지 환자를 발견하고서 곧바로 심폐소생술을 실시하려고 한다. 가장 적절한 흉부압박과 인공호흡의 비율은 얼마인가?

① 5 : 1

② 30 : 2

③ 10 : 1

④ 5 : 2

해설 응급 처치자가 1인인 경우 흉부압박 30회, 인공호흡 2회의 비율로 실시한다.

08 저산소증에 가장 예민한 인체의 기관은?

① 뇌   ② 심 장
③ 폐   ④ 근 육

09 화상환자의 응급처치요령으로 잘못된 것은?

① 열을 보유할 수 있는 반지, 시계, 보석, 벨트를 모두 벗긴다.
② 몇 분 동안 화상부위를 차갑게 한 후 감염을 막기 위해 깨끗하게 소독된 드레싱으로 화상부위를 덮는다.
③ 터진 물집이 있는 화상은 물과 비누로 씻고 깨끗하게 유지한다.
④ 물집이 생겼을 경우 터뜨리지 않는다.

해설 ③ 터진 물집에는 2차 감염에 우려가 있으므로 물을 대지 않는다.

10 출혈환자의 지혈법으로 가장 쉬운 방법은?

① 직접 압박법
② 간접 압박법
③ 지혈대 사용법
④ 경락 압박법

해설 직접 압박지혈법
가장 보편화된 방법으로서 출혈되는 상처부위를 직접 압박하는 방법이다. 출혈이 멈춘 후에는 소독거즈를 덮고 압박붕대로 감아준다. 만약 출혈이 멈추지 않으면 더 세게 압박해 본다. 사지(四肢)에서 출혈이 있을 경우는 출혈부위를 심장보다 높여 줌으로써 출혈량을 줄일 수 있다.

11 뱀에 물렸을 때의 응급처치로 옳지 않은 것은?

① 환자를 뱀이 없는 안전한 곳으로 옮긴다.
② 환자를 안정시킨다.
③ 물린 부위를 비누와 물로 씻는다.
④ 물린 부위를 심장보다 위로 위치시킨다.

해설 ④ 가능하면 물린 부위를 부목고정하고 심장보다 낮게 위치시킨다.

12 다음은 일상생활에서의 응급처치를 설명한 것이다. 옳지 않은 것은?

① 눈에 이물질이 들어갔을 때는 눈을 비벼서는 안 된다.
② 독성물질이 눈에 들어갔을 때는 알코올로 닦는다.
③ 코에 이물질이 들어간 경우엔 반대편 콧구멍을 막고 세차게 코를 풀어본다.
④ 귀에 알갱이가 들어간 경우 병원에서 빼는 것이 안전하다.

> **[해설]** 눈에 독성물질이 들어갔을 때의 응급조치법
> 독성물질이 눈에 들어갔다면 빨리 흐르는 물에 15분 정도 눈을 충분히 씻어준 뒤 신속하게 가까운 병원을 찾는다.

13 하수구 인명구조 시 발생할 수 있는 가장 큰 위험은?

① 행동반경의 협소
② 통풍의 차단
③ 토사의 붕괴
④ 침수와 가스누출

> **[해설]** 맨홀, 하수구 등은 항상 오염된 물과 가스가 발생할 수 있으므로 안전 장비 없이 들어가는 것은 위험하다.

14 다음 중 수상안전수칙의 내용과 거리가 가장 먼 것은?

① 결코 혼자서 수영하지 말 것
② 음주 후 적당한 스트레칭 후 수영할 것
③ 인명구조원에 의하여 감시되는 지역에서만 수영할 것
④ 자신의 능력 한도 내에서 수영할 것

> **[해설]** 음주 후에는 수영을 하면 안 된다.

15 물에 빠져 있는 환자를 구조하였다. 확인결과 의식이 없고 호흡도 없다면 언제부터 인공호흡을 시행해야 하는가?

① 구조되어 얼굴이 수면에 나오면 곧바로 인공호흡을 실시한다.
② 지면까지 완전히 구조한 후 폐와 배 속의 물을 빼낸 후 인공호흡을 시작한다.
③ 일단 지면까지 구조한 후 병원으로 이송 중 인공호흡을 시작한다.
④ 환자는 심정지 가능성이 많으므로 일단 지면까지 완전히 구조하여 평평한 장소로 옮긴 후, 먼저 흉부압박을 실시하고 인공호흡을 실시한다.

> **[해설]** 만약 환자가 숨을 쉬고 있지 않다면 수면에서라도 인공호흡을 하여야 한다. 물에서도 인공호흡은 가능하나 흉부압박은 되지 않으므로 신속히 육지로 옮긴 후 인공호흡을 하며 이송한다.

16 물에 빠진 사람을 보았을 때의 행동요령으로 맞는 것은?

① 무조건 물에 뛰어들어 구한다.

② 구명환이나 구명줄을 던져 준다.

③ 수영해서 구조하는 방법이 최우선이며, 가장 안전한 방법이다.

④ 가까운 병원으로 운반할 준비를 한다.

해설 제일 좋은 것은 줄이나 긴 막대, 튜브를 이용하거나 배로 다가가야 한다. 하지만 이 방법으로 구조할 수 없을 때는 환자의 앞이 아닌 뒤로 접근해서 구조하여야 한다.

17 물에 빠진 사람을 구조하기 위하여 영국의 카르테(Carte)라는 사람이 만들어낸 최초의 기구는?

① 구명환

② 제트스키

③ 스크루

④ 수중조명등

해설 물에 빠진 사람을 구조하기 위하여 만들어낸 최초의 기구는 구명환이었다. 이는 영국의 카트데가 1840년에 고안하여 만들었으며, 그 후 전 세계적으로 널리 사용되었다.

부록 I

기출
복원문제

의무
소방원

국어/국사/상식/적성검사

한권으로 끝내기!

(주)시대고시기획
(주)시대교육

www.**sidaegosi**.com

시험정보 · 자료실 · 이벤트
합격을 위한 최고의 선택

시대에듀

www.**sdedu**.co.kr

자격증 · 공무원 · 취업까지
BEST 온라인 강의 제공

기출복원문제

제1과목 **국 어**

※ [1~2] 다음 글을 읽고 물음에 답하시오.

그 뒤 이생은 벼슬을 구하지 않고 최 씨와 함께 살았다. 목숨을 구하고자 달아났던 종들도 다시 스스로 돌아왔다. 이생은 이때부터 인간사에 소홀해져서 비록 친척이나 손님들의 길흉사에 하례하고 조문해야 할 일이 있더라도 ㉠ 문을 걸어 잠그고 밖으로 나가지 않았다. 그는 항상 최 씨와 시를 지어 주고받으며 금실 좋게 행복한 시간을 보냈다. 그렇게 몇 년이 흘러갔다.

어느 날 저녁 최 씨가 이생에게 말했다.

"세 번이나 좋은 시절을 만났지만 세상일은 뜻대로 되지 않고 어그러지기만 하네요. 즐거움이 다하기도 전에 갑자기 슬픈 이별이 닥쳐오니 말이에요."

그러고는 마침내 오열하기 시작하였다. 이생은 깜짝 놀라서 물었다.

"무슨 일로 그러시오?"

최 씨가 대답하였다.

"저승길의 운수는 피할 수가 없답니다. 저와 당신은 하늘이 맺어준 인연으로 연분이 아직 끝나지 않았고, 또 저희가 아무런 죄악도 저지르지 않았음을 아시고 이 몸을 환생시켜 당신과 지내며 잠시 시름을 잊게 해 주신 것이었어요. 그러나 인간 세상에 오랫동안 머물면서 산 사람을 미혹시킬 수는 없답니다."

최 씨는 시녀를 시켜 술을 올리게 하고는 「옥루춘」에 맞추어 노래를 부르면서 이생에게 술을 권하였다.

(중략)

최 씨는 한 마디씩 노래를 부를 때마다 눈물을 삼키느라 곡조를 제대로 이어 가지 못하였다. 이생도 슬픔을 걷잡지 못하여 말하였다.

"내 차라리 당신과 함께 저세상으로 갈지언정 어찌 무료히 홀로 살아남을 수 있겠소? 지난번 난리를 겪은 후 친척과 종들이 뿔뿔이 흩어지고, 돌아가신 부모님의 유해가 들판에 버려져 있을 때 당신이 아니었다면 누가 부모님을 묻어 드릴 수 있었겠소? 옛 성현이 말씀하시기를 '어버이 살아 계실 때는 예로써 섬기고, 돌아가신 후에는 예로써 장사 지내야 한다.'고 했는데 당신의 천성이 효성스럽고 인정이 두터웠기 때문에 이런 일을 다 처리 할 수 있었던 것이오. 당신의 정성에 너무도 감격 하지만 한편으로는 나 자신에 대한 부끄러움을 참을 길이 없었소. 부디 그대는 인간 세상에 더 오래 머물다가 백 년 후 나와 함께 흙으로 돌아가시구려."

최 씨가 대답하였다.

"당신의 목숨은 아직도 한참 더 남아 있지만 저는 이미 귀신의 명부에 이름이 실렸으니 이곳에 더 오래 머물 수가 없답니다. 만약 제가 굳이 인간 세상을 그리워하며 미련을 두어 운명의 법도를 어기게 된다면 단지 저에게만 죄과가 미치는 게 아니라 당신에게도 누를 끼치게 될 거예요. 다만 제 유해가 아무 곳에 흩어져 있으니 만약 은혜를 베풀어 주시려면 그것이나 거두어 비바람과 햇볕 아래 그냥 나뒹굴지 않게 해 주세요."
두 사람은 서로 바라보며 눈물만 줄줄 흘렸다.
"서방님, 부디 몸 건강하세요."
말을 마친 최 씨의 자취가 점차 희미해지더니 마침내 ⓒ 흔적도 없이 사라져 버렸다.

– 김시습, 「이생규장전」

PLUS ONE + 김시습, 「이생규장전」
- 갈래 : 한문소설, 전기소설, 명혼소설
- 성격 : 비극적, 낭만적, 전기적
- 제재 : 남녀 간의 사랑
- 주제 : 죽음을 초월한 남녀 간의 애절한 사랑
- 출전 : 『금오신화』
- 특 징
  – 만남과 이별의 반복구조
  – 유(儒)·불(佛)·선(仙) 사상이 혼재

01 이 글에 대한 설명으로 옳지 않은 것은?

① 조선 후기 가전체 문학 형성에 영향을 주었다.
② 한문 소설집인 『금오신화』에 실린 전기 소설이다.
③ 비현실적이고 신비로운 내용을 보여주고 있다.
④ 남녀 간의 사랑을 그린 애정소설이며, 구조유형상 명혼소설이다.

해설 가전체 문학은 고려 시대 대표적 문학으로, 고전 소설 형성에 영향을 주었다. 조선 전기의 고전 소설은 고려 시대의 패관 문학이나 가전체 문학을 바탕으로 중국의 전기(傳奇) 소설 등의 영향을 받아 만들어졌다. 「이생규장전」은 김시습의 『금오신화』에 들어 있는 작품으로, 조선 전기의 고전 소설이다.

02 ㉠, ㉡에 어울리는 한자성어로 옳은 것은?

	㉠	㉡
①	상전벽해(桑田碧海)	회자정리(會者定離)
②	문전성시(門前成市)	오리무중(五里霧中)
③	두문불출(杜門不出)	홍로점설(紅爐點雪)
④	등하불명(燈下不明)	지리멸렬(支離滅裂)

- 두문불출(杜門不出) : 집에만 있고 바깥출입을 아니함을 의미한다. 집에서 은거하면서 관직에 나가지 아니하거나 사회의 일을 하지 아니함을 비유적으로 이르는 말이다.
- 홍로점설(紅爐點雪) : 빨갛게 달아오른 화로 위에 한 송이의 눈을 뿌리면 순식간에 녹아 없어지는 데에서, 도를 깨달아 의혹이 일시에 없어짐을 비유적으로 이르는 말이다. 사욕(私慾)이나 의혹(疑惑)이 일시에 꺼져 없어짐을 비유적으로 이르는 말이기도 하다.
- 상전벽해(桑田碧海) : 뽕나무밭이 변하여 푸른 바다가 된다는 뜻으로, 세상일의 변천이 심함을 비유적으로 이르는 말이다.
- 회자정리(會者定離) : 만난 자는 반드시 헤어짐을 의미하고, 모든 것이 무상함을 나타내는 말이다.
- 문전성시(門前成市) : 찾아오는 사람이 많아 집 문 앞이 시장을 이루다시피 함을 이르는 말이다.
- 오리무중(五里霧中) : 오 리나 되는 짙은 안개 속에 있다는 뜻으로, 무슨 일에 대하여 방향이나 갈피를 잡을 수 없음을 이르는 말이다.
- 등하불명(燈下不明) : 등잔 밑이 어둡다는 뜻으로, 가까이에 있는 물건이나 사람을 잘 찾지 못함을 이르는 말이다.
- 지리멸렬(支離滅裂) : 이리저리 흩어지고 찢기어 갈피를 잡을 수 없음을 의미한다.

03 ( ) 안에 들어갈 단위어로 옳지 않은 것은?

- 바늘 한 ( )이 필요하다.
- 한약 한 ( )을 지어 왔다.
- 김 한 ( )을 다 먹어버렸다.
- 오징어 한 ( )에 얼마입니까?

---

① 첩   ② 접
③ 쌈   ④ 톳

- 접 : 채소나 과일 따위를 묶어 세는 단위, 한 접은 채소나 과일 백 개
- 쌈 : 바늘을 묶어 세는 단위, 한 쌈은 바늘 스물네 개
- 첩 : 약봉지에 싼 약의 뭉치를 세는 단위, 한 제는 탕약(湯藥) 스무 첩
- 톳 : 김을 묶어 세는 단위, 한 톳은 김 100장
- 축 : 오징어를 묶어 세는 단위, 한 축은 오징어 스무 마리

※ [4~5] 다음 글을 읽고 물음에 답하시오.

(가) 유리에 차고 슬픈 것이 어른거린다.
열없이 붙어서서 입김을 흐리우니
길들은 양 언 날개를 파닥거린다.
지우고 보고 지우고 보아도
새까만 밤이 밀려나가고 밀려와 부딪히고,
물 먹은 별이, 반짝, 보석처럼 박힌다.
밤에 홀로 유리를 닦는 것은
외로운 황홀한 심사이어니,
고운 폐혈관(肺血管)이 찢어진 채로
아아, 너는 산(山)새처럼 날아갔구나!

― 정지용, 「유리창 1」

(나) 나 하늘로 돌아가리라
새벽빛 와 닿으면 스러지는
이슬 더불어 손에 손을 잡고,

나 하늘로 돌아가리라
노을빛 함께 단 둘이서
기슭에서 놀다가 구름 손짓하면은,

나 하늘로 돌아가리라
아름다운 이 세상 소풍 끝내는 날,
가서, 아름다웠더라고 말하리라……

― 천상병, 「귀천」

PLUS ONE ➕ (가) 정지용, 「유리창 1」
- 갈래 : 자유시, 서정시
- 성격 : 회화적, 애상적, 감각적, 주지적
- 주제 : 죽은 아이에 대한 그리움과 슬픔
- 특징
  - 선명한 이미지(회화성)의 감각적 언어를 사용함
  - 감정을 절제하고 화자가 전달하려는 바를 객관화시킴
  - 모순 어법('외로운 황홀한 심사')을 구사하여 시어의 함축성을 높임

(나) 천상병, 「귀천」
- 갈래 : 자유시, 서정시
- 성격 : 독백적, 관조적, 낙천적
- 주제 : 삶에 대한 달관과 죽음에 대한 정신적인 승화

• 특 징
- 반복적이고 비유적인 심상을 사용함
- 독백적인 어조를 통해 주제를 부각시킴

04 **(가)와 (나)의 공통점에 대한 설명으로 옳은 것은?**

① 사물이나 현상을 통해 화자의 감정을 표현하였다.
② 특정한 어미를 반복하여 화자의 강한 의지를 드러내었다.
③ 저항시의 성격을 지니게 해주는 논리적 근거가 있다.
④ 공감각적 심상을 통해 화자의 정서를 효과적으로 표현하였다.

해설 (가)의 시는 투명하지만 차단성을 지닌 '유리'라는 사물을 통해 죽은 자식에 대한 슬픔과 애절한 그리움을 형상화하고 있는 시이다. (나)의 시에서는 '이슬', '노을' 등의 사물로 화자의 감정을 표현하였다. (나)의 시적 화자는 삶이란 것이 '이슬'이나 '노을'처럼 아름답지만 결코 영원할 수 없는 순간적인 것임을 인식하고 있다.

05 **(나)에 대한 감상으로 옳은 것은?**

① 이승과 저승의 운명적 단절을 애절한 심정으로 보고 있어.
② 자연친화적으로 살면 오래 살고자 하는 욕망을 실현할 수 있어.
③ 의지적인 마음으로 살면 결국은 죽지 않는다는 사실을 알 수 있어.
④ 원래 있던 곳으로 돌아가는 것이 죽음이라면 긍정적으로 생각할 수 있어.

해설 (나)시에서 화자는 인생을 하늘에서 지상으로 잠깐 다니러 온 '소풍'에 비유하고 있다. 세상에의 욕망과 집착을 초월하여 자유롭게 삶을 즐기는 태도와 삶을 긍정적으로 바라보고 달관하는 태도가 드러난다.

06 **〈보기〉를 참고할 때 밑줄 친 부분의 표준 발음으로 옳지 않은 것은?**

┤ 보 기 ├
[제12항] 받침 'ㅎ'의 발음은 다음과 같다.
1. 'ㅎ(ㄶ, ㅀ)' 뒤에 'ㄱ, ㄷ, ㅈ'이 결합되는 경우에는, 뒤 음절 첫소리와 합쳐서 [ㅋ, ㅌ, ㅊ]으로 발음한다.
2. 'ㅎ(ㄶ, ㅀ)' 뒤에 'ㅅ'이 결합되는 경우에는 'ㅅ'을 [ㅆ]으로 발음한다.
3. 'ㅎ' 뒤에 'ㄴ'이 결합되는 경우에는 [ㄴ]으로 발음한다.
4. 'ㅎ(ㄶ, ㅀ)' 뒤에 모음으로 시작된 어미나 접미사가 결합되는 경우에는 'ㅎ'을 발음하지 않는다.

① 책은 여기에 놓고[노코] 들어오세요.
② 난 당신과 더 이상 싸우기 싫소[실쏘].
③ 시간이 흐를수록 사람은 추억을 쌓네[싼네].
④ 방문의 턱이 오래되어 닳아[달아] 없어졌다.

④ 닳아[달아] → 닳아[다라] : 'ㅎ(ㄶ, ㅀ)' 뒤에 모음으로 시작된 어미나 접미사가 결합되는 경우에는, 'ㅎ'을 발음하지 않는다. 예 낳은[나은], 놓아[노아], 많아[마나], 싫어도[시러도]

07 〈보기〉를 참고한 표준 발음이 옳지 않은 것은?

┌─ 보 기 ─┐

[제17항] 받침 'ㄷ, ㅌ(ㄾ)'이 조사나 접미사의 모음 'ㅣ'와 결합되는 경우에는 [ㅈ, ㅊ]으로 바꾸어서 뒤 음절 첫소리로 옮겨 발음한다.

① 땀받이[땀바지]   ② 홑이불[호치불]

③ 붙이다[부치다]   ④ 벼훑이[벼훌치]

 ② 홑이불[호치불] → 홑이불[혼니불] : 합성어 및 파생어에서, 앞 단어나 접두사의 끝이 자음이고 뒤 단어나 접미사의 첫음절이 '이, 야, 여, 요, 유'인 경우에는, 'ㄴ' 음을 첨가하여 [니, 냐, 녀, 뇨, 뉴]로 발음한다.

※ [8~10] 다음 글을 읽고 물음에 답하시오.

언제 어디서 샀는지도 알 수 없지만, 우리 집에도 헌 비닐우산이 서너 개나 된다. 아마도 길을 가다가 갑자기 비를 만나서 내가 사 들고 온 것들일 게다. 하지만 그 가운데 하나나 제대로 쓸 수 있을까? 그래도 버리긴 아깝다.

비닐우산은 참 볼품없는 우산이다. 눈만 흘겨도 금방 부러져 나갈 듯한 살며, 당장이라도 팔랑거리면서 살을 떠날 듯한 비닐 덮개며, 한 군데도 탄탄한 데가 없다. 그러나 그런대로 우리의 사랑을 받을 만한 덕(德)을 갖추고 있기 때문에, 아주 몰라라 할 수만은 없는 우산이기도 하다.

우리가 길을 가다가 갑자기 비를 만날 때, 가난한 주머니로 손쉽게 사 쓸 수 있는 우산은 이것밖에 없다. 물건에 비해서 값이 싼지 비싼지 그것은 알 수 없지만, 어떻든 일금 백 원으로 비를 안 맞을 수 있다면, 이는 틀림없이 비닐우산의 덕이 아니겠는가?

값이 이렇기 때문에 어디다 놓고 와도 섭섭하지 않은 것이 또한 이 비닐우산이다. 가령 우리가 퇴근길에 들른 대폿집에다 베 우산을 놓고 나왔다. 이렇게 생각해 보라. 우리의 대부분은 버스를 돌려 타고 그리로 뛰어갈 것이다. 그것은 물론 오래 손때 묻어 정이 들었기 때문이기도 하겠지만, 그러나 백 원짜리라면 아마도 그러지 않았을 것이다. 그래서 고가(高價)의 베 우산을 받고 나온 날은 어디다 그 우산을 놓고 올까 봐 신경을 쓰게 된다. 하지만 하루 종일 썩인 머리로 대포 한잔하는 자리에서까지 우산 간수 때문에 걱정을 할 수는 없지 않은가? 버리고 와도 께름할 게 없는 비닐우산은 그래서 좋은 것이다.

비닐우산을 받고 위를 쳐다보면 우산 위에 떨어져 흐르는 물방울이 보인다. 그리고 빗방울이 떨어지면서 내는 그 환한 음향도 들을 만한 것이다. 투명한 비닐 덮개 위로 흐르는 물방울의 그 맑고 명랑함, 묘한 리듬을 만들어 내는 빗소리의 그 상쾌함, 단돈 백 원으로 사기에는 너무 미안한 예술이다.

바람이 좀 세게 불면 비닐우산은 홀딱 뒤집히기도 한다. 그것을 바로잡는 한동안, 비록 옷은 다소의 비를 맞는다 하더라도 우리는 즐거운 짜증을 체험할 수 있고, 또 행인들에게 가벼우나마 한때의 밝은 미소를 선사할 수 있어서 좋다.

그날이 그날인 듯, 개미 쳇바퀴 돌듯 하는 우리의 재미없는 생활 속에, 그것은 마치 반 박자짜리 쉼표처럼 싱그러운 변화를 불러일으키는 것이다.

(중략)

비닐우산은 참 볼품없는 우산이다. 한 군데도 탄탄한 데가 없다. 그러나 버리기에는 너무나도 아름다운 효용성이 있음으로 하여 두고두고 보고 싶은 우산이다. 그리고 값싼 인생을 살며, 조금만 바람이 불어도 넘어질 듯한 부실한 사람, 그런 몸으로나마 아이들의 머리 위에 내리는 찬비를 가려 주려고 버둥대는 삶, 비닐우산은 어쩌면 나와 비슷한 데도 적지 않은 것 같아서, 때때로 혼자 받고 비 오는 길을 쓸쓸히 걷는 우산이기도 하다.

- 정진권, 「비닐우산」

PLUS ONE 정진권, 「비닐우산」
- 갈래 : 수필
- 주제 : 볼품없는 비닐우산의 모습에서 발견한 아름다운 효용성
- 특징
  - 사물에 대한 글쓴이만의 개성적인 관점과 시각이 잘 드러남
  - 역설적 표현으로 대상이 가지는 의미를 강조

08 이 글의 갈래상 특징으로 옳은 것은?

① 일정한 형식에 얽매이지 않고 자유롭게 표현하고 있다.
② 단어의 배열과 반복, 사건의 흐름에 따라 운율을 형성하고 있다.
③ 모든 사건은 등장인물을 통해 관객 앞에서 현재형으로 표현하고 있다.
④ 필자의 생각을 전달할 허구적 인물을 내세워 사건을 진행하고 있다.

해설 제시된 글의 갈래는 수필이다. 수필은 자신의 경험이나 느낌 따위를 일정한 형식에 얽매이지 않고 자유롭게 표현한 산문 형식의 글이다.

09 밑줄 친 '비닐우산'이 글 전체에서 의미하는 것으로 옳지 않은 것은?

① 값이 싸서 손쉽게 사서 쓸 수 있다.
② 튼튼하지 않아 바람이 불면 즐거운 짜증을 체험할 수 있다.
③ 투명한 비닐로 인해 빗소리의 아름다움을 체험할 수 있다.
④ 화려하고 소중한 용도로 쓰이기 때문에 항상 분실에 대한 걱정이 있다.

> **해설** ④ '비닐우산'은 화려한 것이 아니라 볼품없고 어디 한 군데 탄탄한 데가 없어 보잘것없는 우산이지만 사랑받을
> 만한 덕과 아름다운 효용성을 가진 우산이다.

10 이 글에 드러난 필자의 생각으로 옳은 것은?

① 비닐우산의 특징을 통한 장점과 단점에 대한 비교
② 비닐우산의 볼품없는 모습 속에서 발견한 아름다운 효용성
③ 베 우산보다 간수에 신경 써야 하는 비닐우산의 진정한 가치
④ 과거의 비닐우산을 미래에도 효과적으로 활용할 수 있는 방안

> **해설** ② 이 글의 마지막 부분에서 필자는 비닐우산이 볼품없고 탄탄한 데가 없지만 아름다운 효용성이 있어 두고두고
> 보고 싶은 것으로, 그것이 어쩌면 자신의 모습과 비슷한 데가 있다는 것을 깨닫고 있다.

※ [11~12] 다음 글을 읽고 물음에 답하시오.

> A : 안녕하세요. 아시다시피 다음 달에 우리 복지관에서 플리마켓 행사를 계획하고 있는데요. 이를 성황리에
> 개최하기 위해 어떻게 해야 할지 이야기해 봅시다.
> B : 제 생각에는 적극적으로 홍보를 하는 것이 중요하다고 봅니다.
> C : 네, 맞아요. 우리 복지관이 지역적으로 소외되어 있어 일반 시민들의 관심이 적은 것이 현실이에요.
> A : 좋습니다. 그러면 어떻게 홍보를 해야 할까요?
> B : 일단 다른 플리마켓 행사들은 어떻게 홍보를 하는지 참고해 보면 좋을 것 같습니다.
> A : 다른 지역에서 열리고 있는 플리마켓들을 참고로 하여 우리 복지관 행사에 맞는 것은 수용하고 더 나은
> 방향으로 개선하면 좋겠네요.
> B : 네, 그리고 요즘 젊은 사람들은 SNS 활동을 많이 하니깐 SNS를 통한 홍보도 좋을 것 같습니다.
> C : 저는 반대합니다. 최근 SNS로 인한 폐해가 뉴스에 많이 나오고 있는 상황에서 성급하게 SNS에 글을
> 올리는 것은 위험하다고 생각합니다.
> B : 네, 그런 우려도 있겠지만 수익금 전액을 장애인들을 위해 기부한다는 플리마켓의 취지를 밝히면서 시간,
> 장소와 같은 객관적인 정보만 제공한다면 큰 문제는 없을 것 같은데요.

C : 안됩니다! 저는 지난주에 SNS에 아무 생각 없이 글을 올렸다가 악플 때문에 큰 스트레스를 받았어요. B가 왜 그러는지 이해할 수가 없네요. 저는 도저히 받아들일 수 없습니다.

A : 자, 진정하시고요. 그럼 우리 홍보물에 들어갈 홍보문구를 한 번 생각해볼까요?

B : 먼저 우리 복지관 플리마켓의 취지가 들어가야 하겠지요.

C : 맞습니다. 그리고 추가하여 비유적 표현을 써서 일반 시민들이 더 공감할 수 있도록 하면 좋을 것 같습니다.

A : 네, 알겠습니다. 그럼 두 분 의견을 참고하여 홍보문구를 만들어 보도록 하지요.

11 위 대화의 목적으로 옳은 것은?

① 복지관이 지역적으로 소외된 이유에 대해 분석하고 개선 방향을 살핀다.

② 복지관에서 실시된 플리마켓 행사의 결과에 대해 평가하고 있다.

③ 플리마켓 행사를 성공적으로 개최하기 위한 홍보전략을 논의하고 있다.

④ SNS를 통해 복지관을 효과적으로 홍보할 수 있는 방법에 대해 설명하고 있다.

해설 제시된 글은 복지관에서 열리는 플리마켓 행사를 성황리에 개최하기 위해 어떻게 해야 할지에 대해 이야기하고 있다. 플리마켓 행사의 성공적 개최를 위해 다른 지역에서 열리고 있는 플리마켓 참고하기, SNS를 통한 홍보 여부 등에 대해 논의하고 있다.

12 C의 말하기 태도에 대한 설명으로 옳은 것은?

① 대화의 주제를 부정하며 다른 주제를 제안하고 있다.

② B의 제안에 대해 모두 반대를 하며 현실적인 대안을 제시하고 있다.

③ B의 발언에 대해 자신의 경험을 바탕으로 감정적인 반응을 보이고 있다.

④ 대화의 끝부분에 새로운 인물을 소개하여 대화를 더욱 풍성하게 만들고 있다.

해설 C는 SNS에 아무 생각 없이 글을 올렸다가 악플 때문에 큰 스트레스를 받은 경험을 설명하며, SNS에 올려 홍보하자는 B의 발언에 감정적인 반응을 보이고 있다.

13 밑줄 친 부분의 어법이 옳은 것은?

① 작업양이 많아 힘들었다.   ② 이번에는 성공율이 높다.

③ 이력서의 공난을 채웠다.   ④ 물건 개수가 맞지 않는다.

해설 ① 작업양 → 작업량 : 한자어 명사 뒤에 붙어 분량이나 수량의 뜻을 나타내는 말은 '량'이고, 고유어와 외래어 명사 뒤에 붙어 분량이나 수량을 나타내는 말은 '양'이다. 예 가사량, 노동량, 작업량, 구름양, 알칼리양

② 성공율 → 성공률 : 'ㄴ' 받침을 제외한 받침 있는 일부 명사 뒤에 붙어 '비율'의 뜻을 더하는 접미사는 '률'이고, 모음으로 끝나거나 'ㄴ' 받침을 가진 일부 명사 뒤에 붙어 '비율'의 뜻을 더하는 접미사는 '율'이다. 예 경쟁률, 사망률, 입학률, 감소율, 소화율, 할인율

③ 공난 → 공란 : 한자어 명사 뒤에 붙어 '구분된 지면'의 뜻을 나타내는 말은 '란', 고유어와 외래어 명사 뒤에 붙어 '구분된 지면'의 뜻을 나타내는 말은 '난'이다. 예 광고란, 독자란, 투고란, 어린이난, 가십난

14 〈보기〉를 참고할 때, 표기가 옳지 않은 것은?

> **보 기**
>
> [제7항] 수컷을 이르는 접두사는 '수-'로 통일한다.
>   예 수-나사, 수-사돈, 수-소, 수-은행나무
> 다만, 다음 단어에서는 접두사 다음에서 나는 거센소리를 인정한다. 접두사 '암-'이 결합되는 경우에도 이에 준한다.
>   예 수-캉아지, 수-컷, 수-평아리

① 암 탉   ② 암 캐
③ 암돼지   ④ 암키와

 '암'과 '수'는 역사적으로 '암ㅎ, 수ㅎ'과 같이 'ㅎ'을 맨 마지막 음으로 가지고 있는 말이었으나 현대에 와서는 이러한 'ㅎ'이 모두 떨어졌으므로 떨어진 형태인 '암'과 '수'를 기본적인 표준어로 규정하였다. 하지만 'ㅎ'이 뒤의 예사소리와 결합하면 거센소리로 축약되는 일이 흔하게 발생한다. 예 암캐, 암탉, 암평아리, 암키와, 암퇘지

15 다음 글에 대한 이해로 옳지 않은 것은?

> 조선시대 과거는 왕이 유교적 정치 이념을 실현하기 위해 필요한 인재를 선발하는 중요한 시험이었다. 과거는 여러 단계로 진행되는데, 시험의 최종 단계인 전시(殿試)에서는 왕이 직접 등용될 인재들에게 당대의 현안들을 책제(策題)로 제시하고, 그 해결책을 묻는 시험을 치렀다. 책제로 제시된 현안은 당시의 정치, 경제, 군사, 문화 등 사회의 거의 모든 분야에 걸쳐 있었다. 이 시험에서 예비 관리들은 현안 해결을 위한 다양한 대책들을 글로 썼는데, 이 글을 책문(策文)이라 한다.
> 책문은 왕이 제시한 책제에 답하는 글이기 때문에 일정한 형식에 따라 짓는다. 책문은 "신은 다음과 같이 대답합니다[臣對]."라는 말로 시작하여 "식견이 부족한 저희를 불러, 조금이나마 나라에 도움이 될 말을 들을까 하며 시험을 내시니, 죽을 각오를 하고 말씀드리겠습니다."와 같이 장황하면서도 공손하게 왕에 대한 찬사와 자신을 낮추는 겸사(謙辭)를 한다. 본문에서는 다양한 근거를 들어 책제에 대한 대책을 제시한다. 그리고 "보잘것없는 말들이지만 죽기를 각오하고 솔직한 말씀을 드립니다."라는 식의 겸사를 반복하면서 "신이 삼가 대답합니다[臣謹對]."라는 예를 갖춘 말로 마무리한다. 또한 책문을 작성할 때 글쓴이는 유교 경전과 역사서에서 근거를 찾아 답한다. 선비들에게 유교 경전은 보편적 이념을 제시한 문헌이었고, 역사서는 그 이념의 현실적 성패를 기록한 문헌이었다. 그들은 이러한 문헌들을 인용하여 이상적인 사회는 어떠해야 하며, 왕에게 필요한 것이 무엇인지를 드러내었다.

조선 선비들은 유학을 익히고 인격을 수양하면서 경륜을 쌓고, 때가 되면 과거를 통해 자신의 포부를 세상에 펼치고자 하였다. 당시 지식인 계층이었던 선비들의 출사(出仕)는 유교적 이상을 실현하기 위한 실천적 행동이었던 것이다. 책문은 출사의 최종 단계에서 왕에게 그동안 쌓아온 자신의 학식과 포부를 마음껏 펼치는 장이었다. 따라서 책문은 때로는 당대의 시대적 현안을 고민하고, 때로는 시대의 부조리를 고발하면서 새로운 시대를 열어 가려는 선비들의 포부가 담긴 글이라 할 수 있다.

① 왕이 현안에 대한 해결책을 책제로 제시하면 예비 관리들은 책문으로 답했다.
② 유교적 정치 이념을 실현하기 위한 인재를 선발하기 위해 만들어진 것이 과거이다.
③ 과거에 임한 선비는 유교적 이상을 실천하기 위한 자신의 포부를 책문에 담았다.
④ 일정한 형식을 갖추어야 하는 책문은 근거의 타당성을 높이기 위해 겸사를 적극적으로 활용한다.

해설 책문은 예비 관리들이 현안 해결을 위한 다양한 대책들을 글로 쓴 것으로 왕이 제시한 책제에 답하는 글이기 때문에 일정한 형식에 따라 짓는다. 책문은 장황하면서도 공손하게 왕에 대한 찬사와 자신을 낮추는 겸사(謙辭)를 반복하는데, 이는 근거의 타당성을 높이기 위한 방안과는 거리가 멀다.

※ [16~17] 다음 글을 읽고 물음에 답하시오.

(가) 어져 내 일이야 그릴 줄을 모로두냐
　　 이시랴 ㅎ더면 가랴마는 제 구틱야
　　 보내고 그리는 정(情)은 나도 몰라 ㅎ노라

　　　　　　　　　　　　　　　　　　　　　　　　　　　- 황진이

(나) 강산이 됴타 ㅎ돌 내 분(分)으로 누얻ᄂᆞ냐
　　 님군 은혜(恩惠)를 이제 더욱 아노이다
　　 아므리 갑고쟈 ㅎ야도 ㅎ올 일이 업세라

　　　　　　　　　　　　　　　　　　　　　　　　- 윤선도, 「만흥」 中

PLUS ONE

(가) 황진이, 「어져 내 일이야 —」
- 갈래 : 평시조
- 성격 : 감상적, 애상적
- 주제 : 임을 그리워하는 마음과 이별의 안타까움
- 현대어 풀이
  아아, 내가 한 일이 후회스럽구나 이렇게도 사무치게 그리울 줄 몰랐단 말인가?
  있으라 했더라면 임이 굳이 떠나시려 했겠느냐마는 내가 굳이
  보내 놓고 이제 와서 새삼 그리워하는 마음을 나도 모르겠구나.

(나) 윤선도, 「만흥」
- 갈래 : 평시조, 연시조
- 성격 : 자연친화적, 강호한정가
- 주제 : 자연 속에서 사는 즐거움, 안분지족, 안빈낙도
- 구 성

1수	자연을 벗 삼은 삶
2수	벼슬을 떠나 자연에서 풍류를 즐김
3수	자연과 하나 되는 삶
4수	속세를 버리고 자연 속에 은거하는 삶
5수	자연과 더불어 사는 즐거움
6수	임금의 은혜에 감사함

- 현대어 풀이
  강산이 좋다고 한들 내 분수로 누워 있겠느냐.
  임금님의 은혜를 이제야 더욱 알겠노라.
  아무리 갚고자 하여도 할 수 있는 일이 없구나.

16 (가)에 드러난 화자의 상황으로 옳은 것은?

① 임과의 재회 상황
② 임과의 이별 상황
③ 임과 혼인을 앞둔 상황
④ 전투에 참여하고자 하는 상황

해설 글 (가)는 임과의 이별에 대한 안타까움과 임에 대한 그리움을 노래한 황진이의 시조이다.

17 〈보기〉를 바탕으로 한 (나)의 주제로 옳은 것은?

> **보 기**
>
> 「만흥」은 작가가 병자호란 때 임금을 모시지 않았다는 죄목으로 유배되었다가 풀려난 뒤, 고향인 전라도 해남에서 생활할 때 지은 것이다. 작가는 혼탁한 정치적 상황으로 인해 정적들로부터 탄핵과 모함을 받아 수십 년 동안 유배와 낙향을 반복하였다.

① 임금에 대한 충성
② 더불어 사는 즐거움
③ 자신의 죄에 대한 억울함
④ 자연에 묻혀 사는 흥취와 만족감

해설 글 (나)는 자연에 묻혀 지내는 한가롭고 흥겨운 심정을 읊으면서도 임금의 은혜를 잊지 않음을 노래한 윤선도의 시조이다.

※ [18~20] 다음 글을 읽고 물음에 답하시오.

과학사를 들춰 보면 기존의 학문 체계에 도전했다가 곤욕을 치른 인물들의 이야기를 자주 만날 수 있다. 대표적인 인물이 천동설을 부정하고 지동설을 주장한 갈릴레이이다. 천동설을 지지하던 당시의 권력층은 그들의 막강한 힘을 이용하여 갈릴레이를 신의 권위에 도전하는 이단자로 욕하고 목숨까지 위협했다. 갈릴레이가 영원한 침묵을 맹세하지 않고 계속 지동설을 주장했더라면 그는 단두대의 이슬로 사라졌을지도 모른다. 이처럼 천동설을 믿었던 당시의 사람들에게 갈릴레이는 진리의 창시자가 아니라 그저 불온한 이단자에 불과했다.

당시의 사회적 통념으로 새로운 가설이 무시되고 과학의 발전이 늦춰질 뻔했던 사례가 또 있다. 1854년 8월 런던의 브로드가에 퍼진 콜레라는 불과 열흘 만에 주민 500명 이상의 목숨을 앗아 갔다. 당시 과학자들은 별다른 증거 없이 오염된 공기로 콜레라가 전염된다고 주장했다. 보통 악취가 나는 하수구나 늪지대 근방에서 전염병이 유행했기 때문에 공기로 병이 전염된다는 주장은 많은 사람의 지지를 얻었던 것이다.

그러나 영국의 의사 존 스노만은 예외였다. 그는 대담하게도 공기가 아니라 물이 콜레라균의 매개체라는 가설을 세우고 이를 입증하려고 했다. 그는 빈민가를 돌아다니면서 콜레라의 전염 양상을 관찰하고 발병자와 사망자의 집 위치를 조사하였다. 그 결과, 최초 발병자의 집 지하에 있는 정화조와 브로드가 지하에 있는 상수도의 거리가 가까운 것을 확인하였다. 이러한 자료를 근거로 그는 최초 발병자의 장에서 나온 세균이 정화조와 토양층을 통하여 브로드가의 상수도에 유입되었고, 그 상수도에서 물을 길어 먹었던 사람들이 콜레라에 감염되었다는 사실을 ㉠ 밝혀내었다. 무모한 듯 보였던 존 스노의 연구는 콜레라의 전염 경로를 설명하여 콜레라 예방에 공헌했을 뿐 아니라 현대 의학의 연구 방법에도 큰 밑거름이 되었다. 만약 존 스노가 오염된 공기로 병이 전염된다는 기존의 지배적 통념에 갇혀 있었더라면 더 많은 사람들이 콜레라에 감염되어 목숨을 잃었을지 모를 일이다.

새로운 생각에 대한 너그럽지 못한 태도가 과학에서 뿐만 아니라 사회나 조직의 발전을 해치는 경우를 찾는 일은 어렵지 않다. 사회나 조직이 구축한 문화적 동질성은 구성원의 연대를 강화하고 구성원이 사회 공동의 목표에 집중하게 하는 순기능이 있지만, 기존의 제도나 학설에 도전하는 자를 처벌하려는 불합리한 면도 있기 때문이다.

그러나 지동설을 주장한 갈릴레이와 콜레라의 감염 경로를 밝힌 존 스노의 경우에서도 알 수 있듯이, 과학의 도약은 대개 이단적 발상을 통해 이루어졌다. 용기 있는 이단을 수용할 때에 발전과 도약이 가능했던 것이다. 조직과 사회도 이와 같다. 사회 혁신의 동력은 기존의 권위에 도전하는 충심 어린 이단자들로부터 나온다는 것을 기억해야 한다.

18 이 글에 대한 설명으로 옳지 않은 것은?

① 전문가의 말을 인용하여 자신의 주장을 강화하고 있다.
② 과학적 사례를 조직 및 사회에 적용하여 설득력을 높이고 있다.
③ 연구 과정을 구체적으로 제시하여 논지를 뒷받침하고 있다.
④ 과학적 사례를 활용하여 독자의 흥미를 유발하고 있다.

해설 제시된 글은 용기 있는 이단을 수용할 때에 발전과 도약이 가능했던 과학적 사례를 활용하여 독자의 흥미를 유발하고, 이러한 사례를 조직 및 사회에 적용하여 설득력을 높이고 있다. 그리고 존 스노가 콜레라 감염 경로를 밝히는 과정을 구체적으로 제시하고 있다. 하지만 전문가의 말을 인용한 부분은 찾아볼 수 없다.

19 이 글의 내용으로 옳지 않은 것은?

① 갈릴레이는 신의 권위에 도전하는 이단자로 취급받았다.
② 콜레라는 오늘날 공기를 통해 전염되는 병으로 알려져 있다.
③ 존 스노는 지배적 통념에서 벗어나 콜레라의 전염 원인을 밝혀내었다.
④ 사회가 발전하기 위해서는 용기 있는 이단자의 말을 수용하는 태도도 지녀야 한다.

해설 ② 당시 과학자들은 별다른 증거 없이 오염된 공기로 콜레라가 전염된다고 주장했지만 존 스노는 공기가 아니라 물이 콜레라균의 매개체라는 가설을 세우고 이를 입증하여 콜레라 예방에 공헌했을 뿐 아니라 현대 의학의 연구 방법에도 큰 밑거름이 되었다.

20 밑줄 친 부분의 문맥적 의미가 윗글의 ㉠과 유사한 것은?

① 조명탄이 사방을 <u>밝혔다</u>.
② 밤이 어두워 촛불을 <u>밝혔다</u>.
③ 그는 사고의 원인을 <u>밝혔다</u>.
④ 돈과 지위를 지나치게 <u>밝혔다</u>.

해설 ③ ㉠은 '진리, 가치, 옳고 그름 따위를 판단하여 드러내 알리다.'의 의미로, ③ '밝히다'의 의미와 유사하다.
① 불빛 따위로 어두운 곳을 환하게 하다.
② 빛을 내는 물건에 불을 켜다.
④ 드러나게 좋아하다.

제2과목 **국 사**

---

01 (가)에 들어갈 내용으로 옳은 것은?

- 명칭 : 주먹도끼
- 발견지역 : 경기도 연천군 전곡리
- 용도 : 사냥한 짐승의 가죽을 벗기거나 나무뿌리를 캐는 등 다양하게 사용
- 생활모습 : (가)

① 무리를 지어 이동 생활을 하였다.
② 빗살무늬 토기에 음식을 저장하였다.
③ 반달 돌칼을 이용하여 벼를 수확하였다.
④ 가락바퀴와 뼈바늘로 옷을 만들어 입었다.

해설 구석기 시대
- 도 구
  - 뗀석기 사용 : 사냥도구(주먹도끼, 찍개), 조리도구(긁개, 밀개 등)
  - 구석기 시대 후기에는 슴베찌르개 사용
- 생 활
  - 동굴이나 강가의 막집에서 생활
  - 무리를 지어 이동 생활을 했으며, 사냥과 채집으로 식량 마련
  - 모든 사람이 평등한 공동체 생활

02 고조선을 주제로 학술 대회를 개최할 경우에 옳지 않은 것은?

① 진대법과 빈민 구제

② 8조법을 위주로 한 사회상

③ 위만의 이동과 집권·멸망 과정

④ 비파형 동검 문화권과 국가의 성립

해설 ① 진대법은 고구려 빈민 구제 정책이다.

고조선의 발전

고조선의 성립	청동기 문화를 기반으로 건국(기원전 2333년)
건국 이야기	농경 사회 형성, 계급·형벌 발생, 제정일치(단군은 제사장, 왕검은 정치적 우두머리) 등 반영 → 『삼국유사』, 『제왕운기』, 『동국통감』 등에 수록
세력 범위	요령 지방에서 한반도까지 발전(비파형 동검과 고인돌의 출토 범위와 일치)
성 장	• 기원전 4세기부터 중국의 연과 대립 • 기원전 3세기 부왕, 준왕 등 왕의 등장과 세습 • 상·대부·장군 등의 관직 설치
위만의 집권과 멸망	• 위만이 준왕을 몰아내고 왕위 차지(기원전 194) → 철기 문화 본격적 수용, 중계 무역 전개 • 한 무제의 침략으로 멸망(기원전 108년) → 한의 낙랑군 설치
사 회	생명·노동력 중시, 사유 재산 보호, 형벌·노비 존재, 화폐 사용 → 8조법

03 (가)에 들어갈 인물로 옳은 것은?

(가)은/는 모든 진리가 한마음에서 나온다는 일심사상을 불교의 핵심으로 여겼다. 이를 바탕으로 화쟁사상을 주장하면서 종파간 논쟁을 조화롭게 승화시키려고 하였다. 또한 중생의 마음이 부처의 마음과 다르지 않다고 생각하며, 불교의 교리를 쉬운 노래로 만들어 부르며 백성에게 아미타 신앙을 적극 전파하였다.

① 의 상   ② 원 효   ③ 혜 초   ④ 지 눌

해설 ② 원효 : 일심사상, 화쟁사상 주장 → 불교 대중화에 기여

① 의상 : 화엄사상 정립, 당의 유학, 부석사 건립

③ 혜초 : 인도와 서역 순례 → 『왕오천축국전』 저술

④ 지눌 : 수선사 중심의 결사 운동, 조계종 개창, 정혜쌍수와 돈오점수 주장

04 다음 자료를 활용한 학습 주제로 옳은 것은?

> - 김부가 항복하였으므로 그를 경주의 사심관으로 삼아 부호장 이하 관직자들의 일을 살피도록 하였다. 이에 여러 공신도 이를 본받아 각각 자기 고을에 사심관이 되었다.
> - 국초에 향리의 자제를 뽑아 인질로 삼고, 또 그 고을 일의 자문에 대비하니 이를 기인이라고 하였다.

① 묘청과 서경천도운동
② 무신정권의 권력기반
③ 원의 간섭과 권문세족
④ 왕건의 호족 통제 정책

 ④ 왕건은 호족 통합·견제 정책으로 혼인 정책, 왕씨 성 하사, 역분전 지급, 사심관 제도와 기인 제도를 실시하였다.
　① 묘청과 서경천도운동은 1135년 이자겸의 난 이후 서경파의 정치 혁신 주장을 배경으로 일어났다.
　② 정중부, 이의방이 정변(1170년)을 일으켜 다수의 문신을 제거하고 무신들이 권력을 장악하였다.
　③ 고려 말 원 간섭기에 새로운 지배층으로 권문세족이 등장하였다.

05 밑줄 친 '왕'이 재위하던 시기에 볼 수 있었던 모습으로 옳은 것은?

> 신돈은 왕에게 전민변정도감을 설치할 것을 청원하고, "근래에 기강이 파괴되어 … 공전과 사전을 권세가들이 강탈하였다. … 스스로 토지를 반환하는 자는 과거를 묻지 않는다."라고 공포하였다. 권세가들이 강점했던 전민(田民)을 그 주인에게 반환하였으므로 온 나라가 모두 기뻐하였다.

① 공물을 쌀로 바치고 있는 백성
② 쌍성총관부를 공격하는 고려군대
③ 노비안검법 실시를 반대하는 호족
④ 독서삼품과제도로 관리 등용된 선비

 전민변정도감은 공민왕 때 신돈의 권유로 설치하였다. 공민왕은 반원 자주 정책으로 친원 세력 숙청(기철), 몽골풍 금지, 왕실 호칭 및 관제 복구(정동행성 폐지, 도평의사사 정비), 영토 수복(쌍성총관부 탈환, 요동 지방 공략 시도) 등을 실시하였다.

06 **(가) 국가에서 볼 수 있는 모습으로 옳은 것은?**

┤ 보 기 ├

(가)의 문화유산
(가)의 예술 세계는 이상과 현실이 조화를 이루었으며, 통일과 균형의 미를 통해 불국토의 이상을 실현하려는 의도를 보여 주고 있다. 특히 불상과 탑, 범종 등 불교 미술에서 뛰어난 솜씨를 발휘하였는데, 가장 대표적인 것이 불국사와 석굴암이다.

① 골품제를 비판하는 6두품
② 국자감에서 공부하는 학생
③『농사직설』내용을 알려주는 관리
④ 팔만대장경 간행에 참여하는 승려

해설 ① 불국사와 석굴암은 통일 신라의 대표적 문화유산이다. 통일 신라 때 6두품 세력이 골품제를 비판하며 새로운
정치 이념으로 유학을 제시하였다.
② 국자감은 고려 성종 때 설치된 국립대학이다.
③『농사직설』은 조선 세종 때 편찬한 농서이다.
④ 팔만대장경은 고려 몽골 항쟁 때 민심을 모으고 부처의 힘을 빌리기 위해서 제작하였다.

07 **(가) 국가에 대한 설명으로 옳은 것은?**

〈 (가)의 성립과 발전〉
㉠ 대조영이 동모산에서 건국
㉡ 무왕 때 당의 산둥 지방 공격
㉢ 문왕 때 '대흥' 연호 사용, 통치 체제 정비

① 지방에 22담로를 설치하였다.　　② 화백회의를 주관하였다.
③ 전성기에 해동성국으로 불렸다.　　④ 왕의 칭호로 마립간을 사용하였다.

해설 ③ 발해 선왕 때 발해의 전성기로 해동성국이라 지칭하였다.
① 백제 무령왕 때 22담로를 설치하였다.
② 신라 때 회백회의를 만장일치제로 시행하였다.
④ 신라 내물왕 때 왕호를 '마립간'으로 개칭하였다.

08 (가)에 들어갈 군대의 이름으로 옳은 것은?

그림은 윤관이 9성을 개척하고 고려의 땅이라고 새긴 비석을 세우는 장면이다. 윤관은 12세기 초 여진이 부족을 통일하고 국경을 침범하자 (가)을/를 편성하여 여진을 정벌하고 동북 지방 일대에 9성을 쌓았다.

① 별기군
② 별무반
③ 삼별초
④ 훈련도감

 ② 별무반 : 윤관이 기병인 여진족의 군대를 보병만으로 방어하기 곤란함을 깨닫고, 건의함에 따라 편성되었다.
　① 별기군 : 조선 고종 때 개화 정책을 시행하면서 설치된 신식 군대이다.
　③ 삼별초 : 고려 최우 정권 때 조직되었으며 몽골 침입 시 개경 환도 반대로 대몽 항쟁을 지속하였다.
　④ 훈련도감 : 임진왜란 때 왜군의 조총에 대항하기 위하여 기존의 활과 창으로 무장한 부대 외에 조총으로 무장한 부대이다.

09 고려시대 (가) 신분에 대한 설명으로 옳은 것은?

• 귀족 : 왕족, 고위 관리
• 중류층 : 향리, 남반, 하급 장교
• 양민 : (가)
• 천민 : 공·사노비

① 재산으로 간주되어 매매, 상속, 증여가 가능하였다.
② 중간 계층으로 지배기구의 말단 행정 실무를 담당하였다.
③ 정치적 특권인 음서, 공음전 등을 통해 고위 관직을 독점하였다.
④ 농업과 상공업에 종사하며, 대다수는 백정이라 불리는 농민이었다.

고려의 신분 제도
- 귀족 : 정치적 특권(과거, 음서를 통하여 고위 관직 독점), 경제적 특권(공음전, 과전, 녹봉 등)
- 중류층 : 잡류(중앙 관청의 말단 서리), 남반(궁중 실무 관리), 향리(지방 행정 실무 담당), 군반(하급 장교), 역리(지방의 역 관리) 등으로 구성 → 중간 역할 담당, 신분 세습
- 양 민
  - 일반 양민 : 농업과 상공업에 종사, 대다수는 농민(백정으로 불림), 조세·공납·역 부담
  - 향·부곡(농업)·소(수공업) 주민 : 신분상으로는 양민이나 일반 군현의 주민에 비해 차별 대우, 과거 응시 및 거주 이전 금지
- 천 민
  - 재산 취급, 매매·증여·상속의 대상, 교육·과거 응시 기회 없음
  - 공노비(입역 노비, 외거 노비), 사노비(솔거 노비, 외거 노비)로 구성

10 밑줄 친 '우리 임금'의 재위 기간에 있었던 사실로 옳은 것은?

> <u>우리 임금</u>은 각 도의 감사에게 명령하여 여러 고을의 나이 든 농부를 찾아 농사 경험을 듣게 하고, 신하 정초와 변효문에게 필요한 것만 뽑아 한 편의 책으로 엮고, 제목을 『농사직설』이라 하였다.

① 청해진이 설치되었다.
② 탕평비가 건립되었다.
③ 전시과가 시행되었다.
④ 『칠정산』이 편찬되었다.

해설 『농사직설』은 세종 때 편찬한 농서이다.
세종의 업적
- 유교 정치 실현 : 의정부 서사제 실시(왕권과 신권의 조화), 집현전 설치(학문 연구)
- 문물 정비 : 훈민정음 창제·반포, 『농사직설』·『칠정산』·『향약집성방』 등 편찬, 측우기·자격루·앙부일구 등 제작(장영실)
- 국방 정책 : 4군 6진 설치(오늘날의 국경선 확정), 대마도 정벌(이종무), 3포(제포·염포·부산포) 개항
- 경제 정책 : 풍흉과 토지의 비옥도에 따라 조세를 부과하는 세법 정비(공법)

11 (가)에 대한 설명으로 옳지 않은 것은?

> (가)의 내용과 결과
> • 내용 : 집집마다 부과하던 토산물을 토지를 기준으로 쌀(토지 1결당 쌀 12말), 삼베, 무명, 돈 등으로 징수
> • 결과 : 농민의 부담 감소, 관청에 물품을 납품하는 공인의 등장, 상품 화폐 경제 발달

① 경기도에서 처음 실시되었다.
② 공인이 등장하는 배경이 되었다.
③ 공납을 토지 결수에 따라 부과한 것이다.
④ 부족한 재정을 보충하기 위해 지주에게 결작을 부과하였다.

 ④ 는 균역법의 재정 보완책이다.
(가)는 대동법으로 광해군 때 경기도에서 처음 실시, 점차 확대되어 숙종 때 평안도와 함경도를 제외하고 전국적으로 실시되었다.

12 다음 제도를 실시한 왕의 정책으로 옳은 것은?

> 젊은 문신들이 급제한 후 낡은 관념에 젖어 새로운 것을 잘 받아들이지 않고 고루한 습관이 몸에 배어 고치기 어렵다. 이에 37세 이하 문신 중에서 따로 선발하여 교육하는 새로운 제도를 실시하고자 한다.
> • 교육내용 : 사서삼경, 사기
> • 교육장소 : 선발된 문신들의 시험과 강학은 규장각에서 실시

① 장용영을 설치하였다.
② 집현전을 설치하였다.
③ 4군 6진을 개척하였다.
④ 경국대전을 완성하였다.

 ① 자료는 정조 때 실시한 초계문신제도에 대한 것이다. 정조는 규장각 설치, 초계문신제 시행, 장용영 설치, 수원 화성 건설 등을 실시하였다.
② · ③ 세종 때
④ 성종 때

13 (가)의 영향으로 옳은 것은?

> (가)의 발발
> • 배경 : 청이 조선에 군신 관계를 요구하였으나 조선이 이를 거부함
> • 전개 : 인조가 남한산성에서 항전하였으나 삼전도에서 청에 항복함

① 사화가 일어났다.
② 북벌운동이 추진되었다.
③ 이자겸의 난이 일어났다.
④ 망이·망소이가 봉기하였다.

해설 ② 북벌운동 추진의 배경은 여진족에 대한 문화적 우월감, 병자호란 이후 청에 대한 복수심의 고조로 볼 수 있다.

병자호란의 발발(1636)

원 인	청의 군신 관계 요구 → 조선의 거부(척화 주전론 우세)
전 개	청의 조선 공격(1636) → 인조는 남한산성으로 피신하여 항전
결 과	• 청의 약탈과 살육으로 인한 서북 지방의 황폐화 • 청과 굴욕적 강화 체결(삼전도 굴욕, 군신 관계, 소현세자 봉림대군 등 청에 끌려감)

14 다음 화폐를 발행한 원인으로 옳은 것은?

> 당백(當百)은 상평통보보다 100배의 가치를 가진 동전으로 만들어졌다. 그러나 당백전은 실제 가치가 상평통보의 5~6배에 불과하였고, 대량으로 발행되면서 화폐 유통 질서가 혼란에 빠져 물가가 폭등하고 화폐가치가 폭락하였다.

① 은 본위 화폐제도를 채택하였다.
② 왕권 회복을 위해 경복궁을 중건하였다.
③ 재정 확충을 위해 호포제를 실시하였다.
④ 신식 군대인 별기군과 차별 대우를 하였다.

해설 ② 흥선 대원군은 고종 3년 경복궁 중건을 위해 당백전을 주조하였으나 대량 발행되면서 화폐가치가 폭락하고 물가 상승을 초래하였다.
① 제1차 갑오개혁 때 은 본위 화폐제도를 채택하였다.
③ 흥선 대원군이 민생 안정을 추구하기 위해 호포제를 실시하였다.
④ 신식 군대인 별기군과 차별 대우 때문에 임오군란이 일어났다.

15 (가) 지역에 대한 탐구 활동으로 옳은 것은?

> '서쪽은 압록강, 동쪽은 토문강'이라는 백두산 정계비문 해석을 둘러싸고 팽팽하게 맞선 가운데 (가)의 귀속 문제는 확실한 결론을 맺지 못하였다.

① 시마네현 고시 내용을 조사해본다.
② 안용복의 활동 내용에 대해 조사해본다.
③ 대한 제국 칙령 제41호에 대해 조사해본다.
④ 일본이 만주 철도 부설권을 얻어낸 배경을 조사해본다.

 ④ 을사늑약 이후 일본이 간도를 청의 영토로 인정하는 간도 협약을 체결(1909)하였다. 이 때 일본은 청으로부터 만주 철도 부설권, 탄광 개발권 등을 확보하였다.
①·②·③ 독도에 대한 탐구 활동이다.

16 (가)단체에 대한 설명으로 옳은 것은?

> **동아리 발표회**
> 우리 동아리에서 (가)에 대한 보고서를 발표하고자 하니 많은 참여 바랍니다.
> • 발표 주제
> – 독립문 건립 과정
> – 헌의 6조의 내용 분석
> – 중추원 관제 개정 배경
> • 날짜 : 2019년 9월 ○○일
> • 장소 : ○○ 고등학교 대강당

① 만민공동회를 개최하였다.
② 대성 학교, 오산 학교를 설립하였다.
③ 고종 강제 퇴위 반대운동을 주도하였다.
④ 황무지 개간권 요구 반대 운동을 전개하였다.

 ① 독립 협회에 대한 보고서를 발표하고자 한다. 독립 협회의 활동으로는 민중 계몽 운동(모금을 통한 독립문 건립, 모화관을 독립관으로 개조, 토론회 개최), 자주 국권 운동(고종의 환궁 요구, 러시아의 절영도 조차 요구 저지, 만민공동회 개최), 자유 민권 운동(국민의 신체와 재산권의 자유, 언론·출판·집회·결사의 자유 등을 확보하기 위해 노력), 자강 개혁 운동(관민공동회 개최-헌의 6조 채택, 고종의 수락, 중추원 새로 구성) 등이 있다.

17 밑줄 친 '시기'에 볼 수 있는 모습으로 (가)에 들어갈 내용으로 옳은 것은?

조선 태형령이 시행되던 <u>시기</u>에는 어떤 일이 있었을까?

(가)

① 국가 총동원법 제정을 알리는 관리가 있어.

② 메가타가 화폐 정리 사업을 추진하고 있어.

③ 교사가 제복을 입고 칼을 차고 다니고 있어.

④ 언론인이 브나로드 운동에 대한 기사를 쓰고 있어.

해설 ③ 조선 태형령이 시행되던 시기는 무단 통치 시기이다.
무단 통치 실시
• 헌병 경찰 제도 시행 : 헌병 경찰의 즉결 처분권 부여
• 무단 공포 통치 : 조선 태형령 제정, 일반 관리와 학교 교원에게까지 제복을 입고 칼을 차게 함
• 기본권 박탈 : 출판·언론·결사의 자유 박탈, 한글 신문 폐간
• 교육 정책 : 제1차 조선 교육령 제정(보통 교육과 실업 교육 위주의 편성, 일본어 교육 강화), 사립학교와 서당 탄압

18 다음 단체에 대한 설명으로 옳은 것은?

• 결성 : 김원봉, 윤세주 등을 중심으로 만주 지린성에서 결성
• 활동 : 박재혁(부산경찰서), 김익상(조선총독부), 김상옥(종로경찰서), 나석주(동양척식주식회사) 등의 폭탄 투척 의거

① 물산 장려 운동을 펼쳤다.

② 봉오동 전투에서 큰 승리를 거두었다.

③ 삼균주의를 기본 이념으로 수용하였다.

④ 조선혁명선언을 활동 지침으로 하였다.

해설 의열단(1919)
- 배경 : 3·1 운동 이후 강력한 무장 조직의 필요성 인식
- 활 동
  - 신채호가 작성한 '조선혁명선언'을 의열단의 행동 강령으로 채택
  - 의거 : 박재혁(부산경찰서투탄, 1920), 김익상(조선총독부 투탄, 1921), 김상옥(종로경찰서 투탄, 1923), 김지섭(일본 황궁 투탄, 1924), 나석주(동양척식주식회사와 식산은행 투탄, 1926)

19 8·15 광복 이후 일어난 사건을 시간 순서대로 나열한 것은?

| ㉠ 5·10 총선거 실시 | ㉡ 모스크바 3국 외상회의 |
| ㉢ 남북 연석 회의 개최 | ㉣ 제2차 미·소 공동위원회 개최 |

① ㉡ — ㉠ — ㉢ — ㉣
② ㉡ — ㉣ — ㉠ — ㉢
③ ㉡ — ㉣ — ㉢ — ㉠
④ ㉣ — ㉡ — ㉢ — ㉠

해설 모스크바 3국 외상회의(1945.12.) → 제1차 미·소 공동위원회(1946.3.) → 제2차 미·소 공동위원회(1947.5.) → 남북 연석 회의 개최(1948.4.) → 5·10 총선거(1948.5.)

20 다음 선언이 발표되었던 사건에 대한 설명으로 옳은 것은?

- 마산, 서울, 기타 각지의 학생 데모는 주권을 빼앗긴 국민의 울분을 대신하여 궐기한 학생들의 순진한 정의감의 발로이며 부정과 불의에 항거하는 민족 정기의 표현이다.
- 3·15 선거는 불법 선거이다. 공명 선거에 의하여 정·부통령 선거를 다시 실시하라.

① 신간회의 주도로 추진되었다.
② 이승만 대통령이 하야하였다.
③ 유신 헌법의 철폐를 주장하였다.
④ 대통령 직선제 개헌을 이끌어냈다.

해설 4·19 혁명(1960)
- 배경 : 자유당 정권의 3·15 부정 선거
- 과정 : 부정 선거 규탄 시위 → 김주열 학생의 시신 발견(4.11.), 전국으로 시위 확산 → 학생·시민 대규모 시위 → 경찰 발포로 여러 사상자 발생, 비상 계엄령 선포(4.19.) → 서울 시내 대학 교수단 시국 선언문 발표 및 시위(4.25.) → 이승만 대통령 하야 성명 발표(4.26.)
- 의의 : 학생과 시민 중심의 반독재 민주주의 혁명
- 결과 : 허정 과도 정부 수립 후 헌법 개정(내각 책임제, 양원제 국회)

제3과목 일반상식

01 대기권의 특징에 대한 설명으로 옳은 것은?

① 오존층은 열권에 있다.

② 대류권에서는 기상 현상이 나타난다.

③ 대류권은 성층권과 중간권 사이에 있다.

④ 성층권에서는 높이 올라갈수록 기온이 낮아진다.

해설 기권의 구성

열 권	• 높이 올라갈수록 기온이 상승한다. • 공기가 매우 희박하여 낮과 밤의 기온 차가 매우 크다. • 고위도의 상공에서 오로라가 관측된다.
중간권	• 높이 올라갈수록 기온이 하강한다. → 대류가 일어난다. • 수증기가 거의 없어 기상 현상이 나타나지 않는다.
성층권	• 높이 올라갈수록 기온이 상승한다. → 오존이 태양의 자외선을 흡수하기 때문이다. • 높이 약 20~30km에 오존층이 존재한다.
대류권	• 높이 올라갈수록 기온이 하강한다. → 대류가 일어난다. • 수증기가 존재하고 대류가 일어나므로 구름, 비, 눈 등의 기상 현상이 나타난다.

02 다음은 생활 속 충격에 관련한 설명이다. 두 설명에 대한 공통된 과학적 근거로 옳은 것은?

• 놀이방 매트는 바닥에 넘어졌을 때 몸과 바닥과의 충돌 시간을 길게 해주어 아이가 받은 충격을 줄여준다.
• 자동차에 에어백 설치를 의무화해서 사고로부터 사람을 보호한다.

① 운동하는 물체의 운동 효과를 나타내는 물리량이다.

② 물체의 위치에너지와 운동에너지의 합은 일정하다.

③ 두 물체 사이에 힘은 언제나 쌍으로 작용하며 힘의 크기는 같고 방향은 반대이다.

④ 물체가 받는 충격량이 같을 때, 충격이 작용하는 시간이 길수록 단위 시간 당 힘의 크기가 작아진다.

해설 충격량
• 충격량(I)은 물체가 받은 충격의 정도를 나타내는 물리량이다.
• 충격량의 식은 물체에 작용한 힘(F)과 힘이 작용한 시간($\triangle t$)의 곱으로 나타낸다($I = F \times \triangle t$).
• 충격량이 같을 때, 충돌 시간이 길수록 물체가 받는 평균 힘이 작아진다.

충돌과 안전장치
• 자동차의 에어백은 충돌 시간을 길게 해줌으로써 탑승자가 받는 힘을 줄여준다.
• 놀이방 매트는 바닥에 넘어졌을 때 몸과 바닥과의 충돌 시간을 길게 해주어 아이가 받은 충격을 줄여준다.

03 생명체에서 일어나는 화학 반응과 효소에 대한 설명으로 옳지 않은 것은?

① 효소의 주성분은 단백질이다.
② 한 종류의 효소는 한 종류의 반응물에만 작용한다.
③ 반응 전후 변하지 않으므로 재사용된다.
④ 효소는 반응의 활성화 에너지를 증가시킨다.

해설 효소
• 효소는 생명체에서 합성되어 물질대사를 촉진하는 물질이다.
• 효소의 기능은 활성화 에너지를 낮추어 화학 반응의 반응 속도를 증가시킨다.
• 한 종류의 효소는 한 종류의 반응물(기질)에만 작용한다.
• 효소는 반응 전후 변하지 않으므로 재사용된다.
• 효소는 생명체 밖에서도 작용할 수 있으므로 다양하게 활용되고 있다(예 발효 식품, 의약품 등).

04 ( )에 해당하는 우리나라 국가 기관으로 옳은 것은?

○○법원은 「노동조합 및 노동관계조정법」 제△△조의 일부 내용에 대해서 ( )에 위헌 법률 심판을 제청하였다. 이에 대해 ( )은/는 해당 조문이 '법치 국가 원리로부터 도출되는 책임주의 원칙에 위배'된다고 하여 위헌 결정을 하였다.

① 노동부장관
② 대법원
③ 헌법재판소
④ 대통령

해설 위헌 법률 심사 제청 : 법률이 헌법에 위반되는지 여부가 재판의 전제가 된 경우에 법원이 헌법재판소에 위헌 법률 심판을 요구한다.

05 다음 두 사례에서 (가)와 (나)가 행사한 기본권에 대한 공통된 설명으로 옳은 것은?

> • (가)는 만 18세가 되어 이번 국회의원 선거에 처음으로 투표하게 되었다.
> • 평소 소방공무원이 되고 싶었던 (나)는 이번 시험에 합격하여 소방공무원으로서의 직무를 수행할 수 있게 되었다.

① 인간다운 생활의 보장을 국가에 요구할 수 있는 권리이다.
② 다른 기본권을 보장하기 위한 수단적 성격의 권리이다.
③ 국가의 정치적 의사 형성 과정에 참여하는 권리이다.
④ 국가에 대하여 일정 행위를 적극적으로 청구할 수 있는 권리이다.

해설 참정권
• 선거권 : 국가의 중요 공무원을 선출할 수 있는 권리이다.
• 국민 투표권 : 헌법개정안이나 국가의 중요한 일을 투표로 결정할 수 있는 권리이다.
• 공무 담임권 : 국민이 국가·지방 자치 단체의 구성원이 되어 공무를 담당할 수 있는 권리이다.

06 다음 표는 모바일폰을 구입하기 위해 예산의 범위 안에서 각 상품의 만족도를 작성한 것이다. 이에 대한 분석으로 옳은 것은?

상 품 \ 기 준	합계 (100점)	성능 (40점)	서비스 (30점)	디자인 (30점)
A	90	35	30	25
B	70	30	20	20
C	85	30	25	30

※ ( ) 안의 점수는 기준별 만족도의 만점임

① A를 선택할 경우 기회비용은 B의 70점이 된다.
② 디자인을 고려하지 않으면 선택의 결과가 달라질 것이다.
③ 가격이 동일하다면 A를 선택하는 것이 합리적 선택이다.
④ 가격이 동일할 때 C를 선택하면 기회비용이 가장 적다.

해설 ① A를 선택할 경우 기회비용은 C의 85점이 된다.
② 디자인을 고려하지 않으면 A의 만족도는 65점, B는 50점, C는 55점이 된다. 그러므로 A를 선택하는 결과는 변하지 않는다.
④ 가격이 동일할 때 A를 선택하면 기회비용이 가장 적다.
합리적 선택
자신이 선택한 것의 만족도(A 90점)가 포기한 것의 만족도(B 70점, C 85점)보다 클 때, 즉 기회비용이 작은 것을 선택했을 때 합리적인 선택을 했다고 할 수 있다. 그러므로 합리적인 선택을 하기 위해서는 내게 더 소중한 것, 기회비용이 더 작은 것을 선택해야 한다(예 비용 < 편익 = 합리적 선택).

07 다음 글의 밑줄 친 ㉠~㉣에 대한 설명으로 옳은 것은?

> 문화 변동의 요인은 크게 내재적 요인과 외재적 요인으로 구분할 수 있다. 문화 변동의 내재적 요인으로는
> ㉠ 발명과 ㉡ 발견이 있다. 그리고 외재적 요인으로는 매개체나 인적 교류 등을 통해 다른 사회로부터
> 새로운 문화 요소가 전달되는 ㉢ 전파가 있다. 오늘날에는 국가 간 활발한 교류와 대중 매체의 발달
> 등에 따라 문화 전파가 ㉣ 문화 변동의 가장 큰 요인으로 작용하고 있다.

① ㉠의 사례로는 태양의 흑점, 바이러스 등이 있다.

② ㉡은 한 사회의 문화가 다른 사회로 전해져서 그 사회의 문화에 정착되는 것이다.

③ ㉣의 양상으로는 문화 병존, 문화 융합, 문화 동화 등이 있다.

④ 중국에서 인적 교류를 통해 한자와 불교가 우리나라로 들어온 것은 ㉢의 사례 중 간접 전파에
해당한다.

해설 ① 태양의 흑점, 바이러스 등은 원래 있었던 것을 뒤늦게 찾은 '발견'에 해당한다.
② 문화 전파에 대한 내용이다
④ 문화의 전파 중 직접 전파는 어떤 매개 없이 사람이 직접 접촉에 의해 전파한 것이다(예 불교 전파). 간접
전파는 사람의 접촉 없이 tv, 인터넷 등 매체를 통한 전파이다(예 영화, 드라마 등).

08 다음 글에서 주장하는 내용으로 옳은 것은?

> 고정적인 생업[항산:恒産]이 없어도 도덕적인 마음[항심:恒心]을 잃지 않는 것은 오직 선비들뿐입니다.
> 일반 백성들은 고정적인 생업이 없으면 흔들림 없는 도덕적인 마음도 없어집니다. 그러므로 지혜로운
> 왕은 백성들의 생업을 제정해 주되 반드시 위로는 부모를 섬기기에 충분하게 하고, 아래로는 자녀를
> 먹여 살릴 만하게 하여 풍년에는 언제나 배부르고 흉년에는 죽음을 면하게 합니다.
>
> – 맹자(孟子),「맹자」

① 행복을 결정하는 것은 개인의 노력뿐이다.

② 백성들이 나라를 다스리는 것이 바람직하다.

③ 군주는 백성들의 경제적 안정을 위해 힘써야 한다.

④ 고용의 안정과 개인의 도덕성은 별개로 보아야 한다.

해설 맹자는 도덕교육을 통해 백성의 의식수준을 높여야 하며 이를 위해서는 백성들이 기본적인 생활이 보장되어야
한다고 하였다. 그러기 위해서는 군주는 가난한 백성이 궁핍함으로 죄를 짓지 않게 경제적인 안정을 보장해야
함을 주장하고 있다.

09 다음 글에서 주장하는 내용으로 옳은 것은?

> 생태계 전체를 하나의 유기체로 보고 공동체의 범위를 동물, 식물, 토양, 물을 비롯한 대지까지 확대하는 입장이다.
> 대지를 경제적 가치로만 보는 것이 아니라 무생물과 생물 즉 식물, 동물 등이 유기적으로 연결되어 균형을 이루며 살아가는 생명 공동체로 여긴다. — 레오폴드, 「대지 윤리」

① 동·식물만의 생명 중심주의에 해당한다.
② 자연을 인간의 이익을 위해 이용해야 할 대상으로 보았다.
③ 인간과 자연은 상호 영향을 주고받는 존재이다.
④ 이분법적 세계관을 바탕으로 인간과 자연을 분리한다.

 생태 중심주의(레오폴트)
• 대지 윤리(Land Ethics) : 도덕 공동체의 범위를 동식물과 물, 흙을 비롯해 대지까지 확대하였다(먹이 사슬을 이루는 유기적 관계에 주목).
• 인간은 대지의 한 구성원일 뿐이며, 자연은 인간의 이해와 상관없이 내재적 가치를 지니므로 자연 전체가 도덕적 고려의 대상이 되어야 한다고 보았다.

10 다음 글에 공통적으로 나타난 인간 행복의 조건으로 옳은 것은?

> • 나는 선을 행하는 것이 인간의 마음을 엿볼 수 있는 가장 참된 행복임을 알고 있으며, 실제로 그렇게 느낀다. — 루소
> • 2003년 미시간 대학 연구팀은 423쌍의 장수 부부들의 공통점을 발견했다. 이들이 정기적으로 몸이 불편하거나 가족이 없는 사람들을 방문하여 돕고 있다는 것이다. 사람은 남을 돕고 난 후에는 심리적 포만감인 헬퍼스 하이(Helper's High)를 느끼는데, 이때 즐거움을 느끼게 하는 엔도르핀(Endorphin)의 분비는 정상치의 3배 이상 상승하고, 타액 속의 바이러스와 싸우는 면역 항체의 수치도 높아진다. 이는 결국 인간이 더불어 살 때 행복한 존재라는 사실을 보여 준다. — EBS 지식 채널 e「작은 힘 1부」中

① 각종 복지 정책 시행
② 도덕적 실천과 봉사
③ 고용안정과 물질적 풍요
④ 국민들의 정책 결정 참여

 도덕적 실천과 봉사
• 삶과 행복 : 도덕적 성찰과 실천을 통해서 좀더 나은 사람이 될 수 있으며, 실천 과정에서 삶의 의미와 행복을 느낄 수 있다(예 나는 선을 행하는 것이 … 인간의 참된 행복임을 알고 있으며, 실제로 그렇게 느낀다. -루소-).
• 도덕적 실천 노력에는 보편적 가치를 따라 가려는 행동, 잘못한 일을 바로잡는 용기, 다른 사람들과 더불어 살아가려는 노력 등이 있다(예 사람은 다른 사람을 도운 후에는 심리적 만족감을 느끼며 면역 항체의 수치도 높아진다. 결국 인간은 타인과 더불어 살 때 행복한 존재라는 것이다. -EBS 지식 채널-).

11 가연물의 종류에 따른 화재의 분류로 옳지 않은 것은?

① A급 화재 — 일반화재
② B급 화재 — 유류화재
③ C급 화재 — 금속화재
④ E급 화재 — 가스화재

 ③ C급(전기화재) : 전기기구, 전기배선불량(통전 중 과열, 스파크, 누전)
화재의 종류
A급 화재(일반화재), B급 화재(유류화재), C급 화재(전기화재), D급 화재(금속화재), E급 화재(가스화재)

12 화재예방, 소방시설 설치·유지 및 안전관리에 관한 법률 및 같은 법 시행령 상 소화활동설비에 해당하지 않는 것은?

① 비상콘센트설비
② 소화용수설비
③ 연소방지설비
④ 무선통신보조설비

 소화활동설비
화재를 진압하거나 인명 구조 활동을 위하여 사용하는 설비로서, 제연설비, 연결송수관설비, 연결살수설비, 비상콘센트설비, 무선통신보조설비, 연소방지설비가 있다.

13 특정소방대상물의 관계인이 소방안전관리자를 선임한 경우에는 선임한 날부터 며칠 이내에 소방본부장 또는 소방서장에게 신고하여야 하는가?

① 3일
② 7일
③ 14일
④ 15일

 소방안전관리자 신고기간(화재예방, 소방시설 설치·유지 및 안전관리에 관한 법률 제20조 제4항)
소방안전관리대상물의 관계인이 소방안전관리자를 선임한 경우에는 선임한 날부터 14일 이내에 소방본부장이나 소방서장에게 신고한다.

14 소방기본법 및 같은 법 시행규칙상 화재조사에 관한 내용으로 옳지 않은 것은?

① 화재조사는 화재진압이 완료되는 즉시 실시되어야 한다.
② 소방서와 보험회사는 화재 원인 조사를 위해 협력해야 한다.
③ 화재조사에는 화재 원인 조사 뿐만 아니라 화재 피해 조사도 포함된다.
④ 소방공무원과 국가경찰공무원은 화재조사를 할 때에 서로 협력하여야 한다.

화재의 원인 및 피해 조사(소방기본법 제29조)

소방청장, 소방본부장 또는 소방서장은 화재가 발생하였을 때에는 화재의 원인 및 피해 등에 대한 화재조사를 하여야 한다.

소방기관과 관계 보험회사의 협력(소방기본법 제33조)

소방본부, 소방서 등 소방기관과 관계 보험회사는 화재가 발생한 경우 그 원인 및 피해상황을 조사할 때 필요한 사항에 대하여 서로 협력하여야 한다.

15 소방기본법 및 같은 법 시행규칙상 소방신호의 종류로 옳지 않은 것은?

① 경계신호 ② 소화신호

③ 훈련신호 ④ 해제신호

 소방신호의 종류(소방기본법 시행규칙 제10조)

- 경계신호 : 화재예방상 필요하다고 인정되거나 법 제14조의 규정에 의한 화재위험경보 시 발령
- 발화신호 : 화재가 발생한 때 발령
- 해제신호 : 소화활동이 필요 없다고 인정되는 때 발령
- 훈련신호 : 훈련상 필요하다고 인정되는 때 발령

16 화재예방, 소방시설 설치·유지 및 안전관리에 관한 법률 및 같은 법 시행령상 피난구조설비 중 인명구조기구에 해당하지 않는 것은?

① 방열복 ② 인공소생기

③ 공기호흡기 ④ 구조대

 피난구조설비

- 피난기구 : 피난밧줄, 미끄럼대, 미끄럼봉, 피난사다리, 완강기, 구조대, 피난교, 피난트랩
- 유도등 : 유도표지, 비상조명등
- 인명구조기구 : 방열복, 공기호흡기, 인공소생기 등
- 비상조명등 및 휴대용 비상조명등

17 포소화약제 혼합방식 중 펌프 토출관에 압입기를 설치하여 포소화약제 압입용펌프로 포소화약제를 압입시키는 혼합 방식은?

① 펌프 프로포셔너 방식(Pump Proportioner Type)

② 라인 프로포셔너 방식(Line Proportioner Type)

③ 프레저 프로포셔너 방식(Pressure Proportioner Type)

④ 프레저 사이드 프로포셔너 방식(Pressure Side Proportioner Type)

포소화설비의 약제 혼합방식
- 펌프 프로포셔너 방식(Pump Proportioner Type) : 펌프 토출관과 흡입관 사이의 배관 도중에 흡입기의 펌프에서 나온 물의 일부와 농도조절밸브에서 조정된 포소화약제 필요량을 소화약제탱크에서 펌프흡입측으로 보내는 약제의 혼합 방식
- 라인 프로포셔너 방식(Line Proportioner Type) : 펌프와 발포기 중간에 설치된 벤추리관의 벤추리작용에 의해서 포소화약제를 흡입·혼합하는 방식
- 프레저 프로포셔너 방식(Pressure Proportioner Type) : 펌프와 발포기의 중간에 설치된 벤추리관의 벤추리작용과 펌프가압수의 포소화약제 저장 탱크에 대한 압력으로 포소화약제를 흡입·혼합하는 방식
- 프레저 사이드 프로포셔너 방식(Pressure Side Proportioner Type) : 펌프 토출관에 압입기를 설치하여 포소화약제 압입용펌프로 포소화약제를 압입시키는 혼합 방식

18 재난 및 안전관리 기본법상 긴급구조기관에 해당하지 않는 것은?

① 소방서
② 해양경찰서
③ 해양경찰청
④ 해양수산부

 긴급구조기관

소방청, 소방본부, 소방서. 다만, 해양 재난 발생 시에는 해양경찰청·지방해양경찰청, 해양경찰서가 된다.

19 다음은 특수 화재현상에 대한 설명이다. ( ) 안의 내용으로 옳게 짝지어진 것은?

- 중질유의 탱크에서 장시간 조용히 연소하다가 탱크내의 잔존기름이 갑자기 분출하는 현상을 (ㄱ)라 한다.
- 화재의 초기단계에서 발생된 가연성 가스가 산소와 혼합하여 천장부분에 집적(集積)될 때 발생하며, 뜨거운 가스가 실내공기압의 차이에 따라 천장을 구르면서 화재가 발생되지 않은 지역으로 굴러가는 현상을 (ㄴ)라 한다.

(ㄱ)	(ㄴ)
① 보일오버	롤오버
② 백드래프트	보일오버
③ 롤오버	플래시오버
④ 플래시오버	백드래프트

- 플래시오버(Flashover) 현상 : 실내 전체가 발화온도까지 미리 충분히 가열된 상태에서 한순간에 화재로 뒤덮이는 상태
- 백드래프트(Back Draft, 逆火) : 산소가 부족하거나 훈소 상태에 있는 밀폐된 실내에 갑자기 출입문 등의 개방으로 공기 중의 산소가 다량 유입되면 연소가스가 폭발적으로 진행되는 현상

20 재난 및 안전관리 기본법상 자연재난에 해당하는 것은?

① 황 사

② 폭 발

③ 화 재

④ 환경오염사고

- 자연재난 : 태풍, 홍수, 호우(豪雨), 강풍, 풍랑, 해일(海溢), 대설, 한파, 낙뢰, 가뭄, 폭염, 지진, 황사(黃砂), 조류(藻類) 대발생, 조수(潮水), 화산활동, 소행성·유성체 등 자연우주물체의 추락·충돌, 그 밖에 이에 준하는 자연현상으로 인하여 발생하는 재해
- 사회재난 : 화재·붕괴·폭발·교통사고(항공사고 및 해상사고를 포함한다)·화생방사고·환경오염사고 등으로 인하여 발생하는 대통령령으로 정하는 규모 이상의 피해와 국가핵심기반의 마비, 「감염병의 예방 및 관리에 관한 법률」에 따른 감염병 또는 「가축전염병예방법」에 따른 가축전염병의 확산, 「미세먼지 저감 및 관리에 관한 특별법」에 따른 미세먼지 등으로 인한 피해

제 **2** 회

기출복원문제

※ [1~2] 다음 글을 읽고 물음에 답하시오.

주제문 : 문화재 관리가 필요하다.

Ⅰ. 서 론
  1. 허술한 문화재 관리 실태
Ⅱ. 본 론
  1. 문화재 관리가 안 되는 이유
    1) 허술한 문화재 관련 법안
    2) 기관별 개별적인 문화재 관리
    3) 전문성 없는 문화재 관리 사업
  2. 체계적인 문화재 관리를 위한 방안
    1) 문화재 관련 법률안 개정
    2) 종합적인 문화재 관리 시스템 마련
    3) 전문 인력 양성
Ⅲ. 결 론
            (가)

---

01 이 글을 검토한 내용으로 옳지 않은 것은?

① 본론 전체의 구성으로 보아 이 개요는 문제와 문제 해결방법을 탐색하고 있다.

② 주제문을 고려할 때 글쓴이는 정부나 담당기관을 대상으로 한 글을 계획하고 있다.

③ '본론 1'과의 일관성을 고려하여 '본론 2'에 종합적인 문화재 관리 시스템 마련의 문제점을 추가할 수 있다.

④ 개요를 토대로 통계 자료나 도표를 활용하면 독자의 이해를 도울 수 있다.

> **해설** '본론 1'은 문화재 관리가 안 되는 이유를 제시하고, 이러한 문제를 해결하기 위한 방법으로 '본론 2'에서 체계적인 문화재 관리를 위한 방안을 제시하고 있다. 제시된 글은 종합적인 문화재 관리 시스템이 마련되어야 한다는 입장이므로 이에 대한 문제점을 추가할 필요는 없다.

02 (가)에 들어갈 말로 옳은 것은?

① 기관별 개별적인 문화재 관리가 더욱더 중요하다.

② 문화재 관리 사업을 위해 전문적 인력을 체계적으로 양성해야 한다.

③ 개별적인 관리를 위해 문화재 관련 법률을 반드시 제정해야 한다.

④ 체계적이고 전문적인 문화재 관리 제도의 마련이 시급하다.

해설 제시된 글은 기관별 개별적인 문화재 관리로 인해 문화재 관리가 안 되고 있으며, 체계적인 관리를 위해 문화재 관련 법률안을 개정해야 한다고 주장하고 있다. 따라서 결론으로 가장 적절한 것은 체계적이고 전문적이며 종합적인 문화재 관리가 필요하다는 내용이다.

※ [3~4] 다음 글을 읽고 물음에 답하시오.

> 모란이 피기까지는
> 나는 아직 나의 봄을 기다리고 있을 테요.
> 모란이 뚝뚝 떨어져 버린 날,
> 나는 비로소 봄을 여읜 설움에 잠길 테요.
> 오월 어느 날, 그 하루 무덥던 날,
> 떨어져 누운 꽃잎마저 시들어 버리고는
> 천지에 모란은 자취도 없어지고,
> 뻗쳐오르던 내 보람 서운케 무너졌느니,
> 모란이 지고 말면 그뿐, 내 한 해는 다 가고 말아.
> 삼백예순 날 하냥 섭섭해 우옵내다.
> 모란이 피기까지는
> 나는 아직 나의 봄을 기다리고 있을 테요, ㉠ 찬란한 슬픔의 봄을.
>
> – 김영랑, 「모란이 피기까지는」

PLUS ONE 김영랑, 「모란이 피기까지는」
- 갈래 : 자유시, 서정시
- 성격 : 유미적, 낭만적, 상징적
- 주제 : 소망이 이루어지기를 기다림
- 특 징
  - 수미 상관의 구조를 통해 주제 강조
  - 여성적 어조
  - 역설적 표현(찬란한 슬픔)
  - 섬세하고 아름다운 언어의 조탁

03 이 시에 대한 설명으로 옳은 것은?

① 화자의 시선이 먼 곳에서 가까운 곳으로 서서히 바뀌고 있다.
② 과장적인 표현을 통해서 골계미를 불러일으키고 있다.
③ 과거를 회상하며 자아 성찰의 의지를 보여주고 있다.
④ 직접적인 정서의 표출을 통해 화자의 내면을 드러내고 있다.

해설 제시된 시는 소망이 이루어지기를 기다리는 마음이 화자의 독백으로 이루어져 있으며, 역설적 표현을 통해 봄이 주는 개화의 기쁨과 낙화의 슬픔을 동시에 표현하고 있다.

04 ㉠과 같은 표현을 사용한 예로 옳은 것은?

① 바다는 뿔뿔이 / 달아날랴고 했다. / 푸른 도마뱀 떼같이 재재 발렀다.
② 피부의 바깥에 스미는 어둠 / 낯설은 거리의 아우성 소리
③ 분분한 낙화…… / 결별이 이룩하는 축복에 싸여 / 지금은 가야할 때.
④ 푸른 노래 / 푸른 울음 / 울어 예으리

해설 ㉠에는 겉으로 보기엔 서로 이치에 어긋나거나 모순되는 것 같지만 속에는 어떤 진실을 담고 있는 역설법이 사용되었다. ③의 '결별이 이룩하는 축복에 싸여'에 역설법이 사용되었다.

※ [5~6] 다음 글을 읽고 물음에 답하시오.

내가 최근 몇 년 이래 독서에 관해 자못 깨달은 점이 있다. 한갓 읽기만 해서는 비록 날마다 백 번 천 번을 읽는다 해도 읽지 않은 것과 마찬가지다. 무릇 독서란 매번 한 글자를 읽을 때마다 뜻이 분명치 않은 부분이 있으면 널리 살펴보고 자세히 궁구하여 그 근원 되는 뿌리를 얻어야 한다. 그래야만 차례대로 글을 이룰 수 있다. 날마다 이렇게 한다면 한 종류의 책을 읽더라도 곁으로 백 종류의 책을 아울러 살피게 될 뿐 아니라 그 책의 내용도 환하게 꿰뚫을 수 있게 될 터이니, 이 점을 알아두지 않으면 안 된다.
예를 들어 『사기』의 「자객열전」을 읽는다고 하자. '조제(祖祭)를 지낸 뒤 길에 올랐다(旣祖就道).'라는 한 구절을 마주하게 되면, "조(祖)란 것은 무슨 말입니까?"라고 묻지 않겠니? 그러면 선생님께서는 "전별할 때 지내는 제사니라."라고 말씀하실 게다. "꼭 조(祖)라고 말하는 것은 어째서 입니까?"라고 다시 물으면, 선생님은 "잘 모르겠다."라고 하시겠지. 그런 뒤에 돌아와 집에 이르면 사전을 꺼내서 조(祖) 자의 본래 의미를 살펴보아라. 또 사전을 바탕으로 다른 책에 미쳐서 그 풀이와 해석을 살펴 말의 뿌리를 캐고, 그 작은 의미까지 모아야 한다. 여기에다 「통전(通典)」이나 「통지(通志)」, 「통고(通考)」같은 책에서 '조제'의 예법을 살펴 차례대로 모아 책을 만들면 길이 남을 책이 될 것이다. 이렇게 한다면 전에는 한 가지도 제대로 알지 못하던 네가 이날부터는 조제의 내력에 완전히 능통한 사람이 되겠지. 비록 큰 학자라 하더라도 조제 한 가지 일에 관해서는 너와

다투지 못하게 될 테니 어찌 큰 즐거움이 아니겠느냐?

주자의 격물(格物)하는 공부도 다만 이 같을 뿐이었다. 오늘 한 가지 사물을 궁구하고, 내일 한 가지 사물을 캐는 사람도 또한 이렇게 해서 시작했다. '격(格)'이란 말은 밑바닥까지 다 캐낸다는 뜻이니, 밑바닥까지 다 캐지 않는다면 또한 유익되는 바가 없을 것이다.

05 이 글의 논지 전개 방식으로 옳지 않은 것은?

① 구체적인 사례를 들어 자신의 주장을 독자에게 설명하고 있다.
② 전개되는 내용과 상반되는 주장을 추가하여 설명을 보충하고 있다.
③ 성인의 방법과 자신이 주장하는 방법이 같음을 들어 주장을 강화하고 있다.
④ 가상의 대화 상황을 설정하여 자신의 주장을 독자가 이해하도록 하고 있다.

해설 제시된 글은 다산 정약용이 아들 정학유에게 보낸 편지글로, 올바른 독서 방법에 대해 제시하고 있다. 이 글은 『사기』의 「자객열전」을 읽는 사례를 제시하고 있으며, 스승과 제자의 대화 상황을 설정하고 있다. 또한 주자의 격물(格物)하는 공부가 자신이 주장하는 방법과 같음을 들어 주장을 강화하고 있다. 하지만 전개되는 내용과 상반되는 주장을 추가하고 있지는 않다.

06 이 글에 대한 이해로 옳은 것은?

① 하나의 책이라도 여러 번 읽으면 여러 권의 책을 읽은 것과 같은 깨달음을 얻을 수 있다.
② 독서를 하면서 생긴 의문을 풀기 위해 관련된 다른 책을 읽으면 공부의 깊이가 깊어진다.
③ 단어가 지닌 작은 의미에 집착하지 말고 그것이 쓰이는 폭넓은 의미를 이해할 때 더 큰 깨달음을 얻을 수 있다.
④ 독서를 할 때에는 그 책에 대한 다른 사람들의 해석을 참고하려 하기보다는 자신만의 깨우침을 얻는 것에 초점을 두어야 한다.

해설 제시된 글 첫 번째 문단의 '무릇 독서란 매번 한 글자를 읽을 때마다 뜻이 분명치 않은 부분이 있으면 널리 살펴보고 자세히 궁구하여 그 근원 되는 뿌리를 얻어야 한다.'와 '날마다 이렇게 한다면 한 종류의 책을 읽더라도 곁으로 백 종류의 책을 아울러 살피게 될 뿐 아니라 그 책의 내용도 환하게 꿰뚫을 수 있게 될 터이니'라는 내용을 통해 확인할 수 있다.

07 〈보기〉에서 ⊙의 예로 옳은 것은?

> **보 기**
>
> 형태소는 일정한 뜻을 지닌 최소 단위이다. 형태소 중에는 다른 말의 도움 없이 홀로 쓰일 수 있는 형태소도 있고, 반드시 다른 말에 기대어 쓰이는 형태소도 있다. 즉 ⊙ 자립 형태소는 앞뒤에 다른 형태소가 직접 연결되지 않아도 문장에서 쓰일 수 있지만, 의존 형태소는 앞뒤에 적어도 하나의 형태소가 연결되어야만 문장에서 쓰일 수 있다.

① 그는 점순이가 준 <u>햇</u>감자를 먹지 않았다.
② 그들은 손을 맞잡<u>은</u> 채로 등산을 시작했다.
③ 지희는 그 사람 됨됨이 <u>하나</u>만 믿고 결혼을 했다.
④ 떡볶이를 먹고 혀가 얼얼해서 물을 한 모금 <u>머금</u>고 있다.

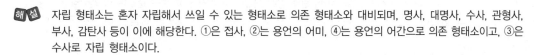 자립 형태소는 혼자 자립해서 쓰일 수 있는 형태소로 의존 형태소와 대비되며, 명사, 대명사, 수사, 관형사, 부사, 감탄사 등이 이에 해당한다. ①은 접사, ②는 용언의 어미, ④는 용언의 어간으로 의존 형태소이고, ③은 수사로 자립 형태소이다.

※ [8~9] 다음 글을 읽고 물음에 답하시오.

유명한 인류 언어학자인 워프는 "언어는 우리의 행동과 사고의 양식을 결정하고 주조(鑄造)한다."라고 하였다. 이것은 우리가 실세계를 있는 그대로 보고 경험하는 것이 아니라 언어를 통해 인식한다는 의미이다. 예를 들어, 광선이 프리즘을 통과할 때 나타나는 색깔인 무지개색이 일곱 가지라고 생각하는 것은 우리가 색깔을 분류하는 말이 일곱 가지이기 때문이라는 것이다.

우리 국어에서 초록, 청색, 남색을 모두 푸르다(또는 파랗다)고 한다. '푸른(파란) 바다', '푸른(파란) 하늘' 등의 표현이 그것을 말해 준다. 그러므로 어린 아이들이 흔히 이 세 가지 색을 혼동하고 구별하지 못하는 일도 있다. 분명히 다른 색인데도 한 가지 말을 쓰기 때문에 그 구별이 잘 안 된다는 것은, 말이 우리의 사고를 지배한다는 의미가 된다. 말을 바꾸어서 우리는 언어를 통해서 객관의 세계를 바라보기 때문에 우리가 보고 느끼는 세계는 있는 그대로의 객관의 세계라기보다, 언어에 반영된 주관 세계라는 것이다. 이와 같은 이론을 '언어의 상대성 이론'이라고 부른다.

그러나 실제로는 언어가 그만큼 우리의 사고를 철저하게 지배하는 것은 아니다. 물론 언어상의 차이가 다른 모양의 사고 유형이나, 다른 모양의 행동 양식으로 나타나는 것은 사실이지만 그것이 절대적인 것은 아니다. 앞에서 말한 색깔의 문제만해도 어떤 색깔에 해당되는 말이 그 언어에 없다고 해서 전혀 그 색깔을 인식할 수 없는 것은 아니다. 진하다느니 연하다느니 하는 수식어를 붙여서 같은 종류의 색깔이라도 여러 가지로 구분하는 것이 그 한 가지 사례이다. 물론, 해당 어휘가 있는 것이 없는 것보다 인식하기에 빠르고 또 오래 기억할 수 있지만 해당 어휘가 없다고 해서 인식이 불가능한 것은 아니다.

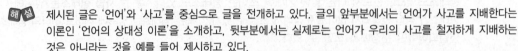

08 이 글의 주제로 옳은 것은?

① 언어에 대한 사고 관계
② 개별 언어의 문법적 특성
③ 문법 구조와 사고의 관계
④ 언어가 사고 발달에 주는 영향

해설 제시된 글은 '언어'와 '사고'를 중심으로 글을 전개하고 있다. 글의 앞부분에서는 언어가 사고를 지배한다는 이론인 '언어의 상대성 이론'을 소개하고, 뒷부분에서는 실제로는 언어가 우리의 사고를 철저하게 지배하는 것은 아니라는 것을 예를 들어 제시하고 있다.

09 〈보기〉를 통해, 워프의 견해에 제기할 수 있는 의문으로 옳은 것은?

> ┤ 보 기 ├
>
> 생후 12개월이 된 사촌동생은 아직 말을 하지 못한다. 자기가 갖고 싶은 물건이 있으면 엄마 손을 끌어당겨 그 물건이 있는 데까지 가고, 엄마가 자기 뜻대로 해주지 않으면 울음을 터뜨린다.

① 언어 없이도 사고를 할 수 있지 않을까?
② 언어 표현은 개인 특징을 설명하지 않을까?
③ 언어가 있어야 정확한 의사 표현이 가능하지 않을까?
④ 언어 발달 단계가 사람에 따라서 차이가 있을까?

해설 워프는 '언어는 우리의 행동과 사고의 양식을 결정하고', '우리가 실세계를 언어를 통해 인식한다.'라는 견해를 가지고 있다. 〈보기〉는 말을 하지 못하는 어린 아이도 자신의 사고를 가지고 있다는 것을 보여주는 예로, 워프의 견해에 대해 언어가 없이도 사고할 수 있지 않느냐는 의문을 제기할 수 있다.

10 〈보기〉의 ㉠~㉣에 대한 설명으로 옳지 않은 것은?

> ┤ 보 기 ├
>
> 높임법은 화자가 높이려는 대상이 누구인지에 따라 주체 높임법, 객체 높임법, 상대 높임법으로 구분된다. 주체 높임법은 주어의 지시 대상을 높이는 것이며, 객체 높임법은 문장의 목적어나 부사어의 지시 대상을 높이는 것이며, 상대 높임법은 말을 듣는 상대인 청자를 높이거나 낮추는 것이다.
>
> 동생 : (현관문 열며) 친구랑 영화 잘 보고 왔습니다.
> 　형 : 이제 ㉠ 들어오는구나.
> 동생 : 형만 집에 있어? ㉡ 어머니는 안 계신 거야?
> 　형 : 응, 우리끼리 피자 주문해서 먹자. ㉢ 아까 어머니께 말씀 드렸어.
> 동생 : 근데 돈은 있어?
> 　형 : 응, 있지. ㉣ 어머니께서 너랑 같이 피자 먹으라고 카드 주셨어.

① ㉠은 '-는구나'를 사용해 상대인 동생을 낮춘다.

② ㉡은 '계시다'를 사용해 주체인 어머니를 높인다.

③ ㉢은 '께'를 사용해 객체인 어머니를 높인다.

④ ㉣은 '께서'를 사용해 객체인 어머니를 높인다.

해설 ④ ㉣은 주체인 '어머니'를 높이기 위해서 주격 조사 '께서'를 사용한 주체 높임 표현이다.

① ㉠ '-는구나'는 상대 높임법 '해라체(아주 낮춤)'로 상대인 '동생'을 낮추는 표현이다.

② ㉡은 '계시다'라는 특수 어휘를 사용하여 주체인 '어머니'를 높이는 표현이다.

③ ㉢은 부사격 조사 '께'를 사용하여 객체인 '어머니'를 높이는 표현이다.

※ **[11~12] 다음 글을 읽고 물음에 답하시오.**

(가) 십 년(十年)을 경영(經營)ㅎ여 초려 삼간(草廬三間) 지여 내니

　　　나 흔 간 달 흔 간에 청풍(淸風) 흔 간 맛져 두고

　　　강산(江山)은 들일 듸 업스니 둘러 두고 보리라

　　　　　　　　　　　　　　　　　　　　　　　　　　　　　　　　　－ 송순

(나) 가시리 가시리잇고 나ᄂᆞᆫ

　　　ᄇᆞ리고 가시리잇고 나ᄂᆞᆫ

　　　위 증즐가 大平盛代(대평셩ᄃᆡ)

　　　날러는 엇디 살라 ᄒᆞ고

　　　ᄇᆞ리고 가시리잇고 나ᄂᆞᆫ

　　　위 증즐가 大平盛代(대평셩ᄃᆡ)

　　　잡사와 두어리마ᄂᆞᄂᆞᆫ

　　　선ᄒᆞ면 아니 올셰라

　　　위 증즐가 大平盛代(대평셩ᄃᆡ)

　　　셜온 님 보내ᅌᆞ노니 나ᄂᆞᆫ

　　　가시ᄂᆞᆫ 듯 도셔 오쇼셔 나ᄂᆞᆫ

　　　위 증즐가 大平盛代(대평셩ᄃᆡ)

　　　　　　　　　　　　　　　　　　　　　　　　　　　　　　　　－ 작자 미상

PLUS ONE ⊕

(가) 십 년(十年)을 경영(經營)ᄒ여
- 갈래 : 평시조, 단시조
- 성격 : 전원적, 풍류적, 낭만적, 한정가
- 주제 : 자연에 대한 사랑과 안빈낙도
- 특 징
  - 인간과 자연의 경계를 벗어나 자연과 하나되는 화자의 자연관을 보여줌(안빈낙도, 물아일체, 안분지족의 경지)
  - 과장된 표현 사용

(나) 가시리
- 갈래 : 고려 속요
- 형식 : 전 4연의 분연체
- 운율 : 3·3·2조의 3음보
- 주제 : 이별의 정한
- 특 징
  - 간결하고 소박한 함축적인 시어로 이별의 감정을 절묘하게 표현
  - 후렴구 사용
  - 자기희생적·미래지향적

11 **(가)에 대한 이해로 옳지 않은 것은?**

① 화자는 검소한 삶을 오랫동안 추구했다.

② 화자는 자연에 은거하는 삶을 지향하고 있다.

③ 화자와 자연과의 합일이 나타나 있다.

④ 화자가 추구한 이상과 현실 간의 괴리가 나타나 있다.

해설 글 (가)는 송순의 시조로 초장에서는 자연에 은거하는 안빈낙도의 삶을, 중장에서는 자연과 어우러지는 물아일체의 경지를, 종장에서는 강산을 둘러 두겠다는 표현을 통해 자연에 동화된 삶을 표현하고 있다. 이 시조에서 화자는 자연과 벗하며 살고 싶은 안빈낙도, 안분지족, 물아일체의 마음을 추구하고 있음을 알 수 있다.

12 **〈보기〉를 참고할 때, (나)의 1연에 나타난 율격 구조와 다른 것은?**

┤보 기├
> 「가시리」에서 화자의 목소리는 점층과 반복의 수사로 드러난다. 이러한 수사는 우리의 전통 문학에서 흔히 드러나는 것으로, 정서 및 태도를 표현하는 데 있어 효과적일 뿐만 아니라 율격을 형성하는 요소로 작용한다.

① 기심 매러 갈 적에는 갈뽕을 따 가지고 기심 매고 올 적에는 올 뽕을 따 가지고

② 형님 온다 형님 온다 분 고개로 형님 온다 형님 마중 누가 갈까 형님 동생 내가 가지

③ 해야 솟아라. 해야 솟아라. 말갛게 씻은 얼굴 고운 해야 솟아라.

④ 나는 왕이로소이다. 나는 왕이로소이다. 어머님의 가장 어여쁜 아들 나는 왕이로소이다.

해설 「가시리」에서 화자는 점층과 반복을 통해 정서 및 태도를 표현하고 율격을 형성하고 있다. 점층과 반복의 수사와 가장 거리가 먼 것은 ①로, ①은 대구적 표현을 사용하여 리듬감을 형성하고 있다.

13 밑줄 친 단어의 품사가 나머지와 다른 것은?

① 꿈을 <u>꿈</u>과 동시에 노력이 뒤따라야 한다.
② 갑자기 어린아이의 <u>울음</u> 섞인 목소리가 들려왔다.
③ 친구는 서로 <u>믿음</u>으로써 평생을 함께하는 존재이다.
④ 그녀는 많이 <u>앎</u>에도 불구하고 그것을 표현할 수 없었다.

해설 용언의 명사형은 서술의 기능을 가진다. ①, ③, ④는 서술의 기능을 가지는 동사의 명사형이고, ②는 명사이다.

14 〈보기〉를 읽고, 보인 반응으로 옳지 않은 것은?

┤ 보 기 ├

교사 : 어간에 어미가 붙어 활용될 때에, 어간이나 어미의 형태가 일정하게 유지되지 못하고 그 형태의 변화를 예측하지 못하는 것을 '불규칙 활용'이라고 합니다. 그 중, '르' 불규칙 활용과 '러' 불규칙 활용에 대해 다음의 밑줄 친 사례를 통해 알아봅시다.
• '르' 불규칙 활용
 – 흐르다 : 강물이 흐르고 <u>흘러</u> 바다에 닿았다.
 – 이르다 : 그는 나에게 도착 시간을 <u>일러</u> 주었다.
• '러' 불규칙 활용
 – 푸르다 : 하늘은 푸르고 <u>푸르러</u> 눈이 시릴 지경이었다.
 – 이르다 : 목적지에 <u>이르러</u> 우리는 가방을 벗었다.

① '르' 불규칙 활용은 활용의 과정에서 어간의 형태가 바뀐다.
② 형태가 같더라도 의미가 다르면 불규칙 활용의 양상이 다를 수 있다.
③ '시험을 치르다'의 '치르다'를 '러' 불규칙 활용의 예로 추가할 수 있다.
④ '르' 불규칙 활용과 '러' 불규칙 활용 모두 어간이 '르'로 끝나는 용언에서 일어난다.

해설 '무슨 일을 겪어 내다'의 의미로 사용하는 '치르다'는 '치러, 치르니' 등의 형태로 활용하는 'ㅡ 탈락'으로 규칙 활용이다.

※ [15～16] 다음 글을 읽고 물음에 답하시오.

몸을 웅크리고 가마니 속에 쓰러져 있었다. ㉠한 시간 후면 모든 것은 끝나는 것이다. 손과 발이 돌덩어리처럼 차다. 허옇게 흙벽마다 서리가 앉은 깊은 움 속, 서너 길 높이에 통나무로 막은 문 틈 사이로 차가이 하늘이 엿보인다. 퀴퀴한 냄새가 코를 찌른다. 냄새로 짐작하여 그리 오래 된 것 같지는 않다. '누가 며칠 전까지 있었던 모양이군, 그놈이나 매한가지지'하고 사닥다리를 내려서자마자 조그만 구멍으로 다시 끌어올리며 서로 주고받던 그자들의 대화가 아직도 귀에 익다. 그놈이라고 불린 사람이 바로 총살 직전에 내가 목격하고 필사적으로 놈들의 사수(射手)를 향하여 방아쇠를 당겼던 그 사람이었을까…… 만일 그 사람이 아니었다면 또 어떤 사람이었을까…… 몸이 떨린다. 뼈 속까지 얼음이 박힌 것 같다.

소속 사단은? 학벌은? 고향은? 군인에 나온 동기는? 공산주의를 어떻게 생각하시오? 미국에 대한 감정은? 그럼…… 동무의 말은 하나도 이치에 정치 않소. 동무는 아직도 계급의식이 그대로 남아 있소. 출신 계급을 탓하지는 않소. 오해하지 마시오. 그 근성이 나쁘다는 것뿐이오. 다시 한 번 생각할 여유를 주겠소. 한 시간 후 동무의 답변이 모든 것을 결정지을 거요.

몽롱한 의식 속에 갓 지나간 대화가 오고 간다. 한 시간 후면 모든 것은 끝나는 것이다. 사박사박, 걸음을 옮길 때마다 발밑에 부서지는 눈, 그리고 따발 총구를 등 뒤에 느끼며 앞장 서 가는 인민군 병사를 따라 무너진 초가집 뒷담을 끼고 이 움 속 감방으로 오던 자신이 마음속에 삼삼히 아른거린다. 한 시간 후면 나는 그들에게 끌려 예정대로의 둑길을 걸어가고 있을 것이다. 몇 마디 주고받은 다음, 대장은 말할 테지. 좋소. 뒤를 돌아다보지 말고 똑바로 걸어가시오. 발자국마다 사박사박 눈 부서지는 소리가 날 것이다. 아니, 어쩌면 놈들은 내옷이 탐이 나서 홀랑 발가벗겨서 걷게 할지도 모른다(찢어지기는 하였지만 아직 색깔이 제 빛인 미(美) 전투복이니까……). 나는 발가벗은 채 추위에 살이 빨가니 얼어서 흰 둑길을 걸어간다. 수발의 총성. 나는 그대로 털썩 눈 위에 쓰러진다. 이윽고 붉은 피가 하얀 눈을 호젓이 물들여 간다. 그 순간 모든 것은 끝나는 것이다.

놈들은 멋쩍게 총을 다시 거꾸로 둘러메고 본대로 돌아들 간다. 발의 눈을 털고 추위에 손을 비벼 가며 방안으로 들어들 갈 테지. 몇 분 후면 그들은 화롯불에 손을 녹이며 아무 일도 없었던 듯 담배들을 말아 피우고 기지개를 할 것이다. 누가 죽었건 지나가고 나면 아무 것도 아니다. 그들에겐 모두가 평범한 일들이다. 나만이 피를 흘리며 흰 눈을 움켜쥔 채 신음하다 영원히 묵살되어 묻혀 갈 뿐이다. 전 근육이 경련을 일으킨다. 추위 탓인가…… 퀴퀴한 냄새가 또 코에 스민다. 나만이 아니라 전에도 꼭 같이 이렇게 반복된 것이다. 싸우다 끝내는 죽는 것, 그것뿐이다. 그 이외는 아무것도 없다. 무엇을 위한다는 것, 그것도 아니다. 인간이 태어난 본연의 그대로 싸우다 죽는 것, 그것뿐이라고 생각하였다.

북으로 북으로 쏜살같이 진격은 계속되었다. 수차의 전투가 일어났다. 그가 인솔한 수색대는 적의 배후 깊숙이 파고 들어갔다. 자주 본대와의 연락이 끊어지기 시작하였다.

- 오상원, 「유예」

PLUS ONE

오상원, 「유예」
- 갈래 : 단편소설, 전후(戰後)소설
- 성격 : 독백적, 실존적, 비극적
- 시점 : 1인칭 주인공 시점과 전지적 작가 시점의 혼용
- 배 경
  - 시간 : 6.25 전쟁 당시의 겨울
  - 공간 : 어느 산골 마을의 눈 덮인 들판
- 주제 : 전쟁이라는 극한 상황 속에서 인간이 겪는 고뇌와 죽음

15 이 글의 서술 방법으로 옳은 것은?

① 인물 간 대화를 중심으로 사건을 전개하고 있다.
② 인물의 대화나 행동이 의식 속에 용해되어 나타난다.
③ 순차적으로 사건을 제시하여 인물이 처한 상황을 객관적으로 묘사하고 있다.
④ 구체적인 사건을 통하여 인물 간 갈등이 드러나고 있다.

해설 제시된 글은 전쟁의 비극성을 고발한 전후(戰後)소설로, 1인칭과 3인칭 시점을 교차하면서 주인공의 의식 세계 중심으로 서술하고 있다.

16 밑줄 친 ㉠의 문맥적 의미로 옳은 것은?

① 강추위와 적들의 고문에 내 몸뚱이가 견뎌 내지 못할 것이다.
② 눈이 덮인 흰 둑길 위에서 잔인하게 총살될 것이다.
③ 적의 사수(射手)를 향해 필사적으로 방아쇠를 당길 것이다.
④ 적에게 사로잡혀 움 속으로 끌려 들어갈 것이다.

해설 제시된 글의 제목인 '유예(猶豫)'는 포로가 되어 총살당하기 직전의 한 시간을 의미하며 동시에 주인공의 얼마 남지 않은 목숨을 의미하는 것이다. 따라서 ㉠의 문맥적 의미는 곧 총살될 것이라는 의미로 보아야 한다.

※ [17~18] 다음 글을 읽고 물음에 답하시오.

공방의 성질이 탐욕에 물들어서 부끄러운 구석이 별로 없었다. 재정을 도맡아 관리하게 되자 원금과 이자를 가볍게 했다 무겁게 했다 하는 등 법을 저울질해 분별하기를 좋아하였다. 그러면서 생각하기를, "나라를 편하게 해 주는 데는 꼭 예전처럼 흙을 굽거나 쇠를 부어 넣는 기술만 있는 것은 아니야."하고, 백성을 상대로 사소한 이익을 다투게 되자 물가는 내리거니 오르거니 했다. 곡식을 천히 여기고 돈을 중히 생각하니 백성들로 하여금 근본을 버리고 말단을 따르게 함으로써 농사를 가로막게 되었다. 이때 간관들이 여러 번 상소하여 따지려 하였지만 위에서 들어 주지 아니하였다.

공방은 또 권세 있고 지체 귀한 자들을 수단 좋게 섬겼다. 그 문전에 드나들며 ㉠ 권력을 끌어들여 벼슬을 팔아넘겼으니 승진하고 쫓겨나는 일이 다 그의 손바닥 안에 달려 있었다. 공경들도 대부분 지조를 버리고 그를 섬기매 쌓이고 긁어모은 어음이 산과 같아 이루 헤아릴 수가 없었다. 그가 접촉하고 만나는 모든 대상에 있어서 그 잘나고 못나고를 묻지 않았으니, 아무리 시정에 물든 이라도 재산만 정말 넉넉한 사람 같으면 다 더불어 교제를 청하였으니, 이른바 '시정배의 사귐'이란 것이었다.

때로는 마을의 불량한 젊은 놈들과 상종하여 바둑을 두고 놀이를 일삼았다. 사람 사귀기를 자못 좋아하매 그때 사람들이 그것을 두고, "공방의 말 한 마디는 황금 백 근의 무게와도 같다."하고 말했던 것이다.

[중략 부분의 줄거리] 공방이 죽은 뒤 당나라 이전 시기까지 공방의 무리를 다시 등용해야 한다는 여론이 종종 나타나기는 했지만, 실제 등용으로 이어지지는 못했다.

때는 공방이 몰락한 지 이미 오래라, 조정에서는 사방에 흩어져 옮겨 있던 그의 문도들을 물색하여 찾아서 다시 기용하였다. 그랬던 까닭에 그의 재간과 방법이 개원·천보의 사이에 크게 행하여졌고, 황제의 조서로 그에게 벼슬을 추증하였다.

사신(史臣)은 말한다.

"남의 신하가 된 몸으로서 두 마음을 품고 큰 이익만을 좇는 자를 어찌 충성된 사람이라 하랴. 공방이 올바른 법과 좋은 주인을 만나서, 정신을 집중시켜 자기를 알아주었던 나라의 은혜를 적지 않게 입었다. 그러면 의당 국가를 위하여 이익을 일으켜 주고, 해를 덜어 주어서 임금의 은혜로운 대우에 보답했어야 했다. 그런데도 공방은 나라의 권세를 독차지하고 사리사욕을 채웠으니, 이는 신하로서 지녀야 할 마음가짐에 어긋난다."

– 임춘, 「공방전」

PLUS ONE ⊕ 임춘, 「공방전」
• 갈래 : 가전체
• 성격 : 풍자적, 우의적, 교훈적, 전기적
• 제재 : 돈(엽전)
• 주제 : 재물욕에 대한 경계
• 특 징
 – 사물을 의인화하여 전기 형식으로 구성
 – 돈(화폐)에 대한 부정적인 시각이 드러남

17 이 글에 대한 이해로 옳지 않은 것은?

① 직접 제시를 통해 주인공의 성격을 드러내고 있다.

② 의인화된 대상을 통해 주제를 드러내고 있다.

③ 주인공의 신이한 행적을 강조해 영웅적 면모를 드러낸다.

④ 사신(史臣)의 이야기를 통해 작가의 생각을 드러내고 있다.

> **해설** 제시된 글은 돈을 의인화하여 전기 형식으로 구성한 가전체 문학으로, 밝은 둥글고 구멍은 모나게 뚫렸다는 '공방'의 생김새는 옛날 화폐인 엽전을 의미한다. ③은 영웅 소설에 대한 설명이다.

18 밑줄 친 ㉠을 뜻하는 한자성어로 옳은 것은?

① 매관매직(賣官賣職)

② 괄목상대(刮目相對)

③ 수주대토(守株待兔)

④ 전전반측(輾轉反側)

> **해설** ① 돈이나 재물을 받고 벼슬을 시키는 것을 의미한다.
> ② 눈을 비비고 상대편을 본다는 뜻으로, 남의 학식이나 재주가 놀랄 만큼 부쩍 늘음을 이르는 말이다.
> ③ 한 가지 일에만 얽매여 발전을 모르는 어리석은 사람을 비유적으로 이르는 말이다.
> ④ 이리 뒤척 저리 뒤척 한다는 뜻으로, 걱정거리로 마음이 괴로워 잠을 이루지 못함을 이르는 말이다.

19 〈보기〉에서 밑줄 친 ㉠의 예로 옳지 않은 것은?

> 음운 변동이란 어떤 음운이 일정한 환경에서 변화하는 현상을 의미한다. 음운 변동 중 하나의 예로 ㉠ 음운 축약이 있다. 자음 축약의 경우 'ㄱ, ㄷ, ㅂ, ㅈ'과 'ㅎ'이 만나면 축약되어 거센소리 'ㅋ, ㅌ, ㅍ, ㅊ'이 된다. 모음 축약의 경우 모음 'ㅣ'나 'ㅗ, ㅜ'가 다른 모음과 결합하여 이중모음을 이루게 된다.

① 그는 대학교에 가서 법학을 전공했다.

② 게임이 아무리 좋아도 자제도 할 줄 알아야 한다.

③ 할머니께서는 그에게 초상화를 그려 주길 부탁하셨다.

④ 생일날 친구들이 한 명도 빠짐없이 와서 기분이 유쾌했다.

> **해설** ② 좋아도[조아도]는 음운 탈락('ㅎ' 탈락) 현상이 나타난다. ① 법학[버팍]은 자음 축약, ③ 그려(그리+어)와 ④ 와서(오+아서)는 모음 축약이 나타난다.

20 〈보기〉는 한글 맞춤법의 일부이다. 이를 통해 알 수 있는 내용으로 옳은 것은?

> 제23항 '-하다'나 '-거리다'가 붙은 어근에 '-이'가 붙어서 명사가 된 것은 그 원형을 밝히어 적는다.
> 　　　예 ㉠꿀꿀이, 오뚝이
>
> 제51항 부사의 끝음절이 분명히 '이'로만 나는 것은 '-이'로 적고, '히'로만 나거나 '이'나 '히'로 나는
> 　　　것은 '-히'로 적는다.
> 　　　1. '이'로만 나는 것 예 ㉡깨끗이, 나붓이
> 　　　2. '히'로만 나는 것 예 ㉢극히, 급히
> 　　　3. '이, 히'로 나는 것 예 ㉣솔직히, 가만히

① '머리가 덥수룩이 나다'의 '덥수룩이'는 ㉠에 적용된 규정을 따른 것이다.
② '비녀를 반듯이 찌르다'의 '반듯이'는 ㉡에 적용된 규정을 따른 것이다.
③ '쓸쓸히 퇴장하다'의 '쓸쓸히'는 ㉢에 적용된 규정을 따른 것이다.
④ '엄격히 다스리다'의 '엄격히'는 ㉣에 적용된 규정을 따른 것이다.

해설 ① '머리가 덥수룩이 나다'의 '덥수룩이'는 제23항에 따른 명사가 아닌 부사이다.
　　　③의 '쓸쓸히'는 ㉣에 적용된 규정을 따른 것이다.
　　　④의 '엄격히'는 ㉢에 적용된 규정을 따른 것이다.

제2과목 　**국 사**

---

01 (가) 시대의 특징으로 옳은 것은?

> (가) 시대의 사람들은 다양한 형태와 용도를 가진 간석기를 사용하였다. (가) 시대의 대표적인 토기인
> 빗살무늬 토기는 서울 암사동, 경남 김해 등 한반도 전역에서 출토되었으며, 대부분 강가나 바닷가에서
> 발견되었다.

① 계급 사회로 발전하였다.　　　　　② 비파형 동검을 제작하였다.
③ 무리를 지어 이동 생활을 하였다.　　④ 어로가 발달하고 농경이 시작되었다.

해설 ④ 신석기 시대에는 다양한 형태와 용도를 가진 간석기를 사용하였고, 음식물 조리와 저장에 빗살무늬 토기를
　　　이용하였다. 또, 신석기 시대에는 농경과 목축을 시작하였다.
　　　①·② 청동기 시대
　　　③ 구석기 시대

02 (가) 국가에 대한 설명으로 옳은 것은?

> (가)은/는 토지가 비옥하고 해산물이 풍부하였는데, 특히 특산물로 단궁, 과하마, 반어피 등의 특산물이 많이 생산되었다. 10월에는 무천이라는 제천 행사를 열었다.

① 책화의 풍습이 있었다.

② 서옥제라는 혼인 풍속이 있었다.

③ 철이 많이 생산되어 낙랑과 왜 등에 수출하였다.

④ 신지, 읍차 등으로 불리는 군장 세력이 성장하였다.

 ① 동예는 왕 없이 읍군·삼로 등 군장이 자기 부족을 통치하였으며, 단궁, 과하마, 반어피 등 특산물이 유명하였다. 또, 족외혼, 책화(다른 부족의 영역을 침범하면 노비나 소, 말로 배상), 무천(10월, 제천 행사) 등의 풍습이 있었다.
② 고구려
③·④ 삼한

03 (가)에 들어갈 왕의 업적으로 옳은 것은?

광개토 대왕	(가)	문자(명)왕
재위 : 391~413	재위 : 413~491	재위 : 491~519

① 독자적 연호 '영락'을 사용하였다.

② 국내성에서 평양으로 수도를 옮겼다.

③ 최초의 국립대학인 태학을 설립하였다.

④ 왕의 칭호를 마립간에서 왕으로 바꾸었다.

 ② (가)는 고구려 장수왕이다. 장수왕은 427년 평양으로 천도하였다.
① 고구려 광개토 대왕 때
③ 고구려 소수림왕 때
④ 신라 지증왕 때

04 다음의 상황이 전개된 시기에 있었던 사실로 옳은 것은?

> 무열왕계의 권력 독점에 불만을 품은 진골 귀족이 대대적인 반란을 일으켰다. 무열왕계의 전제 왕권은 무너지고, 이후 왕위 쟁탈전이 치열하게 전개되었다. 귀족은 대농장을 차지하고 사병을 기르며 사치와 향락에 빠져들었다. 귀족의 가혹한 수취를 견디지 못한 농민은 노비나 초적으로 몰락했고, 마침내 곳곳에서 반란을 일으켰다.

① 우산국을 정복하였다.
② 교정도감이 설치되었다.
③ 「삼국사기」가 저술되었다.
④ 선종 불교가 크게 유행하였다.

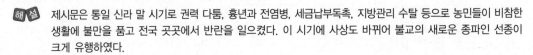 제시문은 통일 신라 말 시기로 권력 다툼, 흉년과 전염병, 세금납부독촉, 지방관리 수탈 등으로 농민들이 비참한 생활에 불만을 품고 전국 곳곳에서 반란을 일으켰다. 이 시기에 사상도 바뀌어 불교의 새로운 종파인 선종이 크게 유행하였다.

05 고려 성종의 업적으로 옳은 것은?

① 진대법을 실시하였다.
② 사심관 제도를 실시하였다.
③ 12목에 지방관을 파견하였다.
④ 광덕, 준풍 등 독자적인 연호를 사용하였다.

 ① 고구려 고국천왕 때
② 고려 태조 때
④ 고려 광종 때
성종의 정치
• 최승로의 시무 28조 수용 : 유교 정치 이념을 바탕으로 통치 체제 정비
• 2성 6부 마련, 국자감(국립대학) 설치, 지방관 파견(12목 설치), 향리 제도 실시

06 다음 사건이 발생한 시기에 있었던 사실로 옳은 것은?

> 사노 만적 등 6인이 북산에서 나무하다가 공·사노비들을 불러 모의하였다. "나라에서 경인·계사년 이후로 고관이 천민과 노비에서 많이 나왔다. 공경장상의 씨가 따로 있으랴, 때가 오면 누구나 할 수 있다. 우리만 어찌 뼈 빠지게 일하겠는가! …(중략)… 주인들을 죽이고 노비 문서를 불태워 이 땅의 천민을 없애면 우리도 공경장상이 될 수 있다."라고 말하였다.　　　　　　　　　－『고려사』

① 노비안검법이 시행되었다.
② 직지심체요절이 간행되었다.
③ 무신들이 권력을 장악하였다.
④ 최승로의 시무 28조가 수용되었다.

 ③ 고려 무신 정권 시기에 최충헌의 사노비인 만적이 신분 해방 운동을 주도하였다.
　　① 고려 광종 때
　　② 고려 우왕(1377) 때
　　④ 고려 성종 때

07 밑줄 친 '왕'의 업적으로 옳은 것은?

> <u>왕</u>이 일개 승려에 불과하던 신돈에게 국정을 맡겼다. 신돈은 "오늘날 나라의 법이 무너져 나라의 토지와 약한 자들의 토지를 힘 있는 자들이 모두 빼앗고, 양민을 자신의 노예로 삼고 있다.…(중략)… 스스로 토지를 반환하는 자는 과거를 묻지 않는다."라고 공포하였다.　　　　　　　　　－『고려사』

① 별무반을 창설하였다.
② 강동 6주를 회복하였다.
③ 팔만대장경을 간행하였다.
④ 정동행성 이문소를 폐지하였다.

 ④ 신돈은 고려 말 공민왕 때 승려이다. 공민왕의 반원 자주 정책으로는 친원 세력 숙청(기철), 몽골풍 금지, 왕실 호칭 및 관제 복구(정동행성 이문소 폐지, 도평의사사 정비), 영토 수복(쌍성총관부 탈환, 요동 지방 공략 시도) 등이 있다.

08 다음의 업적을 남긴 왕에 대한 설명으로 옳은 것은?

> • 홍문관을 설치하였다.
> • 관수관급제를 시행하였다.
> •『동국여지승람』,『국조오례의』등을 편찬하였다.

① 『칠정산』을 편찬하였다.
② 별기군을 조직하였다.
③ 6조 직계제를 시행하였다.
④ 『경국대전』을 완성해 반포하였다.

해설 성종의 업적
  • 문물 정비 : 조선 왕조의 기본 법전인 『경국대전』 완성 · 반포 → 유교적 통치 체제 확립
  • 홍문관 설치 : 경연 활성화
  • 편찬 사업 : 『동국여지승람』,『국조오례의』,『동국통감』,『악학궤범』등 편찬

09 다음과 관련된 사건으로 인해 발생한 사화는?

> 김종직은 초야의 미천한 선비로 세조 대에 과거에 급제하였다. 성종 대에 발탁되어 경연에 두어 오랫동안 시종의 자리에 있었다. 형조 판서에 이르러서는 은총이 온 조정을 기울게 하였다. …(중략)… 지금 김종직의 제자 김일손이 찬수한 사초에 부도한 말로써 선왕 대의 일을 거짓으로 기록하고, 스승 김종직의 '조의제문(弔義帝文)'을 실었도다. ―「연산군일기」―

① 무오사화   ② 갑자사화
③ 기묘사화   ④ 을사사화

해설 ① 무오사화 : 훈구 세력이 김종직의 조의제문을 문제 삼아 사림이 축출되었다.
  ② 갑자사화 : 연산군이 생모 폐위 문제로 훈구와 사림 세력을 제거하였다.
  ③ 기묘사화 : 훈구 세력이 조광조의 개혁에 반발 → 조광조 등 사림 세력을 제거하였다.
  ④ 을사사화 : 외척 간의 권력 다툼 과정에서 훈구와 사림 세력이 피해를 입었다.

10 (가)에 들어갈 기구의 명칭으로 옳은 것은?

(가)

본래 왜구와 여진족에 대비해 군사 문제를 논의하는 임시 회의 기구로 설치되었지만, 왜란을 겪으면서 구성원이 확대되고 국정을 총괄하는 역할을 맡게 되었다. 이에 따라 왕권이 약화되고 의정부와 6조의 행정 체계도 유명무실해졌다.

---

① 승정원   ② 의금부
③ 비변사   ④ 홍문관

 ③ 비변사 : 중종 때 여진족과 왜구의 침입에 대비하기 위한 임시 회의 기구로 설치되었으나, 임진왜란 후 군사뿐 아니라 모든 정무를 총괄하는 최고 회의 기관이었다. 그 결과 왕권 약화, 의정부와 6조 중심 행정 체계가 유명무실해졌다.
　① 승정원 : 국왕 비서 기구, 왕명 출납
　② 의금부 : 반역죄인 처단, 국가 중범죄 담당
　④ 홍문관 : 왕의 자문 역할, 학술과 정책 연구

11 (가) 제도에 대한 설명으로 옳은 것은?

양난 이후 정부는 농촌 사회의 안정을 꾀하고, 국가 재정 기반을 확대하기 위하여 수취 체제를 개편하였다. (가)은/는 광해군 시기에 공납의 폐단을 극복하고 국가 재정을 보충하고자 경기도에서 처음 실시되었다.

---

① 공인이 등장하는 계기가 되었다.
② 양반의 군역 면제 특권이 사라졌다.
③ 일부 상류층에게 선무군관포를 거두었다.
④ 숙종 때 강원도와 함경도를 제외하고 전국적으로 실시하였다.

해설 대동법 실시(1608)
　• 실시 : 광해군 때 경기도에 처음 실시, 점차 확대되어 숙종 때 평안도와 함경도 등을 제외하고 전국적 실시
　• 내용 : 집집마다 부과하던 토산물을 토지를 기준으로 쌀(토지 1결당 쌀 12말), 삼베, 무명, 돈 등으로 징수
　• 결과 : 농민의 부담 감소, 관청에 물품을 납품하는 공인의 등장, 상품 화폐 경제 발달

12 (가) 왕의 재위 기간에 있었던 사실로 옳은 것은?

> (가)은/는 성균관 앞에 "두루 사랑하고 편당하지 않는 것은 군자의 공정한 마음이요, 편당하고 두루 사랑하지 않는 것은 곧 소인의 사사로운 생각이다."라는 내용이 새겨진 탕평비를 세웠다.

① 규장각을 설치하였다.
② 균역법이 시행되었다.
③ 경신환국이 일어났다.
④ 초계문신제가 시행되었다.

 ② 탕평비는 영조가 탕평책을 널리 알리며 확립하기 위하여 세운 비석이다. 영조는 붕당의 뿌리 제거, 이조 전랑 권한 축소, 균역법 실시, 신문고 제도 부활, 가혹한 형벌 폐지 등의 개혁 정치를 실시하였다.
①·④ 정조 때의 일이다.
③ 숙종 때의 일이다.

13 세도 정치에 대한 설명으로 옳은 것은?

① 강력한 왕권으로 붕당간의 정쟁을 조정한 정치였다.
② 무신들이 중방을 중심으로 국정을 주도하면서 나타났다.
③ 순조, 헌종, 철종의 3대 60여 년 동안 외척 세력에 의해 지속되었다.
④ 무신에 대한 열악한 대우로 인한 하급 군인들의 불만이 지속되었다.

 세도 정치의 전개
• 배경 : 탕평 정치의 붕괴로 유력 가문 출신의 인물에게 권력 집중
• 전개 : 3대(순조, 헌종, 철종) 60여 년 동안 안동 김씨, 풍양 조씨 등 몇몇 가문의 권력 독점
• 폐단 : 정치 기강의 문란(과거제 문란, 관직매매성행), 지방 행정 문란(탐관오리 수탈 극심, 삼정문란 등)
• 결과 : 사회 개혁에 실패, 민중들의 불만으로 전국적인 저항 운동 전개

14 밑줄 친 '이 나라'로 옳은 것은?

> 1866년 이 나라의 상선 제너럴셔먼호가 대동강을 거슬러 평양까지 올라와 통상을 요구하며 횡포를 부렸다. 이에 분노한 평양 관민은 평안 감사 박규수의 지휘 하에 제너럴셔먼호를 불태워 침몰시켰다.

① 미 국   ② 영 국
③ 독 일   ④ 일 본

제너럴 셔먼호 사건(1866)
- 배경 : 미국 상선 제너럴 셔먼호가 대동강(평양)에 접근하여 통상 요구
- 경과 : 평안도 관찰사 박규수의 통상 요구 거부
- 결과 : 미국 상인들의 민가 약탈로 평양 백성들이 제너럴 셔먼호를 불태움

15 (가) 시기에 있었던 사실로 옳은 것은?

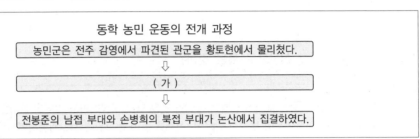

동학 농민 운동의 전개 과정

농민군은 전주 감영에서 파견된 관군을 황토현에서 물리쳤다.
⇩
(가)
⇩
전봉준의 남접 부대와 손병희의 북접 부대가 논산에서 집결하였다.

① 교조 신원 운동을 전개하였다.
② 공주 우금치 전투에서 크게 패하였다.
③ 전라도 각 지역에 집강소를 설치하였다.
④ 조병갑의 학정에 맞서 고부 관아를 습격하였다.

 동학 농민 운동의 전개
고부 농민 봉기(조병갑의 비리와 수탈로 고부 관아 습격, 만석보 파괴) → 제1차 봉기(전봉준·손화중 등의 봉기)
→ 황토현·황룡촌 전투 → 전주성 점령) → 전주 화약 체결(정부와 농민군이 전주 화약 체결 → 폐정 개혁
12개조 제시, 자진 해산 → 집강소 설치) → 제2차 봉기(동학 농민군의 재봉기 → 논산 집결(남·북접 연합)
→ 공주 우금치 전투에서 관군·일본군에게 패함 → 전봉준 등 동학 농민군 지도자 체포

16 (가) 단체에 대한 설명으로 옳은 것은?

을사조약 체결 이후 합법적인 계몽 운동에 한계를 느낀 안창호, 양기탁 등은 비밀 결사인 (가)을/를
결성하였다(1907). 이들은 국권 회복과 공화정체를 바탕으로 실력을 키워 근대 국민 국가를 건설할
것을 목표로 삼았다.

① 3·1 운동을 전개하였다.
② 연통제와 교통국을 조직하였다.
③ 105인 사건으로 사실상 해체되었다.
④ 고종의 강제 퇴위 반대 투쟁을 전개하였다.

신민회(1907)
- 주도 : 안창호, 양기탁 등이 비밀 결사 형태로 조직
- 목표 : 국권 회복, 공화 정체의 근대 국가 건설
- 활동
  - 민족 교육 실시 : 대성 학교·오산 학교 설립
  - 민족 산업 육성 : 태극 서관 운영, 자기 회사 운영
  - 국외 독립운동 기지 건설 : 만주에 신흥 강습소 설립
- 해산 : 일제가 날조한 105인 사건으로 와해(1911)

17 (가)에 들어갈 신문으로 옳은 것은?

┤ 보 기 ├

(가)은/는 사장인 베델이 일본과 동맹을 맺은 영국 국민이어서 일제의 검열을 받지 않고 발행되었다. 이에 더해 민족의식이 투철한 박은식, 신채호 등이 논설위원으로 활동하면서 일제의 침략과 한국인의 친일 행위를 신랄하게 비판하였다.

① 한성순보　　　　　　　　　② 독립신문

③ 제국신문　　　　　　　　　④ 대한매일신보

 ④ 대한매일신보 : 영국인 베델과 양기탁이 합작하여 창간, 국채 보상 운동의 적극적인 홍보
① 한성순보 : 순한문, 박문국에서 발행, 최초의 근대 신문, 관보의 성격, 정부 정책 홍보
② 독립신문 : 서재필 등이 주도하여 만든 우리나라 최초의 민간 신문, 한글과 영문으로 발행, 민권 의식 향상에 기여
③ 제국신문 : 순한글, 서민층과 부녀자 대상, 민중 계몽

18 다음 법령이 공포된 시기의 상황으로 옳은 것은?

제1조　3개월 이하의 징역 또는 구류에 처하여야 할 자는 태형에 처할 수 있다.
제11조 태형은 감옥 또는 즉결 관서에서 비밀리에 행한다.
제13조 본령은 조선인에 한하여 적용한다.

－ "조선태형령"(1912) －

① 창씨 개명을 강요하였다.
② 치안 유지법이 제정되었다.
③ 헌병 경찰 제도를 시행하였다.
④ 소학교의 명칭을 국민학교로 바꾸었다.

③ "조선 태형령"은 무단 통치 시기에 제정되었다. 무단 통치 시기는 헌병 경찰 제도를 시행하였다.
①·④ 창씨 개명 강요와 소학교의 명칭을 국민학교로 변경한 것은 1930년대 이후의 민족 말살 통치 시기이다.
② 치안 유지법 제정은 1920년대 문화 통치 시기이다.

19 다음은 6·25 전쟁의 전개 과정이다. (다) 시기에 들어갈 사건으로 옳은 것은?

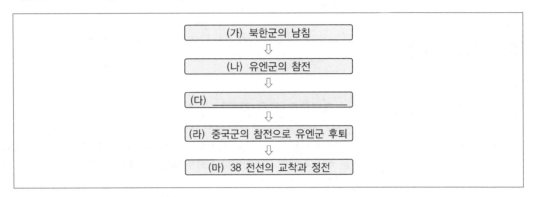

(가) 북한군의 남침
⇩
(나) 유엔군의 참전
⇩
(다) _____
⇩
(라) 중국군의 참전으로 유엔군 후퇴
⇩
(마) 38 전선의 교착과 정전

① 반공 포로 석방
② 미·소 양군 철수
③ 북한군의 서울 점령 및 남하
④ 인천 상륙 작전 성공 및 서울 수복

 6·25 전쟁의 전개 과정
북한의 기습적인 남침(1950.6.25.) → 북한군의 서울 점령 및 남하 → 유엔군의 참전 → 국군과 유엔군의 연합
작전으로 남하 저지 → 최후 방어선 구축 → 인천 상륙 작전 성공(9.15.) → 국군과 유엔군의 서울 수복(9.28.)
및 압록강까지 진격 → 중국군의 참전으로 국군과 유엔군의 후퇴 → 38도선 부근에서 전선 교착 → 미·소
양국의 휴전 회담 합의 → 정전 협정 체결(1953.7.) → 군사 분계선(휴전선) 설정

20 다음과 관련된 사건으로 옳은 것은?

이승만 1인 독재 체제 밑에서 참고 또 참아 오던 분노는 3·15 부정 선거에서 민주주의라는 이상이
비참하게 짓밟히는 것을 보았을 때 해일처럼 터지고 만 것이다. 맨주먹의 젊은 학생들이 독재의 아성을
향해 포효하며 육박하였을 때 국민이 일제히 이에 호응하였다.

① 4·19 혁명   ② 6월 민주 항쟁
③ 제주 4·3 사건   ④ 5·18 민주화 운동

① 4·19 혁명은 자유당 정권의 3·15 부정 선거를 배경으로 일어났다.
② 6월 민주 항쟁으로 5년 단임제 대통령 직선제 개헌(9차)을 단행하였다.
③ 제주 4·3 사건은 남한만의 단독 선거를 반대하며 일어난 사건으로 많은 양민이 희생되었다.
④ 5·18 민주화 운동은 신군부의 계엄령 전국 확대를 반대하며 광주에서 일어났다.

제3과목 **일반상식**

01 다음 글에서 설명하고 있는 개념으로 옳은 것은?

> 한 사회의 문화가 다른 사회의 문화로 흡수되거나 대체되는 경우이다. 남아메리카 지역 원주민들이 자신들의 언어 대신 그들을 식민 지배한 에스파냐나 포르투갈의 언어를 사용하는 경우가 해당한다.

① 문화 융합　　　　　　　② 문화 다원주의
③ 문화 동화　　　　　　　④ 문화 상대주의

해설 문화 동화
- 이민자들의 다양한 문화를 기존의 문화에 융합하고 흡수하는 다문화 정책이다.
- 용광로 이론 : 모든 것을 녹이는 용광로처럼 다양한 이주민의 문화를 주류 사회에 융합시키는 정책이다.
- 사회를 통합하고 질서를 유지하는 데 유리하다.
- 소수 민족의 문화가 소실되고 인권 침해의 문제가 발생할 수 있다.
- 문화의 획일화로 인해 문화적 역동성이 저하될 수 있다.

02 다음과 같이 주장한 인물에 대한 설명으로 옳은 것은?

> - 생산 과정을 여러 사람이 나누어 일을 완성하는 분업은 노동의 생산성을 촉진하고 개선한다.
> - 우리가 저녁을 먹을 수 있는 것은 정육점 주인과 양조업자, 빵집 주인의 자비 때문이 아니라 그들 각자가 자신의 이익에 관심을 두기 때문이다.
>
> 　　　　　　　　　　　　　　　　　　　　　　　　　　　　－ "국부론"

① 정부의 적극적인 시장개입을 강조하였다.
② 개인의 경제적 자율성 보장을 강조하였다.
③ 대공황 이후 뉴딜정책을 강력히 추진하였다.
④ 세계화에 따른 신자유주의 체제를 지지하였다.

애덤 스미스(Adam Smith)

영국 스코틀랜드 출신의 정치·경제학자이자 윤리철학자이며 「국부론」의 저자이다. 스미스는 국부의 본질은 사회 구성원 모두가 소비하는 상품과 서비스의 양이라고 주장하면서, 국부의 증가는 분업으로 노동생산성을 높이는 것이며 자본 축적으로 생산직 노동자를 늘리는 것이라 하였다. 또한 자유로운 시장경제를 통해 자유무역과 노동 분업을 주장하였다.

03 (가), (나)의 입장으로 옳은 것은?

> (가) : 바람직한 소비는 원료 재배, 생산, 유통 등이 소비와 연결되어 있다는 것을 인식하고 윤리적인 판단에 따라 상품을 구매하는 것이다.
> (나) : 바람직한 소비는 자신의 욕구와 상품에 대한 정보를 바탕으로 자신이 소유한 자원의 범위 내에서 구매하여 최대 만족을 얻는 것이다.

① (가) : 환경과 공동체를 고려하여 물건을 구매한다.
② (가) : 유행에 따라 상품을 구매하는 소비를 한다.
③ (나) : 합리적 소비보다 과시하기 위한 소비를 한다.
④ (나) : 자신의 소득 수준을 고려한 소비는 필요 없다.

 바람직한 소비

소비를 하기 전에 타인, 사회, 환경, 인류에 대한 바람직한 가치 판단을 하고 실천하는 소비이다. 바람직한 소비의 유형에는 환경과 미래 세대를 고려하는 지속 가능한 '녹색소비'와 공정무역 제품을 구매하는 '착한 소비'가 있다.

04 다음 글에서 설명하고 있는 제도의 사례로 옳은 것은?

> 사회적으로 차별받는 사회적 약자에게 다양한 측면에서 직·간접적으로 혜택을 제공하는 제도를 적극적 우대 조치라고 한다.

① 사회보험
② 역차별
③ 공공부조
④ 여성 고용 할당제

해설 여성 고용 할당제

여성에 대한 차별을 없애기 위한 제도로, 정치·경제·교육 등 각 부문에서 채용 시 일정한 비율을 여성에게 할당하는 제도이다.

05 다음 글에서 주장하는 내용으로 옳지 않은 것은?

> 평화는 소극적 평화와 적극적 평화로 나눌 수 있다. 소극적 평화는 전쟁, 테러, 폭행 등 신체에 가하는 직접적인 폭력의 사용이나 위협이 없는 상태를 의미한다. 이와 달리 적극적 평화는 직접적 폭력뿐만 아니라 억압, 착취 등의 구조적 폭력과 종교, 사상, 언어 등에 존재하는 문화적 폭력까지 제거하여 모든 사람이 인간답게 살아갈 삶의 조건이 조성된 상태를 가리킨다. 진정한 평화는 소극적 평화에 머무는 것이 아니라 적극적 평화를 실현하는 것이다.
>
> – 갈퉁(Galtung. J.) 「평화적 수단에 의한 평화」

① 문화적 폭력으로 인해 삶의 질이 저하될 수 있다.
② 사회적 차별은 적극적 평화를 저해할 수 있다.
③ 국제 평화는 전쟁이 없는 상태로 한정해야 한다.
④ 인간답게 사는 삶의 조건 상태가 적극적 평화에 해당한다.

해설 국제 평화는 전쟁 등의 물리적·직접적인 폭력이나 위협이 없는 상태뿐 아니라 억압·착취 등의 구조적 폭력·문화적 폭력까지 제거되어 모든 사람이 인간답게 살아갈 삶의 조건이 조성된 상태를 말한다.

06 밑줄 친 내용에 해당하는 역사적 사건으로 옳지 않은 것은?

> 제헌 헌법에서는 자유, 평등, 선거, 교육, 근로 등을 국민의 권리로 규정하였지만, 이를 보장하기 위한 구체적인 법률 제정이 곧바로 이어지지는 않았다. 또한 당시에는 인간의 존엄성과 가치, 행복추구권, 인간다운 생활을 할 권리, 환경권 등이 기본권에 포함되지 않았다. 이후 수차례 헌법 개정 과정을 거치면서 국민의 기본권이 크게 제한되기도 하였으나, <u>시민들은 민주화 운동을 통해 국민의 자유와 권리를 확보하기 위해 노력하였다.</u>

① 10월 유신
② 부마항쟁
③ 6월 민주 항쟁
④ 5·18 민주화 운동

해설 10월 유신
1972년 10월 박정희 대통령이 위헌적 계엄, 국회해산, 헌법정지 등을 골자로 하는 대통령 특별선언을 발표한 것으로 행정·입법·사법권을 모두 대통령이 집권할 수 있게 설계한 체제로서 시민 민주화 운동과는 관계가 없다.

07 ㉠~㉣는 인권 보장을 위한 역사적 사건이다. 이를 발생한 순서대로 나열한 것 중 옳은 것은?

> ㉠ 영국 노동자들은 선거권의 확대를 요구하는 인민헌장을 발표하고 차티스트 운동을 전개하였다.
> ㉡ 미국은 국민 주권의 원리, 저항권 등이 담긴 독립 선언문을 발표하였다.
> ㉢ 제2차 세계 대전 후에 국제 연합 총회에서 인권 보장의 국제 기준을 제시하였다.
> ㉣ 독일 바이마르 공화국은 모든 국민이 인간다운 생활을 누릴 수 있도록 하기 위해 처음으로 헌법에 사회권을 규정하였다.

① ㉠ – ㉡ – ㉢ – ㉣
② ㉡ – ㉠ – ㉣ – ㉢
③ ㉡ – ㉠ – ㉢ – ㉣
④ ㉠ – ㉣ – ㉡ – ㉢

해설 인권 보장의 역사적 순서
미국의 독립선언문(1776) – 영국의 인민헌장 발표(1838) – 독일 바이마르 공화국 사회권 규정(1919) – 국제 연합 총회의 인권 보장 국제 기준 제시(1948)

08 〈보기〉 중 발전소에서 보내는 전력을 변화시키지 않으면서 송전과정에서 손실되는 전력을 줄일 수 있는 방법으로 옳은 것만을 고른 것은?

> ㉠ 송전선에 흐르는 전류 세기를 증가시킨다.
> ㉡ 송전선의 저항을 줄인다.
> ㉢ 송전 전압을 낮게 한다.

① ㉠, ㉡
② ㉡
③ ㉠, ㉣
④ ㉡, ㉢

해설 손실 전력을 줄이는 방법
- 송전 전압을 높게 한다. → 송전 전력이 일정할 때, 전압을 n배 높이면 전류는 $\frac{1}{n}$이 되므로 손실 전력은 $\frac{1}{n^2}$배가 된다.
- 송전선의 저항을 작게 한다. → 저항이 작은 송전선을 사용하거나, 굵기가 굵은 송전선을 사용한다.

09 (가)와 (나)의 반응에서 산화되는 물질을 각각 찾아 바르게 나열한 것은?

> (가) $Zn + Fe^{2+} \rightarrow Zn^{2+} + Fe$
> (나) $Mg + Cu^{2+} \rightarrow Mg^{2+} + Cu$

    (가)   (나)

① Zn Mg

② Zn Cu^{2+}

③ Fe^{2+} Cu

④ Fe^{2+} Mg^{2+}

해설 $Zn + Fe^{2+} \rightarrow Zn^{2+} + Fe$에서 Zn은 전자 2개를 잃어 Zn^{2+}이온으로 산화되었고,
$Mg + Cu^{2+} \rightarrow Mg^{2+} + Cu$에서 Mg는 전자 2개를 잃어 Mg^{2+}이온으로 산화되었다.

10 수평면에 가만히 놓여있는 물체에 수평면과 나란한 방향으로 2N의 일정한 힘이 5초(s)동안 작용하였다. 물체가 받은 충격량[Ns]의 크기는?(단, 모든 마찰과 공기저항은 무시한다)

① 5   ② 7

③ 10   ④ 15

해설 충격량 = 물체에 작용한 힘(2N) × 힘이 작용한 시간(5초) = 10Ns

11 물 소화약제에 대한 설명으로 옳지 않은 것은?

① 값이 싸고 구하기 쉽다.
② B·C급 화재에 널리 쓰인다.
③ 화재진화 이후 오염의 정도가 심하다.
④ 비열과 증발잠열이 커서 냉각효과가 크다.

해설 ② 주로 A급(일반화재)에 사용한다.

12 과열상태 탱크내부의 액화가스가 분출, 착화되었을 때 폭발하는 현상을 무엇이라 하는가?

① 블레비   ② 증기운폭발
③ 롤오버   ④ 슬롭오버

블레비 현상(BLEVE ; Boiling Liquid Expanding Vapor Explosion)
가스탱크가 화재에 노출되었을 때, 탱크의 내부 압력이 증가하여 탱크가 파열되면서 외부로 액화가스가 분출되면서
착화되었을 때의 폭발 현상이다.

13 다음 설명에 해당하는 소화방법으로 옳은 것은?

> 연소의 4요소 중 에너지를 제거, 발화점 이하로 내려가게 하여 소화하는 방법을 말한다.

① 냉각소화법   ② 제거소화법

③ 질식소화법   ④ 희석소화법

 • 냉각소화법 : 연소를 위해서는 연소반응에 의해서 발생된 연소열이 미반응의 가연물에 공급되어야만 한다.
그러므로 냉각소화법은 연소의 4요소 중에서 에너지를 제거하여 발화점 이하로 내려가게 하는 소화이다.
• 제거소화법 : 가연성 물질을 연소로부터 제거하여 불의 확산을 저지하는 소화방법으로서 가장 원시적이면서
효과가 좋은 방법이라 할 수 있다.
• 질식소화법 : 연소에는 산소가 필요하므로 공급되는 산소를 차단 또는 산소 농도를 15% 이하로 억제하여
화재를 소화하는 방법을 말한다.
• 희석소화법 : 기체, 액체, 고체에서 나오는 분해가스나 증기의 농도를 작게 하여 연소를 중지시키는 방법이다.
• 부촉매소화법 : 연소의 연쇄반응을 차단하고 억제하여 소화하는 방법으로 화학소화 작용이라고 한다.

14 「의무소방대설치법령」상 의무소방원의 임무에 해당하지 않는 것은?

① 상황관리 전담   ② 소방용수시설 유지관리의 지원

③ 소방관서의 경비   ④ 현장 지휘관의 보좌

 의무소방원의 임무(의무소방대설치법 시행령 제20조)

화재 등에 있어서 현장 활동의 보조	• 화재 등 재난·재해사고현장에서의 질서유지 등 진압업무의 보조와 구조·구급활동의 지원 • 소방용수시설의 확보 • 현장 지휘관의 보좌 • 상황관리의 보조 • 그밖에 현장 활동에 필요한 사항의 지원
소방행정의 지원	• 문서수발 등 소방행정의 보조 • 통신 및 전산 업무의 보조 • 119안전센터에서의 소내 근무의 보조 • 소방용수시설 유지관리의 지원 • 소방 순찰 및 예방활동의 지원 • 차량운전의 지원
소방관서의 경비	–

15 「소방기본법령」상 소방대상물이 있는 장소 및 그 이웃 지역으로서 화재의 예방·경계·진압, 구조·구급 등의 활동에 필요한 지역을 무엇이라 하는가?

① 예방지역

② 관계지역

③ 경계지역

④ 유효지역

 관계지역(소방기본법 제2조)
소방대상물이 있는 장소 및 그 이웃지역으로서 화재의 예방·경계·진압, 구조·구급 등의 활동에 필요한 지역을 말한다.

16 「소방기본법령」상 소방대원 중 의무소방원에게 실시할 교육·훈련의 종류에 해당하지 않는 것은?

① 응급처치훈련

② 인명구조훈련

③ 인명대피훈련

④ 소방안전교육훈련

 의무소방원의 소방교육·훈련에는 화재진압훈련, 인명구조훈련, 응급처치훈련, 인명대피훈련, 현장지휘훈련 등이 있다.

17 「화재예방, 소방시설 설치·유지 및 안전관리에 관한 법령」상 소화설비에 해당하지 않는 것은?

① 스프링클러설비

② 소화기구

③ 자동화재탐지설비

④ 물분무 소화설비

 ③ 자동화재탐지설비는 경보설비에 해당한다.
소화설비(화재예방, 소방시설 설치·유지 및 안전관리에 관한 법률 시행령 별표 1)
물 또는 그 밖의 소화약제를 사용하여 소화하는 기계·기구 또는 설비로서, 소화기구, 자동소화장치, 옥내소화전설비, 스프링클러설비 등, 물분무 등 소화설비, 옥외소화전설비가 있다.

18 「위험물안전관리법령」상 위험물의 유별에 따른 성질의 분류로 옳지 않은 것은?

① 제2류 : 자기반응성 물질

② 제3류 : 자연발화성 물질 및 금수성 물질

③ 제4류 : 인화성 액체

④ 제6류 : 산화성 액체

 위험물 종류
• 제1류 위험물 : 산화성 고체, 강산화제로서 다량의 산소 함유, 가열·충격·마찰 등에 의해 분해, 산소방출
• 제2류 위험물 : 저온 착화하기 쉬운 가연성 물질, 연소 시 유독가스 발생

- 제3류 위험물 : 자연발화성 물질 및 금수성 물질, 물과 반응하거나 자연발화에 의해 발열 또는 가연성 가스 발생, 용기파손 또는 누출에 주의
- 제4류 위험물 : 인화성 액체, 인화가 용이, 대부분 물보다 가볍고 증기는 공기보다 무거움, 주수소화 불가능한 것이 대부분임
- 제5류 위험물 : 자기반응성 물질, 가연성으로 산소를 함유하여 자기연소, 가열·충격·마찰 등에 의해 착화나 폭발, 연소속도가 매우 빨라 소화 어려움
- 제6류 위험물 : 산화성 액체, 강산으로 산소를 발생하는 조연성 액체(자체는 불연), 일부는 물과 접촉하면 발열

19 「재난 및 안전관리 기본법령」에서 규정하고 있는 "사회재난"에 해당하는 것은?

| ㉠ 교통사고 | ㉡ 화 재 |
| ㉢ 황사(黃砂) | ㉣ 지 진 |

① ㉠, ㉡　　　　　　　　　　　　　② ㉠, ㉢
③ ㉢, ㉣　　　　　　　　　　　　　④ ㉡, ㉣

 지진과 황사는 자연재난에 해당한다.

사회재난

화재·붕괴·폭발·교통사고(항공사고 및 해상사고 포함)·화생방사고·환경오염사고 등으로 인하여 발생하는 대통령령으로 정하는 규모 이상의 피해와 국가핵심기반의 마비, 「감염병의 예방 및 관리에 관한 법률」에 따른 감염병 또는 「가축전염병예방법」에 따른 가축전염병의 확산, 「미세먼지 저감 및 관리에 관한 특별법」에 따른 미세먼지 등으로 인한 피해

20 「화재조사 및 보고규정」상 화재와 관계되는 물건의 형상, 구조, 재질, 성분, 성질 등 이와 관련된 모든 현상에 대하여 과학적 방법에 의한 필요한 실험을 행하고 그 결과를 근거로 화재원인을 밝히는 자료를 얻는 것을 무엇이라 하는가?

① 조 사　　　　　　　　　　　　　② 감 정
③ 감 식　　　　　　　　　　　　　④ 감 찰

 용어 정리(화재조사 및 보고규정 제2조)
- 조사 : 화재원인을 규명하고 화재로 인한 피해를 산정하기 위하여 자료의 수집, 관계자 등에 대한 질문, 현장 확인, 감식, 감정 및 실험 등을 하는 일련의 행동
- 감식 : 화재원인의 판정을 위하여 전문적인 지식, 기술 및 경험을 활용하여 주로 시각에 의한 종합적인 판단으로 구체적인 사실관계를 명확하게 규명하는 것
- 감정 : 화재와 관계되는 물건의 형상, 구조, 재질, 성분, 성질 등 이와 관련된 모든 현상에 대하여 과학적 방법에 의한 필요한 실험을 행하고 그 결과를 근거로 화재원인을 밝히는 자료를 얻는 것

부록 II

적성검사
(인성검사)

제1장   적성검사(인성검사)

의무
소방원

국어/국사/상식/적성검사

한권으로 끝내기!

(주)시대고시기획
(주)시대교육

www.**sidaegosi**.com

시험정보 · 자료실 · 이벤트
합격을 위한 최고의 선택

시대에듀

www.**sdedu**.co.kr

자격증 · 공무원 · 취업까지
BEST 온라인 강의 제공

적성검사(인성검사)

01 　인성검사 소개

개인이 업무를 수행하면서 능률적으로 성과를 올리기 위해서는 개인의 능력과 경험, 그리고 회사의 교육 및 훈련 등이 필요하지만, 개인의 성격이나 성향 역시 중요하다. 여러 직무분석 연구에서 나온 결과에 따르면, 직무에서의 성공과 관련된 특성 중 최대 70% 이상이 능력보다는 성격과 관련이 있다고 한다. 그래서 최근 공공기관 및 민영 기업들에서는 인성검사의 비중을 높이고 있는 추세이다. 국내에서 주로 사용되고 있는 인성검사 프로그램은 세계적으로 사용되는 MMPI, MMPI-2, CPI, MBTI 등과 국내에서 개발된 KAD, KPDI 정도가 있으며, 공공기관 및 기업체의 대부분은 한국인재개발진흥원, SAD(한국사회적성개발원), KIRBS(한국행동과학연구소)나 SHR(에스에이치알) 등의 전문기관에 의뢰해 각 기관의 특성에 알맞은 검사를 선택해서 시행하고 있다.

여기에서는 많은 공공기관에서 실시하고 있는 한국인재개발진흥원의 인성검사, SHR, KPDI, KAD 를 먼저 소개하고, 세계적으로 널리 사용되고 있는 MMPI, MMPI-2, CPI, MBTI 등의 특징에 대해 간략하게 설명하고자 한다. 인성검사는 매년 업체를 재선정할 수 있기 때문에 상세한 학습보다는 전체적으로 어떤 유형이 출제되고, 어떻게 평가되는지만 확인하고 문제 형태에 따라 당황하지 않도록 준비하자.

1. 한국인재개발진흥원 인성검사

(1) 인성검사 실시 목적

개인의 자아 성숙도를 심리적·과학적으로 파악·분석하여 기업 가치와 조직 문화에 부합되는 최적격 구성원을 선발하고 배치하는 것이 목적이다.

① **인성** : 조직 적합성(Organization Fit), 조직 적응력, 성향 파악
② **직무능력** : 직무 적합성(Job Fit), 정상직무 수행능력 구별
③ **직무적성** : 적성 적합성(Aptitude Fit)

(2) 인성검사 차원(Dimension)

기업 수준에 맞는 검사 도구(Tools)를 구축하여 개인의 직무 적합성(Job Fit)과 조직 적합성(Organization Fit), 인재 역량을 종합적으로 평가(검증), 파악함으로써 기업이 필요로 하는 인재를 확보 또는 유지한다.

① 인성(Personality) : 성격적 결함은 없는가? – 개인의 특장점 진단, 성격 결함자 사전 검출
② 직무능력(Ability) : 어떤 면이 발달되고 뒤떨어져 있는가? – 정상 직무 수행능력 구별
③ 인재상 : 기업이 원하는 핵심역량을 갖추고 있는가? – 기업 차원 자질 검증
④ 직무적성(Aptitude) : 해당 분야에 적합한 흥미와 소질을 갖추고 있는가? – 직무 배치의 합리화

(3) 인성검사 기대 효과

인성검사의 실시로 인해 기대되는 효과는 가치관에 부합하는 최적격 인재를 채용하여 난해한 선발 기준을 해소할 수 있다. 또한 문제성 성격 결함자를 사전에 검출 및 신경·정신질환자를 사전 검출할 수 있다. 내면적 인격 상태를 판정하여 면접 과정에서 활용할 수도 있고 적재적소에 인력을 배치할 수도 있다.

또한 선발된 사람들의 전반적 인성을 판별하여 사우관계 개선, 직원 성향을 관리할 수 있고, 적성에 맞도록 업무를 재배치하여 중압감과 압박감을 해소할 수 있다. 또 사원들의 부족 부분은 교육 및 연수를 할 수 있고 평가 지표로도 활용이 가능하다. 이로 인해 인사 관리 과학화, 교육을 통해 개인 문제점 교정, 안전사고 사전 예방, 기여도 및 업무 능률 제고의 효과가 기대된다.

(4) 역량검사와 인적성검사의 비교

구 분	역량검사 중심형	인적성검사 중심형
정 의	기업의 기대성과를 달성하는 데 직접적으로 관련이 있는 개개인의 행동, 지식, 스킬, 경험, 가치관 등을 평가	표준화된 측정도구를 활용하여 개인의 행동 유형과 자아성숙도, 잠재적 능력, 적성을 종합적으로 평가
주요목적	• 기업 인재상 부합 인재 확보 및 육성 • 인성보다는 개인의 특정 역량	• 선발 및 배치 • 인생 전반, 종합직무 및 적성
평가영역	핵심역량, 리더십역량, 직무역량	인성, 직무능력, 직무적성
평가활용	• 일부 그룹 채용 활용 • 대부분 기존 직원 평가용으로 활용	• 선발 채용 시 대부분 기업에서 사용 • 대부분 대학에서 모의 테스트 진행
장 점	• 개인의 특정 역량의 정밀 측정 • 인재상 부합 인원 확보	• 개개인의 전반적인 인성·직무 수준 이해 • 변수 간 상관성 고려한 개인 Customizing
단 점	• 부분적, 인성에 대한 종합적 평가 애로 • 정서적, 사회적 부적응자 추출 애로 • 평가 준거 설정 및 설계 비용 발생	기업 핵심 가치에 대한 정밀 측정 애로

2. SHR 인성검사

(1) SHR 인성검사의 특징

SHR 인성검사는 현재 Nike, Intel, Gillette 등 세계적인 기업들에서 실시되고 있으며, 검사활용의 기준이 되는 신뢰도와 타당도가 검증된 것이다. 그리고 다양한 직업영역의 지원자들에게 포괄적으로 사용될 수 있으며, 직무 장면에서 특히 중요한 영향을 미칠 수 있는 성격 요인들만을 선별할 수 있다. 포괄적이고 신뢰할 수 있는 프로파일을 통해 선발 오류를 줄여 양질의 자원과 인력을 활용할 수 있다.

(2) SHR 인성검사의 구조

SHR 인성검사는 대인관계·사고유형·감정 및 정서의 3개 영역과 30개의 하위 성격차원들로 구성된다. 또한 성격차원별 측정 결과에 근거하여 직무별 해당 역량의 프로파일을 제공한다. 이러한 역량 프로파일은 인사담당자가 지원자의 직무역량을 평가·판단하는 데 활용할 수 있다. 인성검사는 전체 100문항에 25분이 주어진다.

(3) SHR 인성검사의 척도

Occupational Personality Dimension					
대인관계		사고방식		감정 및 정서	
자기 주장	설득지향성 통솔지향성 독립성	인지사용	실용지향성 자료지향성 예술지향성 행동분석지향성	불안, 감정	정서이완 상황불안
사교성	외향성 친교성 사회적 자신감	추상적 사고	보수지향성 변화지향성 개념지향성 혁신지향성	통 제	강직성 감정통제지향성 낙천성 비평성
감정이입	겸양성 민주성 배려심	구체적 사고	계획지향성 세부지향성 완결지향성	행동 양식	활동성 경쟁성 성취지향성 결단성

(4) 결과 활용

SHR 인성검사는 성격에 대해 가장 세부적인 그림을 제공하며 역량 프로파일, 팀 타입, 리더십·부하 스타일, 판매·영향력 행사 스타일, 스트레스 프로파일 등을 산출한다. SHR 인성검사의 결과는 팀 타입, 직무개발 및 상담, 스트레스 관리, 그리고 선발 상황에서 중요한 자료로 활용된다.

① 팀 타입

SHR 인성검사 결과에 기초하여 팀 내에서 팀 구성원이 보이는 행동 유형을 8개로 나누어 볼 수 있으며, 개인의 특징적 팀 타입 정보를 프로파일 차트로 제시한다. SHR 인성검사 팀 타입 프로파일에 기초하여, 팀워크를 이루어 업무를 진행하는 직무에서 한 개인의 직무에 대한 적합성을 평가할 수 있다. 즉, 개인이 기존 팀에 얼마나 잘 조화되는지를 파악할 수 있다.

② 리더십 · 부하 스타일

한 개인이 특정 직무에 적합한지를 평가함에 있어 중요하게 고려할 사항은, 개인을 상사와 부하 관계와 같은 수직적 관계에 어떻게 맞출 것인가 하는 것이다. 인성검사에 기초하여 조직의 이러한 수직적 관계에서 나타날 수 있는 리더 스타일과 부하 스타일에 관한 프로파일을 제공한다.

③ 판매 · 영향력 행사 스타일

판매의 성공은 판매자와 고객 성격 간에 맞물린 상호작용에 달려 있다. 예를 들면, 사적인 관계에 가치를 두는 따뜻하고 사교적이며 외향적인 사람에게 판매할 때 요구되는 행동과, 기술적이고 세부적인 것에 주의를 기울이는 내향적이고 비친화적인 사람에게 판매할 때 요구되는 행동은 다르다.

④ 스트레스 프로파일

과도한 스트레스가 조직 및 개인에게 비용 요인이 되고 있다. 조직에서 스트레스를 피할 수 없다 하더라도 좀 더 효과적으로 대처하는 방법을 알 수 있다면 스트레스의 부정적인 효과를 줄일 수 있다. 개인의 스트레스 정도 및 스트레스 상황에 대처하는 방식은 개인이 가지는 성격에 따라 달라진다. 개인의 스트레스 요인을 고려하여 팀 업무를 할당함으로써 실질적이고 즐거운 직업문화를 형성할 수 있다.

(5) 인성검사 문제 형식

① 문제 유형

※ **지문을 읽고 보기에서 자신과 가장 가까운 것(ㄱ)과 가장 먼 것(ㅁ)을 선택하시오.**

1 나는 친구들과 어울리는 것을 좋아한다.

　　① 자주 어울리는 편은 아니다.　　② 가끔 어울린다.
　　③ 자주 어울린다.　　④ 거의 매일 만난다.

　　ㄱ. ① ② ③ ④
　　ㅁ. ① ② ③ ④

---

2 나는 스트레스를 잘 푼다.

① 스트레스 때문에 일을 진행하지 못한다.
② 어느 정도 스트레스를 견딘다.
③ 거의 스트레스를 이겨낼 수 있다.
④ 언제나 스트레스를 잘 푼다.

ㄱ. ① ② ③ ④
ㅁ. ① ② ③ ④

3 매표소에서 줄을 서고 있는데, 누군가 당신 앞에서 새치기를 한다면 어떻게 하겠는가?

① 바로 항의한다.　　　　　　② 상황에 따라서 무시한다.
③ 그냥 무시한다.　　　　　　④ 전혀 신경 쓰지 않는다.

ㄱ. ① ② ③ ④
ㅁ. ① ② ③ ④

4 열띤 논쟁에서 나는 한번 결정한 것을 좀처럼 바꾸지 않는다.

① 내 생각을 고수하는 편이다.
② 가끔 그런 편이다.
③ 그렇지 않다.
④ 상황에 따라서 얼마든지 생각을 바꿀 수 있다.

ㄱ. ① ② ③ ④
ㅁ. ① ② ③ ④

5 창의적으로 일하는 것을 좋아한다.

① 매우 그렇다.　　　　　　② 보통 그런 편이다.
③ 가끔 그렇다.　　　　　　④ 주어진 일만 열심히 한다.

ㄱ. ① ② ③ ④
ㅁ. ① ② ③ ④

6 사람들과 함께 일하는 것이 효율적이다.

① 팀에서 일할 때 더 능률이 오른다.　② 대체로 그런 편이다.
③ 별로 개의치 않는다.　　　　　　　④ 혼자 일할 때 더 효율적이다.

ㄱ. ① ② ③ ④
ㅁ. ① ② ③ ④

② 성격차원별 문제

01. **설득지향성** : 나는 어떤 상품도 고객을 이해시켜서 판매할 수 있다.

02. **통솔지향성** : 함께 일을 하면 사람들을 통솔해서 이끌고 나가는 편이다.

03. **독립성** : 내 방식으로 일을 하지 못하면 불편하다.

04. **외향성** : 사람들과 어울리는 것을 좋아한다.

05. **친교성** : 처음 만나는 사람과도 잘 어울린다.

06. **사회적 자신감** : 사회적 직위나 돈보다는 자신감이 더 중요하다.

07. **겸양심** : 나는 존경하는 사람이 많다.

08. **민주성** : 내 의견보다는 전체 의견을 먼저 따른다.

09. **배려심** : 어려운 사람을 보면 그냥 지나치지 않는다.

10. **실용지향성** : 능률적으로 일하는 것을 좋아한다. 컴퓨터 단축키를 잘 사용한다.

11. **자료지향성** : 도표나 그래프 등을 잘 분석한다.

12. **예술지향성** : 정기적으로 공연을 보거나 관심 있는 전시회를 찾아다닌다.

13. **행동분석지향성** : 다른 사람들의 말이나 행동에 대해서 분석하는 것을 좋아한다.

14. **보수지향성** : 격식이 있는 자리에서는 예의를 지킨다.

15. **변화지향성** : 옷맵시나 머리 모양에서 최신 유행을 따른다.

16. **개념지향성** : 어떤 일을 처리할 때 나만의 원칙이 있다.

17. **혁신지향성** : 평소에 참신한 아이디어를 많이 생각한다.

18. **계획지향성** : 미리 계획을 세워서 일을 한다.

19. **세부지향성** : 남들보다 꼼꼼하게 일을 처리한다.

20. **완결지향성** : 일을 마무리하지 못하면 마음이 놓이지 않는다.

21. **정서이완** : 스트레스를 잘 푸는 편이다.

22. **상황불안** : 많은 사람들 앞에 있으면 불안하다. 불편한 자리에 있는 것을 싫어한다.

23. **강직성** : 낯선 환경에서도 자신을 잃지 않는다.

24. **감정통제지향성** : 여간하여서는 감정을 사람들에게 표현하지 않는다.

25. **낙천성** : 성격이 긍정적이라는 말을 많이 듣는다.

26. **비평성** : 영화나 드라마를 보고 비평하는 것을 좋아한다.

27. **활동성** : 여행을 좋아한다. 주말에는 야외활동을 즐긴다.

28. **경쟁성** : 다른 사람과 경쟁하는 것을 피하지 않는다.

29. **성취지향성** : 회사에서는 결과물을 통해서 능력을 인정받아야 한다.

30. **결단성** : 빠르게 상황을 판단하고 결정을 내린다.

(6) 대처 방안

30개의 척도를 바탕으로 한 100문제를 풀다보면 누구나 비슷비슷한 문제들 사이에서 하나를 선택하는 데 어려움을 겪게 된다. 특히 '좋다, 나쁘다'가 확실하지 않은 문제들의 경우에는 더욱 그 고민이 깊어진다. 자신의 선호도를 정확하게 순위를 매겨서 생활하는 사람은 아마 드물 것이다. 하지만 인성검사는 이러한 것들을 비교, 대조해서 지원자의 인성을 판단하는 것이기 때문에 적절한 대처 방안이 필요하다. 가장 좋은 방법은 인성을 판단하는 기준이 되는 일반적인 사람들의 기준에서 좀 더 긍정적인 해답을 찾는 것이다. 일반적인 사람들에 비해서 나는 좀 더 활동적이고, 일반적인 사람들에 비해서 나는 좀 더 창의적이며, 일반적인 사람들에 비해서 나는 좀 더 결단성이 있다는 식이다. 이러한 긍정적인 판단은 '좋다, 나쁘다'의 판단이 애매한 문제에서 낮은 점수를 받지 않게 해 줄 것이다. 이 경우에 인성검사 점수는 평균을 유지하거나 더 높을 것이다.

3. KPDI 성격진단검사(KIRBS Personality Diagnostic Inventory)

(1) 성격진단검사란?

인성이란 개인이 환경에 적응하는 행동의 근원이 되는 개인의 심리적 특성으로서, 성격진단검사는 이러한 독특한 개인의 생각과 행동을 과학적, 객관적으로 정밀하게 측정하고 예언하는 심리학적 도구이다.

(2) KPDI 성격진단검사의 특징

KPDI 성격진단검사는 과거 30년 동안 한국의 100여 기업체의 수십만 명을 대상으로 실시한 성격진단검사의 결과를 토대로 하여, 한국적 상황에 적합한 독자적인 순수 한국형 성격진단검사이다. KPDI는 개인의 어떤 특성을 개별적으로 해석하고 판정하기보다는 여러 특성을 통합적으로 해석하는 프로파일 패턴분석(Profile Pattern Analysis)을 통한 성격진단법을 채택하고 있다.

(3) KPDI 성격진단검사가 측정하는 성격요인

한국의 기업체가 관심을 갖는 성격 특성을 분석한 결과를 토대로 하여 고정된 18개 성격요인, 즉 주도성, 지위상승욕구, 사교성, 표현력, 자신감, 현실만족감, 책임의식, 사회화 정도, 자기통제력, 관용성, 호감성, 동조성, 순응적 성취, 독립적 성취, 지적 효율성, 예민성, 융통성, 남/여향성 등을 측정한다. 또한 한국의 기업체의 직무 분석을 근거로 하여 기업체의 업무 관련 성격 특성을 업무태도 (책임감, 팀워크, 근면성, 인내력, 적극성, 자기 계발 의식), 대인관계(활력, 자기 확신, 설득력, 리더십), 문제해결능력(문제분석/판단력, 추진력, 계획성, 창의력)으로 구분하여 측정한다.

(4) KPDI 성격진단검사 예시

번 호	질 문	응 답	
1	포기하지 않고 노력하는 것이 중요하다.	예	아니오
2	장래의 일을 생각하면 불안해질 때가 있다.	예	아니오
3	반대에 부딪혀도 자신의 의견을 바꾸는 일은 없다.	예	아니오
4	잘못된 일을 한 적이 한 번도 없다.	예	아니오
5	막무가내라는 말을 들을 때가 많다.	예	아니오
6	몸으로 부딪쳐 도전하는 편이다.	예	아니오
7	일에는 결과가 중요하다고 생각한다.	예	아니오
8	매사에 신중한 편이라고 생각한다.	예	아니오
9	좀처럼 결단하지 못하는 경우가 있다.	예	아니오
10	다른 사람이 나를 어떻게 생각하는지 궁금할 때가 많다.	예	아니오
11	다수의 반대가 있더라도 자신의 생각대로 행동한다.	예	아니오
12	해야 할 일은 신속하게 처리한다.	예	아니오
13	새로운 일에 처음 한 발을 좀처럼 떼지 못한다.	예	아니오
14	실행하기 전 재고하는 경우가 많다.	예	아니오
15	조심스러운 성격이라고 생각한다.	예	아니오

4. KAD검사(KOREA Aptitude Development)

(1) KAD검사란?

수년간의 심리 연구와 남녀 간의 성향별 유형을 파악하여 비정상적으로 행동하는 대상을 면밀히 관찰·분석하였다. 또한, 정상인들과의 차이점을 수치로 표시함으로써 사회적으로 필요로 하는 정상적인 인성의 형성 정도를 파악하는 데 주력하였다. 검사 방법은 문답식 '예, 아니오'의 방식과 도형에 의한 허위응답 방지, 그리고 선택형 문제 등 다양한 방법으로 검사자의 심리상태와 사회적 인성 형성 정도를 정확히 파악하고 있다. 또한 성인의 경우 직무를 수행함에 있어 요구되는 기초능력과 실무능력을 실제 상황에 맞게 문제로 출제함으로써 기업이나 조직에 피대상자의 직무수행능력을 정확히 분석해 제공한다. 뿐만 아니라 개인의 성향과 지적인 능력, 그리고 기호·관심·흥미도를 종합적으로 분석하여 가장 적성에 맞는 업무가 무엇인가를 파악하여 제공함으로써 부서 배치 시 유용한 자료가 될 수 있도록 프로그램화하였다.

(2) 프로그램의 특징

① 동일 유형의 온·오프라인 검사 실시로 검사의 공정성을 향상시켰다.

② 허구성 측정 과정을 과학적으로 진행하여 허위응답을 최대한 방지할 수 있다.

　㉠ 수검자가 문항을 읽어본 후 '그렇다'라고 생각되면 ①, '아니다'라고 생각되면 ②에 체크한다.

　㉡ 그림 선택에서는 마음에 드는 그림(도형) 한 개만 선택하여 해당 번호에 체크한다.

　㉢ ㉠・㉡에서 프로그램에 입력되는 일관성 있는 문항 사이에서 1차적으로 허구성 여부에 대해 분석한다.

　㉣ 이후 인성부문에서 응답한 내용과 도형 선택 내용에서 거짓응답 여부를 최종적으로 분석한다.

　㉤ 각 인성항목(정직성, 성실성, 근면성, 책임감, 성취력, 협동성, 사회성, 대인관계, 능동성, 적극성, 추진력, 지도력, 섭외력, 사교력, 감정상태, 인내성, 침착성, 집중력, 정신건강상태, 질서의식)에 대한 허구성 여부가 가려지면 100점 만점제로 하여 항목별로 최종적인 점수가 산출된다.

NO.	문 제
1	힘들고 어려운 일이라도 참고 견디면서 한다. ① ◎　　　② ◎
2	자신의 능력을 자만하고 상대를 얕보는 편이다. ① ◎　　　② ◎
3	친구가 억울한 일을 당하면 마음이 아프다. ① ◎　　　② ◎
4	육교나 횡단보도가 있는데도 거리가 멀다고 생각되면 무단보행을 하는 편이다. ① ◎　　　② ◎
5	기분 상하는 일이 있더라도 화를 내지 않는다. ① ◎　　　② ◎
6	어떤 일을 할 때 정신집중이 잘 안 되는 편이다. ① ◎　　　② ◎

7	스스로 선택한 행동에 책임을 지고 자신에게 맡겨진 일은 정확하게 마무리한다. ① ◎　　　　　　　　② ◎	
8	게으름을 피울 때가 있다. ① ◎　　　　　　　　② ◎	
9	남보다 앞서기 위해 가끔 거짓말을 할 때가 있다. ① ◎　　　　　　　　② ◎	
10	나는 일을 적극적으로 한다. ① ◎　　　　　　　　② ◎	
11	머리가 맑지 못하고 무거운 느낌이 많이 든다. ① ◎　　　　　　　　② ◎	
12	사람들과 교제를 통해서 자신의 세계를 전개하는 편이다. ① ◎　　　　　　　　② ◎	
13	힘든 일은 하기 싫어하는 편이다. ① ◎　　　　　　　　② ◎	
14	남이 잘되는 것을 보면 질투하고 미워하는 버릇이 있다. ① ◎　　　　　　　　② ◎	

※ 예를 들어 1번과 7번 인성 문항, 13번의 그림 선택과 관련성이 있다고 할 때, 1번 인성 문항에서 정직하게 응답하고, 7번 인성 문항에서는 본인에게 유리하게 거짓 응답, 13번의 그림 선택에서는 마음에 드는 그림 ①을 선택했을 경우 허구성이 가려지게 된다.

③ 기타 인성검사와의 차이점

구 분	KAD검사	기타검사
개발 국적	대한민국	미국이나 일본 등
표준화 검사 대상	우리나라 일반인 대상	외국인 대상
타당도 검증	정확한 평가 도구로 타당도 검증	타당도 검증 희박
수정 및 보완	우리나라 기업 실정에 맞도록 수정 및 활용도 보완 100% 가능	외국 프로그램(저작권 : 외국)으로 인하여 수정·보완 어려움(100% 불가능)
문항 구성	간결하고 실질적인 문항 중심으로 편집(그림 : 허구성 검출)	허구성 검출 문항 미비로 자료 정확도 희박
프로그램 등록	과학기술처 제16950호	–
검사 개발 동기	현재 우리나라의 문화와 교육 수준, 사회 발달 정도 등 제반 조건을 총망라하여 수년간의 자료조사, 표준화 검사를 통하여 실용 가치를 높이는 데 주력하였다.	외국 검사 도구를 직역·번역하여 표준화 검사도 거치지 않고 그대로 사용하고 있는 실정
자료 활용	인사담당자 입장에서 100% 활용할 수 있는 장점이 있음 • 인성검사 결과표(면접용) • 직무능력 결과표(필기시험 대체용) • 채용 후 부서 배치용(적성검사 결과표)	인사담당자 입장에서 자료로 활용하기에는 미비함 (결과자료를 이해하기 어려워 사용 여부 결정이 곤란함)
결과표 해설	인성, 직무능력 적성은 자신의 성장에 대한 생활환경까지 파악할 수 있을 만큼 결과 내용을 쉽게 이해할 수 있도록 체계적으로 분석·구분되어 있으며, 특히 결함 부분 제시와 교정 방향 제시가 자세히 설명되어 있음	결함 부문은 제시되어 있으나 교정방향 제시는 없거나 빈약함

(3) 기업용·공사용 항목

① 검사항목

구 분	검사유형	검사항목	항목수
성인 (일반형)	인 성	성실성, 건강상태, 근면성, 솔직성, 성취성, 책임감, 사회성, 대인관계, 협동성, 능동성, 적극성, 자주성, 자신감, 섭외력, 지도력, 규율성, 신뢰성, 준법성, 신경발달, 순수성, 감정, 정신건강, 행동안정, 정서, 인내력, 침착성, 집중력	대분류 : 9개 항목 소분류 : 27개 항목
	직무능력	판단력, 창조능력, 수리능력, 응용능력, 논리능력, 사고능력, 이해능력, 탐구능력	8개 항목
	적응적성	사무(기획, 총무, 회계, 안내), 영업(영업, 마케팅, 홍보, 무역), 기술(전산(IT), 연구개발, 생산관리, 기능직), 전문직(언론, 교육, 법무, 금융)	대분류 : 4개 항목 소분류 : 16개 항목

※ 포괄형 검사항목 홈페이지 소개

② 문항 및 소요시간

구 분	인 성			직무능력			적응적성	종 합	
	문항수	시 간	분 류	문항수	시 간	분 류	분 류	총문항	시 간
일반기업·공영기업용	228	30분	9항목	70	60분	8항목	8개/16개 직종	298	90분

※ 유형별 문항 및 소요시간 홈페이지 소개

(4) KAD 인성검사 예시(성인용)

※ 아래의 문항을 잘 읽어본 후 그렇다고 생각되면 '그렇다'에, 그렇지 않다고 생각되면 '아니다'에 표시하시오.

NO	문 제	그렇다	아니다
1	어떤 일을 하다가 어려운 문제에 부딪히면 스스로 해결하려고 노력한다.	○	○
2	길을 가다가 휴지나 오물이 보이면 주워서 부근 휴지통에 넣는 편이다.	○	○
3	특별한 이유 없이 남을 미워할 때가 자주 있는 편이다.	○	○
4	주위 사람들로부터 부지런하다는 말을 들을 때가 있다.	○	○
5	일을 하다보면 머리에 피로가 자주 온다.	○	○
6	어떤 일이나 과제에 대해 끝맺음은 정확히 하는 편이다.	○	○
7	마음가짐이 안절부절못하여 침착하지 못할 때가 종종 있다.	○	○
8	단체생활의 경험이 풍부한 편이다.	○	○
9	모임에서 장기자랑 순서가 돌아오면 긴장이 되면서 가슴이 두근거린다.	○	○
10	기계의 분해나 조립을 할 수 있다.	○	○
11	무슨 일이든 남에게 의존하기가 싫다.	○	○
12	남의 의견에 귀를 기울이고 지시에 잘 따르는 편이다.	○	○

※ 아래의 문항에서 좋아하는 도형을 하나 선택하시오.

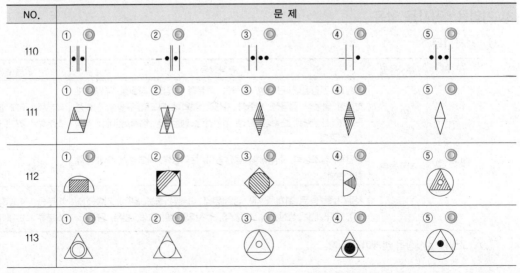

※ 출처 : (주)한국사회적성개발원(http://www.qtest.co.kr)

5. MMPI(Minnesota Multiphasic Personality Inventory)

(1) MMPI의 특성

MMPI는 개인이 가지고 있는 다면적인 성격을 많은 문항 수의 질문을 통해 수치로 나타내는 성격검사이다. 여기서 성격이란 한 개인이 환경적 변화에 적응하는 특징적인 행동과 생각을 결정하는 정신적·신체적 체제의 역동적 조직이라고 말할 수 있으며, 환경에 적응하게 하는 개인적인 여러가지 특징과 행동양식의 잣대라고 정의될 수 있다. 다시 말하면, 성격이란 한 개인이 환경적 변화에 적응하는 특징적인 행동 및 사고유형이라고 할 수 있으며, 인성검사란 그 개인의 행동 및 사고유형을 서면을 통해 수치적·언어적으로 기술하거나 예언해 주는 도구라 할 수 있다.

신규 채용에서 MMPI를 그대로 사용하는 기업도 있지만, 대부분의 기업에서는 MMPI를 기준으로 자체 기업에 맞도록 연구, 조사, 정보수집, 개정 등의 과정을 통해서 개발된 유형을 사용하고 있다. 보통 MMPI의 척도를 살펴보면 기본 척도가 8개 문항이고, 2개의 임상척도와 4개의 타당성 척도를 포함, 총 14개 척도로 구성되어 있다.

(2) MMPI 척도구성

① 타당성 척도

타당성 척도는 피검사자가 검사에 올바른 태도를 보였는지, 또 피검사자가 응답한 검사 문항들의 결론이 신뢰할 수 있는 결론인가를 알아보는 라이 스케일(Lie Scale)이라 할 수 있다. 타당성 4개 척도들은 잘못된 검사태도를 탐지하게 할 뿐만 아니라, 임상척도와 더불어 검사 이외의 행동에 대하여 유추할 수 있는 자료를 제공해 줌으로써, 의미 있는 인성요인을 밝혀주기도 한다.

무응답척도 (?)	• 무응답척도는 피검사자가 응답하지 않은 문항과 '그렇다'와 '아니다'에 모두 답한 문항들의 총합이다. • 무응답척도점수의 크기는 다른 척도점수에 영향을 미치게 되므로, 빠뜨린 문항의 수를 최소한 줄이는 것이 중요하다.
허구척도 (L)	• L척도는 원래 피검사자가 자신을 좋은 인상으로 나타내 보이려고 하는 고의적이고도 부정직하며 세련되지 못한 시도를 측정하려는 허구척도이다. • L척도의 문항들은 정직하지 못하거나 결점들을 고의적으로 감춰 자신을 좋게 보이려는 사람들의 장점마저도 부인하게 된다.
신뢰성 척도 (F)	F척도는 검사 문항에 빗나간 방식으로 답변하는 경향을 평가하기 위한 척도로, 정상적인 집단의 10% 이하가 응답한 내용을 기준으로 일반 대중의 생각이나 경험과 다른 정도를 측정한다.
교정척도 (K)	• K척도는 분명한 정신적인 장애를 지니면서도 정상적인 프로파일을 보이는 사람들을 식별하기 위한 것이다. • K척도는 L척도보다 은밀하게, 그리고 세련된 사람들에게서 측정된다.

② 임상척도

임상척도는 검사의 주된 내용으로서 비정상 행동의 종류를 측정하는 10가지 척도로 되어 있다. 임상척도의 수치는 높은 것이 좋다고 해석하는 경우도 있지만, 개별 척도별로 해석을 참고하는 경우가 대부분이다.

건강염려증(Hs) Hypochondriasis	개인이 말하는 신체적 증상과 이러한 증상들이 다른 사람을 조정하는 데 사용되고 있지는 않은지 여부를 측정하는 척도로서 측정 내용은 신체의 기능에 대한 과도한 집착 및 이와 관련되는 질환이나 비정상적인 상태에 대한 불안감 등이다.
우울증(D) Depression	개인의 비관 및 슬픔의 정도를 나타내는 기분 상태의 척도로서 자신에 대한 태도와 타인과의 관계에 대한 태도, 절망감, 희망의 상실, 무력감 등으로 나타나는 활동에 대한 흥미의 결여, 불면증과 같은 신체적 증상 및 과도한 민감성 등을 표현한다.
히스테리(Hy) Hysteria	현실에 직면한 어려움이나 갈등을 회피하는 방법으로 부인기제를 사용하는 경향 정도를 진단하려는 것으로서 특정한 신체적 증상을 나타내는 문항들과 아무런 심리적·정서적 장애도 가지고 있지 않다고 주장하는 것을 나타내는 문항들의 두 가지 다른 유형으로 구성되어 있다.
반사회성(Pd) Psychopathic Deviate	가정이나 일반에 대한 불만, 자신 및 사회와의 격리, 권태 등을 주로 측정하는 것으로서 반사회적 성격, 비도덕적인 성격 경향 정도를 알아보기 위한 척도이다.
남성–여성 특성(Mf) Masculinity–Femininity	직업에 관한 관심, 취미, 종교적 취향, 능동–수동성, 대인감수성 등의 내용을 담고 있으며, 흥미 형태의 남성 특성과 여성 특성을 측정하고 진단하는 검사이다.
편집증(Pa) Paranoia	편집증을 평가하기 위한 것으로서 정신병적인 행동과 과대의심, 관계망상, 피해망상, 과대망상, 과민함, 비사교적 행동, 타인에 대한 불만감 같은 내용의 문항들로 구성되어 있다.
강박증(Pt) Psychasthenia	병적인 공포, 불안감, 과대근심, 강박관념, 자기비판적 행동, 집중력 곤란, 죄책감 등을 검사하는 내용으로 구성되어 있으며, 주로 오랫동안 지속되어 온 만성적인 불안을 측정한다.
조현병(Sc) Schizophrenia	정신적 혼란을 측정하는 척도로서 가장 많은 문항을 내포하고 있다. 이 척도는 별난 사고방식이나 행동양식을 지닌 사람을 판별하는 것으로서 사회적 고립, 가족관계의 문제, 성적 관심, 충동억제불능, 두려움, 불만족 등의 내용으로 구성되어 있다.
경조증(Ma) Hypomania	정신적 에너지를 측정하는 것으로서 사고의 다양성과 과장성, 행동영역의 불안정성, 흥분성, 민감성 등을 나타낸다. 이 척도가 높으면 무엇인가를 하지 않고는 못 견디는 정력적인 사람이다.
내향성(Si) Social Introversion	피검사자의 내향성과 외향성을 측정하기 위한 척도로서 개인의 사회적 접촉회피, 대인관계의 기피, 비사회성 등의 인성 요인을 측정한다. 이 척도의 내향성과 외향성은 어느 하나가 좋고 나쁨을 나타내는 것이 아니라, 피검사자가 어떤 성향의 사람인가를 알아내는 것이다.

6. MMPI-2(Minnesota Multiphasic Personality Inventory-2)

(1) MMPI-2 소개

MMPI-2는 기존 MMPI의 제한점을 개선하고, 새로운 문항과 척도들을 보강하여 재표준화한 검사이다.

(2) MMPI와의 차이점

규준의 개정, 검사 문항의 향상, 재구성 임상척도의 개발, 타당성 척도의 추가, 새로운 내용척도의 개발, 새로운 보충척도의 개발, Uniform T점수의 사용

(3) MMPI-2 척도 구성

① 타당성 척도(Validity Scales)

무응답, 무선반응 비일관성, 고정반응 비일관성, 비전형, 비전형(후반부), 비전형(정신병리), 부인, 교정, 과장된 자기 제시

② 임상척도(Clinical Scales)·임상 소척도(Harris-Lingoes & Si Subscales)

건강염려증, 우울증(주관적 우울감, 정신운동 지체, 신체적 기능장애, 둔감성, 깊은 근심), 히스테리(사회적 불안의 부인, 애정 욕구, 권태-무기력, 신체증상 호소, 공격성의 억제), 반사회성(가정 불화, 권위 불화, 사회적 침착성, 사회적 소외, 내적 소외), 남성성-여성성, 편집증(피해의식, 예민성, 순진성), 강박증, 정신분열증(사회적 소외, 정서적 소외, 자아통합 결여-인지적·동기적·억제부전, 기태적 감각 경험), 경조증(비도덕성, 심신운동 항진, 냉정함, 자아팽창), 내향성(수줍음·자의식, 사회적 회피, 내적·외적 소외)

※ 기태적 : 이상행동이나 이상한 것을 느끼는 것

③ 재구성 임상척도(Restructured Clinical Scales)

의기소침, 신체증상 호소, 낮은 긍정 정서, 냉소적 태도, 반사회적 행동, 피해의식, 역기능적 부정 정서, 기태적 경험, 경조증적 상태

④ 성격병리 5요인 척도(PSY-5 Scales)

공격성, 정신증, 통제 결여, 부정적 정서성·신경증, 내향성·낮은 긍정적 정서성

⑤ 내용 척도(Content Scales)·내용 소척도(Content Component Scales)

불안, 공포(일반화된 공포, 특정 공포), 강박성, 우울(동기 결여, 기분 부전, 자기 비하, 자살 사고), 건강 염려(소화기 증상, 신경학적 증상, 일반인적 건강 염려), 기태적 정신상태(정신증적 증상, 분열형 성격 특성), 분노(폭발적 행동, 성마름), 냉소적 태도(염세적 신념, 대인 의심), 반사회적 특성(반사회적 태도, 반사회적 행동), A 유형 행동(조급함, 경쟁 욕구), 낮은 자존감(자기 회의, 순종성), 사회적 불안감(내향성, 수줍음), 가정 문제(가정 불화, 가족 내 소외), 직업적 곤란, 부정적 치료 지표(낮은 동기, 낮은 자기 개방)

⑥ 보충 척도(Supplementary Scales)

　㉠ Broad Personality Characteristics : 불안, 억압, 자아강도, 지배성, 사회적 책임감

　㉡ Generalized Emotional Distress : 대학생활 부적응, 외상 후 스트레스 장애, 결혼생활 부적응

　㉢ Behavioral Dyscontrol : 적대감, 적대감 과잉통제, Mac Andrew의 알코올 중독, 중독 인정, 중독 가능성

　㉣ Gender Role : 남성적 성역할, 여성적 성역할

7. CPI(California Psychological Inventory)

(1) CPI의 특징

캘리포니아 대학의 Harrison Gough에 의해서 개발된 자기보고형 성격 검사이다. 이 검사는 여러 면에서 MMPI와 유사하지만 정신장애자를 감별·진단하기 위한 것이 아니라 정상적인 성격 특성을 더 많이 측정하기 위해 제작되었다. 이 검사는 '예, 아니오'로 대답하는 480문항으로 구성되어 있으며 18개의 하위척도를 가지고 있다.

(2) CPI 척도구성(18척도)

지배성 척도 (Do)	강력하고 지배적이며, 리더십이 강하고 대인관계에서 주도권을 잡는 지배적인 사람을 변별하고자 하는 척도이다.
지위능력 척도 (Cs)	현재의 개인 자신의 지위를 측정하는 것이 아니라, 개인의 내부에 잠재되어 있어 어떤 지위에 도달하도록 하는 자기 확신, 야심, 자신감 등을 평가하기 위한 척도이다.
사교성 척도 (Sy)	사교적이며 활달하고 참여기질이 좋은 사람과, 사회적으로 자신을 나타내기 싫어하며 참여기질이 좋지 않은 사람을 변별하고자 하는 척도이다.
사회적 태도 척도 (Sp)	사회생활에서의 안정감, 활력, 자발성, 자신감 등을 평가하기 위한 척도로서 사교성과 밀접한 관계가 있으며, 고득점자는 타인 앞에 나서기를 좋아하고, 타인의 방어기제를 공격하여 즐거움을 얻고자 하는 성격을 가지고 있다.
자기수용 척도 (Sa)	개인적 가치감을 가지고 있어서 자신에 대한 믿음, 자신의 생각을 수용하는 자기 확신감을 가지고 있는 사람을 변별하기 위한 척도이다.
행복감 척도 (Wb)	근본 목적은 행복감을 느끼는 사람과 그렇지 않은 사람을 변별해내는 척도 검사이지만, 긍정적인 성격으로 가장하기 위해서 반응한 사람을 변별해 내는 타당성 척도로서의 목적도 가지고 있다.
책임감 척도 (Re)	법과 질서에 대해서 철저하고 양심적이며 책임감이 강해 신뢰할 수 있는 사람과 인생은 이성에 의해서 지배되어야 한다고 믿는 사람을 변별하기 위한 척도이다.
사회성 척도 (So)	사회 생활에서 이탈된 행동이나 범죄의 가능성이 있는 사람을 변별하기 위한 척도로서 범죄자 유형의 사람은 정상인보다 매우 낮은 점수를 나타낸다.

자기통제 척도 (Sc)	자기통제의 유무, 충동과 자기중심에서 벗어날 수 있는 통제의 적절성, 규율과 규칙에 동의하는 정도를 측정하는 척도로서 점수가 높은 사람은 지나치게 자신을 통제하려 하며, 낮은 사람은 자기통제가 잘 안 되므로 충동적이 된다.
관용성 척도 (To)	침묵을 지키고 어떤 사실에 대하여 판단하기를 꺼리는 등의 사회적 신념과 태도를 재려는 척도이다.
좋은 인상 척도 (Gi)	타인이 자신에 대해 어떻게 반응하는가, 타인에게 좋은 인상을 주었는가에 흥미를 느끼는 사람을 변별하고, 자신을 긍정적으로 보이기 위해 솔직하지 못한 반응을 하는 사람을 찾아내기 위한 타당성 척도이다.
추종성 척도 (Cm)	사회에 대한 보수적인 태도와 생각을 측정하는 척도검사이다. 아무렇게나 적당히 반응한 피검사자를 찾아내는 타당성 척도로서의 목적도 있다.
순응을 위한 성취 척도 (Ac)	강한 성취 욕구를 측정하기 위한 척도로서 학업성취에 관련된 동기요인과 성격요인을 측정하기 위해서 만들어졌다.
독립성을 통한 성취 척도 (Ai)	독립적인 사고, 창조력, 자기실현을 위한 성취 능력의 정도를 측정하는 척도이다.
지적 능률 척도 (Ie)	지적 능률성을 측정하기 위한 척도이며, 지능과 의미 있는 상관관계를 가지고 있는 성격특성을 나타내는 항목을 제공한다.
심리적 예민성 척도 (Py)	동기, 내적 욕구, 타인의 경험에 공명하고 흥미를 느끼는 정도를 재는 척도이다.
유연성 척도 (Fx)	개인의 사고와 사회적 행동에 대한 유연성, 순응성 정도를 나타내는 척도이다.
여향성 척도 (Fe)	흥미의 남향성과 여향성을 측정하기 위한 척도이다.

8. MBTI(Myers-Briggs Type Indicator)

(1) MBTI의 특징

칼 융(C. G. Jung)의 심리유형론을 근거로 캐서린 브릭스(Katharine C. Briggs)와 그의 딸 이사벨 마이어스(Isabel B. Myers)가 연구・개발한 인간 이해를 위한 성격유형검사이다. 이 검사는 현재 세계에서 가장 널리 사용되는 심리검사 중 하나로, 내담자는 MBTI를 통하여 자신의 심리특성을 이해할 수 있게 되고, 이러한 자기이해를 토대로 자신의 독특한 성격유형을 알면, 타인을 이해하는 데에도 도움을 받을 수 있다.

(2) MBTI의 4가지 선호경향

① 인간이 행동방식을 결정할 때 일어나는 과정은 다음과 같다.

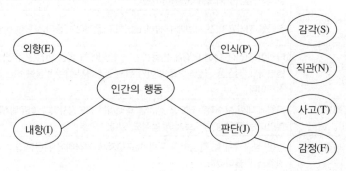

사람은 감각이나 직관을 통하여 주위의 사물과 사람, 사건, 사상을 인식한다. 이렇게 인식한 내용을 토대로 판단을 내릴 때에는, 사고 기능이나 감정 기능을 사용한다. 판단한 결과를 행동에 옮기는 단계에서 어떤 태도를 취하는가에 따라 외향과 내향이 구분된다.

② MBTI에서는 위의 내적 과정을 다음과 같이 4가지 선호경향으로 분류한다.

외향[Extroversion] 외부 세계의 사람이나 사물에 대하여 에너지를 사용	에너지 방향 (Energy)	내향[Introversion] 내부 세계의 개념이나 아이디어에 에너지를 사용
감각[Sensing] 오감을 통한 사실이나 사건을 더 잘 인식	인식기능 (Information)	직관[Intuition] 사실 사건 이면의 의미나 관계 가능성을 더 잘 인식
사고[Thinking] 사고를 통한 논리적 근거를 바탕으로 판단	판단기능 (Decision Making)	감정[Feeling] 개인적·사회적 가치를 바탕으로 감정을 근거로 판단
판단[Judging] 외부 세계에 대하여 빨리 판단 내리고 결정하려 함	생활양식 (Life Style)	인식[Perception] 정보 자체에 관심이 많고 새로운 변화에 작용적임

(3) 16가지 유형별 해석

① MBTI에서 개인은 위의 4가지 선호경향마다 대립되는 두 가지 지표 가운데 어느 것을 더 선호하는지를 응답하게 되고 그 결과 4개의 알파벳이 조합되어 이루어진 개인의 성격유형 코드가 만들어진다.

② 이렇게 하여 제시될 수 있는 성격유형은 모두 16가지이며, 다음의 16가지 성격유형도표는 MBTI를 효과적으로 이해하고 응용하는 기초가 된다.

③ 이 유형도표는 사람들의 상호작용을 쉽게 이해할 수 있도록 함으로써 서로가 서로를 더 잘 이해하고 존중하는 세상을 만드는 데 도움을 주고 있다.

유 형		특 징	추천 직업군
ISTJ	세상의 소금형	한번 시작한 일은 끝까지 해내는 사람들	관리자, 회계사, 엔지니어, 은행원
ISFJ	임금 뒤편의 권력형	성실하고 온화하며 협조를 잘하는 사람들	간호사, 유치원교사, 도서관사서, 성직자, 사무관리자
INFJ	예언자형	사람과 관련된 뛰어난 통찰력을 가지고 있는 사람들	순수예술가, 교육분야 컨설턴트, 건축가, 인사담당관계자
INTJ	과학자형	전체적인 부분을 조합하여 비전을 제시하는 사람들	컴퓨터전문가, 연구원, 심리학자, 편집자, 교사(화학)
ISTP	백과사전형	논리적이고 뛰어난 상황적응력을 가지고 있는 사람들	전기·전자공학기술자, 건설노동자, 컴퓨터프로그래머, 조사연구원
ISFP	성인군자형	따뜻한 감정을 가지고 있는 겸손한 사람들	예술가, 공학 및 과학기술자, 아동보육사, 기계조작원
INFP	잔다르크형	이상적인 세상을 만들어가는 사람들	학교상담자, 사회사업가, 언어병리사, 정신과의사
INTP	아이디어뱅크형	비전적인 관점을 가지고 있는 뛰어난 전략가들	화학자, 건축가, IT요원, 작가, 홍보담당자
ESTP	수완 좋은 활동가형	친구, 운동, 음식 등 다양한 활동을 선호하는 사람들	마케팅전문가, 프리랜서, 중개인(부동산, 주식)
ESFP	사교형	분위기를 고조시키는 우호적인 사람들	디자이너, 사회복지종사자, 아동보육사
ENFP	스파크형	열정적으로 새로운 관계를 만드는 사람들	사이코드라마 치료자, 배우, 위기상담자, 작가
ENTP	발명가형	풍부한 상상력을 가지고 새로운 것에 도전하는 사람들	분석가, 언론인, 연구원, 건강교육지도자
ESTJ	사업가형	사무적·실용적·현실적으로 일을 많이 하는 사람들	판매관리자, 구매대리인, 회사중역, 경찰관리자
ESFJ	친선도모형	친절과 현실감을 바탕으로 타인에게 봉사하는 사람들	학생지도행정가, 간호사, 사무관리자
ENFJ	언변능숙형	타인의 성장을 도모하고 협동하는 사람들	종교지도자, 배우, 순수예술가, 상담가, 대학교수
ENTJ	지도자형	비전을 가지고 사람을 활력적으로 이끌어가는 사람들	경영컨설턴트, 변호사, 인력자원관리자, 행정가

02 인성검사 수검 요령

인성검사는 특별한 수검 요령이 없다. 다시 말하면 모범답안이 없고, 정답이 없다는 이야기이다. 국어 문제처럼 말의 뜻을 풀이하는 것도 아니다. 굳이 수검 요령을 말하자면, 진실하고 솔직한 내 생각이 답변이라고 할 수 있을 것이다.

인성검사에서 가장 중요한 것은 첫째, 솔직한 답변이다. 내가 지금까지 경험을 통해서 축적되어온 내 생각과 행동을 허구 없이 솔직하게 기재를 하는 것이다. 예를 들어, "나는 타인의 물건을 훔치고 싶은 충동을 느껴본 적이 있다."란 질문에 피검사자들은 많은 생각을 하게 된다. 생각해 보라. 유년 기에 또는 성인이 되어서도 타인의 물건을 훔치는 일을 저지른 적은 없더라도, 훔치고 싶은 마음적인 충동은 누구나 조금이라도 다 느껴보았을 것이다. 그런데 이 질문에 고민을 하는 사람이 간혹 있다. 과연 이 질문에 "예"라고 대답하면 담당 검사관들이 나를 사회적으로 문제가 있는 사람으로 여기지는 않을까 하는 생각에 "아니오"라는 답을 기재하게 된다. 이런 솔직하지 않은 답변이 답변의 신뢰와 솔직함을 나타내는 타당성 척도에 좋지 않은 점수를 주게 된다.

둘째, 일관성 있는 답변이다. 인성검사의 수많은 질문 문항 중에는 비슷한 뜻의 질문이 여러 개 숨어 있는 경우가 많이 있다. 그 질문들은 피검사자의 솔직한 답변과, 심리적인 상태를 알아보기 위해 내포되어 있는 문항들이다. 가령 "나는 유년시절 타인의 물건을 훔친 적이 있다."라는 질문에 "예"라고 대답했는데, "나는 유년시절 타인의 물건을 훔쳐보고 싶은 충동을 느껴본 적이 있다."라는 질문에는 "아니오"라는 답을 기재한다면 어떻겠는가. 일관성 없이 '대충 기재하자'라는 식의 심리적 무성의성 답변이 되거나, 정신적으로 문제가 있는 사람으로 보일 수 있다.

인성검사는 많은 문항 수를 풀어나가기 때문에 피검사자들은 지루함과 따분함, 반복된 뜻의 질문에 의한 인내 상실 등이 나타날 수 있다. 인내를 가지고 솔직하게 내 생각을 대답하는 것이 무엇보다 중요한 요령이 될 것이다.

03 인성검사 시 유의사항

1. 충분한 휴식으로 불안을 없애고 정서적인 안정을 취한다. 심신이 안정되어야 자신의 마음을 표현할 수 있다.

2. 생각나는 대로 솔직하게 응답한다. 자신을 너무 과대포장하지도, 너무 비하시키지도 마라. 답변을 꾸며서 하면 앞뒤가 맞지 않도록 구성돼 있어 불리한 평가를 받게 되므로 솔직하게 답하도록 한다.

3. 검사 문항에 대해 지나치게 골똘히 생각해서는 안 된다. 지나치게 몰두하면 엉뚱한 답변이 나올 수 있으므로 불필요한 생각은 삼간다.

4. 검사시간에 너무 신경 쓸 필요는 없다. 인성검사는 시간제한이 없는 경우가 많으며 시간제한이 있다 해도 충분한 시간이다.

5. 인성검사는 대개 문항 수가 많기에 자칫 건너뛰는 경우가 있는데, 가능한 한 모든 문항에 답해야 한다. 응답하지 않은 문항이 많을 경우 평가자가 정확한 평가를 내리지 못해 불리한 평가를 내릴 수 있기 때문이다.

※ 자료 출처
한국인재개발진흥원(http://www.smidm.com)
한국행동과학연구소(http://www.kirbs.re.kr)
한국사회적성개발원(http://www.qtest.co.kr)
SHR(http://www.shr.kr)

MEMO

좋은 책을 만드는 길
독자님과 함께하겠습니다.

도서나 동영상에 궁금한 점, 아쉬운 점, 만족스러운 점이
있으시다면 어떤 의견이라도 말씀해 주세요.
시대고시기획은 독자님의 의견을 모아 더 좋은 책으로 보답하겠습니다.

www.sidaegosi.com

의무소방원 한권으로 끝내기

개정17판1쇄 발행	2021년 01월 05일 (인쇄 2020년 07월 28일)
초 판 발 행	2005년 01월 10일 (인쇄 2004년 12월 24일)
발 행 인	박영일
책 임 편 집	이해욱
편 저	정현철 외
편 집 진 행	윤진영 · 박형규
표 지 디 자 인	조혜령
편 집 디 자 인	심혜림
발 행 처	(주)시대고시기획
출 판 등 록	제10-1521호
주 소	서울시 마포구 큰우물로 75 [도화동 538 성지 B/D] 9F
전 화	1600-3600
팩 스	02-701-8823
홈 페 이 지	www.sidaegosi.com
I S B N	979-11-254-7794-5(13370)
정 가	28,000원

의무소방원 모의답안지

주의	

성 명	

수검자 기재 ※문제지의 형별을 마킹	문제지형별 Ⓐ Ⓑ

감독위원 확인	
(인)	(인)
(인)	

수검번호

수검번호								
0	⓪	⓪	⓪	⓪	⓪	⓪	⓪	⓪
1	①	①	①	①	①	①	①	①
2	②	②	②	②	②	②	②	②
3	③	③	③	③	③	③	③	③
4	④	④	④	④	④	④	④	④
5	⑤	⑤	⑤	⑤	⑤	⑤	⑤	⑤
6	⑥	⑥	⑥	⑥	⑥	⑥	⑥	⑥
7	⑦	⑦	⑦	⑦	⑦	⑦	⑦	⑦
8	⑧	⑧	⑧	⑧	⑧	⑧	⑧	⑧
9	⑨	⑨	⑨	⑨	⑨	⑨	⑨	⑨

제1과목 국 어

번		번	
1	①②③④	11	①②③④
2	①②③④	12	①②③④
3	①②③④	13	①②③④
4	①②③④	14	①②③④
5	①②③④	15	①②③④
6	①②③④	16	①②③④
7	①②③④	17	①②③④
8	①②③④	18	①②③④
9	①②③④	19	①②③④
10	①②③④	20	①②③④

제2과목 국 사

번		번	
1	①②③④	11	①②③④
2	①②③④	12	①②③④
3	①②③④	13	①②③④
4	①②③④	14	①②③④
5	①②③④	15	①②③④
6	①②③④	16	①②③④
7	①②③④	17	①②③④
8	①②③④	18	①②③④
9	①②③④	19	①②③④
10	①②③④	20	①②③④

제3과목 일반상식

번		번	
1	①②③④	11	①②③④
2	①②③④	12	①②③④
3	①②③④	13	①②③④
4	①②③④	14	①②③④
5	①②③④	15	①②③④
6	①②③④	16	①②③④
7	①②③④	17	①②③④
8	①②③④	18	①②③④
9	①②③④	19	①②③④
10	①②③④	20	①②③④

수검자 유의사항

1. 답안지 작성은 반드시 흑색 필기구를 사용하여야 함
2. 문제지 유형별 답안지 좌측에 정확히 표기하지 않은 답안지는 무효 처리됨
3. 수검번호는 상단에 아라비아 숫자로 기재하고 하단에 정확히 표기하여야 함
4. 감독위원 날인이 없는 답안지는 무효 처리됨
5. 답안지는 시험종료 후 일체 공개하지 않음

의무소방원 모의답안지

제1과목 국어

구분	①	②	③	④	구분	①	②	③	④
1	①	②	③	④	11	①	②	③	④
2	①	②	③	④	12	①	②	③	④
3	①	②	③	④	13	①	②	③	④
4	①	②	③	④	14	①	②	③	④
5	①	②	③	④	15	①	②	③	④
6	①	②	③	④	16	①	②	③	④
7	①	②	③	④	17	①	②	③	④
8	①	②	③	④	18	①	②	③	④
9	①	②	③	④	19	①	②	③	④
10	①	②	③	④	20	①	②	③	④

제2과목 국사

구분	①	②	③	④	구분	①	②	③	④
1	①	②	③	④	11	①	②	③	④
2	①	②	③	④	12	①	②	③	④
3	①	②	③	④	13	①	②	③	④
4	①	②	③	④	14	①	②	③	④
5	①	②	③	④	15	①	②	③	④
6	①	②	③	④	16	①	②	③	④
7	①	②	③	④	17	①	②	③	④
8	①	②	③	④	18	①	②	③	④
9	①	②	③	④	19	①	②	③	④
10	①	②	③	④	20	①	②	③	④

제3과목 일반상식

구분	①	②	③	④	구분	①	②	③	④
1	①	②	③	④	11	①	②	③	④
2	①	②	③	④	12	①	②	③	④
3	①	②	③	④	13	①	②	③	④
4	①	②	③	④	14	①	②	③	④
5	①	②	③	④	15	①	②	③	④
6	①	②	③	④	16	①	②	③	④
7	①	②	③	④	17	①	②	③	④
8	①	②	③	④	18	①	②	③	④
9	①	②	③	④	19	①	②	③	④
10	①	②	③	④	20	①	②	③	④

수험번호

0	1	2	3	4	5	6	7	8	9
⓪	①	②	③	④	⑤	⑥	⑦	⑧	⑨

성명

주의
- 올바른 표기 : ●
- 잘못된 표기 : ⊗⊘○◍

수검자 기재
- ※ 문제지의 문제지 유형 ④
- 해당란을 마킹 유형별 ⑧

감독위원 확인
(인)

수검자 유의사항

1. 답안지 작성 필기구는 반드시 흑색 사인펜을 사용하여야 함

2. 문제지 유형을 답안지 형별 표기란에 정확히 표기하지 않은 답안지는 무효 처리됨

3. 수검번호는 상단에 아라비아 숫자로 기재하고 하단에 정확히 표기하여야 함

4. 감독위원 날인이 없는 답안지는 무효 처리됨

5. 답안지는 시험종료 후 일체 공개하지 않음

소방시설관리사

최고의
베스트셀러

소방시설관리사 1차
4X6배판 / 정가 53,000원

소방시설관리사 2차
소방시설의 설계 및 시공
4X6배판 / 정가 30,000원

소방시설관리사 2차
소방시설의 점검실무행정
4X6배판 / 정가 30,000원

※ 도서의 이미지와 가격은 변경될 수 있습니다.

과년도
기출문제 분석표
수록

시험에 완벽하게
대비할 수 있는
이론과 예상문제

핵심이론
요약집 제공

과년도
출제문제와
명쾌한 해설

더 이상의 소방 시리즈는 없다!

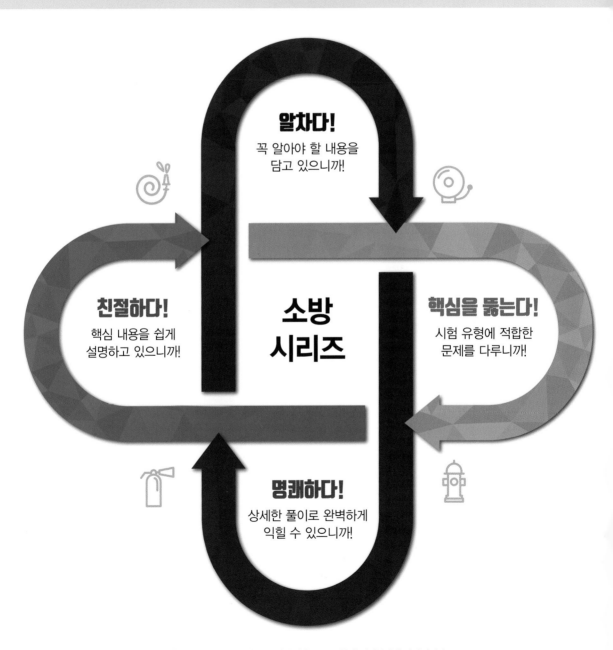

알차다!
꼭 알아야 할 내용을
담고 있으니까!

친절하다!
핵심 내용을 쉽게
설명하고 있으니까!

소방
시리즈

핵심을 뚫는다!
시험 유형에 적합한
문제를 다루니까!

명쾌하다!
상세한 풀이로 완벽하게
익힐 수 있으니까!

(주)시대고시기획이 신뢰와 책임의 마음으로 수험생 여러분에게 다가갑니다.

(주)시대고시기획의 소방 도서는...

현장실무와 오랜 시간 동안 저자의 노하우를 바탕으로 최단기간 합격의 기회를 제공합니다.
2020년 시험대비를 위해 최신개정법 및 이론을 반영하였습니다.
빨간키(빨리보는 간단한 키워드)를 수록하여 가장 기본적인 이론을 시험 전에 확인할 수 있도록 하였습니다.
연도별 기출문제 분석표를 통해 시험의 경향을 한눈에 파악할 수 있도록 하였습니다.
본문 안에 출제 표기를 하여 보다 효율적으로 학습할 수 있도록 하였습니다.

소방시설관리사	소방시설관리사 1차	4×6배판 /53,000원
	소방시설관리사 2차 점검실무행정	4×6배판 /30,000원
	소방시설관리사 2차 설계 및 시공	4×6배판 /30,000원
위험물기능장	위험물기능장 필기	4×6배판 /38,000원
	위험물기능장 실기	4×6배판 /35,000원
소방설비기사 · 산업기사[기계편]	소방설비기사 기본서 필기	4×6배판 /33,000원
	소방설비기사 과년도 기출문제 필기	4×6배판 /25,000원
	소방설비산업기사 과년도 기출문제 필기	4×6배판 /25,000원
	소방설비기사 기본서 실기	4×6배판 /35,000원
	소방설비기사 과년도 기출문제 실기	4×6배판 /27,000원
소방설비기사 · 산업기사[전기편]	소방설비기사 기본서 필기	4×6배판 /33,000원
	소방설비기사 과년도 기출문제 필기	4×6배판 /25,000원
	소방설비산업기사 과년도 기출문제 필기	4×6배판 /25,000원
	소방설비기사 기본서 실기	4×6배판 /36,000원
	소방설비기사 과년도 기출문제 실기	4×6배판 /26,000원
소방안전관리자	소방안전관리자 1급 예상문제집	4×6배판 /19,000원
	소방안전관리자 2급 예상문제집	4×6배판 /15,000원

소방기술사
김성곤의 소방기술사 핵심 길라잡이   4×6배판 /75,000원

소방관계법규
화재안전기준(포켓북)   별판 /15,000원

* 도서 가격은 변동될 수 있습니다.

AI면접
이젠, 모바일로

기업과 취준생 모두를 위한 평가 솔루션 윈시대로! 지금 바로 시작하세요.

www.sdedu.co.kr/winsidaero

매경 TEST
600 점
뛰어넘기

머 / 리 / 글

소득주도성장과 최저임금 인상에 대한 논란이 한참인 요즘입니다. 전문가마다 우리 경제의 상황은 이렇고 저렇기 때문에 요런 저런 해결책이 필요하다 혹은 소용이 없다고 주장합니다. TV, 라디오, 신문에서 언급되는 논의들을 보고 있으면 전문가들이 참 똑똑하고 멋있어 보입니다. 교수와 연구자의 옷을 입고 있던 많은 학자들이 현실 정치에 입문할 수 있는 이유도 이러한 멋있음 때문인 듯합니다.

경제 문제의 진짜 문제는 전문가들의 멋있음에도 불구하고 시원하게 해결되지 않는다는 점입니다. 정답이 하나일 수 없기 때문입니다. 전문가들이 이야기하는 주어는 언제나 국가와 우리 경제입니다. 공익에 대한 이야기일 뿐 그들의 의견을 경청하고 있는 여러분들 각자의 이해관계에 대한 이야기가 아니라는 점입니다. 내가 고용주라면 최저임금 인상이 비용의 인상요인이지만, 고용자라면 소득의 증가요인입니다. 한편, 경제성장의 과실이 골고루 분배된다면, 최저임금 인상을 통한 소득주도성장은 고용주와 고용자 모두에게 긍정적이지만, 그렇지 않다면 누군가에는 불리한 일이 또는 누군가에는 유리한 일이 될 수 있습니다.

이 때문에 경제 이슈에 판단 주체는 나여야만 합니다. 아무리 똑똑한 전문가가 논리적 흠결 없이 주장을 펼쳐도 해당 의견과 정책이 나에게 어떤 영향을 미치는지 이해할 수 있어야 합니다. 그래야 정책에 대한 반대의견을 표명할 일인지, 아니면 대책을 세워야 할 일인지 판단할 수 있습니다. 모두에게 유리한데 나에게만 불리한 일이라면 대책을 마련해야겠죠. 많은 이들의 불리함이 예상된다면 정책결정자에게 항의할 수 있어야 합니다. 그 과정에서 정책이 보완되고 발전될 것입니다. 정교해진 정책은 더 많은 사람들의 만족을 높여줍니다.

이를 위해서는 알아야 합니다. 아는 만큼 보이는 법이고, 알아야 생각을 정리하고 표현할 수 있습니다. 전문가들의 손에만 그 해결을 맡겨서는 결코 풀리지 않는 문제가 바로 경제 이슈입니다. 이유야 어떻든 나에게 직접적인 영향을 미치는 결정을 다른 사람에게만 맡겨 놓을 수는 없습니다. 공대를 졸업했든, 인문계를 졸업했든, 예체능 계열의 전공자이든 경제개념을 알아야 하는 이유입니다.

한편, 우리 모두는 생산과 소비의 주체들입니다. 누구는 생산자로만, 누구는 소비자로만 행동하는 사람은 없습니다. 하나의 인격체가 경제시스템 안에서는 다양한 역할을 수행합니다. 그리고 그 역할은 유기적으로 연결되어 있습니다. 역할 간의 상호작용이 야기하는 효과는 개개인이 처한 상황과 조건에 따라 다르기 마련입니다. 종합적인 사고와 효율을 높이려는 의사결정이 필요한 이유입니다.

인류 역사상 공부는 언제나 귀찮고 번거로운 과정이었습니다. 그럼에도 시험형 인간(Homo Examus)이라 불릴 만큼 인간의 발전을 시험과 떼어 놓고 이야기하기 어려운 이유는 시험은 공부의 고통을 억지로 이겨낼 수 있도록 도와주는 원동력이기 때문입니다. 「매경TEST」가 하나의 계기라는 이야기입니다. 단지 80문제를 90분 내에 풀어 국가공인등급을 얻기 위한 용도로만 활용하지 않아야 합니다. 복잡해진 세상을 조금 더 잘 살아가기 위한, 누군가의 의사결정에 끌려 다니지 않고 주체적으로 생활하기 위한 소양을 쌓는 계기로 삼아야 합니다.

이러한 이유로 부끄러움을 무릅쓰고, 243년 전에 아담 스미스의 《국부론An Inquiry into the Nature and Causes of the Wealth of Nations》으로 시작된 경제개념을 다시 한 번 정리했습니다. 부디, 경제개념의 축적을 통해 독자들의 경제소양이 함양되기를 바랍니다. 점수와 등급은 저절로 따라오는 아주 작은 결과의 일부분입니다. 수험서에 어울리지 않는 거창한 머리글인 줄 알면서도 사견을 남길 유일한 공간이기에 정해진 분량을 살짝 넘겨 적습니다. 원고를 참고 기다려준 시대고시기획 편집진 분들께 머리 숙여 깊은 감사를 전합니다.

David. Kim

매경TEST 왜 필요한가요?

금융권 취업의 솔루션!

최근 금융권과 공공기관을 중심으로 채용 전형에 경제·금융 분야 필기시험을 도입하는 사례가 급격히 증가하고 있습니다.

2019 주요 시중은행별 채용개요

은 행	필기시험 구성
IBK기업은행	NCS + 경제·금융상식
신한은행	NCS + 경제·경영일반, 금융상식
우리은행	NCS + 경제·금융 일반상식
국민은행	NCS + 경제·금융 일반상식
KEB하나은행	적성검사 + 경제·금융상식
NH농협은행	인·적성 + NCS + 경제·경영상식

이러한 필기시험의 관문을 넘기 위해서는 매경TEST 응시가 취업 과정에서 필수 코스로 꼽힙니다. 이미 여러 기업이 신입사원 채용 시험으로 매경TEST를 도입하고 있으며, 고득점 지원자에게 가산점을 주고 있습니다.

서류 전형부터 면접까지 취업의 전 과정에서 지원자는 매경TEST를 통해 자신의 차별된 경제·경영지식과 응용력을 보여줄 수 있습니다. 공인된 등급은 물론 매경TEST를 공부하며 쌓은 상식이 필기·면접 전형에서도 자연스레 드러나기 때문입니다. 더욱이 매경TEST는 관리자로 승진하는 데 필요한 비즈니스 마인드를 함양해 주기 때문에 다른 시험보다 훨씬 유용합니다.

또한 매경TEST는 졸업논문 대체, 학점은행제 학점 이수 등 다양한 분야에 활용되고 있습니다. 학점은행제에서 800점 이상 최우수 등급을 받으면 20학점, 600점 이상 우수 등급은 18학점 이수로 각각 인정받으며, 시간제 과목 이수 없이 한 번의 시험으로 18~20학점을 취득할 수 있어 학점은행제를 준비하는 학생들 사이에서 큰 인기를 끌고 있습니다.

경제·경영 입문부터 실전까지 완성하기

완성

매경TEST 600점 뛰어넘기
차별화된 문제와 해설을 담은 고득점 공략서로 집중훈련 후
마스터하기

실전

매경TEST 한권으로 끝내기
시험의 중요개념과 핵심이론을 담은 실전형 기본서로 실력 탄탄히 쌓기

입문

첫 술부터 배부른 경제학 뚝딱 레시피
경제공부! 이제 막 배움을 시작했거나 시작할 엄두가 나지 않는
사람들을 위한 가장 쉬운 경제 기초 입문서

**경제·경영의 통합적인 이해력을 공식적으로 측정할 수 있는 매경TEST
시대고시와 함께 준비하세요!**

이 책의 구성과
교재 100% 활용 꿀Tip!

STEP 1. 매경TEST 600점 뛰어넘기 전략이 무엇인가요?

- 필수적인 경제와 경영원리를 숙지합니다.
- 숙지한 경제와 경영원리를 실제사례에 적용시킬 줄 알아야 합니다.
- 경제와 경영의 자료 해석 및 분석능력을 길러야 합니다.
- 최신 시사 트렌드 및 사회이슈를 이해하고 경제와 경영원리를 접목시켜서 생각해볼 줄 알아야 합니다.

STEP 2. 문제를 많이 푼다고 고득점을 얻을 수 있을까요?

매경TEST 600점 뛰어넘기 교재는 단 한 문제를 풀더라도 시험과 가장 유사한 문제로 고득점에 다가갈 수 있도록
만들었습니다.

정확한 개념과 문제의 요지만 익히면!

고난도 문제는 복합적인 개념을 묻기 때문에 여러 개념을 정확히 파악한 뒤 어떤 개념과 유형이 복합되어 있는지, 어떻게
응용되어 출제 되었는지 종합적으로 분석해야 합니다. 혼자서는 개념이해나 풀이가 쉽지 않았던 문제들을 입체적인 해설로
혼자서도 쉽게 이해하고 개념이 쌓이도록 구성하였습니다.

FINAL! 부족하다고 생각되는 부분을 반복학습 후 600점 뛰어넘기!

성취도와 오답노트를 보고 가장 취약한 부분을 다시 학습합니다.
체크했던 어려운 내용, 중요하다고 생각한 내용을 완전히 내 것으로 만들었다면 모의고사 풀이를 통해 본인의
실력을 점검하고, 숙지한 개념을 문제풀이에 응용하는 연습을 합니다.

POINT 1. 스스로 학습이 가능한 실전식 상세해설

수험생의 입장에서 문제 출제 의도 및 접근방법, 정답인 이유와 오답인
이유를 일목요연하게 설명하였습니다.

📢 정답 체크만 하지 말고, 틀린 문제나 예측해서 맞힌 문제는 꼭 다시 푸세요!

📢 맞힌 문제도 해설을 읽으면서 자신의 풀이와 다른 점이 있는지, 놓친 부분은 없는지 꼭 확인
하세요!

📢 해설에 제시된 문제 키워드를 꼭 숙지하여 문제의 핵심을 파악하세요!

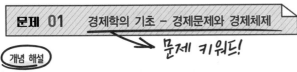

중요도	★★★☆☆
정답	④

꼼꼼한
해설로
학습한 이론을
완벽하게
숙지하기!

문제 01 경제학의 기초 – 경제문제와 경제체제

문제 키워드!

개념 해설

㉠ 자본주의 시장경제체제에서는 경제활동이 시장에서의 수요와 공급에 의해 이뤄
진다. 이 과정에서 효율성이 달성된다.

㉡ 시장을 통한 경제문제의 해결은 시장경제체제의 방식이며, 중앙정부를 통한 문
제해결은 계획경제체제의 방식이다.

㉢ 경제문제의 발생원인은 자원의 희소성이다. 욕망에 비해 부존자원이 부족하기
때문에 선택의 문제가 발생하기 때문이다.

오답 정복하기

㉣ 중국의 높아진 인건비로 인해 국내로 복귀하는 현상(리쇼어링)은 경제문제 중
어떻게 생산할 것인가의 문제와 연관되어 있다.

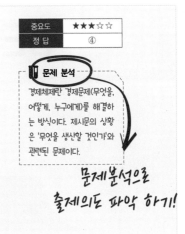

문제 분석

경제체제란 경제문제(무엇을,
어떻게, 누구에게)를 해결하
는 방식이다. 제시문의 상황
은 '무엇을 생산할 것인가'와
관련된 문제이다.

문제분석으로
출제의도 파악하기!

POINT 2. 오답노트를 활용하여 복습하기!

틀렸던 문제나 불확실한 문제는 반드시 오답노트를 만듭니다.
해설에 나온 문제의 단서들을 정리하고 부족한 유형을 한 번 더 점검합니다.

FEED BACK

왜 틀렸을까? ☑ 개념 이해 부족 ☐ 문제 이해 부족 ☐ 기타 ( )

개념 다시 짚어보기

매몰비용이란? 일단 지출하면 회수가 불가능! 기회비용의 개념과 헷갈리지 말자!

매경TEST

질문으로 보는
BEST 학습전략!

매경TEST 600점 뛰어넘기를 위한 학습전략에는 어떤 것들이 있을까요?
합격자들이 직접 알려주는 BEST 학습전략을 함께 알아보도록 합시다.

Q1. 이 책에 나온 문제들 시험에 나오나요?

연습문제의 가치는 시험장에서 어떤 문제를 마주하더라도 대응할 수 있는 역량을 갖추는 데 도움을 줄 때 높아집니다. 본 책의 문제들은 다양한 공인시험에 출제된 문제들을 활용해 연습문제의 완성도와 유사성을 높였습니다. 수험자가 눈여겨보아야 할 부분은 자세한 해설입니다. 대부분의 문제와 보기에 정답인 이유와 그렇지 않은 이유를 명확히 밝혀놓았습니다. 이러한 저자의 노력은 공부한 이론을 문제에 적용하는 과정에서 발생하는 간극을 최대한 줄여줄 것으로 기대합니다. 연습문제 그 자체에 매몰되지 마십시오. 모든 문제의 정답을 맞춰도, 혹은 모두 틀려도 연습일 뿐입니다. 학습한 개념과 연습문제를 통해 어떤 측면의 문제가 출제되어도 대응할 수 있는 역량을 갖추길 바랍니다.

Q2. 고득점을 위한 공부를 어디서부터 어디까지 해야 할까요?

고득점을 위해서는 본 도서를 여러 번 반복하길 바랍니다. 반복의 횟수와 점수가 비례한다고 확신합니다. 저득점을 위해서는 전체 챕터 중에 어느 부분을, 고득점을 위해서는 또 다른 부분을 공부해야 하는 방법은 없습니다. 경제개념은 하나의 커다란 덩어리이기 때문입니다. 경제개념의 이해는 레고와 같이 개념들의 결합이 창출하는 결과물입니다. 하나의 개념이 부실할 경우 다른 개념이 튼튼하게 쌓이지 않습니다. 천천히 그리고 꼼꼼한 이해보다는 빠르고 여러 번 반복하는 학습방법이 수험자를 고득점으로 이끌 것입니다.

Q3. 시간이 부족해요... 단기간에 효율적으로 공부하고 싶어요!

시간의 부족으로 출제 빈도가 높은 특정 개념만 학습하는 경우 개념의 혼란이 가중될 수 있습니다. 각 챕터는 다른 챕터의 이해의 기반이 되기 때문입니다. 예를 들어, 3장에 대한 공부 없이 9장을 이해할 수 없습니다. 이론에 대한 이해가 어느 정도 되었다고 생각되지만, 문제가 풀리지 않는 이유입니다. 사회과학의 한 분야인 경제학의 특성상 단기간에 효율적으로 학습하기 위해서는 빠르게 여러번 반복하는 학습법이 요구됩니다. 이해가 되지 않는 부분은 일단 넘어가는 공부방법을 취하기 바랍니다. 대신 주어진 시간 하에서 최대한 반복하십시오. 반복의 과정을 통해 이해의 공백 중 많은 부분이 저절로 해결되는 경험을 하실 수 있을 것입니다.

Q4. 저는 비전공자 / 전공자 / 재응시자입니다. 어떻게 공부를 해야 할까요?

비전공자

경제기초에 초점을 맞춰야 합니다. 비전공자가 처음 공부하는 경우 기반이 탄탄해야 합니다. 지하를 깊게 판 건물이 거센 바람에도 굳건히 버틸 수 있듯이 비전공자일수록 진도에 대한 욕심을 부리기보다 경제기초에 대한 이해를 높여야 합니다. 본 책에서 비전공자가 눈여겨보아야 할 챕터는 다음과 같습니다. 경제 이해의 기반이 되는 챕터라 할 수 있습니다. 다른 챕터의 중요함을 부정하는 것이 아님을 수험자 자신이 더 잘 알고 있을 것입니다. 다음은 비전공자의 경우 보다 집중해서 살펴봐야 할 챕터를 의미합니다.

구 분	Chapter	제 목
미시경제	01장	경제학에 대한 오해들
	02장	경제학의 기초개념
	03장	경제문제와 그 해결방식
	04장	수요와 공급
	05장	가격의 결정과 통제
	06장	탄력성 이야기
	07장	소비자잉여와 생산자잉여
	08장	소비자가 구매하는 이유 – 얼마나 구입해야 만족할까?
거시경제	01장	거시경제학의 기초
	02장	총경제활동의 측정
	03장	GDP의 종류와 한계
	04장	균형국민소득의 기본모형 – 고전학파 모형
	05장	균형국민소득의 기본모형 – 케인즈 모형
	06장	총수요와 총수요곡선
	07장	총공급과 총공급곡선
	08장	균형 물가와 균형 생산량의 결정

전공자

전공자의 경우 이해가 부족한 챕터에 집중해야 합니다. 개념 이해의 공백이 큰 부분과 그렇지 않은 부분을 스스로 파악할 수 있습니다. 누군가에게 설명을 명확히 하기 어려운 경우 이해의 공백이 존재하는 챕터라 할 수 있습니다. 또한 문제를 틀리지 않아도 해당 분야의 문제를 마주하기 불편한 경우 공백이 존재하는 챕터라 할 수 있습니다. 본 책으로 해결되지 않는다면 질문을 통해서, 교수님들의 교과서를 통해서 채워 놓아야 합니다. 이해의 공백은 그 원인이 공부량의 부족에 있지 않고 막연한 두려움에 있습니다. 스스로 채우려는 노력의 과정은 이해를 높임과 동시에 스스로 만든 두려움을 없애는 데 큰 도움이 됩니다. 또한 이해를 바탕으로 한 연습문제 풀이가 필요합니다. 문제풀이는 개념이해 여부를 판단할 수 있는 좋은 척도가 될 것입니다.

재응시자

재응시자의 경우 오답 노트 정리가 필요합니다. 오답 노트를 정리하고 나면 반복해서 틀리는 유형 혹은 주제나 유독 오답이 많은 챕터를 확인할 수 있습니다. 이러한 분야가 이해의 공백이 큰 챕터라 할 수 있습니다. 해당 챕터의 경우 이해의 보완과 문제의 연습이 필요합니다. 오답이 잦다는 것은 이해가 부족하거나 연습이 부족한 경우 중 하나이기 때문입니다. 한편, 개념에 대한 이해는 비교적 명확하나 문제풀이가 어려운 경우가 있습니다. 이는 문제풀이의 연습이 필요한 경우입니다. 때로는 양이 질을 보완한다는 것을 잊지마십시오.

Guide

■ 매경TEST 소개

- 매경TEST(MK Test of Economic & Strategic business Thinking)는 경제·경영의 기초적인 개념과 지식은 물론, 응용력과 전략적인 사고력을 입체적으로 측정하는 국가공인 비즈니스 사고력 테스트이다.

- 매일경제신문이 주관하며 경제와 경영 두 영역에서 각각 40문항씩 출제되며, 경제·경영 분야의 통합적인 이해력을 철저하게 측정할 수 있는 국내 유일의 인증시험이다.

- 국내 외 최고의 대학 교수 출제위원진과 매일경제신문 박사급 기자 그리고 경제·경영 전문가들이 출제하며 석학들로 구성된 감수위원들이 철저히 검증한 문제로 출제된다.

■ 2020 매경TEST 실시요강

1. 시험

주최기관	매일경제신문사
홈페이지	exam.mk.co.kr
시험일정	연 8회 실시(1월, 2월, 3월, 5월, 7월, 8월, 9월, 11월) ※ 시험일정은 사정에 따라 변경될 수 있으므로 접수처 홈페이지에서 다시 한번 정확한 일정을 확인하시기 바랍니다.
신청방법	매경TEST 홈페이지에서만 온라인 접수 ※ 단체의 경우 단체코드 입력 후 접수
응시료	3만원(20명 이상 단체 접수 시 1인당 2만 5,000원) ※ 중고생 2만원
출제양식	5지선다형 / OMR 카드 기입식
점수 / 배점	1,000점 만점(600점 이상 국가공인 점수)

2. 시험규정

시험 시간	10시 00분 ~ 11시 30분(총 90분)
시험 당일 지참물	컴퓨터용 사인펜, 규정 신분증, 수험표, 아날로그 일반 시계
응시자격 및 제한	제한 없음
성적유효기간	성적발표일(인증서 발급일)로 부터 2년
성적표 발급	시험일 약 1주일 후 매경TEST 홈페이지에서 공개(성적조회 및 성적인증서 출력 가능)

■ 매경TEST 출제기준 및 평가방법

1. 매경TEST 영역별 출제문항수 및 배점

구 분	지 식	사고력	시 사
경제(40문항 / 500점)	15문항 / 150점	15문항 / 250점	10문항 / 100점
경영(40문항 / 500점)	15문항 / 150점	15문항 / 250점	10문항 / 100점
계(80문항 / 1000점)	30문항 / 300점	30문항 / 500점	20문항 / 200점

2. 출제범위

분 야	구 분	세부내용
경 제	**미시경제 분야** 경제 필수개념의 이해	기초 경제개념(기회비용, 희소성 등), 합리적인 의사결정, 시장의 종류와 개념, 시장과 정부(공공경제, 시장실패) 등
	거시경제 분야 경제 안목 증진 및 정책의 이해	기초 거시변수(GDP, 물가, 금리), 고용과 실업, 화폐와 통화정책, 경기변동(경기안정화정책, 경제성장) 등
	국제경제 분야 글로벌 경제 감각 기르기	국제무역과 국제수지의 이해, 환율 변화와 효과
경 영	**경영일반/인사조직 분야** 기업과 조직의 이해	기업에 대한 일반지식과 인사조직의 필수 개념, 경영자료의 해석
	전략·마케팅 분야 기업의 경쟁우위의 이해	경영전략, 국제경영, 마케팅의 개념과 원리에 대한 사례 응용
	회계/재무관리의 기초 재무제표와 재무지식의 이해	기본적인 재무제표 해석, 기초 재무지식, 금융/환율 상식

3. 매경TEST 등급별 검정기준

공인구분	등 급	점 수	역량평가
국가공인	최우수	900점 이상	비즈니스 지식과 사고력, 현실 감각이 출중해 문제 해결력이 높고 전략적 의사결정이 가능한 수준
		800점 이상~ 900점 미만	폭넓은 지식과 사고력을 바탕으로 직무와 비즈니스 환경을 선도할 수 있는 수준
	우 수	700점 이상~ 700점 미만	평균 이상의 지식과 실무 능력을 가지고 비즈니스 업무 수행에 어려움이 없는 수준
		600점 이상~ 700점 미만	필수적인 비즈니스 지식을 함양하고 있고, 기본 지식을 활용해 안정적으로 직무를 수행할 수 있는 수준
민간자격	보 통	400점 이상~ 600점 미만	직무수행에 필요한 기본적인 비즈니스 지식을 보유했지만, 이를 바탕으로 한 시사 감각과 전략적 사고력의 보완이 필요한 수준
	미 흡	400점 미만	기업의 단순한 직무를 따라하고 수행하는 데 필요한 지식을 갖췄지만 전략적 사고력은 미흡한 수준

Contents

PART1. 미시경제

PART2. 거시경제 · 국제경제

PART3. 경 영

부 록　매경TEST 최종 모의고사

매경TEST
600점
뛰어넘기

문제의 키워드 + 개념 적용 + 오답 정복하기 = 쉽고 빠른 고득점 완성!

경제편

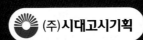

(주)시대고시기획

고용탄성치

취업증가율÷GDP(국내총생산)증가율로 산출되며, 한 산업의 성장에 따른 고용의 변동을 측정하는 지표이다. 고용탄성치가 높을수록 산업성장에 비해 취업자 수가 많다는 것을 의미한다. 최근 우리나라 고용탄성치는 지속적으로 낮아지고 있다.

사회적 기여금

정부가 발표한 택시제도 개편안 중 택시와 플랫폼 업계 간 상생발전을 위해 제시된 내용이다. 타다, 카카오T와 같은 플랫폼 업계는 새로운 사업 기회를 통해 얻은 수익의 일부를 사회적 기여금으로 납부하면, 정부는 기존택시 면허권을 매입하여 서비스 총량을 유지하기로 밝혔다.

스푸핑(Spoofing)

눈속임(Spoof)에서 파생된 용어로 IT업계에서는 해킹 수법을 의미한다면, 금융상품 거래시장에서는 초단타 매매로 시세를 조작해 차익을 남기는 불법거래를 말한다. 시카고상품거래소(CME)는 하나금융투자의 이러한 시세 조작 행위에 대해 과태료 제재를 확정하였다.

스토킹 호스(Stalking horse, 가계약 후 경쟁입찰)

미국 파산법 제363조에 근거를 두고 있는 구조조정 절차로, 회생 기업이 공개 입찰 전에 인수의향자를 수의계약으로 미리 선정하고, 이후 실시한 공개 입찰에서 경쟁자가 나타나지 않으면 인수의향자가 매수권을 갖는다.

커촹반(科創板)

상하이판 나스닥으로 불리며, 중국 최대의 주식시장인 상하이증권거래소에 2019년 7월 22일 정식 출범한 정보기술(IT)주 관련 전문 시장이다. 사업성이 높고 특정 요건을 충족하는 경우 일부 적자 기업도 성장할 수 있다.

파노플리 효과(Panoplie effect)

특정 제품을 구매함으로써 해당 제품을 사용하는 사람들의 계급에 속하게 되었다고 믿는 현상을 말한다. 광고와 마케팅부분에서 많이 활용되며 모델들이 제품을 사용하는 이미지를 보여주고, 이를 통해 소비자들은 자신도 모델처럼 될 수 있을 것이라는 기대를 가지고 구매욕을 느끼게 한다.